최신 마케팅관리론

여 운 승 呂運昇

주요 약력 서울대학교 상과대학 경영학과 졸업(경영학 학사)
美 South Carolina 대학 대학원 졸업(경영학 석사)
서울대학교 대학원 졸업(경영학 박사)
현재 한양대학교 경영대학 경영학부 교수

주요 경력 한국외환은행 조사부 조사역
미국 Bankers Trust Company, Marketing Officer
제24회 매일경제 정진기언론문화상 수상(2006)

주요 저서 금융서비스마케팅(2005, 한양대학교출판부)
신제도학파 기업이론(2003, 한울출판사)
뉴밀레니엄 마케팅 조사방법(2003, 시그마프레스)
다변량 행동조사(2000, 민영사)

최신 마케팅관리론

여운승 지음

초판 1쇄 인쇄 2007년 2월 25일 | 초판 1쇄 발행 2007년 3월 1일
발행인 김종량 | 발행처 한양대학교 출판부
주소 133-791 서울 성동구 행당동 17번지
전화 02)2220-1432~4 | 팩스 02)2220-1435
홈페이지 www.press.hanyang.ac.kr | 전자우편 presshy@hanyang.ac.kr
출판등록 제4-7호(1972년 2월 29일) | 인쇄처 미르P&P

값 35,000원

ISBN 978-89-7218-316 93320

최신
마케팅관리론

여운승

한양대학교 출판부

머 리 말

오늘날 모든 기업들이 당면하고 있는 주요 과제는 시장의 세계화와 이에 따른 기업간의 경쟁격화, 그리고 정보기술의 발달이라는 새로운 환경변화에 어떻게 적응해야 할 것인가로 요약할 수 있다. 더구나 우리나라의 경우, IMF 환란을 경험한 이래 외환위기는 극복하였으나 지금까지 불황이 지속되고 있고 장기적 경제전망도 불투명한 상태에 있다. 더불어 미국을 비롯한 선진국들의 경우에도 저성장이 계속되고 있어 과거와 같은 고도성장은 기대하기 어려운 상황에 처해 있다. 이러한 국내외적 여건의 악화로 우리나라 기업들의 경영방식에 새롭고 전면적인 변화가 요구되고 있다. 기업의 입장에서 새로운 환경변화에 적응하고 난관을 효율적으로 극복하기 위해서는 무엇보다 마케팅 지향성을 철저하게 추구하는 것이 필요하다.

본서는 독자들이 마케팅의 기본 개념을 쉽고 이해할 수 있도록 꾸며졌고, 한걸음 더 나아가 전통적인 마케팅관리방식을 벗어나 그러한 변화에 발맞추어 접근할 수 있는 새로운 방안을 터득하는 데 주안점을 두었다. 본서에서 새롭게 다루게 될 마케팅의 역할과 연구범위를 요약하면 다음과 같다.

첫째, 시장의 세계화로 고객의 개념을 달리 규정하여야 할 뿐만 아니라 다양한 마케팅 전략을 수립할 필요가 있게 되었다. 더구나 기업간의 경쟁이 격화됨에 따라 전략적 마케팅 개념이 중시되어 이에 필요한 기법이 발달하게 되었다.

둘째, 정보기술의 발달로 소비패턴이 급격하게 바뀌어 제품이 다양화되고 제품수명주기가 단축됨에 따라 고객의 욕구를 신속하게 파악하여야 할 뿐 아니라 고객을 계속 유지하는 일이 마케팅의 중요한 과업이 되었다. 다시 말하면 관계마케팅의 개념을 정립할 필요가 있게 되었다.

셋째, 인터넷의 급속한 보급으로 소비자들이 제품과 기업에 관한 정보를 언제든지 입수하고 단지 클릭만 하면 즉시 주문과 배달이 가능하게 되어 온라인 마케팅 내지 1:1 마케팅의 중요성이 부각되고 있다. 이것은 유통관리는 물론 전반적인 마케팅 활동에 대변화를 예고하고 있다.

넷째, 마케팅이 '제품'을 판매하는 관점에서 탈피하여 '서비스'를 제공하는 개념으로 점차 바뀌고 있다. 다시 말하면 서비스 마케팅이 중심적인 위치를 차지하고 있다. 이것은 서비스 산업이 국민경제에 차지하는 비중이 클 뿐만 아니라 전통적인 유형의 제품에 초점을 두었던 마케팅 활동이 제품도 서비스의 일부에 속한다는 발상의 전환이 이루어짐으로써 그 중요성이 부각되고 있음을 의미한다.

다섯째, 지금까지 마케팅에서는 고객 중심적 사고를 강조하여 왔으나 기업의 지나친 마케팅 활동으로 환경오염이 심화되고 왜곡된 소비풍조가 확산되는 등 사회적으로 바람직하지 못한 결과가 발생하여 마케팅 목적이 소비자 개인은 물론 사회전체의 이혜관계에 부합하도록 설정하여 사회지향적 마케팅이나 녹색마케팅의 개념을 중시하지 않을 수 없게 되었다.

본서에서는 이러한 몇 가지 새로운 변화를 반영하여 마케팅관리방식을 서술하고 경영학을 전공하고자 하는 학생들에게 마케팅의 기초 개념을 이해시키고 응용하도록 하는 데 역점을 두었다. 마케팅의 개념을 충분히 이해하려면 경제학을 비롯하여 심리학, 사회학, 조직행동 및 문화인류학 등 인접사회과학 분야에 관한 포괄적 지식이 필요하지만, 저자는 그러한 지식배경을 갖고 있지 않은 학생들도 쉽게 이해할 수 있도록 내용을 평이하게 설명하려는 노력을 기울였다.

오늘날 우리나라 기업들이 시급히 필요로 하는 인력은 마케팅과 기술개발(R&D) 분야이다. 따라서 경영학의 여러 분야 중에서 마케팅이 가장 중요한 비중을 차지하고 있다. 그러므로 경영학을 전공하는 학생들이 유능한 경영자로 성공하려면 마케팅 지식이 필수적이다. 본서를 충분히 이해하고 응용하려는 노력을 기울인 학생은 본서가 그러한 면에서 큰 도움이 된다는 것을 느낄 것이다.

본서의 내용이나 표현상의 오류는 전적으로 저자의 책임에 속하므로 이에 대한 독자 여러분의 조언과 편달을 바라마지 않는다. 본서가 출판되기까지 원고 작성과 편집에 노고를 아끼지 않는 조교 김윤한 군과 가족들에게 감사의 마음을 전하며, 본서의 출간을 주선하고 도움을 준 한양대학교 출판부의 박선희씨를 비롯한 제위에게 심심한 사의를 표하는 바이다.

2007년 1월

행당 연구실에서

저자 씀.

차 례

제2편 마케팅 기회분석과 전략개발

제4장 정보수집과 시장수요 측정

제5장 마케팅 환경검색

제6장 소비자 시장과 구매행동

제7장 사업자 시장과 구매행동

제8장 경쟁기업 분석과 마케팅 전략

제9장 시장세분화, 표적시장 선정 및 포지셔닝

제3편 마케팅 믹스의 개발

제10장 제품 및 서비스 전략

제11장 신제품 개발과 제품수명주기 전략

제12장 가격정책

제13장 유통경로와 공급사슬관리

제14장 소매 및 도매업 전략

제15장 통합적 마케팅 커뮤니케이션 관리

제16장 광고, 판매촉진 및 홍보전략

제17장 인적판매와 직접마케팅

제18장 디지털 시대의 마케팅

제4편 글로벌 마케팅 시대와 과제

제19장 글로벌 마케팅

제20장 마케팅 윤리와 사회적 책임

제 1 편

마케팅 개념과 관리과정

제1장

마케팅 개념과 마케팅 관리과정의 변화

오늘날 우리들은 일상생활을 통하여 마케팅이란 용어를 자주 접하게 된다. 실제로 TV나 PC, 신문, 잡지 등을 통하여 수많은 광고를 보게 되고 판매원들의 판매활동을 자주 목격하게 된다. 어디를 가나 무엇인가를 판매하려고 하는 활동이 언제나 존재하고 있고 이러한 판매활동을 피하여 지낼 수 없는 것이 현실이다.

그러나 이러한 판매활동들이 곧 마케팅이라고 생각하기 쉽다. 물론 판매활동이 마케팅의 여러 기능 중의 하나에 속하지만, 판매활동 그 자체는 마케팅 기능의 일부에 불과하다. 마케팅이란 단순히 판매활동을 전개하기 전에 먼저 고객이 필요로 하는 것이 무엇인가를 발견하여, 이에 적합한 제품을 개발하고, 가격을 책정하며, 적절한 유통경로를 통하여 소비자에게 전달하고, 판매를 위하여 촉진활동을 효과적으로 수행함으로써 고객의 가치를 창출하고 그를 만족시키는데 의의가 있다.

PC 제조회사의 입장을 보자. 이 회사의 마케팅 관리자가 주어진 과업을 성공적으로 수행하려면 다음과 같은 문제들에 대하여 결정을 내려야 할 것이다.

소비자가 PC를 구입할 때 진실로 원하고 있는 바는 무엇인가? 우리 회사에서 목표로 하고있는 소비자 집단은 누구이며, 그들이 필요로 하고 있는 것은 무엇인가? 제품의 디자인과 가격은 어떻게 결정할 것인가? 제품에 대한 품질보장과 서비스 수준은 어느 정도로 제공할 것인가? 어떤 중간상과 거래하는 것이 효과적인가? 제품을 판매하는데 가장 효과적인 광고형태는 어떤 것이며, 기타 인적판매활동, 판매촉진활동 그리고 홍보활동 등은 어떤 형태의 것이 가장 효과적인가?

이와 같이 기업이 고객을 유치하기 위하여 해결하여야 할 문제는 한두 가지가 아니며, 고객을 만족시키기 위하여 기업이 제공할 수 있는 것이 무엇인가를 개발하여 이에 적합한 마케팅 수단을 동원할 필요가 있다.

따라서 마케팅이란 어떤 기능보다도 고객들을 다루는데 특징이 있다. 고객이 필요로 하는 가치를 창출하고 그를 만족시키는 것은 현대 마케팅 사상과 관행의 핵심이다. 마케팅의 개념에 대해서는 잠시 후에 보다 상세하게 다루겠지만, 극히 단순하게 이야기한다면 마케팅이란 기업이 이익을 추구하면서도 고객을 만족시키는데 있다고 할 수 있다. 따라서 마케팅의 두 가지 주요 목표는 보다 우월한 가치를 약속함으로써 새로운 고객들을 유치하고 기존의 고객들을 만족시킴으로써 이들을 계속 보존하는 것이다.

이에 따라 본 장에서는 마케팅의 핵심개념은 무엇인가를 정의하여 보고, 마케팅 철학 내지 이념을 서술하여 보며, 오늘날 마케팅 종사자들이 당면하고 있는 새로운 주요 과제들이 무엇인가를 논의하기로 한다.

제1절 마케팅의 개념과 구성요소

마케팅이란 무엇인가? 마케팅의 정의에 관하여는 논자에 따라 여러 가지로 이야기되어 오고 있으나, 가장 대표적인 예로서 미국 마케팅 협회에서 공식적으로 정의한 것을 보면 다음과 같다.

즉, "마케팅이란 개인이나 조직의 목적을 충족시킬 교환을 창출하기 위하여 아이디어, 상품 및 서비스를 개발하고 가격을 결정하며 이를 촉진시키고 유통시킬 것을 계획하며 실행하는 과정을 말한다."[1]

한편, 코틀러(Philip Kotler) 교수는 마케팅을 다음과 같이 정의하고 있다.

"마케팅이란 개인이나 집단이 제품과 가치가 있는 것을 창출하고 이를 타인들과 교환함으로써 자신들의 욕구와 욕망을 획득할 것을 목적으로 하는 하나의 사회적 내지 관리적 과정이다."[2]

이상의 두 가지 정의에 의하면, 마케팅 개념을 구성하고 있는 핵심적인 요소는 인간의 **욕구**와 **욕망** 및 **수요**, **제품 및 서비스**, **가치**, **만족** 및 **품질**, **교환**, **거래** 및 **관계**, 그리고 **시장** 등으로 이야기할 수 있는데, 이에 대한 기본적인 개념을 살펴보기로 하자(그림 1-1 참조).

[1] *Dictionary of Marketing Terms*, 2d ed., ed. Peter. D. Bennett.(Chicago: American Marketing Association, 1995)

[2] Philip Kotler, *Marketing Management*, the millenium edition.(Upper Saddle River, NJ: Prentice Hall, 2000, p.8)

그림 1-1 마케팅의 핵심적 개념 요소

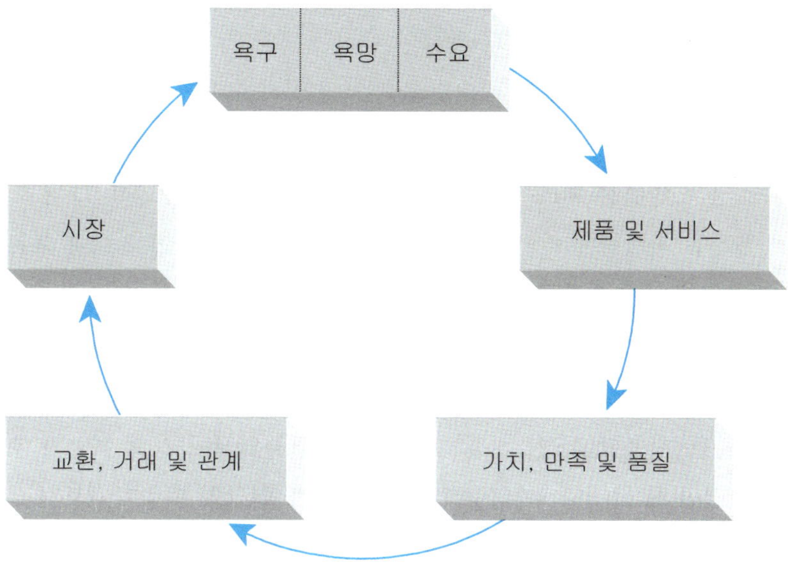

1. 욕구, 욕망 및 수요

마케팅은 인간의 욕구(needs)와 욕망(wants)의 존재로부터 출발한다고 할 수 있다. 인간은 생존하기 위해서 의식주 이외에도 오락, 교육 및 기타 서비스에 대하여 강렬한 욕구를 갖고 있으며, 일반적으로 특정된 기초제품이나 서비스를 선호하게 된다. 인간의 **욕구**는 그가 태어날 때부터 지니고 있는 충족감을 빼앗겼을 때 느끼는 상태를 말하는 것으로, 의식주를 갈구하는 것과 같은 생리적인 욕구와 귀속의식, 존경심, 애정 등과 같은 사회적 욕구, 그리고 지식이나 자기표현을 원하는 것과 같은 개인적인 욕구 등이 있다.

인간은 이러한 욕구가 충족되지 않을 때 만족감을 느끼지 못하게 되며, 그러한 욕구의 강도가 클수록 불만도 높아지게 된다. 만족감을 느끼지 못하게 되는 사람은 욕구를 충족시킬 수 있는 목적물을 얻으려 하거나 또는 그러한 욕구를 억제하거나 없애려 할 것이다.

인간의 **욕망**은 욕구를 표현하는 것으로서 인간이 성장함에 따라 형성된다. 바꾸어 말하면, 인간이 궁극적으로 필요로 하는 것을 구체적으로 충족시켜 줄 수 있는 것에 대한 갈망을 뜻한다. 예컨대 인간은 음식물을 필요로 하고 또 그에 대한 욕구가 존재하지만, 누구나 보다 나은 음식을 선호하고 옷가지도 고급을 원한다. 또 타인으로부터 존경받기를 원하는 동시에 고급의 승용차를 구입하고자 한다.

여기에서 우리는 인간의 욕구는 비교적 소수인데 비하여 욕망은 다양할 수 있음을 알 수 있다. 인간의 욕망은 사회집단에 의하여 끊임없이 형성되고 있으며 사회가 복잡해짐에 따라 그러한 욕망도 증가하게 된다. 인간은 새로운 사물을 대하게 될 때 호기심과 흥미 그리고 욕망을 갖게 된다.

제품을 생산하는 사람들은 이때 그들의 제품에 대해서 사람들이 지니게 되는 욕망을 촉발시키고 그것을 유지, 확대하기 위해 구체적인 행동을 취하게 된다. 이에 따라 생산자는 주어진 제품과 이미 존재하고 있던 사람들의 욕구를 연결시키려고 노력한다. 즉, 그러한 제품이 사람들의 특정된 욕구를 충족시켜줄 수 있다고 선전한다. 여기에서 우리가 유의하여야 할 점은 마케팅 활동을 통하여 사람들의 욕구를 창출할 수 있는 것은 아니고, 사람들의 욕구가 존재하기 때문에 마케팅 활동이 가능하다는 것이다. 그러나, 마케팅 활동을 통하여 인간의 욕망을 창조할 수는 있다.

판매자가 인간의 욕구와 욕망을 혼동하는 경우가 흔히 있는데, 예컨대 화장품 회사에서 고객이 화장품을 필요로 하고 있다고 생각할지 모르나 고객이 진실로 원하는 것은 미(美)를 간직하려하는데 있다. 이러한 의미에서 진정한 의미의 제품이란 제품 그 자체가 아니라 고객이 제품을 사용함으로써 얻게 되는 만족이라고 이야기할 수 있다.

또 다른 화장품이 출현하여 품질이 우수하고 가격이 저렴하다면 고객들은 새로운 욕망을 지니게 되겠지만, 그들의 기본적인 욕구는 동일하다. 생산자가 고객이 현재 지니고 있는 욕망에만 관심을 갖게 된다면 그러한 욕망의 배후에 놓여 있는 고객의 욕구를 알지 못하게 되며, 제품 자체는 고객이 지니고 있는 문제를 해결하기 위한 수단에 불과하다는 사실을 잊게 되기 쉽다.

그런데 인간의 욕망은 매우 다양하고 누구나 그러한 욕망을 전부 충족시킬 수는 없다. 인간은 자신이 보유하고 있는 소득, 시간 그리고 정력 등의 자원이 유한하므로 획득이 가능한 것 중에서 선택해야 하고, 그렇게 함으로써 만족을 느끼게 된다. 인간이 어떤 목적물을 구매할 수 있거나 구매할 의향이 있을 때, 또는 그러나 욕망을 지닐 때, 비로소 인간의 욕망은 **수요**(demand)가 된다. 우리는 쌀이나 석유와 같은 제품의 1년간 수요를 예측하고 있는 것을 알고 있다. 그러나, 모든 제품의 수요가 불안정한 경우를 우리는 흔히 보고 있다. 어떤 제품의 경우에는 소비자들이 소비하는데 싫증을 느끼고 변화를 바라는 때가 있고, 가격이나 소득이 변화함에 따라 제품 구매계획이 변경되기도 한다.

2. 제품 및 서비스

인간의 욕구와 욕망, 그리고 수요가 존재한다는 것은 곧 제품의 존재가 필요함을 시사한다. 일반적으로 인간의 욕구와 욕망을 충족시킬 수 있는 것이면 무엇이든지 **제품**(product)이라고 할 수 있다.

어떤 여성이 자신의 외모를 예쁘게 보일 필요가 느끼고 있다면, 이 여성의 욕구를 충족시켜줄 수 있는 제품에는 화장품이나 옷, 미용체조나 수영, 미용사의 서비스, 성형수술 등 여러 가지가 있을 수 있다. 그에게는 이 모든 제품이 필요하지만 모두 똑같이 바람직하지는 않을 것이다. 쉽게 구할 수 있거나 주어진 소득으로 구입할 수 있는 제품, 예컨대 화장품이나 의류 등을 구입하거나 새로운 헤어스타일을 찾아 미용실에 갈 것으로 생각된다. 제품이 실물이 아닌 경우에도 인간의 욕구를 충족시킬 수 있는 것이면 모두 제품이라고 하는데, 예컨대 사람, 장소, 기관 또는 조직체, 활동, 아이디어 등도 제품이 될 수 있다. TV 프로그램 중에도 어느 연예인이 출연하는 프로그램을 시청할 것인가, 휴가는 어느 곳에서 보낼 것인가. 신자인 경우 어떤 교회에 나갈 것인가, 또 선거기간 중 여러 정당 중에서 어느 정당의 후보를 지지할 것인가 등 모든 선택의 대상물을 제품으로 간주할 수 있는 이유는 그것들을 원하는 사람들에게는 모두 가치가 있기 때문이다.

많은 기업들이 자신들이 생산하고 있는 제품을 고객들이 사용함으로써 얻게 되는 혜택보다는 제품 그 자체에 집착하고 더 많은 관심을 기울이는 오류를 범할 경우가 흔히 있다. 그들은 자신들을 고객의 욕구를 해결해 주기보다는 하나의 제품을 판매하는 존재로 본다. 예컨대 컴퓨터 제조회사에서는 고객이 PC를 필요로 하고 있다고 생각할지 모르나, 고객이 '실제로' 필요로 하는 것은 '정보'이다. 이러한 기업은 '근시안적 마케팅'(marketing myopia)에 몰입되기 쉽다. 즉, 제품 그 자체에 집착함으로써 기존의 욕망에만 초점을 두고 고객이 지니고 있는 배후의 욕구를 파악하지 못할 수가 있는 것이다.[3] 다시 말하면 이 기업은 제품이 단순히 고객의 문제를 해결해 주는 수단에 불과하다는 것을 망각하고 있다. 고객의 욕구를 보다 잘 충족시켜 주거나 값싸게 구입할 수 있는 신제품이 출현하게 되면, 그러한 기업은 난관에 봉착하게 될 것이다. 또한 동일한 욕구를 지니고 있는 고객이라면 새로운 제품을 원하게 될 것이다.

---

[3] Theodore Levitt, "Marketing Myopia", *Harvard Business Review*, July-August 1960, pp.45-56.

3. 가치, 만족 및 품질

소비자들은 자신의 특정된 욕구를 충족시켜줄 수 있는 제품과 서비스에는 여러 가지가 있음을 알고 있다. 이들은 그 많은 제품과 서비스가 제공하고 있는 가치에 대한 인식을 토대로 구매결정을 내린다.

고객가치(customer value)란 고객이 하나의 제품을 소유하여 이용함으로써 얻게 되는 가치와 그러한 제품을 획득하는데 소요되는 비용과의 차이를 말한다. 예컨대 고객들이 특정된 택배회사를 자주 이용하고 있다면, 그 주된 이유는 안전한 포장과 신속한 배달이라는 혜택이 있기 때문일 것이다. 고객에 따라서는 특정된 택배회사의 명성이나 이미지와 같은 가치를 향유하기 위하여 이용할 수도 있다. 고객들은 소포를 보내고자할 때, 이러한 여러 가지 가치와 비용을 비교하여 가장 커다란 가치를 제공하는 택배회사를 선정할 것이다.

고객들은 제품의 가치와 비용을 정확하게 비교하거나 객관적으로 판단하지 못할 경우가 흔히 있다. 고객들은 자신들이 '인식하고 있는' 가치에 따라 행동한다. 예컨대 어느 특정된 택배회사에서 실제로 신속하고도 신뢰할 수 있는 배달업무를 수행하고 있다면, 고객들에게 더 비싼 요금을 부과할만한 가치가 있는 서비스를 제공하고 있는가의 문제가 제기된다. 만일 그러하다면 이 택배회사는 경쟁자의 요금이 싸다고 하더라도 높은 시장점유율을 차지할 가능성이 있을 것이다.

고객만족(customer satisfaction)은 구매자의 기대에 비한 가치를 전달하는데 있어 그가 인식하고 있는 제품의 성능에 달려있다. 만일 제품의 성능이 고객의 기대에 못미친다면 그는 불만을 갖게 된다. 만일 성능이 기대와 일치한다면 고객은 만족을 느낄 것이고, 성능이 기대를 초과한다면 더 많은 기쁨을 느낄 것이다. 마케팅 능력이 뛰어난 기업들은 모든 역량을 경주하여 고객들의 만족을 계속 유지하려한다. 고객들은 만족을 느끼게 되면 반복구매를 하게 되고, 제품에 대한 그들의 경험을 타인들에게 전달한다. 보다 뛰어난 기업들은 자신들이 제공할 수 있는 것만을 약속함으로써 고객들을 즐겁게 해주려할 뿐만 아니라 자신들이 약속한 것 이상의 것을 고객들에게 전달하고자 한다.

고객만족은 품질과 밀접한 관련이 있다. 근래에 이르러 많은 기업들이 **총체적 품질관리**(total quality management: TQM) 제도를 채택하고 있는 바, 그 목적은 제품의 품질과 서비스 및 마케팅 과정을 지속적으로 개선하는데 있다. 품질은 제품의 성능에 직접적으로 영향을 미치며, 이에 따라 고객만족에도 영향을 미친다.

품질이란 좁은 의미에서 본다면 '결점이 없는 것'으로 정의할 수 있으나, 고객지향적인 기업들은 대부분 이러한 좁은 의미를 초월하여 고객만족으로 정의하고자 한다. 좀더 구체적으로 말한다면 고객이 특정된 제품을 선호하지 않을 경우, 이것이 곧 결점이 있는 것으로 본다. 미국 품질관리협회(American Society for Quality Control)에서는 품질을 '고객의 욕구를 충족시켜줄 수 있는 제품이나 서비스의 총체적 특성'인 것으로 정의하고 있다. 고객에 초점을 두고 있는 이러한 정의를 보면, 어느 기업이든지 문제의 제품이나 서비스가 고객의 기대를 충족시키거나 초과할 경우에만 총체적 품질을 달성할 수 있음을 시사하고 있다. 따라서 오늘날의 총체적 품질운동의 기본적 목적은 '총체적 고객만족'에 있다고 할 수 있다. 품질은 고객의 욕구에서 시작하여 고객만족으로 종결된다. 이러한 고객만족, 가치 및 품질에 대해서는 제2장에서 보다 상세하게 다루게 될 것이다.

4. 교환, 거래 및 관계

마케팅의 개념을 규정하는데 지금까지 언급한 인간의 욕구와 욕망이 존재한다는 것과 그것을 충족시킬 수 있는 제품과 수요가 존재한다는 것만으로는 충분한 조건이 되지 못한다. 마케팅은 교환을 통하여 욕구와 욕망을 충족시킬 것을 사람들이 결정할 때 그 의의가 있다. 여기에서 **교환**(exchange)이란, 어느 한 사람이 다른 사람에게 무엇인가를 내가로 제공하고 그로부터 원하는 물건을 획득하는 행위를 말한다. 이러한 교환을 달성하는 방법에는 여러 가지가 있다. 첫째, 자가생산하는 방법이 있다. 인간을 굶주릴 때 스스로 수렵이나 고기잡이 등을 통하여 배고픔을 면할 수 있는데, 이때는 타인과의 접촉이 필요하지 않으며 시장 혹은 마케팅이란 개념은 존재하지 않는다. 둘째, 강요하는 방법으로서 이는 어느 편에도 이익이 되지 않는다. 셋째, 간청하지만 그 대가로 상대방에게 제공하여 줄 것을 가지고 있지 않은 경우이다. 마지막으로 교환이라는 방법이 있다. 굶주린 사람이 화폐 또는 여타의 상품이나 서비스와 같은 자원을 교환조건으로 먹을 것을 얻는 경우이다.

인간의 욕구를 충족시킬 수 있는 이러한 여러 가지 방법 중에서 교환이 가장 이상적이라고 하겠다. 특정된 제품을 원하는 사람은 구걸이나 약탈과 같은 방법을 이용할 필요가 없으며 그가 필요로 하는 모든 것을 전부 생산할 필요가 없기 때문이다. 다만 다른 사람에 비하여 우월한 기술로 우수한 제품을 생산하여 교환하는데 주력하면 되는 것이다. 이와 같이 사회의 각 구성원이 제품생산의 전문화를 기하게 되면 다른 어떤 방법보다도 최대로 생산을 할 수 있다. 그러나, 생산의 전문화가 이루어진다고 하여 교환을 통해 제품이 제대로 분배된다는 보장이 없다. 교환이 실제로 발생하려면 다음과 같은 조건이 충족되어야 한다. 첫째, 최소한 2인 이상의 당사자가 존재하고, 둘째,

각자가 상대방에게 가치가 있는 것을 보유하고 있고, 셋째, 상호간에 의사소통과 배달의 능력이 있어야 하며, 넷째, 각자는 서로의 제의를 승낙하거나 거부할 수 있는 자유가 있어야 한다. 이상의 네 가지 조건이 충족된다면 교환이 가능하며, 실제로 교환이 발생할 수 있는가의 여부는 그러한 교환조건에 대하여 양자가 합의하느냐에 달려 있다. 합의에 도달하게 되는 경우, 교환을 통하여 양자가 이익을 보거나 또는 최소한 손해를 입지 않게 된다고 이야기할 수 있다. 이러한 의미에서 교환은 가치를 창조하는 과정이라고 할 수 있으며, 생산이 가치가 있는 것을 창조하는 것과 마찬가지로 교환도 소비의 가능성을 확대함으로써 가치를 창조할 수 있다. 어떤 의미에서는 이 교환의 개념이 마케팅의 핵심을 이룬다고 이야기하기도 한다.[4]

교환이 마케팅 활동에서 핵심적인 개념을 차지하고 있다면 그러한 활동을 측정할 단위를 **거래**라고 하며, 이러한 거래에는 물물교환거래와 화폐거래가 있다. 화폐거래는 화폐가 반드시 수반되는 것은 아니며 화폐 이외의 매개물을 이용하는 경우도 화폐거래라 한다. 거래가 발생하려면 최소환 두 가지의 가치가 있는 것이 존재하고, 거래조건에 당사자가 합의하여야 하며, 합의시기와 장소가 결정되어야 한다.

한편, 거래와 증여를 구분할 필요가 있는데, 증여라 함은 예컨대, A가 B에게 X를 주는 대신 명백한 대가를 받지 않는 것을 말한다. 예컨대, 선물이나 보조금, 의연금 등이 이에 속한다. 여기에서 마케팅은 거래에만 관심을 기울이고 증여는 관계가 없다고 오해할 수가 있다. 그러나, 좀 더 깊이 생각하여 보면 증여행위도 교환의 개념이 개재됨을 알 수 있다. 홍수로 인하여 수재의연금을 모금하는 경우, 헌금한 사람들은 사회에 공헌하고 있다는 자부심을 갖고 싶어할 경우도 있으며 주위로부터 호의적인 반응을 기대하기도 한다. 그러므로, 모금운동을 전개하는 사람들은 이러한 기부자에게 감사의 뜻을 표할 필요가 있으며 그렇지 않은 경우, 차후에 기부자들의 태도가 냉담해질 수 있다. 이와 같이 근래에 이르러 기부행위뿐 아니라 증여행위와 같은 것도 넓은 의미의 교환개념에 포함시킴으로써 마케팅의 개념도 확대되게 되었다.

다른 한편 거래마케팅은 보다 넓은 의미의 **관계마케팅**(relationship marketing)이라는 개념의 일부에 속한다. 마케팅 담당자는 단기적인 거래를 창출하는 범위를 넘어서 가치가 있는 고객들과 유통상 및 공급자들과 장기적인 유대관계를 구축할 필요가 있다. 그는 양질의 제품과 서비스 및 공정한 가격을 약속하고 이를 지속적으로 제공함으로써 강력한 경제적 내지 사회적 유대를 구축

---

[4] 마케팅을 하나의 교환과정이라고 보는 내용은 다음의 글을 참조할 것. Franklin S. Houston and Jule B. Gassenheimer, "Marketing and Exchange," *Journal of Marketing*, October, 1987, pp.3-18; and Richard P. Bagozzi, "Marketing as Exchange," *Journal of Marketing*, October, 1975, pp.32-39.

하고자 한다. 근래에 이를수록 마케팅 분야에서는 개별 거래마다 이익을 극대화하려하기 보다는 소비자들은 물론 여타 이해관계 당사자들과 상호이익이 되는 관계를 구축하는데 더 많은 노력을 기울이고 있다. 기업의 입장에서는 사실상 마케팅 네트워크라고 하는 하나의 특수한 자산을 축적하고자 한다. '마케팅 네트워크'(marketing network)는 문제의 기업과 이를 지원하고 있는 모든 이해관계 당사자들(고객, 종업원, 원료 및 부품 공급자, 유통부문 종사자, 광고대행사 및 상호이익을 거둘 수 있는 거래관계를 갖고 있는 여타 당사자들)로 구성된다. 오늘날에는 동종기업간의 경쟁이 이루어지기보다는 총체적인 네트워크간의 경쟁이 이루어지는 경향이 있으며, 보다 우월한 네트워크간의 경쟁이 이루어지는 경향이 증가하고 있고, 보다 우월한 네트워크를 구축하고 있는 기업이 유리한 위치에 있게 된다.

5. 시장

거래가 발생하려면 필연적으로 시장의 존재가 필요할 것이다. 여기에서 **시장**이라 함은 '하나의 제품을 실제로 구매하거나 구매할 가능성이 있는 모든 사람'들을 총칭하는 것으로 해석하고자 한다.[5] 시장의 성격을 이해하기 위하여 원시사회의 경제를 예로 들어보자. 원시사회에서 어부, 도공, 사냥꾼 그리고 농부 등 네 명이 있다고 가정하자. 그림 1-2에서 이들이 자신의 욕구를 충족시킬 수 있는 방법에는 세 가지가 있음을 보여주고 있다. 첫번째의 경우는 자급자족하는 것으로 각자가 사회에 필요한 상품을 스스로 생산하여 소비하여야 한다. 그러므로, 어부는 고기를 잡는 일뿐만 아니라 사냥과 농사, 그리고 그릇을 만드는 일까지 하여야 한다. 그러나, 사냥이나 농사는 고기를 잡는 일보다 능숙하지 못할 것이며 다른 사람의 경우도 마찬가지일 것이다. 두 번째의 경우는 교환이 분화됨으로써 각자가 다른 사람들이 자기의 상품을 구입할 가능성이 있는 구매자로 간주하여 시장이라는 개념이 형성된다. 어부는 필요한 상품을 자기의 것과 교환하기 위하여 도공(陶工), 사냥꾼 그리고 농부를 각각 별도로 찾아가야 한다. 세 번째는 교환이 집중하는 현상을 보여주고 있다. 여기에서는 상인이라는 새로운 사람이 개재하여 네 사람이 필요로 하는 것을 얻기 위하여 나머지 세 사람과 각기 별도로 거래하지 않고 단 하나의 시장과 거래하면 된다. 이와 같이 상인이 개재하게 되면 필요한 거래량을 대폭 감소시킬 수 있음을 알 수 있다. 다시 말하면, 상인과 시장은

---

[5] 본서에서는 시장의 의미를 두 가지로 사용하고 있다. 그 하나는 특정 제품을 실제로 구매하거나 구매할 가능성이 있는 모든 사람 또는 집단을 총칭하며(영어로는 market), 또 하나의 의미는 거래가 이루어지는 장소(market place)를 말한다. 그러나 특별히 명시하는 경우를 제외하고는 전자를 의미하는 것으로 독자는 이해하기 바란다.

그림 1-2 교환과정의 변화

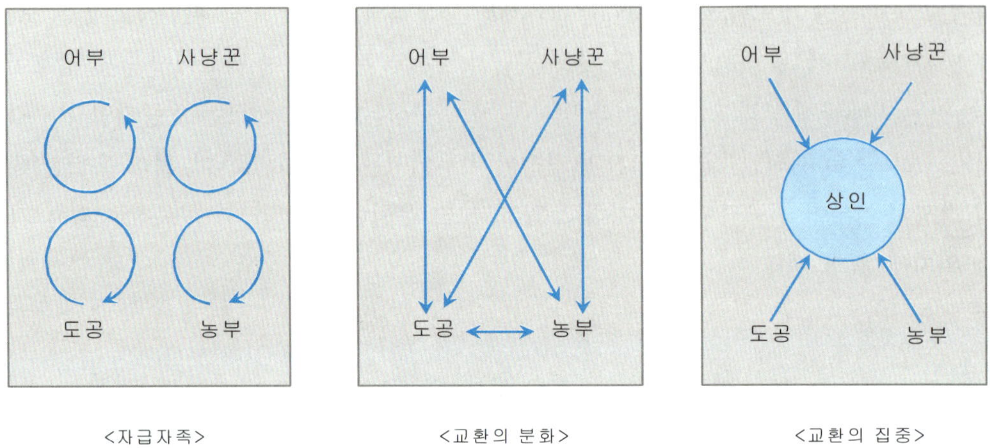

경제에서의 거래효율을 높이는 역할을 한다.

인구와 거래의 증가로 상인이나 시장의 수도 증가하게 되고 사회가 발전함에 따라 시장의 개념도 바뀌어 판매자와 구매자가 접촉하게 되는 특정된 장소만을 뜻하지 않게 되었다. 오늘날 통신수단의 발달로 인하여 구매자는 TV나 신문 등의 광고를 통하여 제품을 알게 되고, 이에 따라 판매자와 직접 접촉하지 않고도 전화나 인터넷으로 주문하여 판매자는 적절한 운송수단을 통해서 배달할 수 있게 되었다. 하나의 시장은 제품이나 서비스 등 기타 가치가 있는 것을 중심으로 형성될 수 있다. 예컨대, 노동의 대가로 임금이라는 제품을 획득하려고 하는 시장이 그것이다. 노동시장의 기능을 돕기 위하여 그 주변에는 여러 기관이 존재하게 되며 정부의 노동감독기관, 구직광고를 대행하거나 직업에 대한 상담을 전문적으로 다루는 기업 등이 그러한 예에 속한다. 개인이나 기관이 필요한 자금을 빌려주거나 빌리기 위하여는 자금시장 또는 금융시장을 필요로 하게 된다.

현대경제는 분업의 원리를 토대로 작동되고 있다. 여기에서 각 개인은 무엇인가를 생산하는데 전문적으로 종사하여 일정한 대가를 받아 필요한 것을 구입한다. 따라서 현대경제에는 수많은 시장이 존재한다. 생산자들은 자원시장(원료시장, 노동시장 및 금융시장 등)에서 필요한 자원을 구입하여 상품과 서비스를 생산하고, 이를 중간상들에게 판매한다면 이들은 궁극적으로 소비자들에게 판매한다. 소비자들은 자신들의 노동력을 팔아, 그 대가로 받은 소득으로 자신들이 구매할 필요가 있는 상품과 서비스에 대한 대금을 지불한다. 또 하나의 주요 시장으로서 여러 가지 역할을 수행하고 있는 것으로 정부를 들 수 있다. 정부는 자원시장, 상품시장 및 중개시장 등으로부터 여러 가지 재화를 구입하고 대가를 지불한다. 또한 소비자시장을 포함하여 이러한 시장들에 대하여 세금을 부과하는 대신에 필요한 공공서비스를 제공한다. 따라서 한 국가의 경제와 세계경제는 교환과정을 통하여 복잡하게 연결되어 있으면서도 상호작용하고 있는 시장들로 구성되어 있다.

마케팅 담당자의 목표는 특정된 시장의 필요와 욕구를 파악하여 그가 가장 훌륭하게 봉사할 수 있는 시장을 선정하는데 있다. 그는 이러한 시장을 구성하고 있는 고객들을 위하여 가치와 만족을 창출할 제품과 서비스를 개발할 수 있어야 한다.

6. 마케팅

지금까지 마케팅을 이해하기 위한 기초적인 개념들을 살펴보았는데, 이제 마케팅을 총체적으로 이해할 수 있는 단계에 이르게 되었다. 즉, 마케팅이란 시장과 관련하여 발생하는 인간활동을 말하며, 이것은 곧 인간의 욕구와 욕망을 충족시킬 것을 목적으로 하는 가능한 교환을 실현하려고 하는 것을 뜻한다. 따라서, 마케팅이란 '교환과정을 통하여 인간의 욕구와 욕망을 충족시키기 위한 활동'이라고 요약할 수 있다.

교환과정에는 판매자뿐 아니라 구매자의 활동도 포함된다. 판매자는 구매자를 찾아 그들의 욕구를 파악하여 이에 적합한 제품을 설계하고 촉진활동을 전개하며 보관과 수송, 그리고 협상을 하는 일 등이 필요하다. 이러한 일들이 마케팅의 핵심적인 활동을 구성하게 되며, 그러한 일들을 각각 제품개발, 조사업무, 촉진활동, 유통, 가격결정 그리고 기타의 서비스 활동으로 분류한다. 한편, 마케팅이라 하면 판매자의 활동만을 연상하기 쉬우나 구매자도 마케팅 활동을 수행하고 있다. 어느 주부가 그가 지불하려고 하는 가격으로 특정된 상품을 구매하려고 필요한 정보를 찾는다면, 이것이 곧 마케팅 활동에 종사한다고 이야기할 수 있다. 구매자가 하나의 상품을 구매하려는 경우, 수요가 공급을 초과하여 판매자에게 유리한 조건을 제시하지 않으면 안될 경우가 있다. 이때 구매자가 보다 적극적으로 활동하게 되는 경우에는 판매자 시장(seller's market)이라 하고, 반대로 공급이 수요를 초과하여 판매자가 적극적으로 마케팅 활동을 수행하여야 하는 경우를 구매자 시장(buyers' market)이라고 한다.

그림 1-3은 현대 마케팅 시스템에서의 주요 구성요소들을 보인 것이다. 마케팅 활동이란 보통

경쟁자들과 함께 최종 이용자들로 구성되는 시장을 대상으로 삼는다. 특정된 기업이나 경쟁자들은 각기 자신들의 제품과 메시지를 소비자들에게 직접적으로 전달하거나 마케팅 중개자들을 통하여 전달하고 있다. 이러한 시스템 내에서 종사하고 있는 기구들은 여러 가지 주요 환경적 요인들(인구, 경제, 기술, 정치 내지 법률 및 사회문화적 요인들)에 의하여 영향을 받는다.

시스템 내에서의 각 당사자는 다음 단계의 종사자를 위하여 부가가치를 창출한다. 따라서 어느 기업의 성공 여부는 자신의 활동에 달려있을 뿐만 아니라 전체 시스템이 최종 소비자들의 욕구를 충족시키는데 얼마나 잘 작동되고 있는가에 달려있다. 예컨대 할인점의 경우, 공급자들이 저렴한 비용으로 상품을 공급하지 않는 한, 소비자들에게 저렴한 가격으로 판매할 수는 없을 것이다.

7. 사회적 과정 내지 관리과정

앞에서 언급한 마케팅의 두 번째 정의에서 마케팅을 하나의 사회적 과정(social process) 내지 관리과정(managerial process)이라고 하였다. 마케팅을 사회적 과정이라고 보는 이유는 무엇인가? 마케팅은 영리를 추구하는 기업에서 발전하기 시작하여 오늘날에는 비영리기관에까지 확대 응용되고 있다. 비영리기관에서도 마케팅의 개념을 응용하는 경향이 높아짐에 따라 교환의 개념도 두

그림 1-3 현대 마케팅 시스템에서의 주요 구성분자

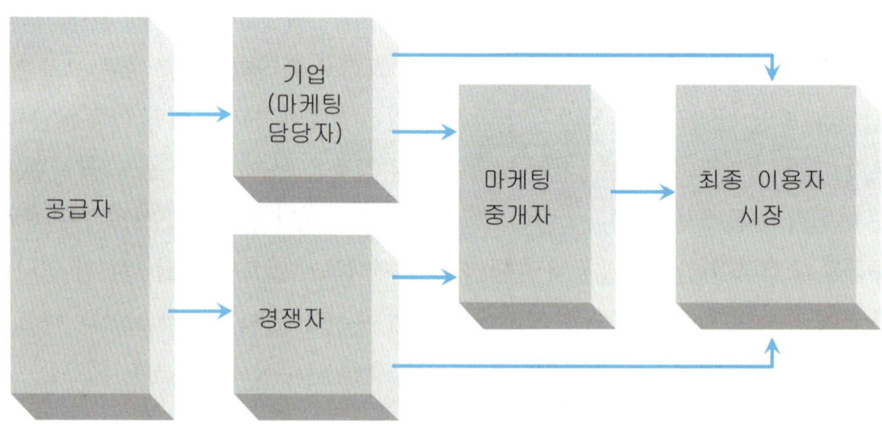

당사자간의 경제적 행위에 국한하지 않고 앞에서 언급한 증여나 기부행위에서 나오는 만족감이나 기대를 얻는 것과 같이 넓은 의미로 해석할 수 있다.

교환의 개념을 이와 같이 확대 해석하면 기업은 물론 한 사회의 모든 조직이나 구성원들이 마케팅 활동에 종사한다고 할 수 있다. 이러한 의미에서의 마케팅을 **사회적 마케팅**(social marketing)이라고 하며 마케팅이 사회에서 보편적으로 그 기능을 수행하고 있음을 시사하고 있다.

제2절 마케팅 관리와 이념

일반적으로 마케팅 관리자는 제품에 대한 수요를 자극하거나 창출하는 것이 주임무라고 인식하고 있다. 그러나, 이것은 마케팅 관리자의 과업범위를 지나치게 좁게 보고 있는 것이다. 마케팅 관리자는 수요를 창출하거나 증가시킬 뿐 아니라 수요를 변경하거나 감소시키는 일도 수행하여야 할 책임도 있다. 따라서, 마케팅 관리란 기업의 목적을 달성하기 위하여 수요의 수준을 조절하는 것은 물론 조절할 시기를 결정하고 수요의 특성을 파악하는 것을 과업으로 하고 있다. 이러한 경우, 마케팅 관리자가 수행하여야 할 과업은 그러한 제품에 대한 수요를 일시적으로나 영구적으로 감소시킬 방법을 찾는데 있다. 이러한 마케팅 관리자가 수행하여야 할 과업은 그러한 제품에 대한 수요를 일시적으로나 영구적으로 감소시킬 방법을 찾는데 있다. 이러한 마케팅 과업을 **역마케팅**(demarketing)이라고 한다. 이러한 역마케팅의 한 방편으로서 가격을 인상한다거나 서비스를 감소시키는 방법 등을 생각할 수 있다. 그렇다고 수요를 완전히 소멸시킨다는 것은 아니고 이를 감소시키는데 주목적이 있다.

이와 같이 마케팅 관리는 기업의 목표를 달성하는데 도움이 되도록 하기 위하여 수요의 수준과 발생시기 및 그 성격에 영향을 미치고자 하는데 그 의의가 있으며 간단히 요약하자면, 마케팅 관리는 곧 수요관리라고 할 수 있다. 여기에서 우리는 **마케팅 관리**(marketing management)의 개념을 '한 조직체가 목적을 달성하기 위하여 표적시장과 상호 유익한 교환관계를 형성하고 유지하기 위한 프로그램을 입안하고, 분석하여, 계획하고, 실행하며, 통제하는 것'을 의미하는 것으로 정의하고자 한다.

수요를 관리한다는 것은 곧 고객들을 관리한다는 것을 의미한다. 한 기업의 수요는 신규고객들과 반복고객들이라는 두 개의 집단에서 나온다. 전통적으로 마케팅 이론이나 실무면에서는 신규고객들을 유인할 수 있는 전략을 개발하고 그들과의 거래를 창출하는데 초점을 두었으나 오늘날에는 그러한 차원을 넘어 기존의 고객들은 계속 '유지'하고 그들과의 지속적인 '관계'를 구축하는데 더 많은 관심을 기울이고 있다.

고객들을 계속 유지하는데 더 많은 관심을 기울이는 이유는 무엇인가? 과거에 경제가 확대되고 시장이 급격하게 성장하였던 시대에는 신규고객들을 창출할 수 있었고 기존의 고객들을 상실하는 문제에 대해서 그다지 관심을 기울이지 않아도 되었다. 그러나 오늘날에는 상황이 많이 바뀌고 있다. 인구 증가율의 감소, 경제 성장률의 둔화, 새로운 경쟁자의 계속적인 출현 및 다수 산업에서의 과잉시설 발생 등은 기업이 차지할 수 있는 신규고객의 범위가 점차 줄어들고 있음을 의미한다. 오늘날 많은 기업들이 정체되거나 감소하고 있는 시장의 점유율을 놓고 치열한 경쟁을 벌이고 있다. 따라서 신규고객들을 유치하는데 소요되는 비용은 점차 증가하고 있다. 이와 더불어 기업들은 한 명의 고객이라도 상실하는 것이 항구적으로 자신의 제품에 대한 고객의 선호도와 총체적 구매의 상실을 의미한다는 것을 인식하게 되었다. 기업은 특정된 거래에서는 손해를 볼 수 있지만 고객과의 장기적 관계에서는 커다란 이익을 볼 수가 있다. 고객유지의 핵심은 보다 우월한 고객가치와 만족을 창출하는데 있다.

마케팅 관리가 표적시장을 상대로 교환의 목적을 달성하기 위하여 의식적으로 노력하는 것이라고 한다면 그러한 마케팅 활동을 위한 지침이 될 철학내지 이념은 무엇인가? 흔히 기업과 소비자, 그리고 사회 전체 간에는 이해관계가 상충될 경우가 많다. 이러한 경우, 기업은 어디에 중점을 두고 마케팅 활동을 전개하여야 할 것인가를 결정하지 않으면 안 된다. 다시 말하면, 기업과 소비자, 그리고 사회 전체의 상호 이익을 도모하고 상호간의 이해관계를 조정하기 위한 마케팅 이념내지 철학이 무엇인가를 명확하게 규정하고 이에 따라 마케팅 과업을 수행하여야 할 필요가 있다. 이러한 마케팅 이념 내지 철학은 다음과 같은 다섯 가지로 나누어 생각할 수 있다.

1. 생산개념(production concept)

이 개념에 의하면 소비자는 주어진 소득으로 그가 원하기만 하면 구입할 수 있는 제품을 언제든지 항상 선호하리라는 것과, 따라서 생산방법을 개선하고 유통효율을 제고하는 것이 경영관리의 최우선 과제라고 믿는 것이다. 이러한 개념은 판매자들에게 가장 오랜 지침이 되어오고 있으며, 다음과 같은 전제하에서 출발한다.

① 소비자들은 제품을 쉽게 구입할 수 있는가, 그리고 가격은 저렴한가에 주로 관심을 기울인다.

② 소비자들은 경쟁제품 또는 경쟁상표의 가격을 알고 있다.

③ 소비자들은 동일한 제품부류 내에서 가격 이외에는 제품의 차이에 대하여 중요하게 생각하지 않는다.

④ 고객을 유치하고 유지하려면 제품을 개량하고 유통효율을 높이는 동시에 비용을 절약하는 것이 중요하다.

이러한 생산개념은 제품의 수요가 공급을 초과하거나 제조비용의 상승으로 시장을 확대할 필요가 있는 경우에 적절한 경영철학이다. 수요가 공급을 초과하는 경우, 소비자들은 어떤 방법으로든 자신이 원하는 제품을 구입하고자 할 것이며, 일반적으로 개발도상국가의 기업들은 생산하기만 하면 판매할 수 있는 위치에 있는 경우가 많기 때문에 생산증가에만 더 많은 노력을 기울이는 경향이 있다. 한편, 치열한 경쟁 속에서도 시장확대에 최우선적으로 중점을 두는 산업으로서 자동차나 전자제품, 컴퓨터 산업, 반도체 산업 등을 그 예로 들 수 있다. 이러한 산업의 특징은 일정한 규모의 경제를 필요로 하며, 이를 달성하지 못하면 비용절감이 불가능함으로 인하여 경쟁에서 도태되기 쉽다. 이러한 산업에서는 시장을 개척하기 위하여 대량생산과 저가격이라는 정책을 내세워 급속도로 성장하려는 시도를 한다. 또한 대량생산을 통하여 비용절감을 위한 노력을 기울임으로써 생산성을 제고시키고 기술개발에도 많은 투자를 한다. 이와 같이 비용을 절감하려는 노력은 곧 가격인하와 시장점유율을 확대하기 위한 수단이며, 따라서 그러한 지침 하에서 회사를 경영한다면 동일 종류의 제품시장에서 우위를 점하기 쉽다.

2. 제품개념(product concept)

이것은 판매자에게 지침이 될 또 하나의 이념 내지 철학으로서 소비자들이 동일한 가격으로 판매되는 제품 중 질이 좋은 것을 선호하게 된다는 것, 따라서 기업은 제품의 질을 향상시키는데 노력하여야 한다는 경영철학이다. 이러한 제품개념은 다음과 같은 사항들을 전제로 한다.

① 소비자들은 욕구를 해결하기 위하여 반드시 제품을 구입하는 것은 아니다.

② 소비자들의 주요 관심은 제품의 질에 있다.

③ 소비자들은 특정 제품이나 상표가 경쟁자의 것에 비하여 어떤 특성이나 차이가 있다는 것을 알고 있다.

④ 소비자들은 여러 경쟁제품 가운데 질이 제일 좋은 것을 선택한다. 그것은 소비자의 소득이 제한되어 있기 때문이다.

⑤ 따라서 제품의 질을 향상시키는 것만이 고객을 유치하고 유지하는 최선의 방법이다.

예컨대, 어느 기업에서 성능이 좋은 쥐덫을 발명하였다고 하자. 사람들은 쥐덫에 대해서 즉시 흥미를 갖게 되지 않을 것으로 생각된다. 왜냐하면, 보통 새로 개량된 제품에 대한 지식을 자동적으로 얻게 되지 않으며, 제품이 사실상 우수하여 그만한 가격을 지불할 의사가 있는지 아직 모르기 때문이다. 그러므로, 제품에 관심을 가질 수 있는 디자인과 포장, 적정한 가격결정, 그리고 적정한 유통경로의 개발과 선택이 필요하며, 관심있는 사람들의 호기심을 불러 일으켜 제품의 품질이 우수하다는 점을 확신시키려는 노력이 필요하다. 또한 사람들이 그러한 제품을 원하고 있는가를 파악하여야 하고, 그렇지 않을 경우에는 다른 해결책도 고려하여야 할 것이다. 흔히 제품개념에 집착하고 있는 기업에서는 자사제품에 대하여 지나치게 자신감을 갖고 마케팅의 기능은 고객들에게 단지 자기 제품이 최상의 것임을 보여주는 것 뿐 이라고 생각하기 쉽다. 즉, 제품개념에 집착하면 근시안적 마케팅 사고를 지니게 되기 쉽다. 예컨대, 레빗(Theodore Levitt)교수에 의하면, 오늘날 미국의 철도산업이 사양길에 접어들게 된 것은 과거에 철도산업을 경영하는 층에서 철도 이용객들이 수송수단이라기보다는 기차라고 하는 제품 자체를 원하고 있다고 생각하였고, 항공기나 트럭과 같은 대체 교통수단이 등장하여 기차에 도전하리라고 하는 점을 간과하였기 때문이라고 한다.[6]

3. 판매개념(selling concept)

이것은 소비자들에게 제품에 대한 관심을 불러일으키려는 노력이 없는 한, 소비자들은 제품을 구매하지 않으며, 구매하더라도 충분한 양을 구매하지 않을 것이라고 가정하는 개념이다. 이러한 판매개념의 전제조건은 다음과 같다.

① 소비자들은 보통, 꼭 긴요한 것이 아니면 대부분 제품을 구매하지 않는 경향이 있다.

[6] 주3) 참조.

② 판매를 자극할 수 있는 여러 가지 방안을 동원함으로써 보통의 경우보다 더 많이 구매하도록 소비자들을 유인할 수 있다.
③ 따라서 고객을 유치하고 유지하려면 강력한 판매지향적인 부서를 설치하는 일이 무엇보다 중요하다.

이러한 판매개념을 중시하는 기업에서는 제품이 구매되는 것이 아니라 팔리는 것이라고 가정한다. 보험회사의 경우, 사람들은 보통 보험의 필요성을 그다지 느끼지 않고 있다. 따라서 고객을 찾아 보험의 유용성을 들어 적극적으로 보험가입을 권유하여야 하는 일이 필요하다. 이때 발생하는 문제로서 보험가입을 생각하고 있는 사람들에게 즉석에서 가입하거나 구매하도록 설득하는 경우이다. 판매원이 소비자의 욕구를 충족시키려 하는 것은 2차적인 문제로 알고 단순히 판매만을 달성하기 위한 목적으로 구매를 강요한다면, 결과적으로 고객들은 그와 같은 설득을 믿지 않게 되고 시장을 상실하게 되는 결과를 초래하기 쉽다.

따라서 장기적인 안목에서 볼 때 판매개념을 실행에 옮겨 성공하려면 다음과 같은 전제가 필요하다

① 대부분의 소비자들은 판매원들의 활동이 매우 적극적이며 판매를 성공시키기 위하여 필요한 분위기를 조성하는 데에도 매우 능숙하다는 점을 알고 있다.
② 제품에 대하여 만족을 못 느끼는 소비자는 불만을 곧 잊게 되는 것이 보통이다.
③ 불만을 갖게 된 소비자는 그러한 사실을 타인에게 이야기하는 일이 적다.
④ 불만을 가진 소비자는 그러한 불만을 소비자보호운동기구와 같은 기관에 호소하는 일이 거의 없을 것이다.
⑤ 잠재적 고객은 얼마든지 있기 때문에 동일한 고객에 대하여 반복하여 판매하는 일을 걱정할 필요가 없다.

한편, 비영리기관에서도 판매개념을 원용하는 것을 볼 수 있다. 정당의 경우를 예로 들어보자. 어떤 후보자가 일단 선정되면, 지지자들은 그를 당선시키기 위하여 선거운동에 참가할 것이며, 가능한 한 그 후보자의 약점을 노출시키려 하지 않을 것이다. 왜냐하면, 운동원들의 목적은 판매성과를 얻는 것(득표)이 목적이고 구매 후(득표 후)에 투표자들의 만족 여부는 염려할 것이 못되기 때문이다. 당선된 후에도 당선자는 유권자들에 대해 판매개념의 입장을 취하기 쉽다. 대중이 원하고

있는 것이 무엇인가에 대하여 광범한 조사가 행해지지 않았을 때, 그가 소속된 정당이 원하는 정책을 대중이 받아들이도록 판매활동이 필요할 것이다.

4. 마케팅 개념(marketing concept)

이것은 교환이 시작된 역사로 보아 비교적 근자에 나타난 개념으로서 표적시장(target market)에서의 소비자의 욕구와 욕망을 발견하고, 그러한 욕구와 욕망을 보다 효과적으로 충족시킬 수 있는 기업조직을 정비하는 것이 기업의 핵심적인 과업이라고 생각하는 경영철학이다. 요컨대 기업의 목적이 제품을 개발하여 판매하는 것이라기보다는 소비자의 욕구를 발견하여 그것을 충족시키는 것이라는 개념이다. 이러한 마케팅 개념의 기본 전제는 다음과 같다.

① 소비자들의 욕구와 욕망에 따라 이들을 몇 개의 상이한 집단으로 구분할 수 있다.
② 소비자가 어느 집단에 속하든 간에 자신의 특정된 욕구와 욕망을 가장 잘 충족시켜줄 수 있는 제품을 선호한다.
③ 따라서 고객을 유치하고 유지하려면 표적시장을 조사하고, 표적시장에 대하여 효율적으로 제품을 제공하고 효과적인 마케팅 프로그램을 개발하는 것이 기업의 기본적인 과제이다.

이러한 마케팅 개념과 앞에서 언급한 판매개념은 서로 혼동하기 쉬운데, 레빗 교수는 다음과 같이 양자의 개념 차이를 비교 설명하고 있다.[7]

"판매개념에서는 판매자의 필요에 초점을 두고 있으며, 마케팅 개념에서는 구매자의 필요에 초점을 두고 있다. 판매자의 필요는 곧 제품을 현금화하는 것이며, 구매자의 필요에 초점을 두고 있다는 것은 제품의 개발과 생산, 배달 및 최종적인 소비과정 등 총체적인 수단을 통하여 고객의 욕구를 충족시킬 수 있는 방법을 찾는데 중점을 두는 것을 말한다."

두 가지 개념은 서로 상반되는 논리를 내세우고 있음을 알 수 있는데, 그림 1-4는 그 차이점을

[7] 주3)과 동일.

잘 보여주고 있다. 판매개념에서는 기존의 제품을 가지고 이익을 거둘 수 있는 만큼의 판매를 달성하고 이를 뒷받침할 수 있는 촉진활동을 전개하는 것이 기업의 기본적인 과제라고 생각한다. 그러나, 마케팅 개념을 지향하는 기업에서는 기업이 표적으로 삼고 있는 고객들의 욕구와 욕망이 무엇인가를 먼저 발견하여 그러한 욕구와 욕망을 충족시켜줄 수 있는 일련의 제품과 프로그램을 개발할 계획을 수립하고자 한다. 따라서, 이익이란 고객의 만족을 창조하는 것으로부터 나올 수 있다고 사고하는 철학이다. 요컨대, 마케팅이란 기업의 목적이 고객의 욕구와 욕망을 충족시켜주는데 있으며 그러한 욕구와 욕망을 충족시키려면 통합적인 마케팅 활동이 요구된다고 본다.

드락커는 이와 같은 두 가지 개념의 차이를 더욱 분명하게 구분하고 있다.[8] 그에 의하면, 판매개념과 마케팅 개념은 상호보완적이라기보다는 정반대의 개념으로서 판매개념에서는 판매활동이 항상 필요할 것으로 생각되지만, 마케팅 개념에서는 마케팅 활동을 정상적으로 전개하면 판매활동의 필요성은 자동적으로 소멸된다고 한다. 즉, 고객을 발견하여 그를 이해하고 그에게 적절한 제품이나 서비스를 제공할 수 있다면, 특별한 판매활동이 없이도 자연적으로 제품이나 서비스가 판매될 것이다. 그러므로, 이상적인 마케팅 활동을 수행하려는 기업은 제품을 구매할 의사가 있는 고

그림 1-4 판매지향적 이념과 마케팅지향적 이념의 비교

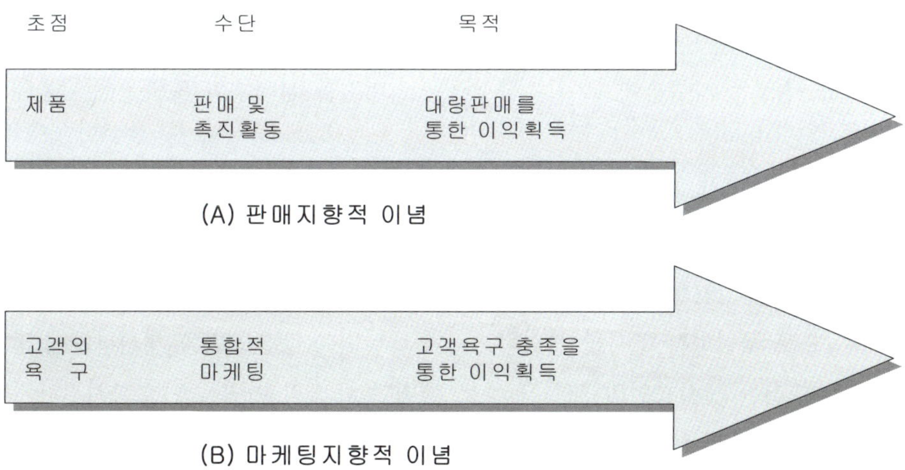

[8] Peter F. Drucker, *Management*: *Tasks, Responsibilities*, *Practices*(New York: Harper & Row, Pub., 1973).

객을 창조하고 그에게 필요한 제품을 언제나 준비하고 있어야 할 것이다.

고객의 욕구충족에 초점을 둔 이러한 마케팅 개념의 응용이 기업성공의 열쇠임은 세계적으로 알려져 있는 유명 기업에서도 많이 찾아볼 수 있을 뿐만 아니라, 중소기업에서도 필요불가결한 경영철학으로 점차 확대되고 있다. 대표적인 예로서, 우리나라에도 진출해 있는 햄버거 판매점인 맥도날드(McDonald's)의 경우를 예로 들어보자.

햄버거 소매점인 맥도날드사는 마케팅 개념을 응용한 대표적인 기업으로 알려져 있다. 세계적으로 약 50여개국에 2만여개의 소매점포를 거느리고 있고 경쟁사인 버거킹(Burger King)이나 웬디스(Wendy's)에 비해서도 판매고에 있어서 압도적으로 앞서고 있다. 그 비결은 물론 말할 필요도 없이 강력한 마케팅 지향성에 있다. 맥도날드사는 고객들에게 서비스를 제공하는 방법과 고객의 욕구변화에 적응하는 방법을 알고 있는 것이다. 맥도날드사는 독점판매권(franchise)을 판매함으로써 연쇄점을 확장하고 식당의 수를 급격히 증가시키는 정책을 취했다. 또한 점포내의 좌석을 늘리고 실내장식을 개선하며 아침식사 메뉴나 기타 새로운 식단을 추가로 제공하며 교통이 혼잡한 지역에 새로운 점포를 개설하는 등의 적극적인 확장정책을 취하여 왔다.

맥도날드사의 마케팅 철학은 Q. S. C. & V 즉, 품질(quality), 서비스(service), 청결(cleanliness) 그리고 가치(value)에 두고 있다. 고객들이 점포에 들어서게 되면 우선 청결한 분위기를 느끼게 되고, 친절한 종업원들의 안내를 받아 신속하게 햄버거를 배달받고, 즉석에서 식사하거나 또는 밖으로 가지고 나갈 수 있다. 10대들이 소란을 피우는 것을 기피하기 위해서 공중전화기 같은 것은 설치하지 않고 또 신문판매대도 설치하지 않는다. 또, 담배를 파는 자동판매기도 존재하지 않는다. 이러한 맥도날드 점포는 가족들이 모이는 장소라는 이미지를 심어주고 특히 어린이들에게 소구하는 정책을 취하고 있다.

맥도날드사는 고객에게 서비스를 제공하는 기법을 완전히 터득한 대표적인 기업의 하나로 꼽을 수 있는데, 그 이유는 본사에서 가맹점과 그 종업원들에게 점포운영과 고객에 대한 서비스에 관하여 철저한 교육을 시키는 프로그램을 가지고 있기 때문이다. 또한, 제품과 서비스의 질에 대해서 고객을 대상으로 끊임없는 조사를 실시함으로써 햄버거의 생산방법을 개선하는데 많은 노력을 투입하고 있다. 그러한 생산방법의 개선은 주로 햄버거 요리의 기법을 단순화시킨다거나 비용을 절약하는 방법, 또한 서비스를 신속하게 제공하는 방법 등이 포함된다. 이러한 노력을 기울이는 것 외에도 맥도날드사는 지역사회에 대한 봉사에도 참여하는 정책을 취하고 있다. 이와 같이 맥도날드사가 고객에게 초점을 둔 경영정책을 취한 것이 세계 최대의 음식연쇄점이 되게 된 배경이라고 이야기할 수 있다.

일반적으로 마케팅 개념의 응용은 산업재를 생산하는 기업보다는 소비재를 생산하는 기업에서 더 많이 응용하고 있고, 중소기업보다는 대기업에서 더 많이 이용하고 있다. 다른 한편, 많은 기업들이 오늘날 마케팅 개념을 도입하고 있다고 주장하고 있는 경우를 많이 볼 수 있다. 그러나 마케팅부를 공식적으로 설치한다거나 또는 마케팅 전담요원들을 별도로 임명하는 등의 조치를 취하는 행위가 곧 마케팅 실천으로 오해하는 경우가 많다. 이러한 조치들은 하나의 형식에 불과하며, 진정한 의미에서의 마케팅 지향적인 체제로 전환하려면 보통 상당한 시간을 필요로 한다.

5. 사회지향적 마케팅 개념(societal marketing concept)

근래에 이르러 앞에서 언급한 마케팅 개념에 대해서 여러 가지 의문이 제기되기 시작하였는데, 그 중의 하나가 마케팅 개념이 과연 기업에서 진정으로 구현되고 있는가 하는 문제이다. 마케팅 개념의 취지는 그럴 듯하지만, 이를 진정으로 실현하려면 신중한 계획과 설득, 교육 그리고 조직의 재정비 등에 많은 시간이 소요되며, 따라서 제대로 실천하고 있는 기업이 그리 많지 않은 것이 현실이다. 한편, 근래에 이르러 전세계적으로 확대되고 있는 소비자 보호운동의 강화는 기업의 입장에서 또 하나의 장애요인으로 작용하게 되었는데 드락커는 이러한 소비자보호운동이 강력한 대중운동으로 확대되어 가고 있다는 사실은 기업들이 진정한 의미의 마케팅을 실제로 수행하고 있지 못하고 있음을 보여주는 것이라고 주장한다.[9]

마케팅 개념이 과연 타당한가의 의문도 제기되고 있는데, 오늘날과 같이 환경오염이 심화되고, 자원이 부족하며, 폭발적으로 인구가 증가하는 등의 세계적인 문제들이 가로놓여 있는 상황에서 마케팅 개념이 과연 기업의 목적으로 타당한가? 다시 말하면, 기업이 소비자 욕구를 발견하여 이를 충족시켜주는 것이 장기적으로 볼 때 소비자는 물론 사회 전체의 이해와 반드시 일치하지 않는 경우가 발생할 수 있다는 점이다.

대표적인 예로서 미국의 코카콜라 회사를 보자. 코카콜라는 미국뿐 아니라 전세계적으로 애용되고 있는 청량음료수이다. 그러나, 일부 소비자들이나 환경보호주의자들은 이 제품에 대하여 다음과 같이 비판하고 있다. 첫째, 코카콜라는 영양가가 거의 없다. 둘째, 주요 성분인 당분이나 인산은 치아에 해롭다. 셋째, 식품 및 의약검사국(Food & Drug Administration: FDA)에서는 콜라에 함유되어 있는 식물성 기름이 일반적으로 안전하지 못하다는 판정을 내린 바 있다. 넷째, 한번 쓰

[9] *Ibid.*

면 버리는 일회용 용기를 이용함으로써 소비자들에게는 편리하지만 자원을 낭비하고 환경을 오염시키는 요인이 되고 있다.

따라서, 코카콜라 회사는 진정한 의미의 마케팅 개념이라 할 수 있는 소비자의 욕구발견과 이해, 그리고 소비자와 사회 전체의 복지실현을 회피하였다고 할 수 있다. 이와 같이 마케팅 개념의 원리에 따라 고객의 욕구를 충족시킨다 하더라도 사회에 미치는 영향이 바람직스럽지 못한 상황이 발생하는 이유로 인하여 새로운 마케팅 개념의 정립을 필요로 하게 되었다. 그러한 개념이 **사회지향적 마케팅 개념**이다. 이 개념을 요약하자면, 표적시장에서 소비자의 욕구와 욕망을 발견하고 이를 충족시키는 것은 물론 소비자 및 사회 전체의 이해관계를 조정하고 발전시키기 위하여 소비자들이 기대하고 있는 만족을 보다 효과적으로 충족시킬 수 있도록 적응하여 나가는 것을 기업의 핵심적인 과업으로 생각하는 경영철학이다. 이러한 사회지향적 마케팅 개념의 전제조건은 다음과 같다.

① 소비자의 욕구충족은 사회의 장기적인 이해관계와 반드시 일치하지는 않는다.

② 소비자들은 그들의 욕구와 장기적인 이해관계, 그리고 사회전체의 이해관계에 관심을 갖게

그림 1-5 사회지향적 마케팅 개념 배후의 세 가지 고려요소

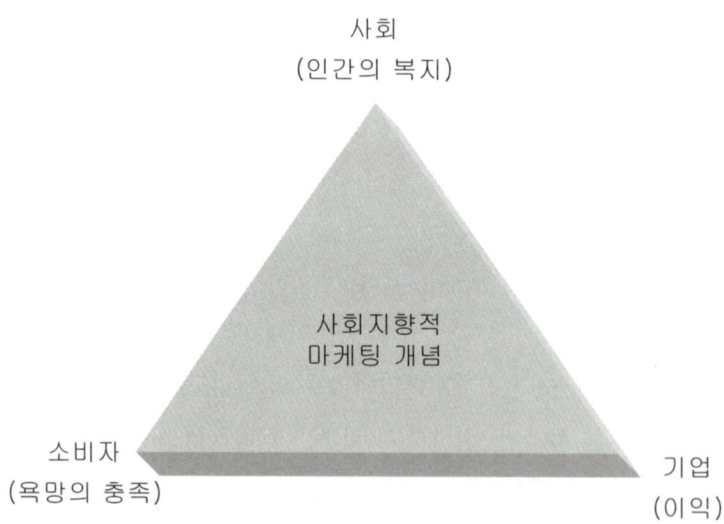

되는 기업을 선호하게 될 것이다.

③ 따라서 소비자들을 유치하고 지속적으로 관계를 유지하려면 그들의 욕구를 만족시킬 뿐 아니라 소비자들을 비롯한 사회 전체의 장기적인 복지를 향상시키는 것을 기업의 핵심적인 과업으로 생각하여야 한다(그림 1-5 참조).

이러한 사회지향적 마케팅 개념은 단순한 마케팅 개념과 두 가지 점에서 차이가 있다. 첫째, 기업의 마케팅 관리자는 소비자의 욕구는 물론 소비자의 욕망 및 이해관계에도 관심을 기울여야 한다는 것이다. 예컨대 소비자에 따라서는 획일적으로 해결할 수 없는 욕구 또는 욕망을 가지고 있을 수 있는데, 비만 증상이 있는 사람은 맛은 있으나 칼로리가 적은 음식을 원할 것이다. 이러한 소비자들을 위하여 새로운 식품을 개발할 필요가 있다. 둘째, 사회지향적 마케팅 개념에서는 소비자와 사회의 장기적인 복지에 역점을 두고 있다는 것이다. 바꾸어 말하면, 마케팅 활동을 강화하고 그러한 활동이 장기적으로 지속적인 효과를 거두기 위해서는 소비자의 욕구와 욕망, 그리고 소비자의 이해, 기업의 이해 그리고 사회전체의 이해관계를 고려하여 의사결정에 반영하여야 한다.

제3절 마케팅의 기원과 응용의 확대

마케팅 활동이 언제부터 시작되었는가에 대하여는 여러 가지 설이 있다. 어떤 사람은 인류가 탄생되면서 마케팅이 존재하여 왔다고 주장하는 반면, 또 어떤 사람은 인류가 교환활동을 시작한 물물교환시대부터 비롯되었다고 주장하기도 한다.

그러나, 드락커(Peter Drucker)에 의하면 근대적인 의미의 마케팅이 처음으로 출현된 것은 서구에서가 아니라 17세기 일본이라고 한다.[10] 1650년 경에 밋쓰이(Mitsui)가(家)의 첫 세대가 동경에서 처음으로 백화점 형태의 점포를 개점한 것이 마케팅의 효시라고 하는 것이다. 밋쓰이가에서는 오늘날의 현대적인 백화점들이 채택하여 실시하고 있는 정책들을 이미 그 당시 실행하고 있었다고 한다. 즉, 그들은 고객을 위하여 양질의 상품을 구입할 것, 고객에게 적합한 제품을 디자인할 것, 제품생산을 위하여 필요한 정보원을 개발할 것, 불량품에 대해서는 환불을 원칙으로 할 것,

---

[10] *Ibid.*

그리고 가능한 한 다종의 제품을 고객에게 제공할 것 등 근대적인 의미의 백화점 경영정책을 수립하여 실시하였다. 한편, 서구에서는 19세기 중반 이후부터 미국을 중심으로 마케팅 활동이 본격적으로 발전하기 시작하였다. 미국인 맥코믹(Cyrus H. McCormick, 1809～1884)에 의해 설립된 인터내셔널 하비스터(International Harvester)회사에서는 농기구를 발명하였을 뿐만 아니라 시장조사, 시장분석, 가격정책, 제품과 애프터서비스를 제공할 수 있는 판매원들의 양성, 그리고 할부판매 등의 개념들을 처음으로 창안하였다고 한다.

한편 마케팅이 대학에서 정식 교과과정으로 채택된 것은 1900년대 초에 이르러서였다. 크루시(W.E. Kreusi)교수가 펜실베니아 대학에서 제품 마케팅(The Marketing of Products)이라는 제목하에 강의한 바 있고, 1910년 버틀러(Raloh Starr Butler)교수가 위스콘신 대학에서 마케팅 방법론(Marketing Method)이란 제목으로 강의한 것이 대학에서의 마케팅 과목개설의 효시라고 한다.[11] 이와 때를 같이하여 일반 기업에서도 마케팅부가 설치되기 시작하였다. 1911년 미국의 커티스 출판회사(Curtis Publishing Company)에서 최초로 마케팅 조사부를 설치한 바 있고, 그 이후 몇 개의 회사가 이와 유사한 기구를 설치하기 시작하였다. 당시 마케팅 조사부는 판매부에 부속되어 있었고 판매부를 위하여 정보를 개발하는 것이 주임무였다.

시간이 지남에 따라 마케팅 조사부는 판매분석과 마케팅 관리와 같은 업무를 담당하게 되었고, 이후로는 마케팅 조사, 광고, 고객에 대한 서비스 제공 그리고 기타의 마케팅 기능을 통합하여 마케팅부가 설치되기에 이르렀다.

마케팅의 기능은 업종에 따라서 각기 발전과정이 다르지만 대체로 포장소비제품, 내구소비제품, 그리고 산업설비제품을 생산하는 기업의 순으로 발달되어 왔고, 또 지금까지도 전 산업분야에 걸쳐 확산되고 있다. 특히 근래에 이르러 서비스 업종, 예컨대 항공회사나 은행과 같은 금융업 등에서 마케팅의 중요성을 인식하고 이에 대한 응용을 시도하려는 노력을 확대하고 있다. 예컨대, 항공회사에서는 자신들이 제공하고 있는 여러 가지 서비스에 대하여 여행자들이 지니고 있는 태도를 연구하였고, 운항횟수나 수하물의 취급, 기내에서의 서비스, 안내원들의 친절성, 그리고 좌석의 안락성 등이 이용객의 수에 미치는 영향을 조사하는 것과 아울러 항공업무가 여행자뿐 아니라 화물도 수송한다는 것, 나아가서 어느 항공회사이든 항공산업의 일부로서 동일한 목표 아래 활동하고 있다는 인식을 갖게 되었다. 은행의 경우에는 처음에는 마케팅 개념의 도입에 대해 저항감을 갖고 있을 정도로 보수적이었지만 지금은 적극적인 태도를 갖게 되었고, 이러한 마케팅에 대한

[11] *Ibid.*

인식의 변화는 은행뿐 아니라 보험, 증권 등의 금융산업 전반에까지 확대되고 있다. 요컨대, 제조업 분야에서 발달하기 시작한 마케팅의 개념은 오늘날 사회에서 수요가 점증하고 있는 서비스 분야에까지 확대 응용되고 있는 추세에 있다. 오늘날 어느 국가이든 서비스 산업이 차지하는 비중이 커짐에 따라 회계법인이나 변호사 사무실과 같은 전문직종에 종사하는 서비스 기관에서도 마케팅 개념의 응용을 활발하게 시도하고 있는 추세에 있다.

다른 한편 최근에 이르러 대학이나 병원, 교회, 박물관, 정부 및 정부투자기관 등의 비영리기관에서도 마케팅에 대하여 관심을 기울이고 그 응용에 힘쓰게 되었는데, 이러한 비영리기관에서도 고객의 욕구에 초점을 두고 이를 충족시키려는 노력을 기울인다는 점에서 전통적인 마케팅 개념의 응용과 다를 바가 없다. 이와 같이 마케팅 개념의 응용이 영리를 추구하는 기업뿐 아니라 비영리기관에까지 확대되어옴에 따라 오늘날 사회를 구성하고 있는 사람들이 마케팅의 영향을 받지 않는 경우가 없게 될 정도로 마케팅의 기능이 중요시되고 있는 추세에 있다.

제4절 21세기에서의 마케팅 과제

오늘날 마케팅 업무에 종사하는 사람들은 전지구적으로 급격하게 변화하고 이는 환경 하에서 활동하고 있기 때문에 마케팅 목적과 실행에 관하여 끊임없이 새롭게 생각하여야 할 필요가 있다. 환경의 급격한 변화는 어제의 전략이 낡은 것으로 전락하기 쉽다. 이제 21세기에 접어들어 마케팅 분야에서는 어떠한 과업과 도전이 대두되고 있는가? 오늘날의 기업들은 변화하고 있는 고객의 가치와 기호, 경제적 변동, 환경오염의 심화, 국제시장에서의 경쟁격화, 그리고 다수의 정치적, 사회적 및 문화적 문제들에 직면하여 이에 대처하지 않으면 안되는 상황에 있다. 그러나 이러한 문제들은 새로운 마케팅 기회를 제공하기도 한다. 본 절에서는 21세기에 접어들어 마케팅 환경에 영향을 미치는 새로운 추세와 요인들은 몇 가지로 나누어 살펴보고자 한다.

1. 정보기술의 발달

컴퓨터와 통신수단 및 정보기술의 폭발적 성장은 기업들이 고객들에 대하여 가치를 전달하는 방식에 커다란 영향을 미치고 있다. 새로운 기술의 발전으로 고객들에 관한 정보를 입수하고 추적하여, 고객의 욕구에 맞는 제품과 서비스를 만들어, 보다 능률적으로 그리고 효과적으로 유통시키며, 집단적으로나 1대1로 의사소통하는 등의 새로운 방법들이 개발되어 왔다. 예컨대, 기업의 마케팅 조사자는 고객들을 지역별로 접촉하지 않고도 원격화상회의(video conference)를 통하여 실시간으로 표적집단(focus group)조사를 행할 수 있다. 누구든지 마우스로 몇 번 클릭만 하면 자신이 원하고 있는 자동차나 서적 또는 기타 원하는 상품에 관한 정보를 쉽사리 입수할 수 있다.

1960년 이래 20년마다 1달러로 구입할 수 있는 컴퓨터 처리용량은 약 1천배가 증가하였다. 오늘날에는 보다 강력한 컴퓨터와 통신수단 및 광고수단(예컨대, 휴대전화, fax, 시디롬(CD-ROM)부터 시작하여 양방향 TV나 인터넷 쇼핑몰)을 이용하여 상세한 데이터베이스를 구축하여 표적으로 삼고 있는 고객집단을 대상으로 적절한 제품과 서비스에 관한 정보를 제공하고 이들을 집중적으로 설득할 수 있게 되었다. 고객들은 전자상거래를 통하여 자신이 필요로 하는 제품과 서비스를 직접 설계하고, 주문하여 대금을 지불할 수 있다. 신제품을 시험판매하기 위하여 온라인 가상점포에 가상 전시물을 제시할 수 있게 됨으로써 컴퓨터와 원격통신 및 정보기술의 급격한 발달은 마케팅의 모든 측면에 영향을 미치고 있다.

근자에 이르러 가장 극적인 신기술 변화는 **인터넷**(Internet)이라고 할 수 있다. 인터넷은 전지구적으로 광범위한 범위에 걸쳐 형성된 컴퓨터 네트워크로서 집중적 관리나 소유가 불가능한 것이 특징이다. 이것은 정부 연구소, 군수업체 및 군사기지를 연결하기 위하여 미국 국방성에서 1960년대 말에 창안되었다. 오늘날에는 지구상의 모든 컴퓨터 이용자들을 연결하고 있다. PC와 모뎀 또는 TV와 셋톱(set-up), (Web box), 그리고 적절한 소프트웨어를 이용하여 거의 어떠한 주제에 대한 정보를 입수하거나 공유할 수 있으며, 다른 이용자들과 상호 교신할 수 있는 인터넷 사용이 가능하게 되었다. 기업들은 원격지에서 근무하고 있는 종업원들을 연결하고, 판매에 관한 정보를 보다 신속하게 보급시키며, 고객과 공급자와의 관계를 보다 강화하고, 이에 따라 제품을 보다 효율적으로나 효과적으로 유통시키는데 인터넷을 이용하고 있다.

21세기에 접어들어 인터넷 이용인구는 전세계적으로 급속히 증가하고 있다. 이에 따라 기업들은 월드 와이드 웹(World Wide Web)을 통하여 근소한 비용으로 다수의 새로운 고객들을 접촉할 수 있게 되었다. 이제는 모든 기업들이 웹(Web)에서 새로운 고객들을 유인하려한다. 예컨대 자동차회사에서는 자동차를 판매하는 것은 물론 자동차 소유자들과의 관계를 개발하고 계속 유지하기 위하여 인터넷을 이용하고 있다. 인터넷 사이트를 통하여 제품에 관한 정보는 물론, 대리점들의 위치와 서비스, 애프터서비스나 임대 및 중고 자동차 매매 등에 관한 정보를 제공하고 있다. 뿐만 아니라 고객들의 소득수준과 라이프 스타일에 적합한 전문서적이나 잡지 등을 찾아볼 수 있다.

근래에 이르러 제조업은 물론 호텔이나 관광회사와 같은 서비스업과 백화점이나 할인점과 같은 유통업에 이르기까지 거의 모든 업종에 걸쳐 인터넷상의 숍(shop)을 설치하고 있다. 이들은 모두 웹을 통하여 마케팅, 쇼핑 및 정보탐색의 가능성을 탐색하고 이용하는데 노력을 경주하고 있다. 인터넷이 이와 같이 무한한 잠재력을 지니고 있음에도 불구하고 몇 가지 난점을 안고 있다. 먼저 문제가 되는 것은 수많은 웹브라우저들간의 실제 구매자가 되는 사람들의 수가 어느 정도가 될 것인지는 확실하지 않다는 점이다. 또한 웹사이트의 가치를 측정하기가 어렵지만 실제로 인터넷으로 이익을 본 기업들의 수가 전체 산업에서 차지하는 비중은 아직까지 낮은 수준에 머물고 있다. 웹은 안전에도 문제가 있다. 내부의 컴퓨터 네트워크와 외부세계를 연결하고 있는 기업들은 자신의 시스템이 해커와 같은 파괴자에 의하여 공격받기 쉽다. 또한 소비자의 입장에서도 인터넷을 사용하는데 있어 신용카드번호나 개인에 관한 정보가 누설될 위험을 안고 있다. 마지막으로 웹을 이용하려면 상당한 비용이 소요된다. 인터넷을 이용하고자 하는 기업은 전화선이나 강력한 컴퓨터와 기술 및 인터넷 전문가 등에 상당한 투자가 필요하다.

그러나 인터넷 기술과 그 응용이 신속하게 개발되고 보급됨에 따라 이와 같은 난점이 있다고 하여 기업이나 소비자들이 거부감을 갖고 그 이용을 주저할 것으로 보이지는 않는다. 이제 인터넷 사용은 전화를 보유하는 것과 다름이 없게 되었다. 본서에서는 이러한 온라인 마케팅의 발전에 대하여 제18장에서 보다 상세하게 검토하게 될 것이다.

2. 세계화와 글로벌 경제의 변모

지난 20년간 세계경제는 급격한 변화를 겪고 있다. 인터넷의 등장과 통신수단 및 고속항공기의 개발, 그리고 위성방송의 보급 등과 같은 기술적 진보로 인하여 국가간의 지리적 및 문화적 거리가 좁혀지고, 이에 따라 거대한 하나의 시장이 형성되고 있다. 더구나 세계무역기구(WTO)의 출범과 국제통화기금(IMF) 및 세계은행을 통한 개발도상국에의 금융지원으로 상품과 자본의 국제적 이동이 자유롭게 된 것도 세계화를 촉진시킨 주 요인이었다. 이로 인하여 다국적 기업들을 비롯한 세계의 모든 기업들의 판매영역이나 원료 및 부품의 구매지역 및 생산시설의 소재지가 지역적으로 대폭 확대되었다. 그 결과, 기업과 소비자들은 모두 보다 광범위하고 복잡한 마케팅 환경 속에 접하고 있다.

오늘날 어떤 기업이든지 그 규모를 불문하고 세계적으로 경쟁하지 않으면 안 되는 상황에 놓여 있다. 기업들은 국내에서 생산한 제품을 국제시장에서 판매하려할 뿐만 아니라, 원료나 부품을 해외에서 조달하는 경우도 많아지고 있다. 한 국가에서 구매되고 있는 상품이나 서비스도 디자인, 원료구입, 생산 및 마케팅 등의 활동이 여러 국가에서 발생한 '혼합형'일 경우가 흔히 있다. 예컨대 미국에서 판매되고 있는 혼다(Honda) 자동차는 주로 미국에서 생산된 부품들로 조립되기 때문에 브랜드만 일본어의 형태를 띠고 있을 뿐, 사실상 미국에서 생산된 자동차라고 할 수 있다.

따라서 세계 각국의 경영자들은 다음과 같은 문제에 봉착하게 된다. '글로벌 마케팅'이란 무엇인가? 그것은 국내 마케팅과 어떻게 다른가? 세계 시장에서의 환경과 경쟁요인들은 사업에 어떠한 영향을 미치고 있는가? 사업의 '글로벌화'의 정도는 어디까지 유지하여야 하는가? 많은 기업들이 외국기업, 특히 원료 및 부품 공급자나 마케팅 파트너로서의 역할을 수행하는 경쟁기업들과도 전략적 제휴를 하고 있다. 대표적인 예로 '지난 수년간 미국의 포드(Ford)와 일본의 마쯔다(Mazda) 자동차' '지엠(GM)과 스웨덴의 볼보(Volvo) 및 이태리의 피아트(Fiat)자동차' '미국의 제너럴 일렉트릭(General Electric)과 일본의 마쯔시다(Matsushida)'간의 제휴를 들 수 있다. 21세기에는 전지구적으로 가장 훌륭한 네트워크를 구축할 수 있는 기업만이 경쟁에서 살아남게 될 것이다.

다른 한편, 지난 수십년간 대부분의 개발도상국들은 선진국들에 비하여 더욱 빈곤해지는 경향을 보여왔다. 세계경제의 성장 둔화는 소비자들이나 마케팅 종사자들에게 모두 어려움을 안겨주고 있다. 지구상의 모든 소비자들은 더 많은 소비를 원하게 되었지만, 다수의 지역에서는 필요한 상품을 구입하는데 필요한 소득이 결핍되어 있다. 마케팅 담당자의 입장에서는 욕구를 지니고는 있지만 구매력이 없는 사람들을 고려하지 않을 수 없다. 미국의 경우, 지난 10년간 신경제의 호황 속에서 전반적인 임금수준은 올랐지만 실질 구매력은 점차 감소하여 왔다. 특히 비숙련 노동자들의 경우에 더욱 그러하다. 이러한 현상은 우리나라의 경우에도 예외가 아니다. 21세기에 접어들어서도 구조조정은 계속되고 있으며, 이에 따라 고실업률이 장기적으로 지속될 전망이다. 이와 더불어 국제적으로나 계층간에 소득격차는 더욱 벌어질 것으로 전망되고 있다.

이와 같은 경제적 상황은 마케팅 종사자들에게 위협과 동시에 새로운 기회를 제공해주고 있다. 위협의 경우 수요가 감소하고 이에 따라 성장의 기회를 찾을 여지가 거의 없을 때가 있다. 그러나 어떤 기업들은 변화하고 있는 소비자들의 문제에 대한 새로운 해결책을 찾고 있다. 예컨대 가격파괴로 소비자들을 유치하려는 할인점들의 수가 점차 늘어나는 경우를 들 수 있다.

3. 마케팅 윤리와 사회적 책임

오늘날 마케팅 종사자들은 그들의 행위가 사회와 환경에 미치는 영향에 대하여 책임을 지지 않으면 안 되게 되었다. 기업윤리의 문제는 기업 자체 뿐만 아니라 사회적으로도 중요한 문제로 부각되고 있다. 또한 어느 기업도 환경운동단체들이 요구하는 바를 무시할 수 없게 되었다.

이와 같이 기업윤리와 환경운동은 기업경영에 있어 더욱 엄격한 조건을 제시하게 될 것이다. 널리 알려져 있는 바와 같이 지난 수십년간 지구상의 모든 국가들이 경제성장을 추구하는 과정에서 환경오염을 경험하게 되었다. 1992년 6월, 세계의 100여국가의 대표들이 리오데 자네이로에서 지구 정상회담을 갖고, 열대 우림의 파괴, 지구의 온난화, 동식물종의 소멸 및 여타 환경상의 위협에 대한 문제를 논의하고 대처하기 위한 방안을 강구한 바 있다. 이러한 추세는 앞으로 더욱 강화될 것이고, 따라서 기업들은 마케팅과 생산활동들을 영위하는데 있어 환경상의 책임을 떠맡지 않으면 안 된다는 것을 시사하고 있다. 또한 미국의 일부 소비자들은 나이키(Nike)나 리복(Reebok) 또는 갭(GAP)과 같은 제품이 제3세계의 값싼 노동력을 착취하여 만든 것이라는 점을 들어 불매운동을 전개한 바 있다. 말하자면 전지구적으로 인권문제도 고려하지 않을 수 없게 된 것이다.

4. 새로운 마케팅 환경

지금까지 살펴본 바와 같이 정보기술의 발달, 시장의 세계화 및 기업윤리와 사회적 책임의 강화는 모든 기업들에게 귀중한 교훈을 남기고 있다. 국내에서만 활동하던 기업들은 시장과 경쟁의 개념을 전지구적으로 고려하지 않으면 안 된다는 점을 알게 되었다. 성숙기 산업에 속해있는 기업들은 신흥시장, 새로운 기술의 발전 및 경영기법의 개발 등에 관심을 집중하지 않으면 안 되게 되었다. 또한 어느 기업이든지 내부에만 초점을 두면 살아남을 수 없고 고객들의 욕구와 그들이 처해있는 환경을 무시해서도 안 된다는 점을 알게 되었다.

아무리 강력한 위치에 있는 기업이라 하더라도 변화하고 있는 시장과 고객 및 그들에게 가치를 제공할 필요를 간과하고 이해하지 못하면 실패하게 마련이다. 유명 백화점들이 전문점이나 할인점에 시장을 빼앗기는 예를 우리 주변에서 찾아볼 수 있다.

21세기에 접어들어 기업들이 추구해야할 방향은 모든 면에서 고객지향적이고 시장중심적이어야 한다는 것이다. 기술적으로 우위에 있는 제품을 생산한다는 것만으로는 충분하지 않다. 또한 신규 고객을 확보하였다는 것만으로도 충분하지 않으며, 판매 후의 고객들을 계속 유지하는 일이 긴요하다. 급격히 변화하고 있는 마케팅 환경 하에서 성공할 수 있는 핵심적 요소는 시장과 고객들에게 가치를 제공할 총체적 마케팅 책무에 초점을 두는 것이다.

요 약

오늘날 성공적인 기업들의 주요 특징은 마케팅 지향적인데 있다. 현대 마케팅에서는 보다 우월한 가치를 약속함으로써 신규 고객을 유치하고 기존의 고객들에게는 만족을 제공함으로써 이들을 계속 유지하려 한다. 건실한 마케팅 활동은 대기업이나 중소기업, 영리기관이나 비영리기관, 국내기업이나 국제기업 등 어떠한 형태의 조직이라 하더라도 성공의 필수요건이다.

많은 사람들이 마케팅을 광고나 단순한 판매활동인 것으로 생각할 경우가 많다. 그러나 마케팅은 기업의 목표를 달성하면서도 소비자의 욕구를 탐지하여 이를 충족시킬 목적으로 시장조사, 제품개발, 유통관리, 가격결정, 광고 및 인적판매 등의 촉진활동과 같은 여러 가지 활동들을 결합한 것이다.

마케팅은 동태적인 전지구적 환경 내에서 작동된다. 급격한 변화로 인하여 어제의 전략은 쉽사리 낡은 것이 된다. 21세기에는 마케팅 종사자들에게 다수의 새로운 도전과 기회가 부여될 것이다. 기업이 성공하려면 무엇보다도 시장에 초점을 두어야할 것이다.

마케팅이란 개인이나 집단이 제품과 가치가 있는 것을 창출하고 이를 타인들과 교환함으로써 자신들의 욕구와 욕망을 획득할 것을 목적으로 하는 하나의 사회적 내지 관리적 과정이다. 마케팅 개념의 핵심은 욕구, 욕망 및 수요; 제품 및 서비스; 가치, 만족 및 품질; 교환, 거래 및 관계와 시장 등으로 구성되어 있다. 욕망이란 욕구가 표출된 형태로서 문화와 개인의 성격에 의하여 형성된다. 이러한 욕망은 구매력에 의하여 뒷받침될 때 수요가 된다. 사람들의 욕구, 욕망 및 수요를 충족시킬 수 있는 것이 제품과 서비스이다. 따라서 욕구, 욕망 또는 수요를 충족시킬 수 있는 것이면 어떠한 것이든지 제품이 될 수 있다. 이러한 제품에는 서비스나 기타 사람, 장소, 조직, 활동 및 아이디어 등과 같은 실체들이 포함된다.

소비자들이 어떤 제품이나 서비스를 구입할 것인가를 결정하는 데에는 상대적 가치에 대한 그들의 인식에 달려 있다. 고객가치란 고객이 하나의 제품을 소유하고 이용함으로써 획득하게 되는 가치와 그러한 제품을 입수하여 사용하는데 따르는 비용과의 차이를 말한다. 고객만족은 가치를 전달하는데 있어 하나의 제품에 대하여 구매자의 기대에 비하여 그가 인식하고 있는 제품의 성능에 달려 있다. 고객만족은 품질과 밀접한 관련이 있기 때문에 많은 기업들이 총체적 품질관리제도를 택하고 있다. 마케팅은 교환을 통하여 사람들이 그들의 욕구, 욕망 및 수요를 충족시킬 수 있을 때 가능하다. 마케팅 종사자들은 단기적인 교환과정의 차원을 넘어 고객들과 유통부문 종사자 및 공급자들과 장기적인 관계를 구축할 필요가 있다.

마케팅 관리란 기업이나 하나의 조직이 목표를 달성하기 위하여 표적시장과 상호 유익한 교환관계를 형성하고 유지하기 위한 프로그램을 세우고, 그러한 프로그램을 분석, 계획하고 실행하며, 통제하는 것을 말한다. 마케팅 관리자는 수요의 수준과 발생시기 및 구성요소 등을 관리할 수 있는 능력을 갖추어야 한다. 그 이유는 실제 수요가 기업이 원하는 바와는 다를 수가 있기 때문이다. 수요를 관리한다는 것은 곧 고객들을 관리한다는 것을 의미한다. 오늘날의 기업들은 신규고객을 유치하고 보다 우월한 고객가치와 만족을 제공함으로써 현재의 고객들을 유지하고 그들과의 지속적 관계를 구축하는데 초점을 두고 있다.

마케팅 관리의 지침이 되는 이념 내지 철학은 다섯 가지로 분류할 수 있다. 우선 생산개념에서는 소비자들이 싼 가격의 제품을 우선적으로 선호한다는 것을 전제로 하고, 경영자가 수행하여야 할 과업은 생산과 유통면에서 효율을 제고시킴으로써 가격을 인하하는 것을 목표로 삼는다. 제품개념에서는 가격이 그다지 중요하지 않다고 강조한다. 판매개념에서는 소비자들이 특별한 판매촉진활동을 전개하지 않는 한, 문제의 제품을 구매하지 않을 것이라고 가정한다. 마케팅 개념에서는 기업이 표적으로 삼고 있는 시장을 정확하게 정의하고, 그들의 욕구와 욕망이 무엇인가를 조사하여 이를 충족시키는 것이 중요한 과업이라고 가정한다. 사회지향적 마케팅개념은 기업이 수행하여야할 과업은 이익을 추구하는 것도 중요하지만, 고객을 만족시킴과 동시에 기업의 활동이 장기적으로 사회에 미치는 영향이 무엇인가를 동시에 고려하여 기업의 목표와 사회적 책임을 조화시키는 일이 중요하다는 경영철학이다.

21세기에 접어들면서 기업들은 변화하고 있는 고객들의 가치관, 세계 경제 성장의 둔화, 비영리기관의 증가, 인터넷을 포함한 정보기술의 발달, 시장의 세계화로 인한 경쟁의 격화 및 기업의 사회적 책임의 증가와 여타 다수의 경제적, 정치적 및 사회적 문제들에 대처하지 않으면 안 되게 되었다.

연습문제

1... 마케팅이란 무엇인가? 요약하여 설명하라.

2... 고객 가치의 개념과 마케팅 성공요건에 있어 그 중요성을 논의하여 보라. 고객가치의 개념과 관계마케팅 개념은 어떠한 연관성이 있는가?

3... 귀하가 자동판매기에서 청량음료수를 구입하여 마셨다면, 마케팅의 핵심적인 개념인 제품, 교환 및 거래 등의 개념을 어떻게 적용할 수 있는가를 설명하여 보시오.

4... 본문에서 언급한 사회적 마케팅(social marketing)이 본래 의미의 마케팅 개념과는 어떠한 점에서 차이가 있는가를 설명하시오.

5... 근래에 이를수록 강조되고 있는 사회 지향적 마케팅 개념은 이익을 추구하는 기업의 입장에서 볼 때, 적절한 목표가 될 수 있는가? 이에 관하여 논평하시오.

6... 근래에 이르러 우리나라에서는 금연운동이 점차 확대되고 있다. 이러한 금연운동은 담배를 제조하는 전매공사입장에서 본다면, 그 목표와 상충된다고 할 수가 있다. 이러한 목표의 불일치는 어떻게 해결하여야 하는 것이 바람직한가?

7... 최근에 비영리기관들이 마케팅 기법을 도입하고자 하는 이유는 무엇인가를 설명하라.

8... 마케팅 개념과 생산개념, 제품개념 및 판매개념과는 각기 어떠한 차이가 있는가를 간략하게 설명하라. 단기적으로는 어떠한 개념이 기업의 목표를 손쉽게 달성할 수 있는가? 장기적으로는 어떠한 개념이 가장 유리한가?

9... 본문에서 언급하였던 바와 같이 컴퓨터, 원거리 통신수단 및 정보기술 등의 발달은 기업들이 고객들에게 가치를 전달하는 방식에 커다란 영향을 미치고 있다. 그러한 기술적 변화가 소비자들의 구매습관에 어떠한 영향을 미치고 있는가를 몇 가지 예로 설명하여 보라. 특히 인터넷은 마케팅 관행에 어떠한 영향을 미치고 있는가?

제2장

고객 만족, 가치의 창출과 유지

오늘날의 기업들은 과거 어느 때보다 극심한 경쟁 속에서 활동하고 있다. 어느 기업이 경쟁기업보다 우위에 있으려면 제품지향적 내지 판매지향적 철학보다는 마케팅 지향적 철학을 지녀야 한다. 본 장에서는 고객을 확보하고 경쟁기업보다 우월한 성과를 낳을 수 있는 방법에 관하여 상세하게 살펴보기로 한다. 그 해답은 고객의 욕구를 보다 훌륭하게 충족시킬 수 있는 과업을 수행하는데 있다. 오직 고객지향적인 기업만이 제품을 개발하는 일뿐만 아니라 고객을 유지하는데 유리한 위치에 있게 된다.

많은 기업들이 고객을 확보하는 것이 마케팅부나 판매부의 과업이라고 생각하고 있다. 그렇지 못할 경우, 최고경영층에서는 마케팅 담당자들의 능력이 부족하기 때문이라고 결론을 내리기 쉽다. 그러나 실제로 마케팅은 고객들을 유치하고 유지하는 하나의 요소에 불과하다. 아무리 훌륭한 마케팅 조직을 갖추고 있다 하더라도 고객의 욕구를 충족시킬 수 없는 제품을 판매할 수는 없다. 마케팅부는 기업 내의 여러 부서와 종업원들이 비교우위에 있는 고객가치를 전담할 수 있는 시스템을 설계하고 실행하고 있는 기업에서만 효과적일 수 있다.

맥도날드(McDonald's)의 경우를 보자. 전세계적으로 109개의 국가에 소재하고 있는 23,500개의 점포에 평균 3,800만 명의 소비자들이 매일 출입하고 있다. 이들이 맥도날드 점포에 몰려드는 유일한 이유는 햄버거를 좋아하기 때문이다. 다른 식당에서도 맛이 더 좋은 햄버거를 만들어 파는 경우가 흔히 있다. 사람들은 햄버거에 모여들기 보다는 하나의 시스템에 모여들고 있다. 맥도날드는 전세계를 통하여 품질(quality), 서비스(service), 청결(cleanliness) 및 가치(value)를 뜻하는 QSCV라는 고도의 표준을 정교한 시스템을 통하여 고객들에게 전달하고 있다. 맥도날드는 공급자들, 프랜차이즈(franchise) 소유자들, 종업원 및 기타 고객들에게 예외적으로 높은 가치를 전달하는 관계 당사자들과 협동함으로써 효과적으로 운영되고 있다.

본 장에서는 고객에 초점을 두고 있는 기업의 철학과 가치 마케팅을 예시하기로 한다.

제1절 고객가치와 만족의 개념

드라커(Peter Drucker)는 이미 35년 전에 기업의 첫 번째 과업은 '고객을 창출하는 것'이라고 지적한 바 있다. 그러나 고객의 창출은 간단하지 않다. 오늘날의 소비자들은 제품이나 브랜드, 가격 또는 공급자 등에 있어 선택의 여지가 많다. 이러한 상황에서 기업은 '고객들은 어떻게 선택하고 있는가?'란 핵심적인 질문에 대답하지 않으면 안 된다.

그 해답은 고객들이 자신들에게 가장 가치가 있는 것을 제공하고 있다고 믿고 있는 대상물을 선정한다는 것이다. 이러한 대상물이 고객이 기대하고 있는 가치를 전달하고 있는가의 여부가 그의 만족과 반복구매 행동에 영향을 미친다.

1. 고객가치(customer value)

소비자들이 기업으로부터 구입하는 것은 고객에게 전달되는 가치가 가장 높다고 믿고 있는 제품이다. 여기에서 **고객에게 전달되는 가치**(customer delivered value)란 총고객가치와 총고객비용과의 차이를 말한다. **총고객가치**(total customer value)란 고객들이 특정된 제품이나 서비스에서 기대하고 있는 여러 가지 혜택의 집합체이다. **총고객비용**(total customer cost)란 특정된 제품이나 서비스를 평가하고 입수하여 사용하거나 처분하는데 발생할 것으로 기대되는 비용들의 집합체를 말한다. 그림 2-1은 이러한 관계를 표시한 것이다.

예컨대 어느 건설회사에서 지게차를 구입하려 한다고 하자. 지게차를 생산하는 업체들은 A 중공업과 B 중공업이 있다. 두 회사의 영업사원들은 구매자에게 자신들의 제품에 대하여 상세하게 설명하려 한다. 건설회사에서는 두 경쟁업체의 제품 중 어느 것이 더 가치가 있는가를 평가하려 할 것이다. 제품의 모든 가치는 '제품', '서비스', '인적자원', 그리고 '이미지'라고 하는 4가지 요소로 구성되어 있다. 건설회사에서는 먼저 A 중공업의 지게차가 신뢰도, 내구성 및 성능면에서 더 우수하다고 판단하고 있다. 또한 제품인도, 장비 사용방법에 대한 교육 및 보수, 유지 등의 서비스

그림 2-1 고객에 전달되는 가치

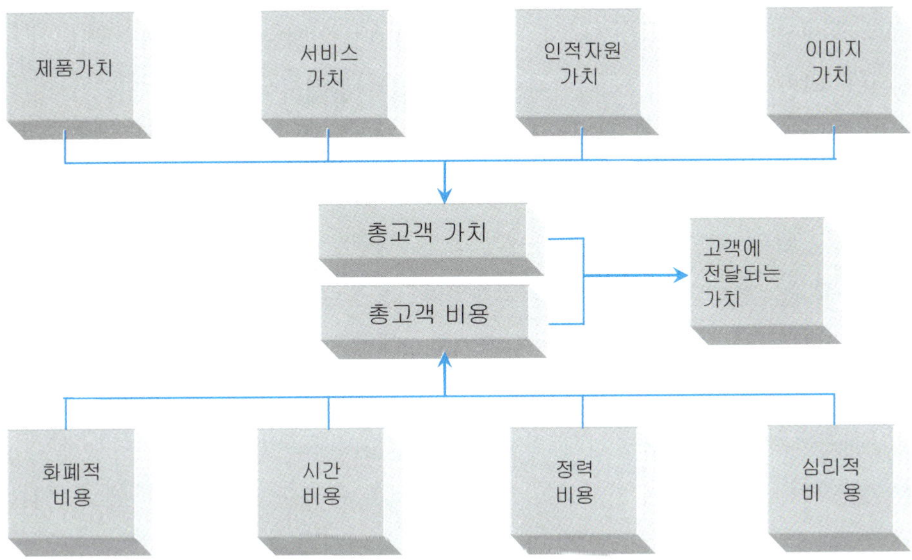

면에서도 더 우수하다고 결정을 내렸다. 또한 일반적으로 구매자들은 A 중공업에 종사하고 있는 사람들이 제품의 내용을 더 잘 알고 있고 고객의 의문에 대하여 신속하게 대응하고 있다고 믿고 있다. 마지막으로, 이 건설회사에서는 A 중공업의 명성에 대하여 더 높이 평가하고 있다. 따라서 이 건설회사에서는 A 중공업이 B 중공업에 비하여 보다 많은 총고객가치를 제공하고 있다고 판단하였다.

그렇다면 이 건설회사에서는 A 중공업의 지게차를 구입할 것인가? 반드시 그렇지는 않다. 이 회사에서는 B 중공업에 비하여 A 중공업의 지게차를 구입하는데 따르는 총고객비용도 검토할 것이다. 그러한 총고객비용에는 화폐적 비용뿐만 아니라 시간, 정력 및 심리적 비용 등이 포함된다. 이 건설회사에서는 이와 같이 화폐적 비용뿐만 아니라 여타 비용도 모두 포함시켜 총비용을 평가한다.

이제 구매하고자 하는 기업의 입장에서는 총고객가치와 총고객비용을 비교하여 A 중공업이 생산하는 지게차가 고객에게 전달하는 총가치를 결정한다. 이와 동시에 B 중공업의 지게차에 대해서도 고객에 전달되는 총가치를 평가한다. 그리고 나서 이 건설회사에서는 자신에게 전달되는 최고의 가치를 부여하는 제품을 구입한다.

구매자들이 여러 가지 제품 가운데 어떻게 선택하고 있는가에 대한 이러한 개념은 지나치게 합리적이라고 주장할 수도 있다. 고객에게 전달되는 가치가 가장 높은 제품이 선택되지 않을 수도 있다는 것이다. 예컨대 A 중공업의 영업사원이 건설회사에 대하여 문제의 지게차가 고객에 전달되는 가치가 훨씬 높다는 것을 확신시킨다고 하자. 그럼에도 불구하고 고객은 B 중공업의 지게차를 구매하기로 결정한다. 구매자가 그와 같은 결정을 내리는 이유는 무엇인가? 그 이유는 여러 가지로 설명할 수 있다. 아마도 이 건설회사의 구매담당자들은 B 중공업의 영업사원들과 장기적인 유대관계를 맺고 있을 수 있다. 또는 최고경영층으로부터 최저가격으로만 구매하라는 지시를 받고 있을 수 있다. 혹은 건설회사에서 단기적인 성과에만 집착하여 구매자들에게 일정한 보상을 부여함으로써, 장기적으로는 A 중공업의 제품이 성능이나 비용면에서 더 유리한 위치에 있음에도 불구하고 구매자들은 값싼 B 중공업의 지게차를 선정할 수도 있다.

분명한 것은 구매자들이 여러 가지 제약조건 하에서 활동하고 있으며, 경우에 따라서는 기업의 이익보다는 자신의 개인적 이익에 더 많은 비중을 두어 선택할 수도 있다는 점이다. 그러나 고객에 전달되는 가치라고 하는 개념은 다방면에 걸쳐 응용될 수가 있고 여러 가지 시사점을 얻을 수 있다. 이 개념에 의한다면 판매자들은 자신의 제품이 경쟁자의 것에 비하여 어느 정도로 필적할 만한가를 결정하기 위하여 먼저 고객에 전달되는 총가치의 면에서 양자를 평가하여야 한다는 것을 시사하고 있다. 만일 경쟁자가 더 큰 가치를 고객에게 전달하고 있다면 대응책을 마련하지 않으면 안 된다.

A 중공업에서는 지게차를 판매하는데 이와 같은 구매자 의사결정의 개념을 어떻게 이용할 수 있는가? 두 가지 면에서 제품을 개선할 수 있다. 첫째, 제품, 서비스, 인적자원 및 이미지 등의 가치면에서 제품을 강화하거나 보강함으로써 총고객가치를 증가시킬 수 있다. 둘째, 제품의 가격을 인하하거나 구매자가 소비하는 시간, 정력 및 심리적 비용 등을 줄임으로써 총고객비용을 감소시킬 수 있다. A 중공업 제품이 경쟁제품에 비하여 실제로 더 많은 비용이 소요된다 하더라도 고품질, 우월한 서비스 및 강력한 명성 등이 있음으로 인하여 장기적으로는 제품의 가치가 더 높다고 주장할 수가 있다. 이 기업의 목표는 고객들에게 '제품의 수명기간에 걸쳐 한번에 운반할 수 있는 최저의 총비용'을 제공하는 것이다.

2. 고객만족

이에 따라 고객들은 제품의 가치에 대하여 기대를 갖게 되고, 이러한 기대를 토대로 구매결정을 내리게 된다. 구매에 대한 **고객만족**(customer satisfaction)은 구매자의 기대에 비한 제품의 실제 성능에 달려있다. 고객이 경험하게 되는 만족의 정도에는 여러 가지가 있을 것이다. 만일 제품의 성능이 기대에 못 미친다면 고객은 불만을 느끼게 될 것이고, 제품의 성능이 기대와 일치한다면 만족을 느끼며, 성능이 기대를 초과한다면 고도로 만족할 것이다. 그러나 구매자들의 기대는 어떻게 형성되는가? 그러한 기대는 고객의 과거 구매경험, 친구나 관련자들의 의견, 그리고 기업의 마케팅 담당자나 경쟁자에 관한 정보와 이들이 제시하고 있는 여러 가지 약속 등에 달려있다. 마케팅 종사자들은 적정한 수준의 기대를 설정하는데 신중을 기하여야 한다. 만일 기대수준을 낮게 책정하면 구매자들을 만족시킬 수 있을지 모르나 충분한 수의 구매자들을 확보하지 못할 수가 있다. 반대로 기대수준을 지나치게 높게 책정하면 구매자들이 실망하게 될 확률이 높을 것이다.

오늘날 성공한 대부분의 기업들은 고객들의 기대수준을 높이고 있으며, 이에 필적할 만한 성능을 제공하려 한다. 이들은 '총제적 고객만족'을 옹호하고 있다. 예컨대 혼다(Honda)에서는 '우리의 고객들이 만족하고 있는 한 가지 이유는 우리가 만족하지 않고 있다는 것이다'라고 주장한다. 이러한 기업에서는 고객들의 기대, 고객들이 인식하고 있는 기업의 성과 및 고객만족 등을 추적하여 조사하고 있다. 고객들이 기대 이상으로 만족하게 되면 기업의 입장에서는 여러 가지 이점을 지니게 된다. 만족한 고객들은 가격에 대하여 덜 민감하게 되고, 장기적으로 단골로 남게 되며, 기업과 기업의 제품에 대하여 타인들에게 호의적으로 이야기하게 된다.

표 2-1은 기업이 고객만족을 추적하는데 이용하고 있는 4가지 방법을 설명한 것이다. 고객지향적인 기업에서는 고객만족이 하나의 목표임과 동시에 마케팅 수단이다. 고객만족에 대한 평가점수가 높은 기업은 자신의 표적시장이 그것을 알고 있다고 확신할 수 있다.

고객중심적인 기업이 고도의 고객만족을 창출하려 한다 하더라도 그 목표는 고객만족을 극대화하는데 있는 것이 아니다. 만일 이 기업이 제품의 가격을 내리거나 서비스를 강화함으로써 고객만족을 증가시킨다면 이익의 규모가 감소하는 결과를 초래할 수 있다. 이 기업은 고객만족의 증대라는 수단 이외의 것을 동원함으로써(예컨대 생산공정을 개선하거나 기술개발에 더 많은 투자를 함으로써) 수익성을 증가시킬 수 있을 것이다. 또한 어느 기업이든지 종업원, 유통부문 종사자, 원료 및 부품 공급자, 그리고 주주 등 다수의 이해관계자들이 있다. 고객만족을 위하여 비용을 더 많이 지출하려면 이러한 이해관계자들의 만족을 증대시키는데 필요한 자금을 전용하여야 할 경

표 2-1 고객만족도의 추적과 측정을 위한 수단

불만제안 제도	고객지향적인 기업은 고객들의 불만을 쉽게 수집하는 제도를 마련하고 있다. 식당이나 호텔 등에서 고객들이 선호하는 것과 그렇지 않은 것을 일정한 양식에 적어내도록 하는 것이 그러한 예에 속한다. 또한 웹사이트나 전자우편으로 고객과 양방향의 의사소통을 한다. 이러한 정보를 통하여 훌륭한 아이디어를 입수할 수 있고 문제를 해결하기 위한 신속한 조치를 취할 수 있다.
고객만족도에 관한 표본조사	연구결과에 의하면 고객들은 네 번 구매한 경험 중 한 번은 불만을 느끼지만 불만을 느끼는 고객들 중 5% 이하가 불만을 토로한다. 대부분의 고객들은 구매를 줄이거나 거래선을 바꿀 것이다. 불평 정도는 만족도를 측정하는 훌륭한 지표는 못된다. 고객의 반응에 민감한 기업들은 정기적으로 표본조사를 행함으로써 고객만족도를 직접 측정한다. 고객들을 무작위로 선정해서 설문서를 보내거나 전화로 응답을 구한다. 고객만족도에 관한 자료를 수집할 뿐 아니라 재구매의도를 측정하기 위한 질문도 추가할 필요가 있다. 또한 문제의 기업이나 제품을 타인들에게 권장하고자 하는 의사를 측정하는 것도 유용하다.
모의쇼핑	사람들을 일부 고용하여 잠재 구매자로서 자사제품과 경쟁사 제품을 구매하도록 하여 장점과 단점을 보고하도록 한다. 이들은 영업사원들이 제대로 일을 처리하고 있는가의 여부를 시험해 볼 수 있다. 경쟁자의 점포도 방문하도록 하여 장·단점을 비교, 보고하도록 한다.
등돌린 고객에 대한 분석	구매를 중단하거나 경쟁제품으로 구매를 바꾼 고객들을 접촉하여 그 이유를 알 필요가 있다. 고객이 일차로 구매를 중단한 것 뿐 아니라 등돌린 고객들의 비율을 계속 추적하는 일도 필요하다.

우가 있다. 따라서 보유하고 있는 총자원의 제약조건 내에서 여타 이해관계자들의 만족을 적정한 수준에서 유지하면서도 고객만족을 충족시키려는 경영철학을 토대로 운영하여야 할 것이다.

고객들이 기업의 성과요소 중 어느 하나(예컨대 제품의 배달)로 자신들의 만족도를 평가할 경우에는, 기업의 입장에서는 고객들이 훌륭한 배달이 무엇인가에 관하여 각기 견해가 다르다는 것을 인식하여야 한다. 가령 훌륭한 배달이란 예상했던 것보다 일찍 배달하거나, 제시간에 배달한다거나, 또는 주문을 완벽하게 처리한다는 것 등 여러 가지를 의미할 수 있다. 그러나 기업이 모든 요소를 세부적으로 검토하여야 한다면 고객들이 요구하는 사항에는 수없이 많을 것이다. 또한 기업은 두 명의 고객이 '극도로 만족한다'라는 응답을 하였다 하더라도 그 이유가 다를 수 있다는 점을 인식하여야 한다. 한 사람은 대부분의 경우에 쉽사리 만족할 수 있으나, 또 다른 사람은 만족시키기 힘들지만 특정된 경우에 만족을 느낄 수 있다.

기업들은 경영자나 판매원들이 고객만족에 대한 평가점수를 조작할 수도 있다는 점에 유의하여야 한다. 예컨대 고객들을 대상으로 표본조사를 행할 때, 조사하기 바로 직전에 고객들에게 특별히 친절할 수가 있다. 또한 조사에서 불만을 가지고 있는 고객들을 제외시키려 할 수도 있다. 또 한 가지 위험한 것은 고객들이 자신들을 만족시키기 위하여 기업이 편법을 쓰고 있다는 것을 알게

되면, 고객들 중의 일부가 설사 만족을 느끼고 있다 하더라도 더 많은 양보를 얻어내기 위하여 불만을 표시할 수가 있다는 점이다.

제2절 고객의 유지

기업의 제품이나 서비스에 대하여 만족을 느낀 고객들은 그에 대한 충성도가 더 높을 것이다. 그러나 고객만족과 충성도 간의 관계는 사업의 유형이나 경쟁상황에 따라 크게 다르다.

1. 고객만족과 고객 충성도

그림 2-2는 다섯 개의 상이한 시장에서 고객만족과 충성도와의 관계를 보인 것이다. 그림에서 알 수 있는 바와 같이 모든 시장에서 만족이 증가하면 충성도도 증가하고 있다. 자동차나 PC와 같이 경쟁이 심한 시장에서는 예상하는 바와는 달리 만족도가 낮은 고객들의 충성도와 단순히 만족하고 있는 수준에 그치고 있는 고객들의 충성도 간에는 차이가 거의 없다. 그러나 '만족하고 있는' 고객들의 충성도와 '완전히 만족하고 있는' 고객들의 충성도 간에는 커다란 차이가 있다.

완전히 만족하는 경우, 그 정도가 조금이라도 하락하면 충성도가 크게 떨어질 수 있다. 예컨대 어떤 조사결과에 의하면, 완전히 만족하고 있는 고객들은 단순히 만족하고 있는 수준에 그치고 있는 고객들에 비하여 충성도가 거의 42%나 더 높다는 것을 보여준 바 있다. 또 어떤 조사에서는 제품이나 서비스에 대하여 만족한다고 응답한 고객들 가운데 70%가 경쟁자의 것으로 바꿀 의향이 있음을 보여주기도 하였다. 그러나 '고도로' 만족한 고객들은 충성도가 훨씬 높을 것으로 생각된다. '완전히 만족한 고객들'은 '단순히 만족한 고객들'에 비하여 반복구매율이 훨씬 높을 것이다. 이것은 기업들이 고객들을 계속 유지할 것을 원한다면 고객들의 만족도 수준을 더 높여야 함을 의미한다. 고객이 고도로 만족하게 되면 제품이나 서비스에 대한 단순한 선호의 차원을 넘어 이에 대한 친근감이 더욱 고조되어 충성도가 높아진다.

그림 2-2는 정부의 규제를 받고 있는 독점기업이나 지배적인 시장점유율을 차지하고 있는 기업, 또는 특허권으로 법률적 보호를 받고 있는 브랜드를 소유하고 있는 기업들로 구성되는 비경쟁적 시장에서는 고객들이 아무리 불만을 느끼고 있다 하더라도 충성도를 유지하고 있는 경향이 있

그림 2-2 고객만족도와 충성도와의 관계

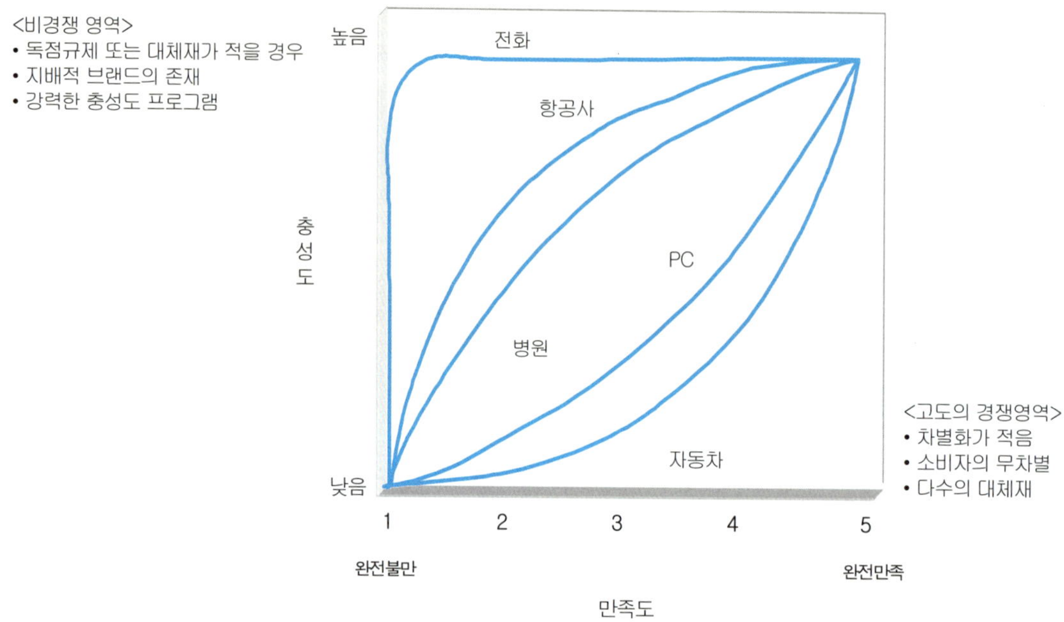

음을 보여주고 있다. 특허권으로 보호를 받고 있는 기업이나 지배적인 시장점유율을 차지하고 있는 기업의 경우에는 이러한 상황이 유리한 것처럼 보일 것이다. 그러나 이러한 기업들은 장기적으로는 고객의 불만을 사게 되는 대가를 치를 수 있다.

예컨대 1960년대와 70년대에 미국의 제록스(Xerox)사는 혁명적인 복사기를 발명하여 특허권을 얻어 장기간 번영을 누렸다. 고객들은 제록스에 충성할 수밖에 없었고 기계의 잦은 고장과 가격 인상에 대해서 고객들은 불만을 느꼈음에도 불구하고 매출과 이익은 급증하였다. 실제로 고객의 불만은 단기적으로 더 많은 이익을 가져오는 결과를 초래하였다. 불만을 가진 고객들은 기계가 고장 났을 때 서비스에 대한 대가를 지불하지 않을 수 없었고, 고객에 따라서는 여분으로 기계를 임대하는 일까지 있었다. 그러나 1980년대에 접어들면서 고객들의 만족을 유지하는데 실패한 대가를 톡톡히 치러야 했다. 일본의 경쟁자들이 특허권을 피하여 고품질이면서도 저가의 복사기를 가지고 시장에 침입하였다. 불만을 가졌던 고객들은 새로운 경쟁제품으로 이탈하기 시작하였다.

세계 복사기 시장에서 제록스가 차지하고 있는 시장점유율은 불과 5년 사이에 80%에서 35%로 대폭 감소하였다.

이와 같이 크게 성공한 기업이라도 고객만족과 고객충성도와의 관계에 세심한 주의를 기울이지 않으면 안 된다. 그 이후 제록스는 복사기 산업의 리더로서 고객중심적인 품질과 고객만족 프로그램을 계속 개발한 결과, 과거의 지배적인 위치는 상실하였지만 다시 수익성이 있는 산업으로 탄생할 수 있었다.

2. 고객유지의 필요성

전통적으로 마케팅에서는 이론이나 실무면에서 기존의 고객들을 유지하는 것보다는 신규고객들을 유치하는데 초점을 두었다. 그러나 오늘날에는 그 경향이 바뀌고 있다. 기업들은 신규고객들을 '유치'하고 그들과의 '거래'를 창출하려는 전략을 수립하는 차원을 넘어 기존의 고객들을 '유지'하고 그들과의 지속적인 '관계'를 구축하는 데 노력을 경주하고 있다.

고객들을 유지하는데 새롭게 관심을 두고 강조하는 이유는 무엇인가? 과거에는 많은 기업들이 그들의 고객들을 당연한 것으로 간주하였다. 경제규모가 확장되고 시장이 급격히 성장하는 경우에는 기업들이 '밑빠진 독에 물붓기식'의 마케팅 관행이 통용될 수 있었다. 시장이 성장하고 있다는 것은 신규고객의 공급이 충분하다는 것을 의미하였다. 기업들은 밑빠진 독에 물을 붓는 식으로 기존의 고객들을 상실하는 문제에 대해서는 걱정하지 않고도 신규고객들을 계속 채울 수 있었다.

그러나 기업의 마케팅 담당자들은 전혀 새로운 현실에 직면하고 있다. 변화하고 있는 인구통계적 특성, 경제성장의 둔화, 보다 정교한 전략을 구사하는 경쟁자들의 출현, 여러 산업에서의 과잉시설 발생 등은 고객확보의 여지가 적어졌음을 의미한다. 근래에 이를수록 시장의 성장이 정체되거나 감소함으로써 많은 기업들이 시장점유율을 놓고 치열하게 경쟁하고 있다. 따라서 신규고객을 유치하는 비용은 점차 증가하고 있으며, 기존의 고객들을 유지하는 데 소요되는 비용보다 훨씬 클 수가 있다. 따라서 유망한 고객을 발굴하고 접촉하여 이들을 분류하는 작업이 필요하다.

그러나 신규고객을 유치하는 것만이 능사가 아니며, 이들을 계속 유지하는 것이 더욱 중요하다. 신규고객을 확보하고도 이들의 대부분을 놓칠 경우가 많다. 그것은 밑빠진 독에 물을 붓는 것과 같다. 오늘날의 기업들은 '고객이탈비율'(즉, 고객상실비율)에 세심한 주의를 기울여야 한다. 고객이탈비율을 줄이기 위한 방법에는 4단계가 있다.

첫째, 기업은 고객유지비율을 정의하고 측정하여야 한다. 예컨대 잡지의 재구독률이 고객유지

비율의 대표적인 측정치로 볼 수 있을 것이다. 둘째, 기업에서는 고객이탈의 원인들을 구분하여 보다 훌륭하게 관리할 수 있는 고객들을 발견하여야 한다. 고객이 이탈하는 원인에는 양질의 경쟁제품이 출현하거나 보다 값싼 제품이 발견되는 경우, 기업이 판매하는 제품의 서비스가 불량하거나 가격이 비싸다고 인식하는 경우 등 여러 가지가 있을 수 있다. 따라서 고객이 이탈하는 이유에 따라 그 비율을 검토하는 일이 필요하다. 셋째, 고객을 상실할 경우에 이에 따라 발생하는 손실이 어느 정도인가를 추정할 필요가 있다. 개별 고객의 경우, 획득하지 못하게 되는 이익은 고객의 '종신가치'(lifetime value)에 해당된다. 즉, 고객의 종신가치란 고객이 영구적으로 이탈하지 않았을 경우에 기업이 획득하였을 이익의 현재가치를 말한다. 예컨대 어느 슈퍼마켓의 경영자는 불만을 토로하는 고객을 볼 때마다 최소한 5천만원이 날아갔다고 생각한다. 그 이유는 한 고객이 1주일에 한 번 구매할 때마다 평균 10만원을 지출하며, 1년간 50번을 구매하고 약 10년간 계속 거래할 것으로 추정하였기 때문이다. 따라서 어느 고객이 불만을 느끼고 다른 슈퍼마켓으로 거래처를 바꾼다면 이 슈퍼마켓은 5천만원의 수익을 놓친 것으로 볼 수 있다. 만일 이 고객이 자신의 불만을 다른 고객들에게 전달하여 이들도 거래처를 바꾸게 되면, 이 슈퍼마켓의 손실은 훨씬 더 클 수가 있다. 넷째, 기업에서는 고객이탈비율을 줄이기 위하여 어느 정도의 비용이 소요될 것인가를 추정할 필요가 있다. 그 비용이 상실될 이익보다 적은 한, 이탈비율을 줄이기 위하여 그만한 금액을 지출하여야 할 것이다. 마지막으로, 고객들이 구매한 후에도 그들의 반응을 계속 추적하는 일이 필요하다.

고객을 유지하는 핵심적 요소는 '고객만족'이다. 만족도가 높은 고객은 1) 장기간에 걸쳐 충성도가 높으며, 2) 기업이 신제품을 도입하고 기존제품을 개량할 때마다 더 많이 구매하며, 3) 문제의 기업과 제품에 대하여 호의적으로 이야기하며, 4) 경쟁기업의 제품과 광고에 대해서 관심도가 적고 가격에 대해서도 덜 민감하고, 5) 기업에 대하여 제품이나 서비스에 관한 아이디어를 제공하며, 6) 거래가 반복적으로 이루어지기 때문에 신규고객들에 비하여 보다 적은 비용으로 서비스를 제공할 수 있다.

따라서 어느 기업이든지 고객만족도를 정기적으로 측정하는 것이 중요하다. 기업에서는 최근에 구매한 고객들을 대상으로 전화를 통하여 제품에 대한 만족의 정도를 물어볼 수 있을 것이다. 만족도가 극히 낮은 고객들 가운데 80% 정도가 재구매하지 않을 수가 있고, 어느 정도 불만을 느낀 고객들 가운데에는 40%, 불만이 없는 고객들 가운데에는 20%, 만족을 느낀 고객들 가운데에는 10%가 각각 재구매하지 않을 수가 있을 것이다. 그러나 만족도가 극히 높은 고객들이 재구매하지 않을 비율은 1 내지 2%에 불과할 수가 있다. 이러한 결과는 단순히 고객들의 기대를 충족시키는데 그치지 않고 그러한 기대를 넘어서려는 노력을 기울여야 한다는 점을 시사하고 있다.

기업에 따라서는 고객들의 불만사항을 기록함으로써 그들의 만족도에 관한 정보를 입수하고 있다고 생각한다. 그러나 불만을 느낀 고객들의 95%가 불평하지 않고 단지 구매를 중단할 경우가 흔히 있다. 기업이 할 수 있는 최선의 방법은 고객들이 쉽게 불만을 제시할 수 있도록 하는 것이다. 그러기 위해서는 불만사항을 우편으로 보내게 하거나 수신자 부담 전화번호나 전자우편(e-mail) 주소를 만들어 고객들의 불만사항을 접수하는 방법 등이 있을 것이다.

그러나 고객들의 불만을 입수하는 것만으로는 충분하지 않다. 기업은 그러한 불만사항에 대하여 신속하고도 건설적으로 대응하여야 한다. 만일 고객들의 불만사항이 해결된다면 그들 가운데 상당한 비율이 다시 거래할 것으로 생각되지만, 고객들이 자신들의 불만사항이 신속하게 해결되었다고 느낀다면 재거래비율은 훨씬 높아질 것이다.

충성도가 높은 고객들은 기업의 이익 중 상당한 부분을 차지하고 있기 때문에 고객의 불만을 무시하거나 사소한 금액상의 문제로 분쟁을 일으킴으로써 고객을 상실하는 위험을 경계하여야 한다. 잃어버린 고객을 되찾는 것은 하나의 중요한 마케팅 활동이며 신규고객을 유치할 경우보다 비용이 덜 소요될 때가 흔히 있다.

고객유지를 강화하는 방법에는 두 가지가 있다. 그 하나는 거래전환 장벽을 높이는 것이다. 고객들은 자본비용이나 정보탐색비용이 많이 소요될 경우, 또는 충성도가 높은 고객에게 부여되는 할인혜택이 없어질 경우에는 다른 거래처로 바꾸고자 하는 경향이 줄어든다. 보다 훌륭한 방법은 고객만족도를 높이는 것이다. 이것은 경쟁자들이 단순히 가격을 인하하거나 거래전환 유인을 제공함으로써 거래처를 변경하는데 따르는 난관을 극복하기가 더욱 어렵게 되는 요인이 된다.

요컨대 신규고객을 유치하는 것은 중요한 마케팅 과업이지만 오늘날의 기업들은 기존의 고객들을 유지하고 이들과의 장기적인 관계를 구축함으로써 이익을 실현하는 데에도 초점을 두어야 한다. 고객유지의 요체는 우월한 고객가치와 만족을 개발하여 고객에게 제공하는 것이다.

3. 관계마케팅의 중요성

관계마케팅(relationship marketing)이란 고객들을 비롯하여 여타 이해관계자들과의 관계를 강력하게 구축하고, 유지하며, 증진시키는 것을 말한다. 관계마케팅은 장기적으로 추구하는 것이며, 그 목적은 고객들에게 장기적인 가치를 전달하고, 그 성공 여부의 측정은 장기적 고객만족에 두고 있다. 관계마케팅을 실시하려면 기업 내의 모든 조직이 고객에 초점을 두어 마케팅 담당부서와 공동으로 하나의 팀을 구성하여 협동하는 것이 필요하다. 여기에는 경제적, 사회적, 기술적 및 법률적 면에서 다면적인 관계를 구축하여 고객의 충성도를 높이는 결과를 가져오는 일이 필요하다.

충성도가 높은 고객들을 확보하면 수입은 증가할 것이다. 그러나 고객충성도를 높이려면 더 많은 비용을 지출하여야 한다. 그렇지만 관계를 구축하는데 기업은 얼마나 투자하여야 하며, 관계구축에 따라 획득되는 이득을 초과하지 않는 비용은 얼마나 되어야 하는가? 고객관계를 구축하는데 필요한 투자수준은 다섯 가지로 구분할 수 있다. 즉,

1. **기본마케팅**(basic marketing); 이것은 판매원이 단순히 제품을 판매할 뿐이고 고객에게 별다른 사의를 표시하지 않는 것이다.
2. **반응마케팅**(reactive marketing); 판매원이 제품을 판매한 다음에 고객이 불만이나 의문사항이 있을 때에는 언제든지 연락해 줄 것을 권장하는 것이다.
3. **책임마케팅**(accountable marketing); 제품을 판매한 후에 판매원이 곧 제품이 고객의 기대를 충족시키고 있는가의 여부를 점검하기 위하여 고객에게 전화로 문의한다. 판매원은 또한 제품이나 서비스의 개선이 필요한가의 여부와 불만사항이 구체적으로 무엇인가를 고객에게 물어본다. 이러한 정보는 기업의 성과를 지속적으로 개선하는데 도움이 된다.
4. **순행마케팅**(proactive marketing); 판매원이 고객과 종종 접촉하여 제품을 개량하여야 할 것이 무엇인가를 물어보거나 제품의 새로운 용도를 알아보는 것이다.
5. **협력마케팅**(partnership marketing); 제품의 성능을 개선하기 위한 방법을 발견하기 위하여 기업이 고객과 지속적으로 함께 일하는 것이다.

대부분의 기업들은 그들의 시장이 다수의 고객들로 구성되어 있고 제품 단위당 이윤이 적을 경우에는 기본마케팅만을 수행하고 있다. 예컨대, 식품회사에서 식품을 구매한 고객에게 일일이 감사하다는 전화를 하지 않는다. 그 대신에 브랜드를 구축하기 위한 광고나 판매촉진, 고객정보 서비스를 통하여 관계를 만들려고 한다. 이와는 달리, 고객의 수는 적지만 이윤이 큰 제품을 판매하는 기업의 경우에는 핵심되는 고객들과 완벽한 협력관계를 구축하려 한다. 예컨대 비행기를 제작하는 회사에서는 항공기를 제작하는데 항공회사와 긴밀한 관계 속에서 협동함으로써 항공기가 항공회사의 요구조건에 충족시키도록 노력한다. 이와 같이 두 가지 극단적인 상황 사이에 여러 가지 수준의 관계마케팅이 존재하고 있다.

근래에 이를수록 고객의 충성도와 이들을 유지하기 위한 프로그램을 개발하는 기업들이 점차

늘어나고 있다. 마케팅 종사자들은 고도의 가치와 만족을 지속적으로 제공하는 차원을 넘어 고객과의 유대를 강화하기 위한 여러 가지 마케팅 수단을 이용할 수 있다.

첫째, 고객과의 관계에 대해서 '금전적 혜택'을 추가함으로써 가치와 만족을 구축할 수 있다. 기업이 제공할 수 있는 금전적 혜택에는 횟수 마케팅 프로그램과 회원 마케팅 프로그램의 두 가지가 있다. '횟수 마케팅 프로그램'(frequency marketing program)은 자주 구매하거나 상당한 금액을 지불하고 있는 고객들에게 일정한 보상을 제공하는 것이다. 항공회사나 호텔에서 자주 이용하는 고객에게 할인 혜택을 주는 프로그램이 대표적인 예에 속한다. 또한 슈퍼마켓에서 흔히 제공하고 있는 '프라이스 클럽'(price club) 카드와 같은 것도 이에 속한다. 이러한 프로그램을 먼저 도입한 기업은 경쟁자들이 뒤늦게 대응해올 때 특히 유리한 위치에 있다.

또 하나의 금전적 혜택으로 '회원 마케팅 프로그램'(club marketing program)을 들 수 있다. 회원자격은 제품을 자주 구입하거나 많이 구입하는 고객이면 누구나 가입할 수 있는 개방형이 있는가 하면, 일정한 회비를 납입할 의사가 있는 고객에게만 제한할 경우가 있다. 전자의 경우는 데이터베이스를 만들어 고객들을 쉽게 접촉할 수 있는 반면에, 후자의 경우는 장기적으로 고객의 충성도를 구축하는데 매우 강력한 수단이 된다.

둘째, 고객에게 금전적 혜택을 부여함과 동시에 '사회적 혜택'(social benefits)을 추가하는 방법이 있다. 이것은 기업이 개별 고객의 욕구와 욕망을 터득한 다음에 기업의 제품과 서비스를 개인화함으로써 고객과의 사회적 유대를 강화하는 것이다. 예컨대 자동차 회사에서 특정 브랜드의 자동차 구매자들에게 공장을 견학시키고 체육대회를 열어 이들과의 유대를 강화함은 물론 기업에 대한 신뢰와 협동정신을 고양시킬 수 있다. 이것은 경쟁사에 비하여 고객들을 차별적으로 대우한다는 효과를 거둘 수 있다.

셋째, 금전적 내지 사회적 혜택 외에도 '구조적 유대'(structural ties)를 추가하는 방법이 있다. 예컨대, 산업재를 판매하고 있는 기업에서는 고객들에게 주문과 대금지불 및 재고수준을 적절하게 관리할 수 있는 특수한 시설이나 컴퓨터 연계망을 제공할 수 있다. 소매약국에 약품을 공급하는 도매업자가 소매약국들이 주문과 재고수준을 관리하는데 도움이 되도록 EDI(electronic data interchange) 시스템을 설치하는데 투자하는 경우가 이에 해당된다. 또한 택배회사에서 우량고객들이 경쟁자와 거래하는 것을 예방하기 위하여 탁송이나 포장상태에 관한 상태를 언제든지 점검할 수 있는 소프트웨어를 이용하도록 하는 것도 이에 해당된다.

관계마케팅은 마케팅 종사자가 제품은 물론 고객들을 관리하는데 초점을 두어야 함을 의미한다. 이와 동시에 모든 고객들과 동일한 수준의 관계를 유지할 수는 없다. 사실상 어느 기업이든지

그림 2-3 고객 / 제품별 수익성 분석

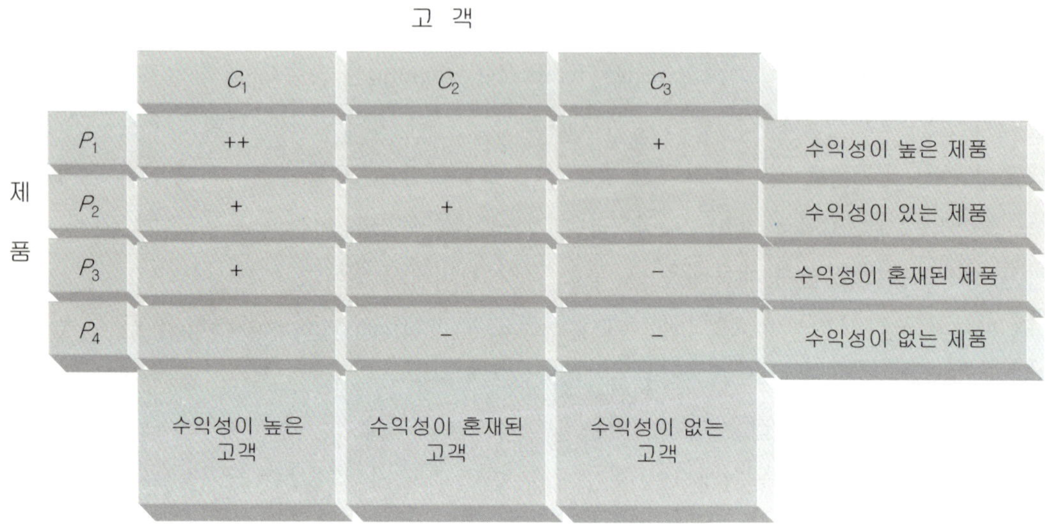

바람직하지 않은 고객들이 있게 마련이다. 이러한 고객들을 구분하고자 하는 목적은 경쟁자에 비하여 어떤 고객들을 가장 효과적으로 거래할 수 있는가를 결정하는 데 있다. 마케팅이란 궁극적으로 '수익성이 있는 고객들'을 유치하고 유지하는 기법이라고 할 수 있다. 경우에 따라서는 비합리적이거나 거래하는데 따르는 이익보다 비용이 더 많이 소요되는 고객들을 포기할 수도 있다.

기업의 입장에서는 개별 고객의 가치와 수익성을 능동적으로 측정하여야 한다. 그림 2-3은 고객의 수익성을 분석하는 하나의 예를 보인 것이다. 그림에서 고객들은 열(column)에 표시되어 있고 행(row)은 제품 또는 서비스가 표시되어 있다. 각 낱칸에는 특정된 제품이나 서비스를 특정된 고객에게 판매하는 경우의 수익성을 부호로 표시하고 있다. 고객 C_1은 P_1, P_2 및 P_3의 제품을 구매함으로써 수익성이 매우 크다는 것을 보이고 있다. 고객 C_2는 한 제품의 경우에는 수익성이 있고 또 다른 제품의 경우에는 수익성이 없어 총체적으로는 수익성이 혼재되어 있다. 고객 C_3은 한 개의 제품에서는 수익성이 있는 반면에 두 개의 제품에서는 수익성이 없어 총체적으로는 손실을 보고 있다. 이러한 경우에 기업의 입장에서는 C_3과 같은 고객들에 대해서 어떠한 조치를 취할 수 있는가? 첫째, 수익성이 없는 제품의 가격을 인상하거나 이를 제거할 것을 고려하여야 한다. 둘째, 수익성이 없는 고객들을 대상으로 수익성이 있는 제품을 끼워 파는 방법을 생각할 수 있다. 만일 이러한 조치로 인하여 고객 C_3이 구매를 중단한다면 그것으로 족할 수도 있다. 사실상 수익성이 없는 고객들이 경쟁자들과 거래하도록 장려함으로써 혜택을 볼 수도 있다.

4. 고객관계관리

기업들은 고객을 비롯한 여타 이해관계자들과 완벽한 협력관계를 유지할 필요가 있을 뿐 아니라 근래에 이르러 고객들과 보다 강력한 관계와 유대를 강화하기 위하여 소위 **고객관계관리**(customer relationship management : CRM)에 초점을 두고 있다. 고객관계관리란 개별 고객들에 대한 상세한 정보를 관리하고 고객충성도를 극대화하기 위하여 모든 고객들의 '접점'을 관리하는 과정을 말한다. 여기에서 고객접점이란 고객이 브랜드와 제품을 접촉하게 되는 계기를 말하며, 실제 경험이나 개인적으로나 매체를 통하여 우연히 접하게 되는 경우가 이에 해당된다. 예컨대 호텔의 경우, 예약, 예약확인, 퇴실확인, 자주 이용하는 고객들을 위한 프로그램, 룸서비스, 운동시설, 세탁서비스, 식당 등이 접점이라 할 수 있다.

기업은 고객관계관리를 통하여 개별 고객에 관한 정보를 효과적으로 이용하여 실시간으로 보다 우월한 서비스를 제공할 수 있다. 기업에게 소중한 고객에 관한 지식을 토대로 개별 고객의 주문에 맞추어 상품과 서비스, 프로그램, 메시지 및 매체 등을 제공할 수 있는 것이다. 이러한 고객관계관리가 중요한 이유는 기업의 수익성을 결정하는 주요 요인이 고객들의 총체적 가치이기 때문이다. 따라서 고객관계관리의 목적은 고객자산을 높이는 것이다. **고객자산**(customer equity)이란 기업의 모든 고객들의 종신가치를 현재의 가치로 환산한 것을 말한다. 고객들의 충성도가 높을수록 고객자산의가치도 높을 것임은 당연하다.

제3절 고객 데이터베이스와 데이터베이스 마케팅

기업 및 마케팅 종사자가 고객을 알려면 이에 관한 정보를 수집하여 하나의 데이터베이스에 저장하고 데이터베이스 마케팅을 행하여야 한다. 여기에서 **고객 데이터베이스**(customer database)

란 개별 고객이나 제품과 서비스의 판매가 현재의 정보를 체계적으로 수집한 것을 말한다. **데이터베이스 마케팅**(database marketing)이란 계약을 체결하고 거래하며, 고객관계를 구축할 목적으로 고객 데이터베이스와 여타 데이터베이스(제품, 원료 및 부품공급자, 재판매자 등)를 구축하여 유지하고 이용하는 것을 말한다.

1. 고객 데이터베이스

어느 고객이 특정된 소매점에 들어갔을 때, 점원은 그 고객이 누구인지를 알지 못한다. 그러나 책을 인터넷으로 구입하기 위하여 아마존(www.amazon.com)에 들어가면 고객의 이름이 나오고, 환영하는 문구와 함께 고객의 과거 구매기록을 토대로 구매할 가능성이 있는 제품들을 소개하고 구입하고자 하는 책에 관하여 여러 독자들의 특별한 혜택을 주는 정보를 알려주기 위하여 고객의 허락을 요청하는 메시지가 나온다.

많은 기업들이 고객 우편목록과 고객 데이터베이스를 혼동할 경우가 있다. 고객 우편목록(customer mailing list)은 단순히 고객들의 성명, 주소 및 전화번호를 집합한 것에 불과하다. 반면에 고객 데이터베이스는 이보다 훨씬 많은 정보를 내포하고 있다. 예컨대 고객과의 거래, 전화 문의 및 모든 고객과의 접촉 등에 관한 자료가 계속 축적되어 있다.

이상적으로 말하면 고객 데이터베이스에는 소비자의 과거 구매실력, 인구통계 특성, 연령, 소득, 가족 구성원, 생일 등과 정신심리적 특성(psychographics)(소비자의 활동, 관심사 및 의견), 선호하는 매체 및 여타 유용한 정보가 들어있다. 은행이나 이동통신사의 경우 대규모의 고객 데이터베이스를 보유하고 있는 것이 보통이다.

2. 데이터 웨어하우스와 데이터마이닝

은행이나 신용카드사, 이동통신사, 카탈로그 판매사 등을 비롯하여 다수의 기업들이 고객들의 주소와 전화번호 뿐만 아니라 거래내역과 실적은 물론 그들의 연령, 소득수준, 가족규모 및 기타 인구통계 특성 등에 관하여 다수의 정보를 보유하고 있다. 이러한 자료는 각 기업의 고객접촉 센터에서 수집되어 데이터 웨어하우스(data warehouse)에 체계적으로 정리하여 보관된다. 기업에서는 누구나 그러한 자료를 필요한 정도에 따라 분류하여 분석할 수 있다. 이러한 보관자료를 통하여 개별 고객의 필요와 욕구 및 반응 등을 추정할 수 있다. 마케팅 담당자는 데이터마이닝

(datamining)을 통하여 고객 개인별 특성, 추세 및 세분된 시장부문 등에 관한 유용한 정보를 추출할 수 있다.

일반적으로 기업들은 위에서 언급한 데이터베이스와 자료처리기법을 여러 가지 방법으로 이용할 수 있다. 예컨대 ① 예상고객을 발굴하거나, ② 특별대우를 부여할 고객을 결정하거나 ③ 고객에게 인센티브를 주어 충성도를 높이기 위하여, ④ 기존고객에게 구매를 환기시키거나 ⑤ 고객에 대한 실수를 예방하기 위하여 이용된다.

3. 데이터베이스 마케팅과 고객관계관리의 문제점

위에서 언급한 바와 같이 데이터베이스 마케팅은 여러 가지 장점이 있지만 문제점도 있다. 기업이 고객관계관리(CRM)를 효과적으로 이용하는데 저해요인으로 작용할 수 있는 문제점으로 네 가지를 들 수 있다. 그 첫째는 고객 데이터베이스를 구축하고 유지하려면 컴퓨터 하드웨어와 소프트웨어, 분석 프로그램, 통신망 연결 및 숙련된 인력 등에 대규모의 투자를 필요로 한다는 것이다. 올바른 자료, 특히 기업이 개별고객과 상호작용하는 모든 경우를 수집, 입력한다는 것은 극히 어려운 일이 아닐 수 없다. 또한 ① 제품구매가 일생에 한 번 밖에 발생하지 않을 경우(예컨대 그랜드 피아노), ② 고객들이 특정된 브랜드에 대해 충성도를 거의 보이지 않을 경우, ③ 판매 단위가 극히 작을 경우, ④ 정보수집에 많은 비용이 소요되는 경우에는 고객 데이터베이스를 구축할 만한 가치가 없을 것이다.

두 번째 문제는 기업의 모든 구성원이 고객지향적이고 입수가능한 정보를 이용하도록 하는 것이 어렵다는 점이다. 종업원들은 고객관계 마케팅 보다는 전통적인 거래 마케팅을 수행하기가 훨씬 수월하다고 느끼기 쉽다. 데이터베이스 마케팅을 효과적으로 실행하려면 종업원들은 물론 유통부문 종사자들과 원료 및 부품공급자들도 관리하고 훈련시키는 일이 필요하다.

세 번째 문제는 모든 고객들이 기업과의 관계를 원하는 것은 아니며 기업이 고객들에 관한 개인적 정보를 수집하고 있다는데 반감을 가질 수도 있다는 것이다. 따라서 마케팅 종사자는 개인의 사적 비밀과 보안에 대한 고객의 태도에 주의를 기울여야 한다. 더구나 구체적인 고객거래에 관한 정보를 누설하거나 팔아서는 안된다.

네 번째 문제는 고객관계관리 배후의 가정이 반드시 타당하지 않을 수 있다는 점이다. 예컨대 충성도가 더 높은 고객들에 대한 서비스 제공에 비용이 적게 든다는 가정은 타당하지 않을 수 있다. 구매량이 많은 고객들은 기업에 대한 그들의 가치를 알고 있을 경우가 많고 이에 따라 기업으로부터 가격할인이나 특별한 서비스와 같은 혜택을 얻고자 할 수 있다. 충성도가 높은 고객들은 기업으로부터 더 많은 것을 요구하거나 기업의 가격인상 시도에 반감을 갖기도 한다.

고객관계관리를 시행하는데 따르는 주요 위험은 ① 고객 전략을 수립하기 전에 고객관계관리를 시행하거나, ② 고객관계관리에 부응하는 조직을 바꾸기 전에 고객관계관리를 시작하거나, ③ 고객관계관리에 따르는 기술이 많을수록 더 훌륭하다고 가정하거나, ④ 고객을 설득하지 않고 은밀하게 접근하려는 경우 등이다. 이러한 점들은 모두 기업이 고객관계를 행하기 위하여 데이터베이스 마케팅을 구축하고 이용하는데 따르는 투자규모를 결정하는데 고려하여야 할 요소들이다.

제4절 고객가치와 만족의 전달

고객가치와 만족은 마케팅 종사자가 성공하기 위한 방편으로 중요한 요소라고 할 수 있다. 그러나 마케팅 종사자만이 우월한 가치와 만족을 전달할 수는 없다. 마케팅 종사자는 실제로 주도적인 역할을 수행하지만 고객들을 유치하고 유지하는데 하나의 파트너에 불과할 수가 있다. 마케팅부가 효과적으로 과업을 수행하려면 여타의 모든 부서와 종업원들이 하나의 팀이 되어 협동함으로써 경쟁면에서 우월한 고객가치 전달 시스템을 만들어야 한다. 고객의 욕구를 완전하게 충족시키려면 마케팅 종사자들은 기업의 여타 부서와 마케팅 시스템 직원들과 긴밀하게 협조하지 않으면 안 된다. 본 절에서는 기업의 '가치사슬'(value chain)과 '가치전달 네트워크'(value delivery network)의 개념을 살펴보기로 한다.

1. 가치사슬

가치사슬(value chain)의 개념은 보다 많은 고객가치를 발견하고 창출하기 위한 하나의 수단으로 제시되었다.[1] 모든 기업은 제품을 디자인, 생산, 판매, 배달 및 지원하기 위하여 여러 가지 활동이 집합되어 수행된다. 가치사슬은 특정된 사업에서 가치를 창출하고 비용이 소요되는 활동 가운데 전략적으로 적절한 9개의 활동을 판정하여 확인한다. 이러한 9개의 가치창출 활동은 5개의 주

[1] Michael E. Porter, *Competitive Advantage: Creating and Sustaining Superior Performance*(New York: Free Press, 1985) and Michael. E. Porter, "What Is Strategy?" *Harvard Business Review*, November-December 1996, pp.61-78.

그림 2-4 보편적 가치사슬

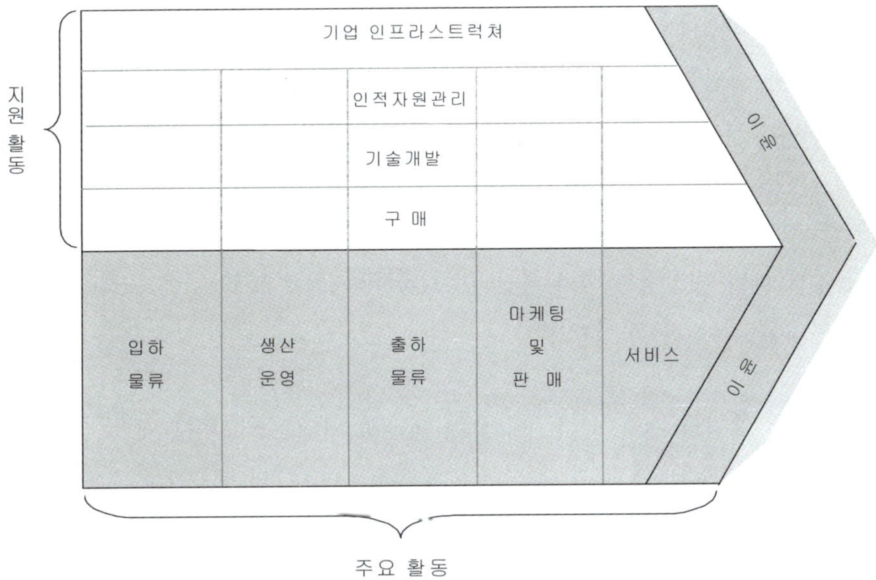

요활동과 4개의 지원활동으로 구성된다(그림 2-4 참조).

주요 활동이란 원료가 생산과정에 투입되고(기타 과정), 이를 최종생산물로 전달하는 생산과정, 최종제품을 출고하는 출하과정, 최종제품의 판매와 이를 위한 마케팅 활동, 그리고 이를 지원하기 위한 서비스 활동 등으로 구성되는 연속적 과정으로 구성되어 있다. 지원활동으로는 구매, 기술개발, 인력관리 및 기업의 인프라스트럭쳐(infrastructure) 등이 있으며, 이러한 활동은 특정된 부서에서 다루고 있으나 그러한 부서에서만 다루는 것은 아니다. 예컨대 특정된 부품을 구매하거나 특수한 인력을 채용할 때에는 다른 부서에서도 이를 행할 수 있다. 기업의 인프라스트럭쳐에서는 모든 주요 활동과 지원활동에서도 부담하여야 하는 전반적 관리업무, 계획수립, 자금조달과 운영, 회계업무, 법률관계와 대 정부관계 등에 따르는 비용을 포괄하고 있다.

기업이 수행하여야 할 과업은 가치를 창출하는 각 활동에서 소요되는 비용과 성과를 검토하여 이를 개선하는 방법을 찾는 것이다. 여기에서 비용과 성과면에서 경쟁자와 비교하는 '벤치마킹'(benchmarking)이 필요하다. 경쟁자에 비하여 어떤 활동이 더 훌륭한 성과를 거둘수록 경쟁우위를 누릴 수 있다.

기업의 성공 여부는 각 부서의 성과뿐만 아니라 이들간의 활동이 조정되는 정도에도 달려 있다. 기업의 각 부서는 기업 전체의 이익이나 고객의 이익보다는 자신의 이익을 극대화하려는 활동을 할 경우가 흔히 있다. 예컨대 신용조사부에서는 신규고객의 신용을 검토하여 불량채권이 발생하지 않도록 하는데 상당한 시간을 소비할 수 있다. 반면에, 고객과 판매원은 기다리는데 지쳐 불만을 느낄 수 있다. 운송부에서는 비용을 절약하기 위하여 항공편 대신에 철도를 이용하여 상품을 배달함으로써 고객들의 불만을 살 수가 있다. 각 부서마다 배달을 지연시키고 서비스의 질을 저하시키는 장벽을 세울 경우가 흔히 있는 것이다.

이러한 문제에 대한 해결책은 '핵심사업과정'(core business process)에 중점을 두는 것이다. 핵심사업과정에는 다음과 같은 것이 있다.

- **신제품 실용화**; 주어진 예산 범위 내에서 고품질의 신제품을 신속하게 연구개발하여 시장에 추가하는 모든 활동을 말한다.
- **재고관리**; 원료, 반제품 및 완제품 등의 재고수준을 적절하게 관리하여 원활하게 공급하고 과잉재고에 따르는 비용을 최소화하는 모든 활동을 말한다.
- **고객유치와 유지**; 고객들을 확보, 유지하고 이들과의 거래를 증대시키는 모든 활동을 말한다.
- **주문처리와 대금결제**; 주문을 받은 다음에 상품을 제시간에 선적하고 대금을 수취하는 모든 활동을 말한다.
- **고객에 대한 서비스**; 고객들이 기업 내의 담당자들과 쉽게 접촉하도록 하고 이들로부터 신속하고 만족할 만한 서비스를 받아 문제를 해결해주는 모든 활동을 말한다.

강력한 위치에 있는 기업들은 이러한 핵심과정을 관리하는데 탁월한 능력을 개발하고 있다. 예컨대 오늘날 대부분의 할인점들은 상품을 공급자로부터 개별 점포에 공급하는데 고도의 효율성을 기하고 있다. 예컨대 점포에서 상품이 판매되면 컴퓨터를 통하여 판매정보가 할인점 본부에 전달될 뿐만 아니라 공급자에게도 전달되어 상품이 판매되는 순간에 즉시 공급해주는 체제를 갖추고 있다.

2. 가치전달 네트워크

기업이 성공하려면 자체의 운영차원을 넘어 공급자, 유통부문 종사자 및 고객들로 연결되는 가치사슬을 형성하여 경쟁우위를 찾아야 할 필요도 있다. 오늘날에는 많은 기업들이 보다 우월한 **가치전달 네트워크**(value-delivery network)(이것은 또한 **공급사슬**(supply chain)이라고도 한다)를 설정하기 위하여 특정된 공급자들과 유통부문 종사자들과의 협력체제를 강화하고 있다. 예컨대 자동차회사에서 협력업체가 공급하고 있는 부품의 품질을 향상시키고 비용을 절감하기 위하여 협력업체에 기술지도와 자금지원 등의 협력체제를 강화하는 경우를 들 수 있다. 이러한 고도의 협력체제를 통하여 자동차 구매자들에게 고품질-저비용의 자동차를 공급함으로써 보다 우월한 가치를 전달할 수 있다.

또 하나의 대표적인 가치전달 네트워크의 예로서 유명 브랜드의 의류업체를 들 수 있다. 이 의류업체의 주요 유통경로는 백화점이다. EDI(electronic data interchange)의 덕분으로 이 회사에서는 매일 여러 백화점을 통하여 판매되는 각종 의류의 사이즈와 스타일 등에 따른 판매량을 파악할 수 있다. 이에 관한 정보는 즉시 원단을 만드는 공급업체에 전달되고, 이 원단 제조업체는 다시 섬유 제조업체에 대하여 필요한 물량 공급을 요청한다. 이와 같은 방식으로 공급사슬을 구성하고 있는 협력업체들은 부정확한 판매예측 자료를 기초로 하기보다는 현재 판매되고 있는 수량에 관한 정보를 토대로 서로 긴밀하게 협력한다. 이것을 '즉각반응 시스템'(quick response system)이라고 하며 상품이 공급에 따라 결정되는 것이 아니라 수요에 따라 결정된다.

오늘날의 시장에서는 경쟁이 단순히 개별 경쟁자들 간에 발생하는 것이 아니라 경쟁자들이 구성하고 있는 총체적 가치전달 네트워크 간에 발생하고 있는 경향이 높아지고 있다. 요컨대 각 기업의 마케팅 네트워크가 경쟁의 핵심요소이다.

제5절 총체적 품질마케팅의 실행

고객만족과 기업의 수익성은 제품 및 서비스의 질과 밀접한 관련이 있다. 품질수준이 높을수록 고객만족도 높아지며, 이와 동시에 고가를 유지할 수 있고 비용을 절감할 경우도 있다. 그러므로 품질개량을 시도하면 수익성도 높아지는 것이 정상이다. 오늘날의 경영자들은 제품 및 서비스의 질을 개선하는 것을 최우선의 과제로 삼고 있다.

다수의 일본 기업들이 세계시장을 석권한 주요인은 그들의 품질관리 능력에서 찾을 수 있다. 대부분의 고객들은 평범한 품질수준을 받아들이지 않을 것이다. 기업이 이익을 거두면서도 경쟁에서 살아남으려면 품질개념을 채택하는 방법밖에 없다. 품질은 고객의 충성도를 확보하는 최선의 방법이며 경쟁자에 대한 강력한 방어수단이다. 또한 지속적인 성장과 이익을 달성할 수 있는 유일한 길이다. 그러나 품질이란 과연 무엇인가? 이에 대해서는 여러 가지로 정의되고 있으나 미국 품질관리협회(The American Society for Quality Control)에 의하면 **품질**(quality)이란 고객의 명시적 내지 묵시적 욕구를 충족시킬 능력을 지니고 있는 제품이나 서비스의 총체적 특성을 말한다.[2] 품질에 관한 이러한 정의는 고객중심적인 특징을 보이고 있다. 그것은 제품 및 서비스가 고객의 욕구, 요구조건 및 기대를 충족시키는 한, 기업이 품질을 고객에게 전달하고 있음을 시사하고 있다.

여기에서 성능면에서 본 품질과 적합도면에서 본 품질을 구분할 필요가 있다. 전자의 경우는 제품이 기능을 수행하고 있는 정도를 말한다. 예컨대 자동차의 경우, 벤츠(Benz)는 현대(Hyundai)에 비하여 성능면에서 품질이 우수하다. 즉, 부드럽게 주행하며, 속도가 보다 빠르고, 장시간 운전할 수 있다. 그러나 두 자동차가 각기 자신들이 약속하고 있는 품질을 고객에게 전달하고 있다면 적합도 면에서 동일한 품질을 고객에게 전달하고 있다고 볼 수 있다. 다시 말하면 적합도 면에서 본 품질이란 제품의 결함이 없고 특정된 수준의 성능을 제공하는 일관성이 있음을 뜻한다. 따라서 두 자동차가 각각의 고객들이 기대하고 있는 바를 일관성 있게 전달하고 있는 한, 적합도 면에서 동등한 품질을 제공하고 있다고 말할 수 있다. 고가의 자동차가 모든 조건을 충족시키고 있다면 품질을 유지하고 있다. 저가의 자동차의 경우에도 사정은 동일하다. 그러나 고가의 자동차 핸들이 제대로 작동이 안 된다거나 저가의 자동차가 연료효율이 낮다면, 두 자동차는 모두 고객에게 품질을 전달하지 못하고 있으며, 따라서 고객들은 불만을 갖게 된다.

1. 총체적 품질관리

총체적 품질관리(total quality management; TQM)이란 조직의 모든 공정, 제품 및 서비스의 질을 지속적으로 개량하는 전사적 접근방법이다. 이러한 총체적 품질관리의 개념은 1980년대 모든

---

[2] Cyndee Miller, "U. S. Firms Lag in Meeting Global Quality Standards," *Marketing News*, February 15, 1993.

기업들이 관심을 갖고 채택하는 경향이 있었다. 그러나 많은 기업들이 이 용어를 수용하였을 뿐 그 실체를 이해하지 못하였다. 일부 기업에서는 총체적 품질관리를 기업의 모든 문제를 해결해주는 만병통치약인 것처럼 생각하였다. 또 일부 기업에서는 그 원리를 좁게 해석하여 고객가치와 만족에 대해 보다 폭넓은 관심을 두어야 한다는 점을 간과하였다. 그 결과 다수의 총체적 품질관리 프로그램이 실패로 끝날 경우가 흔히 있었다. 그러나 고객만족을 창출한다는 관점에서 적용하면 총체적 품질의 원리는 성공의 필요조건이다. 지금은 다수의 기업들이 총체적 품질관리라는 용어를 사용하지 않고 있으나, 고객지향적인 품질을 추구하는 우량기업들은 그것을 하나의 관행으로 삼고 있다. 그러한 기업에서는 '품질수익률'(return on quality; ROQ)이라는 개념을 원용하고 그들이 제공하는 품질이 고객들이 원하고 있는 품질임을 확고하게 믿는다. 이러한 품질은 결과적으로 판매와 이익을 증가시킨다.

총체적 품질은 고객만족과 가치를 창출하는 핵심적 요소이다. 마케팅이 누구나 수행하여야 할 과업인 것과 마찬가지로 총체적 품질도 그러하다. 품질개량, 제조 및 운영이라는 용어를 알지 못하는 마케팅 종사자들은 쓸모없는 존재로 전락할 위험이 있다. 기능적 마케팅이 중시되던 시대는 지나고 있다. 마케팅 종사자들은 자신이 시장조사 전문가라든가 광고인, 직접 마케팅 담당자 또는 마케팅 전략가 등으로만 생각할 수 없게 되었으며, 총체적으로 고객을 만족시키는 존재로 생각해야만 된다.

2. 총체적 품질관리에서의 마케팅의 역할

품질에 초점을 두고 있는 기업에서 마케팅 종사자는 두 가지 책임을 지고 있다. 첫째, 마케팅 관리자는 우월한 총체적 품질을 통하여 기업이 승리할 수 있는 전략과 프로그램을 수립하는데 참여하여야 한다. 둘째, 마케팅 담당자는 생산면에서의 품질뿐만 아니라 마케팅 면에서의 품질도 전달하여야 한다. 즉, 마케팅 조사, 판매원 교육 및 훈련, 광고, 고객에 대한 서비스 등 각 마케팅 활동을 고도의 품질기준에 맞추어 수행하여야 한다.

마케팅 종사자들은 표적고객들에 대하여 양질의 제품과 서비스를 전달하는데 도움이 되는 몇 가지 주요 역할을 수행하고 있다. 첫째, 마케팅 종사자들은 고객들의 욕구와 요구조건을 정확하게 파악하고 고객이 기대하고 있는 바를 제품 설계자들에게 정확하게 전달해야 하는 중요한 책임을 맡고 있다. 둘째, 마케팅 종사자들은 고객들의 주문이 제시간에 정확하게 처리되고 있는가의 여부를 확인하여 고객들이 제품을 사용하는데 있어 적절한 지시, 훈련 및 기술적 지원 등을 받았는가를 점검하여야 한다. 셋째, 마케팅 종사자들은 제품을 판매한 후에도 고객들과 계속 접촉하여 그들이 만족하고 있는가를 확인하여야 한다. 마지막으로, 마케팅 종사자들은 제품과 서비스의 개량에 대한 고객들의 아이디어를 수집하여 기업 내의 관련 부서에 전달하여야 한다. 마케팅 종사자들이 이와 같은 모든 과업을 수행할 때 총체적 품질관리와 고객만족에 지대한 공헌을 하게 된다.

총체적 품질관리가 시사하고 있는 것 중의 하나는 마케팅 종사자들이 '외부 마케팅'을 개선할 뿐만 아니라 '내부 마케팅'도 개선하는 데 시간과 노력을 투입하여야 한다는 점이다. 마케팅 담당자는 제품이나 서비스가 적절하지 않을 때 고객과 마찬가지로 불평할 수 있어야 한다. 마케팅 종사자는 고객의 파수꾼이어야 하며 고객에게 최선의 해결책을 제공하는 기준을 끊임없이 개발하여야 한다.

제6절 우량기업의 요건

기업의 성공요건으로 고객가치와 만족의 전달이 무엇보다도 중요하지만, 그것으로 기업의 성과가 전부 결정되는 것은 아니다. 기업이 성공하려면 그림 2-5에 표시되어 있는 바와 같이 고객을 포함한 모든 이해관계 당사자들을 만족시킬 수 있는 전략을 수립하고, 핵심적인 사업과정을 개선하며, 경쟁우위가 있는 자원을 적절하게 관리하고, 급변하고 있는 환경에 맞추어 기업의 조직과 문화를 형성하는 등의 4가지 조건이 충족되어야 한다.

1. 이해관계 당사자

기업이 성과를 높이기 위한 첫 번째 단계는 이해관계 당사자들과 그들의 욕구범위를 결정하는 것이다. 기업은 전통적으로 주주들에 대하여 가장 많은 관심을 기울여 왔다. 그러나 오늘날 기업들은 점차 고객들을 포함하여 종업원, 원료 및 부품 공급자, 유통부문 종사자 또는 여타 이해관계 당사자들과의 유대를 강화하지 않는 한, 주주들에 대한 이익을 보장할 수 없다고 점차 인식하게 되었다.

기업은 각 이해관계자 집단이 지니고 있는 최소한의 기대를 충족시키려는 노력을 기울이지 않으면 안 된다. 이와 동시에 그러한 수준을 초과하는 만족을 전달하려는 목표를 지니고 있어야 한

그림 2-5 우량기업의 요건

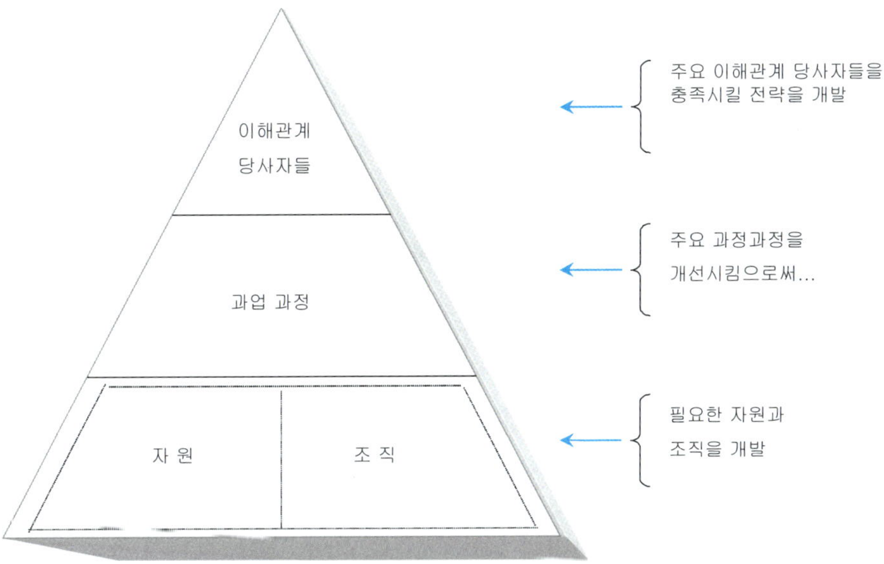

다. 예컨대 고객들을 만족시킴과 아울러 종업원들의 사기를 진작시키며, 원료 및 부품 공급자들에게 최소한의 만족을 전달하는 일이 필요하다. 기업은 이해관계 당사자들이 지니고 있는 최소한의 기대를 설정하는데 그들이 상대적으로 공정하게 대우받고 있다는 느낌을 훼손하여서는 안 된다.

이해관계 당사자들간의 관계는 밀접하게 연결되어 있다. 우량기업에 종사하는 종업원들의 만족도는 높으며, 이는 이들의 생산성을 높이고, 양질의 제품과 서비스를 창출하게 되며, 이로 인하여 고객의 만족도는 높아지고, 이는 반복거래의 결과를 가져오며, 이로 인하여 높은 성장과 이익을 달성할 수 있고, 이에 따라 주주들의 만족도가 높아지며, 이는 결과적으로 더 많은 투자를 유발시키는 등의 효과를 가져온다.

2. 과정

기업이 목표로 하고 있는 고객의 만족도를 달성하려면 '과업 과정'을 적절하게 관리하고 연계시킬 수 있어야 한다. 기업의 과업은 전통적으로 부서별로 나누어 수행되어 왔다. 그러나 부문별 조직은 몇 가지 문제가 있다. 각 부서에서는 자신의 목적을 극대화하는 쪽으로 활동하는 것이 보통이며, 이것은 기업의 전체 목적과 반드시 일치하지 않는다. 과업이 각 부서로 이동될 때마다 처리속도가 지연되고 계획이 변경될 경우가 흔히 있다.

성과가 좋은 기업들은 신제품 개발, 고객유치와 유지 및 주문의 완결과 같은 핵심적 과업과정을 관리하는데 초점을 두는 경향이 높아지고 있다. 즉, 작업의 흐름을 '재설계'(reengineering)하고 각 과업과정에 관련이 있는 부서가 하나의 팀을 형성하여 책임을 지도록 한다. 예컨대 기업의 고객관리부에서 제품의 판매, 운반, 설치, 애프터서비스 및 대금회수 등의 과업을 연결하여 이와 같은 활동들이 상호간에 순조롭게 진행되도록 하는 것이다. 경쟁우위에 있는 기업들은 교차기능을 수행하는 팀을 통하여 핵심적 과업과정을 관리하는데 탁월한 능력을 발휘하는 특징을 지니고 있다.

3. 자원

기업이 과업 과정을 수행하려면 노동력, 원료, 기계, 정보, 에너지 등의 자원이 필요하다. 이러한 자원은 직접 소유할 수도 있고, 임대하거나 임차할 수도 있다. 전통적으로 기업에서는 대체로 대부분의 자원을 소유하는 경향이 있었다. 그러나 이러한 추세는 변하고 있다. 기업이 직접 통제하고 있는 자원은 경우에 따라 외부에서 구입하는 것만큼 효율적이지 못할 경우가 있음을 알게 된 것이다. 오늘날 대부분의 기업들은 그다지 중요하지 않은 자원은 외부에서 저렴한 비용으로 양질의 것을 입수할 수 있는 한 '아웃소싱'(outsourcing) 방식을 택하는 경향이 늘어나고 있다. 이러한 방식을 택하고 있는 대표적인 자원으로는 청소용역, 경비업무 및 택배사업 등을 들 수 있다. 전산처리업무를 전문용역기관에 위탁하는 경우도 이에 해당된다.

그렇다고 하여 모든 자원을 이와 같은 방식으로 관리할 수는 없다. 즉, 사업의 핵심을 구성하고 있는 주요 자원과 역량을 자체적으로 소유하고 배양하여야 한다. 예컨대, 나이키(Nike)와 같은 회사에서는 운동화를 자체적으로 생산하는 것이 아시아의 저임금 국가에 비하여 불리하다. 그러나 나이키는 신발의 디자인과 머천다이징(merchandising)이라는 두 가지 역량면에서 우위를 보유하고 있다. 이러한 '핵심역량'은 3가지 특성을 지니고 있다. 첫째, 그것은 고객이 제품에 대하여 인식하고 있는 혜택에 중요한 기여를 하고 있다는 점에서 경쟁우위의 출처이며, 둘째, 다양한 범위에 걸쳐 여러 시장부문에 폭넓게 응용될 수 있고, 셋째, 경쟁자가 모방하기 어렵다는 점이다.

또한 경쟁우위는 '독특한 능력'을 보유하고 있는 기업에서도 찾아볼 수 있다. 핵심역량은 특별한 기술이나 생산의 전문성과 같은 것을 지칭하고 있는 반면에, 능력이란 보다 넓은 의미의 사업 과정에서 우월성을 보이고 있는 경향을 말한다. 예컨대 세계적인 할인점인 월마트(Wal-Mart)는 정보시스템 디자인과 물류관리 면에서 몇 가지 핵심적 역량을 보유하고 있다. 이러한 핵심적 역량을 토대로 상품을 지속적으로 보충하는 특별한 능력을 보유하고 있다.

4. 조직과 문화

한 기업의 '조직'은 그 기업의 구조, 정책 및 기업문화로 구성되며, 이것은 급격히 변화하고 있는 기업환경에서 제대로 작동되지 않을 수가 있다. 구조와 정책은 바뀔 수 있으나 기업의 문화는 바꾸기가 대단히 어렵다. 그러나 기업문화를 바꾸는 것은 새로운 전략을 성공적으로 실행하는 데 핵심적 역할을 수행할 경우가 흔히 있다.

그렇다면 '기업문화'란 정확하게 무엇을 말하는가? 대부분의 기업가들은 이 개념을 정의할 수 있는 적절한 문구를 발견하기가 어려울 때가 많다. 논자에 따라서는 기업문화를 '조직 구성원들이 공유하고 있는 경험, 신념 및 규범 등을 지칭하는 것으로 조직의 특성을 반영하고 있다'라고 말한다. 그러나 어느 기업의 문턱에 들어섰을 때 방문자가 먼저 느끼는 인상이 곧 기업문화라고 할 수 있다. 예컨대 종업원들의 복장, 그들간의 대화하는 방식 및 그들이 고객을 대하는 방식 등등이 이에 해당된다.

기업문화는 경우에 따라 유기적으로 개발되어 최고경영자의 성격과 습관이 종업원들에게 직접 전달되기도 한다. 그러나 그러한 방식이 성공하려면 최고경영자가 설정한 목표를 종업원들에게 설득하여 도움을 얻을 필요가 있으며, 단순히 이익을 거둔다는 차원을 넘어 고도의 목적을 옹호하여야 한다.

특유의 기업문화를 정착시킴으로써 시장을 주도하고 있는 기업들의 특징은 고객만족과 지속적인 품질개량을 통하여 우위를 확보하려 하거나, 고객은 물론 종업원들과 지역사회 및 주주들에 대한 책임을 우선순위에 두거나, 기업의 방향이나 목적을 포괄적으로 정의하고 있는 데서 찾아볼 수 있다. 그러나 기업문화가 정착되려면 고객가치와 만족의 전달이 전제되어야 한다.

요 약

오늘날의 기업들은 과거 어느 때보다 격심한 경쟁에 직면하고 있다. 이러한 경쟁 속에서 살아남으려면 고객을 확보하고 경쟁자보다 우월한 성과를 거두어야 하는 바, 그 요체는 고객지향적 내지 마케팅 지향적 철학을 견지하는 데 있다. 오늘날 성공한 대부분의 기업들은 단순히 '제품을 구축하기 보다는 '고객을 구축'하기 위한 전략을 개발하고 실행하는데 중점을 두고 있다.

소비자들은 자신들이 선택할 수 있는 제품과 서비스의 선택범위가 넓어짐에 따라 자신들의 구매결정을 품질, 가치 및 서비스에 대한 인식을 토대로 하고 있다. 기업들은 고객가치와 만족의 결정요인을 이해할 필요가 있다. '고객에 전달되는 가치'는 총체적 고객가치와 총체적 고객비용과의 차이이다. 고객들은 자신들에게 전달되는 가치를 극대화하는 제품이나 서비스를 선택한다.

고객만족은 기업의 성과가 구매자의 기대를 충족시켰을 때 발생한다. 성과가 기대에 못 미치면 고객들은 불만을 느끼게 되고, 성과가 기대와 일치한다면 만족을 느끼게 되며, 성과가 기대를 초과한다면 고도로 만족하게 된다. 만족을 느끼게 된 고객들은 장기간 제품에 충성하며, 더 많이 구입하게 되고, 가격에 대하여 덜 민감해지며, 기업과 제품에 관하여 다른 사람들에게 호의적으로 이야기한다.

기업들은 고객들을 확보하려 할 뿐만 아니라, 더욱 중요한 것은 고객들을 유지하려 한다는 점이다. '관계마케팅'은 고객을 유지하는 핵심적 요소이다. 기업은 상이한 여러 고객집단과 개별 고객들과의 관계를 구축하는데 기본적인 관계에서부터 완전한 협력관계에 이르기까지 여러 가지 형태를 추구한다. 어떤 것이 최상의 것인가는 고객을 유치하고 유지하는데 소요되는 비용에 비하여 그러한 고객이 지니고 있는 종신가치에 달려 있다. 마케팅 종사자들은 고객과의 유대를 강화하기 위한 수단으로 금전적 혜택, 사회적 혜택 및 구조적 관계 등을 추가로 제공하여야 한다.

기업은 고객가치와 만족을 창출하고 고객들을 유지하기 위하여 이들의 가치사슬과 가치전달 네트워크를 고객지향적 방식으로 관리하여야 한다. 기업 내의 각 부서는 기업의 '가치사슬'을 연결하는 고리로 볼 수 있다. 즉, 각 부서는 제품을 디자인, 생산, 판매, 배달 및 지원하는 등의 가치창출 활동을 수행하고 있는 것이다. 기업의 성공은 개별 부서의 성과뿐만 아니라 각 부서의 활동이 어느 정도로 훌륭하게 조정되는가에 달려 있다.

기업은 경쟁우위를 추구하는데 자체의 가치사슬 범위를 넘어서 '고객에 가치를 전달하는 네트워크'를 구축하여야 하며, 이러한 시스템은 원료 및 부품 공급자, 유통부문 종사자 및 최종고객 등으로 구성되어 있다. 오늘날 대부분의 기업들은 고객에 대한 가치전달 네트워크의 성과를 개선하기 위하여 공급사슬의 여타 구성원들과 협력하고 있다.

총체적 품질관리는 고객만족과 기업의 수익성을 확보하는 주요 접근방법이다. 기업들은 소비자가 품질에 대하여 기대하고 있는 바를 이해하고 이를 충족시킬 필요가 있다. 따라서 기업이 성공하려면 경쟁자에 비하여 품질에 대한 소비자들의 기대를 더 잘 충족시켜야 한다. 한 걸음 더 나아가 품질을 전달하려면 이를 측정하고 보상하는 시스템 외에도 총체적 관리와 종업원들의 책임의식이 필요하다. 마케팅 종사자들은 기업이 총체적 품질우위를 통하여 승리하는데 도움이 되는 전략과 프로그램을 개발하고 생산면에서의 품질은 물론 시장품질을 전달함으로써 고도의 품질수준을 달성하려는 기업의 노력에 결정적 역할을 수행한다.

고객가치를 창출하고 만족을 전달하는 것 외에도 모는 이해관계 당사자들의 욕구를 충족시키고, 이를 위하여 주요 과업 과정을 개선하며, 기업이 보유하고 있는 자원과 조직을 정비하고 기업문화를 정착시키는 일이 필요하다.

연습문제

1... 어떤 경영학자는 기업이 수행하여야 할 첫 번째 과업은 '고객을 창출하는 것'이라고 지적한 바 있다. 다음의 기업들은 고객들을 어떻게 창출하는가?

① 항공사 ② 휴대전화 회사 ③ 온라인 서적판매 회사 ④ 대학교.

2... 귀하가 어떤 제품의 구매를 중단하였다고 하자. 그 이유는 제품의 품질이 불량한 때문인가, 혹은 애프터서비스가 부족한 때문인가, 혹은 양자 모두 때문인가? 귀하와 같은 고객을 계속 유지하려면 어떠한 조치를 내려야 하는가?

3... 관계마케팅이란 고객 및 여타 이해관계 당사자들과의 관계를 강력하게 구축하고 유지하며 강화하는 것을 말한다. 대부분의 대학교에서는 졸업생들과 강력한 유대관계를 맺고자 한다. 교재에서 언급한 관계마케팅의 관점에서 볼 때, 모교에 애착을 가질 수 있는 졸업생들을 탐색하고 유지할 수 있는 계획서를 작성하여 보라.

4... 품질기준은 기업의 기술개발부, 생산부 혹은 마케팅부 중 어느 곳에서 결정하여야 하는가? 그 논거를 제시하라.

5... 건강진단은 사회복지정책상 중요한 문제이다. 문제는 대부분의 사람들이 그 가치에 대하여 의구심을 갖고 있다는 점이다. 건강진단에 소요되는 비용이 건강진단을 받음으로써 얻는 혜택보다 크다고 생각하는 것이다. 건강진단에 대한 사람들의 가치를 증대시키기 위하여 그 질을 측정할 수 있는 유효한 방법을 제시하여 보라.

6... 오늘날 고객을 유치하는 것보다 기존의 고객들을 유지하는 것이 더 중요하게 된 이유는 무엇인가?

7... 품질이란 무엇인가? 오늘날의 기업들이 총체적 품질관리를 중요시하게 된 이유는 무엇인가?

8... 품질을 중요시하는 기업에서 마케팅 관리자가 수행하여야 할 두 가지 책임은 무엇인가? 구체적으로 설명하여 보라.

제3장

마케팅 전략 개발과 계획수립

현대 기업의 성공 여부는 복잡하면서도 항상 변화하고 있는 외부환경에 대하여 적시에 적절하게 적응해 나갈 수 있는 능력에 달려있다고 할 수 있다. 기업이 당면하고 있는 환경이라 함은 기업에 영향을 미칠 가능성이 있는 제 요인이나 제도를 총칭하는 것으로 원료 공급자, 유통부문 종사자, 최종 소비자 등 기업 자체와 관련되는 당사자들 외에도 경쟁자, 대중, 그리고 거시적 환경 등으로 구성되어 있다. 이러한 외부환경의 유형에는 어떠한 것이 있고 그것이 기업에 어떠한 영향을 미치며 이에 대해 어떻게 적응해 나갈 것인가에 관하여는 제5장에서 상세하게 다루기로 하고, 본 장에서는 기업의 환경변화에 적응하는 방법과 그러한 환경변화에서 오는 기회를 검토하고 적절한 목적과 목표를 설정하여 이를 달성하기 위한 전략을 개발하는 방법에 대해서 살펴보고자 한다.

모든 기업들이 그들의 산업 내에서 변화하고 있는 상황조건에 적응하기 위해서는 장기적인 전략을 수립하고 미래 지향적인 체질을 갖출 필요가 있음은 말할 나위가 없다. 그렇지만, 어떠한 전략도 모든 기업에 적합하다고 이야기하기는 어렵다. 기업마다 자신에게 주어진 환경과 기회, 목적 및 보유하고 있는 자원에 적절한 계획과 전략을 개발하지 않으면 안 되는 것이다. 여기에서 기업이 장기적으로 생존하고 성장할 수 있는 전반적인 전략을 선발하는 막중한 과업을 **전략적 계획수립**(strategic planning)이라고 부른다.

마케팅은 이러한 전략적 계획수립에서 중요한 역할을 수행하고 있다. 즉, 계획수립에 필요한 정보 및 투입자료를 제공하고 있는 것이다. 그 대신 전략적 계획수립이 완료되면 마케팅 분야에서는 조직 내에서 다른 부서와 함께 전반적인 전략적 목적을 달성하기 위하여 노력하게 된다. 본 장에서는 먼저 기업의 전반적인 전략적 계획수립과정을 살펴보기로 하고, 그 다음에는 조직 내에서 전략적 계획수립이 완료된 후 마케팅이 어떠한 역할을 수행하는가를 논의하고자 한다. 그리고 마지막으로 기업 내에서 마케팅의 기능이 어떻게 수행되고 있는가, 즉, 마케팅 관리과정을 살펴보기로 한다.

제1절 계획수립의 의의

1. 계획수립의 이점

많은 기업들이 공식적인 계획을 수립하지 않고 경영되는 수가 흔히 있다. 예컨대 기업이 처음 창립되었을 때, 경영자들은 이런저런 일로 바쁘기 때문에 계획을 수립할 시간적인 여유가 없을 때가 많다. 또, 사업이 점차 정착됨에 따라서 경영자들은 공식적인 계획이 없이도 사업이 잘 되어 왔다고 생각하기 쉽다. 뿐만 아니라 시장에서의 변화가 급격히 발생하고 있기 때문에 계획이란 그다지 유용하지 못하다고 주장하는 경우가 있다.

그러나 공식적으로 계획을 수립하게 되면 여러 가지 장점이 있다는 점을 인식하여야 한다. 일반적으로 공식적으로 계획을 수립하게 되면 여러 가지 장점이 있는 바, 첫째, 경영자들이 조직적으로 사고하게 되고, 둘째, 사업활동을 보다 효과적으로 조정할 수 있으며, 셋째, 통제하기 위한 성과기준을 합리적으로 세울 수 있고, 넷째, 기업이 추구할 목표와 정책을 보다 분명하게 설정할 수 있으며, 다섯째, 급격한 상황변동에 신속하게 대처할 수 있고, 여섯째, 계획수립에 참여하는 간부들이 책임감을 갖게 된다. 그러므로, 환경이 급격히 변화한다고 하여 계획의 무용성을 주장하는 것은 옳지 못하다. 실제로는 그 반대로 건전한 계획을 수립할 때, 기업은 환경변화에 신속하게 대응해 나갈 수 있고, 또 환경변화의 발전에도 보다 훌륭하게 대비할 태세를 갖출 수 있다.

2. 계획수립방법

기업에서 계획을 수립하는 접근방법에는 세 가지가 있다. 그 첫 번째 접근방법은 하향식 계획수립으로서 최고경영자가 모든 하위 책임자들에 대해 목표와 계획을 설정하는 것이다. 흔히 군대식 조직에서 많이 이용되는 방법으로 일반 기업에서 이용하고 있는 것은 X이론(Theory X)을 밑바탕으로 하고 있다. 즉, 종업원들이 본래 자신의 과업이나 책임지는 것을 싫어하며 지시받는 것을 더 원한다는 것을 근거로 하고 있는 것이다. 두 번째 접근방법으로는 상향식 계획수립이 있다. 이것은 기업 내의 각 조직단위에서 각각의 목표를 설정하고 계획을 수립하여 상위의 경영자에게 승인을 받는 형태로서 이 방법은 Y이론(Theory Y)을 기초로 하고 있다. 즉, 종업원들이 경영의사결정이나 계획수립과정에 참여하게 되면, 자신의 일에 적극적이 되고 책임을 지려하며, 보다 창조적이 된다는 것이다. 세 번째로는 목표설정은 하향식으로, 계획수립은 상향식으로 결정하는 방법이다. 최고경영자가 기업의 기회를 파악하고 그것을 이용하는데 필요한 조건을 고려한 다음, 기업의 목표를 설정하게 되고 기업 내의 각 조직단위에서는 그러한 목표를 달성하기 위한 계획을 수립할 책임을 지는 것이다. 이러한 계획은 최고경영자의 승인을 받은 후, 공식적인 계획이 된다.

3. 계획의 유형

기업들은 연간계획, 장기계획 그리고 전략적 계획을 수립하는 것이 보통이다. **연간계획**에서는 현재의 마케팅 상황, 기업의 목적, 당해 연도의 마케팅 전략, 실천 프로그램, 예산 및 통제방법 등에 대하여 기술하고 있다. 최고경영층에서는 이러한 계획을 수립하여 생산이나 재무 등 기업 내의 여타 기능부서와 마케팅 활동과의 조정을 기하기 위하여 이를 이용한다.

장기계획은 향후 수년간 기업에 영향을 미칠 주요 요인에 대해 주로 언급하고 있는 것이다. 여기에는 기업의 장기적인 목적, 그러한 목적을 달성하는데 이용할 주요 마케팅 전략, 그리고 필요한 자원 등의 내용이 포함되어 있다. 이러한 장기계획은 매년 재평가하고 수정되어 항상 현재의 장기계획이 되도록 수정, 변경하는 것이 보통이다. 이러한 장기계획을 수시로 재평가하고 변경하는 이유는 환경이 끊임없이 변화하고 계획을 수립할 당시의 제 가정이 현실에 적합하지 않게 될 경우가 많기 때문이다.

기업의 연간계획과 장기계획은 현재의 사업을 다루고 그러한 사업을 어떻게 지속시켜나갈 것인가를 다루고 있다. 최고경영층에서는 어떠한 사업을 계속해야 하고 또 어떤 사업은 포기하여야 할 것인가 등에 관한 계획도 수립할 필요가 있고, 어떠한 새로운 사업을 새로 추구하여야 할 것인가도 결정하는 계획이 필요하다. 환경변화는 항상 돌발적이고 이에 따라 최고경영층에서는 그러한 돌발적인 환경변화에 능동적으로 대처할 수 있는 능력을 배양하지 않으면 안 된다. 이에 따라 전략적 계획수립이 필요하다. **전략적 계획수립**이란 끊임없이 변화하고 있는 환경 속에서 새로운 사업기회를 이용하기 위하여 기업이 어떻게 적응해 나갈 것인가를 결정하는 것을 말한다.

제2절 전략적 계획수립과정

전략적 계획수립은 기업이 목표를 달성하기 위해 자신의 능력에 비추어 변화하고 있는 마케팅 기회를 어떻게 활용하고 이에 적응할 것인가를 결정하는 과정이다. 이러한 전략적 계획수립과정은 보통 최고경영층에서 이루어지는데, 기업의 전반적인 사명은 무엇이며 기업의 사명을 구체적으로 실행하기 위한 목적 내지 목표는 무엇인가? 그리고 그러한 목적 내지 목표를 달성하기 위한 전략은 어떠한 것이어야 하며 전략을 구체적으로 실천에 옮길 수 있는 사업 포트폴리오(business portfolio)는 어떻게 수립하여야 할 것인가? 그리고 여타의 기능적인 전략과 어떻게 조정하여야 할 것인가 등을 결정하는 과정을 말한다. 이러한 과정은 그림 3-1에 표시되어 있다.

그림에서 알 수 있는 바와 같이 전략적 계획수립의 첫 번째 단계는 기업 전체적인 수준에서 볼 때 고객의 특성은 물론 외부환경의 변화 및 경쟁자에 관한 정보를 입수하여 그것이 영향을 미치는 요인을 위협과 기회 및 장점과 단점으로 각기 분류하여 분석하는 것이다(이것을 SWOT분석이라고 한다). 이러한 SWOT분석을 통하여 기업이 나아가야 할 방향 내지 사명을 결정할 수 있다.

이러한 사명은 보다 구체적인 목적으로 표현해야 할 필요가 있고, 그 다음으로는 어떠한 사업 포트폴리오가 기업에 가장 적합한가를 결정하여야 한다. 각 사업단위나 제품단위는 보다 구체적인 마케팅 프로그램과 여타의 지원계획을 수립하여야 한다. 이와 같이 마케팅 계획수립이란 기업 전체적인 수준과 병행하여 수립될 필요가 있다. 마케팅 계획은 기업의 전략적 계획수립을 뒷받침하는 중요한 부분을 차지한다고 할 수 있다. 이제 전략적 계획수립의 단계를 보다 상세하게 살펴보기로 하자.

1. SWOT분석

기업의 방향 내지 사명을 결정하고 그것을 구체적으로 실행하기 위한 목적 내지 목표를 설정하며, 이를 달성하기 위한 전략을 수립하려면 우선 고객의 욕구와 특성은 물론 외부환경의 변화와 경쟁의 범위 및 경쟁자의 대응 등을 종합적으로 평가하여 기업이 지니고 있는 **장점**(strengths)과 **단점**(weaknesses) 및 **기회**(opportunities)와 **위협**(threats) 등을 면밀하게 분석하여야 하며, 이를 SWOT **분석**이라고 한다. 이를 좀 더 상세하게 살펴보면 다음과 같다.

그림 3-1 전략적 계획수립 단계

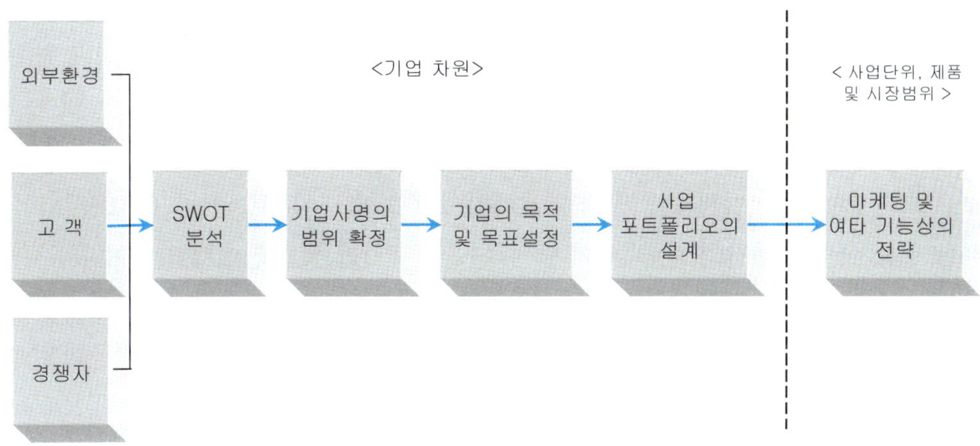

1) 외부환경 분석(기회와 위협 분석)

일반적으로 외부환경은 거시환경 요인(인구통계, 경제적, 기술적, 정치적 및 법률적, 그리고 사회적 내지 문화적 요인)과 미시환경 요인(고객, 경쟁자, 유통부문 종사자, 원료 및 부품공급자)으로 구성되어 있으며, 이러한 요인들은 기업의 이익에 지대한 영향을 미친다. 그림 3-1의 왼쪽 상단에 표시되어 있는 외부환경은 이러한 요인을 포함하고 있다. 다만 기업의 입장에서 볼 때, 고객과 경쟁이 대단히 중요한 요소이므로 이를 별도로 표시하고 있다. 외부환경이 미치는 영향에 대해서는 제5장에서, 고객의 특성에 대해서는 제6장과 7장에서, 경쟁자에 대한 분석과 대응전략에 대해서는 제8장에서 각각 상세하게 다루게 될 것이다. 기업에서는 마케팅 정보수집제도를 설치하여 이러한 외부환경 요인의 추세와 변화를 면밀하게 추적하고 분석하여야 한다. 이에 따라 그러한 요인들이 미치는 영향을 기회와 위협으로 나누어 분석할 필요가 있다.

외부환경에서 오는 기회는 그 '매력도'와 '성공확률'에 따라 분류할 수 있다. 기업의 성공확률은 사업의 장점이 표적시장에서 성공하는데 필요한 핵심적 조건들과 일치하는가의 여부뿐만 아니라 경쟁자에 비해서도 우월한 장점을 지니고 있는가의 여부에 달려 있다. 단지 역량이 있다고 하여 경쟁우위가 있는 것은 아니다. 시간이 경과함에 따라 가장 큰 고객가치를 창출하고 이를 유지할 수 있는 기업만이 최고의 성과를 거둘 수 있을 것이다.

그림 3-2의 상단에 표시되어 있는 기회행렬을 보면, TV조명장치를 생산하고 있는 기업에서 당면하고 있는 마케팅 기회를 4가지로 나누어 표시하고 있다. 최고의 마케팅 기회는 왼쪽 상단(번호1)에 있으며, 경영진에서는 이러한 기회를 추구하여야 한다. 우측 하단에 표시되어 있는 기회(번호4)는 그다지 중요하지 않으므로 고려할 필요가 없다. 오른쪽 상단에 있는 기회(번호2)와 왼쪽 하단에 있는 기회(번호3)는 그 매력도와 성공확률이 개선될 여지가 있을 경우에 대비하여 계속 주시하여야 할 것이다.

위협은 그 '중요성'과 '발생확률'에 따라 분류하여야 한다. 그림 3-2의 하단에 표시되어 있는 것은 TV조명장치를 생산하고 있는 기업이 당면하고 있는 위협 행렬을 예시한 것이다. 왼쪽 상단에 표시되어 있는 번호1의 위협은 기업에 중대한 해를 끼칠 수 있고 발생확률이 높기 때문에 중요하다. 이러한 위협을 다루려면 그러한 위협이 발생하기 전이나 발생하는 중에 비상계획을 준비할

그림 3-2 기회와 위협행렬

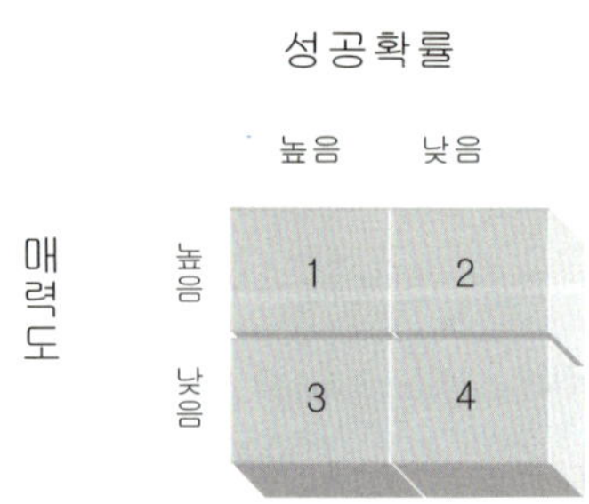

(a) 기회 행렬

<기　회>

1. 기업에서 보다 강력한 조명 시스템을 개발하고 있음
2. 기업에서 조명시스템의 에너지 효율의 측정장치를 개발하고 있음
3. 기업에서 조명수준을 측정하는 장치를 개발하고 있음
4. 기업에서 조명장치를 통하여 TV스튜디오 종사자에게 지시하는 소프트웨어를 개발하고 있음

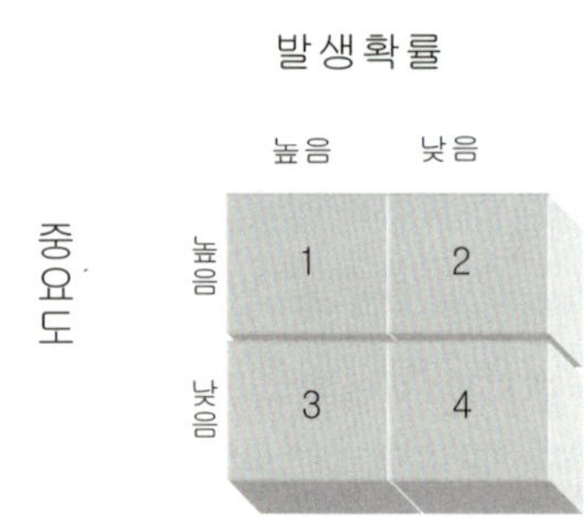

(b) 위협 행렬

<위　협>

1. 경쟁자가 보다 우수한 조명 시스템을 개발하고 있음
2. 불경기가 지속됨
3. 고비용
4. TV스튜디오 면허를 제한하려는 입법절차의 출현

필요가 있다. 오른쪽 하단에 있는 위협(번호4)은 그다지 중요하지 않기 때문에 무시해도 될 것이다. 오른쪽 상단과 왼쪽 하단에 표시되어 있는 위협(번호2와 3)은 비상계획을 필요로 하지는 않지만 그것이 점차 중요해질 가능성에 대비하여 주의를 기울여 지속적으로 검토할 필요가 있다.

기업이 당면하고 있는 주요 기회와 위협을 확인한 후에는 사업의 전반적 매력도를 다음과 같이 분류할 수 있다;

- 기회가 높고 위협이 낮은 '이상적인 사업'
- 기회와 위협의 정도가 모두 높은 '투기적 사업'
- 기회와 위협의 정도가 모두 낮은 '성숙사업'
- 기회는 낮지만 위협이 높은 '문제사업'

2) 내부환경 분석(장점 및 단점 분석)

매력적인 기회를 선별하는 것과 그러한 기회를 성공적으로 이용할 수 있는 역량은 별개의 문제이다. 기업의 각 사업부문은 내부의 장점과 단점을 정기적으로 평가할 필요가 있다. 그 방법은 표 3-1에 예시한 바와 같이 '장점과 단점 분석을 위한 점검 목록'을 작성하는 것이다. 이러한 과업은 외부자문기관에 의뢰하여 마케팅, 재무분야, 생산 및 조직 등의 면에서 역량을 평가하고 각 요소의 주요 장점과 단점을 그 정도에 비례하여 평가하도록 한다.

분명한 것은 과업의 모든 단점을 시정하여야 한다거나 모든 장점에 대하여 자족하여서는 안 된다는 점이다. 중요한 문제는 기업이 필요로 하는 장점을 지니고 있는 기회들에 국한할 것인가 또는 어떤 장점을 획득하고 개발하여야 할 것인가의 여부를 결정해야 한다는 점이다. 예컨대 어느 전자회사에서 분명히 장점을 지니고 있는 산업용 전자제품에 계속 투자할 것인가의 여부와 필요로 하는 마케팅상의 장점이 부족한 가전제품의 생산을 계속할 것인가의 여부를 놓고 경영층간에 견해가 엇갈릴 수 있다.

경우에 따라 기업의 성과가 나쁜 것은 각 부서가 요구되는 장점이 결여되기 있기 때문이 아니라 그러한 부서들이 하나의 팀으로 협동하지 않기 때문이다. 예컨대 어떤 기업 내에서 기술부에 종사하는 직원들은 판매원들이 제품을 잘 모르고 있다고 무시하는 반면에, 판매원들은 서비스 부문에 종사하는 사람들을 무시할 경우가 있다. 그러므로 각 부서간의 협동적 관계를 항시적으로 평가하는 것이 중요하다. 이것은 기업이 성공하려면 핵심역량보다는 기업 내의 우월한 능력을 달

표 3-1 장점과 단점분석 항목

장점과 단점을 분석하기 위한 점검항목								
	장·단점의 정도					중요도		
	장점이 많음	장점이 적음	보통임	단점이 적음	단점이 많음	높음	보통	낮음
〈마케팅〉								
1. 기업의 명성	___	___	___	___	___	___	___	___
2. 시장점유율	___	___	___	___	___	___	___	___
3. 고객만족도	___	___	___	___	___	___	___	___
4. 고객유지	___	___	___	___	___	___	___	___
5. 제품의 품질	___	___	___	___	___	___	___	___
6. 서비스의 질	___	___	___	___	___	___	___	___
7. 가격정책의 효과	___	___	___	___	___	___	___	___
8. 유통효율	___	___	___	___	___	___	___	___
9. 촉진효과	___	___	___	___	___	___	___	___
10. 영업인력 효율	___	___	___	___	___	___	___	___
11. 혁신의 효과	___	___	___	___	___	___	___	___
12. 판매지역 범위	___	___	___	___	___	___	___	___
〈재무〉								
13. 비용 또는 자본조달 가능성	___	___	___	___	___	___	___	___
14. 자금수지	___	___	___	___	___	___	___	___
15. 재무 안정성	___	___	___	___	___	___	___	___
〈생산〉								
16. 시설	___	___	___	___	___	___	___	___
17. 규모의 경제	___	___	___	___	___	___	___	___
18. 생산능력	___	___	___	___	___	___	___	___
19. 종업원들의 능력	___	___	___	___	___	___	___	___
20. 적시 생산능력	___	___	___	___	___	___	___	___
21. 기술적 숙련도	___	___	___	___	___	___	___	___
〈조직〉								
22. 경영층의 리더십	___	___	___	___	___	___	___	___
23. 종업원들의 헌신	___	___	___	___	___	___	___	___
24. 기업가적 창의성	___	___	___	___	___	___	___	___
25. 유연성 또는 민첩성	___	___	___	___	___	___	___	___

성하여야 함을 시사하고 있다. 어느 기업이든지 신제품 개발, 판매활동 및 주문완결과 같은 기본적인 과정을 처리하여야 한다. 각 과정에서는 가치를 창출하고 부서간의 팀워크를 필요로 한다. 각 부서가 구체적인 핵심역량을 보유하고 있을지 모르나, 보다 중요한 과제는 기업의 핵심적 과정을 관리하는데 우월한 경쟁능력을 개발하여야 한다는 점이다. 즉, '능력을 토대로 하는 경쟁'이 중요한 것이다.

지금까지 살펴 본 바와 같이 기업의 외부환경에서 발생하는 주요 기회와 위협, 그리고 내부환경에서 발생하는 장점과 단점 등을 종합적으로 평가하게 되면 기업이 나아가야 할 방향 내지 사명을 결정할 수 있다. 기업의 사명 내지 방향을 결정하는 방법은 다음과 같다.

2. 기업의 사명

기업은 무엇인가를 성취하기 위해 존재하며, 초창기에 구체적인 사명 또는 목적을 명확하게 설정할 필요가 있다. 그러나 시간이 경과함에 따라 새로운 제품이나 시장을 개발하고 이에 따라 성장하게 되면, 기업의 사명이나 목적도 불분명하게 되거나 기업의 목적 내지 사명은 계속 유지되지만 경영층에 따라 관심을 잃게 되기도 하며, 외부환경의 변화에 따라 그러한 사명이나 목적이 적합하지 않게 되기도 한다. 이러한 경우에는 새로운 사명이나 목적을 재정립하여야 하는데, 다음과 같은 문제점을 신중하게 고려하여야 한다. 즉, '우리가 현재 하고 있는 사업은 과연 무엇인가?' '우리가 표적으로 삼고 있는 고객은 누구인가?' '고객이 가치가 있다고 생각하고 있는 것은 무엇인가?' '미래에 우리가 지향하여야 할 사업은 무엇인가?' 이와 같은 문제는 단순한 것 같지만 결정하기가 대단히 어렵다. 최근에 이르러 이러한 문제에 대한 해결책으로 기업의 사명을 공식적으로 문서화하고 있는 기업의 수가 증가하고 있는 바, 그 이유는 기업의 모든 종사자들에게 기업의 사명을 주지시킴으로써 기업이 나아가야 할 방향을 제시하고 목표를 달성할 기회를 부여하고 있다는 것, 그리고 그들로 하여금 성취감을 갖도록 함으로써 기업의 잠재력을 최대로 실현할 수 있다고 믿기 때문이다. 이러한 기업의 사명이 효과를 거두려면 그 내용이 시장지향적이어야 하고, 실현가능한 것이어야 하며, 종업원들의 사기를 양양시키는 것이어야 하고, 구체적이어야 할 필요가 있다. 기업의 사명을 기술하는데 고려하여야 할 이와 같은 요소들을 좀 더 상세하게 살펴보자.

1) 시장지향적일 것

기업의 사명을 기술하려면 사업영역을 명확하게 결정할 필요가 있고, 특히 시장지향적인 개념으로 표현하여야 할 필요가 있다. 사업영역은 제품의 범주, 기술수준, 고객집단 그리고 고객의 욕구 등을 기준으로 표현할 수 있으며, 이들 중 몇 가지 요소를 복합적으로 표현할 수도 있다.

종래에는 사업영역을 제품이나 기술을 기준으로 표현하는 경우가 많았다. 예컨대, '우리 회사는 컴퓨터를 생산하는 기업이다.'라든가, '우리는 화학제품을 가공하는 회사이다'라는 것이 그것이다. 그러나 레빗(Levitt)은 기업의 사명을 기술하는 데는 제품 자체나 기술보다도 시장의 개념을

표 3-2 제품지향적 관점과 시장지향적 관점에서 본 사업의 정의

업종	제품지향적 정의	시장지향적 정의
화장품	우리는 화장품을 만든다.	우리는 라이프스타일, 개성, 성공 및 사회적 지위, 희망, 꿈을 판매한다.
철도	우리는 철도회사를 경영한다.	우리는 여객과 화물을 운송한다.
복사기	우리는 복사기를 만든다.	우리는 사무생산성을 높이는데 기여한다.
석유회사	우리는 휘발유를 판매한다.	우리는 에너지를 공급한다.
할인점	우리는 할인점을 경영한다.	우리는 중산층에 가치를 전달하는 제품과 서비스를 제공한다.
출판	우리는 대학교재를 판매한다.	우리는 정보를 분배한다.

도입하는 것이 보다 우월하다고 지적한 바 있다.[1] 그에 의하면, 제품이나 기술은 시간이 지남에 따라 변화하지만, 고객의 기본적인 욕구는 변하지 않기 때문이다. 예를 들면, 마차를 제조하는 회사가 자동차의 발명으로 도태되었으나, 이 회사가 사업영역을 수송회사라고 하였다면 마차 제조회사에서 자동차 제조회사로 방향을 바꾸었을 가능성이 있다.

그러므로, 시장지향적인 사명을 기술하려면 특정된 고객집단을 대상으로 그들의 욕구를 충족시켜 주는 것으로 표현하는 것이 적절하다고 하겠다(표 3-2 참조).

2) 실현가능한 것일 것

엔소프(H. Igor. Ansoff)에 의하면 사업영역을 시장을 토대로 결정할 경우, 시장의 범위가 너무 광범위하기 때문에 실제로 기업의 방향을 제시하지 못할 수가 있다고 한다.[2] 예컨대 수송회사의 경우를 보자. 이 회사가 시내만을 대상으로 운영하는 것인지 또는 시외에도 운영하는 것인지 분명하지 않으며, 운송수단도 육상, 해상 또는 항공 중 어느 부문에 속해 있는 것인가도 알 수 없다. 뿐만 아니라 운송대상도 여객만을 위한 것인지, 또는 화물도 포함되는 것인지 분명하지 않다.

그러므로 사업영역을 시장을 토대로 정의하는 경우에는 그것이 지나치게 광범위하거나 또는

---

[1] Theodore Levitt, "Marketing Myopia," *Harvard Business Review*, July-August 1960, pp.45-56.

[2] H. Igor Ansoff, *Corporate Strategy* (New York: McGraw-Hill Book Company, 1965), p.107.

그림 3-3 사업영역 확대의 예

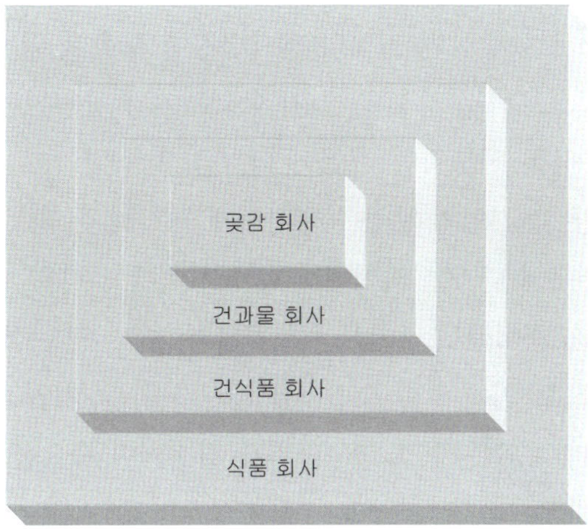

지나치게 좁아서도 안 될 것이다. 연필을 제조하는 회사가 자신의 사명이 의사소통수단을 제조하는 것이라고 한다면, 이것은 사업의 범위를 지나치게 광범위하게 언급한 것이 아닐 수 없다. 사업영역을 올바르게 결정하려면 좁은 범위에서 점차적으로 그 영역을 확대하여 나가는 것이 좋다. 그림 3-3은 곶감을 생산하는 회사의 경우, 그 사업영역을 확대하여 나가는 것을 표시한 것이다. 이와 같이 사업영역을 확대하여 나갈 경우, 그 기업은 새로운 기회를 발견하기도 하지만 능력 이상의 실현불가능한 사업에 착수하게 될 위험도 있다.

3) 사기를 앙양시키는 것일 것

기업의 사명은 종업원들의 사기를 높일 수 있는 내용이어야 한다. 종업원들은 자기가 하고 있는 일이 매우 중요하며 사회에 공헌하고 있다는 자부심을 갖고 싶어한다. 과자를 제조하는 기업에서 그 사명이 '더 많은 과자를 생산하는 것'이라든가 '더 많은 이익을 실현하는 것' 또는 '시장에서 주도권을 잡는 것'이라고 한다면 종업원들에게 고무적일 수가 없다. 판매나 이익의 증대, 혹은 주도권의 쟁취라는 것은 기업의 사명을 충실하게 수행한 결과일 뿐이지 그 기업의 사명 자체가 될 수 없다. 비료회사가 기아해방을 위한 농업생산성의 증가가 그들의 사명이라고 제시한다면 종업원들은 새로운 목적의식을 지니게 될 것이다.

4) 구체적일 것

기업의 사명을 추상적으로 표현하면 기업의 의사결정에 도움이 되지 못할 수가 있다. 예컨대 기업의 사명을 '동종의 제품으로서는 가장 값싼 가격으로 가장 광범위한 유통경로를 통하여 가장 양질의 제품을 만들어 제공하는 선도적인 기업이 되기를 원한다'라고 하는 경우, 이러한 진술은 그럴듯하게 들릴지 모르지만 그 기업의 방향을 명확하게 제시해 주지 못하고 있다. 기업의 사명을 기술할 때에는 그 사명을 추구해 나가는 과정에서 반드시 이행할 것을 계획하고 있는 주요 정책을 제시하여야 한다. 여기에서 정책이란 고객이나 원료공급자, 중개업자, 경쟁자 및 기타 일반 대중에 대하여 종업원이 어떠한 태도로 임해야 할 것인가를 제시하며, 그 기업의 가치관를 나타내고 있다. 올바른 정책을 수립하게 되면 종업원들의 행동범위가 결정되며 중요한 문제에 대해 일관성 있는 태도를 지니게 된다.

다른 한편, 기업의 사명은 외부환경이 변화하거나 새로운 기회가 발생하였다고 하여 자주 수정하여서는 안 되며, 장기간에 걸쳐 추구할 수 있어야 한다. 그렇다고 하여 기업의 사명이 영구불변의 것이어야 한다는 것은 아니다. 시간이 경과함에 따라 사명이 적합하지 않게 되어 기업이 추구해야 할 방향을 제대로 제시하지 못한다면 그러한 사명은 당연히 수정할 필요가 있다.

3. 기업의 목적과 목표

기업의 사명은 기업 내에서 각 계층의 경영책임자들이 추구하고 있는 목적을 뒷받침할 수 있도록 구체화 되어야 한다. 각 계층의 경영자들은 자신의 목적이 무엇인가를 알고 수행해야 할 과업에 대한 책임을 져야 한다. 이러한 경영체제를 **목표에 의한 관리**(management by objective: MBO)라고 한다.

어느 비료회사의 경우를 보자. 이 회사는 자기의 사명을 '비료를 생산하는 것'이 아니라 '기아를 해방시키는 것'이라고 정의하였다고 하자. 이러한 사명에 입각하여 단계적으로 목적을 정립할 수가 있다(그림 3-4 참조). 기아를 해방시키는 것을 이 회사의 사명으로 결정하였다면, 그러한 사명을 수행하기 위한 구체적인 목표로서 '농업생산성을 제고하는 것'이라고 내세울 수 있을 것이다. 농업생산성을 제고시키는 새로운 비료를 개발해야 할 것이며 여기에는 많은 투자가 필요할 것이다. 투자에 소요되는 자금을 조달하려면 현재의 사업에서 많은 수익을 거두어야 할 것이다. 따라서

이 회사의 주된 목적은 '이익을 증가시키는 것'이라고 할 수 있다.

보다 많은 이익을 거두려면 현재의 제품판매를 증가시키거나 비용을 줄여야 하며, 혹은 판매증가와 비용절감을 동시에 달성해야 할 것이다. 판매를 증가시키려면 국내시장에서의 시장점유율을 확대하거나 해외에 진출하는 방법이 있을 것이다. 다음에는 이러한 마케팅 목적을 뒷받침해 줄 수 있는 마케팅 전략을 개발하여야 한다. 국내시장의 점유율을 확대하려면 제품을 구입할 기회를 늘리고 촉진활동을 강화하며, 해외시장을 개척하기 위해서는 가격을 인하하고 대량의 수요자들과 거래에 집중적인 노력을 기울일 것을 결정한다면 이것이 곧 넓은 의미에서의 마케팅 전략이라 하겠다.

이러한 각 마케팅 전략은 더욱 세분하여 마케팅부 내에서 분야별 담당자들의 목적으로 삼을 수 있다. 예컨대 제품을 구입할 수 있는 기회를 늘린다는 전략은 판매원들의 판매전략을 수행하기 위한 하나의 목적이 될 수 있고, 동시에 광고 담당자에게는 광고전략을 수행하기 위한 목적도 될 수 있다. 또한 판매를 증가시킨다는 목적은 생산부나 자금부 또는 인사부의 목적으로 제안될 수가

그림 3-4 비료회사의 목적수립과정

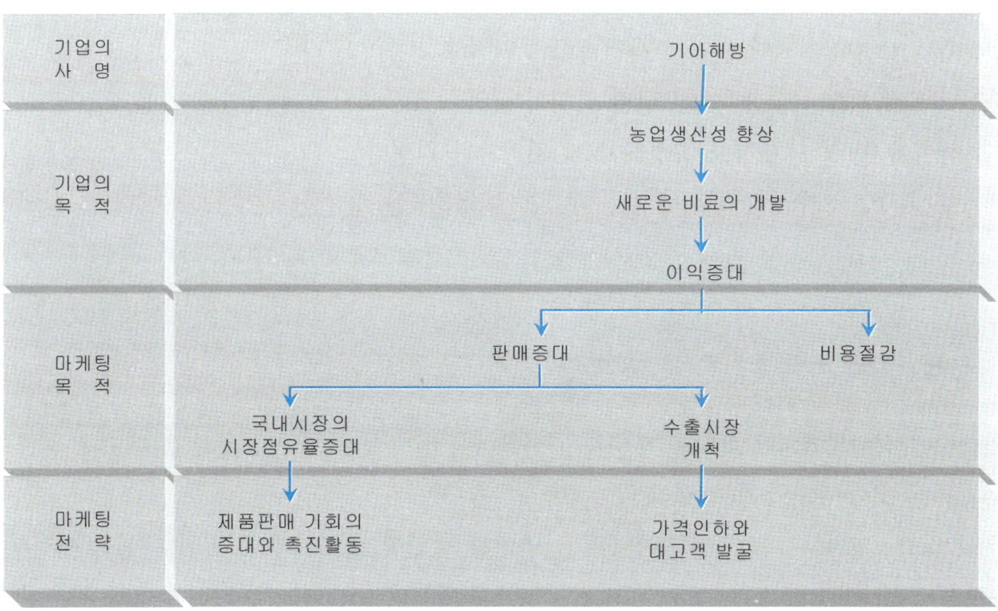

있을 것이다. 이러한 방식으로 기업의 사명은 기업이 추구하고자 하는 구체적인 목적으로 표현되어야 한다.

기업 내의 각 부서가 부여된 과업을 성공적으로 수행하였는가의 여부를 평가하기 위하여 모든 목적들을 더욱 구체적인 숫자로 나타낼 수 있는 목표로 표현할 필요가 있다. 예컨대, '시장점유율을 확대한다'라기보다는 '2차년도 말까지 시장점유율을 15%까지 확대한다'라고 하는 것이 보다 명확한 표현이라 하겠다. 이와 같은 목표는 목적을 보다 구체적으로 실현할 수 있는 사업범위(혹은 규모)와 시한의 개념이 내포되어 있다. 목적을 보다 구체적인 목표로 표현하게 되면 계획을 수립하거나 통제하는 과정이 용이하게 되는 이점이 있다.

제3절 사업 포트폴리오의 설계

기업의 사명과 목적이 결정되면 경영층에서는 이에 따라 사업 포트폴리오 계획을 수립하여야 한다. 여기에서 말하는 **사업 포트폴리오**(business portfolio)란 문제의 기업이 취급하고 있는 모든 사업부문과 제품의 집합체를 의미한다. 여기에서 가장 이상적인 사업 포트폴리오는 기업이 주어진 환경 속에서 자신의 장점과 단점을 사업기회에 최대로 적응하여 나아가는 데 있다고 하겠다. 기업이 사업 포트폴리오를 결정하려면 먼저 현재의 사업 포트폴리오를 분석하여 어떤 사업에 더 많은 투자를 하여야 하고 또 투자를 축소해야 할 것인가를 결정하고, 그 다음에는 새로운 제품을 추가하거나 또는 사업을 추가하기 위해서는 어떠한 성장전략을 개발할 것인가를 결정하는 일이 필요하다.

1. 현재 사업 포트폴리오의 분석

경영층에서는 기업의 모든 사업부문을 재평가하여 전망이 없는 사업은 손을 떼고 유망한 사업을 추가하는 것이 주임무라 하겠다.

우선 최고경영자는 핵심적인 사업부문을 파악하는 일이 필요한데, 이러한 핵심적 사업부문을 **전략사업부문**(strategic business unit: SBU)이라 한다. 이러한 전략사업부문은 다음과 같은 특징을 지니고 있다. 즉, ① 하나의 단위사업이고, ② 특정된 목표 혹은 사명을 갖고 있으며, ③ 경쟁자가 존재하며, ④ 책임있는 경영자를 두고 있으며, ⑤ 생산에 필요한 모든 자원을 통제할 수 있고, ⑥ 독자적으로 전략적 계획을 수립할 수 있으며, ⑦ 타사업 부문과는 별도로 계획이 수립된다. 이러한 전략사업부문은 독립채산의 기업일 수도 있고, 제품계열 혹은 제품일 수도 있다. 이러한 전략사업부문을 확정하기는 간단하지가 않다. 예컨대 대기업의 경우, 전략사업부문은 기업단위로 정할 것인가 또는 각 사업부나 제품계열 또는 품목이나 상표별로 결정해야 할 것인가의 문제가 있게 된다.

사업 포트폴리오 분석을 하는데 있어 다음 단계는 각 전략사업부문의 매력도를 평가하여 각각의 사업부문에 어느 정도로 지원할 것인가를 결정하는 문제가 있다. 기업에 따라서는 이러한 결정이 비공식적으로 행해지기도 한다. 최고경영층에서는 기업의 전반적인 사업이나 제품들을 총체적으로 보고 각각의 전략사업부문이 기업에 어느 정도로 기여할 것인가를 판단한다. 또 어떤 기업들은 공식적으로 포트폴리오 계획수립방법을 이용하기도 한다. 전략적 계획수립의 목적은 기업이 주어진 환경 속에서 수익성이 있는 기회를 포착하여 자신이 보유하고 있는 장점과 자원을 최대로 활용할 수 있는 방법을 찾는데 있다. 따라서 대부분의 대표적인 포트폴리오 분석방법에서는 전략사업부문이 시장매력도나 산업 전체의 매력도, 그리고 당해 시장이나 당해 산업에서의 전략사업부문이 차지하고 있는 위치상의 강점이라는 두 가지 중요한 요소를 토대로 평가한다. 이러한 포트폴리오 계획수립방법으로서 가장 널리 잘 알려져 있는 것으로는 미국의 보스턴 경영상담회사(Boston Consulting Group: 약칭하여 BCG)가 있다.

그림 3-5는 보스턴 경영상담회사에서 개발한 기법을 이용하여 어느 한 기업이 다루고 있는 모든 전략사업부문들을 **성장률 및 시장점유율 행렬표**(growth-market share matrix)에 그 위치를 표시분류한 것이다. 그림에서 종축은 시장성장률(market growth rate-당해 사업부문이나 제품들이 판매되는 시장의 연간 성장률)을 나타내고 있는데, 여기에서는 0%에서부터 20%까지의 성장률을 각각 최대 최소의 수치로 표시하고 있다. 그러나, 그 이상이나 이하의 성장률을 표시할 수가 있음은 물론이다. 또한 그림에서는 10%의 성장률을 기준으로 하여 그 이상을 고성장률, 이하를 저성장률로 구분하고 있다. 이러한 종축에 표시된 시장성장률은 시장의 매력도를 표시하는 척도라고 할 수 있다.

횡축은 상대적 시장점유율(relative market share)을 표시하고 있는데, 여기에서 말하는 상대적 시장점유율이란 동일 산업에서 가장 큰 시장점유율을 차지하고 있는 경쟁자에 대한 당해 전략사업부문의 시장점유율을 말한다. 따라서 상대적 시장점유율이 0.1이라는 것은 당해 전략사업부문이 최대 시장점유자의 10%를 차지하고 있음을 뜻한다. 그러나, 상대적 시장점유율이 10이라면 이것

그림 3-5 BCG 성장-시장점유율 행렬도표

은 당해 전략사업부문이 최대의 시장점유율의 10배임을 뜻한다. 그림에서는 이러한 상대적 시장점유율은 1.0을 기준으로 하여 그 크기를 대수(log)로 표시하고 있다.

전략사업부문은 10%의 시장성장률과 1.0의 상대적 시장점유율을 기준으로 네 가지 유형으로 구분되고 있음을 나타내고 있다(그림 3-5 참조). 이제 각 네 가지 상한에 속하는 전략사업부문들의 특성을 살펴보기로 하자.

■ **스타**(star)

시장성장률이 높고 상대적 시장점유율도 높은 전략사업부문을 말한다. 여기에 속하는 전략사업부문은 자체의 성장유지를 위하여 많은 자금이 필요하다. 따라서 급격한 고도성장을 뒷받침하기 위하여 여기에서 획득한 이익을 재투자할 필요가 있다. 여기에 속하는 전략사업부문은 이익은 많이 거두고 있으나 성장유지를 위한 자체 자금이 필요하기 때문에 가격인하, 제품개량, 시장범위 확대, 생산성 제고 등의 형태로 재투자를 함으로써 기존 시장점유율을 보호하는데 전략의 주안점을 두어야 한다. 특히 관심을 두어야 할 부분은 신규고객의 창출과 제품의 용도 확대를 통하여 성장을 기하는 것이다. 이러한 스타의 위치에 속해 있는 사업부문은 어느 시점에 가서 성장률이 둔화되어 캐쉬 카우가 되면 여타의 전략사업부문에 필요한 자금을 공급할 수 있게 된다.

■ **캐쉬 카우**(cash cow)

성장률은 낮으나 시장점유율이 높은 전략사업부문을 말한다. 여기에 속하는 전략사업부문은 시장점유율을 유지하는데 필요한 자금을 공급할 수 있는 능력이 있다. 즉, 자체의 사업뿐만 아니라 여타의 전략사업부문에 필요한 자금을 공급해 주는 역할을 할 수 있는 것이다. 여기에 속하는 사업부문에 대해서는 기술개발이나 가격면에서의 주도권을 중심으로 시장지배를 유지하는데 모든 전략을 집중하여야 할 필요가 있다. 그리고 1차수요가 특별히 크지 않는 한, 제품다양화나 시장확대는 가능한 한 배제할 필요가 있으며, 그대신 여유자금을 기술개발과 여타의 성장가능 사업분야에 투입할 필요가 있다.

■ **문제아**(problem children)

성장률은 높으나 시장점유율이 낮은 사업부문을 지칭한다. 시장점유율을 유지하는 것은 물론 그러한 시장점유율을 증가시키는데 많은 자금이 소요된다. 따라서 시장에서 주도세력이 되기 위하여 더 많은 투자를 할 가치가 있는가를 신중하게 생각하지 않으면 안 된다. 이와 같이 문제아에 속하는 전략사업부문은 성장률은 높으나 이익이 적어 다량의 자금을 필요로 한다. 따라서 자금을 공급 지원하지 않는 한, 저상장으로 바뀔 경우, 캐쉬 트랩이 되기 쉽다. 그러므로 문제아에 속하는 전략사업부문에 대한 전략은 첫째, 집중투자를 통하여 신규판매의 잠식를 대량으로 시도하거나, 경쟁사를 합병하여 기존의 시장점유율을 흡수함으로써 스타의 위치에 올려 놓거나, 또는 사업에서 손을 떼는 양자 택일의 방법을 생각할 수 있다. 한편, 시장세분화 전략에도 관심을 두어 방어가 가능한 특정된 시장부문을 발견하여 이 부문에서의 시장지배를 꾀할 수도 있을 것이다. 이를 통하여 전체 시장에서의 지배를 시도하려는 발판으로 삼을 수도 있다.

■ **캐쉬 트랩**(cash trap)

성장률이나 시장점유율이 모두 낮은 전략사업부문을 말한다. 여기에 속하는 전략사업부문은 자체에서 필요로 하는 자금을 조달할 수는 있으나 대량의 자금이 나올 가능성은 크지 않다. 이러한 캐쉬 트랩에 속하는 전략사업부문 시장의 특징은 대개의 경우, 시장지배자가 1인이고 제품수명주기상 성숙기에 있을 경우가 많으므로 대다수의 제품이 이 범주에 속할 경우가 많다. 그러한 제품들은 비용면에서 불리하고 성장의 가능성이 희박하기 때문에 새로운 경쟁자가 나타날 가능성이 적다. 또한 시장지배자와 격렬하게 경쟁하지 않고서는 시장점유율을 확대하기가 대단히 어렵다. 그러나, 그러할수록 적극적인 대응책이 필요하다. 예컨대, 틈새시장(market niche)에 초점을 두고 경쟁자의 진출을 억제하는 방안, 제품수명이 유지되기까지의 자금수지를 극대화할 수 있는 최소한의 지원비를 전면적으로 투입하는 방법, 기타 사업부문 자체를 처분하는 방법을 신중하게 그리고 때로는 신속하게 결정할 필요가 있다.

그림 3-5에서 10개의 원은 이 기업이 10개의 전략사업부문을 보유하고 있음을 나타내고 있으며, 두 개의 캐쉬 카우, 세 개의 문제아, 그리고 세 개의 캐쉬 트랩으로 구성되어 있다. 각 원의 크기는 당해 전략사업부문의 판매액의 크기를 나타내고 있다. 그러므로, 이 회사는 10개의 전략사업부문 중 두 개의 캐쉬 카우를 보유하고 있어, 만족할 만한 것은 못되지만 어느 정도의 자금력을 갖고 있어 여타의 전략사업부문에 자금을 공급할 능력이 있을 것으로 생각된다.

이와 같이 전략사업부문의 위치가 결정되면 각 전략사업부문의 역할이 어떠한 것이 되어야 하는가를 결정하는 과제가 남게 된다. 이른바 포트폴리오 계획을 수립하여야 한다. 이에 대한 기본적인 전략은 다음과 같이 네 가지가 있다.

- **육 성**(build): 당해 전략사업부문의 시장점유율을 확대할 목적으로 하는 전략이며 그러한 목적을 달성하기 위하여 단기적인 이익을 희생하려고도 한다. 이것은 문제아에 속하는 전략사업부문에 적합한 전략이다.
- **보 존**(hold): 당해 전략사업부문을 보존하고 유지하려는 전략으로서 계속하여 대량의 자금을 제공해줄 수 있는 캐쉬 카우 전략사업부문에 적합하다.
- **수 확**(harvest): 장기적인 효과보다는 단기에 수익의 증가를 노리는 전략으로서 수입전망은 크지만 더 많은 자금을 필요로 하는 캐쉬 카우에 속하는 전략사업부문에 적합하다. 이 전략은 문제아나 캐쉬 트랩에 속하는 전략사업부문에도 이용할 수 있다.
- **처 분**(divest): 자원을 다른 부문에 보다 효율적으로 이용할 수 있기 때문에 현재의 사업을 청산하는 전략으로서 성장에 필요한 자금을 조달할 수 없을 것으로 판단되는 캐쉬 트랩이나

문제아에 속하는 전략사업부문에 적합하다.

시간이 경과함에 따라 각 전략사업부문의 위치가 바뀔 것으로 생각된다. 그 이유는 어떤 전략사업부문도 수명주기가 있을 것으로 생각되기 때문이다. 대부분의 전략사업부문은 처음에 문제아의 위치에서부터 출발하여 성공하게 되면 스타의 위치로 이동하고, 여기에서 시장성장률이 둔화되면 캐쉬 카우의 위치로, 그리고 종국에는 캐쉬 트랩으로 이동되어 소멸하는 과정을 거치는 것이 보통이다.

그러므로 어떤 기업이든 끊임없이 새로운 제품이나 사업을 개발하여 스타에 위치하게 하며 아울러 다른 전략사업부문을 지원해줄 수 있는 캐쉬 카우가 되도록 노력하여야 한다.[3]

전반적으로 기업의 건전성 여부는 자금공급의 능력이 있는 제품과 성장에 필요한 자금을 이용하여야 할 제품을 균형적으로 보유하고 있는가에 달려 있다. 사업 포트폴리오 계획은 이러한 기업의 자금수지균형을 판단하고 그러한 균형을 유지하는데 필요한 전략을 개발하기 위하여 유용하게 이용될 수 있다.

구체적으로 하나의 예를 들어보자. 그림 3-6은 각 전략사업부문의 현재의 위치와 미래의 위치를 특정 기간 동안의 상대적 시장점유율과 시장성장률로 표시되어 있다. 미래의 위치는 현재의 지위를 고수하는 경우와 그러한 전략을 변경할 경우의 예측치를 비교하여 결정한다. 그림에서 전반적인 전략적 의사결정을 요약하여 설명한다면 다음과 같다.

① 시장에 새로 도입된 제품 A를 적극적으로 지원한다. 이것은 시장을 지배할 것을 목적으로 하기 때문이다. 그렇지만 새로운 경쟁자의 진입으로 점유율이 감소할 경우를 예상할 수도 있다.

② 시장점유율을 유지하기 위하여 B와 C제품은 현재의 전략을 고수한다.

③ 합병의 방법을 통하여 D제품의 시장점유율을 증가시킨다.

④ 특정 시장부문에 집중적으로 침투하기 위하여 E제품의 모델을 변경한다.

⑤ F와 G제품은 처분한다.

---

[3] Charles W. Hofer and Dan Schendel, *Strategy Formulation: Analytical Concepts*(St. Paul, Minn.: West Publishing, 1978), pp.30-32 ; and George S. Day, "Diagnosing the Product Portfolio," *Journal of Marketing*, April 1977, pp.29-38.

그림 3-6 BCG 행렬도표 응용의 예

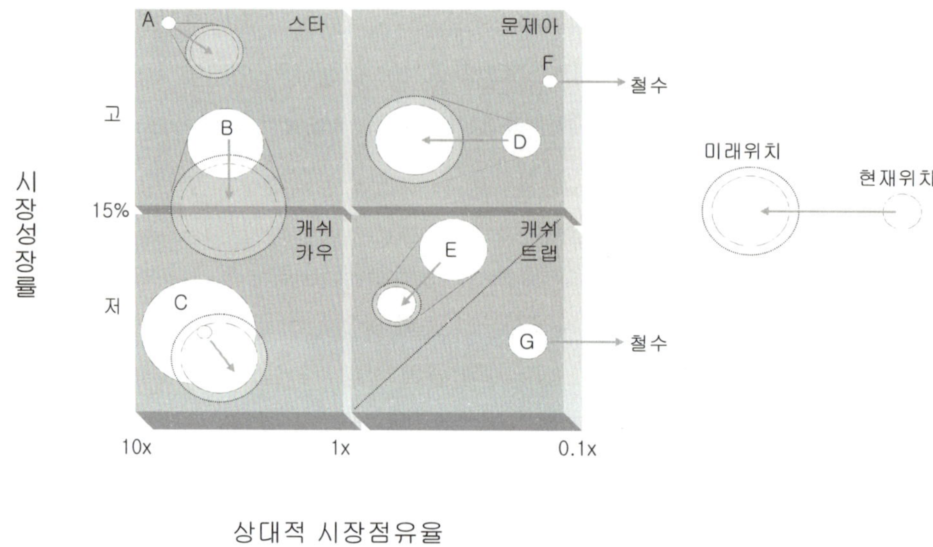

2. 포트폴리오 응용의 한계

사업 포트폴리오 계획은 단일 제품이나 소수 제품을 생산하는 기업보다는 다양화된 기업에서 널리 이용되고 있는 바, 그 이유는 첫째, 개별 독립채산제나 제품전략보다도 기업 전체의 장기적인 성과를 주안점으로 하는데 있고, 둘째, 균형된 제품믹스 전략을 택함으로써 자금 및 자원활용을 장기적으로 극대화할 수 있으며, 셋째, 누구나 쉽게 이해하고 이용할 수 있다는 것이다. 요컨대, 전략적인 관점에서 계획수립과 자원배분에 관한 집중적인 통제가 가능하다는 장점이 있다. 그러나, 이러한 사업 포트폴리오 계획은 언제나 적절하게 이용될 수 있는 것이 아니라는 점에 유의할 필요가 있다. 이 개념을 응용하는 데에는 어떠한 한계가 있는가 알아보기로 하자. 첫째, 사업 포트폴리오 계획에서 상대적 시장점유율을 이용하는 이유는 시장점유율과 수익성과는 정(+)의 상관관계가 있다고 가정하는데 있다. 즉, 시장점유율이 높은 기업일수록 수익성도 높다는 것이다. 다시 말하면, 모든 경쟁기업들이 동일한 간접비 구조와 **경험곡선**(experience curve)상 동일선상의 위치에 있다고 가정하고 그러한 경험곡선상의 위치가 곧 시장점유율의 위치에 해당된다고 본다. 따라서, 시장점유율은 곧 상대적인 이익성과에 해당되는 것으로 간주하고 있다.

그러나 사업 포트폴리오 계획에서 시장점유율을 주요 지표로 삼을 수 있는 산업 또는 제품은 시장진입이 매우 어렵거나 독과점적인 성격을 지니고 있는 산업에서 흔히 유용하게 이용되고 있다. 이러한 산업의 제품은 대체로 부가가치가 높고 문제의 기업들도 간접비가 차지하는 비중이 높은 대규모의 다양화된 경우가 대부분이다. 예컨대, 플라스틱 산업, 가전제품, 자동차, 반도체 산업 등이 이에 해당된다.

그러나, 이러한 산업에서도 다음과 같은 경우에는 시장점유율을 분석의 지표로 이용하기 어렵다.

① 한 경쟁자가 기술적인 우위를 확보하여 비용을 계속 절감할 수 있을 경우
② 한 경쟁자가 수직적 통합의 정도가 매우 높을 경우
③ 경쟁자들이 합병이나 기술합작을 통하여 경험곡선의 법칙에서 벗어나 우위를 점할 수 있을 경우
④ 공장규모와 관계없이 조업률에 따라 수익성이 민감한 반응을 보일 경우 등

그밖에도 특수한 업종, 예컨대 건설업이나 서비스 산업 및 소비재 산업의 경우에는 이러한 사업 포트폴리오 계획을 유용하게 이용하지 못할 경우가 많다. 또한 한 가지 제품에서 다양한 상표가 나올 경우이거나 동일한 생산시설을 이용하여 다양한 상표의 제품을 생산할 경우에도 사정은 비슷하다. 한편 시장지배자가 기존의 위치를 고수하려는 성숙기에는 시장점유율이 일반적으로 인정되는 경향이 있다고 가정하고 있다. 그러나, 예외적인 경우도 있다. 예컨대, 최대의 시장점유자가 두 개의 기업일 경우, 어느 한 기업이 경영미숙으로 가격을 인하한다거나 광고를 전면적으로 내보낸다든가 하는 등 시장을 지배할 때까지 마케팅 전략을 구사한다면 그 시장은 안정적이지 못하고 유동적이 될 수밖에 없다.

둘째, 사업 포트폴리오 전략의 목적 타당성에 대한 검토가 필요하다. 사업 포트폴리오 계획에서는 자금수지의 균형을 강조하고 있으나 주주의 이해, 전반적인 경제국면, 사회적 내지 정치적 압력, 원료공급의 원할 여부, 기술 변화 등에 따라 특정된 전략 선택이 불가능할 경우가 많다. 또한 어느 기업이 의도적으로 수직적 통합을 시도할 경우, 경쟁자의 의도적인 대응전략, 정부의 규제 등에 따라서도 큰 영향을 받으므로 균형 시도가 불가능할 가능성은 언제든지 존재한다. 그밖에도

틈새시장(market niche)을 설정하여 경쟁기업의 진입을 억제하는 데에도 한계가 있을 수 있다.

셋째, 측정상의 문제가 있다. 사업 포트폴리오 계획을 수립할 때, 시장과 제품의 범위를 어디까지 확정할 것인가의 문제는 그렇게 간단하지 않다. 또한 시장세분화의 범위를 결정하기도 쉽지가 않으며, 시장점유율을 토대로 의사결정을 내린다고 하지만 제품수명주기단계에 따라서 문제의 제품이 어느 시기에 속해 있는지에 관해서 오해를 할 가능성이 있다. 마지막으로 예상외의 결과가 초래될 가능성이 있음에 유의하여야 한다. 가령 시장에서의 현재 위치에 대한 책임자들 간의 견해가 특히 다를 수가 있다. 예컨대 캐쉬 트랩에 속하는 제품을 담당하는 책임자와 캐쉬 카우에 속하는 제품을 담당하는 책임자간에는 각각 그 입장에 차이가 있을 수가 있다.

그러나, 사업 포트폴리오 계획이 이와 같이 많은 한계와 제약이 있음에도 불구하고 오늘날 다양화된 기업에서 많이 활용되고 있는 것은 앞서 언급한 바와 같이 전략적인 관점에서 계획수립과 자원배분에 관한 집중적인 통제가 가능하고 누구나 쉽게 이해하고 이용할 수 있기 때문이다.

3. 제너럴 일렉트릭 회사의 평가방법

전략사업부문을 평가하는데 고려하여야 할 요소에는 앞서 언급한 바와 같이 시장성장률이나 상대적 시장점유율 외에도 여러 가지가 있을 수 있다. 미국의 제너럴 일렉트릭(General Electric)회사는 이러한 여러 가지 요소를 결합하여 전략사업부문이 속해 있는 산업의 매력정도와 기업의 장점으로 크게 분류하여 각 전략사업부문이 어떠한 위치에 있는가를 파악하려고 한다(그림 3-7 참조).

그림에서 알 수 있는 바와 같이 종축은 산업의 매력정도를 표시하고 있는데. 다음과 같은 여덟 개의 요소로 구성되어 있다.

① **시장규모** : 시장규모가 클수록 매력 있는 산업일 것으로 생각된다.

② **연간 시장성장률** : 성장률이 높은 시장일수록 진출하려는 기업이 많을 것이다.

③ **이익률** : 이익률이 높은 산업에 보다 매력이 있을 것은 당연하다.

④ **경쟁도** : 경쟁자가 다수이고 경쟁의 정도가 심할수록 그 산업에 진출하기가 어려울 경우가 많을 것이다.

⑤ **순환변동** : 당해 산업에서 생산하고 있는 제품의 판매가 주기적인 변동이 클수록 매력이 적을 것이다.

그림 3-7 GE사의 전략수립단계

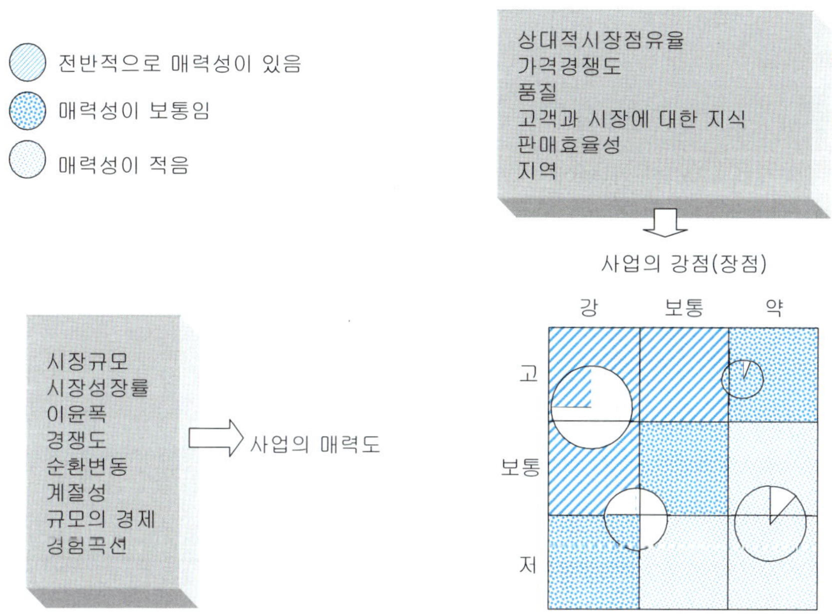

⑥ **계절적 변동** : 판매가 계절적으로 변동이 클수록 변동이 적은 산업보다 매력이 적을 것이다.

⑦ **규모의 경제** : 생산량에 관계없이 생산비용이 일정한 산업보다는 생산시설을 확대하여 감에 따라 제품단위당 생산비용이 체감되는 산업이 보다 매력이 있을 것이다.

⑧ **경험곡선** : 생산과 유통부문에의 경험이 많을수록 단위당 생산비용이 체감되는 산업이 보다 유망하다.

이러한 여러 가지 요소들을 중요도에 따라 점수를 주어 가중평균하면 산업의 매력정도를 구할 수 있고 그림에서는 상, 중, 하로 구분하고 있다.

그림 3-7에서 횡축에는 기업의 장점을 표시하고 있는데, 다음과 같이 여섯 가지 요소로 구성되어 있다.

① **상대적 시장점유율** : 당해 기업의 상대적 시장점유율이 클수록 유리한 위치에 있다고 할 수 있다.

② **가격경쟁력** : 가격경쟁력이 강할수록(혹은 경쟁자에 비하여 생산원가가 낮을수록) 그 기업은 우세한 위치에 있을 것이다.

③ **품 질** : 경쟁자에 비하여 제품의 질이 우월할수록 유리할 것은 물론이다.

④ **고객에 관한 정보** : 고객계층과 그들의 욕구와 욕망을 파악하여 이에 관한 정보를 갖고 있을 때, 경쟁자보다 유리한 위치에 있게 될 것이다.

⑤ **판매효율성** : 판매효율성이 높을수록 그 기업은 경쟁에 유리할 것이다.

⑥ **판매지역** : 기업이 대상으로 하고 있는 지역이 넓을수록 유리하다고 할 수 있다.

이러한 요소들도 중요도에 따라 점수를 주어 가중평균하여 기업의 장점을 평가한다. 그림에서는 그러한 장점을 강, 보통, 약의 세 가지로 구분하고 있다.

표 3-3은 각 전략사업부문의 매력도와 장점을 구성하고 있는 개별 변수들에 대하여 가중치를 두고 경영층에서 평가한 점수를 곱하여 합산한 결과를 보인 것이다. 경영층에서는 각 요소에 대하여 1(극히 매력적이지 못함)부터 5(대단히 매력적임)까지 평가점수를 부여한다. 각 요소별로 이러한 평가점수와 가중치를 곱하여 모두 합산하면 각 전략사업부문의 매력도와 장점을 평가한 점수를 계산할 수 있다. 표 3-3을 보면 어떤 전략사업부문의 매력도 합계 점수는 3.70이고 사업의 장점은 3.40임을 보여주고 있다. 만일 사업의 매력도와 장점의 최대점수가 각기 5.0이라면 그림 3-7에 그 위치를 표시할 수 있다.

이와 같이 산업의 매력정도와 기업의 장점을 각각 세 가지로 분류하여 모두 9가지의 형태로 구분한다. 그림에서 좌측 상단의 3개 부문에 속하는 전략사업부문은 산업의 매력정도가 크고 장점도 많기 때문에 기업이 투자하여 성장할 수 있음을 뜻한다. 좌측 하단에서 우측 상단의 대각선으로 이어지는 3개 부문에 속하는 전략사업부문은 전체적으로 보아 보통의 매력을 지니고 있다고 할 수 있다. 따라서 여기에 속하는 전략사업부문은 현상을 유지하려는 것이 보통이다. 우측 하단의 3개 부문에 속하는 전략사업에 속하는 부분은 전체적으로 보아 불리한 위치에 있다. 그러므로 앞서 언급한 바와 같은 수확(harvest)이나 처분(divest) 중 어느 전략을 택할 것인가를 신중히 결정하여야 한다.

그림에서, 이 기업은 네 개의 전략사업부문을 보유하고 있음을 보여주고 있다(네 개의 원). 각 원의 크기는 각각의 전략사업부문이 속해 있는 산업의 규모를 표시하며 각 원에서 흰부분은 동일

표 3-3 GE의 포트폴리오 모델에서 시장의 매력도와 사업의 장점을 평가하는 방법

		가중치	평가점수(1-5)	값
시장의 매력도	전체 시장규모	0.20	4	0.80
	연간 시장성장률	0.20	5	1.00
	과거의 이윤폭	0.15	4	0.60
	경쟁의 강도	0.15	2	0.30
	기술적 요구조건	0.15	4	0.60
	물가상승 가능성	0.05	3	0.15
	에너지 요구조건	0.05	2	0.10
	환경에 미치는 영향	0.05	3	0.15
	사회적-정치적-법률적 영향	수용가능		
<합계>		1.00		3.70
사업의 장점	시장점유율	0.10	4	0.40
	점유율 증가속도	0.15	2	0.30
	품질	0.10	4	0.40
	브랜드의 명성	0.10	5	0.50
	유통망	0.05	4	0.20
	촉진효과	0.05	3	0.15
	생산능력	0.05	3	0.15
	생산효율	0.05	2	0.10
	단위당 원가	0.15	3	0.45
	원료공급	0.05	5	0.25
	기술개발 성과	0.10	3	0.30
	경영계층의 능력	0.05	4	0.20
<합계>		1.00		3.40

산업에서 각 전략사업부문이 차지하고 있는 시장점유율을 나타낸다. 그러므로, A는 시장점유율이 75%임과 동시에 산업의 매력도 좋고 장점도 많은 유망한 전략사업부문임을 나타내고 있다. 결론적으로 말하면, 이 기업은 A를 육성하고 B를 현상유지하며 C와 D에 대해서는 사업을 계속할 것인가의 여부를 결정하여야 한다.

여기에서 우리가 알아두어야 할 일은 보스턴 경영상담회사나 제너럴 일렉트릭 회사의 기법 등 어떤 방법을 이용한다 하더라도 전략사업부문을 평가하여 그러한 전략사업부문의 목적을 설정하고 여기에 제한된 자원을 어떻게 배분할 것인가를 결정하는 것이 가장 중요하다는 점이다. 이와 같이 각 전략사업부문의 목적이 설정되고 자원배분 문제가 결정되면 마케팅 담당자들은 그러한 목적을 달성하기 위한 최선의 방법을 찾아내려고 한다. 즉, 일단 목적이 설정되면 그러한 목적을 보다 능률적으로 실현하는 것이 마케팅의 과제이다.

4. 성장전략의 개발

기업의 목적은 흔히 이익의 증대, 판매성장, 시장점유율의 확대, 위험의 분산, 혁신 등으로 표시되고 있다. 이 중에서 가장 대표적으로 이용되고 있는 것이 판매 및 이익의 성장이다. 기업이 이러한 목적이나 목표를 명확하게 설정하면 지향해야 할 방향을 알게 되는데, 목적지에 도달하기 위한 최선의 방법이 문제가 된다. 목적 내지 목표를 달성하기 위해서는 '거대한 설계'가 필요하며 이것을 전략이라고 부른다. 기업이 추구하는 목적방향을 선택하고 그러한 방향으로 나아가는데 필요한 자원을 배분하는 것이 전략이다.

기업이 새로운 도전에 대응하여 나아가고 유능한 경영자를 확보하며 기술면에서도 낙후되지 않으려면 성장이 필요불가결하다.

기업의 성장전략은 세 가지 측면에서 분석할 수 있다.

첫째, 집중적 성장기회로서 기존의 활동범위 내에서 기업이 이용할 수 있는 기회를 찾으려 하는 것을 말하며, 둘째, 통합적 성장기회로서 마케팅 경로상에 위치하고 있는 어느 한 조직 혹은 기구를 통합할 기회를 찾는 것을 말한다. 셋째로 다양화를 통한 성장기회가 있다. 이것은 기존의 마케팅 경로체제 외에 존재하는 기회를 찾으려 하는 것을 말한다. 그림 3-8은 이와 같은 성장기회의 유형을 세분하여 표시하고 있는 바, 그 내용을 구체적으로 살펴보자.

그림 3-8 성장기회의 분류

1. 집중적 성장	2. 통합적 성장	3. 다양화를 통한 성장
A. 시장침투 B. 시장개발 C. 제품개발	A. 후방통합 B. 전방통합 C. 수평통합	A. 집중적 다양화 B. 수평적 다양화 C. 집체적 다양화

1) 집중적 성장(intensive growth)

기존의 제품이나 기존시장을 완전히 이용하고 있지 않을 경우에 적합한 성장전략이다. 앤소프는 기업의 집중적 성장전략을 그림 3-9와 같이 분류하여 제시한 바 있다.[4]

① **시장침투**(market penetration) : 시장침투라 함은 보다 적극적인 마케팅활동을 통하여 기존시장에서 기존제품의 판매를 증가시키려고 하는 것이다. 그러한 방법에는 세 가지가 있다. 즉, 소비자의 구매횟수 혹은 구매량을 증가시키는 방법, 경쟁자의 제품을 이용하고 있는 고객을 빼앗아오는 방법, 잠재적인 고객을 유치하는 방법이 있을 수 있다.

② **시장개발**(market development) : 이것은 기존의 제품을 새로운 시장에 판매하려는 것으로 구체적으로는 지역적으로 새로운 시장을 개척하거나 새로운 시장부문을 설정하여 침투하는 방법이 있을 수 있다.

③ **제품개발**(product development) : 새로운 제품을 개발하거나 기존제품을 개량하여 기존시장에서 판매를 증가시키려는 것으로 기존제품을 변형하거나 재구성함으로써 새로운 특징을 갖도록 하는 방법, 제품의 질에 차등을 두어 몇 가지 변형된 제품을 개발하는 방법, 모양이나 크기에 따라 몇 가지 제품을 추가하는 방법 등이 있다.

그림 3-9 제품 및 시장확대전략

[4] H. Igor Ansoff, *Corparate Strategy* (New York: McGraw-Hill Book Company, 1965), p.107.

2) 통합적 성장(integrative growth)

동일 산업 전체의 성장전망이 좋다거나 전방 혹은 후방 또는 수평으로 통합함으로써 기업의 이익이나 효율을 높일 수 있을 때에 이용하는 전략이다. 여기에는 세 가지 방법이 있다.

① **후방통합**(backward integration) : 이것은 원료나 제품 생산에 필요한 자원을 공급하는 업체에 대한 소유권을 획득하거나 통제를 강화하는 방법을 말한다.
② **전방통합**(forward integration) : 유통경로상의 기구를 소유하거나 통제하는 것을 말한다.
③ **수평통합**(horizontal integration) : 경쟁자에 대한 통제 내지 지배권을 강화하거나 소유하려는 방법이다.

여기에서 후방통합과 전방통합을 합하여 보통 **수직적 통합**(vertical integration)이라고 불리운다.

3) 다양화(diversification)를 통한 성장

기업이 현재의 마케팅 경로를 통해서는 이익을 증가시키거나 성장할 기회가 추가로 발생할 전망이 없거나 현재의 마케팅 경로 이외에서 보다 유리한 기회가 존재할 때 이용하는 성장전략이다. 이러한 다양화 전략은 기업이 모든 기회를 이용하려는 것은 아니다. 자기만의 특수한 능력을 보유하고 있다거나 특정된 문제를 해결할 수 있는 분야가 있을 때 가능하다. 다양화의 방법에는 세 가지 유형이 있다.

① **집중적 다양화** : 기존의 제품을 생산하여 판매하는 것과 동일한 기술과 마케팅 활동으로 보다 큰 효과를 가져올 수 있는 새로운 제품을 추가하는 것을 말한다. 이러한 제품은 보통 새로운 고객층에게 매력을 준다.
② **수평적 다양화** : 현재 생산하고 있는 제품과 직접 관련성이 없으나 기존의 고객에게 호감을 줄 수 있는 신제품을 추가하는 것이다.
③ **집체적 다양화** : 기존의 기술이나 제품 및 시장을 대상으로 하는 것과는 별개의 신제품을 추가하는 것을 말한다. 이러한 제품은 보통 새로운 고객층에게 호감을 줄 것이다.

이와 같이 기업이 체계적으로 성장기회를 찾으려면 먼저 기존의 제품이나 시장에서의 기회를 살펴보고, 그 다음에 마케팅 경로상에서의 기회를, 그리고 최종적으로 마케팅 경로 이외에서의 성장기회를 찾아야 하는 것이 적절한 순서라 하겠다.

5. 기능별 전략계획수립

앞에서 언급한 바와 같이 기업이 전략적 계획을 수립할 때에는 어떠한 종류의 사업에 착수할 것인가, 그리고 각각의 사업에 대한 목적이 무엇인가를 결정하여야 한다. 그리고 나서 각 사업단위 내에서 보다 구체적인 계획을 수립해야 한다. 예컨대, 기능별 부서(마케팅, 회계, 구매, 생산, 인사 및 기타)는 각기 전략적 계획수립과정에서 중요한 역할을 수행한다. 첫째, 각 부에서는 전략적 계획수립에 필요한 정보를 제공하고 있다. 이에 따라 각 사업단위별 경영책임자들은 각 부서가 담당할 역할이 무엇인가를 언급하는 계획을 준비한다. 이러한 계획에서는 모든 기능별 분야에서 전략적 목적을 달성하기 위하여 어떻게 협동할 것인가를 보여주고 있다. 각 기능별 부서는 사업에 필요한 투입물(예컨대 자금, 노동력, 원료, 연구 아이디어 그리고 제조과정 등)을 획득하기 위하여 거래하고자 하는 상대방이 각기 다르다. 예컨대 마케팅부에서는 소비자들과의 교환을 협상함으로써 수입을 얻고자 한다. 자금부에서는 금융기관이나 주주 등을 상대로 자금을 획득하려고 노력한다. 따라서 마케팅부와 자금부는 사업에 필요한 자금을 획득하기 위하여 함께 노력하지 않으면 안 된다. 이와 마찬가지로 인사부에서는 노동력을 공급하고 구매부에서는 생산에 필요한 원료를 획득한다.

1) 전략적 계획수립에서의 마케팅의 역할

기업의 전반적인 전략과 마케팅 전략은 중첩될 경우가 많다. 마케팅에서는 고객의 욕구에 초점을 두고 이들의 욕구를 충족시킬 기업의 능력을 검토하는데 주안점을 둔다. 이러한 요소들은 기업의 사명과 목적을 결정하는데 동일한 지침이 되고 있다. 대부분의 기업에서 전략적 계획수립을 시도할 때에는 마케팅 변수(시장점유율, 시장개척 및 성장)를 다루고 있으며, 경우에 따라서 전략적 계획수립과 마케팅 계획수립을 분리하기가 어려울 때가 있다. 따라서 기업에 따라서는 전략적 계획수립을 전략적 마케팅 계획수립이라고도 한다.

기업의 전략적 계획수립에서 마케팅은 핵심적인 역할을 수행한다. 첫째, 마케팅은 하나의 지침이 될 철학을 제공한다. 다시 말하면, 기업의 전략은 중요 소비자 집단의 욕구를 충족시키는 데에 중점을 두어야 한다. 둘째, 마케팅은 유리한 시장기회를 파악하여 이를 이용할 수 있는 기업의 잠재력을 평가함으로써 전략적 계획을 담당하는 사람들에게 하나의 중요 투입자료를 제공한다. 셋째, 개별 사업단위 내에서 마케팅은 당해 사업단위의 목적을 달성하는데 필요한 전략들을 설계하고 있다.

각 사업단위 내에서 마케팅 관리자는 전략적 목적을 성취하는데 도움이 될 수 있는 가장 최선의 방법이 무엇인가를 발굴하지 않으면 안 된다. 마케팅 관리자에 따라서는 자신들의 목적이 반드시 판매를 증가시키는 데 있는 것이 아니라고 생각하기도 한다. 예컨대, 보다 적은 예산으로 기존의 판매규모를 유지하는 것을 목적으로 할 수도 있고, 또는 수요를 감소시키는데 목적을 둘 수도 있다. 따라서 마케팅 관리자는 전략적 계획수립에서 결정된 수준에 따라 수요를 조절할 책임이 있다. 마케팅은 각 사업단위의 잠재력을 평가하는데 도움이 되지만, 일단 각 사업단위의 목적이 설정된 후에는 그 사업이 수익을 낳을 수 있도록 자신의 과업을 충실하게 수행하는 것이 필수적이다.

2) 기업 내에서의 마케팅부의 위치

기업 내에서 마케팅부가 어느 정도의 비중을 차지하고 있는가에 대해서는 일률적으로 이야기하기가 어렵다. 어떤 기업에서는 자금이나 생산, 혹은 인사부 등과 동일한 위치에 있어 어느 한 부서도 기업의 전략에 영향을 미치지 못하며 주도권을 잡고 있지 못하고 있을 경우가 있다. 그림 3-10 (가)가 그러한 경우이다. 기업의 성장속도가 둔화되거나 판매가 감소하게 되면 마케팅 관리자는 수요를 증대시키기 위하여 보다 많은 예산을 투입할 것을 요구하고 다른 어떤 부보다도 마케팅 기능이 중요하다고 주장할 것이다(그림 3-10 (나)). 드락커가 '사업의 목적은 고객을 창조하는 데 있다'고 언급한 바와 같이 마케팅 관리자에 따라서는 마케팅의 기능이 기업에서 중요할 뿐만 아니라 핵심적인 기능이 되어야 한다고 주장하기도 한다. 이러한 견해를 따르자면 기업의 임무와 생산할 제품, 그리고 표적으로 삼고 있는 시장을 결정하는 것이 마케팅의 임무이며 고객에게 서비스를 제공한다는 관점에서 기타의 모든 기능을 관장하는 것이 마케팅의 과업이라고 생각하고 있다(그림 3-10 (다)). 이러한 견해는 타 부서 책임자의 반감을 사기가 쉽다. 그들은 마케팅부를 위하여 일하고 있는 것이라고 생각하지 않는다. 따라서 현명한 마케팅 관리자라면 마케팅부가 중심적인 위치를 차지할 것이 아니라 고객이 가장 중요하다고 생각하고 고객의 욕구와 욕망을 감지하여 이를 충족시켜주는 데 기업의 모든 기능이 발휘되어야 한다고 생각할 것이다(그림 3-10 (라)).

그러나 고객의 욕구나 욕망을 정확하게 파악하고 이를 효과적으로 충족시켜주려면 마케팅 기능이 역시 중심이 되어야 한다고 주장하는 사람이 있을 것이다(그림 3-10 (마)). 이러한 견해를 지니고 있는 마케팅 관리자들의 주장을 요약하자면 다음과 같다.

첫째, 기업이 아무리 많은 자산을 보유하고 있어도 고객이 없으면 그것은 아무런 가치가 없다.
둘째, 따라서 기업이 수행하여야 할 핵심적이 과업은 고객을 창조하고 이들과의 관계를 계속 유지하는 데 있다.
셋째, 제품이 고객의 욕구를 충족시켜 줄 수 있을 것이라고 약속함으로써 고객을 유치하고 고객의 욕구를 충족시켜 줌으로서 그들과의 관계를 계속 유지할 수 있다.
넷째, 따라서 고객에게 제시할 약속이 어떠한 것인가를 한정하고 고객의 욕구를 충족시켜 줄 수 있다는 것을 보장하는 것이 마케팅의 임무이다.
다섯째, 제품을 구입하여 소비한 후에 고객이 느끼는 만족도는 타부서의 노력에도 달려 있다.
여섯째, 고객의 만족 여부를 알려면 마케팅부가 기타의 부서들을 통제하거나 영향을 미칠 수 있어야 한다.

그림 3-10 마케팅부 역할의 변화과정

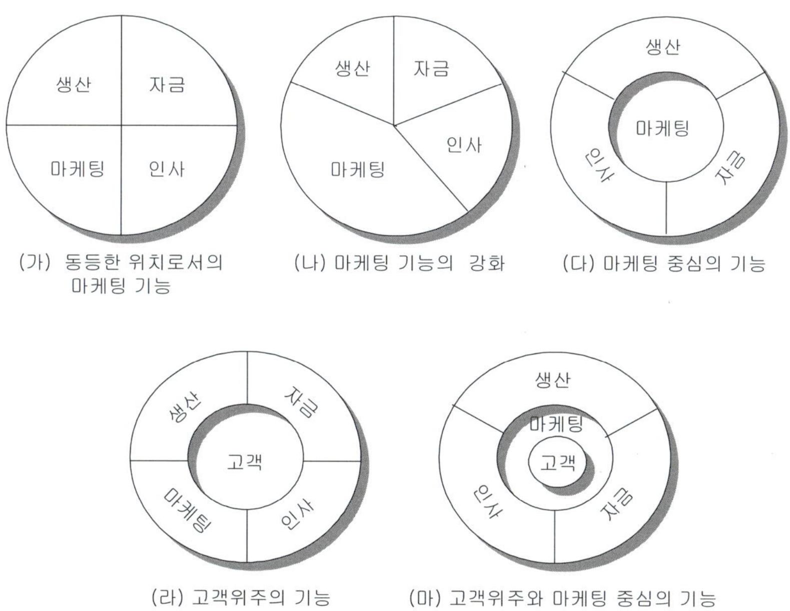

3) 조직간의 이해상충

기업 내의 각 부서에서 내린 의사결정이나 활동은 고객의 욕구를 충족시키는데 직접적으로나 간접적으로 영향을 미치게 된다. 따라서 고객이 만족하게 되는 것은 단순히 마케팅부의 노력이라기보다 기업 전체가 공동으로 노력한 결과라고 볼 수 있기 때문에 마케팅부의 입장에서는 각 부의 활동을 조정할 수 있는 권한과 책임이 주어지기를 바란다. 마케팅 관리자는 판매예측이나 마케팅 조사, 광고, 판매원 활동, 촉진활동, 고객에 대한 서비스 제공 등과 같은 마케팅의 제 활동을 통합하고 조정하며 자금관리자나 생산관리자들과 정기적으로 회합하여 이들에게 고객지향적인 가치관을 심어주고 이로 인하여 얻게 되는 혜택이 무엇인가를 인식시키려고 한다. 그러나 마케팅 활동을 계속하기 위하여 타부에 대한 권한과 영향력을 어느 정도로 행사하여야 할 것인가에 대해서는 일정한 기준이 없다.

마케팅부의 뜻대로 여타의 부서가 움직이게 되면 반감을 갖게 될 것이고, 마케팅부가 고객의 입장을 강조하는 것과 마찬가지로 다른 부서에서도 그들 나름대로의 과업의 중요성을 주장할 것이다. 여기에서는 마케팅부와 다른 부서간에 발생할 수 있는 조직상의 이해상충문제를 간단하게 살펴보자.

(1) 연구개발부

연구개발 책임자는 주로 신제품 개발에 관심을 기울이며 마케팅 담당자들이 그러한 신제품에 대한 시장을 개척할 수 있을 것으로 믿고 있다. 그는 제품의 기능에 초점을 두며 소비자들의 구매심리에는 별다른 관심을 두지 않는 경향이 있다.

(2) 기술부

기술담당 관리자는 경제적이고도 간단하며 표준에 적합한 제품을 설계하는 데 관심을 갖고 있으며 제품의 시장성보다는 특징에 관심을 집중하는 경향이 있다.

(3) 구매부

구매담당자의 주요 관심사는 자원의 구입비용을 극소화하는 데 있다. 따라서 이러한 목표 아래 자원을 구매한다면 양질의 제품을 생산하고자 하는 목표와 상충될 수가 있다.

(4) 생산부

생산관리자가 생산비를 줄이려 하는 것은 당연하다. 그러나 생산비용을 극소화하려는 노력은 고객을 만족시키고자 하는 목표와 상치될 우려가 있다.

(5) 재고관리부

재고 혹은 자재담당 관리자는 재고유지비용을 줄이려 하며, 그러한 노력을 지나치게 기울이게 되면 원료를 비롯한 기타의 자재재고가 부족하게 되는 현상이 발생하여 생산에 차질을 초래하는 경우가 발생할 수 있다.

(6) 자금부

자금관리자는 가능한 한 자금지출을 억제하고, 개개의 거래에서 이익을 얻으려 하며, 이러한 노력이 지나치게 되면 충실한 고객을 유치할 수 없게 될 가능성이 있다.

(7) 회계부

회계담당자는 기업의 보고활동에 소요되는 비용을 절약하려 한다. 따라서 표준원가에 맞지 않는 마케팅 거래에 반감을 갖게 되며 마케팅부에서 판매와 비용분석에 필요한 자료를 요구할 때, 이에 협조하지 않을 경우가 발생할 수 있다.

지금까지 살펴본 바와 같이 기업 내에서 마케팅부와 타 부서와는 이해관계가 상충될 가능성이 언제나 존재하고 있다. 고객을 만족시키기 위해서 기업의 전 자원을 동원하려고 하는 마케팅부의 요구와 압력이 지나치게 되면 제품을 설계하거나 원료구입에 소요되는 비용이 증가될 우려가 있으며 생산계획에 차질을 빚거나 회계비용의 증가, 예산집행의 차질 등의 부작용이 초래될 우려가 있다.

요컨대 마케팅 담당자는 고객가치와 만족을 전달하는데 중요한 역할을 수행하고 있지만 이러한 과업을 독자적으로 완수할 수는 없다. 고객가치와 만족을 고객에게 전달하려면 모든 부서가 협력하지 않으면 안 된다. 또한 기업의 전반적인 목적을 달성하기 위해서도 그러하다.

제4절 마케팅 과정

기업의 전반적인 사명과 목적을 설정하는 전략적 계획을 수립하는데 마케팅이 중요한 역할을 수행한다고 이미 언급한 바 있다. 그림 3-11은 기업내에서 마케팅의 역할과 활동을 표시하고 있는 바, 전반적인 마케팅 과정과 마케팅 전략에 영향을 미치는 요인들을 요약하여 표시하고 있다.

그림에서 알 수 있는 바와 같이 가장 중심적인 위치를 차지하고 있는 것은 표적고객들이다. 기업은 전체 시장에서 자신들이 표적으로 삼고 있는 고객집단을 선정하여 그들의 욕구를 충족시키는데 초점을 두는 것이 가장 중요한 과업 중의 하나이다. 일단 표적고객이 선정되면 이에 따라 제품, 가격, 유통경로 및 촉진활동 등의 기업이 통제가능한 요소들로 구성된 마케팅 믹스를 설계하

그림 3-11 기업의 마케팅 전략수립에 영향을 미치는 요인

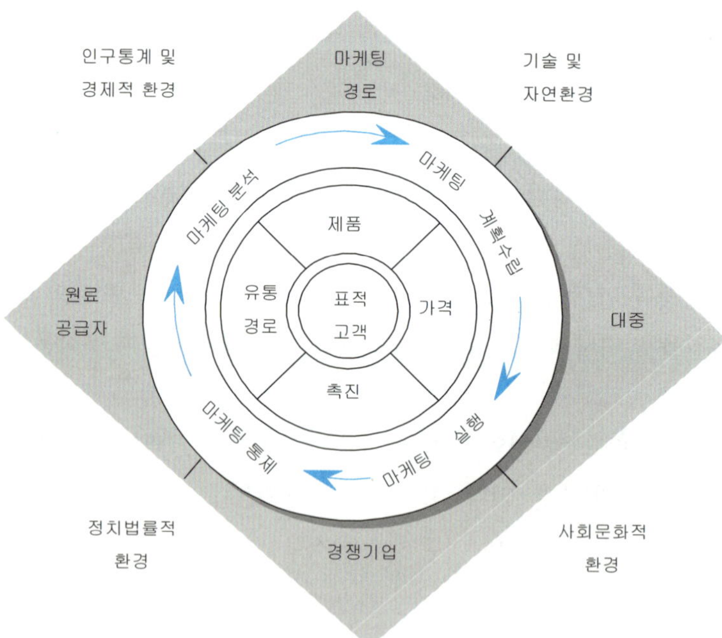

게 된다. 최적의 마케팅 믹스를 개발하고 이를 실천하려면 마케팅 활동을 분석하고 계획을 수립하고 실천하며 통제하는 일이 필요하다. 이러한 활동을 통하여 기업은 변화하고 있는 마케팅 환경에 적응하여 나갈 수 있다. 우리는 여기에서 마케팅 과정상의 각 요소들을 간략하게 살펴보고 보다 상세한 요소들에 대해서는 후장에서 심도있게 다루어 보고자 한다.

1. 표적시장 선정

건실한 마케팅 활동은 소비자들을 면밀하게 분석하는 것으로부터 출발한다. 예컨대 어느 기업에서 하나의 섬유제품에 대한 시장잠재력을 알려고 한다 하자. 이 회사에서 먼저 해야 할 일은 시장 및 세분화된 각 시장부문(market segment)의 현재 및 미래의 규모를 면밀하게 추정하는 것이다. 현재의 시장규모를 추정하기 위하여는 경쟁제품의 현재 판매규모, 그리고 문제의 시장규모가 수익성이 있을 정도로 큰 것인가의 여부 등을 파악하여야 할 필요가 있다.

이와 동시에 미래의 시장 성장도 중요하다. 기업들은 미래에 강력한 성장전망이 있는 시장에 진출하기를 원한다. 성장잠재력은 특정 소비자집단의 증가율에 달려 있을 수도 있고, 경제적 상황이나 기술발전 또는 라이프 스타일(life style)의 변화 등과 같은 환경적인 조건 변화와도 관련이 있을 수 있다. 예컨대, 어린이용 장난감이나 의복에 대한 미래의 시장은 현재의 출산율과 밀접한 관련이 있고, 그밖에도 소비자들의 소득증가 추세나 가족의 라이프 스타일 등과도 관련이 있을 수 있는 것이다. 주어진 상황에서 소비자들이 어떻게 행동할 것인가를 예측한다는 것은 대단히 어려운 과제에 속하지만, 그럼에도 불구하고 시장에 관한 의사결정을 내리기 위해서는 그러한 예측이 필요불가결하다. 마케팅 정보에 관한 전문가들은 복잡한 분석기법을 이용하여 수요를 측정하고 예측하는 일을 담당하고 있다.

특정 시장에 대한 예측이나 전망이 좋다고 가정하자. 이러한 경우에 기업은 시장에 어떠한 방법으로 진출할 것인가를 결정하여야 한다. 기업들은 특정 시장에서 모든 고객들을 만족시킬 수는 없다는 것을 알고 있다. 소비자들은 기호가 매우 다양하며, 또 그들이 추구하는 욕구도 상이하기 때문이다. 기업에 따라서는 특정 시장부문(특정 고객집단)의 욕구를 보다 잘 충족시켜줄 수 있는 유리한 위치에 있을 수 있고, 이러한 경우 이 기업은 시장을 세분하여 세분된 특정 시장부문을 선택함으로써 경쟁자에 비하여 고객의 욕구를 보다 잘 충족시켜줄 수 있는 전략을 개발할 수 있다. 그러기 위해서는 시장세분화, 표적시장의 설정 및 포지셔닝의 세 단계가 필요하다.

1) 시장세분화

시장은 여러 가지 유형의 고객들로 구성되어 있고, 따라서 마케팅 관리자는 기업의 목적을 달성하는데 어떤 시장부문(고객집단)이 가장 유리한 기회를 제공하고 있는가를 결정하지 않으면 안 된다. 소비자들을 유사한 기호를 지니고 있는 집단으로 재분류하는 방법에는 여러 가지가 있다. 예컨대, 지역적인 요인, 인구통계적 요인(성, 연령, 소득수준, 교육수준 등), 심리적 요인(사회계층, 라이프 스타일) 그리고 행동요인(구매계기, 추구하고 있는 효익, 사용률) 등을 기준으로 시장을 세분할 수 있는 것이다. 이와 같이 고객들을 상이한 욕구, 특성 및 행동을 가지고 있는 집단으로 분류하는 과정을 **시장세분화**(market segmentation)라고 한다.

모든 시장은 여러 개의 시장부문으로 구성되어 있으나 시장을 세분하는 방법이 모두 다 유용한 것은 아니다. 예컨대 감기약의 경우, 시장을 남녀로 세분한다는 것은 별 의미가 없는 것과 같다. 하나의 시장부문(market segment)은 특정된 마케팅 자극에 대해서 유사한 반응을 보이는 소비자들로 구성되어 있는 것을 말한다. 예컨대 자동차 시장의 경우, 가격과는 관계없이 대형의 안락한 자동차를 원하는 소비자들이 있다면 이들이 하나의 시장부문을 구성하고 있는 것이다. 또, 가격에 민감하고 경제적인 차를 원하는 고객들이 있다면 이들도 또 하나의 시장부문을 구성하고 있다. 그러므로, 한 가지 모델의 자동차를 가지고 모든 고객들을 충족시킨다는 것은 쉬운 일이 아닐 것이다. 따라서 기업들은 하나 또는 그 이상의 시장부문 또는 고객집단들의 욕구가 무엇인가를 파악하고 그러한 욕구를 충족시키는데 노력을 집중하는 것이 현명하다. 기업에서는 각 시장부문의 지역적 및 인구통계적 특성 또는 심리적 내지 행동상의 특성 등을 연구하여 각 시장부문의 매력도를 평가하는 일이 필요하다.

2) 표적시장의 선정

어느 한 기업이 시장부문들을 확정한 후에는 그러한 시장에서 세분된 시장부문 중 어느 하나 또는 그 이상의 부문에 진출할 수가 있다. 여기에서 **표적시장**(target market)의 선정이라고 하는 것은 각 시장부문의 매력도를 평가하고 기업이 진출하는 하나 또는 그 이상의 시장부문을 선정하는 것을 말한다. 기업은 보유하고 있는 자원이 제한되어 있기 때문에 하나 또는 소수의 특별한 시장부문에만 진출할 것을 결정할 수가 있다. 이러한 전략은 판매에 제약을 가져오겠지만, 그러나 높은 수익성을 달성할 수가 있다. 혹은 고객의 유형은 다르지만 기본적인 욕망은 동일한 몇 개의 시장부문에 진출할 것을 결정할 수도 있다. 또는 대기업일 경우, 모든 시장부문에 걸쳐서 제품을 총체적으로 판매할 것을 결정할 수도 있다.

대부분의 기업들은 신시장에 진출할 경우, 특정된 단일의 시장부문에 먼저 진출하는 것이 보통이고, 이것이 성공하면 새로운 시장부문을 더 개척하는 것이 상례이다. 대기업들은 궁극적으로 전체 시장을 포괄하는 노력을 기울이게 된다.

3) 포지셔닝

기업이 어떤 시장부문에 진출할 것인가를 결정한 다음에는 그러한 시장부문에서 어떠한 위치, 즉 포지션을 차지하여야 할 것인가를 결정하여야 한다. 여기에서 한 제품의 포지션이라고 하는 것은 문제의 제품이 경쟁자의 것에 비해서 소비자들의 마음속에 차지하고 있는 위치를 말한다. 만일 어떤 제품이 시장에서 다른 제품과 똑같다고 인식되고 있다면 소비자들은 문제의 제품을 특별히 구입할 이유가 없을 것이다.

포지셔닝(positiong)이란 어떤 특정 제품이 표적시장에서 경쟁제품에 비하여 분명하고 명확하고도 바람직한 위치를 차지하고자 하는 방안을 말한다. 따라서 마케팅 관리자는 자신들의 제품이 경쟁제품에 대해서 차별적인 위치를 차지할 계획을 수립하고, 이에 따라 표적시장에서 전략적으로 가장 유리한 위치를 차지하기를 시도한다. 예컨대, 미국에서 현대자동차는 의미가 있는 자동차(the car that makes sense)라고 하는 저가의 이미지를 심어주는 포지션을 시도한 바 있다. 또 크라이슬러(Chrysler)자동차의 경우는 가장 훌륭하게 설계된 미국 자동차라고 하는 점을 강조하고 있고, 포드(Ford)자동차에서는 품질을 무엇보다도 강조하고 있으며, 재규어(Jaguar)자동차는 예술과 기계의 조화라고 하는 위치를 차지하고자 하는 반면, 사브(Saab)자동차는 지금까지 만들어진 자동차 중에서 가장 지성적인 자동차라고 하는 이미지를 심어주려고 한다. 메르세데스 벤츠(Mercedes Benz)의 경우에는 세계에서 어떤 차량도 시도하지 않았던 엔지니어 기술을 이용하고 있음을 강조한다.

어느 특정 제품의 포지션을 계획하려면 현재의 시장부문에서 제공하고 있는 모든 제품이나 상표들의 기존 포지션들을 먼저 파악하는 일이 필요하다. 그 다음에는 제품의 여러 가지 속성을 놓고 소비자들이 무엇을 원하고 있는가에 대한 정보를 분석하는 일이다. 그리고 나서 경쟁자의 제품에 비해서 고객의 욕망을 더 잘 충족시켜줄 수 있는 제품의 능력을 토대로 하나의 포지션을 선정한다. 그리고 마지막으로는 표적시장에 대해서 제품의 포지션에 관한 정보를 전달해줄 마케팅 프로그램을 개발하는 일이 중요하다.

2. 마케팅 믹스 전략의 개발

기업이 포지셔닝 전략을 일단 결정하게 되면 그 다음에는 마케팅 믹스의 세부사항에 대해서 계획을 수립할 수가 있다. **마케팅 믹스**(marketing mix)란 현대 마케팅에서 중요한 개념 중의 하나로서 여기에서 그 개념을 정의한다면 '기업이 표적시장에서 목적을 달성하기 위하여 통제가능한 마케팅 변수를 적절하게 배합하는 것'을 말하며, 통제가능한 마케팅 변수란 크게 분류하여 제품(product), 가격(price), 유통(place 혹은 distribution) 및 촉진(promotion) 등 네 가지가 있다. 이를 일컬어 4P(영어의 머리자만을 딴 것임)라고 한다.[5] 이러한 네 가지 마케팅 변수의 구체적인 내용은

그림 3-12 마케팅 믹스의 구성요소(4P)

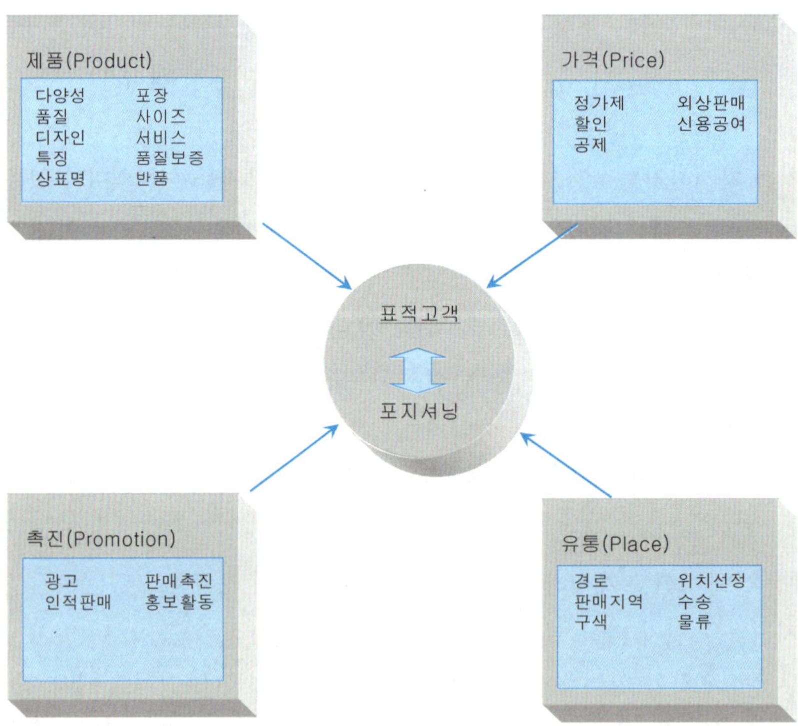

[5] 4P의 분류는 맥카디(Jerome Mccarthy)가 그의 저서 *Basic Marketing: A Managerial Approach* (Homewood, IL: Richard D. Irwin, 1960)에서 최초로 제안한 바 있다.

그림 3-12에 표시되어 있다.

제품이란 기업이 표적시장에 제공하고 있는 상품과 서비스의 총체를 나타낸다. 예컨대 제품이 지니고 있는 품질, 특징, 스타일, 상표명, 포장, 애프터서비스 및 품질보증 등이 모두 제품의 개념에 포함된다.

가격이란 고객들이 제품을 획득하기 위하여 지불하여야 할 화폐량을 말한다. 가격정책으로는 정규가격이 원칙이지만 할인이나 외상판매, 또는 제품구입에 필요한 자금을 공여하는 것 등도 포함된다.

유통이란 표적고객들이 제품을 용이하게 구입할 수 있도록 하는 모든 활동을 나타낸다. 제품이 유통되는 경로에는 여러 가지가 있을 수 있고, 어떠한 경로가 가장 효율적인가를 검토하는 일이 중요한 경우가 많으며, 그밖에 점포의 위치를 선정한다거나 적절한 재고관리를 수행한다거나 최소비용으로 수송을 한다거나 적절한 재고관리를 수행한다거나 하는 등 물류관리 활동도 이러한 유통개념에 포함되어 있다.

촉진이란 고객들이 제품을 구매하도록 하기 위해 제품이 지니고 있는 장점을 표적고객들에게 정보를 전달하고 설득하는 활동을 말한다. 이러한 촉진활동에는 대표적으로 광고뿐만 아니라 인적판매, 판매촉진 및 기타 홍보활동 등이 포함된다.

하나의 마케팅 프로그램이 효과를 거두려면 이상의 마케팅 믹스를 구성하고 있는 모든 요소들을 적절하게 배합함으로써 기업의 마케팅 목적을 달성할 수가 있다.[6]

제5절 마케팅 활동관리

기업에서는 표적시장에서 자신의 목적을 최대로 달성할 수 있는 마케팅 믹스를 설계하고 이를 실천에 옮길 것을 원한다. 그렇게 하려면 네 가지 마케팅 관리기능이 필요하다. 즉, 마케팅 분석,

[6] Benson P. Shapiro, "Rejuvenating the Marketing Mix," *Harvard Business Review*, September-October 1985, pp.28-34. 기업의 사명에 관하여 상세하게 언급한 문헌으로는 다음의 것을 참조할 것. David A. Aaker, *Strategic Market Management*, 2nd ed.(New York: John Wiley, 1988), Ch. 3; and Laura Nash, "Mission Statements-Mirrors and Windows," *Harvard Business Review*, March-April 1988, pp.156-156. 여기에서 언급한 포트폴리오 분석과 기타 내용에 대하여는 다음의 문헌들을 참조할 것. Philippe Haspeslagh, "Portfolio Planning: Limits and Uses," *Harvard Business Review*, January-February 1982, pp.58-73; Yoram Wind, Vijay Mahajan, and Donald J. Swire, "An Empirical Comparison of Standardized Portfolio Models," *Journal of Marketing*, Spring 1983, pp.89-99; and Aaker, *Strategic Market Management* (New York, John Wiley, 1988), Ch.10.

그림 3-13 분석, 계획수립, 실행 및 통제와의 관계

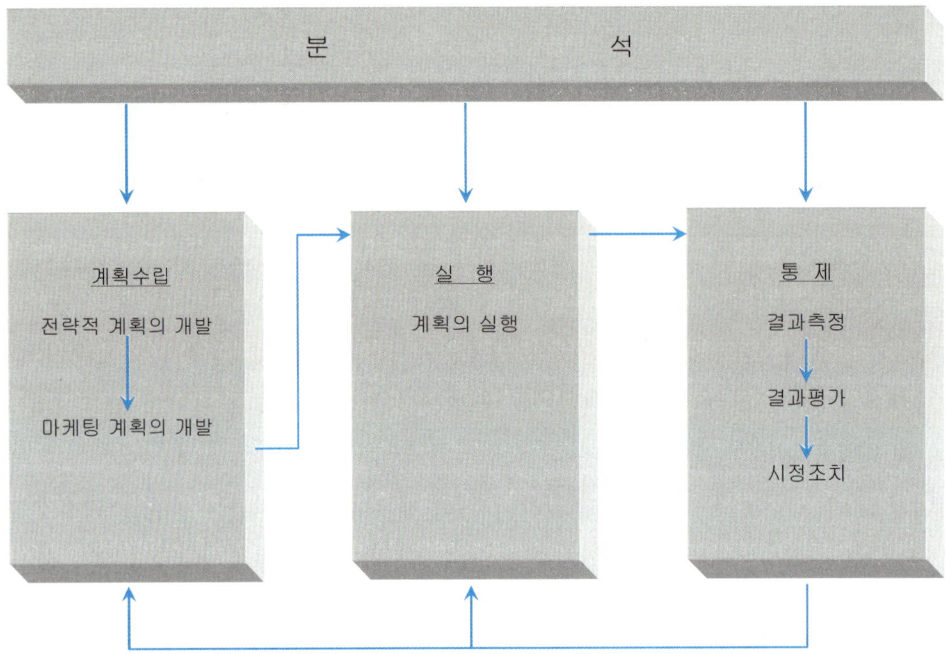

계획수립, 실행 및 통제가 그것이다. 그림 3-13은 이러한 기능들의 관계를 보인 것으로 이하에서 간략하게 그 내용을 일별하여 보기로 한다.

1. 마케팅 분석

마케팅 기능의 관리는 기업이 처해 있는 상황을 완전하게 분석하는 것으로부터 출발한다. 기업에서는 기업이 표적으로 삼고 있는 시장과 마케팅 환경을 분석하여 여기에서부터 발생하는 매력적인 기회를 찾아내고 위협적인 요인들을 제거시킬 수 있어야 한다. 또한 기업이 보유하고 있는 장점과 단점을 분석함과 동시에 기업이 가장 잘 추구할 수 있는 기회가 무엇인가를 결정하기 위한 마케팅 프로그램을 개발하여야 한다. 마케팅 분석을 통하여 여타의 마케팅 관리기능에 대한 정보 및 투입물이 제공된다.

2. 마케팅 계획수립

전략적 계획수립을 통하여 기업은 자신이 각 사업단위에서 원하고 있는 바가 무엇인가를 결정하고 마케팅 계획수립에서는 기업의 전반적인 전략적 목적을 달성하는데 도움이 될 마케팅 전략에 대한 사항들을 결정한다. 여기에서는 특히 각 사업부문이나 제품 또는 브랜드들에 관하여 보다 구체적인 마케팅 계획이 필요하다.

표 3-4 마케팅 계획서의 주요 내용

구 분	목 적
계획개요	최고경영자가 계획의 주요 내용을 쉽게 이해하도록 계획의 주요 목표와 권장사항을 제시함. 주요 내용을 표로 간결하게 요약할 것.
상황분석 및 배경설명	표적시장과 제품성능, 경쟁 및 유통에 관한 정보를 포함한 기업의 유치를 설명. • 시장과 주요 시장부문을 기술하고 고객의 욕구와 구매에 영향을 미칠 수 있는 마케팅 환경상의 요인들을 평가. • 판매, 가격 및 총이윤 등을 수요 세품별로 평가. • 주요 경쟁자를 구분하여 품질, 가격, 유통 및 촉진면에서의 위치를 평가. • 주요 유통경로에서의 판매추세와 여타 변동사항을 평가.
위협과 기회의 분석	기업과 기업의 전략에 영향을 미칠 긍정적 혹은 부정적 발전추세를 예상하기 위하여 기업이 당면하게 될 위협과 기회를 평가.
목적과 문제점	계획기간 중 기업이 달성하고자 하는 마케팅 목적을 기술하고 이를 달성하는데 영향을 미칠 주요 문제점들을 논의. 예컨대 만일 목표가 15%의 시장점유율을 달성하는데 있으면 그러한 목표를 달성할 수 있는 방법을 제시하여야 함.
마케팅 전략	각 사업단위가 달성하고자 하는 마케팅 목적과 구체적인 믹스 요소별로 구체적인 전략을 약술하고 기회와 위협에 각기 어떻게 대응할 것인가를 설명.
실행프로그램	마케팅 전략을 구체적인 실행프로그램으로 전환하여 누가, 무엇을, 언제, 어떻게 어느 정도의 비용으로 달성할 것인가를 제시.
예산	기본적으로 예상 손익계산서를 토대로 마케팅 예산내용을 기술. 예상되는 수입(예상 판매량과 평균단가)과 예상되는 비용(생산, 유통 및 마케팅상의 비용)을 제시함. 수입과 비용의 차이는 기대되는 이익임.
통제	계획의 실행과정을 점검하여 결과를 평가함으로써 목표에 미달되는 제품들에 대하여 시정조치를 내리기 위한 통제방법을 기술.

표 3-4는 제품이나 브랜드별로 마케팅 계획서를 달성할 경우에 작성되어야 할 주요 내용을 요약한 것이다. 표에서 알 수 있는 바와 같이, 마케팅 계획서는 전반적인 상황평가와 목표 및 권장사항 등을 간략하게 언급하고 있는 계획개요로부터 시작된다. 계획서의 주요 부문은 현재의 마케팅 상황에 대한 상세한 분석과 기회와 위협 등을 제시하고 있다. 그 다음부분에서는 문제의 제품이나 브랜드에 대한 목적을 언급하고 이를 달성하기 위한 구체적인 마케팅 전략에 관하여 개략적으로 제시하고 있다. 여기에서 **마케팅 전략**이란 기업이 마케팅 목적을 달성하고자 하는 논리를 말한다. 그 내용을 좀 더 구체적으로 말한다면 표적시장에 대한 구체적 전략, 포지셔닝, 마케팅 믹스 및 마케팅 비용 등으로 구성되어 있다. 계획수립자는 이 부문에서 위협과 기회에 대응하기 위한 전략과 주요 문제점들을 설명한다. 계획서의 나머지 부분에서는 마케팅 전략을 실행하기 위한 실행프로그램과 이를 지원할 수 있는 마케팅 예산에 대하여 상세하게 언급한다. 계획서의 마지막 부분에서는 마케팅 계획의 실행과정을 점검하여 시정조치를 내리는 통제에 대하여 개괄적으로 언급한다. 본 장의 끝부분에 수록되어 있는 부록 1에는 마케팅 계획서의 예를 보여주고 있다.

3. 마케팅 계획의 실행

마케팅 분석이나 계획수립이 훌륭하다고 하여 반드시 성공한다는 보장은 없다. 즉, 마케팅 계획 자체를 신중하게 실천에 옮기는 일이 중요한 것이다. 어떤 면에서는 계획을 실천에 옮기기보다는 계획이나 전략을 수립하는 일이 더 쉬울 수가 있다.

마케팅을 담당하는 사람들은 직위의 고하를 불문하고 마케팅 전략과 계획을 수립하는데 동참하여야 한다. 마케팅에 종사하는 사람들은 자금이나 구매, 생산 및 여타의 기업부문과 밀접한 관계를 유지하면서 계획을 실천에 옮겨야 한다. 뿐만 아니라 기업 외의 조직이나 사람들도 마케팅 계획의 실행에 도움이 된다. 예컨대 원료 공급자, 재판매자, 광고대행사, 마케팅 조사기관, 광고매체 등이 이에 해당된다. 마케팅 프로그램을 효과적으로 실행하려면 이와 같이 기업 내외의 모든 기구와 종사원들이 공동으로 노력을 기울이는 일이 무엇보다 중요하다고 하겠다.

마케팅 계획을 실천하는 과정은 다섯 가지 요소로 구성된다. 즉 실천 프로그램, 기업의 조직구조, 의사결정 및 보상제도, 인적자원 및 기업의 분위기와 문화가 그것이다. 기업이 마케팅 계획과 전략을 성공적으로 실행하려면 이러한 요소들을 통합하여 하나의 일관성 있는 프로그램으로 결합하는 일이 중요하다.

기업의 모든 계층은 필요한 숙련기술과 강력한 동기 및 개인적 특성을 보유하고 있는 사람들로 충원되어야 한다. 기업의 공식적 조직구조는 마케팅 전략을 실행하는데 중요한 역할을 수행한다. 그러한 의사결정과 보상제도도 동일하게 중요하다. 예컨대 어느 기업이 경영층에 대하여 단기적인 성과에 대해서 보상하는 제도를 채택하고 있다면 경영자들은 장기적인 관점에서 시장을 구축하려는 목적을 향하여 일하고자 하는 인센티브가 적을 것이다.

마지막으로, 마케팅 계획을 성공적으로 실행하려면 기업의 마케팅 전략이 당해 기업의 문화, 조직 구성원들이 공유하고 있는 가치관과 일관성이 있어야 한다. 대부분의 성공한 기업들은 강력하고 시장지향적인 사명을 중심으로 기업문화가 정착되어 있는 것을 알 수 있다.

4. 마케팅 부서의 조직

기업이 마케팅 분석, 계획수립, 실행 및 통제를 수행하려면 마케팅 부서를 설치하여야 한다. 기업의 규모가 적을 경우에는 한 사람 또는 소수의 인원이 모든 마케팅 활동, 예컨대 조사업무, 판매활동, 광고, 고객에 대한 서비스 제공 및 기타 활동 등을 수행하여야 할 것이다. 그러나 기업의 규모가 커지면 마케팅 부서가 필요하게 되고, 또 그 활동을 수행하여야 할 경우가 발생한다.

마케팅부를 조직하는 방법에는 여러 가지가 있다. 가장 일반적인 마케팅 조직 상태는 '기능별 조직'으로서 이것은 여러 가지 상이한 마케팅 활동을 기능별 전문가가 전담하는 방식이다. 예컨대 판매관리자, 광고관리자, 마케팅 조사 관리자, 고객 서비스 관리자, 신제품 관리자 등을 두어 각기 자신들의 전문적 과업을 수행하도록 한다. 각 지역별로 담당자를 전담시키는 '지역별 조직'을 들 수 있을 것이다. 이러한 조직형태에서는 각 지역 담당자가 현재의 고객들을 보다 잘 알 수 있고 시간과 관리비용을 절감할 수 있는 점이 있다.

다수의 상이한 제품이나 브랜드를 보유하고 있는 기업에서는 '제품별 관리조직'을 설치할 경우가 많다. 제품관리자는 특정된 제품이나 브랜드에 대한 완전한 마케팅 전략과 프로그램을 개발하고 실행한다. 이러한 조직형태는 제품관리자가 제품이나 브랜드에 대하여 전문적인 지식을 가질 수 있고 시장의 변화에 즉각 대처할 수 있는 장점이 있다. 그러나 제품관리자가 자신의 과업을 수행하는데 완전한 권한을 보유하고 있지 못하면 다른 부서와 갈등이 발생하기 쉽고, 제품에 관한 지식 외에 광고와 같이 제품판매를 위하여 수행하여야 할 제 기능에 대해서는 전문적인 지식을 갖고 있지 못하는 등의 단점이 있다. 또한 제품별로 관리자를 두면 조직의 구성과 운영에 많은 비용이 소요되는 부담도 있다.

하나의 제품부류를 상이한 욕구와 선호도를 지니고 있는 고객들로 구성되는 여러 가지 유형의 시장에 판매할 경우에는 '시장별 관리조직'이 유용하다. 이러한 시장별 관리조직은 제품별 관리조직과 유사하다. 시장관리자는 자신의 특정된 시장에 관하여 마케팅 전략과 계획을 개발할 책임이 있다. 이러한 형태의 조직은 특정된 시장부문을 구성하고 있는 고객들의 욕구를 중심으로 조직되는 장점이 있다.

다수의 제품을 여러 시장이나 고객층을 대상으로 판매할 경우에는 위에서 언급한 기능별, 지역별, 제품별 및 시장별로 조직을 결합하는 방식을 택할 수도 있다. 그렇게 함으로써 기능별, 제품별, 시장별로 담당 경영층의 관심을 집중할 수 있다. 이러한 형태를 조직하려면 비용이 많이 소요되고 조직운영상의 신축성이 줄어들지만 전문화를 기할 수 있는 장점이 있다.

5. 마케팅 통제

마케팅 계획을 실천하는 과정에서 다수의 예외적인 사건들이 발생할 가능성이 많다. 따라서 기업은 그 목적을 확실하게 달성할 수 있도록 하기 위하여 통제절차가 필요하다. 기업의 입장에서는 판매나 이익, 기타의 목표를 확실하게 달성하기를 원하고 있다. 그러나, 계획과 실제 성과 사이에는 차이가 발생하는 경우가 대부분이며, 통제 목적은 이러한 차이를 발견하여 시정조치를 내리는데 그 의의가 있다.

그림 3-14는 4단계의 통제과정이 필요하다는 것을 보여주고 있다. 첫째, 경영층에서는 먼저 마케팅 목표를 설정한다. 그리고나서 시장에서의 성과를 측정하여 기대되었던 성과와 실제 성과간에 차이가 발생한 원인을 평가한다. 마지막으로 그러한 차이를 해소시키기 위하여 시정조치를 내린다. 이러한 작업은 실행프로그램을 바꾸거나 심지어 목표까지도 변경하여야 할 필요도 있다.

마케팅 통제는 세 가지 유형으로 분류할 수 있다(표 3-5 참조). 첫째, 연간계획통제라 함은 당해 연도 중 계획 대비 성과를 비교, 검토하고, 필요하면 시정조치를 취하는 것을 말하며, 기업의 연간 판매액, 이익 및 기타 제목표를 달성할 수 있도록 하는데 그 목적이 있다. 경영층에서는 월별 및 분기별로 목표를 명확하게 정한 다음에, 시장에서의 성과를 측정하고, 성과상의 차이가 발생한 원인을 규명하여 시정조치를 내려야 한다. '수익성 통제'란 제품별, 고객집단별, 유통경로별 및 주문 규모별 등으로 각각 실제 수익성을 측정하여 시정조치를 내리는 것을 말한다. 이러한 경우, 수익성이 없는 부문에 대해서는 이를 포기하는 조치도 내릴 수 있을 것이다. '전략적 통제'란 기업의 마케팅 전략이 시장조건에 적절한가의 여부를 평가하는 것을 말한다. 마케팅 환경은 급격히 변화하고 있기 때문에 '마케팅 감사'라고 하는 통제 수단을 통하여 마케팅 활동의 효과성을 정기적으

그림 3-14 통제과정

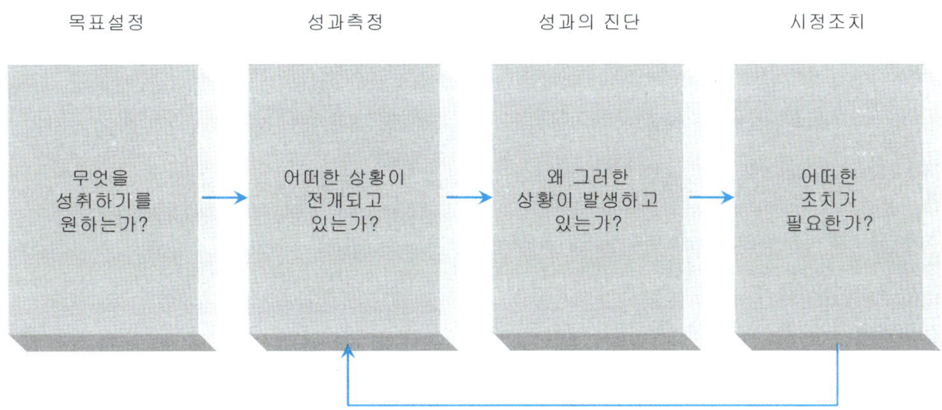

표 3-5 마케팅 통제의 유형

통제의 유형	주요 책임자	통제의 목적	구체적 수단
1. 연간계획통제	최고경영층 중간경영층	계획대로 결과가 이루어지고 있는가를 검토	판매분석, 시장점유율분석, 마케팅 비용 대 판매비율, 고객태도 추적
2. 수익성 통제	마케팅 통제담당자	손익상황의 진전여부를 검토	제품별 수익성, 지역별 수익성, 시장부문별 수익성, 유통경로별 수익성, 부문규모별 수익성, 마케팅 감사
3. 전략적 통제	최고경영층, 마케팅 통제담당자	마케팅 기회를 최대로 이용하는가의 여부를 검토	

로 재평가할 필요가 있다.

기업은 계획을 수립할 당시는 물론 계획을 실행하는 과정에서 발생할 예측하지 못했던 상황들을 점검하여야 한다. 그 목적은 환경의 급격한 변화에 직면하여 기업의 전반적인 목적, 정책, 전략 및 프로그램들이 수정될 필요가 있을 경우가 많기 때문이다. 시장의 변화를 주시하고 그러한 시장

표 3-6 마케팅 감사 사항

Ⅰ. 마케팅 외부환경

거시적 외부환경

A. 인구통계

1. 기업에 새로운 기회와 위협을 줄 수 있는 인구변동이 예견되는가?
2. 인구변동의 추세에 기업은 어떻게 대처하여 왔는가?

B. 경 제

1. 소득, 저축, 물가 및 신용공여의 변화가 기업에 어떤 영향을 미칠 것인가?
2. 이러한 변화에 대하여 기업은 어떻게 대처하여 왔는가?

C. 생태 및 자연자원

1. 기업에서 필요로 하는 자연자원과 에너지의 수급전망은 어떠한가?
2. 기업에서 나오는 공해에 대한 반응은 어떤 것인가? 기업은 이에 대하여 어떠한 조치를 취하였는가?

D. 기 술

1. 제품생산에 어떠한 기술변화가 진행 중이며 예견되는가? 이러한 변화에서 이 기업은 어떠한 위치에 놓여 있는가?
2. 기존의 제품을 대체할 만한 것은 어떠한 것인가?

E. 정 치

1. 마케팅 활동에 영향을 미친 입법활동은 없는가?
2. 정부나 정부기관의 동태를 주시하였는가? 공해방지, 제품의 안전도, 광고나 가격 등에 관한 통제가 실시될 것인가?

F. 문 화

1. 기업이 생산하고 있는 제품에 대한 일반대중의 태도는 어떠한가?
2. 소비자나 기업가들의 사고나 생활양식에 변화가 일어나고 있는가? 이것이 마케팅 전략에 어떠한 영향을 미칠 것인가?

과업환경

A. 시 장

1. 시장의 규모, 성장, 지역분포 및 수익성에 변화가 있는가?
2. 주요 시장부문(market segments)에는 어떠한 것이 있으며 이들의 기대성장률은 어느 정도인가?

B. 고 객

1. 기존 및 예상되는 고객들은 경쟁회사와 비교하여 이 기업의 명성, 품질, 서비스, 판매원의 능력 및 가격을 어떻게 평가하고 있는가?
2. 고객집단들은 어떻게 구매결정을 내리는가?
3. 고객들의 욕구와 만족도는 어떻게 변화하고 있는가?

C. 경쟁자

1. 주요 경쟁자는 누구인가? 그들의 목표와 전략은 무엇이며 장·단점은?
   그들의 시장점유율은 얼마이고 어떤 추세를 보일 것인가?
2. 경쟁양상이 어떻게 전개될 것인가?

D. 유 통

1. 주요 유통경로는 어떠한 것인가?
2. 유통경로별 효율과 성장잠재력은 어떠한가?

E. 원료공급자

1. 생산에 필요한 주요 원료의 수급전망은 어떠한가?
2. 원료공급자들의 판매에 변화가 있을 것인가?

F. 마케팅 보조기관

1. 수송, 창고, 자금조달 등의 전망은 어떠한가?
2. 광고대행사를 효율적으로 이용하고 있는가?

G. 대 중

1. 금융, 방송, 언론 및 정부기관 및 일반시민 등이 기업에 어떠한 영향을 미필 것으로 예견되는가?
2. 이들과 효율적으로 접촉할 수 있는 조치를 취해왔는가?

Ⅱ. 마케팅 전략

A. 기업의 사명

1. 기업의 사명을 마케팅 지향적 관점에서 명확히 기술되고 있는가?
2. 사업의 기회와 주어진 자원에 비추어 그러한 사명은 실현가능한 것인가?

B. 마케팅 목적과 목표

1. 기업의 목적은 명확하며 마케팅 목적과 일관성이 있는가?
2. 마케팅 목적은 마케팅 계획수립과 성과를 측정할 수 있는 형태로 기술되어 있는가?
3. 경쟁상태, 주어진 자원 및 기회에 비추어 마케팅 목적은 적절한가?

C. 전 략

1. 목적을 달성하기 위한 마케팅의 핵심전략은 무엇인가? 그것은 적합한가?
2. 마케팅 목적을 달성하기 위하여 과도한 예산을 책정하지는 않았는가?
3. 마케팅 자원을 시장부문별, 지역별, 제품별로 적절하게 배분하고 있는가?
4. 마케팅 자원을 마케팅 믹스의 요소별로 적절하게 배분하고 있는가?

표 3-6 마케팅 감사 사항 (계속)

Ⅲ. 마케팅 기구

A. 공식적 구조

1. 고위의 마케팅 담당자들은 충분한 권한의 책임이 있는가?
2. 그러한 책임은 기능별, 제품별, 최종 사용자별, 지역별로 적절하게 배분되어 있는가?

B. 기능의 효율성

1. 마케팅과 판매활동 간에 원활한 의사소통이 이루어지고 있는가?
2. 제품관리체계가 갖추어져 있고 제품관리자는 독자적으로 이익과 판매계획을 수립할 권한이 있는가?

C. 각 부와의 협조

1. 마케팅부와 생산부 간에 문제가 있는가?
2. 마케팅부와 연구개발부의 관계는?
3. 마케팅부와 자금부와의 관계는?
4. 마케팅부와 구매부와의 관계는?

Ⅳ. 마케팅체제

A. 마케팅정보체제

1. 마케팅 정보제도는 정확하고, 시의에 맞으며, 충분한 정보를 제공하고 있는가?
2. 마케팅 조사는 적절하게 시행되고 있는가?

B. 마케팅 계획수립체제

1. 마케팅 계획을 효과적으로 수립하고 있는가?
2. 판매예측은 적절하게 수행하고 있는가?
3. 판매할당은 적합한 것인가?

C. 마케팅 통제체제

1. 연간계획을 달성하는데 통제절차는 적합한가?
2. 제품별, 시장별, 지역별, 유통경로별 수익성을 정기적으로 점검하고 있는가?
3. 마케팅 비용지출도 정기적으로 점검하고 있는가?

D. 신제품 개발체제

1. 신제품 개발을 위한 충분한 노력을 기울이고 있는가?
2. 신제품을 본격적으로 생산하기 전에 충분한 연구와 조사를 행하였는가?
3. 시험판매는 충분한가?

Ⅴ. 마케팅 생산성

A. 수익성 분석

1. 제품별, 시장별, 지역별, 유통경로별 수익성은?
2. 장 · 단기의 수익성은?

B. 비용 분석

1. 과도한 비용을 지출하지 않고 있는가? 마케팅 비용을 절감시킬 방법이 있는가?

Ⅵ. 마케팅 기능

A. 제 품

1. 제품계열의 판매목적은?
2. 특정의 제품을 제거할 필요가 있는가?
3. 가치가 있는 신제품은 있는가?
4. 품질, 특징 혹은 스타일을 개량할 필요가 있는 제품이 있는가?

B. 가 격

1. 가격결정의 목적, 정책, 전략, 절차는 무엇인가?
2. 고객들은 현재의 가격수준을 적절하다고 느끼고 있는가?
3. 가격촉진(price promotion)을 효과적으로 이용하고 있는가?

C. 유 통

1. 유통의 목적과 전략은?
2. 새로운 시장진출의 기회가 있는가?
3. 유통부문을 변경할 필요는 없는가?

D. 촉진활동

1. 광고의 목적은 적합한가?
2. 광고비의 예산은 적절한가?
3. 광고문안에 대한 고객의 인식은 어떠한가?
4. 광고매체는 적절한가?
5. 판매촉진수단은 효과적인가?
6. 홍보활동 프로그램은 충분한가?
7. 판매원의 규모는 충분한가?
8. 판매원을 지역별, 시장별, 제품별로 적절하게 배치하였는가?
9. 판매원의 사기, 능력, 노력은?
10. 목표량의 할당은 합리적인가?

및 환경의 변화에 적절하게 적응하기 위한 수단을 개발하는 일이 필요한 바, 그러한 전략적 통제의 목적으로 이용되는 수단을 **마케팅 감사**(marketing audit)라고 한다.

이러한 마케팅 감사는 4가지 특성이 있다. 첫째, 마케팅 감사는 마케팅의 부분적인 문제뿐 아니라 전반적인 문제를 다루고 있다는 것이다. 둘째, 마케팅 감사는 단계적으로 행해진다. 즉, 마케팅 외부환경, 기업 내부의 마케팅 제도, 구체적인 마케팅 활동의 순으로 진단하여 마지막으로 마케팅 효율을 제고시키기 위한 장 · 단기의 방안을 제시한다. 셋째, 마케팅 감사는 마케팅부와는 별개의 기업 내부조직이나 외부기관에서 행해지는 것이 보통이며, 그렇게 함으로써 최고경영층의 신뢰를 얻게 되고 객관성도 지니게 된다. 넷째, 마케팅 감사는 문제가 발생할 때마다 실시할 것이 아니라 정기적으로 실시된다.

마케팅 감사에 필요한 점검상황은 표 3-6에 요약되어 있다. 표에서 알 수 있는 바와 같이, 한 기업의 마케팅 활동상황을 전반적으로 평가하는 데에는 6가지 요소로 대별된다. 그러나 마케팅 감사를 실시함에 있어 이상의 모든 사항을 반드시 감사하여야 한다는 것은 아니다. 감사의 목적은 기업이 주어진 과업을 최적으로 수행하고 있는가를 판단하는데 그 의의가 있다. 감사자는 과업을 개선하기 위한 기업의 방향을 제시하게 되며, 감사자의 제의를 받아들여 마케팅 활동에 도움이 될 것으로 판단하는 것은 최고경영층에 달려 있다.

6. 마케팅 환경

마케팅 기능을 관리한다는 것은 마케팅 관리자가 통제 가능한 마케팅 변수를 다룬다는 것만으로도 대단히 어려운 일에 속한다. 그러나 기업은 보통 기업이 통제 불가능한 복잡한 환경 속에서 활동하고 있으며 이에 적응하지 않으면 안 된다. 이러한 환경요인들은 기업에게 새로운 기회와 위협을 주게 된다. 그러므로, 기업에서는 이러한 환경들을 면밀하게 분석함으로써 위협을 피하고 새로운 기회를 활용할 수 있도록 하여야 한다.

기업들은 보통 자신들에게 부여된 유리한 기회가 별로 많지 않다고 생각하기 쉽다. 그러나, 이러한 생각은 자신의 사업에 대한 전략적 사고를 하지 못하는 결과를 초래하기 쉬우며, 기업이 보유하고 있는 장점이 무엇인가도 파악하지 못할 위험이 있다. 어떤 기업이든 유리한 기회는 존재하기 마련이며 기업은 새로운 기회를 우연히 발견하기도 하지만 체계적으로 탐색할 수도 있다. 많은 기업들이 변화하고 있는 시장을 주시함으로써 새로운 아이디어를 찾아내기도 하고, 또 기업에 따라서는 마케팅 환경을 분석하는 공식적인 방법을 이용하기도 한다.

그러나 모든 기회가 기업들에게 다 유리한 것은 아니다. 그러한 기회는 기업의 목적과 보유하고 있는 자원에 비해서 적절하여야 한다. 예컨대 근래에 이르러 개인용 컴퓨터 산업이 급격히 성장하고 있어 어느 기업이든 하나의 매력적인 산업으로 볼 수가 있다. 그렇지만 식품회사나 건설회사가 이러한 컴퓨터 산업에 손을 댄다는 것은 그가 보유하고 있는 기술적인 능력이나 마케팅 능력면에서 적절하다고 볼 수 없을 것이다.

기업의 마케팅 환경에는 고객에게 영향을 미칠 수 있는 여러 가지 요인들이 모두 포함된다. 예컨대 기업 내에서의 여타 부서, 유통경로 종사자, 원료 공급자, 경쟁기업 및 대중들이 그것이다. 또한 넓은 의미에서 인구통계나 경제적 요인, 정치적 내지 법률적 요인, 기술적 요인, 생태적 요인 및 사회문화적 요인과 같은 거시적 환경요인도 기업에 커다란 영향을 미치게 된다. 그러므로, 기업이 표적시장을 선정하고 포지셔닝을 결정하려고 할 때는 이러한 모든 환경적 요인들을 고려하여야만 한다. 이러한 마케팅 환경에 대해서는 제5장에서 더 상세하게 다루게 될 것이다.

요 약

전략적 계획수립은 기업의 장기적인 목적 달성과 성장을 위한 전략을 개발하는데 그 의의가 있다. 마케팅은 이러한 전략적 계획을 수립하는데 도움을 주고 있으며, 전반적인 계획수립에서는 기업의 마케팅 역할을 결정한다. 마케팅 관리자는 기업 내에서 자신들의 역할을 수행하기 위하여 마케팅 과정을 시도한다.

모든 기업들이 공식적인 계획수립을 이용하고 있는 것은 아니며, 또 그것을 잘 이용하고 있지 못할 경우도 많다. 그럼에도 불구하고 공식적으로 계획을 수립하게 되면 몇 가지 이점이 있다. 예컨대 경영층들이 체계적으로 사고하거나 보다 협조적인 활동이 가능하게 되며, 목적을 분명하게 설정하고, 기업의 성과를 개선할 수 있는 것 등이 포함된다. 이러한 모든 것들이 결과적으로 판매 및 이익의 증가에 도움이 된다. 기업들은 보통 세 가지 종류의 계획을 개발하는데 연간계획, 장기계획 및 전략적 계획이 그것이다.

전략적 계획수립은 기업의 나머지 계획수립의 토대가 된다. 전략적 계획수립과정은 기업의 사명 결정, 목적과 목표의 결정, 그리고 사업 포트폴리오 및 기능별 계획을 개발하는 과정으로 구성된다. 기업의 사명을 결정하는 것은 대단히 어려운 과업에 속한다. 사명에 관한 진술을 기술하려면 시장지향적이고, 실현가능하여야 하며, 사기를 양양시키는 내용이어야 하고, 구체적일 필요가 있다. 이러한 사명에 관한 진술은 사명을 뒷받침할 목적과 목표를 낳는다.

이러한 과정을 통하여 전략적 계획수립에서는 기업의 사업 포트폴리오를 분석하고 어떤 사업에 역점을 두고 또 자원을 합리적으로 배분할 것인가를 결정하여야 할 필요가 있다. 기업들은 BCG성장률-시장점유율 행렬표와 같은 공식적인 포트폴리오 계획수립방법을 이용할 수가 있지만, 대부분의 기업들은 자신들의 상황에 적합한, 보다 정교한 포트폴리오 계획수립을 설계하고 이용할 수가 있을 것이다.

경영층에서는 현재의 전략적 사업단위를 평가하는 것 외에도 새로운 사업과 제품에 대한 성장계획을 수립하여야 한다. 기업의 성장전략은 세 가지 측면에서 분석할 수 있는데, 첫째, 집중적 성장기회, 둘째, 통합적 성장기회, 셋째, 다양화를 통한 성장기회 등이 이에 해당한다. 집중적 성장은 기존의 제품이나 기존시장을 완전히 이용하고 있지 않을 경우에 적합한 성장전략이다. 통합적 성장은 동일 산업 전체의 성장 전망이 좋다거나 전방이나 혹은 후방, 또는 수평으로 통합함으로써 기업의 이익이나 효율을 높일 수 있을 때 이용하는 전략이다. 마지막으로 다양화 전략은 기업이 현재의 마케팅 경로를 통하여서는 이익의 증가나 성장기회가 추가로 발생할 전망이 없거나 현재의 마케팅 경로 이외에서 보다 유리한 기회가 존재할 때 이용되는 성장전략이다.

기업 내에서 각 기능별 부서들은 전략적 계획수립에 필요한 투입물을 제공한다. 각 사업단위 내에서의 경영층에서는 마케팅, 재무, 생산 및 기타 부서의 활동을 조정할 기능별 계획들을 마련하여야 한다. 각 부서에서는 나름대로 독자적인 목적과 활동을 필요로 한다. 마케팅부에서는 소비자의 관점을 중요시하며 기타 기능에서는 여타의 사안을 강조하고 있다. 이러한 사실은 부서간에 갈등을 발생시킬 소지가 있음을 암시한다. 마케팅 관리자는 기업의 여타 기능부서의 입장을 이해하고 이들과 협조할 태세를 갖추고 있는 일이 무엇보다 중요하다. 그렇게 함으로써 기업의 전반적인 전략적 목적을 가장 효율적으로 달성할 수 있게 될 것이다.

기업 내에서 마케팅 관리자들의 역할을 완수하려면 마케팅 과정에 종사하는 일이 중요하다. 이러한 마케팅 과정이란 소비자들이 마케팅 과정에서 가장 중심적인 위치에 있다고 보고 시장을 세분하여, 세분된 각 시장부문중 기업이 각 시장부문을 구성하고 있는 고객집단들의 만족을 가장 잘 충족시켜줄 수 있는 마케팅 믹스를 설계하는 것이다. 마케팅 믹스 전략을 개발하여 이를 실천에 옮기려면 마케팅 분석, 마케팅 계획수립, 마케팅의 실행 및 통제 등의 과정이 필요하다. 이러한 과정을 통하여 기업에서는 마케팅 환경을 주시하고 환경변화에 적응하여 나아갈 수 있다.

연습문제

1… 기업이 장기계획을 수립할 필요가 있는 이유는 무엇이고 그러한 계획을 수립하는 것은 어떠한 장점이 있는가? 특히 근래에 이르러 전략적 계획수립이 강조되고 있는 이유는 무엇인가?

2… 어느 기업에서 자신의 사명이 '이익을 거두는 데 있다'. 또 어떤 기업은 '고객을 창조하는데 있다'. 또 다른 기업은 '세계의 기아를 해방시키기 위하여 싸운다'라는 것을 표방하고 있다면 이러한 사명에 관한 언급들은 각각 무엇을 수행할 수 있는 것인가?

3… 어느 식품산업이 네 개의 기업으로 구성되어 있는 독과점적 시장성격을 지니고 있다고 하자. 각각의 기업들이 차지하고 있는 시장점유율이 아래와 같다면, 각 기업의 상대적 시장점유율을 구하고 BCG성장률－시장점유율 행렬상에 이들 각 기업의 위치를 표시하여 보시오(이 식품산업의 작년 총매출액은 8천억이었으며 올해의 예상 총매출액은 1조 2천억으로 추산된다).

기 업	A	B	C	D
시장점유율(%)	35	25	20	20
상대적 시장점유율				

4… 어느 기업이 네 개의 전략적 상품을 가지고 있다고 하자. 아래의 자료는 이러한 전략적 제품을 담당하고 있는 사업부들의 해당 산업에서의 시장점유율과 성장률, 그리고 당해 산업의 제1위 기업의 시장점유율을 표시한 것이다. 이를 토대로 BCG성장률, 시장점유율 행렬표를 작성하여 보시오.

전략사업부:	A	B	C	D
이들 기업의 시장점유율:	40	50	25	60
자사 사업부의 시장점유율:	30	25	20	15
시장성장률:	17	9	4	22

5... 기업들이 보다 시장지향적, 즉 고객지향적이 되면 기업 내의 각 부서들은 그들의 전통적인 관리방식에서도 변화가 있어야 한다는 것을 느끼게 된다. 이러한 경우 자금부, 회계부 그리고 기술부 등은 고객지향적이 되기 위해서 어떻게 변신해야 할 것인가를 예를 들어 설명하시오.

6... BCG와 GE 사업 포트폴리오 계획수립방법은 각각 어떠한 장·단점이 있는가를 비교, 설명하고 특히 BCG 기법을 이용할 경우에는 어떠한 한계가 있는가를 인식할 필요가 있는가를 설명하시오.

7... 귀하가 대학을 졸업하여 컴팩트 디스크를 판매하는 새로운 상점을 개설할 계획을 갖고 있다고 하자. 이러한 경우, 귀하의 표적시장과 마케팅 믹스 전략은 무엇인가를 간략하게 기술하여 보시오.

20××년도 마케팅 계획서

1. 금년도 업적

당사의 H비누제품은 금년도 목표 판매량 180만 상자를 달성할 것으로 예상되며 이는 판매액으로 35억원에 해당되고 총이익은 10억 6천만원으로 추정된다.

특히 중점을 둘 분야는 H비누의 위치를 계속 고수하는 것이다. 시장조사자료에 따르면 우리나라 비누시장은 H와 같은 보통비누가 50%, 미용비누가 40%, 액체비누가 10%를 각각 차지하고 있다. 당사의 H비누는 독특한 포장과 용해가 잘되는 특성으로 말미암아 단기간에 큰 성과를 거두었는 바, 특히 동계상표명(family brand)을 사용한 것이 소비자들에게 커다란 매력을 주었던 것으로 믿어진 다. 그러나 우리는 주요 경쟁자의 전략에 따라 몇 가지 제약점이 나타날 가능성에 유의하여야 하며, 이에 따라 계획을 수정할 필요도 발생할 것이다.

2. 제언

H제품의 20××년도 목표는 동종의 비누시장에서 5.9%의 시장점유율을 차지하는 것인 바, 이는 수량으로는 2백만 상자, 판매액으로는 39억원에 해당된다. 이러한 목표를 달성하기 위하여 지출될 광고비와 판매촉진비는 각각 3억 5천만원과 3억 8천만원으로 책정하였다.

3. 배경설명

1) 시장규모

최종 소비자 가격으로 본 보통 비누시장의 총규모는 약 650억원으로서 장차 매년 4%의 성장속도를 보일 것이다. 주요 경쟁업체는 시장의 3/4을 차지하고 있는 4개 업체로서, 특히 개별상표(individual brand)의 비누는 약 5~7%의 시장점유율을 차지하고 있으며, 이 중 D비누와 I비누가 각각 20% 및 14%의 시장점유율을 차지하고 있어 강력한 경쟁상대이다.

2) 구매자

주요 구매자는 주부로서 사용자는 모든 가족구성원들이 포함된다. 남자 및 십대들이 주로 사용하며, 미용비누는 18～39세의 연령층에 속하는 여성이 주고객이다. 사회계층과 관계없이 전반적으로 소비되고 있으나 대가족일 경우에 사용량이 50% 더 많은 것으로 추정된다. 지역적으로 사용량에 차이가 없으나 도시의 변두리 지역과 농촌에서는 고가격의 제품이 판매에 큰 영향을 받고 있다.

3) 가 격

보통비누의 가격은 그 유형과 품질에 따라 각기 다르다. 평균가격은 다음과 같다.

	보통비누	미용비누
고가격비누	₩120/100g	₩180/100g
정규가격비누	₩90/100g	₩150/100g
H비누	₩130/100g	

4) 경쟁자의 마케팅 비용

비누시장의 특징은 주요 대기업에서는 광고에, 중소기업에서는 여타의 판매촉진수단에 마케팅 비용을 집중적으로 투입하고 있는 점이다.

보통비누의 광고매체는 주로 TV인 것이 특징이다.

(단위: 억원)

	1월~6월		7월~12월	
	광고비	판매촉진비	광고비	판매촉진비
A비누	2.9	1.0	2.0	0.4
B비누	2.0	0.7	2.4	1.2
X비누	0.6	1.1	0.9	1.0
Y비누	0.7	0.9	0.8	1.1

5) 계절성

보통비누의 수요는 매년 6월부터 9월 사이에 증가하는 계절성을 띠고 있고 이 양은 연간 총수요의 40%에 해당된다.

6) 제 품

당사의 H비누는 용해가 잘 될 뿐 아니라 독특한 향기로 인하여 전국적으로 판매되고 있다. 뿐만 아니라 다른 어떤 비누보다도 사용기간이 오래 가는 특징을 갖고 있다.

7) 생 산

생산담당자에 의하면 내년도 판매목표를 달성하기 위한 시설능력은 충분하다. 그러나 성장이 계속되면 생산능력을 증가시킬 필요가 있다. 시설증가에 필요한 비용과 투자시기는 분기별 회의에서 결정될 것이다.

8) 제품조사

작년 가을에 실시한 소비자 조사자료에 따르면 H비누는 경쟁제품에 비하여 선호도가 뚜렷이 높은 것으로 나타난 바 있다.

선호대상품	반응비율	선호이유	반응비율
H비누	59%	제품의 순도	50%
기타제품	30%	제품의 장기사용	63%
무응답	11%	용해도	33%
		종합적 특성	30%

9) 시장조사

조사자료에 따르면 지역에 따라 소비자들이 거부반응을 보인 곳도 나타난다. 예컨대, 이들 중 33%가 한 가지 비누가 모든 특성을 지닐 수 있는가에 대하여 회의를 표시하였고, 16%는 사용 후에 특성과는 다르다는 점을 지적하였다. 또한 32%는 H비누가 D비누나 I비누만큼 거품이 잘 일지 않는다고 응답하였다.

4. 기회와 위협

1) 기 회

H비누가 지속적으로 성장할 가능성이 있는 이유는 첫째, 지난 3년간 소매상과 소비자 사이에 선호도가 높아져 시장점유율이 계속 증가하여 왔고, 둘째, 복합적인 특성으로 인하여 경쟁제품에 비하여 소비자들이 그 장점을 점차 인식하게 되었으며, 셋째, 집중적인 광고로 인하여 소비자들간에 인지도가 점차 높아지고 있고, 넷째, 거래할인 조건이 유리함으로 인하여 소매상들의 이윤폭이 보장되어 계속 당사 제품을 지원할 것으로 예상되기 때문이다.

2) 위 협

가) 경쟁자 Z사는 당사와 유사한 제품의 시험판매를 완료하고 향후 6개월 내에 본격적으로 시장에 진출할 것으로 예상된다.

나) 당사 제품이 경쟁제품에 비하여 거품이 잘 일지 않는 문제점은 기술적으로 즉시 해결하기 어렵다.

다) 현재 계속되고 있는 불황으로 인하여 비교적 고가의 제품판매는 감소되는 추세에 있다.

당사는 이에 대비하여 추가로 촉진예산을 준비하고 소매상에 대한 새로운 거래할인제도로 "인센티브"를 부여할 예정이다. 거품이 잘 일지 않는 기술상의 문제점은 현재 시험 중에 있고, 금년말 이전에 해결될 것으로 예상된다.

5. 전 략

1) 마케팅

H제품의 목적은 시장점유율을 5.9%로 증가시키어 11%의 판매증가를 달성하는데 있다. 이러한 목적을 달성하기 위한 기본적인 마케팅 전략은 H제품이 소비자들에게 고급품이라는 인식을 심어줌으로써 복합적인 특성을 지니고 있다는 소비자들의 회의를 불식시키고 오래 사용할 수 있다는 점을 강조하는 데 있다.

2) 마케팅 비용

당사는 유통기관과의 유대를 강화하기 위하여 전국적으로 소비자들의 시험구매를 촉진시킴과 아울러 Z사의 시장확장에 대비하여 사전에 취약시장 부문에 상표의 위치를 강화하기 위하여 판매액에 대한 마케팅 비용(여기에서는 특히 광고비와 판매촉진비)의 비율을 19%로 책정하고자 한다. 성수기에는 신규 고객들을 유치하기 위하여 비용을 증액, 투입할 예정이다.

3) 광고문안

H비누 판매를 위한 광고의 목적은 주부들에게 그들의 가족구성원 모두가 사용할 수 있다는 점을 확신시키는 데 있다. 이러한 목적을 달성하기 위한 광고문안에서는 주부가 피부보호를 위하여 사용한다는 점을 보여주고자 한다. 또한 오래 사용할 수 있다는 독특한 점도 계속 강조할 것이며, 피부가 매끄러워진다는 점도 아울러 보여주고자 한다. 가족 전체를 대상으로 하는 "캠페인"은 여름 성수기에 두 배로 증가시키고, 기타의 계절에는 주부와 가족을 대상으로 동일한 비중으로 "캠페인"을 전개할 것이다. 광고문안의 목적이 오래 사용할 수 있다는 경제성을 강조하는데 그치지 않고 소비자들이 제품에 대해 지니고 있는 의구심을 제거시키는데도 초점을 두고자 한다.

4) 광고매체

제품의 광고매체 이용은 가능한 한, 18～39세 사이의 주부를 대상으로 한다. 주요 매체수단은 TV인 바, 광범위한 대상자와 자주 접촉할 수 있고 제품의 특성의 시각적으로 전달하여 줄 수 있기 때문이다. 연중 방영시간은 낮시간으로 하며 "스폿트"(spot) 광고도 내보낼 예정이다. 성수기인 여름에는 여성잡지에도 광고를 게재할 계획이다.

5) 판매촉진

판매촉진의 기본적인 목적은 거래할인의 특성을 최대로 활용하여 가격인하의 효과를 극대화하는 데 있다. 이러한 목적을 달성하기 위하여, ① 경쟁자의 반응에 따라 할인율을 신축성 있게 운용하면서도 적정한 이윤폭을 유지하고, ② 연중 네 번에 걸친 판매촉진 기간 중 각 중간상과 특별히 유대를 강화할 수 있는 할인혜택을 부여하며, ③ 성수기에는 전국 소비자를 대상으로 비교적 고가의 무료 증정품을 제공하고, ④ 취약지구의 유통상들에게 특별할인제도를 실시한다.

6. 제품시험 및 조사

1) 제품의 일관성을 시험하기 위한 소비자 조사비, ₩ 4,500,000
2) 가정비축용 판매촉진을 위한 지역별 판매시험비, ₩ 2,000,000
3) 취약지구에서의 시장개척을 위한 "쿠폰"발행비, ₩ 3,000,000

〈별첨 1〉

H 제품 200Z년도 예상 손익계산서

(단위: 백만원)

	전년도 (200X)	매출액 대비	금년도 (200Y)	매출액 대비	신년도 (20××)	매출액 대비
1. 총수요(국내)						
판매액	₩60,000		₩62,580		₩65,270	
증가율(%)	4.0%		4.3%		4.3%	
					5.9%	
2. H 시장점유율	5.0%		5.5%		5.9%	
3. H 출고율						
금액	₩3,000	100%	₩3,500	110%	₩3,900	100%
수량(백만상자)	1.6		1.8		2.0	
증가율(%)	11.0%		13.0%		11.0%	
4. 매출원가	₩1,200	40%	₩1,400	40%	₩1,560	40%
5. 총이익	₩1,800	60%	₩2,100	60%	₩2,340	60%
6. 마케팅 비용						
매체비용	₩290	10%	₩360	10%	₩350	9%
광고예산비	30	1%	10	–	20	–
견본 및 쿠폰	130	4%	120	4%	0	–
거래할인	120	4%	160	5%	180	5%
기타 촉진비용	30	1%	50	1%	200	5%
총 마케팅비용	₩600	20%	₩700	20%	₩750	19%
7. 기타 비용						
시장조사	₩10	4%	₩10	–	₩20	–
판매원 비용	110	4%	150	5%	160	4%
유통비용	100	1%	120	3%	120	3%
관리비	40	9%	60	2%	60	2%
기타비용 합계	₩260		₩340	10%	₩360	9%
8. 공헌이익	₩940	31%	₩1060	30%	₩1,230	32%
증가율(%)	10.4%		12.8%		16.0%	

전략적 관점에서의 마케팅 통제

일반적으로 계획기간 중 예상과는 다른 돌발사태가 잦을 때 계획의 평가기준이 부적절하게 될 경구가 많다.

1. 업적 대 계획

통제를 행하는데는 공헌이익의 차이분석에 초점을 둘 경우가 많으며 조직운영상의 책임을 부여하고 인센티브를 부여하는 일이 필요하다. 표 1의 결과는 가상의 어느 기업에서 계획수립과 시행에 관련 부서가 모두 참여한 것으로 가정하고, 통제의 목적은 마케팅 계획에서 설정된 표준 혹은 목표에 따라 실제 성과를 평가하는데 둔다.

표 1 제품 A의 영업결과

항 목	계 획	실 제	차 이
수 입:			
판 매 량(개)	20,000,000	22,000,000	2,000,000
단 가(₩)	0.50	0.4773	0.0227
판 매 액(₩)	10,000,000	10,500,000	500,000
총시장규모(개)	40,000,000	50,000,000	10,000,000
시장점유율(%)	50%	44%	(6%)
비 용:			
개당 변동비(₩)	0.30	0.30	–
공헌이익:			
단 위 당(₩)	0.20	0.1773	0.0227
합 계(₩)	4,000,000	3,900,000	(100,000)

그러나 이러한 자료만으로는 통제목적을 달성하기 위한 분석에 한계가 있다. 즉, 전략적 통제는 문제 발생의 원인을 진단하는데 있다기보다는 문제가 있을 소지가 있는 분야를 발굴하는데 궁극적인 목적이 있다.

표 1에서 총공헌이익 ₩100,000의 불리한 차이는 두 가지 이유로 비롯될 수 있다(여기서 문제를 간단하게 하기 위하여 변동비나 마케팅 프로그램 비용에서의 차이는 없다고 가정한다). 즉, 계획된 수량과 실제 수량과의 차이와 단위당 공헌이익의 계획과 실제와의 차이가 그것이다.

그러나 여기에서 첫 번째의 차이는 총시장규모의 실제와 계획과의 차이와, 시장점유율(침투율)의 계획과 실제와 차이에서 비롯될 수가 있다. 따라서 공헌이익의 계획과 실제와의 차이는 다음과 같은 원인에서 비롯될 가능성이 있다. 즉,

① 총시장규모

② 시장점유율

③ 단위당 가격 및 비용

이와 같이 차이를 분해하면 마케팅 계획에서의 핵심적인 전략변수에 대응하는 범주로 할당할 수 있다(이에 대해서는 <별첨 2>를 참조).

1) 가격-수량의 분해

계획된 단위당 공헌이익을 표준으로 하여 수량차이를 측정하기 위해서는 실제 수량을 이용하여 가격 및 비용차이를 계산한다. 문제를 간단하게 하기 위하여 다음과 같은 기호를 사용하기로 하자.

S - 총시장점유율

M - 총시장규모(수량)

Q - 판매수량

C - 단위당 공헌이익

따라서 가격/비용 차이는,

$$(C_a - C_p) \times Q_a = (0.1773\text{-}0.20) \times 22{,}000{,}000 = -₩500{,}000$$

(여기에서 부호 'a'는 실제수치를, 'p'는 계획된 수치를 각각 나타낸 것이다. 이하의 기호도 모두 동일한 의미를 나타낸다.)

그리고 수량차이는,

$$(Q_q - Q_p) \times C_p = (22{,}000{,}000 - 20{,}000{,}000) \times 0.20 = ₩400{,}000$$

이를 산술적으로 표현하면,

$$(C_a - C_p)Q_a + (Q_a - Q_p)C_p = C_aQ_a - C_pQ_a + C_pQ_a - C_pQ_p = C_aQ_a - C_pQ_p$$

상기 차이를 합하면 전체적으로 －₩100,000의 불리한 차이가 나온다(표 1 참조).

2) 시장침투-시장규모의 분해

2단계의 분석에서는 수량차이를 시장점유율과 총시장규모에 각각 기인하는 요소로 분해하는 것이다(그림 1).

그림 1에서 판매수량 차이 $Q_a - Q_p$를 우선 설명할 필요가 있는 바, 여기에서 실제수량과 계획수량은 시장규모와 시장점유율을 곱한 것이다($Q_a = S_a \times M_a$, 그리고 $Q_p = S_p \times M_p$).

그림 1에서 사각형 Ⅰ과 Ⅱ는 시장점유율과 시장규모에 기인하는 것으로 확실하게 말할 수 있다. 그러나 사각형 Ⅲ의 경우는 개념상 간단하게 설명되는 것이 아니다.

시장규모를 예측하는데 오차가 발생하면 계획된 시장점유율의 표준치를 이용하여 평가하여야 할 것인 바, 이것은 수량차이의 금액을 계획된 공헌이익을 표준으로 측정하여야 하는 것과 동일하다. 따라서 시장점유율 차이를 계산하려면 실제 시장규모를 이용하는 반면에 시장점유율과 예측요소(양자 모두 합하면 수량차이가 된다)는 모두 계획된 공헌이익으로 측정하는 것이 좋을 것이다.

그림 1 총시장규모 대 시장점유율의 차이

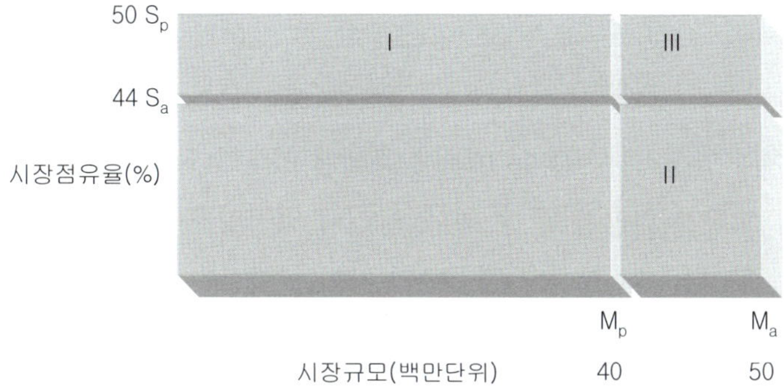

이것은 보편적인 표준원가계산에서 흔히 볼 수 있는 방법이다. 그러므로 시장점유율로 인한 공헌이익의 치아는 다음과 같을 것이다.

$$(S_a - S_p) \times M_a \times C_p = (0.44 - 0.50) \times 50{,}000{,}000 \times 0.2 = -₩600{,}000$$

그리고 시장규모로 인한 차이는 다음과 같다.

$$(S_a - S_p) \times M_a \times C_p = (50{,}000{,}000 - 40{,}000{,}000) \times 0.5 \times 0.2 = ₩1{,}000{,}000$$

이러한 시장규모 차이 및 시장점유율 차이를 합하면 ₩ 400,000의 유리한 수량차이가(공헌이익면에서) 계산되는 바, 이것은 앞에서 계산한 바와 동일함을 알 수 있다. 이를 종합하면 다음과 같다. 즉,

계획된 총공헌이익 ₩ 4,000,000

수량차이:

시장점유율 차이 (600,000)

시장규모 차이	1,000,000
가격/비용 차이	(500,000)
실제 공헌이익	₩ 3,900,000

3) 분석상의 유의점

개념적으로 볼 때, 차이가 발생하는 이유는 예측에 문제가 있다거나 계획을 시행하는데 문제가 발생하는 경우, 또는 양자 모두가 원인이 될 수 있다. 그러나 업적평가를 분석한 결과를 이용하는데 책임을 배당하여야 할 것이다. 예컨대 총시장규모의 차이는 시장예측 담당자의 책임으로 보아야 하는 것과 같다.

시장점유율 차이의 경우는 문제가 더욱 복잡하다. 이러한 차이는 '예상업적'을 잘못 예측하였다거나 업적자체의 성과가 부진한 때문일 수 있다. 이러한 경우, 책임을 명확하게 규정하려면 신중한 판단이 필요하다. 그러나 마케팅 및 판매 담당자가 시장점유율의 목표를 설정하는데 참여하였다거나 시장점유율이 전기의 성과에 비하여 감소하였을 때에는 책임소재가 계획 담당자나 예측 담당자에 있기보다는 영업 또는 마케팅 담당자가 책임을 져야 할 것이다. 그러나 계획 담당자나 예측 담당자가 당연히 예측했어야 했을 전반적 경제적 조건에 따라 크게 영향을 받을 수 있다. 이와는 달리 가격은 마케팅 믹스의 한 부분이어서 차이 발생의 원인이 마케팅이나 판매전술상의 문제에 기인될 수가 있다.

이상과 같은 문제점들을 고려해 볼 때 차이분석에서는 다음과 같은 점들을 고려할 필요가 있다.

첫째, 앞에서 언급한 ₩400,000의 유리한 수량차이는 사실상 두 가지의 더 큰 차이들이 상쇄된 결과라고 볼 수 있다. 그리고 그러한 차이 중의 하나가 +(유리한 차이)이고 다른 차이는 -(불리한 차이)로서 양자 모두 소망스럽지 못하다! 다시 말하면 계획된 시장점유율을 달성하지 못함으로써 ₩600,000의 공헌이익을 상실한 것이다. 시장점유율의 상실은 계획이 잘못되었거나 계획실행이 잘못되었을 경우, 또는 양자가 모두가 그 원인일 수 있을 것이다. 따라서 관리자의 판단이 이러한 차이를 진단하는데 핵심적인 요소이다.

이러한 유리한 차이는 시장규모가 예측된 것보다 사실상 더 컸기 때문에 발생한 유리한 차이 ₩1,000,000에 의하여 더 크게 상쇄된 것처럼 보이는 것이다. 이러한 차이는(더 큰 성장을 예측했어야 할 문제를 관리자가 결정하여야 하겠지만) 분명히 예측 담당자의 책임이다.

그러나 이러한 명목상의 유리한 차이는 사실상 하나의 위험신호이다. 시장규모가 예측량 40,000,000개보다 25%나 많은 50,000,000개로서 과소평가한 것이다. 만일 우리가 시장지배자라면 성장성이 높은 시장에서의 지배적 점유율을 상실한 것이다. 이것은 경쟁적 위치의 상실을 의미하는 오류를 범하였다고 할 수 있다.

그러므로 이상의 예에서 수량차이를 시장점유율과 시장규모의 두 가지 요소로 분해하여 분석한 것은 전략적 관점에서 두 가지의 변수를 토대로 계획을 수립할 때, 계획자체가 훌륭하여야 할 뿐 아니라 계획에 필요한 정보도 완벽하여야 함을 강조하는데 있다. 또한 이러한 분석을 통하여 마케팅 통제를 실시함에 있어 수량차이 하나만을 분리하여 분석하면 해석이 명확하지 않은 점을 보완할 수 있게 된다.

마지막으로 차이의 구성요소인 불리한 가격차이 ₩500,000을 보자. 이러한 차이의 해석은 물론 관리자의 과업이지만, 여기에서 이용한 회계처리절차는 가격차이와 수량차이를 분리할 수 있는 것으로 간주한다. 그러나 대부분의 경우, 제품수요는 어느 정도 가격탄력적이기 때문에 총수입의 차이는 수요함수 및 단위가격과 수량의 상호작용으로 인한 복합적 결과라고 할 수 있다. 예컨대, 상기 예에서 저수준의 가격이 산업 및 기업수요의 증대를 가져온 중요한 원인일 수가 있는 것이다.

그럼에도 불구하고 계획된 가격수준을 유지하지 못함으로써 실제 대비 계획된 공헌이익의 감소(₩500,000)를 초래한 사실에는 변함이 없다. 이러한 차이의 발생원인은 전술상의 착오로 인한 업적미달, 또는 부정확한 예측(계획) 때문일 수 있다.

2. 진단과 책임부여 절차

중요한 문제는 업적평가 기준을 설정하는 것으로, 전반적인 전략적 통제에서 기본적이면서도 어려운 과제에 속한다. 예컨대 상기 분석에서 마케팅 계획이 적절한 기준을 제공하고 있는 것으로 간주하였고, 그 목적이 모든 관계 담당자들의 참여와 충분한 토론과정을 거쳐 결정되었기 때문에 계획실시 초기에는 최소한 적절한 기준을 나타내는 것으로 보기 쉽다.

그러나 많은 기업들이 전기의 성과를 평가기준으로 추가할 경우가 많다. 물론 마케팅 계획이 일반적으로 사전의 기준을 토대로 한 최선의 정보를 통하여 수립되지만, 계획실시기간 중에 발생한 상황과 계획수립 초기의 상황이 매우 다른 경우가 많다. 그러므로 기업에 따라서는 비상계획을 준비하는가 하면 외부환경의 변화에 따라 계획을 수정하기도 한다. 대부분의 경우, 계획을 공식적으로 수정하지 않을 때가 흔히 있다.

그럼에도 불구하고 계획에 신축성을 부여하는 어떠한 포괄적인 시스템과는 관계없이 업적을 평가할 때면 '과거 소급적'(ex post facto)인 정보를 어느 정도 이용하게 마련이다. 다시 말하면 평가기준은 묵시적이나 명시적으로 달성해야 될 과업을 지칭하는 것이 보통이다. 또한 계획 당시의 제 가정들이 위배됨으로 인하여 계획 자체에 맹목적으로 집착하기보다는 신축성있는 자세가 바람직할 수도 있다. 예컨대, 원료공급에 예기치 않았던 사태가 발생하거나 주요 경쟁자가 도태되는 경우, 또는 새로운 강력한 경쟁자가 출현할 경우, 혹은 수요의 예상외 변화 등에 따라 시장규모의 변화가 발생할 가능성이 있다. 따라서 여기서는 차이를 분해하여 업적 대 '특정상황하에 발생했어야 했을 기준'을 비교하기로 한다.

1) '전문적' 정보의 이용

앞의 예를 들어 계획기간 중 발생한 상황을 토대로 하여 업적평가시에 관리자가 입수가능한 '과거 소급적' 정보를 이용한다고 하자. 예컨대,

① B라는 새로운 경쟁자가 출현하여 막강한 재벌의 배경을 갖고 매우 적극적인 촉진전략과 시험구매를 유발하기 위하여 저가격의 전략을 이용하였다고 하자.

② 미국의 C라는 회사가 화재로 인하여 1,000,000개의 수요부족이 예상되나 미국내에서 제품 A의수요가 불투명하다고 하자.

관리자가 조그마한 노력을 기울여 '과거 소급적' 업적분석을 시도하였다고 하자. 예컨대 새로운 경쟁자가 우리의 시장을 침투할 준비가 되어있어 가격경쟁의 주요원인이 되었고, 시장침투를 통하여 생산능력이 완전가동에 가까웠을 것으로 가정한다. 또한 B의 적극적 침투로 인하여 산업 전체의 수요가 증가하는 주요 원인이 될 것으로 예측되었다.

숫자상으로 볼 때, B의 연간 평균 판매가격이 개당 ₩0.495원으로 예측하였는 바, 우리 제품의 가격은 ₩0.475원으로서 실제 판매가격은 ₩0.4773이었다. 경쟁사에 관한 정보를 입수한 결과, B의 연간 생산능력은 1,330,000개에 불과, 추가 공급능력이 부족하여 시장가격이 하한선 이하로 인하될 것 같지는 않을 것으로 보았다. 이러한 가격수준은 B가 시장에 진출할 당시의 가격보다는 높은 것이다.

이제 계획 당시의 예측조건과 계획 시행과정에서의 조건변화와의 괴리를 재음미하여 본다.

2) 시장점유율

상술한 바와 같이, 수집한 정보에 따르면 B의 생산능력은 1,330,000개이다. 우리의 과거 시장점유율은 대체로 50% 수준을 유지하여 왔는 바, 모든 조건이 일정하다면 B의 판매액 중 50%는 우리 시장을 잠식할 것으로 예측되었다. 그러나 우리가 시장지배자이고, 고가격 판매자이며, 따라서 가격경쟁에서 취약성을 띠고 있는 점을 감안할 때 계획수립시 B의 판매액 중 60%가 우리 시장을 탈취할 것으로 가정하였다. 즉, 0.6×1,330,000=800,000개의 시장을 얻을 기회를 상실할 것으로 가정하였다. 따라서,

① 시장진입이 없을 경우의 예측되는 시장점유율은

20.8 ÷ 40 = 52%

② 시장진입이 있을 경우의 예측시장점유율은

20 ÷ 40 = 50%

B가 연초에 사업을 개시할 것을 확신하였으므로 후자의 가정을 이용하였다. 그러나 입수된 정보에 따르면, B의 생산능력을 어느 정도 정확하게 예측하였으나 업계의 관례로 되어있는 2부 교대제 대신에 3부 교대 작업을 강행할 경우, B의 생산능력은 2,000,000개로 증가될 가능성이 있었음을 간과하였다. 이러한 조건 아래서 60%의 시장점유 상실률이 그대로 적용된다면 0.6 × 2,000,000 = 1,200,000개의 시장점유 상실을 초래할 것으로 기대하여야 했었다.

따라서 완전한 예측하에서는 19.6 ÷ 40 = 49%의 시장점유율을 예측했어야 했다.

3) 가 격

산업 전체의 개당 평균가격은 ₩0.495으로 예측하였고, 우리 제품의 경우는 개당 ₩0.50으로 계획을 잡았었다. ₩0.005의 프리미엄이 가능한 것은 당사가 시장지배적인 위치에 있고, 품질과 유통 및 애프터서비스 면에서 약간 우위에 있었기 때문이다. 산업 전체의 실제 평균판매가격은 개당 ₩0.475이었고 당사의 경우 실제 판매가격은 ₩0.4773이었는 바, 따라서 프리미엄은 ₩0.0023에 불과하였다.

여기에서 계획차이와 업적차이를 구분할 기준이 필요하다. 이러한 구분을 하려면 관리자의 판단이 필요하겠으나, 여기에서는 계획 담당자가 B의 진출이 저가격전략을 토대로 하여 시장가격에

서의 전반적 약화를 초래할 것으로 예측하여야 했을 것으로 가정한다. 반대로 우리의 판매 및 마케팅 전략의 미숙으로 인하여 프리미엄의 약화를 초래한 책임도 있었다.

4) 시장규모

마지막으로 계획 담당자가 미국의 C회사의 화재를 예측했을 가능성은 없었으며, 이러한 이유로 인하여 발생할 차이에 대하여 계획 담당자가 책임을 지는 것은 공평하지 못할 것이다. 이와는 달리 시장확대의 여지는 당연히 예측했어야 했을 것이고, 이에 대한 책임은 당연히 지어야 할 것이다. 이러한 점에 있어서 계획 담당자의 실수는 가격책정 분야와 분명히 관련이 있다. 그 이유는 제품수요가 실제 실현된 것보다도 더 가격 탄력적이었고, 가격인하는 새로운 잠재고객을 시장에서 탄생시켰을 가능성이 있었기 때문이다.

5) 차이의 분해

표 2는 이상의 정보를 이용하여 '과거 소급적'으로 완전 분해한 것이다. 여기에서 부호 'r'은 '달성했어야 했을' 표준을 뜻한다. 바꾸어 말하면 '과거 소급적' 정보에 따라 계획을 수정한 것이다.

우선 첫째의 문제는 '계획차이'의 성격이다. 예컨대 시장점유율의 계획차이(여기에서는 ₩98,000의 불리한 차이임)를 보자. 이것이 실제로 의미하는 바는 이러한 요소만을 따로 분리하여 생각해 볼 때, 계획된 시장점유율은 비현실적으로 높게 책정되었다는 것이다. 또한 이러한 요소만을 수정한다면 ₩4,000,000 − ₩98,000 = ₩3,902,000의 총공헌이익을 계획하였다는 것을 의미한다.

이와는 반대로 유리한 차이가 나왔다 하더라도 이것 또한 사실상 바람직스럽지 못하며, 잠재적 기회손실을 뜻하게 된다. 예컨대 시장규모에서의 ₩900,000의 유리한 계획차이는 전체 차이를 유리한 쪽으로 만든 원인으로서 시장규모를 정확하게 예상하지 못함으로써 상실된 공헌이익을 나타낸다(여기에서는 물론 단기적으로 생산능력에 제한이 없었던 것으로 간주한다). 시장규모에서 ₩88,200의 업적차이는 이 경우에 책임을 할당할 수 없는 것으로 보아야 할 것이다. 앞에서 계획 담당자가 외국에서의 수요를 예측할 수는 없었던 것으로 가정하였으므로 판매 담당자에게 책임을 부여할 성질의 것이 아니다.

표 2 과거 소급적 업적평가 : 공헌이익의 분석

항 목	구 성	차이의 종류		차이합계	조 정
		계획차이	업적차이		
〈계획된 공헌이익〉					₩4,000,000
〈수량차이〉					
1. 시장점유율					
① 계획차이	$(S_r - S_p) \times M_r \times C_p$ $= (.49 - .50) \times 49,000,000 \times .20$	(98,000)			
② 업적차이	$(S_a - S_r) \times M_r \times C_r$ $= (.44 - .49) \times 50,000,000 \times .18$		(450,000)		
합 계				(548,000)	
2. 시장규모					
① 계획차이	$(M_r - M_p) \times S_p \times C_p$ $= (49,000,000 - 40,000,000) \times .5 \times .20$	900,000			
② 업적차이	$(M_a - M_r) \times S_r \times C_r$ $= (50,000,000 - 49,000,000) \times .49 \times .18$		88,200		
합 계				988,200	
수량차이 합계					440,200
〈가격차이〉					
① 계획차이	$(C_r - C_p) \times Q_r$ $= (.18 - .2) \times 24,010,000$	(480,200)			
② 업적차이	$(C_a - C_r) \times Q_a$ $= (.1773 - .18) \times 22,000,000$		(60,000)		
합 계				(540,000)	
가격차이 합계					(540,200)
〈총계획차이〉		321,800			
〈총업적차이〉			(421,800)		
〈차이합계〉				(100,000)	
〈실제공헌이익〉					3,900,000

가격차이에 있어서도 이와 유사한 문제가 제기된다. 가격차이는 대부분 계획 담당자가 시장가격을 정확하게 예측하지 못했기 때문에 발생한 것으로 1차적으로는 계획 담당자에게 책임이 있다. 그러나 이 부분은 만회했을 방법이 없다.

이것은 계획 자체가 상황변동으로 인하여 가격기대치에 관한 한, 비현실적이었음을 단순히 나타낼 뿐이다. 이와는 달리 마케팅부에서 전통적으로 유지하여 오던 프리미엄 가격을 고수하지 못한 것은 가격에 있어 ₩60,000의 불리한 차이에서 엿볼 수 있다.

그러나 분석에서 무엇보다 중요한 것은 시장규모 및 시장성장률의 문제이다. 계획기간 중 영업

활동을 하는 무능한 판매원들을 생각해 보자. 그들은 가격압력을 어느 정도 느끼고 있음을 알고 있으며 마케팅부는 이에 대처하였다고 하자. 그러나 이들은 판매량이 계획된 20,000,000개에 비하여 22,000,000개로 증가되었음을 또한 알고 있다. 따라서 월별 실적이나 전기의 실적을 감안할 때 초과 달성할 것으로 예상할 때에는 최대의 노력을 기울일 것으로 예상하기는 어렵다. 사실상 이 계획기간 중 시장성장률을 도외시함으로써 시장에서의 위치가 흔들렸을 가능성이 있다.

그러나 계획을 수정하고 판매할당량을 조정하는 등의 신축성있는 계획을 수립함과 아울러 정확하면서도 시의에 맞는 산업 판매량을 예측할 수 있다면 계획시행 중 발생하는 문제를 제거시킬

별첨 1 **차이분해 - 계획대비**

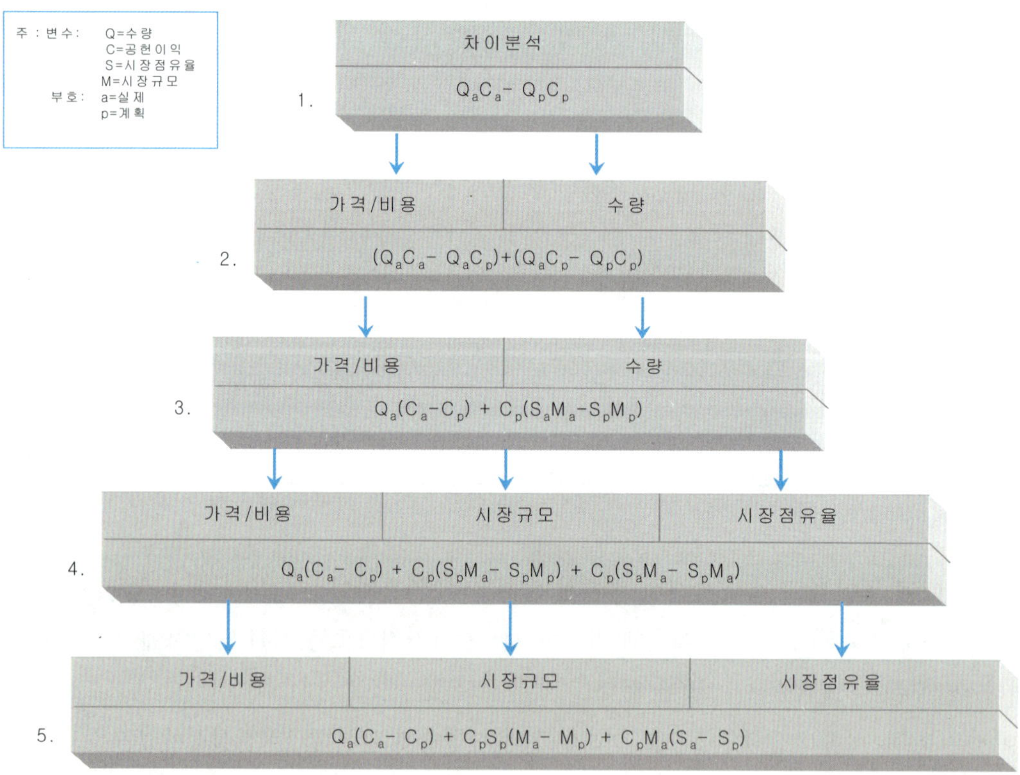

수 있다. 시장정보가 언제나 중요하기는 하지만, 고성장 시장에서의 경쟁을 재음미하는데 더욱 그 가치를 부여하여야 한다.

마지막으로 표 2에서의 수량차이 합계(시장성장률과 시장규모 포함)와 가격/비용차이 합계가 앞에서 언급한 차이와 일치하지 않는 바, 그 이유는 실제결과와 비교한 기준치가 각기 다르기 때문이다(즉, 원래 계획에서는 p의 부호를 수정된 계획에서는 r의 부호를 사용하였음에 유의하여야 한다).

별첨 2 차이분해 -'과거 소급적' 정보이용

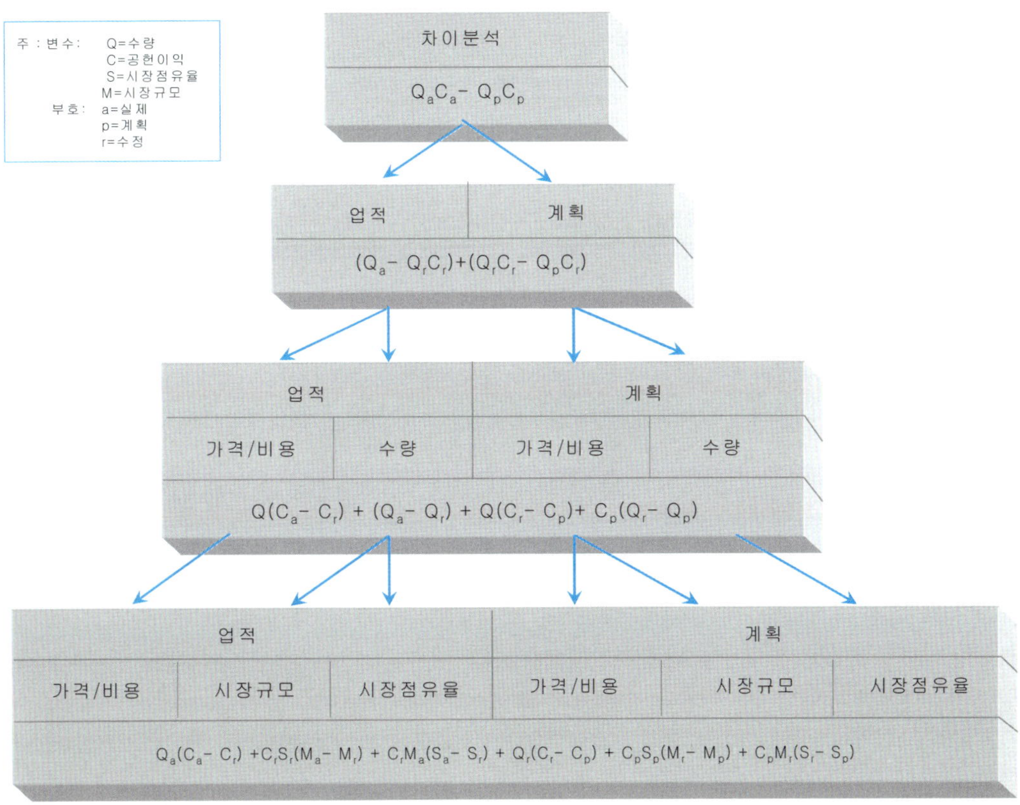

제 2 편

마케팅 기회분석과 전략개발

제4장

정보수집과 시장수요 측정

마케팅 관리자가 마케팅 분석, 계획수립, 실행 및 통제를 수행하려면 거의 모든 경우에 정보를 필요로 한다. 그는 고객, 경쟁자, 유통부문 종사자를 포함하여 외부환경 및 내부환경에 대한 정보가 필요하다. 이와 관련하여 어느 마케팅담당 최고관리자는 다음과 같이 이야기한 바 있다. 즉, '기업을 잘 경영한다는 것은 기업의 미래를 경영하는 것이다. 그리고 미래를 경영한다는 것은 곧 정보를 관리한다는 것을 말한다.[1]

과거에는 기업들의 주요 관심사가 제품의 생산에 필요한 자금, 원료, 기계 및 시설, 그리고 노동력의 네 가지 요소를 효율적으로 관리하는데 집중되어 왔으나 제5의 생산요소로까지 그 중요성이 점차 강조되고 있는 '정보'(information)에 대해서는 그다지 관심이 많지 않았었다.

그러나 21세기에 들어와 마케팅 정보의 중요성이 강조되기 시작하였는데, 그 이유로는, 첫째, 마케팅 활동영역이 전 세계적으로 확대되기 시작하였다는 것이다. 한 기업의 시장이 확대되어 감에 따라 경영층이 고객을 직접 대할 기회가 적어지게 되어 고객에 관한 정보를 수집할 공식적인 제도적 장치가 필요하게 되었다. 둘째, 소득이 증가함에 따라 구매자들은 그들이 구입하는 상품에 대해 요구하는 사항이 많아지고, 보다 선별적으로 구입하게 되었다. 이에 따라 기업들은 제품의 여러 특징이나 스타일 등에 대하여 구매자들이 느끼고 있는 바를 예측하기 위하여 구매자들의 선호 경향을 조사하기 위한 체제를 갖출 필요가 발생하였다. 셋째, 경쟁에 있어서도 가격경쟁보다 비가격경쟁(non-price competition)으로 그 경향이 바뀌었다. 따라서 브랜드, 제품차별화, 광고, 및 판매촉진 활동면에서의 경쟁이 강화되고, 이러한 마케팅 수단의 효율성에 관한 정보를 필요로 하게 되었다.

---

[1] Marion Harper, Jr., "A New Profession to Aid Management," *Journal of Marketing*, January 1961, p.1.

이와 같이 마케팅 활동을 수행하는데 필요한 다수의 정보는 정보기술의 발달로 신속하게 입수할 수 있게 되었다. 지난 30년간 강력한 개인용 컴퓨터, 팩스, 휴대전화, CD롬(CD-ROM), 화상회의장치(video conferencing), 인터넷 및 기타 다수의 정보기기가 탄생되어 정보를 처리하는데 혁명적인 변화가 발생하여 왔다. 기업들은 개량된 정보시스템을 이용하여 정보를 대량으로 입수할 수 있게 되었다. 예컨대 슈퍼마켓의 계산대에 있는 스캐너를 통하여 고객들에게 판매된 제품들의 종류와 양을 도매상이나 제조업자에게 즉시 알려줌으로써 재고가 부족한 제품을 즉시 공급할 수 있게 되었다.

마케팅 정보의 필요성이 증가하고 있음에도 불구하고 그러한 정보를 충분히 입수하지 못하고 있는 이유는, ① 적절한 종류의 정보가 충분하지 않고, ② 대부분의 마케팅 정보가 옳지 않을 경우가 많으며, ③ 정보가 기업 내부에 지나치게 알려져 있어 단순한 사실을 발견하는 데도 커다란 노력을 기울어야 할 경우가 종종 있으며, ④ 어떤 마케팅 정보는 대단히 중요한 것임에도 불구하고 하위에 있는 종사자들이 그러한 정보가 알려질 경우 자신들의 과업달성에 불리할 것으로 생각될 때 상위자에게 보고하지 않을 수가 있으며, ⑤ 정보가 늦게 보고되어 그 가치가 없어지는 경우가 있으며, ⑥ 정보 자체가 정확성이 결여되어 있거나 정확성을 확인하려 하지 않는 경향도 있기 때문이다.

따라서 보다 광범위한 마케팅 정보를 수집한 필요성이 증가하였고, 그러한 필요를 충족시켜 주는 공식적인 마케팅 정보시스템(Marketing Information System : MIS)을 개발하기 시작한 기업의 수가 증가하게 되었다.

제1절 마케팅 정보시스템

마케팅 정보시스템(MIS)이란 '마케팅 계획을 수립하고 실행하며 통제하는 방법을 개선할 목적으로 정확하면서도 적시의 적절한 정보를 수집, 분류, 분석하여 평가함으로써 그러한 정보를 마케팅 의사결정자에게 제공하기 위하여 인력, 시설 및 절차 등을 지속적으로 통합, 유지하는 것'을 말한다. 이러한 마케팅 정보시스템의 개념은 그림 4-1에 예시되어 있다. 그림에서 알 수 있는 바와 같이, 마케팅 관리자들은 정보의 필요성을 평가하기 위하여 마케팅 정보시스템에 의존하는 것이 불가피하다. 다음으로는 기업의 내부기록자료와 마케팅 정보수집제도, 그리고 마케팅 조사과정

그림 4-1 마케팅 정보시스템

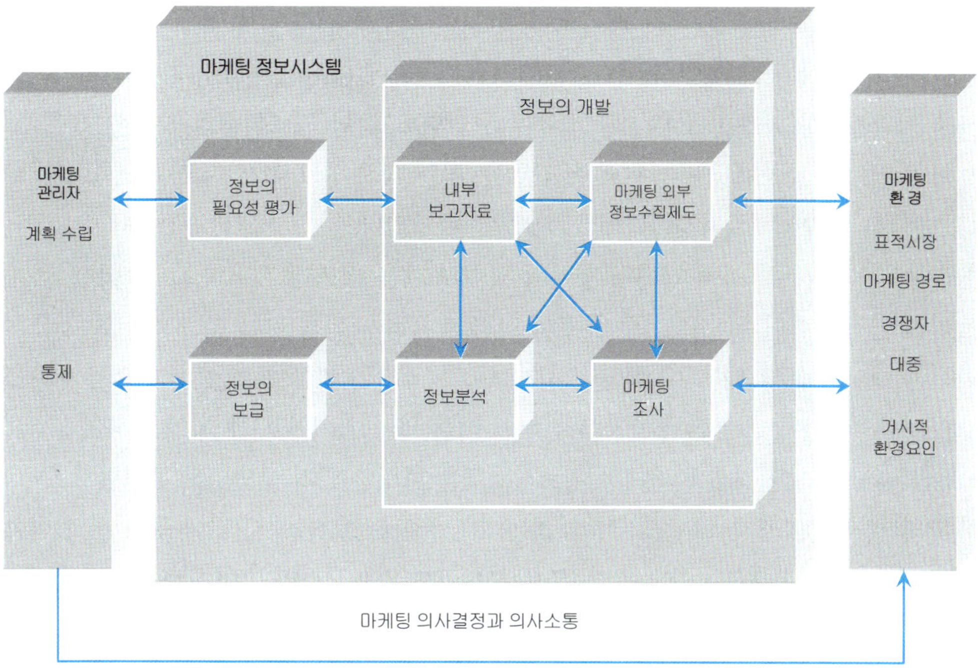

등을 통하여 필요한 정보를 개발한다. 입수된 정보가 더욱 유용하도록 하기 위해서는 그러한 정보를 분석, 처리하는 과정이 진행된다. 마지막으로 마케팅 정보시스템은 마케팅을 계획하고 시행하며 통제하는데 마케팅 관리자들에게 도움을 주기 위해 적절한 형태와 적절한 시기에 정보를 제공한다. 여기에서 우리는 기업의 마케팅 정보시스템의 몇 가지 기능에 대해서 상세하게 살펴보기로 하자.

1. 정보의 필요성 평가

훌륭한 마케팅 정보시스템은 관리자가 입수하고자 하는 정보와 그들이 실제로 필요로 하는 정보 및 입수가능한 정보간에 균형을 적절하게 유지하는 것이라고 할 수 있다. 마케팅 정보시스템의 활동은 기업의 각급 관리자들과의 연결을 통하여 그들이 어떠한 정보가 필요한가를 찾아내는 것으로부터 시작된다. 그러나 모든 관리자들이 언제나 자기네들이 요구하는 정보를 모두 필요로 하는 것은 아니다. 그리고 그들이 실제로 필요로 하는 정보를 요구하지 않을 수도 있다. 더구나 마케팅 정보시스템이라고 하여 관리자들이 요구하는 모든 정보를 언제나 제공할 수 있는 것은 아니다.

경영자에 따라서는 자신들이 실제로 필요로 하는 정보에 대해서 신중하게 생각하지 않고, 무슨 정보든지 입수가능한 정보를 모두 요구할 경우가 있다. 오늘날 정보기술의 급속한 발달로 인하여 대부분의 기업들은 관리자들이 실제로 이용할 수 있는 것 이상으로 많은 정보를 입수할 수 있게 되었다. 과다한 정보는 없는 것만큼이나 해로울 수도 있다.

관리자에 따라서는 그들이 당연히 알아야 할 정보들을 빠뜨리기도 하고, 또 어떤 관리자들은 자신들이 당연히 알아야 될 정보들을 요구할 만큼 충분한 지식을 갖지 못할 경우도 있다. 예컨대, 관리자들이 내년도에 경쟁기업이 어떠한 신제품을 시장에 도입할 계획을 갖고 있는가를 알 필요를 느끼고 있다고 하자. 그들은 신제품에 관해서 아는 바가 없기 때문에 이에 대하여 질문할 생각을 하지 않는다. 이러한 경우에 마케팅 정보시스템은 마케팅 환경을 면밀히 주시함으로써 의사결정자에게 혁신적인 마케팅 의사결정을 내리는데 필요한 정보를 적시에 제공할 수 있어야 된다.

기업에 따라서는 필요한 정보가 없거나 또는 마케팅 정보시스템의 한계로 인해서 필요한 정보를 제공하지 못할 경우도 있다. 예컨대, 한 제품관리자가 경쟁기업이 내년도에 어느 정도의 광고예산을 책정하고 있으며, 이러한 예산규모의 변화가 산업전체의 시장점유에 어떤 영향을 미칠 것인가를 알고자 한다고 하자. 경쟁자의 예산계획에 관한 정보는 물론 입수가 불가능할 수가 있다. 설사 그러한 정보의 입수가 가능하다 하더라도 기업의 마케팅 정보시스템으로는 시장점유율에 결과적으로 어떠한 변화가 올 것인가를 예측할 만큼 충분한 능력이 갖추어져 있지 못할 수가 있는 것이다.

마지막으로 기업에서는 정보를 입수함으로써 얻게 되는 효익과 정보를 입수하는 데 소용되는 비용 내지 정보를 유지하는 데 소요되는 비용과를 비교하여 어느 것이 더 유리한가를 결정할 필요가 있다. 정보 그 자체는 아무런 가치가 없다. 정보의 가치는 그것을 이용하는 데서 나온다. 지금까지 정보의 가치를 계산하는 기법들이 여러 가지로 개발되어 오고 있지만 의사결정자들은 주관적인 판단에 주로 의존하여야 할 경우가 흔히 있다.[2]

---

[2] Donald S. Tull and Del I. Hawkins, *Marketing Research: Measurement and Method,* 4th ed. (New York : Macmillan, 1993)

2. 정보의 개발

마케팅 관리자가 필요로 하는 정보는 기업의 내부기록자료, 마케팅 정보수집제도 및 마케팅 조사 등을 통해서 입수할 수가 있다. 여기에서 마케팅 정보를 개발하는 데 필요한 네 가지 제도를 살펴보기로 하자.

1) 내부자료

어느 기업이든 마케팅 관리자는 판매상황, 원가의 변동, 재고수준, 자금상태, 외상매출금이나 외상매입금의 거래상황 등 주요 자료가 필요할 것이다. 이러한 모든 자료는 기업내의 각 부서에서 컴퓨터로 입수되어 통합적인 **내부 데이터베이스**(internal database)가 구체화된다. 마케팅 관리자는 이러한 데이터베이스에 들어있는 정보를 활용하여 마케팅 기회와 문제들을 발견하고 프로그램을 계획하며 성과를 평가할 수 있다.

데이터베이스에 들어있는 정보의 실체에는 여러 가지가 있다. 회계부에서는 재무제표를 작성하고 매출액, 원가 및 자금수지 등에 관한 상세한 자료를 기록하여 보관하고 있다. 생산부에서는 생산계획, 선석 빛 재고수순에 관한 자료를 작성한다. 영업사원들은 재판매자와 경쟁자의 활동에 관하여 보고한다. 마케팅부에서는 고객의 인구통계적 특성과 심리적 특성, 그리고 구매행동에 관한 정보를 제공하며, 고객 서비스부에서는 고객의 만족도와 서비스와 관련되는 문제점들을 분석, 보고한다. 어느 한 부서에서의 조사결과는 여타 부서에 대하여 유용한 정보를 제공할 수 있다.

특히 마케팅 활동과 직접 관련이 있는 데이터베이스는 고객 데이터베이스, 제품 데이터베이스, 판매원 데이터베이스 등이 있으며, 이러한 상이한 데이터베이스로부터 자료를 추출하고 결합하여 이용한다. 예컨대 고객 데이터베이스에는 모든 고객의 이름, 주소, 과거 거래실적, 인구통계 및 정신심리적 특성(psychographics)(즉 활동, 관심사 및 의견)까지 보관되어 있을 수 있다. 신제품에 대한 소개문을 데이터베이스에 수록된 모든 고객들에게 우편으로 보내는 데는 비용이 많이 소요되기 때문에 고객의 구매빈도, 구매액 등을 고려하여 선별해서 보내면 비용절약과 높은 반응률을 달성할 수 있을 것이다.

기업에서는 이와 같이 방대한 자료를 수집, 저장하여 필요한 정보를 추출함으로써 의사결정자에게 도움을 준다. 한걸음 나아가 정교한 통계분석에 익숙한 분석가를 통하여 필요한 자료를 채취(mining)하여 잊혀졌던 시장부문, 최근의 고객 추세 및 기타 유용한 정보를 입수할 수 있다.

내부 데이터베이스는 여타 정보출처보다도 신속하고도 값싸게 접근할 수 있으나 문제점도 있다. 내부정보는 특정된 목적으로 수집되었기 때문에 마케팅 의사결정을 위해서는 불완전하거나 잘못된 형태로 작성되어 있을 수 있다. 예컨대 회계부에서 작성된 재무제표에서 사용되는 매출액과 원가의 개념은 제품별, 판매원별 또는 유통경로별로 성과를 평가하기 위한 목적으로 사용하기 위하여 수정되어야 한다. 더구나 대기업에서는 우수한 정보를 양산하고 있기 때문에 모든 정보를 일일이 추적한다는 것은 대단히 어렵다. 데이터베이스 정보는 누구나 쉽게 이용할 수 있도록 정비되고 통합되어야 한다.

이와 같은 내부자료를 이용하려면 이를 이용하는 관리자가 누구인가를 먼저 결정하여야 한다. 아무리 훌륭한 내부 데이터베이스를 갖추고 있다 하더라도 그것을 이용하려는 사람이 필요를 느끼지 않거나 능력이 없다면 쓸모가 없다. 마케팅 정보의 필요성을 결정하려면 다음과 같은 문제에 대한 답이 있어야 된다.

① 어떤 형태의 의사결정을 정기적으로 내려야 하는가?
② 그러한 의사결정을 내리기 위하여 어떤 형태의 정보가 필요한가?
③ 정기적으로 어떠한 정보를 입수하고 있는가?
④ 어떤 형태의 조사가 정기적으로 행해져야 하는가?
⑤ 입수하고 있지 못한 정보 가운데 어떤 형태의 정보를 필요로 하는가?
⑥ 매일, 혹은 월별, 분기별, 연도별로 어떠한 정보가 필요한가?
⑦ 정보를 입수하기 위하여 어떤 간행물을 정기적으로 구입할 것인가?
⑧ 어떠한 특정 정보를 원하는가?
⑨ 자료분석 프로그램은 어떠한 것을 원하는가?
⑩ 현재의 마케팅 정보시스템에서 어떠한 제도를 개선할 필요가 있는가?

이러한 문제들을 해결한 후에 최고경영층이 원하는 방향으로 마케팅 정보시스템을 설치하여야 한다.

2) 마케팅 정보수집제도

내부자료가 최고경영층에게 주요 거래에 대한 정보를 제공하는데 비하여 **마케팅 정보수집제도**(marketing intelligence system)는 외부환경에서 발생하고 있는 상황들을 일상적으로 제공하는데 그 의의가 있다. 마케팅 담당 경영층에서는 신문이나 기타 출판물을 통하거나 또는 부하직원들과의 대화를 통해 정보를 입수하게 된다. 그러한 정보의 중요성을 소홀히 함으로써 최선의 방책을 강구하지 못할 경우가 흔히 있다.

마케팅 정보수집 활동을 개선하려면 첫째, 거래에서 발생하는 새로운 사태발전을 발견하여 즉시 보고하도록 판매원들을 훈련하고 사기를 부여하는 일이 필요하다. 그 이유는 판매원들이 일상의 내부보고에서 나타나지 않는 정보를 탐지할 수 있는 유리한 위치에 있을 수 있기 때문이다. 그럼에도 불구하고 판매원들은 시간이 없다는 이유로 중요한 정보를 지나쳐 버리게 되는 경우가 있다. 최고경영층은 이들이 정보수집가로서의 역할을 중요시하고, 이에 상응하는 보상을 주어야 한다.

둘째, 중요한 정보를 입수하기 위하여 중간상을 이용할 수 있다. 또한 정보수집전문가를 고용할 수도 있으며, 경쟁제품의 판매상황이나 판매상들의 태도를 알아보기 위하여 구매자들을 이용하기도 한다. 혹은 경쟁자가 발행한 보고서를 입수하거나, 주주총회에 참석하거나, 경쟁회사에서 일했던 직원들이나 현재 일하고 있는 직원, 그리고 원료 공급자들을 통해서 정보를 입수할 수도 있을 것이다.

셋째, 외부에서 정보를 매입하는 방법도 있다. 기업에 관한 정보를 전문적으로 출판하는 기업이 있는 것이다. 넷째, 마케팅 정보수집을 전담할 부를 설치하는 방법도 있다. 이러한 부에서는 주요 출판물이나 뉴스를 수집하고 분석하여 마케팅 관리자에게 제공하고, 모든 정보를 체계적으로 분류하여 보관함으로써 필요할 때는 언제나 이용할 수 있도록 하는 것이 그 임무가 된다. 또한 정보의 신뢰성을 평가하는데도 적용한다.

3) 마케팅 조사

마케팅 관리자가 합리적인 의사결정을 내리려면 앞서 언급한 내부자료나 마케팅 정보수집제도 외에도 상황을 보다 구체적으로 조사할 필요가 있을 경우가 있다. 예컨대 시장조사, 신제품에 대한 소비자들의 선호도 시험, 지역별 판매예측, 그리고 광고의 효율성에 관한 측정 등이 이에 속한다. 이러한 분야에 관하여 조사를 행하려면 통계에 관한 지식, 설문서 작성법 등을 전문적으로 다룰 수 있는 능력이 필요하다.

여기에서 마케팅 조사란 '정보를 통하여 소비자, 고객 및 일반대중을 마케팅 관리자와 연결시키는 기능인 것'으로 정의하기로 한다. 여기서 말하는 정보는 마케팅 기회와 문제점들을 발견하고 확정하여 마케팅 조치들을 창출, 재정비, 평가하고 마케팅 성과를 검색하며, 마케팅 과정에 대한 이해를 증진시키는데 이용된다.[3] 마케팅 조사에서는 마케팅 문제들을 찾아내는데 필요한 정보를 구체적으로 명시, 정보를 수집하는 방법을 설계하며, 자료수집 과정을 관리하고 시행하고, 결과를 분석하여 발견된 사실과 그 의미에 관해서 당사자간에 충분한 논의를 하게 된다.

최근에 조사된 바에 의하면 마케팅 조사자들은 판매분석이나 시장점유율 분석에서부터 사회 가치관이나 정책에 이르기까지 매우 광범위하고 다양한 분야에 걸친 활동에 관한 조사를 하는데 종사하고 있음을 보여주고 있다. 가장 대표적인 조사활동을 본다면 시장잠재력 측정, 시장점유율 분석, 시장특성의 결정, 판매분석, 과업추세 연구, 단기예측, 경쟁제품 조사, 장기예측, 마케팅 정보 시스템에 관한 연구 및 가격결정에 관한 조사 등이다.

마케팅 조사자들은 누구나 조사의 필요가 있다. 지역에 따라서 자체적으로 마케팅 조사부를 설치할 수 있고, 설치하지 못할 경우 외부 전문기관에 조사를 의뢰할 수도 있다. 기업이 외부 전문기관에 조사를 의뢰할 것인가의 여부는 기업 내의 조사능력과 보유자원에 달려있다. 대기업이라면 자체적으로 마케팅 조사부를 둘 수가 있을 것이다. 그러한 조사부가 없는 기업에서는 외부 전문기관에 조사를 의뢰하여 자료를 입수하여야 할 것이다. 그러나 자체적으로 마케팅 조사부를 설치하고 있는 경우에도 특수한 조사를 행할 필요가 있을 때에는 외부 전문기관에 조사를 의뢰하여야 할 때가 흔히 있다.

4) 정보의 분석

기업의 마케팅 정보수집제도나 마케팅 조사제도를 통해서 수집된 정보는 보다 심도깊은 분석을 필요로 할 경우가 있고, 마케팅 관리자는 마케팅 문제를 해결하거나 의사결정을 내릴 때 그러한 정보를 응용하는데 더 많은 도움을 필요로 할 경우가 흔히 있다. 그러한 도움을 얻으려면 보다 정교하고 고도의 통계적 분석기법에 대한 지식을 필요로 하고, 또 통계의 신뢰도에 대한 지식과 변수들과의 관계에 대한 충분한 이해를 필요로 한다. 이러한 심도있는 분석을 통하여 마케팅 관리자는 단순한 자료의 해석 차원을 넘어서 여러 가지 정보를 추가로 입수하고 거기에 따른 문제점을 발견함과 동시에 해답도 구할 경우가 있다. 다음의 예를 보자.

■ 판매에 영향을 미치는 주요 변수는 무엇이며 각각의 변수들은 어느 정도로 중요한가?

---

[3] 미국 마케팅협회에서는 1987년 공식적으로 이러한 정의를 채택하였다.

- 만일 제품의 가격을 10%로 인상하고 광고비 지출을 20%로 늘린다면 판매에는 어떠한 변화가 발생할 것인가?
- 경쟁자의 제품에 비해서 우리 제품을 구입할 것으로 예상되는 소비자들을 가장 잘 예측할 수 있는 예고지표는 무엇인가?
- 시장을 세분할 수 있는 최선의 변수들은 무엇이며 세분된 시장부문들은 몇 개나 존재하고 있는가?

정보분석을 통하여 마케팅 관리자가 보다 나은 의사결정을 내리는데 도움을 주기 위해서는 수리적 모델(mathematical model)들을 수집하여 이를 이용하는 방법도 있다. 각 모델들은 사실상의 시스템과 과정 또는 결과를 대표한다. 이러한 모델들은 '만일 이러이러하다면 어떠한 결과가 발생할 것이며 어떠한 것이 최선의 방법인가?' 하는 것과 같은 문제에 대한 답을 구하는데 도움을 줄 수가 있다. 지난 20년간 마케팅 관리자들이 마케팅 믹스에 대한 결정을 더 잘 내리는데 도움을 주거나 또는 판매지역과 방문계획을 설계하는 일, 소매점포의 위치를 선정하는 문제, 최적 광고믹스를 개발하는 일, 그리고 신제품 판매의 예측 등과 같은 문제들을 해결하는 데 도움이 되는 여러 가지 모델들이 개발되어 오고 있다.[4]

3. 정보의 보급

마케팅 관리자가 의사결정을 내리는데 있어 수집된 정보를 이용하지 않는다면 그것은 아무런 가치가 없게 된다. 마케팅 정보수집제도와 마케팅 조사를 통하여 수집된 정보는 적절한 시기에 마케팅 담당자에게 전달되어야 한다. 대부분의 기업에서는 관리자들에게 성과보고서나 수정, 보완된 정보 및 연구결과에 대한 보고서 등을 정기적으로 관리자들에게 제공하는 마케팅 정보시스템을 중앙집중화 하고 있다. 관리자들은 정기적으로 계획을 수립하고 시행하며 통제하는데 필요한 의사결정을 내리기 위해 일상적인 보고자료를 필요로 하지만, 경우에 따라서는 비일상적인 정보, 즉, 특수한 상황에서의 특정된 의사결정을 위한 정보를 필요로 할 경우가 있다. 예컨대, 판매관리자가 자신의 관할하에 있는 주요 고객이 문제를 일으키고 있을 때, 이 고객에 대한 과거의 판매

---

[4] 보다 상세한 통계분석에 관하여는 다음과 같은 교재를 참조할 것. Tull and Hawkins, Marketing Research. 마케팅 모델에 관한 내용은 다음과 문헌들을 참조할 것. Gary L. Lilien and Philip Kotler, *Marketing Decision Making : A Model Building Approach* (Upper Saddle River, NJ : Prentice Hall, 1993) ; and John D.C. Little, "Decision Support Systems for Marketing Managers," *Journal of Marketing,* Summer 1979, pp.9-26.

및 실태에 관한 요약된 정보를 필요로 할 경우가 있을 것이다. 혹은 어느 소매점포 관리자가 가장 잘 팔리는 제품이 품절이 되었다면 다른 연쇄소매점포의 현재 재고수준이 어떠한가를 알고자 할 수가 있다. 이러한 경우, 기업의 정보시스템이 중앙집중화 되어 있다면 이들이 마케팅 정보담당요원을 통해서 그러한 정보를 요구하고 기다려야 될 경우가 있을 것이다. 그러한 정보가 늦게 도착하게 되면 쓸모없게 될 수도 있다.

최근에는 정보를 다루는 기술이 급격히 발전하여 정보의 보급에 하나의 혁명이 일어나고 있다. 근래에 이를수록 마이크로 컴퓨터(micro computer)나 소프트웨어(software) 및 통신수단 등이 급격히 발달함으로 인하여 많은 기업들이 마케팅 정보시스템을 하부기관에 위양하고 있는 경향이 많다. 즉, 각급 경영자들이 마케팅 정보시스템에 저장되어 있는 정보를 직접 접촉할 수 있도록 하고 있는 것이다. 어떤 기업에서는 마케팅 관리자가 마이크로 컴퓨터를 이용하여 기업의 정보망을 통일적으로 이용할 수가 있다. 그들은 어떠한 위치에 있든 간에 기업의 내부기록이나 또는 외부 정보기관으로부터 정보를 입수하여 이용하고 통계분석을 행할 수 있다. 뿐만 아니라 워드프로세서(word processor)를 통하여 보고서까지 작성이 가능하며 텔레커뮤니케이션(telecommunication)망을 통해서 다른 관리자들과도 충분한 의사소통이 가능하다.

이와 같이 정보에 관한 기술의 발달로 인해서 오늘날의 관리자들은 그들이 필요로 하는 정보를 쉽게, 그리고 직접 입수하여 자신의 필요에 따라 의사결정에 이용할 수 있게 되었다. 이와 같이 마케팅 정보시스템을 이용하는데 필요한 기법이 고도로 발달하고 또 경제적으로나 기술적으로 그러한 기법이 점차 개선됨으로 인해서 많은 기업들이 마케팅 정보시스템에 관한 것들을 하부기관에 점차로 위양하여 이를 직접 이용하도록 하는 경향이 높아지고 있다.

제2절 마케팅 조사과정

일반적으로 마케팅 조사과정은 그림 4-2에 표시되어 있는 바와 같이 네 단계로 구성되어 있다. 즉, 문제가 무엇인가를 확정하고 조사의 목적을 설정하는 일, 정보를 수집하기 위한 조사계획을 개발하는 일, 조사계획의 실행 즉, 자료의 수집과 분석, 그리고 조사를 통하여 발견된 사실을 해석하고 보고서를 작성하는 일이 그것이다.

그림 4-2 마케팅 조사과정

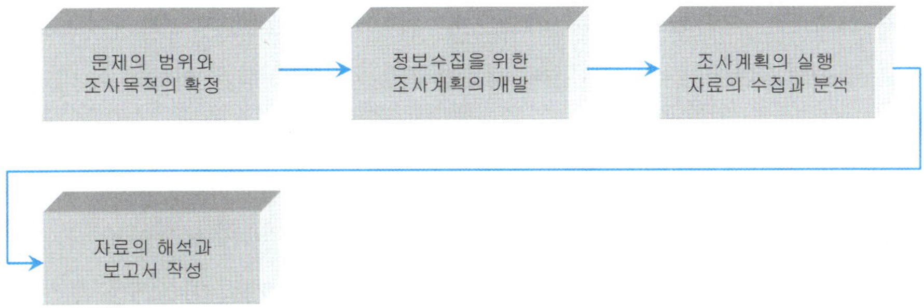

1. 문제의 확정과 조사목적의 설정

마케팅 관리자와 조사자는 조사를 행하는 데 있어 문제가 무엇인가를 신중하게 확정하고, 조사의 목적에 대해서 완전하게 합의하기 위하여 상호간에 충분한 의견을 교환하여야 한다. 마케팅 관리자는 의사결정을 내리는데 어떠한 정보가 필요한가를 가장 잘 알고 있으며, 조사자는 마케팅 조사에 대한 이해와 정보수집에 관한 방법을 가장 잘 알고 있다.

마케팅 관리자는 계획을 수립하거나 조사결과를 해석하기 위해서 마케팅 조사에 관한 충분한 지식을 갖추고 있을 필요가 있다. 만일 마케팅 조사에 대한 지식이 거의 없다면 잘못된 정보를 입수하거나, 잘못된 결론을 받아들이거나, 또는 과다한 비용이 소요되는 정보를 요구할 수가 있다. 조사경험이 많은 마케팅 조사자들은 바로 이 단계에서 마케팅 관리자들이 문제가 무엇인가를 정확하게 확정하기 위해서 도움을 줄 수 있어야 되고, 또한 마케팅 관리자가 보다 나은 의사결정을 내리는데 도움이 될 수 있는 조사방법을 제시할 수 있어야 된다.

조사과정에서 문제의 범위를 확정하고 조사의 목적을 설정하는 일은 그리 간단하지 않을 경우가 많다. 관리자는 자신의 과업을 수행하는데 무엇인가 이상이 있음을 알고 있지만 구체적인 의미는 잘 모를 수가 있다. 예컨대 백화점의 관리자가 판매가 급격히 감소하는 원인이 광고가 잘못되었기 때문이라고 성급하게 결론을 내리고 조사를 행할 것을 지시하였다고 하자. 조사 결과, 현재의 광고가 적절한 메시지로 적절한 소비자들을 대상으로 전달되고 있다는 결과를 보여주었다면, 이

관리자는 다른 해결책을 찾는데 어려움을 겪게 된다. 실제조사결과는 광고에서 주장하였던 대로의 서비스를 실제로 제공하지 않고 있다는 소비자의 불평 때문에 판매가 감소한 것으로 나타났었다. 문제가 무엇인가를 신중하게 확정하면 비용의 과다지출을 피할 수 있고, 조사하는데 소요되는 기간도 단축시킬 수 있다. 앞의 경우에 판매가 감소한 원인이 광고가 잘못되어 있기보다는 제품과 서비스에 대한 소비자들의 반응이나 가격에 실제로 문제가 있을 수가 있다.

문제가 무엇인가를 신중하게 확정하고 난 후에는 조사의 목적을 설정하여야 한다. 마케팅 조사 프로젝트에는 세 가지 유형의 목적이 있다. 그 첫째는 **탐색조사**(exploratory research)로서 문제의 범위를 확정하고 가설을 도출하는데 도움이 될 예비정보를 수집하는 데 목적이 있다. 두 번째로는 **기술조사**(descriptive research)로서 이것은 특정 제품에 대한 시장잠재력이나 제품구매자들의 인구통계상의 특성과 태도와 같은 자료에 대해서 기술하는데 그 의의가 있다. 마지막으로는 **인과조사**(causal research)로서 원인과 결과와의 관계에 관한 가설을 검증하는데 그 목적이 있다. 예컨대 가격을 5% 인상하면 수요는 어느 정도로 감소할 것인가를 실험을 통하여 규명하려는 경우를 들 수 있다. 일반적으로 조사를 행할 경우, 문제가 잘 알려져 있지 않다면 먼저 탐색조사를 하고, 후에 기술조사와 인과조사를 행하게 되는 것이 보통이다.

문제를 확정하고 조사의 목적을 설정하면 이것이 전체 조사과정의 지침이 된다. 마케팅 관리자와 조사자는 조사의 목적과 조사에서 예상되는 결과에 대해서 완전한 합의를 보고 이에 관한 내용을 문서로 작성하고 서명함으로써 상호간에 그 결과를 승복하여야 한다.

2. 조사계획의 개발

마케팅 조사과정의 두 번째 단계는 필요한 정보를 결정하고, 그러한 정보를 능률적으로 수집할 계획을 개발하며, 마케팅 경영층에게 그 계획을 제시하는 것이다. 그러한 계획에서는 2차자료의 출처에 대해서 개괄적으로 언급하고 구체적인 조사접근방법과 측정방법, 표본추출계획 및 조사자가 1차자료를 수집하는데 이용할 조사수단들에 관해서 구체적으로 제시한다.

3. 구체적인 정보 필요성의 결정

조사의 목적은 구체적인 정보의 필요성으로 표현될 수 있어야 한다. 예컨대 어느 식품회사에서 수프를 담는 새로운 플라스틱 용기를 개발하여 이에 대한 소비자의 반응을 알기 위해 조사를 행하기로 하였다고 하자. 그 용기는 생산비가 많이 들기는 하지만 소비자들이 전자 레인지(microwave oven)에 넣고 쉽게 데울 수 있고 접시를 사용하지 않고 직접 먹을 수 있는 편리함이 있다. 이러한 경우 소비자들의 반응에 관한 조사를 행할 때에는 다음과 같은 구체적인 정보가 필요할 것이다.

- 현재 수프를 먹는 고객들의 인구통계, 사회경제적 및 라이프 스타일상의 특성(맞벌이 부부의 경우에는 시간의 절약이 필요하므로 가격보다는 편리함을 더 중요시 할 수가 있다. 또 자녀를 많이 둔 가정에서는 접시나 식기를 닦는데 소요되는 시간이 적게 드는 것을 원할 수가 있다).
- 소비자들의 수프 이용 패턴, 즉, 수프를 언제 어디서 얼마나 먹고 있는가에 관한 정보 (새로운 포장 용기는 직장인에게는 인기가 있을 수 있으나 자녀를 많이 둔 가정에서는 비용상 그렇게 달가워하지 않을 수도 있다).
- 전자레인지를 소유하고 있는 가정이나 직장인의 수(이상 전자레인지의 숫자는 새로운 제품에 대한 수요에 제약을 주게 된다).
- 새로운 포장 용기에 대한 소매상들의 반응(소매상들의 적극적인 지원이 없으면 이러한 신제품 판매는 실패할 수가 있을 것이다).
- 현재 제품과 신제품 양자의 판매예측(이러한 신제품이 기업 전체의 이익을 증가시킬 것인가?)

이 식품회사에서는 신제품을 시장에 도입할 것인가의 여부를 결정하기 위하여 이러이러한 정보 외에도 여러 가지 다른 정보를 필요로 한다.

1) 2차자료조사

조사자가 필요한 자료를 수집하는 방법은 2차자료(secondary data)나 1차자료(primary data) 혹은 양자 모두를 이용하는 것이다. **2차자료**란 다른 목적으로 조사하기 위하여 이미 수집되어 있는 자료를 말하며, 그러한 자료를 이용하는 것이 적합하다면 수집이 용이하고 비용이 절약되는 장점이 있다. 적당한 2차자료가 없을 경우에는 **1차자료**를 수집하여야 되는데, 이것은 조사자가 특정의 목적을 위하여 독자적으로 수집하는 자료를 말한다.

이러한 2차자료는 기업 내부에서 작성된 각종의 기록물, 광고기관이나 경제단체에서 발행한

간행물, 정부간행물 등에서 찾아볼 수 있다. 오늘날 2차자료는 많은 경우에 인터넷을 통하여 손쉽게 입수할 수 있다. 인터넷은 대가를 지불하고 필요로 하는 정보를 입수할 수 있는 상업적인 웹사이트 외에도 통계청을 비롯한 다수의 정부기관과 금융기관, 각종 경제단체, 기타 언론매체를 통하여 조사자가 필요로 하는 정보를 무료로 입수할 경우가 많다. 2차자료를 이용하려면 이를 신중하게 평가하여야 하는 데, 그 이유는 2차자료를 수집한 애초의 목적이 현재의 조사목적과 다르기 때문에 자료의 유용성이 제약될 경우가 많기 때문이다. 그러므로 마케팅 조사자는 그러한 자료의 적절성, 공정성, 유효성 그리고 신뢰성 등을 검토하여야 한다.

그럼에도 불구하고 2차자료는 조사를 행하는데 하나의 출발점이 되며, 문제를 확정하고 조사의 목적을 설정하는데 도움이 될 경우가 많다. 그러나 많은 경우에 2차자료는 필요로 하는 모든 정보를 제공할 수는 거의 없으며, 따라서 1차자료를 수집하여야 될 경우가 흔히 있다.

자료를 수집하여 적절하게 저장하고, 이를 나중에 마케팅 목적으로 활용할 경우가 흔히 있다. 은행, 보험회사, 증권회사, 신용카드회사 및 이동통신회사 등에서는 고객들의 신상명세를 체계적으로 기록하여 **데이터베이스 마케팅**(database marketing)을 실행하고 있다. 이와 관련하여 근래 이래로 **자료저장**(data warehousing)과 **자료채취**(datamining)와 같은 기법이 점차 많이 이용되고 있다. 자료 저장소(data warehouse)라고 하는 체계적으로 분류, 저장된 대량의 자료에서 일정한 패턴을 추출하는 일련의 방법인 자료채취(datamining)를 이용하고 있는 기업들이 있다. 은행과 신용카드회사, 전화회사, 이동통신회사, 카탈로그 판매회사 등 다수의 기업들이 고객들의 주소와 같은 기본적인 자료뿐만 아니라 연령, 가족규모, 소득수준 및 기타 인구통계에 관한 정보를 토대로 그들의 거래빈도나 거래금액에 관한 방대한 정보를 보유하고 있다. 이러한 자료를 면밀하게 채취하면 어떤 고객이 신제품을 먼저 구입할 것인가, 어느 고객이 자사의 제품 중 다른 것을 구입할 가능성이 있는가, 제품에 대해 특별한 혜택을 부여할 경우에 어떤 고객이 가장 유망한가, 어느 고객이 장기간 거래할 가능성이 있는가, 어떤 고객이 거래를 중단하게 되며 이를 방지할 조치는 무엇인가 등에 관한 정보를 입수할 수 있는 장점이 있다.

이러한 데이터베이스를 구축하면 상당한 경쟁우위를 누릴 수 있다. 그러나 고객에 관한 자료를 수집하고 이를 유지하며 필요한 정보를 채취하는 데에는 상당한 비용이 소요되는 위험이 뒤따른다. 그럼에도 불구하고 데이터베이스를 제대로 구축하고 활용할 수 있다면 소요되는 비용 이상의 효과를 거둘 수 있다.

표 4-1 1차자료 수집계획

조사접근방법	접촉방법	표본추출계획	조사수단
관 찰	우 편	표본추출단위	설 문 서
표본조사	전 화	표본규모	기계도구
실 험	개인적 접촉	표본추출절차	

2) 1차자료수집의 계획

올바른 의사결정을 내리려면 적절한 자료 내지 정보가 필요하다. 조사자가 2차자료의 질을 신중하게 평가하여야 하는 것과 마찬가지로 1차자료를 수집하는데 있어서도 그러한 1차자료가 마케팅 의사결정자에게는 '적절하고, 정확하며, 적시의 공정한 정보'일 필요가 있다.

표 4-1을 보면, 1차자료를 수집할 계획을 설계하려면 조사접근방법, 접촉방법, 표본추출의 계획 및 조사수단 등에 관한 여러 가지 결정이 필요함을 보여주고 있다.

(1) 조사접근방법

먼저 **관찰조사**(observational research)란 적절한 대상인물과 그들의 행동 및 상황 등을 관찰함으로써 1차자료를 수집하는 것이다. 다음의 예를 보자.

- 어느 식품회사에서 조사자를 슈퍼마켓에 파견하여 경쟁자 제품의 가격을 알아보게 하거나 또는 진열면적을 어느 정도나 차지하고 있는가, 혹은 소매상이 자신의 제품에 대한 진열면적을 어느 정도나 할애하고 또 지원하고 있는가에 관한 정보를 입수할 경우가 있을 것이다.
- 모 은행에서 새로운 지점을 개설하기 위하여 특정된 위치를 선정하려 할 경우, 해당 지역의 차량 통행량 및 통행인 수, 거주 인구 및 경쟁은행 지점의 위치 등을 평가할 경우.
- 백화점에서 관찰자를 고객으로 가장하고 매장에 파견하여 매장의 상황과 고객에 대한 서비스를 점검할 경우.

이러한 관찰방법을 정기적으로 이용함으로써 정보를 입수하여 기업들에게 판매하는 경우가 흔히 있다. 예컨대 미국의 최대 마케팅 조사회사인 닐슨사(A.C Nielsen Company)에서는 표본가정을 선정하여 TV에 특수한 기계장치를 부착하여 그 가정에서 누가 어떤 프로그램을 어느 시간에 시청하고 있는가를 기록한다. 닐슨사에서는 여러 가지 TV 프로그램에 대한 시청자들의 규모와 인구통계상의 특성에 관한 자료를 요약하여 이를 필요로 하는 기업들에게 제공한다. 기업들은 이러한 정보를 통하여 어떤 TV 프로그램에 광고를 내보내는 것이 적합한가를 알게 되고 이를 이용한다.

백화점이나 슈퍼마켓과 같은 소매점에서 계산대에 있는 주사기(checkout scanner)를 통하여 관찰자료를 정기적으로 입수할 수도 있다. 이 주사기들은 소비자들이 구매자에 관한 기록을 상세하게 저장한다. 이러한 주사기를 통한 자료를 수집, 처리하여 소매점들에게 고객에 관한 정보를 제공하고 대가를 받는 전문적인 기업들이 있다. 이러한 기업들은 주요 시장에서의 고객 가운데 대표적인 사람들을 표본으로 선정하여 이들이 소매점을 이용할 경우에 어떤 경쟁상품을 언제 어디서 얼마만큼 구입하는가를 점검한다. 이러한 자료를 즉시 컴퓨터로 각 가정별로 자료로 투입되고 하나의 파일(file)로 만들어진다. 이러한 자료들은 세대별 소득이나 자녀들의 연령과 수 등과 같은 정보도 포함되어 있다. 또한 이 방법을 통하여 점포 내에서 특별할인판매에 대한 소비자들의 구매변화와 진열방법에 대한 고객들의 태도변화 등에 관한 정보도 입수할 수가 있다.

이러한 관찰조사는 사람들이 조사에 응하지 아니하거나 응할 수 없을 경우에 정보를 입수하는데 이용될 수 있다. 경우에 따라서는 관찰에만 의존하여야 할 경우도 있다. 그러나 단순히 관찰을 통하여 정보를 입수할 수 없는 경우도 있다는데 유의해야 한다. 사람들이 지니고 있는 감정이나 태도, 동기 또는 개인적 행동 등과 같은 것들은 단순한 관찰만으로는 완전한 정보를 입수할 수 없다. 관찰방법이 이와 같이 몇 가지 제약이 있음으로 인해서 조사자들은 여타의 자료수집방법과 병행하여 이용한다.

표본조사(survey research)는 기술적(descriptive) 정보를 수집하는데 가장 적합한 접근방법이다. 소비자들이 제품에 대해서 지니고 있는 지식, 태도, 선호도 또는 구매행동에 대해 알고자 할 경우에는 소비자들에게 직접 질문함으로써 그러한 내용들을 파악할 수가 있다. 이러한 표본조사는 체계적으로 행해질 수도 있고, 비체계적으로 행해질 수도 있다. 체계적인 조사에서는 공식적인 설문서를 작성하여 모든 응답자에게 동일한 방식으로 응답하도록 하는 방법이다. 비체계적 조사에서는 면접자 또는 조사자가 응답자에게 질문을 자유롭게 하고, 응답자도 자유로운 응답을 하는 조사방법이다.

표본조사는 직접적인 방법도 있고 간접적인 방법도 있다. 직접적인 방법은 조사자가 응답자의 행동이나 생각에 대해서 직접 질문을 하는 것이다. 예컨대, "귀하는 왜 A백화점에서 옷을 구입하고 있습니까?"라는 것과 같다. 이와는 대조적으로 조사자는 "어떤 유형의 사람들이 A백화점에서 옷을 구입하고 있습니까?"라고 질문함으로써 간접적인 접근방법을 이용할 수도 있다. 조사자는 이러한 간접적인 질문에 대한 응답을 통하여 소비자들이 왜 A백화점 옷의 구입을 회피하는가를 발견할 수가 있다. 이것은 사실상 소비자들이 의식하고 있지 못하고 있는 이유를 암시하고 있을 수도 있다.

표본조사는 1차자료를 수집하는데 가장 널리 이용되는 방법이며 그 최대의 장점은 신축성에 있다. 즉, 여러 가지 상이한 마케팅 상황에서 여러 가지 종류의 다양한 정보를 입수하는데 이용될 수 있다. 어떠한 표본조사를 이용하는가에 따라 관찰조사나 실험조사에 비해 보다 신속하고 저렴한 비용으로 정보를 입수할 수가 있다.

그러나 표본조사에도 몇 가지 문제는 있다. 경우에 따라서 응답자들은 설문서에 대해서 내용을 기억하지 못한다거나, 또는 생각해 본 일이 없다거나, 혹은 왜 그러한 질문을 하는 것인지를 알지 못하는 등의 이유로 인해서 대답을 못할 수가 있다. 혹은 응답자들은 잘 모르는 조사자들의 질문에 대해서 응답할 의사가 없을 수도 있으며, 또 사적인 문제에 대해서도 응답하지 않으려는 경향이 있다. 뿐만 아니라 일이 바쁜 사람들은 시간이 걸림으로 인해서 응답을 거부할 수도 있다. 한편 응답자에 따라서는 응답의 내용을 잘 모르면서 응답을 성실하게 하였다는 것을 표시하기 위해서 자신의 진정한 뜻과는 다른 응답을 할 수도 있다. 또한 조사자의 구미에 맞도록 응답을 하려는 경향이 있는 사람도 있을 수 있다. 따라서 이러한 문제들을 극소화시키려면 표본조사를 신중하게 설계하는 일이 중요하다.

관찰조사가 탐색조사에 가장 적합하고 표본조사가 기술조사에 적합한데 비해서 **실험조사**(experimental research)는 인과관계의 정보를 수집하는데 가장 적합한 방법이다. 실험조사는 인과조사(causal research)라고도 하며 엄격한 통제상황 하에서 응답자들을 통제하여 특정된 실험변수에 대한 반응을 조사함으로써 문제의 실험변수(원인 X)에 대한 반응결과(Y)를 알고자 하는 조사방법이다. 실험조사를 위한 정보를 수집하기 위하여 관찰조사나 표본조사를 이용할 수도 있다.

예컨대, 어느 기업에서 기존 제품을 약간 변경한 신제품을 추가하여 시장에 내 놓고자 할 때, 그것이 어느 정도로 판매될 것이고 기업에 영향을 줄 것인가에 대해서 실험을 통하여 알아보고자 할 것이며, 다음과 같은 문제에 대한 답을 원할 것이다.

- 문제의 신제품은 기업 전체의 판매증가에 어느 정도로 기여할 것인가?
- 문제의 신제품은 여타 기존의 제품판매에 어떤 영향을 미칠 것인가?
- 어떠한 유형의 광고접근방법이 신제품 판매에 가장 큰 영향을 미치게 될 것인가?

- 어떠한 가격수준이 문제의 제품판매에 가장 커다란 영향을 미칠 것인가?
- 문제의 신제품은 어떤 표적집단을 대상으로 판매하여야 하는가?

예컨대, 신제품에 대해서 두 가지 종류의 가격을 책정하고, 그것이 판매에 어떠한 영향을 미치는가를 시험하기 위해 실험을 행할 수가 있다. 즉, 한 도시의 특정 점포에서 한 가지 가격으로 제품을 판매하고, 또 다른 도시의 점포에서는 다른 가격으로 판매를 할 수가 있다. 만일 두 도시가 점포환경이 비슷하고, 제품에 대한 마케팅 활동이 유사하다면 두 도시에서의 판매액의 차이가 가격수준과 밀접하게 관련되어 있음을 발견할 수가 있다. 물론 판매에 영향을 미치는 변수로는 가격 외에도 광고나 기타 마케팅 믹스 및 환경적 요인들도 동시에 존재하기 때문에 그러한 변수들이 판매에 어떠한 영향을 미칠 것인가를 알려면 보다 복잡한 실험설계를 이용하여야 한다.

(2) 접촉방법

정보를 수집하는 방법에는 접촉방법에 따라 우편, 전화 및 개인면접이 있다. 표 4-2는 각각의 접촉방법들이 지니고 있는 장·단점을 보인 것이다.

우편설문서는 여러 가지 장점이 있다. 우선 응답자 1인당 많은 양의 정보를 저렴한 비용으로 수집할 수 있다. 우편설문에 응하는 사람들은 낯이 익지 않은 조사자들이 직접 나타나거나 또는 전화로 응답하여야 할 경우보다도 설문내용에 대해서 보다 친근감을 갖고 정직하게 설문조사에 응할 수가 있다. 조사자나 면접자가 직접 응답자들과 접촉하지 않음으로 인해서 응답자들의 응답에 편견이 개재될 소지가 적을 수가 있다.

그러나 우편설문서는 몇 가지 단점도 있다. 즉, 우편설문서는 신축성이 대단히 적다는 것이다. 우편설문서는 간단하고 단순하며 분명한 어휘로 표현되어야만 응답하기가 쉽다. 모든 응답자들은 동일한 질문에 대해서 고정된 순서에 따라서 응답을 하여야 된다. 따라서 조사자는 먼저 응답한 내용을 토대로 해서 다시 질문을 하거나 수정을 하는데 어려움을 겪게 된다. 우편조사는 보통 완성하는데 시간이 많이 걸리고 응답률도 극히 낮을 경우가 많다. 마지막으로 조사자는 표본대상자에 대해서 거의 통제가 불가능하다. 가령 표본대상자의 명단을 입수하여 대표적인 인물들을 표본으로 선정하였다 하더라도 그들이 설문에 대해서 직접 응답하였는가의 여부에 대해서 확인할 길이 없는 등의 통제력이 약한 단점이 있다.

전화면접은 정보를 신속하게 입수하는 데는 가장 좋은 방법이며, 우편설문보다도 신축성이 많

표 4-2 세 가지 접촉 방법의 장 · 단점

	우 편	전 화	개인적 접촉
1. 신축성	열등함	우수함	매우 우수함
2. 자료수집량	우수함	보통임	매우 우수함
3. 면접자의 영향에 관한 통제	매우 우수함	보통임	열등함
4. 표본통제	보통임	매우 우수함	보통임
5. 자료수집속도	열등함	매우 우수함	우수함
6. 응답률	열등함	우수함	우수함
7. 비용	우수함	보통임	열등함

은 장점이 있다. 면접자는 이해하기 힘든 질문에 대해서 설명할 수 있으며 응답자의 응답내용에 따라서 어떤 질문은 생략할 수도 있고, 또 어떤 질문에 대해서는 더 심층적으로 조사할 수도 있다.

전화면접은 또한 표본통제가 더 강력한 장점이 있다. 조사자나 면접자는 응답자에게 전화를 통하여 자신의 신분을 밝히고 원하는 응답을 요청함으로써, 응답률이 일반적으로 설문조사보다는 높은 경향이 있다.

그러나 전화면접도 단점이 있다. 응답자 1인당 소요비용이 우편설문에 비해서 더 많이 소요되며, 사람들은 면접자와 개인적인 내용에 대해서 논의하기를 원하지 않을 수가 있다. 면접자를 동원한다는 것은 신축성이 그만큼 많게 된다는 것을 의미하지만, 또한 면접자에 따라서 편견을 막을 소지도 있다. 면접자와 응답자간의 대화하는 방식, 질문자에 따른 질문방법에 대한 약간의 차이 등이 응답에 영향을 미칠 수 있다. 뿐만 아니라 면접자에 따라서 응답의 내용을 각기 다르게 해석하고 기록할 수가 있으며, 시간의 촉박 등으로 인해서 면접자는 질문을 하지 않고도 응답에 대한 기록을 함으로써 잘못된 자료를 작성할 수도 있다.

개인면접에는 두 가지 형태가 있다. 그 하나는 개별적인 질문을 하는 것이고, 또 하나는 집단적으로 면접하는 것이다. 개별면접은 응답자가 현재 위치하고 있는 현장에서 직접 대화를 통하여 자료를 입수하는 방법이다. 면접자는 응답자들의 협조를 얻어야 하는 번거로움이 있고, 또 응답을 하는데 단시간 내에 자료를 입수할 수도 있지만 시간이 많이 소요되는 경우도 있다. 따라서 시간이 많이 소요될 경우에는 응답자들에게 응분의 대가를 지불하여야 할 경우가 있을 것이다.

집단면접이란 한 명의 유능한 면접자가 6~10명의 비교적 소수의 사람들을 초청하여 회합을 갖고 특정된 주제(예컨대 특정한 제품, 서비스, 또는 기업)에 대해서 자유롭게 토론하도록 하는 방법이다. 사회자로서 면접자는 객관적인 태도를 유지할 필요가 있으며, 문제의 주제나 집단의 행동과 성격에 대해서 잘 이해하고 있어야 될 필요가 있다. 회의에 참석한 사람들은 회의 내용에 대해서 주의를 기울이지 않을 수가 있고, 자유롭게 비공식적으로 회의가 진행되는 것이 보통이다. 면접자는 일반적인 이야기로부터 시작하여 보다 구체적인 문제로 점차로 좁혀 들어가는 형태로 회의를 진행시킴으로써 응답자로 하여금 자유롭고도 쉽게 토의에 참여할 수 있도록 유도한다. 그렇게 함으로써 참석자들이 참여에 적극적이 되기를 기대할 수 있고, 서로의 의견이나 생각 또는 감정을 솔직하게 털어놓을 수가 있다. 동시에 사회자는 토론의 내용을 한 곳으로 집중시킬 수 있으므로 이러한 의미에서 이를 **표적집단면접**(focus group interviewing : FGI)이라고도 한다. 토의 내용은 여러 가지 기록수단을 통하여 보관하고 나중에 이를 재정리함으로써 요약하여 이용한다. 이러한 표적집단면접은 오늘날 소비자들의 생각이나 감정에 대한 이해를 얻기 위해 가장 흔히 이용되는 조사방법 중의 하나가 되고 있다.

이러한 개인면접은 신축성이 대단히 많고, 또 방대한 양의 정보를 수집하는데 이용될 수 있다. 사회자의 능력에 따라서 참여자들이 관심도를 높일 수 있고, 장시간동안 소비자들의 의견을 수집할 수 있으며, 또 어려운 질문 내용에 대해서도 설명할 수가 있다. 뿐만 아니라 어떤 유형의 질문 내용도 자유롭게 이야기할 수 있는 장점이 있다. 사회자는 응답자들에게 실제의 제품이나 광고물을 보여주고 그들의 반응이나 행동 등을 관찰할 수가 있다. 개인면접은 대부분의 경우, 신속하게 행해지는 것이 보통이다.

개인면접은 몇 가지 중요한 단점이 있다. 즉, 비용이 많이 들고 표본을 추출하는데 문제가 있다. 개인면접은 전화면접에 비해서 몇 배의 비용이 소요될 수가 있으며, 따라서 집단면접과 같은 경우에는 표본의 규모를 작게 하고, 이에 따라서 시간을 절약하고 비용을 감소시키려고 한다. 그렇지만 그렇게 함으로써 어떤 조사결과가 객관성이 있다거나 보편적인 내용을 도출할 수 있다는 보장이 되지 않는 어려움이 있다. 또한 개인면접에서 면접자는 많은 자유가 있기 때문에 면접자에 따라서 커다란 편향성이 생길 수가 있다.

어떠한 종류의 조사방법이 가장 적절한가는 조사자가 수집하고자 하는 정보의 내용과 접촉하고자 하는 응답자들의 숫자와 그 유형에 달려 있다. 오늘날에는 컴퓨터 및 통신수단의 발달로 인해서 정보수집을 입수하는 방법에 커다란 영향을 미치고 있다. 예컨대 많은 조사기관들은 컴퓨터 지원에 의한 전화면접(computer-assisted telephone interview : CATI)을 광역 전화서비스망(wide area telephone service : WATS)과 함께 이용하고 있다. 면접자는 비디오 화면에서 설문내용을 읽고 응답자들의 응답을 컴퓨터에 직접 입력한다. 이러한 절차를 이용하게 되면 자료를 편집하거나 기호화하는 일을 제거할 수가 있고, 오류를 줄일 수 있으며, 시간도 절약이 된다.

근래에 이래로 마케팅 조사에서 발생하고 있는 가장 획기적인 변화는 인터넷이다. 이러한 인터넷(또는 온라인) 마케팅 조사는 인터넷 표본조사(internet survey)와 온라인 표적집단조사(online focus group research)의 형태로 이루어진다. 이러한 인터넷 마케팅 조사는 아직까지 초기단계에 있으나 점차 많이 이용되고 있다. 이것은 자료를 수집하는데 비용이 적게 들고 신속하게 입수할 수 있는 장점이 있다. 또한 온라인 이용자들이 모집단을 대표한다고 볼 수 없지만 이들이 신제품을 비교적 일찍 구입하는 경향이 있고 여론 주도자의 역할을 수행하는 경우가 많기 때문에 기업의 입장에서는 중요한 고객집단이 된다.

온라인 조사는 모든 기업이나 제품에 적절한 것은 아니다. 예컨대 대량판매를 필요로 하는 기업에서 모집단을 대표할 수 있는 횡단조사를 행하여야 할 경우에 온라인 조사방법은 그다지 유용하지 못하다. 즉, 기업의 표적고객과 조사 대상자인 인터넷 이용자간의 특성이 일치하지 않는다면 인터넷으로 수집된 자료가 유용하지 못할 것이다.

온라인 조사는 적절하게 이용할 수 있다면 전통적인 표본조사나 표적집단조사에 비하여 자료수집 속도나 비용이라는 측면에서 각각 장·단점이 있다. 온라인 조사자들은 정량적 조사를 일상적으로 행하여 단시일 내에 응답자료를 입수할 수 있다. 온라인 표적집단조사도 어느 정도의 준비기간이 필요하지만 결과를 즉시 입수할 수 있다.

온라인 조사는 비용도 비교적 적게 드는 장점이 있다. 조사에 참여하는 응답자들은 세계 어느 곳에서든지 응답할 수 있다. 조사자가 직접 여행한다거나 통신에 소요되는 비용을 제거할 수 있다.

그러나 인터넷을 이용하여 마케팅 조사를 행할 경우에 몇 가지 단점도 있다 주요 문제중의 하나가 표본대상자를 선정하는 일이다. 온라인 이용자들 가운데 조사에 응하겠다는 사람들만 선정하면 모집단을 대표할 수 없게 된다. 이러한 문제를 극복하는 하나의 방법은 고정 응답자집단(panel)을 두는 것이다. 모집단을 대표할 수 있는 응답자들을 선정하여 이용한다 하더라도 표적집단조사의 경우에는 해석상의 문제가 있을 수 있다. 응답자들이 한 자리에 모여 토론하는 경우와 인터넷에서 채팅으로 각기 대화를 나누는 것과는 상이한 결과를 가져올 수 있다.

인터넷 마케팅 조사에 관한 전망에 대해서는 논자에 따라 견해가 다르지만 인터넷을 통한 조사가 더욱 증가하리라는 점에는 의문의 여지가 없다.

(3) 표본추출계획

마케팅 조사자들은 흔히 불특정 다수의 소비자들 가운데 소규모의 대표적인 표본집단을 선정하여 그들의 행동이나 태도를 관찰하거나 기록함으로써 전체 소비자집단 혹은 모집단의 태도나 행동을 추정하고자 하는 경우가 많다. 이와 같이 표본을 추출하여 표본의 특성을 관찰함으로써 모집단의 특성을 추정하고자 하는 것이 통계의 기본적인 목적임은 누구나 알고 있는 사실이다. 그러므로 모집단을 대표하는 표본을 정확하게 추출하기 위해서는 여러 가지 요소를 고려하여야 될 필요가 있는 바, 다음과 같이 몇 가지 나누어 생각할 수 있다.

첫째, 표본추출 대상자로서 표본으로 추출할 조사대상자를 선정하는 것은 조사 목적상 어떠한 정보를 원하는가에 따라 다르다. 예컨대, 어느 사업가가 비행기편을 결정하는 것은 그 자신인가, 그의 부인인가, 또는 비서인가? 특정 항공회사를 이용할 것을 권유하는 사람, 결정하는 사람, 실제로 이용하는 사람이 각각 누구인가 등의 정보뿐만 아니라 누가 그와 같은 정보를 갖고 있을 것인가도 알아야 한다.

둘째로 표본추출규모이다. 표본을 추출할 대상자의 수가 많을수록 신뢰성이 있는 결과를 얻을 수가 있을 것이다. 그러나 만족할 만한 정보를 얻기 위하여 표적시장의 모집단에서 전부 혹은 대부분을 추출할 필요는 없다. 적절한 표본추출절차를 밟는 경우, 모집단의 1%내외만을 표본으로 추출하여도 대체로 신뢰할 수 있는 정보를 입수할 수가 있다.

셋째, 표본추출절차이다. 표적집단에 대해서 신뢰할 수 있는 추정을 하려면 무작위로 표본을 추출하는 것이 바람직하다. 그러나, 이 방법은 무작위로 추출하지 않을 경우보다 비용이 많이 들 경우가 흔히 있다. 무작위로 표본을 추출하지 않을 경우에는 일반적으로 오류가 더 많을 것이다. 그러므로 조사자는 비용과 정확성의 고려하여 신중하게 표본추출절차를 선택하여야 한다.

표 4-3은 여러 가지 유형의 표본을 보인 것이다. '확률표본'을 이용할 경우에는 모집단의 구성분자가 표본으로 선정될 확률이 알려져 있고 조사자는 표준오차에 대한 신뢰구간을 계산할 수 있다. 그러나 확률표본 추출방법은 비용이 많이 소요되거나 시간이 많이 걸리기 때문에 마케팅 조사자는 '비확률표본'을 이용할 경우가 흔히 있다. 그대신 비확률표본 추출방법은 표본오차를 계산할 수 없는 단점이 있다. 이러한 여러 가지 표본추출방법은 소요되는 비용이 각기 다르고 시간상의 제약도 다르다. 또한 정확도와 통계적 특성도 각기 다르다. 그러므로 어떤 표본추출방법을 이용할 것인가의 문제는 조사 프로젝트의 필요에 달려 있다.

(4) 조사수단

조사자가 1차자료를 수집할 때에는 두 가지 주요 조사수단, 즉, 설문서와 기계장치 두 가지 중 어느 하나를 선택할 수가 있다.

표 4-3 확률표본과 비확률표본

< 확률표본 >	
· **단순 무작위표본**	모집단의 모든 구성분자가 표본으로 선정될 확률이 동일함.
· **층화표본**	모집단을 상호배반적인 하위집단으로 나누어 각 하위집단에서 표본을 무작위로 선정함.
· **군집표본**	모집단을 상호배반적인 하위집단(예컨대 지역별)으로 나누고 하위집단 자체를 조사 대상으로 선정함.
< 비확률표본 >	
· **임의표본**	조사자가 쉽게 접근할 수 있는 대상을 임의로 선정함.
· **주관적 판단에 의한 판단**	조사자가 모집단을 훌륭하게 대표할 수 있다고 생각되는 것을 주관적 판단으로 선정.
· **할당표본**	조사자가 생각하는 범주에 속하는 대상을 비례적으로 할당하여 표본을 선정함.

설문서는 가장 흔히 이용되는 공통적인 조사수단이다. 이러한 설문서는 넓은 의미에서 일련의 여러 가지 질문을 응답자에게 제시하고 그들의 응답을 구하는 방법이라고 할 수 있다. 설문서는 대단히 신축적인 장점이 있다. 즉, 질문을 여러 가지로 다양하게 할 수 있는 방법이 있으며, 본격적으로 조사를 행하기 전에 질문 내용을 신중하게 검토하고, 개발하고, 시험하는 과정이 필요하다. 설문서의 내용을 신중하게 적성하지 않으면 응답자로부터 매우 부정확한 응답을 입수하기가 쉽다(표 4-4 참조).

예컨대, 설문서에는 응답할 수 없거나 응답하지 않으려는 질문, 또는 응답할 필요가 없는 질문이 포함되기도 하며, 응답이 필요한 질문을 생략하는 오류를 범할 경우도 많다. 각 질문서의 항목은 조사목적상 반드시 필요한가를 결정하여야 하며, 단순히 흥미를 끌기 위한 질문은 제거하여야 한다. 그러한 질문은 응답작성에 시간만 낭비하고 가치가 없을 경우가 많기 때문이다. 질문형식에 따라서도 응답에 커다란 차이가 있을 수 있다. 예컨대 응답자가 응답여부를 자유롭게 결정하여 해답이 여러 가지로 나올 수 있는 질문을 작성할 수 있다(open-end question; 자유응답형). "우리 회사에 대하여 당신은 어떠한 느낌을 가지고 계십니까?"와 같은 질문이 그러한 예이다. 또한 응답자들에게 답을 주어 택일하게 하는 질문을 작성하기도 한다(closed-end question). 양자택일의 질문(dichotomous question), 혹은 선다형 질문(multiple choice question) 등이 그러한 예이다. 이러한 두 가지 형태의 질문서에 따라 응답자의 사고, 면접비용, 분석의 질에 영향을 미치게 된다.

표 4-4 미숙한 설문서의 예

◆ 어떤 맥주회사에서 마케팅 조사자가 휴가 중이므로 제품관리자가 다음과 같은 질문서를 작성하였다고 하자. 독자는 어떠한 느낌을 받는가?

1. 당신의 월급은 대략 얼마입니까?
2. 당신은 맥주를 많이 마십니까? 조금 마십니까?
3. 당신은 작년 4월에 맥주를 얼마나 마셨습니까? 금년 4월에는?
4. 당신은 맥주를 마시면 만취합니까? 예(　　　), 아니오(　　　)
5. 지난 주 월요일에는 어떤 TV 프로그램을 시청했습니까?
6. 당신은 맥주 외에 어떤 음료를 좋아합니까?
7. 당신은 외제맥주를 마시는 것이 정당하다고 생각합니까?

◆ 논평

1. 사람들은 자신의 월급을 밝히기를 꺼려하는 경향이 있으므로 이러한 질문은 적절하지 못하다. 개인적인 문제를 공개적으로 물어서는 안 될 것이다.
2. 많이 마시는 것과 조금 마시는 것의 기준은 무엇인가? 자신이 많이 마시는 사람이라고 스스로 인정하는 사람이 있을 것인가도 문제이다.
3. 누가 그러한 사실을 기억하겠는가?
4. 만취라는 것은 정도의 문제일 것이다. 그리고 가부를 꼭 물어보는 것도 적당한 방법은 못되는 것 같다. 질문의 순서상에도 문제가 있다.
5. 누가 이것을 기억하겠는가? TV프로그램을 구체적으로 지적하는 것이 좋은 방법 일 것이다.
6. 다른 음료란 구체적으로 무엇을 말하는가?
7. 가부의 답을 솔직히 얻을 수 있는 질문은 못되는 것 같다.

질문에 사용할 어휘도 신중하게 선택하여야 한다. 사용할 말은 단순하고 직접적인 표현이야 하고, 명확하고 공정하여야 한다. 질문항목의 배열도 매우 중요하다. 주요 문항은 응답자의 관심을 불러일으킬 수 있어야 하며, 응답이 어렵거나 응답자의 개인적인 문제에 대한 질문은 뒷부분에 두는 것이 좋다. 왜냐하면 응답을 작성하는 중에 응답자의 감정에 영향을 미치게 되는 문항이 있으면 나머지 부분의 응답작성에 지장을 초래할 수 있기 때문이다. 그러므로, 논리적으로 정연한 답을 작성할 수 있도록 질문의 순서를 신중하게 배열하여야 한다. 비밀에 속하는 문항도 질문서의 마지막 부분에 두어야 할 것이다.

설문서가 일반적으로 가장 흔히 이용되고 있는 조사수단이긴 하지만 오늘날에는 가계장치도 흔히 이용되고 있다. 앞에서 소매점의 계산대에서 이용되고 있는 주사기(scanner)의 경우가 그러하지만, 또 하나의 예를 든다면 조사대상자들의 신체적 반응을 측정하는 장치인 검류계(galvanometer)를 들 수가 있다. 이 검류계는 조사대상자들이 광고라든가 기타의 그림과 같은 자극물에 대한 반응에서 나타나는 감정이나 관심사의 강도를 측정하는 장치이다. 이러한 검류계를 통해서 응답자들의 사소한 감정유발이 어떻게 발생하고 또 변화하는가를 찾아낼 수가 있다.

또한 조사대상자들에게 광고와 같은 자극물을 노출시켜 줌으로써 순간적으로 어떠한 반응을 보이는 것인가를 측정하는 순간주의력 측정장치(tachistoscope)같은 것도 있다.

(5) 조사계획의 제시

마케팅 조사자는 이 단계에서 계획을 문서화된 제안서에 요약하여야 한다. 특히 조사 프로젝트가 대규모이고 복잡하거나 외부기관이 조사를 행할 때에는 조사계획을 문서화하는 것이 매우 중요하다. 조사계획서에는 경영상의 문제점들과 조사의 목적, 수집할 정보의 내용, 2차정보의 출처 또는 1차자료의 수집방법, 그리고 조사결과가 경영의사결정에 어떻게 도움이 될 것인가에 관한 내용들이 포함되어야 한다. 또한 조사비용도 언급할 필요가 있다. 조사계획을 문서화하면 마케팅 관리자와 조사자가 조사의 모든 중요한 측면들을 확실하게 고려하고 조사를 왜, 어떻게 해야 할 것인가에 관하여 합의를 볼 수가 있다.

3) 조사계획의 실시

앞에서 언급한 절차가 완료되면 조사자는 마케팅 조사계획을 실행에 옮길 수 있다. 여기에는 정보를 수집하고, 처리하고, 분석하는 과정이 포함된다. 자료수집은 기업 자체의 마케팅 조사요원이나 또는 외부기관에 의해서 시행될 수가 있다. 기업 자체에서 독자적으로 조사를 행하게 되면 자료를 수집하는데 대해서 더 많은 통제를 가하고 자료의 질을 더욱 높일 수 있는 장점이 있다. 그러나 자료수집을 전문적으로 수행하는 외부기관에 의뢰하게 되면 보다 신속하게 저렴한 비용으로 조사업무를 수행할 수도 있다.

마케팅 조사과정에서 자료수집단계에서 보통 가장 비용이 많이 소요되고 또한 오류를 범하기 쉽다. 조사자는 계획이 정확하게 수행되고 있는가를 확인함과 동시에 응답자들과의 접촉에 따르는 문제점들을 보완하기 위해서 조사현장을 면밀하게 주시할 필요가 있다.

수집한 자료는 중요한 사실이나 정보를 발견하기 위하여 처리하고 분석되어야 한다. 설문서에 의한 자료는 정확성 여부와 완전성 여부를 검토하고 컴퓨터에 입력하기 위해서 기호화(coding)한다. 그리고 나서 조사자는 컴퓨터 프로그램을 이용하여 수집된 자료를 통계적으로 분석하고 해석하는 작업을 수행하게 된다.

표 4-5 설문의 유형

<table>
<tr><th colspan="3">〈A. 택일형〉</th></tr>
<tr><th>유 형</th><th>특 성</th><th>예</th></tr>
<tr><td>양자택일형</td><td>두 가지 응답항목 중 택일</td><td>"귀하는 이번 여행계획을 혼자 세우셨습니까?"
☐ 예 ☐ 아니오</td></tr>
<tr><td>선다형</td><td>세 개 또는 그 이상의 응답항목에서 선택</td><td>"귀하는 이번 여행에 누구와 동행하십니까?"
☐ 아무도 없음 ☐ 자녀들
☐ 배우자 ☐ 직장동료
☐ 배우자와 자녀 ☐ 친구들</td></tr>
<tr><td>리커트 척도</td><td>응답자가 문항에 동의하는 정도를 표시</td><td>"국내 항공사는 외국 항공사보다 일반적으로 서비스가 좋다."
☐ 1 정말 그렇다 ☐ 2 그렇다
☐ 3 그저 그렇다 ☐ 4 그렇지 않다
☐ 5 전혀 아니다</td></tr>
<tr><td>어의 차이법</td><td>상반되는 형용어구를 척도의 양쪽 끝에 표시하여 적절할 곳에 응답하도록 함</td><td>"XX 항공사는"
규모가 크다 : X : _ : _ : _ : _ : 규모가 작다
경험이 많다 : _ : _ : _ : X : _ : 경험이 부족하다
현대적이다 : _ : _ : X : _ : _ : 구식이다</td></tr>
<tr><td>중요도 척도</td><td>어떤 속성의 중요도를 평가하여 표시하도록 함</td><td>"기내 음식 서비스는 나에게"
<table>
<tr><td>극히 중요함</td><td>매우 중요함</td><td>다소 중요함</td><td>그리 중요하지 않음</td><td>전혀 중요하지 않음</td></tr>
<tr><td>1</td><td>2</td><td>3</td><td>4</td><td>5</td></tr>
</table></td></tr>
<tr><td>평가척도</td><td>속성의 우수 정도를 평가</td><td>"XX 항공사의 기내 음식 서비스는 …"
<table>
<tr><td>극히 우수하다</td><td>매우 우수하다</td><td>우수하다</td><td>그저 그렇다</td><td>불량하다</td></tr>
<tr><td>1</td><td>2</td><td>3</td><td>4</td><td>5</td></tr>
</table></td></tr>
<tr><td>구매의도 조사</td><td>구매의도를 척도로 표시하여 응답</td><td>"이러한 고화질 TV가 나온다면, …"
<table>
<tr><td>절대 구매함</td><td>구매할 것임</td><td>불확실함</td><td>구매하지 않겠음</td><td>절대 구매하지 않음</td></tr>
<tr><td>1</td><td>2</td><td>3</td><td>4</td><td>5</td></tr>
</table></td></tr>
<tr><th colspan="3">〈B. 자유응답형〉</th></tr>
<tr><th>유 형</th><th>특 성</th><th>예</th></tr>
<tr><td>완전 자유응답형</td><td>응답방식에 제한이 없음</td><td>"XX 항공사에 대해서 어떻게 생각하십니까?"</td></tr>
<tr><td>단어 연상법</td><td>단어들을 제시하여 응답자가 먼저 떠오르는 것을 표시하도록 함</td><td>"다음의 단어를 보면 먼저 무엇을 연상하게 됩니까?"
항공사 ________________
XX항공사 ________________
여행 ________________</td></tr>
<tr><td>구술 완결법</td><td>불완전한 이야기를 들려주고 누락된 부분을 응답하도록 함</td><td><생략></td></tr>
<tr><td>그림 완성법</td><td>그림을 보여주고 부족한 부분을 지적하도록 함</td><td><생략></td></tr>
<tr><td>유화 주제법 〈TAT〉</td><td>그림을 보여주고 무엇이 발생하고 있는가를 응답하도록 함</td><td></td></tr>
</table>

4) 발견된 사실의 해석과 보고서 작성

이제 조사자는 발견된 사실들을 해석하고 결론을 도출하며, 최고경영층에게 그 결과를 보고서로 작성, 제출하여야 한다. 조사자는 예상외의 통계숫자나 기발한 통계기법을 이용함으로써 경영층에게 당혹감을 주어서는 안 된다. 그보다는 경영층이 당면하고 있는 주요 의사결정에 도움이 될 사실들에 대해서만 간략하게 제시하는 일이 중요하다.

그러나 조사결과의 해석을 조사자에게만 맡겨서는 안 된다. 조사자들은 조사설계를 하고 통계분석을 행하는 데는 더 전문성을 지니고 있을지 모르지만 마케팅 관리자는 실질적인 문제가 무엇인가, 그리고 어떠한 의사결정을 내려야 할 것인가에 대해서 더 잘 알고 있다. 많은 경우에, 발견된 사실들이 여러 가지 방식으로 해석될 수가 있으며, 마케팅 관리자와 조사자간에 충분한 논의가 있어야만 최선의 해석결과를 획득할 수 있다. 마케팅 관리자는 또한 조사 프로젝트가 제대로 수행되고 모든 필요한 분석이 완전하게 이루어지는가를 알고자 할 것이다. 또는 발견된 사실을 보고 나서, 수집된 자료를 토대로 추가로 문제를 제기할 수도 있다. 마지막으로 마케팅 관리자는 조사결과가 암시하는 바에 따라서 어떠한 행동을 취할 것인가를 최종적으로 결정하여야 한다.

자료의 해석은 마케팅 조사과정에서 중요한 단계 중의 하나이다. 마케팅 관리자가 조사자로부터 입수된 잘못된 해석자료를 맹목적으로 받아들인다면, 아무리 훌륭한 조사라 하더라도 쓸모가 없게 된다. 이와 마찬가지로, 마케팅 관리자들은 조사결과의 해석에 대해서 편견을 가질 수도 있다. 즉, 그들은 자신들이 기대했던 바와 같은 조사결과를 받아들이는 경향이 있고, 자신들이 기대하지 않았거나 바라지 않았던 결과에 대해서는 수용하기를 거부하는 경향이 있다. 따라서 마케팅 관리자와 조사자들은 조사결과를 관찰할 때에 서로 밀접한 관련 속에서 면밀하게 공동으로 일을 하여야 하고, 조사과정에 대한 책임을 공동으로 져야 하며, 최종 의사결정에 대해서도 각각 책임을 분담하여야 한다.

제3절 마케팅 조사에서의 여타 고려사항

지금까지 우리는 비교적 대기업의 경우를 가상하여 마케팅 조사과정, 즉 조사의 목적을 확정하는 것으로부터 시작하여 조사결과를 해석하고 보고서를 작성하는 과정에 이르기까지 방대하게 살펴보았다. 본 절에서는 중소기업과 비영리기관에의 마케팅 조사는 물론 국제 마케팅의 조사에 관하여 살펴보기로 한다. 마지막으로 공공정책과 마케팅 조사에서의 윤리문제를 다루어 보기로 한다.

1. 중소기업과 비영리기관에서의 마케팅 조사

공식적인 마케팅 조사는 흔히 대기업의 전문가들만이 행할 수 있다고 생각하기 쉽다. 그러나 여러 가지 마케팅 조사기법들은 중소기업이나 비영리기관에서도 비용을 거의 들이지 않고도 이용될 수 있다.

중소기업이나 비영리기관의 경영자들은 주변의 사물들을 단순히 '관찰'함으로써 마케팅 정보를 훌륭하게 입수할 수 있다. 예컨대 소매상들은 차량이나 보행자의 수를 관찰함으로써 새로운 위치를 평가할 수 있다. 또한 경쟁점포를 방문하여 시설과 가격 등을 점검할 수 있다. 또한 시간대에 따라 어떠한 유형의 고객들이 얼마나 구매하고 있는가를 기록함으로써 고객들의 유형을 평가할 수 있을 것이다. 지역매체를 통한 광고에 대한 정보도 수집함으로써 경쟁자의 광고를 점검할 수 있다.

경영자들은 소규모의 임의의 표본을 이용하여 비공식적인 '표본조사'(survey)를 사용할 수 있다. 미술박물관을 책임지고 있는 관리자는 이용객들이 어떠한 전시물을 원하고 있는가를 알기 위하여 소규모의 이용객들을 초청하여 점심식사를 마련해서 관심사에 관하여 논의하는 등 비공식적인 표적집단조사를 행할 수 있다. 소매상의 점원들은 고객들과 대화를 통하여 원하는 바를 파악할 수 있고, 병원에 종사하는 직원들은 환자들과 대화를 나눔으로써 병원의 서비스에 대한 정보를 입수할 수 있다. 식당을 경영하는 사람은 한가한 시간을 이용하여 고객들과 통화함으로써 그들이 어디에서 주로 점심식사를 하고 여러 식당에 관하여 어떠한 생각을 하고 있는지를 알아볼 수 있다.

또한 경영자들은 '실험'을 간단하게 행할 수도 있다. 예컨대 비영리기관의 경영자는 기금조성을 위한 우편안내문의 내용을 바꾸어 그 결과를 관찰함으로써 어떤 마케팅 전략이 우수한가를 찾아낼 수 있다. 점포관리자는 신문광고의 크기를 관찰함으로써 광고의 크기와 위치, 가격할인 내용, 이용하고 있는 매체 및 여타 요소들에 관한 성과를 파악할 수 있다.

소규모의 기관에서는 대기업에서 이용하고 있는 대부분의 2차자료를 입수할 수 있다. 이와 더불어 각종 경제단체나 언론기관, 기타 정부기관 등에서 중소기업을 위한 특별한 정보를 제공할 기회가 있다. 우리나라의 경우, 통계청을 비롯하여 각 정부기관은 물론 산업자원부 산하의 중소기업청, 중소기업 진흥공단 및 중소기업 협동중앙회 등에서는 중소기업들을 위하여 자금지원, 기술개발, 해외시장정보 등 다수의 자료를 무료로 제공하고 있으며 인터넷을 통해서도 그러한 정보를 입수할 수 있다.

요컨대 중소기업이나 비영리기관에서도 적은 예산을 가지고도 2차자료를 수집할 수 있을 뿐만 아니라 관찰, 표본조사 및 실험 등의 방법을 통하여 효과적으로 정보를 입수할 수 있다. 이러한 비공식적 조사방법들은 덜 복잡하고 비용이 적게 소요되지만 이러한 조사도 신중하게 행하여야 한다. 경영자들은 조사의 목적에 신중하게 생각하고, 조사할 내용을 사전에 충분히 검토하며, 소규모의 표본으로 인하여 발생할 편향성과 조사기법에 대한 부족한 지식을 인식하고, 조사를 체계적으로 행하여야 한다.

2. 국제 마케팅 조사

국제 마케팅 조사도 지금까지 언급한 통상적인 마케팅 조사절차와 다를 바가 없다. 그러나 조사자들은 보다 복잡하고 상이한 문제들에 직면하게 될 경우가 많다. 예컨대 국내시장만을 대상으로 조사를 행할 경우는 비교적 동질적인 시장을 다루게 되지만, 국제 마케팅 조사자들은 다수의 국가에 소재하고 있는 상이한 시장들을 다루고 있다. 이러한 해외시장들은 경제발전단계, 문화와 관습 및 구매패턴에 있어 커다란 차이를 보일 경우가 흔히 있다.

해외시장의 경우에는 유용한 2차자료를 수집하기 어려울 경우가 많다. 예컨대 우리나라에서는 통계청에서 발행하고 여러 가지 자료를 포함하여 다수의 2차자료를 쉽게 입수할 수 있지만, 그러한 자료를 제공하고 있지 않은 국가가 상당히 많다. 설사 그러한 자료를 입수할 수 있다하더라도 국가별로 비교하기가 상당히 어렵다.

해외시장에 관한 2차자료가 부족함으로 인하여 1차자료를 직접 수집하여야 할 경우가 많다. 여기에도 어려움이 많다. 예컨대 모집단을 대표할 수 있는 훌륭한 표본을 선정하기가 어려울 때가 많다. 예컨대 우리나라에서는 통계청에서 발행하고 있는 인구 및 주택 센서스를 토대로 하여 표본을 추출하거나 지역별 전화번호를 모집단으로 하여 표본을 선정할 수 있지만, 해외에서는 이러한 정보를 입수할 수 없을 때가 많다.

국내에서 조사를 행할 때에는 표본이 일단 선정되면, 대부분의 응답자들은 전화나 우편 또는 기타 개인적으로 쉽게 접촉할 수 있다. 멕시코에서는 이러한 방식의 자료수집이 불가능하다. 대부분의 자료는 직접 방문을 통하여 수집하여야 하며 그것도 서너 개의 대도시에 집중되어 있다. 멕시코에서 표본조사를 행할 때에는 스페인어 이외의 언어를 사용하고 있는 대부분의 원주민들을 조사대상에서 제외할 경우가 많다. 아직도 전화 보급률이 낮은 나라가 많다. 이집트의 전화 보급률은 인구 천명당 4명이고, 터키의 경우에는 6명이며, 아르헨티나의 경우에는 32명에 불과하다. 우편제도가 불량한 나라도 흔히 찾아 볼 수 있다. 예컨대 브라질에서는 우편물의 30%가 배달되지 않는 것으로 추정된다. 또한 다수의 개발도상국에서는 도로와 기타 교통사정이 좋지 않아 개인면접을 행하기가 어렵고 비용도 많이 소요된다.

국가간의 문화적 차이도 조사를 행하는데 문제가 된다. 커다란 장애요인 중의 하나는 언어이다. 예컨대 설문서가 작성되면 상대국가의 언어로 번역되어야 한다. 번역된 언어로 작성된 설문서로 자료를 수집한 다음에는 결과를 분석하고 해석하기 위하여 원래의 언어로 다시 번역되어야 한다. 이 과정에서 오류가 발생할 위험이 있으며 비용도 많이 소요된다. 설문서를 외국어로 번역하는 것은 쉬운 일이 아니다. 문장이나 문구의 내용이 문화적인 차이로 인하여 그 의미가 다를 경우가 많은 것이다.

다른 한편, 나라마다 소비자의 구매 역할이나 의사결정과정이 각기 다름으로 인하여 조사의 어려움이 증폭된다. 마케팅 조사에 대한 소비자에 대한 태도도 나라마다 다르다. 어느 나라에서는 매우 호의적인데 비하여 다른 나라에서는 응답하지 않거나 응답하지 않으려는 경우가 있다. 예컨대 일부 회교국가에서는 낯선 사람과 이야기하는 것이 금기로 되어 있어 조사자가 여성을 대상으로 브랜드에 대한 태도와 구매행동에 관한 내용을 전화로 문의하는 것이 불가능할 경우가 있다. 어떤 나라에서는 설문서의 내용이 극히 사적인 문제로 간주될 경우가 흔히 있다. 예컨대 다수의 남미 국가에서는 샴푸나 향수 또는 기타 개인용품의 선택에 관하여 조사자가 소비자들에게 질문할 때, 이들은 당혹감을 느낄 수 있다. 응답자가 응답할 의사가 있다하더라도 문맹률이 높음으로 인하여 응답할 수 없는 경우가 있다. 개발도상국의 중산층에 속하는 사람들은 자신들이 생각했던 것 이상으로 훌륭하다고 생각하여 과대하게 응답하는 경우가 있다. 예컨대 인도에서 음료수인 차를 마시는 습관에 관한 조사에서 중산층에 속하는 응답자의 70%이상이 유명 브랜드의 차를 구입하여 마신다고 응답하였다. 그러나 실제로는 인도에서 판매되는 차의 60%이상이 브랜드가 없는 보통의 차인 것으로 알려져 있다.

국제 마케팅 조사를 행하는데 이와 같은 문제점이 있음에도 불구하고 국제 마케팅 조사의 활용이 급격히 늘어나고 있다. 시장이 세계화됨에 따라 이러한 조사활동은 불가피하다. 국제 마케팅 조사를 행하는 데에는 비용이 많이 들고 문제점들도 많지만, 그러한 조사를 행하지 않음으로써 초래되는 비용이 더 클 수가 있다. 국제 마케팅 조사와 관련되는 다수의 문제점들을 인식하게 되면 이를 극복할 수 있을 것이다.

3. 공공정책과 마케팅 조사에서의 윤리

기업은 마케팅 조사를 통하여 소비자의 욕구에 대하여 더 많이 알게되고 이에 따라 이를 충족시킬 수 있는 제품과 서비스를 개발할 수 있게 된다. 그러나 마케팅 조사를 잘못 이용하면 기업뿐만 아니라 소비자들에게도 피해를 줄 수 있다. 공공정책을 수립하거나 마케팅 조사에서 야기되는 윤리상의 문제는 소비자 사생활에 대한 침해와 조사결과의 오용이다.

1) 소비자 사생활에 대한 침해

다수의 소비자들은 마케팅 조사에 대하여 긍정적으로 생각하여 그러한 조사가 유용한 목적을 달성하는데 이바지하고 있다고 믿고 있다. 실제로 소비자에 따라서는 면접조사에 기꺼이 응하고 자신들의 의견을 진솔하게 제시하기도 한다. 그러나 마케팅 조사를 불신하고 반감을 갖고 있는 소비자들도 있다. 소수의 소비자들은 조사자들이 정교한 기법을 이용하여 소비자들의 심층적인 감정까지 파악하여 구매를 조작하는데 이용하려 한다는 의구심도 갖고 있다. 또한 조사에 응함으로써 제품을 사지 않을 수 없는 경우도 이야기하는 소비자도 있다. 또 어떤 소비자들은 합법적인 마케팅 조사연구와 텔레마케팅이나 데이터베이스를 개발하는 활동과 혼동하여 면접을 행하기도 전에 응답을 거부하기도 한다. 그러나 대부분의 경우에는 단순히 개인적인 사유로 조사에 반감을 느낀다. 우편조사나 전화면접이 시간이 지나치게 소요되거나 사적인 문제를 다루고 있다고 생각하여 응답을 기피한다.

마케팅 조사에 대한 소비자들의 반감이 점차 증가하여 조사를 행하는데 커다란 문제가 되고 있다. 전문적인 조사기관에서는 이러한 문제에 대처하기 위하여 여러 가지 방법을 강구하고 있다. 그 하나는 응답자의 견해가 중요하다는 캠페인을 전개하여 마케팅 조사의 유용성에 대하여 소비자들을 교육시키고, 그러한 마케팅 조사가 전화판매나 데이터베이스 구축과는 구분된다는 점을 강조하는 것이다. 또 하나의 방법은 조사가 합법적이라는 것을 증명하기 위하여 응답자가 언제든지 조회할 수 있는 수신자 부담 전화번호를 설치하는 것이다. 어떠한 경우이든 조사자는 응답자들에게 자신의 신분과 연락처를 알려야 하며 조사의 목적이 데이터베이스를 구축하거나 제품의 판매를 촉진시키는 것과는 무관하다는 점을 확신시켜야 한다.

2. 조사결과의 오용

마케팅 조사에서 나온 결과는 광고나 판매촉진의 수단으로 이용될 경우가 많다. 그러나 다수의 조사결과는 제품을 강매하는 수단에 불과한 것처럼 보인다. 실제로 어떤 조사는 의도하였던 효과를 얻기 위한 목적으로 설계되기도 한다. 조사결과가 오용되는 예를 들어보자.

어느 자동차 회사에서 행한 연구결과를 보면 자사제품과 외제 승용차에 대하여 주행시험을 해 본 결과, 자사제품이 외제에 비하여 월등하게 우수하다는 평가를 받았다고 발표하였다. 그러나 주행시험에 포함되어 있는 사람들의 숫자는 600명에 불과하였다. 더욱 중요한 것은 이들 가운데 아무도 외제차를 소유하지 않았고 따라서 국산차에 대하여 보다 호의적인 태도를 갖고 있었다는 점이다.

1회용 기저귀를 제조하는 회사에서 다음과 같은 질문을 갖고 조사를 행하였다고 하자. 즉, '1회용 기저귀는 오늘날 전체의 쓰레기에서 차지하는 비율이 1%미만에 불과한 것으로 추정됩니다. 이와 비하여 청량 음료수들의 용기나 신문을 비롯한 기타 휴지 등의 쓰레기는 전체 수량 가운데 약 21%에 달합니다. 이러한 경우에 귀하는 1회용 기저귀의 사용을 금지하여야 한다고 생각하십니까?' 이러한 질문에 대하여 응답자들의 84%가 금지하는데 찬성한다고 응답하였다.

이와 같이 조사대상으로서 표본을 조작하거나 질문을 잘못하면 조사결과에 커다란 영향을 미칠 수 있다.

독자적으로 조사를 전문적으로 행하는 기관에서는 대가를 받고 기업의 의뢰를 받아 조사를 행한다. 조사에서의 가정을 조금이라도 바꾼다거나 결과의 해석방법을 바꾸게 되면 오해를 불러일으킬 소지가 많다. 예컨대 천으로 만든 기저귀에 대하여 1회용 기저귀를 사용할 경우에 환경에 미치는 영향을 비교하는 4가지 조사를 행하였다고 하자. 천으로 만든 기저귀를 만드는 회사에서 후원하는 두 개의 조사결과에서는 천으로 만든 기저귀가 보다 환경 친화적이라 결론을 내렸다. 그러나 일회용 기저귀를 만드는 회사에서 후원하는 두 개의 조사에서는 정반대의 결과를 발표하였다. 양자가 이용하였던 가정들이 '주어졌을 때' 모두 정확한 것처럼 보였다.

이와 같이 조사결과가 오용될 수 있는 여지는 얼마든지 있을 것이다. 따라서 어떠한 형태로든 조사를 행하는데 있어 윤리강령이 필요할 것으로 생각된다. 한 걸음 더 나아가 어느 기업이든지 자신과 소비자들의 이해관계를 파악하기 위하여 조사활동을 감시하고 보고하는 책임을 수행하여야 한다.

제4절 수요 및 판매예측

지금까지 알 수 있었던 바와 같이 마케팅 조사는 여러 가지 목적으로 행해지는 바, 그 중에서 가장 흔히 행해지는 것이 시장수요의 측정과 판매예측이다. 본 절에서는 시장의 개념을 정의하는 것부터 출발하여 이러한 시장수요의 측정과 판매예측에 관한 몇 가지 방법에 대해서 살펴보기로 한다.

1. 시장의 정의

시장수요를 측정하려면 문제의 시장에 관한 명확한 이해가 필요하다. 시장이라고 하는 용어는 다년간 여러 가지 의미로 사용되어 오고 있다. 원래의 의미는 판매자와 구매자가 상품과 서비스를 교환하기 위하여 모이는 하나의 장소를 의미하는 것이다. 오늘날에도 이러한 의미에서 시장의 의미를 사용하는 경우가 많다. 그러나 경제학에서는 시장이 '재화와 서비스에 관해서 거래하는 판매자와 구매자 모두를 기술하는 것'을 의미하고 있다. 따라서 예컨대 청량음료시장이라 하면 코카콜라나 세븐업, 또는 기타 여러 종류의 청량음료수를 판매하는 사람들은 물론 그러한 청량음료수를 구매하는 모든 소비자들로 구성된 것이 시장이라고 생각한다. 경제학자들은 각 시장의 구조와 형태 그리고 그 성과에 대해서 관심을 기울인다.

한편, 마케팅에서 시장이라 함은 '한 제품에 대한 실제 구매자들은 물론 잠재적 구매자들'을 모두 총칭한다. 따라서 시장이란 구매자의 집단을 뜻하는 것으로 볼 수 있고, 반면에 산업이란 판매자들의 집단으로 볼 수 있다. 마케팅에서는 이러한 의미로 시장의 개념을 정의하고 이에 따라 마케팅을 수행하는 것이 보통이다. 그러므로 한 시장의 규모는 그 시장에서 판매되는 특정 제품에 대해서 이를 구입하려고 하는 구매자들의 숫자에 달려있다고 할 수 있다. 이러한 시장을 구성하고 있는 구매자들은 특성을 지니고 있는 사람들이다. 즉 제품에 대한 관심을 가지고 있고, 또 이를 구입할 수 있는 소득이 있으며, 또 구입이 가능한가의 여부에 따라서 영향을 받게 된다.

이제 이러한 몇 가지 특성에 따라서 모터사이클(motor-cycle)시장의 경우를 들어 살펴보기로 하자. 우선 문제를 간단하게 하기 위해서 소비자 시장들을 중심으로 설명하여 보기로 하자. 모터사이클을 제조하는 회사에서는 먼저 모터사이클을 소유하는데 관심을 가지고 있는 소비자들의 수를 먼저 추정하는 일에 관심을 가지게 된다. 즉, 어느 정도의 소비자들이 모터사이클을 구매할 가능성이 있는가? 즉 잠재력이 있는가를 추정하고자 한다. 이러한 추정을 위해서 소비자들을 무작위로 표본을 추출하여 이들을 대상으로 다음과 같은 질문을 할 수 있을 것이다. 즉, "귀하는 모터사이클을 구입하는데 관심을 많이 가지고 있습니까?" 만일 10명 가운데 한 사람이 '그렇다'라고 응답한 결과를 얻었다고 한다면 총 소비자들 가운데 10%가 모터사이클의 잠재시장을 구성하고 있다고 가정할 수 있다. 이와 같이 **잠재시장**(potential market)이란 '특정 제품이나 서비스에 대해서 어느 정도의 관심을 표명하고 있는 소비자들의 집단'을 지칭한다.

그러나 소비자들이 단순히 관심을 가지고 있다고 하는 것만으로는 모터사이클 시장을 정의하기는 힘들 것이다. 잠재소비자들은 문제의 제품을 구입할 수 있는 충분한 소득을 가지고 있어야 한다. 이들은 다음과 같은 질문에 대하여 긍정적인 대답을 할 수 있어야 하는 것이다. 즉, "귀하는 모터사이클 구입할 여력이 있습니까?" 여기에서 우리가 알 수 있는 것은 제품의 가격이 비쌀수록 그러한 질문에 대해서 긍정적인 대답을 할 수 있는 사람들의 숫자는 더 적어지게 된다는 것을 알 수 있을 것이다. 그러므로 시장규모는 제품에 대한 소비자들의 관심사와 소득의 두 가지 변수와 함수관계에 있다고 할 수 있다.

또한 구입가능여부에 대한 장애도 제품의 시장규모에 영향을 미치게 된다. 예컨대 모터사이클 생산자가 수송비 때문에 원거리에 있는 지역에서의 판매를 기피한다면 이 지역에 소재하고 있는 고객들은 하나의 잠재소비자로서 의미가 있지만 실제로 구입이 불가능하게 된다. 따라서 우리는 구입가능시장이라고 하는 개념을 상정할 수 있다. 이러한 **구입가능시장**(available market)이란 '특정 제품이나 서비스에 대해서 관심을 가지고 있고 소득도 있으며, 또 구입하는데 장애가 없는 소비자들의 집단'을 의미한다.

한편, 기업은 특정 집단에 대한 판매를 제한하는 경우도 있다. 예컨대 18세 이하의 소비자들에게는 모터사이클 판매를 금하는 법률을 준수하여야 할 경우가 있을 것이다. 그러므로 이러한 경우, 구입이 불가능한 18세 이하의 소비자들을 제외한 성인들이 **유자격 구입가능시장**(qualified available market)을 구성하고 있다고 볼 수 있다. 이러한 유자격 구입가능시장이란 '제품에 대해서 관심이 있고 소득이 있으며, 구입에 장애가 없고, 또한 구입하는데 법률적으로나 기타 제한이 따르지 않는 모든 소비자 집단'을 지칭한다.

이제 모터사이클을 생산하는 기업은 전체 유자격 구입가능시장을 추정할 수 있는 선택의 여지가 있게 되고, 또한 특정된 시장부문에 집중적인 노력을 기울일 수 있는 방법을 강구할 수 있게 된다. 이러한 의미에서 **표적시장**(target market)이란 '기업이 추구하기로 결정한 유자격 구입가능시장부문'을 지칭한다고 할 수 있다. 예컨대 어느 기업이 특정 지역에서 마케팅 및 유통활동을 집중적으로 강화하기로 결정한다면 그 지역이 표적시장이 된다. 문제의 기업 및 경쟁기업들은 자신들의 표적시장에서 특정된 숫자의 모터사이클 판매를 종결시킬 것이다. 여기에서 **침투시장**(penetrated market)이란 '이미 특정제품을 구입한 소비자들의 집단'을 지칭한다.

그림 4-3은 지금까지 언급한 몇 가지 시장과 관련된 개념들을 모두 합하여 가상의 숫자를 상정하여 표시한 것이다.

그림에서 왼쪽 부분은 총인구에서 제품에 관심이 있는 잠재시장의 비율을 나타낸 것이다. 그림에서 표시된 바와 같이 이러한 잠재시장의 규모는 총인구의 10%를 차지한다. 오른쪽 그림에서는 이러한 잠재시장을 몇 가지로 더 세분하여 설명하고 있다. 즉, 제품을 구입하는데 관심이 있고, 또 구입에 장애가 없는 구입가능시장은 잠재시장의 40%를 차지하고 있음을 보여주고 있다. 또 유자격 구입가능시장은 잠재시장의 20%를 차지하고 있으며 또는 구입가능시장의 50%를 차지하고 있다고 말할 수 있다. 기업에서는 잠재시장의 10%, 또는 유자격 구입가능시장의 50%에 집중적인

그림 4-3 시장 수준의 개념

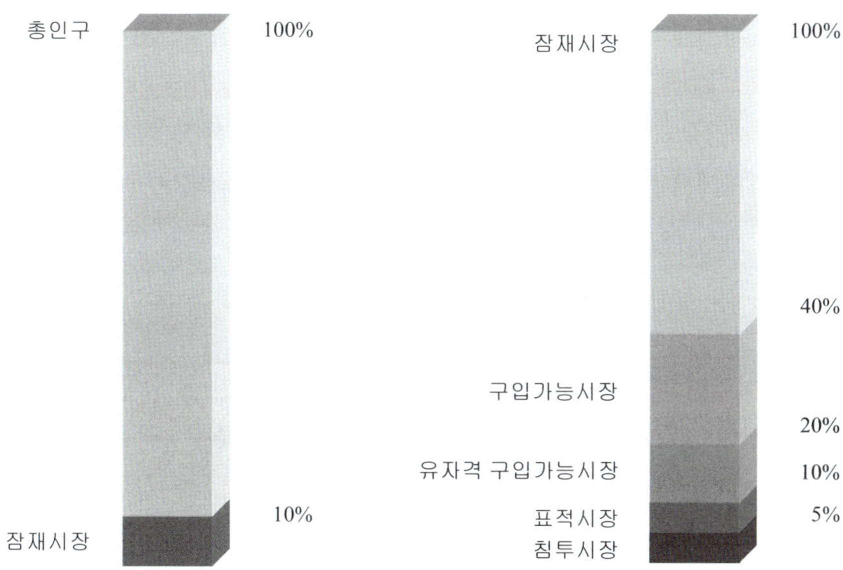

노력을 기울이고 있다. 마지막으로 문제의 기업과 경쟁자들은 이미 잠재시장의 5%에 침투하고 있음을 보여주고 있다.

이와 같이 시장을 정의하는 것은 마케팅 계획을 수립하는 데 하나의 유용한 수단이 된다. 만약 어느 기업이 현재의 판매에 만족하지 않는다면 여러 가지 조치를 고려할 수가 있을 것이다. 예컨대 현재 표적시장에서 더 많은 비율의 구매자들을 유치하려는 노력을 기울일 수 있다. 또는 여타의 구입가능시장을 확대하려는 노력을 기울일 수도 있을 것이며, 혹은 구입가능시장의 규모를 확대하기 위하여 가격을 인하할 수도 있을 것이다. 뿐만 아니라 제품에 대해서 관심이 없는 소비자들의 관심을 불러일으키기 위해서 광고를 대대적으로 전개함으로써 잠재시장을 확대하려는 노력을 기울일 수 있을 것이다.

2. 시장수요 측정에서의 주요 개념

시장수요란 여러 가지 의미로 사용되는 경우가 많다. 먼저 시장수요, 시장예측, 시장잠재력, 기업판매 잠재력 등의 용어가 무엇을 의미하는 것인가를 먼저 알아보기로 하자.

1) 시장수요(market demand)

마케팅 기획을 분석하는 첫 단계가 시장수요를 측정하는 것으로서 그 정의는 다음과 같이 내릴 수 있다.[5]

"한 제품에 대한 시장수요라 함은 일정한 기간에 일정한 지역에서 일정한 마케팅 환경과 일정한 마케팅 프로그램 하에서 일정한 고객집단이 구매할 것으로 생각되는 총 수량을 말한다." 이 정의에 따르면 여덟 가지 요소가 내포되어 있다.

(1) 제 품

시장수요를 측정하려면 제품의 종류와 범위를 명확하게 규정해야 한다. 알루미늄 깡통을 제조하는 회사는 표적시장이 금속깡통을 사용하는 사람들로 구성되어 있는가 혹은 컨테이너를 사용하는 사람들로 구성되어 있는가를 정하여야 할 것이다. 그러므로 어떠한 시장부문에 침투할 것인가에 따라 제품의 종류와 범위가 달라지게 된다.

---

[5] Philip Kotler, *Marketing Management*, the millenium ed (Upper Saddle River, NJ : Prentice-Hall, 2000), p.120.

(2) 기 간

시장수요는 기간도 명시되어야 한다. 예컨대 차년도의 연간수요를 의미하는 것인지 혹은 향후 3년간의 수요를 의미하는 것인가를 명시하여야 할 것이다.

(3) 지 역

시장수요는 반드시 그것이 내포하고 있는 지역의 범위를 표시하여야 한다. 예컨대 내년도의 승용차에 대한 수요는 국내뿐만 아니라 해외까지 포함하느냐에 따라 다를 것이다.

(4) 마케팅 환경

시장수요는 기업이 통제할 수 없는 많은 요소에 따라서 영향을 받게 된다. 예컨대 인구 및 경제적, 기술적, 정치적, 문화적 및 자연적 변화에 대한 가정을 세우고 그것이 미치는 영향을 명백하게 표시하고 분석할 필요가 있다.

(5) 마케팅 프로그램

시장수요는 기업이 통제할 수 있는 요소에 의해서도 영향을 받는다. 대부분의 경우, 시장수요의 탄력성은 가격, 촉진, 제품개량 및 유통경로의 변화에도 달려 있다. 따라서 시장수요를 예측하려면 미래의 가격, 제품특성의 변화, 그리고 마케팅 비용의 규모에 대한 가정을 필요로 한다.

(6) 고객집단

시장수요는 시장의 전부 또는 어느 부분만을 대상으로 측정할 수 있을 것이다. 철강회사의 경우 건축업 혹은 수송업별로 수요를 예측할 수 있는 것과 같다.

(7) 구 매

시장수요를 측정하는데 있어 '구매된다'는 것은 여러 가지 의미로 해석할 수 있다. 즉, 주문받은 것인가, 선적한 것인가? 대금을 지불한 것인가, 제품을 수령한 것인가, 혹은 소비한 것인가 등 어느 것을 의미하는가를 명확히 하여야 할 것이다. 예컨대 내년의 주택건설 규모를 예측한다고 할 때 그것은 보통 건축주문을 받은 숫자로 생각되며 완성된 주택의 수를 의미하는 것은 아닐 것이다.

(8) 총수요

시장수요는 물량이나 금액, 또는 상대적인 비율로 나타낼 수 있을 것이다. 여기서 우리가 알아두어야 할 것은 시장수요가 단일 숫자가 아니고 하나의 함수라는 것이다. 그러므로 사장수요를 **시장수요함수** 혹은 **시장반응함수**(market response function)라고도 한다. 이러한 함수관계는 그림 4-4에 표시되어 있다. 그림에서 종축은 시장수요를, 횡축은 산업 전체의 마케팅 비용을 나타내고 있다. 그림 4-4 A의 시장수요함수는 산업 전체의 마케팅 비용 지출이 증가함에 따라 시장수요도 증가하는 하나의 곡선을 나타내고 있다. 이 곡선은 주어진 마케팅 환경에 대하여 일정하다고 가정한 것이며, 시간이 경과함에 따라 수요가 변동하는 것이 아니라는데 유의할 필요가 있다. 즉, 산업 전체의 마케팅 비용의 규모에 따라 시장수요의 크기를 예측하고 있다.

그림에서 곡선은 S자 형태를 보이고 있는데, 이것은 시장수요가 마케팅 비용 지출이 증가함에 따라 처음에는 점증하지만 후에는 감소하는 것을 뜻한다. 그림에서 알 수 있는 바와 같이 수요를 자극하기 위한 마케팅 비용 지출이 없이도 최소한의 판매는 달성할 수 있을 것이다(Q_0). 마케팅

그림 4-4 시장수요

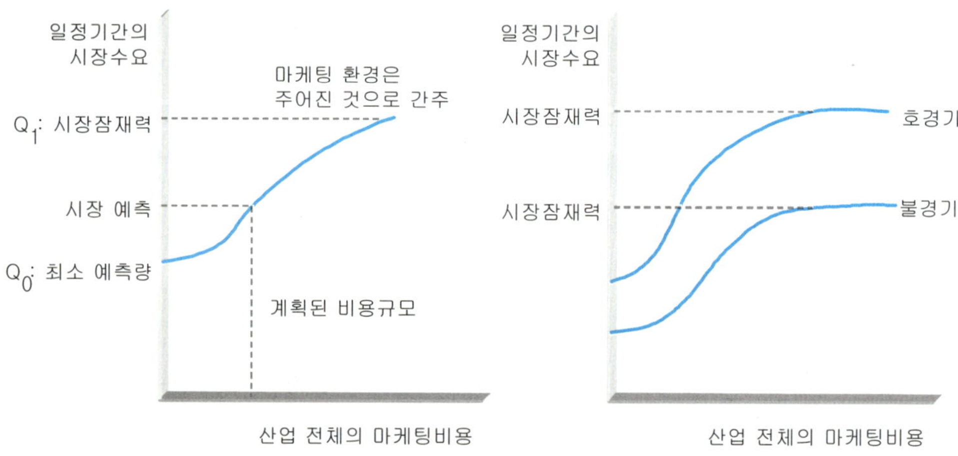

A : 산업 전체의 마케팅 비용과 시장수요와의 함수관계

B : 산업 전체의 마케팅 비용과 시장수요와의 관계(두 가지 외부환경의 변화를 가정)

비용 지출이 증가함에 따라 이익도 처음에는 증가하고 후에는 감소할 것으로 생각된다. 마케팅 비용 지출의 규모가 어느 수준에 도달하게 되면 더 이상의 수요를 자극하지 못할 것이고, 이러한 시장수요의 상한을 **시장잠재력**(market potential)이라고 한다.

최소한의 판매량과 시장잠재력과의 거리는 동일산업 내에서 마케팅 활동에 대한 수요의 반응도를 나타낸다. 시장을 확장할 수 있는 경우와 확장할 수 없는 경우의 형태로 크게 구분할 경우, 신제품 시장을 판매할 때와 같이 확장할 수 있는 시장에서의 수요는 마케팅 비용의 규모에 크게 영향을 받을 것으로 생각된다. 그림 4-4 A에서와 같이 Q_0와 Q_1의 간격은 좁을 것으로 생각된다. 이러한 상황에 처해 있는 기업은 시장수요의 규모가 주어진 것으로 생각하고 그들의 마케팅 자원을 시장점유율을 확대하는데 집중적으로 투입할 것이다.

2) 시장예측과 시장잠재력

한 산업에서 지출하는 총 마케팅 비용은 실제로 어느 일정 수준에서 지출될 것이다. 이와 같이 계획된 마케팅 비용 수준에 따라 시장수요가 결정되며 이것을 **시장예측**(market forecast)이라고 한다. 즉, 시장예측이란 '주어진 환경 하에서 계획하고 있는 마케팅 비용의 지출에 따라 기대할 수 있는 시장수요'를 말한다. 그러므로 기대되는 시장수요를 말하는 것이지 달성할 수 있는 최고의 시장수요를 뜻하는 것이 아니다. 달성가능한 최고의 시장수요는 마케팅 비용을 더 많이 지출하더라도 수요를 자극하는데 거의 효과가 없는 수준의 시장수요이다. 따라서 **시장잠재력**(market potential)이란 경쟁가격과 환경에 변화가 없는 한, 마케팅 비용을 증가시키더라도 시장수요가 도달할 수 있는 상한을 뜻한다. 이러한 시장잠재력은 경쟁가격조건이 일정한 경우에만 성립된다. 제품의 가격이 0으로 하락할 경우 고객이 구입하려고 하는 총 구매량을 **총구매력**(market capacity)이라고 하며, 시장잠재력과 구별된다. 시장잠재력은 총구매력보다 항상 적은 것이 보통이다.

시장잠재력의 개념에서 '환경의 변화가 없는 한' 이러한 가정도 매우 중요하다. 예컨대 자동차에 대한 수요는 소득에 매우 탄력적일 것으로 생각되므로 자동차에 대한 시장잠재력은 불경기보다도 호경기에 매우 높을 것이다. 시장잠재력이 환경의 변화에 따라 어떠한 영향을 받을 것인가는 그림 4-4 B에 예시되어 있다.

3) 기업수요

기업수요란 시장수요 중 기업이 차지하는 시장점유율에서 나오는 판매액 또는 판매량을 뜻한다. 기업수요는 앞에서 언급한 시장수요의 규모와 마찬가지로 하나의 함수관계로 표시되며 **기업수요함수**(company demand function) 혹은 **판매반응함수**(sales response function)라고도 부른다. 이러한 기업수요는 시장수요를 결정하는 요인 외에도 당해 기업의 시장점유율에 영향을 미치는 요인에도 달려있다. 시장점유율에 영향을 미치는 요인으로는 ① 경쟁자에 비한 당해 기업제품의 가격, ② 경쟁자에 비한 총 마케팅 비용의 규모 ③ 경쟁자에 비한 당해 기업의 마케팅 믹스, ④ 제품별, 지역별 자금할당, ⑤ 마케팅 비용지출의 효율성 등으로 나누어 생각할 수 있다. 계량경영 전문가들은 이러한 요인들을 수리적인 모델로 반영하여 시장점유율을 구하여 마케팅 전략수립에 도움을 주고 있다.[6]

4) 기업판매예측

기업수요란 기업의 마케팅비용과 제품의 가격수준에 따라 추정되는 판매량이다. 여기에서 마케팅 변수를 어떻게 정하는가에 따라 판매수준이 결정될 것이다. 따라서 기업의 **판매예측**(sales forecast)이란 '일정한 마케팅 계획과 마케팅 환경 하에서 기대되는 판매수준'을 말한다.

기업이 판매예측과 마케팅 계획이라는 활동 중에서 어느 것을 먼저 수행해야 하는지에 대하여 가끔 혼동을 일으킬 경우가 있다. 먼저 판매예측을 하고, 이를 토대로 하여 마케팅 활동을 계획하여야 한다는 주장이 있다. 이러한 주장은 마케팅 비용지출의 규모에 따라 예측판매량이 영향을 받지 않거나 그 영향이 극소한 경우에만 타당하다. 그러나 시장수요를 확대할 수 있는 경우에는 판매예측이 곧 마케팅 활동의 양과 질을 결정하는 것은 아니며, 이와는 달리 마케팅 활동 수준에 따라 판매예측이 가능한 것으로 생각된다.

판매예측과 관련하여 판매할당과 판매예산의 개념을 이해할 필요가 있다. **판매할당**(sales quota)이란 제품별, 부서별, 지역별, 혹은 판매원별로 설정된 판매목표를 말하며 판매활동의 범위를 정하고 판매활동을 자극하기 위한 경영수단으로 이용된다. 이러한 판매할당은 판매예측과 판매목표를 달성하기 위한 심리적인 자극이라는 두 가지 요소를 감안하여 설정된다. 그러므로 심리적인 자극을 고려하여 책정된 판매할당의 합계는 판매예측보다도 더 많은 것이 보통이다.

판매예산(sales budget)은 기대 판매량을 가능한 한 확실하게 실현할 수 있는 수준으로 추정하는 것을 말하며, 주로 현재의 구매, 생산, 및 자금수준에 관한 의사결정에 이용한다. 이러한 판매예

[6] Gary I. Lilien, Philip Kotler, and K. Sridhar Moorhy, *Marketing Models* (Upper Saddle River, NJ : Prentice Hall, 1992).

산은 판매예측은 물론 예측이 실현되지 못했을 때의 과대투자의 위험성도 고려하여 편성된다. 그러므로 위험을 고려하여 편성된 판매예산은 판매예측보다 적은 수치를 보이는 것이 정상이다.

5) 기업판매잠재력

기업판매잠재력(company sales potential)이란 그 기업이 경쟁자에 비하여 마케팅 비용을 더 많이 지출할 때 도달할 수 있는 기업수요의 상한을 말한다.

기업수요의 절대상한이 곧 시장잠재력이 될 것은 물론이다. 어느 기업이 시장을 100% 지배한다면 기업의 판매잠재력과 시장잠재력은 동일할 것이다. 대부분의 경우, 기업의 판매잠재력은 시장잠재력보다 적은 것이 보통이고 경쟁자에 비하여 마케팅 비용지출의 규모가 크더라도 그러할 것으로 생각된다. 그 이유는 경쟁자의 고객을 유치하기 위하여 아무리 노력한다 하더라도 경쟁자에 충실한 고객은 언제든지 존재하기 때문이다.

3. 현재수요의 측정

이제 우리는 현재의 수요를 실제로 어떻게 추정할 것인가의 문제를 살펴보기로 하자. 현재의 수요를 추정하는 방법에는 시장 총잠재력과 지역별 잠재력을 추정하는 두 가지 방법이 있다. 시장 총잠재력은 새로운 제품을 판매하거나 기존의 제품판매를 중단하는 경우에 추정하며 판매자가 알고자 하는 것은 자기가 진출하여도 좋을 만큼 충분한 규모의 시장이 존재하는가의 여부이다.

1) 시장 총잠재력의 추정

시장 총잠재력(total market potential)이란 '일정한 기간에 마케팅 비용으로 일정한 환경 조건 하에서 동일산업에 속하는 모든 기업이 달성할 수 있는 최대의 판매량 혹은 판매액'을 말하며 흔히 다음과 같이 추정한다.

$$Q = n \times q \times p$$

여기에서

$Q =$ 시장 총잠재력

$n =$ 주어진 조건 하에서 특정 제품이나 시장에 대한 구매자의 수

$q =$ 구매자 1인당 평균 구매량

$p =$ 단위당 평균가격

예를 들어 보자. CD음반을 구입하는 사람들의 수가 1백만명으로 추정되고 이들이 각각 1년에 평균 여섯 장 정도를 구매한다고 하자. 개당 평균 가격이 1만원이라고 할 때 시장 총 잠재력은 6백억이라고 추정할 수 있다.

상기 공식을 약간 변형한 것으로 **연쇄비율법**(chain ratio method)이 있다. 이것은 시장규모를 직접 추정하기보다는 몇 가지 요소로 세분하여 추정하는 것이다. 어느 건설회사가 매년 공과대학 졸업자 중 11,200명을 신규로 채용할 필요가 있다고 할 때 연쇄비율법에 따라 다음과 같이 추정할 수 있을 것이다.

공과대학 졸업자 총 수	:	100.000
유자격자 비율(신체적 내지 정신질환자 제외)	:	×0.05
유자격자 중 건설분양 관심이 있는 학생의 수	:	×0.15
유자격자로 건설분야에 관심이 있는 학생으로서 당해 회사에 입사를 원하는 학생의 수	:	×0.30

따라서 이 회사에 입사하기를 희망하는 학생의 수는 22,500명으로, 이것은 곧 시장잠재력을 나타낸다. 이 회사가 채용하고자 하는 숫자보다 더 많은 지원자가 있다는 것은 채용에 큰 어려움이 없다는 것을 의미할 것이다.

2) 지역별 잠재력의 추정

어느 기업이든 판매대상 지역을 선정하고 각 지역별로 마케팅 예산을 최적으로 배분하기를 원할 것이다. 그렇게 하려면 지역별 시장잠재력을 추정할 필요가 있다. 지역별 잠재력을 추정하는 방법에는 산업용 제품을 생산하는 기업에서 주로 이용하는 **시장구축법**(market-buildup method)과 소비용 제품을 생산하는 기업에서 주로 이용하는 **구매력 지수법**(index-of-buying-power method)의 두 가지가 있는데, 여기에서는 구매력 지수법에 관하여만 설명하기로 한다.

최종 소비자들은 다수로 구성되어 있는 것이 보통이다. 따라서 모든 잠재고객을 일일이 파악하여 구매수요를 추정하기는 어렵다. 제약회사의 경우를 보자. 의약품의 시장잠재력은 인구와 직접적인 관련이 있다고 생각할 수 있다. 그러나 이와 같은 요소 하나만으로 판매액을 추정하는 것은 위험한 일이다. 지역별로 의약품 판매는 1인당 소득수준이나 인구 천명당 의사의 수와 같은 요소에 의해서도 영향을 받을 것이다. 그러므로 판매에 영향을 미치는 여러 가지 요소들을 가중하여 만든 지수들을 개발할 필요가 있다. 그 대표적인 예로서 가장 잘 알려져 있는 것이 미국의 '판매 및 마케팅 관리'(Sales & Marketing Management)라는 잡지에서 발표하고 있는 '구매력 조사'(Survey of Buying Power)라는 것이 있다. 여기에서 개발된 지수는 미국의 각 주 및 도시별로 상대적인 구매력을 구하는데 그 목적이 있다. 특정지역에 대한 구매력 지수는 다음과 같은 공식에 의하여 구할 수 있다고 한다.[7]

$$B_i = .5y_i + .3r_i + .2p_i$$

$B_i =$ 전국에서 지역 i 가 차지하는 구매력의 비율

$y_i =$ 지역 i 에서 차지하는 국민소득의 비율

$r_i =$ 지역 i 에서 차지하는 소매점의 매출액 비율

$p_i =$ 지역 i 에서 차지하는 인구비율

공식에서 각 항의 계수는 구매력에 영향을 미치는 상대적인 비중치를 나타내고 있으며 소득이 가장 중요한 요소이고 그 다음으로 소매점의 매출액, 인구의 순으로 그 중요도가 높은 것을 알 수 있다.

어느 도시의 예를 들어 구매력을 산출하여 보자. A라는 도시가 국가 전체 소득원의 2%를 차지하고 소매 매출액은 1.96%, 인구는 2.8%를 각각 차지하고 있다면 구매력 지수는

$$.5(2.00) + .3(1.96) + .2(2.8) = 2.04$$

가 될 것이다. 즉, 전국의 의약품 판매에서 2.04%는 A도시에서 판매될 것으로 기대할 수 있다.

---

[7] "Putting the Four to Work," *Sales and Marketing Management*, October 28, 1974, pp.13ff.

이러한 구매력 조사를 위한 공식에서 나타나고 있는 가중치들은 고가의 식품이나 사치품이 아닌 다수의 소비제품에 대한 시장잠재력을 반영하고 있을 경우가 많다고 한다. 그러나 이러한 가중치는 제품마다 각각 상이할 것으로 생각된다. 더구나 현실적으로 볼 때 경쟁자가 존재하고 있다는 것, 지역별 판매촉진비용의 규모, 계절적인 변동, 지역별 시장의 특성들과 같은 요소들도 추가로 고려해야 할 것이다.

4. 미래수요의 예측

지금까지 현재수요를 추정하는 방법을 살펴보았는데, 이제 미래의 수요를 예측하는 방법을 검토하여 보자. 어떤 제품이나 서비스에 대한 미래수요를 예측하기는 쉬운 일이 아니다. 판매가 안정되어 있을 경우는 물론 독점의 경우와 같이 경쟁관계가 없거나 과점의 경우에서와 같이 경쟁관계가 안정되어 있다 하더라도 연도별로 수요를 예측한다는 것은 간단하지 않다. 그것은 어느 기업의 제품에 대한 수요가 매년 안정되어 있을 경우가 드물기 때문이다. 그러므로 예측을 잘한다는 것은 기업 성공의 열쇠가 된다. 예측을 잘못하게 되면 지나친 재고의 누적, 이에 따르는 투매, 혹은 재고의 부족으로 인한 판매기회의 손실 등의 결과를 가져올 수 있다. 수요가 불안정할수록 정확한 예측이 필요하고 그 절차를 세밀하게 정비하여야 한다. 수요를 예측하는 방법은 수없이 많지만 본 절에서는 몇 가지만을 대표적으로 설명하기로 한다.

1) 구매자의 구매의도 조사

예측이란 주어진 조건에서 구매자가 취할 행동을 예상하는 기법이라 할 수 있다. 그러므로 예측하는데 가장 유용한 정보의 출처는 구매자 자신이라 할 수 있다.

특히 구매자들이 그들의 구매의도를 분명하게 세우고, 그 의도대로 실행에 옮기며, 질문자에게 자신의 의도를 정확히 밝힐 때에는 더욱 그러할 것이다. 내구소비재에 대한 소비자들의 구매의도를 정기적으로 조사하는 기관이 있어서, 이들은 여러 가지 내구소비제품에 대하여 소비자들이 일정한 기간 내에 구입할 의도가 있는가를 다음과 같은 유형의 질문을 통하여 조사한다.

당신은 향후 6개월 내에 자동차를 구입하려고 합니까?

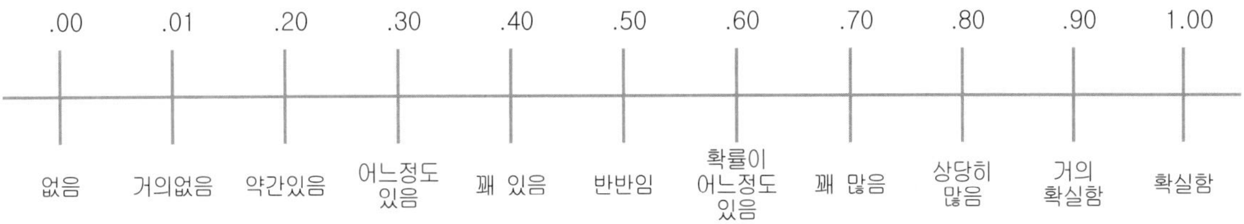

이와 같은 측정방법을 **구매확률척도**(purchase probability scale)라고 한다. 이와 더불어 소비자가 지니고 있는 현재 내지 미래의 자금조달 능력과 경제전망에 대한 소비자의 견해를 물어보기도 한다. 이러한 정보들을 종합하여 소비자들이 느끼는 감정과 신뢰도를 측정할 수가 있다. 내구소비제품을 생산하는 기업들은 이러한 자료를 이용하여 소비자의 구매의도에 어떠한 변화가 있을 것인가도 알려고 한다.

구매의도 조사방법은 ① 구매자가 소수이고, ② 구매자들과 접촉하는데 비용이 적게 들고, ③ 그가 구매의도를 분명히 밝히고, ④ 의도하였던 대로 구매하여, ⑤ 그들의 의도를 면담자에게 진정으로 밝히려는 의도가 있는가에 따라 조사의 정확도가 다를 것이다. 그러므로 산업용 제품, 내구소비제품 혹은 면밀한 계획이 필요한 제품, 과거에 판매기록이 없는 신제품의 경우에는 이러한 조사방법이 매우 유용할 것으로 생각된다.

2) 판매원들의 의견종합

구매자들에게 직접 조회하는 것이 불가능하다면 판매원들의 추정치를 이용할 수도 있을 것이다. 그러나 판매원들의 추정치를 그대로 받아들이기는 어렵다. 그 이유로서 판매원들은 편견을 갖기 쉽기 때문이다. 이들은 성격상 비관적이거나 지나치게 낙관적일 수가 있으며, 최근 실적의 우열 여부에 따라 극단적으로 예측할 가능성도 있다. 더구나 이들은 보다 넓은 시야로 경제동향을 살피는 능력이 부족할 경우가 많으며, 기업 전체의 마케팅 계획이 담당지역의 판매에 영향을 미칠 것인가의 여부도 알지 못할 경우도 많다. 또한 수요를 과소평가하여 판매할당을 적게 배정받으려 할 수도 있다. 면밀하게 추정할 시간적인 여유가 없을 경우도 있고, 그러한 추정이 쓸모없는 것이라고 생각할지도 모를 것이다.

판매원들이 갖기 쉬운 이러한 편견들을 제거할 수 있다면, 이들의 예측도 많은 도움이 될 수 있다. 그 이유는 첫째, 고객과 가장 가까운 관계에 있기 때문에 다른 어떤 사람보다도 사태의 발전을 잘 알 수 있기 때문이다. 고도의 기술을 요하거나 기술변화에 큰 영향을 받는 제품의 경우에는 특히 그러할 것이다. 둘째, 이들이 예측과정에 참여함으로써 예측에 의하여 할당된 자신의 목표판매액에 대하여 좀 더 신뢰감을 갖게 되고, 따라서 그들에게 인센티브를 줄 수 있다. 셋째, 이들이 사실대로 추정한다면 제품별, 지역별 및 판매원별로 추정하기가 용이하다는 것이다.

앞서 언급한 바와 같이 판매원들에 의한 추정방법은, ① 판매원들이 지역 사정에 밝고, ② 협조적이며, ③ 그들의 편견을 수정할 수 있고, ④ 그들이 참여함으로써 혜택을 볼 수 있다고 생각할 때 그 정확도가 달려 있다 할 것이다.

3) 관계전문가의 견해

기업들은 수요예측을 전문가에게 의뢰할 수 있다. 여기서 말하는 전문가들이란 경제예측을 전문으로 하는 연구소나 유통부문 종사자들, 원료공급자, 마케팅 상담기관, 그리고 조합 등이 포함된다. 예컨대 자동차회사에서는 그들의 대리점들을 정기적으로 조사하여 단기적인 수요예측에 관한 자료를 수집할 경우가 많다. 그러나 대리점들의 예측은 앞에서 언급한 판매원들의 예측이 지니고 있는 장점 및 단점과 유사한 점이 많다.

다수의 기업들이 경제예측이나 산업예측에 관한 자료를 이름이 알려진 경제전문기관으로부터 입수할 경우가 많다. 예컨대 우리나라의 경우, 경제성장이나 경기지표와 같은 예측자료들은 재정경제원이나 한국개발연구원, 한국은행 등 여러 기관에서 입수할 수 있다.

기업들은 경우에 따라서 관계전문가들을 초빙하여 이들을 하나의 집단으로 구성하여 의견들을 종합함으로써 예측자료를 입수하려고 한다. 전문가들은 각기 자기들의 견해를 제시함으로써 예측에 관한 정보를 취합할 수가 있다. 그러나 전문가들이라고 하여 그들의 예측이 반드시 정확한 것은 아니기 때문에 이들의 예측치를 하나의 참고자료로 이용하여야 하며, 여기에 절대적인 신뢰를 두면 난관에 봉착할 수도 있음에 유의하여야 한다.

4) 시험판매방법

구매자들이 구매계획을 하지 않거나 의도한대로 구매하지 않을 경우, 혹은 판매원들의 추정이 불확실한 경우에는 구매자들의 구매행위를 시장에서 시험해 볼 수 있다. 이 방법은 특히 신제품에 대한 수요를 예측하거나 기존제품을 새로운 유통경로나 지역에서 판매하려고 할 때 특히 유용한 방법이다. 예상구매자의 반응을 단기에 예측하려 할 때에는 소규모의 시험판매가 이상적이다. 시험판매방법에 관하여는 제 11장에서 다시 언급하기로 한다.

5) 시계열 분석

시험판매방법은 비용이 많이 드는 것이 결점이다. 그러므로 과거의 판매기록자료를 토대로 하여 통계적 내지 수리적으로 분석, 예측할 경우가 많다. 과거의 자료를 계량적인 분석을 통하여 인과관계를 밝힐 수 있다는 것이다.

시계열(time-series)로 본 과거의 판매량은 네 가지의 주요 요소로 구분하여 분석할 수 있다. 첫째, 요소는 **추세변동**(trend, *T*)으로서 인구, 자본형성, 그리고 기술 등의 발전결과를 나타내는 것이다. 이러한 추세변동이 통계적으로 보아 중요한 요소라고 보는 경우, 장기예측에는 가장 중심적인 위치를 차지한다. 두 번째 요소는 **순환변동**(cycle, *C*)으로서 일반적으로 판매는 경제활동 수준에 영향을 받으며 그 변동이 주기적으로 나타나는 경우를 말한다. 세 번째 요소는 **계절적인 변동**(season, *S*)인데 일정한 연도에 판매의 변동이 일정한 형태로 움직이고 있는 것을 말한다. 이러한 계절적인 요소는 기후, 공휴일, 혹은 상관습과 관련되는 경우가 많다. 네 번째는 **우발적인 사건**(erratic events, *E*)으로서 파업, 기후변화, 일시적 유행, 반란, 화재, 전쟁 등과 예외적인 사태로 발생되는 경우를 말한다.

보통 시계열분석에서는 판매량 Y를 T, C, S, E의 네 가지 요소로 나누어 그 관계를 표시하고 있다. 경우에 따라 $Y = T + C + S + E$ 또는 $Y = T \times C \times S \times E$ 로 나타내기도 한다. 예를 들어 보자. 어느 보험회사에서 금년에 12,000개의 보험증권을 판매하였다. 이 회사에서 내년의 판매량을 예측할 때, 지금까지의 추세가 연간 5%의 증가율을 보였다고 하면 내년의 판매량은 12,600 (12,000 × 1.05)으로 추측할 수 있을 것이다. 그러나 내년에는 경기가 위축될 전망이어서 이것을 감안하면 목표의 90%정도 밖에 달성할 수 없을 것으로 판단하여 11,340(12,600 × 0.90)으로 예상하였다. 매월 판매량이 균등하다면 월 판매량은 945(11,340 ÷ 12)가 될 것이다. 그러나 12월에는 보통 판매가 더 증가하고 있다는 것을 알고 있다. 계절지수를 1.30으로 잡을 때 12월말의 예상판매량은 1,228개가 될 것이다(945 × 1.30).

6) 통계분석

시계열 분석에서는 과거나 미래의 판매가 시간과 함수관계를 갖고 있는 것으로 가정하고 있다. 그러나 실제로 제품의 판매에 영향을 미치는 요소에는 여러 가지가 있을 것으로 생각된다. 통계적 수요분석은 그러한 요소를 찾아내는 것을 목적으로 한다. 흔히 수요에 영향을 미치는 중요 요소로서는 가격, 소득, 인구 및 판매촉진 등을 들 수 있다.

통계적 수요분석에서는 판매량(Q)을 종속변수로 보고 판매에 영향을 미치는 중요 요소로서는 가격, 소득, 인구 및 판매촉진 등을 들 수 있다.

통계적 수요분석에서는 판매량(Q)을 종속변수로 보고 판매에 영향을 미치는 독립변수 ($X_1, X_2 \cdots X_n$)와 함수관계에 있다고 본다. 즉,

$$Q = f(X_1, X_2 \cdots, X_n) \quad (4\text{-}3)$$

이러한 함수관계를 최적으로 표시하는 방정식은 회귀분석에 의하여 구할 수 있다. 예컨대 어느 청량음료회사에서 회귀분석을 통하여 도별로 1인당 청량음료의 소비를 다음과 같은 방정식에 의하여 구할 수 있음을 알았다고 하자.

$$Q = -1.45.5 + 17.44X_1 - 2.37X_2 \quad (4\text{-}4)$$

여기에서 $X_1 =$ 도별 연간 평균기온

$X_2 =$ 도별 1인당 소득수준(10만원 단위)

예컨대 어느 도의 연간 평균기온이 20도이고 1인당 소득이 24(단위 :10만원)이라면 이 도의 1인당 청량음료 소비량은

$$Q = -145.5 + 17.44(20) - 2.37(24) = 146.42$$

로 예측된다. 실제로 일인당 소비량이 143이었다면 이 방정식이 거의 정확하다는 것을 뜻한다. 그러므로 기타 지역에서도 이와 비슷한 결과를 얻었다면 이 모델은 판매예측에 매우 유용한 수단으로 이용할 수 있을 것이다. 또한 도별로 내년의 예상기온과 소득을 예측하여 판매량을 추정할 수 있을 것이다. 물론 이러한 모델은 불변의 것이 아니며, 독립변수는 언제나 변동할 가능성이 있다. 뿐만 아니라 우발적 사건도 전혀 배제할 수 없을 것이다. 그러므로 어떤 모델을 이용하려 할 때에는 이러한 가변적인 요소에 주의하여야 한다.

요 약

마케팅 관리자가 다수의 책임을 수행하려면 방대한 양의 정보를 필요로 한다. 오늘날 컴퓨터 및 기술의 발달로 인해서 정보의 공급은 급격히 증가하고 있음에도 불구하고 관리자들은 올바른 정보를 충분히 갖고 있지 못하거나 또는 잘못된 정보를 갖고 있을 경우가 많다. 기업들은 이러한 문제들을 극복하기 위하여 그들의 마케팅 정보시스템을 개선하기 위한 조치를 취하고 있다.

적절한 마케팅 정보시스템은 그것을 이용하는 사람으로부터 시작되고 또 그에게 귀착된다. 마케팅 정보시스템에서는 먼저 마케팅 관리자들과의 면담을 통하여 그들이 어떠한 종류의 정보가 필요하며 또 원하고 있는가, 그리고 또 입수가 가능한가를 결정하기 위하여 그들의 의사결정 환경을 조사함으로써 정보의 필요를 평가하는 것으로부터 출발한다.

마케팅 정보시스템의 다음 단계는 정보를 개발하여 관리자로 하여금 그러한 정보를 보다 효과적으로 이용할 수 있도록 도움을 주는데 의의가 있다. 내부기록사료는 판매액이나 원가, 재고수준, 자금상태 및 외상매출액과 같은 것에 대한 정보를 제공한다. 이러한 자료들은 신속하게 입수할 수 있고 또 비용도 소요되지 않는다. 그렇지만 마케팅 의사결정을 위해서는 적절히 보완하여 이용할 필요가 있다. 마케팅 정보수집제도는 마케팅담당 경영층에게 외부 마케팅 환경에서의 진전상황에 대한 정보를 제공한다. 이러한 자료들은 신속하게 입수할 수 있고 또 비용도 소요되지 않는다. 그렇지만 마케팅 의사결정을 위해서는 적절히 보완하여 이용할 필요가 있다. 마케팅 정보수집제도는 마케팅담당 경영층에게 외부 마케팅 환경에서의 진전상황에 대한 정보를 일상적으로 제공하는 역할을 수행한다. 그 정보는 기업내의 종업원, 고객, 원료공급자, 중간상을 통해서 입수할 수가 있고 또는 출판물이나 학술회의, 광고물, 경쟁자의 행동 등을 통해서도 입수할 수가 있다.

마케팅 조사는 기업이 당면하고 있는 특정된 마케팅 문제에 적절한 정보를 수집하는데 이용하는 것이다. 마케팅에 종사하는 사람이면 누구나 마케팅 조사를 필요로 하며, 대부분의 대기업에서는 자체적으로 마케팅 조사부를 설치하고 있다. 마케팅 조사는 보통 네 단계의 과정이 필요하다. 그 첫 번째 단계는 마케팅 관리자와 조사자가 공동으로 문제의 범위를 확정하고 조사의 목적을 신중하게 설정하는 것이다. 그 목적은 탐색조사, 기술조사 또는 실험조사(인과 조사)일 수가 있다. 두 번째 단계에서는 1차자료나 2차자료원을 통해서 자료를 수집할 조사계획을 개발하는 것이다. 1차자료를 수집하려면 관찰, 표본조사, 또는 실험 중에서 어떠한 조사 접근방법을 택할 것인가를 결정하여야 하고, 또한 우편, 전화, 또는 개인면접 중 어떠한 접촉방법을 택할 것인가를 선택하여야 하며, 표본대상자를 누구로 할 것이며 그 규모는 얼마나 하며 또 어떻게 표본을 수집할 것인가의 표본추출계획을 설계하는 일 등이 필요하다. 그리고 설문서나 기계장치 등 어떠한 조사수단을 이용하여 자료를 수집할 것인가를 결정하여야 한다. 세 번째 단계는 정보를 수집, 처리, 분석함으로써 마케팅 조사계획을 시행하는 것이다. 네 번째 단계는 조사를 통하여 발견된 사실을 해석하고 보고서를 작성하는 일이 포함된다. 수집된 정보를 좀더 심도있게 분석하면 마케팅 관리자가 정보를 유용하게 이용할 수 있으며, 또한 고도의 통계기법이나 모델을 이용함으로써 배후의 보다 깊은 사실들을 찾아낼 가능성이 있다.

한편 마케팅 정보시스템에서는 내부기록이나 마케팅 정보수집제도 또는 마케팅 조사를 통하여 수집된 정보를 적절한 관리자들에게 적절한 시기에 전달함으로써 그 이용 가치를 높일 수 있다. 오늘날 많은 기업들이 마케팅 정보시스템을 하부기관에 위양함으로써 각 계층의 관리자들이 직접 정보를 접촉할 수 있는 기회를 넓히는 경향이 있다.

마케팅 조사를 행하고자 하는 주요 이유 중의 하나는 시장기회를 발견하는 데 있다. 일단 조사가 완료되면 시장기회를 면밀하게 평가하여 어떤 시장에 진출할 것인가를 결정하여야 한다. 진출하고자 하는 시장을 결정하고 나면 수요의 추정을 토대로 판매를 예측하여야 한다. 수요에는 시장수요와 기업수요의 두 가지 형태가 있다. 현재수요를 예측하기 위하여 기업에서는 총 시장잠재력, 지역별 시장잠재력, 산업별 판매 및 시장점유율 등을 결정하고자 한다. 미래수요를 예측하기 위해서는 구매자들의 구매의도조사, 판매원들의 의견종합, 관계 전문가들의 견해집합, 시험판매방법, 시계열분석과 통계분석 등을 이용한다. 수요나 판매를 예측하고자 할 경우에는 여러 가지 수리적 모델, 고도의 통계분석기법 및 자료수집의 전산화 절차가 필요하다.

연습문제

1... 경영자들이 원하는 내용의 정보들이란 어떤 것들이 있는가? 그리고 마케팅 정보시스템에서는 어떠한 종류의 정보를 제공할 수 있는가?

2... 마케팅 정보시스템의 개념을 설명하고 어떠한 요소로 구성되어 있는가를 제시하여 보라.

3... 어느 한 기업의 마케팅 조사 프로그램을 어디에 초점을 두며 그 범위를 어떻게 결정할 것인가를 결정하는데 영향을 미치는 내부 및 외부 요인들을 열거하여 보라.

4... 어느 식당을 경영하는 사람이 귀하에게 식당을 이용하는 고객들의 수가 줄어들고 있는 이유를 조사하여 달라는 부탁을 받았다고 하자. 이러할 경우, 귀하는 이러한 제의에 대해서 마케팅 조사를 행한다고 할 때 조사과정에서의 네 가지 단계를 어떻게 적용할 것인가?

5... 귀하가 전문적으로 마케팅 조사를 행하고 있는 기관을 운영하고 있다고 하자. 조사를 의뢰해 온 기업들이 귀하의 서비스에 대해서 그만한 가치가 있다고 느낄 수 있도록 하기 위해서 귀하가 할 수 있는 가장 중요한 일은 무엇인가?

6... 기존의 제품과 거의 유사한 신제품을 시판하려고 할 때에 어떠한 조사상의 문제가 있는가를 알 필요가 있는가?

7... 다음과 같은 상황에서는 어떠한 유형의 조사가 적절한가?

A. 어느 식품회사에서 케찹을 개발하여 판매하고자 할 때, 어린이들이 어머니에게 케찹의 구매에 어떠한 영향을 미치고 있는가를 조사할 것을 원하는 경우

B. 대학 구내서점에서 학생들이 서점이 구비하고 있는 책들의 종류와 가격 및 서비스에 대해서 어떠한 느낌을 갖고 있는가를 알고자 할 경우

C. 신도시 개발지역에 새로운 햄버거 가게를 개점하고자 할 경우 어떠한 위치가 가장 적절한가를 알고자 할 경우

D. 어느 치약회사에서 어린이용 치약을 개발하여 시판하고자 할 때, 그것이 수익성이 있을 것인가의 여부를 알고자 할 경우

8... 표적집단면접은 많은 비판이 있음에도 불구하고 광범위하게 이용되고 있는 조사기법이다. 표적집단 면접이 가지고 있는 장점과 단점은 각각 무엇인가?

9... 최근에 조사된 자료에 의하면 대부분의 사람들은 머리를 감는데 필요 이상의 샴푸를 쓰고 있는 것으로 나타나고 있다. 기업에서는 샴푸를 과다사용하는 것을 자극시키는 광고를 내보내고 있으며, 이것은 판매를 증가시키겠지만 고객들의 비용을 지출하게 만드는 행위라고 볼 수 있다. 귀하가 제품관리자에게 광고의 내용을 수정할 것을 제안했는데도 불구하고 아무 조치도 취하지 않았다고 하자. 귀하가 조사부에 근무하고 있다면 현재 귀하가 해야할 일은 무엇인가?

10.. 마케팅에서 말하는 시장이란 무엇인가? 또한 시장은 몇 가지 수준으로 나누어 생각할 수 있다. 그 몇 가지 개념을 설명하여 보라.

11.. 어느 백화점에서 서울의 강남구에 새로운 백화점을 개점하려고 장소를 물색하고 있다. 이러한 경우에, 이 백화점은 시장수요 중 어떤 측면에 관심을 두고 측정하여야 할 것이며 어떠한 측정방법이 적절한가? 또한 어떠한 센서스 자료를 이용하는 것이 적절한가?

12.. 우리나라 승용차 시장은 1985년 이후 지금까지 지속적으로 증가하여 왔다. 이러한 승용차의 수요를 예측하는데 있어서 어떠한 변수들을 고려하여야 할 것인가를 설명하여 보라.

13.. 맥주와 소주 등 주류판매를 예측하는데 추세변동, 순환변동, 계절변동 및 기타 우발적 변동요인 등을 예를 들어 설명하여 보라. 이러한 요인들은 주류별로 동일하게 적용 할 것인가? 그리고 총체적으로 주류의 미래판매를 예측하는데 시계열 분석은 어떠한 도움을 줄 수 있을 것인가?

제5장

마케팅 환경 검색

오늘날 기업의 성패 여부는 복잡하면서도 항상 변화하고 있는 환경에 대해서 기업이 적시에 적절하게 적응해 나갈 수 있는 능력에 달려 있다고 할 수 있다. 기업을 둘러싸고 있는 이러한 환경 요인들은 기업이 통제 불가능한 특징을 지니고 있다.

한 기업의 **마케팅 환경**이란 '기업이 표적으로 삼고 있는 고객들과의 거래를 개척하고 성사시키는데 필요한 마케팅 관리자의 능력에 영향을 미칠 모든 외적 요인'들을 총칭한다. 불확실하고 끊임없이 변화하고 있는 이러한 마케팅 환경요인들은 그 변화가 완만하거나 또는 예측가능한 경우도 있지만, 많은 경우에 급격히 발생하고 또 충격을 줄 경우가 있다. 예컨대 우리나라의 경우, 서기 2020년경에는 인구증가율이 0이 되어 특정된 제품의 수요증가도 둔화되리라고 충분히 예측할 수 있다. 이와 같이 장기간 동안 특정된 제품의 수요변화에 어떤 대책이 있는가를 생각해 본 경영자가 과연 얼마나 되는가? 또한 오늘날 심각히 대두되고 있는 대기오염과 같은 공해문제에 대한 대중의 강력한 대응운동과 정부의 규제에 대해서 기업이 어떻게 대처해 나가야 될 것인가를 충분히 고려하고 있는가?

대외의존도가 높은 우리나라의 경제체제를 놓고 볼 때, 앞으로도 지속적인 수출증가를 달성하지 않으면 우리는 경제성장을 계속 유지하기가 어렵게 되어 있다. 그러나 선진국들의 수입규제가 강화되고 있고, 또 우리나라의 국내시장에 대한 개방압력도 강화되고 있는 상황에서 우리나라의 수출산업들이 경쟁력을 갖추고 국제시장에서 경쟁에 이겨나가기 위해서는 어떠한 장기적인 전략이 필요한가?

마케팅 환경은 기업에서 기회를 제공함과 동시에 위협도 주고 있다. 이에 따라 기업에서는 마케팅 조사시스템과 마케팅 정보수집제도를 이용하여 변화하고 있는 환경요인들을 면밀하게 주시하여야 한다. 마케팅 환경은 미시환경과 거시환경으로 나눌 수 있다. **미시환경**(microenvironment)이란 기업이 고객에게 봉사할 능력에 영향을 미치는 직접적이고도 밀접한 관련이 있는 요인들로 구성되는 바, 예컨대 기업 내부, 마케팅 경로 종사기업, 고객시장, 경쟁자 및 대중 등이 이에 포함된다. **거시환경**(macroenvironment)은 미시환경 전체에 영향을 미치는 보다 넓은 의미의 사회적 요인들이 포함되며, 예컨대 인구통계, 경제적 변화, 자연적 변화, 기술적 변화, 정치 사회적 변화, 문화적 변화 요인들을 들 수 있다. 본 장에서는 먼저 기업의 미시환경을 살펴보고 후에 거시환경을 다루어 보고자 한다.

제1절 미시환경

마케팅 관리자의 주 임무는 표적집단에 대해 구미에 맞는 제품이나 서비스를 창출하고 제공하는데 있다. 그러나 표적시장을 선정하였다고 하여 곧 마케팅 관리가 성공한다는 보장은 없으며, 여타 기업 내부사정, 중간상, 경쟁자, 여타 대중들에 의해서도 마케팅 관리의 성패가 영향을 받게 된다. 기업의 미시환경을 구성하고 있는 요인들은 그림 5-1에 예시되어 있다. 마케팅 관리자는 단지 표적시장에 대해서만 초점을 둘 수는 없다. 그는 기업의 미시환경을 구성하고 있는 모든 요인들을 주시하여야 한다. 즉 기업 내부사정, 원료공급자, 중간상, 고객, 경쟁자, 일반대중 등의 요인들을 주시하여야 하며, 이들이 기업에 어떠한 영향을 미칠 것인가를 분석하는 일이 필요하다.

1. 기업 내부

마케팅 관리자가 계획을 수립하려면 기업 내부에서 여타 부서와의 관계도 고려하여야 한다. 예컨대 최고경영층은 물론 자금부, 연구개발(R&D)부, 구매부, 생산부 및 회계부 등의 부서와 밀접한 관계를 유지하여 계획을 수립하지 않으면 안 된다. 이러한 기업 내에서의 미시환경 속에서 조직부서와의 관계는 그림 5-2에 표시되어 있다.

최고경영층에서는 기업의 사명, 목적, 전략 및 정책 등을 결정하며, 마케팅 관리자는 최고경영층에 의해서 설정된 계획범위 내에서 의사결정을 내려야 한다. 그리고 마케팅 계획은 그것이 시행되기 전에 최고경영층으로부터 승인을 받아야 한다.

그림 5-1 기업의 미시환경을 구성하고 있는 주요 요소

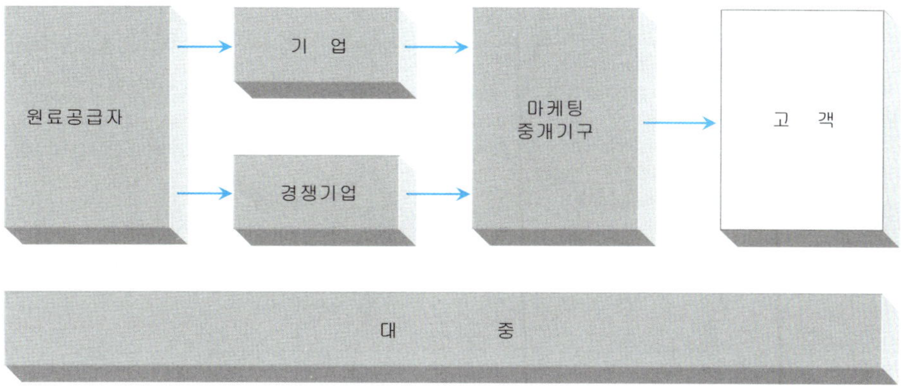

마케팅 관리자는 또한 기업내의 여타 부서와 밀접한 관련을 맺고 과업을 수행하여야 한다. 예컨대 자금부에서는 마케팅 계획을 수행하는데 필요한 자금을 확보하고 이를 이용하는데 관심을 둔다. 연구개발부에서는 제품의 안전성과 고객에 대한 호감도를 고려하여 설계하는 문제에 초점을 둔다. 구매부에서는 원료 확보에 관심이 있고, 생산부에서는 목표생산량을 달성하는데 책임을 가지고 있다. 회계부에서는 마케팅부에서 목표가 어느 정도나 달성되고 있는가를 알려주기 위하여 수입 및 원가에 관한 측정자료를 제공하여야 한다. 이와 같이 기업 내의 모든 부서는 마케팅부의 계획과 실천에 영향을 미치고 있다.

2. 공급자

공급자는 기업이 재화와 서비스를 생산하는데 필요한 자원을 제공하는 기업 및 개인들을 말한다. 예컨대 자전거를 제조하는 회사에서는 강철, 알루미늄, 고무 타이어, 기아 및 기타 원료들을 구입하여야 한다. 또한 제품을 생산하는데 필요한 노동력, 시설, 연료, 컴퓨터 및 기타 요소들도 구입하여야 한다.

원료공급자의 발굴은 마케팅에 중대한 영향을 미칠 수가 있다. 마케팅 관리자들은 원료공급의 안정성 여부를 면밀하게 주시하여야 한다. 원료공급의 부족이나 노조의 파업, 기타 사건들은 단기

그림 5-2 기업의 내부환경

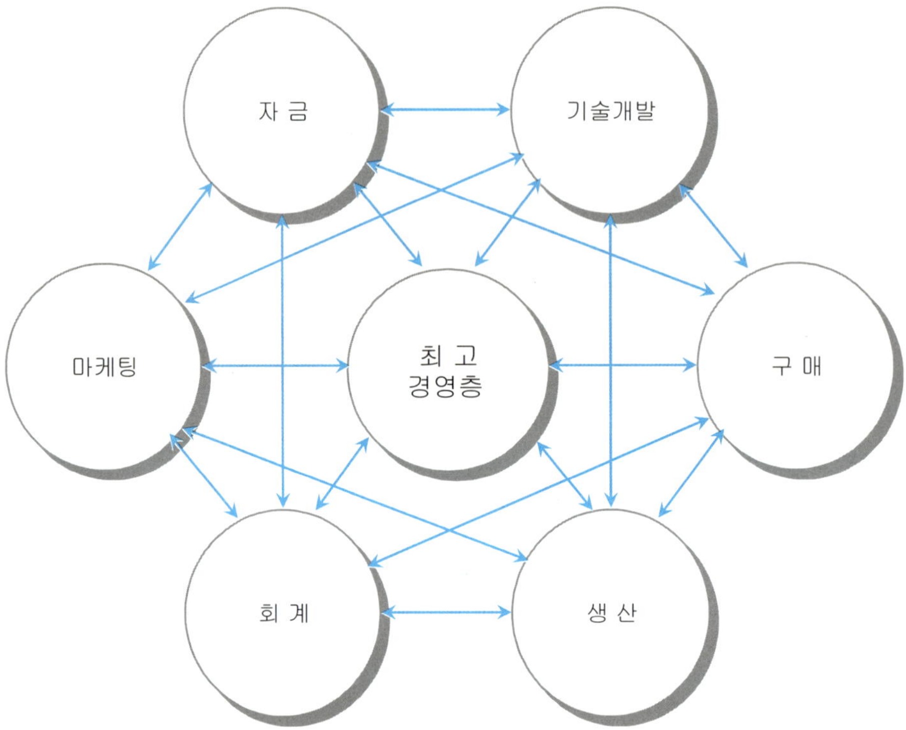

적으로 판매감소의 결과를 가져올 수 있고, 장기적으로는 고객과의 관계를 해칠 수가 있다. 마케팅 관리자는 주요 원료나 부품의 가격변동 추세에 대해서도 면밀하게 주시할 필요가 있다. 원료나 부품의 가격인상은 결과적으로 제품의 가격인상을 초래하여 기업의 판매량 증가에 지장을 초래할 수 있기 때문이다.

3. 마케팅 중개기관

마케팅 중개기관이란 기업이 최종구매자들을 대상으로 제품을 판매, 촉진, 분배시키는데 도움을 주는 모든 기관이나 개인을 총칭한다. 예컨대 중간상, 물류관리기업, 마케팅 서비스 대행기관 및 금융기관 등이 이에 해당된다.

1) 중간상

중간상이란 기업이 고객을 발견하여 이들에게 제품을 판매하는데 도움이 되는 유통경로 기업들을 말한다. 예컨대 도매업자나 소매업자가 이에 해당된다.

기업이 이러한 중간상을 이용하는 이유는 무엇인가? 중간상들은 제조기업이 자체적으로 시행하는 것보다 훨씬 저렴한 비용으로 중요한 기능을 수행할 수가 있다. 예컨대 그들은 고객들이 소재하고 있는 지역에서 제품의 재고를 유지하고 있어 고객이 제품을 원할 때 신속하게 제품을 배달할 수 있다. 또한 제조업을 대신하여 광고를 대행하고 판매조건에 대해서도 협상을 한다. 그러므로 제조기업의 입장에서는 자체적으로 직접 유통기관 내지 중간상을 설치하기보다는 독립적인 중간상에게 제품의 판매를 위탁하는 것이 더 유리할 수가 있다.

기업의 입장에서 중간상을 선정하고 이들과 협력한다는 것은 간단한 일은 아니다. 오늘날 많은 기업들이 과거에서와 같이 소규모의 독자적인 중간상들 중에서 어느 일부를 선택하는 경향이 있는 것과는 달리 대규모의 중간상들을 대상으로 이들과 협상하여야 할 경우가 많다. 예컨대 오늘날 많은 소내상품들이 대규모의 연쇄소매백화점이나 독점판매권을 부여하는 프랜차이즈 시스템(franchise system), 자유 연쇄점과 같은 대형 유통경로를 통하여 제품을 판매할 경우가 많아지게 되었다. 이와 같이 유통부문 종사자들의 규모가 대형화됨에 따라서 이들의 힘이 더욱 커지고 제조업에 대하여 상당한 압력을 가하는 경향이 높아지고 있다. 따라서 생산자의 입장에서는 이들과 협력하는데 상당한 주의와 노력을 기울이지 않으면 안 되게 되었다.

2) 물류관리기업

물류관리기업이란 상품을 저장하거나 이동시키는데 기업에 도움을 주는 모든 기관을 총칭한다. 예컨대 창고업은 상품이 다음 목적지까지 수송되기 전까지 이를 보호하고 저장하는 기능을 수행한다. 수송기관으로는 철도회사, 트럭회사, 항공회사 등 상품을 하나의 장소에서 다른 장소로 이동시키는 역할을 수행하는 모든 기관을 말한다. 기업에서는 상품을 저장하고 수송하기 위해서 비용과 적절한 배달시기, 배달속도 및 안전도 등을 고려하여 적절한 균형을 유지시킬 수 있는 최선의 방법을 찾아내는 일이 중요하다.

특히 오늘날 전자상거래의 증가추세로 인하여 기업과 소비자간(B to C)과 기업과 기업간(B to

B) 거래가 직접 이루어짐으로써 택배회사가 급격하게 증가하고 있는 것을 볼 수 있다. 이것은 기업의 입장에서 최소의 비용으로 최단시간 내에 물품을 상대방에게 배송할 수 있는 새로운 시스템이 점차 발달하고 있음을 가리키고 있다.

3) 마케팅 서비스 대행기관

마케팅 서비스 대행기관이란 예컨대 마케팅 조사기업, 광고대행사, 언론매체 및 마케팅 전문 자문기업(consulting firm) 등과 같이 기업에게 고객을 선정하고 이들을 대상으로 제품을 촉진시키는데 도움을 주는 모든 기관을 총칭한다. 기업이 이러한 대행기관들의 하나를 이용하기로 결정할 때는 이를 신중하게 선택하지 않으면 안 되는데, 그 이유는 이러한 대행기관들이 그 창조력이나 질적인 수준, 서비스 수준 및 가격 등에 있어서 많은 차이가 있기 때문이다. 기업의 입장에서는 이러한 대행기관들의 업적을 정기적으로 평가하고 어떠한 대행기관이 최적의 것인가를 결정해야 한다.

4) 금융기관

금융기관으로는 은행, 신용회사, 보험회사 및 기타 상품의 구매와 판매와 관련되어 따르는 위험을 덜어주거나 거래를 촉진시키는데 자금의 융통을 제공해 주는 모든 기관들을 총칭한다. 기업이나 고객들은 거래를 원활하게 하는데 이러한 금융기관을 통하여 자금을 융통하지 않으면 안 될 경우가 많다. 기업의 마케팅 과업은 이러한 금융기관에서 제공하는 자금비용이나 자금제공 가능여부 등에 따라서 크게 영향을 받을 수가 있다. 이러한 이유로 하여 기업에서는 중요 금융기관과 밀접한 관계를 유지하는 일이 대단히 중요하다.

4. 고 객

어느 기업이든 그 기업이 대하고 있는 고객시장은 면밀하게 분석하여야 한다. 기업이 접하게 되는 고객의 유형에는 크게 다섯 가지 유형으로 나눌 수 있다. 그림 5-3은 이를 예시한 것이다. 이러한 고객유형의 특성을 보면 다음과 같다.

- **소비재 시장** : 개인적인 소비를 목적으로 재화와 서비스를 구매하는 모든 개인이나 가구를 말한다.

그림 5-3 고객시장의 기본 유형

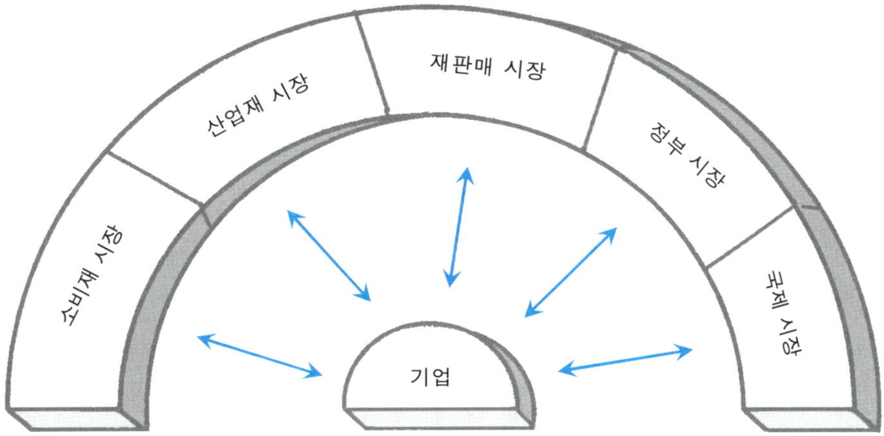

■ **산업재 시장** : 제품생산을 위해서나 또는 가공을 목적으로 재화와 서비스를 구매하는 모든 기관을 말한다.

■ **재판매자 시장** : 이익을 획득하기 위하여 상품과 서비스를 재판매할 목적으로 구매하는 모든 기관을 말한다.

■ **정부시장** : 공공재 또는 서비스를 생산하거나 이를 필요로 하는 여타 기관들에게 이전시키기 위해서 상품이나 서비스를 구매하는 정부 및 정부 대행기관을 총칭한다.

■ **국제시장** : 해외의 소비자나 생산자, 재판매자, 정부 등을 포함한 모든 외국 구매자를 말한다.

어느 기업이든지 이러한 다섯 가지 유형의 시장형태 중에서 어느 하나 또는 그 이상의 시장을 대상으로 제품을 판매하는 것이 보통이다.

5. 경쟁자

오늘날 어느 기업이든 광범위한 범위에 걸쳐 경쟁자들과 대결하고 있다. 마케팅 개념의 입장에서 본다면 기업이 성공하려면 경쟁자에 비해서 고객의 욕구와 욕망을 보다 잘 충족시킬 수 있는 능력이 필수적이다. 따라서 마케팅 관리자는 표적시장의 욕구에 대해서 보다 잘 적응할 수 있는 방안을 마련하는 일이 중요하다. 또한 동일한 표적고객들을 대상으로 경쟁하고 있는 경쟁기업들에 대응할 수 있는 전략들을 개발하여야 한다. 기업이 경쟁자에 비해서 전략적 비교우위를 차지하려면 소비자들의 마음속에 제품이 보유하고 있는 특성에서 어느 정도로 장점이 있는가를 심어주는 일이 무엇보다 중요하다.

어떠한 기업에 있어서도 단일의 경쟁적 마케팅 전략이 최선이 될 수는 없다. 기업마다 자신과 경쟁기업들을 비교한 산업상의 위치를 고려하여야 한다. 시장에서 지배적인 위치를 차지하고 있는 대기업의 경우에 중소기업들이 이용할 수 없는 특수한 전략을 사용할 수가 있을 것이다. 그러나 규모가 크다는 것만으로는 충분조건이 되지 못한다. 대기업들은 유리한 전략을 보유하고 있는 반면에 불리한 전략도 구사할 수가 있다. 반면에 중소기업들은 대기업에 비해서 신속한 배달이나 고객욕구의 변화에 대한 신속한 파악과 같은 조치를 쉽게 내릴 수 있는 장점이 있다. 그러므로 대기업이나 중소기업은 각기 자기 나름대로 시장에서 경쟁자에 비하여 가장 적합한 마케팅 전략을 발견하는 일이 중요하다.

6. 공공대중

기업의 마케팅 환경에는 여러 유형의 공공대중도 포함된다. 하나의 공공대중이란 기업의 목적을 성취할 수 있는 능력에 영향을 미치거나 또는 이에 관심을 가지고 있는 실제적인 집단 또는 잠재적인 집단을 모두 말한다. 어느 기업이든지 다음과 같은 여러 가지 유형의 공공대중기관의 영향을 받게 되어 있다(그림 5-4 참조).

- **금융기관** : 금융기관은 기업의 자금을 획득하는데 영향을 미치고 있다. 은행, 투자회사, 증권회사 등은 기업의 자금을 조달하는 중요한 기관들이다. 기업은 이러한 금융기관들과 밀접한 유대관계를 유지하는 일이 대단히 중요하다.
- **언론매체** : 신문이나 잡지 등과 같은 인쇄매체나 라디오나 TV 같은 전파매체 등이 기업에 중대한 영향을 미칠 가능성이 많을 것은 말할 필요도 없다.
- **정부기관** : 기업의 경영층에서는 정부의 여러 가지 공공정책 및 기타 정책에 대해서도 관심을 기울여야 한다. 예컨대 제품에 대한 안전도나 광고의 진실성, 유통기관에 대한 공정한 거

그림 5-4 대중의 유형

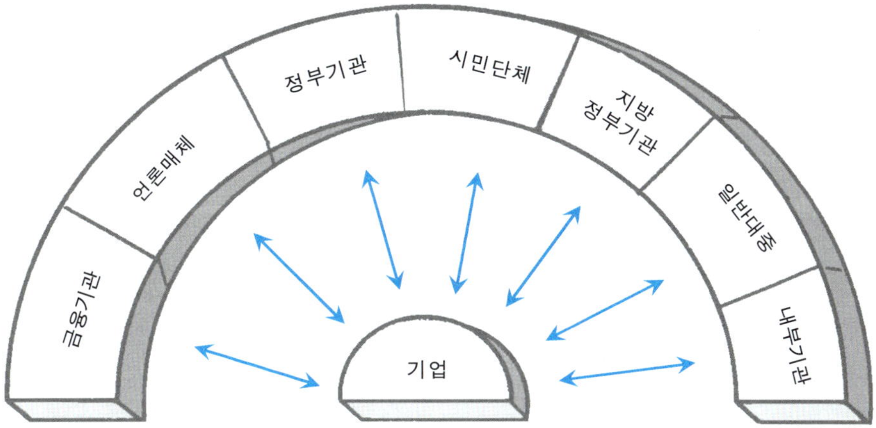

래 여부의 판정 등과 같은 문제에 대해서 정부가 점차로 규제를 강화하고 있기 때문에 이러한 문제들이 어떠한 변화를 가져올 것인가를 면밀히 주시하는 일도 중요하다.

- **일반시민단체** : 기업이 마케팅 의사결정을 내리는 데는 소비자보호운동 단체나 환경보호운동 단체, 기타 이해집단들의 반응을 고려하지 않으면 안 될 때가 많다.
- **지역사회** : 어느 기업이든지 제품을 판매하고 있는 지역에서의 지역사회와의 유대관계를 유지하는 일이 매우 중요함은 말할 필요도 없다. 해당 지역에서 지니고 있는 특정된 문제를 전부 해결해주지는 못한다 하더라도 부분적으로 도움을 주는 일이 필요할 때가 흔히 있다.
- **일반대중**

  일반대중 : 기업은 일반대중이 해당 기업의 제품과 활동에 대하여 지니고 있는 태도나 이미지에 대해 관심을 기울이지 않으면 안 된다. 대중의 기업에 대한 이미지는 제품구매에 직접적으로나 간접적으로 영향을 미치게 된다.

  내부대중 : 기업의 내부대중으로는 모든 종업원, 관리층, 이사 등의 임원 등이 포함된다. 대기업에서는 자체의 사보를 발행하여 내부대중에 정보를 제공하고 또 이들의 동기를 유발시키는 수단으로 이용할 경우가 많다.

기업에서 최종소비자 시장을 대상으로 마케팅 계획을 수립할 수 있는 것과 마찬가지로 주요 대중을 대상으로 마케팅 계획을 수립할 수가 있다. 예컨대 일반대중으로부터 기업의 이미지를 높이기 위한 수단을 개발하기 위해서는 이들이 기업에 대해서 어떠한 태도를 지니고 있는가를 면밀히 조사한 다음에 이미지를 향상시키기 위한 거시적인 시각을 설계하고 개발하는 일이 필요할 것이다.

제2절 거시환경

기업이 원료 공급자, 마케팅 중개기관, 고객, 경쟁자 및 대중 등을 포함하는 미시환경에 대처해 나가야 된다는 것을 지금까지 살펴보았지만, 이러한 미시환경은 보다 폭넓은 거시환경 틀 속에서 활동하지 않으면 안 되게 되어 있다. 거시환경은 기업에게 하나의 기회를 부여하기도 하지만 또한 위협도 주고 있다. 특히 오늘날의 기업들은 이러한 거시환경 요인들을 면밀하게 주시하고 이에 대응해 나가지 않으면 안 된다. 이러한 거시환경들은 그림 5-5에 표시된 바와 같은 몇 가지 요인들로 구성되어 있다. 이제 이러한 거시환경을 구성하고 있는 요인들이 각각 구체적으로 마케팅 계획에 어떻게 영향을 미치고 있는가를 살펴보기로 한다.

1. 인구통계

마케팅 관리자가 거시환경 요인 중 먼저 관심을 갖게 되는 분야가 인구이다. 그것은 사람이 곧 시장을 구성하고 있기 때문이다. 마케팅 관리자는 인구의 지역적 분포, 밀도, 이동추이, 연령별 분포, 출생률, 결혼과 이혼율, 인종별 및 종교별 인구분포에 관심을 갖고 있다.

오늘날 많은 사람들이 인구의 폭발적인 증가를 걱정하고 있는데, 그것은 지구상의 이용가능한 자원은 한정되어 있고, 빈곤한 국가일수록 인구증가율이 높기 때문이다. 그러나 우리나라의 경우는 지난 70년대 이후 인구증가율이 점차 감소되어 서기 2020년경에는 그 증가율이 0이 될 것으로 추산하고 있다.

기업에 있어 인구증가율은 매우 중요한 의미를 내포하고 있다. 인구의 증가는 곧 구매력의 증가를 의미할 수 있기 때문이다. 완구나 의류, 가구 및 식품을 제조하는 기업의 경우, 출산율의 증가

그림 5-5 기업의 거시적 환경요인

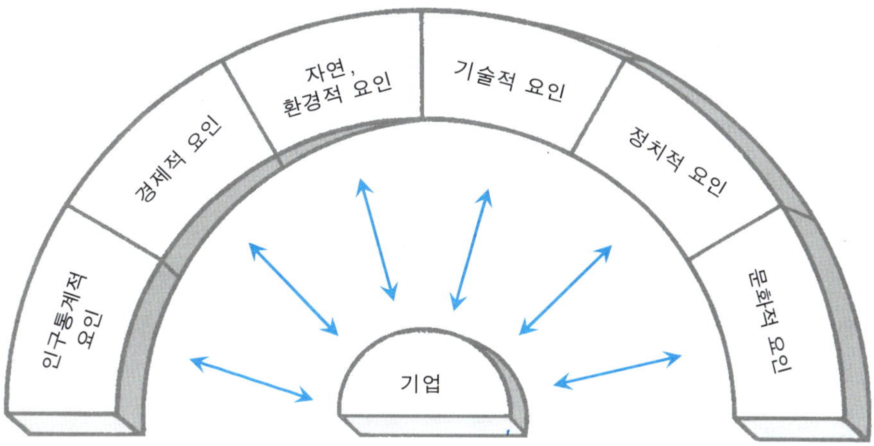

가 바람직하겠지만 출산율의 감소로 혜택을 얻는 기업도 있을 수 있다. 예컨대 젊은 부부들이 자녀의 수가 적으면 여행, 외식, 오락 등에 더 많은 소비를 하게 되어 이러한 산업에 속하는 기업에 대해서는 도움이 될 것이다.

한편 근세에 이르러 의약품의 개발과 보급 및 예방활동으로 사망률이 현저히 감소하여 왔고 이와 함께 노년층이 증가한 것도 새로운 사회적 현상으로 나타났다. 이러한 노년층의 증가는 그들을 위한 오락기구, 식품, 의약품 및 병원의 이용에 대한 수요가 증가할 것으로 생각된다. 그 밖에도 인구변동의 주요 추세로서 이혼율의 증가, 맞벌이 부부의 증가, 농촌에서 도시로의 인구이동, 고등교육을 받은 사람의 수의 증가 등이 있다. 이러한 인구의 변동추세는 각기 특정 산업 내지 기업에게는 위협도 되고 바람직한 현상일 수도 있다.

인구의 변동은 대개의 경우 그 속도가 완만한 경우가 대부분이다. 그러나 그렇다고 하여 변동상황을 주시하는 것을 게을리 하여서는 안 된다. 우리나라의 경우, 총인구는 2005년 현재로 4천8백만명에 달하고 있다. 그동안 인구는 계속 증가하여 왔지만 증가율은 매년 감소하고 있으며 90년도부터 증가율이 1% 이하로 감소하고 있다(그림 5-6 참조).

이러한 인구증가율의 감소추세는 많은 기업의 경우에 수요의 증가라는 측면에서는 바람직한

그림 5-6 총인구와 인구증가율의 변화

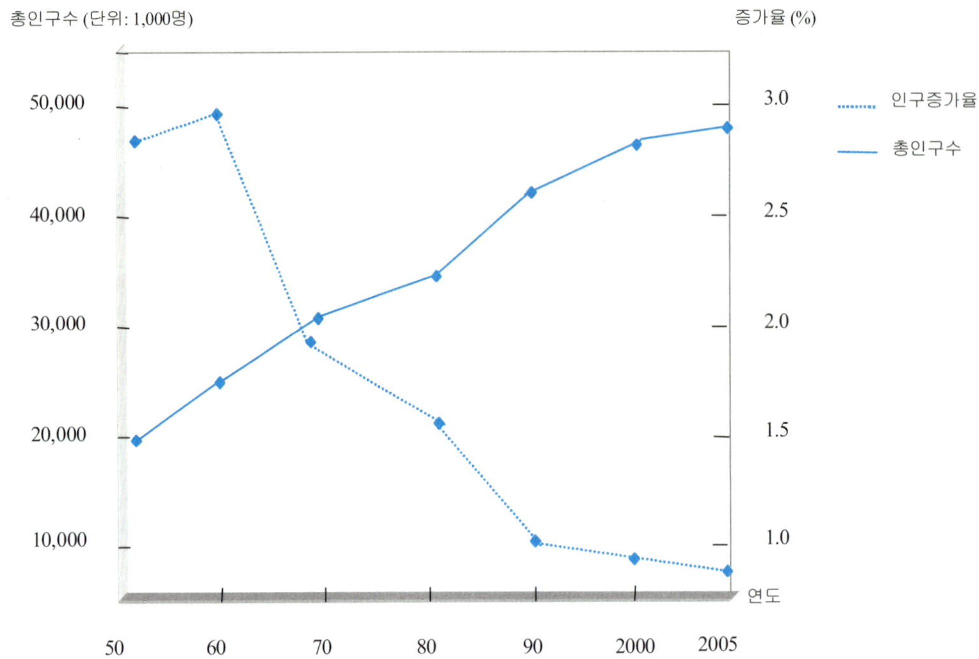

요인이 되지 못하고 하나의 위협이라고 생각할 수 있다. 그러나 달리 생각하면 인구증가율이 감소함으로써 새로운 사업기회를 찾아낼 수 있는 가능성도 있음에 유의하여야 한다. 다시 말하면 인구증가율이 감소한다는 것은 한 가구당 가족 수가 감소하고 있음을 뜻한다(그림 5-7 참조). 가구당 가족 수가 감소하게 되면 그만큼 시간적인 여유가 많아지게 되므로 레저산업이나 외식산업과 같은 분야에서는 오히려 수요가 증가할 가능성이 많다고 볼 수 있다.

다른 한편 우리나라 인구구조는 근래에 이를수록 유아의 비중이 줄어들고 노년층이 증가하는 추세를 보이고 있으며 대체로 다이아몬드 형태의 모습으로 바뀌어 가고 있다. 유년층의 비중이 감소하고 있다는 것은 이 부문에 대한 시장규모도 감소될 것이라는 것을 의미할 수 있다. 그러나 기업의 입장에서는 이들에 대한 제품의 고급화를 통하여 판매의 증가를 시도하거나, 또는 전 가족이 함께 사용할 수 있는 제품을 개발하는 방안을 생각할 수 있을 것이다. 또한 청소년이나 성인시

그림 5-7 총 일반 가구수 및 평균 가구원수

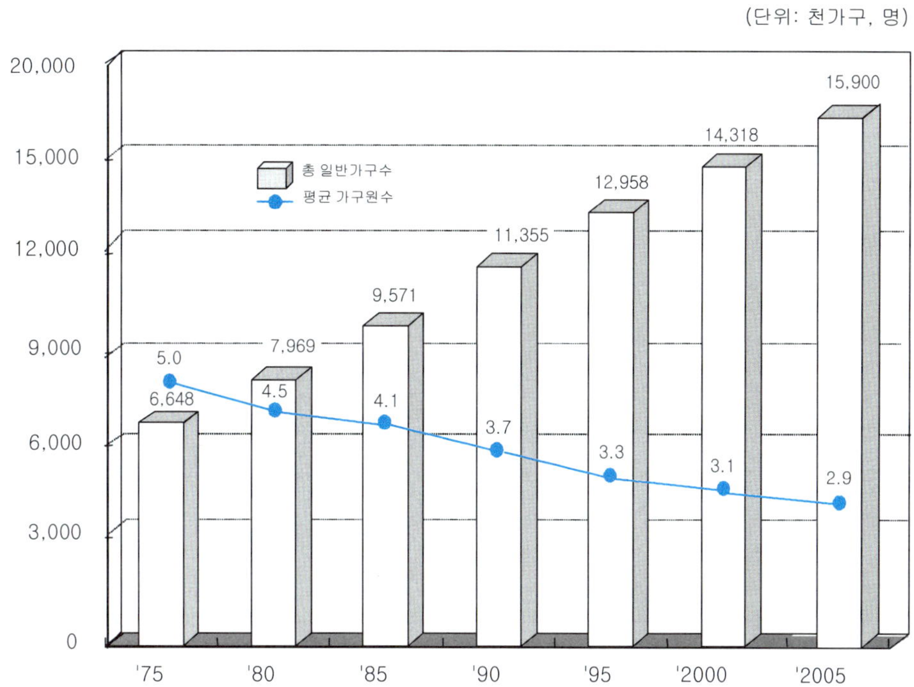

장에도 관심을 두어 각각의 시장을 표적으로 하여 별개의 제품을 개발하는 방법도 있을 것이다.

또한 국민소득수준의 증가와 의료기술의 향상으로 평균수명이 연장되어 고령인구의 비율이 증가하고 있는 바, 이러한 추세는 앞으로 더욱 지속될 전망이다. 우리나라의 노년층에 속하는 사람들은 구매력이 증가하고 있고, 앞으로 이러한 노년층 시장의 중요도는 더욱 커질 것으로 전망된다. 따라서 이러한 노년층 시장을 표적으로 하는 건강식품, 간편하게 건강을 진단할 수 있는 의료기, 또는 노인들만을 위한 아파트 단지나 주택단지와 같은 제품들에 대한 수요가 증가할 것으로 예상할 수 있다. 인구통계 변수는 연령이나 성별 분포뿐만 아니라 지역별, 교육수준별, 직업별, 가족생활주기(family life cycle)별 및 주거지역별 등의 여러 가지 형태로 나누어 볼 수 있다. 이러한 변수들을 토대로 하여 마케팅에서는 전통적으로 시장을 세분하는 수단으로 이용하여 왔다.

2. 경제환경

마케팅 관리자는 인구변동의 추세뿐 아니라 구매력의 변동에도 주의를 기울여야 한다. 총구매력은 현재의 소득, 가격, 저축 및 신용공여의 다과(多寡)와 함수관계에 있다. 마케팅 관리자가 관심을 기울여야 할 경제적 환경의 몇 가지 현상으로 다음과 같은 것이 있다.

첫째로, 국민소득 성장률이다. 근년에 이르러 우리나라의 경제성장속도가 저하되어 국민 1인당 실질소득의 증가가 명목소득의 증가에도 미치지 못하는 사태까지 발생하게 되었다. 그 이유는 첫째, 물가상승률이 명목소득률을 앞질렀고, 둘째, 실업률이 증가하고, 셋째, 납세부담의 증가로 가처분 소득이 감소하였으며, 넷째, 국내경기의 침체로 내수 증가속도가 둔화됨으로써 이에 따라 국내수요가 감소되었기 때문이다. 소비자의 실질소득이 감소하게 되면 구매에 신중을 기할 것으로 생각된다. 따라서 보다 절약형의 제품을 생산하여 광고에서 가격을 강조함으로써 판매도 증가하게 된다. 마케팅 관리자는 소득증감의 추세뿐 아니라 소득계층의 분포에 대해서도 관심을 가져야 한다. 고소득층의 소비패턴이 현재의 경기 상태에 크게 영향을 받지 않을 것으로 생각되지만, 중산층의 소비자들은 경기가 침체하는 경우 소비지출을 억제하고 노동계층은 의식주에 거의 지출을 하며 저축은 매우 힘들게 된다.

둘째로, 물가상승률이다. 근년에 이르러 전 세계는 물론 우리나라에도 고율의 인플레이션에 시달리고 있는데 그 주요 원인은 석유를 비롯한 자연자원의 가격이 급격히 상승하거나, 기업간의 가격 카르텔, 또는 불완전한 경쟁, 그밖에 부동산 가격의 폭등, 재정적자의 증가, 그밖에 인플레이션에 대한 소비자들의 기대심리 등이라 할 수 있다. 물가의 상승은 소비자들의 절약을 강요하게 되며, 소비자들은 가능한 한 값싼 제품이나 그러한 제품을 판매하는 유통경로를 찾게 된다.

셋째로, 소비지출의 변화이다. 소득이 변함에 따라 이에 상응하여 제품이나 서비스에 대한 수요에도 변화가 있게 되는데 1857년 독일의 통계학자 엥겔(Ernst Engel)은 노동자의 가계예산을 조사한 결과, 소득이 증가함에 따라 소비지출은 증가하지만 식비에 지출하는 비율은 감소하고, 주택에 지출하는 비용은 어느 정도 일정하며, 기타 부분(의류, 수송수단, 오락, 건강 및 교육)에의 지출과 저축의 비율은 대체로 증가한다는 사실을 발견하였다. 그 후에도 엥겔법칙은 그 정당성이 일반적으로 인정되어 왔다. 마케팅 관리자는 소비자의 소득이 증가함에 따라 특정 제품에 대한 소비지출이 어떻게 변화하는가를 면밀하게 조사할 필요가 있다. 예컨대 고소득층의 소비자들은 소득의 증가에 비하여 식비에 대한 지출은 증가하지 않을 것이나 보다 고급의 식품을 찾을 것으로 생각된다. 단기적으로 보면 식비지출은 어느 정도 일정하다고 할 수 있으나 소득의 증가함에 따라 내구

그림 5-8 GNI 및 1인당 GNI

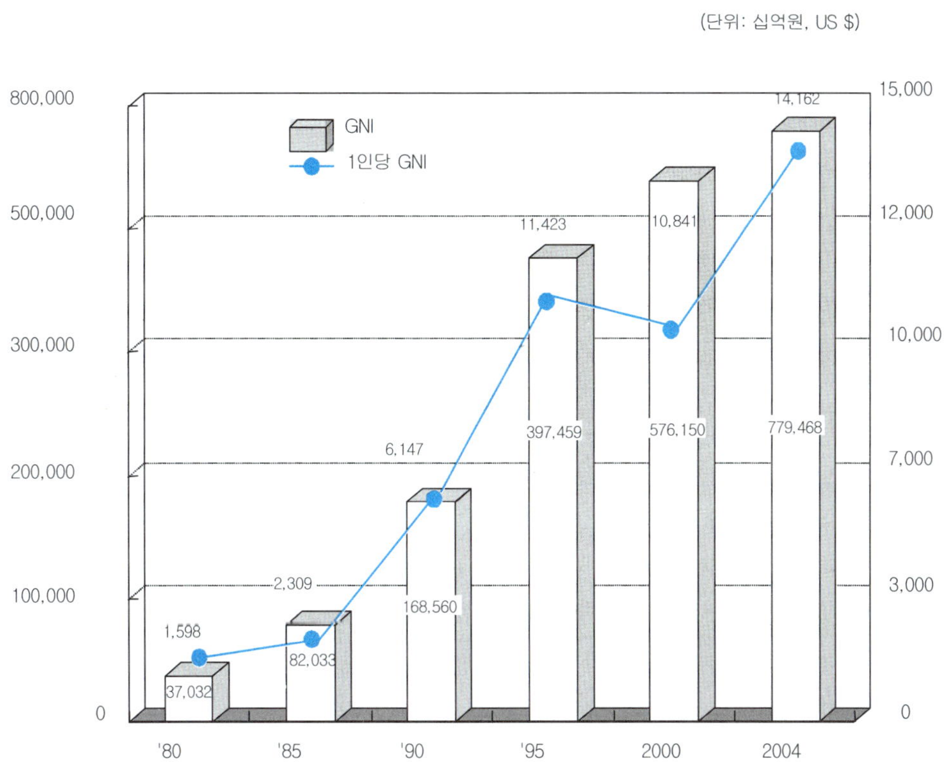

소비재나 사치품에 지출하는 비용은 증가한다고 할 수 있다. 소비지출은 소득의 크기와 증감에 영향을 받을 뿐 아니라 저축과 신용공여의 가능 여부에도 크게 영향을 받게 된다.

우리나라의 경우, 1인당 총국민소득(GNI)은 IMF의 구제금융을 받기 전에는 한 때 1만 달러를 넘어섰으나 IMF가 개입한 이후 1998년에는 7,355달러로 대폭 감소하였다가 1999년에는 9,438달러로 증가하여 계속 회복세를 보여 2004년에는 14,162달러에 이르렀다.

이러한 경제규모의 확대와 더불어 가계지출에 있어서도 상당한 변화를 보이고 있다. 표 5-1을 보면 1980년 이후 지금까지 가계지출에 있어 의·식·주의 기초생활비 지출비중이 계속 낮아지고, 교양오락비 및 교통통신비 등은 계속 증가하는 추세를 보이고 있다. 특히 두드러진 변화는 교통통신비가 대폭적으로 증가하였다는 점이다. 이것은 주로 승용차와 이동전화 및 PC 등의 대량

표 5-1 도시근로자 가구의 월평균 소비지출 구성

단위: %

연도	소비지출	식료품 (외식비)	주거비	광열·수도비	가구집기 가사용품	피복·신발비	보건의료	교육	교양 오락비	교통 통신비	기타 소비지출
1980	100.0	43.0 (1.8)	4.7	7.5	4.5	9.9	6.5	5.5	1.9	5.8	10.4
1985	100.0	37.7 (3.1)	4.7	7.4	4.9	7.8	5.4	6.4	3.4	6.5	15.2
1990	100.0	32.7 (7.0)	4.6	4.5	5.7	8.3	5.1	7.5	4.6	8.6	18.5
1995	100.0	29.0 (9.6)	3.7	4.1	4.7	7.7	4.5	9.3	5.3	11.8	19.9
2000	100.0	27.5 (11.5)	3.3	5.1	3.7	5.7	4.1	10.9	5.3	16.4	18.0
2003	100.0	26.6 (12.6)	3.2	4.7	3.9	5.6	4.6	11.4	5.0	17.5	17.4

자료 : 통계청, 「도시가계연보」

보급에 기인한 것으로 볼 수 있다. 또한 식료품비가 차지하는 비중도 대폭 감소하여 온 반면에, 그 중에서 외식비가 차지하는 비중은 상대적으로 많이 증가하여 온 것을 알 수 있다. 따라서 전반적으로 기초생활비 지출비중이 감소하는 반면에, 교육 및 문화비 등은 증가하고 있다.

이와 같이 경제성장률과 1인당 국민총소득 및 증가율, 그리고 소비지출 패턴의 변화는 마케팅 관리자의 입장에서 볼 때, 제품의 수요를 결정하는 중요한 요인의 하나로 볼 수 있기 때문에 그 변동추세에 대하여 세밀한 주의를 기울여야 한다.

3. 자연환경

우리나라도 산업이 고도화됨에 따라 산업에서 배출하는 공해물질로 인하여 자연환경이 파괴되는 경향이 높아지고 있고, 정부에서는 문제의 심각성을 인식하여 환경부를 설치하고 공해방지에 대한 노력을 기울이고 있다. 이것은 인간에 미치는 공해뿐 아니라 자연자원은 유한한 것이어서 지속적인 경제성장을 뒷받침하기 위한 자원의 확보가 점차 어려워지게 되었다는 사실을 인식하게 되었기 때문이다.

자연자원은 공기나 물과 같이 무한한 것, 산림자원이나 식량과 같이 유한하지만 재생할 수 있

는 것, 또 석유나 석탄 및 기타 광물의 경우와 같이 유한하지만 재생할 수 없는 것 등의 세 가지로 크게 분류된다. 말할 필요도 없이 경제성장에 가장 중요한 것은 유한하면서도 재생할 수 없는 자원을 확보하는 일이다. 특히 근대의 경제 및 정치역사는 석유와 같은 자원을 둘러싸고 형성되어 왔다고 해도 과언이 아니다. 세계의 산업경제는 석유자원에 의존하는 비중이 크며 대체에너지가 나올 때까지 국제사회의 경제 및 정치무대에서 석유자원이 중요한 역할을 할 것으로 예상된다. 70년대 이후의 석유파동으로 선진국들은 대체에너지의 개발을 서두르고 있다. 석탄의 이용률이 증가하고 태양열, 풍력, 조력 등의 이용방법에 대한 관심이 높아져 이에 대한 개발연구가 활발히 진행되고 있다.

자연환경의 보전과 공해방지를 위한 정부의 규제와 통제가 강화되면 기업은 제품생산을 위한 투자보다 공해방지시설에 더 많은 투자를 강요받게 되고, 따라서 경제성장 또는 고용효과가 감소되는 효과를 가져올 수도 있다. 따라서 마케팅 관리자는 이러한 정부의 규제 내지 통제 동향과 자연환경을 보호하기 위한 노력에 따라 발생하는 기회를 항상 주시하여야 한다.

환경보존에 대한 관심은 정부의 차원을 떠나 세계의 모든 소비자들에게 점차 증가하고 있다. 이에 따라 나라마다 환경보호단체들이 활동하기 시작하여 기업에 대하여 생태적으로 안전하거나 재활용이 가능한 제품을 생산하고 오염방지시설의 설치를 요구하고 있다. 이러한 민간단체들의 요구를 기업들이 점차 수용하지 않을 수 없게 되었다. 기업들은 건전한 경제와 생태와의 유기적 관계를 인식하고 '환경적으로 지속가능한' 전략과 정책을 개발하려는 노력을 기울이고 있다.

4. 기술환경

새로운 기술은 새로운 산업을 탄생시킬 계기를 만들 가능성이 크다. 또한 기술의 진보에 다라 기존의 산업이나 기업이 사멸하기도 한다. 트랜지스터의 발명으로 진공관이 사라지고, 제록스(Xerox) 복사기 출현으로 카본(Carbon)지(紙) 산업이 도태되었으며, 개인용 컴퓨터의 등장으로 전통적인 타자기 산업이 사양화된 것이 그러한 예에 속한다. 슘페터(Schumpeter)는 기술이 '창조적 파괴'(creative destruction)의 요인이라고 보았다.

경제성장률은 기술개발과 밀접한 관계가 있다. 그러나 기술은 시대 흐름에 따라 점진적으로 개발된 것이 아니라는 점에 특징이 있다. 미래학자인 토플러(Alvin Toffler)는 현대 기술개발 속도의 가속화를 지적하면서 새로운 아이디어의 발생이 증가하여 왔고, 아이디어의 발생과 그것을 실현에 옮기는 것과의 시차가 급격히 좁혀지고 있으며, 아이디어에 따라 생산된 제품이 시장에 도입되어 판매가 절정에 달할 때까지 시차도 좁혀지고 있다고 한다. 필요하다고 생각되는 신제품이나 서비스에 대한 아이디어는 얼마든지 있으며, 다만 기술적인 열매를 맺기까지 잠정적으로 지체되어 있다고 할 수 있다. 예컨대 태양열의 이용, 암의 퇴치, 전기자동차의 이용, 바닷물의 음료수화, 가정에서의 컴퓨터 사용, 세탁과 요리를 할 수 있는 로봇의 발명, 비만을 방지할 수 있으면서도 맛이 있고 영양가가 있는 식품, 그리고 완전하면서도 효과적인 피임약의 발명 등 얼마든지 그 예를 들 수 있다.

우리나라의 경우, 대부분의 기업이 외국의 자본과 기술로 성장하여 왔다. 고도의 산업단계로 이행하는데 가장 필요한 것이 기술축적이라고 할 수 있는 바, 따라서 기술개발에 대한 투자가 없이는 기업의 생존과 성장을 생각할 수 없으며 국제시장에서의 우위를 차지할 수도 없다.

5. 정치환경

근래에 이르러 기업에 대한 정부의 규제가 점차 강화되고 있는 것은 다음과 같은 몇 가지 목적을 내포하고 있기 때문이다. 첫째, 기업 자체를 보호하기 위한 것이다. 불공정한 거래나 기업간의 부당한 경쟁을 방지하기 위하여 법을 제정하여 시행하는 사례가 늘고 있다. 예컨대 우리나라의 경우 독점규제 및 공정거래에 관한 법률이 그러한 경우에 속한다(표 5-2 참조). 이러한 법률은 경제효율을 높이는 효과를 가져올 수 있다고 생각되지만, 때로는 그렇지 못한 경우도 있다. 즉 공정한 거래를 해칠 수도 있는 것이다. 그러나 현실적으로 경쟁을 감시하지 않아도 능률적인 경제활동이 자동적으로 이루어진다고 생각하기는 힘들다. 둘째로 소비자를 보호하기 위한 것이다. 불량품을 생산하거나 과대 광고, 속임수를 쓰는 포장, 가격 조작 등의 부당한 방법으로 이익을 획득하려는 일부 기업들의 관습이나 태도를 규제하여 소비자를 보호할 필요가 있다. 셋째, 기업의 태만으로 사회에 미치는 악영향을 방지하기 위하여 정부의 규제가 필요하다. 환경의 오염이 심화됨에 따라 국민소득이 증가한다 하더라도 대중의 소비생활의 질은 악화될 수 있다. 대부분의 기업이 그들의 생산활동으로 발생하는 사회비용(social cost)에 대하여는 부담을 지지 않는 것이 보통이기 때문이다.

그러나 정부의 규제가 진정으로 문제가 되는 것은 그러한 규제를 위한 비용이 규제를 함으로써 얻게 되는 효익을 초과하는지의 여부이다. 규제를 위한 법률이 반드시 공정하게 시행된다는 보장은 없으며, 합법적인 기업을 해칠 수도 있고, 새로운 시장의 개척이나 투자의욕을 저하시킬 수도 있으며, 소비자에게 편의보다는 불편을 줄 수도 있다. 그러므로 규제를 위한 법률이 그 나름대로

표 5-2 마케팅에 영향을 주는 법률

독점 규제 및 공정거래에 관한 법률(1980)	이 법은 사업자의 시장지배적 지위의 남용과 과도한 경제력의 집중을 방지하고 부당한 공동행위 및 불공정거래행위에 대한 규제
하도급 공정화에 관한 법률(1986)	공정한 하도급질서 확립을 위하여 원사업자와 수급업자의 행위에 대한 규제
부정경쟁방지법(1986)	국내에 널리 알려진 타인의 상표, 상호 등을 부정하게 사용하는 등의 부정거래행위와 타인의 영업비밀을 침해하는 행위에 대한 규제
소비자보호법(1986)	소비자의 기본권익을 보호하기 위하여 국가, 지방자치단체 및 사업자의 의무와 소비자 및 소비자단체의 역할을 규정
공산품품질관리법(1986)	공산품에 대한 품질표시, 품질검사 및 품질관리등급제에 관한 규정
약관의 규제에 관한 법률(1986)	불공정거래를 방지하고자 약관의 내용을 규제
도소매업 진흥법(1986)	도소매업에 관련된 설립 및 거래에 관한 규정
물가안정 및 공정거래에 관한 법률(1975)	물가에 관한 규정
유통근대화촉진법(1980)	농수산물 및 공산품의 도매, 소매, 수송, 보관, 포장 및 기타 이와 관련된 정보 및 용역제공을 목적으로 하는 사업에 관한 규정
신용카드업법(1987)	신용카드업에 관한 규정
상품권법(1961)	상품권의 유통질서와 소유자의 권익보호에 대한 규정
할부거래에 관한 법률(1991)	할부계약에 의한 거래를 규제
방문판매 등에 관한 법률(1991)	방문판매, 통신판매와 다단계판매에 의한 상품의 판매 및 용역의 제공에 관한 규제
공업표준화법(1961)	광공업제품에 대한 공업표준제공에 관한 규정
상표법(1990)	상표사용에 관한 규정
옥외광고물 등 관리법	옥외광고물의 표지장소, 표시방법과 제시시설의 설치, 유지 등에 관한 규정
환경정책법(1990)	환경보전에 관한 규정
제조물 책임법(2000)	불량제품에 대한 기업의 배상 규정

정당성을 지니고 있을 수 있다 하더라도 사회 전체적으로는 경제성장을 둔화시키거나 기업의 창조력을 파괴할 수도 있는 것이다.

한편, 1960년대부터 본격적으로 시작된 소비자보호운동은 그 중요성이 날로 증대하고 있고, 우리나라에서도 소비자 보호를 위한 입법과 법률의 시행, 그리고 소비자 집단의 압력이 증가함에 따라 기업의 행동이 제한을 받게 되었는데, 이와 같은 소비자 보호운동을 위협으로 보지 않고 소비자의 욕구로 파악하여 그것을 충족시킬 수 있는 보다 좋은 기회로 바꾸는 대안이 필요하다.

6. 문화환경

특정된 사회를 구성하고 있는 구성원들이 그 사회 속에서 생존하는 가운데 독특한 신념이나 가치관 및 행동규범이 생성되어 지속되며, 후대에 이어진다. 마케팅 관리자가 이와 같은 전통적인 신념이나 관습, 가치관 등을 바꾸려 하는 것은 매우 힘든 일임에 틀림없다. 우리나라에서 식생활 중 주식을 쌀 대신에 다른 대체식품으로 바꾸려 하는 노력이 쉽지 않은 것과 같은 것이다.

또한 사회구성원들은 사회적 변동요인에 의하여 끊임없이 발생하고 소멸하는 2차적 신념이나 가치관을 지니고 있다. 예컨대 결혼제도에 대한 대부분의 사람들의 태도는 전통적으로 비슷하다고 할 수 있으나. 조혼을 해야 된다는 주장은 2차적 신념이라 하겠다. 이러한 2차적 신념이나 가치관도 사람에 따라 많은 차이가 있게 되어 2차적 문화가 발생하게 된다. 예컨대 부유층이나 지식인들은 그들의 인생경험과 문제의식을 갖고 그에 따르는 신념이나 가치관을 갖고 있다고 할 수 있다. 세대간에도 가치관의 차이는 있을 것이다. 사회구성원들을 이러한 2차적 신념이나 가치관의 차이에 따라 나타나는 생활양식에 의한 동류집단(life style group)으로 분류할 수 있다. 이들 각 집단은 유사한 태도나 이해관계, 혹은 의견을 공유하고 있다.

전통적인 가치관은 뿌리가 깊지만 2차적 신념이나 가치관은 시간이 경과함에 따라 조금씩 변화한다. 우리나라가 개방경제를 지향함에 따라 외국문물이 들어와 변화한 것은 한 두가지가 아닐 것이다 의식주는 물론 성에 대한 관념도 많이 변화하였다. 또 어떤 경우에는 젊은이가 갖고 있는 아이디어가 부모에게도 영향을 미치게 되어 부모들의 태도와 행동도 바뀔 수가 있다.

여기에서 인간이 자신과 타인, 제도, 사회, 자연 및 우주와의 관계에서 발생하는 주요 가치관 내지 그 변화를 살펴보기로 한다.

1) 자신과의 관계

인간이 자신의 필요를 만족시키는 것과 타인을 위하여 봉사하는 것 중 어느 것에 더 관심을 기울이게 되는가에 대하여는 개인에 따라 차이가 있다. 오늘날 많은 사람들이 일반적인 관습을 따르거나 타인을 즐겁게 해주는 것보다는 자신들의 욕구를 충족시키는 이른바 자기성취에 더 많은 노력을 기울이는 경향이 높아지고 있다. 향락만을 추구하는 사람이 있는가 하면, 의료활동이나 종교활동을 통하여 자아실현을 추구하는 사람도 있다. 사람들이 자기성취에 보다 관심을 갖게 되는 경향은 마케팅 관리자 입장에서 볼 때 시사하는 바가 많다. 즉, 그들은 구입한 제품이나 서비스를 사용함으로써 자기표현을 하려는 노력을 기울이게 되는 경향이 있다. 자연을 즐기는데 더 많은 시간을 보내고, 건강을 위하여 운동하는 시간도 많아지고 있는데, 이러한 경우 레저산업이 성장할 전망이 높다고 할 수 있을 것이다.

2) 타인과의 관계

사람들은 혼자 지내기를 좋아하기도 하고, 모임을 좋아하기도 한다. 타인과 공개적이고 부담없는 관계를 맺고자 하는 경향도 높아가고 있다. 상대방을 거슬리지 않고 마음에 있는 말을 주고받기를 원하고 있는 것이다. 이러한 태도는 제품이나 서비스의 구입이나 사용에도 변화를 가져올 수 있다. 예컨대 가구와 같은 제품이 형식을 갖추기보다 실용적이기를 바랄 수 있으며, 포장 문구(文句)에는 보다 완전하고 진실된 정보가 기재되기를 원할 수 있고, 광고에 있어서도 보다 현실적이기를 바라며, 판매원들이 보다 정직하고 친절하기를 원할지도 모른다.

3) 타기관과의 관계

사람들이 기업이나 정부, 노조, 대학, 병원 등의 기관에 대해서 지니고 있는 느낌이나 인상은 각기 다를 것이다. 어떤 특정된 기관에 대하여 일부의 사람들이 비판적일 수 있으나, 대부분의 사람들은 그러한 기관의 존재를 용인하고 있다. 대개의 경우, 사람들은 주요 기관에 종사하려 하며 그러한 기관에 의존하려는 경향이 있다. 근래에 이르러 이러한 기관에 대한 신뢰도가 낮아지는 경향이 있고 직장윤리도 사라지는 경향이 없지 않다. 이것은 마케팅 관리자에게 커다란 의미를 내포하고 있는 바, 기업은 기업 자체뿐 아니라 제품에 대한 소비자의 신뢰를 구축할 방법을 발견해야 할 과업이 있는 것이다. 소비자가 광고의 내용에 대하여 의문을 품게 해서는 안 될 것이다. 대중과 보다 적극적인 관계를 유지하기 위하여 사회적 감사(social audits)를 받고 대중과의 관계를 개선하려고 노력하는 것은 기업이나 제품에 대한 소비자의 신뢰도가 대단히 중요하다는 것을 인식하고 있기 때문이라 하겠다.

4) 사회와의 관계

사회나 국가에 대한 사람들의 태도도 각기 상이하다. 애국적인 사람이 있는가 하면, 사회가 개

혁되기를 원하는 사람도 있으며, 사회에 대하여 불만을 갖고 떠나는 사람도 있다. 국가의 방향에 대한 비판이 강해지고 애국심도 줄어드는 경향이 있을 수 있다. 이러한 경향은 소비형태나 저축수준, 그리고 시장에 대한 태도에 영향을 미칠 수 있다.

5) 자연과의 관계

서구사회의 특징의 하나는 기술을 통하여 자연을 정복하였다는 생각을 지녀오고 있다는 것이다. 자연은 넓고 무한하다고 생각하여 왔다. 그러나 근년에 이르러 자연은 파괴되기 쉽다는 인식을 하게 되고 그것을 보전하려는 노력을 하게 되었다. 번잡한 사회생활을 피하여 자연을 찾는 사람의 수가 증가함에 따라 그러한 사람들의 욕구를 충족시켜줄 수 있는 제품이나 서비스를 생산하는 산업이 발달하고 있고, 식품회사에서는 자연적인 식품을 원하는 사람이 증가하고 있음을 발견하고, 자연식품의 개발과 생산에 노력을 집중하기도 한다. 자연을 내세워 제품에 대한 마케팅 활동을 전개하는 것은 자연에 대한 사람들의 향수를 이용하는 것이라 하겠다.

6) 우주와의 관계

우주의 근원과 존재에 대한 사람들의 믿음은 특히 다르다. 우리나라는 다원적 종교사회를 이루고 있는데, 근년에 이르러 기독교 계통의 신도수가 증가하고 있는 추세를 보이고 있다. 이러한 경향이 사람들의 소비형태에 어떠한 영향을 미칠 것인가에 대하여는 아직 통계자료로 발표된 것은 없는 것 같다. 한편 보다 세속적이고 물질주의적인 경향도 높아지고 있다. 이와 같이 상반된 경향이 소비형태에 어떠한 영향을 미칠 것인가에 대하여는 많은 조사, 연구가 있어야 할 것이다.

제3절 마케팅 환경변화에의 대응

지금까지 언급한 거시환경요인들은 기업이 통제 불가능하며 항상 변화하고 있는 것이 특징이다. 예컨대 우리나라의 경우, 최근에 이르러 제조업은 물론 금융산업, 서비스산업 등의 국내시장이 개방되어 선진국들의 진출이 점차로 증가하고 있고, 또한 선진국들은 그들대로 수입시장의 장벽을 높이고 있어 우리나라 수출기업들의 수출증가 전망이 어두운 형편에 처해 있다. 뿐만 아니라 국내외적으로 소비자 보호운동이 점차로 강화되고 있고, 환경보호에 대한 정부의 규제도 강화되고 있는 추세에 있다.

따라서 어떤 기업도 이러한 시대적인 거시환경의 변화를 무시할 수 없게 되었고, 거시환경의 변화에서 초래되는 기회와 위협을 분석하여 기업이 성취하고자 하는 목표를 개발하고, 목표를 달성할 수 있는 전략을 수립하며, 그러한 전략을 실천에 옮길 수 있는 조직체계를 갖추고 전략을 수립하며, 그러한 전략을 실천에 옮길 수 있는 조직체계를 갖추고 전략을 효율적으로 수행하기 위하여 분석, 계획 및 통제할 수 있는 경영시스템을 준비하는 것이 기업성패의 요건임을 인식하게 되었다. 즉,

외부환경 → 목 표 → 전 략 → 조직구조 → 경영시스템

의 순으로 문제를 검토하여야 한다. 그러나 이러한 논리적인 적응과정은 사실상 실행되기 어려운 경우가 많다. 각 단계의 변화속도가 일치하지 않기 때문이다. 다음의 경우를 보자.

외부환경	→	**목 표**	→	**전 략**	→	**조직구조**	→	**경영시스템**
2003		1999		1997		1995		1990

즉, 이 기업은 2003년의 환경 속에서 활동하고 있으나 목표는 1999년의 환경을 고려하여 수립된 것이다. 더욱이 이 기업의 전략은 1997년에 성공적이었던 것으로 현재의 환경하에서는 적절하지 않다. 또한 경영시스템도 수년 전에 만든 것으로 새로운 조건들에 적합하지 않다고 볼 수 있다.

이와는 달리 반대의 과정을 밟는 기업도 흔히 있다. 즉,

조직구조 및 경영시스템 → 목표 및 전략 → 외부환경

이것은 기업의 조직구조와 경영시스템이 기업이 성공하였을 때 만들어진 것이기 때문에 그러한 조직구조와 경영시스템 하에서 실행가능한 목표와 전략을 세울 수 있다고 가정하고 있으며, 그러한 목표와 전략에 가장 적합한 기회를 발견하기 위하여 외부 거시환경을 조사하는 방법이다. 주로 결핵환자를 치료하기 위한 병원을 설립하는 경우를 보자. 이 병원에서는 조직, 구성원 및 체계를 최적으로 구성하여 환자를 치료할 준비를 갖추었다. 이에 따라 이 병원의 목표를 일정한 수의 결핵환자를 치료하는 것으로 구성하고, 자비로 특별치료를 원하는 환자를 유치할 것을 전략으

로 결정하였다. 그러나 이들의 기대와는 달리 기적적인 결핵치료용 의약품의 발명으로 결핵환자 수는 대폭 감소하게 되었다.

이것은 무엇을 뜻하는가? 이 경우는 관료적인 사고방식의 대표적인 예에 속한다. 이들은 매우 능률적인 기구를 설립하였지만 효과적인 결과를 가져올 수 있는 기구는 되지 못하였던 것이었다. 드락커가 지적한 바와 같이 '일을 올바르게 행하는 것'보다 '올바른 일을 행하는 것'이 보다 중요하다.

그러므로 기업이 당면하고 있는 주요 과제는 거시환경 요인이 항상 변화하고 있다는 사실을 인식하고 있어야 한다는 것이다. 뿐만 아니라 현재의 상태에 만족하지 않고 5년 또는 10년 후의 환경변화를 예측할 수 있어야 한다. 기업이 그러한 환경변화를 예측하였다면 이에 적절한 목표를 설정하고, 그러한 목표를 실현할 수 있는 전략을 수립하며, 새로운 전략을 지원할 조직과 경영시스템을 갖추어야 할 것이다. 이와 같은 진취적인 기업의 적응과정은 다음과 같다고 할 수 있다.

외부환경 → 목 표 → 전 략 → 조직구조 → 경영시스템

2003　2003　2003　2003　2003

결국 기업이 거시환경을 주시하고 그 변화를 검토하는 노력을 많이 기울일수록 그 기업은 생존하여 나갈 수 있는 적응력도 커지게 된다고 할 수 있다. 입수된 정보를 토대로 미래의 마케팅 전략에 영향을 미칠 위협이나 기회를 파악하고 분석할 수 있어야 하는 것이다. 거시환경에서 오는 위협이라 함은 기업이 적극적인 마케팅 활동을 전개하지 않을 경우, 기업 자체의 존립이 위태롭게 된다거나 제품의 판매가 정체, 또는 감소하게 될지도 모를 상황에 직면하게 될 하나의 도전을 뜻한다. 그렇다고 하여 기업이 직면하게 되는 모든 위협에 대하여 관심을 기울여야 된다는 것은 아니다. 각개의 위협은 ① 그것이 실제로 발생하는 경우 기업의 이익에 막대한 피해를 초래하거나, ② 그러한 위협이 발생할 확률이 어느 정도 존재하거나 상당히 높을 경우에 중요한 문제로 대두된다. 담배제조회사의 경우를 보자.

담배 제조회사에 영향을 미칠 사태가 다음과 같이 전개되고 있다고 가정하자.

① 담배광고에 대하여 정부가 규제할 경우
② 공공장소에서의 금연운동이 확대되는 경우
③ 새로운 병충해 발생으로 잎담배 생산량이 감소하는 경우

④ 회사의 연구개발부에서 잎담배 대신 상추잎을 원료로 사용하는 실험에 거의 성공하여 인체에 해를 미치지 않는 담배를 제조할 가능성이 나타나는 경우

⑤ 제3국에서의 담배소비가 급격히 증가하고 있는 경우

⑥ 일부 사회단체에서 마리화나의 흡연을 합법화하고 그 제조와 판매를 자유롭게 허용할 것을 요구하는 운동을 전개할 경우

그림 5-9 위협과 기회상황

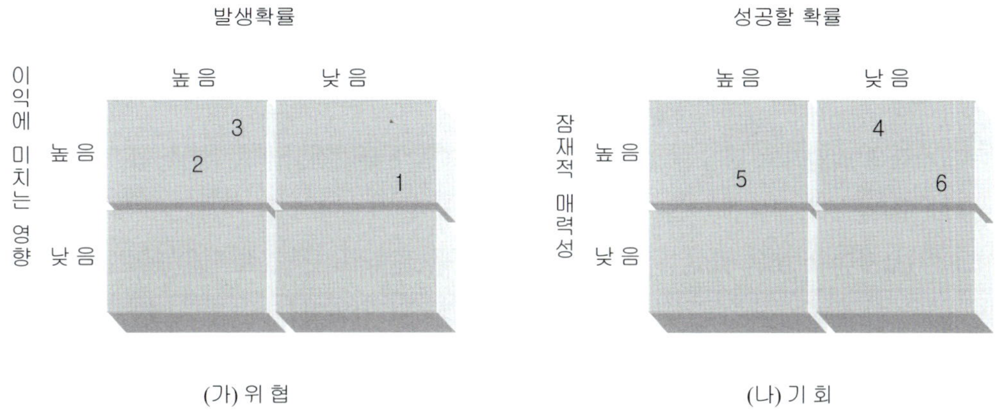

이상의 사태 중 처음 세 가지는 담배회사에게 위협을 뜻하고 후자의 세 가지는 기회를 뜻한다. 이러한 위협과 기회는 그림 5-9에 각각 그 위치가 표시되어 있다. 그림 5-9 (가)에서 알 수 있는 바와 같이 세 가지 위협 중 2와 3의 위협은 발생할 확률도 높고 이익에 미치는 영향도 큰 것을 보여주고 있다.

한편, 기업의 마케팅 기회라 함은 특정 기업이 비교우위를 누릴 수 있는 마케팅 활동분야를 말하며 그러한 기회를 이용함으로써 ① 이익을 거둘 수 있는 가능성이 높거나, ② 성공할 확률이 어느 정도 높아야 하는 것이 중요하다. 그림 5-9 (나)항은 이러한 기회의 위치를 표시하고 있다. 담배제조회사는 5의 기회에 집중적인 노력을 기울일 것으로 생각된다.

그림 5-10 기회와 위협의 행렬

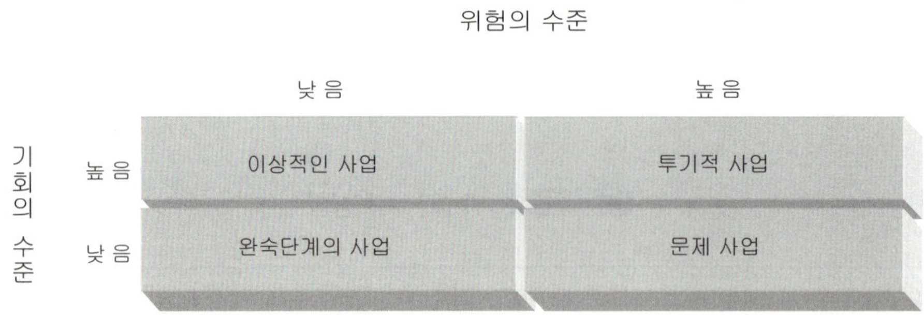

주요 기회에 직면하고 있음을 알 수 있는데, 이 모두가 투기적이라고 할 수 있다. 네 가지 결과를 추출할 수 있는데 그림 5-10은 이것을 보여주고 있다. 그림에서 알 수 있는 바와 같이 '이상적인 사업'이란 기회가 높고 위협이 없거나 적은 사업을 말하며, '투기적 사업'이란 위협과 기회가 다같이 높은 사업을 말한다. '완숙단계의 사업'은 기회와 위협이 각각 적을 것이다. 마지막으로 '문제의 사업'이란 기회는 적으나 위협이 높은 것을 말한다.

어느 기업이든 가능한 한 주요 기회를 찾고 위협을 피하려 할 것이다. 마케팅 기회를 추구하는데 있어 투자에 따르는 위협을 어느 정도 감수하여야 하는 바, 경우에 따라서 현상유지만을 목적으로 마케팅 조사와 연구개발에 형식적으로 투자하거나 시장에서의 선도자가 될 것을 희망하여 많은 투자를 하기도 한다. 그러나 무엇보다도 중요한 것은 외부환경의 변화에 발맞추어 보다 많은 투자와 적응태세를 갖출 수 있는 마케팅 전략을 수립하는 일이다.

결국 기업이 생존하고 성장하려면 변화하고 있는 환경에 대하여 기업의 전략과 조직을 적응하여 나갈 수 있는 능력을 갖추는 것이 중요하다고 할 수 있다. 이것은 기업이 미래의 환경변화를 정확하게 예상해야 되는 부담을 안게 된 것을 뜻한다. 이와 같이 미래에 발생할 주요 환경요인들의 변화가 기업의 생존과 성장에 지대한 영향을 미치게 됨을 인식하여 전략적 계획수립 또는 전략적 경영이 근래에 이르러 주요 과제로 등장하게 되었음은 앞서 언급한 바와 같다.

요 약

기업이 사업에서 새로운 기회를 찾거나 위협을 검토하기 위해서는 마케팅 환경을 분석하는 것으로부터 출발하여야 한다. 이러한 마케팅 환경은 기업이 표적시장과 효과적으로 거래할 수 있는 능력에 영향을 미치는 모든 요인들로 구성된다. 이러한 기업의 마케팅 환경은 미시환경과 거시환경으로 양분할 수 있다.

미시환경은 다섯 가지 요소로 구성되어 있다. 그 첫째는 기업의 내부환경으로서 기업 내부의 각 부서 및 경영계층들을 포함하고 있는 바, 이들은 마케팅 관리의 의사결정에 영향을 미치게 된다. 두 번째 구성요소는 마케팅 경로기업으로서 이들은 가치를 창조하는데 협조하고 있는 기능을 수행한다. 원료나 부품공급자, 마케팅 중개상(중간상, 물류관리기업 및 마케팅 서비스 대행기관과 금융기관 등)이 이에 속한다. 세 번째 구성요소는 다섯 가지 유형의 시장으로 구성되어 있다. 즉, 소비자 시장, 산업재 시장, 재판매시장, 정부시장 및 국제시장이 그것이다. 네 번째 구성요소는 경쟁사이다. 그리고 다섯 번째 구성요소로서는 기업에 현실적으로나 잠재적으로 이해관계를 갖고 있거나 또는 영향을 미치는 모든 대중으로 구성되어 있다. 예컨대 금융기관, 언론매체, 정부, 시민단체, 지방정부, 일반 공공대중 등이 이에 해당된다.

기업의 거시환경은 기업에 위협과 기회를 주는 요인들로 구성되고 있는 바, 인구통계 변수, 경제적 환경, 자연적 환경, 기술환경, 정치적 환경 및 문화적 환경 등이 이에 해당된다.

인구통계적 환경은 연령구조의 변동이나 가족구조의 변화, 지역별 이동변화 및 교육수준과 직업구성의 변화 등을 나타내고 있다. 경제적 환경은 실질소득의 변화와 소비지출 형태의 변화를 보여주고 있다. 자연적 환경은 특정 자원의 부족을 초래하거나 또는 에너지 비용의 증가, 또는 공해의 증가, 기타 자원관리에 대한 정부간섭의 증가 등의 내용이 포함된다. 기술환경에서는 오늘날 급격히 변화하고 있는 기술속도의 변동, 무한한 혁신의 가능성, 그리고 기술개발비의 증가 등의 현상을 보여주고 있고, 오늘날의 기술변화는 주요 발견보다 근소한 기술개량에 더 많이 집중 투자하고 있는데서 비롯될 경우가 많다. 정치적 환경에서는 주로 기업활동에 대한 정부의 규제가 강화되고 있는 추세를 반영하고 있으며, 특히 공공대중의 이해관계를 대변하는 집단들이 증가하고 있는 것도 포함된다. 문화적 환경은 장기적으로 보아서 사회구성원들이 가지고 있는 가치관이 어떻게 변화하고 있는가를 보여주고 있다. 이러한 가치관의 변화는 마케팅 관리면에서 중요한 변수로 작용할 경우가 많다.

오늘날 어떤 기업도 이와 같은 마케팅 환경의 변화를 무시할 수 없게 되었고 그러한 변화에서 초래되는 기회와 위협을 분석하여 기업이 성취하고자 하는 목표를 개발하고, 목표를 달성할 수 있는 전략을 수립하며, 그러한 전략을 실천에 옮길 수 있는 조직체계를 갖추고, 전략을 효율적으로 수행하기 위하여 분석, 계획 및 통제할 수 있는 경영시스템을 준비하는 것이 기업 성패의 요건임을 인식하게 되었다.

연습문제

1... 어떤 기업들은 그들의 원료공급처로부터 대량으로 원료를 구입할 경우가 있다. 이러한 경우에 원료공급자의 입장에서는 문제의 기업에 대한 마케팅 활동을 수행하는 데 있어 어떠한 장점과 단점이 있는가?

2... 자동차 제조회사에서는 여러 가지 상이한 유형의 고객시장에 대해서 각각 어떠한 마케팅 믹스를 달리 적용하여야 될 것인가? 예컨대 소비자 시장, 산업재 시장, 재판매 시장, 정부시장 및 국제시장으로 나누어 각각 마케팅 믹스를 비교하여 보라.

3... 우리나라의 인구분포를 보면 지금까지 인구증가율이 계속 감소하여 왔고 노년층의 인구비율이 점차 증가하고 있는 추세에 있다. 이러한 변화가 향후 10년 또는 20년에 걸쳐 마케팅에 어떠한 영향을 미칠 것인가를 개략적으로 설명하여 보라.

4... 현대인들은 생활이 바빠지고 맞벌이 부부가 증가함으로 인하여 식단을 준비하거나 세탁을 하는 등에 시간을 절약할 필요가 점차로 많아지고 있다. 따라서 어떠한 사업기회가 이러한 추세에 영향을 받게 되는가를 예를 들어 설명하라.

5... 근래에 이르러 밧데리로 움직이는 자동차가 시험적으로 운행되고 있다. 이러한 밧데리로 운행되는 자동차가 본격적으로 실용화되면 자동차회사에서는 어떠한 변화가 발생할 것인가?

6... 기업은 환경이 변화함에 따라 목표, 전략, 조직구조 및 경영시스템에 있어서도 변화가 있어야 한다. 만일 환경이 변화하였을 때, 이러한 목표나 전략 등이 수정되지 않으면 어떠한 결과를 초래하게 될 것인가?

7... 기업이 생존하고 성장하려면 환경변화에 대하여 기업의 전략과 조직을 적응하여 나갈 수 있는 능력을 갖추는 것이 핵심적인 요인이다. 그러나 그러한 변화는 정확하게 예측하기가 힘들기 때문에 그러한 예측이 소용없다는 지적도 많다. 이에 대한 귀하의 의견은 무엇인가? 논평하라.

8... 근래에 이르러 '세계화'의 물결 속에 과감한 구조조정과 자기 혁신, 정경유착의 단절, 환경보전에 대한 대비 등 기업의 사회적 책임과 윤리문제가 부각되고 있다. 기업이 당면하고 있는 주요 사회적 책임 내지 윤리문제의 예로 다섯 가지를 나열하고 그 중요성에 대한 논거를 제시하여 보라.

제6장

소비자 시장과 구매행동

우리는 제5장에서 기업에 대해 기회와 위협이 되는 주요 외부환경 요소가 무엇인가에 관하여 살펴본 바 있다. 이 장과 다음 장에서는 경제의 핵심요소라 할 수 있는 시장에 대하여 연구하여 보자. 마케팅 계획을 수립하고 이를 실행하는데 첫째로 고려하여야 할 대상이 시장, 즉 고객집단이다. 이 시장은 소비용 제품이 판매되는 소비자 시장과 산업용 제품이 판매되는 사업자 시장으로 대별할 수 있는데, 본 장에서는 소비자 시장의 특성을 먼저 살펴보고 사업자 시장에 대하여는 다음 장에서 언급하기로 한다. 마케팅에서는 시장의 의미가 하나의 제품이나 서비스를 실제적으로나 잠재적으로 구매한다고 생각되는 모든 개인 및 조직 일체를 뜻한다고 하였다. 따라서 소비자는 구매자의 범위를 어떻게 정하는가에 달려 있다고 할 수 있는데, 구매자라 함은 일정한 제품을 구입할 가능성이 있는 모든 개인이나 조직을 뜻한다고 할 수 있다. 다시 말하면 단계적으로 제품을 구매하는데 관심이 있고 동시에 그것을 소유할 수 있는 수단을 보유하고 있는 모든 사람 또는 조직을 지칭한다. 모든 시장은 가계와 기업으로 구성된다고 할 수 있는 바, 가계만을 두고 생각하면 모든 가계가 시장에 존재하고 있지 않다는 것을 알 수 있다. 가계 혹은 가계를 구성하고 있는 소비자들이 모두 특정 제품에 관하여 관심을 갖는 것은 아니기 때문이다. 관심이 있다 하더라도 일정한 가격 이상으로 지불할 의사가 있는 사람들은 한정되어 있을 것이다. 따라서 일정한 기간에서의 한 시장의 규모는 제품이나 서비스에 대한 소비자의 신념이나 가격과 같은 매개변수와 함수관계가 있음을 뜻한다. 시장규모가 이러한 매개변수에 의존한다는 것을 인식하게 되면 시장규모를 확대할 수 있는 방안을 강구할 수 있을 것이다. 예컨대 소비자들이 특정 제품에 대한 정보를 잘 모르거나 확신을 갖고 있지 못할 때에는 그들을 확신시키기 위하여 제품의 용도를 설명하려는 운동을 전개하거나 가격을 인하하는 방법을 동원하는 것과 같다.

우리가 시장의 특성을 이해하려면 다음과 같은 문제들에 대한 해답이 있어야 한다.

- 구매자들에게 영향을 미치는 중요 요소는 무엇인가?(구매에 영향을 미치는 요소)
- 시장에서 구매자는 누구인가?
- 구매과정에 참여하는 사람은 누구인가?(구매참여자)
- 구매자들은 그들의 구매의사결정을 어떻게 내리고 있는가?(구매과정)

본 장에서는 이러한 문제들을 소비자 시장을 대상으로 검토하여 보기로 한다. 소비자 시장은 개인적인 소비를 목적으로 제품과 서비스를 구매 혹은 획득하는 모든 개인과 가계로 구성된다. 소비자들은 연령, 소득, 교육수준, 취미 등이 각각 다르며 마케팅 관리자는 이러한 특성에 따라 소비자들을 몇 개의 집단으로 구분하여 각 집단의 특정된 필요에 따라 이에 적합한 제품과 서비스를 개발하는 일이 매우 유용하다는 것을 알고 있다. 이와 같이 구분하여 세분된 각 시장부문이 시장성이 있다면, 그러한 시장부문을 확대하기 위하여 특별한 마케팅 프로그램을 세울 수 있을 것이다. 예컨대 청바지는 주로 청소년 시장을 판매대상으로 하는 제품이므로 이러한 시장에서는 특별한 마케팅 활동이 필요하며, 이들의 특성뿐만 아니라 소재도 파악하여야 할 것이다.

이와 같이 시장을 구매자의 추세에 따라 몇 개의 시장부문으로 세분하고 난 후에는 각 시장부문에서의 소비자행동을 구체적으로 분석할 필요가 있게 된다. 여기에서는 먼저 소비자들의 구매행동에 영향을 미치는 요인에는 어떠한 것들이 있는가를 먼저 살펴보기로 한다.

제1절 소비자행동 모델

소비자들은 일상적으로 수많은 구매의사결정을 내리고 있다. 많은 기업들이 이러한 소비자들의 구매의사결정과정을 상세하게 조사할 경우가 흔히 있다. 기업의 입장에서는 소비자들이 무슨 제품을 언제, 어디서, 어떻게, 얼마나, 왜 구매하는가에 관한 답을 구하고자 한다. 마케팅 관리자는 소비자들의 구매와 관련되는 이러한 문제들에 대한 답을 구하기 위해 소비자들의 구매행동을 조사할 필요가 있다고 생각한다. 그러나 소비자들이 왜 구매하고 또 어떠한 구매의사결정과정을 밟고 있는가의 이유를 밝히기는 쉽지가 않다. 이러한 문제들은 흔히 소비자들의 뇌리 속에 깊숙이

박혀있을 경우가 흔히 있다.

문제의 핵심은 이러할 것이다. 즉, 소비자들은 과연 기업들이 이용하고 있는 여러 가지 마케팅 자극물에 대하여 어떠한 반응을 보일 것인가? 기업이 여러 가지 상이한 제품들의 특징과 가격수준, 광고소구 등의 방법에 대하여 소비자들이 어떠한 반응을 보일 것인가를 실제로 이해하고 있다면, 경쟁사에 비해서 대단히 유리한 위치를 접하고 있다고 볼 수 있다. 그러므로 기업의 입장에서는 마케팅 자극물과 소비자들과의 관계에 대해서 중점적으로 조사하여 오고 있다. 그러한 조사의 출발점은 그림 6-1에 예시되어 있는 바와 같이 구매자 행동에 관한 자극반응모델을 출발점으로 한다. 그림에 표시되어 있는 바와 같이 마케팅 자극물이나 기타 자극물이 소비자들의 블랙박스(black box)에 들어가 일정한 반응결과를 가져오게 된다. 이러한 과정에서 마케팅 관계자는 구매자들의 블랙박스가 무엇인가를 추정해낼 수 있어야 한다.[1]

그림의 왼쪽에서 마케팅 자극물은 4P, 즉 제품, 가격, 유통 및 촉진으로 구성되어 있다. 그리고 기타의 자극물로는 구매자들이 처하여 있는 경제적, 기술적, 정치적 및 문화적 환경요인 등이 포함되어 있다. 이러한 자극물들은 구매자들의 블랙박스에 들어가게 되고 여기에서 일련의 관찰가능한 구매자들의 반응으로 바뀌게 된다. 그 결과는 그림의 오른쪽에 있다. 즉, 제품이나 브랜드의 선택,

그림 6-1 구매자 행동모델

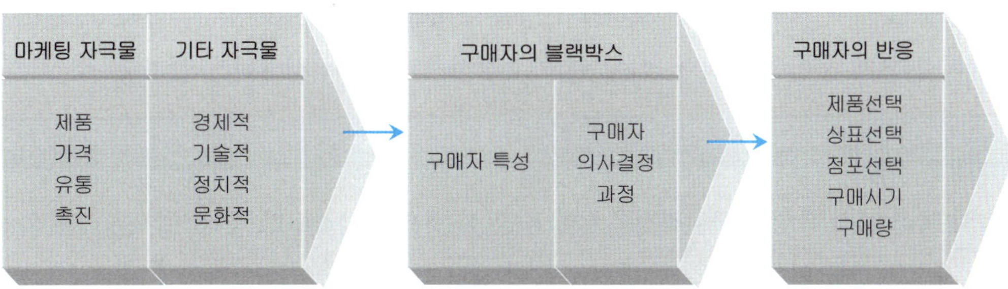

[1] 소비자 구매과정에 관한 모델을 개발한 대표적인 학자들의 예를 들면 다음과 같다. John A. Howard and Jagdish N. Sheth, *The Theory of Buyer Behavior* (New York ; Joh Wiley, 1969) ; Francesco M. Nicosia, *Consumer Decision Process* (Englewood Cliffs, NJ : Prentice Hall, 1966) ; James F. Engel, Roger D. Blackwell, and Paul W. Miniard, *Consumer Behavior*, 5th ed. (New York : Holt, Rinehart & Winston, 1986) ; and James R. Bettman, *An Information Processing Theory of Consumer Choice* (Reading, MA : Addison-Wesley, 1979)

또는 대리점의 선택, 구매시기나 구매량의 선택 등으로 나타나게 된다.

마케팅 관리자는 이러한 자극물들이 소비자들의 블랙박스에서 어떠한 반응으로 변화되어 가는가를 알고자 한다. 이러한 블랙박스는 두 가지 부분으로 구성되어 있다. 첫째, 구매자들의 특성이 문제의 자극물에 대한 인식과 반응에 영향을 미치게 된다. 두 번째로는 구매자들의 의사결정 자체가 구매행동에 영향을 미치게 된다. 여기에서는 먼저 구매자들의 특성이 구매행동에 어떻게 영향을 미치는가에 관점을 두고 살펴보기로 하고, 그 다음에 구매자의 의사결정과정을 분석하기로 한다.

제2절 소비자행동에 영향을 미치는 제요소

구매자가 구매결정을 내리거나 그의 구매결정에 관여하는 사람들의 행동에 영향을 미치는 요소에는 여러 가지가 있다. 이러한 요소들은 크게 나누어 다음과 같이 네 가지 특성으로 분류할 수 있다.

① 구매자의 특성

구매자가 특정의 제품을 어떻게 구매하는가를 이해하려면 이들의 특성을 알아야 할 것이다. 그림 6-2에서 볼 수 있는 바와 같이 그러한 특성을 구성하고 있는 요소에는 문화적, 사회적, 개인적 및 심리적 요소 등이 포함된다. 이에 대해서 잠시 후에 다시 상세하게 살펴보기로 하자.

② 제품의 특성

제품의 여러 가지 특성은 구매결정에 영향을 미칠 것으로 생각된다. 즉 구매자는 제품의 스타일, 품질, 가격 및 애프터서비스 등에 관심을 갖게 된다. 이러한 특성들은 마케팅 담당자가 통제할 수 있는 요소들이므로 구매자에게 매력을 줄 제품설계가 필요하다.

③ 판매자의 특성

판매자의 특성은 최종의 구매결정에 영향을 미친다. 구매자는 특정 제품을 생산하는 회사나 판매점에 대하여 어떤 이미지를 갖게 되며, 이들이 제품에 대하여 지니고 있는 지식의 정도, 친절

그림 6-2 구매행동에 영향을 미치는 요인들

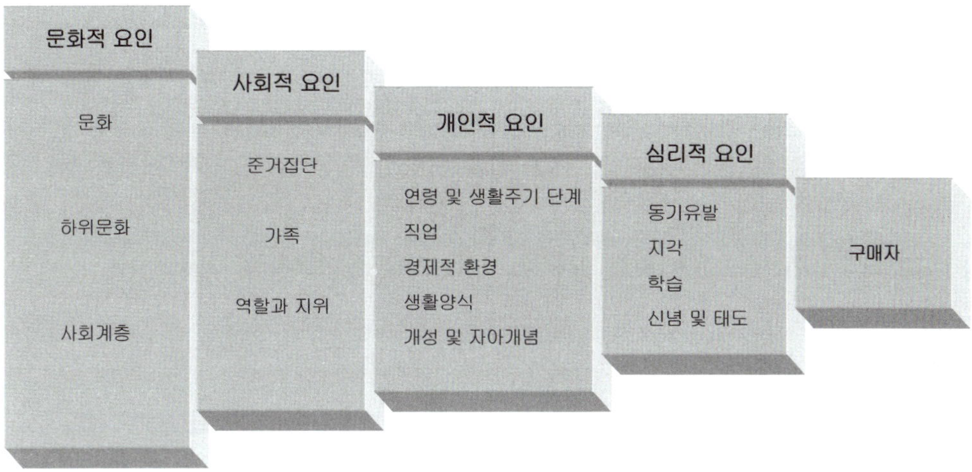

성, 서비스 등에 관한 인상을 지니게 된다. 이와 같은 판매자의 특성은 제품판매에 커다란 영향을 미칠 수 있다.

④ 상황적 특성

구매에 영향을 미치는 상황적 요소에는 여러 가지가 있다. 그러한 요소 중의 하나가 구매자가 느끼는 시간에 대한 압박감이다. 시간적으로 급하면 제품에 대한 정보가 다소 부족하더라도 구매결정을 내릴 수 있다. 혹은 그러한 정보를 스스로 찾기보다는 판매원에게 의존할 수도 있다. 기타 상황적 특성으로는 시기, 날씨, 제품에 대하여 지식을 갖고 있는 친구를 만날 기회, 현재의 경제전망 등을 들 수 있다.

구매결정에 영향을 미치는 이러한 특성들은 구매결과를 낳는데 상호작용을 하고 있다. 상술한 제품판매자 및 상황적 특성에 관하여는 후술하기로 하고, 여기에서는 구매자의 특성에 관하여 먼저 살펴보기로 한다.

소비자행동에 강력한 영향을 미치는 요소로서는 소비자가 처해 있는 문화적, 사회적, 개인적 및 심리적 특성을 들 수 있다. 이러한 요소들은 앞서 언급한 바와 같이 그림 6-2에 예시되어 있다.

이러한 요소들은 대부분 마케팅 관리자가 통제할 수 있는 부분이 되지 못하지만 분명히 심각하게 고려하여야 될 필요가 있다. 여기서는 이러한 각 요인들이 구매자의 행동에 어떻게 영향을 미치는가를 검토하기로 한다.

1. 문화적 특성

구매자에게 가장 커다란 영향을 미치는 것은 문화적 특성이라 할 수 있는데, 특히 구매자의 문화적 배경, 하위문화(subculture), 그리고 그가 속해 있는 사회계층을 파악하는 것은 매우 중요하다. 이러한 요소들이 구매에 어떠한 영향을 미치는가를 살펴보자.

1) 문화

문화란 한 인간의 욕구와 행동을 결정하는 가장 기본적인 요인이다.

동물의 행위가 주로 본능에 의하여 지배되는데 비하여 인간의 행위는 주로 경험을 통하여 습득된다. 어린이가 성장함에 따라 기본적인 가치관, 지각, 선호 및 행동 등을 배우게 되는데, 이것은 가정과 사회생활을 통하여 얻게 된다. 한 구매자가 카메라에 관하여 흥미를 갖게 되는 것은 카메라를 생산할 수 있는 기술이 발달되어 있고 그가 카메라에 관한 지식과 가치를 인정할 수 있는 사회 속에서 살아왔기 때문에 가능하다. 예컨대 어느 구매자가 카메라를 구입하려 한다면 카메라가 어떠한 기능을 갖고 있으며 안내서를 읽고 조작하는 방법을 알 수 있기 때문이다. 그러나 미개인들에게는 카메라가 아무 쓸모 없는 것이다. 설혹 관심이 있다 하더라도 호기심에 불과할 것이다. 그러므로 특히 국제마케팅에 종사하는 사람들은 나라마다 문화적인 발전단계가 다르고 제품에 따라서도 소비자들의 관심이 다르다는 점을 인식하여 각국의 사정에 적합한 마케팅 프로그램을 준비하여야 할 것이다.

2) 하위문화

한 문화는 몇 개의 하위문화(subculture)로 구성되어 있고 이러한 하위문화에 속해 있는 구성원들은 특성에 따라 몇 가지 유형으로 분류할 수 있다. 첫째로, 국적에 의한 집단으로서 미국과 같이 다수의 인종으로 구성되어 있는 국가에서는 영국계, 프랑스계, 유태계, 이탈리아계 등의 국적별 집단이 형성되어 그들대로의 독특한 습관, 기호, 기질을 지니고 있다. 둘째로, 종교집단으로서 우리나라의 경우 불교, 기독교, 천주교 등에 따라 그들의 선호, 금기하는 바가 각기 다르다. 셋째로,

인종집단으로서 미국의 경우 흑인이나 동양인들은 각기 특유한 문화적 요구와 태도를 지니고 있다. 마지막으로 지역에 따른 구분이다. 동일한 국가라 하더라도 지방마다 독특한 문화와 관습을 지니고 있을 경우가 많다.

그러므로 어떤 구매자가 의식주나 기타 기호와 관련되는 제품에 흥미를 갖게 되는 것은 그가 속해 있는 국적이나 종교, 인종 및 지역에 따라 차이가 있을 수 있기 때문이다.

3) 사회계층

모든 인간사회는 몇 가지 계층으로 구분할 수 있는데, 인도의 경우와 같이 신분에 의한 계급사회(caste system)가 형성되어 한 사회 내에서 다른 계층으로의 이동이 불가능한 경우도 있다. 그러나 여기에서 말하는 사회계층(social class)이란 동일 계층에 속하는 구성원간에 유사한 가치관, 이해관계, 그리고 행동을 지니게 되는 계층을 말한다. 이러한 사회계층은 몇 가지 특성이 있다. 즉, ① 동일한 사회계층 내에서 구성원들은 유사한 행동을 취하는 경향이 있고, ② 사회계층에 따라 위계가 결정되어 있으며, ③ 사회계층은 하나의 변수에 의하여 결정되는 것이 아니라 직업, 소득수준, 부의 정도, 교육수준 및 가치관 등 복합적인 요소에 의해 결정되고, ④ 사회계층은 단절되지 않고 계속 존재하며, 개개인은 상류층으로 신분상승이 이루어지기도 하고 하류계층으로 전락하기도 한다.

한 개인이 어떠한 사회계층에 속해 있는가에 따라 옷이나 가구, 여가활동 등과 같은 제품이나 서비스의 선택에 독특한 경향을 보이고 있다. 예컨대 우리나라에서 골프라는 운동은 고소득층이 아니면 즐길 수 없는 것이다. 따라서 마케팅 담당자들은 그들이 목표하고 있는 사회계층을 추적하여 이들에게 적합한 제품이나 서비스를 제공할 수 있어야 할 것이다.

2. 사회적 요인

소비자의 행동은 문화적 요소뿐 아니라 소비자의 준거집단, 가족, 그리고 그의 사회적인 지위와 역할에 의해서도 영향을 받게 된다.

1) 준거집단

준거집단(reference group)이라 함은 '한 사람의 태도, 의견 및 가치관에 영향을 미치는 모든 집단'을 말한다. 가족, 친구, 이웃, 직장 동료 등의 경우와 같이 일상적으로 만나게 되는 집단을 **1차**

준거집단(primary group)이라 하며, 동창회, 협회, 학회 등과 같은 집단을 **2차 준거집단**(secondary group)이라고 한다. 사람들은 또한 자기들이 속해 있지 않은 집단에 의하여도 영향을 받을 수가 있으며, 그와 같은 집단을 **선망집단**(aspirational group)이라고 한다. 유명한 운동선수나 배우 등이 이에 해당된다.

한 개인이 이와 같은 준거집단에 의하여 영향을 받는 길은 세 가지가 있다. 즉, 준거집단은 개인의 새로운 행위나 생활양식을 형성하며 개인은 준거집단의 규범에 적응하는 것을 바라고 있는 것이 보통이기 때문에 그의 태도나 자아개념(self concept)은 이러한 집단에 의하여 많은 영향을 받게 된다. 또한 이 집단은 개인이 제품을 구입하거나 선택하는데 있어 집단 구성원들과 동일한 의견이나 생각을 갖도록 압력을 가하기도 한다.

그러므로 한 개인이 제품을 구입할 때 집단에 의하여 영향을 받는가의 여부, 영향을 받는다면 어떠한 집단인가를 아는 것이 중요하다. 경우에 따라 이러한 집단의 영향을 받지 않고 제품을 구매하는 경우도 있을 수 있다. 이와 같이 준거집단의 영향이 적은 제품일수록 제품의 특성, 가격, 품질 및 타제품과의 비교우위 등을 강조하는 촉진활동이 필요할 것으로 생각된다. 한편, 제품 혹은 상품에 따라서 준거집단의 영향을 많이 받는 경우가 있다. 즉, 구매자가 존경하고 있는 사람들의 눈에 잘 띄는 제품이나 상표인 경우에는 그러한 사람들의 영향을 많이 받게 된다. 예컨대 어느 소비자가 카메라를 구매하려 할 때, 사진 동우회에 가입하고 있는 친구들의 영향이 클 수가 있다. 준거집단의 응집력이 강력할수록 구성원의 구매에 미치는 영향이 클 것이고, 한 개인의 준거집단에 대한 존경심과 신뢰가 강할수록 준거집단의 영향이 클 것으로 생각된다.

그러므로 기업이 어느 준거집단의 영향력이 크다는 것을 알게 되면 그 집단의 여론주도자(opinion leader)에게 접근할 수 있는 방안을 강구할 필요가 있다. 옛날에는 그런 여론주도자가 지역사회에서 지도자의 위치를 차지할 경우가 많았다. 그러나 오늘날의 사회에서는 여론주도자가 사회의 모든 계층에 존재하고 있으며, 한 제품에 대하여 여론주도자가 되는 사람이 다른 제품분야에 대해서 추종자가 되는 경우가 흔히 있다. 기업이 이러한 여론주도자를 내세우려 하는 것은 그가 사회에 미치는 영향이 크기 때문이다. 따라서 마케팅 담당자들은 그와 접촉하여 개인적인 특성을 발견하거나 그가 읽고 있는 신문이나 잡지에는 어떠한 것이 있고 그 중에서도 어떠한 메시지를 택하여 보게 될 것인가를 파악할 필요가 있다.

2) 가족

1차 준거집단 중 한 개인의 태도, 의견, 가치관 등에 가장 큰 영향을 미치는 집단이 가족이다. 누구나 가정생활을 통하여 종교, 정치, 경제문제 뿐만 아니라 개인적인 야망, 성장, 사랑 등을 키우게 된다. 설사 가족과 자주 접촉하는 기회가 없더라도 눈에 보이지 않는 영향은 매우 크다. 또한 가정(혹은 가계)은 한 사회에서 제일 중요한 구매조직이며 가족의 각 구성원들이 제품이나 서비스를 구입하는데 어떠한 역할을 하고 있는가에 대한 연구는 오랫동안 행해져 오고 있다.

예를 들어보자. 하나의 제품을 구입하는데 남편과 주부가 어느 정도로 관여하는가 하는 문제는 제품의 종류나 구매단계에 따라서 각기 다를 것으로 생각된다. 전통적으로 식품이나 의류, 기타 가사와 관련된 제품의 경우에는 주로 주부들이 구매하는 것으로 되어 있다. 그러나 근래에 이를수록 직장여성들의 수가 증가하고, 또 남편들도 가사와 관련된 제품구매에 더 많이 관여하고자 하는 의사를 갖고 있을 경우가 점증하고 있다.

컴퓨터를 구입하려는 대학생의 경우, 가족의 영향을 받을 수도 있고 안 받을 수도 있을 것이다. 가족들은 단순히 의견만을 제시하거나 부모들은 필요한 돈을 줄 수도 있고 거부할 수도 있다. 그 자신이 결정자이며 구매자이고 또한 사용자일 수가 있다.

고가의 제품이나 서비스를 구입할 경우에는 남편과 주부가 공동으로 의사결정을 내릴 경우가 흔히 있다.

3) 사회적인 지위와 역할

인간은 사회생활을 영위하는 동안 가족이나 다른 준거집단, 조직 및 기관 등에 속하게 된다. 이러한 집단에서 어떤 지위를 차지하게 되는데 이것을 지위(status) 또는 역할(role)이라고 한다. 예컨대 한 여학생이 가정에서는 딸이라는 지위를 차지하고 있고 그녀가 성장하여 출가하면 주부로서의 지위를, 직장이 있다면 그곳에서 어떤 지위를 차지하게 된다. 주위의 사람들은 그가 차지하고 있는 지위에 따라 어떤 역할을 수행해야 할 것으로 기대하며 그러한 역할은 자신의 구매행동에도 영향을 미치게 된다. 딸이나 주부로서의 역할보다도 직장에서의 지위가 중요하다고 생각하고 이에 적합한 의복을 구입할 경우가 흔히 있을 것이다.

3. 개인적 특성

소비자의 구매결정은 그의 특성, 예컨대 연령, 직업, 경제적 환경, 생활양식 및 개성 등에 따라서도 영향을 많이 받게 된다.

1) 연령과 가족생활주기

한 개인이 일생을 보내는 동안 그가 구매하는 제품이나 서비스도 바뀌는 것은 의심할 바 없다. 먹는 음식이 어린시절부터 노인에 이르기까지 각기 다르며 의류나 가구의 구입, 취미생활 등은 연령과 관계가 깊다. 또한 미혼시절부터 시작하여 결혼생활, 자녀의 교육과 성장 등 가족생활주기(family life cycle)에 따라 구매행동에도 많은 변화가 있을 것이다. 표 6-1은 이러한 가족생활주기를 예시한 것이다. 마케팅 관리자는 경우에 따라서 이러한 가족생활주기별로 제품과 마케팅 계획을 수립하여야 될 경우가 많다.

2) 경제적 환경

개인의 경제적 환경이 그가 구매할 제품이나 서비스를 판매하는데 커다란 영향을 미치게 된다. 개인의 경제적 환경이란 자기의 소득수준, 소득의 안정성, 저축 및 저축규모, 차입능력, 지출 대 저축의 비율에 대한 태도 등을 말한다. 그러므로 어느 소비자가 값비싼 자동차를 구입하려 하는 것은 그가 충분한 소득이 있거나 저축한 돈이 있기 때문일 것이다. 또한 차입능력이 있거나 저축보다 지출이 중요하다고 생각하는 경우에 구입할 수도 있을 것이다. 따라서 소득에 민감한 제품이나 서비스를 제공하는 기업은 개인의 소득, 저축 및 이자율 등의 변화를 주시하여야 할 것이다.

표 6-1 가족생활주기단계

결혼초기	중년기	노년기
독신 무자녀 부부 자녀를 둔 부부 자녀를 둔 이혼 부부	독신 무자녀 부부 부양 자녀가 없는 부부 무자녀 이혼 부부 자녀를 둔 이혼 부부 부양 자녀가 없는 이혼 부부	노년기 부부 노년기 독신자

자료원 : Patrick E. Murphy and William A. Staples, "A Modernized Family Life Cycle," *Journal of Consumer Research,* June 1979, p.16. ; Leon G. Schiffman and Leslie Lazar Knuk, *Consumer Behavior*, 6th ed. (Uppler Saddle River, NJ : Prentice Hall, 1997), pp.360-369.

기업이 경제전망이 어둡다고 판단된다면 자신의 지불능력을 유지하기 위하여 제품을 다시 디자인 하거나 가격을 재책정하거나 생산과 재고의 감축 등의 조치를 취하여야 할 것이다.

3) 직업

한 개인이 직업을 갖게 되면 그 직업에 적합한 제품이나 서비스를 구매할 경우가 많다. 노동자는 자신의 의식주에 필요한 제품을 찾게 되고, 사장의 경우는 값비싼 양복이나 고급 승용차를 구입하거나 골프회원이 되는데 관심을 갖게 된다. 경우에 따라서 동일 직업을 갖고 있는 집단이 특정된 제품과 서비스에 보다 많은 관심을 갖게 된다. 그러므로 마케팅 관리자는 이러한 특수 집단이 필요로 하는 제품과 서비스를 전문적으로 제공하는 방안도 생각하여야 할 것이다.

4) 생활양식

사람들은 동일한 하위문화권에 속하거나 동일한 사회계층 또 혹은 동일한 직업에 속한다 하더라도 각기 상이한 생활양식을 지닐 경우가 많다. 여기에서 **생활양식**(life style)이란 '한 개인이 자신의 활동이나 관심사 또는 자신의 살아가는 패턴을 표현한 것'을 말한다. 이러한 생활양식을 정확하게 이해하면 그가 속해 있는 사회계층이나 또는 그가 지니고 있는 성격 또는 개성 이상의 것을 이해할 수 있을 경우가 많다. 이러한 생활양식을 이해함으로써 한 개인의 세계관과 가치관, 그리고 행동반경의 패턴 등을 알 수 있게 된다.

이러한 사람들의 생활양식을 측정하는 기법을 **사이코그래픽스**(psycho-graphics)라 하는 바[2] 어떠한 차원들을 측정하는가는 표 6-2에 예시되어 있다. 첫 세 가지 항목들은 **AIO 항목**이라고 알려져 있는 것으로서 사람들이 주로 어떠한 활동(activity)에 종사하고 있는가, 어떠한 일에 주로 관심(interest)을 기울이고 있는가, 가정이나 지역사회, 국가 등 전반적인 문제에 대해서 어떠한 의견(opinion)을 가지고 있는가 등 세 가지를 뜻한다. 사람들의 생활양식을 분류하는 데에는 여러 조사기관들이 개발하여 오고 있는데, 그 중에서 가장 잘 알려져 있는 것으로서는 미국의 스탠포드 연구소에서 미국인들을 대상으로 분류한 아홉 가지 유형의 생활양식이 대표적인 것으로 되어 있다.[3]

---

[2] William D. Wells, "Psychographics : A Critical Review," *Journal of Marketing Research*, May 1975, pp.196-213; W. Thomas Anderson and Linda Golden, "Lifestyle and Psychographics: A Critical Review and Recommendations," in *Advances in Consumer Research*, Vol 11, Thomas C. Kinnear, ed.(Ann Arbor : Association for Consumer Research, 1984), pp.405-411 ; Bickly Townsend, "Psychographic Glitter and Gold," *American Demographics*, November 1985, pp.22-29 ; and Emanuel Demby, "Psychographics Revisited : The Birth of a Technique,: *Marketing News*, January 2, 1989, p.21.

[3] Arnold Mitchell, *The Nine American Lifestyles*(New York : Macmillan, 1983) ; and Judith Graham, "New VALS 2

표 6-2 생활양식 요소

활동 (Activities)	관심사 (Interests)	의견 (Opinions)	인구통계적 특성 (Demographics)
직장에서의 일	가족	자신	연령
취미	가정	사회적 문제	교육수준
사교활동	직무	정치	소득
휴가	지역사회	사업	직업
오락	레크리에이션	경제	가족규모
클럽활동	유행	교육	주거형태
지역사회활동	음식	제품	거주지
쇼핑	매체	미래	도시규모
스포츠	성취감	문화	가족생활주기단계

자료원 : Joseph, T. Plummer, "The Concept and Application of Life-Style Segmentation," *Journal of Marketing*, January 1974, p.34.

이러한 생활양식 분류방식을 밸즈(VALS : value and life style)라고 흔히 불리운다. 생활양식에 의한 사람들의 분류는 마케팅에서 시장세분화의 수단으로 근래에 와서 점차로 많이 이용되고 있는 추세에 있다.[4]

이러한 생활양식 개념은 신중하게 이용한다면 마케팅 관리자에게 소비자들이 지향하고 있는 가치관을 파악할 수 있도록 하고 소비자들의 구매행동에 왜, 어떻게 영향을 미치고 있는가에 관한 이해를 증진시키는데 기여할 수 있다. 일반적으로 마케팅 관리자들은 한 개인이 특정된 제품이나 서비스를 선택하는 것은 그의 생활양식을 대표해 주고 있기 때문이라고 믿고 있다.

5) 개성과 자아개념

구매행위에 영향을 미치는 또 하나의 요소가 개성이다. **개성**(personality)이란 한 개인의 특색있는 성격, 태도 및 습관을 말한다. 한 개인의 성격은 다음과 같이 몇 가지 특성으로 보통 기술되는 경우가 많다.[5]

Takes Psychological Route," *Advertising Age*, February 13, 1989, p.24.

[4] 생활양식의 마케팅 응용에 관한 상세한 찬반 논의에 관하여는 다음의 글들을 참조할 것. Lynn R. Kahle, Sharon E. Beatty, and Pamela Homer, "Alternative Measurement Approaches to Consumer Values : The List of Values(LOV) and Vales and Life Styles(VALS)," *Journal of Marketing Research*, December 1986, pp.405-409; and "Lifestyle Roulette," *Amercan Demographics*, April 1987, pp.24-25.

[5] Raymond L. Horton, "Some Relationships between Personality and Consumer Decision-Making," *Journal of Marketing Research*, May 1979, pp.244-245. Harold H. Kassarjian and Mary Jane Sheffet, "Personolity in Consumer Behavior : An Update," in *Perspectives in Consumer Behavior*, Harold H. Kassarjian and Thomas S. Robertson, eds. (Glenview,

자신감	우월감	정서적 안정도
지배욕	사교성	성취감
독립성	수동성	질서의식
변화추구	협동성	적응성
복종의식	공격성	

누구나 성격이 내성적인가 외향적인가 즉흥적인가 신중한가 개방적인가 보수적인가 적극적인가 소극적인가 등의 특징이 있다. 마케팅 종사자들은 표적고객들의 개성상의 특성을 발견하고자 하는 바, 예컨대 맥주회사에서 맥주를 많이 마시는 사람이 외향적이고, 공격적이며, 독선적이라는 사실을 발견할 수도 있을 것이다. 따라서 맥주를 많이 마시는 사람들의 관심을 끌 수 있도록 상표의 이미지를 개발할 필요가 있게 되고, 맥주를 많이 마시는 사람을 광고에 실어 그의 특징을 보여줌으로써 고객들을 유치하는 것도 하나의 방법으로 볼 수 있다. 그러나 모든 제품구매가 이와 같은 개성에 따라 크게 영향을 받는 것은 아니라고 생각된다. 개성에 따라 구매에 영향을 받는 제품이 있다면 그러한 개성의 유형에 따라 고객집단을 세분하는 방법이 유리할 경우가 있을 것이다.

개성과 관련하여 **자아개념**(self concept 혹은 self image라고도 한다)을 이용하기도 하는데, 자아개념이란 '우리가 스스로를 보는 방법을 말하며 또한 타인이 자기에 대하여 갖고 있으리라고 생각하는 자아상'을 말한다. 소비자들이 스스로 외향적이고, 창조적이며, 적극적인 성격을 갖고 있다고 생각하고 그러한 성격에 맞는 고급의 카메라를 좋아한다고 하자. 카메라 제조회사에서는 자기의 상표가 외향적이고, 창조적이며, 적극적인 성격의 사람에게 적합하다고 선전하게 되면, 그러한 상표의 이미지는 소비자의 자아개념과 일치할 것이다. 따라서 이러한 논리에 의하면 사람들이 일반적으로 자아개념과 일치하는 제품이나 서비스를 택한다고 할 수 있으며, 마케팅 관리자는 고객의 자아개념에 적합한 상표의 이미지를 개발하여야 할 것이다. 그러나 모든 제품이나 상표의 이미지가 구매자의 자아개념과 일치하지는 않는다. 그것은 모든 사람들이 실제의 자아개념과 이상적인 자아개념을 동시에 지니고 있기 때문이다. 실제의 자아개념이란 '한 개인의 실제로 자기 스스로를 보는 자아상'을 말하며 이상적인 자아개념이란 '자신을 상상적으로 보려는 태도'를 말한다. 또한 타인이 자기를 어떻게 보고 있는가에 대한 의식도 크게 작용하고 있다. 그러므로 사람들의 구매행위가 이와 같은 자아개념 중 어떤 것과 결부되어 있는가는 확실하지 않을 경우가 많다.

IL : Scott Foresman, 1981), pp.160-180; and Joseph T. Plummer, "How Personality Can Make a Difference," *Marketing News*, March-April 1984, pp.17-20.

4. 심리적 요인

구매행위는 동기유발, 지각, 학습, 신념과 태도 등과 같은 심리적 변수들에 따라서도 영향을 받는다. 이러한 심리적 변수들이 어떠한 역할을 하고 있는가를 살펴보자.

1) 동기유발(motivation)

소비자가 한 제품을 구입하는데 흥미를 갖는 이유는 무엇인가? 소비자가 진정으로 원하고 있는 것은 무엇인가? 소비자가 만족할 수 있는 욕구는 어떤 것인가? 어느 특정 시점에서 소비자가 지니고 있는 욕구에는 여러 가지가 있다. 먹는 것, 마시는 것, 성 문제 해결 등과 같이 생리적인 긴장상태에서 비롯되는 욕구가 있는가 하면, 인식, 반응, 그리고 여러 가지 경험을 통한 욕구 등과 같이 정신적인 긴장상태에서 비롯되는 욕구도 있다. 이러한 욕구들은 일정한 시점에서 자극을 주지 않으면 강렬하여지지 않을 경우가 대부분이다. 자극을 받아 강렬하게 되면 하나의 동기(motive) 혹은 동인(drive)으로 전화하게 된다. **동기**라 함은 '인간의 욕구를 충족시킬 수 있는 목표를 향하여 유도하여 이에 따라 자극을 받은 욕구'를 말한다. 그러한 동기가 충족되면 긴장이 해소되고 다시 균형상태로 돌아가게 된다.

심리학자들은 이러한 동기유발에 대하여 여러 가지 이론을 제시하여 왔는 바, 여기에서는 대표적으로 프로이드(Sigmund Freud)와 매슬로우(Abraham H. Maslow)의 두 가지 이론만을 소개하기로 한다.

(1) 프로이드의 동기유발이론

프로이드에 의하면 인간은 자신의 행위를 인도하게 되는 동기를 사실상 의식하지 못하는 것 같다고 한다. 왜냐하면 그러한 동기는 유아기에 형성되어 그것을 의식하게 되는 것을 방해받는 경우가 있기 때문이다. 어린아이가 세상에 태어날 때는 본능적인 동기를 지니고 있으며, 주먹을 움켜진다거나 울음을 터뜨리는 방법을 통하여 그러한 동기를 충족시키려 한다. 그러나 이 아이는 욕구불만이 반복되면 만족감을 얻을 수 있는 방법을 터득하게 된다. 이 아이는 성장함에 따라 심리도 복잡하게 된다. 그 중의 하나가 **본능적 충동**(id)으로서 강렬한 동기와 충동이 축적되어 있는 것을 말한다. 또 하나는 **자아**(ego)로서 만족을 얻기 위하여 계획을 하게 되는 의식의 중심지가 된다. 세 번째는 **초자아**(super ego)로서 이것은 죄책감이나 수치를 면하기 위해서 본능적인 동기가 사회적으로 용납되는 행위로 연결되게 하는 것이다.

인간은 어떤 충동, 특히 성(性)에 대한 충동에 관하여 죄의식이나 수치를 느끼게 되면 그러한 충동을 억제하게 되며, 이러한 충동을 합리화하거나 순화(sublimation)하는 것과 같은 방어적인 심리과정을 통하여 거부되거나 사회적으로 용인된 행위로 변화한다. 그러나 이러한 충동은 완전히 제거하거나 억제할 수는 없다. 이러한 충동이 의식 속에 남아 있는 한, 꿈 속에 나타나기도 하고, 얼떨결에 입속에서 튀어나오기도 하며, 신경질적이 되거나, 강박관념에 사로잡힌 행동으로 나타나기도 한다. 또 정도가 심하면 정신분열증에까지 이르게 된다. 프로이드의 표현을 빌리자면 이것은 자아라는 것이 본능적인 충동과 초자아라는 강압적 자아 사이에서 균형을 유지하지 못하기 때문이라고 한다. 그러므로 인간의 행위는 결코 단순한 것이 아니다. 인간은 자기의 동기유발의 근원을 완전히 이해하지 못하고 있으며, 자세하게 관찰하여 보지 않으면 알 수도 없다. 어느 소비자가 비싼 카메라를 구입하려고 하는 동기가 자기의 기호를 충족시키기 위해서, 혹은 경험을 쌓기 위한 것이라고 이야기할지 모르지만, 조금 더 깊이 생각하여 보면 다른 사람들에게 자기의 사진 촬영술이나 재능을 보이기 위하여 구입할 수도 있다. 한 걸음 더 나아가 젊어지고 싶은 동기도 있을지도 모른다. 프로이드의 동기유발이론은 마케팅에서 매우 중요한 의미를 갖고 있다. 그것은 구매자들이 제품에 흥미를 갖게 되는 것은 제품의 기능적인 면과 아울러 심리적인 측면도 매우 중요하기 때문이다. 한 소비자가 카메라를 구매할 때 카메라의 성능에 관한 정보만을 필요로 하는 것이 아니라 모양, 크기, 무게, 재료, 색깔 등의 특성에도 관심을 가질 것으로 생각된다. 그러므로 카메라 제조회사에서 카메라를 디자인할 때에는 소비자를 자극하거나 반감을 불러일으킬지도 모르는 여러 가지 시각적 내지 촉감적인 요소를 고려하여야 될 것이다.

디흐터(Ernest Dichter)는 프로이드의 동기유발이론을 마케팅에서 원용한 대가였는데, 그는 20년 동안 여러 가지 구매상황과 제품선택의 배경에 무의식적인 동기가 내재하고 있다고 설명하여 왔다. 그는 이러한 접근방법을 동기유발조사(motivational research)라고 불렀는데, 이것은 제품에 의하여 유발된 구매동기를 발견하기 위하여 소수의 구매자에게 심층면접(in-depth interviews)을 행하는 것을 말한다. 이와 같은 방법의 하나로서 어휘 연상, 문장 완성, 그림 해석, 역할수행(role playing) 등을 이용한다.[6]

동기유발을 조사하는 사람들은 구매자가 제품을 구입하는데 마음속으로 생각하고 있는 것이 무엇인가에 대하여 매우 흥미있는 가정을 제안하고 있는데 다음의 예를 들어보자.

[6] Ernest Dichter, *Handbook of Consumer Motivations*(New York : McGraw-Hill, 1964).

- 어떤 사업가는 비행기를 타지 않는데, 그 이유는 비행기가 추락하여 그가 죽은 후에 범하게 될 죄책감에 대한 공포(예컨대 부인이 기차가 있는데도 기차를 타지 않았다고 자기를 어리석은 사람이라고 비웃을지도 모른다) 때문이다.
- 남자들은 자신들이 남성이라는 것을 표시하기 위해 자기들이 피우는 파이프 담배에 향기가 많기를 바란다.
- 여성들은 요리하는데 동물성 기름보다 식물성 기름을 사용하는 것을 좋아한다. 동물성 기름은 동물을 죽이는 것과 같은 죄의식을 불러일으키기 때문이다.

(2) 매슬로우 동기유발이론

매슬로우의 동기유발이론도 인간이 지니고 있는 여러 가지 욕구의 상호관계를 설명하고 있는데 다음과 같은 점을 전제로 하고 있다.[7]

① 인간의 욕구는 다양하며 그 중요도에 따라 생리적 욕구, 안전욕구, 사회적 욕구, 자존욕구 및 자아실현의 욕구로 분류할 수 있다.
② 그는 가장 중요한 욕구부터 충족시키려 한다.
③ 그가 하나의 욕구를 충족시키는데 성공한다면 그러한 욕구에 대해 당분간은 동기가 유발되지 않으며 그 다음으로 중요한 욕구를 충족하는데 관심을 돌리게 된다.

이러한 매슬로우의 욕구단계는 그림 6-3에 표시되어 있다.

예를 들어 굶어 죽어가고 있는 사람(생리적 욕구)은 예술을 하고 싶다거나(자아실현 욕구), 다른 사람이 자기를 어떻게 본다거나 존중해 주기를 바라는데(사회적 욕구와 자존욕구) 관심을 갖지 않을 것이며, 또한 깨끗한 공기를 마시고 싶은 데에도(안전욕구) 관심이 없을 것이다. 그러나 처음의 욕구가 충족됨에 따라 그 다음으로 중요한 욕구를 충족시키려 할 것으로 생각된다.

소비자가 한 제품을 구입하는데 매슬로우의 이론은 무엇을 이야기하여 주고 있는가? 카메라를 구입하는 경우를 보자. 어느 소비자가 카메라를 구입하는 것은 생리적인 욕구나 안전욕구, 또는 사회적 욕구를 충족시키려고 하는 것만은 아닐 것이다. 그보다는 다른 사람으로부터 존경받을 욕구가 강렬한 때문인지도 모른다. 그러나 단순한 자존욕구 때문에 동기유발이 된다고 할 수는 없다.

---

[7] Abraham H. Maslow, *Motivation and Personality*(New York : Haper & Row, Pub., 1954), pp.80-106.

그림 6-3 매슬로우의 욕구단계

그의 관심은 보다 높은 차원, 즉 자아실현의 욕구에서 비롯될 수도 있다. 그는 스스로가 창조적인 사람으로 생각하여 사진을 찍는 것을 통하여 자신의 잠재력을 실현하고 그것을 과시하기를 원할 수도 있다.

2) 지각(perception)

동기가 유발되면 실제 행동으로 옮길 수 있게 된다. 어떻게 행동할 것인가를 결정하는 문제는 주어진 상황에 대한 지각 내지 인식에 달려 있다. 두 사람이 동일한 동기를 부여받았거나 객관적인 상황이 동일하다 하더라도 실제로 나타나는 행동은 서로 매우 다를 수 있는데, 그것은 이들이 상황을 각각 다르게 인식하고 있기 때문이다. 어느 소비자가 말을 빨리 하는 판매원을 보고 강압적이고, 불성실하며, 공격적이라고 이야기하는 반면, 또 다른 소비자는 그가 분별있고, 절도가 있으며, 매우 도움이 된다고 생각할 수도 있는 것이다.

이와 같이 동일한 상황에 대하여 사람들이 각각 달리 인식하게 되는 이유는 무엇인가? 먼저 인간이 자극대상물을 인지하게 되는 것은 감각, 즉 오감(五感)의 일부 또는 전부를 통하여 정보가 들어온다는 점이다. 인간은 이와 같이 감각을 통하여 들어오는 정보를 개별적으로 선택하고 조직화하여 해석하게 된다. 사실, **지각**(perception 혹은 인지)이라 함은 '투입된 정보를 의미있는 것으로 만들기 위하여 그러한 정보를 선택하고 조직하며 해석하는 과정'이라고 할 수 있다. 이러한 지각은 실물의 자극 성격, 그러한 자극과 주위의 장(場; gestal idea)과의 관계, 그리고 개인의 내부적인 조건 등에 따라 영향을 받는다.

인간이 동일한 자극물이나 상황에 대해 달리 인식을 하게 되는 이유는 **선별적 접촉**(selective exposure), **선별적 곡해**(selective distorion), **선별적 기억유지**(selective retention) 등과 같은 **선별적 정보처리과정**(selective information processing) 혹은 **지각과정**을 밟기 때문이다.

(1) 선별적 접촉

인간은 일생동안 수많은 양의 자극물을 접하게 되는데, 상업적인 자극물에만 국한하더라도 하루에 수십, 수백의 광고물을 대하게 된다. 누구나 이 모든 자극물에 유의해야 할 필요가 없고, 또 그럴 수도 없다. 대부분의 자극물은 간과되기 마련이다. 따라서 사람들은 어떠한 자극물에 대하여 주목하게 되는지 설명하여 보자.

① 사람들은 보통 자신들이 현재 느끼고 있는 욕구를 표현해 주고 있는 자극물을 주목하게 될 것으로 생각된다. 예컨대 카메라를 구입하고자 하는 소비자는 카메라에 대한 광고를 주시하게 될 것이다.

② 사람들은 또한 그들이 예상하고 있는 자극물에 대해 주목할 것 같다. 카메라점에서 라디오를 판매하는 경우는 드물기 때문에 구매자가 라디오도 같이 판매하는 카메라점에 갔을 때 라디오보다는 카메라를 주시할 것으로 생각된다.

③ 사람들은 자극물의 정상적인 크기에 비하여 변화가 큰 자극물을 주시하게 되는 경우가 보통일 것이다. 예컨대 카메라의 경우, 정가보다 천 원 단위로 싸게 표시한 경우보다 만 원 단위로 싸게 표시한 광고에 더 주목할 것으로 생각된다.

그러므로 사람들이 이와 같이 선별적 접촉이라는 인지과정을 밟는다는 것은 마케팅 담당자가 고객의 관심을 획득하는데 특별한 노력이 필요함을 뜻한다. 한 기업의 광고가 다른 기업의 광고보다 돋보이지 않는다면 고객들은 주목하지 않을 것이다. 대부분의 광고가 흑백으로 되어 있는 경우에 몇 가지 색깔을 이용한다든가, 보다 큰 규격으로 만들어 다른 것과 비교할 수 있도록 하면 효과가 더 클 것이다.

(2) 선별적 곡해

소비자가 자극을 받게 되면, 그 결과가 기업이 의도하였던대로 반드시 나타나는 것은 아니다. 사람마다 각기 조직적인 의식체계를 갖추고 있기 때문에 어떤 자극을 받게 되면 처음부터 지니고 있던 사고방식에 틀을 맞추는 경향이 있다. 예컨대 판매원이 경쟁제품의 장·단점을 이야기하는 것을 소비자가 듣게 된다고 하자. 그는 이미 자기가 사고자 하는 경쟁제품이 더 우수하다고 믿고 있기 때문에 판매원으로부터 들은 바를 왜곡할 것으로 생각된다. 일반적으로 사람들은 자신들이 지니고 있는 선입관과 일치하는 방향으로 정보를 해석하는 경향이 있다.

(3) 선별적 기억유지

인간은 배운 것을 대부분 잊어버리는 경우가 많지만 자기의 태도나 신념을 뒷받침하는 정보는 오래 간직하는 경향이 있다. 따라서 어느 소비자가 자신이 구입하고자 하는 제품의 장점은 오랫동안 기억하며 경쟁제품의 장점은 잊게 된다.

우리는 흔히 광고에서 똑같은 메시지를 되풀이하는 것을 볼 수 있다. 또한 메시지의 내용도 간단하면서도 명료한 표현을 이용하고 있는 것을 알 수 있다. 이것은 그 기업이 이상과 같은 세 가지의 인지과정을 잘 이해하고 있으며 그러한 인지과정을 충분히 이용하려 하기 때문이다.

3) 학습

학습(learning)이란 '한 개인의 경험을 통하여 그에게 발생하는 행동상의 변화'를 말한다. 대부분의 인간행위는 학습을 통하여 습득되며, 본능적인 반응, 성장, 굶주림이나 피로를 느끼는 것과 같은 일시적인 생리적 상태는 학습에 포함되지 않는다. 학습론자들의 주장에 의하면, 인간은 동인(drive), 자극, 암시(cue), 반응 그리고 강화(reinforcement) 등이 상호작용 함으로써 지식을 얻게 된다고 한다.

우리는 앞서 카메라를 구입하려는 사람이 자아실현을 위한 동인을 갖고 있음을 보았다 **동인**(drive)이라 함은 행동을 강요하는 인간 내부의 강렬한 자극을 말하며, 그러한 동인을 감소시키는 지정된 자극대상물(여기에서는 카메라)로 지향하게 되면 **동기**(motive)가 된다. 카메라의 구입에 있어 구매자의 반응은 주변을 둘러싸고 있는 여러 가지 암시형태에 의해서도 제약을 받게 된다. **암시**(cues)란 인간이 언제, 어디서, 어떻게 반응하는가를 결정하는 근소한 자극을 말한다. 예컨대 카메라를 구입하려고 할 때 친구의 의견, 경제전망, 계절적인 상황 등은 카메라를 구입하고자 하는 충동에 대한 구매자의 반응에 영향을 미칠 수가 있는 암시들이다.

A가 카메라를 구입하였다고 하자. 그가 카메라를 구입하는데 훌륭한 경험을 얻었다면 그러한 경험을 자주 이용할 것이다. 즉, 카메라에 대한 그의 반응은 강화된 것이다. 그 후 그가 녹음기를 구입하려 할 때에는 카메라를 구입하였을 때의 경험에서 얻은 것과 비슷한 암시를 받고자 할 수 있다. 그와 같은 암시에 반응하여 녹음기를 구입하고 이에 만족한다면 이것은 곧 앞으로도 이와 유사한 자극과 동인에 대한 그의 반응을 강화시켜 주는 것을 의미한다. 다시 말하면 유사한 자극에 대한 그의 반응을 **일반화**(generalize)하는 것이다. 일반화의 반대개념은 **차별화**(differentiate)라고 부른다. 소비자가 두 개의 비슷한 카메라를 시험적으로 사용할 기회가 있을 때, 어느 하나가 더 만족을 준다면 그는 장래에도 비슷한 여러 가지 암시를 차별 내지 구분할 수 있는 능력이 향상될 것이다. 차별한다는 것은 여러 가지 자극의 차이점을 느낄 수 있는 능력을 갖게 되고 이에 따라 그의 반응을 조절할 수 있게 되는 것을 말한다.

이러한 학습이론은 마케팅 분야에서 많은 도움을 줄 수 있다. 즉, 한 제품에 대한 수요는 그 제품에 대한 강렬한 동인과 관련이 있고, 동기유발이 되는 암시를 이용하여 적극적으로 강화한 결과라고 할 수 있다. 새로 사업을 시작하는 기업은 경쟁자들과 똑같은 동인에 호소하고 유사한 형태의 암시를 제시함으로써 시장에 진출하는 것이 유리할 수 있다. 왜냐하면 소비자들은 낯선 상표보다는 유사한 상표를 더 선호할 가능성이 많기 때문이다(일반화). 혹은 소비자들이 자기 회사의 독특한 상표를 선호하도록 별개의 강렬한 동인에 호소하고 암시를 줌으로써 소비자들을 유인할 수도 있을 것이다.

4) 신념(belief)과 태도(attitude)

인간은 학습과정을 통하여 그들의 신념과 태도를 얻게 되고 이러한 신념과 태도는 그들의 행위에 영향을 미친다. 신념이란 사물에 대하여 지니게 되는 고정관념이라 할 수 있다. 예컨대 어느 소비자가 캐논(Canon) 카메라는 사진이 잘 찍히고 고장도 잘 안 나며 값비싼 것이라고 믿고 있다면, 이러한 신념은 그가 카메라에 대하여 지니고 있는 지식, 의견 또는 신뢰에 기초하는 것이라 할 수 있다. 이와 같은 신념은 감정적인 요소가 개재할 수도 있고 그렇지 않을 수도 있다. 예컨대 소비자가 캐논 카메라의 색깔이 검은 것이라고 믿고 있다면, 그러한 신념은 구매결정에 영향을 줄 수도 있고 그렇지 않을 수도 있다. 소비자가 한 제품과 서비스에 대하여 어떤 신념을 갖게 되면 그러한 신념은 제품이나 상표의 이미지를 형성하게 되고 사람들의 구매행위는 신념과 부분적으로 함수관계에 있으므로 이것을 파악하는 것은 매우 중요한 일이다. 사람들이 특정된 제품이나 상표에 대하여 그릇된 신념을 갖게 되어 구매를 중단한다면 잘못된 신념을 바로잡기 위한 노력이 필요하다.

태도(attitude)라 함은 '어떤 목적물 또는 아이디어에 대하여 사람들이 호의적이거나 혹은 비호의적으로 행하게 되는 지속적인 인지적 평가, 느낌 및 행동경향'을 말한다. 사람들은 정치, 종교, 옷, 음악, 음식 등 어떠한 것에 대해서도 일정한 태도를 지니고 있다. 태도를 지니게 되면 좋아하거나 싫어하는 것과 같은 심성체계(frame of mind)가 형성되어 대상이 되는 사물을 지향하여 움직이거나 회피하게 된다. 예컨대 어느 소비자가 최고의 제품만을 구입한다는 태도를 지니고 있다고 가정하자. 이 사람이 캐논 카메라에 관심을 갖는 것은 캐논이라는 상표의 이미지가 자신의 태도와 일치하기 때문이다.

태도는 사람이 사는 동안 유사한 대상물에 대하여 어느 정도 일관성 있는 행동을 취하도록 만든다. 모든 사물을 새로 해석하고 이에 따라 행동할 필요가 없고 따라서 여기에 소비되는 정력과 시간을 덜어준다. 그러므로 사람들이 지니고 있는 태도를 바꾸려면 많은 노력이 필요하게 된다. 어느 기업이 자기의 제품에 대하여 사람들이 지니고 있는 태도를 바꾸려고 노력하는 것보다는 그러한 태도에 맞는 제품을 개발하는 것이 바람직하다. 그러나 예외도 있을 수 있다. 태도를 바꾸려는 노력에 소비되는 비용만큼 대가가 있을 수 있는 것이다. 다음의 예를 보자.

> "혼다(Honda)회사가 미국의 모터사이클 시장에 진출했을 때 결정하여야 될 문제는 모터사이클을 이미 좋아하고 있는 사람을 대상으로 판매할 것인가 혹은 좋아하게 될 사람을 대상으로 판매할 것인가라는 것이었다. 후자는 비싼 대가를 치러야 하는데, 그것은 많은 사람들이 모터사이클이나 그것을 타는 사람들에 대하여 부정적인 태도를 지니고 있었기 때문이다. 즉, 모터사이클을 보면 칼, 검은 가죽옷, 그리고 범죄를 연상하는 사람들이 많았다. 따라서 혼다 회사에서는 후자의 방법을 택하여 '당신은 혼다를 타면 가장 멋진 사람을 만나게 된다'라는 캠페인을 벌려 많은 성과를 거두었다. 많은 사람들이 모터사이클에 대한 태도가 바뀌게 된 것이다."

지금까지 살펴본 바와 같이 인간의 행위는 문화적, 사회적, 개인적 및 심리적인 요소들이 복잡하게 상호작용한 결과임을 알았다. 이러한 요소들의 대부분은 마케팅 관리자가 통제할 수 없는 것들이지만 자기 제품에 대하여 보다 많은 관심을 갖게 될 것으로 생각되는 구매자를 파악하는데 매우 유용하다. 기타 마케팅 믹스 요소들은 마케팅 관리자가 통제할 수 있는 것들이며 효율적인 전략을 개발하는데 하나의 단서를 제공한다.

제3절 구매결정과정

마케팅 종사자들은 소비자들에게 영향을 미치는 여러 가지 요인들을 이해하여야할 뿐만 아니라 소비자들이 실제로 어떻게 구매의사결정을 내리고 있는가를 알아야 한다. 좀 더 구체적으로 말한다면, 누가 구매의사결정을 내리고, 구매의사결정의 유형에는 어떠한 것이 있으며, 구매과정은 어떠한 단계로 이루어지고 있는가를 이해할 필요가 있다.

1. 구매역할

소비자 시장에서는 구매자가 누구인가를 확인하고 그에게 영향을 미치는 사람이 누구인가를 파악해야 할 필요가 있다. 제품에 따라서는 구매의사결정에 참여하는 사람이 한 사람 뿐일 경우도 많다. 예컨대 담배를 구입하는 사람들은 일반적으로 남성이 많을 것이고, 화장품 구입을 결정하는 사람은 대부분이 여성일 것이다. 이와는 달리 여름 휴가를 어디서 보낼 것인가에 관하여는 가족의 구성원마다 의견이 각각 다를 수 있다. 이러한 경우에 마케팅 종사자는 의사결정에 영향을 미치는 사람이 누구이며 그들의 역할이 무엇인가를 알아야 할 것이다.

이와 같이 구매의사결정에 영향을 미칠 수 있는 사람들의 역할은 다음과 같이 다섯 가지로 분류할 수 있다.

- **제안자**(initiator): 특정 제품의 구매를 생각하고 있거나 구매를 제안하는 사람
- **설득자**(influencer): 최종결정을 내리는데 어느 정도 영향력을 미치는 사람
- **결정자**(decider): 구매여부, 구매대상자, 구매방법, 시기 및 장소에 관한 결정의 일부 또는 전

부를 최종적으로 내리는 사람

- **구매자**(buyer): 실제로 구매하는 사람
- **사용자**(user): 구매한 제품이나 서비스를 이용하거나 사용하는 사람

예컨대 고화질 TV를 새로 구입한다고 할 때, 가족 중에서 장남이 특정된 브랜드의 TV 구입을 제안할 수 있을 것이다. 가족 구성원이 각각 구매결정의 일부 또는 전부에 대하여 어느 정도 영향을 미칠 수 있을 것이고, 이웃 사람들도 그러할 수 있다. 최종 결정은 부부가 내리고, 실제로 구매하는 것은 아들이 될 수 있다. 또한 TV를 주로 시청하는 것도 부인일 수가 있을 것이다. 이와 같이 구매결정과정에 영향을 미치는 참여자들의 역할과 영향력의 정도를 이해하는 것은 마케팅 관리자의 입장에서 매우 중요한 일이라 아니할 수 없다.

2. 구매결정행동의 유형

구매행동은 치약, 테니스 라켓, 값비싼 카메라 및 승용차 등 제품의 종류에 따라 각기 다르다. 보나 복잡한 구매결정을 내리는 데에는 구매에 참여하는 사람들의 수가 많거나 고려하여야 할 요소들이 더 많은 것이 보통이다. 그림 6-4는 구매자의 관여도(involvement)와 브랜드간의 차이 정도를 토대로 소비자의 구매행동 유형을 분류한 것이다. 여기에서 **관여도**란 구매의사결정을 신중하게 생각한다거나 시간을 요하는 경우, 또는 정보를 입수하는데 노력을 기울이는 정도를 말한다. 그러한 정도가 높은 제품을 고관여 제품(high involvement goods)라고 하며, 그러한 정도가 낮은 제품을 저관여 제품(low involvement goods)이라고 한다.

1) 복잡한 구매행동

소비자가 제품을 구매하는데 관여하는 정도가 높고, 브랜드간에 차이가 있다고 인식하고 있을 경우에는 복잡한 구매행동을 취하게 된다. 제품의 가격이 비싸거나, 사용하는데 위험이 따르거나, 자주 구매하지 않거나 또는 자아표현의 정도가 높을 경우에는 소비자들의 관여도가 높아진다. 제품의 범주에 대하여 많은 지식을 요하는 경우가 대표적인 예에 속한다. 예컨대 개인용 컴퓨터를 구매하고자 하는 사람은 컴퓨터의 어떤 속성들을 고려하여야 할 것인가를 잘 모를 수 있다. 처음으로 구매하는 사람에게는 제품의 여러 가지 특징이 실제로 무엇을 의미하고 있는가를 잘 모를 수 있다. 가령 '팬티엄 프로칩'(pentium pro chip)이나 '64메가램'(64 mega of ram)과 같은 컴퓨터

의 특성이나 성능에 대하여 잘 모를 수가 있는 것이다.

이러한 상황에 처해있는 구매자는 학습과정을 거치게 될 것이다. 즉, 먼저 제품에 신념이 형성되고, 그 다음에 태도가 형성된 다음, 신중하게 구매선택을 하게 되는 과정을 밟게 될 것이다. 고관여 제품을 다루고 있는 마케팅 종사자들은 소비자들이 어떻게 정보를 수집하고 제품을 평가하는가를 이해하고 있어야 한다. 또한 제품부류의 속성들과 그 상대적 중요도 및 중요한 속성들에 대하여 자사 제품이 지시하고 있는 바를 소비자들이 알도록 노력하여야 한다. 뿐만 아니라 자사의 제품이 지니고 있는 장점을 설명함으로써 경쟁자의 제품과 차별화 하는 일이 필요하다. 한 걸음 더 나아가 소비자들이 최종적으로 선택하는데 영향을 미치도록 점포의 판매원들에게 동기를 부여하고 이들이 구매자들과 친숙해지도록 훈련시키는 일이 필요하다.

2) 불만축소 구매행동

고관여에 속하지만 브랜드간에 차이가 거의 없다고 소비자가 인식할 때에는 불만축소 구매행동이 발생한다. 예컨대 어느 소비자가 카펫을 구매하고자 할 경우, 카펫을 값이 비싸고 자아표현이 강하기 때문에 고관여 제품에 속한다고 할 수 있다. 그러나 구매자들은 대부분의 카펫이 일정한 범위 내에서 값이 동일하다고 생각할 수 있다. 이러한 경우에는 소비자들이 브랜드간의 차이가 크다고 인식하지 않고 있기 때문에 구입 가능한 제품을 알아보기 위하여 여러 점포를 찾아다닐 수 있다. 그러나 많은 시간을 소비하지는 않을 것이다. 구매자는 적정한 가격을 주요 기준으로 삼거나 구매의 편의성을 기준으로 삼을 수 있다.

소비자들이 제품을 구매한 후에는 제품의 결함을 발견한다거나 경쟁제품이 더 우수하다는 평판을 얻게 되면 부조화감(dissonance)(또는 불만)을 갖게 된다. 마케팅 종사자들은 구매자들의 이러한 부조화감을 불식시키기 위하여 판매 후에도 소비자가 잘 선택하였다는 느낌을 갖도록 의사소통수단을 동원할 필요가 있다.

3) 습관적 구매행동

문제의 제품이 저관여에 속하고 브랜드간에 차이가 거의 없을 경우에는 습관적 구매행동이 발생한다. 예컨대 소금의 경우를 보자. 소비자들은 이러한 제품범주에 대해서는 거의 관여하지 않으며, 단순히 상점에 가서 특정된 브랜드를 잡히는대로 구매한다. 만일 동일한 브랜드를 계속 구매하게 된다면, 그것은 브랜드 충성도가 높다기보다 습관에서 나온 것으로 볼 수 있다. 값이 싸거나

그림 6-4 구매행동의 네 가지 유형

	고관여	저관여
브랜드간의 차이가 뚜렷할 경우	복잡한 구매행동	변화추구 구매행동
브랜드간의 차이가 거의 없을 경우	불만축소 구매행동	습관적 구매행동

자주 구매하는 제품의 경우에는 소비자들의 관여도가 낮다고 할 수 있다.

이러한 경우에는 소비자 행동이 신념 - 태도 - 행동과 같은 통상적인 단계를 거치지 않는다. 소비자들은 여러 브랜드에 대한 정보를 광범위하게 찾는다거나, 브랜드의 특성을 평가한다거나, 어떤 브랜드를 구매할 것인가에 관하여 비중을 두고 결정을 내리는 것과 같은 신중한 행동을 취하지 않는다. 그 대신 TV를 시청하거나 잡지를 읽는 등의 과정에서 정보를 수동적으로 입수한다. 광고를 반복하게 되면 소비자들이 브랜드에 대해서 확신을 갖기보다는 브랜드에 더 친숙해지는 결과를 가져온다. 소비자들은 자신이 선택한 브랜드가 친숙하다는 이유로 그것에 대하여 강력한 태도를 갖게 되는 것은 아니다. 소비자들은 그러한 제품에 대한 관여도가 낮기 때문에 구매한 후에도 브랜드 선택을 평가하지 못할 수가 있다. 이와 같이 구매과정은 수동적인 학습과정에 의하여 브랜드에 대한 신념이 형성되고, 뒤이어 구매행동이 이루어진 다음, 자신의 선택에 대하여 평가가 이루어질 수도 있고 그렇지 않을 수도 있다.

저관여 제품을 구매하는 사람들은 어떠한 브랜드에 대해서도 커다란 책임감을 갖고 있지 않기 때문에 그러한 제품을 다루고 있는 마케팅 종사자들은 시험구매를 유발시키기 위하여 가격이나 판매촉진수단들을 이용할 경우가 흔히 있다. 저관여 제품에 대하여 광고할 경우에는, 광고문안에서 몇 가지 핵심적인 점들만 강조할 필요가 있다. 시각적인 심볼이나 이미지도 중요한데, 그 이유는 그것이 브랜드와 관련하여 쉽게 기억되고 연상되기 때문이다. 광고 캠페인에서는 짧은 메시지를 반복하는 것이 좋다. 저관여 제품에 대한 매체수단으로는 인쇄물보다 TV가 더 효과적이다. 그 이유는 TV가 수동적 학습에 더 적합하기 때문이다. 광고계획은 전통적인 조건반사이론을 토대로 하여야 한다. 이 이론에 의하면 구매자들은 특정된 제품에 하나의 심볼을 곁들임으로서 그러한 제품을 이해하게 된다.

마케팅 종사자들은 저관여 제품을 고관여 제품의 하나로 전환시키기 위하여 네 가지 기법을 이용할 수 있다. 첫째, 예컨대 특정된 브랜드의 치약을 충치예방과 연결시키는 것과 같이 소비자들로 하여금 특정된 제품에 대하여 관여도를 높이는 것이다. 둘째, 제품을 개인적인 상황과 연결시킴으로써 관여도를 높일 수 있다. 예컨대 소비자들이 쉽게 잠에서 깨어날 것을 원할 경우에 아침 일찍 특정된 커피 브랜드의 광고를 내보내는 것이다. 셋째, 개인적 가치관이나 자아방어와 관련이 있는 강력한 감정을 유발시키기 위한 광고문안을 작성할 수도 있다. 넷째, 중요한 속성(비타민 C를 곁들여 마시는 것을 고착시키는 것)을 추가하는 방법이 있을 수 있다. 이러한 전략들은 기껏해야 저관여 제품을 보통 정도의 관여수준으로 높일 수 있을 뿐, 그 이상의 고관여 수준까지 높이지는 못한다.

4) 변화추구 구매행동

제품에 대한 소비자들의 관여도가 낮지만 브랜드간에 차이가 뚜렷하다고 인식할 때에는 변화추구 구매행동이 발생한다. 이러한 경우에 소비자들은 브랜드를 바꿀 경우가 많다. 예컨대 구매자가 과자를 구입할 경우에, 그가 특정된 브랜드의 과자에 대하여 신념을 가지고 있을지 모르지만 별다른 평가가 없이 이를 선택하고, 소비하는 과정에서 그러한 브랜드를 평가할 수 있다. 그러나 이 구매자가 다음에 구입할 경우에는, 먼저 구입한 브랜드에 대하여 싫증을 느끼거나 단순히 새로운 것을 맛보고자 하는 이유로 또 다른 브랜드를 선택할 수가 있다. 이와 같이 소비자들이 브랜드를 바꾸는 것은 제품에 대한 불만보다는 단순히 변화를 추구하기 때문일 수가 있다.

이러한 범주에 속하는 제품의 경우에는, 문제의 브랜드가 시장지배자인가 또는 그렇지 않은가에 따라 마케팅 전략이 다를 수 있다. 시장을 주도하는 기업은 진열장을 대부분 점유하고 반복광고를 내보냄으로써 습관적 구매행동을 장려한다. 도전자의 위치에 있는 기업들은 가격할인, 증정품 제공 및 여러 가지 이유로 새로운 것을 원하는 바를 제시하는 광고 등을 이용함으로써 변화를 추구하고자 하는 소비자들의 행동을 자극하려 한다.

제4절 구매의사결정과정의 제단계

지금까지 우리는 구매자들에게 영향을 미치는 모든 요인들에는 어떠한 것들이 있는가를 살펴보았다. 이제 소비자들은 어떻게 구매의사결정을 내리는가를 살펴보기로 하자. 여기에서는 한 개인을 대상으로 검토하겠지만, 구매과정에서 여러 구매참여자들이 미치는 영향이 각각 다르다는 점은 이미 언급한 바와 같다. 더구나 구매의사결정단계에서 구매행위에 영향을 미치게 되는 새로운 요소도 나타날 수가 있다. 구매의사결정과정을 몇 단계로 구분하려는 이유는 그렇게 함으로써 바람직한 구매결과를 가져올 수 있는 방법을 발견할 수 있기 때문이다. 그림 6-5는 한 소비자가 다섯 단계의 구매의사결정과정을 밟게 되는 것을 보여주고 있다. 이러한 단계들은 문제의 인식, 정보탐색, 대체안의 평가, 구매결정 및 구매후의 행위로 구성되어 있다.

이 모델은 구매가 실제로 이루어지기 훨씬 이전부터 구매과정이 시작되며 구매 후에도 어떤 결과를 가져오고 있음을 강조하고 있다. 그러므로 마케팅 관리자는 구매결정보다도 구매의사결정과정을 더 깊이 이해할 필요가 있다.

1. 문제의 인식

구매의사결정과정은 구매자가 문제를 인식하는 것(즉 욕구가 발생한 것)으로부터 출발한다. 구매자는 그가 기대하고 있는 상태와 실제의 상태가 다르다는 것을 감각으로 알고 있다. 구매자의

그림 6-5 소비자의 구매 의사결정과정

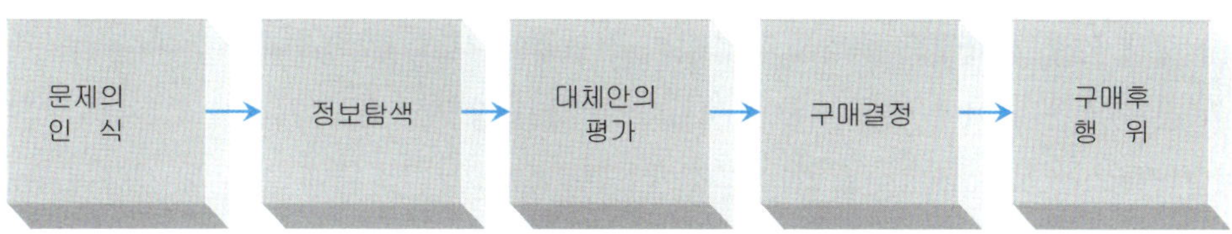

욕구는 내적 혹은 외적 자극으로 유발될 수 있다. 내적 자극을 주는 경우, 인간의 정상적인 욕구, 즉 식욕, 갈증, 성에 대한 갈망 등은 점차 자라나 동인(drive)이 된다. 인간은 과거의 경험을 통하여 그러한 동인에 대처하는 방법을 터득하게 되며, 그와 같은 동인을 충족시킬 수 있는 목적물을 취하도록 동기가 유발된다. 또한 욕구는 외부자극에 의해서도 발생하기도 한다. 예컨대 어느 아이가 제과점을 지날 때, 새로 굽고 있는 맛있는 빵을 보게 되면 그의 굶주림을 자극할 것이다. 이웃 사람이 갖고 있는 자동차를 부러워한다거나 TV 광고를 보고 여행을 하고 싶은 충동이 생기는 것도 마찬가지 경우이다.

소비자가 문제를 인식하는 단계에서 마케팅 관리자가 해야 될 일은 그러한 문제인식을 유발시키는 환경을 분석하는 일이다. 즉, ① 소비자가 느끼고 있는 욕구(혹은 문제)는 무엇인가, ② 그러한 욕구가 발생한 원인은 무엇인가, ③ 그러한 욕구발생이 어떻게 하여 특정된 제품을 선택하게 되었는가 등을 파악하여야 된다. 예컨대 어느 소비자가 새로운 취미를 갖고 싶다고 이야기하게 되었을 때의 시기는 그가 한가한 시간을 가질 여유가 있을 때일 것으로 생각할 수 있다. 취미 중의 하나로 카메라를 선택하게 된 것은 그의 친구로부터 사진에 관한 얘기를 들었기 때문일 수가 있다. 마케팅 관리자는 이와 같은 정보를 수집함으로써 제품에 관하여 흥미를 끌 수 있는 자극을 발견할 수 있을 것이다. 이에 따라 그러한 자극을 이용할 마케팅 계획을 준비할 수 있게 된다.

2. 정보탐색

소비자들이 욕구가 발생하면 더 많은 정보를 수집할 수도 있지만 그렇지 않을 경우도 있다. 소비자의 동인이 강렬하고 욕구를 충족시킬 수 있는 목적물이 가까이 존재하고 있다면 그것을 즉시 구매할 것으로 생각된다. 그렇지 않을 경우, 소비자 욕구는 장래에 충족시키기 위하여 뇌리에 새겨져 남아 있게 될 것이다. 뇌리에 남아 있는 욕구는 그 정도에 따라 두 가지 상태를 낳는다. 첫째는 **'관심이 고조된'**(heightened attention) 상태로서 욕구를 충족시키는데 적합한 정보에 주의를 기울이고 소극적인 정보탐색만을 행하는 것이다. 어느 소비자가 카메라에 관한 정보에 대하여 점차 관심을 갖게 되고 광고에도 주의를 기울이며 친구들이 갖고 있는 카메라에 대해서도 주목하게 되는 것과 같은 경우가 이에 해당된다. 둘째로, 소비자가 강렬한 욕구를 갖게 되는 경우에는 **'적극적인 정보탐색'**(active information search)을 하게 되는 상태가 발생한다. 예컨대 제품에 관한 정보를 수집하기 위하여 여러 가지 독서물을 읽거나, 친구에게 전화를 하거나, 기타 다른 활동을 할 수가 있다. 소비자가 어느 정도로 정보를 탐색하려 할 것인가의 문제는 그가 지니고 있는 동인의 강도, 처음부터 지니고 있던 정보의 양, 추가로 정보를 수집할 수 있는 가능성 여부, 추가로 수집된 정보의 가치 정도, 그가 추적함으로써 얻게 되는 만족도 등에 달려 있을 것이다. 다시 말하면 그가 문제해결을 위한 부분적 노력(limited problem solving)을 하고 있는가, 혹은 문제해결을 위한 광범위한 노력(extensive problem solving)을 하여야 하는가에 달려 있다. 광범위한 문제해결이라는 상황에서는 제품의 종류와 그 특성, 여러 상표의 질과 특성, 그리고 그러한 상표를 취급하고 있는 점포에 관하여 더 많은 정보가 필요할 것으로 생각된다. 소비자는 문제해결을 위한 부분적인 노력에서 광범위한 노력을 하게 됨에 따라 그의 정보탐색 활동도 증가하게 된다.

그러므로 마케팅 관리자는 소비자가 찾고 있는 정보원(information source)에는 어떠한 것이 있으며, 그러한 정보원이 소비자의 제품선택행위에 어떠한 영향을 미치고 있는가를 조사할 필요가 있다. 보통 소비자가 찾고 있을 정보원에는 다음과 같은 것을 들 수 있다.

① 개인적인 정보원(가족, 친구, 이웃 등)
② 상업 정보원(광고, 판매원, 대리점, 전시회 등)
③ 공공 정보원(언론, 방송 등)
④ 경험적 정보원(제품을 직접 사용하여 보거나 검사하는 것 등)

이와 같은 정보원이 소비자에게 주는 영향은 제품의 종류와 소비자 개인의 특성에 따라 각기 다를 것으로 생각된다. 일반적으로 소비자가 제품에 관한 정보를 가장 많이 얻게 되는 것은 상업 정보원일 것이다. 한편 정보를 가장 효과적으로 전달할 수 있는 것은 개인적인 정보원일 경우가 많다. 다시 말하면 상업 정보원은 보통 전달기능을 갖고 있는 반면, 개인적인 정보원은 합법화 혹은 평가기능을 갖는다. 예컨대 의사들이 상업 정보원을 통하여 새로운 약품을 알게 되지만 그 약품의 성능을 평가하려면 다른 의사로부터의 이야기가 중요한 역할을 하게 된다.

소비자들은 정보수집을 통하여 경쟁관계에 있는 브랜드와 그 속성을 알게 된다. 표 6-3의 첫 번째 줄에 있는 상표들은 어느 소비자가 입수할 수 있는 개인용 컴퓨터의 모든 브랜드를 나열한 것이다. 개별 소비자들은 이러한 브랜드들 가운데 일부만을 인지하고 있다(인지된 상품). 브랜드들 가운데 일부만이 최초의 구매기준을 충족시킬 것이다(고려되는 상품). 소비자가 더 많은 정보를 입수함에 따라 극히 일부의 제품만이 선택대상으로 남게 된다. 그는 이 가운데 어느 하나를 최종적으로 선택할 것이다.

표 6-3 소비자 의사결정과정에 개입되는 연속적 상품정보 압축과정

총체적 상품	→	인지되는 상품	→	고려되는 상품	→	선택대상	→	의사결정
· 삼성 · 엘지 · 삼보 · 애플 · 도시바 · 콤팩 · 델		· 삼성 · 엘지 · 삼보 · 도시바 · 콤팩		· 삼성 · 엘지 · 삼보 · 도시바		· 엘지 · 삼보 · 도시바		?

표 6-3은 특정된 기업의 제품이 소비자들에게 인지되고, 고려하며, 선택대상에 포함되도록 전략을 개발하는 일이 중요하다는 것을 나타내고 있다. 또한 경쟁사의 제품도 소비자의 선택대상에 포함되어 자신의 제품이 경쟁우위가 있음을 소구할 수 있어야 한다. 또한 소비자들이 어떠한 정보원을 이용하고 있으며 그러한 정보원의 상대적 중요도를 어느 정도로 평가하고 있는가를 알아야 한다.

마케팅 관리자는 다음과 같은 경우에 소비자의 정보원을 조사하는 것이 유용할 것이다. 즉, ① 목표하고 있는 고객 중 다수가 적극적인 정보탐색 활동을 하고 있는 경우, ② 이들이 그러한 정보원을 큰 변동없이 계속 이용하고 있는 경우가 그러하다. 또한 정보원의 종류와 그 역할, 그리고 그 중요성을 알려면 고객과 직접 면담하여 이들이 문제의 제품에 대하여 어떠한 정보원을 통하여 알게 되며 각 정보원이 어떠한 영향을 미치고 있는가에 대하여 질문할 필요가 있다. 여기에서 발견된 사항은 촉진계획을 수립하거나 고객들의 입을 통하여 호의적인 내용이 전파되도록 이용할 수 있다.

3. 대체안의 평가

소비자가 제품에 대한 판단을 내리는데 입수한 정보를 어떻게 처리하는가를 알 필요가 있다. 그러나 소비자들이 내리는 평가과정은 각기 다르며, 단일 소비자의 경우에도 구매상황에 따라 각각 다르다.

소비자의 평가과정을 이해하기 위하여 기본적으로 알아야 할 몇 가지 개념을 알아보자. 첫째는 제품의 특성이다. 소비자는 하나의 제품이 다수의 특성으로 집합되어 있는 것으로 생각하고 있을

것이다. 어느 특정된 제품의 특성들이 어떠한 위치에 있는가에 따라 그 제품을 달리 인식하게 된다. 우리가 잘 알고 있는 몇 가지 제품 중 소비자들이 보통 관심을 갖는 특성의 예를 보자.

- **카메라** : 선명도, 촬영속도, 촬영가능범위, 카메라의 크기, 가격 등
- **아스피린** : 통증을 덜어주는 속도, 신뢰도, 부작용 여부, 가격 등
- **호텔** : 위치, 청결 정도, 분위기, 숙박비 등
- **타이어** : 수명, 안전도, 가격 등
- **치약** : 색, 효율성, 살균, 가격, 향기 등

소비자들은 보통 이러한 특성에 대해서 관심을 갖게 될 것으로 생각되나 그들이 적합하다고 생각하고 있는 특성에 대한 관심의 정도는 각기 다를 것이다. 그러므로 경우에 따라서 한 제품에 대한 시장은 소비자들이 주로 관심을 갖게 되는 특성에 따라 세분할 수도 있다.

둘째, 소비자들은 자신들이 적절하다고 생각하고 있는 특성들에 대하여 각기 상이한 중요도를 부여하고 있다는 점이다. 여기에서 하나의 특성이 갖는 중요성과 **유별성**(salience)을 구분할 필요가 있다. 유별성이란 가령 소비자에게 어느 제품에 대하여 생각나는 점을 물었을 때 그의 뇌리에 떠오르는 특성을 말한다.

이러한 특성이 반드시 그 제품의 가장 중요한 특성이라고 생각해서는 안 될 것이다. 어느 제품의 특성이 유별난 것은 소비자가 그러한 특성을 선전하는 광고를 대하게 되거나, 특성과 관련되는 문제를 갖고 있어 뇌리 속에 제일 중요한 위치를 차지하고 있기 때문일 수도 있다. 더구나 유별나지 않는 특성 가운데서도 소비자가 잊고는 있었으나 그러한 특성이 이야기가 되면 그 중요성을 곧 깨닫게 되는 경우가 있다. 그러므로 마케팅 관리자는 제품의 특성이 지니고 있는 유별성보다는 중요성에 더 관심을 가져야 할 것이다.

셋째, 소비자는 한 상표가 지니고 있는 특성이 어떠한 위치에 있는가에 대하여 점차로 신념(belief)을 갖게 될 것으로 생각된다. 특정된 상표에 대해 소비자들이 지니게 되는 이와 같은 신념을 **상표 이미지**(brand image)라고 한다. 한 제품에 대하여 소비자가 지니고 있는 신념이나 인식이 제품의 진정한 특성과 상충되는 경우가 있다. 이것은 소비자가 겪게 되는 특정된 경험과 선별적 인식, 선별적 곡해, 선별적 기억유지라는 인지과정을 밟고 있기 때문이다.

넷째, 소비자는 개개의 제품 특성에 대하여 효용함수를 갖고 있다고 가정한다. 효용함수는 제품에 대한 만족도가 제품이 지니고 있는 특성 내지 속성 정도에 따라 다르다는 것을 소비자가 어

떻게 기대하고 있는가를 설명하여 주고 있다. 예컨대 어느 소비자가 자동차를 구입함으로써 얻게 되는 만족감은 휘발유 절약과 비례하여 증가한다고 기대한다든가, 소형이나 대형보다 중형의 자동차를 구입하는 경우, 혹은 초록색보다 빨간색의 차를 구입할 경우에 더 많은 만족을 얻을 수 있다고 기대하는 경우 등이 그러하다. 이와 같이 최대의 효용을 가져올 수 있는 제 특성을 결합한 제품이 소비자가 이상적으로 생각하는 제품이 될 것이다.

다섯째, 소비자는 평가절차를 통하여 특정된 상표에 대하여 일정한 태도(예컨대 판단 혹은 선호)를 지니게 된다는 점이다. 소비자들은 다수의 특성(속성)을 갖고 있는 여러 상표 중에서 어느 하나를 선택하는 데 있어, 각기 상이한 평가절차를 이용하고 있는 것으로 알려져 있다.

어느 소비자가 PC를 구입하고자 할 경우에, 자신의 선택범위를 A, B, C, D의 네 가지 브랜드의 컴퓨터로 좁혔다고 하자. 그는 메모리 용량, 그래픽 용량, 크기와 중량 및 가격이라는 네 가지의 속성에 관심이 있다고 하자. 표 6-4는 각 브랜드별로 네 가지 속성에 대한 소비자의 평가점수를 보인 것이다. 이것은 각 속성에 대한 소비자의 신념을 나타낸다. 만일 어느 한 컴퓨터가 여타 컴퓨터에 비하여 모든 속성에서 압도적인 평가점수를 받고 있다면 문제의 컴퓨터를 선택할 것으로 예측할 수 있다. 그러나 선택대상에 들어가 있는 브랜드들의 매력도는 각기 다르다. 만일 어느 소비자가 메모리 용량이 가장 우수한 것을 원하고 있다면 A를 구매할 것이다. 또 그래픽 능력을 가장 중요시한다면 B를 구매할 것이다.

대부분의 구매자들은 구매결정을 내리는데 여러 가지 속성을 고려한다. 만일 어느 소비자가

표 6-4 4개 컴퓨터의 특성(속성)에 대한 소비자의 신념(평가점수)

컴퓨터 브랜드	속 성(특성)			
	메모리 용량	그래픽 능력	크기와 중량	가격
A	10	8	6	4
B	8	9	8	3
C	6	8	10	5
D	4	3	7	8

주: 각 속성은 0부터 10까지의 점수로 평가. 그러나 가격의 경우에는 점수가 높을수록 싸다는 것을 의미하며 이를 더 선호한다는 것을 나타냄.

네 가지 속성에 대하여 부여하고 있는 가중치(중요도)를 알고 있다면 그가 어떤 컴퓨터를 선택할 것인가를 예측할 수 있을 것이다. 가령 소비자가 메모리 용량에 대하여 40%의 중요도를 부여하고, 그래픽 능력에 대해서는 30%의 중요도를, 크기와 중량에 대해서는 20%의 중요도를, 그리고 가격에 대해서는 10%의 중요도를 각각 부여하였다고 하자. 그가 각 컴퓨터에 대하여 인식하고 있는 가치는 그러한 중요도에다 각 컴퓨터의 속성에 대한 평가점수를 곱하여 합산하면 될 것이다. 각 컴퓨터에 대하여 소비자가 인식하고 있는 가치를 계산하면 다음과 같다;

컴퓨터 A = 0.4(10) + 0.3(8) + 0.2(6) + 0.1(4) = 8.0
컴퓨터 B = 0.4(8) + 0.3(9) + 0.2(8) + 0.1(3) = 7.8
컴퓨터 C = 0.4(6) + 0.3(8) + 0.2(10) + 0.1(5) = 7.3
컴퓨터 D = 0.4(4) + 0.3(3) + 0.2(7) + 0.1(8) = 4.7

이러한 계산방법에 의하면 소비자는 그가 인식하고 있는 가치가 가장 높은 A를 선호할 것이다.

대부분의 컴퓨터 구매자들이 이와 같은 방식으로 특정된 브랜드를 선호하게 된다고 하자. 컴퓨터 제조회사에서는 이러한 사실을 알고 있을 경우에 구매자의 의사결정에 영향을 미칠 수 있는 여러 가지 방법들을 동원할 수 있다. 예컨대 컴퓨터 C를 제조하는 회사에서는 자신의 브랜드에 대한 구매자들의 관심도를 자극하기 위하여 다음과 같은 전략들을 적용할 수 있을 것이다.

- **컴퓨터의 디자인을 바꾼다** : 이러한 기법을 실제적 리포지셔닝(real repositioning)이라고 한다.
- **브랜드에 대한 신념을 변경한다** : 문제의 브랜드에 대한 소비자들의 신념을 바꾸려하는 것을 심리적 리포지셔닝(psychological repositioning)이라고 한다.
- **경쟁자의 브랜드에 대한 신념의 변경** : 이러한 전략을 경쟁적 디포지셔닝(competive depositioning)이라고 하며, 구매자들이 경쟁자의 브랜드가 실제 이상으로 훌륭한 품질을 갖고 있다고 잘못 알고 있을 때 효과적이다.
- **속성의 가중치를 변경한다** : 이것은 구매자들로 하여금 현재의 브랜드가 지니고 있는 우수한 속성에 대하여 더 많은 중요도를 갖도록 설득하는 것이다.
- **잊혀진 속성을 재강조한다** : 이것은 컴퓨터의 처리속도나 스타일과 같은 속성들을 구매자들이 간과하고 있을 때, 이에 대한 관심을 유도하는 것이다.
- **이상적 제품의 위치를 변경한다** : 이것은 구매자들로 하여금 한 개 또는 그 이상의 속성에

대한 이상적인 수준을 바꾸도록 설득하는 것이다.

4. 구매결정

전술한 바와 같이 소비자는 평가단계에서 대체가능한 여러 제품 혹은 상표의 선호순서를 결정할 수 있다. 다음에는 소비자가 가장 선호하는 것을 구매하려는 의도가 형성될 것이다. 그러나 구매의도가 형성된 것과 구매에 관한 의사결정을 내리는 것 사이에는 몇 가지 장애요인이 개재된다(그림 6-6 참조).

그 첫째 요인은 타인의 태도이다. 어느 고등학교 졸업예정자가 B대학을 지망하는데 비하여 그의 아버지는 A대학에 진학하기를 원한다고 하자. 이러한 경우에 그가 B대학을 지원할 확률은 감소할 것이다. 이와 마찬가지로 어느 구매자가 제품에 대해 지니고 있는 선호도는 구매참여자의 간섭으로 말미암아 감소되는데, 감소되는 정도는 ① 구매자가 선호하고 있는 대상물에 대한 타인의 부정적 태도와 그 강도 및 ② 타인의 기대에 부응하려는 구매자의 동기유발에 달려 있다. 따라서 타인의 태도가 부정적일수록, 그리고 그와 가까운 사이일수록 구매자의 구매의도는 감소할 것

그림 6-6 대체안의 평가와 구매결정 사이의 제단계

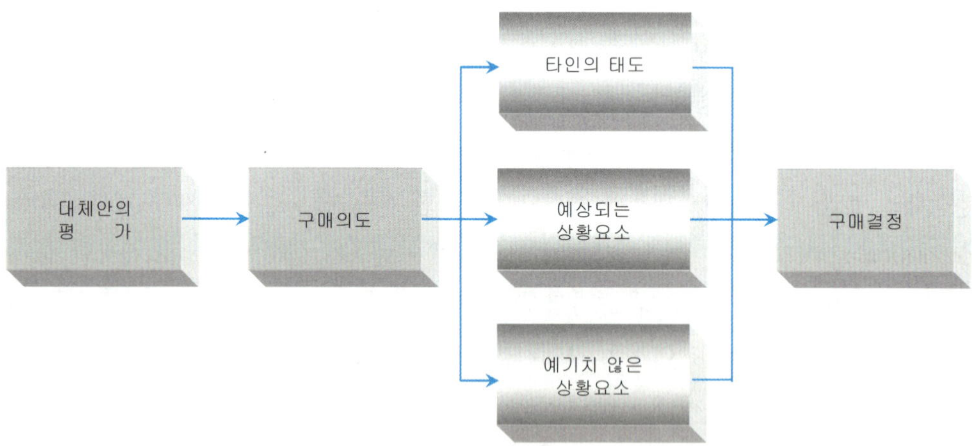

이다.

구매결정은 예기되는 상황요소에 의해서도 영향을 받는다. 즉, 기대소득이나 제품의 기대가격 혹은 그러한 제품을 구입함으로써 얻을 수 있는 기대이익과 같은 요소가 따라 구매결정에 영향을 미친다.

구매자가 구매하려고 할 때 발생하는 예기치 않던 상황요소도 구매결정을 저지시킬 수 있다. 예컨대 그가 바라는 구매조건과 맞지 않을 수가 있으며, 판매원의 외양이나 태도가 마음에 안 들 수가 있다. 구매자가 불시에 실업상태를 맞게 되는 경우도 그러할 것이다.

그러므로 어떤 제품을 선호한다든가 구매할 의도가 있다는 것만으로는 실제로 구매행위로 나타날 것으로 보기는 어려울 것이다. 다만 구매행위로 옮길 방향만을 제시해 줄 뿐이다.

어느 구매자가 구매결정을 수정, 연기 혹은 회피하려는 것은 주로 그가 느끼고 있는 위험(perceived risk) 때문이다. 구매행위를 위험을 감수하는 것으로 이해하는 사람도 많이 있다. 구매자들은 자신들의 구매결정이 실제로 어떻게 이행되고 어떠한 심리적 결과를 가져올 것인가에 관하여 확신을 갖고 있지 못하다. 이러한 불확실성이 불안을 낳게 된다. 구매자가 느끼는 위험은 부(富)의 다과, 불확실성의 정도 및 구매자 자신의 자신감에 따라 다르다. 구매자는 구매결정을 회피하거나, 친구로부터 정보를 수집하거나, 널리 알려진 상표를 선호하는 등의 방법을 통하여 위험을 감소시키려고 한다. 따라서 마케팅 관리자는 소비자의 위험을 불러일으키는 요소들을 파악하여 그러한 위험을 덜어줄 수 있는 정보를 제공하고 지원하여 주어야 할 것이다.

5. 구매후 행동

소비자가 제품을 구매하여 시험해 보거나 사용해 본 후에는 어느 정도의 만족 혹은 불만을 느낄 것이다. 또한 구매자는 이에 따라 어떤 행동을 취할 것으로 생각된다.

1) 구매 후의 만족도

소비자들이 제품을 구매한 후에 느끼는 만족 또는 불만의 정도를 결정하는 요인에 대해서는 크게 두 가지 이론이 있다. 첫째는 **기대-성과 이론**(expectations-performance theory)으로서, 이 이론에 의하면 소비자의 만족도는 소비자가 제품에 대해 갖는 기대와 제품을 구매하여 사용함으로써 느끼는 제품의 성과와 함수관계가 있다고 한다.[8] 즉, 제품이 소비자의 기대와 일치하면 만족하게 되고, 기대보다 크면 소비자는 크게 만족하며, 기대 이하이면 불만을 느낀다는 것이다.

소비자가 제품에 대해 지니게 되는 기대는 판매자나 기타의 의사소통 경로를 통하여 전달되는 메시지나 주장에 따라 형성된다. 판매자가 제품을 과장하여 선전하게 되면, 소비자는 확증할 수 없는 기대를 갖게 되어 이것이 불만을 가져오게 된다. 이러한 불만은 소비자의 기대와 제품의 성과와의 차이가 클수록 더욱 커지게 된다. 제품이 불완전한 경우, 어떤 소비자는 기대와 성과와의 차이를 더욱 확대하여 해석하고 큰 불만을 표시하는가 하면, 소비자에 따라서는 그러한 차이를 극소화하여 불만을 줄이려는 경우도 있다.

이 이론은 소비자에게 만족을 주기 위해서는 판매자가 제품이 실제로 나올 수 있는 성과만을 제시하고 그러한 내용을 소비자에게 전달하여야 한다는 것을 제시하고 있다. 그러나 경우에 따라서는 제품의 성과를 과소평가하여 선전함으로서 소비자들에게 기대했던 것 이상의 만족을 주는 방법도 있을 수 있다.

두 번째 이론은 **인지적 부조화론**(cognitive dissonance theory)이다. 이 이론에 의하면 어떤 소비자이든 구매 후에는 어느 정도의 불쾌감을 갖게 되며, 다만 불쾌감이 어느 정도이고 이에 대해 소비자가 어떠한 행동을 취하게 될 것인가가 문제라는 것이다. 훼스팅거(Leon Festinger)와 브라멜(Dana Bramel)의 말을 인용하여 보자.[9]

> "인간은 두 개 혹은 그 이상의 대체가능한 것 중 어느 하나를 선택하게 되면 불쾌감 혹은 부조화감(dissonance)이 발생하기 마련인데, 그 이유는 그가 내린 의사결정이 유리한 점도 있는 반면, 불리한 점도 있다는 것을 알고 있기 때문이다. 이러한 부조화감은 인간이 의사결정을 내린 후에는 거의 모두 발생하며, 한 걸음 더 나아가 그러한 부조화감을 감소시키려고 부단한 노력을 기울이게 된다."

이러한 부조화감의 크기는 다음과 같은 요소들과 함수관계가 있다. 즉,

① 구매자가 선택하기를 거부하였던 대체방안 또는 대체물이 더 마음에 들수록 부조화감은 커지게 된다.

---

[8] John E. Swan and Linda Jones Combs, "Product Performance and Consumer Satisfaction : A New Concept," *Journal of Marketing Research*, April 1976, pp.25-33.

[9] Leon Festinger and Dana Bramel, "The Reactions of Humans to Cognitive Dissonance," in *Experimental Foundations of Clinical Psychology*, ed. Arthur J. Bachrach(New York : Basic Books, 1962), pp.251-262.

② 그가 내린 결정사항이 중요할수록 부조화감은 커진다.
③ 그가 선택한 대상물에서 부정적인 특성의 수가 많이 발견될수록 부조화감은 커진다.
④ 대체결정을 거부하는 횟수가 많을수록 부조화감도 커지게 된다.
⑤ 대체결정사항이 그가 결정한 사항과 비슷하다고 느낄수록 부조화감은 확대된다.
⑥ 여러 대체방안을 놓고 그가 내린 결정이 최근의 것일수록 부조화감은 커지게 된다. 인간은 누구나 망각이라는 현상을 겪고 있기 때문이다.
⑦ 약한 신념을 반증하려는 결정보다도 강하게 지니고 있던 태도나 신념에 위배되는 결정을 내릴 때 더욱 큰 부조화감이 발생한다.

그러므로 이 이론에 의하면 어느 소비자가 제품을 선택하고 난 후에는 어느 정도의 부조화감을 갖게 될 것이다. 그는 이와 같은 부조화감을 감소시키려고 어떤 행동을 시도할 것이다.

2) 구매후의 행위

소비자가 구매 후에 느끼게 되는 만족도는 차후의 구매행위에 영향을 미칠 것이다. 그가 만족을 느끼게 되면 차후에 동일한 제품을 구매할 확률이 높을 것이다. 또한 만족을 느낀 소비자는 다른 사람에게 자기가 구매한 제품의 장점만을 이야기하게 되는 경향이 있다. 불만을 느낀 소비자의 반응은 각기 다를 것으로 생각된다. 일반적으로 불만을 갖게 되는 소비자는 그러한 불만을 감소시키는 방법을 찾아내려는 노력을 기울인다. 그 이유는 자신이 지니고 있는 의견, 지식 및 가치관들이 조화를 이루고 일관성이 있어야 하며 적합한 것이어야 된다는 동인이 내부에 존재하고 있기 때문이다. 불만을 느낀 소비자의 행동은 두 가지 중 어느 하나로 나타날 것이다. 즉 제품을 버리거나 반환함으로써 부조화감을 감소시키려 하거나, 제품의 가치가 높다는 점을 확인할 수 있는 정보를 찾으려 함으로써 (혹은 그 제품의 가치가 높다는 것을 부정하는 정보를 회피함으로써) 부조화감을 감소시키려 할 것이다.

그러므로 마케팅 관리자는 소비자가 내린 구매결정에 대하여 소비자 스스로가 만족감을 갖도록 적극적인 조치를 취할 필요가 있다. 자동차 회사에서 차를 새로 구입한 사람에게 훌륭한 결정을 내렸다는 찬사를 담은 편지를 보낸다거나, 자동차에 관한 안내서를 보내주는 것은 이러한 이유 때문일 것이다.

이상에서 살펴본 바와 같이 소비자의 구매과정을 이해하는 것은 마케팅 활동을 성공시킬 수 있는 토대가 됨을 알았다. 소비자가 문제를 어떻게 인식하며, 정보탐색, 대체안의 평가, 구매결정 및 구매후의 행위 등의 과정을 어떻게 밟고 있는가를 이해함으로써 소비자의 욕구를 충족시킬 수 있는 방법에 대하여 단서를 얻을 수 있게 된다. 또한 구매참여자들은 어떠한 사람들로 구성되어 있고 이들이 구매행위에 어떠한 영향을 미치고 있는가를 이해함으로써 표적고객을 유치할 수 있는 효율적인 마케팅 프로그램을 개발할 수 있을 것이다.

요 약

마케팅 전략을 수립하기 전에 먼저 시장을 이해하는 일이 중요함은 말할 필요도 없다. 소비자 시장에서는 개인적인 소비를 목적으로 재화와 서비스가 구매된다. 소비자행동은 구매자의 특성과 구매자의 의사결정과정에 따라 영향을 받게 된다. 구매자의 특성으로는 네 가지의 중요 요인, 즉 문화적, 사회적, 개인적 및 심리적 요소로 구성되어 있다.

문화는 한 개인의 욕망과 행동을 결정짓는 가장 기본적인 요인이라고 할 수 있다. 마케팅 담당자들은 소비자들에게 제품과 서비스를 제공할 수 있는 새로운 방안을 모색하기 위하여 문화적인 변동추이를 추적하고자 한다. 하위문화는 문화권 내에서 나름대로 고유의 가치관과 생활양식을 지니고 있는 문화를 지칭한다. 이러한 하위문화는 그 특성에 따라서 표적시장으로 중요한 의미를 지닐 경우가 많다. 사회계층이란 그 구성원들이 직업이나 소득, 교육수준, 재산, 기타 변수들을 토대로 유사한 사회적 신분을 지니고 있는 집단들을 말한다. 문화나 하위문화 또는 사회계층상의 특성이 각기 다른 사람들은 제품과 상표를 선호하는 데 있어서도 서로 다른 점이 많다. 마케팅 담당자들은 그들의 마케팅 프로그램을 수립하는데 특정된 집단들의 특별한 욕구에 초점을 두어 그러한 프로그램을 개발할 것을 원한다.

사회적 요인들도 구매자 행동에 영향을 미친다. 예컨대 준거집단, 가령 가족, 친구, 사회기관 또는 전문적인 협회 등은 특정된 제품과 브랜드를 선택하는데 많은 영향을 미치게 될 경우가 흔히 있다. 각 집단 내에서 사람들이 차지하는 위치는 역할과 사회적 지위로 정의할 수 있다. 한 구매자가 어떤 제품이나 상표를 선택하는 데는 그의 역할과 사회적 지위를 반영하는 경우가 흔히 있다.

구매자의 연령, 생활주기, 직업, 종교, 생활양식, 개성 및 기타 개인적인 특성들도 그의 구매결정에 영향을 미치게 된다. 예컨대 젊은 층의 소비자들은 나이가 많은 소비자들에 비하여 그들의 욕구와 욕망에 있어 차이가 있고, 젊은 신혼부부는 노년부부와 비해서 욕구하는 바가 크게 다르다. 또한 고소득층의 구매습관은 저소득층의 구매습관과 많은 차이가 있을 수 있다. 소비자들의 생활양식도 구매자들의 선택에 중요한 영향을 미치는 요인이다.

마지막으로 소비자들의 구매행동에 영향을 미치는 네 가지 주요 심리적 요인으로는 동기유발, 지각, 학습 및 태도가 있다. 이러한 요인들은 특히 구매자들의 블랙박스가 어떻게 작용하는가를 이해하는데 각기 상이한 관점을 제공하고 있다.

구매자들은 제품을 구매할 때 하나의 의사결정과정을 밟게 되는 것이 보통인데, 이러한 의사결정과정은 문제의 인식, 정보탐색, 대체안의 평가, 구매결정 및 구매후 행동으로 구성되어 있다. 마케팅 담당자들은 구매자들의 이러한 구매의사결정과정에서 각 단계를 충분히 이해할 수 있어야 하고 그것들이 어떠한 영향을 미치는가를 알 수 있어야 한다. 그렇게 함으로써 표적시장에 대한 효율적 마케팅 프로그램을 개발할 수 있다.

연습문제

1… 소비자행동을 보다 더 완전하게 이해하려면 본문의 그림 6-2 에 표시된 것과 같은 것 외에도 어떠한 요인들을 추가로 이해하여야 할 필요가 있겠는가?

2… 커피 제품은 일반적으로 유리로 된 용기로 판매되는 것이 보통이었으나 근래에 이르러 딱딱한 원통형 종이 용기로 포장되어 판매되는 경우가 발생하고 있다. 이와 같이 포장에 있어서 새로운 혁신이 발생하였을 때 본문의 그림 6-2에 나타나 있는 각각의 요인들은 이러한 포장 혁신에 있어 각각 어떠한 긍정적 영향과 부정적 영향을 미치게 될 것인가?

3… 직업이나 소득수준, 교육수준, 기타 생활양식 등의 변천에 따라서 구입제품이 각기 다른 경우를 예를 들어 설명하여 보라.

4… 청량음료수를 위한 광고계획을 수립하는데 소비자들의 인구통계적 특성과 이들의 생활양식 중 어느 정보가 더 유용할 것인가? 또 각 정보의 유형을 어떻게 이용할 것인가를 설명하여 보라.

5… 어떤 동기유발 조사에서 면도를 하는 것이 남성에게는 남성의 특성을 손상시키는 것이라는 보고가 있었고, 이것은 특히 면도 후에 통증을 느낀다는 것을 강조하는 광고를 보여줌으로써 그러한 인식을 심어줄 수가 있다고 한다. 이러한 생각은 의미가 있는가? 만일 그렇다면 마케팅 담당자의 입장에서는 시사하는 바가 무엇인가?

6… 매슬로우의 욕구단계설에 따라 과자, 무기 및 대학진학 등의 세 가지 상품들은 소비자에 대해서 어떠한 욕구를 충족시키고자 하는가를 설명하여 보라.

7… 마케팅에서 지각의 개념이 중요한 이유는 무엇인가를 설명하여 보라.

8… 마케팅 전략을 수립하는데 태도를 이해한다는 것은 어떻게 도움이 될 수 있는가? 예를 들어 보라.

9… 귀하가 최근에 구입한 제품 가운데서 구매의사결정과정을 밟은 경우를 구체적으로 설

명하여 보라.

10. 귀하가 극장에 갈 계획을 한다고 할 때, 어떤 영화를 관람할 것인가를 결정하고자 하는데 어떤 정보원천을 이용하게 되었는가? 그리고 영화구경을 갈 것인가, 또는 비디오테이프로 대신할 것인가를 결정하는데 동일한 정보원천을 이용하고 있는가?

제7장

사업자 시장과 구매행동

우리는 앞장에서 소비자 개인이 그의 욕구를 충족시켜 줄 제품과 서비스를 구매하는 행위를 살펴보았다. 소비자 시장은 그 규모가 크고 다양하며 지역적으로 분산되어 있을 경우가 많다. 또한 정도의 차이가 있을지 모르나 누구나 구매의사결정과정을 경험할 것으로 생각되기 때문에 소비자 시장에서의 구매행위를 이해할 수 있다. 그러나 소비자 시장보다 규모가 더 크고 사람들에게는 보통 거의 알려져 있지 않은 또 하나의 시장이 있다. 그것을 **산업재 시장**(industrial market)이라고 하며 근래에는 **사업자 시장**(business market)이라는 용어로 사용될 경우가 많다. 사업자 시장은 타인에게 판매하거나 임대하기 위하여 제품과 서비스를 생산하는 모든 개인과 조직으로 구성되며 이들은 그러한 제품과 서비스를 생산하기 위하여 필요한 자원을 구매한다. 본 장에서는 일반사람들에게는 물론 마케팅 분야(특히 소비자 시장만을 대상으로 관심을 갖는 경우)에 종사하는 사람들에게도 잘 알려져 있지 않은 이러한 사업자 시장의 성격과 의미 및 구매자들의 행위를 살펴보기로 한다.

제1절 사업자 시장의 특성과 구매행동 모델

1. 사업자 시장의 특성

사업자 시장은 소비자 시장에서 찾아볼 수 없는 특수한 성격을 지니고 있다. 즉,

① 사업자 시장에서의 구매자들은 개인적인 소비나 효용을 위하여 구매하는 것이 아니라 생산, 판매 또는 서비스 제공의 목적으로 구매한다.

② 구매를 결정하는데 다수의 사람들이 참여하는 것이 보통이다. 그러한 의사결정의 참여자들은 조직 내에서 상이한 책임을 맡고 있고, 따라서 구매결정에 대한 판단기준도 각기 다르다.

③ 구매결정은 조직상의 정책, 제한 및 요구사항을 고려하지 않으면 안 된다.

④ 소비자 시장에서 볼 수 없는 구매제안, 구매계약 등과 같은 절차가 필요하다.

이러한 사업자 시장은 소비자 시장보다 구매액이 훨씬 크다. 구두 한 켤레가 나오는 데에도 원피 공급업자가 원피 가공업자에게 판매하고, 원피 가공업자는 그것을 가공하여 가죽을 만들어 구두 제조업자에게, 구두 제조업자는 다시 도매상이나 소매상에게 판매하는 과정을 거치게 된다. 따라서 생산과 유통과정에서 거래 당사자가 구매하는 액수는 최종 소비단계에 도달할 때까지 점차 증가한다.

사업자 시장을 구성하고 있는 산업형태에는 다음과 같은 것이 있다.

① 농업, 임업, 수산업

② 광업

③ 건설업

④ 제조업

⑤ 수송, 통신업 및 기타 공공사업

⑥ 도매업

⑦ 소매업

⑧ 금융, 보험 및 부동산업

⑨ 서비스업

⑩ 정부

따라서 이러한 산업분류에 의하면 도매상이나 소매상도 하나의 고객으로 볼 수 있으며 정부도 마찬가지이다. 학자에 따라서는 이러한 산업시장을 달리 정의하기도 한다. 코틀러(Philip Kotler)는 소비자 시장을 제외한 모든 시장에서의 구매단위가 사업자 시장을 구성하고 있다고 보고 생산자

시장(producer market), 재판매자 시장(reseller market), 정부시장(government market)으로 구분하고 있다.[1] 또한 사업자 시장을 생산자 시장과 동일한 의미로 해석할 경우도 있다.

사업자 시장을 이와 같이 세 가지로 분류하여 각각의 구매동기, 구매행동 및 역할을 이해하는 방법도 물론 도움이 되겠지만, 본 장에서는 사업자 시장을 이러한 세 가지 시장을 포함하는 넓은 의미로 사용하고자 한다.

사업자 시장이 소비자 시장과 뚜렷이 구별되는 몇 가지 특성을 보면 다음과 같다.

1) 소수의 구매자

사업자 시장에서는 소비자 시장보다 구매자의 수가 적을 경우가 많다. 예컨대 타이어 제조회사가 제품을 공급하는 자동차 회사는 그리 많지 않을 것이다.

2) 대규모 구매

다수의 기업으로 구성되어 있는 사업자 시장에서도 소수의 기업이 대규모로 구매하는 경우가 많다. 특히 독점 내지 과점인 경우에 더욱 그러하다.

3) 구매자의 지역적 편재

대부분의 기업이 여러 가지 입지조건으로 인하여 지역적으로 집중되어 있는 것이 보통이다.

4) 유발수요(derived demand)

산업용 제품의 수요는 궁극적으로 소비제품의 수요로부터 유발된다. 따라서 소비제품의 수요가 감소하면 산업용 제품의 수요도 감소하게 된다.

5) 수요의 비탄력성

산업용 제품의 전체 수요는 가격변화에 커다란 영향을 받지 않는다. 구두를 제조하는 회사에서 가죽이 제조원가에서 차지하는 비중이 크지 않거나 구두 가격이 대폭 오르거나 구두에 대한 수요가 크게 증가하지 않는 한, 더 많은 가죽을 구매하지 않을 것이다. 또한 가죽을 절약할 수 있거나

---

[1] Philip Kotler and Gary Armstrong, *Marketing An Introduction*, 2nd ed.(Prentice Hall, Inc., Englewood Cliffs, new Jersey, 1990) p.177.

대체원료가 발견되지 않는 한, 가격이 상승하였다고 하여 구매를 감축하지는 않을 것이다. 수요는 특히 단기간에는 비탄력적이라고 할 수 있는데, 그것은 단기에 생산방식을 크게 바꿀 수 없기 때문이다. 제조원가에서 차지하는 비중이 크지 않은 산업용품의 수요도 비탄력적일 것이다. 예컨대 구두에 사용되는 장식용 쇠붙이들의 가격이 올랐다고 하여 구두 수요에 커다란 영향을 미치지는 못할 것이다.

6) 수요의 대폭변동

산업용 제품에 대한 수요는 소비제품의 수요보다 변동이 심한 경향이 있다. 공장에 기계를 설치하는 경우에 금속과 같은 원료의 수요에 큰 변동을 가져오는 것이 그러한 예이다. 소비제품의 수요가 조금만 변하여도 산업용 제품의 수요에 커다란 변화를 가져오게 되는데(경제학에서는 이것을 **가속도 원리**(accelerator principle)라고 한다) 이러한 현상으로 말미암아 산업 마케팅에 종사하는 사람들은 그들의 제품을 다양화하려고 한다.

7) 전문적 구매

산업용품은 전문가들에 의하여 구입되는 것이 보통이다. 또한 구매과정이 복잡할수록 구매의사결정에 참여하는 사람의 수가 많게 된다. 구매하는데 광고나 판매촉진, 기타 홍보활동 등이 커다란 역할을 하지만 개인적인 활동이 주류를 이룰 경우가 많다.

8) 기타의 특성

산업용품 구매자들은 중간상을 경유하지 않고 생산자로부터 직접 구매하는 경우가 더 많은 반면, 일반 소비자들은 중간상을 통하여 구매하는 경우가 많다. 또한 산업용품 구매자들은 원료공급자들을 그들의 제품을 구매하는 구매대상자로 선택하기도 한다. 그러나 이러한 상호구매관습은 공정한 거래를 해칠 우려가 있다. 한편, 이들은 필요한 제품이나 원료를 구매하는 것보다는 임대하는 방법을 택하는 경향이 점차 증가하고 있다. 특히 컴퓨터, 건설중장비, 트럭 등 고가품인 경우에 많이 이용하고 있다. 임대방식의 이점은 제품을 임대하는데 필요한 자금압박이 적고, 최신의 제품을 얻을 수 있으며, 애프터서비스가 좋고, 세금면에서도 혜택을 받을 수 있다는 점이다.

2. 사업자 구매행동 모델

사업자 구매행동을 이해하려면 다음과 같은 문제들에 대한 답을 구하여야 된다. 즉, 사업자 구매자들은 어떠한 종류의 구매의사결정을 내리고 있는가? 그들은 공급자들 중에서 누구를 어떠한 방법으로 선택하고 있는가? 누가 의사결정을 내리고 있는가? 또한 조직 내에서 구매의사결정과정은 어떻게 이루어지고 있는가? 그리고 구매의사결정에 영향을 미치는 요인들은 무엇인가?

마케팅 관리자는 우선 일차적으로 산업재 구매자들이 여러 유형의 마케팅 자극물에 대해서 어떻게 반응하고 있는가를 알고자 한다. 그림 7-1은 사업자 구매행동의 가장 단순한 모델을 예시한 것이다. 그림에서 알 수 있는 바와 같이, 마케팅 및 여타의 자극물들이 조직에 영향을 미치고 이것이 구매자들의 반응에 어떤 결과를 초래하게 된다. 소비재 구매의 경우와 마찬가지로 산업재 구매에 있어서도 마케팅 자극물은 4P, 즉 제품, 가격, 유통경로 및 촉진으로 구성되어 있다. 기타의 자극물들은 주요 환경요인, 즉 경제적, 기술적, 정치적, 문화적 및 경쟁적 요인들로 구성되어 있다. 이러한 모든 자극물들이 조직에 개입되어 그것이 구매자들의 반응으로 전환된다. 즉, 제품 또는

그림 7-1 사업자 구매행동의 일반 모델

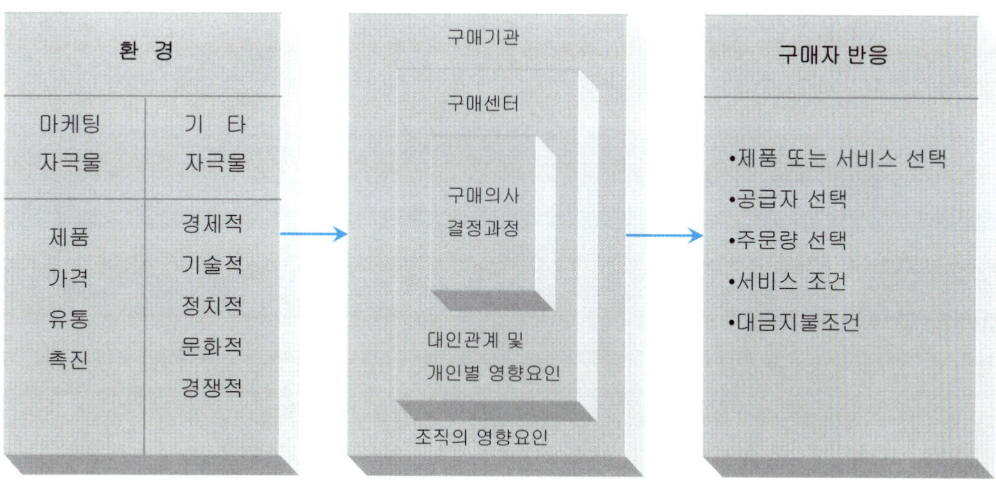

서비스의 선택, 공급자의 선택, 주문량의 결정, 배달 및 서비스, 그리고 대금 지불조건에 관한 결정 등이 확정된다. 적절한 마케팅 믹스 전략을 설계하려면 마케팅 관리자는 모든 자극물들이 구매반응으로 전환되기 위하여 구매기관 내에서 어떠한 일이 발생하고 있는가를 충분히 이해하고 있지 않으면 안 된다.

사업자 구매기관 내에서의 구매활동은 두 가지 부분으로 구성되어 있다. 즉, 구매센터(buying center)(이것은 구매의사결정과 관련되는 모든 당사자들로 구성된다)와 구매의사결정과정이다. 그림 7-1을 보면 구매센터와 구매의사결정과정은 판매자의 마케팅 활동과 외부환경요인 뿐만 아니라 조직 내부요소, 즉 조직 내부를 구성하고 있는 사람들과의 관계와 조직 구성원의 개인적인 요소에 따라서 영향을 받고 있음을 보여주고 있다.

이제 사업자 구매행동 모델을 토대로 하여 구매행동에 영향을 미치는 여러 가지 요인들이 어떻게 작용하고 있는가를 살펴보기로 하자.

제2절 구매상황의 유형과 구매참여자

일반 소비자와 마찬가지로 산업용품 구매자들도 단 하나의 구매결정을 내리는 것이 아니라 선택가능한 여러 가지 결정사항을 고려하여 그 중에서 선택하게 되는 것이 보통이다. 그러한 대체결정의 수는 구매상황의 유형에 달려 있는 바, 구매상황에는 어떠한 것이 있는가를 살펴보자.

1. 구매상황의 주요 유형

사업자 시장에서의 구매상황은 크게 세 가지 유형으로 구분할 수 있는데, 이것을 구매종류(buy class)라고 한다.[2]

이러한 구매상황의 유형은 전장에서 언급한 바와 같은 일상적 반복구매행위, 문제해결을 위한 부분적 노력, 문제해결을 위한 광범위한 노력과 같은 소비제품의 구매상황과 유사하다. 이러한 구매상황의 유형은 그림 7-2에 예시되어 있는 바, 그 내용을 구체적으로 살펴보면 다음과 같다.

---

[2] Patrick J. Robinson, Charles W. Faris, and Yoram Wind, *Industrial Buying Behavior and Creative Marketing* (Boston ; Allyn & Bacon 1967) ; and Erin Anderson, Weyien Chu, and Barton Weitz, "Industria Purchasing : An Empirical Exploration of the Buy Class Framework," *Journal of Marketing*, July 1987, pp.71-86.

그림 7-2 사업자 구매상황의 세 가지 유형

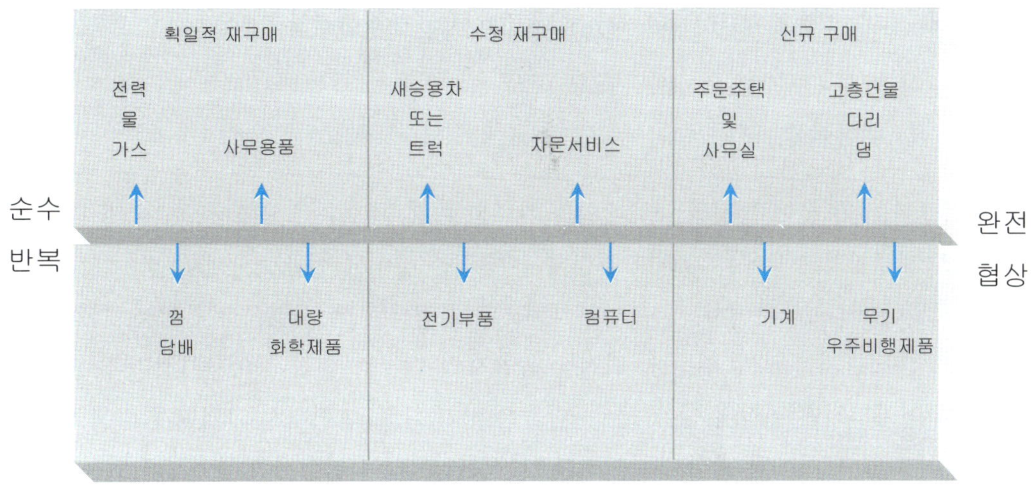

1) 획일적 재구매(straight rebuy)

종전의 구매방식을 답습하여 반복하여 주문하게 되는 단순한 구매유형을 말한다. 이러한 일상적인 구매는 조직 내에서 구매담당자가 수행하는 것이 보통이다. 구매자는 그가 이미 알고 있는 공급자 명단에서 선택하고 과거의 구매경험이 있는 공급자에 더 비중을 둔다. 신규로 공급자가 되려는 사람은 공급하려는 제품이나 서비스의 질을 높이려 할 것이고 적기에 공급하기 위하여 자동적으로 재주문하는 방안을 제시하기도 할 것이다. 구매자의 고려 대상에서 제외된 공급자들도 이와 유사한 노력을 기울이게 된다.

2) 수정 재구매(modified rebuy)

제품을 구매할 때 구매자가 제품의 명세, 가격 및 기타의 조건이나 공급자를 변경하려는 사항을 말한다. 이러한 경우에는 구매결정에 참여하는 사람의 수가 많아지게 된다.

3) 신규 구매(new task)

처음으로 구매를 시작하는 경우이다. 구매비용이나 위험이 클수록 구매결정에 참여하는 사람의 수는 많아지고 더 많은 정보를 필요로 한다. 처음으로 구매하는 경우에 기업에 미치는 영향이 크므로 판매자들은 특별판매단(missionary sales force)을 조직하기도 한다.

2. 부차적 결정사항

앞서 언급한 바와 같이 특정의 구매계획과 관련되는 결정의 수는 구매상황에 따라 다르다. 예컨대 획일적 재구매의 경우에는 그러한 결정의 수가 적을 것이고 신규로 구매할 경우에는 더 많을 것으로 생각된다. 신규로 구매하는 경우, 부차적으로 결정해야 될 사항은 제품명세, 가격, 인도조건과 시기, 서비스, 지불조건, 주문량, 적절한 공급자의 발굴과 선정 등이 될 것이다. 이와 같은 사항들에 대한 개별적인 결정에 참여하는 사람들은 각기 다르고, 따라서 그러한 결정에 의한 주문도 달라질 수가 있다. 마케팅 관리자는 이러한 모든 결정사항이 어떻게 이루어지고 있는가를 파악하여 적절한 해결책을 제시할 수 있어야 한다. 예컨대 어느 기업에서 비료공장을 설립하려는 경우를 보자. 건설에 필요한 모든 자원을 구매하는 것을 비롯하여 건축 설계자, 기술자, 납품업자 및 법률상담인 등을 고용하는 문제를 단독으로 결정할 수는 없을 것이다. 또 하나의 극단적인 방법은 비료공장을 처음부터 끝까지 완성할 수 있는 기업을 선정하기도 한다. 후자의 방법을 **턴키 방식**(turnkey operation)이라고 한다. 공사를 맡기로 한 기업의 입장에서 볼 때에는 하나의 시스템을 판매하는 것이라 할 수 있다. 이러한 **시스템 판매**(system selling)는 고객을 유치하고 유지하는데 중요한 사업자 마케팅 전략 중의 하나이다.

3. 구매결정에의 참여자

사업자 시장에서 필요한 제품과 서비스를 구매하는 기관은 중소기업이나 대기업에 따라 여러 가지 형태가 있다. 한 기업의 내부에서도 구매담당 이사가 모든 구매결정을 내리기도 하고, 공급자만을 선정한다든가, 단순히 주문만을 받는 등 권한과 책임의 범위가 각기 다르다.

하나의 구매조직에서 의사결정을 내리는 단위를 **구매센터**(buying center)라고 하는 바, 이러한 구매센터에는 '예상되는 위험을 분담하기 위하여 공동의 목표를 설정하고 공동의 의사결정을 내리는데 참여하는 모든 개인과 집단'이라고 정의되고 있다.[3]

이러한 구매센터는 구매결정과정에서 각각 상이한 역할을 하고 있는 사람들로 구성되어 있는데, 다음과 같이 분리할 수 있다.

1) 사용자

구매한 제품이나 서비스를 직접 사용하는 사람을 말한다. 사용자가 구매계획을 제시하거나 구매명세를 결정하는데 중요한 역할을 하는 경우가 많다.

2) 설득자

조직의 외부나 내부에서 직접적으로나 혹은 간접적으로 구매결정에 영향을 미치는 사람들이다. 이들은 때때로 구매명세서를 제시하기도 하고 대체방안을 평가하는데 필요한 정보를 제공하기도 한다. 기술부문에 종사하는 사람들이 이러한 역할을 하는 경우가 많다.

3) 구매자

조직 내에서 최종적으로 공급자를 선정하거나 구매조건을 다룰 수 있는 공식적 내지 비공식적 권한을 가진 사람을 말한다. 이들이 구매제품명세를 작성하기도 하지만 주요 임무는 공급자를 선정하고 주어진 범위 내에서 협상하는 것이다.

4) 결정권자

공급자를 최종적으로 선정하거나 승인할 수 있는 공식적 내지 비공식적인 권한을 보유하고 있는 사람을 말한다. 일상적으로 반복하여 구매하는 경우에는 구매자가 곧 결정권자인 경우가 많다. 그러나 복잡한 구매절차가 필요한 경우에는 기업 내에서 고위층이 결정권자가 되는 때가 많을 것이다.

5) 감독자

구매에 관한 정보의 흐름을 통제하는 사람이다. 예컨대 판매원이 사용자나 결정권자를 만나지 못하게 하는 경우가 있을 수 있다.

---

[3] Webster and Wind, *Organizational Buying Behavior*, p.6. Bonoma, "Major Sales," ; and Donald W. Jackson, Jr., Janet E. Keith, and Richard K. Burdick, "Purcasing Agents' Perceptions of Industrial Buying Center Influence : A Situational Approach," *Journal of Marketing*, Fall 1984, pp.75-83.

조직 내의 구매센터에서는 제품의 종류와 취급 규모에 따라서 구매결정에의 참여자가 각기 다르다. 학용품을 구매하는 경우보다 컴퓨터를 구매하는 경우에 더 많은 사람들이 의사결정에 참여할 것으로 생각되는 것이다. 따라서 산업 마케팅에 종사하는 사람들은 구매결정에 참여하는 주요 인물이 누구이며, 그의 영향력이 어느 정도이고, 그의 평가기준이 무엇인가를 알아야 할 필요가 있다.

제3절 구매에 영향을 미치는 제요소

산업재 구매자들은 구매결정을 내리는데 여러 가지 요소에 의하여 영향을 받게 되는데 산업 마케팅에 종사하는 사람들은 그러한 요소들을 이해해야 할 필요가 있다. 일반적으로 산업재 구매자들을 경제적인 목표를 추구하는 이성적인 구매자로 보는 경우가 많다. 즉, 이들은 최저의 가격을 제시하거나, 최고의 제품을 제공하거나, 상호구매를 제의하거나, 혹은 이와 같은 조건들을 모두 받아들일 수 있는 공급자에게 유리한 결정을 내리는 것으로 본다. 그러므로 산업 마케팅 종사자는 이러한 구매자들에게 경제적인 가치 내지 효율을 강조할 필요가 있다. 그러나 구매과정에서 개인적인 동기가 중요한 역할을 한다고 주장하는 사람도 있다. 예컨대 개인적인 친분관계를 갖고 행동하거나, 자신의 공을 내세우려 한다거나, 위험을 회피하려고 하는 구매자의 경우가 그러하다.

1. 개인의 목표와 조직의 목표

구매자가 기업의 목표를 달성할 수 있도록 경제적인 동기를 갖고 이성적으로 행동하는 것이 물론 바람직하다. 그러나 모든 구매자가 이성적으로 행동하지는 않으며 자신의 이익을 위하여 행동하기도 한다. 그러므로 산업재 구매자들은 두 가지 목표를 갖게 된다. 즉, 조직의 이익을 증진시키는 것과 아울러 조직 내에서의 자신의 위치를 강화하려는 것이다.

이러한 두 가지 목표는 상호 일치하기도 하지만 상충되는 경우도 많다. 그림 7-3은 이러한 개인의 목표와 조직의 목표가 일치하는 정도를 나타낸 것이다. 그림에서 알 수 있는 바와 같이 A는 개인적인 목표와 조직의 목표가 많이 일치하고 있고, B는 거의 일치하고 있지 않으며, C는 어느 정도 일치하고 있다.

그림 7-3 개인과 조직간의 목표일치정도

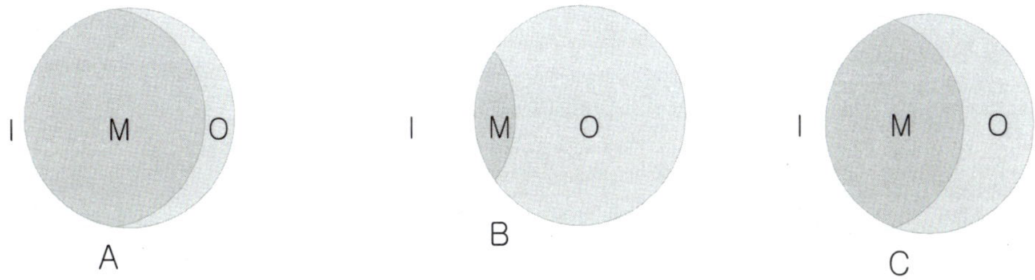

주: I : 개인의 목표
O : 조직의 목표
M : 개인과 조직의 목표중복

A와 같은 상황에 있는 기업에 있어서는 구매담당자들에게 그들의 구매활동이 기업의 목표달성에 많은 공헌을 하고 있다는 이성적 설득이 유효할 것이다. 구매결정의 책임을 맡고 있는 사람이 자신의 개인적인 목표를 달성하는 가장 훌륭한 방법은 조직의 목표를 달성하는 데 있다는 점을 깨닫게 될 때 더욱 그러할 것이다. 그러므로 이러한 기업에 대한 촉진활동은 구매자 자신이나 기업의 목표가 모두 적합하다는 점을 강조하는 내용이어야 한다. B의 경우는 구매하는 기업의 입장에서 보면 소망스럽지 못하다. 이러한 기업에 대한 촉진활동은 조직의 목표를 희생하고라도 구매자 개인의 목표를 달성할 수 있다는 점을 자극할 필요가 있다. C의 경우는 개인의 목표와 조직의 목표가 비교적 균형을 이루고 있다. 이러한 기업에 대하여는 이성적인 설득과 아울러 구매자 자신의 개인적인 목표도 부수적으로 달성할 수 있다는 점을 자극하여야 할 것이다.

그러나 개인의 목표와 조직의 목표가 어느 정도로 일치하고 있는가의 문제는 자의적인 경우가 많다. 그와 같은 목표의 일치 정도는 구매되는 제품과 조직의 유형, 구매자가 목표를 추구하고자 하는 욕구의 정도에 따라 각기 다를 수가 있다.

2. 구매에 영향을 미치는 제요소

산업재 구매에 영향을 미치는 요소는 구매자 자신의 개인적인 동기뿐만 아니다. 그 외에도 외

그림 7-4 산업용품 구매자에 영향을 미치는 제요소

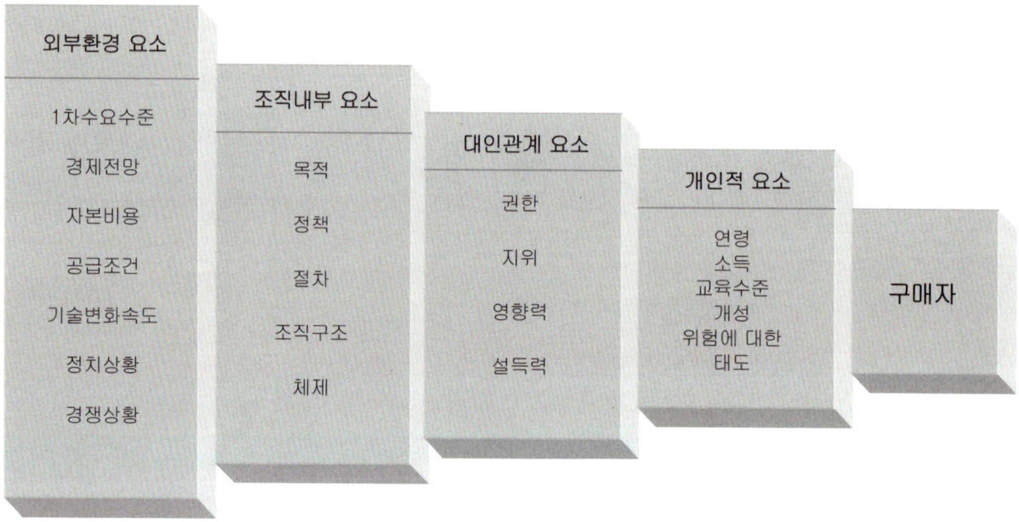

부환경 요소, 조직내부 요소, 대인관계 요소, 그리고 개인적인 요소 등이 영향을 미치게 된다. 그림 7-4는 이러한 요소들을 구체적으로 예시한 것이다. 이제 그 내용을 살펴보기로 하자.[4]

1) 외부환경 요소

산업재의 구매에 영향을 미칠 외적인 요소로서 거시적인 외부환경, 대중, 마케팅 경로 등을 말한다. 예컨대 수요수준, 경제전망, 이자율, 기술변화, 정부의 규제 및 경쟁상태 등은 구매결정에 커다란 영향을 미칠 것으로 생각된다. 이러한 외부환경 요소는 구매자나 판매자에게 다같이 통제할 수 없는 요소로서 주어진 상황으로 간주하여야 한다. 근래에 이르러 이러한 외부환경 요소가 중요성을 갖게 된 것은 주로 자원부족이라는 현상에서 비롯되었다. 희소한 자원의 재고를 늘리려 하고 그런 자원을 안정적으로 공급받기 위하여 장기계약을 체결하는 경향도 증가하고 있다.

[4] Frederick E. Webster, Jr. and yoram Wind, *Organizational Buying Behavior* (Englewood Cliffs, N. J : Prentice Hall, 1972), pp.33-37.

2) 조직내부 요소

산업 마케팅에 종사하고 있는 사람들은 그들이 목표하고 있는 기업의 구매활동이 내부적으로 어떻게 변화하고 있는가를 파악할 필요가 있다.

(1) 구매부의 지위향상

구매부는 기업에서 총비용의 상당한 부분을 다루는 책임이 있는데도 불구하고 경영계층상 하위를 점하고 있을 경우가 많다. 그러나 근래에 이르러 지속적인 물가상승과 자원파동으로 인하여 구매부의 중요성을 인식하게 되고, 따라서 그 지위를 격상하는 기업이 증가하고 있다. 그러므로 이러한 기업을 상대하고 있는 산업 마케팅 관리자는 이에 상응하여 판매원의 지위를 격상하여야 할 것이다.

(2) 구매의 집중화

대기업의 경우 자(子)회사들이 독자적으로 구매활동을 하는 경우가 많았으나 근래에 이르러 구매기능을 집중화하는 경향이 늘고 있다. 즉, 모(母)회사는 자회사가 필요로 하는 원료나 자재를 파악하여 집중적으로 구매하는 것이다. 자회사들이 독자적으로 원료를 구매하는 경우가 유리할 수도 있으나 집중적으로 구매를 하면 상당한 절약효과를 가져온다는 사실을 발견할 수 있다. 산업 마케팅 관리자의 입장에서 보면 거래할 구매자의 수가 적게 되고, 보다 고위층의 구매 담당자들과 상대하여야 됨을 뜻한다.

(3) 장기계약

상술한 바와 같이 산업재 구매자들은 공급자와 장기계약을 맺고 안정적인 공급을 받으려는 경향이 늘고 있다. 이러한 장기계약을 체결하려면 고도의 협상기술이 필요하여 이에 적합한 전문가를 고용할 필요도 있게 된다. 따라서 산업 마케팅 관리자는 이에 대응하여 전문적인 협상자를 선정하여야 할 경우가 있다.

(4) 구매성과에 대한 보상

구매성과가 좋은 담당자들에게 보상하는 제도를 마련하는 기업도 있다. 이러한 제도는 구매담당자로 하여금 더욱 유리한 조건으로 구매할 수 있도록 하는 자극제가 된다.

3) 대인관계 요소

사업용 제품의 구매는 공식적인 조직특성의 범위를 벗어나 내부의 인간관계에 따라서도 크게 영향을 받는다. 구매센터는 지위, 권한, 영향력 등이 각기 상이한 사람들로 구성되어 있기 때문에 산업 마케팅 관리자가 이들의 인간관계가 상호간에 어떻게 작용하고 있는가를 알려면 상당한 노력이 필요하다.

4) 개인적 요소

어느 개인이 구매의사결정에 참여하는 경우, 해당 품목의 특성에 대하여 선호의 감정을 갖게 되고 공급자의 제의에 대하여 일정한 인식 내지 태도를 갖게 되기 때문에 개인적인 요소도 중요하다. 더구나 연령, 소득, 교육수준, 개성, 위험에 대한 태도 등도 그러한 인식이나 태도에 영향을 미친다. 그러므로 산업 마케팅 관리자는 외부환경, 조직내부 및 대인관계 요소뿐 아니라 개인의 특성도 알아야 할 필요가 있다.

제4절 구매과정

산업재 시장에서의 구매과정은 소비자 시장에서와 마찬가지로 문제의 인식, 정보의 탐색, 대체안의 평가, 구매결정 그리고 구매 후의 행위 등 다섯 단계로 구분할 수가 있다. 그러나 사업자 시장에서의 구매과정은 소비자 시장에서 볼 수 없는 몇 가지 특징이 있다. 로빈슨과 몇 명의 학자들은 사업용 제품의 구매과정을 여덟 단계로 분리하여 설명하고 있는 바, 이것을 **구매단계**(buyphases)라고 부른다(표 7-1 참조). 이러한 여덟 단계는 문제의 인식, 일반적인 필요성 기술, 제품명세 작성, 공급자 탐색, 공급계획서의 제출 여부, 공급자 선택, 주문경로명세 작성, 실적평가라는 과정으로 이어진다.

1. 문제의 인식

구매과정은 기업 내에서 누군가 자원을 구매함으로써 해결해야 될 문제 또는 필요를 인식하는 것으로부터 출발한다. 문제의 인식은 내부뿐 아니라 외부의 자극에 의해서도 발생한다. 내부적으

표 7-1 구매상황과 관련된 산업재 구매과정의 주요단계

구매단계	구매상황		
	신규 구매	수정 재구매	획일적 재구매
1. 문제의 인식	필요함	필요할 수도 있음	필요 없음
2. 일반적인 필요성 기술	필요함	필요할 수도 있음	필요 없음
3. 제품명세 작성	필요함	필 요 함	필 요 함
4. 공급자 탐색	필요함	필요할 수도 있음	필요 없음
5. 공급계획서의 제출여부	필요함	필요할 수도 있음	필요 없음
6. 공급자 선택	필요함	필요할 수도 있음	필요 없음
7. 주요경로명세 작성	필요함	필요할 수도 있음	필요 없음
8. 실적평가	필요함	필 요 함	필 요 함

자료원 : Patrick J. Robinson, Charles W. Faris, and Yoram Wind, *Industrial Buying and Creative Marketing*(boston : Allyn & Bacon, 1967), p.14.

로 문제를 인식하게 되는 공통적인 사항들은 다음과 같다.

- 기업이 신제품을 생산할 것을 결정하고 이에 필요한 설비와 자원이 필요할 때
- 기세의 작동 중단과 부품을 대체할 필요가 있을 때
- 구입한 원료가 만족스럽지 못하여 새로운 공급자를 찾는 문제가 발생할 때
- 구매 담당자가 더 유리한 가격과 품질의 것을 확보할 수 있는 기회를 포착할 때 등

한편 외부로부터 문제를 인식하게 되는 경우는 산업재 박람회에 참관하거나, 광고를 보는 경우, 혹은 더 좋은 제품과 싼 가격을 제시하는 판매원을 접촉하게 되는 경우 등일 것이다. 산업 마케팅 관리자는 구매자들이 연락할 때까지 기다려서는 안 되며, 보다 유리한 조건을 제시할 경우에 촉진활동도 전개하고 방문도 해야 할 것이다.

2. 일반적인 필요성 기술

구매자가 구매의 필요성을 인식하게 되면 필요한 품목의 일반적인 특성과 수량을 결정하여야 할 것이다. 표준품(또는 규격품)의 경우에는 그다지 문제가 되지 않으나, 복잡한 품목인 경우에 구매자는 품목의 일반적인 특성을 알기 위하여 기업 내의 관계자와 공동으로 노력할 것이다. 제품에 요구되는 신뢰도, 견고성, 가격 및 기타의 특성에 따라 그 중요성의 순위도 결정하고자 할 것이

다. 구매자가 이 단계에서 각각의 특성이 어떠한 가치를 갖고 있는가를 확신하지 못할 경우가 있으므로 산업 마케팅 관리자는 구매자에게 도움을 주어야 할 필요가 있다.

3. 제품명세 작성

구매자는 이 단계에서 구매대상품목의 기술적인 명세를 밝히려고 한다. 여기에서 흔히 이용되는 방법으로 **가치분석**(value analysis)이 있다. 이 방법은 1940년도에 미국의 제너럴 일렉트릭(General Electric) 회사에서 창안한 것으로서 제품을 다시 디자인하거나 표준화하는 방법, 또는 더 값싼 생산방법을 발견하기 위하여 제품의 구성요소를 세밀하게 조사하여 비용을 절감하려는 것이다. 하나의 기술팀을 구성하고 제품에서 비용이 많이 소요되는 요소를 검사하여 기술적으로 정확하고 분명한 제품명세를 나열하여 기술한다. 이와 같이 작성된 제품명세는 수준에 맞지 않는 제품을 거부할 자료가 된다.

4. 공급자 탐색

다음에는 적절한 공급자를 찾는 일이다. 발견된 공급자 중에서 공급능력이 부족하거나, 신용상태가 불량하거나, 배달과 서비스에 관한 평판이 좋지 않을 경우에는 선정과정에서 제외한다. 처음으로 구매하거나 구매품목이 복잡하고 고가일수록 공급자를 결정하는데 많은 시간이 소비될 것이다. 산업 마케팅 관리자는 구매자가 구비하고 있는 공급자 명단에 들어 있도록 하여야 하며, 여론주도자(opinion leader)에게도 잘 알려지고 그로부터 좋은 평판을 얻도록 하여야 할 것이다.

5. 공급계획서의 제출요구

구매자는 이 단계에서 자격있는 공급자를 추출하여 계획을 제출하게 한다. 상품목록이나 판매원만을 보내는 공급자도 있을 것이다. 품목이 복잡하고 고가일수록 보다 자세한 계획을 요구하게 된다. 이러한 계획을 평가하여 기준에 맞지 않는 것은 제외한다. 나머지 공급자들에게 계획을 공식적으로 제출할 것을 요구한다. 이 모든 것은 산업 마케팅 관리자가 계획을 조사하고 문서화하여 구매자에게 제출하는 일에 능숙하여야 함을 뜻한다. 계획을 구두로 제안하게 하는 방법도 있을 것이다. 이것은 문서보다는 더 많은 신뢰감을 가져올 수도 있다. 공급자는 자신의 능력과 자원 등을 설명하여 경쟁자보다 우월하다는 점을 보일 수 있는 것이다.

6. 공급자 선택

여기에서는 공급자의 제안을 검토하여 공급자를 선택하는 작업이 진행된다. 여러 공급자들의 공급능력뿐 아니라 적기에 배달할 수 있는 능력과 필요한 서비스로 적절하게 제공할 수 있는가의 여부도 검토하여야 한다. 공급자를 선택하는데 일반적으로 고려하여야 할 요소는 기술적인 서비스, 신속한 배달, 품질, 공급자의 명성, 가격, 판매원의 능력, 신용공여, 개인적인 친분관계 등이다. 이러한 요소들의 중요성에 따라서 공급자의 순위를 결정할 수 있을 것이다. 구매자는 공급자를 최종적으로 결정하기 전에 기존의 거래자와 가격과 기타 조건을 재협상하기도 한다. 또한 단일의 공급자를 선정하지 않고 몇 개의 공급자를 선택함으로써 공급의 위험을 분산시키려 하기도 한다.

7. 주문경로명세 작성

구매자는 선정된 공급자가 제시하는 기술명세, 필요한 수량, 배달시기, 반송, 품질보증 등을 고려하여 최종의 주요 사항을 기술한다. 수선유지와 일상작업에 필요한 품목(MRO 품목이라고 한다 : maintenance, repair & operation items)인 경우에는 정기적으로 주문을 요청하는 것보다 **일괄계약**(blanket contract) 방식이 편리할 것이다. 일괄계약방식이란 공급자가 구매자에게 약정기간 동안 약속된 가격으로 필요할 때마다 자동적으로 공급할 것을 보장하는 것이다. 이 방식은 한 공급자에게만 의존하게 되는 경향이 있고, 따라서 구매자와 공급자와의 관계가 밀착되기 쉬우며, 구매자가 공급자에 대한 불만이 크지 않는 한, 타 공급자가 개재할 기회가 거의 없다.

8. 실적평가

구매자가 특정 공급자와의 거래실적을 평가하는 단계이다. 구매자는 제품을 직접 사용하는 사람들의 평가도 듣겠지만 여러 측면에서 제품에 대한 만족도를 조사하는 경우도 있을 것이다. 실적분석을 통하여 공급자와의 거래관계를 새로 수립하기도 할 것이다. 그러므로 공급자는 구매자가 만족할 만한 수준의 공급이 이루어졌는가를 항상 검토하여야 한다.

이상에서 언급한 구매단계는 구매를 처음 시작하는 상황에서 발생하는 것으로 수정 재구매나 획일적 재구매와 같은 상황에서는 이러한 단계를 모두 거치게 되는 것은 아니다. 산업용품의 구매과정은 여타의 단계나 특성이 있을 수 있다. 그러나 상술한 여덟 단계의 구매과정 모델은 산업용 제품을 구매하는 데 필요불가결한 단계를 일반적으로 설명하여 주고 있다.

제5절 사업자간의 고객관계관리

산업재 공급자들과 고객들은 효과와 효율을 높이기 위해 그들간의 관계를 관리하기 위한 방법을 여러 가지로 탐색한다. 보다 밀접한 관계는 부분적으로 공급사슬관리(supply chain management), 공급자의 조기개입, 구매를 위한 전략적 제휴 등으로 달성된다. 산업 마케팅에서는 사업자간의 올바른 관계를 정립하는 것이 무엇보다 중요하다.

1. 수직적 협동의 이점

근래에 이르러 사업자 시장에서 공급자와 구매자간의 수직적 협동이 많이 강조되고 있어 그들간에는 단순한 거래활동의 차원을 넘어 보다 많은 가치창출이 필요하다는 문헌연구를 찾아볼 수 있다. 그러한 연구에서는 양자간에 장기적으로 건전한 관계를 유지하려면 신뢰 구축이 필요불가결함을 보여주고 있다.

사업자간의 상호의존이나 환경상의 불확실성에 영향을 미치는 몇 가지 요인들이 관계발전에도 영향을 미친다. 광고대행사와 광고주와의 관계에서 다음과 같이 그러한 예를 찾아볼 수 있다.

① 관계형성 단계에서 어느 일방이 상당한 시장성장을 달성하는 경우. 예컨대 대량생산 기법을 이용하는 제조업자가 전국적인 브랜드를 개발하면 매체광고의 금액과 중요성이 커진다.

② 사업자간에 정보가 불균형을 이루고 있으면 어느 일방이 상대방의 영역을 침범할 경우보다 더 많은 이익을 거두게 된다. 가령 광고대행사가 전문적인 지식을 보유하고 있어 광고주들은 그러한 지식 획득에 어려움을 겪게 된다.

③ 최소한 어느 일방이 시장진입의 장벽을 높이면 상대방의 진입을 어렵게 만든다. 광고 대행사가 광고주인 제조업자로 변신하기가 쉽지 않고, 제조업자는 다년간 매체 수수료를 받을

수 있는 요건을 갖추기 힘든 것과 같다.

④ 사업자간에 의존성이 불균형을 이루면 어느 일방이 상대방의 행위에 영향을 미치거나 통제하기가 쉽다. 광고대행사가 매체 접근에 더 많은 통제력을 갖고 있는 경우가 이에 해당된다.

⑤ 어느 일반이 관계와 관련하여 규모의 경제를 거둘 수 있다. 광고대행사가 동일한 시장정보를 다수의 고객(광고주)들에게 제공함으로써 이득을 보는 경우가 이에 해당된다.

2. 사업자간의 관계에서 위험과 기회주의의 역할

일반적으로 공급자와 구매자간의 관계가 확립되는 데는 방어조치와 적응기간에 긴장이 존재한다. 수직적 협동은 공급자와 구매자간의 유대를 강화할 수 있지만 이와 동시에 구매와 공급자의 특수 투자에 대한 위험도 증가할 수 있다. **특수 투자**(specific investment)란 특정된 기업이나 가치사슬의 거래자에게만 쓸모가 있고 다른 거래처에는 가치가 업는 투자(예컨대 기업에만 특수한 교육과 훈련에 소요되는 비용이나 해당 기업만이 보유하는 시설이나 시스템에 대한 투자)를 말한다. 기업은 이러한 특수 투자를 통하여 이익을 획득하고 독보적인 위치를 치지할 수 있다 예컨대 자동차 회사가 부품 공급업자와 밀접한 관계를 맺고 부품을 주문받으면 생산비를 줄일 수 있고, 부품공급업자는 판로가 보장되어 이익을 확보하고, 상대방이 필요로 하는 것을 깊이 이해할 수 있을 뿐 아니라 경쟁사에 비하여 강력한 위치에 있게 된다.

그러나 특수 투자는 공급자와 구매자 모두에게 상당한 위험이 수반될 수 있다. 거래비용이론(transaction cost theory)에 의하면 이러한 투자는 양자간의 관계에서만 필요하므로 공급자가 거래처를 바꾸겠다거나 공급을 중단하겠다고 위협하면 구매자는 이와 같이 부당한 요구에 굴복하게 될 취약한 위치에 있게 된다. 예컨대 자동차 회사가 특정된 부품 공급자와 주문자 상표부착 생산방식(original equipment manufacturing ; OEM)으로 부품을 공급하는 계약을 맺었다고 하자. 부품공급자가 이 자동차 회사에게만 필요한 부품을 생산하기 위한 투자를 하면 양자간에 신뢰를 통하여 유기적으로 협동할 수 있을 것이다.

여기에서 구매자인 자동차 회사에서 부품 공급자의 성과를 쉽사리 감독할 수 없을 때에는 공급자가 품질관리를 소홀히 하거나 상대방을 속여 기대되는 부품을 공급하지 않을 수가 있다. 이러한 기회주의적 행동으로 속임수를 쓰거나 묵시적으로나 명시적으로 계약을 위반할 수 있다. 기업이 **기회주의**(opportunism)에 관심을 갖는 이유는 기회주의가 발생할 소지가 없었더라면 자원을 보다 생산적인 목적으로 할당하여 관리할 수 있기 때문이다. 공급자의 기회주의를 발견하기 어려울 때에는 계약이 부적절하게 될 것이다. 공급자의 자산 특수성 정도가 높으면 구매자는 단순한 계약을 통하여 거래하기보다는 합작의 형태가 바람직할 수 있다. 공급자의 행동을 감시하기가 어렵거나 그의 명성도가 낮을 때에도 그러할 것으로 생각된다. 예컨대 공급자의 명성도가 높으면 자신의 소중한 무형자산을 보호하기 위하여 기회주의를 회피하려 할 것이다.

제6절 기관 및 정부시장

지금까지는 주로 산업재를 구매하는 기관이나 개인들의 구매행동에 관하여만 논의하였다. 이것은 일반 기관이나 정부가관의 경우에도 동일하게 적용될 수 있다. 그러나 비영리적인 성격을 지니고 있는 이 두 개의 시장은 또 다른 특성과 욕구를 지니고 있다. 이러한 기관시장과 정부시장의 특별한 성격에 관하여 살펴보기로 하자.

1. 기관시장

사람들을 보호하는데 필요한 상품과 서비스를 제공하는 병원, 학교, 교도소, 교회 및 여타 기관들을 총칭하여 기관시장이라고 한다. 이러한 기관들은 각기 그 후원자의 목적에 따라 성격이 다르다. 예컨대 동일한 병원이라 하더라도 영리를 목적으로 하는 병원이 있는 반면에, 영세민들을 치료하기 위한 보건소나 시립병원과 같은 비영리적인 목적으로 운영되는 곳도 있다.

다수의 기관시장은 예산이 적고 고객이 고정되어 있는 것이 특징이다. 예컨대 병원에서 환자에게 제공하고 있는 음식은 전체 의료서비스의 일부에 불과하기 때문에 식품재료를 구입하는 목적은 영리를 위한 것이 아니다. 그렇다고 하여 비용을 극소화하는 데에만 목표를 둘 수도 없다. 환자들에 대한 급식이 나쁘면 환자들의 불만을 사게 되고 병원의 명성에도 손상을 입게 된다. 따라서 병원의 구매담당자는 최소한의 기준과 가격에 부합되는 품질을 제공할 수 있는 공급자를 탐색하여야 한다.

다수의 마케팅 종사자들은 기관구매자들의 특별한 욕구를 충족시키기 위하여 별도의 조직을 설치할 경우가 많다. 예컨대 식품회사에서 병원이나 대학 또는 기타 기관시장에 제공할 식품을 별도로 생산, 포장하고 가격도 차별화하는 경우가 많다.

2. 정부시장

정부시장은 대기업은 물론 중소기업에도 커다란 기회를 제공하고 있다. 대부분의 국가에서는 정부기관이 재화와 서비스의 주요 구매자일 경우가 많다. 예컨대 우리나라의 경우, 정부에서 필요로 하는 모든 물자는 조달청에서 집중적으로 다루고 있다. 또한 지방자치제의 실시로 지방정부 단위도 중요한 구매기관이 되고 있다. 정부의 구매와 기업의 구매는 여러 가지 면에서 유사하지만 차이점도 있다는 것을 알아야 한다. 정부시장에 진출하려면 주요 의사결정자가 누구인가를 파악하여야 하고, 구매행동에 영향을 미치는 요인들이 무엇인가를 알아야 하며, 구매의사결정과정을 이해하고 있어야 한다.

정부기관에서는 보통 입찰방식을 통하여 공급자를 선정한다. 경우에 따라서는 제시간에 계약을 완결할 수 있는 능력과 평판을 받고 있는 공급자에게 우선권을 주기고 한다. 또한 기술개발에 막대한 비용이 소요되거나 경쟁이 거의 존재하지 않는 복잡한 프로젝트의 경우에는 협상에 의한 계약체결방식을 택하기도 한다.

정부기관에서는 외국 공급자보다는 국내 공급자를 선호하는 경향이 있다. 그러나 세계무역기구의 출범과 함께 시장개방의 압력으로 이러한 장벽이 점차 무너지고 있다.

정부시장도 소비자 시장이나 사업자 시장의 경우와 마찬가지로 조직, 대인관계 및 개인적 요인들에 의하여 영향을 받는다. 정부구매의 한 가지 주요 특징은 외부의 다수 이해관계자들에 의하여 주시를 받고 있다는 점이다. 이로 인하여 정부기관에서는 다수의 서류를 작성하는 등 복잡한 구매절차를 요구하고 있다. 그러나 공급자의 입장에서 보면 이러한 관료적 시스템을 극복할 수 있는 방법을 찾아내야 한다.

정부구매에서는 비경제적 요소도 점차 중요한 역할을 수행하고 있다. 예컨대 정부가 구입하고 있는 물자 중에서 일정한 비율을 중소기업에 할당하는 경우가 그러하다. 정부를 대상으로 판매하고 있는 기업에서는 마케팅 지향적인 체제를 갖추고 있지 않을 경우가 많다. 그 이유로는 여러 가지를 들 수 있다. 정부의 총지출은 정부시장을 개척하기 위한 마케팅 활동보다는 예산당국자에 의하여 결정된다. 정부구매에서는 전통적으로 가격을 중시함으로써 공급자들은 비용을 절감할 수 있는 기술에 많은 노력을 기울이게 된다. 제품의 특성이 신중하게 명시되면 제품차별화가 마케팅 요인으로 작용하지 않는다. 또한 광고나 인적판매와 같은 촉진활동도 공개입찰에서 유리한 위치를 차지할 수 있는 요인이 되지 못한다.

그럼에도 불구하고 기업에 따라서는 정부기관을 전담하는 마케팅부를 설치할 경우가 있다. 이러한 기업에서는 정부의 요구와 프로젝트를 예상하고, 제품명세서를 작성하고 제시하는 단계에 참여하며, 경쟁자에 관한 정보를 입수하고, 신중하게 입찰준비를 하며, 정부기관의 담당자에게 충분한 의사소통을 함으로써 기업의 명성을 높이려 한다.

요 약

사업자 시장은 소비자 시장에 못지 않게 그 규모가 훨씬 더 클 경우가 많다. 이러한 사업자 시장은 여러 가지 면에서 소비자 시장과 유사한 면도 많지만, 또 다른 면에서 상이한 점도 많다. 사업자 시장의 주요 특징은 구매자가 비교적 소수이고, 구매단위가 클 경우가 많으며, 또한 지역적으로 집중되어 있을 경우가 많다는 점이다. 이러한 산업재의 수요는 소비재 수요에서 유발되는 것이 보통이며 또한 비탄력적인 점이 주요 특징이다. 뿐만 아니라 수요의 변동폭도 크다는 특징을 지니고 있다. 산업재의 구매의사결정에는 기업 내에서 다수의 사람들이 관여하게 되며, 따라서 소비재 구매자들의 경우보다는 더 많은 훈련과 전문성이 요구된다. 산업재 구매의사결정은 보다 복잡하며 그 구매과정도 공급자의 경우보다 공식적인 특징을 지니고 있다.

사업자 시장은 제품이나 서비스를 생산할 목적으로 원료 등의 상품이나 서비스를 구매하는 기업이나 개인들로 구성되어 있으며, 타인에게 인도할 목적으로 제품을 구매하는 기업이나 개인도 이에 포함된다. 산업재 구매자들은 세 가지 유형의 구매상황에 따라 의사결정을 내릴 경우가 대부분이다. 이러한 구매상황이란 획일적 재구매, 수정 재구매 및 신규 구매를 말한다.

산업재를 구입하는 기업 내의 의사결정단위, 즉 구매형태는 각기 역할을 달리하는 다수의 사람들로 구성될 수가 있다. 산업 마케팅 관리자들은 다음과 같은 문제들에 대한 사항들을 숙지할 필요가 있다. 즉, 누가 주로 구매결정에 참여하고 있는가? 또 누가 그러한 의사결정에 영향력을 주로 미치고 있는가? 그러한 영향력의 상대적인 정도는 어느 수준인가? 구매결정에 참여하는 사람들은 특히 개별적으로 어떠한 평가기준을 이용하고 있는가? 산업 마케팅 관리자들은 또한 산업재를 구매하는 과정에 있어 주요 환경적 요인, 조직적 요인, 개인간 요소 및 개인적인 영향력 등을 이해하고 있을 필요가 있다. 구매과정 자체는 일반적으로 여덟 단계로 구성되어 있는 바, 그것은 문제의 인식, 일반적인 필요성 기술, 제품명세 작성, 공급자 탐색, 공급 계획서의 제출요구, 공급자 선택, 주문경로명세 작성, 그리고 실적평가 등이다. 산업재 구매자들은 점차 보다 많은 정보를 찾고 보다 정교한 구입절차를 밟는 경향이 높아지고 있으므로 산업 마케팅 관리자들은 자신들의 마케팅 능력 향상에 적극 노력을 기울이지 않으면 안 될 것이다.

기관시장은 사람들의 보호를 필요로 하는 상품과 서비스를 제공할 병원, 학교, 교도소, 교회 및 기타 기관들로 구성되어 있다. 이러한 시장은 예산규모가 적고 고객이 고정되어 있는 것이 특징이다. 정부시장은 그 규모가 방대하며 중앙정부와 지방자치단체로 구성되어 있다. 이들은 자신의 주요 기능을 수행하는데 필요한 재화와 서비스를 구매하고 있다. 정부구매는 고도로 전문화 되어있고 구체화되어 있어 공개입찰이나 협상에 의한 계약방식으로 구매가 이루어질 경우가 많다. 정부구매자들은 국회를 비롯하여 다수의 이해관계자들의 감시를 받는다. 따라서 이들은 다수의 서류작성과 까다로운 절차를 공급자로부터 요구할 경우가 많으며 관료적 방식으로 처리함으로써 절차가 복잡하거나 시간이 걸릴 경우가 많다.

연습문제

1... 귀하가 다니는 학교는 어떠한 면에서 산업 마케팅 관리를 수행하고 있는 것으로 볼 수 있는가? 또한 무슨 제품을 생산하고 있으며 누가 고객인가?

2... 사업자 구매시장이 지역적으로 집중되어 있다고 하는 것은 산업 마케팅 관리자의 입장에서 본다면 어떠한 의미를 지니고 있는가?

3... 어느 자동차 회사에서 엔진의 성능을 시험해 보기 위해서 컴퓨터를 구입하기로 결정하였다면 본문에서 언급한 세 가지 유형의 구매상황, 즉 획일적 재구매, 수정 재구매 및 신규 구매 중에서 어느 것에 해당되는가?

4... 일반적으로 산업재와 소비재간에는 여러 가지 면에서 차이가 많다고 할 수 있다. 마케팅 관리 측면에서 어떠한 차이점들이 있는가를 간단하게 비교하여 보라.

5... 경찰에서 고속도로 주행속도를 위반하는 차량을 검색하기 위한 선사기세장치를 도입하기로 결정하였다면 어떠한 주요 환경적 요인들이 영향을 미치게 될 것인가?

6... 단일 공급자와 다수 공급자를 비교해 볼 때, 다수 공급자보다 단일 공급자로부터 구매하는 것이 유리한 점과 불리한 점이 무엇인가를 설명하라.

제8장

경쟁기업 분석과 마케팅 전략

마케팅의 핵심적인 과제가 고객의 욕구가 무엇인가를 파악하고 이를 충족시키는 데 있다는 것은 아무리 강조해도 지나침이 없다. 그러나 오늘날의 기업들은 소비자 내지 고객들을 이해하는 것만으로는 충분하지가 않다. 과거에 모든 산업이 다같이 성장을 경험하였던 시대에는 경쟁자의 전략에 대해 그다지 관심을 기울일 필요가 없었다. 그 이유는 대부분의 기업들이 같이 성장할 수 있었기 때문이다. 그러나 1980년대 이후 오늘에 이르기까지 세계적으로 모든 기업들이 국내적으로나 국제적으로 치열한 경쟁에 직면하게 되고, 특히 세계적으로 경제성장률이 둔화됨에 따라 그 경쟁의 정도는 더욱 심화됨으로써 경쟁자로부터 시장점유율을 탈취하는 것이 가장 중요한 과제임을 점차로 인식하게 되었다. 그 결과, 오늘날의 기업들은 표적고객들을 이해하는 일 뿐만 아니라 경쟁자들의 반응을 추적하는 데도 많은 관심을 기울이기 시작하였다.

마케팅 개념을 따른다면, 어느 기업이든 경쟁자 제품에 비해서 표적고객들의 욕구를 더 잘 충족시켜 줄 수 있는 제품을 설계함으로써 경쟁에서 승리할 수 있고 또 살아남을 수 있다. 따라서 마케팅 전략에서는 표적고객집단의 욕구를 고려하여야 할 뿐 아니라, 경쟁자의 전략도 이해하고 있을 필요가 있다. 즉 경쟁자들의 전략의 내용이 무엇이고, 그들의 목적을 파악하여 그들의 장점과 약점, 전략의 반응 형태, 그리고 경쟁자에 대한 공격 또는 방어의 선택방법이 무엇인가 등에 대해서 평가할 수 있어야 한다. 두 번째 단계는 경쟁자에 비해서 비교우위가 가능한 선택방안을 개발하고 이에 따라 기업의 위치를 강력하게 구축하는 경쟁전략을 개발하는 것이다.

제1절 경쟁자 분석과정

효과적인 마케팅 경쟁전략을 수립하려면 경쟁자들에 관한 모든 정보를 발굴하여야 할 필요가 있다. 기업들은 경쟁자에 관한 정보수집제도를 통하여 경쟁자들의 제품, 가격, 유통경로 및 촉진 등에 관하여 끊임없이 비교하는 작업을 수행해야 한다. 그렇게 함으로써 어떤 면에서 비교우위가 가능한가를 찾아낼 수가 있게 된다. 이와 더불어 보다 효과적인 공격전략과 방어전략을 개발할 수가 있다.

그러나 기업의 입장에서 경쟁자에 관해서 어떠한 내용의 정보를 알 필요가 있는가? 기업이 알고자 하는 정보는 누가 우리의 경쟁자인가, 또 경쟁자의 목적은 무엇인가, 그들의 전략은 무엇인가, 그들의 강점과 약점은 무엇인가, 그들의 반응형태는 어떤 것인가, 어떤 경쟁기업을 대상으로 공격을 행해야 하고 또 공격을 피해야 할 것인가 등에 관한 것이다. 경쟁자에 대한 분석을 하기 위한 주요 단계는 그림 8-1에 표시되어 있는 바, 이제 그 구체적인 내용을 살펴보기로 한다.

그림 8-1 경쟁기업의 분석단계

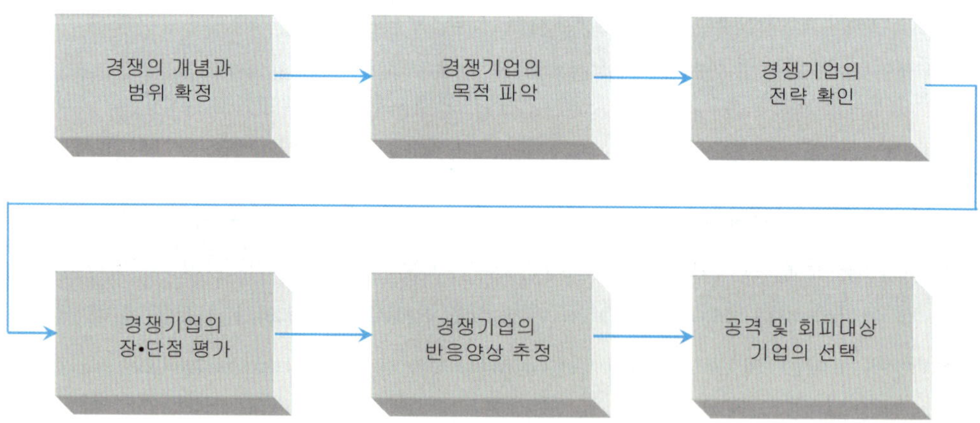

1. 경쟁의 개념과 범위의 확정

일반적으로 기업들은 동종기업이나 대체제품을 생산하는 기업들만이 경쟁자인 것으로 생각하기가 쉽다. 그러나 경쟁의 개념을 규정하기는 그리 간단하지 않으며, 보다 넓은 범주에서 경쟁의 범위를 결정하는 일이 중요하다. 예컨대 고속버스 회사의 경우를 보자. 우리는 고속버스 회사가 그들간에, 즉 고속버스 회사들간에 고객을 놓고 경쟁을 하고 있다고 생각하기 쉽지만, 좀 더 넓게 생각하면 대체교통수단인 기차나 비행기도 경쟁자일 수가 있다. 가령, 안전하게 여행하기를 원하는 사람들의 경우에는 기차라고 하는 수송수단이 강력한 경쟁자이고, 시간을 절약할 필요가 있는 사람들에게는 비행기가 강력한 경쟁자일 수가 있는 것이다. 또한 승용차의 급격한 보급증가도 고속버스 이용객들의 수에 영향을 미칠 수가 있다. 뿐만 아니라 인터넷이나 팩스의 보급확대도 고속버스 승객의 이용횟수에 영향을 미칠 수가 있다. 이와 같이 경쟁의 개념을 규정할 때에는 단순히 동종업종이나 대체제품을 생산하는 기업에 국한해서 경쟁의 범위를 결정할 것이 아니라, 보다 넓은 차원에서 고객들의 어떤 욕구를 충족시켜 주고 있는가에 초점을 두어 경쟁의 개념을 먼저 규정하는 일이 중요하다는 것을 암시하고 있다.

1) 동종산업계의 관점에서 본 경쟁

많은 기업들이 동종산업의 관점에서 그들의 경쟁자를 파악하려는 경향이 있다. 여기에서 말하는 동종산업은 유사한 제품을 생산하는 기업들뿐만 아니라 대체제품을 생산하는 기업들까지도 포함된다. 우리는 흔히 의약품 업계, 자동차 업계, 신발 업계 또는 청량음료 업계 등과 같이 업계라는 용어로 산업을 이야기할 경우가 많다. 어느 특정 산업에서 한 제품의 가격이 인상되면 다른 제품에 대한 수요가 증가하는 결과를 가져올 경우가 흔히 있다. 예컨대 청량음료수의 경우, 커피의 가격이 인상되면 사람들은 홍차나 기타 다른 음료수로 제품을 바꿀 가능성이 있다. 이와 같이 커피나 홍차, 기타 음료수들은 서로 대체제품이라고 하며 제품의 성질이나 유형, 또는 내용상으로 매우 다르다 하더라도 상호 경쟁적인 성격을 지니고 있다. 기업의 입장에서는 한 특정된 산업에서의 경쟁형태가 어떠한 것인가를 이해할 필요가 있고, 이에 따라 효과적으로 전략을 구사할 수 있는 방안을 개발하여야 할 것이다.

2) 시장의 관점에서 본 경쟁의 범위

경쟁의 개념은 동종산업의 관점에서 파악할 수 있을 뿐만 아니라 시장의 관점에서도 파악할 수가 있다 이와 같이 시장의 관점에서 본 경쟁의 개념이란 동일한 고객의 욕구를 충족시키려 하는 관점에서 본 기업들간의 경쟁을 말한다. 예컨대 코카콜라 회사의 경우를 보면, 동종산업의 관점에서는 펩시나 세븐업, 기타 청량음료수를 제조하는 기업들과 경쟁하고 있는 것으로 생각된다. 그러나 시장의 관점에서 본다면, 갈증을 해소시킬 것을 원하는 고객들을 놓고 경쟁하고 있는 것으로 볼 수가 있다. 따라서 이러한 고객들의 욕구를 충족시켜 줄 수 있는 제품에는 여러 가지 다양한 종류의 청량음료수가 다수 포함될 수 있는 것이다. 그러므로 시장 또는 고객집단의 입장에서 본 경쟁을 의식한다면 단순히 동종업종만을 놓고 경쟁을 비교하는 것보다는 더 넓은 범주의 경쟁을 정의할 수 있고, 또한 실재적이거나 잠재적인 경쟁자들을 파악할 수 있게 된다. 이와 같이 시장의 관점에서 경쟁을 분석하게 되면 고객의 범위를 보다 넓은 범주로 볼 수 있고, 이에 따라 상이한 욕구를 지니고 있는 고객집단들을 특정 기준에 따라 세분하고, 세분된 고객집단에 대해 별개의 특수한 욕구를 충족시켜줄 수 있는 제품들을 제공할 기회를 찾을 수 있게 된다.

3) 산업구조적 측면에서의 경쟁 결정요인

이론적으로 이야기한다면 경쟁은 자본의 한계효율에 따라 결정된다고 할 수 있다. 예컨대 어느 특정 산업의 평균자본수익률을 달성할 수 있는가의 여부에 따라 이 산업에 진출하고자 하는 기업의 진입 여부가 결정된다고 할 수 있다. 그렇다면 산업구조상으로 볼 때, 경쟁의 범위를 어떻게 보아야 할 것인가? 산업구조상으로 본 경쟁대상자들은 그림 8-2에 예시되어 있다. 그림에서 알 수 있는 바와 같이 산업구조상으로 볼 때, 경쟁대상자들은 동종산업의 경쟁기업뿐만 아니라 잠재시장 진출가능 기업, 대체제품 생산자, 원료 및 부품 공급업자, 그리고 구매자 등이 포함되는 것을 나타내고 있다.

이와 같이 산업구조상으로 본 경쟁의 개념은 단기적인 요인과는 구분되어야 한다. 예컨대 단기적으로 원료부족 현상이 발생한다든가 동맹파업이 일어났다든가 또는 수요에 급격한 변동이 발생하는 것과 같은 경기변동에 따라서 경쟁자의 소멸이 발생하는 것은 구조적인 면에서 경쟁대상으로 보지 않는다. 여기에서 말하는 구조적 경쟁이란 보다 장기적인 측면에서 전략적 경쟁을 지향하는 경제적 내지 기술적 구조를 지니고 있는 각 개별 산업의 배후에 있는 특성을 구조적으로 분석하는 데 초점을 두고 있는 것을 말한다. 따라서 여기에서는 경쟁의 개념을 이해하려면 먼저 산업구조를 이해하는 것으로부터 출발하여야 한다는 것이다.

이제 그림 8-2에 예시된 바와 같은 경쟁자들의 특성을 살펴보고 각각 어떠한 면에서 경쟁이

그림 8-2 동종산업에서의 경쟁범위

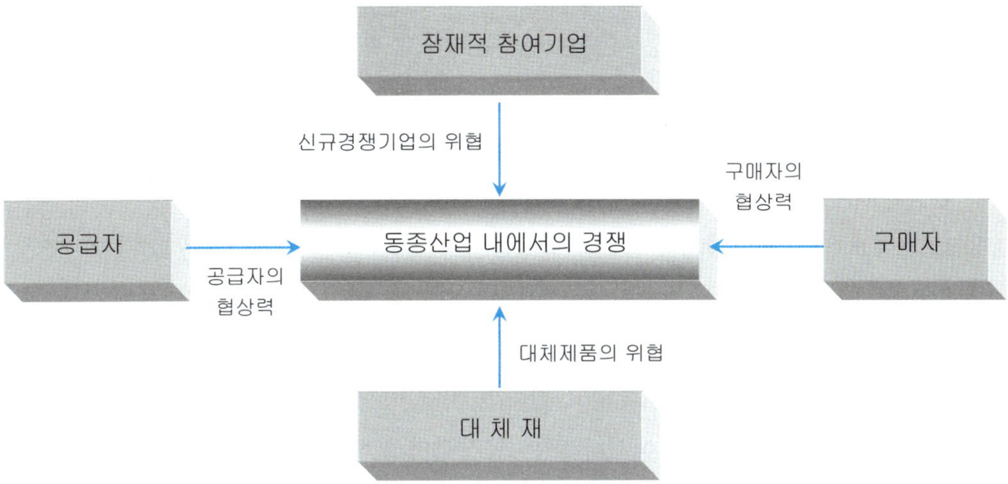

되고 있는가를 분석하여 보기로 하자.

(1) 잠재시장 진출가능 기업

특정 산업에 새롭게 진출하고자 하는 기업이 만일 실제로 진출하게 된다면 생산시설이 증가하게 되고, 또 시장점유율을 더 증가시키고자 노력하게 될 것이다. 뿐만 아니라 생산시설의 증가로 인해 가격인하의 압력도 증가할 가능성이 있다. 여기에서 어느 한 기업이 다른 동종기업을 인수, 합병하는 경우에도 하나의 새로운 진출로 간주해야 할 것이다. 어느 기업이 특정 산업에 진출할 것인가, 또는 다양화의 길을 택할 것인가에 관한 의사결정은 그러한 산업에 진출함으로써 얻을 수 있는 잠재적 보상과 기대되는 비용과의 차이에 달려있다고 할 수 있다. 산업에의 진출비용은 부분적으로는 기존 경쟁자들의 반응에도 달려있다. 또한 시장진입에의 장애요인이 얼마나 존재하는가에 따라서도 크게 영향을 받게 된다. 예컨대 독과점 산업의 경우가 대부분 그러하지만, 대규모의 투자가 요구될 경우에는 시장진입이 그리 용이하지 않을 것이다. 그것은 자본시장에서의 자본조달이 그다지 용이하지 않기 때문이다. 또한 산업 자체가 규모의 경제를 필요로 하는 경우에도 시장진입의 장애요인이 된다. 이러한 규모의 경제는 생산규모나 기술개발 규모, 기타 마케팅 분야면에서의 특수성 등이 모두 포함된다.

즉, 여기에서 말하는 규모의 경제는 단순히 생산규모뿐 아니라 기술개발, 마케팅, 서비스망, 기타 판매원 및 유통부문에서의 포괄성 등도 작용함을 의미하며, 특히 산업 자체가 다양화되어 있고 또한 수직적 통합이 잘 되어 있을 경우에는 규모의 경제가 필수적으로 작용하게 된다. 따라서 수직적 통합의 정도가 높다고 하는 사실도 문제의 기업이 특정 사업에 진출하는 데 하나의 불리한 요인으로 작용할 수 있다. 예컨대 유통경로를 확보하는 것이 절대적으로 필요하다면 이것은 문제의 산업 진출에 커다란 장애요인으로 작용할 수가 있다.

그밖에도 상표를 변경한다거나 또는 원료공급자를 바꾸는 것과 같은 경우에 변경비용(switching cost)이 높을 경우에도 문제의 산업에 진입하기가 어려울 수가 있다. 또한 정부의 정책에 따라서도 시장진입의 어려움이 존재할 수 있다. 기타 기존 기업들이 자체적으로 특수한 특허권을 보유하고 있다거나 생산기술을 보유하고 있다면 이것 역시 진출하기 어려운 요인으로 작용할 수 있으며, 원료공급을 확보하는 면에서나 또는 공장부지의 위치선정에 있어서도 유리한 고지를 차지하고 있다면 이것 또한 새로운 기업이 진출하는 데 하나의 장애요인으로 작용할 수가 있다.

이러한 시장진입의 장애요인이 있음에도 불구하고 새로운 기업이 문제의 산업에 진출할 가능성은 언제든지 존재할 수 있다. 그것은 크게 두 가지로 요약하여 이야기할 수 있다. 그 첫째는 **경험곡선**(experience curve)의 법칙이 적용될 경우이다. 즉, 문제의 기업에 종사하는 종업원들의 숙련도가 비교적 높아서 타 기업에 비하여 제품단위당 생산비가 적을 경우에는 비교우위를 차지할 수 있다. 이것은 물론 시장점유율이 높은 기업일 경우에 그러할 가능성이 많지만, 그렇지 못한 기업인 경우에도 가능하다. 예컨대, 특수한 기술개발을 통하여 비용절감이 가능한 경우라든가 마케팅이나 유통관리면에서 비용절감의 효과를 거둘 수 있는 기법을 보유하고 있는 등의 방법이 있을 때에는 경험곡선의 법칙이 적용되고, 이에 따라 비교우위가 가능하다고 할 수 있다. 경험곡선의 법칙은 경쟁기업의 기술을 복제하거나, 경쟁자의 종업원들을 빼앗아 오거나, 또는 최신의 시설이나 노하우(know-how) 등을 구입하는 일 등이 불가능할 경우에만 시장에의 진입장애로 작용할 것으로 생각된다.

오늘날 많은 기업들이 특허권 등을 장기적으로 보유하기는 어렵게 되어 있고, 또 설사 그것이 가능하다 하더라도 제2, 제3의 기업이 새로운 기술을 개발하거나 경험을 축적함으로써 추격하여 올 경우가 많다. 또한 새로운 공정혁신이나 기술변혁이 발생할 때에는 경쟁기업의 진출이 언제든지 가능하다고 할 수 있다.

따라서 경험곡선에 의한 비용절감이 곧 산업진출에의 절대적 비교우위 조건이 되지 못하며 잠재적 위험이 따르다는 점을 인식할 필요가 있다. 새로운 기술적 가능성이나 규모의 경제 또는 경험곡선 법칙 외의 요인에 따라서 기업간에 경쟁하여야 할 경우가 있음을 간과하는 경우가 흔히 있기 때문이다.

잠재시장에의 진출가능성은 기존 경쟁기업들의 특허권이 소멸되거나 또는 제품차별화가 약화될 때 더 많다고 할 수 있다. 물론 규모의 경제가 확대됨으로써(예컨대 자동차 산업에서 자동화가 진전되고 수직적 통합의 정도가 높아질 경우) 시장진입에의 억제요인으로 작용하게 된다.

요약하여 이야기한다면, 특정 산업에 새롭게 진출하고자 하는 기업의 시장진입에의 장애요인이 어떻게 변화할 것인가의 여부는 대부분 기업외적 요인에서 발생한다고 할 수 있지만, 그러나 기업의 의사결정 자체도 크게 영향을 미치게 된다고 할 수 있다.

(2) 기존 동종기업간의 경쟁

같은 산업에 속해 있는 기업들은 상호의존적이라고 할 수 있다. 즉, 상대방에 대해서 위협을 느낄 때는 언제나 경쟁이 유발될 가능성이 있는 것이다. 한 기업이 하나의 특수한 조치를 내릴 때 또 다른 기업이 이에 상응하는 반응을 보인다면 전체 산업에 불리하게 작용할 수도 있을 것이다. 예컨대, 가격경쟁이 유발될 경우, 시장은 매우 불안정하게 되어 전 산업이 피해를 볼 수가 있다. 그것은 가격에 관한 한, 보통 기업들이 즉각적인 반응을 보일 가능성이 많기 때문이다. 적어도 제품의 가격탄력성이 크지 않는 한, 총체적 수입은 감소할 것으로 생각된다. 다른 한편 기업간에 광고경쟁을 할 경우를 보면, 그것이 전체 수요를 확대시킬 가능성이 있으며, 또한 제품차별화를 심화시킬 가능성도 있다. 따라서 이러한 경우, 광고경쟁은 전체 산업에 혜택을 줄 수도 있을 것이다.

동종산업 내에서 기업간의 경쟁 정도는 경쟁자들의 수가 어느 정도인가, 또한 산업의 성장가능성이 어느 정도인가, 그리고 기업의 시설 등의 고정비가 얼마나 되는가에 따라 각기 다르다고 할 수 있다. 예컨대 경쟁자가 다수일 때는 경쟁이 시작될 가능성이 높다고 할 수 있는데, 그 이유는 상호간에 경쟁의 유발을 알리지 않고 수행되기 때문이다.

그러나 문제의 산업이 독점적 성격을 지니고 있어서 최대 시장점유율을 차지하고 있는 기업이 존재할 때에는 시장이 비교적 안정적이라고 할 수 있다. 왜냐하면 시장주도기업이 가격면에서 주도권을 쥐고 있을 경우가 많기 때문이다. 한편 산업의 성장속도가 완만할 경우에는 기업간에 시장점유율을 차지하기 위한 경쟁이 격화되어 시장이 불안정해질 수가 있다. 그러나 문제의 산업이 성장기에 있다면, 모든 기업들이 판매 및 시설확대에 집중하고 시장점유율을 선점하는데 총력을 기울이기 때문에 경쟁은 치열하겠지만 기업간에 선의의 경쟁이 발생할 것으로 기대할 수 있다.

마지막으로 기업의 시설에서 고정비가 차지하는 비중이 클 경우에 문제가 될 수 있다. 이러한 경우에는 유휴시설의 활용도가 문제이다. 어느 기업이든지 유휴시설을 보유하고 있을 경우에는 항상 변동비 이상의 가격만으로도 제품을 판매하려는 유혹에 빠지기 쉽고, 이것이 가격경쟁을 유발하는 요인으로 작용할 경우가 흔히 있다. 그리고 제조원가의 상당부분에 해당되는 원료나 부품을 외부에서 구입할 때, 즉 부가가치가 낮을 때에는 문제의 기업은 고정비의 절대비율이 낮다 하더라도 손익분기점에 도달할 유휴시설의 활용에 유혹을 느끼기 쉽다.

그밖에 경쟁이 격화될 가능성의 예를 든다면 다음과 같다. 첫째, 제품의 보관이 어렵거나 비용이 들 경우이다. 둘째, 구매자의 선택이 대개 가격이나 서비스에 따라 결정되어야 할 경우이다. 셋째, 제품차별화의 정도가 낮은 경우에도 그러하다. 넷째, 만성적인 유휴시설을 보유하고 있을 경우, 다섯째, 기업이 다양한 전략과 인적구성을 보유하고 있거나 모기업과 다양한 관계를 맺고 있을 경우에도 경쟁이 치열할 가능성이 높은데, 그 이유는 경쟁에 대하여 각기 상이한 목표와 아이디어를 구사하기를 원하기 때문이다. 그밖에 외국기업의 침투도 경쟁을 격화시키는 요인의 하나로 점차 증가하고 있는 추세에 있다.

한걸음 더 나아가 경쟁기업간의 경쟁이 유동적일 경우가 흔히 있을 경우가 많은데, 대표적인 예를 든다면, 어느 한 기업이 시장확대를 위하여 수익성의 희생을 감수하고자 할 경우나 수익성이 없어도 문제의 시장에서 시장을 포기하지 않고 대담한 전략을 가지고 전면적으로 반격을 시도할 경우도 생각할 수 있다.

한편, 어느 기업이 시장에서 이탈하려고 해도 장애요인이 존재할 경우가 흔히 있다. 예컨대 기업이 보유하고 있는 재산이 극히 전문화되어 있다거나 노사문제나 수선비용 등이 기업을 포기할 경우에 고정비로 남을 경우, 또는 유관기관과 공유하고 있는 시설 등의 요인으로 인한 상호간의 전략적 중요도가 높을 경우에도 시장 이탈이 쉽지가 않다. 그밖에도 고용이 문제가 된다거나 지역개발 문제 등으로 인해 정부의 간섭으로 말미암아 기업을 포기하기가 어려울 경우도 있다.

특정 산업에 진출하는 문제와 그러한 산업에서 이탈하는 문제는 별개의 개념으로 생각하여야 하지만, 그러나 양자를 동시에 고려하는 것도 중요하다.

특정 산업에 진출하는 데 장애요인의 정도와 그 산업에서의 이탈의 용이도에 따라 구분하여 선택가능한 방법과 그 수익성의 정도를 표시한다면 그림 8-3과 같다. 이것은 동일산업 내에서 기업의 진출과 이탈이 동시에 발생할 경우가 흔히 있기 때문에 이러한 문제들을 고려하는 것도 필요함을 보여주고 있다.

그림 8-3 시장진입과 탈퇴시의 고려사항

		시장 탈퇴의 장애	
		낮 음	높 음
시장 진입의 장애	낮 음	수익성이 낮음	최악의 경우
	높 음	최상의 경우	수익성은 높으나 위험도가 높음

마지막으로 경쟁의 정도를 변동시키는 요인을 본다면 다음과 같다.

첫째, 문제의 산업이 성숙기에 접어들게 되면 경쟁기업간의 경쟁이 치열해지고 이에 따라서 기업들의 수익성도 저하된다.

둘째, 동일산업 내에서 기업간에 인수, 합병이 이루어지게 되면 새로 탄생된 기업은 매우 상이한 경영기법과 경영문화를 지니게 되고, 따라서 경쟁의 성격도 변화하게 된다.

셋째, 기술혁신의 변화는 기업의 고정비를 증가시키고, 고정비 증가는 곧 경쟁의 정도를 강화시키는 요인으로 작용한다.

넷째, 제품차별화의 정도가 높을수록 기업간의 경쟁은 적어질 수가 있다.

(3) 대체제품으로부터의 압력

대체제품의 존재는 한 산업의 이익잠재력을 제한하는 요인으로 작용하게 되는데, 그 이유는 각 기업들이 책정하는 가격의 최고 한도를 한정해 주고 있기 때문이다. 대체제품의 존재는 또한 호경기에도 특정 산업이 충분한 이익을 거둘 수 있는 기회를 감소시키는 요인으로 작용하기도 한다.

어떠한 제품들이 대체제품인가를 파악한다는 것은 그리 간단하지 않다. 가령 동일한 기능을 가지고 있는 제품에 한정해서 대체제품으로 볼 것인가? 이것은 반드시 그렇지 않다. 앞에서도 잠시 언급한 바와 같이, 기본적으로 대체제품의 개념은 소비자들의 어떤 욕구를 충족시켜 주고 있는 가의 개념으로부터 출발하여 이를 비교, 분석하여야 한다. 예컨대 넓은 의미의 금융시장에서 은행 예금, 증권, 부동산, 보험, 기타 화폐시장의 여러 종류의 자금들은 각기 일률적인 상품이라고 볼 수 있지만, 어떤 면에서는 경쟁제품 내지 대체제품이라고 볼 수 있는 것과 같다.

(4) 구매자들의 협상력

구매자들의 협상력은 판매자들의 판매액에 비해 구매규모가 크다면 상당한 영향력을 미치게 됨은 말할 필요가 없을 것이다. 문제의 제품구매가 총구매에서 차지하는 비율이 높을 경우에 협상력이 높아질 것은 당연하겠지만, 그 외에도 구매자들이 시장조건에 관한 정보를 더 많이 보유하고 있을 경우에도 협상력이 강해질 수밖에 없다. 만일 구매자들이 이미 부분적으로 통합되어 있거나 또는 강력한 후방통합의 위협을 가할 위치에 있다면, 구매자들은 구매하는데 양보를 요구할 상황에 있다고 할 수 있다. 한편 특정 산업에서의 기업들이 구매자들의 산업에 직접 전방통합의 위협을 가한다면 구매자의 협상력은 부분적으로 중화될 수밖에 없을 것이다. 원료와 같은 제품들이 구매자의 사업에 미치는 영향의 정도가 구매의 협상력을 결정하는 데 도움을 줄 수가 있다.

(5) 원료 및 부품 공급자의 협상력

만일 원료나 부품을 공급하는 기업들이 소수여서 이들이 과점적 성격을 지니고 있는 집단을 이루고 있다면, 그러한 부품이나 원료를 공급받아 제품을 생산하는 산업에 종사하는 기업들의 경우, 이들로부터 가격이나 품질, 기타 거래조건에 대해서 상당한 정도의 압력을 받게 될 것임은 당연하다. 그러나 대체제품이 존재한다면 그러한 압력은 어느 정도 완화될 수 있을 것으로 생각된다. 원료나 부품 공급업체가 다수의 산업에 공급하는 상황에 있을 경우에는 어느 특정 산업에서 문제의 원료나 부품이 판매액에서 차지하는 비중이 크지 않다면, 이 산업은 가격의 압력을 받을 가능성이 많다고 할 수 있다. 반면에 어느 특정 산업이 주요 고객일 경우에는 상호간에 공동운명체적인 인식을 갖고 적절한 가격으로 부품이나 원료를 제공한다거나 기술개발을 지원하는 경우도 있을 것이다.

차별화와 거래선의 변경비용(switching cost)의 존재는 구매자가 공급자의 선택을 변경하는 데 하나의 장애요인으로 작용할 수가 있다. 공급자로서의 희소한 숙련노동자 집단이나 또는 강력한 노동조합이 존재하는 경우에 하나의 공급자로서 강력한 협상력을 발휘할 수 있음은 물론이다. 또한 정부도 강력한 잠재적 구매자와 공급자로서의 역할을 수행할 경우가 있다.

협상력이 강화되면 후방통합의 위협을 촉진시킬 수 있고 기타 거래처 변경비용 등을 제거시키려고 노력하게 된다.

4) 경쟁구조 분석과 경쟁전략

지금까지 언급한 경쟁의 구조적 결정요인을 분석하고 난 다음에는 경쟁기업의 장점과 약점을 파악할 수 있고, 이에 따라 경쟁전략을 개발할 수 있게 된다. 일반적으로 경쟁전략은 크게 세 가지 유형으로 분류할 수 있다.

그 첫째는 포지셔닝(positioning) 전략으로서 산업구조를 주어진 것으로 보고 여기에 기업 스스로의 장점과 약점을 적응시키며 경쟁에서 방어하기 위한 수단을 강구하고 취약점을 발견하는 등으로 대응하는 것을 말한다.

둘째, 경쟁기업들간의 균형에 영향을 미치기 위한 전략이 있다. 예컨대 마케팅에서의 혁신, 가령 브랜드에 대한 귀속의식을 심어주는 작업이나 제품차별화 등이 이에 속한다. 또한 대규모의 투자를 하거나 수직적 통합을 함으로써 경쟁자의 시장진입을 방해하는 것도 이러한 유형의 전략에 속한다.

세번째로서는 산업의 진전에 따라서 경쟁의 원천에 있어서의 변화를 이용하는 전략을 생각할 수 있다. 예컨대 제품수명주기상 성숙기에 속하는 제품을 생산하고 있을 경우에는 성장률이 낮기 때문에 광고비를 감소시킨다거나 또는 수직적 통합을 강화함으로써 비용을 절감하는 방법을 생각할 수 있다.

그러나 무엇보다도 중요한 것은 특정 산업에서 경쟁의 가장 중요한 원천에 영향을 미칠 추세가 무엇인가를 발견하고, 그러한 추세가 새로운 구조적 요인에 어떻게 작용할 것인가를 분석하는 일이라고 하겠다.

경쟁의 구조분석을 행하는 데 있어 장기적으로 보아야 할 중요 과제란 개별 경쟁적 결정요인을 검토하고, 그러한 개별 경쟁적 결정요인 배후의 원인이 무엇이고 그 크기가 어느 정도로 나타날 것인가를 예측하며, 이에 따라 문제의 산업이 달성할 잠재적 이익규모를 총체적으로 예측하는 일이라고 하겠다. 이러한 경쟁의 구조분석은 단순히 경쟁전략을 수립하는 일 뿐만 아니라 기업이 다양화하는데도 매우 유용한 수단이 된다.

2. 경쟁자 목적의 확인

마케팅 관리자가 주요 경쟁자가 누구인가를 확인한 다음에 해결하여야 할 과제는 각 경쟁자들이 시장에서 무엇을 추구하고 있는가를 확인하는 것이다. 어떠한 동인이 경쟁자의 행동을 유발케 하고 있는가?

기업들은 흔히 경쟁기업들이 단순히 자신들의 이익을 극대화하기 위하여 노력하며 이에 따라 어떤 행동방안을 선택한다고 가정하기가 쉽다. 그러나 기업에 따라 단기적으로나 장기적으로 추구하고 있는 이익의 비중이 각기 다르고, 경쟁기업은 이익을 극대화 하기보다는 적정 수준에서 이를 실현하는 데 자족하려는 기업도 있다. 이러한 기업들은 여타 전략을 사용함으로써 보다 많은 이익을 실현할 기회가 있다 하더라도 목표이익을 달성하는 것만으로 만족한다.

따라서 마케팅 관리자들은 경쟁자들이 추구하고 있는 이익목표의 범주를 벗어나서 전반적인 목적이 무엇인가를 파악할 필요가 있다. 어떤 경쟁기업도 단일의 목적을 가지고 있지 않으며, 복수의 목적을 추구하는 것이 보통이다. 어느 기업이든지 경쟁자들이 추구하고 있는 목표가 수익성을 제고하는 데 있는 것인지, 시장점유율을 확대하는 데 있는 것인지, 또는 자금수지를 극대화하거나 기술면이나 서비스 면에서의 주도권을 확보하는 데 있는 것인지 등 어디에 상대적으로 더 많은 비중을 두고 있는가를 알고자 한다. 경쟁기업이 추구하고 있는 여러 가지 복수의 목적 중에서 어디에 비중을 더 많이 두고 있는가를 알면, 경쟁기업이 현재의 상황에 만족하고 있는가의 여부를 파악할 수 있고, 또한 어떻게 경쟁에 대응할 수 있는가에 대한 대안을 찾을 수 있다. 예컨대 원가면에서 주도권을 잡으려 하는 기업의 입장에서는 광고비를 증가시키는 경쟁기업보다 생산원가를 절감하려고 하는 경쟁기업에 대하여 더 강력하게 대응하려고 하는 전략을 취할 것이다. 또한 경쟁자들이 세분된 여러 시장부문을 공략하는 데 각각의 목적이 무엇인가를 파악할 필요도 있다. 만일 경쟁기업이 새로운 시장부문을 발견했다는 사실을 알고 있다면 새로운 기회를 찾을 수 있다는 것을 의미할 것이다. 또 어느 기업이 지금 진출하고 있는 시장부문에 대해서 경쟁자가 새롭게 진출할 계획을 가지고 있다는 것을 발견한다면 사전에 이에 대비할 기회를 가질 수 있다.

3. 경쟁자 전략의 파악

경쟁기업들간의 전략이 비슷하면 비슷할수록 경쟁의 정도는 더 치열하다고 할 수 있다. 대부분의 산업에서 경쟁기업들은 상이한 전략들을 추구하고 있는 집단들로 분류할 수가 있다. 여기에서 하나의 **전략적 집단**(strategic group)이라고 하는 것은 한 산업 내에서 동일한 또는 유사한 전략을 추구하고 있는 기업들의 집단을 말한다. 예컨대 가전제품 산업의 경우 삼성, LG, 대우 등의 기업들은 동일한 전략적 집단에 속하는 것으로 생각할 수 있다. 그러나 여타의 군소 가전제품 회사들의 경우에는 상이한 전략적 집단에 속하는 것으로 생각된다. 예컨대 고급의 제품만을 집중적으로 생산한다거나 또는 고가의 제품생산에 치중하는 전략을 생각할 수 있다.

이러한 전략적 집단을 파악하기 전에 몇 가지 중요한 착상을 응용할 수가 있다. 첫째, 어떤 전략적 집단은 다른 집단에 비해서 진입하기가 더 어려울 경우가 있다. 어떤 산업에 새로 진입하려는 소규모의 기업은 그 산업에 속하는 전략적 집단에 속하는 기업들이 비교적 투자규모가 크지 않고 또한 특별한 명성을 누리고 있지 못하다면, 그러한 집단에 진입하기가 비교적 쉽다는 것을 알 수 있다. 그러나 문제의 전략적 집단에 속하는 기업들이 이미 안정적인 위치를 차지하고 있고, 강력한 전략을 사용하고 있다면 새 기업이 진출하기는 대단히 어려울 것이다. 둘째, 어느 기업이 특정된 전략적 집단에 진출하기로 선택한다면 그 기업은 그러한 집단에 속하는 기업들을 핵심적인 경쟁자로 간주한다. 만일 어떤 기업이 삼성, LG, 대우의 3개 가전제품 회사에 도전하기 위해 가전제품 시장에 새로 진출하려는 시도를 하고, 또 성공하려면 이러한 대기업들에 비해서 전략적으로 비교우위가 있는 점들을 개발할 필요가 있을 것이다.

하나의 전략적 집단 내에서 기업간의 경쟁이 치열하기도 하지만 또한 전략적 집단간에도 경쟁이 존재한다. 첫째, 어떤 전략적 집단들에 따라서는 대상으로 하고 있는 고객집단이 중복될 수가 있다. 예컨대 주요 가전제품 회사의 경우, 그들의 전략이 무엇이든 간에 아파트 건설이나 주택건설을 하는 건설업체를 주요 시장부문으로 표적을 삼고 이러한 시장을 추적하려 할 것이다. 둘째, 고객들은 몇 개의 상이한 전략적 집단들이 제공하고 있는 제품에 차이를 인식하지 못할 수가 있다. 예컨대 TV나 냉장고 제품의 경우, 각 제조회사들간의 품질에 차이를 크게 느끼지 못할 수가 있는 것이다. 마지막으로 어느 전략적 집단에 속해 있는 기업들이 새로운 시장부문에 진출하여 시장을 확대하려는 전략을 택할 수가 있다. 예컨대 어느 가전제품 회사의 경우, 고급 고가의 제품을 추가로 생산함으로써 새로운 시장부문을 구축하려 할 수도 있는 것이다.

어느 기업이든 자신이 속해 있는 산업 내에서 전략적 집단들을 총체적으로 파악하고 그 특성을 분석하는 일이 중요하다. 보다 구체적으로는 경쟁기업의 제품, 품질, 특징 및 제품 믹스의 구성, 고객에 대한 서비스, 가격정책, 유통망, 판매원 전략, 광고 및 판매촉진 프로그램 등 세부적인 내용에 대해서까지도 알 필요가 있다. 뿐만 아니라 경쟁자의 기술개발에 관한 정보와 생산, 구매, 자금 및 여타의 전략 등에 이르기까지 세세한 정보도 분석하여야 한다.

4. 경쟁자의 장점과 약점 평가

모든 경쟁기업들이 그들의 전략을 전부 이용하고 이에 따라 목표를 달성할 수 있는가? 이것은 각 경쟁기업들이 보유하고 있는 자원과 능력에 달려있다고 할 수 있다. 마케팅 관리자는 각 경쟁기업들의 장점과 약점이 무엇인가를 정확하게 파악할 필요가 있다.

우선 첫 단계로 최근 수년간 경쟁기업들의 사업상황에 대한 핵심적인 자료들을 먼저 수집한다. 그것은 경쟁기업들의 목표, 전략 및 성과에 대한 지식을 필요로 하기 때문이다. 물론 이러한 정보들을 전부 입수하기는 쉽지가 않다. 예컨대 산업재를 생산하는 기업의 경우에는 소비재를 생산하는 기업의 경우와는 달리 경쟁기업의 시장점유율을 추정하기가 쉽지 않다. 그 이유는 시장점유율에 관한 정보를 수집, 분석하는 기관이 존재하지 않을 경우가 많고, 경쟁자에 관한 시장점유율을 정확하게 파악하는 것이 일반 소비재와는 달리 어려울 경우가 많기 때문이다. 그럼에도 불구하고 가능한 수단을 동원하여 그러한 정보를 입수할 수만 있다면 경쟁자의 장점과 약점을 보다 잘 평가할 수 있는 위치에 있게 된다.

기업들은 보통 경쟁자의 장점과 약점에 대한 정보를 2차자료, 개인적인 경험 및 소문 등을 통해서 입수하는 것이 보통이다. 그러나 그러한 정보원천뿐 아니라 1차자료를 소비자를 대상으로 공식적으로 수집한다거나 원료 공급자나 또는 대리점을 대상으로 조사함으로써 경쟁자에 관한 정보를 추가로 입수할 수 있다. 예컨대 **고객가치분석**(customer value analysis)을 통하여 고객들에게 그들이 문제의 기업이나 경쟁자의 기업에 비해서 가치가 있다고 생각하는 효익이 무엇이고 또 기업들간의 중요한 속성, 예컨대 제품이 지니고 있는 속성이나 기업의 이미지와 같은 속성에 대한 평가가 어떠한가를 물어봄으로써 그러한 정보입수가 가능하다.

고객가치분석은 경쟁자를 분석하여 어떠한 비교우위가 있는가를 찾아내는 강력한 주요 마케팅 수단의 하나이다. 이러한 고객가치분석의 목적은 표적고객들이 가치가 있다고 생각하고 있는 제품의 효익이 무엇이고, 경쟁자들의 제품에 비해 문제의 기업이 생산하고 있는 제품의 가치가 상대적으로 어떻게 평가되고 있는가를 결정하는 데 그 목적이 있다. 이러한 고객가치분석의 주요 단계는 다음과 같다.

첫째, 고객들이 가치가 있다고 생각하고 있는 주요 속성이 무엇인가를 발굴한다. 기업 내에서는 사람에 따라서 고객들이 무엇에 대해서 가치가 있다고 생각하고 있는가에 대해서는 각기 생각이 다를 수 있다. 따라서 마케팅 종사자는 고객들에게 제품이나 판매점을 선택하는 데 그들이 찾고 있는 속성이나 성능이 무엇인가에 대해서 먼저 물어보는 일이 필요하다. 물론 고객에 따라서 제품이나 기업에 대한 특징 내지 속성에 대해서 언급하는 바가 각기 상이할 수가 있다. 소비자들이 지적한 속성이나 특징의 가지 수가 많으면 그 중에서 중복되는 부분은 제거해야 할 것이다.

둘째, 상이한 속성의 중요도를 평가한다. 여기에서는 여러 가지 상이한 요인들에 대한 중요도 및 중요도에 대한 평가와 그 순위를 물어본다. 만일 고객들의 그러한 중요도에 대한 평가가 매우 상이하다면 고객들을 몇 개의 유사한 집단으로 재분류하는 일이 필요할 것이다.

셋째, 고객들이 평가한 제품의 중요도와 실제로 경쟁자들의 제품을 포함한 여러 제품들의 속성에 대해서 소비자들이 평가한 것과를 비교 평가한다. 즉 고객들에게 각 경쟁제품들의 성능에 대해서 개개의 속성을 놓고 평가하도록 하고 이에 대해서 물어본다. 이러한 과정을 통하여 경쟁자의 제품과 비교하여 제품이 지니고 있는 여러 가지 속성을 놓고 어떠한 장·단점이 있는가를 비교 평가함으로써 경쟁전략을 수립할 자료가 될 수 있다.

넷째, 특정된 시장부문에 속하는 고객들에 대해서 주요 경쟁자의 제품과 비교해 몇 가지 중요 속성에 대한 평가를 검토한다. 경쟁에서 우위를 확보할 수 있는 핵심적인 방법은 고객집단에 대해서 기업이 주요 경쟁자에 비해 어떠한 새로운 장점이 있는 제품을 제공할 수 있는가의 여부에 달려있다. 만일 주요 속성을 놓고 문제의 기업이 경쟁기업에 비해 모든 면에서 비교우위를 가지고 있는 것으로 판단된다면 가격을 높이 책정할 수 있을 뿐만 아니라 이에 따라 더 많은 이익을 거둘 수 있고, 이와 더불어 시장점유율도 더 차지할 가능성이 있다. 그러나 몇 가지 중요한 속성을 놓고 주요 경쟁자에 비해 비교열위에 있는 것으로 판명되었다면, 그러한 속성을 강화하는 데 더 많은 노력을 기울이거나 또는 경쟁자에 비해 비교우위를 구축할 수 있는 여타의 중요 속성을 발견하여야 할 것이다.

다섯째, 시간이 경과함에 따라 고객들이 지니고 있는 가치관이 어떻게 변하고 있는가를 검토한다. 일반적으로 고객들의 가치관은 단기적으로는 비교적 안정되어 있지만 오늘날에는 기술변화가 급격히 진행되고 있고 소비자들의 기호 또한 급격하게 변화하고 있음으로 인하여 소비자들의 가치관도 쉽게 변화하는 추세를 보이고 있다. 따라서 전략적인 측면에서 보다 효율적인 위치를 차지하기를 원한다면 고객들이 지니고 있는 가치관이 어떻게 변하고 있는가를 정기적으로 검토하여야 한다.

이러한 정보들을 통하여 공격할 경쟁기업들이 누구인가를 파악하고 어떠한 방법으로 공격할 것인가를 알 수가 있다. 또한 이러한 분석을 통하여 경쟁자의 대응에 어떠한 취약점이 있는가도 알 수가 있다. 경쟁기업의 약점을 추적하는 데 있어 기업은 경쟁자들의 사업의 범위와 시장의 범위를 어떻게 규정하고 있는가에 대해서 정확하게 파악하려고 하는 노력을 기울여야 한다. 예컨대 기업에 따라서는 자신이 동종업계에서 최고 품질의 제품을 생산하고 있다고 믿고 있지만, 실제로 그렇지 못할 경우가 흔히 있다. 또 많은 기업들이 고객들은 기업의 전체 제품들을 선호한다든가, 판매원들이 마케팅이 가장 중요한 수단이라든가 또는 고객에 대한 가치를 제공하는 서비스가 어떠한 대가를 치루는 것보다 중요하다든가와 같은 막연한 가정을 하기가 쉽다. 만일 경쟁기업이 중요한 측면에서 잘못된 가정에 따라 활동하고 있다면 당해 기업은 이에 따라 비교우위를 차지할 수 있다.

5. 경쟁자의 반응방식에 대한 추정

경쟁기업의 목적이나 전략, 또는 장점과 단점 등은 상대기업의 가격할인이나 촉진비용의 증액 또는 신제품 개발 등과 같은 조치에 대해서 어떠한 반응을 보일 것인가를 파악하는 데 하나의 단서를 제공하는 것에 불과하다. 한 걸음 더 나아가 각 경쟁자들은 나름대로의 사업철학을 지니고 있고, 또한 내부의 문화적인 속성, 그리고 지침이 되는 신념 등을 지니고 있다. 마케팅 관리자는 경쟁자들이 어떻게 행동하고 또는 반응을 보일 것인가에 관하여 예상하기를 원한다면 경쟁기업들의 경영철학을 이해할 필요가 있다.

경쟁기업들간의 반응은 각기 다를 수밖에 없다. 어떤 기업은 신속하게 대응하지 않거나 또는 강력하게 대응하지 않을 수도 있다. 또 어떤 경쟁사는 자신의 고객들이 충성도가 높다고 느낄 수도 있다. 또 경쟁기업에 대항하기 위한 자금이 부족하다고 느낄 수도 있다. 뿐만 아니라 또 어떤 경쟁기업은 특정된 기업의 공격방식만을 택할 수도 있다. 예컨대 경쟁기업이 가격할인으로 대항해 올 때, 대응방식도 역시 가격할인 방식만을 고집하고 여타 광고비 증액과 같은 것들은 별로 효과가 없다고 생각할 수가 있다. 한편, 어떤 경쟁기업들은 반응방식을 전혀 예측할 수가 없는 경우도 있다. 어떤 산업에서는 기업들간에 상대적인 안정을 추구함으로써 경쟁을 삼가는 경우도 있지만, 또 어떤 산업에서는 끊임없이 경쟁을 하고 있을 경우도 있다. 어떤 경우이든 주요 경쟁기업들이 경쟁자에 대해서 어떻게 공격하는 것이 최선의 방법인가, 그리고 현재의 위치를 어떻게 방어하는 것이 최선의 방법인가를 아는 것이 무엇보다도 중요하다고 할 수 있다.

6. 공격대상자와 회피대상자의 선정

경영층에서는 표적시장, 유통경로 및 마케팅 믹스 전략을 토대로 하는 사전 의사결정을 통하여 주요 경쟁자들을 선정하는 것이 보통이다. 이러한 의사결정을 통하여 기업이 어떠한 전략적 집단에 속하는가를 규정한다. 이제 경영층에서는 어떠한 경쟁자들과 가장 치열하게 경쟁하고 있는가를 결정하지 않으면 안 된다. 기업은 여러 가지 유형의 경쟁자에 대해서 어떠한 공격을 취할 것인가에 대해서 다음과 같은 경쟁자 유형에 초점을 두는 방식을 생각할 수 있다.

1) 강력한 경쟁자와 취약한 경쟁자

대부분의 기업들은 취약한 경쟁자를 표적으로 삼기 쉽다. 그것은 비용과 자원투입면에서 보다 수월하기 때문이다. 그러나 그 과정에서 기업이 얻을 수 있는 것은 아무것도 없다. 보다 중요한 것은 강력한 경쟁자와 경쟁을 하고 있다는 사실을 망각하여서는 안 된다는 점이다. 강력한 경쟁자라도 약점이 있는 경우가 흔히 있으며, 이러한 약점을 활용하는 데 성공하면 보다 큰 수확을 거둘 기회를 얻을 수 있다.[1]

2) 유화적 경쟁자와 파괴적 경쟁자

어떤 기업은 경쟁자들이 존재함으로 인해서 실제로 더 혜택을 입는 경우가 있다. 경쟁자들이 존재함으로 인해서 몇 가지 전략적 혜택의 결과를 가져오는 것이다. 경쟁기업들은 총수요를 증가시키는 데 도움이 될 수 있다. 그들은 시장에서의 비용을 분담하고, 제품개발도 공유하며, 새로운 기술을 개발하는 데도 공조가 가능하다. 경쟁기업에 따라서는 매력이 적은 시장부문에 진출함으로써 제품차별화를 가중시키는 결과를 가져올 수도 있다. 뿐만 아니라 이들은 독점의 위험을 줄임으로써 노동조합이나 정부 당국자와의 협상력을 강화할 수가 있다.

그러나 그렇다고 하여 경쟁자들이 모두 특정 기업에 도움이 된다고 이야기할 수는 없다. 산업에 따라서는 유화적 경쟁자들로 구성되어 있는 경우도 있고, 파괴적인 경쟁자들로 구성되어 있는 경우도 있다. 유화적 태도를 견지하는 기업들은 동종산업 내에서 일정한 규율을 준수하는 것을 원칙으로 삼고 있는 특징을 지니고 있다. 이들은 안정적이고 검소한 산업체들을 원하며, 가격경쟁도 상호 피하려는 경향을 보이고 있으며, 비용을 절감하거나 차별화를 시도하려는 노력을 기울이기는 하지만 적절한 수준의 시장점유율과 이익을 보장받으려는 노력을 기울인다. 그러나 파괴적인 경쟁기업들은 동종산업 내의 일정한 규율을 준수하기보다는 보다 공격적으로 시장점유율을 확대하려 한다거나 또는 더 많은 위험을 감수하여 시설을 확장한다거나 하는 등의 치열한 경쟁을 유발

---

[1] Michael E., Porter, *Competitive Advantage*(New york : The Free Press, 1985), Ch. 6.

시키는 것이 특징이다.

7. 경쟁자 정보수집제도의 설계

지금까지 우리는 기업의 의사결정자가 경쟁기업에 대해서 알아야 할 필요가 있는 주요 정보유형에 대해서 살펴보았다. 이러한 정보는 수집, 분석, 해석되어 기업 내부에서 최고경영층에 전달되어 이용될 필요가 있다. 경쟁자에 관한 정보를 수집하고 분석하는 데는 시간과 비용면에서 많은 노력이 투입되어야 하지만, 그러한 정보를 의식하지 않음으로써 발생하는 비용이 훨씬 더 클 수가 있다. 그러나 그럼에도 불구하고 어느 기업이든지 경쟁자에 관한 정보수집제도를 보다 효율적인 방법으로 설계하는 일이 필요하다.

경쟁자 정보수집제도에서는 먼저 경쟁자에 관한 정보의 유형이 무엇인가를 결정하고, 이러한 정보를 입수할 수 있는 최선의 원천이 무엇인가를 결정하여야 한다. 그리고 나서 그러한 정보들을 현장, 즉 판매원이나 유통경로, 원료 및 부품 공급자, 시장조사 기업, 협회 등의 기관으로부터 지속적으로 수집하는 일이 필요하며, 기타 정부나 정부투자기관 내에서 발간한 출판물들로부터도 정보를 입수할 수가 있다. 그 다음으로 검토해야 할 사항은 이러한 정보가 어느 정도로 타당성이 있고 신뢰성이 있는가를 검토하는 일이다. 그리고 그러한 정보를 필요로 하는 적절한 의사결정자에게 전달하고, 그들에게 여러 가지 문의에 대한 응답을 해야 될 필요가 있게 된다.

이러한 정보수집제도를 통하여 기업의 경영층에서는 경쟁자에 관한 시의적절한 정보를 입수할 수 있다. 한 걸음 더 나아가 경영층에서는 이러한 정보수집제도를 이용함으로써 그들의 경쟁자에 관한 정보를 필요로 할 때, 수시로 언제든지 입수할 수 있는 장점이 있게 된다. 특히 경쟁자의 장점과 단점이 무엇이고 경쟁자가 우리의 전략에 어떻게 대응해 올 것인가를 알기 위해서는 이와 같은 경쟁자 정보수집제도를 완벽하게 갖추는 일이 중요하다.

제2절 경쟁전략

기업의 입장에서 주요 경쟁자가 누구인가를 파악하고, 또 이들을 평가한 후에는 경쟁자에 비해 소비자들의 마음속에 최고의 위치를 차지할 수 있는 마케팅 전략을 폭넓게 설계하는 일이 중요하다. 이러한 전략들은 기업 또는 기업이 생산하고 있는 제품에 대해서 강력한 비교우위의 기회를 제공하게 된다.[2] 그러나 어떠한 폭넓은 마케팅 전략을 기업이 이용할 수 있는가? 또한 특정 기업이나 특정 제품에 있어서 어떠한 전략이 최선의 것인가?

어떠한 전략도 모든 기업에 적합하다고 할 수가 없다. 어느 기업이든 주어진 산업에서의 위치와 기업 자체의 목적, 기회 및 보유하고 있는 자원에 비추어 가장 의미가 있는 전략이 무엇인가를 결정하여야 한다. 기업 내부에서조차 사업별로나 제품별로 별개의 전략을 필요로 할 경우가 많다. 이에 따라 기업들이 이용할 수 있는 비교우위의 마케팅 전략에는 어떠한 것들이 있는가를 살펴보기로 한다.

1. 경쟁적 위치

특정 시점에서 주어진 표적시장을 놓고 경쟁하고 있는 기업들은 각기 자신들의 목적이나 보유하고 있는 자원면에서 상이하다. 기업마다 규모가 다르고 또한 보유하고 있는 자원면에서도 차이가 있고 자금면에서도 그러하다. 또 어떤 기업은 역사가 오래된 경우가 있는가 하면 또 어떤 기업은 새로 설립된 경우도 있다. 뿐만 아니라 기업에 따라서는 급격한 시장점유율 확대를 위하여 노력하는가 하면, 또 어떤 기업은 장기적인 이익을 추구하는 것을 목표로 삼기도 한다. 따라서 기업들은 표적시장에서 각기 자신들이 차지하고 있는 비교우위의 위치가 다를 수밖에 없다.

포터(Michael E. Porter)는 기업들이 경쟁에서 승리할 수 있는 기본적인 비교우위의 포지셔닝 전략을 제시한 바 있다.[3] 그러한 전략들은 다음과 같다.

■ 총체적 비용면에서의 주도권

이를 추구하는 기업들은 최소의 생산비와 유통비용을 달성하기 위하여 최대의 노력을 기울여 경쟁자에 비해서 보다 저렴한 가격으로 판매하여 최대의 시장점유율을 달성하는 것을 목적으로 한다.

---

[2] Michael E. Porter, *Competitive Advantage*; PanKaj Ghemawat, "Sustainable Advantage," *Harvard Business Review*, September-October 1986, pp.53-58; and Michael E. Porter, "From Competitive Advantage to Corporate Strategy," *Harvard Business Review*, May-June 1987, pp.43-59.

[3] Michael E. Porter, *Competitive Strategy: Techniques for Analyzing Industries and Competitors*(New York: Free Press, 1980), Ch.2.

■ **차별화**

이 전략을 이용하는 기업에서는 고도로 차별화된 제품계열이나 마케팅 프로그램에 집중적인 노력을 기울임으로써 동종산업계에서 주도권을 잡는 데 치중하는 전략이다. 대부분의 고객들은 가격이 그다지 높지 않다면 문제의 상품을 소유하기를 선호한다.

■ **초점(focus)**

이 전략은 기업이 소수의 특정 시장부문에 집중적인 노력을 기울이는 데 초점을 두는 특징이 있다.

기업들은 이상에서 언급한 세 가지 전략 중 어느 하나를 명백히 추구하게 될 때 성과가 훌륭하게 나타날 가능성이 많다. 또한 이러한 전략 중의 하나를 충실하게 추구할 때 많은 이익을 거둘 기회를 갖게 된다. 그러나 위에서 언급한 전략 중 어느 하나를 분명히 추구하지 않고 중간적인 입장에서 어정쩡한 전략을 택할 경우에는 실패하기가 쉽다.

여기에서 우리는 표적시장에서 기업이 수행하는 역할을 토대로 경쟁적인 위치를 네 가지로 분류하여 살펴보고자 한다. 그러한 경쟁적 위치란 **시장주도자**(market leader), **시장도전자**(market challenger), **시장추종자**(market follower) 및 **틈새시장 방어자**(market nicher)를 의미한다. 가령 어떤 시장이 그림 8-4와 같은 시장점유율 구조를 가지고 있다고 하자. 시장주도자는 40%의 시장점유율을 차지하고 있고, 시장도전자는 30%를, 시장점유율 확대에 노력을 기울이는 시장추종자는 20%의 점유율을, 그리고 나머지 10%는 틈새시장을 방어하려고 하는 기업들이 차지하고 있다.

여기에서 우리는 시장주도자, 시장도전자, 시장추종자 및 틈새시장 방어자 등이 이용가능한 마케팅 전략을 구체적으로 살펴보기로 하자. 여기에서 유의해야 할 점은 네 가지로 분류한 경쟁적 위치의 유형이 하나의 기업 전체에 적용될 경우가 그리 많지 않으며, 특정 산업에서의 기업위치 설정에만 응용되고 있다는 것이다.

예컨대 대규모의 다양화된 기업에서는 개별 사업부문이나 제품에 대해서는 틈새시장 방어자로서의 역할을 수행할 경우가 있는 것이다. 예컨대 IBM의 경우, 개인용 컴퓨터는 전체 시장에서 주도적인 역할을 담당하고 있지만, 교육시장 부문에서는 애플 컴퓨터에 대해서 도전적인 위치에 있다. 이러한 기업들은 경쟁적 상황에 따라서 사업단위별로 상이한 전략들을 이용할 경우가 흔히 있다.

그림 8-4 가상의 구조

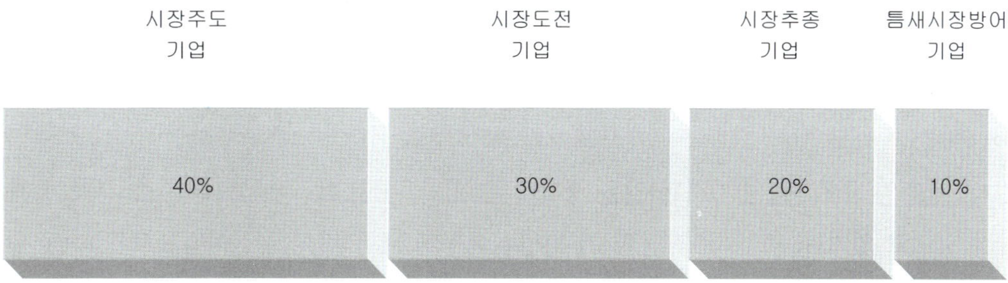

2. 시장주도전략

대부분의 산업에서는 일반적으로 시장에서 주도권을 쥐고 있는 기업이 존재하는 것이 보통이다. 이러한 기업은 최대의 시장점유율을 차지하고 있고, 가격변동이나 신제품 도입, 유통경로의 확장 등의 면에서 여타 기업들을 압도하는 것이 보통이다. 뿐만 아니라 촉진비용도 대폭 지출할 경우가 많다. 시장주도기업은 동종산업에서 존경받을 수 있는 위치에 있을 수 있고 그렇지 못할 수도 있지만, 나머지 기업들은 그 우월성을 인정하지 않을 수 없다. 이런 시장주도기업은 경쟁기업들의 표적이 될 뿐 아니라 도전의 대상이 되고, 또한 모방하려고 하는 대상이 되며, 회피 대상이 되기도 한다.

시장주도기업은 그 위치를 유지하는 일이 간단하지 않다. 이 기업은 끊임없이 시장의 변화를 주시함으로써 그 위치를 유지하려는 노력을 기울여야 한다. 왜냐하면 경쟁대상이 되는 기업들이 항상 장점과 단점을 분석하여 도전하려는 시도를 계속하기 때문이다. 시장주도기업은 시장에서 실수를 범하여 2위 내지 3위의 위치로 전락할 위험이 항상 존재한다. 도전자가 새로운 혁신을 통하여 주도기업을 추월할 가능성은 언제든지 존재한다.

시장주도기업은 여러 가지 수단을 통하여 현재의 위치를 고수하기를 원한다. 첫째, 총수요를 확대하는 방법을 찾는 것이 있다. 또 하나는 최선의 방어 내지 공격 행위를 통하여 현재의 시장점유율을 방어하는 방법을 강구하려고 한다. 셋째로는 시장 전체의 규모가 일정하다 하더라도 시장점유율을 더 확대하려는 시도를 할 수가 있다.

1) 총시장규모의 확대

총시장규모가 확대될 때 가장 이득을 보는 기업은 시장주도기업이 될 경우가 많다. 이러한 경우, 시장주도기업은 제품에 대한 새로운 사용자, 새로운 용도 및 더 많은 사용량의 가능성 등을 찾아야 한다.

첫째, 새로운 사용자를 발견하는 일을 생각할 수 있다. 어떤 제품부류이든 간에 문제의 제품을 아직 잘 모르고 있거나, 또는 그 제품의 가격이나 특징에 대한 지식이 결여됨으로 인하여 사용을 거부하는 소비층이 존재하고 있다. 따라서 이러한 경우, 새로운 사용자를 개발할 가능성은 얼마든지 있다고 할 수 있다. 예컨대 화장품 회사에서 향수를 새로 개발했을 때, 아직 향수를 사용하지 않고 있는 여성을 대상으로 제품의 사용을 소구할 수 있는 방법을 생각할 수 있고, 또한 인구통계적으로 보아도 아직 향수를 사용하고 있지 않은 남성인구를 대상으로 그 사용을 확대하는 방법을 생각할 수 있을 것이다.

두 번째로 총시장을 확대할 수 있는 방법으로는 새로운 용도를 개척하는 것이다. 대표적인 예로서 나일론을 처음 개발한 듀퐁 회사의 경우를 들 수 있다. 처음에 나일론이 개발되었을 때에는 낙하산용 섬유로 사용되었고, 그 후에는 여성용 스타킹, 그리고 그 후에는 일반 셔츠나 블라우스를 만드는 데 주요 재료로 사용되었다. 그리고 그 후에는 자동차 타이어나 기타 카페트를 만드는 데 사용되었다. 이와 같이 문제의 제품이 제품수명주기상 성숙기에 속할 때마다 새로운 용도를 개발함으로써 그 수명을 계속 연장할 수 있음을 알 수 있다.

셋째로 시장확대를 할 수 있는 전략의 하나로서 제품의 용도를 확대하는 것이다. 예컨대 치약의 경우, 단순히 충치예방을 위한 목적 외에도 냄새나 니코틴 제거를 위한 용도로 사용할 것을 권장하는 방법이 있을 수 있다.

2) 시장점유율의 보호

시장주도기업은 총시장규모를 확대하려는 노력을 기울이는 일도 필요하지만 경쟁자의 공격에 대비하여 현재의 사업을 끊임없이 보호하려는 노력도 기울여야 한다. 이것은 과점적 시장구조를 가지고 있는 산업의 경우에 특히 그러하다.

그렇다면 시장주도기업이 현재의 위치를 보호하기 위하여 할 수 있는 일은 무엇인가? 첫째,

경쟁기업들이 기회로 이용할 수도 있는 약점들을 예방하여야 한다. 예컨대 특정 브랜드에 있어서 고객들의 눈에 비친 상품의 가치에 맞추어 원가를 절감하고 이에 따라 가격을 계속 인하하는 일이 필요하다. 이러한 면에서 시장주도자는 경쟁자에 비해 선도적인 역할을 수행해야 한다. 그러나 최선의 방어는 훌륭한 공격에 있으며, 최선의 대응은 지속적인 혁신에 있다. 시장주도기업은 현재의 관행에 만족하지 않고 동종산업계에서 신제품의 개발, 고객에 대한 서비스 제공의 강화, 유통효율의 제고 및 비용절감 등의 면에서 주도적인 역할을 수행한다. 그렇게 함으로써 경쟁적 효과를 제고시키고 제품에 대한 고객들의 가치인식을 고양시킬 수 있다. 이와 같이 시장주도기업은 보다 공격적이고 비용관리면에서 선도적이며 경쟁자의 약점을 이용하는 데 그 특징이 있다.

근년에 이르러 경쟁이 격화되자 기업들은 군대에서의 전쟁모형에 관심을 갖기 시작했다.[4] 시장주도기업들은 군대에서의 성공적인 방어전략 패턴을 따라 비교우위의 전략을 가지고 시장에서의 위치를 방어하는 것이 중요하다고 생각하게 된 것이다. 시장주도기업이 이용할 수 있는 방어전략에는 여섯 가지 가 있으며 그림 8-5는 이를 예시한 것이다. 이러한 여섯 가지 방어전략을 요약하여 설명한다면 다음과 같다.[5]

(1) 위치방이

가장 기본적인 것으로 기업이 현재의 위치를 중심으로 이를 공고히 하는 방어전략이다. 그러나 단순히 현재의 위치나 제품을 방어한다는 것만으로는 충분하지가 않다. 예컨대 헨리 포드가 T 모델 자동차를 가지고 장기적으로 대량으로 판매하는 데 성공하였지만 결국은 그 자체에만 집착함으로써 파경에까지 이를 정도가 되었었다. 장기적으로 단일 상표로 이름이 나 있는 코카콜라나 바이엘 아스피린과 같은 상품의 경우에도 미래의 성장과 수익성을 추구하는 데 단일 브랜드에만 의존할 수가 없었다. 이러한 제품들조차 변화하고 있는 환경조건에 맞추어서 새로운 상표를 개발할 필요가 있게 되었다.

(2) 측면방어

시장주도기업이 전반적인 위치를 보호하려면 자신의 취약한 측면을 면밀하게 주시하여야 한

---

[4] Al Ries and Jack Trout, *Marketing Warfare*(New York : McGraw-Hill, 1986); and Gerald A. Michaelson, *Winning the Marketing War*(Lanham, MD: Madison Books, 1987).

[5] 여기에서 설명할 여섯 가지 방어전략과 다섯 가지 공격전략의 개념은 다음의 문헌에서 발췌한 것임. Philip Kotler and Ravi Singh, "Marketing Warfare in the 1980," *Journal of Business Strategy*, Winter 1981, pp.30-41.

그림 8-5 방어전략

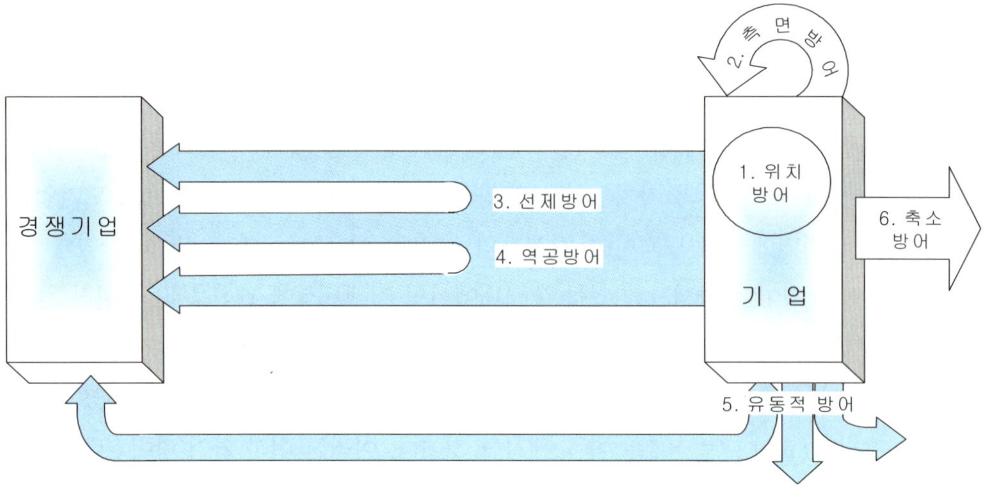

다. 용의주도한 경쟁기업들은 보통 상대방의 약점을 공격해 들어오는 것이 보통이다. 미국의 자동차 회사들이 소형 자동차 시장에서의 격차를 메우지 못하고 일본 자동차 회사에게 시장을 빼앗긴 것이 대표적인 예이다.

(3) 선제방어

시장주도기업은 경쟁기업이 어떤 조치를 취하기 전에 보다 공격적인 선제방어를 시작할 수 있는 위치에 있다. 이런 선제방어의 개념은 치유보다는 사전방어가 최선이라는 점을 인식하고 있는 것이다. 대표적인 예로서 소니(Sony)사는 워크맨 제품계열을 지속적으로 개발함으로써 경쟁자들이 진출하기 전에 새롭고 보다 성능이 좋은 모델들을 계속 내보내는 전략을 택하여 왔다.

(4) 역공방어

시장주도기업이 측면방어나 선제방어의 노력을 기울임에도 불구하고 공격을 당할 때에는 역공방어의 방법을 택할 수 있다. 예컨대 미국의 필름 시장에서 일본의 후지(Fuji)사가 미국의 코닥

(Kodak)사를 공격하였을 때, 코닥사는 촉진비용을 대폭 증가시키고 몇 가지 혁신적인 새로운 필름 제품을 도입함으로써 반격을 가한 바 있다.

(5) 유동적 방어

이 전략은 현재 시장의 위치를 보다 더 적극적으로 또한 다원적으로 방어하기 위한 방법이라고 할 수 있다. 시장주도기업은 방어와 공격을 위한 미래의 토대로써 이용할 수 있는 새로운 시장으로 진출, 확대하려는 방안을 강구한다. 그 하나는 시장의 개념을 보다 확대하여 현재의 제품에 초점을 두기보다는 소비자들의 욕구가 무엇인가를 보다 넓게 정의하고 이에 따라 초점을 두는 전략을 택하는 방법을 생각할 수 있다. '석유'회사가 '에너지'회사로 확대하는 경우가 이에 해당된다. 또 하나는 기업이 지금까지 관련이 없는 산업에 새로 진출하는 시장다양화의 방법을 생각할 수 있다. 예컨대 담배 제조회사에서는 금연운동이 확대됨에 따라서 담배산업에서 탈피하여 새로운 식품산업으로 재빨리 업종전환을 하는 전략을 택하는 경우가 있었다.

(6) 축소방어

대기업들은 가끔 그들의 지위나 위치를 더 이상 방어할 수가 없을 경우를 발견하게 된다. 중요한 이유 중의 하나는 보유하고 있는 자원이 극히 분산되거나 이에 따라서 경쟁자들이 강력하게 여러 부문에 걸쳐 침입해 들어올 경우가 있기 때문이다. 이에 따라서 기업이 취할 최선의 행동은 축소방어라고 할 수 있다. 다시 말하면 취약한 위치에 있는 부문을 포기하고 보다 강력한 위치에 있는 부문을 집중적으로 강화하는 것이다.

3) 시장점유율의 확대

시장주도기업은 자신의 시장점유율을 더욱 증가시킴으로써 성장할 수도 있다. 일반적으로 기업의 수익성은 시장점유율에 비례한다는 사실을 발견한 연구보고들을 많이 찾아볼 수 있다.[6]

그림 8-6은 특정된 기업의 '상대적 시장점유율'과 납세전 투자수익률(return on investment;

---

[6] Robert D. Buzzell, Bradley T. Gale, and Ralph G. M. Sultan, "Market Share-the Key to Profitability," *Harvard Business Review*, January-February 1975, pp.97-106; and Ben Branch, "The Law of the Marketplace and ROI Dynamics,: Financial Management, Summer 1980, pp.58-65. 한편 시장점유율과 수익성과의 관계가 과장된 것으로 비판한 문헌들은 다음과 같다. Carolyn Y. Woo and Arnold C. Cooper, "Market-Share Leadership-Not Always So Good,: *Harvard Business Review*, January-February 1984, pp.2-4: and Robert Jacobson and David A. Aaker, "Is Market Share All It's Cracked Up to Be?," *Journal of Marketing*, Fall 1985, pp.11-22.

그림 8-6 시장점유율과 수익성과의 관계

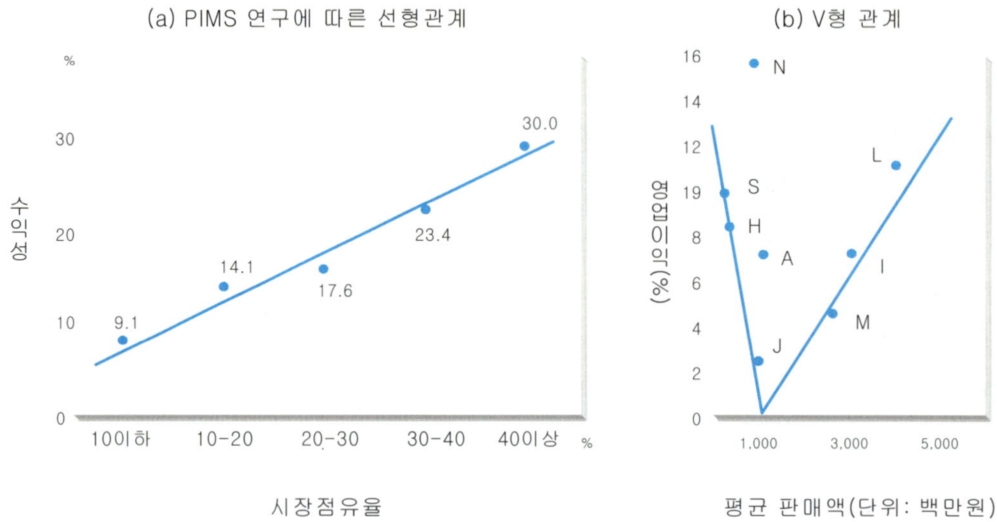

ROI)과의 관계를 보인 것으로, 이러한 연구결과를 흔히 PIMS(Profit Impact of Marketing Strategy)라고 한다. 그림에서 알 수 있는 바와 같이 어느 기업의 수익성은 시장점유율에 비례하여 증가하고 있다. 그림에 표시되어 있는 바와 같이 시장점유율이 10% 이하에 머물고 있는 사업에서의 평균 투자수익률은 약 11%에 불과하다. 시장점유율에서의 차이가 10%에 이르면 납세전 투자수익률에서도 약 5%의 차이가 난다. 이러한 PIMS 연구결과에 의하면 시장점유율이 40% 이상에 달하는 사업에서는 평균 투자수익률이 30%에 이르러 시장점유율이 10% 이하에 머물고 있는 사업에 비하여 약 3배에 달하고 있다. 이러한 연구결과는 기업들이 최우선적으로 추구하여야 할 목적은 시장점유율의 확대와 주도권을 추구하는데 둘 필요가 있음을 시사하고 있다.

이와 같이 상대적 시장점유율이 높은 기업이 평균적으로 투자수익률도 더 높기 때문에 많은 기업들이 시장점유율을 확대하는 데 주력하는 경향이 있어 왔다. 일반적으로 대기업들은 규모의 경제를 선호함으로써 비용면에서 우위를 차지하고, 또 시장점유율에서도 우위를 차지하는 경우가 많다. 반면에 소규모의 경쟁기업들은 특정 시장부문에 초점을 두고 여기에 집중적인 노력을 기울이고 생산, 마케팅 및 유통관리 면에서 전문적인 접근방식을 개발함으로써 높은 수익을 거둘 경우도 있다. 즉 전체 시장부문에서는 절대적인 시장점유율이 크지 않지만, 특정 시장부문에서는 높은 시장점유율을 차지함으로써 수익성을 제고시킬 수 있는 가능성이 있는 것이다. 예컨대 독일 자동차 메르세데스 벤츠(Mercedes Benz)의 경우가 바로 그러하다. 자동차 시장에서 고급 승용차의 시장점유율은 전체 시장에서 차지하는 비중이 그리 크지 않지만, 고급 승용차 시장부문 내에서는 이 메르세데스 벤츠의 시장점유율이 더 높은 비중을 차지함으로써 수익을 거둘 기회를 가질 수 있었다.

산업에 따라서는 시장점유율과 수익성과의 관계가 V형태를 띨 때가 있다. 그림 8-6의 오른쪽에는 농기구를 제조하는 기업들의 위치를 판매액과 영업이익과의 관계 하에서 그 위치를 나타낸 것이다. 그림에서 알 수 있는 바와 같이 판매액과 영업이익과의 관계에서 각 기업들이 위치하고 있는 형태는 V자형임을 보이고 있다. 그림에서 알 수 있는 바와 같이 시장주도기업인 D사는 시장점유율이 크고 수익성도 매우 높다. 그러나 시장점유율이 적은 S사와 H사는 역시 수익성이 높다. 이것은 아마도 틈새시장을 전통적으로 차지하고 있기 때문일 것이다. 이들보다 시장점유율이 더 높은 J사와 M사는 수익성이 낮은 계곡에서 헤어나지 못하고 있으며, 상당한 시장점유율을 차지하고 있는 I사는 판매량도 어느 정도 차지하고 있음에도 불구하고 수익성은 낮다. 이러한 산업에서는 높은 시장점유율과 수익을 거두고 있는 한 두 개의 대기업과 규모는 작지만 틈새시장을 차지하면서 수익을 거두고 있는 몇 개의 중소기업, 그리고 수익성이 별로 좋지 않은 몇 개의 중규모 기업들로 구성되어 있다.

그림 8-6의 두 가지 그림은 종합적으로 무엇을 이야기하고 있는가? PIMS 연구결과에 의하면 경쟁자에 비하여 상대적 시장점유율이 증가함에 따라 수익성도 증가한다고 하였다. V형태의 곡선은 시장부문들을 무시하고 전체 시장에서의 규모에 비한 수익성을 평가하고 있다. 위에서 언급하였던 바와 같이 메르세데츠가 높은 수익성을 달성할 수 있었던 이유는 전체 자동차 시장에서 고급 승용차가 차지하는 시장점유율은 적지만, 고급 승용차부문에서는 시장점유율이 높았기 때문이다.

그러나 시장점유율을 증가시킨다고 하여 그것이 곧 자동적으로 수익성을 제고시킬 수 있다고 생각해서는 안 된다. 문제는 시장점유율을 증가시키려고 하는 전략에 달려 있다. 시장점유율이 높으면서도 수익성이 낮은 기업이 있는가 하면, 시장점유율이 적으면서도 수익성이 높은 기업이 존재할 수 있는 것이다. 경우에 따라서 보다 많은 시장점유율을 차지하려는 노력을 기울이게 될 때, 더 많은 희생을 초래할 가능성도 있다. 보다 많은 시장점유율을 차지할 때 수익성도 높은 결과를 가져오는 경향이 있는 경우란 시장점유율이 증가함에 따라 제품 단위원가가 하락하거나 또는 기업이 경쟁자의 제품에 비해 우수한 품질의 것을 제공함으로써 높은 가격을 책정하여 수익을 거둘 수 있을 경우이다.

3. 시장도전전략

2위 또는 그 이하의 시장점유율을 차지하고 있지만 비교적 규모가 큰 판매고를 유지하고 있는 기업의 경우에는 두 가지의 경쟁전략 중 어느 하나를 택할 수가 있다. 즉, 이러한 기업은 시장주도기업이나 기타 경쟁기업들에 대해서 보다 많은 시장점유율을 차지하기 위하여 적극적인 공세를 취하거나 또는 현상유지를 위해서 경쟁기업들과 타협하는 방법을 생각할 수 있다. 이러한 시장도전기업들의 경쟁전략을 살펴보면 다음과 같다.

1) 전략적 목적과 경쟁자의 정의

시장도전기업은 먼저 자신의 전략적 목적을 결정하여야 한다. 대부분의 시장도전기업들은 자신들의 시장점유율을 증가시킴으로써 수익성을 제고시키고자 하는 데 전략적 목표를 두고 있다. 그러나 어떠한 전략적 목적을 선택할 것인가의 문제는 경쟁자가 누구인가에 달려 있다. 대부분의 경우, 기업들은 자신들이 도전할 경쟁자가 누구인가를 선택할 수가 있다.

시장도전기업은 시장주도기업을 공격할 수 있으며, 여기에는 많은 위험이 따르지만 시장주도기업이 시장을 제대로 관리하지 못한다면 상당한 이득을 얻을 수 있는 전략을 구사할 수 있을 것이다. 그러한 공격이 성공을 거두려면 시장주도기업에 비하여 지속적인 비교우위를 어느 정도 지닐 수 있어야 한다. 예컨대 비용을 절감하여 가격을 인하할 수 있다거나 높은 가격을 책정함으로써 보다 가치가 있는 제품을 제공할 수 있는 능력을 제고하는 것 등이 이에 속한다. 그러나 시장도전기업이 시장주도기업에 공격을 하고자 할 때는 시장주도기업의 반격을 최소화할 수 있는 방법을 찾아내야 한다. 만일 그렇지 못할 경우에는 도전함으로써 얻을 수 있는 이익은 단기에 그치고 말 확률이 크다.[7]

시장도전기업은 시장주도기업을 회피할 수 있다. 그 대신에 자신의 경우와 비슷한 기업을 공격하거나 또는 자신보다 규모가 적은 기업들을 공격할 수가 있다. 이러한 기업들은 많은 경우에 자금부족에 허덕일 경우가 많고 고객에 대한 서비스가 부족할 때도 많다.

따라서 시장도전기업의 전략적 목적은 어떤 경쟁자를 공격대상으로 선정하는가에 달려있다.

---

[7] Michael E. Porter, "How to Attack the Industry Leader," *Fortune*, April 19, 1985, pp.153-166.

만일 시장주도기업을 쫓아가는 데 전력을 투구한다면 이 기업의 목적은 일정한 비율의 시장점유율을 놓고 이를 더욱 많이 차지하려는 노력을 기울이려 할 것이다. 또한 시장도전기업의 입장에서는 그 목표를 시장에서의 주도권을 잡는 데 전략적 목표를 둘 수도 있다. 예컨대 IBM 회사가 개인용 컴퓨터 시장에 늦게 진출하였지만 하나의 도전기업으로 출발하였다 하더라도 곧 시장주도기업이 될 수 있었다. 뿐만 아니라 어느 기업이 소규모의 기업을 추격하는 데 관심을 두고 있다면, 그 목적은 이 기업을 업계에서 완전히 손을 떼도록 압력을 가하는 모든 노력을 경주하는 데 있을 것이다. 그러므로 중요한 점은 기업들은 누가 경쟁자인가를 신중하게 결정하고 달성가능한 목적이 무엇인가를 분명하게 결정하는 일이라고 할 수 있다.

2) 공격전략의 선택

시장도전기업이 경쟁자를 선정하여 이들을 공격하고 전략적 목적을 최대로 달성할 수 있는 방법은 무엇인가? 여기에는 다섯 가지의 가능한 공격전략이 있으며 그림 8-7은 이를 예시한 것이다. 이제 그 내용을 구체적으로 살펴보면 다음과 같다.

그림 8-7 공격전략

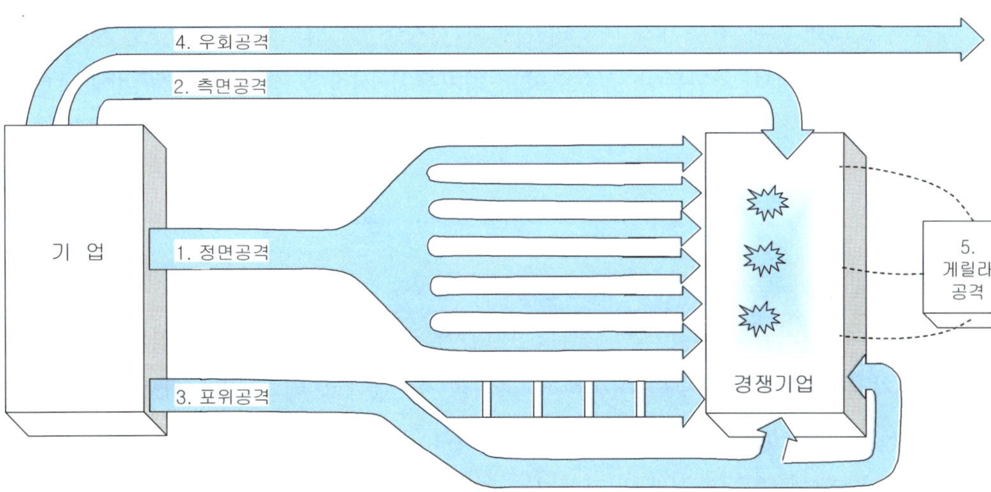

(1) 정면공격

시장도전기업이 정면공격을 시도할 때에는 경쟁기업의 제품전략, 광고, 가격, 유통 등의 마케팅 믹스 전반에 걸친 활동에 대해서 전면적으로 대응하는 방식을 취하게 된다. 여기에서는 경쟁기업의 약점보다는 장점을 공격하는 데 주안점을 둔다. 그 결과는 누가 더 많은 힘과 지구력을 가지고 있는가에 달려있다. 기업의 규모가 크다거나 장점을 보유하고 있다고 해서 상대기업이 강력하게 시장을 확장하고 있거나 보유하고 있는 자원이 풍부할 경우에는 이에 성공적으로 도전하기가 쉽지가 않다. 시장도전기업이 경쟁기업에 비해서 보유하고 있는 자원이 적다면 전면적 공격은 그다지 큰 의미를 갖지 못할 수가 있다.

(2) 측면공격

시장도전기업은 정공법을 택하기보다는 측면공격을 시도할 수가 있다. 경쟁기업은 자신의 강력한 위치를 보호하기 위하여 자원을 집중적으로 투입하는 경우가 흔히 있지만, 약점이 있는 측면을 보일 경우가 있다. 시장도전기업은 바로 이러한 약점이 있는 측면들을 공격하는 데 있어 경쟁자의 약점에 비해 자신들의 강점을 집중시킬 수가 있다. 측면공격은 흔히 문제의 기업이 경쟁자에 비해서 보유하고 있는 자원이 적을 경우에 그 의미가 있다.

또 하나의 측면공격전략은 전체 산업에서 기업들이 고객들의 욕구를 아직 충족시켜 주고 있지 못한 시장부문을 발견하여 이에 적합한 제품을 개발함으로써 그러한 시장부문을 차지하는 것이다. 대표적인 예로서 독일의 자동차 회사가 미국의 자동차 시장에서 고급 고가의 소규모 시장에 집중적으로 침투하였다거나 일본 기업들이 소규모의 소형자동차 시장을 잠식한 예가 이에 속한다고 할 수 있다.

(3) 포위공격

이것은 모든 방면에서 공격을 감행하여 경쟁기업이 전후방 및 측면 모든 면에서 동시에 방어해야 하는 것을 말한다. 이러한 포위전략은 시장도전기업이 보다 우수한 자원을 보유하고 있고 시장에서 경쟁자가 차지하고 있는 보루를 신속하게 파괴할 수 있다고 믿고 있을 때에 의미가 있다. 하나의 예로 일본의 세이코(Seiko) 시계회사를 들 수 있다. 이 회사에서는 수년간 미국의 시계시장 유통망을 장악하여 4백여 종류의 시계를 판매하고 있었다. 그러나 이 회사에서는 2천 3백여 모델의 시계를 생산, 판매하여 세계시장을 강타하고 있다.

(4) 우회공격

우회공격은 하나의 간접적 전략이라고 할 수 있다. 도전기업은 경쟁자를 피하여 보다 접근하기 쉬운 시장을 표적으로 삼는다. 이러한 우회공격의 방법으로서는 지금까지 취급해 왔던 제품과는 전혀 관련이 없는 새로운 제품으로 다양화하거나, 또는 새로운 지역시장을 개척하거나, 혹은 기존 제품을 대체할 수 있는 새로운 기술개발을 시도하는 것 등을 생각할 수 있다. 특히 기술적 도약은 기술집약적 산업에서 흔히 이용되고 있는 우회전략이다. 이러한 전략에서는 경쟁자의 제품을 모방한다거나 또는 비용이 많이 드는 전면적 공격을 시도하는 대신에 새로운 차세대의 기술을 개발하는 데 전력을 투구한다. 기술적 수준의 우위가 입증되면 그 때는 하나의 비교우위를 가지고 있는 것으로 생각하고 공격을 개시한다.

(5) 게릴라 공격

이 전법은 시장도전기업이 특히 규모가 작거나 자금면에서 열세일 경우에 선택할 수 있는 또 하나의 공격방법이라고 할 수 있다. 도전기업은 소규모의 정기적인 공격을 감행함으로써 경쟁기업의 사기를 저하시키고 이에 따라 궁극적으로는 영구적인 위치를 구축하려고 노력한다. 구체적인 방법으로는 선별적으로 가격을 인하한다거나 촉진비용을 집중적으로 투입하는 방법, 또는 선별적으로 법률적인 대응을 하는 방법 등을 취할 수 있다. 이 공격의 핵심적인 내용은 공격대상을 좁게 그리고 집중적으로 초점을 맞추는 데 있다.

4. 시장추종전략

추종자의 위치에 있는 기업들이 모두 시장주도기업에 도전하려고 하는 것은 아니다. 시장주도기업으로부터 고객을 탈취하려고 하는 노력은 그리 간단한 문제가 아니다. 만일 도전기업들이 가격을 인하한다거나 서비스를 개선하거나 또는 제품의 특징을 추가로 첨가한다거나 하는 등의 방법을 취한다면, 시장주도기업은 이에 대응하여 재빨리 그러한 공격을 희석시키는 방법을 강구한다. 시장주도기업은 아마도 모든 면에서 보다 강력한 힘을 구사할 수 있는 능력을 보유할 경우가 많을 것이다. 기업간의 경쟁이 격화되면 오히려 모든 기업에 사태를 악화시킬 가능성이 있고, 이것은 도전기업의 입장에서는 공격을 하기 전에 다시 한번 생각해야 될 문제이다. 따라서 많은 기업들은 시장주도기업을 공격하기보다는 이를 추종하기를 더 선호하는 경향이 있다.

어떤 산업에서는(예컨대 철강, 비료 및 화학제품) 차별화의 기회가 비교적 적고, 서비스의 질적인 수준이 거의 비등할 경우가 흔히 있으며, 가격 민감도가 높은 것이 특징이다. 이러한 산업에서의 가격전쟁은 파국을 초래하기 쉽다. 기업들은 단기적으로 시장점유율을 탈취하려는 방식을 피하려 하는데, 그 주된 이유는 그러한 전략을 택하게 되면 상대기업의 즉각적인 반격을 받기 때문이다. 대부분의 기업들은 상대방의 고객을 빼앗아 오는 것을 가능한 한 회피하며, 그 대신 비슷한 편의를 고객들에게 제공하는 방식을 취함으로써 가능한 한 선제공격을 피하려고 한다. 그러므로 이러한 산업의 주요 특징은 시장점유율이 극히 안정되어 있다는 데 있다.

그러나 그렇다고 하여 시장추종기업들이 전략이 없다는 것은 아니다. 시장추종기업들은 어떠한 방법으로 현재의 고객들을 유지하고 또 새로운 고객들에 대한 시장점유율을 적절하게 차지할 것인가를 발견하는 일이 중요하다. 각 추종기업들은 나름대로의 특징적인 비교우위를 표적시장에 대해서 차지하려고 하는 노력을 기울인다. 예컨대 점포의 위치나 서비스의 질적인 수준, 신용공여 등의 면에서 경쟁기업에 비해서 보다 나은 비교우위의 이점을 제공하려고 노력한다. 시장추종기업들은 도전기업들의 주요 공격목표가 된다. 따라서 시장추종기업들은 제조원가를 절감하고, 품질 및 서비스의 수준을 제고하는 데 지속적인 노력을 기울여야 한다. 또한 새로운 시장이 개설될 때마다 항시적으로 진출할 준비를 갖춰야 될 필요가 있다. 여기에서 추종한다는 것은 단순히 수동적이거나 시장주도기업의 방식을 그대로 모방한다는 것을 의미하지는 않는다. 시장추종기업들은 나름대로의 성장가도를 결정하여야 되지만, 경쟁자의 즉각적인 반응을 불러일으키지 않을 방법을 찾아야 할 필요가 있다.

시장추종기업들은 주도기업을 면밀하게 주시하고 다방면으로 주도기업을 모방하려고 하는 노력을 기울이는 일도 필요하다. 이와 같이 주도기업을 가까이서 추종하려고 하는 추종기업들은 대부분의 경우, 도전적인 기업인 것처럼 보이지만, 그러나 직접적인 갈등이 발생하지는 않는다. 다른 한편 '원거리'에서 시장주도기업을 추종하려는 경우도 있을 수 있다. 이러한 경우 시장추종기업은 차별화를 어느 정도 유지하지만 주요 시장과 제품의 혁신 및 가격수준이나 유통면에서 시장주도기업을 추종하는 방식을 택한다. 시장주도기업의 입장에서는 이러한 시장추종기업들의 존재가 전체 시장확대에 도움이 될 수 있기 때문에 이들의 도전을 막으려 하지 않을 수도 있다. 이러한 원거리에 있는 추종기업은 동종산업에서 소규모의 기업들을 인수함으로써 성장을 기할 수도 있다. 시장추종기업들은 시장주도기업에 비해서 시장점유율은 적을지라도 수익성이 있을 수 있고, 오히려 더 높은 수익을 거둘 경우도 있다.

5. 틈새시장 방어전략

어느 산업이든지 대개의 경우 대기업들이 간과하거나 또는 무시하고 있는 소규모의 틈새시장을 전문적으로 차지하고 있는 소규모의 기업들이 존재하고 있다. 이러한 특정시장부문은 중소기업뿐만 아니라 대기업의 소규모 사업부문에서도 관심을 기울인다. 물론 이러한 특정시장부문이 수익성이 있을 정도로 어느 정도 규모가 있고 성장잠재력이 크다면 매우 바람직할 것이다. 이러한 특정시장부문이 가지고 있는 장점 중의 하나는 대기업과 같은 경쟁기업들이 별로 관심을 기울이지 않는다는 데 있다. 이러한 특정시장부문을 차지하고 있는 기업은 고객들과의 유대관계를 특별히 강화하는 데 관심을 기울이며, 주요 경쟁자들의 침입에 대비하여 방어할 수 있는 태세를 언제든지 갖추고 있는 것이 보통이다.

이러한 틈새시장의 방어전략이 지니고 있는 특징은 '전문화'에 있다. 어느 기업이든지 이러한 특정시장부문을 차지하고자 할 때는 시장, 고객, 제품 또는 마케팅 믹스적인 면에서 전문화를 기해야 한다.

이러한 틈새시장 방어전략은 틈새시장이 소멸되거나 또는 공격받기 쉽다는 점에서 위험이 크다고 할 수 있다. 이것이 많은 기업들이 복수의 틈새시장을 방어하는 전략을 택하는 이유가 된다. 두 개 또는 그 이상의 틈새시장을 개발, 방어함으로써 기업은 생존의 기회를 높일 수 있는 것이다.

제3절 고객중심과 경쟁자중심 전략간의 균형

지금까지 우리는 경쟁자들을 면밀하게 주시하는 것이 기업의 입장에서 얼마나 중요한가를 살펴보았다. 어느 기업이 시장주도기업이든 혹은 도전기업이든, 또는 추종 또는 틈새시장 방어기업 등 무엇이든 간에 경쟁자에 비해서 효과적으로 대응하여 그 위치를 구축할 수 있는 비교우위의 마케팅 전략을 발견하는 일이 중요하다. 그리고 한 걸음 더 나아가 끊임없이 급격히 변하고 있는 경쟁환경에 적응하기 위한 전략을 개발하는 일이 무엇보다 중요하다.

여기에서 제기되는 문제 중의 하나는 기업이 경쟁자를 지나치게 의식하여 경쟁자의 전략을 추적하는 데 많은 시간과 노력을 기울임으로써 고객지향성을 상실할 가능성이 있지 않은가의 여부이다. 실제로 그러한 가능성은 많다. 어느 기업이 지나치게 경쟁 중심적이어서 보다 중요한 고객에 초점을 두는 것을 망각할 가능성이 있다. **경쟁자 중심적 기업**이란 주로 경쟁자의 행위와 반응을 토대로 전략을 수립하고 이를 수행하는 기업을 말한다. 이러한 기업들은 경쟁기업들의 움직임과 시장점유율을 추적하는 데 대부분의 시간을 소비하고 이들에게 반격할 수 있는 전략을 개발하려고 노력한다.

이러한 전략계획수립방식은 각각 장・단점이 있다. 장점으로서는 기업이 적극적인 공격 지향성을 띨 수 있다는 점이다. 기업에서는 마케팅 종사자들에게 지속적으로 자신들의 위치가 차지하고 있는 약점에 주의를 기울이고 또한 경쟁자들의 약점을 주시하도록 교육시킨다. 한편 단점으로는 기업이 경쟁자의 반응에 지나치게 민감할 수가 있다는 점이다. 이러한 경쟁 중심적 기업은 나름대로의 일관성 있는 고객 중심적 전략을 수행하기보다는 경쟁자의 행위와 반응을 토대로 조치를 취한다. 그 결과 목표를 지향하는 일관된 계획방향이 없는 경우가 많다.

고객 중심적 기업은 경쟁 중심적 기업과는 대조적으로 고객의 변화에 맞추어 마케팅 전략을 설계하는 데 초점을 둔다. 이러한 고객 중심적 기업은 새로운 기회를 포착하고 이에 따라 의미있는 전략을 구축하는 데 경쟁 중심적 기업보다 나은 위치에 있다고 할 수 있다. 고객의 욕구가 어떻게 바뀌고 있는가를 주시함으로써 주어진 자원과 목적의 범위 안에서 어떠한 고객집단들이 중요하며 또 어떠한 고객들의 욕구가 가장 중요한가를 결정할 수 있다.

그림 8-8 기업의 지향성 유형

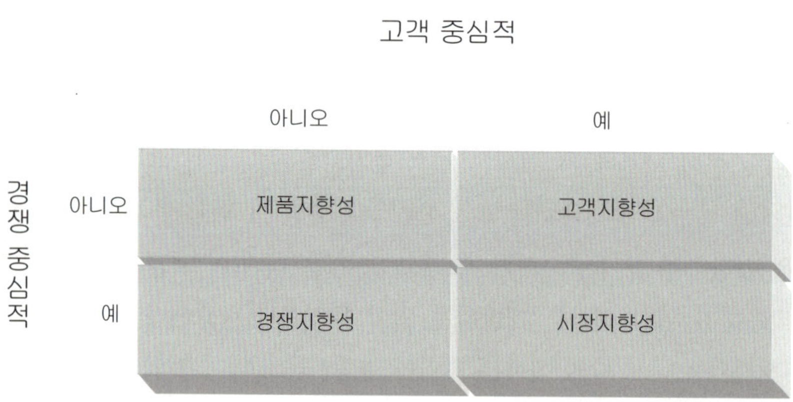

실제로 오늘날의 기업들은 고객들을 주시할 뿐만 아니라 경쟁기업들도 주시하는 **시장 중심적** 기업이어야 한다. 다시 말하면 경쟁을 지나치게 의식하여 고객의 욕구변화를 망각하여서는 안 되는 것이다. 그림 8-8은 기업들이 어떻게 네 가지 단계의 지향성으로 발전해 나아가고 있는가를 보여주고 있다.

첫 단계에서는 기업들이 제품 지향적이어서 고객 지향적이거나 또는 경쟁 지향적인 면에서 거의 관심을 기울이지 않는 경우이다. 두 번째 단계는 고객 지향적인 것으로서 이 단계에서는 고객에 대한 주의와 관심을 기울이기 시작한다. 세 번째 단계에서는 경쟁자에 대한 관심을 기울이기 시작하여 경쟁자 중심적인 체제를 갖추게 된다. 오늘날의 기업들은 전술한 바와 같이 고객 중심적인 동시에 경쟁자 중심적인 기업의 특성을 고루 갖추는 데 관심을 기울일 필요가 있다.

요 약

기업이 마케팅 전략을 효과적으로 수립하려면 현재의 고객이나 잠재고객을 고려하여야 할 뿐만 아니라 경쟁자도 고려하여야 한다. 기업은 지속적으로 경쟁기업을 분석함으로써 마케팅 전략을 개발하여 경쟁자에 비해서 비교우위를 차지할 수 있는 강력한 위치를 효과적으로 구축하는 중요한 과제를 안고 있다.

경쟁자 분석은 먼저 산업을 토대로 하는 분석과 시장을 토대로 하는 분석을 모두 이용함으로써 주요 경쟁자가 누구인가를 먼저 확인하는 것으로부터 출발한다. 그리고 나서 경쟁자의 목적, 전략, 장점 및 약점, 그리고 대응패턴 등에 관한 정보를 수집한다. 이와 같은 정보를 입수함으로써 경쟁자에게 대항하거나 또는 회피할 수 있는 방안을 강구할 수 있게 된다. 경쟁에 관한 정보는 지속적으로 수집, 해석, 전달되어야 한다. 기업의 마케팅 관리자는 자신의 의사결정에 영향을 미칠 경쟁자에 관한 신뢰할 만한 완전한 정보를 입수할 수 있도록 하기 위해 모든 노력을 경주하여야 한다.

경쟁전략을 수립하려면 산업구조를 분석하는 일이 중요하다. 산업구조적인 측면에서 경쟁을 결정하는 요인들은 넓은 의미에서 자본의 한계효율에 따라 결정된다고 할 수 있다. 즉, 자본수익률에 따라서 특정된 기업이 문제의 산업에 진입하거나 철수하는 결정을 내리게 된다. 그러나 실질적인 의미에서 경쟁의 범위를 규정하려면 단순한 이론적 측면에서의 개념보다는 실질적 측면에서 경쟁 대상자를 파악하는 일이 중요하다. 산업구조적인 측면에서 경쟁의 범위는 크게 보아 다섯 가지로 분류할 수 있다. 그 첫째는 물론 동종산업간의 경쟁이 포함된다. 그러나 동종산업 외에도 경쟁대상에는 여러 가지가 있다. 예컨대, 대체제품을 생산하는 기업은 말할 필요도 없이 하나의 경쟁대상기업으로 간주되어야 하며, 또한 원료 및 부품 공급자들도 경쟁대상이 된다. 이들과는 협상력을 통해서 거래를 결정하여야 하기 때문에 당연히 경쟁의 개념에 포함되며, 구매자의 경우도 동일하게 적용할 수 있다. 그밖에도 시장진입이 가능한 잠재기업들도 경쟁의 대상에 포함된다. 이와 같이 경쟁의 개념을 산업구조적 측면에서 파악하려면 다섯 가지 측면에서의 경쟁가능 대상자들을 파악하는 일이 중요하다.

구조적인 측면에서 경쟁을 진단하고 경쟁기업의 장·단점을 파악한 후에는 전략을 수립할 수 있게 되는데, 이러한 면에서의 경쟁전략은 첫째, 포지셔닝 전략이 있을 수 있으며, 또 하나는 경쟁력의 균형에 영향을 미치는 전략이 있을 수 있다. 예컨대 마케팅 면에서의 새로운 혁신을 시도하든가 또는 대규모의 투자나 수직적 통합을 시도함으로써 경쟁자의 시장진입을 저해하는 방법을 생각할 수 있다.

어떠한 마케팅 경쟁전략이 가장 의미가 있는가의 문제는 그 기업이 산업에서 차지하는 위치와 목적, 기회 및 보유하고 있는 자원에 달려있다. 이러한 기업의 마케팅 경쟁전략은 기업이 시장에서 주도자인가, 또는 도전자인가, 혹은 추종자인가, 그밖에 틈새시장 방어자인가의 여부에 달려 있다.

시장주도기업은 세 가지 도전에 직면하게 된다. 즉, 총체적 시장을 확대하는 것, 시장점유율을 보호하는 것, 그리고 시장점유율을 확대하는 것이 이에 해당된다. 시장주도기업이 전체 시장의 확대를 기할 수 있는 방법을 찾는 데 관심을 기울이는 이유는 시장확대를 통해서 어떤 기업보다도 판매증가에서 가장 득을 볼 수 있기 때문이다. 시장규모를 확대하기 위하여 주도기업은 제품의 새로운 사용자를 발견하거나 제품의 새로운 용도를 개발하거나 또는 제품의 사용횟수나 사용률을 높이는 방법을 찾아내려 한다. 한편 시장주도기업은 기존의 시장점유율을 보호하기 위하여 몇 가지 방어전략을 강구하게 된다. 즉 위치방어, 측면방어, 선제방어, 역공방어, 유동적 방어 및 축소방어 등이 있을 수 있다. 가장 치밀한 시장주도기업은 그들 스스로 수단을 철저하게 동원함으로써 경쟁자의 공격 틈을 주지 않으려고 노력한다. 이러한 시장주도기업들은 또한 시장점유율을 증가시키려고 노력한다. 이것은 시장점유율을 더 증가시킴으로써 수익성이 증가된다면 의미가 있기 때문이다.

시장도전기업이란 시장주도기업이나 기타 추종기업 또는 중소기업 등을 모두 대상으로 전면적으로 공격함으로써 시장점유율을 확대하는 데 매우 적극적인 노력을 기울이는 기업에 속한다. 시장도전기업들은 다양한 공격전략 중에서 어느 하나를 선택할 수가 있는데, 그러한 공격전략들의 예를 들면 전면공격, 측면공격, 포위공격, 우회공격 및 게릴라 공격 등의 방법 등이 있다.

시장추종기업은 시장의 안전을 해치지 않는 범위 내에서 전략을 선택하려고 하는 기업들을 말한다. 이러한 시장추종기업들은 그렇다고 하여 특별한 전략이 없는 것은 아니며, 예컨대 시장성장을 도모하기 위해 특별한 기법을 이용하려는 시도를 한다. 이러한 시장추종기업들은 산업에 따라서는 시장주도기업들보다도 오히려 더 높은 투자수익률을 달성할 경우도 있다.

틈새시장을 방어하려고 하는 전략을 구사하는 기업들은 대개의 경우 중소기업으로서 대기업들에게는 큰 매력을 주지 못하는 시장을 차지하고 있을 경우가 많다. 이러한 틈새시장을 방어하려는 기업들은 특정된 제품의 최종 사용에 있어 전문적인 기술 내지 기법을 보유하고 있을 경우가 많으며, 구체적인 특정된 고객집단을 보유하고 있거나 또는 특정된 제품의 특징을 가지고 있거나 특수한 품질이나 서비스를 제공할 수 있는 능력이 있을 경우에 그 존재가 가능하다.

오늘날의 기업들이 고객지향성은 물론 경쟁지향성을 지녀야 함은 물론이겠지만 경쟁 자체에 대해서 지나치게 집착하는 것도 올바른 자세라고 볼 수 없다. 경쟁을 지나치게 의식함으로써 고객의 새로운 욕구가 태동하고 있음을 발견하지 못할 수 있고, 새로운 경쟁자의 출현을 간과할 가능성도 있다. 기업이 진정한 의미에서 시장지향성을 추구하려면 소비자와 경쟁자들을 동시에 고려해야 하는 방안이 필요하다.

연습문제

1... 귀하가 서울의 강남구에서 DVD 임대연쇄점을 개설한다고 하자. 경쟁자는 누구인가? 그리고, 제품 및 시장면에서 어떤 특정된 기업과 경쟁대상이 되는가?

2... 우리나라 자동차 산업에서 승용차 유형별로 기업간에 어떠한 점에서 경쟁이 되고 있는가를 분석하여 보자. 예컨대, 소형차, 중형차 등 자동차의 크기에 따라서 경쟁이 되고 있는가를 설명하여 보라. 상기 자동차 산업에서 각 자동차 회사들의 장점과 약점이 무엇인가를 비교하여 보라.

3... 고급, 고가의 제품을 생산, 판매하던 기업이 저급, 저가의 제품을 생산, 판매함으로써 적극적으로 시장에 진출하려는 전략을 택하였다고 하자. 이 기업이 시장주도기업에 속한다면 귀하는 어떤 전략을 권할 것인가?

4... 과점적 시장을 점유하고 있는 국내 가전제품 회사들은 TV나 냉장고 등의 제품수요를 확대하기 위해서 어떠한 방법을 동원할 수 있는가? 또한 제품의 새로운 용도나 사용자들을 발견하기 위해서 판매촉진이 지니고 있는 역할에 대해서도 논의하여 보고 새로운 용도를 어떻게 의사소통 시키고 또 그 수요를 증가시킬 것인가를 논의하여 보라.

5... 우리나라에서 공산품 및 농산물 등 다수의 제품에 대한 수입이 개방될 경우 여러 가지로 혜택을 누려왔던 국내 기업들은 이에 대비하여 경쟁력을 유지하지 않으면 안 된다. 예컨대 자동차 회사의 경우, 외국 자동차의 수입이 완전 개방될 경우에 어떠한 시장방어전략을 수립할 수 있겠는가? 그 대책을 강구하여 보라.

6... 대기업도 아니고 소기업도 아닌 중간규모에 속한 기업들은 자신들의 수익을 향상시키기 위해서 특정시장 방어전략을 어떻게 이용할 수 있는가를 논의하여 보라.

7... 경쟁자와 고객 중에서 누가 더 시장 지향적 기업전략에 영향을 미칠 것인가? 고객에 대한 조사를 더 충실하게 수행하여야 할 것인가? 또는 경쟁자에 관한 정보를 더 많이 입수하는 데 노력을 집중할 것인가? 또는 양자에 관한 정보를 수집하는 데 적절한 균형

을 유지하는 일이 필요할 것인가?

8... 귀하가 탁상용 복사기를 생산하는 소규모의 기업을 운영하고 있다고 하자. 이러한 탁상용 복사기는 기술적인 면에서 다른 어떤 제품보다 앞서고 있고 또 경제적인 것으로 판단되고 있다. 이러한 경우 복사기 시장에 진출할 전략을 제시하여 보라. 그리고 그러한 전략을 수립하게 된 배경을 정당화할 수 있는 논거를 제시하여 보라.

9... 산업구조적인 측면에서 경쟁을 분석하는 일이 중요한 이유는 무엇인가? 그리고 그러한 산업구조적인 측면에서 본 경쟁의 범위는 어디까지 볼 것인가? 설명하여 보라.

제9장

시장세분화, 표적시장 선정 및 포지셔닝

제1절 시장세분화의 의의와 접근방법

기업이 소비자 시장이나 사업자 시장 등 어느 시장을 상대로 하여 마케팅 활동을 전개한다 하더라도 그 시장에서의 모든 고객을 표적으로 삼기는 어려울 것이다. 고객은 불특정 다수일 경우가 많으며, 널리 분산되어 있고, 구매조건과 구매관습 등도 기업에 따라 우월한 점이 각기 다를 것이다. 한 시장에서도 기업이 효율적으로 활동할 수 있는 특정된 부문이 존재한다. 따라서 한 기업이 시장 전체를 두고 경쟁하기보다는 그 기업이 제품이나 서비스를 효율적으로 제공할 수 있는 가장 유망한 시장부문(market segment)을 파악할 필요가 있다.

오늘날 대부분의 기업들은 대량마케팅에서 탈피하여 표적마케팅으로 전환하고 있다. 여기에서 **대량마케팅**(mass marketing)이란 기업이 하나의 제품만을 대량으로 생산하여 판매함으로써 모든 계층의 구매자를 유인하려는 마케팅 형태를 말한다. 반면에 **표적마케팅**(target marketing)이란 하나의 시장을 구매자들의 특성에 따라 몇 개의 부문으로 세분하고, 세분된 하나 또는 그 이상의 시장부문이 필요로 하는 것을 충족시키기 위해 제품과 마케팅 믹스를 개발하려는 활동을 말한다.

표적마케팅의 장점은 첫째, 기존의 제품만으로는 고객을 완전히 만족시킬 수 없는 새로운 시장부문을 포착할 기회가 있게 되며, 둘째, 표적시장에서의 고객들과 면담하여 이들의 구체적인 욕구와 요구사항을 파악하여 이에 적절한 제품을 개발하여 제공할 수 있다. 셋째, 한번의 시도로 모든 잠재구매자를 유인하기보다는 개개의 표적시장에 적절한 가격, 유통경로, 판매촉진 등을 통합하여 각 표적시장에 적합한 마케팅 프로그램을 수립할 수 있다.

그림 9-1 시장세분화, 표적시장 설정 및 시장 포지셔닝의 제단계

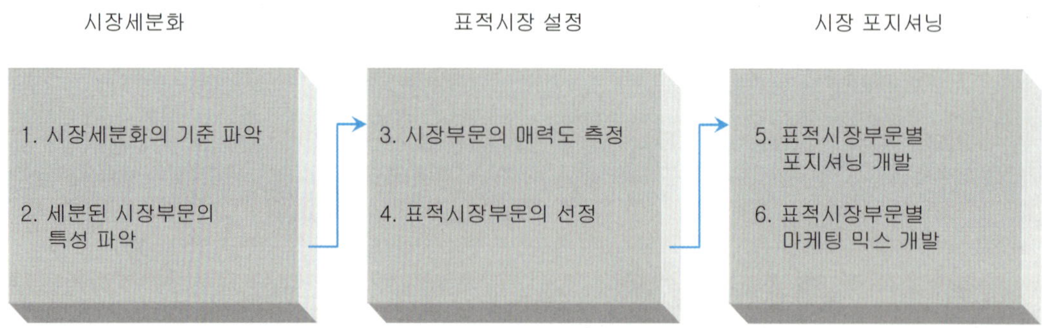

표적마케팅을 수행하려면 세 가지 주요 단계가 필요하다(그림 9-1 참조). 첫 단계는 **시장세분화**(market segmentation)이다. 시장세분화란 하나의 시장을 구매자의 특성에 따라 몇 개의 집단으로 세분하는 것으로서 세분된 각 집단 혹은 시장부문에 대하여 별개의 제품을 제공하거나 상이한 마케팅 믹스 전략을 이용하게 된다. 시장을 세분하려면 세분할 기준이 무엇인가를 알아야 하고 세분함으로써 각 시장부문이 어떠한 특성과 규모 및 시장성이 있는가를 파악하여야 한다. 두 번째 단계는 **표적시장 선정**(market targeting)으로서 세분된 각 시장부문의 매력도를 평가하고 진출하고자 하는 시장부문을 선정하는 과정을 말한다. 세 번째 단계는 **시장 포지셔닝**(market positioning)으로서 특정 제품과 상세한 마케팅 믹스 프로그램을 토대로 하여 경쟁적 위치를 구축하는 것을 말한다. 본 장에서는 먼저 시장세분화의 의의와 접근방법에 대하여 알아본 다음에 표적시장의 선정과 포지셔닝에 관하여 살펴보기로 한다.

1. 시장세분화의 수준

시장은 다수의 구매자로 구성되어 있고, 구매자들은 자신들의 욕구, 능력, 위치하고 있는 지역, 구매태도, 구매관습 등 여러 가지 면에서 상이한 특성을 지니고 있다. 하나의 시장을 세분하기 위하여 이러한 변수들을 이용할 수 있는 바, 먼저 시장세분화의 수준부터 알아보기로 한다.

시장세분화는 근래에 이르러 마케팅 전략에서 가장 관심을 끌고 발전되어 온 개념이다. 자본주의가 본격적으로 발달하기 시작하였을 때에는 단일 제품의 대량생산, 대량유통, 대량촉진의 방법을 통하여 이익을 실현하려는 것이 특징이었으나, 경쟁이 점차 격화되고 가격의 하락과 수익의 감소로 인하여 제품의 차별을 통하여 이를 극복하려고 하였다. 그러나 제품차별화 전략도 시장부문의 분석을 기초로 하는 것은 아니었다. 시장세분화는 제품의 특성을 기초로 하는 것이 아니라 고객집단이 그들의 필요나 욕구에 따라 제품을 구매한다는 인식으로부터 출발한다.

구매자들은 각기 상이한 욕구와 욕망을 지니고 있기 때문에 각 구매자마다 하나의 시장이라고도 볼 수 있다. 그러나 구매자별로 제품을 제공하려는 기업이 있지만 다수의 기업들은 동질적인 선호도를 지니고 있는 구매자 집단을 대상으로 제품을 판매할 경우가 많으며, 시장을 완전히 세분한다는 것이 의미가 없음을 알게 된다. 이러한 경우에는 제품에 대한 욕구와 구매반응에 있어 차이가 있는 구매자들을 동질적인 선호도를 지니고 있는 보다 넓은 범주의 집단으로 분류할 필요가 있다. 따라서 시장세분화는 여러 가지 수준에서 이루어질 수 있다. 그림 9-2는 시장세분화가 전혀 필요없는 대량마케팅부터 시작하여 시장을 완전히 세분하는 미시마케팅에 이르기까지의 몇 가지 수준을 보인 것이다. 그림에서 알 수 있는 바와 같이 그 중간에 세분마케팅과 틈새마케팅이 있다. 이하에서는 그 내용을 상세하게 살펴보기로 한다.

1) 대량마케팅

기업들이 언제나 표적마케팅을 이용하는 것은 아니다. 실제로 지난 20세기를 통하여 소비재를 생산하여 판매하는 기업들은 **대량마케팅**(mass marketing)에 집착하여 왔다. 이것은 모든 소비자들을 대상으로 동일한 제품을 동일한 방식으로 대량생산, 대량유통 및 대량촉진을 시도하는 것을 말한다. 대량마케팅에서의 주요 과제는 최소비용을 책정하여 대량의 잠재시장을 개발하는데 있다. 이러한 마케팅 활동에서는 고객의 수요에 차이가 있다는 것을 고려하지 않는다.

그러나 오늘날에는 이러한 대량마케팅이 어렵게 된 여러 가지 요인들이 발생하였다. 예컨대 연령이나 세대, 사회계층, 지역, 교육수준 등과 같은 변수에 따라 제품에 대한 요구가 각기 달라지게 된 것이다. 이에 따라 마케팅 종사자들은 다양한 집단들에 대하여 단일의 제품을 제공하거나 단일의 마케팅 믹스를 적용한다는 것이 매우 어렵게 되었다는 것을 느끼게 된다. 광고매체와 유통경로의 폭발적인 증가도 대량마케팅의 실행을 어렵게 만드는 요인으로 작용하고 있다. 예컨대 오늘날의 소비자들은 거대한 쇼핑몰, 전문점, 카탈로그, 홈쇼핑 네트워크, 인터넷상의 가상점포 등

그림 9-2 시장세분화의 수준

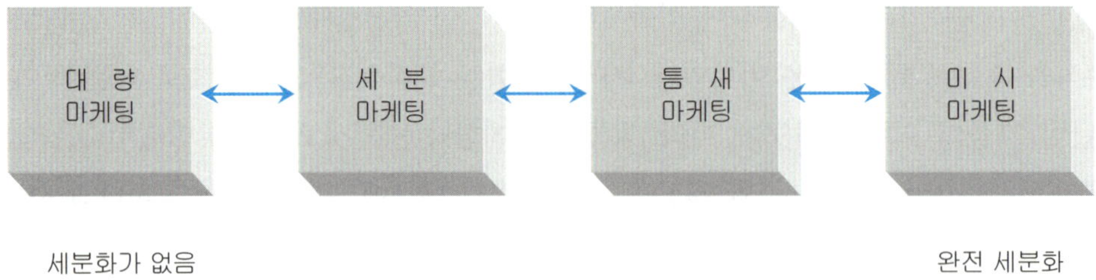

다양한 경로를 통하여 제품을 구입할 수 있다.

따라서 근래에 이를수록 대량마케팅의 중요성은 점차 감소되고 있으며 세분마케팅을 이용하는 경향이 높아지고 있다.

2) 세분마케팅

기업에서 **세분마케팅**(segment marketing)을 이용하고자 하는 이유는 구매자들이 각기 욕구와 인식 및 구매행동에 있어 차이가 있다고 보고 있기 때문이다. 기업에서는 시장을 구성하고 있는 구매자들의 특성에 따라 몇 개의 부문으로 세분하고, 세분된 하나 또는 그 이상의 시장부문에 대하여 그들의 필요를 충족시킬 제품을 제공하려 한다. 예컨대 자동차 회사에서는 흔히 소득수준과 연령에 따라 소비자들을 상이한 집단으로 세분하고, 세분된 각 집단에 대하여 알맞는 자동차를 개발하여 판매할 경우가 많다.

이러한 세분마케팅은 대량마케팅에 비하여 몇 가지 장점이 있다. 기업에서는 자신들이 가장 훌륭하게 봉사할 수 있는 소비자들만을 대상으로 제품이나 서비스를 보다 능률적으로 개발하여 유통시키고 적절한 촉진수단을 이용할 수 있다. 또한 세밀하게 규정된 시장부문별로 고객들의 욕구에 맞는 제품, 가격 및 프로그램들을 보다 효과적으로 개발할 수 있다. 또한 특정된 시장부문에 초점을 두는 경쟁자의 수가 적을수록 경쟁의 정도가 낮을 수 있다.

3) 틈새마케팅

틈새마케팅(niche marketing)이란 세분된 시장부문들 내에서 특정된 하위집단에 초점을 두는 마케팅 활동을 말한다. 따라서 틈새시장이란 하나의 시장부문을 2차로 세분하거나 제품의 특별한 장점을 선호하는 사람들로 구성되는 집단으로 재분류함으로써 보다 좁은 범위로 정의되는 특징이 있다.

일반적으로 세분된 시장부문은 비교적 규모가 크고 경쟁자들이 존재하는 반면에, 틈새시장은 규모가 훨씬 작고 경쟁자가 극히 제한적일 경우가 많다. 틈새시장을 담당하고 있는 마케팅 종사자들은 고객의 욕구를 잘 알고 있기 때문에 고객들은 비싼 가격을 지불할 의사가 있다. 예컨대 고급 고가의 자동차나 의류의 경우, 구매자들은 어떤 제품도 동일한 품질이나 서비스 또는 사회적 신분을 상징하는 것과 같은 혜택을 부여하고 있지 않기 때문에 애착도가 강하고 값비싼 대가를 지불할 의사가 있다. 이러한 틈새마케팅은 규모가 적은 기업이 대기업이 종사하지 않거나 간과하고 있는 틈새시장에 자신이 소유하고 있는 한정된 자원을 집중적으로 투입함으로써 경쟁할 수 있는 기회를 제공하고 있다.

오늘날 세계적으로 시장이 점차 독과점화 됨에 따라 새로운 기업이 시장에 진입할 기회가 적은 것처럼 보인다. 그러나 소비자들의 욕구는 다양하고 항상 변동하기 때문에 틈새시장은 항상 존재하기 마련이다. 따라서 누구든지 시장개척의 여지는 항상 존재한다고 볼 수 있다.

4) 미시마케팅

세분시장과 틈새시장을 다루고 있는 마케팅 종사자들은 여러 시장부문의 욕구에 맞도록 제품과 마케팅 프로그램을 제공한다. 그렇다고하여 개별 고객의 기호에 맞추어 그의 주문에 따라 제품을 제공하는 것은 아니다. 따라서 세분마케팅과 틈새마케팅은 대량마케팅과 미시마케팅 사이에 위치하고 있다. **미시마케팅**(micro marketing)이란 특정된 개인이나 지역의 기호에 맞추어 제품과 마케팅 프로그램을 제공하는 것을 말한다. 미시마케팅에는 '현지마케팅'과 '개인별 마케팅'이 있다.

(1) 현지마케팅

현지마케팅(local marketing)이란 각 지역에 소재하고 있는 현지 고객집단들의 욕구와 욕망에 맞추어 제품을 개발하여 판매하려는 활동을 말한다. 예컨대 백화점이나 할인점에서 각 지역별로 고객들의 기호에 맞추어 특정된 상품을 개발하여 판매촉진활동을 전개하는 경우를 들 수 있다.

은행의 경우에도 점포 소재지별로 해당 지역의 인구통계적 특성에 따라 상이한 서비스를 제공할 경우가 있다.

현지마케팅은 몇 가지 단점이 있다. 우선 제기되는 문제는 규모의 경제가 희생됨으로서 생산비와 마케팅 비용이 상대적으로 더 많이 소요된다는 점이다. 또한 각 지역별로 상이한 요구조건을 충족시켜야 하기 때문에 물류비용도 많이 소요될 수 있다. 뿐만 아니라 지역별로 상이한 제품과 촉진수단이 동원된다면 특정된 브랜드의 전반적인 이미지가 흐려질 염려가 있다. 그러나 시장이 점차 분화되고 새로운 기술이 개발됨에 따라 현지마케팅은 이와 같은 단점보다는 장점이 더 많아지고 있다. 현지마케팅을 이용하게 되면 지역별로 인구통계적 특성이나 라이프 스타일에 따라 고객들의 특성에 맞추어 보다 효과적으로 시장을 개척할 수 있다. 또한 현지 고객들의 취향에 관한 정보를 더 잘 알고 있는 소매상들의 요구도 충족시킬 수 있다.

(2) 개인별 마케팅

미시마케팅의 종착지는 개인별 마케팅이라고 할 수 있다. **개인별 마케팅**(individual marketing)이란 말 그대로 개별 고객의 욕구와 선호에 맞추어 제품을 제공하고 마케팅 프로그램을 개발하는 것을 말한다. 이러한 개인별 마케팅은 '**맞춤형 마케팅**'(customized marketing)이나 '**1대1 마케팅**'(one-to-one marketing)이라고도 흔히 불리운다. 대량생산방식이 채택되기 이전에는 양복이나 구두, 또는 가구와 같은 제품들이 개별 고객의 주문에 맞추어 제작되고 판매되었으나 대량생산 및 대량마케팅 방식이 보편화됨에 따라 이러한 주문방식에 의한 맞춤생산은 점차 소멸되었다. 따라서 대량생산 및 대량마케팅 방식은 개별 고객의 욕구를 간과하는 결점을 지니고 있다. 그러나 오늘날에는 새로운 기술의 발달로 과거의 맞춤형 마케팅 방식으로 회귀하고 있는 경향이 늘어나고 있다. 보다 강력한 컴퓨터, 방대하고도 세부적인 데이터베이스, 로봇에 의한 생산 및 인터넷이나 전자우편 및 팩스와 같은 양방향 통신매체 등의 새로운 기술과 기법의 발달로 대량의 고객들에 대하여 개별 욕구에 맞추어 1대1로 제품과 서비스를 디자인하고 제공할 수 있는 '대량 맞춤생산'의 시대가 열리게 되었다. 이와 같이 **대량맞춤생산**(mass customization)의 주요 특징은 고객별로 그들의 요구조건에 맞추어 제품을 디자인하고 촉진수단을 이용하는 것을 대규모로 행하고 있다는 점이다.

오늘날 소비재를 다루고 있는 마케팅 종사자들은 호텔, 가구, 의류 및 자동차에 이르기까지 다양한 범위에 걸쳐 맞춤형 제품을 제공하고 있다. 예컨대 의류의 경우, 고객이 점포에서 특정된 의류를 입어 본 다음에 디지털 카메라로 고객의 이미지를 컴퓨터 화면에 비추어 살펴본다. 점포의 직원은 이 고객의 스타일에 맞는 형을 컴퓨터에 저장한다. 고객은 자신의 취향에 맞추어 자신의 스타일과 색상에 들어맞는 의류를 언제든지 선정하여 주문할 수 있다. 고객이 주문한 의류에 관한 정보는 즉시 생산부에 전달될 수 있다. 자전거나 자동차의 경우에도 이와 같은 맞춤형 생산방식이 보급되는 추세에 있다.

이와 같이 개인별 마케팅의 현상이 증가하는 경향은 소비자가 '자기마케팅'(self-marketing)의 추세가 필요불가결함을 반영하고 있다. 개별 소비자들은 자신이 선택한 제품과 브랜드를 결정하는 데 더 많은 책임을 지게 된다. 또한 광고의 역할보다는 양방향 통신이 더욱 보편화됨으로써 자기마케팅의 중요성은 더욱 커지고 있다. 구매자들이 제품에 관한 정보를 컴퓨터로 더 많이 입수하게 되고, 인터넷을 통하여 제품에 관하여 소비자들간의 토론광장이 형성되어, 온라인이나 전화로 언제든지 제품을 주문할 수 있게 됨에 따라 마케팅 종사자들은 새로운 방식으로 구매과정에 영향을 미치려는 노력을 기울여야 할 것이다. 예컨대 제품을 개발하는 전 과정에 고객들을 개입시킬 필요가 있을 것이다. 이러한 1대1 마케팅에 대한 추세와 자기마케팅에 대해서는 제17장에서 보다 상세하게 살펴보게 될 것이다.

제2절 시장세분화 기준

1. 소비자 시장의 세분화 기준

시장을 세분하는데 유일한 방법이나 최적의 방법이 존재하는 것은 아니다. 세분할 기준이 되는 변수에는 여러 가지가 있기 때문이다. 표 9-1은 소비자 사회에서 마케팅 관리자가 시장을 세분하는데 이용할 수 있는 몇 가지 주요 변수들을 개략적으로 예시한 것이다. 소비자 시장을 세분하는 데 주로 이용하는 변수로서 지역, 인구통계, 정신심리적 요소, 행태적 요소 등이 있다.

1) 지역별 세분화

소비자 욕구와 반응이 지역적으로 다르다는 가정 하에 국가별, 도별, 시별 등 지역적인 위치에 따라 시장을 세분하는 것이다. 이와 같이 지역별로 시장을 세분하려면 한 개 또는 그 이상의 몇 개 지역에서 소비자의 욕구를 충족시켜 주기 위하여 전문적으로 활동할 것인가, 또는 광범위하게 산재해 있는 소비자를 상대로 하지만 지역에 따라 소비자의 욕구와 선호에 차이가 있는 데 관심을 기울여야 할 것인가를 결정할 필요가 있다. 미국의 경우 제너럴 식품(General Foods) 회사에서 생산하고 있는 맥스웰 하우스(Maxwell House) 커피는 전국적으로 판매되지만 지역적으로 소비자가 특별히 선호하는 현상을 볼 수 있다. 즉, 서부지역 사람들은 동부지역 사람들보다 강한 커피를 더 좋아한다고 한다.

오늘날 많은 기업들이 자신들의 마케팅 프로그램을 지역화 하는 경향이 많아지고 있음을 본다. 즉, 지역별로 소비자들의 욕구에 맞도록 제품을 디자인하거나 광고, 촉진, 기타 판매활동 등을 특화하는 경향이 높아지고 있다.

2) 인구통계 특성별 세분화

인구통계에 의한 시장세분화는 예컨대 연령, 성(性), 가족 수, 가족생활주기, 소득, 직업, 교육수준, 종교 등과 같은 인구통계변수들을 기준으로 하여 시장을 세분하는 것을 말한다. 소비자 집단을 구분하는데 이러한 인구통계 변수를 오랫동안 이용하여 온 이유는 소비자의 욕구, 선호, 제품사용횟수 등이 인구통계변수와 밀접한 관련이 있는 경우가 많기 때문이다. 또 하나의 이유는 인구통계 변수가 다른 유형의 변수보다 시장규모의 측정이 용이하다는 데 있다. 표적시장을 비(非)인구통계적으로 표현할 경우(예컨대, 개성의 형태) 그 규모와 시장진출방법을 알기 위하여 인구통계 특성을 이용하게 된다. 시장을 세분하는 데 인구통계변수가 구체적으로 어떻게 이용되는가를 알아보기로 한다.

(1) 연령 및 가족생활주기

소비자는 연령과 가족생활주기에 따라 능력과 욕구에 차이가 있다. 3개월 된 유아와 6개월이 지난 유아 사이에는 소비잠재력이 각각 다르다. 우리는 흔히 장난감 포장에서 장난감을 갖고 놀 수 있는 어린이의 연령을 표시한 것을 볼 수 있다. 이것은 포장에 표시되어 있는 연령만 보고서도 구입할 수 있도록 하는 세분화 전략이라고 할 수 있다.

그러나 연령은 매우 기묘한 변수일 수도 있다. 미국의 포드(Ford) 자동차회사가 값이 싸면서도 말쑥한 차를 머스탱(Mustang)이라는 브랜드로 생산하여 젊은층을 표적으로 삼아 판매하려고 하였다. 그러나 놀랍게도 모든 연령층의 소비자들에게 인기가 있었다. 젊게 보이고 싶다는 소비자들의 심리가 작용하였다는 사실을 뒤늦게 깨닫게 된 것이다.

표 9-1 소비자 시장세분화의 주요 변수들

변 수	대표적 구분형태	
지리적 특성		
지 방	중부지방, 영남지방, 호남지방 등	
군 단위 규모	A, B, C, D	
도시규모	인구 5만 이하	인구 5만~10만 미만
	인구 10만~30만 미만	인구 30만~50만 미만
	인구 50만~100만 미만	인구 100만 이상
인구밀도	도심, 도시교외, 농촌	
인구통계적 특성		
연 령	6세 미만, 6~11, 12~19, 20~34, 35~49, 50~4, 65세 이상	
성 별	남, 여	
가족규모	1~2, 3~4, 5명 이상	
가족생활주기	표 6-1 참조	
소 득	월 60만원 미만	월 60~100만원 미만
	월 100~150만원 미만	월 150~200만원 미만
	월 200~300만원 미만	월 300만원 이상
직 업	전문, 기술직, 관리, 경영직, 공무원, 주부, 사무직, 학생, 판매원, 직능공, 농업종사자, 실업자, 은퇴자	
교육수준	초등학교 졸, 중학교, 고등학교, 대학 및 그 이상	
종 교	불교, 유교, 기독교, 천주교 등	
정신심리적 특성		
사회계층	하류층, 중류층, 상류층	
생활양식	편의주의형, 성취동기형, 전통주의형, 변화추구형 등	
성 격	충동적, 권위주의적, 야심적, 공격적, 이타주의적	
행태적 특성		
구매계기	정기적 구매, 특별구매	
효 익	품질, 서비스, 전략	
사용경험여부	사용 경험이 없는 사람	사용 경험이 있는 사람
	사용가능성이 있는 사람	처음으로 사용해 본 사람
	정규적으로 사용하는 사람	
사용량	소량 사용자, 보통 사용자, 다량 사용자	
충성도	없음, 보통임, 강함, 절대적임	
구매태세단계	인식, 관심, 평가, 시험, 수용	
제품에 대한 태도	열광적, 적극적, 무관심, 부정적, 적대적	

(2) 성(sex)

우리는 흔히 의류나 화장품 혹은 잡지 등이 남녀를 구분하여 세분되고 있는 것을 볼 수 있다. 다른 제품에서도 그러한 예를 볼 수 있는데, 담배의 경우를 보면 미국에서는 모든 상표의 담배가 남녀의 구분없이 소비되어 왔으나 여성에게 알맞은 상표(향기, 포장 및 여성의 이미지를 강조하는 광고 등)를 개발하여 판매하고 있다(Eve, Virginia Slim 등). 자동차의 경우에도 사정은 비슷하다. 과거에는 가족간에 남녀를 구분하지 않고 운전할 수 있도록 만들어 왔으나 근래에 이를수록 직장 여성이 증가함에 따라 여성들의 취향에 맞는(여성용) 자동차를 개발하려는 경향이 많아지고 있다.

(3) 소득

자동차나 의류, 화장품 등의 시장을 소득수준에 따라 세분하는 것은 오랫동안 이용하여 온 방법이다. 그러나 특정 제품이 소득수준에 따라 구매된다는 예측이 정확하지 않을 경우가 있다. 예컨대 미국의 경우, 모든 계층에서 값싼 쉐브레이(Chevrolet) 차를 구입하고, 경영자 계층에서는 비싼 캐딜락(Cadillac) 차를 구입할 것이라고 흔히 생각될 것이나, 실제로 나타나는 현상은 그 반대라고 한다. 또한 노동계층에서 비싼 TV를 구입하는 것은 영화를 보러 가는 것보다 싸기 때문이라고 한다. 따라서 코울맨(Richard. R. Colemen)은 사회계층을 '**과소특권층**'의 시장부문과 '**과대특권층**'의 시장부문으로 구분할 필요가 있다고 주장한 바 있다.[1] 과소특권층이란 예컨대 값이 가장 싸고 경제적인 차가 실제로 가난한 사람이 구입하기보다는 사회적인 지위에 대한 열망에 비하여 자신들이 상대적으로 가난하다고 생각하거나, 비싼 차를 구입하면 그가 원하는 다른 의류와 가구, 주택을 구입할 수 없는 경우 그러한 제품들에 대한 자신의 욕구에 비하여 상대적으로 가난하다고 생각하는 사람들을 말한다. 이와는 달리 과대특권층은 중간가격의 승용차나 고가의 승용차를 구입하는 경향이 있다고 한다.

(4) 다각적 변수에 의한 시장세분화

두 개 혹은 그 이상의 변수를 토대로 시장을 세분하는 경우가 흔히 있다. 가구회사의 경우를 보자. 마케팅 조사에 의하면 세 개의 인구통계 변수, 즉 가장의 연령, 가족 수, 소득수준의 세 가지 변수가 가장 중요하다고 판단되었다고 하자. 그림 9-3은 이러한 변수들을 각각 네 가지, 세 가지, 세 가지로 구분하여 시장을 세분하여 총 36개의 시장부문으로 구성되어 있음을 보여주고 있다. 그러므로 어떠한 가정도 이러한 시장부문 중의 하나에 속할 것이다.

이와 같은 방법으로 시장을 세분하면 각 시장부문에서 얻을 수 있는 이익의 규모를 산출할 수 있다. 이를 위하여 각 시장부문에 속하는 가구 수, 평균구매회수, 경쟁 정도 등을 예측하는 일이 부차적으로 필요할 것이다.

Richard P. Coleman, "The Significance of Social Stratification in Selling," in Marketing : *A Maturing Discipline*, ed. Martin L. Bell..(Chicago : American Marketing Association, 1961), pp.171-184.

그림 9-3 세 변수에 의한 시장세분화의 예

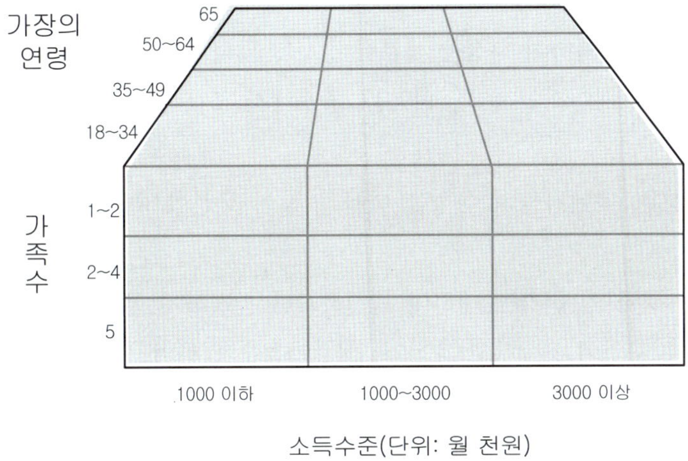

3) 정신심리적 변수(psychographic variables)에 의한 세분화

구매자들을 사회계층이나 생활양식, 개성 등과 같은 특성을 기준으로 세분하는 것을 말하며, 상기한 바와 같은 인구통계만으로는 사람들의 태도, 생활양식을 구분할 수 없을 경우가 있으므로 이러한 방법에 의하여 시장을 세분할 필요가 점차 증가하고 있다.

(1) 사회계층

사회계층에 따라 의식주와 여가활동, 독서습관에 차이가 있고 필요한 제품이나 서비스를 선호하는 경향이 각기 다른 것이 보통이다. 우리는 많은 기업들이 특정된 사회계층에 속하는 사람들에게 적합한 제품이나 서비스를 제공하는 것을 흔히 볼 수 있다.

(2) 생활양식

우리는 앞의 제6장에서 소비자들이 자신들의 생활양식(life style)을 반영하는 제품에 관심을 가지고 있음을 살펴본 바 있다. 사람들은 누구나 그들의 독특한 생활양식을 지니고 있으며, 그러한 생활양식은 사람들의 공통된 활동, 관심 및 의견에 따라 몇 개의 집단으로 분류된다. 분류된 각 집단에 속하는 사람들은 그들의 활동, 관심, 의견 등에서 유사성이 있을 뿐만 아니라 제품에 대한 선호 경향에 있어서도 유사할 경우가 많다고 한다. 따라서 이와 같이 일반적인 생활양식에 관한 정보가 있으면 마케팅 전략에 이용할 수 있음은 물론이다. 오늘날에는 일반적인 생활양식보다도 좀더 구체적인 생활양식을 조사하여 시장을 세분할 경우가 많다. 예컨대 지프(Ruth Ziff)는 사람들의 생활양식상의 차이점이 개인적인 용품, 의약품, 가정에서 쓰는 물건, 식품 등을 구입하는데서 나타난다고 주장한 바 있다.[2]

예컨대 의약품의 경우, 구매자들의 유형을 다음과 같이 구분할 수 있다고 한다.

- **현실주의자**(35%) : 자신의 건강에 대하여 과신하거나 걱정하지 않는 사람들을 말한다. 이들은 처방을 믿으며, 구입이 용이하고 효과가 있는 약품을 원하며, 의사가 권하는 약품의 필요성을 그다지 느끼지 않는다.
- **권위추종자**(31%) : 의사를 믿고 처방을 따른다. 건강에 대해 자신이 없다거나 금욕주의자는 아니다. 의사의 권위를 전적으로 신뢰한다.
- **회의주의자**(23%) : 건강에 대하여 그다지 근심하지 않으며 처방을 거의 찾지 않는다. 엄격한 처방에 대하여 회의적이다.
- **우울증 환자**(11%) : 건강에 대하여 걱정이 많으며 아픈 증세가 보이기만 하면 약을 찾는다.

그러므로 제약회사의 마케팅 활동이 가장 효과적인 시장부문은 우울증 환자들이고 회의주의자들에게는 별 효과가 없을 것이다. 의약품에 대한 선호성향에 따라 소비자들을 이러한 형태로 분류할 수 있다면 제약회사가 표적시장에 진출하는 데 커다란 도움이 될 수 있겠다.

(3) 개성

개성(personality)에 따라 시장을 세분할 수도 있다. 마케팅 관리자는 소비자의 이미지 또는 자아개념에 적합한 브랜드 이미지나 브랜드 개념을 개발하려 한다. 미국의 포드(Ford) 자동차와 쉐브레이(Chevrolet) 자동차의 경우를 보면, 포드 자동차를 구매하는 사람들은 자립적이며, 추진력이 있고, 남성적이고, 변화에 민감하며, 자신감이 있는 사람들로 인식하고 있는 반면에, 쉐브레이 차

[2] Ruth Ziff, "Psychographics for Market Segmentation," *Journal of Advertising Research*, April 1971, pp.78-84.

를 구매하는 사람들은 보수적이고, 근검절약하며, 특권의식이 있고, 덜 남성적이고, 온건한 사람들이라고 인식하고 있었다는 분석자료가 있었다.

에반스(Flanklin. B. Evans)는 이 두 회사의 자동차를 구매하는 사람들의 성격을 성취감, 지배욕, 변화욕, 공격성 등으로 구분하여 조사한 결과, 포드자동차의 소유자들은 지배욕에 관하여만 큰 차이가 있을 뿐 기타의 개성(성취감, 변화욕구, 공격성)에서는 차이가 거의 없다는 사실을 발견한 바 있다.[3]

그 이후로 제품이나 브랜드를 구입하는 데 사람들의 개성의 차이와 상관관계가 있다고 하는 사실이 발견되기도 하였으나 무관하다는 사실이 증명된 경우도 흔히 있었다.[4]

4) 행태에 의한 세분화

구매자들이 실제로 제품이나 제품의 특성에 대하여 지니고 있는 지식, 태도, 사용 습관, 제품에 대한 반응도 등을 기초로 하여 시장을 세분하는 것을 말한다. 시장을 효과적으로 세분하려면 행태적 변수를 기초로 하는 것이 가장 좋은 방법이라고 생각하는 사람들이 많다.

(1) **구매계기**(purchase occasion)

구매자들을 제품을 구매하는 계기에 따라 세분하는 것이다. 예컨대 여행사에서 고객들이 여행하는 기회를 사업, 휴가, 단체관광 등으로 구분하여 이에 치중하는 것을 들 수 있다. 이와 같은 시장세분화 방법은 제품의 사용횟수를 증가시키려는 기업에서 흔히 이용한다.

(2) **제품에서 얻는 혜택**(benefit sought)

구매자들이 그들이 제품을 구입하여 사용함으로써 얻게 되는 혜택 또는 효익에 따라 분류할 수도 있다. 이러한 **효익세분화**(benefit segmentation)를 시도하려면 문제의 제품부류에서 사람들이 추구하는 주요 혜택 또는 효익이 무엇인가를 발견하여야 하고, 또 그러한 혜택을 추구하는 사람들이 어떠한 유형에 속하는가도 알아야 하며, 한 걸음 더 나아가 각각의 혜택 또는 효익을 제공해

---

3 Franklin B. Evans "Psychological and Objective Factors in the Prediction of Brand Choice ; Ford versus Chevrolet," *Journal of Business*, October 1959, pp.340-369.

4 Ralph Westfall, "Psychological Factors in Predicting Product Choice," Journal of Marketing, April 1962, pp.34-40. Maurice J. Gottlieb, "Segmentation by Personality Types," in *Advancing Marketing Efficiency*, ed. Lynn J. Stockman (Chicago : American Marketing Association, 1959), p.154. W. T. Tucker and John J. Painter, "Personality and Product Use," *Journal of Applied Psychology*, October 1961, pp.325-329.

주고 있는 주요 브랜드에는 어떠한 것이 있는가를 알 수 있어야 한다. 양켈로비치(Daniel Yankelovich)는 시계시장을 세분하는데 이와 같은 방법을 이용한 바 있다.[5]

그가 발견한 바에 의하면 시계를 구매하는 사람의 약 23%가 싼 가격의 것을 찾고, 46%가 평범하면서도 내구성 있는 시계를 구하려고 하며, 31%는 자기를 과시하기 위하여 구매한다는 것이다. 그 당시 대부분의 시계회사들은 세 번째 경우만을 생각하고 권위를 상징하는 값비싼 시계를 생산하여 주로 보석상을 통하여 판매하고 있었다. 그 후 타이멕스(Timex) 시계회사가 이러한 사실을 주시하여 앞의 두 가지 경우의 시장부문에 집중적으로 진출할 것을 결정하고 타이멕스 시계를 생산하여 대량유통기구(mass merchandiser)를 통하여 판매하기 시작하였다. 이 회사는 이러한 시장세분화 전략을 이용하여 세계적인 시계회사로 군림하게 되었다. 그러므로 소비자들이 동일한 제품에서 찾고자 하는 혜택이 무엇인가를 발견하고 이에 따라 소비자 계층을 구분하는 것과 아울러 그러한 혜택을 제공하는 유사한 브랜드가 존재하고 있는가를 확인하는 것이 마케팅 관리자의 주요 임무이다.

또 하나의 예를 들어보자. 핼리(Russell. J. Haley)가 조사한 바에 의하면 치약 소비자들이 치약을 선택하게 되는 것은 치아보호, 향기, 가격, 맛 등에 따라 결정되며, 그러한 특성을 원하는 소비자들은 특정된 인구통계적, 행태적, 정신심리적인 집단을 구성하고 있다고 한다(표 9-2 참조). 예컨대 충치예방을 원하는 사람들은 대개 대가족을 이루고 있는 가정에 속하며, 치약을 많이 사용하거나 보수적인 생활을 하는 사람들이라고 한다. 어느 치약회사가 표 9-2와 같은 정보를 알고 있다면 자기회사의 제품이 어떠한 시장부문에 적합한가 알게 되고, 이에 적절한 제품의 특성을 개발할 수 있으며, 경쟁제품과도 비교할 수 있을 것이다.

(3) 사용경험 여부

시장을 비(非)사용자, 전(前)사용자, 잠재적 사용자, 신규사용자, 정기사용자 등의 집단으로 구분할 수도 있을 것이다. 시장점유율이 높은 기업에서는 잠재적 사용자를 유치하는 데 관심이 있을 것이며, 규모가 작은 회사에서는 정기사용자들을 유치하려 할 것이다. 이 두 회사는 각기 상이한 전략이 필요할 것으로 생각된다. 사회적 마케팅, 예컨대 마약퇴치운동을 벌이는 기관에서는 사용자의 사용경험 여부에 관심이 많다. 즉, 잠재적 사용자로 지목되는 청소년층을 대상으로 계몽운동을 전개하고 사용자에게도 마약사용을 중단하도록 노력해야 할 것이다.

---

[5] Daniel Yankelovich, "New Criteria for Market Segmentation," *Harvard Business Review*, March-April 1984, pp.83-90.

표 9-2 치약시장의 효익세분화

효익시장부문	인구통계	행위	사이코그래픽스
절약(저가)	남성	다량사용자	독자성 추구 및 가치지향성
충치예방	대가족	다량사용자	우울증, 보수적
청결	10대 및 젊은세대	끽연자	사교적, 활동적
맛	어린이	박하 애호가	쾌락추구

자료원 : Russell I. Haley, "Benefit Segmentation : A Decision Oriented Research Tool," *Journal of Marketing*, July 1963, pp.30-35. Russell I. Haley, "Benefit Segmentation ; Backwards and Forwards," *Journal of Advertising Research*, February-March 1984, pp.19-25.

(4) 사용률(혹은 사용횟수)

제품을 사용하는 양 또는 사용횟수에 따라 구매자들을 세분할 수 있다. 제품을 많이 사용하는 사람들은 시장규모에 비하여 그 수가 적지만 사용량의 비중이 클 것이다. 그림 9-4는 소비자를 대상으로 조사한 사용률에 관한 자료이다.

그림에서 맥주의 경우를 보자. 표본으로 선정된 가구들 가운데 41%가 맥주를 구입하고 있다. 그러나 다량으로 소비하는 50%의 계층은 전체 맥주소비량의 87%를 차지하고 있어 소량으로 소비하는 계층에 비하여 기의 7배나 된다. 따라서 맥주회사의 입장에서는 맥주를 많이 마시는 사람들을 표적으로 이들에게 소구하려 할 것이다. 맥주를 많이 마시는 계층의 주요 특성은 이들이 노동계층에 속할 경우가 많고, 젊은 층이 주로 마시며, TV를 시청하는데 스포츠 중계를 좋아한다는 점이다.

이러한 정보는 가격을 결정하거나 신문, 방송을 통한 광고전략을 수립하는데 매우 유용한 자료가 될 것이다.

그러나 이와 같은 전략이 반드시 타당한 것은 아니다. 예컨대 가족계획을 권장하는 정부기관에서 자녀를 많이 갖기를 원하는 사람들을 대상으로 계몽운동을 전개하겠지만, 이러한 사람들은 산아제한운동에 거부반응을 보일 수가 있다. 그러므로 계몽운동에 필요한 예산이 한정되어 있다면, 모든 가구를 대상으로 운동할 것인가, 혹은 소수의 완강한 반대자들에게 집중적으로 운동할 것인가를 신중하게 고려하여야 한다.

(5) 충성도(loyalty)

특정 제품에 대하여 소비자가 지속적으로 선호하는 정도를 말하며, 이러한 충성도에 따라 시장

그림 9-4 일반소비재의 다량 소비자와 소량 소비자

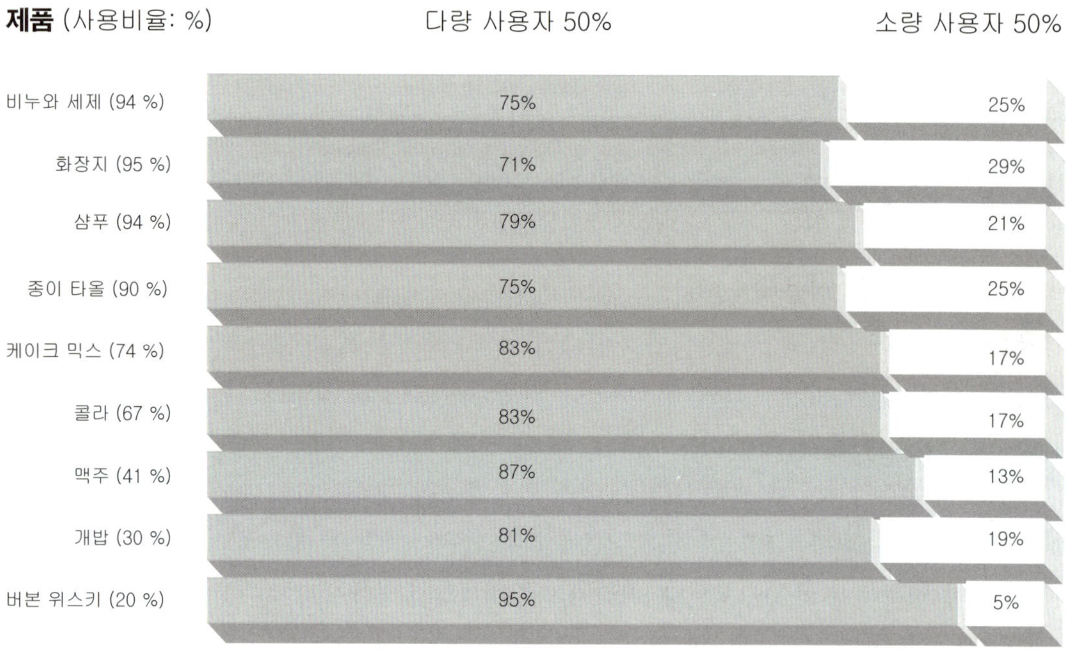

을 세분할 수가 있다. 브라운(George H. Brown)은 브랜드에 대한 소비자들의 충성도에 따라 네 가지 유형의 집단으로 분류한 바 있다.[6] 즉,

① 언제나 한 브랜드를 구매하는 소비자
② 두 개 혹은 그 이상의 브랜드에 대하여 충실한 소비자
③ 한 브랜드에서 다른 브랜드를 구매를 변경하는 소비자
④ 여러 가지 브랜드를 구매하지만 어떠한 브랜드에도 충실하지 않은 소비자

따라서 한 브랜드를 선호하는 사람만으로 구성되어 있는 시장에 진출하기는 매우 어려운 일임

[6] George H. Brown, "Brand Loyalty-Factor or Fiction?," *Advertising Age*, June 1952-January 1953, a series.

에 틀림없다. 지금까지 연구한 바로는 특정 브랜드에 대한 충성도가 있는 소비자들을 발견할 수는 있지만, 이들의 사회경제적 내지 개성의 특성에 따라 그들을 구분할 수 없으며, 충성도가 약한 소비자들보다 평균수요에 차이가 있다고 하는 증거가 발견된 경우도 없고 촉진활동에 대한 반응에도 차이가 있는 것 같지는 않다. 이것이 사실이라면 브랜드에 대한 충성도를 시장세분화의 기준으로 삼는 것은 별 도움이 되지 않을 것이다.

한편 브랜드에 대한 충성도란 개념은 모호한 점이 있다. 예컨대 어떤 구매자가 일곱 번에 걸쳐 A라는 동일한 브랜드를 구매하였다면 그 브랜드를 본질적으로 선호하는 것처럼 보인다. 그러나 실제로는 습관, 무관심, 싼 가격 또는 대체브랜드가 없는 경우 등의 이유 때문에 동일 브랜드를 계속 구매할 수도 있을 것이다. 또 어떤 구매자가 처음 네 번을 계속하여 B라는 브랜드를 구매하고, 그 후 세 번을 계속 A라는 브랜드를 구매하였다면 브랜드에 대한 애착이 B에서 A로 바뀌는 것 같이 보인다. 그러나 구매하러 갔던 상점에서 B브랜드의 재고가 떨어졌다거나, 구매상점을 바꿨다거나, A가 더 싸기 때문에 상기한 바와 같은 현상이 나타날 수 있을 것이다. 그러므로 어느 구매자가 계속하여 동일 브랜드를 구매한다든가 양상이 바뀌었다고 하여 해당 브랜드에 대한 애착이 강하다든가 약하다는 증거를 반드시 보여주는 것은 아니다.

(6) 구매태세의 제단계(stages of readiness)

소비자가 어느 시점에서 특정 제품을 구매하려는 태세에는 여러 가지가 있다. 잠재소비자 중에서는 제품을 알고 있는 소비자도 있고 모르고 있는 소비자도 있을 것이다. 또한 제품에 관한 정보를 입수하는 사람, 관심이 있는 사람, 단순히 구매할 수 있기만을 바라는 사람, 실제로 구매할 의사가 있는 사람 등 여러 가지가 있으며, 소비자들이 이와 같은 구매태세의 단계 중 어느 단계에 얼마나 존재하는가를 파악하는 일도 매우 중요한 일 중의 하나이다.

예를 들어보자. 어느 보건기관에서 암을 조기에 발견하기 위하여 부인들의 세포조직을 검사할 것을 결정하고 이들의 관심을 끌려고 한다. 처음에는 부인들이 이러한 취지를 잘 모를 것이므로 이 기관에서는 광고 및 홍보활동을 통하여 그 취지를 전달한다. 이에 따라 부인들은 암진단의 필요를 인식하게 되고 진단을 원하는 사람의 수도 증가할 것이다. 이에 대비하여 시설을 확장할 필요도 발생할 것이다. 이것은 구매태세가 단계적으로 변화함에 따라 이에 적절한 마케팅 프로그램을 조정해 나아가야 함을 뜻한다.

(7) 태도

소비자들은 어느 특정 제품에 대해서 열렬한 호응이나 적극적 태도를 보여주거나, 혹은 무관심 내지 부정적 혹은 적대적인 태도를 보일 경우가 있다. 이와 같이 제품에 대한 소비자들의 태도에 따라 시장을 세분할 수 있다. 문제의 제품에 대해서 호의적인 태도를 지니고 있는 사람들에 대해서는 그러한 태도를 강화시키는(reinforce) 일이 필요할 것이고, 부정적이거나 적대적인 태도를 지니고 있는 소비자들에게는 그와 같은 태도를 바꾸려는 노력이 필요할 것이다.

(8) 마케팅 요소

가격이나 품질, 기타 서비스 같은 마케팅 요소에 대한 소비자들의 반응도에 따라 시장을 세분하기도 한다. 이러한 정보는 마케팅 자원을 할당하는 데 이용할 수 있다. 이와 같은 마케팅 요소들은 구매자들이 제품을 구매함으로써 얻으려고 하는 특정된 혜택을 나타내고 있다. 어느 기업이 하나의 마케팅 요소에 집중적으로 노력을 기울이면 그러한 요소 또는 혜택을 얻고자 하는 충실한 소비자들을 확보할 수 있다.

2. 사업자 시장의 세분화 기준

사업자 시장도 소비자 시장의 경우에서와 마찬가지로 동일한 변수를 기준으로 시장을 세분할 수 있다. 예컨대 산업재 구매자들을 지역으로 세분하거나 또는 구매자들이 추구하는 제품의 혜택 또는 효익에 따라 세분할 수가 있을 것이다. 그밖에도 사용량, 충성도 정도, 구매태세의 단계 및 태도 등의 변수를 토대로 하여 시장을 세분할 수가 있다. 그러나 사업자 시장은 또한 몇 가지 새로운 변수를 추가로 하여 세분할 수 있다. 이러한 새로운 변수로서는 기업규모, 경영활동상의 특성, 구매접근방법, 그리고 개인적인 특성 등을 들 수 있다.[7]

여기에서는 사업자 시장을 세분하는데 흔히 이용되는 최종 사용자(end user)에 따라 구분하는 것을 토대로 설명하여 보기로 한다. 최종 사용자들은 제품에서 얻으려 하는 혜택이 각기 다르며, 따라서 상이한 마케팅 믹스가 필요하다.

반도체 시장의 경우를 보자. 반도체 시장은 군용, 산업용, 일반소비제품용으로 분류할 수가 있을 것이다. 군에서는 품질과 제조시설의 적합성을 중요시하며, 따라서 군을 상대하는 회사는 연구

---

[7] Thomas V. Bonoma and Benson P. Shapiro, *Segmenting the Industrial Market*(Lexington, MA : Lexington Books, 1983).

개발에 많은 투자가 있어야 할 것이다. 군의 구매절차를 잘 아는 대리판매인을 이용하고 있는 것이 보통이다.

대형 컴퓨터와 같은 산업용품 구매자들은 고도의 품질과 서비스를 요구한다. 가격은 타제품과 커다란 차이가 없는 한, 큰 문제가 되지 않는다. 반도체 회사는 어느 정도 연구개발에 대한 투자가 필요하며, 제품에 대하여 기술적 지식을 갖고 있는 대리판매원을 이용하여 판매한다.

가전제품의 경우와 같이 일반 소비제품용을 생산하는 회사에서는 부품을 구매하는 데 가격과 배달이 중요하다고 생각한다. 반도체 회사는 연구개발에 거의 투자하지 않으며, 비교적 전문기술이 필요없는 대리판매인을 통하여 대량으로 판매하려 한다.

그밖에 산업시장을 세분하는 데에는 고객의 규모, 제품용도, 조직구조 등과 같은 변수를 이용하기도 하며, 하나의 변수에만 의지하지 않고 다각적으로 이용하기도 한다. 그림 9-5에서와 같은 알루미늄 회사의 경우를 보자. 이 회사에서는 시장을 최종 사용자를 기준으로 하여 자동차용, 주택용 및 청량음료제조용의 세 가지 시장으로 구분하고, 주택시장에 진출할 것을 결정하고 있다. 제품용도상 건물부품을 전문적으로 생산하고 대부분의 고객과 거래할 것을 결정하고 있는 것을 보여주고 있다. 다음에는 고객들이 제시하는 가격, 서비스 또는 품질에 대한 반응에 따라 다시 세분할 수 있을 것이다. 이 회사가 다른 회사에 비하여 서비스가 월등히 우수하다면 그러한 서비스를 원하는 구매자로 구성되어 있는 시장부문에 집중적으로 노력을 기울이게 될 것이다.

3. 시장세분화의 전제조건

지금까지 살펴본 바와 같이 시장을 세분하는 방법에는 여러 가지가 있으며, 또 매우 다양함을 알았다. 그러나 시장을 세분한다고 하여 언제나 효과를 얻을 수 있는 것은 아니다. 예컨대 어느 조미료 제품을 주부의 연령에 따라 구분하여 판매한다고 하자. 그러나 주부의 연령에 따라 조미료를 구매하는 데 차이가 있을 것으로 보이지는 않는다. 또한 모든 주부가 매월 똑같은 양의 조미료를 구매하고 동일한 가격을 지불하려 하며 모든 제품의 질이 동일하다면 시장을 세분한다는 것은 큰 의미가 없을 것이다. 시장을 세분하여 효과를 거두려면 다음과 같은 조건들이 충족되어야 한다.

첫째, 세분된 시장부문의 규모와 구매력의 크기를 측정할 수 있어야 한다. 경우에 따라 그와 같은 측정이 불가능한 경우도 있다. 예컨대 10대 소년들의 끽연숫자를 파악하기는 힘들 것이다.

둘째, 구매자들이 쉽게 구매할 수 있고 구매자들과의 접촉이 용이하여야 한다. 가령 화장품회사에서 자기 제품을 사용하는 여성들이 주로 독신이며 야간작업을 하는 사람들이라고 하자. 이

그림 9-5 알루미늄 시장의 3단계 세분화

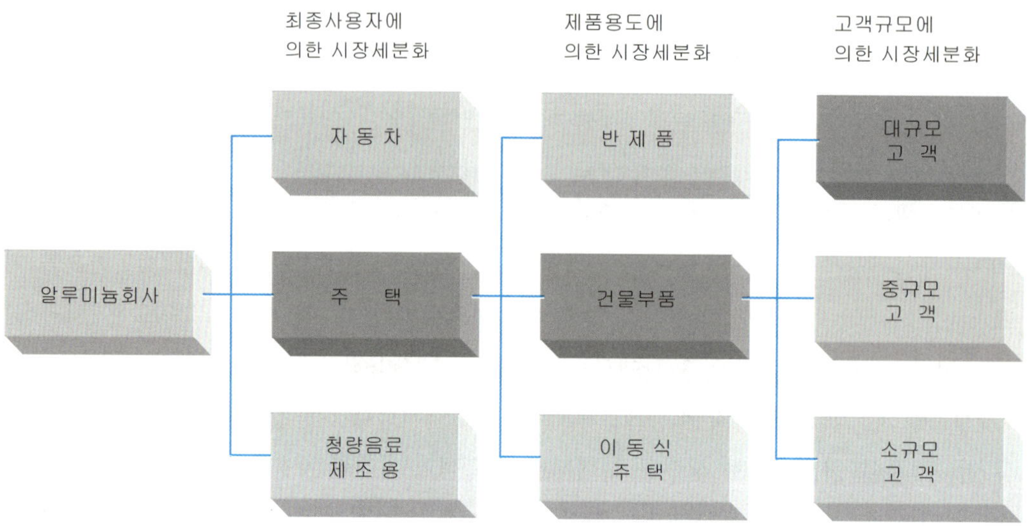

회사가 그러한 여성들이 거주하고 있는 지역이나 그들이 드나드는 점포, 또는 주로 시청하는 TV 프로그램을 알지 못한다면 이들을 효과적으로 유치하기 어려울 것이다.

셋째, 세분된 시장부문이 이익을 거둘 수 있는 이상의 적정한 규모이어야 한다. 세분된 각 시장부문에 대하여 상이한 마케팅 계획이 필요하고 이에 따라 비용도 소요되므로 하나의 시장부문은 가능한 한, 다수의 동질적 집단으로 구성되어 이익을 거둘 수 있는 규모가 되어야 할 것이다.

넷째, 세분된 시장부문들은 개념적으로 구분될 수 있어야 하며 마케팅 믹스와 프로그램에 따라 각기 반응이 달라야 한다. 예컨대 향수를 할인판매하는데 주부들과 미혼여성들이 유사한 반응을 보이고 있다며 양자는 별개의 시장부문을 형성하고 있지 않다.

다섯째, 각 시장부문별로 고객들을 유치할 수 있는 효과적인 마케팅 프로그램을 개발할 수 있어야 한다.

이상과 같이 시장세분의 전제조건이 충족되면 각 시장부문의 시장성을 검토하여야 할 것이다.

제3절 표적시장 선정

1. 세분된 시장부문의 평가

여러 가지 기준을 토대로 시장을 세분한 다음에는 세분된 각 시장부문을 평가하고 몇 개의 시장부문을 표적으로 삼고 진출할 것인가를 결정하여야 한다.

기업이 상이한 시장부문들을 평가할 때에는 각 시장부문의 규모와 성장성, 시장부문의 구체적 매력도 및 기업의 목적과 보유하고 있는 자원이라는 세 가지 요소를 고려하여야 한다. 기업에서는 수익성 등에 관한 자료를 수집하고 분석하여야 하며 적절한 규모와 성장성이 있는 시장부문에 관심이 있을 것이다. 그러나 '적정한 규모와 시장성'이란 상대적인 문제이다. 어느 시장부문이 규모가 가장 크고 성장속도가 빠르다고 하여 모든 기업에 가장 매력적이라고 볼 수는 없다. 규모가 적은 기업은 대규모의 시장부문에 진출하는데 필요한 자원과 기술이 부족하거나 이러한 시장부문에서의 경쟁정도가 극심할 수 있다. 이러한 기업은 절대적 의미에서 규모가 비록 적고 덜 매력적이지만 잠재적 수익성이 있는 시장부문을 선택할 수 있을 것이다.

기업에서는 또한 장기적 측면에서 본 시장부문의 매력도에 영향을 미치는 주요 구조적 요인들을 검토할 필요가 있다. 예컨대 어떤 시장부문이 강력하고도 공격적인 다수의 경쟁자들을 내포하고 있다면 그다지 매력적이지 못할 것이다. 또한 특정된 시장부문에서 다수의 대체제품이 존재하거나 존재할 가능성이 있으면 가격과 이익의 규모에 제약조건으로 작용할 수 있다. 또한 구매자들의 상대적인 힘도 시장부문의 매력도에 영향을 미친다. 판매자들에 비하여 강력한 협상력을 갖고 있는 구매자들은 가격을 인하하거나 더 많은 서비스를 요구하는 등의 압력을 가하며, 판매자들간의 경쟁을 부추긴다. 이 모두가 판매자의 수익성에 영향을 미친다. 마지막으로, 어떤 시장부문이 제품과 서비스의 가격 및 품질을 통제할 수 있는 강력한 공급자들을 내포하고 있다면 그러한 시장부문은 덜 매력적일 것이다.

만일 어떤 시장부문이 적절한 규모와 시장성이 있고 구조적으로 매력이 있어도 기업의 입장에서는 그러한 시장부문에 대하여 자신의 목적과 보유하고 있는 자원을 고려하여야 한다. 어떤 시장부문이 매력이 있어도 기업의 장기적인 목적과 부합하지 않으면 포기해야할 수도 있다. 특정된 시장부문이 기업의 목적과 부합하더라도 그러한 시장부문에서 성공할 수 있는 기법과 자원을 보유하고 있는가의 여부를 고려하여야 한다. 기업은 오직 경쟁우위를 개발할 수 있는 시장부문에만 진출하여야 한다. 마지막으로 환경적으로나 정치적 내지 사회적 관점에서 볼 때 시장부문을 잘못 선택할 수가 있다. 예컨대 오늘날 사양화되고 있는 담배산업에서 청소년들을 표적시장으로 삼는다는 것은 바람직하지 못할 것이다.

만일 어떤 시장부문이 기업의 목적과 부합한다면 그러한 시장부문에서 성공하는데 필요한 기법과 자원을 보유하고 있는가의 여부를 결정하여야 한다. 만일 어떤 시장부문에서 성공적으로 경쟁하는데 필요한 장점이 부족하고 그러한 장점을 쉽사리 획득할 수 없다면, 그러한 시장부문에 진출하여서는 안 된다. 설사 필요한 장점을 보유하고 있다 하더라도 경쟁자에 비하여 보다 우월한 기법과 자원을 필요로 한다. 기업의 입장에서는 경쟁자에 비하여 보다 우월한 가치를 제공하고 비교우위를 누릴 수 있는 시장부문에만 지출하여야 한다.

2. 표적마케팅(target marketing)—시장 장악을 위한 세 가지 대안

우리는 시장을 세분함으로써 각 시장부문에 진출할 기회를 찾을 수 있다는 것을 알았다. 다음에는 시장에 진출하는 전략에는 어떠한 것이 있는가를 알아보기로 하자. 그림 9-6에서 알 수 있는 바와 같이 그러한 전략에는 세 가지가 있다.

1) 비차별화 마케팅(undifferentiated marketing)

기업이 제품이나 서비스를 갖고 시장 전체에 진출하여 가능한 한 다수의 고객을 유치하려는 전략을 말하며, **대량마케팅**(mass marketing)이라고도 한다. 그러므로 비차별화 마케팅에서는 시장 세분화의 필요성이 없게 된다. 소비자들의 욕구나 욕망이 모두 동일하다고 보고 이들에게 매력을 줄 수 있는 제품을 생산하고 마케팅 계획을 수립하는 것이다. 판매는 대량 유통경로와 대량 광고 매체에 의존하며 자기 제품이 우수하다는 이미지를 사람들에게 심어주려고 한다. 코카콜라의 경우, 모든 사람에게 알맞은 동일한 맛과 규격의 콜라를 지금까지 판매하여 왔는데, 이것은 비차별화 마케팅의 대표적 예이다.

비차별화 마케팅의 장점은 비용을 절감할 수 있다는 것이다. 즉, 제품의 종류를 가능한 줄이고 표준화하여 대량으로 생산, 판매하면 생산이나 재고 및 수송비용을 절감할 수 있다. 비차별화 광고 프로그램은 일정한 광고매체를 자주 이용함으로써 할인혜택도 받을 수 있다. 세분된 시장부문에 대한 마케팅 조사나 계획을 별도로 수립하지 않아도 되므로 이에 소요되는 비용도 절감된다.

그림 9-6 시장선택의 세 가지 전략

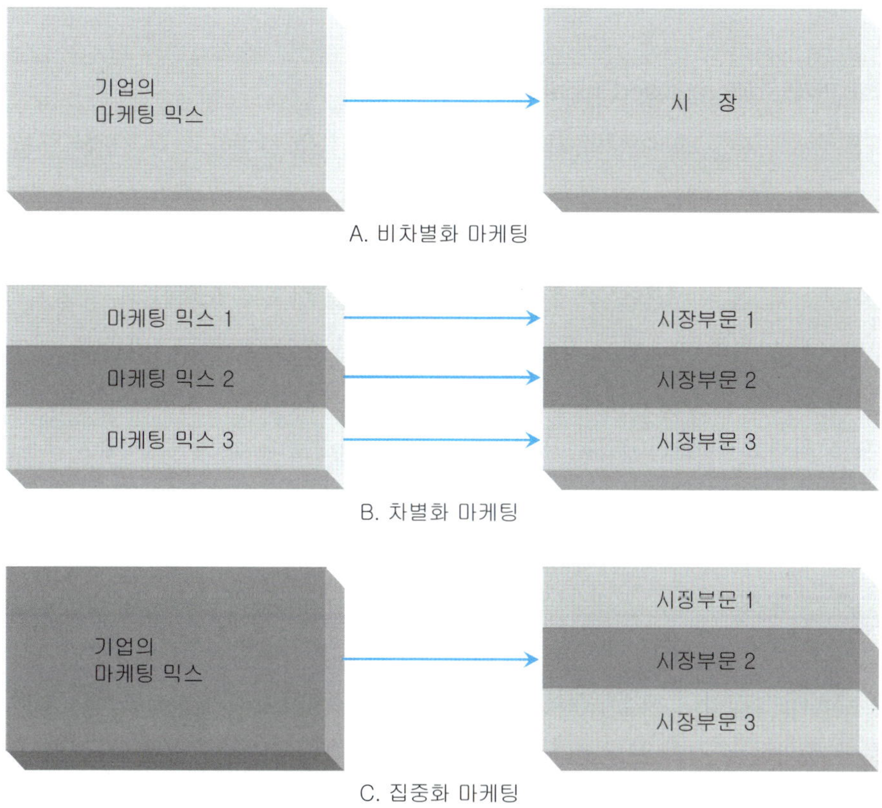

그러나 비차별화 마케팅에 대한 비판도 있다. 즉, 모든 사람들로부터 단일의 브랜드를 갖고 명성을 얻을 경우가 있지만, 그 수는 그리 많지 않다는 것이다. 비차별화 전략을 택하는 기업은 보통 하나의 제품과 하나의 마케팅 프로그램을 개발하여 가능한 한 다수의 시장부문에 진출할 것을 목표로 하기 때문에 여러 기업이 이와 같은 동일한 목표 아래 시장에 진출하려 한다면 규모가 가장 큰 시장부문에서는 경쟁이 격화되고 작은 시장부문에서는 소비자들을 충족시키지 못하는 경우가 발생할 수 있다. 미국의 자동차 회사들은 오랫동안 대형의 자동차만을 생산하여 왔고 외국 자동차 회사들은 소형 자동차시장에 침투하는 데 주력하여 왔다. 미국의 자동차시장에서 대형 자동차가 차지하는 비율이 물론 크지만 경쟁이 심하기 때문에 수익성이 상대적으로 나쁠 수가 있는 것이다. 근래에 이르러 대부분의 기업이 이러한 오류를 인식하고 작은 시장부문에 진출할 잠재적 기회를 재평가하려는 노력을 기울이는 경향이 있다.

2) 차별화 마케팅(differentiated marketing)

이 전략은 두 개 혹은 그 이상의 시장부문에 진출할 것을 결정하고 각 시장부문별로 별개의 제품, 또는 마케팅 프로그램을 수립하는 것이다. 따라서 각 시장부문에서 더 많은 판매고와 확고한 위치를 차지하려 하며 시장부문별로 소비자들에게 해당 제품과 회사의 이미지를 강화하려고 한다. 또한 소비자들이 더 많은 애착을 갖게 하거나 반복구매를 하도록 노력한다.

근래에 이르러 차별화 마케팅 전략을 채택하는 기업의 수가 증가하고 있는데, 이러한 경향은 제품뿐 아니라 유통경로나 광고매체의 이용을 다양화하는 것에서도 찾아볼 수 있다.

일반적으로 차별화 마케팅 전략은 비차별화 마케팅 전략보다 더 많은 판매를 달성할 수 있을 것으로 생각되는 바, 특히 제품계열이 다양하고 다양한 유통경로를 통하여 판매되는 경우에 더욱 그러할 것이다. 그러나 차별화 마케팅은 비용이 증가하는 요인이 발생할 경우가 많다. 어떠한 비용이 발생하는가를 보자.

① **제품수정비용** : 각각의 시장부문에 적합한 제품을 수정하여 판매하자면 연구개발비나 제작비용이 증가하는 것이 보통이다.

② **생산비** : 일반적으로 한 제품을 100개를 생산하는 것보다 10가지 종류의 제품을 10개씩 생산하는 것이 더 비용이 들 것이다. 특히 생산착수 기간이 길수록, 또한 각 제품의 판매량이 적을수록 그러할 것으로 생각된다.

③ **관리비** : 차별화 마케팅에서는 각 시장부문에 대하여 별개의 마케팅 프로그램을 개발하여야 하는 바, 이것은 곧 마케팅 조사, 예측, 판매분석, 계획수립 및 유통경로 관리 등에 비용이 추가로 필요한 것을 의미한다.

④ **재고관리비용** : 한 제품보다 여러 제품을 관리하는 데 더 많은 비용이 들것이다. 보다 많은 기업업무와 감사가 필요하기 때문이다. 또한 각 제품의 재고수준은 기본적인 수요에다 기대하지 않던 수요변동을 감안한 안전한 수량도 고려하여야 할 것이다. 그러므로 한 제품의 안전재고보다 몇 개 제품의 안전재고를 합한 수량이 많을 것이며, 이에 따라 재고비용도

증가하게 된다.

⑤ **촉진비용** : 차별화 마케팅에서는 각각의 시장부문에 적합한 광고매체를 이용하여야 하는데, 이렇게 되면 하나의 광고매체를 집중적으로 이용할 수 없다. 따라서 할인과 같은 혜택을 받지 못하게 된다. 더구나 각 시장부문에 대하여 별개의 광고계획이 필요하므로 촉진비용이 증가된다.

그러므로 차별화 마케팅 전략은 판매의 증가와 아울러 비용도 증가하기 때문에 어느 정도의 수준까지 차별화하는 것이 적절한가를 결정할 수 없는 문제가 있다. 경우에 따라서 '과대차별화'라는 현상도 있게 되는데, 이러한 경우에는 제품 혹은 브랜드의 수를 축소하여 각 시장부문에서 보다 많은 고객을 유치하도록 하여야 할 것이다.

3) 집중화 마케팅(concentrated marketing)

차별화 마케팅이나 비차별화 마케팅은 모두 시장 전체를 대상으로 하는 전략이지만 한 개 또는 몇 개의 시장부문에서 시장점유율을 확대하려는 전략이 있다. 이를 집중화 마케팅이라 하며 기업의 자원이 한정되어 있을 때 이용하는 전략이다. 독일의 폴크스바겐(Volkswagen)회사가 소형자동차 시장에 전문적으로 침투한 것이 대표적인 예이다. 집중화 마케팅 전략을 이용하면 특정 시장부문에서의 고객의 욕구와 욕망을 잘 알 수가 있으며, 시장부문에서 얻은 명성으로 강력한 위치를 차지할 수 있다. 또한 전문적인 생산, 유통 및 촉진활동을 전개함으로써 비용을 절감할 수 있으며, 또 다른 이점은 시장부문을 잘 선택하기만 하면 높은 투자수익률도 거둘 수 있다는 점이다.

한편 집중화 마케팅은 많은 위험도 수반한다. 어떤 특정의 시장부문이 갑자기 붕괴될 수가 있으며, 경쟁자가 불시에 뛰어들 가능성도 있다. 따라서 몇 개의 시장부문을 다양화하려는 기업이 많다.

3. 세분된 시장부문의 파악과 마케팅 전략의 선택

어느 기업이나 그 기업의 특수성, 제품과 시장의 특수성 등으로 인하여 마케팅 전략을 선택하는 데 많은 제약을 받게 된다.

첫째 요인은 기업의 자원이 제한되어 있다는 점이다. 기업의 자원이 제한되어 있어 전체시장에 진출할 수 없을 경우에는 집중화 마케팅 전략을 택하여야 할 것이다.

두 번째 요인은 제품의 동질성이다. 철강제품이나 곡물과 같이 동질적인 제품은 비차별화 마케팅 전략이 효과적이다.

세 번째 요인은 제품수명주기(product life cycle)이다. 신제품을 처음으로 시장에 도입할 때에는 하나 또는 몇 개 종류의 제품을 내놓는 것이 좋다. 이 때 기업의 관심사는 1차수요를 창출하는 데 있기 때문에 비차별화 마케팅 전략이 적절하며, 경우에 따라 특정 시장부문을 표적으로 하는 집중화 마케팅 전략도 필요할 때가 있다. 제품이 성숙단계에 있을 경우에는 차별화 마케팅 전략을 택하는 경향이 많다.

네 번째 요인은 시장의 동질성이다. 소비자들이 동일한 기호를 갖고 있고, 일정한 기간에 동일 수량을 구매하며, 마케팅 활동에 대하여 동일한 반응을 보인다면 비차별화 전략이 적절할 것이다.

다섯 번째로 고려하여야 할 요인은 경쟁자의 마케팅 전략이다. 경쟁자가 적극적으로 시장세분화를 시도하고 있다면 비차별화 마케팅 전략으로 경쟁하기는 어려울 것이다. 이와는 달리 경쟁자가 비차별화 전략을 택하는 경우에는 여러 가지 요소를 고려하여 시장을 세분하는 것이 유리하다고 판단되면 적극적인 시장세분화 전략을 추진할 필요가 있다.

기업의 입장에서 특정 시장이 유망하다고 판단되었을 때 문제가 되는 것은 그 시장에 어떻게 진출할 것인가를 결정하는 일이다. 모든 시장은 다수의 고객집단으로 구성되어 있고, 각 고객집단

그림 9-7 제품과 시장구분에 의한 세분화

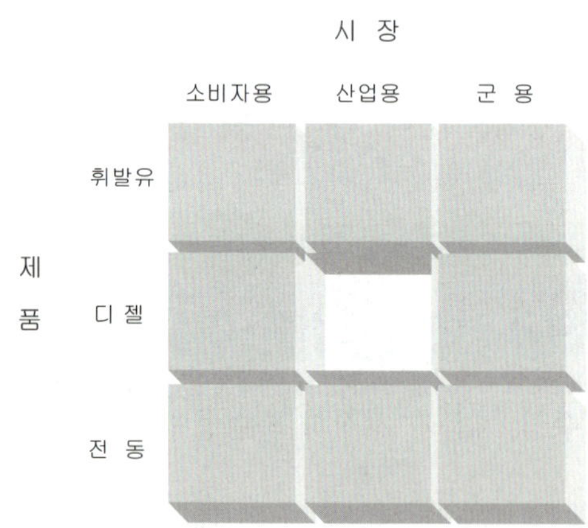

그림 9-8 2차 세분화

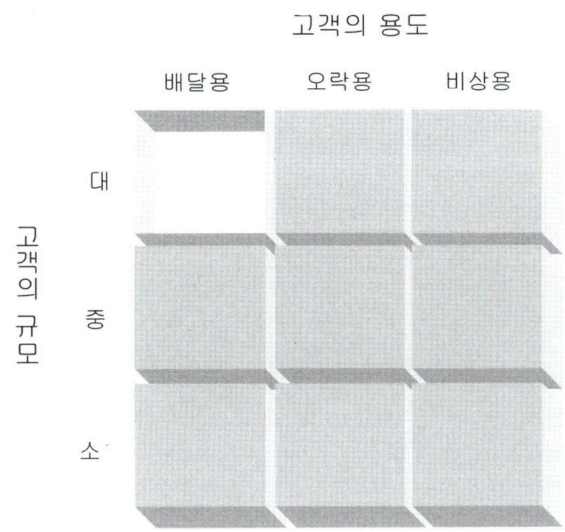

의 욕구나 욕망도 각기 다르다. 또한 기업이 전체 시장을 상대로 필요한 제품이나 서비스를 제공할 수 있는 능력이나 자원도 한정되어 있을 때가 많다. 그러므로 고객의 욕구와 구매습관, 또는 고객이 지니고 있는 여타의 특성에 따라 시장을 세분할 필요가 있음은 말할 나위가 없다. 이와 같이 시장을 세분하면 세분된 시장 중에서 어느 부문에 진출하는 것이 유리한가를 판단할 수 있게 된다.

시장을 세분하는 방법은 이미 앞에서 설명한 바와 같지만 하나의 예로서 제품의 종류와 시장부문(혹은 고객집단)에 따라 구분하는 방법을 생각할 수 있다. 그림 9-7은 그러한 예를 보여주고 있다. 어느 기업에서 새로운 썰매차(snow-mobile)를 개발했는데, 연료를 휘발유로 쓸 수 있는 것, 디젤을 쓸 수 있는 것, 그리고 전기로 충전하여 쓸 수 있는 것 등 세 가지 형의 제품을 생산할 수 있고, 이 제품의 수요자는 소비자용, 산업용 및 군용으로 구분했다고 하자. 따라서 세 개의 시장부문으로 세분할 수 있으며, 각 시장부문의 시장성과 장점을 예측할 수 있을 것이다. 이러한 예측에 따라 이 회사에서는 디젤용 제품을 생산하여 산업용 시장에 진출하는 것이 가장 유망하다고 판단하였다고 하자(그림 9-7의 가운데 부분).

그러나 이 시장부문을 전부 독차지하기에는 이 회사의 시설능력이 부족할 경우, 그 시장부문을 재세분할 수가 있다. 이것은 **2차 세분화**(subsegmentation)라고 한다.

그림 9-9 제품 및 시장별 진출전략의 예

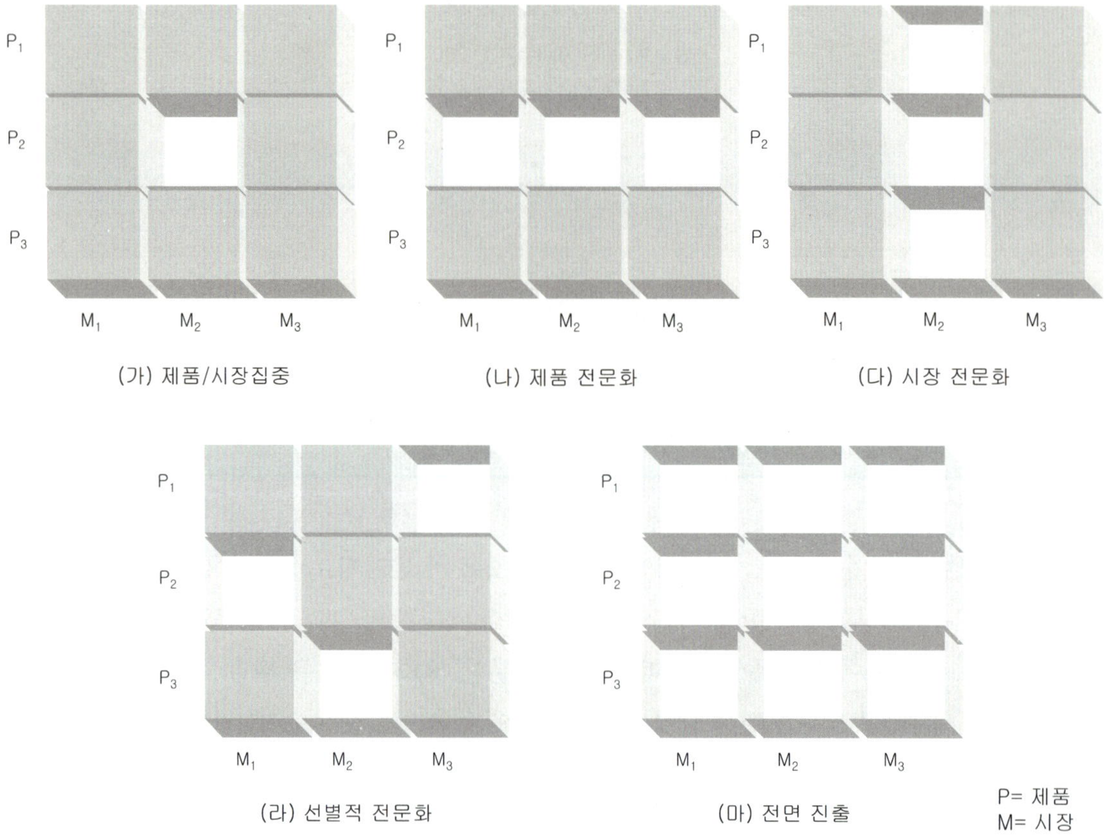

그림 9-8은 고객의 용도와 고객집단의 규모에 따라 상기한 시장부문을 재세분한 것을 보여주고 있다. 즉, 배달용, 오락용, 비상용의 세 가지 용도로 구분하고, 고객집단의 규모도 대, 중, 소로 구분하여 재세분된 시장부문 중 어느 부문에 진출하는 것이 가장 유익한가를 결정할 수가 있다. 그림에서는 배달용으로서 고객집단의 규모가 큰 시장부문을 표적시장으로 결정한 것을 보여주고 있다. 이 기업에서는 그러한 표적시장에 진출하여 성장을 계속할 수 있다면 다른 시장부문에도 침투할 수도 있을 것이다. 이러한 시장진출전략(market coverage strategies)에는 다음과 같은 다섯 가지 방법이 있다(그림 9-9 참조).

① 단일제품으로 단일시장에 집중적으로 진출하려는 전략(제품/시장집중)

② 모든 고객집단을 대상으로 하여 단일제품을 전문적으로 생산하여 제공하는 전략(제품 전문화)

③ 특정된 고객집단 내에서도 각각 욕구와 욕망이 다를 수 있으므로 그것을 충족시켜 주기 위하여 가능한 제품을 모두 제공하려는 전략(시장 전문화)

④ 서로 관련이 없는 몇 개의 시장부문이 전망이 좋다고 판단하여 시장부문에 적합한 제품을 선별적으로 생산하여 제공하는 전략(선별적 전문화)

⑤ 전 제품을 전체시장에 판매하려는 전략(전면 진출)

제4절 포지셔닝 전략

1. 포지셔닝의 개념

한 제품의 **포지션**(position)이란 '제품의 중요 속성을 놓고 경쟁자들의 제품과 비교하여 소비자들의 마음속에 특정 제품이 정의되고 있는 방식'을 말한다. 예컨대 미국의 자동차 시장에서 한국의 현대자동차가 경제적 효율성이 큰 자동차로 소비자들의 마음속에 인식되고 있는 것과 같다. 반대로 벤츠나 캐딜락과 같은 자동차는 사치품으로서의 속성을 지니고 있는 것으로 소비자들의 마음속에 위치하고 있는 것을 알 수 있다.

소비자들은 제품과 서비스에 대해서 정보를 지나치게 많이 접하고 있다. 따라서 소비자들이 제품구매결정을 내릴 때마다 제품을 일일이 재평가할 수는 없다. 그들은 구매의사결정을 단순화시키기 위하여 제품을 몇 가지 부류의 유형으로 분류하고 그 특성에 따라서 그들의 머리 속에 인식하게 된다. 이와 같이 소비자들이 느끼고 있는 제품에 대한 인식상의 위치, 즉 포지션은 경쟁제품과 비교해서 문제의 제품에 대해 소비자들이 지니고 있는 지각, 인상, 감정 등의 복합체라고 할 수 있다. 따라서 마케팅 관리자의 입장에서는 계획하고 있는 제품의 위치를 차지하기 위해서 적절한 마케팅 믹스 전략을 수립하려고 한다.

2. 마케팅 믹스와 포지셔닝 전략의 유형

마케팅 관리자가 선택할 수 있는 포지셔닝 전략에는 여러 형태가 있을 수 있다. 그 첫째는 제품의 구체적인 속성을 놓고 소비자들의 마음속에 그 위치를 구축하는 것이다. 예컨대 광고를 통하여 제품의 싼 가격을 강조함으로써 그러한 이미지를 소비자들에게 심어주려는 노력이 이에 속한다. 또한 소비자들의 욕구나 욕망, 또는 추구하고 있는 효익을 토대로 그 위치를 구축하려 할 수도 있다. 예컨대 치약의 경우, 단순히 충치예방을 목적으로 소비자들이 제품을 구입하는 것이 아니라 맛을 중요시할 때에는 그러한 효익을 강조함으로써 맛에 관한 이미지를 심어주려는 노력을 기울이는 것이 그러한 예에 속한다.

또한 하나의 제품을 경쟁자에 비하여 직접적으로 비교함으로써 그 위치를 구축하려는 노력을 기울일 수도 있다. 또한 상이한 여러 가지 유형의 제품부류를 토대로 제품의 위치를 구축할 수도 있을 것이다. 뿐만 아니라, 이러한 제품의 속성, 경쟁자와의 비교 및 제품부류 등의 세 가지를 토대로 결합하여 포지셔닝 전략을 수립하기도 한다.

그러나 기본적으로 표적시장을 선정하고 난 후에 그러한 표적시장에 효과적으로 진출하기 위하여 포지셔닝을 개발하기 이전에 먼저 어떠한 마케팅 믹스 전략이 적절한가를 고려하여야 할 필요가 있다. 표 9-3은 이러한 마케팅 믹스의 제구성요소를 나열한 것이다.

그러면 표적시장에 효과적으로 진출하기 위하여 필요한 마케팅 믹스를 어떻게 선정하는 것이 합리적인가? 이를 위하여 먼저 경쟁자의 제품이 표적시장에서 어떠한 위치에 있는가를 분석하는 것으로부터 시작되어야 한다. 앞서 언급한 썰매차의 경우를 보자. 이 기업에서는 배달용으로 사용하기를 원하는 기업들을 표적시장으로 결정하였는 바, 마케팅 조사결과 이들 기업들이 썰매차의

표 9-3 마케팅 믹스의 구성요소

제품(product)	유통(place)	촉진활동(promotion)	가격(price)
품질 특징 스타일 상표명 포장 크기 서비스 품질보증	경로 위치선정 재고관리 수송	광고 인적판매 판매촉진 홍보활동	정가제 할인 외상판매 신용공여

크기와 속도에 관심을 갖고 있다는 것을 발견하였다고 하자. 이에 따라 경쟁자들이 썰매차의 두 가지 특성, 즉 크기와 속도에 따라 어떤 제품을 얼마만큼 판매하고 있는가를 조사하여야 할 것이다.

그림 9-10은 제품의 특성에 따라 표적시장에서 경쟁자가 어떠한 위치에 있는가를 표시하고 있다. 경쟁자 A는 소형이면서 쾌속의 것을, B는 중형이면서 중간속력의 것을, C는 소형과 중형의 중간에 속하는 것으로 저속의 것을, D는 대형의 썰매차로서 저속의 것을 생산하고 있음을 알 수 있다. 각 원의 크기는 경쟁자들의 판매액 크기를 나타내고 있다.

경쟁자들의 제품이 이러한 위치를 차지하고 있는 것을 알았을 때, 이 회사가 차지하고자 하는 위치를 결정하는 데는 두 가지 선택방안이 있을 수 있다. 그 하나는 경쟁자들의 위치에 근접하여 경쟁자들이 차지하고 있는 고객을 탈취하려고 하는 것이다. 이러한 전략이 성공하려면 다음과 같은 전제조건이 충족되어야 한다.

그림 9-10 제품위치도

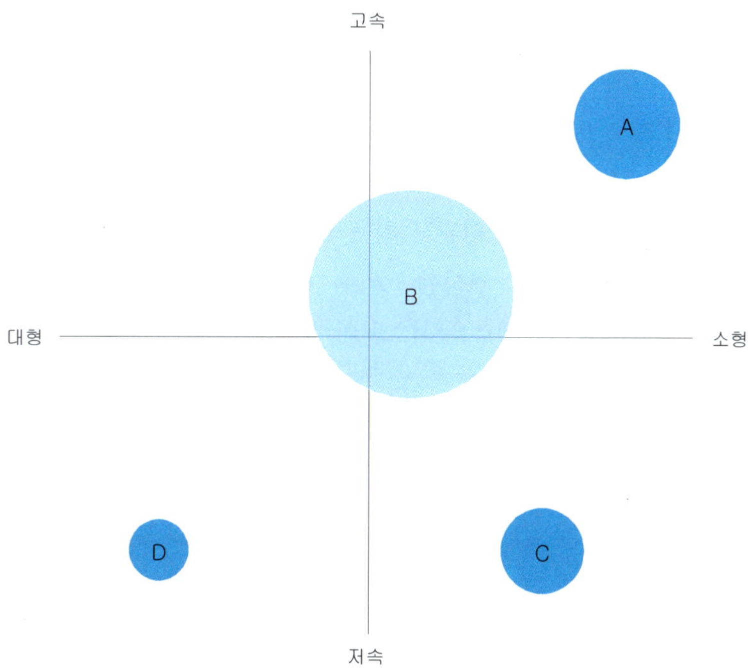

즉, 첫째, 기술적으로 보다 훌륭한 썰매차를 생산할 수 있어야 하고, 둘째, 경쟁자와 경쟁하더라도 수익을 낳을 수 있는 정도로 고객집단의 규모가 커야 하며, 셋째, 경쟁자에 비하여 생산에 필요한 자원이 충분하여야 하고, 넷째, 그러한 위치를 차지함으로써 회사의 능력이나 명성이 유지될 수 있어야 하는 것이다.

또 하나의 방법은 경쟁기업들이 아직 진출하고 있지 않은 시장부문에 자리를 잡는 것이다. 그림 9-10을 보면, 왼쪽 상단의 위치에는 아직 아무도 진출하지 않고 있음을 알 수 있다. 즉, 대형의 고속썰매차는 아직 아무도 생산하고 있지 않다. 그러나 이러한 시장부문에 진출하려면 다음과 같은 문제가 먼저 해결되어야 할 것이다.

즉, ① 대형의 고속썰매차를 생산하는 것이 기술적으로 가능한가? ② 가격수준은 적당한가? ③ 고객의 규모는 충분한가? 이러한 문제들을 해결할 수 있다면 진출 가능성이 높다 하겠다.

그러나 소형의 고속썰매차를 생산하여 A와 경쟁하는 것이 더 많은 이익을 얻을 수 있고 위험도 적다고 판단된다면, 먼저의 경우에서와 같이 경쟁자의 위치에 접근하여 경쟁하기보다는 가격이나 품질을 차별화함으로써 경쟁에 임할 수도 있을 것이다.

이와 같이 한 기업이 표적시장에서 경쟁자에 비하여 유리한 위치를 차지하기 위하여 제품의 질이나 모양, 가격, 광고, 유통경로 및 기타의 마케팅 요소를 적절하게 배합하여 하나의 수단으로 이용하려고 하는 것이 마케팅 믹스 전략이라고 하겠다.

하나의 제품이 내포하고 있는 특성에 따라 시장에서 어떠한 위치를 차지하고 있다 하더라도 시간이 경과함에 따라 그 위치를 변경할 필요가 있다. 이것을 **리포지셔닝**(repositioning)이라고 한다. 경쟁자가 현재의 제품위치(특성에 따른 위치를 말한다) 바로 근처에 자리잡고 그 시장부문을 잠식하고 있을지 모르며, 소비자의 선호성향도 바뀌어 선호군(preference cluster)의 중심위치에서 멀어지게 되었는지도 모른다. 또는 새로운 선호군이 형성되어 더 매력있는 기회를 형성하고 있을 수도 있다.

그림 9-11은 X라는 제품을 비롯하여 여러 맥주회사에서 생산하고 있는 브랜드의 위치와 선호군을 예시한 것이다. 브랜드의 위치는 맥주의 알콜도수와 맛의 특색에 따라 각각 다르다는 것을 알 수 있다. 그림에 나타나 있는 점들은 여러 브랜드의 알콜도수와 맛에 따라 소비자들이 인식하고 있는 위치를 표시하고 있으며 그림에서 여러 원들은 소비자들의 선호군을 나타내고 있다. 원이 클수록 소비자들의 선호도가 높다는 것을 나타낸다. 그림에서 알 수 있는 바와 같이, 브랜드 X는 소비자들의 선호군이 형성되어 있지 않다. 그러므로 어느 선호군에 위치하는 것이 가장 적합한가를 발견하고 그 위치를 변경할 필요가 있는 경우가 있다. 선호군 1로 위치를 옮기는 것은 적합하지

그림 9-11 맥주시장에서의 소비자의 선호분포

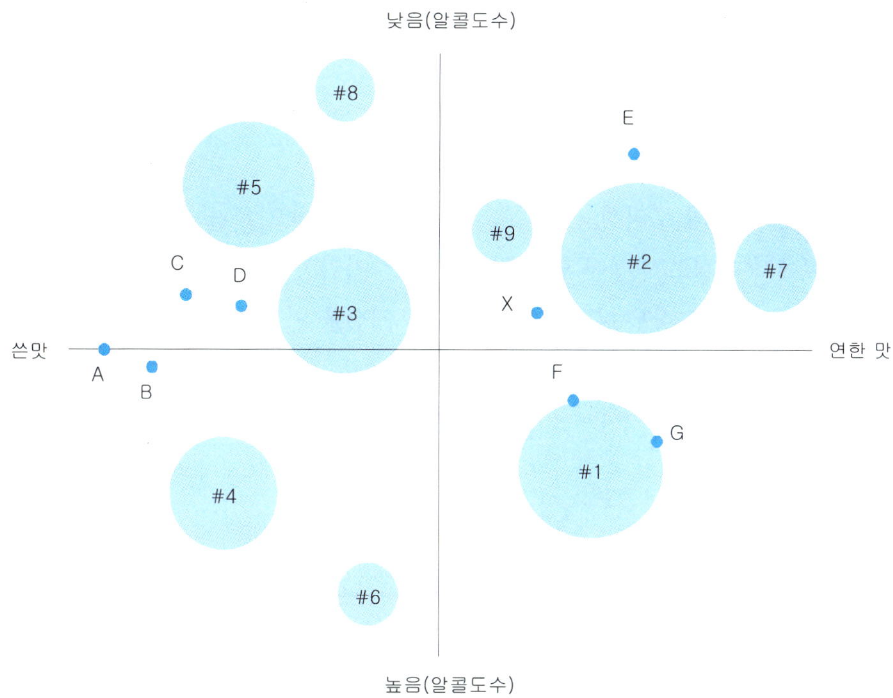

않다. F나 G 상표가 이미 자리를 잡고 있기 때문이다. 선호군 2는 규모로 보거나 경쟁자가 하나뿐인 점으로 보아(E 브랜드) 그 위치로 옮기는 방법은 비교적 적합한 것으로 생각된다. 혹은 현재의 위치에서 아주 벗어나서 3, 5, 8, 4 등과 같은 대선호군으로 옮기는 방법도 생각해 볼만하다.

브랜드의 위치를 변경하려면 두 가지 요소를 고려하여야 한다. 첫째는, 목표로 하고 있는 위치로 이동하는 데 소요되는 비용문제이다. 그러한 비용은 제품의 질을 변경하거나, 포장, 광고 등에 소요되는 비용이 포함된다. 일반적으로 이러한 비용은 이동하고자 하는 거리와 비례할 것으로 생각된다. 상표의 이미지를 급격히 변경하려 할수록 소비자가 지니고 있는 이미지를 바꾸는 데 더 많은 투자가 필요하기 때문이다. 그러므로 선호군 2보다는 선호군 8로 옮기는 데 더 많은 비용이 소요될 것으로 생각되며, 현재의 브랜드 위치를 변경하는 것보다는 선호군 8에서 새로운 브랜드를 개발하는 것이 유리할 수도 있다.

또 하나의 문제는 새로운 위치에서 획득할 수 있는 수입의 규모이다. 이러한 수입의 규모는 그 선호군에 있는 소비자의 수와 평균구매횟수(또는 사용률), 경쟁도, 경쟁 브랜드의 가격 등에 달려있다.

3. 포지셔닝 전략의 선택과 실행

기업에 따라서는 자신의 포지셔닝 전략을 선택하기가 쉬울 경우가 흔히 있을 수도 있다. 예컨대 어떤 시장부문에서 품질로 명성이 널리 알려져 있는 기업의 경우에는 또 다른 새로운 시장부문에서 고객을 확보하고자 할 경우 품질에서 동일한 포지션을 차지하고자 할 것이고, 또 그렇게 하는 것이 그다지 어렵지 않을 것이다. 그러나 많은 경우에 두 개 또는 그 이상의 기업들간에는 동일한 포지션을 놓고 경쟁할 경우가 많다. 이러한 경우, 기업마다 각기 자신의 제품을 다른 기업과 차별화시키기 위하여 여러 가지 수단을 이용하게 되는데, 예컨대 저가의 고급제품을 강조한다거나, 또는 보다 앞선 기술 서비스를 제공함과 동시에 높은 수준의 품질을 제공하는 것과 같은 점들을 강조할 수가 있다. 바꾸어 말하면 기업들은 각기 특정된 시장부문, 즉 고객집단별로 각기 특수한 비교우위를 가지고 있는 소구수단을 개발할 필요가 있는 것이다.

마케팅에서 포지셔닝의 과업은 세 가지 단계로 구성된다. 즉, 첫째로, 하나의 위치, 즉 포지션을 구축할 수 있는 일련의 강력한 비교우위 요소들을 발굴해내고, 둘째, 그러한 비교우위 요소들 가운데 적절한 것들을 선정한 다음, 마지막으로는 표적으로 삼고 있는 소비자들을 대상으로 하여 선택된 포지션을 효과적으로 전달할 수 있는 방법을 강구하는 것이다.

어느 기업이든지 이와 같이 비교우위가 있는 요소들을 결합하여 경쟁자들과 차별화하려는 노력을 시도하여야 한다. 비교우위를 획득하는 방법으로는 예컨대 소비자들에게 경쟁자보다 저가의 상품을 제공하거나, 혹은 고가의 제품을 제공하더라도 그러한 고가를 정당화할 수 있는 보다 많은 혜택을 제공하는 것을 생각할 수 있다.[8]

따라서 기업들은 경쟁자와 비교하여 비용이나 가격면에서 저렴한 수준을 유지함으로써 유리한 위치를 차지하거나, 또는 고객들에게 보다 가치가 있는 것을 제공함으로써 더 유리한 위치를 점할

---

[8] Michael Porter, *Competitive Advantage* (New York : The Free Press, 1985), Ch. 2. 경쟁적 비교우위의 개념과 이를 평가하는 방법에 관하여는 다음과 같은 글이 대표적이다. George S. Day and Robin Wensley, "Assessing Advantage : A Framework for Diagnosing Competitive Superiority," *Journal of Marketing*, April 1988, pp.1-20.

수 있는 방법을 강구하지 않으면 안 된다. 다시 말하면 경쟁자의 가격수준이나 제품의 품질을 비롯한 제 특성들을 비교하여야 하고, 거기에서 개선해야 할 점이 무엇인가를 발견하지 않으면 안 된다. 이러한 과업을 보다 훌륭하게 수행해낼 수 있는 기업일수록 보다 유리한 비교우위의 위치를 차지할 수 있게 된다.

모든 기업들이 이러한 비교우위를 획득할 수 있는 기회들을 찾을 수 있는 것은 물론 아니다. 기업에 따라서는 미미한 비교우위점들을 지니고 있을 수 있으며, 따라서 경쟁자들에 비해서 쉽게 추종당할 수 있는 경우가 많다. 이러한 기업들은 문제점들을 해결할 수 있는 방법들을 찾아내기 위해서 새로운 잠재적 비교우위가 무엇인가를 추적하고, 경쟁자와 비교해서 어떠한 비교우위를 지녀야 되는가를 단계적으로 찾아내지 않으면 안 된다. 기업들은 하나의 영구적인 비교우위를 가지고 언제까지나 그러한 비교우위의 위치를 유지할 수 있으리라고 기대해서는 안 되며, 조그마한 비교우위요소라 하더라도 이를 찾아내어 시장에서 일정한 기간 내에 경쟁자에 비해서 우위를 유지하고, 이에 따라 시장점유율을 차지하는 것이 중요한 과업 중의 하나라고 할 수 있다.

가령, 어느 기업이 몇 가지 가능한 잠재적 비교우위 요소를 발견하였다고 하자. 이러할 경우, 이 기업은 자신의 포지셔닝 전략을 구축하기 위하여 그러한 비교우위 요소들 중에서 옳은 것들 몇 가지를 선택해야 할 것이다. 어떤 비교우위점들은 쉽게 대체될 수가 있는데, 그 이유는 그러한 비교우위점들이 그다지 중요하지 않다거나, 또는 그것을 개발하는데 비용이 소요되지 않는다거나, 혹은 기업의 이미지와 일치하지 않을 경우가 있기 때문이다. 일반적으로 기업들은 자신들이 경쟁자들에 비해서 지니고 있는 비교우위점들이 소비자들에게 중요하게 인식됨과 동시에 기업의 사명이나 방향 또는 목적과 일치하기를 원하고 있으며, 또한 그러한 비교우위점들이 경쟁자에 비해서 보다 많은 격차가 있기를 바라며 이와 동시에 경쟁자들이 추종하기가 어렵게 되기를 바란다.

기업들이 일단 하나의 포지션을 선택한 후에는 표적고객들을 대상으로 적절하게 의사소통하며, 또 그 내용을 적절히 전달해 줄 수 있는 강력한 조치를 취하여야 한다. 또한 기업들의 모든 마케팅 믹스 수단들은 이러한 포지셔닝 전략을 지원하는데 집중하여야 한다. 기업이 포지셔닝 전략을 수행하려면 보다 구체적인 행동이 필요하다. 예컨대 만일 어느 기업이 보다 나은 서비스를 제공함으로써 하나의 위치를 구축하는 데 목적을 두고 있다면, 보다 질이 높은 서비스를 제공할 수 있는 종사원들을 채용하고, 이들을 훈련시키며, 서비스 분야에 대해서 명성을 지니고 있는 소매상들을 찾아내어야 할 것이다. 또한 보다 나은 서비스를 전달할 수 있는 판매수단을 개발하고 광고 메시지들을 개발하는 일들이 필요할 것이다.

어느 기업이 포지셔닝 의사결정을 내리게 되면 누가 자신의 경쟁자가 될 것인가가 결정된다.

기업이 포지셔닝 전략을 선택하게 되면 경쟁자들에 비해 어떠한 면에서 비교되는 장점과 약점들이 있는가를 바라보아야 하고, 이에 따라 강력한 비교우위를 달성할 수 있는 하나의 포지션을 선택하여야 한다.

제5절 비교우위를 통한 차별화

지금까지 살펴본 포지셔닝 전략은 결국 차별화를 통하여 경쟁기업에 비해서 비교우위를 차지하는 데 주목적이 있다고 할 수 있다. 이러한 차별화의 기회는 산업에 따라 각기 다르고, 어떤 산업의 경우에는 그러한 기회가 많은 반면에 극히 제한된 산업도 있다. 미국의 경영자문회사인 보스턴 경영상담회사(Boston Consulting Group)에서는 기업이 이용가능한 비교우위의 수와 그 크기를 토대로 하여 산업을 4가지 유형으로 분류하고 있다(그림 9-12 참조). 그러한 네 가지 유형의 산업은 다음과 같다.

■ **대규모 산업 :**

대규모 산업에서는 비교우위의 수가 적은 대신 그 규모가 크다는 데 특징이 있다. 건설장비산업이 대표적인 예에 속하는데, 이러한 산업에 속하는 기업에서는 비용절감을 위하여 노력하거나, 또는 고도로 차별화된 위치를 구축하려는 노력을 기울일 수 있다. 그러나 어떠한 경우이든 그러한 노력에서 나오는 수익의 규모가 매우 클 경우가 많다. 여기에서 수익성은 기업규모 및 시장점유율과 상관관계가 있다.

■ **교착상태 산업 :**

교착상태 산업은 잠재적 비교우위의 수가 적고, 또 그러한 비교우위가 있다 하더라도 규모가 적은 것이 특징이다. 철강산업이 대표적인 예에 속하는데, 이러한 산업에서는 제품이나 생산비 면에서 차별화하기가 대단히 어렵다. 기업에서는 유능한 판매원을 고용하여 거래대상자들을 접대하는 식의 방법을 취하려고 하지만, 그러한 방법들은 비교우위가 적다. 이러한 산업에서의 수익성은 시장점유율과는 무관하다.

그림 9-12 **신** BCG **행렬표**(New BCG Matrix)

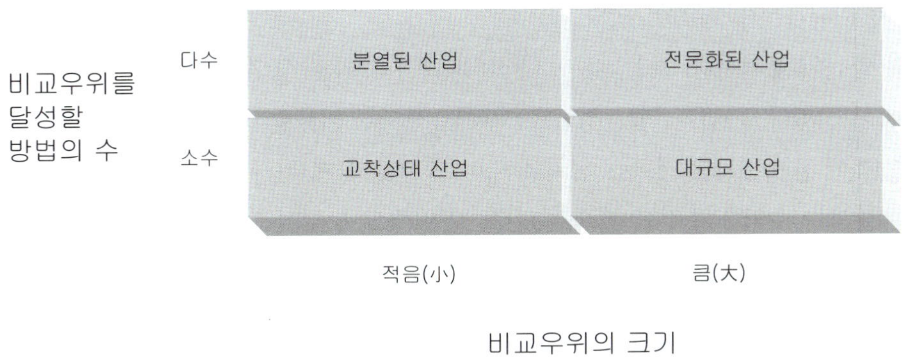

■ **분열된 산업 :**

분열된 산업에서는 기업들이 차별화할 수 있는 기회는 많지만, 그러한 기회는 규모가 작다. 식당업의 경우가 하나의 예로서, 차별화할 수 있는 방법에는 다수가 있지만 시장점유율을 크게 차지하는 경우란 거의 없다고 볼 수 있다. 수익성은 식당의 규모와 관계가 없다. 식당의 규모가 수익성과 관계가 있을 수도 있고 그렇지 않을 수도 있다.

■ **전문화된 산업 :**

전문화된 산업에서는 기업들이 차별화의 기회가 많고, 또한 그러한 차별화의 대가가 매우 크다는 장점이 있다. 대표적인 산업으로서 특수 공구를 제작하는 기업들을 들 수 있다. 이러한 기업들은 규모가 작지만 대기업에 못지않게 수익성이 높을 수가 있다.

이와 같이 어느 기업이든지 비교우위를 획득하기 위하여 비용을 절감한다거나 차별적인 효익을 제공할 수 있는 기회가 많은 것은 아니다. 기업에 따라서는 다수의 사소한 비교우위점들을 가지고 있을 수 있으나, 그러한 비교우위점들은 쉽게 모방할 수 있고, 따라서 소멸될 가능성이 많다. 이러한 문제점들을 해결하기 위한 하나의 방법은 새로운 잠재적 비교 우위점들을 지속적으로 발굴하고, 그러한 비교우위점들을 단계적으로 도입함으로써 경쟁자와 균형을 유지하는 것이다. 이러한 기업에서는 혁신과정을 일상화할 필요가 있는데, 그것은 지속적으로 유지가능한 주요 비교우위를 달성하려 한다기보다는 시간의 경과에 따라 사소한 다수의 차이점들을 도입함으로써 시장점유율을 더 많이 획득하는데 목적이 있다.

기업마다 그들의 표적시장, 제품, 유통, 촉진 및 가격 등의 다섯 가지 요소를 통하여 이용 가능한 전술에 차이가 있다. 기업이 어느 정도로 그러한 전술을 이용할 수 있는가의 문제는 산업구조와 문제의 기업이 산업에서 차지하는 위치에 따라 영향을 받게 된다. 이용가능한 각 전술에 대해서 기업은 예상되는 수익을 추정할 필요가 있다. 말할 필요도 없이 가장 수익이 높은 결과를 가져올 수 있는 전술이 기업의 전략적 분기점을 결정하게 된다. 교착상태 산업에 있는 기업들은 전술을 이용할 기회가 거의 없으며, 또한 전략적 비교우위도 거의 찾아볼 수 없다. 그리고 전문화된 산업에 속하는 기업들은 전술의 응용범위가 넓고 전략적 비교우위점도 크다.

그렇다면 한 기업이 경쟁자에 비해서 차별화 할 수 있는 구체적인 방법에는 어떠한 것들이 있을 수 있는가? 앞에서 언급한 포지셔닝 전략에서는 주로 제품의 속성을 놓고 소비자들이 어떻게 인식하고 있는가에 따라 경쟁자와의 비교를 통하여 차별화하는 하나의 방편을 제시하고 있음을 보았다. 그러나 차별화할 수 있는 방법에는 제품차별화를 비롯하여 여러 가지로 분류할 수 있는 바, 대체로 네 가지 차원에서 생각할 수 있다. 즉, 제품 차별화, 서비스 차별화, 인적자원 차별화 및 이미지 차별화로 구분할 수 있다(표 9-4 참조).

표 9-4 차별화 변수

제품	서비스	인적자원	이미지
특징 성능 디자인 스타일 신뢰성 내구성 수선가능성 적합도	배달 설치 교육 및 훈련 상담 서비스 수선 기타	능력 예의 신임도 신뢰성 즉시 대응 원활한 의사소통	상징(symbol) 매체 분위기 이벤트

요 약

오늘날 기업들은 대량마케팅에서 표적마케팅으로 방향전환을 시도하고 있는 경우가 많은데, 그 이유는 이러한 접근방법이 마케팅 기회를 보다 용이하게 포착할 수 있고, 이에 따라 효율적인 제품개발과 마케팅 믹스의 개발이 가능하기 때문이다.

표적마케팅의 핵심적인 단계는 먼저 시장을 세분하고, 그 다음에는 표적시장을 선정한 다음, 포지셔닝 전략을 개발하는 것이다. 시장세분화는 상이한 제품이나 마케팅 믹스의 수단을 동원함으로써 이득을 볼 수 있는 몇 개의 독특한 구매자 집단으로 나누는 방법을 말한다. 마케팅 담당자는 일반적으로 기업에 최대의 마케팅 기회를 더할 수 있는 시장세분화 기준을 찾으려고 노력한다. 소비재 시장의 경우, 주요 세분화 변수들의 예를 보면 지역, 인구통계, 심리적 내지 행태적 변수 등을 들 수 있다. 사업자 시장은 산업재 소비자들의 인구통계, 작업특성, 구매접근방법 및 개인적 특성 등을 토대로 세분할 수 있다. 시장을 세분하는 것이 얼마나 효과적인가의 문제는 시장을 세분했을 때 세분된 시장부문들이 어느 정도로 측정가능하며 접근가능할 것인가, 그리고 수익성이 있을 정도로 규모가 큰 것인가에 달려있다.

기업이 시장을 세분한 다음에는 그 중에서 어떠한 시장부문을 표적으로 진출할 것인가를 결정하지 않으면 안 된다. 먼저 시장에 진출하려는 의사결정을 내리는 데 고려해야 할 첫 번째 사항은 몇 개의 시장부문을 장악하느냐 하는 문제이다. 기업은 세분된 시장부문들을 무시하고 소비자들의 차이를 간과하고 모든 고객들을 대상으로 단일의 제품이나 단일의 마케팅 믹스 수단을 제공하는 비차별화 마케팅 전략을 택할 수 있다. 또는 시장을 몇 개의 부문으로 세분하여 시장부문별로 진출하는 차별화 마케팅이 있을 수 있다. 혹은 하나 또는 소수의 시장부문에 진출하는 방법을 생각할 수 있는데, 이를 집중화 마케팅이라고 한다.

시장장악을 위하여 이러한 전략을 택하는 것은 기업들이 어느 정도의 자원을 보유하고 있는가, 그리고 어떠한 제품생산과 마케팅 전략 이용이 가능한가에 크게 달려있다고 할 수 있으며, 그밖에도 제품수명주기나 경쟁전략에 따라서도 크게 영향을 받게 된다. 만일 어느 기업이 특정된 시장부문에만 진출하기로 결정한다면 어떤 시장부문을 선택하여야 할 것인가? 그러한 시장부문에 대해서 평가를 내리려면 그 시장부문의 객관적인 매력도와 시장부문에서 성공하는데 필요한 사업상의 장점을 토대로 할 수 있을 것이다.

기업이 어떠한 시장부문에 진출할 것인가를 일단 결정한 다음에는 시장 포지셔닝 전략을 결정할 수 있게 된다. 즉, 제품이 지니고 있는 여러 가지 속성을 토대로 그 중에서 소비자들에게 결정력이 있는 속성을 중심으로 경쟁제품에 비해 어떠한 위치를 차지하고 있는가를 파악하고, 이에 따라 특정된 시장부문을 발견할 수 있고, 따라서 제품의 어떤 속성을 강화하거나 또는 변경시킬 수 있는가를 알 수 있게 된다.

일단 제품의 속성에 따라서 경쟁제품에 비한 자사 제품의 위치, 즉 소비자들이 인식하고 있는 속성상의 위치를 파악하게 되면 경쟁자에 대하여 어떻게 대항할 것이고, 또 어떻게 경쟁을 회피할 것인가에 관한 아이디어를 얻을 수 있게 된다.

이러한 포지셔닝 전략을 개발하려는 과업은 세 가지 단계로 구성된다. 첫째, 제품의 중요속성상 하나의 위치를 구축할 수 있는 가능한 일련의 비교우위를 발견하는 것이다. 둘째, 이에 따라 적절한 비교우위 요소를 선정하며, 마지막으로는 고객집단을 대상으로 선정된 포지션에 적절한 소구수단을 효과적으로 전달하는 것이다.

연습문제

1... 자동차를 처음으로 개발하여 대량으로 판매하기 시작한 미국에서는 자동차 시장을 개척하는데 초기에는 대량마케팅을 중시하였고, 그 후에는 제품다양화 마케팅에 중점적으로 관심을 기울였으며, 궁극적으로는 표적마케팅을 이용하게 되었다. 이와 같이 시장에 접근하는 방법이 세 가지로 변천해 온 산업의 예를 들어 설명하여 보라.

2... 맥주시장의 경우, 시장세분화에 이용되는 변수들에는 어떠한 것들이 있는가? 청량음료수에 있어서도 맥주와 동일한 변수들을 가지고 시장을 세분할 수 있는가? 논평하라.

3... 귀하가 맥주회사에 근무하고 있는 마케팅 책임자로서 효익세분화를 시도한다면 어떠한 집단들을 대상으로 소구할 수 있는 효익들을 예로 들 수 있는가?

4... 산업재를 생산하는 기업에 따라서는 특별한 서비스나 또는 명성, 혹은 신뢰도, 기타 고가 등의 수단을 통하여 평균 이상의 이익을 획득할 경우가 있다. 이러한 경우 자신의 제품이 제공하고 있는 혜택에 대해서 그 대가를 지불할 의사가 있는 고객들을 발견하기 위하여 이 기업들은 시장을 어떻게 세분하고 있는가?

5... 프로 경기팀에서 각각의 특정된 팀에 대해서 호의를 지니고 있는 소비자들이 각기 별개의 선호도를 지니고 있는 경우가 있을 수 있는가? 또한 그러한 선호도에 따라서 팀을 선호하는 사람들을 대상으로 시장을 세분하는 것이 의미가 있을 수 있는가?

6... 일반적으로 시장을 세분하려면 어떠한 요건이 충족되어야만 가능한가를 설명하여 보라.

7... 오늘날 시장을 세분하는데 전통적으로 흔히 이용되어 오던 인구통계적 변수보다 심리적인 변수, 예컨대 소비자들의 가치관이나 생활양식, 개성 등과 같은 변수들을 토대로 세분하는 경우가 많아지게 되었다. 이러한 변화가 발생하게 된 이유는 무엇인가? 그렇다면 인구통계와 같은 변수는 시장세분화로서의 가치를 상실하고 있다고 할 수 있는가?

8... 생활양식에 따라서 시장을 세분할 수 있는 제품에는 어떠한 것들이 있는가? 예를 들어 설명하여 보라.

9... 다음의 예에서 어느 것이 비차별화 마케팅에 속하는가?

① 은퇴한 경제학 교수가 의류가게를 열었을 경우,

② 농업협동조합에서 감자 및 당근의 소비촉진활동을 전개하는 경우,

③ 외국의 자동차회사가 미국시장에 자동차 수출을 시작한 경우,

④ 공인회계사 법인에서 세금에 관한 자문을 하기 위하여 직접 기업들을 방문하기로 결정한 경우

10.. 한 제품의 포지셔닝을 결정하는데 제품의 속성과 그 속성에 대한 지각 또는 인식이 어떠한 역할을 담당하고 있는가? 몇 개의 경쟁제품이 하나의 속성을 놓고 포지셔닝 전략을 성공적으로 달성할 수 있는가?

11.. 최근에 개발된 섬유는 면사와 같은 부드러운 촉감을 가지고 있으면서도 신축성이 큰 장점을 지니고 있다. 이러한 소비제품은 어떠한 시장부문을 표적으로 진출할 수 있는가? 예컨대 팬티의 경우를 들어서 설명하려 보라.

12.. 포지셔닝 전략을 통하여 기업이 이용할 수 있는 마케팅 수단에는 여러 가지가 있을 수 있다. 예컨대 신제품 개발, 제품차별화, 또는 제품수명주기에 따른 전략의 차별화 등을 들 수 있다. 그밖에도 어떠한 마케팅상의 응용이 있을 수 있는가를 예를 들어 설명하여 보라.

제 3 편

마케팅 믹스의 개발

제10장

제품 및 서비스 전략

앞에서 살펴본 바와 같이 마케팅 관리에서는 변화하는 환경과 경쟁자의 반응, 소비자들의 기호변화 등 기업이 통제할 수 없는 요소들이 어떻게 변동하고 있는가를 정확하게 분석하고 예측하는 일이 중요함과 동시에 이를 토대로 하여 마케팅 믹스 전략개발의 중요성을 강조한 바 있다. 이제부터는 이러한 마케팅 믹스의 구체적 수단인 제품개발, 가격전략, 유통관리 및 촉진수단의 개발능에 관하여 살펴보기로 한다. 먼저 마케팅 믹스 중에서도 가장 중요한 요소라고 할 수 있는 제품전략에 대하여 언급하고자 하는 바, 제10장에서는 제품의 개념과 설계과정을 살펴보고 제11장에서는 신제품 개발과 더불어 제품수명주기와 관련된 전략을 다루어 보고자 한다.

본 장에서는 먼저 제품이란 무엇인가 하는 단순한 문제의 제기로부터 시작하여 소비재 및 산업재 시장에서 제품을 분류하는 방식에 대하여 살펴보고, 그 다음에는 개별 제품과 관련하여 기본적인 제품설계와 관련된 의사결정과 보다 구체적인 결정사항, 예컨대 상표화, 포장, 표찰(label) 결정 및 제품지원 서비스 등과 같은 문제들을 살펴보기로 한다. 그리고 마지막으로는 개별 제품과 관련된 의사결정과는 달리 제품이 다양화됨에 따라 제품계열을 중심으로 제품 믹스를 어떻게 구성해야 할 것인가를 연구하여 보기로 한다.

제1절 제품의 개념

제품이란 구매자가 관심을 갖고 구입하여 사용하거나 소비함으로써 자신의 욕구를 충족시켜 줄 수 있는 모든 것을 말한다. 따라서 제품은 실물인 것도 있고 서비스, 사람, 장소, 기관이나 조직, 혹은 아이디어 등도 제품이라고 할 수 있다.

다른 한편 근래에 이르러 세계 경제에서 서비스가 차지하고 있는 비중이 점차 커지고 있음에 비추어 이에 관하여 특별히 살펴보기로 한다.

서비스란 기본적으로 무형의 것으로, 어떠한 경우이든 소유할 수 없는 특징이 있으며, 판매할 목적으로 제공된 활동, 효익 또는 만족 등으로 구성되는 제품 형태를 말한다. 은행, 호텔 또는 자동차 수리와 같은 업무가 대표적인 예에 속한다. 이러한 서비스의 성격에 대해서는 본 장의 제6절에서 상세하게 다루기로 한다.

1. 제품과 서비스의 연계성

기업이 시장에 제공하고 있는 제품에는 유형의 재화와 서비스가 모두 포함될 경우가 흔히 있다. 각각의 요소는 제품에서 중요한 부분을 차지하거나 미미한 부분을 차지할 수 있다. 한편으로는 비누, 치약 또는 소금 등과 같이 제품에 서비스가 전혀 부수되지 않는 '순수 유형재'(pure tangible good)가 있는가 하면, 또 다른 한편에는 오직 서비스만으로 구성되는 '순수 서비스'가 존재하고 있다. 의사의 진료나 금융 서비스 등이 이에 속한다. 이 양자 사이에 재화와 서비스가 여러 가지로 결합된 형태가 있을 수 있다.

예컨대 어떤 제품은 서비스가 부수되는 유형의 재화로 구성될 수 있다. 자동차 회사에서 단순히 자동차를 판매하는 것 외에도 품질보증과 애프터서비스 등을 제공하는 경우가 이에 해당된다. 재화와 서비스가 동일한 비율로 구성되는 혼합형 제품이 있다. 예컨대 어떤 고객이 특정된 식당을 선호하는 이유는 식당에서 제공하고 있는 음식과 서비스를 모두 중시하기 때문이다. 서비스가 중심적인 위치를 차지하고 부수적으로 재화를 제공할 경우도 있다. 예컨대 비행기를 이용하는 승객은 수송 서비스를 구매하는 것이 주목적이지만 탑승한 동안에 기내에서 제공하고 있는 식사나 음료를 필요로 한다. 항공회사에서 제공하는 서비스는 비행기와 같은 자본집약적인 재화를 필요로 하지만 주로 제공하고 있는 것은 서비스이다.

2. 제품의 수준

시장에 제공하게 될 제품의 개념은 세 가지 수준에서 생각할 수 있다. 가장 기본적인 것은 **핵심**

제품(core product)이라고 하며, 구매자가 진실로 구매하고 있는 것은 무엇인가라는 개념에 기초하고 있다. 예컨대 어느 여성이 화장품을 구입한다고 할 때, 단순히 가격이나 품질만을 보고 구매하는 것은 아니다. 그녀는 남에게 잘 보이려는 욕구 때문에 구매한다고 할 수 있다. 따라서 마케팅 관리자는 제품 속에 내재하고 있는 소비자의 욕구를 발견하여야 하며, 제품의 특징을 판매하는 것이 아니라 제품을 구매함으로써 소비자가 얻게 되는 '**효익**'(benefit)을 판매하려고 하여야 한다. 그림 10-1에서 알 수 있는 바와 같이 핵심제품은 제품의 중심적인 위치를 차지하고 있어 소비자가 얻게 되는 혜택이나 서비스를 지칭한다.

이러한 핵심제품은 소비자에게 유형(有形)의 것으로 보일 수 있어야 하는데, 이것을 **유형제품**(tangible product) 혹은 **실제제품**(actual product)이라고 부른다. 시계, 컴퓨터, 정치 후보생, 세미나 등 모든 것이 이러한 유형제품 또는 실제제품에 속한다. 이러한 유형제품이 실물인 경우에는 품질의 특징, 스타일, 상표명(brand name), 포장의 다섯 가지의 특성 중 어느 한 개 이상의 특성을 내포하고 있다. 또한 이러한 유형제품 혹은 실제제품이 서비스인 경우에도 이와 유사한 특성을 지니고

그림 10-1 제품의 개념

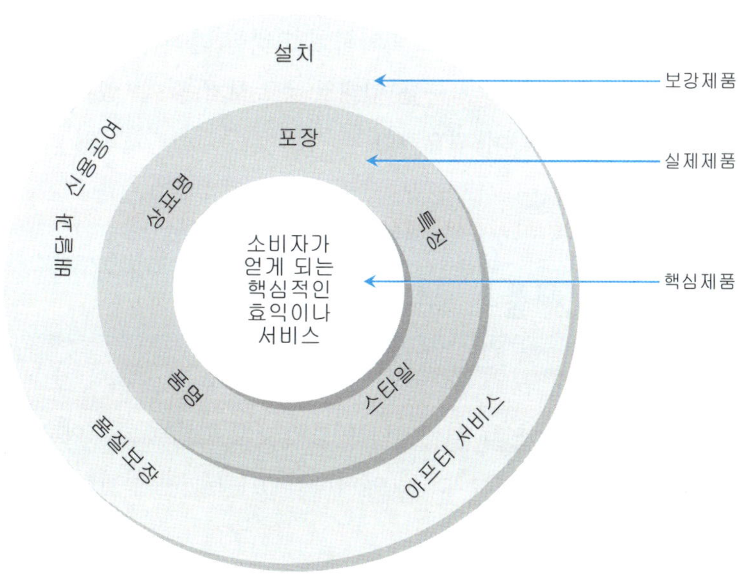

있다.

한편 유형제품을 소비자에게 제공함과 동시에 추가로 서비스와 효익을 제공할 것인가를 결정하여야 하는데, 이것을 **보강제품**(augmented product)이라고 한다. 보강제품을 제공하는 대표적인 기업의 예를 든다면 미국의 컴퓨터 회사인 IBM을 들 수 있다. 다른 컴퓨터 회사들이 구매자들에게 컴퓨터의 특징에 대하여 열심히 설명하고 이들을 유치하기 위한 노력을 기울이고 있는 반면, 이 회사는 구매자들이 실제로 관심을 갖고 있는 것은 컴퓨터 기계 자체가 아니라 그것을 구입함으로써 문제를 해결하려 하는 데 있다는 것을 일찍부터 깨닫고 있었다. 즉, 구매자가 원하고 있는 것은 기계 사용법, 소프트웨어 프로그래밍(programming)에 관한 교육, 신속한 애프터서비스, 품질보장 등이었다. 이 회사는 단순히 컴퓨터라는 기계를 판매하는 것이 아니라 하나의 시스템을 판매하였다고 할 수 있다.

이러한 보강제품의 개념은 기업이 제품을 판매하는 데 있어 구매자의 '총체적인 소비 시스템'을 생각하여야 함을 의미한다.[1] 오늘날 기업간의 경쟁은 무엇을 생산하는가에 달려 있는 것이 아니라 생산된 제품의 포장, 서비스, 광고, 소비자에 대한 계몽, 신용공여, 배달, 보관 등 사람들이 가치가 있다고 생각하는 것을 추가로 제공하는가에 달려 있다.[2] 그러므로 기업이 경쟁에서 승리하려면 적절한 보강제품의 개념을 개발하는 일이 중요하다. 다시 말하면 기업의 입장에서 단순히 유형제품을 개발하는 것으로 만족하여서는 안 되며, 소비자들이 일반적으로 제품을 사용함으로써 얻고자 하는 효익 또는 만족이 무엇인가를 파악하여 그러한 만족이나 효익을 충족시켜 줄 수 있는 제품을 개발함과 동시에 소비자들의 욕구를 최대로 충족시켜 줄 수 있는 방법이 무엇인가를 추가로 보강하는 방안을 강구하는 일이 필요하다.

제2절 제품의 분류

일반적으로 제품 또는 상품은 그 특성이나 이용가능한 마케팅 전략에 따라 분류되어 오고 있다.[3] 그림 10-2는 제품의 종류를 개괄적으로 예시하고 있는데, 이에 관하여 좀더 구체적으로 살펴

[1] Harper W. Boyd. Jr., and Sidney J. Levy, "New Diminsions in Consumer Analysis," *Harvard Business Review*, November-December 1963, pp.129-140.

[2] Theodore Levitt, *The Marketing Mode*(New York: McGraw-Hill, 1969), p.2.

그림 10-2 제품의 포괄적 분류

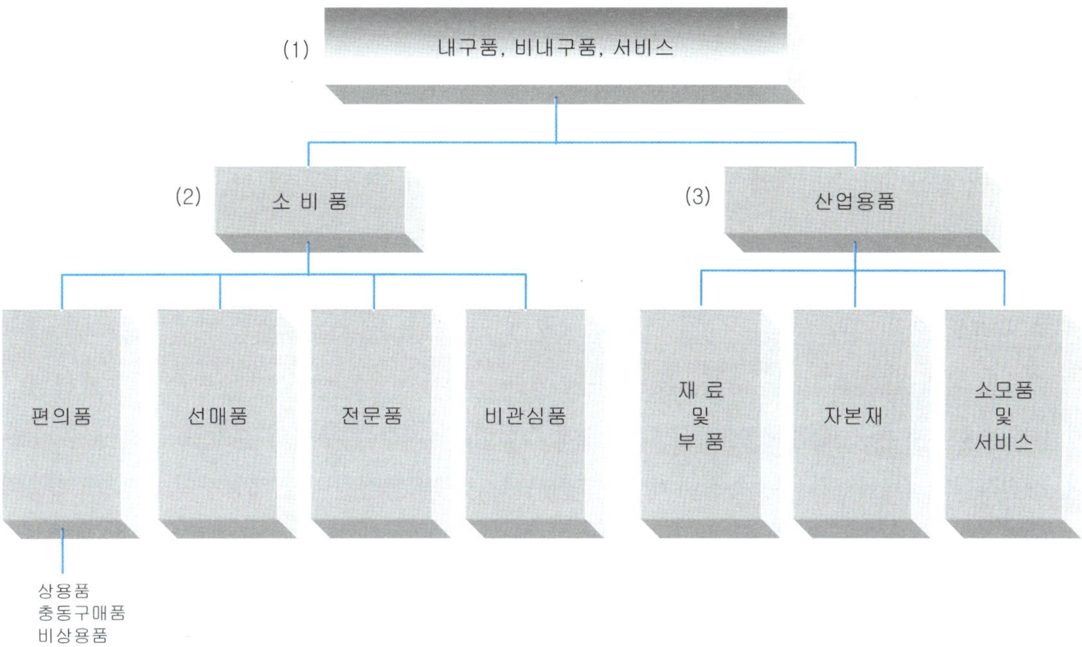

보면 다음과 같다.

1. 내구재, 비내구재 서비스

상품의 분류기준은 상품의 내구성과 형태의 유무에 의존할 경우가 많으며, 보통 세 가지 종류로 대별된다.

1) 비내구재(non-durable goods)

유형의 제품 또는 상품으로써 1회 또는 몇 회에 걸쳐 소비되는 것을 말한다. 맥주와 비누 등

---

[3] Marketing Definition: A Glossary of Marketing Terms, compiled by the Committee on Definitions of the American Marketing Association(Chicago: American Marketing Association, 1960).

우리 주변에서 흔히 볼 수 있는 상품이다. 이러한 상품들은 소비속도가 빠르고 자주 구입되므로 가능한 한 다수의 지역에서 박리다매(薄利多賣)하여야 하며, 구매 후에 소비자들의 인식을 강화하기 위하여 많은 촉진수단, 특히 광고가 필요할 것으로 생각된다.

2) 내구재(durable goods)

유형의 상품으로 오랫동안 사용할 수 있는 것으로서 냉장고나 양복 등이 이에 속한다. 이러한 내구재는 인적판매나 서비스에 많이 의존하고 이폭이 높으며 품질보증이 더욱 필요할 것으로 생각된다.

3) 서비스

판매를 목적으로 제공되는 활동, 효익, 또는 기타 만족을 줄 수 있는 것들이 여기에 포함된다. 예컨대 이발이나 미용 같은 것이 대표적인 예에 속한다. 서비스는 무형의 것으로 분리할 수 없으며, 가변적이고 즉시 소멸되는 특징이 있다. 그러므로 고도의 품질관리와 제공자의 신임도, 적응력 등이 중요하다. 오늘날 우리 사회에서 서비스의 비중이 날로 증가하고 있는데 이러한 서비스에 관한 마케팅 문제는 본 장의 제6절에서 구체적으로 다시 다루기로 하겠다.

2. 소비재

소비자들은 다수의 상품을 구매하고 있는데, 이들의 구매습관에 따라 세 가지로 분류할 수 있다. 표 10-1은 소비재의 유형을 편의품, 선매품, 전문품 및 비관심품으로 분류하고, 각 제품에 대한 구매자의 행동과 마케팅 믹스 요소의 적용방식을 예시한 것이다.

1) 편의품(convenience goods):

소비자들이 즉흥적으로 자주 구매하는 소비제품을 말하며, 제품을 비교하거나 구매결정에 최소의 노력을 기울인다. 담배, 비누, 신문 등이 그러한 예에 속한다. 이러한 편의품은 다시 세 가지로 분류할 수 있다. 첫째는 **상용품**(常用品)(staples)으로서 정기적으로 구매되는 상품이다. 상용품의 가장 중요한 구매결정요소는 브랜드에 대한 소비자들의 충성도이다. 예컨대 소비자가 아스피린을 구매한다면 바이엘, 소주는 진로를 연상하는 것과 같다. 둘째로 **충동구매품**(impulse goods)이 있다. 찾으려는 노력이나 계획이 없이 구매되는 상품이다. 이러한 상품은 도처에서 발견할 수 있다. 이와 같이 여러 곳에서 판매되는 이유는 소비자가 그것을 구매하여 일단 충족하면 다시 곧 그것을 찾지 않게 되는 것이 보통이기 때문이다. 예컨대 담배가게에서 라이터를 같이 판매하는 것을 볼 수 있는데, 이것은 담배를 구입하는 사람이 처음에는 라이터를 구입할 것을 생각하고 있지 않다가 그것을 보게 되면 같이 구입할 것으로 생각되기 때문일 것이다. 셋째로, **비상용품**(emergency goods)이 있다. 이것은 필요할 때마다 구매하는 상품이다. 비가 올 때 우산을 구입하는 것이 그러한 예이다. 이러한 비상용품을 생산하는 기업에서는 소비자들이 필요할 때 구매할 기회를 잃지 않으려고 가능한 한 여러 곳에서 판매할 수 있도록 노력하게 된다.

2) 선매품(shopping goods):

소비자가 구매하려는 과정에서 가격, 품질, 스타일, 적합성 등의 특성을 비교하여 구매하게 되는 상품을 말한다. 가구, 의류, 가전제품 등이 이에 속한다. 선매품은 두 가지로 분류할 수 있는데, 즉 동질적 상품과 이질적 상품으로 나눌 수 있다. 동질적 상품이란 소비자들이 가격의 차이를

표 10-1 소비재의 유형과 마케팅 고려요소

마케팅 고려요소	소비재 유형			
	편의품	선매품	전문품	비관심품
고객의 구매행동	자주 구매됨. 계획구매가 없고 비교하거나 여러 점포를 방문하지 않음. 관여도가 낮음.	구매빈도가 적음. 계획구매를 행하고 여러 점포를 방문. 가격, 품질, 스타일 등에 관하여 제품을 비교함.	브랜드 선호도와 애착도가 높음. 구매에 많은 노력을 기울임. 제품을 거의 비교하지 않으며 가격탄력성이 낮음.	제품인지도가 낮음. 제품에 대한 지식도 적음.
가격	저가	고가	고가	다양함
유통	광범위함 편리한 위치	소수의 매장에 국한된 선별적 유통	지역당 극소수의 매장을 통한 독점적 유통	다양함
촉진	생산자에 의한 대량 촉진	생산자와 재판매자에 의한 광고 및 인적판매	생산자와 판매자에 의한 신중한 표적 촉진	생산자와 판매자에 의한 공격적 광고와 인적판매
예	치약, 잡지, 세제	주요 가전제품, TV, 가구, 의류	사치품(고급브랜드)	생명보험, 헌혈

매우 중요시하며 동종의 상품 사이에 품질차이가 거의 없다고 생각하는 상품을 말한다. 예컨대 TV를 구매하는 데 있어 모든 제조회사에서 생산하는 TV 제품의 품질은 유사하다고 생각하고 특별할인을 하는 상표를 선호하는 것과 같다. 이질적 상품이란 가격보다 품질이 더 중요하다고 인식되는 상품이다. 의복이나 가구가 그러하다. 그러므로 이질적 상품을 취급하는 경우에는 소비자의 기호에 맞도록 상품을 세밀하게 분류하고 구입에 충분한 정보를 제공하거나 조언을 할 수 있는 판매원을 육성할 필요가 있다.

3) 전문품(specialty goods):

전문품이란 특정의 고객집단이 관습적으로 특별한 구매노력을 기울일 만한 특성이 있거나 브랜드로 확인할 수 있는 상품을 말한다. 양복, 전축, 자동차 등이 이에 속한다. 소비자들은 구매를 결정하는 데 다른 상품과 특별히 비교하는 노력을 기울이지 않으며 구매시기에만 주로 관심을 기울인다. 전문품을 판매하는 데 반드시 편리한 장소만을 택할 필요는 없다. 그러나 예상되는 고객들에게는 그러한 장소의 위치를 알려주는 일이 필요하다.

4) 비관심품(unsought goods):

소비자들이 모르고 있거나 알고 있다 하더라도 구매에 관심이 없는 상품을 말한다. 예컨대 생명보험이나 백과사전이 이에 속한다. 그러므로 광고나 인적판매와 같은 방법으로 다량의 마케팅 활동이 필요하다.

3. 산업재

산업시장에서도 다수의 제품과 서비스가 거래되고 있는데, 소비제품의 경우와 같이 구매습관에 따라 분류하는 것은 도움이 되지 못한다. 그보다는 생산과정에 어떻게 투입되고 상대적인 비용의 크기가 어느 정도인가에 따라 분류하는 것이 이상적이다. 이러한 기준에 따라 재료 및 부품, 자본재, 그리고 소모품 및 서비스로 분류할 수 있다.

1) 재료 및 부품

생산을 완료하는 데 소요되는 산업용품을 말하며, 원료와 제조된 원료 및 부품으로 다시 양분할 수 있다. 농산물(예 : 목화, 가축, 과일, 감자 등)이나 자연생산물(예 : 수산물, 목재, 원유, 광석 등)이 원료에 속한다. 제조된 원료나 부품의 예로서는 원자재(예 : 철강제품, 시멘트, 면사 등)와 반제품(예 : 동력기, 타이어, 주물 등)이 있다.

2) 자본재

완제품을 생산하는 데 관여하는 산업재를 말한다. 자본재는 다시 시설과 부속시설로 나눌 수 있는데, 시설이란 건물과 고정자산을 말하며, 부속시설이란 공구, 비품 등을 말한다.

3) 소모품 및 서비스

제품생산을 완료하는 데 직접적으로 관여하지 않는 상품을 말하며, 이것은 다시 작업용 소모품(예 : 석탄, 자동차 윤활유, 연필, 종이 등)과 수선 및 유지품(예 : 페인트, 못, 빗자루 등)으로 분류할 수 있다. 서비스도 수선 및 유지에 필요한 서비스(예 : 유리창을 막는 것, 파이프 라이터의 수선 등)와 자문 서비스(법률, 광고, 회계 등)로 구분할 수 있다.

4. 기관, 인물, 장소 및 아이디어

근래에 이르러 마케팅 종사자들은 유형제품의 범위를 넘어 기관이나 인물, 장소 및 아이디어 등과 같은 '판매가능한 실체들'까지 제품의 개념에 포함시키고 있다.

각종 기관들은 자체 조직을 '판매'하려는 활동을 수행할 경우가 흔히 있다. **기관마케팅**(organization marketing)이란 하나의 기관이나 조직에 대한 표적고객들의 태도와 행동을 창출, 유지 또는 변경하려는 활동을 말한다. 영리기관이나 비영리기관 모두가 이러한 기관마케팅 활동을 전개하고 있다. 영리를 추구하는 기업들은 자신의 이미지를 쇄신하기 위하여 홍보활동이나 기업광고를 지원하고 있다. 교회, 대학, 자선기관, 박물관 및 예술단체 등과 같은 비영리기관은 기금을 조성하고 후원회원들을 모집하기 위하여 기관마케팅 활동을 전개하고 있다. '기업 이미지 광고'는 여러 대중들에게 자신들의 존재를 알리려는 주요 수단이다.

인물들도 제품으로 생각할 수 있다. **인물마케팅**(person marketing)이란 특정된 인물에 대한 사람들의 태도나 행동을 창출, 유지 또는 변경하려는 활동을 말한다. 이러한 인물마케팅을 전개하는 기관이나 사람들은 무수히 많다. 대통령이나 그가 속해 있는 정당에서 유세를 하고 있는 것은 대중들의 지지를 확보하고 득표하기 위한 하나의 마케팅 활동이라고 할 수 있다. 유명 배우나 스포츠 선수도 자신의 경력을 촉진하고 이미지를 개선하기 위하여 마케팅 활동을 전개하고 있다. 그밖에도 의사, 변호사, 회계사 및 전문경영자들도 그와 같은 활동을 전개하고 있다. 또한 기업에서 유명인사들을 이용하는 이유는 기업의 이미지와 목표를 달성하는 데 도움이 되기 때문이다.

장소마케팅(place marketing)이란 특정된 장소에 대한 사람들의 태도나 행동을 창출, 유지 또는 변경하려는 활동을 말한다. 투자유치를 위한 각급 정부기관이나 국가의 캠페인이 대표적인 예에 속한다. 관광 마케팅도 이에 속한다고 할 수 있다.

아이디어도 마케팅 활동을 전개할 수 있다. 정당의 정책이 대표적인 예에 속한다. 그밖에도 금연운동, 마약퇴치운동, 환경보호운동 등도 아이디어 마케팅을 전개한다고 할 수 있다. 특히 비영리기관에서 행하고 있는 이러한 활동을 **사회적 마케팅**(social marketing)이라고 하며, 특정된 기관에서 표적으로 삼고 있는 집단을 대상으로 하나의 사회적 아이디어, 명분 또는 관행을 수용할 수 있는 프로그램을 개발하고 실행하는 데 초점을 둔다.

제3절 개별 제품에 관한 결정사항

이제 제품 또는 상품이 무엇을 지칭하던 간에 개별 제품을 어떻게 개발하고 판매할 것인가와 관련된 의사결정을 살펴보기로 하자. 그러한 의사결정에는 제품의 속성, 상표화, 포장 및 표찰(label) 결정 등이 포함된다(그림 10-3 참조).

그림 10-3 개별 제품에 관한 결정사항

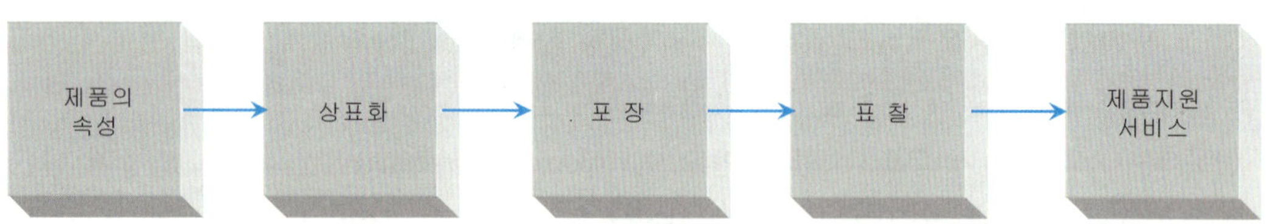

1. 제품속성에 관한 의사결정

제품을 개발하려면 그러한 제품이 어떠한 효익을 소비자에게 제공하고 있는가를 정의하는 일이 필요하다. 이러한 효익들은 제품의 품질이나 특징, 디자인 등과 같은 유형의 제품속성으로 소비자들에게 전달된다. 이러한 속성들에 관한 의사결정은 제품에 대한 소비자들의 반응에 커다란 영향을 미치게 된다. 여기에서 우리는 이러한 각 제품의 속성들에 관한 의사결정에 관하여 논의하여 보기로 한다.

1) 품질

기업에서 제품을 개발하는 데 있어서는 표적시장에서 문제의 제품위치를 지원할 수 있는 품질수준을 어느 정도까지 제공하여야 할 것인가를 결정하는 일이 중요하다. 이러한 품질수준은 마케팅 관리자의 주요 포지셔닝 수단의 하나이다. 제품의 품질은 그 기능을 발휘하는 능력을 나타내고 있는 것이다. 이러한 품질에는 제품의 전반적인 내구성, 신뢰도, 정확도, 사용의 편리성 및 수선, 그리고 기타 가치가 있는 속성 등이 포함된다. 이러한 속성들 중에는 객관적으로 측정가능한 것들이 있다. 그러나 마케팅 관점에서 본다면 품질은 구매자의 인식 내지 지각으로 측정되어야 한다.

기업에 따라 품질개선이란 소비자들에게 불편을 주게 되는 제품의 결함을 줄이기 위하여 품질관리를 개선하는 것을 의미할 수가 있다. 그러나 전략적 마케팅 관리 측면에서 본다면 품질개선은 그 이상의 것을 의미한다. 즉, 품질면에서 고객들의 욕구와 선호도를 더 잘 충족시켜 줄 수 있는 제품을 제공함으로써 경쟁자에 비하여 비교우위를 누리는 데 그 의미를 두는 것이다. 이러한 품질은 단순히 해결해야 할 문제가 아니라 경쟁에서 비교우위를 찾을 수 있는 하나의 기회임을 명심하여야 한다.[4]

지난 20년 간 세계적으로 품질의 중요성이 계속 강조되어 이에 대한 운동이 전개되어 왔다. 대부분의 기업들이 제품과 생산공정에서의 질을 높이려는 노력의 일환으로 '총체적 품질관리'(total quality management: TQM) 프로그램을 실시하였다. 그러나 근래에 이르러 이러한 총체적 품질관리 운동은 여러 가지 면에서 비판의 대상이 되었다. 대부분의 기업들이 총체적 품질관리가

[4] David A. Garvin, "Competing on Eight Diminsions of Quality," *Harvard Business Review*, November-December 1987, p.109. Robert Jacobson and David A. Aaker, "The Strategic Role of Product Quality," *Journal of Marketing*, October 1987, pp.31-44.

만병통치약인 것처럼 생각하고 품질의 원칙을 피상적으로만 적용하는 명목적인 프로그램만을 만들었다. 이에 반하여 오늘날에는 기업들이 '품질수익률'(return on quality: ROQ) 접근방식을 채택하고 있다. 이것은 품질을 하나의 투자로 보고 품질개선을 위한 노력이 최종결과를 나타난다는 입장을 견지하는 것이다.[5]

기업의 입장에서는 단순히 품질의 수준을 높이는 데 그치는 것으로 만족해서는 안 되며 그러한 품질수준을 소비자들에게 효과적으로 전달할 수 있어야 한다. 또한 여타의 마케팅 믹스와도 결합하여 소비자들에게 전달할 필요가 있다. 예컨대 고가정책을 채택할 경우, 이것은 보통 품질에 있어서도 고급의 이미지를 수반할 경우가 많다. 또한 상표명이나 포장, 유통경로 및 촉진수단 등도 제품의 품질수준과 밀접한 관련이 있고, 또 그러한 품질수준을 전달하는 수단이 된다. 이러한 모든 요소들을 결합함으로써 소비자들에게 그 내용을 전달하고 그들로부터 제품의 이미지에 대해서 지지를 받을 수 있어야 한다.[6]

이와 동시에 기업에서는 가능한 한 최고의 품질만을 설계하여야 한다고 성급하게 결정해서는 안 된다. 모든 고객들이 다 최고급의 품질을 원하고 있는 것은 아니기 때문이다. 따라서 문제는 기업이 표적으로 삼고 있는 고객집단들의 욕구가 무엇이고, 그러한 욕구를 충족시켜 줄 수 있는 품질의 수준이 어느 정도이어야 하는가를 선택하는 일이 보다 중요하다고 하겠다.

2) 제품의 특징

제품을 생산하는 데는 여러 가지 변형된 형태의 특징을 부가할 수가 있다. 이러한 제품의 특징들을 제품에 부가하게 되면 경쟁자의 제품과 차별할 수 있는 하나의 유용한 수단이 된다. 기업에 따라서는 새로운 특징을 추가함으로써 매우 혁신적인 제품을 판매하게 되는 경우가 있다. 고객들이 필요로 하고 있고 가치가 있다고 생각되는 새로운 특징을 제품에 처음으로 도입한다는 것은 경쟁에서 우위를 점하는 가장 효과적인 수단의 하나가 된다.

그렇다면 기업에서는 제품의 새로운 특징들을 어떻게 찾아내고, 그 중에서 어떠한 특징들을 제품에 추가할 것을 결정하여야 하는가? 우선 생각할 수 있는 방법은 구매자들을 대상으로 정기적으로 자료를 수집하는 일이다. 가령, '당신은 이 제품을 어떻게 좋아하게 되었습니까?', '이 제품이

---

[5] Ronald T. Rust, Anthony J. Zahorik, and Timothy L. Keiningham, "Return on Quality(ROQ) Making Service Quality Financially Accountable," *Journal of Marketing*, April 1995, pp.58-70; Valerie A. Zeithaml, Leonard L. Berry and A. Parasuraman, "The Behavioral Consequences of Service Quality," *Journal of Marketing*, April 1996, pp.31-46.

[6] 품질에 대한 소비자의 인식에 관한 논의는 다음의 문헌을 참조할 것. Valerie A. Zeithaml, "Consumer Perceptions of Price, Quality, and Value: A Means-End Model and Synthesis of Evidence," *Journal of Marketing*, July 1988, pp.2-22.

지니고 있는 여러 가지 특징 중에서 어느 것이 가장 귀하의 마음에 드십니까', '우리는 제품을 개량하기 위하여 어떠한 특징들을 추가할 수 있다고 생각하십니까?', '각 특징을 추가할 때 귀하는 그만한 대가를 지불할 의사를 지니고 있습니까?' 이러한 문제들에 대한 정보를 입수하고 이를 분석하면 제품의 특징에 관한 여러 가지 아이디어를 얻을 수 있게 된다. 기업에서는 이러한 조사자료를 토대로 하여 각 제품이 지니고 있는 특징들에 대하여 고객들이 얼마나 가치가 있다고 생각하고 있으며, 이와 동시에 그러한 특징을 추가하는 데 어느 정도로 비용이 소요되는가를 평가할 수 있게 된다. 만일 특징을 부가할 경우, 소요되는 비용에 비하여 고객들이 인식하게 되는 가치가 크지 않다면 그러한 특징을 추가할 필요는 물론 없게 된다. 다시 말하면 특징을 추가하는 데 소요되는 비용에 비해서 고객들이 인식하게 되는 가치가 더 크다고 판단될 때 그러한 특징들을 추가하여야 할 것이다.

3) 제품 디자인

제품의 특성을 추가하는 또 하나의 방법은 제품 디자인(product design)이다. 이러한 제품 디자인 면에서 경쟁자에 비하여 언제나 우위를 차지하는 경우를 흔히 볼 수 있다. 많은 기업들이 그와 같은 제품 디자인을 간과하고 그 중요성을 경시하는 경우를 볼 수 있는데, 비교우위가 있는 것으로 디자인된 제품이 고객들의 관심을 불러일으키고 판매에서 우위를 차지할 것임은 말할 나위가 없다.

이러한 디자인(design)은 스타일보다는 더 포괄적인 개념이다. 스타일(style)이란 단순히 한 제품의 외형을 표시하는 것을 말한다. 이러한 스타일은 구매자들의 이목을 집중시킬 수가 있다. 그러나 그렇다고 하여 반드시 제품이 보다 훌륭하게 기능을 발휘한다는 보장은 없다. 경우에 따라서는 제품의 성능발휘에 해를 끼칠 수도 있다. 예컨대 하나의 의자가 외형은 대단히 훌륭해 보이지만 안락하지 못할 수가 있다. 제품의 디자인은 스타일과는 달리 제품의 보다 중심적인 부분을 차지하고 있는 것으로 간주해야 한다. 제품을 훌륭하게 디자인하게 되면 제품의 외형은 물론 그 유용성도 크게 증가하게 될 경우가 많다. 훌륭한 제품을 사용하는 데 있어 사용하기 쉽고, 안전하고, 값싼 제품을 생산할 수 있는 방법이 발견될 수 있고, 또한 제품을 생산하고 유통시키는데 더 단순하고 경제적인 수단을 발견할 수도 있게 된다.

오늘날 대부분의 기업들이 이러한 제품 디자인의 중요성을 인식하고 여기에 많은 투자를 하고 있다. 예컨대 자동차의 경우가 그러하다. 보다 성능이 우수한 자동차를 새로 디자인하는 데 안락성과 기술상의 우위점, 보다 능률적인 생산방법 등이 자동차 판매에 우위를 차지할 수 있는 하나의 요소가 되고 있다. 그러므로 보다 탁월한 제품 디자인 능력은 제품시장에서 승리할 수 있는 주요 요인 중의 하나라고 볼 수 있다. 제품을 훌륭하게 디자인하게 되면 제품을 생산하는 데 필요한 부품의 수를 대폭 감소할 수 있는 경우가 있을 뿐만 아니라 소비자들에게도 신뢰감을 높일 수 있는 유용한 수단이 된다. 훌륭한 제품 디자인은 고객들의 관심을 유발시킬 수 있을 뿐 아니라 제품 성능의 개선과 생산비의 절감, 그리고 표적시장에서 경쟁기업에 비한 비교우위의 위치를 차지할 수 있는 수단이 된다는 것을 잊어서는 안 된다.

2. 상표 의사결정

마케팅 관리자는 개개의 제품에 대한 마케팅 전략을 개발하는데 있어 상표화(branding)하는 문제에 직면하게 된다. 각 제품을 상표화함으로써 그 가치를 높일 수 있기 때문에 이것은 제품전략상 매우 중요한 위치를 차지한다. 이러한 상표화와 관련하여 먼저 몇 가지 용어의 의미를 정확하게 알아보자.

① **상표 또는 브랜드**(brand) : 판매자가 자신이 취급하고 있는 상품 또는 서비스라는 것을 증명할 목적으로 하거나 경쟁자의 것과 구별하기 위한 목적으로 사용되는 이름, 용어, 표지(標識), 기호, 디자인, 혹은 이러한 것들을 결합한 것을 말한다.

② **상표명**(brand name) : 상표의 한 부분으로서 발음할 수 있는 것을 말한다(예 : 아모레(Amore), 소나타(Sonata), 소니(Sony) 등).

③ **상표표지**(brand mark) : 상표의 한 부분으로서 식별할 수는 있으나 발음할 수 없는 것을 말한다(예 : 플레이보이(Playboy) 잡지의 토끼상, MGM 영화사의 사자상 등).

④ **등록상표**(trade mark) : 독점적으로 사용할 수 있으며 법률적 보호를 받는 상표 또는 상표의 일부를 말한다. 판매자가 상표명이나 상표표지를 독점적으로 사용할 수 있는 권리를 보호하는 데 그 목적이 있다.

⑤ **판권**(copy right) : 어떤 소재나 문학, 음악, 예술 등의 작품을 독점적으로 재생하거나 출판하거나 또는 판매할 수 있는 권한을 법률적으로 규정하는 것을 말한다.

대부분의 기업들은 상표를 결정하는 데 지대한 관심을 갖게 되는데 그림 10-4는 그러한 상표

그림 10-4 상표화를 위한 의사결정과정

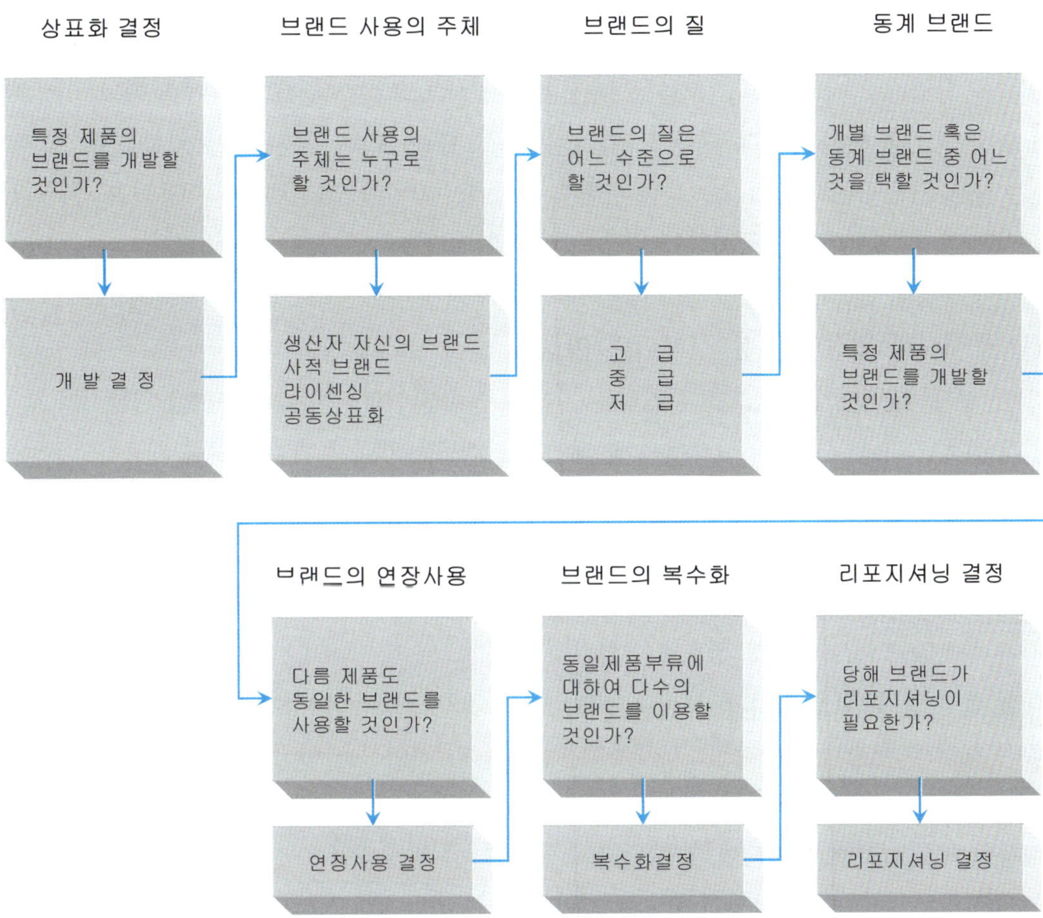

결정에 필요한 주요 사항과 과정을 예시한 것이다. 이제 그 과정을 구체적으로 살펴보기로 하자.

1) 상표화 결정

기업이 제품을 상표화하는 데 있어 먼저 생각하여야 할 일은 그 제품에 대해서 어떠한 상표명을 부착할 것인가를 결정하는 것이다. 역사적으로 보면 초기에는 대부분의 제품에 상표명이 없었다. 생산자나 중간상이 특정된 표식을 하지 않고 수량으로만 판매하였다. 상표를 처음으로 사용한 기업은 중세기의 길드(Guild)에서 찾아볼 수 있는데, 소위 자신이 제조한 상품에 등록상표를 새겨 놓고 중간상이나 소비자가 저질의 상품을 발견할 때 누가 제조한 것인가를 추적하려고 하였다는 것이다. 미술품에서도 상표화가 시작되어 위대한 화가는 물론 무명의 화가까지도 작품 속에 자신의 이름을 삽입하기 시작하였다. 오늘날 모든 제품이 상표 또는 브랜드가 없이 판매되는 경우는 거의 없게 되었다. 이와 같이 누구나 브랜드를 사용하려는 이유는 무엇인가를 알아보자. 그 주된 이유는 판매자 및 구매자의 입장은 물론 사회적 관점에서 가치가 있기 때문에 이용되고 있는 것으로 이야기할 수 있는데, 그 구체적인 내용은 다음과 같다.

(1) 구매자의 입장에서 본 상표화의 이점

일반적으로 판매자가 브랜드를 착안하는 이유는 주로 자신의 이익을 도모하기 위한 것으로 인식하고 있다. 그러나 구매자의 입장에서 볼 때에도 브랜드는 제품에 관한 정보를 제공하고 구매자에게 여러 가지 혜택을 줄 수 있기 때문에 브랜드를 원하는 경우가 많다.

첫째, 구매자가 브랜드에 관한 이야기를 듣게 되면 제품의 품질을 연상하게 된다. 예컨대 어느 구매자가 텔레비전을 구입하려고 상점에 갔다고 하자. 상점에 진열되어 있는 텔레비전의 종류는 여러 가지가 있고 어느 제품도 상표명이 없다고 하자. 그는 각 텔레비전에 관한 품질이나 신뢰성에 대해 전혀 알 수 없을 것이다. 그러나 텔레비전에 엘지(LG)나 삼성(Samsung), 또는 소니(Sony)와 같은 이름이 부착되어 있다면 그 제품에 대한 품질, 신뢰성을 연상할 수 있을 것이다.

둘째, 상표명이 존재함으로써 효율적인 구매가 가능하다. 가령 주부들이 식품점에 갔을 때, 모든 식품에 표찰(label)이 부착되어 있지 않다고 하자. 그 주부는 식품을 실제로 만져보고 맛을 보거나 냄새를 맡는 등 그 품질을 확인하려 할 것이다. 다른 사람에게 식품을 사오라고 부탁할 경우에도 품질에 대하여 설명할 필요가 있을 것이다. 그러므로 어떤 제품에 대한 특성을 확인하거나 설명하는 것보다는 상표명을 지적하는 것이 훨씬 효율적이라 할 수 있다.

셋째, 신제품의 경우에 상표명을 부착함으로써 소비자들의 관심을 높일 수 있다. 상표명이 곧 신제품의 품질을 평가하게 되는 기준이 될 수 있을 것이다.

(2) 판매자의 입장에서 본 상표화의 이점

제품을 포장하고 표찰을 부착하며 상표를 등록하는 데는 비용이 소요되며, 구매자에게 만족을 줄 수 없을 경우가 있게 될 위험이 존재하는 데도 불구하고 상표화 하려는 이유는 무엇인가? 일반적으로 상표화는 판매자에게 불리한 점보다 이점이 더 많다.

첫째, 상표명을 이용하게 되면 주문에 응하기 편리하고 문제가 발생하였을 때 책임의 소재를 밝힐 수 있다. 맥주를 주문할 때, 아무런 맥주를 달라고 하는 것보다는 ××맥주를 달라고 하는 것이 더 편리할 것이다. 또한 상품의 질이 훼손되어 있을 때에는 그것을 판매한 사람이나 제조회사를 쉽게 확인할 수 있다.

둘째, 어떤 제품이 독특한 특성을 갖고 있을 때에는 상표명과 등록상표를 이용함으로써 법률적인 보호를 받을 수 있으며, 이를 모방하는 것을 방지할 수 있다.

셋째, 브랜드를 사용하면 소비자의 애착이 강해지고 장기적으로 보아 판매의 안정과 이익을 거둘 수 있다. 그렇게 하기 위해서는 품질을 높이고 촉진활동도 강화하여야 할 것이다. 상표명을 사용함으로써 얻을 수 있는 이익은 소비자가 브랜드에 대하여 어느 정도로 인식하고 선호하며 애착을 갖는가에 달려 있을 것이다.

넷째, 상표에 대한 고객들의 인지도와 애착도가 높아지면 상당한 자산가치를 갖게 된다. 기업의 입장에서는 재판매자들과의 협상력이 높아지는 효과를 갖는다. 브랜드에 대한 신뢰도가 높아지면 새로운 제품이나 브랜드를 쉽게 개발할 수 있다.

다섯째, 기업이 강력한 브랜드를 보유하게 되면 가격경쟁에서도 유리한 위치에 있게 된다. 따라서 브랜드는 구체적인 제품이나 시설보다도 장기간 지속되는 주요 자산이다.

(3) 사회적 관점에서 본 입장

상표화가 사회 전체로 보아 과연 혜택을 주고 있는가, 그리고 특정의 제품을 어느 정도로 상표화하는 것이 바람직한가 라는 문제가 제기되는데, 브랜드의 사용을 찬성하는 이유는 다음과 같다.

① 브랜드를 이용함으로써 품질을 높이고 품질의 일관성을 지킬 수 있다. 브랜드란 기본적으로 제품에 대한 소비자의 만족을 어느 수준까지 충족시켜 줄 것으로 기대할 수 있게 하는 것이다. 그러므로 제품의 질을 함부로 변경하거나 품질관리를 소홀히 할 수 없게 된다.
② 상표화는 혁신을 촉진시킨다. 브랜드가 존재하지 않는다면 경쟁자의 모방에 대응하여 법률적인 보호를 받을 수 있는 새로운 특징을 개발하려는 자극을 받지 않을 것이다. 제품의 새로운 특징을 개발하려고 노력함으로써 제품이 다양해지고 소비자의 선택범위도 넓어진다.

③ 브랜드는 구매효율을 높여 준다. 브랜드 자체가 제품에 대한 정보를 제공하고 있으며, 제품을 구입할 수 있는 장소가 어디인가를 쉽사리 알 수 있게 한다.

그러나 상표화에 대한 비판도 있다. 즉,

① 지나치게 상표화 하면 소비자가 제품간의 차이를 실제로 구분할 수 없게 되는 경우가 있고, 또 그러한 차이를 두는 것이 불필요한 경우도 있다. 이것은 특히 제품이 동질적인 경우에 더욱 그러하다.
② 상표화 하려면 광고, 포장 등에 비용이 소요되는데, 이러한 비용은 가격이 인상되는 요인이 되며 궁극적으로 소비자에게 전가된다.
③ 특정 브랜드(특히 고가의 제품인 경우)는 구매자로 하여금 사회적 신분, 지위, 권위 등을 의식하게 만드는 폐단이 있다.

상표화는 이러한 폐단도 있으나 대체적으로 보아 장점 내지 이점이 더 많다고 이야기할 수 있다.

2) 브랜드 사용의 주체

제품에 대하여 상표화할 것을 결정한 후에는 누가 브랜드를 이용할 것인가를 선택하여야 한다. 선택방법에는 네 가지가 있는데, 첫째, 생산자가 자신의 상표로 제품을 생산하는 경우, 둘째, 중간상이 대량으로 제품을 인수하여 중간상의 **사적(私的) 브랜드**(private brand)를 이용하는 경우, 셋째, 제조업자의 상표명이나 유명인사의 이름을 사용하는 대신에 일정한 대가를 지불하는 **라이센싱**(licensing) 방식을 택하는 경우, 넷째, 제품에 대하여 **공동브랜드**(co-brand)를 이용하는 방법 등이 그것이다.

우리나라에서는 대부분 생산자가 직접 자신의 상표를 사용하고 있다. 그러나 대형 백화점과 같은 경우에는 중소제조업체에게 제품의 생산을 맡기고 백화점 자체의 브랜드로 중소기업에서 생산된 제품을 판매하는 경우가 많다. 그러나 중간상이 자신의 사적 브랜드를 사용하면 불리한 점도 있다는 것을 알아야 한다. 예컨대 생산자가 제한되어 있을 경우에는 특정의 생산자로부터 특정된 품질의 제품을 안정적으로 공급받는 것이 불가능할 경우가 있다. 또한 주문도 대량이어야 하기 때문에 이에 따라 재고관리에 많은 자금이 필요하게 되고 화재, 도난, 부패, 부식 등의 위험도 있다. 또한 촉진활동도 추가로 필요할 경우가 흔히 있다. 한편 중간상 자신의 표찰(label)을 부착한 제품이 소비자를 만족시키지 못할 때에는 그가 취급하는 다른 제품에 대해서도 소비자의 인상이 나빠질 우려가 있다.

이러한 단점이 있음에도 불구하고 중간상들이 자신의 사적 브랜드를 점차 많이 사용하게 되는 이유는 여러 가지로 이야기할 수 있다. 생산자는 생산시설이 과잉일 경우 중간상이 **사적 표찰**(private label)을 사용하는 것을 허용함으로써 비용을 절약할 수 있으며, 광고나 유통에 소요되는 비용도 절감할 수 있다. 따라서 중간상의 가격을 낮게 책정할 수 있으며 높은 이윤도 획득할 수 있다. 또한 소비자로 하여금 자기 브랜드에 대한 선호와 애착도를 높임으로써 경쟁자의 고객도 유치할 수 있다.

생산자와 중간상간에 브랜드를 놓고 경쟁하는 것을 **브랜드 경쟁**(battle of the brands)이라고 한다. 이러한 대결에서는 중간상이 유리할 경우가 많다. 중간상들은 제품을 보관하거나 진열할 수 있는 면적이 제한되어 있기 때문에 중소규모의 생산자들은 그들 이름으로 유통부문에 침투하기가 힘들다. 중간상은 자기 브랜드에 대한 관리에 주의를 기울이게 되어 소비자의 신뢰를 높일 수 있다. 또한 생산자들보다도 소비자들을 잘 알고 있기 때문에 보다 효과적인 촉진활동을 진개할 수 있고, 생산자의 것보다 낮은 가격을 책정하여 소비자들을 유치할 수 있다. 이러한 여러 가지 이유 등으로 생산자의 브랜드 지위가 점차 약화되고 있는 추세에 있다.

한편 제조업자들은 자체의 상표를 창출하는 데 상당한 비용과 시간이 소요될 경우가 많다. 따라서 기업에 따라서는 다른 기업에서 창출한 상표명이나 유명 인사의 이름을 빌려 일정한 대가를 지불하는 라이센싱(licensing) 방식을 택할 경우도 흔히 있다. 의류나 액세서리 제품에서 흔히 볼 수 있는 현상이다.

마지막으로 동일한 제품에 대해서 두 개의 기업이 상이한 상표명을 사용하고 있을 경우, 공동브랜드(co-brand)를 이용하는 경우도 있다. 이러한 공동브랜드를 이용하면 소비자들에 대한 소구력이 높아지고 브랜드의 자산가치도 증가한다. 또한 단독으로 상표를 사용할 경우에는 진출하기 어려운 시장부문을 개척할 수도 있다. 그러나 공동브랜드를 사용할 경우에는 단점도 있다. 기업간에 복잡한 법률적 계약관계를 필요로 한다. 따라서 당사자들은 광고나 판매촉진 및 기타 마케팅 활동 등에 있어 긴밀한 조정이 필요하다.

3) 브랜드의 질

하나의 브랜드를 개발하려면 기업이 목표하고 있는 브랜드의 위치를 뒷받침할 특성이나 브랜드의 질을 설정하여야 한다. 브랜드의 질이란 브랜드가 제대로 기능을 수행할 수 있는가를 평가받고 있는 수준을 말하며 제품의 내구성, 신뢰도, 정밀도, 사용의 간편성 등의 특성의 위치를 평가하는 척도가 된다. 이러한 특성 중에는 객관적으로 측정할 수 있는 것도 있고, 중요도에 따라 하나의 지수로 표시할 수 있는 것도 있다. 그러나 마케팅 관리자의 입장에서는 그러한 질의 수준은 구매자의 인식 정도에 준하여 표시하는 것이 좋을 것이다.

앞서 언급한 바와 같이 모든 기업이 전부 최고급의 제품만을 생산하려고 하는 것은 아니다. 고급품은 소비자에게 비용의 부담을 안겨주기 때문이다. 상표의 질을 결정하고자 할 경우, 처음에는 저급, 보통, 고급, 최고급의 네 가지 수준 중 어느 하나를 택하는 것으로부터 출발하여야 할 것이다. 어떤 조사에서 밝혀진 바에 의하면 기업의 수익성은 상표의 질에 비례하여 증가한다고 한다(그림 10-5).[7]

그림 10-5 브랜드의 질을 관리하기 위한 전략과 수익성

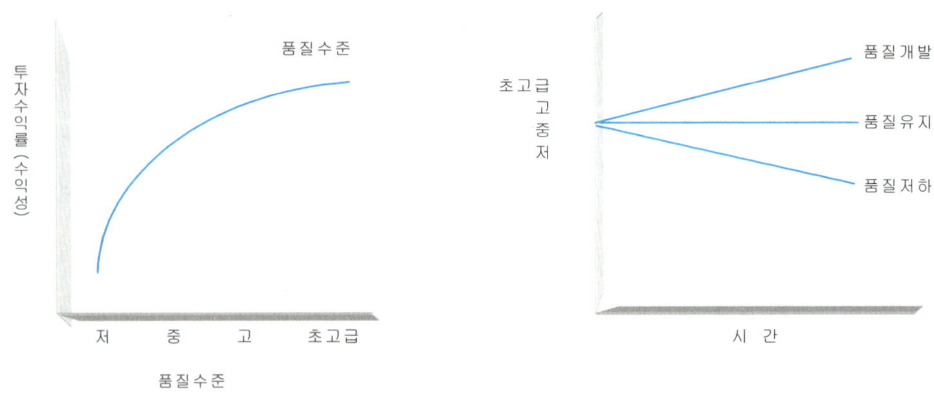

A. 품질수준과 수익성과의 관계

B. 시간경과에 따른 품질전략

[7] Sidney Schoeffler, Rober D. Buzzell, and Donald F. Heany, "Impact of Strategic Planning on Profit Performance," *Harvard Business Review*, March-April 1974, pp.137-145.

그림 10-5는 기업이 브랜드의 질을 높이려는 노력이 필요하다는 점을 시사하고 있다. 그러나 극히 우수한 질의 브랜드는 수익의 증가율이 높지 않으며, 질이 낮은 경우에는 수익성이 극히 나빠지는 것을 알 수 있다. 동시에 모든 경쟁자가 질을 높이려 한다면 효과적이 되지 못할 것이다. 그러므로 질의 수준은 기업이 목표로 하는 시장부문을 고려하여 선택하여야 한다.

한편 시간이 경과함에 따라 브랜드의 질을 어떻게 관리할 것인가의 문제가 제기된다. 그림 10-5의 B는 세 가지 선택방법을 예시하고 있는 바, 첫째의 경우는 기업이 제품을 개량하기 위하여 연구개발에 계속 투자할 때 시장점유율과 수익을 높일 수 있다는 것이다. 따라서 처음부터 높은 수준의 질을 가지고 있는 제품을 생산하고 개량하려는 기업은 시장에서 주도권을 잡을 수 있다. 두 번째로는 제품의 질을 현상유지하려는 것이다. 대부분의 기업이 제품에서 커다란 결점을 발견하거나 새로운 판매기회가 오지 않는 한, 제품의 질을 변경하지 않으려는 경우가 많다. 세 번째로는 시간이 경과함에 따라 제품의 질이 떨어지는 경우이다. 단기에 이익을 증가시키기 위하여 제품의 질을 교묘하게 떨어뜨리는 기업이 있는데, 이러한 기업은 결국 소비자로부터 외면당하기 쉽게 된다.

4) 개별 상표명과 동계 상표명

생산자가 자기의 제품을 자신의 이름으로 생산하는 데에도 몇 가지 선택방법이 있다. 즉, 제품마다 개별적으로 상표명을 사용하는 경우, 모든 제품에 대하여 기업을 대표할 수 있는 하나의 포괄적인 상표명을 사용하는 경우, 제품의 종류를 구분하여 동일범주에 속하는 제품들에 대하여는 각각 동일한 상표명을 사용하는 경우, 회사명과 동일한 상표명을 사용하는 경우 등이 그것이다.

동일산업 내에서도 경쟁기업간의 상표전략이 각기 다를 수가 있는데 **동계 상표명**(同系商標名)(family brand name 또는 blanket brand name)을 사용할 것인가, 또는 **개별 상표명**(個別商標名)(individual brand name)을 사용할 것인가를 결정하는 데 영향을 미치는 요소에는 여러 가지가 있다.

먼저 개별 상표명을 사용하는 경우의 장점부터 살펴보자. 개별 상표명을 사용할 경우, 기업의 명성이 특정 상표의 영향을 받지 않는 장점이 있다. 특정 제품을 판매하는 데 실패하더라도 그 기업 전체의 이미지를 손상시키지 않는 것이다. 이와는 달리 모든 제품에 대하여 포괄적으로 기업을 대표할 수 있는 동계 상표명을 사용하는 경우에도 유리한 점이 있다. 신제품을 개발하여 시장에 도입할 때 많은 비용이 들지 않는다는 것이다. 비싼 광고도 거의 필요가 없을 것이며 더구나 유명기업일수록 판매가 용이할 것이다.

형태가 전혀 다른 여러 제품을 생산하는 기업이 이러한 동계 상표명을 사용하는 것은 적절하지 못할 경우가 있다. 대부분의 소비자가 특정 기업이 생산하고 있는 제품의 질에 대하여 통상적으로 어떤 고정관념을 갖는 경우, 그 기업이 보다 우수한 제품을 판매하려고 할 때 어려움을 겪을 수가 있는 것이다. 이러한 경우에는 개별 상표명이 유리할 것으로 생각된다. 기업에 따라서는 개별 상표명과 동계 상표명을 같이 사용할 것을 원하기도 한다.

이와 같이 상표명을 결정하려면 신중을 기하여야 하며 제품의 개념을 연상하게 하는 것이 중요하다. 바람직한 상표명은,

① 제품을 사용함으로써 소비자가 얻을 수 있는 효익을 상징하는 것이어야 하고
② 제품의 특성(예컨대 색깔 등)을 암시하는 것이어야 하며
③ 발음하기 쉽고 기억하기 쉬운 것이어야 하고
④ 다른 상표와 뚜렷이 구별되는 것이어야 한다.

상표명을 개발하는 기법에는 여러 가지가 있는데 대표적인 예로 **연상시험**(associaition test)(어떠한 이미지가 떠오르는가), **암기시험**(learning test)(얼마나 쉽게 발음할 수 있는가), **기억시험**(memory test)(얼마나 잘 기억할 수 있는가?), **선호시험**(preference test)(어떠한 이름을 선호하는가) 등의 기법이 발달되어 있다.

결론적으로 말하여 특정의 상표명을 사용하고자 하는 것은 소비자로 하여금 이름만 들어도 제품 또는 회사를 총칭하거나 연상하는 것으로 이해하도록 하는 데 있다.

5) 상표의 연장사용과 복수화

브랜드연장전략(brand extension strategy)이란 제품의 형태를 바꾸거나 추가로 생산 혹은 판매하게 할 때 동일한 상표명을 이용하려는 것을 말한다. 예컨대 제품의 형태를 바꾸려는 경우 처음에 X라는 상표명을 결정하고 후에 '개량된 X', 다시 새로운 첨가물을 넣어 '새 X'라는 동일 상표명을 사용하는 것과 같다. 포장의 크기, 맛, 모델을 바꿀 때에도 동일한 상표명을 이용하며 신제품을 판매하는 경우에도 이와 같은 전략을 이용한다.

일반적으로 상표연장전략은 새로운 이름의 제품을 판매하기 위한 촉진비용을 절약할 수 있는

반면에, 문제의 제품이 소비자를 충족시키지 못하게 되면 동일한 이름을 갖고 있는 다른 제품에 대해서도 소비자의 인식과 태도가 바뀔 위험이 있다.

한편 **복수브랜드**(multibrand)전략이라 함은 두 개 혹은 그 이상의 브랜드를 개발하여 상호간에 경쟁하도록 하는 전략을 말한다. 대표적인 예로서 미국의 프록터 갬블(Proctor & Gambles) 회사에서 찾아볼 수 있다. 2차대전 후 이 회사는 타이드(Tide)라는 이름의 세제를 판매하기 시작했는데, 얼마 후에는 취어(Cheer)라는 세제도 시장에 소개하였다. 이 두 가지 상표명의 세제는 시장에서 상호간에 판매를 잠식하였지만 한 개의 상표명만을 사용하였을 경우보다 총판매액은 증가하였고, 그 후에는 여덟 가지의 상이한 상표명을 가진 세제를 판매한 경험이 있다고 한다.

이와 같이 브랜드를 복수화 하는 이유는 다음과 같다. 첫째, 중간상 특히 소매점에서는 상품을 진열할 수 있는 면적이 제한되어 있으므로 새로운 브랜드를 추가할 때마다 그 면적을 할애하여야 한다. 따라서 경쟁제품이 진열할 수 있는 면적을 잠식하여 나가는 것이다. 둘째, 한 브랜드에 대해서만 애착을 갖는 고객은 드물다. 이들은 때때로 다른 브랜드를 구매하려고도 한다. 따라서 고객들을 유치할 수 있는 유일한 방법은 여러 가지 브랜드를 내놓는 것이다. 셋째로, 새로운 브랜드를 개발하면 기업 내에서 제품관리자간에 경쟁이 되어 효율을 높일 수 있고 자극을 줄 수 있다. 넷째, 브랜드를 복수화 하면 상이한 시장부문에 진출할 수 있다는 이점이 있다. 각 브랜드의 특성이나 매혹도에 대한 소비자의 반응은 각기 다를 것이고, 브랜드간에 특성이 약간 차이가 있어도 많은 고객을 유치할 수 있는 경우가 있다.

6) 리포지셔닝

특정된 브랜드는 그것이 내포하고 있는 특성에 따라서 소비자들의 머리 속에 어떠한 인식상의 위치를 차지하고 있다 하더라도 시간이 경과함에 따라 그러한 인식상의 위치가 바뀌는 경우가 있고, 또한 이를 변경할 필요가 있는 경우도 있다. 이것을 **리포지셔닝**(repositioning)이라고 함은 앞의 제9장에서 이미 언급한 바 있기 때문에 여기에서는 설명을 생략하기로 한다. 다만 경쟁자가 현재의 브랜드 위치(브랜드의 특성에 따른 소비자들의 인식상의 위치를 말한다) 바로 근처에 자리잡고 그 시장부문을 잠식하고 있을지 모르고, 소비자의 선호성향도 바뀌어 선호군(preference cluster)의 중심위치에서 멀어지게 되었는지도 모르며, 또는 새로운 선호군이 형성되어 더 매력있는 기회를 찾을 가능성이 있을지도 모르기 때문에 이러한 리포지셔닝의 필요성만을 언급하는 것으로 그치고자 한다.

3. 포장 및 표찰

먼저 포장에 관하여 살펴보기로 하자. 근래에 이르기까지 포장의 개념은 제품의 손상을 보호하고 제품을 절약할 수 있는 수단으로만 인식되어 왔다. 그러나 기술의 발달과 함께 포장의 중요성은 점차로 높아가고 있다. 즉, 제품을 여러 가지로 포장하여 소비자가 저장, 운반, 보관, 이용하기 쉽도록 편의성을 제공하며 포장 자체가 하나의 촉진활동으로써 판매를 증가시킬 수 있다는 인식이 높아가고 있다. 그러나 한편으로는 생태적인 측면에서 볼 때 포장재료가 생활환경에 미치는 영향(예 : 쓰레기의 범람 등)도 큰 문제로 부각되고 있다.

오늘날 마케팅 믹스의 네 가지 요소(앞에서 언급한 바와 같이 4P라고 불리운다) 외에도 포장(Packaging)을 포함하여 5P라고 부를 정도로 하나의 독립된 판매수단으로 인식되어 그 중요성은 날로 증가하고 있는데 그 이유는 다음과 같다.

① **셀프서비스** : 슈퍼마켓을 비롯하여 여러 점포에서 소비자가 스스로 포장하여 판매하는 제품의 수가 증가하고 있다. 이러한 포장은 고객의 관심을 끌 수 있어야 하고, 제품의 특징을 나타내는 것이어야 하며, 고객에게 신뢰감과 매력을 줄 수 있어야 한다.

② **생활수준의 향상** : 생활수준이 향상됨에 따라 보다 편리하거나 외향이 훌륭하거나 권위를 나타낼 수 있는 포장을 선호한다.

③ 브랜드 **이미지의 향상** : 훌륭한 포장은 회사명이나 상표명을 쉽게 기억하게 할 수 있다. 노란색으로 포장된 필름을 사게 되면 코닥(Kodak) 회사 또는 상표를 연상하는 것과 같다. 또한 소비자에게 가격이나 기타의 특성을 나타내는 제품의 포지션(position) 개념을 심어주는 효과도 있다.

④ **혁신적 기회 발견** : 혁신적인 포장은 소비자의 효익뿐 아니라 생산자의 이익도 증가시킬 수 있는 기회를 준다.

포장을 새로 개발하려면 여러 가지 요소를 고려하여야 한다. 첫째, 포장의 목적이 기본적으로 어떤 것이며, 특정 제품에 적합한가를 결정하여야 한다. 포장의 주기능이 제품을 보호하는 데 있는 것인가, 또는 포장재료를 쉽게 처분할 수 있는 것인가, 혹은 제품이나 회사의 특성을 나타내는 것이어야 하는가 등을 고려하여야 한다. 둘째, 포장을 디자인하는데는 크기, 모양, 재료, 색깔 등 여러 가지 요소를 검토하여야 하며, 디자인이 끝난 후에는 여러 단계의 시험이 필요하다. 정상조건

하에서 포장이 손상되는가의 여부를 알기 위한 기술적인 시험을 해보아야 하고, 포장에 새겨진 문자나 색깔의 선명도도 시험할 필요가 있다. 또한 그러한 포장이 중간상의 관심을 끌 수 있는가도 시험해 보아야 하며, 소비자로부터 직접 반응을 알아볼 필요도 있을 것이다.

한편 포장의 기능이 고객의 관심을 끌고 그를 만족시키는 데만 있는 것이 아니다. 사회의 관심도 높아가고 있는데, 마케팅 관리자는 포장에 관한 의사결정을 내리는 데 그러한 결정이 사회에 미치는 영향도 고려하여야 한다. 고려해야 될 요소에는 다음과 같은 것이 있다.

① **불공정한 포장과 표찰의 부착** : 소비자들을 오도하는 포장이나 표찰은 오랫동안 사회의 관심사가 되어 왔고 정부의 규제가 강화되고 있다. 이러한 경향은 앞으로도 계속될 것이다.

② **포장비의 과다** : 포장에 대하여 비판적인 사람들은 과다한 포장비로 말미암아 가격이 인상된다고 비난한다.

③ **자원의 희소** : 오늘날 포장에 필요한 종이, 알루미늄 등의 자원이 점차 부족해짐에 따라 포장도 줄일 필요가 있다는 주장이 나오고 있다.

④ **공해 문제** : 포장의 범람으로 환경이 오염되고, 그것을 처분하는 데 많은 비용과 노력이 필요하다는 비난도 있다.

이와 같은 문제들은 공공의 관심을 불러일으키고 있고 포장에 대한 규제를 강화할 필요가 있다는 여론이 높아지고 있다. 그러므로 마케팅 관리자는 포장을 개발하는 데 생태적인 측면도 고려해야 할 것이다.

한편 판매자들은 포장의 일부로서 제품에 대해서 각기 표찰(label)을 디자인할 수가 있다. 이러한 표찰은 단순히 상표명만을 표시한 것이 있는가 하면, 다수의 정보를 내포하고 있는 경우도 있다. 판매자가 표찰을 단순하게 디자인하고 싶어하더라도 법률적으로 보다 많은 정보를 제공할 것을 요구할 경우에는 그와 같이 단순한 표찰을 제작하는 것이 불가능할 수가 있다.

이러한 표찰은 몇 가지 기능을 수행하고 있는데 기업의 입장에서는 어떠한 기능들을 표시하여야 할 것인가를 결정하여야 한다. 표찰의 기능은 첫째, 제품 또는 브랜드가 어느 기업의 것인가를 확인할 수 있도록 해준다. 둘째, 표찰은 제품의 등급을 나타낼 수가 있다. 셋째, 제품에 대해서 여러 가지 특성, 예컨대 누가 생산자인가, 어디서 생산된 것인가, 언제 생산되었는가, 그 내용물은 무엇인가, 어떻게 사용되는가, 그리고 어떻게 안전하게 사용할 것인가 등의 상세한 정보가 기술되어 있는 경우가 있다. 마지막으로 표찰은 매력적으로 표현될 수만 있다면 제품의 촉진기능을 수행하게 된다. 이러한 표찰은 역사적으로 법률적 규제의 대상이 될 경우가 많았다. 표찰은 소비자들을 제품의 중요 성분에 대한 이해를 오도하고 또 제품의 안전보장을 간과시킬 수 있는 경우가 발생하기 때문에 표찰의 표시내용에 대해서 국가가 이를 규제할 경우가 많다. 따라서 기업의 입장에서는 표찰에 표시되어 있는 정보가 어떠한 것이어야 하며 그것이 법률적으로 저촉되는가의 여부를 신중히 검토한 후에 이를 결정하여야 한다.

4. 제품지원을 위한 서비스

기업이 시장에 제공하고 있는 제품에는 서비스 요소도 포함되어 있을 경우가 많다. 이러한 서비스 요소는 중요한 위치를 차지하고 있을 경우가 있고, 그렇지 않을 경우도 있다. 앞에서 언급한 바와 같이 기업이 서비스를 부수적으로 제공하고 있는 정도에 따라 제품을 다음과 같이 분류할 수도 있다.

① **순수한 유형(有形)의 상품** : 비누, 치약, 소금 등과 같이 주로 유형의 상품을 말하며 부수적으로 제공되는 서비스는 없다.

② **서비스가 부수되는 유형의 상품** : 유형의 상품으로서 고객을 유인하기 위하여 한 개 또는 그 이상의 서비스를 제공하는 것이다. 예컨대 자동차 회사에서 자동차뿐만 아니라 품질보증서, 운전 및 정비요령 안내서를 함께 판매하는 것과 같은 것이다. 제품 전체가 기술적으로 정교한 것일수록 품질과 판매에 부수되는 서비스가 중요할 경우가 대부분이다.

③ **상품이나 서비스는 부수적인 역할만 하고 서비스가 핵심인 경우** : 대표적인 예로 항공여행사가 있다. 승객들은 근본적으로 수송이라는 서비스를 구매하고 있다. 이들은 돈을 지불하여 유형의 것을 받고 목적지에 도착하는 것이 아니다. 그러나 항공회사에서는 여행 중에 음료수와 식사, 잡지 등을 제공한다.

④ **순수 서비스** : 안마나 마사지의 경우에서와 같이 서비스만을 제공하는 것이다. 부수적인 서비스를 제공하는 경우도 있다.

이와 같이 기업이 제공하고 있는 제품은 하나의 상품일 수도 있고 서비스일 수도 있다. 여기에다 부수적인 서비스를 제공하는 경우도 있다. 본 절에서는 고객에게 제공되는 이러한 서비스를 검토하고자 하며, 보다 자세한 내용은 제6절에서 다시 다루기로 한다. 마케팅 관리자는 고객에 대한 서비스를 결정하는 데 있어서 서비스의 요소, 수준, 형태 등을 고려하여야 한다.

1) 서비스 요소

먼저 해야 할 일은 동일산업 내에서 제공하고 있는 주요 서비스 요소를 발견하고 그 중요도를 파악하는 일이다. 즉, 고객에게 중요하다고 생각되는 서비스 요소를 물어 그러한 요소를 중요도에 따라 순위를 정하는 것이다. 예컨대 캐나다에서는 산업용품 구매자들이 중요하다고 생각하는 서비스 요소를 중요도에 따라 다음과 같은 순위를 두고 있다는 사실을 밝힌 연구 보고가 있다.[8] 즉, ① 배달의 신뢰성, ② 즉각적인 가격제시, ③ 기술에 관한 조언, ④ 할인, ⑤ 애프터서비스, ⑥ 판매원의 존재, ⑦ 연락의 용이도, ⑧ 제품교환보장, ⑨ 제조회사의 거래범위, ⑩ 제조형태와 디자인, ⑪ 신용상태, ⑫ 시험시설, ⑬ 기계설비 등이 그것이다. 따라서 각 기업에서는 고객들이 중요하다고 생각하는 이러한 요소들을 놓고 경쟁하여야 함을 암시하고 있다.

그러나 어떠한 요소에 더 역점을 두어야 할 것인가를 결정하기는 쉽지 않다. 어떤 서비스 요소가 극히 중요하다 하더라도 모든 기업이 그러한 요소에 치중한다면 고객들이 선호하는 결정적인 요소는 되지 못할 것이다.

2) 서비스 수준

고객들은 제품 속에 그들이 중요하다고 생각하는 서비스뿐만 아니라 그 양과 질도 적절하게 내포되어 있을 것으로 기대하고 있다. 예컨대 은행에서 예금자가 오랫동안 줄을 서서 기다려야 한다든가 은행원의 찌푸린 인상을 대하게 되면 다른 은행으로 거래를 옮기고자 할 것이다.

그러므로 고객의 기대를 충족시켜 줄 수 있는 서비스의 수준을 항상 검사하고 경쟁자의 서비스 수준도 주시하여야 한다. 서비스의 결점을 발견하려면 고객의 구매습관을 비교, 조사하거나, 소비자 조사를 정기적으로 실시하거나, 소비자의 의견을 제시하게 하는 등의 방법이 있다. 이러한 조사를 하는 목적은 고객의 불만을 극소화하려는 것이 아니다. 오히려 그것을 극대화함으로써 그러한 불만이 미치는 영향을 알고 불만을 갖고 있는 고객을 유치할 수 있는 방법을 발견할 수 있다.

제품에 대한 고객의 감정을 알아보기 위하여 고객을 정기적으로 표본추출하여 조사할 필요가 있다. 그림 10-6은 자동차 판매대리점에서 제공하는 서비스 요소를 14가지로 분류하고 고객이 그 중요도와 성과를 평가한 것을 보여주고 있다. 중요도는 네 가지로 나누어 '극히 중요함', '중요

---

[8] Robert W. Young, "Multibrand Entries," in Adler, *Plotting Marketing Strategy*, pp.143-164.

그림 10-6 자동차대리점의 서비스 요소의 중요도와 성과분석

특성번호	중요도평균[a)]	성과평균[b)]
1.최초에 과업을 제대로 수행함	3.83	2.63
2.불만을 신속히 처리한다	3.63	2.73
3.즉시 품질보증을 한다	3.60	3.15
4.필요한 경우 어떠한 일도 처리할 수 있다	3.56	3.00
5.필요한 경우 언제든지 서비스를 제공한다	3.41	3.05
6.친절성과 예의	3.41	3.29
7.약속한 시간에 완료된다.	3.38	3.03
8.필요한 일만 수행한다.	3.37	3.11
9.서비스에 대한 저가정책	3.29	2.00
10.서비스 제공 후의 청결	3.27	3.02
11.집에서 이용하기 편리함	2.52	2.25
12.직장에서 이용하기 편리함	2.43	2.49
13.수선 차량의 제공	2.37	2.35
14.수리완료 메시지를 보냄	2.05	3.33

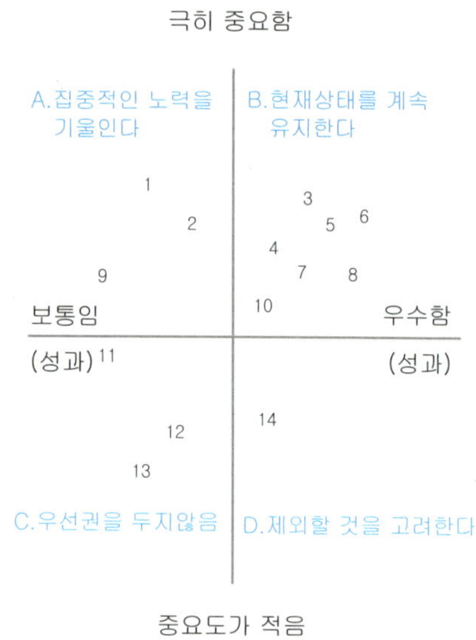

주 : a) 4점 만점을 기준으로 '극히 중요함,' '중요함,' '조금 중요함,' '중요하지 않음'으로 평가
b) 4점 만점을 기준으로 '극히 우수함,' '우수함,' '보통임,' '열등함'으로 평가

자료원 : John A. Martilla John C. James, "Importance Performance Analysis," *Journal of Marketing*, January 1977, pp.77-79.

함', '조금 중요함', '중요하지 않음'으로 표시하고, 성과도 네 가지로 나누어 '극히 우수함', '우수함', '보통임', '열등함'으로 표시하여 각각 4점을 만점으로 평가하고 있다. 예컨대 첫 번째 서비스 요소의 중요도에 대한 평가점수는 평균 3.83점이고, 성과에 대한 평균평가점수는 2.63인데, 이것은 고객들이 그와 같은 서비스 요소를 극히 중요하다고 느끼고 있는데도 불구하고 성과가 부족한 것을 나타내고 있다. 그림에서 A 상한에 속하는 1, 2, 9의 서비스 요소가 이에 해당된다. 따라서 이러한 서비스 요소들에 대한 개선이 필요하다는 것을 알 수 있다. B 상한에 속하는 서비스 요소들은 성과도 좋고 중요도도 높다. 그러므로 이와 같은 수준을 계속 유지하려는 노력이 필요하다. C와

D 상한에 속하는 서비스 요소도 이와 유사하게 해석할 수 있다. 이와 같이 서비스 요소를 분류하여 각 요소의 중요도와 성과를 파악할 수 있다면 어떠한 요소에 노력을 집중할 것인가를 알 수 있게 된다.

3) 서비스 형태

여러 가지 서비스 요소를 제공하는 데 있어 어떠한 형태의 서비스를 제공할 것인가도 결정하여야 한다. 예컨대 가전제품을 생산하고 있는 기업에서 텔레비전의 판매는 물론 수선 서비스를 제공하는 경우에 다음과 같은 가격정책을 택할 수 있을 것이다.

① 텔레비전의 판매와 더불어 처음 1년간 무료로 수선 서비스를 제공한다.
② 고객에게 서비스가 포함된 가격을 택할 것인가 혹은 포함되지 않은 가격을 택할 것인가를 결정하게 한다.
③ 그러한 서비스를 제공하지 않기로 하고 독립된 수선 전문가에게 맡긴다.

둘째로, 그러한 수선 서비스를 어떻게 제공할 것인가를 택하여야 하는데 세 가지 선택방법이 있을 수 있다.

① 기업 자체에서 수선 서비스를 담당할 사람을 훈련시켜 각지에 주재하게 한다.
② 대리점이나 유통경로 종사자들에게 위임한다.
③ 독립된 기업에 위임한다.

이와 같이 각 서비스 요소를 고객에게 제공하는 방법에는 여러 가지가 있는데, 선택 결정은 경쟁자의 전략과 고객의 선호에도 많이 달려 있다.

4) 서비스부(部)

기업이 고객에 대한 서비스의 중요성을 인식하게 되면 서비스부(service department)를 설치하기도 한다. 이러한 서비스부의 기능과 권한 정도는 기업에 따라 각기 다르다. 그러나 일반적으로 다음과 같은 기능을 수행하고 있다.

(1) 고객의 불만 조정

고객의 불만을 신속하게 처리할 절차를 마련하여야 하며 불만의 유형에 관한 통계를 작성하여 제품의 디자인과 품질관리 등에 주의를 기울여야 한다. 새로운 고객을 발굴하거나 잃어버린 고객을 다시 유치하는 것보다 기존의 고객을 계속 유지하는 것이 쉬울 것이다.

(2) 신용공여(credit service)

고객이 제품을 구매하는 데 월부, 융자, 임대, 신용카드(credit card) 등의 방법을 이용할 수 있는 서비스를 제공할 수 있다. 신용을 공여함으로써 발생하는 비용은 그러한 서비스를 제공하지 않음으로써 절약할 수 있는 마케팅 비용 보다 적을 것으로 생각된다.

(3) 수선 및 유지 서비스

고객에게 제품의 부품과 서비스를 신속하고 효과적으로, 그리고 적정한 비용으로 제공할 필요가 있다. 이와 같은 서비스는 생산부에서 담당하고 있는 경우가 있으나 서비스에 대한 고객의 만족도는 마케팅 담당자가 검토하여야 할 것이다.

(4) 기술 서비스

고도의 기술을 요하는 제품을 판매하는 기업은 제품의 디자인, 설치, 교육, 응용방법 등 기술적인 서비스를 제공할 것을 보장할 필요가 있다.

(5) 정보제공 서비스

고객의 질의에 응답하고 신제품의 특징이나 가격변동, 주문상의 문제점, 기업의 새로운 정책 등에 관한 정보를 수집하고 분석할 수 있는 담당자를 둘 필요가 있을 것이다. 이러한 모든 서비스는 상호 조정되어야 하고 고객의 만족과 애착을 높이는 수단으로 사용되어야 한다.

제4절 제품계열에 관한 결정사항

지금까지 우리는 개별 제품전략에 관한 의사결정을 내리려면 제품의 속성에 관한 결정은 물론 상표화, 포장 및 표찰, 그리고 제품지원을 위한 서비스 등과 관련하여 여러 가지 의사결정을 필요로 한다는 것을 알게 되었다. 그러나 제품전략을 수립하려면 그밖에도 제품계열에 관한 결정을 내리는 일도 필요하다. 여기에서 **제품계열**(product line)이라 함은 기능이 유사하거나, 동일한 고객집단을 대상으로 판매하거나, 또는 유사한 유통경로를 통하여 판매하거나, 혹은 적절한 특정 가격결정 범위 안에서 판매되는 경우에 서로 밀접한 관련이 있는 일련의 제품군(群)을 지칭한다. 예컨대 가전제품의 경우 TV 사업부, 냉장고 사업부, 에어컨 사업부, 컴퓨터 사업부, 선풍기 사업부 등과 같이 제품계열별로 사업부를 두는 경우를 볼 수 있는데, 이러한 제품계열별로는 다수의 품목(item)들이 내포되어 있는 것이 보통이다.

한 기업에서 여러 개의 제품계열을 취급하고 있을 경우에는 각 제품계열별로 별개의 마케팅 전략이 필요하다. 각 제품계열을 관리하고 이에 적절한 마케팅 계획을 수립할 책임이 있는 관리자를 임명하는 기업이 많은데, 이들은 제품계열을 관리하거나 마케팅 계획을 수립하기 전에 제품계열을 구성하고 있는 각 품목의 판매액, 이익, 경쟁상태 등에 관하여 먼저 분석하여야 할 것이다.

제품계열을 구성하고 있는 품목들은 판매나 이익에 기여하는 정도가 각기 다를 것이다. 제품계열 관리자는 각 품목이 총판매와 이익에 기여하는 비율을 보일 수 있어야 한다. 그림 10-7은 다섯 가지 품목으로 구성되어 있는 제품계열의 경우를 예시한 것이다. 그림에서 첫째 품목은 제품계열 판매액의 50%, 이익의 30%를 차지하고 있고, 첫 번의 두 가지 품목이 판매액의 80%와 이익의 60%를 차지하고 있음을 알 수 있다. 이 두 가지 품목을 두고 경쟁자와 경쟁하여 타격을 받게 된다면 판매와 이익이 급격히 감소할 것이다. 그러므로 소수의 품목을 집중적으로 판매하는 데 의존하게 되면 위험이 따르기도 한다. 마지막 품목은 판매와 이익이 각각 전체의 5%에 불과하다. 따라서 상황에 따라 이 품목을 제거할 것을 고려할 수 있을 것이다.

한편 제품계열 관리자는 경쟁자의 제품계열과 비교하여 자신의 제품계열이 어떠한 위치에 있는가를 평가할 수 있어야 한다. 여러 종류의 종이를 생산하고 있는 제지회사의 경우를 보자. 종이의 특성을 무게와 표면의 질로 나누고, 무게는 90, 120, 150 및 180의 것으로 재분류하고, 표면의 질도 고급, 중급, 저급의 세 가지로 나누고 있다고 하자. 그림 10-8은 제품위치도(product map)로

그림 10-7 판매와 이익에 대한 각 품목의 공헌도

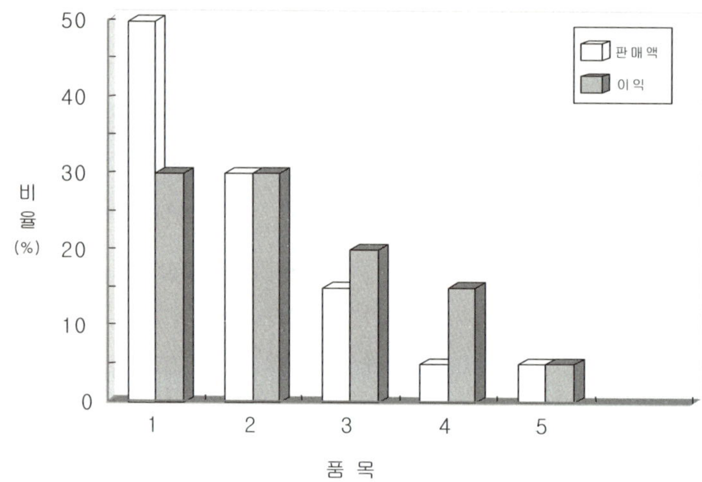

서 경쟁사 A, B, C, D를 비롯하여 X 회사가 생산하고 있는 여러 종류의 종이제품을 무게와 표면의 질의 두 가지 특성에 따라 그 위치를 표시하고 있다. 그림에서 알 수 있는 바와 같이 경쟁회사 A는 무겁고 표면의 질이 각각 상이한 두 종류의 종이를 생산하고 있고, B는 무게와 표면의 질이 각기 다른 네 가지 종류를 생산하고 있으며, C는 무거울수록 표면의 질이 좋은 세 가지의 종이를 생산하고 있다. D는 세 가지 품목을 제공하고 있는데 모두 가벼운 것이지만 표면의 질이 각기 다르다. 마지막으로 이 회사(X)는 세 종류의 종이를 생산하고 있는데 무게가 각각 다르고 표면의 질이 저급과 중급 사이에 있다.

이러한 제품위치도를 작성할 수 있다면 마케팅 전략을 개발하는 데 매우 유용할 것이다. 그림에서는 경쟁 대상이 되는 품목의 위치를 보여주고 있는데, 예컨대 X 회사에서 생산하고 있는 가볍고 중급의 질을 갖고 있는 종이제품은 D와 경쟁이 되지만, 무겁고 중급의 질을 갖고 있는 종이와 직접 경쟁될 품목은 존재하지 않고 있다. 또한 새로운 품목을 추가할 수 있는 위치에는 여러 가지가 가능하다는 것을 알 수 있다. 예컨대 무겁고 저질인 종이를 판매하는 기업은 하나도 없는 것이다. 이러한 품목을 추가로 생산하여 판매하려면 기술적으로 가능하면서도 경제성이 있고 수요가 충분하며, 이러한 기회를 처음으로 발견한 것인가 등의 문제를 검토해야 할 것이다.

그림 10-8 종이제품계열의 제품위치도

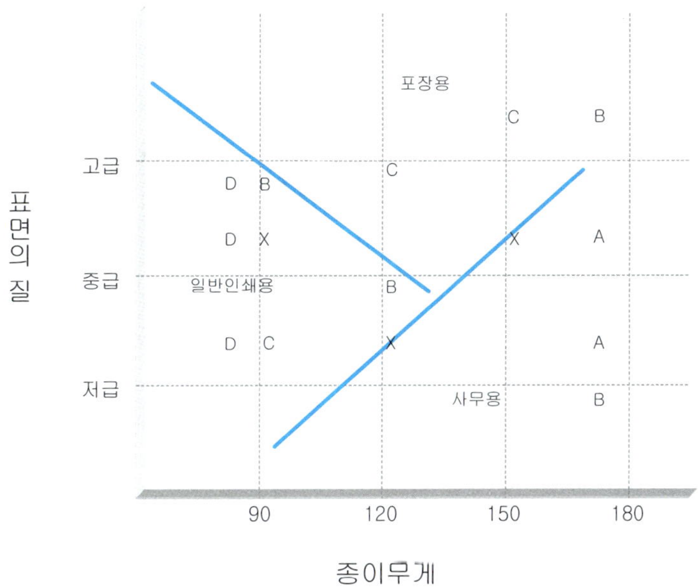

제품위치도를 작성하여 얻을 수 있는 또 하나의 이점은 구매자들의 선호성향에 따른 시장부문과 특정의 고객집단을 발견할 수 있다는 것이다. 그림에서 알 수 있는 바와 같이 종이시장은 일반인쇄용, 포장용, 사무용으로 나눌 수 있는데, 종이의 무게와 표면의 질에 따라 각 시장부문의 선호도가 다르다는 것을 알 수 있다. X 회사는 일반 인쇄용에 적합한 종이를 공급하고 있으나 포장용이나 사무용 종이를 충분하게 공급할 정도로 확고한 위치에 있지는 않다.

1. 품목의 추가

제품계열 관리자는 제품계열 내의 품목 수를 어느 정도로 취급할 것인가를 결정하여야 하는바, 그러한 결정은 기업의 목적과 관련되어 있다. 동일한 제품계열 내에서 계열 내에 포함되는 품목을 전부 취급하기를 원하거나, 또는 이와 함께 고도의 시장점유율이나 성장률을 달성할 것을 목표로 하는 기업은 가능한 한 다수의 품목을 취급하려 할 것이고, 어느 품목이 수익성이 없더라도 크게 관심을 갖지 않는다. 그러나 수익에 민감한 기업에서는 수익성이 좋은 몇 개의 품목에 치중하고자 할 것이다.

일반적으로 시간이 경과함에 따라 취급되는 품목의 수는 증가하는 경향이 있는데, 그 이유는 다음과 같다.

① 기업이 유휴시설을 갖게 되면 제품계열 관리자에게 새로운 품목을 착상하도록 압력을 가하게 된다.
② 새로운 품목은 기존의 것을 변형하는 경우가 대부분이기 때문에 고안하기 쉽다.
③ 판매원이나 유통부문의 종사자들은 고객을 만족시키기 위하여 완전한 제품계열을 요구하는 경우가 많다.
④ 제품계열 관리자는 어떠한 품목을 추가할 수 있는가를 알고 있는 경우가 많다.

이러한 이유로 인하여 제품계열 관리자는 판매와 이익을 증가시킬 수 있는 새로운 품목을 추가하게 되는데, 이에 따라 부수적인 비용도 증가하게 된다. 예컨대 디자인과 기술에 소요되는 비용, 재고비용, 제조방법을 변경하는 비용, 주문처리 비용, 수송비 및 촉진비용 등이 이에 포함된다. 품목을 추가하는 데 필요한 시설이 부족한 경우도 있고 최고경영층의 반대도 있을 수 있다. 수익성에 대하여 의문을 제기하기도 한다.

하나의 제품계열을 관리하는 데는 다음과 같은 문제가 발생하게 된다. 즉, ① 제품계열을 확장할 것인가, ② 제품계열 내의 모든 품목을 취급할 것인가, ③ 제품계열을 최신의 것으로 바꿀 것인가, ④ 제품계열 내에서 어떠한 품목의 특징을 바꿀 것인가 등을 결정하여야 하는 것이다. 이제 이러한 문제들을 구체적으로 검토하여 보기로 하자.

2. 제품계열의 확장

제품계열을 확장(stretching)한다는 것은 가격이나 품질 또는 크기 등의 면에서 현재 시장에 제공하고 있는 것과 상이한 품목을 추가하는 것을 말하며 확장유형에는 **하향확장**(downward stretch), **상향확장**(upward stretch), **양면확장**(two-way stretch)의 세 가지가 있다. 그림 10-9는 이러한 확장전략의 예를 보인 것인데 이제 각 확장전략의 내용을 살펴보기로 한다.

그림 10-9 제품계열확장의 예

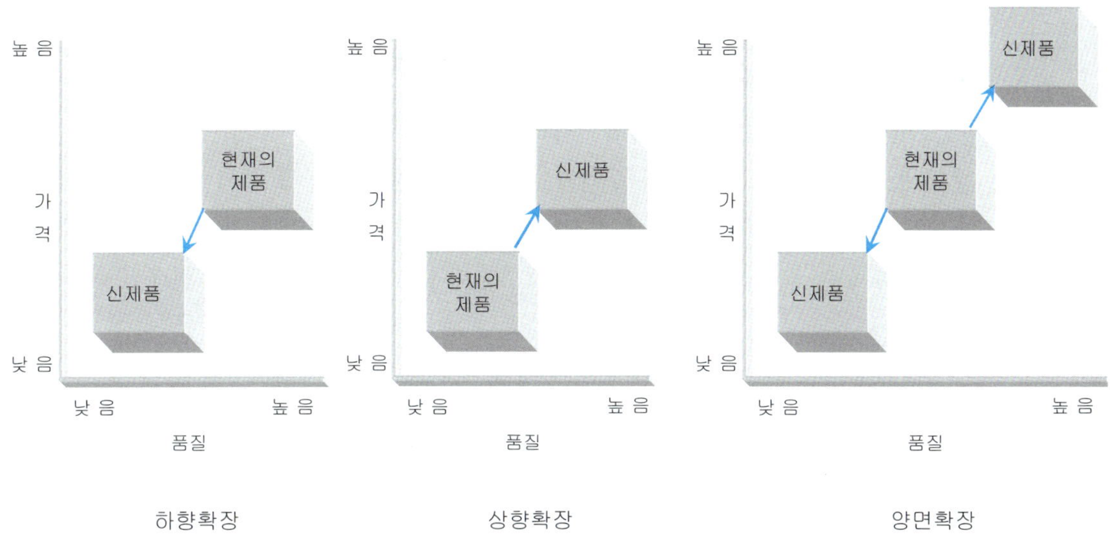

1) 하향확장

가격이 높거나 품질이 고급이거나 또는 대형의 품목을 생산하는 기업이 저가, 저급, 또는 소형의 품목을 추가로 생산하는 것을 말한다.[9]

기업이 이러한 하향확장을 시도하는 이유는 세 가지를 들 수 있다. 첫째, 할인점과 같은 대량유통점에서 저가의 제품을 판매하여 성장할 수 있는 강력한 기회가 있을 수 있다. 둘째, 저급, 저가의 시장에서 고급, 고가의 시장으로 이동하려는 경쟁자들의 시도를 저지하고자 할 경우가 있을 수 있다. 셋째, 가격과 품질 등의 면에서 중간에 위치하고 있는 시장이 정체되거나 쇠퇴할 경우가 있을 수 있다.

이러한 하향확장을 시도할 경우에는 상표명을 결정하는 데 여러 가지 방법을 택할 수 있다. 첫째, 모든 제품이나 브랜드에 대하여 동일한 상표명을 사용하는 것이다. 둘째, 저급, 저가의 시장에 판매하는 제품에 대해서는 하위상표명을 도입할 수 있다. 이러한 경우에는 제품 전체의 품질에

---

[9] 고급, 고가 및 대형의 제품을 high-end product라 하고 저급, 저가 또는 소형의 제품을 low-end product라 하며, 그러한 제품시장을 각각 high-end market 및 low-end market이라 한다.

대한 이미지가 손상될 우려가 있다는 점에 유의하여야 한다. 셋째, 저급, 저가의 제품에 대해서는 별개의 상표명을 사용할 수 있다. 그러나 새로운 상표명에 대한 소비자들의 인지도가 낮으므로 이를 높이는 데 상당한 투자가 필요할 것이다.

이러한 하향확장을 결정하는 데는 위험도 뒤따르고 있다. 첫째, 새로운 품목의 출현으로 기존의 품목을 판매하던 시장을 잠식당할 우려가 있다. 미국의 포드(Ford) 자동차 회사의 경우, 과거에 경제적인 차를 원하는 구매자들을 위하여 팰콘(Falcon)이라는 승용차를 생산한 바 있는데, 기대했던 바와는 달리 보통 크기의 표준형 차를 구입할 것으로 생각했던 사람들이 이 소형차를 구입하였다고 한다. 이에 따라 전체 판매와 이익이 감소한 결과를 초래하였다. 둘째, 경쟁자가 상향확장전략으로 반격을 가할 위험이 있다. 세 번째의 위험은 중간상들이 새로운 품목의 판매를 꺼려할 우려도 있다는 점이다.

2) 상향확장

하향확장과 반대되는 개념으로서 현재 가격이 낮거나 품질이 저급이거나 소형인 품목 외에 고급, 고가, 혹은 대형의 품목을 추가로 생산하여 판매하는 것을 말한다. 이러한 전략을 택하는 이유는 새로운 품목의 판매성장률이나 이윤 폭이 높을 것으로 생각되기 때문이다. 또한 제품계열 내의 모든 품목을 취급함으로써 시장에서 명성을 유지하려는 목적도 있을 것이다.

대표적인 예로 아이스크림의 경우에 하겐다스(Haagen-Dazs), 일본의 자동차 회사인 도요다의 경우에 렉서스(Lexus)를 들 수 있다.

상향확장전략에도 위험이 존재한다. 새로운 품목이 출현하면 이와 동일한 품목을 판매하던 기업이 기존의 품목시장에 역으로 진출할지도 모르는 것이다. 새로운 품목에 대한 고객의 신뢰를 확보하기란 용이하지 않으며, 새로운 품목을 판매할 수 있는 판매원이나 유통종사자들을 재교육시켜야 할 필요도 있을 것이다.

3) 양면확장

중간에 위치하여 상향 및 하향확장전략을 동시에 이용하는 것을 말한다. 대표적인 예로 일본 소니(Sony) 회사의 워크맨(Walkman) 제품의 경우를 들 수 있다. 소니 회사에서는 처음에 중간 가격의 시장에 진출하였는데, 추종 경쟁자들이 저가 모형을 가지고 추격하여옴에 따라 하향확장전략을 택하였다. 이와 동시에 보다 많은 고객을 확보하기 위하여 상향확장전략도 병행하였다. 그 후

이러한 워크맨 류의 제품모델이 백 가지 이상에 걸쳐 판매되었는데, 저급, 저가에서부터 고급, 고가에 이르기까지 매우 다양한 제품을 취급한 것이 특징이다. 소니사는 미국시장에서 이러한 양면 확장전략을 구사함으로써 최고의 시장점유율을 차지하여 지배적인 위치를 굳힐 수 있었다고 한다.

3. 품목의 보충

현재의 제품계열 범위 내에서 품목을 추가하는 이유는, ① 추가로 이익을 획득하기 위하여, ② 그와 같은 품목이 없어서 판매할 기회를 잃었다고 불평하는 중간상이나 판매원을 만족시키기 위하여, ③ 유효시설이 있을 때 그것을 활용하기 위하여, ④ 제품계열 내의 전 제품을 취급할 것으로 원하여, ⑤ 경쟁자의 진입을 방지하기 위하여 등 여러 가지 목적이 있기 때문이다.

그러나 품목을 과도하게 추가하면 다른 품목을 잠식하거나 고객에게 혼동을 일으킬 우려가 있다. 그러므로 고객들이 품목마다 약간의 차이가 있다는 것을 식별할 수 있도록 하여야 한다(이것을 j.n.d라고 하는 바, just noticeable difference의 약어이다). 웨버의 법칙(Weber's law)에 의하면 고객들이 제품 간에 절대적인 차이가 있는 것보다는 상대적으로 차이가 있다는 것을 더 잘 인식하는 경향이 있다고 한다.[10]

4. 제품계열의 최신화

제품계열 내의 품목 수가 적정한 수준에 있다 하더라도 외양이나 스타일이 구식이어서는 안 된다. 왜냐하면 경쟁에서 뒤질 염려가 있기 때문이다. 각 품목을 최신의 것으로 바꿀 필요가 있을 경우에는 점진적으로 바꿀 것인가, 혹은 일시에 전면적으로 바꿀 것인가를 결정하여야 할 것이다. 점진적으로 바꿀 경우에는 고객이나 중간상들이 새로운 스타일에 대하여 느끼고 있는 바를 시험해 보는 것이 좋으며, 자금면에서도 부담이 적다. 그러나 이 방법은 단점도 있다. 경쟁자가 쉽사리 모방할 시간적인 여유를 주게 된다는 점이다.

제품시장이 급격히 변동하는 경우에는 제품을 최신화 하려는 노력이 지속적으로 이루어진다. 특히 고객들이 고가의 제품을 구입하도록 제품을 계속 개량하려는 노력을 기울인다. 인텔(Intel)이나 모토롤라(Motorola)와 같은 마이크로프로세서 제조업체와 마이크로소프트(Microsoft)와 로터스

---

[10] Steuart Henderson Britt, "How Weber's Law Can Be Applied to Marketing," *Business Horizons*, February 1975, pp.21-29.

(Lotus)와 같은 소프트웨어 기업들은 새로운 버전의 제품을 지속적으로 시장에 도입하고 있다. 이러한 경우에, 주요 문제는 제품개량의 시기를 적절하게 결정하는 것이다. 제품개량의 시기가 지나치게 빠르면 현재 제품계열의 판매를 위축시킬 염려가 있고, 제품개량이 시기적으로 늦으면 경쟁자가 보다 앞선 기술에 대한 명성을 먼저 구축하게 된다.

5. 제품계열에 대한 관심강화

제품계열 관리자가 제품계열에 대한 고객의 관심을 높이기 위하여 한 개 또는 그 이상의 품목에 대해 특별한 촉진활동을 전개할 필요가 있다. 예컨대 미국의 연쇄소매 백화점인 시어즈(Sears)에서는 고객들을 유치하기 위하여 저가의 세탁기를 특별판매하는 행사를 개최하는 반면에, 세탁기 제품계열의 이미지를 쇄신하기 위하여 고급의 것을 전시할 경우가 있다.

제품계열 관리자는 제품계열에 관하여 상기한 바와 같은 의사결정을 내리는 것 외에도 각 품목의 가격을 결정하거나 쇠퇴기에 있는 취약제품을 제거하는 문제를 다루는 데에도 익숙하여야 할 것이다.

제5절 제품 믹스에 관한 의사결정

우리는 앞에서 제품이 마케팅 믹스에서 가장 중요한 요소 중의 하나로 그 개념이 매우 복잡하고 다원적임을 살펴본 바 있다. 예컨대 개별 제품의 경우, 그 제품이 지니고 있는 여러 가지 속성뿐 아니라 상표화하는 문제, 포장 및 표찰을 부착하는 문제, 이에 곁들여 서비스를 부수적으로 제공하는 문제 등이 총체적인 제품 개념을 형성하고 있음을 보았다. 이러한 하나의 개별 제품은 하나의 품목을 형성하고 있으며, 각 품목은 제품계열별로 다수가 존재할 수 있을 것이다. 이와 같이 유사한 품목들은 하나의 제품계열을 구성하고 있으며, 다수의 제품계열은 하나의 **제품 믹스**(product mix)를 구성하게 된다. 그림 10-10은 앞에서 언급한 개별 제품을 구성하고 있는 품목과 그러한 품목들로 구성되는 제품계열, 그리고 다수의 제품계열로 구성되는 제품 믹스를 보인 것이다.

오늘날 많은 기업들이 이러한 제품 믹스를 다루고 있을 경우가 많다. 먼저 용어의 개념을 몇

그림 10-10 '제품'의 구성요소

가지 정리하여 본다면, **제품 믹스**(product mix)란 '특정의 판매자가 판매를 목적으로 하여 구매자에게 제공하는 모든 제품계열과 품목'을 지칭하며, **제품계열**(product line)이라 함은 '하나의 제품 믹스 내에서 유사한 기능을 갖고 있고 동일 유형의 유통경로를 통하여 동일한 고객집단에게 판매되거나 주어진 가격범위 내에 있는 등 상호 밀접한 관계에 있는 일군의 제품'을 말한다. 그리고 **품목**(product item)이라 함은 '하나의 제품계열 내에서 크기, 가격, 외향, 또는 기타의 특성에 따라 구분할 수 있는 하나의 제품단위'를 지칭한다고 할 수 있다.

예를 들어 어느 상점에서 화장품, 보석, 그리고 시계를 취급하고 있다면 이 세 가지의 제품계열이 제품 믹스를 구성하게 되며, 화장품은 다시 립스틱(lipstick), 루즈(rouge), 크림(cream) 등으로 재분류할 수 있다. 이러한 제품계열은 다수의 품목으로 구성되어 있을 것으로 생각된다.

하나의 제품 믹스는 그 폭과 심도, 그리고 일관성이 있는 것으로 설명할 수 있다. 제품 믹스의 **폭**(width)이라 함은 한 기업이 몇 종류의 제품계열을 취급하고 있는가를 말한다. 예컨대 어느 가전제품회사가 PC, TV, 라디오, 냉장고, 에어컨 등의 여러 제품계열로 구성되어 있는 제품 믹스를 생산하고 있을 때 제품계열의 종류 수가 제품 믹스의 폭을 이루고 있다.

한편 제품 믹스의 **심도**(depth)라 함은 각 제품계열 내에서 기업이 제공하고 있는 품목의 숫자를 말한다. 예컨대 PC의 경우 성능이나 크기에 따라 다양한 품목으로 구성되어 있다.

제품 믹스의 **일관성**(consistency)이라 함은 여러 제품계열이 그 용도나 생산에 필요한 요소, 판매되고 있는 유통경로 등 여러 가지 점에서 상호 밀접한 관련이 있는 것을 말한다. 예컨대 상술한 가전제품회사의 모든 제품계열은 전기제품이라는 데 일관성 내지 공통성이 있다.

마케팅 전략을 수립하는 데는 이러한 세 가지 차원의 제품 믹스를 모두 고려하여야 한다. 즉, 시장에서 명성과 기술적 우위를 누리려면 제품 믹스의 폭을 넓혀야 하며, 소비자들의 다양한 기호와 욕구를 충족시키려면 제품 믹스의 심도를 높여야 할 것이다. 또한 특정 분야에서 타 기업에 비교할 수 없는 명성을 유지하려면 제품 믹스의 일관성을 지켜야 할 것이다. 그림 10-11은 이러한 제품 믹스의 폭, 심도, 그리고 일관성의 개념을 품목 및 제품계열로 설명하여 주고 있다. 그림에

그림 10-11 가상의 제품 믹스의 예

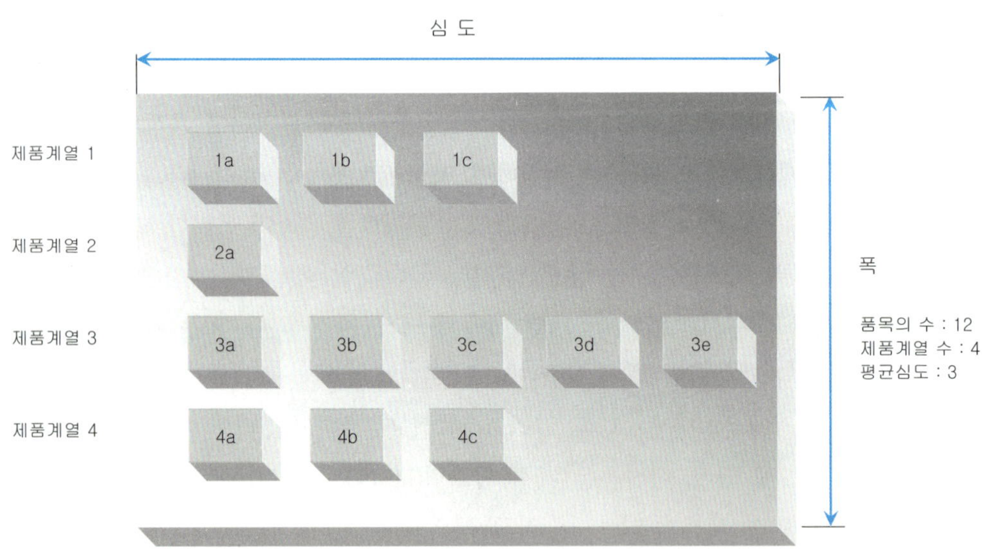

서 제품 믹스는 12개의 품목과 4개의 제품계열로 구성되어 있는데, 제품계열당 평균 3개의 품목으로 구성되어 있다고 할 수 있다. 즉, 평균심도는 3개인 것이다.

제6절 서비스 마케팅

마케팅은 원래 실물제품의 판매와 관련하여 발달되어 왔기 때문에 마케팅에 관하여 이야기할 때에는 이러한 실물제품을 강조할 경우가 많다. 그러나 이러한 실물제품 외에도 서비스, 기관, 인사, 장소, 아이디어 등에 관하여도 마케팅의 개념을 이용하는 경향이 높아지고 있다. 본 절에서는 서비스 분야의 마케팅 활동에 국한하여 살펴보기로 한다.

근래에 이르러 모든 국가에서 서비스 산업이 국민총생산에서 차지하는 비중이 점차 높아지고 있다. 서비스 산업은 매우 다양하여 정부기관, 병원, 금융기관, 군대, 경찰 및 소방서, 우체국, 각급 학교 등 무수히 많다. 각종 학술단체, 박물관, 자선기관, 교회 등 비영리기관은 물론 항공회사, 호텔, 은행, 보험, 변호사, 회계법인, 부동산업 등 영리를 추구하는 기관도 이에 포함된다.

1. 서비스의 성격과 특성

서비스란 '상대방에게 무형의 것을 제공하는 활동, 혹은 그것을 통하여 얻게 되는 혜택'을 말하며 소유권이 이전되지 않는다. 서비스의 제공은 실물의 제품과 관련되기도 하지만 그렇지 않을 경우도 많다.

호텔에 투숙한다든가, 은행에 예금하는 것, 비행기로 여행하는 것, 의사의 진단을 받는 것, 이발, 영화관람, 세탁소의 이용 등의 경우는 모두 서비스를 구입하는 것이라고 볼 수 있다. 서비스 마케팅을 계획하려면 서비스가 지니고 있는 여러 가지 특성을 고려하여야 한다. 서비스는 다음과 같은 특성이 있다.

첫째, 서비스는 일정한 형태가 없다. 서비스를 구매하기 전에는 시각, 청각, 후각 등을 통해서도 알 수 없다. 따라서 서비스를 구매하는 데에는 서비스를 제공하는 사람에 대한 신뢰가 중요하다. 서비스를 제공하는 측에서는 서비스의 효용을 높이려고 한다. 대학에서 우수한 학생들을 유치하기 위하여 고등학교를 상대로 캠페인을 벌이는 것은 그러한 예 중의 하나이다.

둘째, 서비스를 제공하는 주체가 사람이든 또는 기계이든 간에 서비스 제공행위와 분리할 수 없다는 것이다. 다시 말하면 생산과 소비가 동시에 이루어진다. 예컨대 음악회의 가치는 연주자와 분리할 수 없는 것과 같다.

셋째, 동일한 서비스라 하더라도 제공하는 사람과 시간에 따라 서비스의 질이 다르다. 동일한 외과의사라 하더라도 경험이 많은 사람이 수술에 더 능할 것으로 생각된다.

넷째, 서비스는 저장할 수가 없다. 자동차와 같은 유형의 제품은 판매 전까지 재고로 보관할 수 있으나 비행기의 경우, 빈 좌석은 비행기가 일단 이륙하면 그 가치를 상실하게 된다.

그러므로 서비스업에 종사하는 기업 또는 기관에서는 서비스의 수요와 공급을 맞추는 일이 매우 중요하며, 다음과 같이 몇 가지 전략을 이용할 수 있다.

① 차등 가격제를 이용한다. 예컨대 심야에 이용하는 장거리 전화요금을 할인하여 주는 것이 그러한 예에 속한다.
② 비수기에 수요를 개발한다. 예컨대 피서지에 있는 호텔이 겨울에 숙박료를 할인하여 줄뿐만 아니라 특별 서비스도 제공하여 고객을 유치하려 한다.
③ 수요가 많을 때 보조 서비스를 제공한다. 은행 창구에서 기다리는 손님에게 음료수를 제공하거나 독서물을 제공하는 것이 그러한 예이다.
④ 예약제도를 실시하여 서비스를 예매하여 수요량을 측정한다. 항공회사, 호텔, 의사 등이 많이 이용하고 있는 방법이다.

한편 공급면에서의 전략은 다음과 같은 방법을 이용할 수 있다.

① 수요가 많을 때 임시로 고용한다. 백화점에서 성수기에 점원을 임시로 고용하는 경우가 그러하다.
② 성수기에는 종업원들로 하여금 반드시 필요한 과업만을 수행하게 한다.
③ 구매자가 구매시에 직접 포장하도록 함으로써 그들의 참여도를 높인다.
④ 서비스 시설을 공동으로 구입하여 이용한다.

2. 서비스의 분류

서비스의 종류를 분류하는 방법에는 여러 가지가 있다. 첫째, 인간본위로 제공하는 것인가 또는 시설본위로 제공하는 것인가에 따라 분류할 수가 있다. 안마사의 경우는 필요한 도구가 거의 없으나 항공기의 조종사는 항공기라는 값비싼 시설이 필요하다. 인간 본위의 서비스를 다시 세분하면 전문직(회계사, 변호사, 경영진단사 등), 숙련공(연관공, 자동차 정비공 등), 비숙련공(수위, 청소부 등)의 서비스로 구분할 수 있다. 시설본위의 경우에는 자동시설(자동판매기, 자동차용 자동세척기 등), 비교적 비숙련공이 다룰 수 있는 시설(택시), 숙련공만이 다룰 수 있는 시설(항공기, 컴퓨터 등)로 분류할 수 있다.

둘째, 서비스의 제공을 의뢰하는 사람이 서비스를 제공하는 현장에 있어야 하는가에 따라 분류할 수도 있다. 예컨대 수술을 요하는 경우에는 환자가 반드시 수술대에 있어야 하지만, 자동차를 수리하는 경우에는 그렇지 않아도 되는 것과 같다. 의뢰자가 현장에 있어야 되는 경우에는 의뢰자의 욕구를 충족시켜 줄 일이 더 많을 것으로 생각된다. 이발소에서 내부장식을 깨끗이 하고 전축으로 음악을 들려주며 고객과 대화를 나누는 일 등이 필요한 경우가 있을 것이다.

한편 서비스의 구입 동기가 개인적인 필요에 의한 것인가 또는 사업상 필요한 것인가에 따라서 분류할 수 있다. 예컨대 병원에서 개인의 신체검사와 집단적인 신체검사의 요율에 차등을 두는 것이 그러한 예이다.

마지막으로 서비스의 제공 동기가 영리를 위한 것인가 또는 비영리적인 것인가에 따라 분류하기도 하고 서비스가 사적으로 제공되는 것인가 또는 공적인 것인가에 따라 분류할 수도 있다.

3. 서비스 기업의 마케팅 전략

우수한 서비스 기업들은 제조업과 마찬가지로 선정된 표적시장에서 강력한 위치를 차지하기 위하여 마케팅 개념을 이용하고 있다. 예컨대 어느 항공사에서 주요 도시만을 거점으로 단거리를 운행하고, 자주 이용하는 고객들을 대상으로 저렴한 요금과 기내에서의 식사나 음료를 제공하지 않는 특별한 운항 프로그램을 개발하여 나름대로의 이미지를 구축할 수 있을 것이다. 호텔의 경우에도 경쟁자에 비할 수 없는 특별한 서비스를 개발하여 고객들에게 제공할 수 있을 것이다. 이와 같이 서비스 기업들은 전통적인 마케팅 믹스 활동을 통하여 자신의 위치를 자리잡을 수 있다.

그러나 서비스는 유형의 제품과는 다르기 때문에 별도의 마케팅 접근방법이 필요하다. 유형의 제품은 어느 정도 표준화되어 있고 진열함으로써 고객들을 기다릴 수 있다. 그러나 서비스 산업에서는 고객과 일선에서 서비스를 취급하는 종업원이 서비스를 창출하기 위하여 '상호작용'한다. 따라서 서비스 제공자는 서비스를 다루는 동안에 보다 우월한 가치를 창출하기 위하여 고객들과 효과적으로 상호작용하지 않으면 안 된다. 이러한 효과적인 상호작용은 일선에서 서비스를 다루고 있는 종업원들의 숙련도와 이들을 뒷받침하는 서비스 생산과 지원과정에 달려 있다.

1) 서비스와 이익의 연쇄적 관계

성과가 좋은 서비스 기업들은 고객들과 종업원들에 대하여 모두 관심의 초점을 둔다. 이러한 기업에서는 종업원과 고객의 만족도가 이익과 연결되어 있음을 잘 알고 있다. 이러한 연결관계는 다음과 같이 다섯 가지 요소로 구성되어 있다.[11]

- **내부 서비스의 질**: 이것은 우수한 종업원을 선발하고 교육시키며, 품질작업을 위한 환경을 조성하며, 고객을 대하는 종업원들에 대하여 강력하게 지원하는 것을 말하며 아래와 같은 결과를 가져온다. 즉,
- **종업원들의 만족도와 생산성 향상**: 종업원들의 만족도와 충성도가 높을수록 더 열심히 일하게 되며, 아래와 같은 결과를 가져온다. 즉,
- **더 커다란 서비스의 가치**: 고객가치를 보다 효과적으로나 능률적으로 창출하고 서비스를 전달하면 다음과 같은 결과를 가져온다. 즉,
- **고객의 만족도와 충성도 증가**: 만족도와 충성도가 높은 고객들은 반복구매를 하며 다른 고객들에게 권장한다. 이것은 다음과 같은 결과를 가져온다. 즉,
- 건전한 이익과 성장: 우월한 서비스를 제공하는 기업은 양호한 성과를 달성한다.

그러므로 이익과 성장의 목표를 달성하려면 고객을 다루고 있는 종업원들에 대하여 주의를 기울이는 것이 무엇보다 중요하다.

이 모든 것은 서비스 마케팅에서는 마케팅 믹스를 이용하는 전통적인 외부 마케팅 이상의 것을 필요로 함을 암시하고 있다. 그림 10-12는 서비스 마케팅에서 내부 마케팅과 상호작용 마케팅이 필요하다는 것을 보여주고 있다. **내부 마케팅**(internal marketing)이란 서비스 기업이 고객들과 접촉

[11] James L. Heskett, Thomas O. Jones, Gray W. Loveman, W. Earl Sasser Jr., and Leonard A. Schlesinger, "Putting the Service-Profit Chain to Work," *Harvard Business Review*, March-April 1994, pp.164-174.

그림 10-12 서비스 산업에서의 세 가지 마케팅 유형

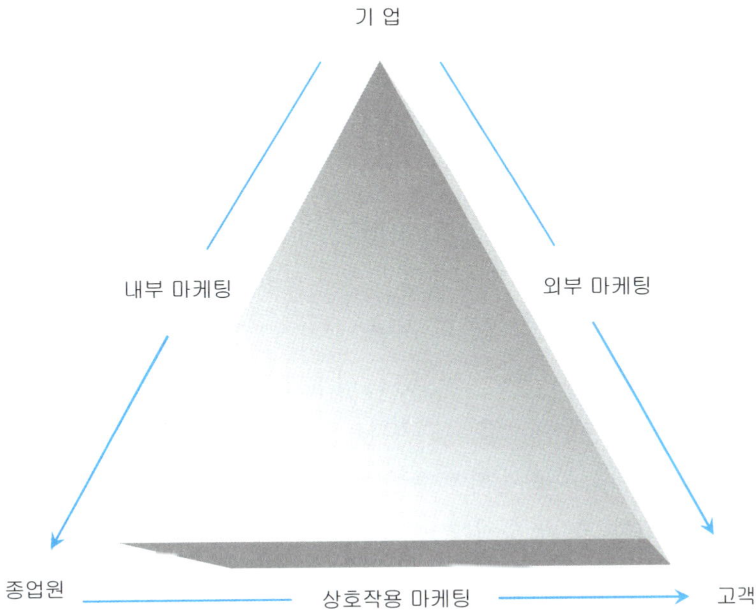

하는 종업원들을 효과적으로 훈련시키고 사기를 부여하며, 모든 서비스 지원 인력이 고객만족을 위하여 하나의 팀으로 종사하여야 함을 의미한다. 기업이 고품질의 서비스를 지속적으로 제공하려면 조직구성원 모두가 고객지향적인 자세로 임무를 수행하도록 하여야 한다. 실제로 내부 마케팅은 외부 마케팅에 선행되어야 한다.

상호작용 마케팅(interactive marketing)이란 서비스가 제공되는 동안에 그 질이 판매자와 구매자간의 상호작용의 질에 주로 달려 있음을 의미한다. 유형의 제품일 경우에는 그 질이 제품이 어떻게 입수되는가에 달려 있지 않을 경우가 많으나, 서비스 마케팅에서는 서비스의 질이 서비스 전달자와 전달의 질적 수준 모두에 달려 있다. 따라서 서비스 마케팅에 종사하는 사람들은 단순히 훌륭한 기술적 서비스를 제공한다고 하여 고객들을 만족시킬 것이라고 가정할 수 없다. 그들은 상호작용 마케팅 기법도 익혀야 한다.

오늘날 경쟁과 비용이 증가하고 생산성과 품질이 저하됨에 따라 보다 정교한 서비스 마케팅

기법이 필요하게 되었다. 서비스 기업이 당면하게 되는 3가지 주요 마케팅 과업은 경쟁우위의 차별화, 고품질의 서비스 제공 및 생산성 향상이다.

2) 서비스의 차별화

서비스 마케팅 종사자들은 가격경쟁이 점차 치열해짐에 따라 경쟁자에 비하여 서비스를 차별화하기가 어렵다고 말한다. 고객들은 여러 경쟁자들이 제공하고 있는 서비스가 비슷하다고 느낄수록 가격을 더 의식하게 된다.

가격경쟁에 대한 해결책은 기업이 제공하는 서비스와 배달 및 이미지를 차별화 하는 것이다. 서비스의 차별화는 경쟁자와 구별되는 혁신적인 특징이 포함될 수 있다. 예컨대 항공사에서 기내 영화상영, 좌석 등급화, 기내에서의 국제전화 서비스 및 자주 이용하는 고객들에 대한 특별보상 프로그램 등과 같은 혁신들을 도입하여 오고 있다. 한 걸음 더 나아가 침실, 샤워실 및 아침식사 조리실과 같은 특별한 시설을 제공할 경우도 있다.

서비스 기업에서는 보다 유능하고 신뢰할 수 있는 고객접촉 인물들을 확보하고, 서비스 제품이 제공되는 우월한 환경을 조성하거나 우월한 배달과정을 설계함으로써 서비스의 '배달'을 차별화할 수 있다. 예컨대 오늘날 은행에서는 고객들이 점포를 직접 방문하기보다는 홈뱅킹을 이용하여 거래하는 서비스를 점차 확대하고 있다.

마지막으로, 서비스 기업은 심벌이나 상표화를 통하여 자신의 '이미지'를 차별화 할 수 있다. 예컨대 은행에서 특정된 동물을 자신의 심벌로 삼아 광고함으로써 고객들에게 은행에 대한 특별한 의미를 심어줄 수 있다.

3) 서비스의 품질관리

서비스 기업이 스스로 차별화 할 수 있는 주요 방법 중의 하나는 경쟁자에 비하여 고품질의 서비스를 일관성 있게 배달하는 것이다. 제조업의 경우와 마찬가지로 서비스 산업에서도 총체적 품질관리에 관심을 기울이고 있다. 서비스의 품질을 측정할 수 있는 가장 좋은 척도는 고객을 어느 정도로 계속 확보하고 있는가에 달려 있다. 고객들에게 일관성 있게 가치를 전달하는 것은 고객을 확보하는 서비스 기업의 능력과 직접적인 관계가 있다.

유형제품의 경우와 마찬가지로 서비스 기업에서는 서비스의 품질에 대하여 표적고객들이 지니고 있는 기대를 파악하여야 할 필요가 있다. 유감스럽게도 서비스의 품질은 유형의 제품에 비하여 규정하기가 어렵고 판단하기도 쉽지 않다. 더구나 서비스의 품질이 높을수록 고객의 만족도 높아지겠지만 더 많은 비용이 소요될 경우가 많다. 그러나 서비스에 대한 투자는 고객확보와 판매증가를 통하여 그만한 보상을 받는 것이 보통이다.

다수의 서비스 기업들은 능률적인 서비스 배달 시스템을 개발하기 위하여 상당한 투자를 할 경우가 많다. 이들은 고객들이 모든 면에서 고품질의 서비스를 일관성 있게 받을 것을 확실하게 보장하고자 한다. 그러나 모든 것이 완전하게 될 때까지 기계와 투입물을 조정할 수 있는 유형제품의 경우와는 달리, 서비스의 질은 항상 가변적이며, 객원과 고객간의 상호작용에 달려 있다. 따라서 불가피하게도 문제점들이 발생하게 된다. 아무리 훌륭한 서비스 기업이라도 배달이 지연될 경우가 있고 종업원들의 불친절이 언제나 발생할 소지가 있다. 이러한 서비스 문제를 항상 방지할 수는 없지만 이를 치료할 수 있는 방법을 터득할 수 있다. 양질의 서비스를 다시 회복시킬 수 있다면 불만을 느낀 고객들을 충성도가 높은 고객들로 바꿀 수 있다. 그러므로 기업의 입장에서는 훌륭한 서비스를 언제나 제공할 뿐만 아니라 서비스 제공에 따르는 실수가 발생하면 이를 곧 회복시킬 조치를 취하여야 한다.

첫 번째 조치는 서비스를 담당하고 있는 일선 종업원들에게 고객의 욕구를 인식하고 주의를 기울이도록 권한과 책임 및 인센티브를 부여하는 것이다. 예컨대 호텔의 경우, 잘 훈련된 종업원들에게 고객이 불만을 느끼지 않도록 현장에서 무엇이든지 조치를 취할 수 있는 권한을 부여하고, 고객에 문제가 발생하면 경영층에 즉시 보고하여 해결방법을 제안하는 일이 필요하다. 고품질의 서비스를 제공하려면 고객에 초점을 두는 경영방식이 무엇보다도 중요한 것이다. 또한 서비스의 성과도 면밀하게 주시하여 경쟁자와 비교하는 일도 중요하다. 그러기 위해서는 고객들을 대상으로 정기적으로 표본조사를 행하거나 고객들로 하여금 서비스에 대한 불만사항을 제안하는 제도를 마련할 필요가 있다.

우수한 서비스 기업들은 서비스의 품질에 대한 관심도를 종업원들에게 전달하고 성과를 추적하려 한다. 예컨대 오늘날 택배회사에서는 서비스의 질을 언제 어디서나 측정하고 있다. 즉, 종업원들이 출근하면 지난 며칠간 서비스가 제시간에 배달된 비율에 관하여 컴퓨터 모니터에서 알 수 있다. 경영층에서는 배달이 안 되거나 지연된 부분들에 대하여 상세한 정보를 제공하고 앞으로 발생할 문제점들에 대하여 지침을 제시한다.

4) 서비스 생산성의 관리

오늘날 서비스 기업들은 급격한 비용증가로 인하여 서비스의 생산성을 증대시키지 않으면 안 되는 상황에 있다. 서비스의 생산성을 향상시킬 수 있는 방법에는 여러 가지가 있다. 서비스 기업은 현재의 종업원들을 더 잘 훈련시키고 숙련도가 높은 새로운 종업원들을 채용할 수 있다. 혹은 품질의 일부를 포기함으로써 서비스의 양을 증가시킬 수 있다. 또한 제조업의 경우와 마찬가지로 서비스 산업에서도 새로운 기술을 도입하여 시간과 비용을 절약할 수 있다. 예컨대 인터넷을 통하여 고객들의 불만사항을 언제나 접수하고 즉시 응답할 수 있는 시스템을 언제든지 개발할 수 있을 것이다.

그러나 서비스 기업들은 생산성에 지나치게 집착함으로써 서비스의 품질을 저하시켜서는 안 된다. 서비스를 지나치게 규격화하거나 비용을 절감하려는 노력을 기울이게 되면 단기적으로는 효율성을 높일 수 있을지 모르나 장기적으로는 서비스의 질을 혁신하고 유지하거나 고객의 욕구에 부응할 수 있는 능력이 약화될 수 있다. 경우에 따라서는 서비스를 차별화 하거나 품질수준을 높이기 위하여 생산성의 저하를 감수해야 될 경우도 있다.

제7절 국제시장에서의 제품 및 서비스 마케팅

국제시장에서 제품과 서비스를 다루고 있는 마케팅 종사자들은 특수한 문제에 봉착하게 된다. 첫째, 그들은 어떤 제품과 서비스를 어느 국가에 도입하여야 할 것인가를 결정하여야 한다. 또한 제품과 서비스를 어느 정도로 표준화하거나 수정할 것인가를 결정하여야 한다. 기업의 입장에서는 제품이나 서비스를 표준화하면 체계적으로 일관성 있는 이미지를 개발할 수 있고, 생산비를 줄일 수 있으며, 연구개발과 광고 및 제품 디자인을 위한 노력과 비용의 중복을 피할 수 있다. 그러나 각국의 소비자들은 문화, 태도 및 구매행동에 있어 각기 차이가 있다. 각국의 시장은 경제적 조건이나 경쟁상태, 법률적 규제 및 물리적 환경 등에 있어 차이가 많다. 기업들은 제품을 각국의 사정에 맞게 적응시킴으로써 그와 같은 차이에 대응하여야 하는 것이 보통이다.

국제시장에서는 포장도 문제가 된다. 예컨대 제품의 명칭이나 표찰 및 색깔 등은 한 국가에서 다른 국가로 쉽사리 바꿀 수 없는 경우가 있다. 로고에 노란 꽃을 사용하는 기업은 미국에서는 작별을 고하는 것을 의미하지만, 멕시코에서는 죽음이나 불경을 상징한다. 포장은 또한 각국의 소비자들 특성에 맞추어야 할 경우도 있다. 예컨대 청량음료수의 경우, 일본에서는 미국보다 그 용량이 더 적은 것이 소비자들에게 적합하다. 따라서 제품과 포장을 표준화하는 것은 여러 가지 이점이 있을 수 있으나 각국 소비자들의 구미에 맞도록 수정하여야 할 경우가 많다.

서비스 산업에 종사하는 마케팅 담당자들도 국제시장에 진출하고자 할 때에는 특별한 문제에 봉착하게 된다. 서비스 산업에 따라서는 국제시장에의 진출이 오랜 역사를 갖고 있는 경우가 있다. 예컨대 은행업의 경우가 대표적이다. 은행들은 자국의 기업들이 해외에 상품과 서비스를 판매하고자 할 경우에 그들이 필요로 하는 외환과 신용을 충족시키기 위하여 국제적으로 서비스를 제공하지 않으면 안 되었다. 예컨대 우리나라의 경우, 미국과 일본 및 독일 등 유수한 선진국 은행들이 일찍부터 국내에 진출하여 활동하고 있다. 더구나 우리나라의 시중은행들도 국제적으로 경쟁하기 위하여 인수, 합병 등 구조조정을 통하여 세계를 무대로 활동하지 않으면 안 되게 되었다.

관광산업의 경우도 예외가 아니다. 각국마다 세계의 관광객들을 유치하기 위하여 호텔과 항공사들이 치열하게 경쟁하고 있다. 신용카드 회사의 폭발적 증가도 가속화되어 왔다.

회계법인이나 경영상담을 전문으로 하는 기업, 광고대행사 등도 근래에 이르러 국제화되고 있다. 이것은 제조업의 세계화에 따른 필연적인 추세라 할 수 있다. 소매업도 세계화되고 있다. 우리나라에 진출해 있는 미국의 대형 할인점인 월마트나 프랑스의 까르푸가 대표적인 예에 속한다.

국제시장에 진출하고자 하는 서비스 기업들은 각국마다 문호가 개방되어 있지 않다는 사실을 이해하고 있어야 한다. 제조업의 경우에는 다른 국가에 제품을 판매하고자 할 경우에 관세, 수입할당 및 외환규제 등에 직접 부딪치게 되지만, 서비스 산업은 포착하기 힘든 장벽에 부딪칠 경우가 많다. 경우에 따라서는 자국의 전통을 고수하기 위한 법률적 규제장치를 마련함으로써 다국적 서비스 기업들의 진출을 억제하거나 자국의 서비스 산업을 보호하려 한다.

예컨대 터키에서는 외국의 회계법인이 사무소를 설립하기 위하여 자본을 도입하는 것을 법률적으로 금지하고 있으며 터키의 파트너와 동일한 기업명칭을 사용하도록 요구하고 있다. 아르헨티나의 수도 부에노스 아이레스에서 회계사가 다국적 기업의 장부를 감사하려면 아르헨티나의 지리와 역사에 관한 교육을 고등학교의 수준에서 반드시 이수하여야 한다. 인도의 뉴델리에서는 국제보험회사가 인도의 성장산업에 대하여 손해보험에 관한 영업을 할 수 없으며, 중산층에 대한 생명보험 취급도 금지하고 있다.

이와 같이 서비스 산업은 국제시장에 진출하는 데 있어 여러 가지 장애가 존재하고 있으나 세계화의 추세는 가속화될 것으로 보인다. 특히 은행업, 항공회사, 통신업 및 전문 서비스 직종의 경우가 그러하다. 오늘날의 서비스 기업들은 단순히 제조업의 뒤를 쫓아 세계화를 추구하기보다는 제조업을 이끌어 가는 선도적인 역할을 수행하고 있다.

요 약

제품이란 그 개념에 대해서 신중하게 정의를 내려야 될 필요가 있는 복잡한 대상물이다. 제품전략을 수립하려면 품목, 제품계열 및 제품 믹스에 관해서 통합적이고도 상호 보완적인 의사결정을 내릴 필요가 있다.

고객들에게 제공되는 각 개의 품목들은 세 가지 수준에서 생각할 수 있다. 먼저 핵심제품은 구매자가 구매함으로써 얻게 되는 제품의 필수적인 효익이 포함되는 것이다. 실제제품 또는 유형제품은 제품의 특징, 스타일, 품질, 상표명 및 포장 등의 것들이 포함된다. 보강제품은 이러한 실제제품 외에 여러 가지 제품과 관련된 서비스를 추가한 개념이다. 예컨대 품질보증이나 설치, 무료운반, 수선 등의 서비스 등이 이러한 범주에 속한다.

제품을 분류하는 방법에는 여러 가지가 있다. 예컨대 모든 제품은 그 내구성에 따라서 분류할 수가 있는데, 즉 비내구재, 내구재 및 서비스의 세 가지로 분류할 수 있다. 소비재는 보통 소비자들의 쇼핑 습관에 따라 분류되는데, 그 종류는 편의품, 선매품, 전문품 및 비관심품 등으로 분류된다. 산업재는 생산과정에 여러 원료나 재료가 어떻게 투입되고 상대적인 비용의 크기가 어느 정도인가에 따라 분류된다. 예컨대 원료 및 부품, 자본재, 소모품 및 서비스 등이 바로 그것이다.

각 기업은 자신들이 생산하고 있는 제품계열 내에서의 품목들에 대해 각각의 전략을 개발하여야 한다. 그러한 경우 제품의 속성, 상표화, 포장, 표찰 및 제품지원을 위한 서비스 등에 관한 의사결정이 필요하다. 제품속성에 관한 의사결정에는 제품에 어떠한 품질수준을 부여할 것인가, 그리고 어떠한 특징과 디자인을 만들 것인가 등이 포함된다. 브랜드와 관련해서는 기업들은 모든 제품에 대해서 상표화할 것인가의 여부를 결정해야 하는 동시에 자체 브랜드를 개발할 것인가, 또는 사적브랜드나 공동브랜드를 활용할 것인가 등을 결정해야 한다.

또한 동계상표명을 사용할 것인가, 또는 개별상표명을 사용할 것인가, 그리고 상표명을 신제품에 연장하여 사용할 것인가, 또는 경쟁적으로 별개의 상표명들을 동시에 사용할 것인가, 그리고 각 브랜드에 대해서 리포지셔닝을 할 것인가의 여부 등을 결정하여야 한다. 또한 제품에 관한 의사결정을 내릴 때에는 포장에 관한 결정도 내려야 되는데, 이러한 포장은 제품을 보호하고, 경제적이고 편리하며, 제품의 판매를 촉진시킬 수 있는 혜택이 있어야 할 것이다.

마케팅 관리자는 포장개념을 개발하여야 하는데, 이러한 포장개념은 기업이 추구하는 목적을 달성할 수 있겠지만 정부의 공공정책과 상충되어서는 안 된다.

제품에 관한 의사결정을 내릴 때에는 또한 표찰도 포함되는데, 이러한 표찰은 제품의 등급을 구분하거나 제품의 내용을 설명해 주거나 또는 제품을 촉진하는 등의 기능을 수행한다. 근래에 이르러서 이러한 표찰에는 소비자들에게 제품 내용에 관한 정보를 제공하고, 또한 이들을 보호할 목적으로 최소한의 필요한 정보를 표시할 것을 요구하는 법률이 제정되고 있는 추세에 있다.

한편 기업들은 고객들이 원할 뿐만 아니라 경쟁기업들에 비해서 효과적인 제품 지원 목적의 서비스를 개발하여야 한다. 고객들에게 제공할 가장 중요한 서비스가 무엇인가를 결정하여야할 뿐만 아니라 그러한 서비스를 어떠한 최선의 방법으로 제공할 것인가를 결정하여야 한다. 서비스 믹스(service mix)는 고객들의 불만을 처리하고 신용이나 수선유지를 하며 기술적인 서비스 및 고객정보에 관한 것을 다루는 고객 서비스부에서 조정될 수가 있다. 고객 서비스는 고객을 만족시킴과 동시에 경쟁에서 비교우위를 차지할 수 있는 마케팅 수단으로 이용되어야 한다.

대부분의 기업들은 단일의 제품보다는 제품계열을 생산할 경우가 많다. 이러한 제품계열이란 제품의 기능이나 고객의 구매필요 또는 유통경로 등과 관련해서 유사성이 있는 하나의 제품군을 말한다. 여러 개의 제품계열을 기업이 보유하고 있을 때에는 각 제품계열별로 별개의 제품전략을 필요로 한다. 제품계열을 확장하고자 할 경우에는 하향확장할 것인가, 상향확장할 것인가, 또는 양면으로 확장할 것인가 등의 문제들을 해결하여야 한다. 제품계열에 관한 의사결정과 관련하여 그밖에도 현재의 제품계열 범위 내에서 품목을 추가할 것인가의 여부를 결정하는 품목의 보충 여부도 고려하여야 한다. 그밖에도 제품계열을 최신화하는 문제, 또는 제품계열에 대한 관심강화의 문제 등도 제품전략과 관련하여 고려되어야 할 필요가 있다.

제품 믹스란 특정 판매자가 고객들에게 제공하는 일련의 제품계열과 품목들을 말한다. 이러한 제품 믹스는 제품의 심도와 폭으로 설명될 수가 있고, 이와 동시에 일관성으로 이야기할 수 있다. 기업이 제품전략을 개발하려면 정부의 공공정책 및 법률적인 규제도 고려하여야 한다.

근래에 이르러 경제에서 서비스 부문이 차지하는 부문이 점차 커짐에 따라 서비스 마케팅의 중요성이 부각되고 있다. 서비스는 첫째, 일정한 형태가 없으며, 둘째, 서비스와 서비스 제공자가 분리될 수 없으며, 셋째, 서비스를 제공하는 사람과 시간에 따라 서비스의 질이 다르며, 넷째, 서비스는 저장이 불가능하다는 특징을 지니고 있다. 서비스의 이러한 특성으로 인하여 마케팅 종사자들은 서비스를 보다 가시적으로 만들고, 서비스와 분리할 수 없는 서비스 제공자의 생산성을 높이며, 서비스의 가변성으로 인하여 그 질을 표준화하고, 저장이 불가능함으로 인하여 수요와 공급을 조절하는 등의 방법을 발견하는 일이 필요하다.

우수한 서비스 기업은 고객들과 종업원 모두에 관심의 초점을 둔다. 그러한 기업에서는 서비스와 이익의 연계성을 잘 이해하고 있으며, 이것은 곧 이익이 종업원과 고객의 만족과 연계되어야 함을 의미한다. 서비스 분야에서 마케팅 전략을 개발하려면 외부 마케팅뿐만 아니라 종업원들의 사기를 부여하기 위하여 내부 마케팅도 필요하며, 서비스 제공자 간에 서비스를 배달하기 위한 기법을 창출하기 위하여 상호작용 마케팅도 필수적이다. 서비스 마케팅에서 성공하려면 비교우위가 있는 차별화, 고품질의 서비스 개발 및 서비스 생산성의 향상이 필수적이다.

연습문제

1... 제품의 개념에서 핵심제품, 유형제품, 그리고 보강제품은 각각 무엇을 의미하는가? 하나의 제품을 예로 하여 설명하여 보라.

2... 귀하는 식당에서 제공하고 있는 제품들을 어떻게 분류할 수 있겠는가? 예컨대 비내구재나 서비스와 같은 것과 같이 분류할 수 있는가?

3... 편의품, 선매품, 전문품 및 비관심품 등을 각각 취급하는 소매점들을 예로 들어서 설명하고 비교하여 보라.

4... 근래에 이르러 우리나라에서는 자동차를 구매하는 사람들이 소형보다는 중형 이상의 대형 자동차를 점차로 선호하는 경향이 높아가고 있다. 이와 같이 중형차를 중심으로 대형 자동차들의 판매가 증가하고 있는 이유는 무엇인가? 또 지속적으로 그러한 추세를 유지하기 위해서는 소비자들에게 어떠한 인식을 심어줄 필요가 있는가?

5... 많은 사람들이 상표화 되지 않은 제품보다는 상표화된 제품을 선호하는 경향이 있다. 이러한 사실은 상표화의 가치가 어디에 있는가를 말하여 주고 있는가?

6... 기존의 상표명을 변경하려면 많은 비용이 소요되고 또한 시간도 필요하다. 그러한 불리한 점이 있는데도 불구하고 상표명을 변경하고자 할 때 그것이 가져오는 장점과 단점이 무엇인가를 설명하여 보라.

7... 귀하가 정기적으로 구입하고 있는 몇 가지 제품의 예를 들어서 포장과 표찰에 어떠한 개선점이 필요한가를 제시하여 보라. 또한 만일 포장을 변경하는 데 있어 비용이 소요된다면 그러한 포장변경에 따르는 비용을 어느 정도로 지불할 의사를 지니고 있겠는가?

8... 다음과 같은 사업을 하는 경우에 마케팅 측면에서 어떠한 서비스를 제공하는 의사결정을 내려야 할 것인가를 기술하여 보라.

① 소규모의 여성용 의류점 ② 은행 ③ 슈퍼마켓

9... 병원의 경우를 들어 제품 믹스를 설명하여 보라. 그러한 제품 믹스는 각기 심도와 폭이 있는가? 그리고 각기 상향확장과 하향확장을 어떻게 달성할 수 있겠는가?

10.. 은행과 일반 제조업은 마케팅 개념을 동일하게 적용할 수 있는가? 차이점이 있다면 무엇인가?

제11장

신제품 개발과 제품수명주기 전략

소비자의 기호나 기술수준, 그리고 경쟁상황 등은 항상 변화하고 있으므로 어느 기업이나 이에 대비하여 신제품을 개발하고, 개발된 제품을 관리하는 데 많은 노력을 기울여야 함은 말할 필요도 없을 것이다. 그리고 어느 제품이건 일정한 수명주기(life cycle)가 있을 것으로 생각되는데, 하나의 제품이 탄생되고, 판매가 성장하며, 성숙된 시장이 형성되어 궁극적으로는 시장에서 쇠퇴하는 경험을 갖게 되는 것이 보통이다. 이러한 제품수명주기가 발생하는 이유는 기본적으로 소비자들의 욕구나 욕망을 더 잘 충족시켜 줄 수 있는 신제품이 출현하기 때문일 것으로 생각된다.

제품수명주기(product life cycle : PLC)란 기업에 있어 두 가지의 주요 과제를 던져준다. 그 첫째는 모든 제품들은 궁극적으로 쇠퇴기에 접어들기 때문에 기업은 이러한 쇠퇴기에 있는 제품을 대체하기 위해서 신제품을 개발하지 않으면 안 된다. 즉, 신제품 개발의 과제를 안고 있다. 두 번째로는 제품이 개발되어 시장에 도입되면서 판매속도가 점차로 증가하고 그것이 극대화되어 드디어는 감소하는 수명주기에 따라 각기 어떠한 마케팅 전략을 구사하여야 할 것인가를 결정하는 문제가 있다. 즉, 제품수명주기 전략을 수립하는 과제가 존재한다. 본 장에서는 먼저 신제품을 어떻게 개발할 것인가의 문제를 살펴보고, 그 다음으로 제품수명주기 전략에 대해서 살펴보기로 한다.

제1절 신제품의 의의와 개발전략

오늘날의 기업들이 처하고 있는 환경상의 특징은 소비자들의 기호나 기술이 급격히 변화하고,

경쟁이 격화되고 있다는 점 등을 들 수 있다. 따라서 어느 기업이든 기존의 제품에만 의존하여 성장하기가 어렵게 되어 있다. 고객들은 새로운 제품이나 개량된 제품의 출현을 기대할 경우가 많게 되었으며, 기업은 최선을 다하여 새로운 제품을 제공하는 과업이 주어지게 되었다.

이와 같이 오늘날 어느 기업이든 경쟁이 존재하는 한, 기존의 제품에만 생존을 의존할 수 없게 되었고, 소비자의 욕구나 제품에 대한 기대는 항상 변화하고 있으며, 새로운 제품을 선호하는 경향이 점차 증가하고 있다. 변화하는 소비자들의 욕구를 충족시키기 위하여 기업 간에 경쟁이 있게 되고, 따라서 새로운 제품을 개발하려는 노력이 필요불가결하게 되었다.

기업이 신제품을 획득하는 방법에는 두 가지가 있다. 하나는 다른 기업을 **인수**(acquisition)하는 것인데, 인수형태에는 타기업 전체를 인수하는 방법, 특허권만을 인수하는 방법, 그리고 타기업의 제품을 생산할 수 있는 면허(license)만을 획득하는 방법 등이 있다. 또 하나의 방법은 **혁신**(innovation)으로서 기업 자체가 연구개발부를 설치하여 제품을 개발하는 내부혁신과 외부의 연구기관에 의뢰하는 혁신계약이 있다. 본 절에서는 성장전략으로서의 혁신(또는 신제품 개발)에 초점을 두고 살펴보고자 한다.

'신제품'이라 함은 기업의 내부 또는 외부기관의 연구개발을 통하여 탄생되는 독창적인 제품, 제품개량, 제품변형, 새로운 브랜드 등을 의미한다. 신제품 개발의 특징은 그것이 위험을 내포하고 있다는 데 있다. 예컨대 제품의 수요, 가격, 제조비용, 그리고 제품수명주기 등이 불확실한 경우가 많다. 또한 시간이 경과함에 따라 제품에 대한 소비자들의 선호경향도 변화하고 있다. 근래에 이르러 신제품 개발이 더욱 힘들게 된 이유는 다음과 같다.

① **주요 신제품에 관한 아이디어의 부족** : 과학자들은 제품에 따라서 새로운 기술이 아직 부족하다고 생각하는 경우가 많이 있다.

② **시장의 분할** : 경쟁의 격화로 시장의 분할현상이 심화되고 있다. 따라서 대규모의 시장보다도 소규모의 시장부문을 표적으로 신제품을 개발하는 것이 유리할 경우가 많다. 이것은 곧 판매와 이익의 감소를 뜻한다.

③ **사회의 압력과 정부의 규제 강화** : 신제품은 기업의 이익뿐 아니라 공공의 이익에도 부합되는 것이어야 한다. 또한 소비자의 안전은 물론 생태적으로도 적합한 것이어야 한다. 제품뿐 아니라 광고에 관하여도 정부의 규제가 강화되고 있다.

④ **신제품 개발비용의 증가** : 신제품은 다수의 아이디어를 여과과정을 거쳐 채택하게 된다. 알렌 등 몇 사람은 51개의 기업을 대상으로 이러한 여과과정을 조사한 결과 그림 11-1에서

알 수 있는 바와 같이 아이디어의 수가 점차로 감소하고 있는 사실을 발견하였다. 최초의 58개 아이디어 중에서 기업의 목적과 능력에 적합한 12개만이 심사과정에서 선발되고, 이 가운데 잠재이익을 철저하게 평가한 후 7개만이 남게 되었다. 이 중에서 3개만이 제품개발 과정에서 합격하고 그 후 두 개만이 시험판매 단계에서 살아남고 결국 단 한 개만이 상품가치로서 성공하였다고 한다. 최종적으로 채택된 아이디어는 다른 57개의 아이디어를 개발하는 데 투입한 비용을 회수할 수 있을 정도의 가격이 책정되어야 할 것이다.

⑤ **자본의 부족** : 자본비용이 증가함에 따라 어느 기업이나 제품을 개발할 능력이 있는 것은 아니다. 따라서 제품을 변형하거나 모방하는 기업의 수가 증가하고 있다.

⑥ **제품의 단명** : 신제품이 상품으로서의 가치가 있다 하더라도 경쟁자가 신속하게 모방하면 그 수명이 단축될 수밖에 없다.

이와 같이 신제품을 개발하는 데는 많은 위험이 수반하고 있으며, 따라서 진정한 의미의 신제품 개발과정이란 의사결정자에게 보다 많은 정보를 제공함으로써 실패의 위험을 감소시키려는 과정이라고 할 수 있다. 신제품 개발에 실패하는 원인은 무엇인가? 그 원인에는 여러 가지가 있겠지만 요약하면 다음과 같다. 즉, 마케팅 조사를 통하여 발견된 사실이 충분한 신빙성이 없는데도 불

그림 11-1 신제품 아이디어의 잔존과정

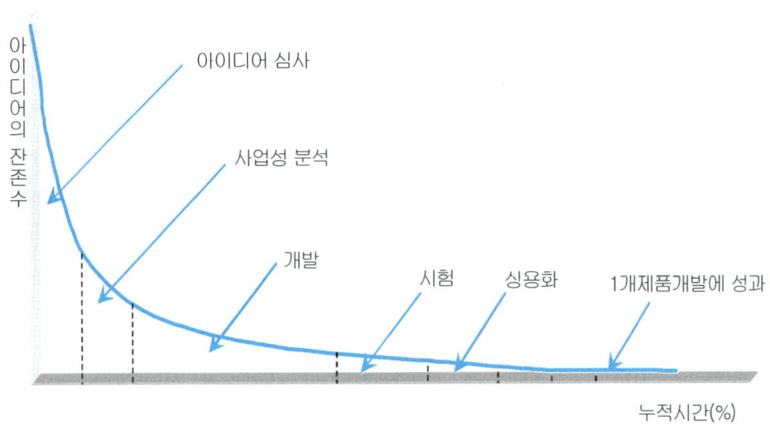

구하고 최고경영자가 사실 중에서 유리한 점만을 믿고 제품개발을 추진하는 경우가 있다. 혹은 아이디어는 훌륭하지만 시장규모를 과대평가하는 경우, 포지셔닝과 시장세분화의 미숙, 예산의 부족, 가격책정의 오류, 조잡한 디자인이나 마케팅 프로그램, 예상하지 않았던 경쟁의 격화나 개발비의 증가 등의 원인을 들 수 있다.

이러한 오류를 방지하려면 신제품을 다룰 조직을 개편하는 것이 중요한 일이다. 신제품 개발에 효과적인 조직을 편성하는 방법에는 다음과 같이 다섯 가지를 생각할 수 있다.

① **제품관리자** : 신제품 개발의 책임이 제품관리자에게 있는 경우가 많다. 그러나 제품관리자는 일상업무에 바쁘고 브랜드를 바꾸거나 확대하는 일 외에 신제품에 관하여 깊이 생각할 여유가 없으며 제품개발에 필요한 기술이나 지식을 갖고 있지 못할 경우가 많다.

② **신제품관리자** : 신제품관리자를 별도로 두고 제품관리자에게 보고하게 하는 조직체계를 생각할 수 있다. 그가 신제품개발에 전문적으로 기여할 수 있는 장점은 있으나 제품변경이나 제품계열을 확장하는 정도의 노력밖에 안 하는 경향도 있다.

③ **신제품관리위원회** : 신제품개발제안을 심사할 관리위원회를 두는 기업이 있는데, 마케팅부를 비롯하여 생산, 자금, 기술 및 기타 부서에서 상위층에 있는 사람들이 대표로 구성되며, 그 기능은 신제품을 개발하거나 조정하기보다는 개발계획을 평가하고 승인하는 데 있다.

④ **신제품 개발부** : 대기업의 경우, 상당한 권한을 갖고 있는 이사급의 사람에 의하여 주도되는 신제품 개발부를 설치하기도 한다. 담당이사는 전무나 마케팅 담당 이사, 또는 연구개발 담당 이사에게 보고하는 것이 보통이다. 이 부의 주요 책임은 새로운 아이디어를 발견하고 심사하며 연구개발작업을 지휘하고 조정하며, 현장에서의 실험과 사전(事前) 상용화 사업도 수행한다.

⑤ **신제품개발 합동조사반**(new-product venture team) : 기업 내의 각 부에서 대표적인 사람들이 나와 하나의 팀을 구성하고, 이들은 신제품을 시장에 제공하거나 새로운 사업을 발굴하는 책임을 맡게 된다.

앞서 잠시 언급한 바와 같이 오늘날의 기업들이 신제품 개발에 여러 가지 어려움에 봉착하게 된 경우가 많아지게 되었지만, 그럼에도 불구하고 기업이 성장하기 위해서는 신제품을 계속 개발하지 않으면 안 되게 된 것이 기업이 당면하고 있는 과제라고 할 수 있다.

제2절 신제품 개발과정

신제품을 개발하는 과정에 관하여는 기업마다 그들대로의 목표, 필요성, 절차가 각기 다를 것으로 생각되기 때문에 어떤 특정한 형태가 있는 것은 아니라고 생각된다. 그러나 대개의 경우 그림 11-2와 같은 과정을 거치게 된다. 모든 기업이 반드시 이와 같은 과정을 밟게 되는 것은 아니지만, 제품개발과정에서 의사결정 형태를 논의할 때 매우 유용한 기준이 될 수 있다. 이제 그 과정을 단계적으로 살펴보자.

1. 아이디어 발생

신제품 개발의 첫 단계는 아이디어를 발생시키는 데 있다. 이 과정은 우연에 의존해서는 안 되며, 조직적이고 체계적이어야 한다. 만일 그렇지 않을 경우, 아이디어의 수는 많으나 실제로 적절하지 못할 경우가 많게 되어 비용만 투입하게 되는 결과를 가져올 위험이 있다. 경영층에서 이러한 위험을 피하려면 사업영역, 목적 및 전략을 신중하게 결정하여야 한다. 즉, 신제품을 개발하

그림 11-2 신제품개발의 주요단계

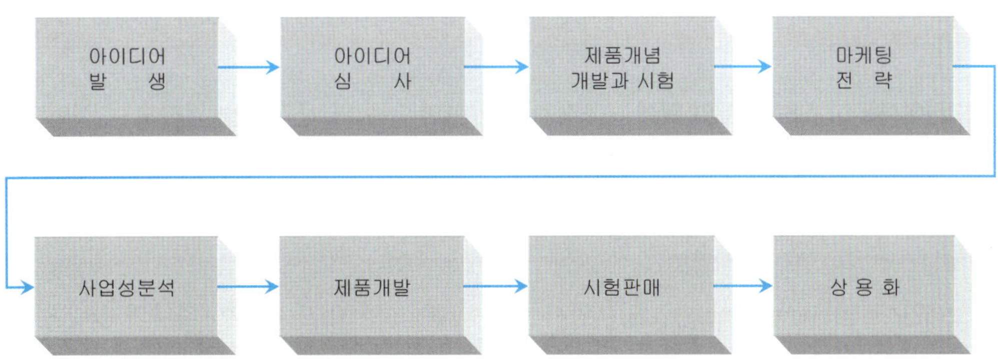

여 수행할 사업의 영역을 명확하게 결정하고, 신제품을 판매함으로써 달성하려고 하는 목표(예컨대 자금획득을 목표로 하는가 혹은 시장을 지배하려는 것을 목표로 하는가 등)를 설정하여 이를 구체적으로 달성할 수 있는 전략(예컨대 독창적인 제품을 개발할 것인가, 혹은 기존의 제품을 변형할 것인가, 또는 경쟁자의 제품을 모방할 것인가 등)을 수립하여야 하는 것이다.

신제품에 관한 아이디어를 입수할 수 있는 정보출처에는 여러 가지가 있다. 가장 대표적인 예로서 기업 자체 내에서 아이디어를 구할 수 있는 경우가 많다. 예컨대 기술개발부를 별도로 설치하고 있을 경우에는 이 부서에서 신제품에 대한 아이디어를 발견하는 경우가 많게 될 것으로 생각된다. 한편 마케팅 개념을 따르자면 소비자들 자신이 가장 중요한 정보출처가 될 수도 있다. 소비자의 욕구나 욕망은 소비자 조사, 집단토론, 소비자들의 서신 및 불만사항을 입수하여 알 수가 있다. 과학자들로부터도 독창적인 제품이나 제품개량에 관한 정보를 입수할 수 있을 것이다. 또한 경쟁자의 제품동향도 주시하여 어느 제품이 고객에게 매력을 주고 있는가를 파악하여야 한다. 판매원이나 유통부문에 종사하는 사람들로부터도 아이디어에 관한 정보를 입수할 수가 있는데, 이들은 일상적으로 고객과 접촉하고 있기 때문이다. 그밖에도 대학이나 연구기관, 경영상담기관, 마케팅 조사기관, 경제단체 등에서도 정보를 입수할 수 있을 것이다.

아이디어의 정보출처가 무엇이든 간에 훌륭한 아이디어를 발생시키는 과정은 영감에 의한다거나 우연히 발견하는 재주, 고객의 요구, 공식적인 창조기법 등에 의존하게 된다. 영감이나 우연히 발견하는 재주는 기업이 통제할 수 없다. 또한 고객의 욕구를 파악하기 위하여 판매원이 세밀하게 조사한다 하더라도 고객의 욕구에 대하여 관심을 기울여 고객의 요구사항을 절대적으로 반영하고 있는 기업은 그리 많지 않다. 그러므로 기업의 간부들을 훈련시켜 **창조기법**(creativity technique)을 이용하게 하는 것도 중요한 일이다. 그러한 창조기법에는 다음과 같은 것이 있다.

① **고객이 지니고 있는 문제의 분석** : 고객과 면담하여 제품의 문제점을 알아보는 것이다. 고객의 반응을 토대로 이에 적합한 신제품의 특징을 개발할 수 있다.

② **제품변형분석** : 제품의 여러 가지 특성을 살펴본 후에 제품을 변경하거나 확대, 축소, 대체하는 방법을 연구하는 것이다.

③ **브레인스토밍**(brainstorming) : 외부인사를 포함하여 6인 내지 10인이 하나의 집단을 구성하여 구체적인 문제를 제기하고 토론함으로써 아이디어를 창조하는 방법이다. 이 방법을 이용할 때 지켜야 할 몇 가지 규율이 있다. 첫째, 비판을 금하며, 둘째, 가능한 한 자유롭게 이야기하게 하고, 셋째, 아이디어의 제안 수에 제한을 두지 않으며, 넷째, 제시된 아이디어

를 결합하고 개선하는 데 공동으로 노력한다. 참여자들은 아이디어 발생단계 이후에도 비판하지 않을 것을 동의하도록 한다.

2. 아이디어 심사

아이디어를 발생시키는 목적이 다수의 유용한 아이디어를 창조하는 데 있다고 한다면, 그 다음 단계에서는 아이디어의 수를 줄여야 할 필요가 있다. 그 첫 단계가 심사하는 것이다.

아이디어 심사(idea screening) 단계에서는 두 가지 오류를 범할 우려가 있다. 첫째, 실제로는 유용한 아이디어임에도 불구하고 가능성이 없는 것으로 잘못 판단하여 심사과정에서 탈락되는 경우이다. 유명한 예로서 미국의 제록스(Xerox) 회사가 복사기의 출현을 일찍부터 예견하여 생산에 성공한 반면, 아이비엠(IBM)이나 코닥(Eastman Kodak) 회사에서는 그러한 가능성을 전혀 예견하지 못하였다. 또 하나의 예로서 미국의 포드(Ford) 자동차 회사가 자동차 생산에서는 선두주자였지만 제너럴 모터스(GM) 사에서는 자동차의 가격과 성능에 따라 소비자들이 요구하는 바가 각기 다르기 때문에 시장을 세분할 필요가 있음을 일찍부터 깨닫고 있음으로 인하여 포드 자동차를 앞서게 되었다. 기업이 이와 같은 오류를 범하게 된다는 것은 아이디어의 심사기준이 지나치게 보수적인 데 그 원인이 있을 수 있다.

두 번째로는 빈약한 아이디어를 계속 개발하여 상용화하는 오류를 범하는 것이다. 이러한 오류를 범할 때 발생하는 실패의 유형에는 두 가지가 있다. 완전히 실패하여 판매하더라도 변동비도 회수하지 못하는 경우, 그리고 그러한 실패가 상대적인 것으로 정상의 수익률보다 적은 이익을 거두는 경우가 그것이다.

무용한 아이디어는 심사과정 초기에 발견하여 제거시켜야 하며, 이것은 특히 개발비용이 급격히 증가하고 있는 오늘날의 추세에 더욱 필요한 일이다. 개발과정이 상당히 진전된 후에는 이미 많은 비용이 투입되고, 이에 따라 투자액을 회수할 수 있게 되기를 바라게 되는 것이 보통이고, 도중에서 포기하기 어렵게 만드는 요인이 된다.

신제품관리위원회(new-product committee)를 설치하고 있는 기업에서는 분야별 담당 이사들로 하여금 그들의 아이디어를 표준서식에 요약할 것을 요구하는 경우가 많다. 그러한 서식에는 제품의 성격, 표적시장, 경쟁상태, 시장규모, 제품가격, 개발시기와 비용, 제조비용, 수익규모 등을 기술한다.

발굴된 아이디어가 아무리 훌륭하다 하더라도 특정 기업에 적합할 것인가의 여부와 기업의 목

표 11-1 제품 아이디어의 평가방법

제품개발과 판매의 성공요건	(A) 상대적 가중치	(B) 기업의 능력수준											평 가 (A×B)
		.0	.1	.2	.3	.4	.5	.6	.7	.8	.9	1.0	
기업의 성격과 신용	.20							V					.120
마케팅	.20										V		.180
연구개발	.20								V				.140
인 사	.15							V					.090
자금(재무)	.10										V		.090
생 산	.05									V			.040
위치선정과 시설	.05				V								.015
구매 및 공급	.05										V		.045
합 계	1.00												.720*

평가방법: .00～.40 불량, .41～.75 보통, .76～1.00 양호.
* 현재 받아들일 수 있는 최소한의 평점: .70

적, 전략 및 자원에 적합한가를 검토하여야 한다. 표 11-1은 이러한 문제에 대한 평가순위를 결정하는 방법을 예시한 것이다. 제품개발에 필요한 요소를 여덟 가지로 분류하여 나열하고 상대적인 중요도를 명시하고 있다. 또한 각 요소에 대하여 기업이 지니고 있는 능력을 1.0을 만점으로 평가한 것을 볼 수 있다. 경영층에서는 마케팅 활동이 중요한 요소의 하나로서 능력도 있는 것으로 평가하고 있다. 이와 같이 각 요소의 상대적인 중요도와 능력점수를 곱하여 합계한 것이 0.72로서 어느 정도 높은 가능성이 있는 것으로 평가하고 있음을 보여주고 있다.

3. 제품개념의 개발과 시험

심사과정을 통과한 아이디어는 완전한 제품개념으로 발전시켜야 한다. 우리는 여기에서 제품 아이디어(product idea), 제품개념(product concept), 그리고 제품이미지(product image)를 구분할 필요가 있다. 하나의 **제품 아이디어**란 '객관적으로나 기능적으로 보아 기업이 시장에 제공할 수 있을 것으로 생각되는 제품'을 말하며, **제품개념**이란 '기업이 제품 아이디어를 조성하려는 데 대하여 특정의 소비자가 지니게 되는 주관적인 해석'을 말한다. **제품 이미지**라 함은 '소비자들이 실제로 제품을 구입함으로써 제품에 대하여 지니게 되는 인상'을 말한다.

1) 제품개념의 개발

어느 자동차 회사에서 시속 80km로 400km까지 재충전하지 않고 달릴 수 있는 전기자동차를 생산하려고 기술을 개발하고 있다고 하자. 이 회사에서는 이러한 전기자동차가 보통의 휘발유 자동차에 비하여 유지비가 반 밖에 소요되지 않을 것으로 예측하고 있다.

이것이 곧 하나의 제품아이디어이다. 그러나 소비자들은 제품아이디어를 구매하는 것이 아니라 제품개념을 구매하는 것이므로 마케팅 관리자는 이러한 제품아이디어를 대체가능한 제품개념으로 발전시켜 소비자들에게 줄 수 있는 매력성을 평가하고 이에 따라 가장 적합한 제품개념을 선택할 수 있어야 한다. 전기자동차의 경우 제품개념에는 어떠한 것이 가능한가를 보자.

- **개념 1** : 가정에서 주부들이 시장을 보러 가거나 단거리용으로 주로 사용하도록 고안한 것으로 값이 저렴하고 소형인 자동차
- **개념 2** : 가정용으로 중간 정도의 가격과 중형 크기의 자동차
- **개념 3** : 중간 정도의 가격으로서 젊은 층에 호감을 줄 수 있는 소형의 차
- **개념 4** : 연료비가 적게 들고 공해가 없는 것을 원하는 소비자를 대상으로 하여 저렴한 가격과 크기가 소형인 차

2) 제품개념의 시험

제품개념을 시험해 보려면 표적대상의 소비자 집단을 적절하게 선정하여 이들의 반응을 알아보아야 한다. 소비자들에게 제품개념을 실물로 보일 수도 있고 상징적으로 설명할 수도 있을 것이다. 제품개념을 보다 구체적으로 보여주거나 그림으로 설명하는 것만으로 충분하다. 상술한 개념 1의 경우를 보다 구체적으로 표현하여 소비자에게 전한다고 가정하자.

> "이 자동차는 4인용 소형차로서 전기로 달리며 운전하기 쉽고 비용이 적게 든다. 시장을 보러 가거나 친구를 방문하는 데 아주 적합하며 유지비도 재래식 자동차에 비하여 반 밖에 들지 않는다. 시속 80km까지 달릴 수 있으며 400km까지는 재충전할 필요가 없다."

이와 같은 설명과 함께 소비자들에게 다음과 같은 질문을 하여 답하도록 한다.

① 당신은 이러한 전기자동차의 개념을 확실히 이해할 수 있겠는가?
② 이 자동차는 재래식 자동차에 비하여 어떠한 장점과 혜택이 있을 것으로 생각되는가?
③ 상기한 바와 같은 회사의 주장을 믿을 수 있는가?
④ 이 자동차는 당신의 욕구나 필요를 충족시켜 줄 수 있을 것으로 생각하는가?
⑤ 이 자동차에 대하여 개선할 점이 있다면 어떠한 것을 제시할 수 있는가?
⑥ 이 자동차를 구매할 것을 결정하는 사람은 누구이고 사용할 사람은 누구인가?
⑦ 가격은 어느 정도가 적절할 것으로 생각하고 있는가?
⑧ 재래식 자동차보다 전기자동차를 선호할 것인가? 그 이유는?
⑨ 이 자동차가 나오면 분명히 구매할 것인가? 구매할 가능성이 있는가? 구매하지 않을 수도 있는가? 확실히 구매하지 않을 것인가?

이와 같은 질문에 대한 소비자의 반응을 통하여 어떠한 제품개념이 소비자에게 가장 매력을 줄 수 있는가를 파악할 수 있을 것이다. 예컨대 상기한 질문사항 중 마지막 문항은 소비자의 구매의도를 조사하려는 것인 바, 조사대상자 중에서 10%가 분명히 구매할 것으로 응답하고, 5%가 아마도 구입할 것으로 응답하였다고 하자. 이 회사에서는 그와 같은 응답을 한 집단의 크기를 추정하여 시장성이 있는가를 예측하려 할 것이다. 그러나 그러한 예측도 정확할 수는 없다. 소비자들이 의도한 대로 언제나 구매를 실행에 옮기는 것은 아니기 때문이다.

4. 마케팅 전략의 개발

위에서 언급한 바와 같이 제품개념을 개발하고 시험을 완료한 후에는 제품을 시장에 제공할 수 있는 마케팅 전략을 예비로 개발하여야 한다. 이러한 마케팅 전략은 세 단계로 구성되는데, 첫째, 표적시장의 규모, 구조 및 동태, 기업이 표적시장에서 의도하고 있는 제품의 위치, 판매량, 시장점유율, 차기 수년 간의 이익목표 등에 관하여 언급하는 것이어야 한다. 전기자동차의 경우를 보자.

"우리가 목표로 하고 있는 고객은 시장을 보러 가거나 친구를 방문하는 데 필요하다고 생각하는 모든 가구를 포함한다. 우리가 생각하는 자동차는 재래식 자동차보다 경제적이며 운전하기 쉬운 차종의 위치를 차지할 것이다. 1차년도의 판매목표는 10만대로서 손실은 10억 원을 넘지 않도록 하는 데 있다. 2차년도에는 30만대의 판매량을 목표로 하고 20억원의 이익을 실현할 것을 계획하고 있다."

마케팅 전략의 두 번째 단계에서는 회사가 의도하고 있는 제품의 가격, 유통경로, 1차년도의 마케팅 예산 등을 언급하는 것이다. 다시 전기자동차의 경우를 예로 들어보자.

"이 전기자동차의 색깔은 세 가지로 나누어지고 에어컨디셔너(air-conditioner)나 자동변속장치의 부착 여부는 소비자의 선택에 따르도록 한다. 소매가격은 800만원이고 대리점에게는 15%를 할인한 가격으로 판매할 것이다. 매월 10대 이상 판매하는 대리점에 대하여는 추가로 5%를 할인하여 줄 계획이다. 광고예산은 5억원으로 책정하고 광고내용은 경제성과 운전의 간편성을 강조하는 것이다. 구매계층과 구매자들의 만족도를 알아보기 위해 1차년도에 2천만원의 마케팅 조사비용을 투입하려 한다."

마케팅 전략의 마지막 부분은 회사가 의도하고 있는 장기적인 관점에서의 판매와 이익목표, 마케팅 전략에 관하여 언급하는 것이다. 위의 예를 들어서 다시 언급하여 보기로 한다.

"우리는 궁극적으로 자동차 시장에서 5%의 시장점유율과 15%의 납세전(前) 투자수익률을 실현하는 것을 목적으로 한다. 이러한 목적을 달성하기 위하여 품질을 개선하려는 노력을 계속하고 가격도 가능한 범위 내에서 점차적으로 인상할 것이다. 광고비는 매년 10%씩 증액하며 마케팅 조사비는 1차년도를 제외하고 매년 3천만원씩 지출할 계획이다."

5. 사업성 분석

만족할 만한 제품개념과 예비적인 마케팅 전략을 개발한 후에는 사업성이 있는가를 판명할 수 있는 위치에 있게 된다. 즉, 장래의 판매나 비용, 이익의 규모가 기업의 목적을 충족시킬 수 있는가를 예측하여야 하는 것이다. 예측결과가 만족스러운 경우에는 제품개발단계로 들어갈 수 있다.

1) 판매추정

한 제품의 개발여부는 만족할 만한 이익을 거둘 수 있는 판매량을 달성할 수 있는가에 달려 있다. 그러한 가능성을 알기 위하여 유사한 제품의 과거 판매기록을 조사하거나 소비자의 의견을 조사하는 방법도 생각할 수 있다. 또한 제품개발에 따르는 위험을 알기 위하여 최대 및 최소 판매량도 추정할 필요가 있을 것이다.

우리는 앞의 제4장에서 판매예측방법을 알아본 바 있다. 한 제품의 판매량을 예측하는 데는 그 제품이 1회 구입으로 끝나는 제품인가, 자주 구입하는 제품인가, 또는 자주 구입하지 않는 제품인가에 따라서도 다를 것으로 생각된다. 그림 11-3은 이를 예시한 것이다. 그림에서 A는 1회 구입으로 끝나는 제품의 수명주기에 따른 판매량의 변화를 보인 것이다. 초기에는 판매가 증가하여 정점에 달하였다가 잠재적 구매자가 소멸됨에 따라 판매량이 대폭 감소하게 된다. 새로운 구매자가 계속 나타난다면 판매곡선이 0의 수준까지 내려가지는 않을 것이다. 자주 구매되지 않는 제품은 자동차나 가전제품, 공장시설 등과 같은 내구성 제품에서 발견할 수 있는데, 그림의 B가 이것을 표시하고 있다. 이러한 제품들은 마모되거나 스타일, 특징, 구매자의 기호 등이 변화함에 따라

그림 11-3 세 가지 유형의 제품수명주기 판매

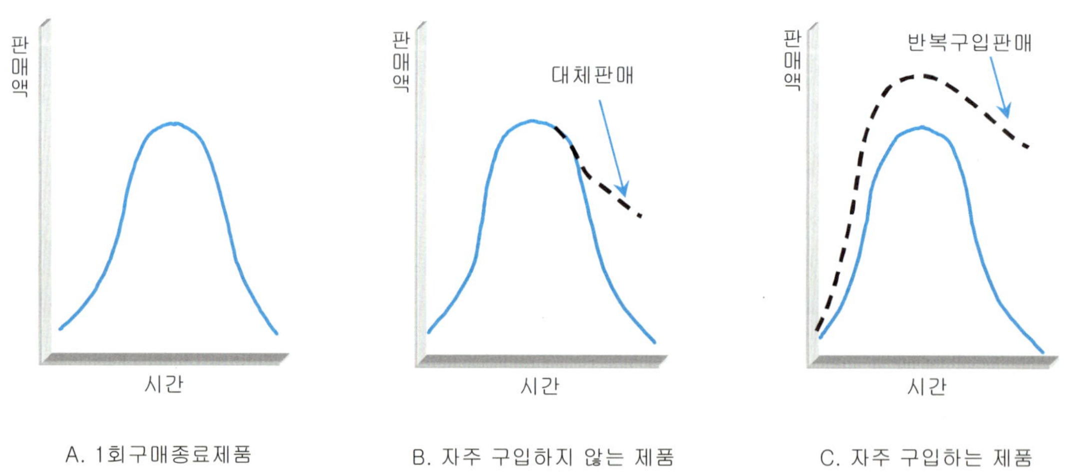

쇠퇴하므로 대체주기(replacement cycle)가 나타난다. 소비제품이나 산업용 비내구성 제품과 같이 자주 구입하는 제품의 판매곡선은 그림에서 C와 같을 것으로 생각된다. 인구가 고정되어 있다면 초기에는 소비자의 수가 급격히 증가하다가 나중에는 그 수가 감소됨에 다라 판매증가율도 감소하게 된다. 소비자들이 점차로 제품에 대해 만족하게 되면 고정적으로 구매하며, 반복구매가 이루어진다. 이윽고 판매곡선은 떨어지게 되고 기울기가 완만하게 기울어지는 것은 반복구매가 계속 행해지고 있다는 것을 의미한다. 이 때에 이 제품은 신제품의 부류에 속하지 않게 된다.

2) 비용과 이익의 추정

판매예측 후에는 비용과 이익을 추정할 수 있다. 비용은 생산, 자금, 회계, 연구개발부 등 각부와 논의하여 집계할 수 있으며, 비용은 전술한 마케팅 전략을 개발하는 과정에서 추정된다. 마케팅 관리자는 장기간에 걸친 예상판매액과 이익규모를 추정하고 난 후에 손익분기점 분석(break-even point analysis)이나 투자회수기간 분석(payout period analysis), 투자수익률 분석(return on investment analysis) 등의 기법을 이용하여 사업성을 판단할 수 있어야 한다.

6. 제품개발

사업성을 분석하여 제품개념이 유망하다고 판정되면, 그것을 실물로 개발하기 위하여 연구개발부나 기술부로 넘어간다. 지금까지는 제품에 대하여 말이나 그림의 형태로 설명하여 왔으나 이 단계에서는 기술적으로나 경제적으로도 가능한 제품을 개발하기 위하여 많은 시간과 비용이 투입된다.

연구개발부나 기술부에서는 확정된 제품개념에 따라 제품의 원형을 개발하려고 한다. 이 때 제품의 원형은 소비자의 입장에서 볼 대 제품개념의 핵심적인 특성을 잘 표현하고 있어야 하며, 정상적인 조건 하에서 제대로 기능을 발휘하고 제한된 예산범위 내에서 생산할 수 있는가를 검토하여야 한다. 또한 기능적인 특성뿐 아니라 제품개념이 소비자에게 미치는 심리적인 측면까지도 고려하여야 한다. 상술한 전기자동차의 경우, 소비자들에게 차체가 견고하다든가 안전하다는 점을 인식시키는 것이 중요할 것이다. 원형개발이 완료되면 제품의 기능을 실험하고 소비자의 실험과정이 필요하다. 기능실험은 제품이 안전하고 효과적으로 기능을 발휘하도록 실험실이나 현장에서 수행한다. 소비자 실험에서는 소비자를 실험실에 두어 정상조건 하에서 제품을 사용하여 평가하거나 소수의 소비자가 가정에서 직접 사용하도록 하여 그 결과를 보고하게 하는 등 여러 가지 방법이 있을 수 있다.

7. 시험판매

제품의 기능이 제대로 발휘되면 시험판매(market testing)에 들어가게 된다. 시험판매는 제품을 본격적으로 생산할 것을 결정하기 전에 소비자들을 충족시킬 수 있는가를 알기 위하여 시행한다. 시험판매의 목적은 소비자들이 제품을 어떻게 다루고 사용하며 재구매하는가, 그리고 시장의 규모가 어느 정도인가를 파악하는 데 있다.

시험판매를 어느 정도로 행할 것인가의 문제는 투자비용과 위험수준에 따라 영향을 받으며 시간적인 제한과 조사비용에 의해서도 제약을 받게 된다. 투자액이 많이 소요되거나 위험이 큰 제품의 경우에는 실패하지 않기 위하여 시험판매를 할 만한 가치가 있을 것이다. 시험판매에 소요되는 비용은 제품개발에 소요되는 전체 투자액에 비하여 큰 비중을 차지하는 경우는 드물 것으로 생각된다. 시험판매방법은 제품이 소비자용이나 산업용에 따라 다른데, 어떠한 방법이 있는가를 알아보자.

1) 소비제품

(1) **파상적 판매조사법**(sales wave research) :

소비자를 표본추출하여 무료로 신제품을 제공하여 사용하도록 한다. 그 후에 동일한 제품이나 경쟁자들의 제품을 3～5회에 걸쳐 실제보다 싼 가격으로 계속 제공하여 그때마다 소비자 중에서 몇 명을 다시 선택하여 소비자들이 어떠한 느낌을 갖고 있는가를 알아보는 방법이다.

(2) **모의점포 판매법**(simulated store technique) :

소비자를 표본추출하여 몇 개의 TV 광고를 심사하도록 한다. 여기에는 신제품에 대한 광고도 포함되어 있으며, 선발된 소비자들에게 이 사실을 알리지 않는다. 소비자들에게 소액의 돈을 주어 점포에 가서 아무 제품이나 자유롭게 구입하도록 하여 신제품을 얼마나 구입하며 경쟁자의 것도 어느 정도 구매하는가를 주시한다. 이러한 방법을 통하여 소비자가 어느 정도로 구매를 시도하고 있는가, 또한 경쟁자에 비하여 자신의 광고가 어느 정도로 효과가 있는가를 측정할 수 있다. 선발된 소비자를 다시 소집하여 구매동기와 구매하지 않는 이유에 대하여 묻는다. 어느 정도의 시간이 경과한 후에 소비자들에게 제품에 대한 태도, 사용 여부, 만족도, 재구매의도 등을 알아본다.

(3) **통제하의 시험판매법**(controlled test marketing) :

이것은 소규모 시험판매(mini market testing)라고도 하며 마케팅 조사를 전담하는 회사가 일정한 대가를 받고 신제품을 판매하는 데 동의하는 점포를 선정한다. 신제품을 개발한 회사에서는 그가 원하는 점포의 수, 형태, 지역적인 위치 등을 구체적으로 명시한다. 마케팅 조사를 행하는 회사는 선정된 점포에 제품을 배달하고 진열대의 위치와 고객의 출입 횟수, 구매시점 촉진활동(point-of-purchase promotions), 가격 등 사전에 명시된 계획을 통제할 책임이 있다. 판매결과를 추적하여 조사함으로써 수요에 영향을 미치는 여러 가지 요소를 발견할 수 있다.

(4) **시장시험법**(test markets) :

시장시험이란 제품을 본격적으로 시판하는 경우와 유사한 상황 아래 새로운 소비제품을 시험판매하는 것이다. 판매원들이 최종적으로 활동을 전개할 것으로 예상되는 몇 개의 도시를 선정한 다음, 실제로 시행할 것으로 예상되는 것과 유사한 광고활동이나 촉진활동을 각 도시에서 전개한다. 이 방법은 보다 신뢰할 수 있는 판매예측을 달성하고 대체가능한 마케팅 계획을 수립할 수 있도록 하는 데 목적이 있다.

2) 내구성 산업용 제품

(1) **제품사용시험법**(product-use test) :

제한된 기간 동안 신제품을 사용할 것을 동의하는 소수의 잠재구매자를 선발하여 제품을 어떻게 사용하고 있는가를 관찰함으로써 구매자에 대한 교육방법과 기업이 제공해야 할 서비스 방법을 개발하는 것이다. 실험이 끝난 후에는 고객에게 구매의도와 그 밖의 의견을 발표할 기회를 준다.

(2) **제품전시회**(trade shows) :

일정 기간 동안 전시회를 열어 다수의 구매자를 참관하게 함으로써 구매자들이 신제품에 대하여 지니고 있는 관심도, 제품의 특성이나 기타 조건에 대한 반응, 주문량, 구매의도가 있는 사람들의 수를 파악하려는 것이다.

(3) **유통 및 대리점 전시관**(distribution and dealer display rooms) :

대리점 등 유통부문에 신제품을 위한 전시관을 설치하여 기업의 여타 제품은 물론 경쟁자의 제품도 비교할 수 있게 한다. 이 방법은 정상적인 판매조건 하에서 제품에 대한 구매자들의 선호도나 가격에 관한 정보를 입수할 수 있다.

(4) **통제하의 시험판매**(controlled test marketing) :

생산자가 제품을 제한적으로 생산, 공급하여 판매원들에게 전달하고 그들로 하여금 촉진활동을 전개할 몇 개의 제한된 지역에서 판매하도록 하는 것이다.

8. 상용화

시험판매를 통하여 신제품을 본격적으로 생산할 것인가를 결정할 수 있는 충분한 정보를 입수할 수 있게 되는 바, 생산에 착수하려면 많은 비용이 소요된다. 자체 생산시설을 건설할 것인가 혹은 임대할 것인가를 결정해야 하며, 공장의 규모도 어느 정도로 할 것인가를 결정하는 일도 매우 중요하다. 광고를 비롯한 촉진활동 비용도 생산 초기에 많이 소요될 것이다. 신제품을 상용화(commercialization)하려면 기본적으로 다음과 같은 사항들을 고려하여야 한다.

1) 판매시기

신제품을 시장에 도입하는 시기가 적절한가를 아는 것은 매우 중요하다. 신제품이 다른 제품을 대체하는 것이라면 그 제품이 소멸될 때까지 도입을 연기할 수도 있으며, 신제품이 더 개량될 여지가 있다면 보다 개량된 제품이 나올 때까지 시판을 연기할 수 있을 것이다.

2) 목표지역

판매시기를 결정한 후에는 한 지역 또는 전국적으로 판매할 것인가, 혹은 국제시장에도 진출할 것인가를 결정하여야 한다. 처음부터 자신있게 전국적으로 일시에 판매할 수 있거나 충분한 자본이나 시설능력을 보유하고 있는 경우는 드물 것이다. 시간이 경과함에 따라 시장을 확대할 계획을 세우는 방법이 정상적일 것으로 생각된다. 소기업인 경우에는 특정 지역에 소규모로 집중적으로 침투하고 점차적으로 시장을 확대하여야 할 것이다. 대기업의 경우도 마찬가지겠지만 전국적으로 대리점을 갖추고 있는 경우에는 생산이 부족하지 않는 한, 전국적으로 동시에 판매를 개시할 수도 있을 것이다.

3) 주요 예상고객의 선정

기업이 크게 기대하고 있는 고객집단을 대상으로 하여 어떠한 유통경로를 선택하고 어떠한 촉진활동을 전개할 것인가를 결정할 필요가 있다. 시험판매나 기타의 과정을 통하여 주요 예상고객에 관한 정보가 이미 입수되어 있을 것이다. 이상적인 주요 예상고객이란 제품을 조기(早期)에 수용(adopt)하며, 다량으로 자주 사용하고, 여론을 주도하는 사람으로서 제품의 장점을 타인에게 전달하여 타인의 구매에 영향을 미치며 용이하게 접촉할 수 있는 사람들을 말한다.

4) 마케팅 전략의 도입

마지막으로 신제품을 시장에 도입하기 위한 마케팅 전략을 개발하는 일이 남아 있다. 마케팅 예산을 마케팅 믹스의 각 요소에 적절하게 배분하고 그러한 요소들의 우선 순위를 결정하는 일 등이 이에 포함된다. 제품이 생산되기 전에 홍보활동을 통하여 고객들에게 전파하고 실제로 판매를 개시할 때 광고 캠페인을 전개하며, 그 후에는 다수 고객의 관심을 끌기 위하여 여러 가지 촉진활동을 전개하는 순서로 진행되어야 할 것이다.

제3절 신제품에 대한 소비자의 수용과정

기업이 신제품을 상용화하려는 의사결정을 내리려면 소비자의 **수용과정**(adoption process)을 이해하는 일도 매우 중요할 경우가 많다. 잠재고객이 신제품을 점차로 인식하게 됨에 따라 구매를 시도하며, 궁극적으로 구매하거나 구매를 거절하는 과정을 밟게 되는 것이 보통이다. 이러한 과정은 제품수명주기상 도입기나 성장기에서 특히 중요한 의미를 갖는다. 고객이 제품을 조기(早期)에 인식하고 구매를 시도하도록 하기 위해서는 이러한 수용과정을 이해할 필요가 있으며, 이러한 과정은 고객이 제품에 대하여 지니고 있는 충성과정(loyalty process)과는 구별된다. 충성과정이란 기존제품에 대한 것이다.

신제품을 판매할 때 처음부터 널리 보급하여 잠재구매자로 간주되는 사람이면 누구에게나 알리는 방법을 이용할 수 있을 것이다. 그러나 이 방법은 마케팅 비용이 과다하게 소요되고 비(非)잠재구매자나 잠재구매자라 하더라도 관심이 극히 적은 사람도 대상으로 하기 때문에 노력에 비하여 낭비를 초래할 위험이 있는 단점이 있다. 그러므로 이러한 단점을 극복하기 위하여 제품을 다량으로 사용하는 사람들을 목표로 판매하는 방법이 제시되고 있다. 그러나 이러한 사람들 중에도 신제품에 대한 관심도가 각기 다르고 어느 정도로 조기에 구매를 시도하는가도 다르다는 사실이 발견된다. **조기수용자론**(early adoptor theory)은 이와 같이 신제품을 조기에 수용할 것으로 생각되는 사람들을 대상으로 집중적으로 노력을 기울일 필요가 있다는 데 논거를 두고 있다. 이 이론이 주장하고 있는 바는 다음과 같다.

① 목표하고 있는 구매자들이 신제품을 보고 구매를 시도하는 데는 각기 시차가 있다.
② 조기수용자들은 후발수용자(late adoptor)들과는 다른 공통의 특성을 지니고 있다.
③ 조기수용자들과 효과적으로 접촉할 수 있는 의사전달 수단이 별도로 존재한다.
④ 조기수용자들은 여론주도자(opinion leader)로서 여론을 환기하여 다른 구매자들에게 영향을 미칠 수 있다.

1. 수용과정의 제단계

조기수용자론의 초점이 되는 개념은 '혁신'(innovation)이다. **혁신**이란 사람들이 새로운 것으로 인식하게 되는 제품, 서비스, 아이디어 등을 말하는데, 그러한 아이디어는 오랫동안 존재하여 왔으나 그것을 새로운 것으로 보는 사람에게는 하나의 혁신이다.

이러한 혁신의 **확산과정**(diffusion process)은 새로 발명되거나 창조된 아이디어를 최종적으로 수용하거나 이용하는 사람들에게 확대, 보급되는 것을 말하며, **수용과정**(adoption process)은 한 개인이 혁신에 관한 이야기를 처음으로 듣고 그것을 최종적으로 수용하게 되는 두뇌작용과정에 초점을 두는 것이다. 수용 그 자체는 한 개인이 혁신을 정기적으로 이용할 것을 결정하는 것을 말한다. 새로운 아이디어에 대하여 개개인의 반응에 차이가 있을 것으로 생각되는데, 이 때 각 개인이 **혁신성**(innovativeness)이 있다고 말한다. 즉, 혁신성이란 한 사회제도 내에서 어느 개인이 타인보다도 새로운 아이디어를 상대적으로 조기에 수용하는 정도를 말한다. 그러므로 혁신성에 따라 개인을 상이한 수용자로 분류할 수 있다.(그림 11-4 참조).

이제 사람들이 새로운 아이디어를 어떻게 받아들이게 되는가를 구체적으로 살펴보기로 한다. 먼저 신제품을 수용하는 과정에서 개별 소비자들은 몇 가지 단계를 밟는 것으로 알려져 있는데 로저스(Everett M. Rogers)는 그러한 단계를 다음과 같이 분류하고 있다.[1]

① **인식** : 혁신을 인식하게 되지만 혁신에 대한 정보가 부족한 경우이다.

② **관심** : 혁신에 관한 정보를 입수하기 위하여 자극을 받게 되는 경우를 말한다.

③ **평가** : 혁신을 수용하여 보는 것이 의미가 있는가를 고려하는 것이다.

④ **시험** : 혁신의 효용을 측정하기 위하여 소규모로 혁신을 시험해 보는 것이다.

⑤ **수용** : 혁신을 전적으로, 그리고 규칙적으로 이용할 것을 결정하는 것이다.

이와 같이 수용과정을 분류하는 것은 소비자들이 어느 단계에서 신제품을 받아들이고 있는가를 파악하는 일이 매우 유용하기 때문이다. 제품에 따라서 소비자들이 불안감을 갖거나 고가이기 때문에 관심단계에 머물고 시험단계로 넘어가지 않을 수도 있을 것이다. 이러한 경우에는 소액의 대가를 지불하고 소비자로 하여금 제품을 사용하여 보도록 할 수가 있다. 또한 시험하여 본 후에 사용하도록 하는 전략이 필요하다.

그림 11-4 수용분포

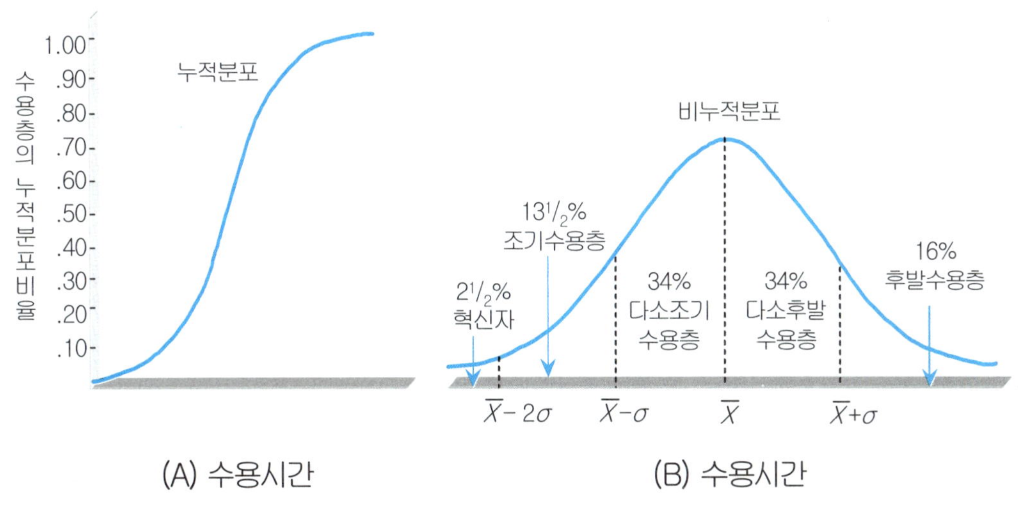

[1] Everett M. Rogers, *Diffusion of Innovations* (New York : Free Press, 1962).

2. 수용과정에 영향을 미치는 요인

1) 개인별 혁신성의 차이

일반적으로 소비자에 따라 신제품을 수용하는 속도가 각기 다를 것으로 생각된다. 또한 제품에 따라서도 조기수용자는 각기 다를 수 있다. 수용속도에 따라 사람들을 그림 11-4와 같이 분류할 수 있는데, 그림에서 알 수 있는 바와 같이 수용과정이 시간의 경과에 따라 정규분포 또는 정규분포에 가까운 모습을 보여주고 있다.

그림에서 수용속도에 따라 다섯 개의 집단으로 분류하고 그 분포비율을 보여주고 있는데, **혁신자**(혹은 **수용선도자**)는 신제품을 수용하는 사람들 중에서 2.5%, **조기수용자**는 13.5%의 분포를 보이고 있음을 알 수 있다.

로저스는 이러한 다섯 개의 수용자 집단들은 그들이 지니고 있는 가치관이나 개성에 따라 각각 특색이 있다고 주장한다. 즉, **혁신층(수용선도층)**(innovators)은 대다수가 모험심이 강하고, 따라서 위험을 무릅쓰고 새로운 아이디어를 시험해 보려 하며, 성격이 외향적이라고 한다. **조기수용층**(early adoptors)의 경우에는 이들의 지배적인 가치관이 '존경심'이다. 이들은 그 사회에서 여론주도자로서의 지위를 향유하며, 새로운 아이디어를 조기에 수용하지만 선별적이다. **다수 조기수용층**(early majority)의 특성은 대부분 신중을 기한다는 것이다. 이들이 지도자의 위치에 있을 경우는 드물지만 보통의 사람들보다 새로운 아이디어를 비교적 먼저 수용하는 경향이 있다. **다수 후발수용층**(late majority)은 회의주의자들일 경우가 많다. 대부분의 사람들이 혁신의 효용이 입증되지 않는 한, 그러한 혁신을 택하지 않는다. 마지막으로 **후발수용층**(laggards)은 대부분이 '전통'을 고수하는 가치관을 지니고 있다 한다. 이들은 변화에 대해 항상 의심을 품으며 전통지향적인 사람들과 어울린다. 이들이 혁신을 수용하게 된 것은 그러한 혁신이 그들의 전통적인 가치관과 부합된다고 생각하기 때문이다.

이와 같이 소비자들을 제품수용과정에 따라 분류할 수 있다면 마케팅 활동에 커다란 도움이 될 수 있을 것이다. 혁신을 조기에 수용할 것으로 생각되는 소비자들을 직접 접촉하려는 노력을 먼저 기울일 수가 있는 것이다. 그러나 조기수용층을 발견하기란 쉽지 않다. 아직까지 인간의 개성에서 일정한 '혁신성'이 존재하고 있다는 점을 입증한 사실이 없는 것이다. 동일한 개인이 어느 분야에서는 혁신적이지만 다른 분야에서는 그렇지 못할 경우가 많다. 예컨대 어느 사업가가 복장에 대해 극히 보수적이지만 그가 잘 알지 못하는 요리에 솜씨를 발휘하려는 경우가 있을 것이다. 그러므로 마케팅 관리자가 하여야 할 일은 조기수용층으로 생각되는 사람들의 특성을 발견하는 일이다. 그러한 특성은 소득수준, 교육수준, 또는 사회적인 지위, 혹은 개성 등과 같은 변수들과 밀접한 관련이 있을 수 있다.

로저스에 의하면 조기수용층은 대개 연령이 적고, 사회적인 지위가 높으며, 재산도 상당히 보유하고 있으며, 전문적인 직업을 갖고 있고, 후발수용층보다 지적 능력이 상대적으로 높다고 한다. 또한 후발수용층보다 새로운 아이디어를 가까이 접촉할 수 있는 위치에 있으며 보다 광범위한 정보출처를 이용하고 있다.

2) 개인적 영향요인

신제품을 수용하는 데 개인적인 영향도 클 것으로 생각된다. 그러나 상황이나 개인별로 그 정도에 차이가 많을 것이다. 이러한 개인의 영향력은 수용과정 중 '평가' 단계에서 가장 클 것으로 생각된다. 또한 조기수용층보다 후발수용층에 더 많은 영향을 미칠 것이다. 상황에 있어서도 안전한 경우보다 위험한 경우에 더 큰 영향을 미칠 것으로 생각된다.

3) 신제품 특성

혁신(혹은 신제품)의 특성 자체도 수용속도에 영향을 미친다. 수용속도에 영향을 미치는 혁신의 특성에는 다섯 가지가 있다. 첫째, 혁신의 **상대적인 장점**으로서 기존의 아이디어보다도 우월한 것같이 보이는 정도를 말한다. 혁신이 수익성이 높다든가, 신뢰성이 높다든가, 혹은 조작이 용이하다는 등 사람들이 인식하고 있는 혁신의 장점이 상대적으로 클수록 수용속도는 빠를 것이다. 두 번째의 특성은 혁신의 **부합성**이다. 즉, 혁신이 그 사회구성원들의 가치관이나 경험과 일치하는 정도를 말한다. 세 번째는 혁신의 난해성으로서 혁신을 이해하거나 사용하기 어려운 정도를 말한다. 여타의 조건이 일정하다면 혁신이 난해할수록 수용되는 데 더 많은 시간이 필요할 것으로 생각된다. 네 번째의 특성은 혁신의 가분성으로서, 혁신을 몇 가지로 분류하여 시험하여 볼 수 있는 정도를 말한다. 이러한 가분성이 수용속도를 증가시킨다는 사실이 많이 발견되고 있다. 다섯 번째는 혁신의 **전달용이도**로서 혁신의 결과를 관찰하여 다른 사람들에게 용이하게 설명할 수 있는 정도를 말한다. 혁신의 장점을 보다 잘 보일 수 있거나 설명할 수 있는 것일수록 수용 내지 확산속도가 빠를 것이다.

기타 혁신의 수용속도에 영향을 미치는 특성은 최초의 투입비용규모, 혁신의 과학적인 신뢰도, 위험과 불확실성의 정도, 사회적으로 용인되는 정도 등을 그 예로 들 수 있다. 신제품을 다루는 마케팅 관리자는 이러한 모든 요소들의 역할을 조사하여 이에 적합한 마케팅 프로그램을 개발하여야 한다.

제4절 제품수명주기 전략

신제품을 개발한 후에 그 제품을 영구적으로 판매하여 이익을 거둘 수 있는 경우는 그리 많지 않을 것이다. 기술이나 경쟁상태, 소비자의 기호 등이 항상 변화하고 있기 때문이다. 우리는 앞의 제3장에서 기업의 전략적 사업단위가 문제아에서 출발하여 스타가 되고 다시 캐쉬카우로 전환되고 종국에는 캐쉬트랩으로 쇠퇴하여 가는 과정을 살펴본 바 있다. 여기에서 우리가 알 수 있는 것은 포트폴리오의 개념을 이용할 때에는 **제품수명주기**(product life cycle : 약하여 PLC라고 함)를 기초로 하고 있다는 점이다. 제품수명주기의 일반적인 형태는 S자 형으로서, 그림 11-5는 이를 예시하고 있다. 그림에서 알 수 있는 바와 같이 제품수명주기는 제품개발단계를 제외하고 네 단계로 그 특성을 구분할 수 있는데, 전체적으로 다섯 단계로 구분하여 간략하게 살펴보면 다음과 같다.

① **제품개발기** : 이 시기는 기업이 신제품에 관한 아이디어를 발견하고 개발하는 단계에서 시작된다. 제품개발기간 중에는 판매가 없고 기업의 투자비용만이 소요된다.

② **도입기** : 제품이 시장에 도입됨에 따라 판매가 완만한 성장을 하고 있는 기간이다. 이 기간 중에는 제품을 도입하는 데 비용이 많이 소요되므로 이익은 거의 거둘 수 없다.

③ **성장기** : 판매성장률이 급격히 증가하고 이익도 상당히 증가하는 기간이다.

④ **성숙기** : 잠재적 구매자들까지 제품을 구매하였기 때문에 판매성장률이 둔화되는 시기이다. 이 기간 중 이익은 최고에 달하며 점차로 감소하고 시작하는데, 그것은 경쟁자에 대항하여 확고한 위치를 유지하려면 다액의 마케팅 비용을 지출하여야 하기 때문이다.

⑤ **쇠퇴기** : 판매와 이익이 모두 계속 감소하는 시기이다.

이러한 제품수명주기의 단계가 각 어디서부터 시작되고 끝나는 것인가는 기업마다 또는 제품마다 다르며 그림 11-5와 같은 모양과 구분은 극히 임의적이다. 또한 모든 제품의 수명주기가

그림 11-5 제품수명주기상의 판매액과 이익액

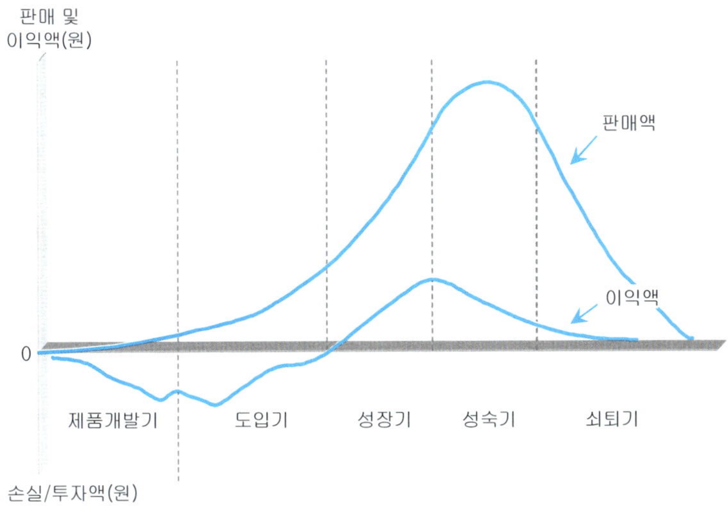

S자형의 형태를 띠고 있는 것은 아니며 도입기를 거치지 않고 처음부터 급격히 성장하는 제품이 있는가 하면, 성장기를 거치지 않고 도입기에서 성숙기로 직접 돌입하는 제품도 있을 것으로 생각된다. 또 어떤 제품은 성숙기에서 재차 성장기로 계속되기도 한다. 콕스(William E. Cox)는 754개의 의약품의 수명주기를 조사하여 여섯 가지 형태로 분류한 바 있는데, 가장 대표적인 예가 그림 11-6의 A와 같이 주기가 한번 더 계속되는 형태이다.[2]

그에 의하면 쇠퇴기에 촉진활동을 다시 강화하였기 때문에 재주기(再週期)라는 현상이 나타난다고 한다. 제품수명주기가 반복 발생하여 계속 증가하는 현상도 있을 수 있다. 그림 11-6의 B에서 부채꼴 모양의 형태가 그러하다. 이러한 현상은 제품의 새로운 특성이나 새로운 용도 및 신시장 등을 계속 개발할 때 볼 수 있는 현상일 것이다. 나일론 제품이 대표적인 예가 되는데, 그 용도를 다양화하여 낙하산용, 메리야스, 셔츠, 카펫 등 사용범위를 확대하였기 때문이다.

제품수명주기는 제품부류(product class; 예: 담배), 제품형태(product form; 예: 필터가 달린 담배), 또는 브랜드(brand; 예: Raison, This 등)에 따라 다르다. 일반적으로 제품부류는 제품형태나

---

[2] William E. Cox, Jr., "Product Life Cycles as Marketing Models," *Journal of Business*, October 1967, pp.375-384.

그림 11-6 가상의 제품수명주기 형태

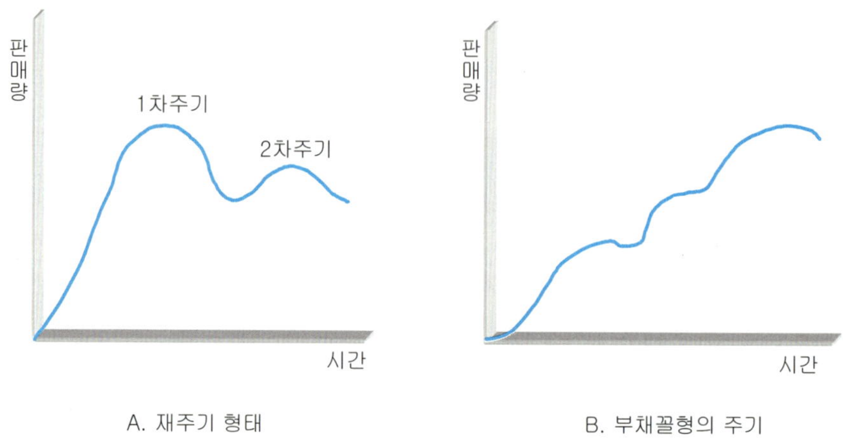

브랜드보다 수명주기가 오래 지속될 것으로 생각된다. 또한 성숙기도 오랫동안 유지될 것으로 생각되는데, 그 이유는 인구와 밀접한 관련이 있기 때문이다(예: 자동차, 향수, 냉장고 등). 전형적인 수명주기는 보통 제품형태에서 찾아볼 수 있다. 한편, 브랜드의 수명주기는 급격히 바뀔 수가 있는데, 그 중요한 이유는 경쟁의 정도가 치열하고 또 경쟁양상이 급격히 바뀌는 경우가 많기 때문이다.

한편, 제품수명주기 개념은 스타일(style), 유행(fashion), 일시적 유행(fad)에도 응용될 수가 있다.

스타일(style)이라 함은 인간이 자기를 표현하려고 노력하는 가운데 나타나는 기본적 내지 독특한 표현양식을 말한다. 예컨대 옷차림이 지나치게 형식적이라든가, 진부하다든가 하는 등의 이야기를 할 수 있으며, 댄스의 경우에는 왈츠, 탱고, 고고, 부루스, 디스코 등의 스타일이 있고, 미술의 경우에도 현실주의적이라든가 초현실주의적이거나 추상적이라고 이야기한다. 스타일은 한 번 발명되면 인기의 성쇠를 거듭하면서 여러 세대 동안 지속될 수가 있다. 그림 11-7에서 볼 수 있는 바와 같이 스타일은 주기가 반복되는데, 이것은 사람들의 관심이 다시 소생하게 된다는 것을 뜻한다.

그림 11-7 스타일, 유행 및 일시적 유행의 주기

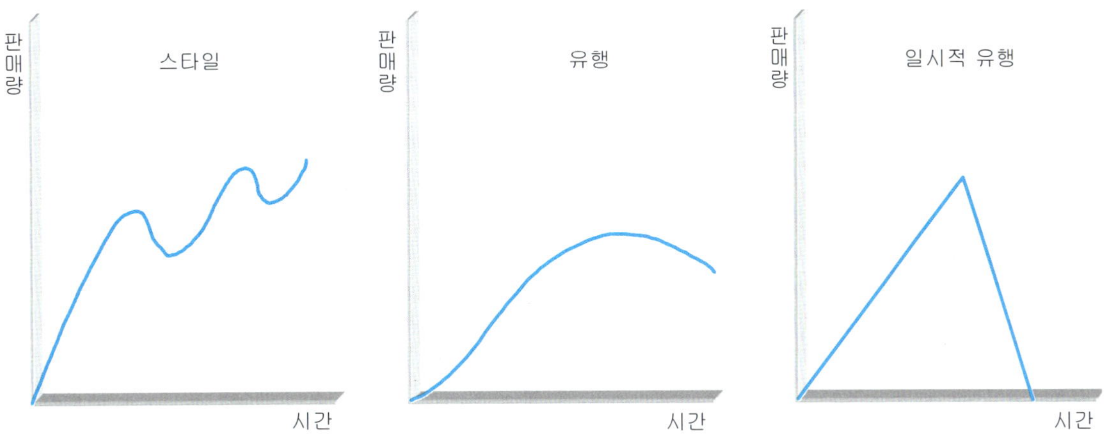

유행(fashion)이라 함은 어느 한 분야에서 사람들이 현재 수용하고 있거나 인기가 있는 스타일을 말한다. 예컨대, 청바지(jean)가 현대 의류에서 유행되고 있고, 댄스 중에서도 디스코가 유행하는 것과 같다. 유행은 대개 네 단계의 과정을 거치게 되는 경향이 있는데, 그 첫 단계는 유별단계로서 소비자가 타인과 구별되는 새로운 것에 관심을 갖는 경우이다. 이 단계에서는 제품을 주문하여 맞추거나 생산량도 적을 경우가 많다. 두 번째 단계는 경쟁단계로서 여기에서는 다른 소비자들도 유행을 주도하는 사람들과 경쟁하려는 심리가 발생하여 유행에 관심을 갖게 되며, 제품을 대량으로 생산하기 시작하는 기업이 나타난다. 세 번째는 **대량유행단계**로서 유행이 극히 인기를 끌게 되어 기업들이 대량생산하는 단계이다. 마지막이 쇠퇴단계이며 이 단계에서는 소비자들이 또 다른 유행을 찾아가기 시작한다.

이러한 유행은 서서히 성장하여 얼마 동안 인기를 끌고 있다가 서서히 쇠퇴하여 가는 경향이 있다. 유행의 주기기간은 예측하기 힘들다. 유행은 결국 종말이 온다고 주장하는 경우도 있다. 예컨대, 자동차가 점차 소형화되어 구매자가 불편을 느끼게 되면 대형차를 원하는 사람들이 많게 되는 경우가 그러하다. 또한 누구나 다투어 유행을 따르려 하기 때문에 오히려 그러한 경향에 대해 의식적으로 회피하는 사람이 증가할 수가 있다.

한편, 유행의 주기기간은 소비자의 진정한 욕구를 어느 정도 충족시켜 줄 수 있는가, 사회의 일반적인 경향이나 규범, 그리고 가치관 등과 어느 정도 부합되고 있는가, 또한 유행이 확산됨에 따라 기술적인 한계를 어느 정도 극복할 수 있는가 등에 달려있을 것으로 생각된다. 그러나 유행은 그 사회의 경제나 기술의 변화 또는 제품의 기능변화에 관계없이 계속 잔존할 때도 있다.

일시적 유행(fad)은 대중들의 눈에 쉽게 띄어 빠른 속도로 수용되고, 판매가 단기간에 최고조에 달한 다음 급격히 감소하는 특성을 지니고 있는 유행을 말한다. 수용주기는 단기적이며, 일시적인 쾌락을 추구하거나 자신들이 타인들과 구별되기를 원하는 사람들과 그 추종자들에게만 확산된다. 이러한 일시적 유행은 보통 강력한 욕구를 충족시키지 않기 때문에 생존기간이 짧다.

제품수명주기 개념은 신제품의 수용이론과 관련하여 설명할 수 있다. 신제품이 처음으로 시장에 나왔을 때 소비자들에게 신제품을 인식시키고 관심을 끌게 하며 시험하여 보도록 자극을 주어야 할 것이다. 이것은 시간이 걸리는 문제이다. 도입기에는 소수의 사람(혁신층)만이 구매하며, 제품이 만족스러운 것으로 알려지면 다수의 구매자들(조기수용층)이 뛰어들 것이다. 소비자들의 인식이 높아가고 경쟁자가 침투하면 가격인하의 압력으로 말미암아 소비자의 수용속도가 빠르게 된다. 제품이 본격적으로 나오게 되면 더 많은 구매자들(다수조기수용층)이 구매하게 될 것이다. 새로운 잠재구매자들의 수가 감소함에 따라 성장률은 결국 감소한다. 이윽고 제품을 대체하는 구매자들만 남게 되면 판매량은 일정 수준을 유지하게 된다. 새로운 제품부류나 제품형태, 그리고 새로운 브랜드가 나타나게 되면 판매는 감소하고 기존 구매자들의 관심도 다른 제품으로 바뀌어질 것이다.

이와 같이 제품수명주기의 각 단계마다 효과적인 마케팅 전략을 개발하려면 제품수명주기 개념을 충분히 이해할 필요가 있으며, 이제 각 단계의 성격과 이에 적합한 마케팅 전략에 관하여 구체적으로 살펴보기로 하자.

1. 도입기

신제품 개발이 완료되어 소비자들이 시장에서 구매할 수 있게 되는 시기를 말한다. 제품이 시장에 도입되기 전에 오랜 기간 동안 개발작업을 해왔을 것이고, 개발기간 중에 몇 개의 시장에서 시험판매도 하였겠지만, 본격적으로 판매를 개시하는 시기가 바로 도입기이다. 도입기에는 보통 완만한 판매성장률을 보여주고 있는데, 그 이유는 제품에 따라 각기 다르겠으나 일반적으로 생산시설확장이 늦어지거나 기술적인 문제가 내재하고 있는 경우(기계의 고장이나 결점을 제거하는 문제), 적절한 유통경로를 확보하는 데 어려움을 겪는 경우, 이미 고정되어 있는 소비자들의 태도를 바꾸어야 하는 데 따르는 어려움 등 여러 가지 원인이 있을 수 있다. 그밖에도 신제품이 고가일 경우에는 고가라는 이유뿐 아니라 제품을 수용하는 데 있어 선도역할을 하는 혁신자들이 소수라는 것도 원인이 될 수 있다.

도입기에서는 판매량이 적고 유통과 촉진활동에 많은 비용이 소요되므로 손실을 입거나 이익이 나더라도 소액에 불과할 경우가 많다. 유통부문 종사자들을 확보하는 일과 촉진활동에 필요한 자금이 많이 소요되는 것은 잠재소비자들에게 신제품에 관한 정보를 제공하고 그것을 시험하여 보게 하며, 소매유통경로도 확장하여야 하기 때문이다.

경쟁자는 소수에 불과하고 소비자들은 아직도 신제품을 수용할 태세가 완전히 세워져 있지 않기 때문에 언제든지 구매할 능력이 있는 고소득층을 상대로 판매활동을 할 경우가 많다. 일반적으로 도입기에서는 제품의 가격이 높은 편인데, 그것은 생산량이 적고 기술적인 문제가 완전히 해결되지 않고 있으며, 목표하고 있는 판매성장률을 달성하기 위하여 촉진비용을 많이 투입하여야 되는 등의 이유가 있기 때문일 것이다.

특히 시장에 제일 먼저 진출하는 기업은 자신이 의도하고 있는 제품 포지셔닝과 부합되는 전략을 선택하여야 한다. 또한 최초의 전략은 제품수명주기 전체에 걸친 마케팅 계획의 첫 단계에 불과하다는 것을 인식하여야 한다. 만일 필사적인 전략을 선택하게 되면 단기적인 이익을 위하여 장기적인 수입을 희생하는 결과를 가져올 것이다. 선도기업은 제품수명주기의 후기단계로 이동함에 따라 가격, 촉진 및 기타 마케팅 믹스면에서 새로운 전략을 계속 개발하여야 할 것이다. 선도기업은 출발부터 올바른 전략을 개발하게 되면 시장을 구축하고 주도할 수 있는 가장 유리한 기회를 포착할 수 있다.

2. 성장기

고객들이 신제품에 대해 만족을 느끼게 되면 판매가 급격히 증가하게 될 것이다. 조기수용자들이 구매를 시작하고 이들의 평가가 널리 전파되면, 이에 따라 다수의 고객이 구매를 시작할 것이다. 새로운 경쟁자들이 시장성에 매혹되어 진출하여 제품의 특징을 변경하여 시장을 확대하려 한다. 경쟁자의 수가 증가하면 유통부문도 확대될 것이다. 성장기에는 가격수준은 현상을 유지하며, 변동이 있다 하더라도 그 폭은 근소하다. 경쟁자간의 촉진활동도 비슷한 수준을 유지하며 경쟁에 대비하거나 시장확대를 위하여 촉진비용은 증가할 것으로 생각된다. 판매는 급속히 증가하여 판매액에 대한 촉진비용의 비율이 감소된다.

이 단계에서는 촉진비용이 다량의 제품에 배분되므로 이익 폭이 가장 높고 제품단위당 제조원가도 **경험곡선**(experience curve)의 효과로 인하여 가격보다 급속히 하락한다. 또한 급속한 시장성장률을 계속 유지하려는 노력을 기울이게 되는데, 그렇게 하기 위하여

① 품질을 개선하거나 새로운 특징이나 모형을 추가하거나,
② 새로운 시장부문을 개척하거나,
③ 추가로 판매할 수 있는 새로운 유통경로를 발굴하거나,
④ 광고문안의 내용도 제품을 인식시키는 것으로부터 제품을 수용하고 구매행위로 옮기는 것으로 바꿀 필요가 있으며,
⑤ 가격변동에 민감한 고객집단을 유치하기 위하여 가격인하 시기가 언제 적절한가를 결정하여야 하는 등의 방안을 모색하여야 한다.

이러한 전략을 추구하는 기업은 경쟁면에서 유리한 위치를 차지할 수 있다. 그러나 비용도 소요된다. 한편, 성장기에 있는 기업은 시장점유율을 확대할 것인가, 또는 현재의 이익을 증대할 것인가의 문제 중 어느 하나를 택하여야 할 입장에 있게 된다. 제품을 개량하거나 유통부문과 촉진활동에 많은 비용을 투입하면 시장에서 우위를 차지할 수 있지만, 다음의 성숙기에서 거둘 수 있는 대량의 이익을 포기하여야 한다.

3. 성숙기

판매성장률이 어느 정도의 수준에 도달하게 되면 감소하기 시작하고 상대적으로 보아 성숙기에 접어들게 된다. 성숙기는 성장기보다 일반적으로 오래 지속되며 이 단계에서 마케팅 관리자는 최대의 도전에 직면하게 된다. 대부분의 경우, 성숙기의 제품을 다루어야 할 책임은 마케팅 관리자에게 있기 때문이다.

성숙기는 다시 세 단계로 세분할 수 있다. 첫째는 **성장성숙기**(growth maturity)로서 유통부문의 확대기회가 없음으로 인하여 판매성장률이 감소하는 시기이다. 후발수용층들이 구매하고 있지만 이들을 상대할 새로운 유통경로가 없는 것이다. 두 번째 단계는 **안정적 성숙기**(stable maturity)로서 시장에서의 진출은 이미 완료되고 따라서 고객 1인당 판매량은 일정수준을 유지하게 된다. 대부분

의 잠재구매자들도 이미 구매를 시도한 바 있고, 미래의 판매량은 인구성장률과 대체수요에 따라 결정된다. 마지막이 **쇠퇴성숙기**(decaying maturity)로서 일부 소비자가 다른 제품을 구매하기 시작함으로써 판매량의 절대 수준이 감소하기 시작하는 시기이다.

판매성장률이 감소하기 시작하면 산업 전체에서 유휴시설이 발생하고, 유휴시설은 경쟁을 격화시킨다. 가격경쟁이 시작되는 것이다. 촉진예산도 대폭 증액되고 다른 경쟁자들도 제품을 개량하거나 변형시키기 위하여 연구개발에 투자를 증액한다. 따라서 이러한 활동으로 판매를 적정하게 증가시키지 못하면 이익의 잠식을 초래한다. 경쟁력이 약한 기업은 탈락하고 경쟁에서 유리한 위치를 차지하려는 몇 개의 충실한 기업만이 남게 될 것이다.

이 단계에서 기업은 현상유지에 만족해서는 안 되며, 다음과 같은 전략을 개발하여야 한다.

1) 새로운 고객집단의 발굴

새로운 고객집단을 발굴하는 방법으로는 첫째, 제품을 시험하여 보려고 하지 않았던 고객들로 구성되는 새로운 시장부문을 개척하는 것이다. 항공회사가 비행기를 이용하는 승객의 수를 증가시키기 위하여 자동차나 기차에 비한 항공여행의 장점을 선전하는 것은 그러한 예가 될 것이다. 둘째, 기존의 고객으로 하여금 제품의 사용률(또는 사용횟수)을 증가시키도록 하는 것이다. 예컨대 식품회사에서 제품의 용도를 다양화하기 위하여 포장 외에 여러 가지 사용방법을 설명하는 문구를 삽입하기도 한다. 세 번째의 방법은 더 큰 고객집단을 유치하기 위하여 현재의 브랜드 특성을 바꾸는 것이다. 예컨대 어린이용으로서 초콜릿을 혼합한 음료수를 노인층이 좋아하도록 판촉활동을 벌일 수 있을 것이다.

2) 제품변형

현재의 판매부진을 타개하기 위하여 새로운 고객을 유치하거나 그들의 사용횟수를 증가시키기 위해 제품의 특징을 변경하는 것이다. 즉, 제품의 품질이나 특징, 또는 스타일을 바꾸는 일이 포함된다. 품질의 개량은 제품의 내구성, 견고성, 신뢰성 및 기호 등의 면에서 그 기능을 강화하려는 것이며, 품질개선의 가능성이 있거나, 구매자들이 품질이 개량되었다는 사실을 믿게 되거나, 혹은 품질개량의 결과에 대하여 고객의 반응이 민감할 때에 효과적이다.

제품의 특징을 개량한다는 것은 그 용도를 다양화하거나 안전성 또는 편의성을 확대할 수는 있는 새로운 특성을 부가하는 일이다. 특징을 개량하여 얻게 되는 이점은 다음과 같다.

① 기업의 진취성이나 리더십(leadership)이 강하다는 이미지를 심어준다.
② 제품의 특징을 기능적인 측면에서 개량한다는 것은 제품사용에 급속하게 익숙하여지거나 거의 비용을 들이지 않고 대체할 여유를 주게 됨을 뜻한다.
③ 사전에 표적으로 정한 고객들을 대상으로 개량된 제품을 집중적으로 선호하도록 할 수 있다.
④ 혁신적인 기업은 아무런 홍보활동 없이도 널리 알려지게 된다.
⑤ 판매원이나 유통경로 종사자들의 충성심을 얻을 수 있다.

제품의 특징을 개량하는 데 유의하여야 할 점은 다른 기업이 쉽게 모방할 수 있다는 점이다. 따라서 상당한 기간 동안 특징개량의 이점을 누릴 수 없으면 그만한 가치가 없게 될 경우가 있다.

스타일을 개량한다는 것은 제품의 기능적인 측면보다 심리적인 측면에서 고객의 관심을 끌려는 전략이다. 자동차의 모델을 정기적으로 바꾸는 것은 품질이나 특징보다도 스타일을 놓고 경쟁하려는 전략이다. 이 전략의 장점은 소비자가 뚜렷한 인식을 하게 되고, 이에 따라 시장점유율을 확고하게 유지할 수 있다는 것이다. 그러나 문제도 있다. 즉, 소비자가 새로운 스타일을 선호할 것인지, 혹은 어떤 소비층이 좋아하게 될 것인지 예측하기 힘들다는 점이다. 또한 스타일을 변경함으로써 옛 스타일을 선호하는 고객들을 상실할 위험이 있다.

3) 마케팅 믹스의 변경

마케팅 믹스 중 하나 또는 그 이상의 요소를 변경함으로써 구매를 자극할 수가 있다. 그러한 전술 중의 하나가 가격을 인하하는 것이다. 소비자의 관심과 주의를 끌기 위하여 보다 효과적인 광고방법을 개발할 수도 있을 것이다. 다른 브랜드를 구매하는 사람들을 유인할 수 있는 직접적인 방법은 적극적인 촉진활동(예컨대 할인, 경품증정, 전시회 개최 등)을 전개하는 것이다. 유통부문을 직접 운영하는 방법도 생각할 수 있고, 고객의 신뢰를 얻기 위하여 새로운 서비스를 제공하거나 개선하는 방법도 있을 것이다.

마케팅 믹스를 변경하는데 따르는 문제점은 경쟁자가 쉽게 모방할 수 있다는 것이다. 따라서 기대하였던 만큼의 이익을 실현할 수 없거나 사실상 이익잠식이라는 대가를 치러야 할 가능성도 있다.

4. 쇠퇴기

대부분의 제품형태나 상표의 판매는 결국 쇠퇴기를 맞이하게 된다. 그 속도는 완만할 수도 있고 급속히 진행될 수도 있다. 시장에서 완전히 자취를 감추거나 오랫동안 소규모의 판매만이 지속되기도 할 것이다.

판매가 감소하는 이유는 여러 가지로 이야기할 수 있다. 기술진보로 인하여 새로운 제품부류나 제품형태가 출현하여 기존의 것을 대체하기도 하고, 유행이나 기호가 바뀜에 따라 소비자들이 다른 제품을 선호하게 될 수도 있다. 외국에서 수입하고 있는 제품의 제조비용이 국내보다 낮아 생산자에게 타격을 주기도 한다. 이 모든 것이 과잉시설의 결과를 초래하여 이익잠식의 원인이 된다.

판매나 이익이 감소함에 따라 다른 사업분야에 진출하기 위하여 시장에서 철수하는 기업의 수가 증가한다. 동일산업에서 잔존하게 되는 기업들은 제품의 종류 수를 축소하며 촉진예산도 감축시킨다. 수요의 감소를 억제하기 위하여 가격을 인하하기도 한다.

쇠퇴기에 있는 제품을 계속 생산하여야 할 뚜렷한 이유가 없는 한, 그러한 제품은 기업에 비용의 부담을 안겨 준다. 그러한 제품을 유지하는 데 소요되는 비용은 단순히 간접비나 이익을 회수할 수 있는 정도에도 미달하며, 경영층이 투입하는 시간에 비하여 그만한 대가가 없게 된다. 즉, 보이지 않는 비용이 존재하는 것이다. 가격이나 재고수준도 자주 조정할 필요가 있다. 이러한 제품은 또한 생산착수비용이 많이 투입되고 작업시간도 전부 활용하지 못한다. 적합한 제품이 아니면 소비자의 불평을 초래하게 되고 기업의 이미지를 손상시킬 우려도 있다. 가장 큰 손실은 미래에 있다. 적당한 시기에 생산을 중단하지 않음으로써 대체품을 적극적으로 개발할 기회를 잃게 되는 것이다.

이와 같이 쇠퇴기에 있는 제품을 효율적으로 관리하려면 다음과 같은 사항들을 파악하여야 한다.

1) 취약제품의 포착

쇠퇴기에 있는 제품을 포착하기 위한 체제를 갖추려면 다음과 같은 단계적인 조치가 필요하다.

① 기업의 제품 믹스 중에서 취약한 제품을 정기적으로 평가하기 위하여 제품평가위원회를 설치한다. 이 위원회는 마케팅, 생산 및 통제부의 대표들로 구성된다.

② 이 위원회에서는 취약제품을 평가하기 위한 일련의 절차와 목표를 설정한다.

③ 통제부에서는 각 제품의 시장규모, 시장점유율, 가격, 제조비용 및 이익에 관한 변동자료를 작성한다.

④ 이러한 정보들은 컴퓨터를 통하여 분석되고 의심되는 제품을 확인한다. 확인기준은 쇠퇴기간, 시장점유율 추세, 총이윤 폭, 투자수익률 등이다.

⑤ 다음에는 취약제품을 담당하는 관리자에게 보고한다. 이 관리자는 현재의 마케팅 프로그램을 바꾸지 않고서도 그가 계획하는 새로운 프로그램으로 어느 정도의 판매와 이익을 달성할 수 있는가를 분석하여 보고서를 작성한다.

⑥ 제품평가위원회에서는 이러한 보고서를 토대로 하여 취약제품의 순위를 정하고 계속 판매할 것인가 혹은 마케팅 전략을 변경할 것인가 등의 문제에 대하여 최고경영층에 건의한다.

2) 마케팅 전략의 결정

판매가 감소되기 시작하면 다른 기업보다 판매를 먼저 중단하는 기업이 있는가 하면, 그 기업의 제품을 구매하던 소비자들을 유인함으로써 일시적으로 판매가 증가하는 기업도 있을 것이다.

판매를 계속하기로 결정하는 경우에는 몇 가지 전략적 선택방법이 있다. 즉, 종래의 마케팅 전략(예컨대 동일한 시장부문을 목표로 동일한 경로와 가격 및 촉진활동을 계속 이용하는 경우)을 고수하거나 마케팅 자원을 유리한 시장부문이나 유통경로에 집중적으로 투입하고, 불리한 부문은 포기하는 방법이 있을 것이다. 이익을 증가시키기 위하여 마케팅 비용을 대폭 삭감하는 방법도 생각할 수 있다. 경우에 따라서 제품에 대하여 많은 애착을 지니고 있는 소비자만을 대상으로 하여 극히 적은 수준의 촉진비용과 종전의 가격 혹은 그보다 높은 가격으로 판매할 수도 있다.

3) 판매중단 결정

한 제품의 판매를 중단하기로 결정한 때에는 몇 가지 선택방법을 고려하여야 한다. 첫째, 제품을 타인에게 전매 또는 이전할 것인가 혹은 그것을 폐기할 것인가를 고려하여야 할 것이다. 둘째, 신속하게 판매를 중단할 것인가 혹은 서서히 중단할 것인가를 결정하여야 한다. 셋째, 기존의 제품에 필요한 부품이나 서비스의 수준도 결정하여야 한다.

지금까지 살펴본 제품수명주기상의 4단계의 특징은 표 11-2에 요약되어 있고 각 단계에서 기업이 어떻게 반응하고 있는가도 설명하고 있다.

표 11-2 제품수명주기의 특성과 마케팅 목적 및 전략에 대한 요약

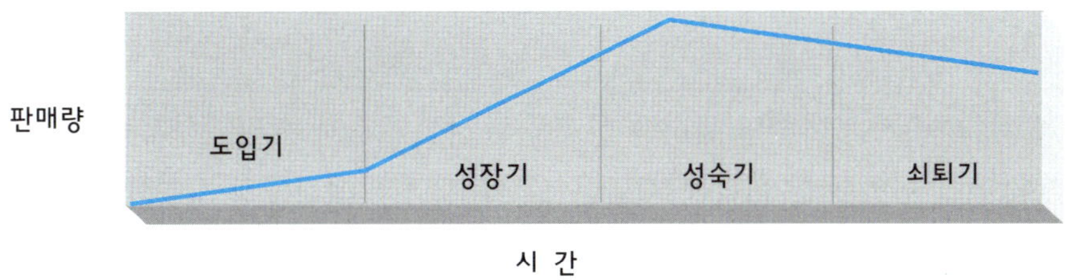

구분	항목	도입기	성장기	성숙기	쇠퇴기
특 성	판매량	적음	급격히 증가함	절정에 이름	감소함
	비용 (고객 1인당)	많음	보통임	적음	적음
	이익	손실	이익 증가	이익이 많음	이익 감소
	고객의 수용단계	혁신층	조기수용층	다수중간수용층	후발수용층
	경쟁자 수	적음	증가함	경쟁의 안정과 경쟁자 수 감소	감소
마케팅 목 적		제품 존재의 인식 및 시험 구매 유발	시장 점유율의 극대화	시장점유율 방어와 동시에 이익극대화	비용의 축소와 특성 시장부문 침투
전 략	제 품	기본제품의 제공	기타 제품개량, 서비스, 품질보증의 제공	상표 및 모델의 다양화	취약제품의 단계적 제거
	가 격	원가기준이용	시장침투목적의 가격책정	경쟁자에의 대응 또는 격퇴목적의 가격책정	가격인하
	유 통	선별유통의 구축	집중유통의 구축	적극적 집중 유통	선별유통의 선택과 수익성이 없는 유통부문의 제거
	광 고	조기수용층과 중간상을 대상으로 제품에 대한 인식을 고조시킴	다수 고객에 대한 제품의 인식과 관심을 고조시킴	브랜드 간의 차이와 효익을 강조	충성도가 높은 고객을 대상으로 최소한의 비용지출
	판매촉진	시험구매를 유발하기 위한 대량의 판매 촉진수단 동원	수용증가에 따라 비용축소	브랜드 변경을 촉진시키기 위한 비용증액	최소한의 비용으로 축소

제5절 제품수명주기 전략의 유용성과 응용상의 한계

제품수명주기는 마케팅 관리자가 제품과 시장의 동태를 파악하기 위하여 주로 사용되는 개념으로 설명되고 있는데, 이러한 제품수명주기 개념은 의사결정 상황에 따라 그 유용성이 다르다. 먼저 계획수립이라는 관점에서 보면 제품수명주기의 각 단계에서 필요한 마케팅 전략을 개발하여 이용할 수 있다는 점에서 그 가치가 있다고 생각된다. 한편 통제수단이라는 측면에서 보면 유사한 제품의 과거 주기와 비교하여 그 성과를 측정할 수 있다. 예측수단으로서의 제품수명주기 개념은 크게 도움이 되지 못할 것으로 생각되는데, 그 이유는 실제로 과거의 판매기록으로 보아 여러 가지 형태를 보이고 있으며 각 단계의 지속기간도 각각 상이하기 때문이다.

한편 제품수명주기 개념에 대하여 비판적인 사람도 있다. 이들의 주장에 의하면 제품의 수명주기는 극히 변칙적이며, 제품이 실제로 어느 단계에 위치하고 있는가를 알기란 거의 불가능하고, 마케팅 활동에 따라 제품수명주기의 진로도 영향을 받게 된다. 예컨대 어느 한 상품이 소비자들에게 인정을 받고 있으나 광고가 부족하다든가, 주요 점포에서 진열이 안 되어 있다든가, 대량의 견본을 내보내어 격렬한 경쟁에 돌입하는 경우 등으로 인하여 얼마 동안 판매성적이 나쁘다고 가정하자. 경영자는 시정조치를 생각하지 않고 자기의 제품이나 상표가 쇠퇴기에 들어가 있다고 생각한다. 따라서 새로운 연구개발에 투자하지 않게 된다. 그 후에 판매성과가 거듭 악화되면 악순환을 맞게 된다. 따라서 제품수명주기란 마케팅 활동에 따라 결정되는 종속변수임이 분명하며 마케팅 프로그램을 이에 맞추어 결정하여야 되는 독립변수는 아니다.

제품수명주기 개념을 실제로 응용하는 데 있어 이와 같은 난점이 있다고 하는 비난 외에도 제품수명주기가 시장 전체에서 발생하고 있는 사태에 초점을 두기보다는 특정된 하나의 제품에 대하여 발생하고 있는 현상에 초점을 두고 있다고 비판하는 사람들도 있다. 그러므로 하나의 제품수명주기가 보여주고 있는 현상에 집중하기보다는 시장 전체에서 나타나고 있는 사태의 발전과정과 기회를 동시에 분석하는 보완책이 필요할 것이다.

제6절 시장진화의 개념

제품수명주기의 개념은 시장에서의 전반적인 발생사건에 초점을 두기보다는 특정된 제품이나 브랜드에 초점을 두고 있다. 즉, 제품수명주기는 시장지향적 구도보다는 제품지향적 구도를 염두에 두고 있다. 그러나 수요나 기술에 있어서도 수명주기가 있기 때문에 특정된 제품보다는 전체적인 시장을 바라보는 입장을 취하는 것이 바람직하다. 기업들은 고객들의 새로운 욕구의 탄생, 경쟁의 출현과 격화, 기술변동 및 유통경로상의 변화 등 여러 가지 사태발전이 진전됨에 따라 영향을 받기 때문에 시장의 진화과정을 예상할 필요가 있다.

1. 시장진화(market evolution)의 제단계

하나의 시장은 태동, 성장, 성숙 및 쇠퇴의 네 단계를 거쳐 진화하게 된다. 이러한 네 가지 단계의 특성과 예를 살펴보기로 하자.

1) 태동단계

하나의 시장이 형성되기 전에는 잠재시장으로 존재한다. 이러한 잠재시장은 아직 존재하지 않고 있는 것에 대해서 유사한 욕구와 욕망을 공통으로 지니고 있는 사람들로 구성된다. 예컨대 사람들은 종이와 연필보다 더 빨리 계산할 수 있는 도구를 갈망하여 왔다. 2～30년 전까지만 하더라도 이러한 욕구는 불완전하나마 주산이나 계산자 등을 통해서 충족되었다.

어느 기업가가 이러한 욕구를 인식하고 조그마한 손바닥 크기의 전자계산기 형태로 기술적인 해결책을 상상한다고 하자. 그는 제품의 속성, 보다 구체적으로 말하면 외형상의 크기와 계산기능의 수를 구체적으로 결정하여야 할 것이다. 그가 시장지향적 사고를 지니고 있다면 잠재적 구매자들과 면접하고 그들에게 각각의 속성에 대해서 선호하는 바가 무엇인가를 진술하도록 요청할 것이다.

소비자들의 선호도가 그림 11-8의 A 부분에서와 같이 여러 점으로 나타나고 있다고 하자. 그림에서 알 수 있는 바와 같이, 표적고객들의 선호도는 각기 상이하다는 것을 알 수 있다. 어떤 소비자는 가감승제(加減乘除)의 네 가지 기능을 가진 계산기를 원하는가 하면, 또 어떤 소비자는 더 많은 기능, 예컨대 비율, 평방근, 로그(log) 등을 계산할 수 있는 기능을 가진 계산기를 원하기도 할 것이다. 다른 한편, 어떤 소비자는 소형의 휴대 계산기를 원하는가 하면, 또 다른 소비자들은 대형 계산기를 원할 수도 있다. 이와 같이 소비자들의 선호도가 시장에서 골고루 분산되어 있을 때, 우리는 그러한 시장을 **분산된 선호집단**, 또는 **시장**(diffused-preference market)이라고 부른다.

기업가가 당면하고 있는 문제는 이러한 시장에 대해서 최적 제품을 디자인하는 것이다. 그는 세 가지 선택방안을 갖고 있다. 즉,

① 시장에서 틈새부문을 구성하고 있는 소비자들의 선호를 충족시킬 목적으로 신제품을 디자인하는 경우

② 시장에서 두 개 혹은 그 이상의 틈새시장들을 차지하기 위하여 두 개 혹은 그 이상의 제품들을 동시에 개발하여 판매하는 경우

③ 시장의 중심부분을 위하여 신제품을 디자인하는 경우

그림 11-8 시장공간도

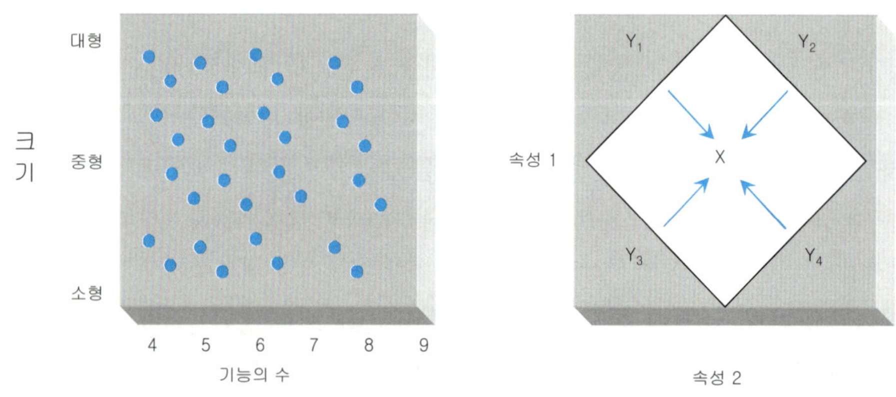

A. 시장결정화(결정화)단계-
휴대용 계산기에 대한
소비자선호도 분포

B. 시장확대단계-
네 개의 상표를 가진 Y기업이
X기업을 공격하는 교살전략의 예

중소기업의 경우에는 첫 번째 전략이 타당할 것이다. 중소기업은 대규모 시장을 차지하는 데 필요한 자원이 부족할 경우가 많다. 좀더 규모가 큰 기업의 경우에는 중소기업에 대항하여 시장을 잠식하는 방법이 있을 수 있다. 최선의 방법은 전문화된 제품을 개발하여 장기간에 걸쳐 경쟁기업들에게는 매력이 될 수 없는 틈새시장을 차지하는 것이다.

대기업의 경우에는 중형의 크기와 중간 정도의 기능을 가진 제품을 디자인함으로써 대량시장을 차지하려는 전략을 택할 수 있다. 중심부에 위치하는 제품은 실제제품에 대한 기존 선호도와의 거리 합계를 극소화시킨다. 대량시장을 차지할 목적으로 설계된 휴대계산기는 고객들의 총체적인 불만을 극소화시킬 것이다. 어느 개척자적인 기업이 규모가 큰 대량시장을 차지할 목적으로 제품을 디자인한다면 비상단계에 돌입하게 된다고 할 수 있다.

2) 성장단계

판매가 순조롭게 진행된다면 신규기업은 시장에 진출하여 성장단계에 들어갈 수 있게 된다. 여기에서 흥미가 있는 문제는 시장에 진출한 첫 번째 기업이 중심부에 있다고 가정할 때, 두 번째로 진출하려는 기업은 시장의 어느 부분을 차지하려 할 것인가? 두 번째 기업은 다음과 같이 세 가지 선택방법이 있다.

① 틈새시장 하나를 차지한다.
② 첫 번째 기업의 바로 근처에 위치하여 경쟁한다.
③ 아직 아무도 차지하고 있지 않은 시장부문에 대해서 두 개 또는 그 이상의 제품을 갖고 진출한다.

만일 두 번째 기업이 규모가 작다면 첫 번째의 개척자적인 기업과 정면 대결을 피하려 할 것이고, 틈새시장 중의 하나에 진출하려 할 것이다. 만일 두 번째 기업이 규모가 크다면 첫 번째 기업에 대항하여 시장의 중심부 위치를 차지하려 할 수도 있다. 또한 이 두 기업은 하나의 시장을 놓고 공평하게 분할하려는 쉬운 방법을 택할 수도 있다. 그리고 규모가 큰 두 번째의 기업은 시장에서 몇 개의 틈새시장에 동시에 진출하려는 전략을 택할 수도 있을 것이다.

그림 11-8의 B는 규모가 큰 기업이 다수의 상표를 가지고 중소기업을 포위, 공격하여 교살하려는 전략의 예를 보인 것이다. 그러한 전략은 소비자들이 중요하다고 인식하고 있는 제품속성을

토대로 하고 있다.

3) 성숙단계

시장에 진출하고자 하는 기업들은 각기 일정한 위치를 차지하고자 하는 바, 그 방법으로는 경쟁자의 근처에 위치하거나 또는 아직 경쟁기업들이 진출하고 있지 않은 시장부문에 진입하는 방법이 있다. 이러한 과정을 통하여 경쟁자들은 궁극적으로 모든 주요 시장부문들을 차지하게 된다. 경쟁기업들은 사실상 상호간에 자신들이 차지하고 있는 시장부문을 침범하여 이익을 감소시키는 결과를 초래할 경우가 있다. 시장의 성장이 둔화됨에 따라 시장은 좀더 세분화된 부문으로 분할된다. 그림 11-9의 A는 이러한 예를 보인 것으로서, 그림에 표시되어 있는 문자들은 여러 시장부문에 제품을 공급하고 있는 상이한 기업들을 나타내고 있다. 그림에서 알 수 있는 바와 같이, 아직 기업들이 진출하고 있지 않은 시장부문이 두 개가 있음을 알 수 있는데, 아마도 그 이유는 그러한 시장부문들이 규모가 작아서 이익을 거둘 수 없기 때문일 것이다.

그러나 이것으로 시장의 진화가 모두 끝나는 것은 아니다. 소비자들에게 강력한 소구력을 지니고 있는 새로운 속성이 출현함으로 인하여 시장분할에 이어 시장결집 현상이 발생할 경우가 흔히

그림 11-9 시장분할 및 시장재집결 단계

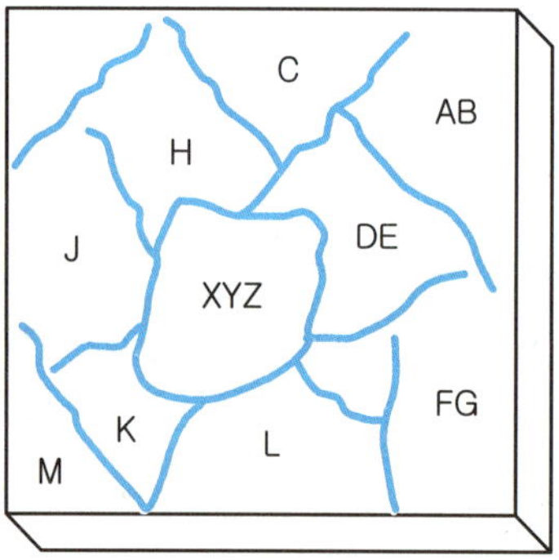

A. 시장분할 단계

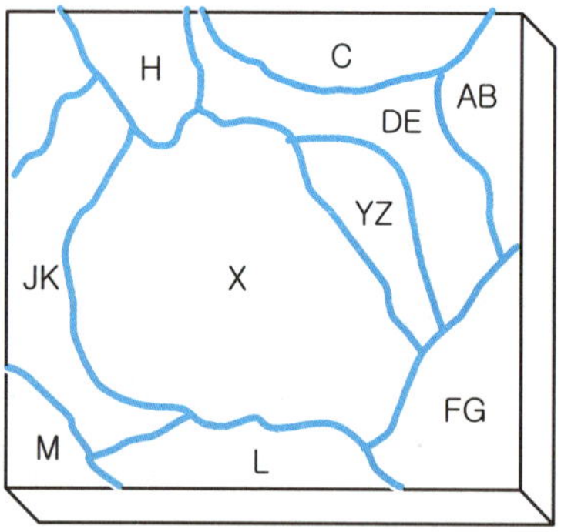

B. 시장재집결 단계

있다. 치약시장의 경우를 예로 들어보자. 어느 치약회사에서 새로운 치약을 개발하려는 바, 그 주요 특징은 충치예방에 극히 효과적이라는 것이었다. 바로 이때 치아를 희게 하는 효험이 있다거나, 청정할 수 있는 특성이 강하다거나, 또는 성적 매력을 줄 수 있다거나, 혹은 맛이나 향기에 있어서 독특한 특징을 지니고 있다고 선전하는 기업들의 제품들은 갑자기 수세에 몰리게 될 수 있다. 그 이유는 소비자들이 치약을 사용하는 데 있어 충치예방이 주관심사였기 때문일 수가 있다. 그림 11-9의 B는 바로 그러한 예를 보인 것이다. 즉, 충치예방에 극히 효과적인 것으로 내세운 새로운 치약제품을 생산한 회사가 시장에서 알맹이를 차지하게 된 것을 보여 주고 있는 바, 바로 X 영역이 이에 해당된다.

그러나 시장결집 상황도 영속적일 수가 없다. 다른 경쟁기업들이 문제의 제품을 모방함으로써 시장이 궁극적으로는 다시 분할될 것으로 생각되는 것이다. 성숙단계에 있는 시장에서는 이와 같이 시장이 분할되고 결집되는 과정이 반복되는 특징을 보이고 있다. 시장분할은 경쟁으로 말미암아 발생하고, 시장결집은 혁신으로 인하여 발생된다.

4) 쇠퇴단계

궁극적으로는 기존 제품에 대한 시장수요가 쇠퇴하기 시작할 것이다. 기존 제품이 새로운 제품으로 대체되는 것은 소비자들의 욕구가 변화하거나 새로운 기술개발이 이루어졌기 때문일 것이다. 예컨대 어느 한 기업이 기존의 치약보다 우수한 구강 스프레이 대체품을 발명할 수도 있다. 이러한 경우, 기존의 기술은 결국 소멸되고 새로운 수요 및 기술의 수명주기가 나타나게 된다.

2. 속성경쟁(attribute competition)의 동태성

앞에서 살펴본 바와 같이 시장은 처음에 태동함과 동시에 시간이 경과함에 따라 몇 가지 단계를 거쳐 진화하게 된다. 이와 같이 시장진화 현상이 발생하는 주된 요인은 혁신과 경쟁에 있다. 시장의 진화과정에서 경쟁으로 인하여 시장분할 현상이 발생하고, 또 한편 새로운 속성의 발명과 같은 혁신으로 인하여 시장이 재결집되는 현상이 발생한다.

경쟁으로 인하여 새로운 제품속성이 계속 발명되는 결과를 가져온다. 만일 어느 새로운 속성이 성공한다면 몇 개의 경쟁기업들이 곧 이를 모방하고, 이에 따라서 먼저 그러한 속성을 개발한 기업의 우위성은 상실된다. 예컨대 대부분의 은행들이 비교우위를 차지하기 위하여 은행원들의 친절성을 강조하고 있지만, 모든 은행들이 그러한 친절성에 관심을 같이 기울이게 되면 고객이 은행을 선택하는 데 있어 그러한 친절성이 결정요인이 될 수 없다. 또 하나의 예를 들면, 대부분의 항공회사에서는 기내에서 승객들에게 식사를 제공하고 있는 바, 그러한 식사제공이 고객들의 항공사 선택기준이 될 수는 없다. 고객들의 기대는 점진적으로 변화하고 있는 특징이 있다. 바로 이러한 이유로 인하여 기업들은 전략적인 관점에서 새로운 속성을 도입함으로써 주도권을 차지하는 것이 중요하다는 점을 인식할 필요가 있다. 만일 제품에 대하여 새로운 속성을 추가함으로써 성공하게 되면, 비교우위를 차지하게 되어 궁극적으로 평균 이상의 시장점유율과 이익을 획득할 수 있게 된다. 시장주도기업은 새로운 속성을 추가하는 것과 같은 혁신과정을 일상화할 필요가 있다.

여기에서 핵심적인 문제는 다음과 같다. 즉, 어느 한 기업이 유리한 속성을 계속적으로 개발하고 또 계속적으로 가능한 속성들을 개발할 수 있는가의 여부이다. 기업들이 새로운 속성들을 찾아낼 수 있는 방법에는 네 가지가 있다.

첫 번째 접근방법은 소비자 조사를 통하여 새로운 속성을 발굴하는 것이다. 즉, 소비자들을 대상으로 제품에 어떠한 속성을 추가하는 것이 바람직한가를 물어보고, 또 그러한 속성들의 바람직한 정도에 대해서도 물어본다. 또한 새로운 속성을 개발하는 데 소요되는 비용을 검토하여 보고 경쟁자의 반응은 어떠할 것인가도 점검하여야 한다. 이에 따라 한계이익이 가장 높은 속성을 선택할 수 있다.

두 번째 접근방법은 직관적 과정을 이용하는 것이다. 기업가는 시장조사를 행하지 않고 직관, 억측에 의해서 제품개발을 시도한다. 기업가의 직관이나 억측에 의해서 제품의 속성을 개발하여 성공한다면 그것은 순전히 우연에 의한 것일 뿐이다.

세 번째 접근방법은 변증법적 과정을 통해서 새로운 속성을 창출하는 것이다. 가치가 있는 어떤 속성을 경쟁과정을 통하여 극단적인 형태로까지 몰고간다. 예컨대 청바지의 경우, 처음에는 값싼 의류로 출발했지만 시간이 경과함에 따라 유행제품이 됨과 동시에 값도 비싸지게 된 것을 볼 수 있다. 그러나 이와 같이 일정한 방향이 없는 변화는 그 자체가 파멸의 씨앗을 내포하고 있다. 결국에 가서는 어느 기업이 보다 값싼 원료를 도입함으로써 소비자들은 그러한 원료로 만든 제품을 구입하려는 쪽으로 몰리게 된다. 변증법적 이론에 의한다면 기업은 대중과 영합해서는 안 되며, 그보다는 고통을 받고 있는 소외된 시장부문을 대상으로 혁신을 개척하여야 함을 나타내고 있다.

네 번째 접근방법은 소비자들의 욕구단계과정에 따라 새로운 속성을 개발하는 것이다. 이러한 욕구단계과정이란 매슬로우의 이론에 입각한 것이다. 예컨대 자동차의 경우, 처음 발명되었을 때에는 기본적인 수송수단의 목적만 달성하면 되었고, 또한 안전을 중시하는 경향을 띠고 있었다. 그러나 시간이 경과함에 따라 자동차는 사회적으로 수용될 수 있다는 점과 사회적인 지위 욕구에 소구하는 방법을 택하게 되었다. 그 후 모든 자동차들은 소비자들의 개별적 욕구를 충족시켜 줄 수 있는 데 도움이 될 수 있는 방향으로 설계하기 시작하였다. 기업이 수용하여야 할 과제는 고객들이 어떠한 욕구를 충족시키고자 하는 단계에 있는가를 파악하고 평가하는 일이다.

새로운 속성을 발견하는 데에는 이상의 네 가지 접근방법만으로는 부족하며, 그 이상을 복잡한 문제들이 개재된다. 예컨대 새로운 속성의 출현에 영향을 미치는 요인으로는 기술적 한계나 사회적 요인이 있으며, 이러한 요소들을 과소평가해서는 안 된다. 예컨대 소형 TV에 대한 소비자들의 관심과 필요는 많이 존재하고 있었지만 경박화(輕薄化) 기술이 개발될 때까지 그러한 소비자들의 욕구를 충족시킬 수가 없었다. 기술변동에 관한 예측을 하게 되면 새로운 속성이 부가될 제품이 어느 시기에 소비자들에게 제공될 것인가를 가늠할 수 있게 된다. 새로운 속성의 탄생에 사회적 요인도 주요 역할을 담당하고 있다. 인플레이션이나 자원부족, 환경보호운동, 소비자보호운동, 새로운 생활양식의 탄생 등은 소비자들로 하여금 제품의 속성에 대해서 재평가하도록 만든다. 예컨대 인플레이션이 계속되면 소비자들은 소형차를 선호하게 되고, 자동차의 안전이 중요하다고 생각되면 무게 있는 자동차를 선호하게 된다. 따라서 기업의 입장에서는 경쟁자에 대항하여 최선의 전략을 결정하는 방편의 하나로 제품의 여러 가지 속성에 대한 소비자들의 수요를 측정하는 마케팅 조사를 시행하여야 한다.

요 약

기업들은 신제품과 새로운 서비스를 계속 개발하지 않으면 안 된다. 기업들이 현재 보유하고 있는 제품들은 수명에 한계가 있으며 새로운 제품으로 대체되어야만 한다. 그러나 신제품은 그 개발이나 판매에 실패할 수가 있다. 특히 개발하는 데 있어 많은 대가를 치러야 할 경우가 흔히 발생한다. 신제품을 개발하는 데 있어 성공의 핵심은 신제품 개발과정을 체계적으로 계획하고 실행에 옮기는 데 있다.

신제품 개발과정은 여덟 단계로 나눌 수 있다. 즉, 아이디어의 발생, 아이디어의 심사, 제품개념의 개발과 시험, 마케팅 전략의 개발, 사업성 분석, 제품개발, 시험판매 및 상용화의 과정이 그것이다. 각 단계의 목적은 제품에 대한 아이디어를 계속 개발할 것인가의 여부를 결정하는 데 있다. 기업의 입장에서는 바람직스럽지 못한 제품에 대한 아이디어가 신제품 개발과정에서 지속되지 않기를 바라고, 이를 극소화하려는 노력을 기울이고자 할 것이다.

한편, 신제품의 개발이 완료되면 이러한 신제품이 소비자들에게 어떻게 하면 빨리 전파될 것인가를 파악하는 일이 중요하다. 이를 위해서는 조기수용자이론에 대한 이해가 필요하다. 이 이론에 의하면 신제품 혹은 혁신이 출현하였을 때, 이를 수용하려는 데 있어 사람마다 각각 차이가 있다고 가정한다. 따라서 일정한 시차를 두고 이러한 혁신을 수용하는 사람들이 어떠한 분포를 이루고 있는가를 파악하고, 먼저 수용하고자 하는 층들을 대상으로 집중적으로 판매촉진활동을 전개하는 일이 신제품의 확산을 크게 도울 것으로 생각된다.

다른 한편 제품마다 각기 새로운 기회를 부여하거나 문제를 제기시킬 수 있는 수명주기를 갖게 된다. 이러한 제품수명주기는 일반적으로 S 형태의 곡선 모양을 띠고 있고 다섯 단계로 구분하는 것이 보통이다. 그 첫 단계는 제품개발단계로서 기업이 신제품 아이디어를 찾아내고 개발하는 시기이다. 도입기는 판매성장 속도가 완만하고 이익이 적으며 유통부문의 진출도 아직 미약한 시기에 속하는 특징을 지니고 있다. 이러한 도입기가 성공적으로 지나가게 되면 기업은 성장기에 접어들 수 있게 되는데, 이 시기에는 판매성장 속도가 급격하게 증가하고 이익도 급속히 증가하게 된다. 이 단계 중에 기업은 제품을 개량하거나 새로운 시장부문에 진출하거나 또는 새로운 유통경로를 개척하려 하며, 그밖에 가격도 인하하려는 시도도 한다. 이러한 성장기가 지나면 성숙기가 도래하게 되는 바, 이 시기에는 판매성장 속도가 둔화되고 이익은 안정화된다. 기업의 입장에서는 판매성장을 재현시키려는 전략을 개발하려고 한다. 특히 새로운 시장을 개척하거나 제품을 변경하거나 또는 마케팅 믹스를 변경함으로써 그러한 결과를 얻으려고 한다. 마지막으로 제품의 수명주기는 쇠퇴기에 접어들게 되는데, 이 단계에서는 판매와 이익이 모두 급격히 감소하게 된다. 이 단계에서 기업이 하여야 될 주요한 과업 중의 하나는 제품이 실제로 쇠퇴기에 접어들고 있는가를 확인하고 제품의 생산 또는 중단 여부를 결정하는 것이다. 만일 제품의 생산을 중단하기로 결정하였다면 그 생산시설이나 기업을 다른 기업에 판매할 것인가 또는 처분할 것인가를 결정할 수 있어야 한다.

제품수명주기의 개념은 시장에서의 전반적인 발생사건에 초점을 두기보다는 특정 제품이나 브랜드에 초점을 두고 있다. 그러나 수요나 기술에 있어서도 수명주기가 있기 때문에 특정 제품보다 전체적인 시장을 바라보는 시각이 필요하다. 시장은 새로운 고객욕구의 탄생, 경쟁의 출현과 격화, 기술변동 등으로 인하여 시장이 진화되는 과정을 밟는다.

그러한 시장진화과정은 태동단계, 성장단계, 성숙단계 및 쇠퇴단계의 네 가지로 분류할 수 있다. 시장은 처음에 태동함과 동시에 시간이 경과함에 따라 이와 같은 몇 가지 단계를 거쳐 진화하게 된다. 이러한 시장진화현상이 발생하는 주된 원인은 혁신과 경쟁에 있다. 시장진화 과정에서 경쟁으로 인하여 시장분할현상이 발생하고, 다른 한편 새로운 속성의 발명과 같은 혁신으로 인하여 시장이 재결집 되는 현상이 발생한다.

기업의 입장에서는 시장진화 과정에서 발생하는 분할현상과 재결집현상을 주시함으로써 새로운 속성의 발명을 통하여 시장에서의 비교우위를 차지할 수 있는 유리한 위치에 있게 될 것이다.

연습문제

1... 캠코더가 나오기 전에 폴라로이드(Polaroid) 회사에서는 자동적으로 현상이 되는 8mm 무비 카메라(movie camera)인 폴라비전(Polavision)을 개발하여 판매하기 시작한 바 있다. 아직 캠코더가 출현하기 전에 생산, 판매되기 시작함으로써 그 당시로서는 새로운 혁신으로서의 신제품으로 인식되어졌다. 이 폴라비전 무비 카메라는 현상하는 데 불과 몇 분밖에 걸리지 않을 뿐만 아니라 광고비도 대량으로 투입함으로써 많은 소비자들에게 제품의 우수성을 인식시키려는 노력을 기울인 바 있다. 그럼에도 불구하고 폴라로이드 카메라와 같이 신제품으로서 성공을 거두지 못하고 생산을 중단한 경험이 있다. 이와 같이 신제품 개발에 실패한 이유는 무엇인가?

2... 귀하가 선호하는 패스트푸드(fast food) 연쇄식당의 예를 들어서 신제품에 관한 아이디어를 가능한 한 많이 열거하여 보아라. 그러한 아이디어들 중에서 어떠한 것들이 성공할 확률이 높을 것으로 생각하는가?

3... 모든 신제품에 대한 아이디어 가운데 1/3 이하가 고객들로부터 나오고 있다고 한다면 고객들의 아이디어가 곧 소비자들의 욕구를 충족시키는 것과 일치하는 것으로 볼 때, 마케팅 철학상 그러한 낮은 비율이 마케팅적 사고에 의미를 상실하게 하고 있는가?

4... 소비자 개인별로 혁신의 수용단계를 파악하는 일이 중요한 이유가 무엇인가를 설명하라.

5... 소비자들에게 있어 인구통계상의 특성이나 심리상의 특성상 혁신성이 있다고 하는 증거가 있는가? 예를 들어 설명하여 보라.

6... 혁신의 확산과정과 제품수명주기와의 관계를 설명하라.

7... 일반적으로 장기적인 수명을 가진 제품과 일시적인 유행제품이나 유행제품의 수명주기는 명확하게 구분할 수 있겠는가?

8... 제품수명주기상 각 단계별로 지출되고 있는 촉진비용의 규모가 상대적으로 어느 정도

인가를 비교하여 보라. 어느 단계에서 어떤 형태의 촉진이 가장 적합한가?

9... 제품수명주기 개념을 마케팅 전략에 이용하는 데 있어 그 유용성과 한계를 나열하여 보라.

10.. 제품수명주기보다 시장진화의 개념이 더 유용한가? 그 이유는 무엇인가?

제12장

가격정책

가격이란 간단히 말하여 '하나의 제품이나 서비스에 대해 부과하는 화폐량'이라고 할 수 있다. 그리고 보다 넓은 의미로 볼 때, 가격은 '소비자들이 제품이나 서비스를 소유하거나 또는 이용함으로써 얻게 되는 효익에 대해 교환할 의사가 있는 가치들의 합계'라고 할 수 있다.

한 제품의 가격을 결정하려면 여러 가지 요소를 고려하여야 한다. 가격은 직접적으로는 제품의 수요를 결정하는 요소이며 여타의 마케팅 변수를 결정하는데 중요한 영향을 미친다. 이익을 추구하는 기업은 물론 비영리기관에서도 그들이 제공하는 제품이나 서비스에 대한 가격을 결정하여야 한다. 역사적으로 보아 판매자들은 구매자가 제품을 선택하는데 핵심적인 영향을 미치는 요소는 가격이라고 생각하였다. 그러나 근래에 이르러 우리가 알 수 있는 바와 같이 광고와 같은 비가격요소도 제품에 대한 수용에 비교적 중요한 영향을 미치고 있다. 어떤 면에서는 비가격요소들이 제품수요에 더 큰 영향을 미칠 수 있다.

마케팅 믹스 중에서 판매수입을 올릴 수 있는 요소는 가격뿐이며 기타 요소는 비용이다. 적정한 가격을 책정하는 일이 중요한 과제임에도 불구하고 많은 기업들이 이를 잘 다루지 못할 경우가 많다. 제품생산에 소용되는 비용을 너무 의식하여 수요의 탄력성과 고객의 심리를 이해하지 못하는 경우가 흔히 있으며, 일단 책정된 가격은 시장의 변화조건에 맞추어 바꾸려 하지 않는 경향도 있다. 또한 전반적인 마케팅 전략을 고려하지 않고 가격을 책정하는 경우도 있다. 상이한 품목과 상이한 시장부문에 대하여 신축성 있는 가격을 책정하지 않고 있는 것이다.

가격을 결정하는 기능을 수행하거나 권한을 부여하는 형태는 기업에 따라 다르다. 중소기업에서는 최고경영자가 가격을 직접 결정하고 마케팅부나 판매부에서는 그러한 권한을 갖고 있지 못할 경우가 많다. 대기업에서는 계열기업의 최고경영자 또는 제품계열 관리자가 권한을 보유하고 있는 경우도 있다. 그러나 일반적으로 최고경영자가 전반적인 가격정책의 목적과 방향을 제시하고 하위의 관리자가 제안한 가격을 승인하는 형식으로 결정되는 경우가 많다.

본 장에서는 가격을 책정하는데 어떠한 제약요인들이 있으며 또 고려하여야 하는가, 그리고 가격결정을 위한 일반적인 접근방법에는 어떠한 것들이 있는가, 그 다음으로는 신제품의 경우에 어떠한 가격책정 전략이 효과적인가, 그리고 가격 이외에 마케팅 믹스를 고려한 가격책정 전략에는 어떠한 것들이 있으며 또 효과적인가, 그리고 정책적인 가격책정방법에는 어떠한 종류가 있으며 가격변경 전술에는 어떠한 유형의 것들이 있는가 등을 살펴보기로 한다.

제1절 가격책정에서 고려하여야 할 요소

한 기업에서 제품의 가격에 대한 의사결정을 내릴 때에는 기업 내부의 요인들과 외부환경요인들에 의하여 영향을 받게 된다. 이러한 요인들은 그림 12-1에 예시되어 있다. 기업의 내부요인으로는 마케팅의 목적, 마케팅 믹스 전략, 비용 내지 원가 및 조직 등이 포함된다. 그리고 외부요인에는 시장과 수요, 경쟁자 및 기타 환경적 요인 등이 포함된다.

그림 12-1 가격결정에 영향을 미치는 요인들

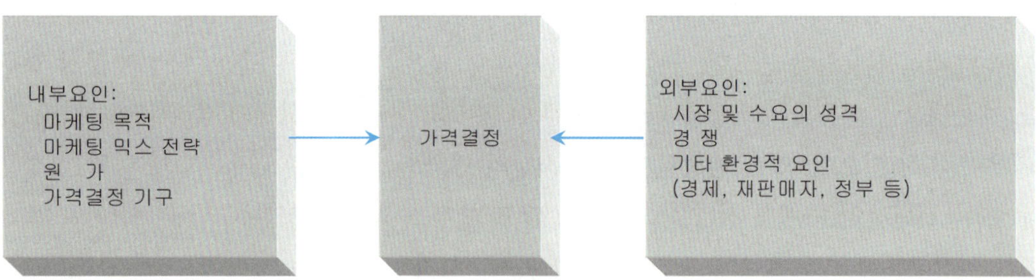

1. 내부제약요인

1) 마케팅 목적

어느 기업이든 가격을 결정하기 전에 표적으로 삼고 있는 시장부문 또는 고객집단의 범위와 마케팅 목적을 명확히 규정할 필요가 있다. 표적으로 삼고 있는 시장부문이 어떠한 고객집단으로 구성되어 있는가에 따라 제품의 디자인이나 촉진활동의 방법은 물론 가격수준도 달라지게 될 것이다. 또한 표적시장 부문에서 기업이 달성하려고 하는 마케팅 목적이 무엇인가를 결정하여야 하는데, 그러한 목적에는 여러 가지가 있을 수 있다. 그러한 목적의 예를 몇 가지 들면 다음과 같다.

(1) 이익의 극대화

흔히 가격을 책정하는 목적은 이익을 극대화 하는 데 있다고 이야기 할 경우가 많다. 경제학에서는 이익을 극대화 할 수 있는 간단한 모델을 제시하고 있는데, 그러한 모델에서는 한계수입과 한계비용이 일치하는 점에서 생산량과 판매량이 결정될 때 이익이 극대화된다고 가정한다.

이러한 모델을 실제로 가격을 책정하는 데 이용하려면 여러 가지 제약이 따른다. 첫째, 이 모델은 가격을 책정하는 목적이 단기이익을 극대화 하는 것이라고 가정하고 있다. 그러나 표 12-1에서 알 수 있는 바와 같이 가격을 책정하는 목적에는 여러 가지가 있다. 둘째, 이 모델에서는 고려하고 있는 대상이 고객뿐이다. 그러나 여타의 당사자들(예컨대 정부, 원료 공급자, 대리점이나 중간상 등)의 영향을 고려하지 않으면 안 되는 경우가 많다. 셋째, 가격 이외의 마케팅 변수들은 일정하

표 12-1 가격책정의 목적

1. 장기이익의 극대화	2. 단기이익의 극대화
3. 성장	4. 시장의 안정기반 구축
5. 가격에 대한 고객의 관심을 돌림	6. 가격의 주도권 확립
7. 새로운 경쟁자 진출억제	8. 한계기업의 축출
9. 정부의 간섭회피	10. 중간상의 신임유지
11. 임금인상요구의 억제	12. 제품과 기업의 이미지 향상
13. 고객으로부터 신뢰획득	14. 제품에 대한 관심을 고조시킴
15. 경쟁자로부터의 신뢰획득	16. 취약제품의 판매
17. 경쟁자의 가격인하를 억제	18. 제품의 존재를 인식

다고 가정하고 있으나, 실제로 그러한 마케팅 변수들은 가격과 관련될 경우가 많다. 넷째, 경쟁자가 가격을 변경하지 않을 것으로 가정하고 있다. 그러나 이러한 가정은 맞지 않을 경우가 많다. 마지막으로 이 모델은 수요와 비용함수를 쉽게 추정할 수 있다고 가정하고 있으나 실제로 그러한 함수관계를 도출하기란 상당히 어려울 것으로 생각된다.

(2) 시장점유율 확대

기업에 따라서는 현재의 이익보다 시장점유율을 보다 확대하기 위하여 가격을 결정하는 경우가 있다. 장기적으로 이익을 많이 실현하려면 시장점유율의 확대 및 시장점유율 면에서의 주도권 확보가 중요하다고 생각하는 기업이 증가하고 있다. 이와 같이 시장에서 주도권을 잡으려고 가격을 책정하는 것을 **시장침투 가격책정**(market penetration pricing)이라고 한다.

대량생산을 위하여 유휴시설도 서슴치 않으며 경쟁자보다 가격을 낮춘다. 생산이 증가하고 시장도 확대됨에 따라 단위당 제조비용이 감소하며 가격도 인하할 수 있게 된다. 초기에는 손실도 감수하고 점차적으로 시장이 확대됨에 따라 이익을 회수하려는 전략이다. 가격을 낮추는 이유는, ① 고객이 가격의 변화에 민감하여 급속한 시장확대를 기할 수 있거나, ② 생산경험이 누적됨에 따라 단위당 생산 및 유통비용이 절감되며, ③ 경쟁자들의 진출을 억제할 수 있기 때문이다.

(3) 이익의 조기회수(market skimming)

제품이 어떤 구매자에게는 매우 귀중하다고 생각되어 다른 사람보다도 높은 가격을 지불하려는 심리를 이용하여 처음부터 비싼 가격을 책정하는 전략이다. 이러한 **이익조기회수전략**(skimming strategy)이 성공하려면, ① 다수의 구매자들이 충분한 구매의사를 갖고 있고, ② 소량을 생산하여도 대량생산의 경우와 비교하여 단위당 생산비와 유통비용이 거의 동일하여 일부 구매자들이 구매를 중단하더라도 영향을 받지 않으며, ③ 가격을 높게 책정하여도 경쟁자가 뛰어들 염려가 없거나, ④ 비싼 가격이라는 사실만으로도 우수한 제품이라는 인상을 줄 수 있는 경우에 이용할 수 있는 방법이다.

시간이 경과함에 따라 가격에 탄력적인 시장부문부터 가격을 인하할 필요가 있게 된다.

(4) 품질면에서의 주도권 확보

기업에 따라서는 품질면에서 시장의 주도권을 잡으려는 목적을 택하기도 한다. 고급의 제품을 생산하고 제품을 개량하는 데 연구개발비를 많이 투입하여야 하므로 높은 가격을 책정하는 것이 보통이다.

(5) 기타 목적

이상의 몇 가지 목적 외에도 기업은 여타의 구체적인 목적을 달성하기 위하여 가격을 책정할 경우가 흔히 있다. 예컨대 경쟁자가 시장에 진입하는 것을 방해하기 위하여 저가의 가격으로 판매할 경우가 있다. 또한 가격에 대한 고객의 관심을 돌리기 위한 목적이라든가 정부의 간섭을 회피하기 위한 목적으로도 가격을 책정한다. 뿐만 아니라 중간상의 신임을 유지하는 것을 목적으로 하여 가격을 책정할 경우도 있다. 또 기업내부에서 임금인상을 억제하기 위해서 가격을 책정하는 경우도 있다. 이와 같이 마케팅 목적에는 다수가 있을 수 있으며 어떤 목적을 택하는가에 따라 가격전략이 극히 다를 수밖에 없다. 기업이 추구하는 가격책정의 목적은 앞의 표 12-1에서 이미 예시한 바 있다. 기업은 가격을 책정하는 데 있어 단일의 목적만을 토대로 가격을 책정하는 것이 아니고 복수의 목적을 동시에 달성하기 위하여 가격을 책정할 경우가 많다.

2) 마케팅 믹스 전략

기업이 마케팅 목적을 확정하고 난 후에는 이를 달성할 마케팅 믹스 전략을 개발하여야 한다. 예컨대 어느 기업이 제품의 품질면에서 우세한 위치를 차지하는 것을 목적으로 한다면 가격이나 촉진비용도 높게 책정하여야 할 것이다.

가격은 기업이 마케팅 목적 달성을 위하여 이용하는 마케팅 믹스 수단의 하나에 불과하다. 가격에 관한 결정을 내리려면 일관성이 있고 또한 효과적인 마케팅 프로그램을 수립하기 위하여 제품의 설계, 유통경로의 선정, 그리고 촉진 등에 관한 의사결정들과 가격결정이 조화를 이루어야 된다. 가격 이외에 여타의 마케팅 변수에 관한 의사결정들이 가격결정에 영향을 미칠 수도 있을 것이다. 예컨대 생산자가 자신들의 제품이 판매되는데 대한 전폭적인 지지와 촉진을 기대할 수 있는 재판매자, 예컨대 도매상이나 소매상 등의 중간상들을 중요시 한다면 가격을 책정하는데 이들 중간상들에 대한 이윤폭을 높게 보장하지 않으면 안 되고, 또 이를 가격에 반영하여야 할 것이다. 제품이 고급의 이미지를 갖거나 또한 그러한 포지션을 차지하려는 의사결정을 내리려면 기업은 비싼 원가를 회수하는데 필요한 가격도 높게 책정하지 않으면 안 될 것이다.

흔히 기업에 따라서는 먼저 가격에 관한 의사결정을 내린 다음에, 이를 토대로 하여 여타의 마케팅 믹스에 관한 결정을 내릴 경우가 있다. 예컨대 우리나라의 현대자동차가 미국시장에 진출할 때 저가의 소형자동차를 우선 판매하기로 결정하고 이러한 자동차를 요구하는 고객층 내지 시장부문이 누구인가를 분석하여 이들에게 적합한 모델을 설계하고 적정한 가격범위 안에서 이익을 회수할 수 있도록 하기 위한 촉진비용도 책정하는 전략을 택한 바 있다. 여기에서 가격은 제품시장과 경쟁 및 디자인을 확정하는데 하나의 핵심적인 제품포지셔닝 요소였다고 할 수 있다. 기업이 의도하고 있는 가격수준이 제품의 특징을 결정하여 주고 또한 생산원가도 결정되도록 하는 요인으로 작용한다.

따라서 마케팅 관리자가 가격을 책정할 때에는 총체적인 마케팅 믹스를 동시에 고려하지 않으면 안 된다. 만일 어느 제품이 비(非) 가격요소들에 따라서 그 위치가 결정된다면 품질아니 촉진, 유통에 관한 의사결정들이 가격에 커다란 영향을 미칠 것이다. 만일 가격이 포지셔닝의 핵심적인 요소라고 한다면 가격은 여타의 마케팅 믹스 요소에 대한 의사결정에 커다란 영향을 미칠 것이다. 대부분의 경우 기업들은 마케팅 프로그램을 개발할 때에는 모든 마케팅 믹스 요소들을 동시에 고려하여 결정을 내린다.

3) 원 가

한 제품의 원가는 그 제품에 부과되는 가격의 하한선을 결정한다고 할 수 있다. 기업의 입장에서는 생산비는 물론 유통 및 판매비용을 비롯하여 노력과 이윤에 대한 대가로서의 수익률을 회수할 수 있는 수준의 가격을 책정할 것을 원한다. 제품원가는 가격전략에 있어 하나의 중요한 요소가 될 수 있다. 많은 기업들이 저원가의 생산자가 되어 우위를 차지하려는 노력을 기울일 경우가 많다. 원가가 낮은 제품을 생산하는 기업이 곧 저가의 가격을 책정하고 이에 따라 판매를 증대시키고 이익도 증가시킬 수 있기 때문이다.

한 기업이 생산하고 있는 제품의 원가는 두 가지 형태를 갖고 있다. 즉 고정비와 변동비가 그것이다. 고정비는 생산량이나 판매량에 따라서 변동하는 비용이 아니다. 따라서 생산량과는 관계없이 기업이 임대료나 전기료, 이자, 임원에 대한 보수 등과 같은 비용들을 정기적으로 지불하여야 되는 경우에 해당되는 비용이다. 즉, 고정비는 생산수준과는 관계없이 지속적으로 발생하는 특징을 갖고 있다. 변동비는 생산량에 직접 비례하여 발생하는 비용이다. 이러한 변동비는 제품 단위당 비용이 모두 동일하다는 특징이 있다.

어느 특정된 생산수준에서 고정비와 변동비를 합계한 것을 총원가라 한다. 최고경영층에서는 특정된 생산량의 수준에서 총생산원가를 최소한 회수할 수 있는 가격을 책정하기를 원한다.

기업에서는 이러한 원가들에 대해서 신중하게 판단을 내리지 않으면 안 된다. 만일 제품을 생산하여 판매하는 데 있어 경쟁자보다도 높은 원가로 생산하고 있다면, 이 기업은 보다 높은 가격을 책정하거나 또는 덜 이익을 거두는 결과를 가져올 것이고 결과적으로 비교우위를 상실하게 된다.

4) 기타 내부적인 고려사항

최고경영층에서는 기업 내부에서 누가 가격을 책정할 것인가를 결정하여야 한다. 가격을 결정하는 방법은 매우 다양하다고 할 수 있다. 앞에서 언급한 바와 같이 중소기업의 경우에는 마케팅이나 판매부 보다는 최고경영층에서 가격을 결정하는 경우가 많으며, 대기업에서는 제품계열 또는 제품관리 담당자들이 직접 결정하는 경우가 많다. 산업재 시장에서는 판매원들이 적절한 범위 내에서 고객들과 가격수준을 놓고 협상할 수 있는 권한을 부여할 수가 있다. 그러나 이러한 경우에도 최고경영층에서는 가격책정의 목적과 정책 등을 결정하여야 하며, 하위경영층이나 판매원들이 제안한 가격을 승인하는 경우가 흔히 있다. 가격수준의 결정이 핵심적인 요소가 되는 산업(항공기제작, 철도산업 및 석유산업 등)에서는 기업들이 최선의 가격결정을 위하여 별개의 부서를 설치하기도 한다. 가격결정만을 전담하는 이러한 부서에서는 마케팅부나 최고경영층에게 가격결정에 관한 보고를 하게 된다. 기타 기업 내부에서 가격을 결정하는데 영향을 미치는 사람들로서는 판매관리자, 생산관리자, 재무관리자 및 회계담당자 등이 있다.

2. 외부 제약요인

1) 시장 및 수요

제품의 원가가 가격의 하한선을 결정한다면, 시장과 수요는 가격의 상한선을 결정한다고 할 수 있다. 일반 소비재나 산업재의 경우, 구매자들은 제품이나 서비스의 가격수준과 그것을 소유함으로써 얻게 되는 효익을 비교하게 된다. 따라서 마케팅 관리자는 가격수준을 책정하기 전에 제품에 대한 가격과 수요와의 관계를 이해하고 있어야 한다.

여기에서는 가격-수요관계가 여러 가지 유형의 시장에서 어떻게 변동하며 또한 구매자들의 가격에 대한 인식이 가격결정에 어떻게 영향을 미치는가를 살펴보기로 한다. 그리고 나서 가격과 수요와의 관계를 책정하는 방법을 논의하기로 한다.

(1) 시장 유형에 따른 가격책정 방법

판매자가 가격을 책정할 수 있는 재량은 시장이 어떠한 유형에 속해 있는가에 따라 각기 다르다. 경제학에서는 네 가지 유형의 시장을 분류하고 각기 상이한 가격결정의 문제를 제시하고 있다.

먼저, **완전경쟁**(pure competition) 하에서는 다수의 구매자와 판매자가 획일적인 상품을 거래하는 특징을 지니고 있고, 구매자나 판매자 중 어느 누구도 현행의 시장가격에 영향을 미칠 수가 없다. 구매자들은 현행가격으로 얼마든지 자신들이 필요한 제품을 구매할 수 있기 때문에 판매자들은 현행가격 이상의 수준을 유지할 수가 없다. 또한 현행가격수준 이하로 판매하는 것도 불가능하다. 만일 가격이 인상되거나 이익이 증가하면 새로운 경쟁자가 시장에 쉽게 진입할 수 있다. 이와 같은 순수한 의미에서의 완전경쟁시장 조건 하에서는 마케팅 관리자가 신제품을 개발한다거나, 가격수준을 달리 책정한다거나, 광고비를 지출한다거나, 또는 기타 판매촉진비용을 지출하는 등의 마케팅 활동을 전개할 여유가 없고, 또 그럴 가능성도 존재하지 않는다. 따라서 이러한 시장 하에서 활동하고 있는 기업은 마케팅 전략에 그다지 많은 시간을 소비하지 않아도 된다.

독점적 경쟁(monopolistic competition) 하에서는 시장이 단일의 시장가격보다는 일정한 범위 내의 가격수준을 토대로 하여 거래하는 다수의 구매자와 판매자로 구성되어 있다. 가격수준의 범위가 결정되는 이유는 판매자들이 구매자들에게 판매하는 제품에 대해서 여러 가지 방법으로 차별화 할 수 있기 때문이다. 유형제품의 경우에는 품질이나 특징 또는 스타일, 또는 이에 수반되는 서비스 등의 면에서 다양성을 지닐 수가 있다. 구매자들은 판매자들의 이러한 제품에 대해서 차이를 느끼게 되고 상이한 가격을 지불할 의사를 지니게 된다. 판매자들은 상이한 고객집단을 대상으로 하여 별개의 상품을 개발하려고 노력하며, 이에 따라 상이한 가격수준을 책정함은 물론 브랜드나 광고, 기타 인적판매 등의 면에서도 상이한 방법들을 제공하려 한다. 이러한 시장유형에서는 비교적 경쟁자의 수가 많기 때문에 각 기업들은 경쟁기업들의 마케팅 전략에 따라 영향을 받는 정도가 과점시장에 비해서 더 적다.

과점적 경쟁(oligopolistic competition) 하에서는 시장이 상호 간에 가격수준이나 마케팅 전략에 대해 극히 민감한 소수의 판매자들로 구성된다. 제품은 획일적이거나(철강, 알루미늄) 또는 비획일적일 수가 있다(자동차, 컴퓨터 등). 이러한 과점적 경쟁시장에서는 새로운 기업이 진출하기 어렵기 때문에 소수의 기업 내지 판매자들만이 존재한다. 각 판매자 내지 기업들은 경쟁자의 전략이나 동향에 대해서 항상 민감한 반응을 보이게 마련이다. 예컨대 철강회사에서 가격을 10% 인하한다면 구매자들은 이 회사로 쉽게 구매를 전환할 것이다. 다른 철강회사들은 제품의 가격을 인하하거나 또는 서비스를 강화하는 등의 조치를 취함으로써 대응하지 않을 수 없게 된다. 과점기업들은 가격을 인하함으로서 영구적으로 확정할 수 있는 것이 무엇인가를 결코 확신할 수가 없다. 반대로 어느 과점기업이 가격을 인상한다면 경쟁자들은 이러한 가격인상 조치를 뒤따르지 않을 수가 있다. 그렇게 될 경우, 가격을 인상한 과점기업은 다시 가격을 환원시키는 조치를 취하기도 하며, 그렇지 않으면 경쟁자에 대해서 고객을 상실할 위험을 안게 된다.

완전독점은 한 개의 기업 또는 판매자로 구성되는 경우이다. 이 기업이나 판매자는 정부기관일 수도 있고 또는 사유기업일 수도 있다. 가격을 책정하는 방법은 완전독점 기업이 공기업인가 또는 사기업인가에 따라 각기 다를 수가 있다. 정부가 관장하는 공기업일 경우에 완전독점의 위치에 있다 하더라고 가격결정의 목적에는 여러 가지가 있을 수 있다. 경우에 따라서 원가 이하의 가격을 책정할 수가 있는데, 그 이유는 문제의 제품이 국민들이 원가를 전부 부담할 수 없는 구매자들이 다수 존재할 경우가 있기 때문일 수도 있다. 또는 원가를 회수하거나 적정한 수준의 수입을 획득하기 위해서 가격을 책정하기도 하며, 소비를 촉진시키거나 또는 억제할 목적으로 가격을 조절하기도 한다. 완전독점의 사기업일 경우에는 정부가 규제하는 것이 보통이다. 이러한 경우에는 공정한 또는 적정한 수준의 수익률을 거둘 수 있는 가격수준을 책정하는 것을 정부가 직접 허가할 수도 있다. 물론 정부의 규제를 받지 않는 완전독점기업이 존재할 수 있겠지만 실제로 그러한 기업들이 자의로 가격을 책정할 자유를 부여하는 경우는 그리 많지 않다. 정부의 규제를 받지 않는 완전독점의 사기업이 높은 수준의 가격을 책정하지 않을 수가 있는데, 그 이유는 고가격을 책정할 경우 경쟁자가 진입할 가능성이 있고 낮은 가격으로도 시장을 신속하게 침투할 가능성이 있기 때문이다. 뿐만 아니라 잘못하여 정부의 규제를 받기 쉽기 때문일 것으로 생각된다.

(2) 가격 및 가치에 대한 소비자들의 인식

제품의 가격이 적절한가의 여부는 궁극적으로는 소비자들이 결정하게 된다. 따라서 기업의 입장에서 가격을 설정할 때에는 가격에 대한 소비자들의 인식과 그러한 인식들이 소비자들의 구매의사결정에 어떻게 영향을 미치는가를 고려하여야 한다. 다른 여타의 마케팅 믹스에 관한 의사결정과 마찬가지로 가격을 결정하는 데 있어서도 고객지향적이어야 한다. 다음의 예를 보자.

> "가격을 결정하는 데 있어서는 전문적인 지식 이상의 것이 필요하다. 효과적으로 가격을 결정하는 문제는 여타의 마케팅 믹스 요소를 고려하는 것과 마찬가지로 중요한 문제에

속한다. 특히 구매자가 누구이며, 그들이 왜 구매하고, 구매의사결정을 어떻게 내리고 있는가에 대한 창의적인 인식을 필요로 한다. 이러한 몇 가지 점에서 구매자들이 각기 다르다고 하는 인식은 촉진이나 유통 또는 제품개발을 효과적으로 수행하여야 함은 물론 가격을 효과적으로 결정하는 데 있어서도 동일하게 중요하다."[1]

소비자들이 하나의 제품을 구매할 때에는 무엇인가 가치가 있는 것(제품을 사용하거나 사용함으로써 얻게 되는 효익)을 획득하기 위하여 가치가 있는 것(가격)을 교환한다는 것으로 볼 수 있다. 그러므로 효과적이면서도 고객지향적인 가격을 책정한다는 것은 소비자들이 제품을 사용함으로써 얻고자 하는 효익이 무엇이냐에 초점을 두고 그 가치에 따라서 가격을 결정하는 것이라고 할 수 있다. 그러한 효익으로는 실제적으로 인식하고 있는 효익이 모두 포함된다. 예컨대 어느 고객이 산뜻한 분위기를 갖고 있는 식당에서 식사를 한다면, 이 고객은 단순히 식사대만을 인식하는 것이 아니고 식사를 하는 데 있어 분위기와 종업원들의 서비스 등이 가격에도 영향을 미친다고 할 수 있다. 그러나 소비자들조차도 이러한 제품의 총체적인 가치를 정확하게 측정하기는 상당히 어려운 일에 속하며, 더구나 그러한 가치들은 소비자들에 따라서 각기 다를 뿐 아니라 상황에 따라서도 다를 수가 있다. 따라서 기업은 고객들이 제품에 대해서 부여하고자 하는 가치를 추정하기가 대단히 어렵다는 것을 알게 된다. 그러나 소비자는 이러한 가치들을 제품의 가격을 평가하는데 이용한다. 만일 소비자가 문제의 제품가격이 그것이 지니고 있는 가치보다도 더 높다고 인식하게 되면 제품을 구매하지 않을 것이다.

따라서 마케팅 담당자는 소비자들이 제품을 구매하는 이유를 파악하고 소비자들의 인식에 따라서 가격을 결정하려는 노력을 기울여야 한다. 소비자들이 여러 가지 제품의 특징에 대해서 각기 부여하는 가치들이 서로 다르기 때문에 마케팅 담당자의 입장에서는 가격을 결정하는 데 있어서도 시장부문별로 각각 별개의 전략을 수립할 필요가 있다. 예컨대 PC 제품의 경우에 제품의 모델이 기능면에서 어느 정도로 다양한가에 따라서 값싼 제품과 고가의 모델을 소비자에 따라 각기 달리 제공하는 것을 볼 수 있다.

고객지향적인 면에서 가격을 결정한다는 것은 마케팅 과정에서 제품을 먼저 디자인하고, 마케팅 프로그램을 개발한 다음에 가격을 결정하는 과정이 불가능함을 의미한다. 적절한 가격결정방법은 고객들의 욕구를 분석하고 가격에 대한 그들의 인식을 이해하는 것으로부터 출발한다. 가격은

[1] Thomas Nagle, "Pricing as Creative Marketing," *Business Horizons*, July-August 1983, p.19.

마케팅 프로그램이 개발되기 전에 여타의 마케팅 믹스 변수들과 같이 고려되어야 한다.

(3) 가격과 수요와의 관계에 대한 분석

기업이 제품에 대한 가격수준을 어떻게 결정하는가에 따라 그 제품의 수요수준도 결정될 것이다. 이와 같이 제품의 가격수준과 그 결과로 나오는 수요수준과의 관계는 일반적으로 잘 알려져 있는 수요곡선(demand curve)으로 표현된다. 그림 12-2는 이를 예시한 것이다. 수요곡선에서는 특정 기간 중 여러 가지 가격수준에서 구매자들이 구매하고자 하는 제품의 수량을 나타낸다. 일반적으로 수요와 가격은 역의 관계에 있다. 즉, 가격이 높을수록 수요는 감소한다. 따라서 기업에서는 가격을 P_1에서 P_2로 인상한다면 판매량이 적어질 것이다. 예컨대 한정된 예산을 가지고 있는 소비자는 가격이 지나치게 높다면 보다 덜 구매할 것으로 생각되는 것이다.

그림 12-2 A에 표시된 바와 같이 수요곡선의 기울기는 대부분의 경우 직선이나 곡선의 형태로 우하향으로 움직일 것으로 생각된다. 그러나 사치품의 경우에는 수요곡선이 그림 12-2 B에 예시된 바와 같이 상향의 방향으로 움직일 수도 있다. 예컨대 향수를 제조하는 회사에서는 가격을 P_1에서 P_2로 인상함으로써 보다 많은 향수를 판매할 경우가 있다. 소비자들은 가격이 비쌀수록 보다 양질의 향수인 것으로 생각하거나 보다 바람직한 제품으로 인식할 수도 있는 것이다. 그러나 기업이 지나치게 고가로 제품의 가격을 책정한다면(P_3), 수요수준은 P_2에서의 경우보다 더 적어질 것이다. 대부분의 기업들은 수요곡선을 추정하고자 한다. 이러한 수요곡선은 시장의 유형에 따라 차이가 있다. 독점의 경우에는 수요곡선이 상이한 가격수준의 결과로부터 나오는 총시장수요를 보여주고 있다. 그러나 어느 기업이 경쟁에 직면하고 있다면 여러 가지 가격수준에서의 수요는 경쟁자의 가격이 고정되어 있는가, 또는 변동되는가에 따라 달라지게 된다. 여기에서 우리는 경쟁자의 가격이 일정하다고 가정한다. 만일 경쟁자가 가격을 변경한다면 어떠한 일이 발생할 것인가에 관하여는 잠시 후에 다시 살펴보기로 한다. 수요곡선을 측정하려면 상이한 수준의 가격들에 대한 수요를 추정하는 일이 필요하다. 예컨대 그림 12-3에서는 어느 특정된 휘발유 제품에 대한 추정 수요곡선을 보여주고 있다. 그림에서 알 수 있는 바와 같이 수요는 가격이 73센트에서 38센트로 인하될 때에 증가하고 있고 그 후 38센트와 32센트 사이에 있을 때는 수요가 감소하고 있음을 보여주고 있는데, 휘발유 값이 지나치게 싸다거나 또는 자동차에 해를 끼칠지도 모른다는 소비자의 인식 때문일 수도 있다.

그림 12-2 가상의 두 가지 수요곡선

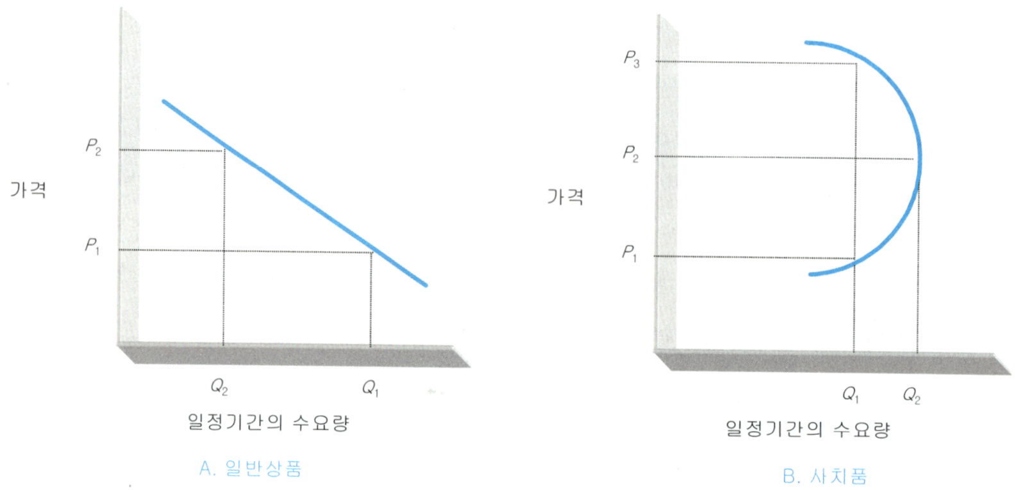

가격과 수요와의 관계를 측정하는 데 있어 마케팅 조사자는 수요의 수준에 변동을 줄 수 있는 여타의 요인들을 허용하여서는 안 된다. 예컨대 그림 12-3의 경우, 문제의 휘발유 제품을 생산하는 기업에서 광고비 예산을 증액함과 동시에 제품의 가격을 인하한다면, 수요의 증가가 가격을 인하한 때문인지, 또는 광고비를 증액한 때문인지를 알 수가 없다. 즉 주말에는 사람들이 여행을 많이 하기 때문에 더 많은 휘발유를 구입하는 원인으로 작용할 수가 있다.

경제학에서는 수요곡선상의 이동보다도 수요곡선 자체의 변동을 통하여 비(非)가격요인들이 수요에 영향을 미치는 영향을 분석하고 있다. 가령 그림 12-4에서와 같이 최초의 수요곡선이 d_1이라고 가정하자. 판매자는 P의 가격수준으로 Q_1의 양을 판매할 것이다. 이제 사정이 바뀌어 전반적인 경제사정이 갑자기 호전되거나 또는 판매자가 광고비 예산을 두 배로 증액하였다고 하자. 이러한 경우, 수요의 증가는 수요곡선이 우상향으로 이동하는 것으로 반영된다. 즉 D_1에서 D_2로 이동하게 된다. 기업이 판매하고 있는 제품에 대한 수요는 가격수준 P를 변경하지 않고도 Q_2로 증가함을 보여주고 있다.

그림 12-3 자동차 휘발유의 수요곡선(Quaker State)

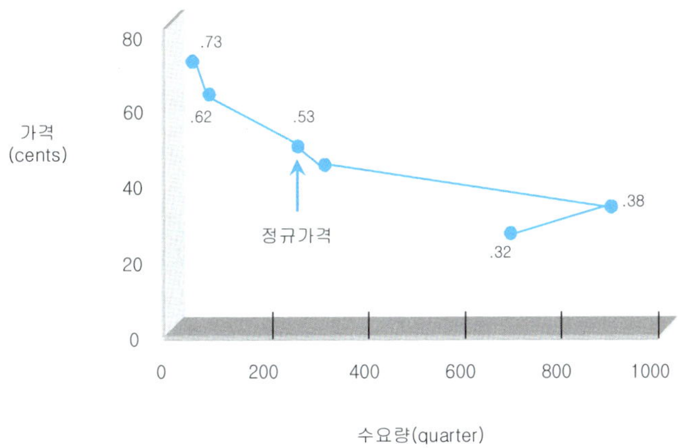

자료원: "Price-Quality Relationships and Price Elasticity under In-Store Experimentation," by Sidney Benett and J. B. Wilkinson, *Journal of Business Research*, January 1974, pp.30-34.

그림 12-4 촉진 및 여타의 비가격 변수들이 수요변동에 영향을 미치는 요인

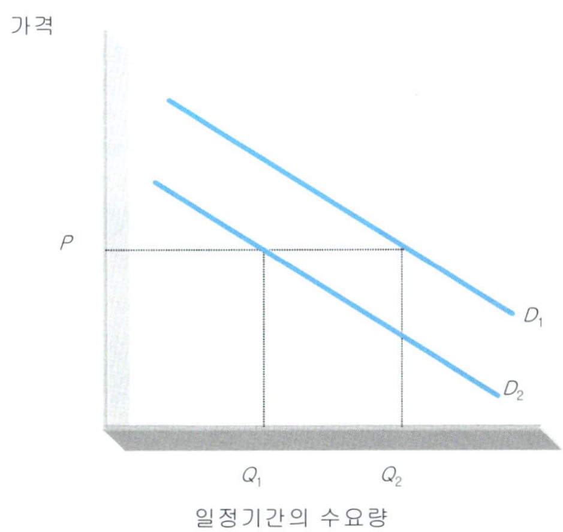

(4) 수요의 가격탄력성

마케팅 관리자는 가격의 변화에 대한 수요의 반응을 나타내는 **가격탄력성**(price elasticity)을 알아야 할 필요가 있다. 그림 12-5에 예시된 바와 같이 두 개의 수요곡선을 보자. 그림에서 A는 가격을 P_1에서 P_2로 인상할 경우에 수요는 Q_1에서 Q_2로 비교적 적은 양이 감소하는 것을 알 수 있다. 그러나 B의 경우에는 동일한 가격인상이라 하더라도 수요량이 Q_1'에서 Q_2'로 대폭 감소하고 있음을 보여주고 있다. 만일 수요가 가격의 근소한 변화에도 거의 변동이 없다면 수요가 '비탄력적'이라고 말한다. 만일 수요가 크게 변동한다면 우리는 수요가 '탄력적'이라고 말한다.

수요의 가격탄력성을 결정하는 요인은 무엇인가? 소비자들은 문제의 제품이 독특하거나, 품질이 대단히 우수하거나, 또는 권위를 나타내는 상품이거나, 그밖에 독점욕을 충족시킬 수 있는 경우에는 가격에 대한 민감도가 적은 것으로 알려져 있다. 즉 가격탄력성이 적다고 말한다. 또한 대체제품을 구하기가 어렵다거나 대체제품들의 품질을 쉽게 비교할 수 없을 때에도 가격에 대한 민감도가 적을 것으로 생각된다. 마지막으로 하나의 제품에 대한 지출비용이 구매자들의 수입에 비해 차지하는 비중이 적거나 제품의 구입비용을 다른 사람들과 분담할 때에도 역시 가격에 대한 민감도가 적다고 할 수 있다.

그림 12-5 비탄력적 수요와 탄력 수요

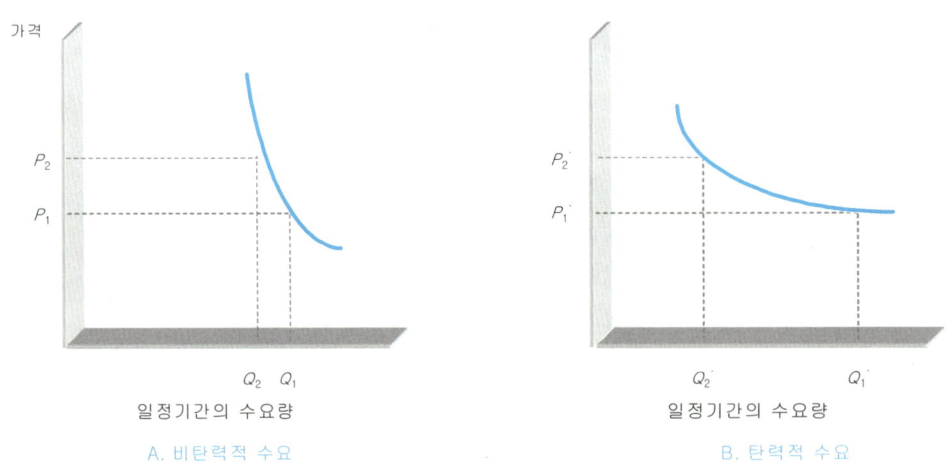

만일 수요가 탄력적이라며 판매자들은 일반적으로 그들의 제품가격을 인하하는 문제를 고려할 것이다. 가격을 인하할 경우 수입은 더 증가할 것으로 예상되기 때문이다. 이러한 관행은 추가로 생산, 판매하는 비용이 추가로 얻게 되는 수입을 초과하지 않는 한, 의미가 있다고 볼 수 있다.

2) 경쟁자의 제품 및 가격수준

기업이 가격을 결정하는데 영향을 미치는 또 하나의 외부요인으로서 경쟁자의 가격수준과 특정 기업의 가격책정에 대한 이들의 반응을 들 수 있다. 어느 소비자가 캐논(Canon)카메라를 구입할 것을 고려한다면 그는 캐논제품의 가격과 여타 제품, 예컨대 니콘(Nikon)이나 미놀타(Minolta), 팬탁스(Pentax) 등의 제품들의 가격들과 비교하여 평가할 것이다. 한걸음 더 나아가 기업의 가격책정 전략이 기업이 당면하고 있는 경쟁의 성격에 영향을 미칠 수가 있다. 예컨대 만일 캐논(Canon)이 고가 및 고이윤전략(high margin strategy)을 택한다면 이는 경쟁자의 유입을 초래할 수 있다. 반대로 저가 및 저이윤의 전략을 택한다면 경쟁자의 진입을 제어하거나 또는 경쟁기업들을 시장에서 축출할 수가 있을 것이다.

어느 기업이든지 경쟁자들이 내놓고 있는 모든 제품의 가격과 품질에 대한 지식을 지니고 있을 필요가 있음은 말할 나위가 없다. 캐논의 경우, 여러 가지 방법으로 이러한 과업을 수행할 수가 있을 것이다. 예컨대 모의구매자를 선정, 시장에 파견하여 여타의 경쟁제품과 비교하여 가격에 대한 반응을 조사할 수가 있다. 또한 가격뿐 아니라 품질에 대한 구매자들의 견해도 분석할 수 있을 것이다.

어느 기업이 경쟁자의 제품종류와 가격을 일단 알게 되면 자신의 제품가격을 결정하는 데 있어 하나의 출발점이 되는 정보로 이용할 수 있다. 어느 기업이 시장조사를 통하여 제품의 이미지가 좋은 기업에 비해서 품질이 비슷한 것으로 구매자들이 인식하고 있다면, 가격수준도 유사하게 책정할 수 있을 것이다. 그러나 그렇지 못할 경우에 동일한 가격수준을 책정한다는 것은 불가능하다. 전술한 바와 같이 캐논제품이 니콘보다 더 훌륭하다면 보다 비싼 가격을 책정할 수 있다. 이와 같이 어느 기업이든지 기본적으로 경쟁제품의 품질과 가격수준을 비교하여 자신들의 가격의 위치를 결정하는 데 이용하려 한다.

3) 기타 외부요인들

기업이 가격을 결정하는 데 있어서는 여타의 외부환경요인들도 고려하지 않으면 안 된다. 예컨대 어떤 하나의 경제적 조건이 기업의 가격책정 결과에 강력한 영향을 미칠 수 있다. 인플레이션이나 호경기 또는 불경기, 그리고 이자율과 같은 경제적 요인들은 가격결정에 영행을 미치게 되는데, 그 이유는 이러한 요인들이 제품의 생산원가와 제품의 가격 및 가치에 대한 소비자들의 인식에 모두 영향을 미치게 되기 때문이다.

기업에서는 또한 가격을 비롯한 마케팅 믹스의 제 요소에 관한 결정사항이 기업의 정책이나 외부의 제한요소들과 모순되지 않는가를 검토하여야 한다. 한 기업의 가격정책은 기업의 이미지와 경쟁자에 대한 기업의 자세를 반영하는 것이라 하겠는 바, 가격을 결정하는 데 그러한 결정으로 영향을 받게 되는 관계당사자들의 반응을 고려하지 않으면 안 된다. 그러한 관계당사자들의 몇 가지 예를 들면 다음과 같다.

(1) 유통부문 종사자

가격을 결정하는 데 중간상의 존재를 고려하지 않으면 안 될 경우가 많다. 이들에게 일정한 가격으로 제품을 인도하고 이들로 하여금 인도가격에서 이윤을 임의로 가산하게 할 수 있다. 이러한 방법은 유통부문 종사자들이 지역적으로 적합한 이윤을 정할 수 있고 판매를 충분히 자극할 수 있는 위치에 있을 때 가능하다. 이 방법이 불리한 점은 생산자가 최종가격에 대한 통제권이 없다는 것이다. 또 하나의 방법은 생산자가 최종가격을 지정하고 유통부문 종사자에게는 적절한 이윤폭을 보장하는 것이다. 이 때 유통부문 종사자들의 관심은 그러한 이윤폭보다 그들이 달성할 수 있는 판매량에 있다고 할 수 있다.

(2) 원료공급자

원료, 자금 및 노동력을 공급하여 주는 사람들도 고려하지 않을 수 없다. 공급자들은 제품가격의 수준이 곧 그들이 획득할 수 있는 이익의 수준을 나타내고 있다고 생각한다. 제품가격에서 임금이 차지하는 비율이 클수록 노동조합의 영향력이 가격을 결정하는 주요 요소가 된다.

(3) 정부

특히 독점기업이나 과점기업의 제품가격을 정부가 통제하는 경우가 많다. 기업간의 가격담합(price fixing), 가격차별(price discrimination), 덤핑(dumping)등에 대하여 규제를 가하는 경우가 대표적인 예에 속한다.

제2절 가격결정을 위한 일반적 접근방법

기업이 제품에 대해서 부여하는 가격수준은 이익을 회수할 수 없는 정도의 저가에서부터 비롯하여 더 이상의 수요를 낳을 수 없을 정도의 고가수준에 이르기까지 그 범위가 다양하리라고 생각된다. 그림 12-6은 가격을 설정하는 데 고려하여야 될 주요 요소들을 요약한 것이다. 가격의 최저선은 제품원가일 것이고 가격의 최고수준은 제품의 가치에 대한 소비자들의 인식으로 볼 수 있다. 기업은 이 양극점에서 그 중간의 어느 수준의 가격이 최선의 것인가를 찾아내기 위하여 경쟁자의 가격수준과 기타 외부 및 내부요인들을 고려하지 않으면 안 된다.

일반적으로 기업이 가격을 실제로 책정하려면 원가 내지 비용, 수요수준, 경쟁상태의 세 가지 요소를 고려하게 된다. 이 세 가지 요소가 모두 중요하지만 대부분의 경우에 어느 하나의 요소를 기준으로 결정할 경우가 많다.

그림 12-6 가격설정에 고려되어야 할 중요한 요소

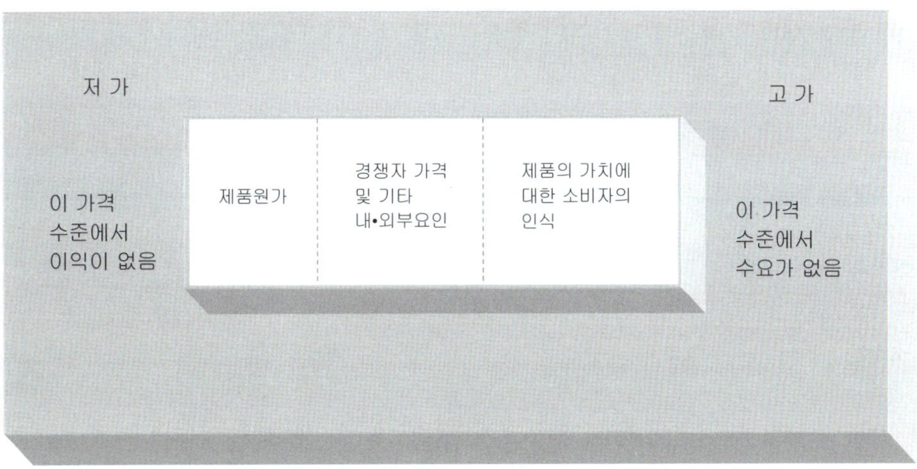

1. 원가기준의 가격책정(cost-based pricing)

많은 기업들이 제품원가를 기초로 하여 가격을 정한다. 이러한 원가는 예상되는 조업도 수준을 토대로 임의로 배부한 간접비도 포함된다.

1) 이윤가산 가격책정과 원가가산 가격책정

원가를 기준으로 가격을 책정하는 대표적인 방법에는 **이윤가산 가격책정**(mark-up pricing)과 **원가가산 가격책정**(cost plus pricing)의 두 가지가 있다. 이 두 가지 방법이 모두 제품단위당 원가에다 일정비율의 이윤을 가산한다. 이윤가산 가격책정방법은 흔히 소매점에서 이용하고 있는데, 소매점에서는 사전에 이윤을 결정하지만 여러 상품에 대하여 각각 상이한 이윤을 가산한다. 원가가산 가격책정방법은 작업이 비정기적으로 행해지거나 예상되는 투입비용을 사전에 정확하게 계산하기 어려울 때 가격을 결정하는 방법이다. 예컨대 건설업이나 조선업과 같은 산업에서 많이 이용된다.

그러면 이윤가산가격은 어떻게 결정되는가를 알아보자, 어느 기업이 유휴시설을 보유하고 있어 새로운 제품 10,000개를 생산하기로 결정했다고 하자. 이 회사가 조사한 바에 의하면 최종소비자가 5,000원까지 지불할 의사가 있다는 것을 알았다. 전통적으로 소매점은 40%, 도매상은 20%의 이윤을 가산하여 왔다고 하자. 이러한 기대이윤은 판매가격을 결정하는 토대가 된다. 이 회사에서는 최소한 8.5%의 이윤을 원하고 있으며, 마케팅 비용을 포함하여 제품단위당 원가가 2,160원으로 계산되었다면, 5,000원이라는 판매가격이 경제적으로 적절한가를 검토하여야 할 것이다. 관련되는

표 12-2 유통부문의 원가, 이윤, 가격과의 관계

(A)	원 가	이윤(mark-up)	가 격
생산자	₩2,160		
도매상		20%	
소매상		40%	₩5,000
(B)	**원 가**	**이 윤**	**가 격**
생산자	₩2,160	₩ 240(10%)	₩2,400
도매상	₩2,400	₩ 600(20%)	₩3,000
소매상	₩3,000	₩2,000(40%)	₩5,000

자료는 표 12-2에 예시되어 있는 바, 가격결정을 위한 분석은 표에서 오른쪽 하단에서부터 시작된다.

① 소매상의 이윤율이 40%라면 이윤은 2,000원이 된다(0.4×5,000)
② 원가+이윤=가격이므로 소매상의 원가는 3,000원이다.
③ 소매상의 원가는 도매상의 판매가격이고 도매상의 이윤율은 20%이므로 도매상의 제품단위당 이윤은 600원이다(0.2×3,000)
④ 따라서 도매상의 원가는 2,400원일 것이다.
⑤ 따라서 생산자의 이윤은 2,400-2,160=240원이 된다.
⑥ 240원을 2,400으로 나누면 생산자의 이윤율은 10%로서 그들이 원하는 최소한의 이윤율 8.5%를 초과하므로 생산하는 것이 유리할 것이다.

이와 같이 원가를 토대로 하여 이윤을 가산하는 방법은 간단하고 많이 이용되고 있지만 단점도

그림 12-7 목표가격을 결정하기 위한 손익분기분석

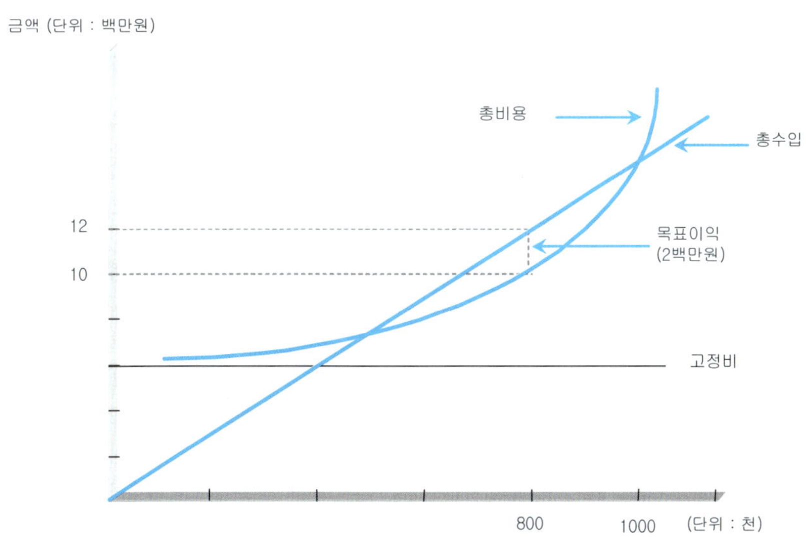

있다. 첫째, 각 제품단위에 배부할 비용을 확인하여 정확하게 측정하기가 매우 어렵다는 점이다.

특히 여러 가지 제품을 생산할 때 공통적으로 발생하는 비용을 어떻게 배분할 것인가를 결정하는 경우에 더욱 그러하다.

둘째로, 이 방법은 수요와 시장에서 발생하는 기타 요소들을 무시하고 있다. 수요의 탄력성을 무시하고 가격을 결정하면, 단기는 물론 장기적으로도 이익을 극대화할 수 없게 된다. 계절적인 변동으로 수요의 탄력성이 변화하거나 제품수명주기에 따라 최적의 이익규모도 달라질 것이다.

그러나 이러한 가격측정방법이 많이 이용되고 있는 이유도 있다. 첫째, 수요는 일반적으로 불안정하지만 비용은 그렇지 않다. 원가를 기준으로 가격을 결정하므로 결정작업이 비교적 간단하며 수요의 변동에 따라 가격을 수시로 조정할 필요가 없다. 둘째, 동일 산업내의 모든 기업이 이러한 가격측정방법을 이용하게 되면 이들 각 기업의 원가와 비용이 비슷한 수준에 있는 한, 가격도 비슷할 것이다. 따라서 기업간의 가격경쟁이 극소화될 수 있다. 셋째, 판매자와 구매자가 이러한 가격결정방법이 공정하다고 느낀다는 점이다. 수요가 급격히 증가하는 경우에 판매자는 구매자를 이용하지 않으면서도 투자에 대한 수익을 공정하게 획득할 수 있는 것이다.

2) 목표투자수익률 달성을 위한 가격책정(target pricing)

원가를 토대로 하는 또 하나의 가격책정방법은 추정하고 있는 판매수준에서 투자액에 대한 수익률을 보장하고 그러한 투자수익률을 달성할 수 있는 가격을 결정하는 것이다.

이러한 가격책정방법은 그림 12-7에서 손익분기도로 표시되어 있다. 가격책정자가 먼저 하여야 할 일은 총비용의 발생액을 추정하는 일이다. 총비용은 기업의 시설능력으로 생산할 수 있는 일정한 비율로 증가하는 것이 보통이다. 다음에는 예상조업도를 추정하여야 한다. 예컨대 이 기업의 조업도는 통상 80%라고 하자. 즉 1백만 개의 생산능력을 갖고 있는 이 기업이 80만개를 생산할 것으로 추정하고 있는 것이다. 80만개를 생산하는데 소요되는 총비용은 1,000만원이다. 그 다음에는 목표하고 있는 투자수익률을 구체적으로 정하는 것이다. 이 기업이 투자비용에 대하여 20%의 수익률을 달성할 것을 원한다면 목표이익은 200만원이 되어야 할 것이다. 80%의 조업수준에서 그만한 이익을 거두려면 총수입은 1,200만원이어야 된다. 그림에서 총수입곡선의 기울기는 단위당 15원으로서 이것이 곧 가격이 된다. 이 가격은 목표투자수익률 20%를 달성할 수 있는 수준의 가격이다. 그러나 이 방법은 결점이 있다. 즉, 가격을 결정하기 위하여 판매량을 추정하고 있는 바, 가격 자체가 판매량에 영향을 미치는 요소라는 사실을 간과하고 있다. 다시 말하면 수요함수를 고려하지 않고 있는 것이다. 각 가격수준에서 어느 정도의 판매량을 달성할 수 있는가를 생각하고 있지 않으므로 수요곡선을 추정하여야만 가격과 판매량을 동시에 결정할 수 있을 것이다.

2. 수요기준의 가격책정

상술한 바와 같은 원가 대신에 탄력성이나 소비자의 인식을 기초로 하여 가격을 결정하는 방법이다.

1) 소비자의 인식에 따른 가격책정(perceived value pricing)

소비자들이 제품의 가치에 대하여 인식하고 있는 정도에 따라 가격을 결정하는 것을 말하며, 이러한 경향이 오늘날 점차 증가하고 있다. 이러한 방법은 마케팅 지향적 사고와 일치한다. 어느 한 기업이 제품의 가격, 품질 및 서비스에 관하여 소비자가 어떻게 생각하고 있는가를 염두에 두고 특정의 표적시장을 대상으로 제품을 개발한다고 하자. 이와 같이 가치나 가격을 먼저 결정하고 난 후에는 그 가격으로 판매할 수 있는 양을 추정한다. 이에 따라 필요한 생산시설, 투자액, 단위원가 등을 산출할 수 있다. 다음에는 그러한 가격과 비용으로 만족할 만한 이익을 획득할 수 있는가를 추정한다. 이익목표를 달성할 수 있으면 제품개발을 계속 추진하고 그렇지 않을 경우에는 포기한다.

이러한 가격결정방법의 예는 미국의 카터필러(Carterpiller)회사에서 찾아 볼 수 있다. 이 회사는 건설에 필요한 장비나 차량을 제조하는 기업으로서 타기업에 비하여 고가로 판매하여도 그 양이 오히려 증가한 경험을 갖고 있다. 어느 고객이 이 회사의 대리점에 와서 트랙터 값이 다른 회사의 것보다 비싼 이유를 물으면 다음과 같이 설명한다고 한다.

> "20,000달러 정도면 경쟁회사의 제품수준에 맞는 가격이며, 3,000달러는 타사제품보다 내구성이 강한데 대한 프리미엄이고, 2,000달러는 타사제품보다 신뢰성이 있다는 표시로서의 프리미엄이며, 1,000달러는 트렉터의 부품이 타사의 부품보다 오래 쓸 수 있다는 품질보증으로 부과하는 가격으로서 합계 28,000달러는 이러한 가치가 포함되는 가격입니다. 여기에서 4,000달러를 할인해 드리면 24,000달러로 구입할 수 있습니다."

따라서 이 고객은 28,000달러짜리 트랙터를 4,000달러나 할인하여 구입할 수 있다고 느끼게 된다. 결국 구매자들은 이 회사의 트랙터를 선택하게 되었는데 트랙터를 사용하는 동안 유지비가 훨씬 적게 들기 때문이었다고 한다.

이러한 가격책정방법을 이용하려면 구매자가 제품의 가치에 대하여 느끼고 있는 바를 정확하게 판단할 필요가 있다. 제품의 가치를 과대평가하면 지나치게 비싼 가격을 책정할 염려가 있으며, 과소평가하게 되면 받을 수 있는 가격보다 낮게 책정할 가능성도 있다.

2) 수요차이에 의한 가격책정(demand differential pricing)

수요를 기초로 가격을 책정하는 또 하나의 방법으로서 **가격차별**(price discrimination)이라고도 한다. 제품의 가격을 두 개 또는 그 이상의 종류로 나누어 판매하는 것으로 그러한 가격은 한계비용의 차이에 따라 책정된 것이 아니다. 이러한 가격차별의 형태에는 여러 가지가 있다.

① **고객기준**: 동일한 제품이나 서비스에 대하여 고객별로 상이한 가격을 적용하는 것이다.

② **제품형태기준**: 동일한 제품이라도 형태를 바꾸어 상이한 가격을 책정하는 것이다. 그러나 각각의 한계비용에 비례하여 책정하는 것은 아니다.

③ **지역기준**: 판매하고 있는 제품이 지역에 따라 한계비용에 차이가 없다 하더라도 상이한 가격을 책정하는 것이다. 음악회에서 좌석의 위치에 따라 상이한 가격으로 입장권을 판매하는 것을 볼 수 있는데, 이것은 각 위치에 대한 수요의 탄력성이 다르기 때문이다.

④ **시간기준**: 시간적으로나 계절적으로 상이한 가격을 책정하는 것이다. 장거리 전화요금을 밤과 낮에 따라 차등을 두는 것이 그러한 예이다.

가격차별이 성공하려면 몇 가지 조건이 충족되어야 한다. 첫째, 시장을 세분할 수 있어야 하며, 각 시장부문에서의 수요의 탄력성이 달라야 한다. 둘째, 낮은 가격으로 판매하는 시장부문에서 비싼 가격으로 판매하는 시장부문으로 제품이 이전될 기회가 있어서는 안 된다. 셋째, 비싼 가격으로 판매하는 시장부문에서 경쟁자가 싼값으로 판매할 기회가 없어야 한다. 넷째, 시장을 세분함으로써 발생하는 비용이 가격차별로 획득할 수 있는 수입을 능가하여서는 안 된다. 마지막으로 가격차별로 인하여 기존의 고객을 상실해서는 안 된다.

3. 경쟁지향적 가격책정

이것은 주로 경쟁자의 가격을 기준으로 자기 제품의 가격을 책정하는 것을 말한다. 그러나 반드시 경쟁자와 동일한 가격을 책정할 필요는 없다. 이 방법의 특징은 가격과 비용, 가격과 수요와의 관계를 꼭 의식할 필요가 없다는 점이다. 비용이나 수요는 변할 수 있으나 경쟁자가 현재의 가격을 바꾸기 때문에 자신도 가격을 변경하기도 한다.

1) 현행가격책정(going-rate pricing)

경쟁지향적 가격책정방법의 하나로서 동일산업 내에서 현재 판매되고 있는 평균가격수준을 기준으로 가격을 결정하는 것이다. 이러한 방법을 이용하는 이유는 다음과 같다. 즉, 비용을 측정하기 어려울 경우에는 현재 동일 산업 내에서 적용되고 있는 가격이 적정한 수익을 거둘 수 있는 수준이며, 동종기업들의 중지를 모아 정해진 가격이라고 생각하는 것이다. 또한 그러한 수준의 가격을 책정하면 산업 전체의 조화 내지 균형을 파괴하지 않을 것으로 생각한다. 한편 가격차별을 하게 되면 구매자나 경쟁자가 어떤 반응을 보일런지 알 수 없는 것도 이러한 방법을 택하는 이유 중의 하나이다.

시장구조가 완전경쟁에서 출발하여 독점에 이르기까지 여러 형태가 있겠지만, 이 가격결정 방법은 비교적 동질적인 제품을 생산하는 산업에서 주로 이용된다. 극히 치열한 경쟁하에서 동질적인 제품을 판매하는 기업에서는 동일산업에서 일반적으로 정해져 있는 가격을 따라가지 않을 수 없을 것이다. 과점의 경우에는 이를 구성하고 있는 소수의 기업들이 시장을 유지하고 있을 경우가 많다. 그 이유는 경쟁자의 수가 적기 때문에 서로 상대방의 가격과 구매자들을 잘 알고 있기 때문일 것이다. 가격에 조그만 차이가 있어도 낮은 가격으로 판매하는 기업쪽으로 고객이 몰릴 것으로 생각된다. 따라서 개별 기업의 수요곡선은 현재의 가격수준에서 굴절되어 있을 것이다(그림 12-8 참조). 과점적 시장구조를 지니고 있는 상황에서 어느 기업이 가격을 현재의 수준보다 인상하게 되면 다른 기업들도 뒤따라 인상할 것 같지는 않기 때문에 수요는 탄력적인 경향을 띠게 된다. 그러므로 수요가 탄력적일 때 가격을 인상하거나 수요가 비탄력적일 때 가격을 인하하면 아무런 득이 없을 것이다.

제품차별화가 이루어지고 있는 시장에서는 가격책정에 선택의 여지가 많을 것이다. 제품의 질이나 서비스에 차이를 두게 되면 판매자들은 현재의 가격차이를 중요한 것으로 의식하지 않게 된다. 가격의 높고 낮음이 중요한 것으로 인식하는 경우에는 그러한 가격으로 판매하고 있는 기업에

그림 12-8 과점기업의 굴절수요곡선

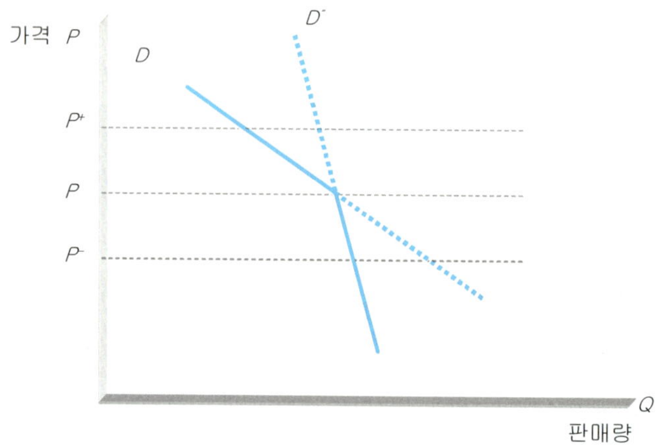

접근하여 경쟁하려는 노력이 필요할 것이다. 제품이나 마케팅 프로그램도 그러한 가격수준에 적합한 것이어야 한다.

2) 입찰가격책정(sealed-bid pricing)

대규모의 시설이나 건설공사는 입찰방식으로 경쟁을 하는 경우가 대부분이다. 입찰가격은 기업이 예상하고 있는 비용이나 수요에 토대를 두기보다는 경쟁자의 가격을 기초로 결정하게 된다. 이 때 기업의 목표는 계약을 획득하는 것이다. 이것은 곧 다른 어떤 경쟁자보다도 입찰가격을 낮게 책정하여야 된다는 것을 의미한다. 그러나 가격의 하한선도 한계가 있다. 즉 한계비용 이하로 가격을 제시할 수는 없을 것이다. 반대로 가격이 한계비용 이상으로 상승됨에 따라 이익을 얻을 수 있지만 계약을 체결할 확률은 적게 된다.

이와 같이 입찰가격이 높아짐에 따라 계약체결의 가능성은 적어지고 **기대이익**(expected profit)은 계약체결을 확보할 수 있는 확률에 따라 달라질 것이다(표 12-3 참조).

표 12-3에 예시한 바와 같이 먼저 95억원의 가격으로 입찰에 들어가는 경우, 계약이 체결될 확률은 상당히 높지만 이익은 1억원에 불과하다. 확률은 0.81이므로 기대이익은 8,100만원이다. 110억원의 가격으로 입찰에 들어간다면 이익은 16억원이나 되지만 계약을 체결할 확률은 0.01 뿐

표 12-3 입찰액에 따른 기대이익

(단위: 백만원)

입 찰 액	이 익	계약체결의 확률	기 대 이 익
₩ 9,500	₩ 100	.81	₩ 81
10,000	600	.36	216
10,500	1,100	.09	99
11,000	1,600	.01	16

이므로 기대이익은 1,600만원에 불과하다. 그러므로 여러 가지 수준의 입찰가격을 가정하여 그러한 가격으로 계약을 체결할 확률은 각각 주관적으로 판단하여 이에 따라 기대이익을 산출하고, 이를 극대화할 수 있는 가격을 택하는 것이 좋다. 그러나 그러한 입찰이 정기적으로 있지 않거나 어떤 특정 계약이 반드시 필요한 경우에는 기대이익을 기준으로 하는 것이 유리하지 않을 수도 있다. 예컨대 10억원의 이익과 계약을 획득할 수 있는 확률이 0.10인 입찰과 1억 2,500만원의 이익과 확률이 0.80인 입찰을 비교할 때, 기대이익을 기준으로 하는 것은 커다란 의미가 없다. 그럼에도 불구하고 공사를 계속하기를 원하는 기업은 전자보다 후사를 택할 것으로 생각된다. 바꾸어 말하면 기대이익의 화폐가치가 반드시 효용가치를 반영하는 것은 아니다.

제3절 신제품 가격책정 전략

일반적으로 가격전략은 제품수명주기의 단계별로 바꿀 필요가 있다. 특히 도입기에는 가격수준을 결정하는 문제가 대단히 중요하다. 제품이 시장에 처음 도입되었을 때 가격을 책정하는 방법은 특허권의 보호를 받는 새로운 혁신적 제품에 대한 가격책정과 기존제품을 모방하여 가격을 책정하는 두 가지 방법을 구분하여 생각할 수 있다.

1. 혁신적 신제품

제품을 개발하여 시장에 도입할 때 특허권의 보호를 받을 수 있는 새로운 혁신적 신제품을 개발한 기업에서는 이익 조기회수를 위한 가격책정과 시장침투 가격책정의 두 가지 방법 중 어느 하나를 택할 수 있다.

1) 이익 조기회수를 위한 가격책정(market skimming pricing)

제품이 어떤 구매자에게는 매우 귀중하다고 생각되어 다른 사람보다도 높은 가격을 지불하려는 심리를 이용하여 제품을 개발하고 시장에 도입한 초기부터 비싼 가격을 책정하는 전략이다. 이러한 전략이 성공하려면, ① 다수의 구매자들이 충분한 구매의사를 갖고 있고, ② 소량을 생산하여도 대량생산의 경우와 비교하여 단위당 생산비와 유통비용이 거의 동일하여 일부 구매자들이 구매를 중단하여도 영향을 받지 않으며, ③ 가격을 높게 책정하여도 경쟁자가 끼어들 염려가 없거나, ④ 비싼 가격이라는 사실만으로도 우수한 제품이라는 인상을 줄 수 있는 경우이어야 한다.

시간이 경과함에 따라 가격에 탄력적인 시장부문부터 가격을 인하할 필요가 있게 된다. 미국의 듀폰(Du Point)회사가 나일론 제품에 대하여 이러한 전략을 이용하여 성공하였다고 한다.

이익을 조기에 회수하기보다는 시장점유율의 확대를 중요시하고 시장점유율 확대를 통하여 시장에서의 주도권을 잡는 일이 중요하다는 가정 하에 제품의 가격을 낮게 책정하는 방법을 **시장침투 가격책정**(market penetration pricing)이라고 한다. 이러한 시장침투 가격책정이 성공하려면, ① 제품의 가격탄력성이 높아 저가를 책정함으로써 성장률을 증가시킬 수 있을 경우, ② 판매량이 증가함에 따라 생산비와 유통비용이 감소할 경우, ③ 저가를 책정하여 경쟁자를 물리치고 확고한 위치를 차지할 수 있을 경우 등의 조건이 충족되어야 한다.

한편 제품을 시장에 도입한 초기에 가격을 책정할 때에는 가격뿐 아니라 마케팅 믹스의 각 요소 중 몇 가지를 동시에 고려하여야 할 필요가 있다. 그림 12-9는 마케팅 믹스의 각 요소 중 가격과 촉진만을 고려할 경우에 네 가지 전략이 있음을 보여주고 있다. 그림에서 **고속이윤회수전략**(rapid-skimming strategy)은 비싼 가격과 다액의 촉진비용을 계산하는 전략을 말한다. 가능한 한 조기에 제품 단위당 이윤을 많이 회수하기 위하여 비싼 가격을 책정하고 비싼 가격에도 불구하고 제품이 많은 장점이 있다고 소비자들을 설득하려는 작전이다. 촉진비용을 많이 투입하면 시장침투 속도를 가속화 할 수 있다. 이러한 전략이 성공하려면, ① 대부분의 소비자가 제품에 대한 정보를 갖고 있지 않고, ② 제품을 알게 된 소비자가 그것을 갈망하고 비싼 가격을 지불할 능력이 있어야 하며, ③ 경쟁자에 대응하여 자신의 제품이나 상표를 선호하도록 노력하여야 한다.

저속이윤회수전략(slow skimming strategy)은 제품의 가격을 처음부터 높게 책정하지만 촉진비

그림 12-9 가격과 촉진만을 고려한 마케팅 전략

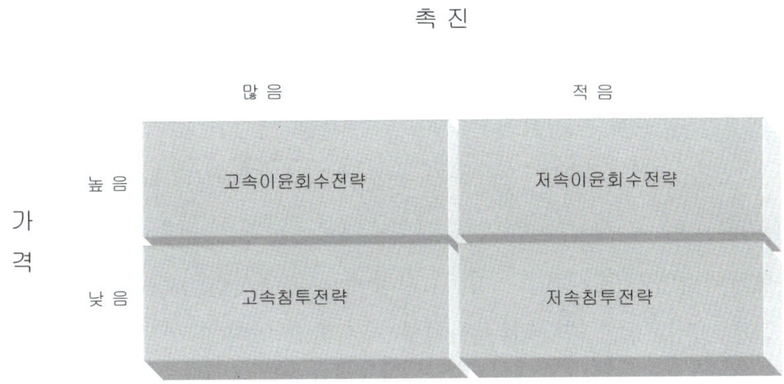

용은 적게 계상하는 전략이다.

이 전략은, ① 시장규모가 비교적 제한되어 있고, ② 대부분의 고객이 제품에 대하여 알고 있으며, ③ 제품을 원하는 사람은 비싼 가격으로 구매할 의사가 있으며, ④ 경쟁자가 출현할 위험이 거의 없을 경우에 유용하다.

고속침투전략(rapid-penetration strategy)은 낮은 가격과 집중적인 촉진활동으로 시장에 침투하려는 전략이다. 이 전략은, ① 시장의 규모가 크고, ② 소비자들이 제품이 관하여 잘 모르고, ③ 대부분의 소비자들이 가격변동에 민감하며, ④ 경쟁의 가능성이 높고, ⑤ 생산규모가 확대되고 생산경험이 누적됨에 따라 단위당 제조비용이 하락하는 경우 등에 유용하다.

저속침투전략(slow-penetration strategy)은 낮은 가격과 저수준의 촉진활동으로 제품을 판매하려는 것이다. 이러한 전략을 택하는 기업에서는 시장수요가 가격에 대하여 탄력적이지만 촉진활동에 대해서는 비탄력적이라고 믿고 있다. 이 전략은, ① 시장의 규모가 크고, ② 소비자들이 제품에 대하여 잘 알고 있으며, ③ 가격변동에 민감하고, ④ 어느 정도의 경쟁가능성이 있을 때 의미가 있다.

2. 모방 신제품

경쟁자의 것을 모방한 신제품을 시장에 도입할 계획을 갖고 있는 기업의 경우에는 제품 포지셔닝의 문제에 직면하게 된다. 이러한 경우에는 가격과 품질을 놓고 제품이 소비자들의 인식상의 어느 위치에 두어야 할 것인가를 결정하여야 한다. 그림 12-10의 마케팅 믹스의 변수 중 가격과 제품의 품질만을 고려할 경우에는 어떠한 전략이 있는가를 예시한 것이다. 가격수준을 상, 중, 하로 구분하고 품질은 고급, 중급, 저급의 세 가지로 분류할 수 있다면 그림 12-10에서와 같이 모두 아홉 개의 전략이 가능하다. 마케팅 목적이 품질의 우위를 차지하는데 있다면 첫째 줄의 세 가지 전략 중 어느 하나를 택하여야 할 것이다. 만일 시장에서 최대시장점유 기업이 고급, 고가의 제품을 생산함으로써 그림에서 1항에 해당되는 위치를 차지하고 있다면 새로이 진출하려는 기업은 여타의 전략을 택하는 것이 유리할 것이다. 예컨대 고급제품으로서 중간가격을 택할 수 있는 방법(2항)을 택하거나 또는 보통의 품질과 보통 수준의 가격(5항)의 전략을 택할 수도 있을 것이다. 시장에 새로 진출하려는 기업은 이러한 아홉 개의 전략에 이용될 수 있는 시장의 규모와 성장률을 고려하여야 할 뿐 아니라 해당되는 시장에서의 경쟁자들의 성격도 동시에 분석할 필요가 있다. 요컨대 여기에서 강조하고자 하는 것은 가격을 결정하는 데 있어서는 마케팅 믹스의 제 요소를 적정하게 배합하여 가격을 결정하는 일이 중요하다는 점이다.

제4절 제품 믹스를 고려한 가격책정 전략

기업이 판매하고 있는 하나의 제품이 제품 믹스의 일부일 때에는 문제의 제품에 대한 가격을 측정하는 전략을 바꾸어야 될 경우가 흔히 있다. 이러한 경우에는 총체적인 제품 믹스에 대한 이익을 극대화 할 수 있는 일련의 가격수준들을 발견하여야 할 것이다. 가격을 책정하는 일이 어려운 이유는 여러 가지 제품들이 각기 관련되는 수요와 원가가 다를 뿐만 아니라 경쟁의 정도도 상이하기 때문이다. 여기에서는 네 가지 제품 믹스를 고려한 가격책정전략에 관해서 살펴보기로 한다.

그림 12-10 가격과 품질을 기초로 하는 마케팅 믹스 전략

품질 \ 가격	높음	중간	낮음
높음	1. 고가격 전략	2. 침투전략	3. 초 바게인 전략
중간	4. 초과가격 전략	5. 중급품 전략	6. 바게인 전략
낮음	7. 단기회수 전략	8. 저급의 중간가격전략	9. 저급품 전략

1. 제품계열 가격책정(product line pricing)

기업들은 단일제품보다는 복수의 제품계열을 개발할 경우가 많다. 예컨대 자동차 회사의 경우, 용도나 가격, 디자인, 기타 특성에 있어서 각기 차이가 있는 다수의 차종을 생산하는 경우가 많다. 특히 동일제품계열에 속하는 제품이라 하더라도 특징을 달리 하는 경우가 많다. 제품계열에 관한 가격을 책정할 경우에는 이러한 여러 가지 제품의 종류 및 계열 간의 관계를 분석하여 단계별로 가격을 결정하여야 할 것이다.

제품별로 단계적으로 가격을 결정할 때 고려하여야 할 사항들은 제품 간의 원가 차이뿐 아니라 각 제품의 상이한 특성에 대한 소비자들의 평가와 경쟁자들의 가격에 대해서도 평가한 자료를 토대로 책정하는 일이다. 보다 개량된 제품과 종전의 제품과의 가격차이가 그리 크지 않다면 구매자들은 개량된 제품을 더 많이 구입하는 것이 보통이고, 이 때 가격차이보다도 비용차이가 더 적을 경우라면 기업의 이익을 더 증가시킬 것으로 생각한다. 만일 가격차이가 크다면 고객들은 일반적으로 보다 개량된 제품을 덜 구입할 것으로 생각된다.

다수의 산업에서 제품계열 내에서 각 제품들에 대한 가격을 책정하기 위하여 매우 정교한 수법과 조사를 통한 소비자의 반응을 토대로 하는 바, 예컨대 남성 의류점에서 유사한 양복에 대해서 세 가지 수준의 가격을 책정한다고 하자. 이 때 고객들은 그러한 가격수준을 놓고 품질면에서 저급, 중급, 고급의 이미지를 갖게 되기 쉽다. 이 세 가지 제품에 대한 가격을 조금 인상한다고 하더라도 소비자들은 자신들이 원래 선호하던 가격수준의 제품을 계속 구입하는 경향이 있다. 이러한 경우 판매자가 해야 될 과업은 가격차이를 뒷받침할 품질상의 차이를 소비자들이 인식하도록 하는 일이라고 할 수 있다.

2. 옵션제품 가격책정

많은 기업들이 제품을 판매하는 데 있어 선택의 여지를 주는 **옵션제품 가격책정**(optional product pricing)방법을 이용하고 있는데, 이것은 본래의 제품과 더불어 부수적인 악세사리 제품들을 소비자가 구매하는 데 있어 선택의 여지를 주는 것이다. 예컨대 자동차를 구매하는 사람은 에어컨디션이 장치되어 있는 차를 구입할 것인가 또는 그것이 장착되지 않은 차를 구입할 것인가를 선택할 수가 있다. 이러한 옵션제품들에 대한 가격책정은 그리 간단하지가 않다. 예컨대 자동차 회사에서는 어떤 품목들을 옵션제품으로 선정할 것인가를 결정하여야 한다.

3. 부착제품 가격책정(captive-product pricing)

본래의 제품사용에 부착되는 제품에 대한 가격책정방법을 말한다. 그러한 가격책정방법의 예로서는 면도날이나 카메라 필름, 컴퓨터 소프트웨어 등에서 찾아볼 수 있다. 면도기나 카메라, 컴퓨터와 같은 본래의 제품을 생산하는 기업에서는 본래의 제품가격은 낮게 책정하되 나머지 부착제품 내지 곁들여 파는 소모품에 대해서는 많은 이윤을 부과하는 가격을 책정하는 경우가 많다. 예컨대 컴퓨터 프린터의 가격은 낮게 책정되어 있는데, 그 이유는 토너를 고가로 판매함으로써 본래의 프린터 제품에 대한 낮은 가격을 상쇄하고 이윤을 획득하기 위한 것이다.

서비스 산업의 경우에는 이러한 가격책정전략을 **양면가격책정**(two-part pricing)이라고 한다. 서비스의 가격을 고정요금과 가변사용률(variable usage rate)로 구분하는 것이다. 예컨대 전화회사에서 월간 사용료에다 최소한의 통화횟수를 토대로 그 이상의 요금을 부과하는 경우를 들 수 있다. 서비스를 판매하는 기업에서는 기본 서비스에 대해서 어느 정도로 요금을 부과하며 변동사용량에 대해서는 어느 정도로 요금을 부과할 것인가를 결정하여야 한다. 고객들이 고정적으로 구입해야 되는 서비스 요금에 대해서는 저가로 책정함으로써 이들을 유인하는 일이 필요하고, 이익은 변동사용요금에서 획득하는 것이 유리하다고 생각한다.

4. 부산물 가격책정(by-product pricing)

육류가공업이나 석유제품, 화학제품 등의 경우에는 부산물이 생산될 경우가 많다. 만일 이러한 부산물이 가치가 없다면 이를 처분하는 데 많은 비용이 소요될 수도 있다. 이 때 이러한 사실이 원래의 제품가격정책에도 영향을 미치게 된다. 부산물 가격책정을 이용하는 데 있어서는 기업이 그러한 부산물을 처분하는데 드는 비용 이상의 것을 회수할 수 있는 가격으로 판매가 가능한가의 여부를 결정하여야 한다. 이러한 결정을 내리는 기업의 입장에서는 원래의 제품가격을 책정하는 데 있어서 경쟁자에 비하여 더욱 유리한 수준을 유지할 수가 있다.

5. 제품결합 가격정책

제품결합 가격정책(product-bundle pricing) 방법을 이용하고자 할 때에는 기업이 생산하고 있는 여러 가지 제품들을 하나로 묶어서 인하된 가격으로 판매하는 경우에 해당된다. 호텔에서 침실사용료, 식사대 및 기타 호텔이 제공하는 여러 서비스들에 대해서 일괄적으로 하나의 포괄적 가격을 특별히 정하여 고객에게 판매하는 경우가 많다. 자동차회사에서 여러 가지 옵션제품을 포함한 결합가격으로 자동차를 판매하는 경우를 흔히 볼 수 있다. 이러한 경우 제품결합가격은 제품을 결합하지 않았을 경우보다도 판매가 더 증진될 수가 있다. 그러한 결합된 가격은 개별 가격으로 구입하는 경우보다도 저렴하여야 효과가 있을 것이다.

제5절 가격수정 전략

기업들은 보통 고객별로 가격에 차이를 두거나 상황에 따라 가격을 수정하는 경우가 많다. 본절에서는 그러한 가격수정전략으로 이용되는 다섯 가지 경우를 소개하고자 하는 바, 그것은 할인 및 공제, 가격차별, 심리적 가격책정, 촉진목적의 가격책정, 그리고 지역요소 가격책정으로 분류할 수 있다.

1. 할인 및 공제

정가를 책정하고 중간상이나 고객에게 특별히 할인하여 주는 방법으로서 다음과 같은 것들이 있다.

1) 현금할인

일시불로 구입하는 경우에 할인하여 주는 것으로 외상이나 융자 등의 방법을 통하여 구매하는 경우보다 싼 가격으로 판매하는 것이다. 현금할인의 목적은 자금을 조기에 확보하고 대금을 회수하는데 소요되는 비용이나 대손상각을 줄이기 위한 것이다.

2) 수량할인

일정한 수량 이상을 구매하는 고객에게 가격을 할인하여 주는 것이다. 이 때 할인금액은 대량판매로 절약할 수 있는 판매비용, 재고관리비용, 수송비 등의 합계보다 커서는 안 된다. 수량할인 방법에는 주문받을 때에만 적용하는 비누적적인 방법과 주문횟수에 따라 누적적으로 할인하여 주는 방법이 있을 수 있다.

3) 거래할인

거래할인(functional discounts 혹은 trade discounts)이란 판매, 보관, 기록 등 판매자가 해야 할 마케팅 기능을 유통경로 종사자가 대행하는 경우에 이에 대한 보답으로 할인하여 주는 것이다. 예컨대 제조업자가 소매가격을 10,000원으로 결정하고 소매상과 도매상에게 각각 40%와 10%를 할인하여 준다면 소매상의 원가는 6,000원(10,000 − 40% × 10,000)이 되고, 도매상의 원가는 5,400원이 될 것이다(6,000 − 10% × 6,000).

4) 계절별 할인

계절에 맞지 않는 제품을 구매하는 사람에게 할인하여 주는 방법이다. 따라서 이러한 방법을 이용하면 연중 생산계획이나 판매계획에 안정을 기할 수 있게 된다.

5) 공 제(allowances)

정가를 할인하여 주는 또 하나의 방법으로서 예컨대 사용하던 제품을 신제품과 교환하는 경우, 기존의 사용품 가격을 적정하게 책정하여 신제품의 가격에서 공제하여 주는 것이다.

2. 가격차별

기업에 따라서는 고객별, 제품별 및 지역별 차이에 따라 그들의 제품에 대한 기본가격을 수정하는 경우가 흔히 있다. 이러한 차별적 가격책정방법은 기업이 제품의 원가상의 차이를 토대로 가격에 차이를 두기보다는 하나의 제품이나 서비스에 대해서 두 개 또는 그 이상의 가격수준으로 판매하는 경우에 해당되는 개념이다. 이러한 가격차별은 여러 가지 형태를 띠고 있는 바, 몇 가지 유형을 살펴본다면 다음과 같다.

1) 고객집단별 가격책정

동일한 제품이나 서비스라 하더라고 고객에 따라 별개의 가격을 책정하는 것을 말한다. 예컨대 박물관에서 학생들이나 노인들에게 싼 가격으로 입장권을 판매하는 경우가 이에 해당된다.

2) 제품형태별 가격책정

여기서는 제품의 여러 가지 형태별로 상이한 가격을 책정하지만 원가에 따라 가격에 차이를 두는 것은 아니다. 예컨대 제품별로 몇 가지 특징을 부가하여 제품을 차별화 하였을 때, 원가면에서는 큰 차이가 없다 하더라도 판매면에서는 많은 가격차이를 둘 경우가 이에 해당한다.

3) 위치별 가격책정

여기서는 위치에 따라서 상이한 가격을 책정하는 것으로서 동일한 가격을 부여하더라도 원가면에서는 차이가 없다 하더라도 가격을 차별화한다. 예컨대 극장에서 좌석의 위치에 따라 입장권의 가격을 차별화 하는 것은 고객들이 특정된 위치를 선호하는 경향이 각기 다르기 때문이다.

4) 시간대별 가격책정

여기서는 계절적으로나 월별 또는 날짜별 혹은 시간대별로 가격수준을 달리 하는 것을 말한다. 전화요금의 경우와 같이 공공요금에서는 가격에 차별을 둘 경우가 많다. 전화요금의 경우 장거리 전화라면 낮과 밤의 요금에 차이를 두는 경우가 많다.

이러한 가격차별전략이 효과를 거두려면 몇 가지 조건이 맞아야 한다. 먼저 시장이 세분될 수 있어야 하며, 세분된 시장부문들이 각기 상이한 수요탄력성을 지니고 있어야 한다. 또한 저가의 제품이나 서비스를 구매하는 고객층이 고가의 제품을 판매하는 고객집단으로의 이동이 불가능하여야 한다. 뿐만 아니라 경쟁자가 높은 가격으로 판매되는 시장에서 저가로 침입할 수 있는 기회가 주어져서도 안 될 것이다. 그리고 시장을 세분하는데 소요되는 비용이 가격을 차별화 함으로써 추가로 얻을 수 있는 수입을 초과해서도 안 된다. 한편 이러한 가격차별이 고객들에게 반감을 불러 일으켜서는 안 되며, 또한 법률적 측면에서도 불법이어서는 안 될 것이다.

3. 심리적 가격책정

흔히 가격 자체가 제품을 말하여 준다고 이야기하고 있다. 즉, 많은 소비자들이 가격수준을 곧 품질수준으로 생각하는 경우가 많다.

심리적 가격책정을 이용하는 데 있어서는 판매자들이 단순히 경제적인 측면만을 고려하는 것이 아니라 가격에 대한 심리적인 측면도 고려한다. 제품과 가격과의 관계에 대한 소비자들의 인식에 관한 여러 가지 조사결과를 보면, 대체로 가격이 높을수록 품질로 좋다고 인식하는 경향이 있는 것을 흔히 발견할 수 있다. 이와 동시에 고급의 제품일수록 실제 이상으로 고가품인 것으로 인식되는 경우가 흔히 발견된다. 소비자들이 제품을 구매할 때 그것을 실제로 검사하여 보거나 또는 과거의 경험을 토대로 하여 품질을 판단할 수 있을 때에는 품질을 평가하는 경우에 가격은 그다지 중요한 기준이 되지 못할 수가 있다. 그러나 소비자들이 일반적으로 품질을 판단할 수 없는 경우가 많은데, 그 이유는 소비자들이 제품에 관한 정보 또는 제품을 사용하는 기법, 그리고 가격수준 등에 관한 정보가 적기 때문이며, 따라서 가격이 품질을 가늠하는 하나의 중요한 지표로 이용된다.

심리적 가격책정의 또 다른 측면은 **준거가격**(reference price)이다. 이것은 구매자들이 특정 제품을 바라볼 때에 자신들이 심리적으로 생각하고 그려보는 가격수준에 해당되는 개념이다. 이러한 준거가격은 현행가격을 주시함으로써 형성될 수가 있고, 또는 과거의 경험을 토대로 형성될 수도 있다. 그밖에도 여러 가지 구매상황에 따른 평가를 통해서도 형성될 수 있을 것이다. 예컨대 어느 기업에서 자신들이 값비싸게 판매하는 제품에 버금가는 가격으로 또 하나의 제품을 판매하게 되는데, 그것은 먼저의 값비싼 가격과 동급의 것이라는 인상을 소비자들에게 심어주기 위한 것이다. 다수의 백화점을 거느리고 있는 기업에서는 여성의류의 경우, 점포별로 동일한 여성의류에 대해서 차별적인 가격으로 판매할 경우가 흔히 있다. 이러한 경우 가격이 비싼 제품만을 취급하는 백화점으로 알려져 있는 경우에는 비싼 가격으로 책정하게 되면 품질도 더 좋은 것으로 생각될 경우가 많다. 기업에서는 또한 처음부터 고가로 제품을 출하하겠다는 것을 암시하거나, 또는 제품 자체가 본래부터 비싸다는 것을 표시하거나, 혹은 경쟁자의 가격이 비싸다는 것을 표시하는 등의 방법을 통해서 소비자들의 준거가격에 영향을 미칠 수도 있다.

그밖에 한 제품의 가격을 최종적으로 결정하는데 소비자의 심리를 이용하는 몇 가지 전략의 예를 들면 다음과 같다.

1) 홀수 및 짝수가격책정(odd-even pricing)

구매자들이 짝수가격보다는 홀수가격을 선호한다고 믿는 사람들이 많다. 예컨대 시계가격을 30,000원으로 책정하는 것보다 29,000원 또는 29,500원으로 선정하는 것이 유리할 수가 있다. 구매자들에게 20,000원대의 가격으로 보이기 위한 것이다. 또한 할인가격으로 보이기 위한 목적도 있다. 어떤 심리학자들은 가격의 각 숫자가 상징적이며 시각적인 특성이 있기 때문에 그러한 숫자까지도 고려하여야 한다고 주장한다. 예컨대 8이라는 숫자는 대칭의 모양을 하고 있으므로 부드러운 느낌을 주지만 7이라는 숫자는 모가 나 있기 때문에 고객을 자극시키는데 효과적이라고 한다.

2) 가격구획(pricing lining)

구매자들이 가격의 근소한 차이에 대해서는 민감하지 않지만 차이가 많은 것이 곧 제품의 질에 차이가 있다고 느끼는 심리를 이용하는 것이다. 예컨대 남성용 의류를 15,000, 22,000, 32,000원의 세 가지로 분류하는 경우를 보자. 구매자는 이러한 가격을 기준으로 품질의 급수를 평가한다. 이 세 가지의 가격을 각각 조금씩 변경하여도 구매자들은 늘 구매하던 종류의 것을 택하게 되며, 근소한 가격차이에는 민감하게 반응하지 않는다.

3) 권위상징의 가격책정(prestige pricing)

구매자들이 제품의 가격이 곧 품질을 표시하는 것이라고 생각하는 경우가 있다. 특히 구매자가 쉽사리 평가할 수 없는 경우에 고급의 코트가 곧 품질이 우수하다고 생각하기 쉬울 것이다. 이러한 제품의 가격을 책정하는 데는 가격 자체의 높고 낮음이 상징적인 의미를 내포하고 있다는 점을 고려하여야 한다. 이와 동시에 지나치게 높게 책정하면 구매자들의 구매의욕을 상실케 할 위험이 있다.

4. 촉진목적의 가격책정

구매자들에게 특별가격이나 인하된 가격으로 판매한다는 인상을 주게 되면 구매자들을 유인할 수 있다. 백화점 등에서 정상 이하의 이윤이나 원가 이하의 가격으로 제품을 판매하는 경우가 있는데, 이것은 다수의 구매자들에게 인기가 있는 제품의 가격을 인하하여 판매하면 다른 제품도 구매할 것으로 기대하기 때문이다. 이와 같이 인하된 가격으로 판매되는 제품을 'loss leader'라고 하며 그러한 가격책정을 'loss leader pricing'이라 한다. 또한 특별행사의 일환으로 가격을 인하하여 판매하기도 한다. 예컨대 연말이 지난 얼마 후에 아직 구매하지 않은 고객들을 유치하기 위하여 가격을 인하하여 판매하는 것이다. 또 하나의 방법은 구매자에게 심리적으로 할인하여 준다는 인상을 주는 전술이다. 제품의 가격을 인위적으로 높게 책정하였다가 실제로는 정상가격이면서도 할인하여 판매하는 것처럼 고객을 유인하는 것이다.

5. 지역요소 가격책정

기업의 입장에서 소비자들이 소재하고 있는 지리적인 위치에 따라 각각 제품에 대한 별개의 가격을 책정할 수 있고, 또 그래야 할 경우가 많다. 지역적으로 멀리 떨어져 있는 고객에 대해서는 운송비를 회수하기 위하여 더 높은 가격을 책정함으로써 고객을 상실할 위험을 안아야 할 필요가 있겠는가? 아니면 지리적인 위치와는 관계없이 모든 고객들에게 동일한 가격을 적용하는 것이 더 유리할 것인가? 여기서는 지리적인 위치를 고려할 때, 다섯 가지 전략이 있을 수 있다고 보고 그 내용을 간단하게 언급하기로 한다.

1) FOB 원산지 가격책정(FOB-origin pricing)

제품의 생산지로부터 고객이 위치한 곳까지의 운송비를 고객이 부담하도록 하는 방법을 말한다. 이 방법의 논거는 일단 제품이 선적되고 제품에 대한 소유권과 제품에 대한 책임을 고객이 지게 되면, 이와 더불어 생산공장에서 도착지까지 운임을 고객이 부담하여야 하는 것은 당연하다는 것이다.

생산자 입장에서는 이러한 운임부담의 가격책정방법이 간단하고 또 공정하다고 느낄 수가 있다. 그러나 불리한 점도 있다는 점에 유의하여야 한다. 그것은 가장 먼 거리에 위치해 있는 고객이 가장 많은 운임을 부담하여야 되는데, 이 회사의 주요 경쟁자가 우연히 고객이 위치하고 있는 근처에 있다면 말할 필요도 없이 문제의 기업에 비하여 절대적인 비교우위를 갖고 있다고 할 수 있다. 그러므로 고객들이 지역적으로 골고루 분산되어 있을 경우에는 지역별로 가격을 차별화 하는 것이 유리한 것인지, 일률적으로 단일가격을 적용하는 것이 유리한 것인지를 신중하게 판단하여야 한다.

2) 획일적 배달가격책정(uniform delivered pricing)

FOB 원산지가격책정과는 반대되는 개념으로서 획일적 가격책정방법은 지역과는 관계없이 모든 고객들에 대해서 운임을 포함한 동일한 가격을 부과하는 것을 말한다. 각 지역별 운임은 평균운임비용을 적용하여 책정된다. 이러한 방법으로 가격을 책정하게 되면 지리적으로 가까운 위치에 있는 고객의 경우에는 경쟁자의 가격에 대해서 불리할 수 있지만 먼 거리에 있는 고객들에게는 유리한 위치에 있을 수가 있다. 이러한 방법으로 가격을 책정하는 경우, 또 하나의 장점은 비교적 가격을 관리하기 쉽고 또한 전 지역으로 그 제품의 가격을 널리 광고할 수 있는 이점이 있는 것이다.

3) 구간별 가격책정(zone pricing)

구간별 가격책정은 FOB 원산지가격책정과 획일적 배달가격책정의 중간에 해당되는 방법이다. 기업에서는 두 개 또는 그 이상의 가격구간을 설정한다. 어느 특정된 구간에 속하는 고객들에 대해서는 모두 단일가격을 책정한다. 물론 구간별로 가격수준이 모두 다르다. 동일 구간 내에 있는 고객들은 가격에 있어 아무런 차이가 없다. 그러나 이 가격책정방법은 앞에서 언급한 FOB 원산지 가격책정방법과 유사하여 고객들로부터 불평을 살 수가 있다.

4) 기준지역 가격책정(basing-point pricing)

기준지역 가격책정방법은 판매자가 특정된 도시나 지역을 하나의 기준점으로 하여 제품이 운송되는 지역과는 관계없이 모든 고객들에게 동일한 운임을 부과하는 것을 말한다. 이와 같이 기준되는 지역을 달리 적용한다면 근처에 있는 경쟁기업들과 운임을 포함한 가격에 있어 경쟁력을 살릴 수 있는 장점이 있다.

5) 운임흡수 가격책정(freight-absorption pricing)

마지막으로 어느 판매자가 특정된 고객이나 특정 지역에 대해서 제품의 판매를 반드시 원한다면 운임흡수가격책정의 방법을 이용할 수 있다. 이 방법은 판매자가 그들의 목적을 달성하기 위하여 실제운임의 전부 또는 일부를 흡수하는 방법이다. 이러한 가격책정방법은 시장침투시에 흔히 이용되며 특히 경쟁적인 시장구조 하에서 많이 이용된다고 할 수 있다.

제6절 가격변경

제품에 대한 가격을 결정한 후, 시간이 경과하게 되면 환경이 변화함으로 인하여 가격을 변경할 필요가 발생한다. 가격을 인상 또는 인하하는 경우에 어떠한 이점이 있는가를 분석하여야 하는데, 특히 구매자나 경쟁자가 어떠한 반응을 보이는가를 살펴보기로 한다.

1. 가격인하의 필요성

가격을 인하하면 동일 산업내의 타기업과 균형이 파괴되거나 가격경쟁이 유발될지 모르나 여러 가지 사정으로 인하여 가격인하가 불가피할 경우가 있다. 먼저 생각할 수 있는 상황은 기업이 초과시설을 보유하고 있는 경우이다. 판매활동을 강화하거나 제품의 개량, 또는 기타의 정상적인 판매증가수단을 전부 동원하였음에도 불구하고 사업확장에 실패한 경우에는 어떻게 할 것인가? 일반적으로 모든 산업 또는 대부분의 기업들이 초과 내지 유휴시설을 보유하고 있음에도 불구하고 제품가격은 그대로 유지할 경우가 많다. 이것은 곧 다수의 기업들이 박리다매보다는 많은 이윤을 가산하여 소량으로 판매하는 전술을 택한다고 볼 수 있다. 한편 근래에 이르러 여러 기업들,

특히 중소기업들은 시장을 지배하고 있는 기업의 가격을 쫓아가는 것을 배제하고, 가능한 한 사업 영역을 확대하기 위하여 '신축성 있는 가격정책'(flexible pricing)을 채택하는 경우도 많이 발생하고 있다.

가격을 인하하지 않을 수 없는 또 하나의 상황은 치열한 가격경쟁으로 시장점유율이 감소하는 경우이다. 미국의 경우 자동차, 전자제품, 카메라, 시계, 철강 등의 산업들이 고도의 품질과 저가격으로 침투하고 있는 일본기업과의 경쟁으로 시장을 잠식당하여 온 것은 널리 알려져 있는 사실이다. 따라서 미국 기업들은 적극적인 가격정책을 원용하지 않을 수 없게 되었다. 예컨대 제너럴 모터스(GM) 자동차 회사는 지역별로 제품가격을 차별화 하여 판매하기 시작하였는데 일본과 경쟁이 심한 지역에서는 다른 지역보다 싼 가격으로 승용차를 판매하였다고 한다.

한편, 시장을 지배할 목적으로 가격을 인하하는 경우도 있다. 가격을 능동적으로 인하하는 기업의 제조원가는 경쟁자보다 낮은 경우가 많다. 시장점유율을 확대하기 위하여 가격을 인하함으로써 대량판매가 가능하다면 제조원가가 낮아질 것은 당연하다.

2. 가격인상의 요인과 방법

근래에 이르러 세계적으로 가격인상이 유행하게 된 것은 여러 가지 요인으로 설명되고 있다. 첫째, 가격인상의 요인이 **비용상승에 의한 물가상승**(cost push inflation)에 있다는 것이다. 생산비가 생산성보다 빠른 속도록 인상됨에 따라 이익폭이 감소하고 따라서 기업들이 제품가격을 인상하지 않을 수 없는 악순환이 되풀이되고 있다는 주장이다. 물가가 계속 상승하고 정부의 통제가 강화될 것이라고 예상하여 실제의 비용상승률 이상으로 가격을 인상하는 경우도 있고, 물가상승을 두려워하여 장기계약체결을 주저하게 되는 경향도 많아지고 있다. 이와 같이 물가상승에 대처하여 가격을 책정하는 방법으로는, ① 가격고시를 늦춘다. ② 계약서에 에스컬레이터 조항(escalator clauses)을 삽입한다. ③ 복잡한 제품의 경우에는 부품의 가격을 별도로 책정한다. ④ 현금할인이나 수량할인을 억제한다. ⑤ 일정수준 이상의 주문량만을 받는다. ⑥ 이윤이 높은 제품이나 시장부문에 대하여 판매원의 활동을 강화시킨다. ⑦ 품질이나 특징, 서비스 등을 감축하는 조치를 취한다 등을 생각할 수 있다.

가격을 인상하게 되는 또 하나의 요인은 **초과수요**(over demand) 때문이라는 것이다. 기업이 생산하고 있는 제품이 고객의 수요를 충당할 수 없을 경우에는 가격을 인상하거나 수량을 할당하는 방법 중 어느 하나를 이용하거나, 혹은 두 가지 방법을 모두 이용할 수가 있다. 할인정책을 제거하거나 고가품을 추가함으로써 간접적으로 가격을 인상하는 방법도 이용한다. 또는 대담하게 인상할 수도 있을 것이다.

가격인상분을 고객에게 전가하는 경우에는 가격을 인상하는 이유와 제품을 경제적으로 사용할 수 있는 방법을 설명하여 주는 것과 같은 의사소통 프로그램이 뒤따라야 할 필요가 있다. 또한 판매원들로 하여금 고객과 정기적으로 접촉하여 그가 지니고 있는 문제들을 해결하여 주도록 하여야 할 것이다.

3. 구매자의 반응

가격을 변경하면 구매자, 경쟁자, 유통부문 종사자, 원료공급자에 영향을 미치며 정부에서도 관심을 기울이게 된다. 가격을 변경하는 경우에 특히 구매자나 경쟁자의 반응을 알 수 있다면 매우 유용할 것이다. 먼저 구매자의 반응을 알아보자.

1) 수요의 가격탄력성

가격변동에 대한 구매자의 반응을 분석하는데 전통적으로 수요의 가격탄력성(price elasticity) 개념을 이용하여 오고 있다. 즉,

$$\text{가격탄력성} = \frac{\text{수요량의 변동비율}}{\text{가격의 변동비율}}$$

로 표시되며 가격탄력성이 1이라는 것은 가격이 하락 또는 인상됨에 따라 판매량도 동일한 비율로 증가 또는 감소하는 것을 의미한다. 절대값으로 본 가격탄력성이 1보다 클 경우에는 탄력적이라 하고 마이너스 1보다 적은 경우에는 비탄력적이라 한다.

가격탄력성을 알면 책정된 제품가격이 적정한가를 판단할 수 있다. 판매수입을 극대화하려는 입장에서 본다면 수요가 탄력적일 경우에는 현재가격이 너무 높다고 생각하거나, 비탄력적일 경우에는 가격이 너무 낮다고 생각할 것이다. 이익을 극대화하려는 입장에서 보더라도 비용곡선의 상태에 따라 동일한 이야기를 할 수 있다.

실제로 가격탄력성을 측정하기는 대단히 어렵다. 첫째, 가격만이 수요에 영향을 미치는 요소는 아니라는 점이다. 구매자들의 기호와 대체제품의 존재 여부도 수요에 영향을 미친다. 둘째, 가격탄

력성은 기업이 고려하고 있는 가격변동의 폭에도 달려 있다. 가격변동의 폭이 클수록 가격탄력성에 미치는 영향이 많을 것이다. 셋째, 원래의 가격수준에 따라 가격탄력성이 다르다는 점이다. 현재의 가격이 100원과 120원의 두 가지가 있다면 50원을 인상하는 경우 탄력성이 각각 다를 것이다. 마지막으로 장기와 단기의 가격탄력성이 각기 다르다는 것이다. 구매자가 새로운 판매자를 선택하는데 어느 정도의 시간이 걸리는 경우에 가격을 인상하면 당장에는 기존 판매자의 제품을 구매하겠지만 결국에는 다른 판매자로부터 구매하게 될 것이다. 이러한 경우에는 수요가 단기에서보다 장기에 더 탄력적이 된다고 할 수 있다. 이와는 반대되는 현상도 있다. 즉, 처음에는 가격인상에 대하여 충격을 받을지 모르나 얼마 후에는 다시 그 제품을 구매하게 될 수도 있다. 이와 같이 장기와 단기의 가격탄력성이 다르다는 것은 판매자가 가격변동이 수요에 어떠한 영향을 미칠 것인가를 쉽사리 알기 어렵다는 것을 뜻한다.

가격탄력성을 실제로 추정하는 방법에는 여러 가지가 있다. 즉, ① 직관 또는 경험에 의한 방법, ② 경쟁제품과 대체제품을 분석하는 방법, ③ 실험에 의한 방법, ④ 실제로 조사하는 방법, ⑤ 회귀분석방법 등이 있다.

2) 구매자의 인식

가격변경에 대한 구매자의 반응을 설명하는 데 있어 구매자의 인식도 매우 중요한 요소 중의 하나이다. 구매자는 제품의 가격이 변경될 때 반드시 액면 그대로 해석하지 않는 경향이 있다고 한다. 예컨대, 가격을 인하하면 보통 더 많은 고객을 유치할 수 있을 것으로 생각되지만, 고객들은 그러한 가격인하를 달리 해석하는 경우가 있다. 즉, 최신의 모델이 새로 나올 것이라고 생각하기도 하고, 제품에 결점이 있기 때문에 잘 팔리지 않는다고 생각할 수도 있다. 또한 그 기업의 자금사정이 악화되었기 때문에 자금을 조달하기 위하여 가격을 인하하는 것이라고 생각하기도 하며, 조금 더 기다리면 가격이 더 인하될 것이라고 생각하고 그때까지 기다려보자는 태도를 갖기도 한다. 또한 품질도 저하되었다고 생각하기 쉽다.

가격을 인상하는 경우를 보자. 가격인상은 판매증가를 억제하는 효과를 갖게 될 것으로 생각되지만 구매자들은 달리 해석할 수가 있다. 즉 그 제품에 대한 수요가 과열되어 있는 것으로 생각하기도 하고, 상상하였던 것 이상으로 제품의 가치가 있는 것으로 생각하기도 한다. 또한 다수의 구매자들이 그러한 가격인상의 부담을 용인하고 구입할 것이라고 생각하기도 한다.

한편 구매자들은 비용이 많이 들거나 자주 구입하는 제품의 가격변동에 대해서는 민감하지만 비용이 적게 들거나 자주 구입하지 않는 제품의 가격변동에 대해서는 민감하지 않은 경향이 있다. 또한 제품을 구입하거나 조작할 때 많은 비용이 들거나 애프터서비스의 비용이 많이 드는 제품의 경우에는 가격보다는 그와 같은 비용에 더 관심을 갖게 된다. 따라서 구매자들에게 그러한 비용이 저렴하다고 확신시킬 수 있다면 경쟁자보다 높은 가격을 책정할 수 있을 것이다.

4. 경쟁자의 반응

가격을 변경하려면 구매자 뿐 아니라 경쟁자의 반응도 고려하여야 하며, 특히 경쟁자가 소수이고 제품이 동질적이며, 고객이 가격에 대하여 차별적이고 가격변동에 대한 정보를 언제든지 입수하고 있는 경우에는 더욱 그러하다.

먼저 경쟁자가 하나뿐인 경우를 보자. 이 경쟁자의 반응은 처음부터 극히 상반되는 두 가지 형태로 출발할 것이다. 첫째로, 상대방의 가격변동에 대하여 일정한 계획을 갖고 있는 경우이다. 두 번째의 경우는 상대방이 가격을 변경할 때마다 새로운 도전으로 생각하고 이에 대응하는 것이다. 경쟁자의 반응을 추측하기 어려운 이유는 경쟁자가 상대방의 가격변경 행위를 여러 가지로 해석하기 때문이다. 자기의 시장을 잠식하려는 것으로 해석하는가 하면 상대방이 판매성과가 좋지 않기 때문에 판매를 증가시킬 목적으로 가격을 인상한다고 믿는 경우도 있을 것이다. 또한 산업 전체의 수요를 확대하기 위하여 다른 기업들도 가격을 인하하기를 희망하는 것으로 해석하기도 한다.

경쟁자가 하나 이상일 경우에는 경쟁자별로 그들의 반응을 추측하여야 할 것이다. 모든 경쟁자가 동일한 행동을 취한다면 경쟁자들에 대하여 하나의 경쟁자로 간주할 수 있다. 경쟁자들이 규모, 시장점유율, 정책 등의 각기 다르다면 별개의 분석이 필요하다. 가격변동에 대하여 동일한 행동을 취하는 경쟁자들이 있다면 나머지 경쟁자들도 이에 동조할 것으로 기대할 수도 있다.

5. 경쟁자의 가격변동에 대한 대응책

이상에서 설명한 경우와는 반대로 경쟁자의 입장에서 상대방의 가격변경에 대하여 어떻게 대응하여 나갈 것인가를 살펴보자.

먼저 상대방의 가격변경에 추종할 수밖에 없는 상황이 있을 수 있다. 이것은 특히 동질적인 제품의 가격을 인하하는 경우에 더욱 그러하다. 어느 기업이 그러한 동질적인 제품의 가격을 인상하는 경우에는 타기업들이 이에 동조할 수도 있고 그렇지 않을 수도 있다. 산업전체로 보아 이익이 된다면 가격인상에 동조하겠지만 예상을 달리하는 기업이 동조하지 않는 것이 이익이라고 생각하고 시장을 지배하게 되면, 인상을 단행한 기업은 가격인상을 포기하여야 할 것이다.

제품이 비동질적일 경우에는 경쟁자의 가격인상에 대하여 폭넓게 대응할 수 있다. 구매자가 판매자를 선택할 때에는 서비스, 품질, 신뢰성 등 여러 가지 요소를 다각적으로 고려한다는 사실을 알아야 한다. 그러므로 구매자들은 근소한 가격차이에는 민감하지 않다. 경쟁자에 대항하는 방법은 여러 가지가 있다. 아무런 대항을 하지 않음으로써 고객을 상실하거나, 제품에 대한 고객의 애착에 의존하거나, 상대방의 가격변동에 대해 전면적으로 대항하거나 부분적으로 대항할 수도 있을 것이다. 마케팅 믹스 중 가격 이외의 요소를 수정하여 대항할 수도 있다. 상대방의 가격변동에 대응하여 대체가능한 행동을 취하려 할 때, 다음과 같은 문제들을 고려하여야 한다.

① 경쟁자가 가격을 변경하는 이유는 무엇인가? 그 목적이 우리의 시장을 잠식하기 위한 것인가, 유휴시설을 활용하기 위해서인가, 비용인상에 따른 것인가, 또는 총수요를 증가시키기 위하여 다른 기업도 가격을 인상할 것을 희망하고 있기 때문인가?

② 경쟁자가 가격을 변경하는 것은 일시적인가 혹은 영구적인가?

③ 경쟁자의 가격변경을 무시하는 경우에 우리의 시장점유율과 이익에 어떠한 영향을 미칠 것인가? 다른 기업들도 경쟁자의 가격변경을 무시할 것인가?

④ 우리의 반응에 대항하여 경쟁자나 다른 기업들은 어떤 태도로 나올 것인가?

경쟁자의 가격변경에 대응하는 최선의 방법은 가격변경이 발생하게 된 특정 상황을 분석하는 일이다. 공격을 받는 기업은 제품의 수명주기, 제품 믹스에 있어서 당해 제품의 중요도, 경쟁자의 의도와 경쟁자가 보유하고 있는 자원의 한계, 가격의 탄력성과 제품가치에 대한 구매자의 민감도, 판매망의 변동에 따른 비용곡선의 움직임, 대체가능한 기회 등을 분석할 필요가 있다.

상대방이 가격을 변경할 때, 이에 대응할 수 있는 대체방안을 분석할 여유가 항상 있는 것은 아니다. 경쟁자가 가격을 변경할 때에는 상당한 준비과정을 거친 후이기 때문에 단시일내에 결정적인 대비책을 강구하기란 쉽지가 않다. 그와 같은 결정을 내릴 때는 가격변경 시기를 예상하고 이에 대비할 수 있는 프로그램을 미리 준비하여야 한다.

그림 12-11은 어느 기업이 경쟁자의 가격인하에 대응하기 위한 대응 프로그램을 예시한 것이다. 가격변경에 대한 대응 프로그램은 가격변경이 자주 발생하고 또 즉시 대응하는 것이 중요한

그림 12-11 경쟁자의 가격인하에 대한 대응전략

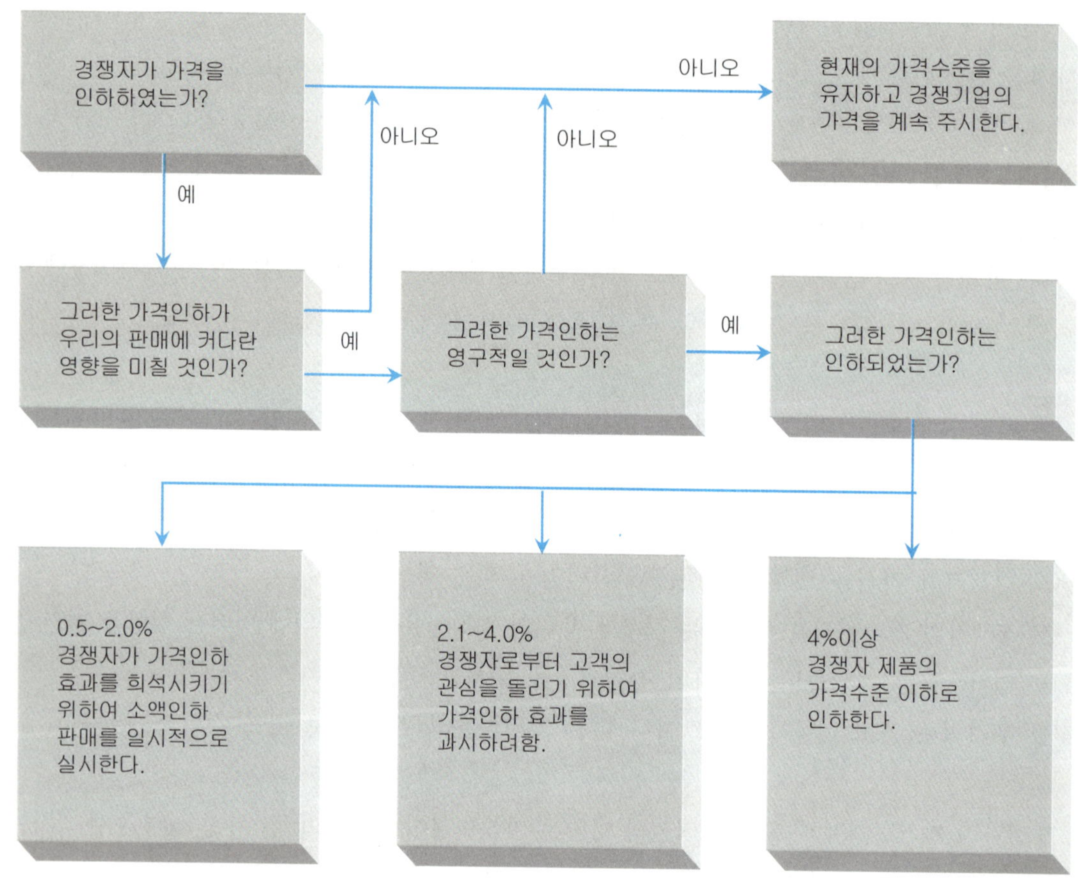

산업인 경우에 흔히 이용된다. 예컨대 육류가공업이나 목재산업, 석유산업 등이 이에 속한다.

제7절 제품계열의 가격책정

여러 품목으로 구성되는 제품계열의 가격을 결정하는 데에는 한 제품의 가격을 결정하는 것과는 달리 제품계열의 이익을 극대화하기 위한 각 품목의 가격을 결정하는 일이 중요하다. 이것은 제품계열 내에서 각 품목의 수요와 발생비용이 상호 관련되어 있고 품목 간의 경쟁정도가 각기 다르기 때문에 상당히 복잡한 문제이다.

1. 수요와 비용의 상호관련성

어느 한 제품의 가격이 다른 제품의 수요에 영향을 미칠 때에는 그 제품의 수요가 상호 관련되어 있다. 경제학에서는 이러한 상호관계를 **수요의 교차탄력성**(cross elasticity of demand)이라고 부른다. 교차탄력성이 정(+)인 경우에는 두 제품이 대체제품인 것을 뜻하고, 부(-)인 경우에는 보완제품인 것을 뜻한다. 교차탄력성이 0인 경우에는 두 제품의 수요는 상호관련이 없다. 예컨대 어느 가전제품회사에서 고화질 텔레비전의 가격을 내리면 보통의 텔레비전의 수요는 감소할 것이고(대체제품), 고화질 텔레비전의 부품에 대한 수요는 증가하며(보완제품), 라디오의 수요는 거의 변화가 없을 것이다. 그러므로 제품계열에서 어느 한 품목의 가격을 변경할 경우에는 다른 품목들이 어떠한 영향을 받을 것인가를 알려면 이러한 교차탄력성의 개념을 이해하여야 한다.

한편 한 제품의 생산을 변경하면 다른 제품의 생산비용에 영향을 미칠 때에도 두 제품은 상호 관련이 있다. 부산물이나 공동제품(joint product)의 경우가 그러하다. 정유회사의 경우, 휘발유의 생산을 줄이면 등유생산도 감소할 것이다. 이 때 일정한 간접비가 등유제품에 더 많이 배분되어 단위원가는 상승하게 된다. 일반적으로 동일한 생산시설로 생산되는 두 가지 이상의 제품비용은 상호 관련되어 있다. 따라서 이러한 제품들이 보완재의 관계에 있지 않는 한, 한 제품의 가격이 인상되어 판매가 감소하면 다른 제품의 원가는 상승하게 된다. 그러므로 동일한 제품계열 내에서 한 품목의 가격을 변경할 때에는 다른 품목의 생산비용이 어떠한 영향을 받게 될 것인가를 검토하여야 한다.

또한 제품계열 내의 각 품목은 경쟁도가 각각 다르다. 경쟁이 극심한 품목의 가격을 조정할 여지는 극히 제한되어 있으나, 그렇지 않은 품목의 경우에는 가격변경의 여지가 각각 다를 것이다.

따라서 각 품목의 가격을 발생비용에 비례하여 결정하는 것은 합리적이라 할 수 없다. 왜냐하면 경쟁도가 상이한 품목에서 얻을 수 있는 이익을 간과하고 있기 때문이다.

2. 제품계열의 가격결정 원칙

실제로 제품계열 내의 각 품목의 가격을 결정하려면 각 품목의 생산비용을 산출하는 것으로부터 시작될 것이다. 그러나 어떤 비용을 생산원가에 포함시킬 것인가에 관하여는 견해가 다르다. 일반적으로 원가를 계산하는 방법에는 총원가법(full costing), 증분원가법(incremental costing), 전환원가법(conversion costing)의 세 가지가 있다. 표 12-4는 가상의 비누회사에서 이러한 세 가지 방법을 기초로 가격을 계산한 과정을 예시한 것이다. 이 회사에서는 두 가지 비누를 생산하고 있는데, B비누가 노임이 더 들지만 재료비는 저렴하다. 또한 간접비가 더 많이 소요되고 있다.

먼저 총원가를 기준으로 가격을 결정하는 경우를 보자. 두 가지 비누의 총원가는 동일하므로 20%의 이윤을 가산하면 가격은 똑같이 42원이 될 것이다. 그러나 이 방법은 간접비를 배부하는데 자의성이 개재된다는 비판이 있다. 따라서 가격도 자의성이 내포되어 있다고 할 수 있다. 그 결과 자의적으로 배부한 간접비를 회수하기 위하여 가격을 균형있게 조정하지 않으면 더 많은 이익을 획득할 수 있는 기회를 상실할 위험이 있다.

표 12-4 제품계열 가격결정방법의 예

(단위: 백원)

A.			비누 A	비누 B
제품 계열 원가 구조	1. 노무비		10	15
	2. 재료비		20	10
	3. 간접비		5	10
	총원가(1+2+3)		35	35
	증분원가(1+2)		30	25
	전환원가(1+3)		15	25
B.		이 윤	비누 A	비누 B
가격	1. 총원가법	20%	42	42
	2. 증분원가법	40%	42	35
	3. 전환원가법	180%	42	70

다음에는 증분원가법을 이용하여 가격을 책정하는 경우를 보자 이 방법을 찬성하는 사람들은 두 가지 비누를 생산하는데 소요되는 단위당 추가비용에 비례하여 가격을 책정하여 소비자들에게 부담시켜야 한다고 주장한다. 표 12-4에서 알 수 있는 바와 같이 비누 B를 추가로 생산하는 것보다 비누 A를 추가로 생산하는 것이 비용이 더 소요된다. 그러므로 이 방법에 의하여 가격을 책정하게 되면 간접비의 부담이 큰 비누의 판매를 증가시켜야 할 것이다.

마지막으로 전환원가에 비례하여 가격을 책정하는 경우가 있다. 전환원가란 구입한 재료를 완제품으로 전환시키는데 필요한 노임과 간접비를 합한 것이다. 따라서 생산과정에서 '부가가치'의 성격을 갖는다. 또한 총원가에서 재료비를 뺀 것과 같은 것으로 이야기할 수도 있다. 이 방법을 찬성하는 사람들의 주장에 의하면 기업의 이익을 산정하기 위하여는 각 비누제품에 대하여 생산작업이 어느 정도의 가치를 부가하는가에 따라 결정하여야 한다고 한다. 그러므로 이 방법에 의하여 가격을 결정하게 되면 재료비가 많이 드는 비누의 판매를 증가시키려 할 것이다. 이 방법의 특징은 노동과 기계와 같은 희소자원을 경제적으로 이용할 수 있다는 것이다.

이와 같이 가격을 결정하는데 발생비용을 기준으로 하는 것이 반드시 최선의 방법은 아니다. 증분원가는 가격의 하한선을 표시하고 있는데, 이러한 증분원가나 기타의 원가에 일정한 이윤을 가산하여 가격을 산정하면 오류를 범할 우려가 있다. 왜냐하면 이와 같은 가격책정방법은 제품에 따라 수요의 탄력성이나 교차탄력성, 경쟁조건, 수명주기가 각각 상이하다는 것을 무시하고 있기 때문이다.

요 약

현대 마케팅 과정에서 비가격요인들의 역할이 더 증가하고 있음에도 불구하고 마케팅 믹스에서 가격이 차지하는 비중은 여전히 중요한 것으로 남아 있다. 기업의 제품에 대한 가격을 결정하는 데에는 다수의 내적 내지 외적 요인들이 영향을 미치게 된다. 내적 요인들은 기업의 마케팅 목적, 마케팅 믹스 전략, 비용 내지 원가 및 가격결정을 위한 조직 등이 포함된다.

가격책정전략은 주로 기업의 표적시장과 포지셔닝 목적에 따라 결정된다. 공통적으로 적용될 수 있는 가격책정 목적으로는 이익극대화와 시장점유율의 확대 또는 품질면에서의 주도권 확립 등을 들 수 있다.

가격은 기업이 자신의 목적을 달성하는데 이용할 수 있는 마케팅 믹스 수단 중의 하나에 불과하며, 가격에 관한 결정은 제품의 디자인이나 유통관리, 촉진결정 등에 영향을 미치며, 그러한 요소들에 의해서 영향을 받게 되기도 한다. 가격에 관한 의사결정은 여타의 마케팅 믹스들과 신중하게 동시에 고려하지 않으면 안 된다.

기업이 가격을 책정하는 데 있어서 원가는 그 하한선이 된다. 이러한 가격수준은 기업이 제품을 생산, 판매하는 데 소요되는 비용을 회수하는 것 뿐 아니라 적정한 수익률을 거둘 수 있는 것이어야 한다. 경영층에서는 기업 내에서 가격을 결정할 수 있는 책임자를 결정하여야 한다. 대기업에서는 가격에 관한 결정권한이 하위경영층에게 위양되거나 또는 판매원들에게 위양될 경우가 흔히 있지만, 최고경영층에서 가격결정의 목적과 정책, 그리고 제한된 가격수준을 승인하는 절차를 거치는 것이 보통이다. 가격을 결정하는 데에는 그밖에 생산, 재무 및 회계담당 책임자들도 관여하게 된다.

가격결정에 영향을 미치는 외부요인들에는 시장과 수요의 성격, 경쟁자의 가격수준, 그리고 기타 경제상황이나 제판매자들의 요구, 정부의 규제 등과 같은 요인들이 포함된다. 판매자가 어떤 수준의 가격을 택할 것인가의 문제는 시장의 구조에 따라 각기 다르다. 가격결정은 특히 독점적 경쟁이나 과점으로 특정지어지는 시장구조 하에서는 상당히 어려운 과제에 속한다고 할 수 있다.

기업이 제품에 대해서 적절한 가격을 책정했는가의 여부는 궁극적으로 소비자들이 결정한다고 할 수 있다. 소비자들은 제품을 사용함으로써 얻을 수 있다고 생각되는 가치에 대해서 자신들이 느끼는 바와 가격수준을 비교하게 된다. 만일 가격수준이 그러한 가치들의 합계를 초과한다면 문제의 제품을 구매하지 않을 것이다. 물론 소비자들은 제품이 지니고 있는 여러 가지 특징에 따라서 각기 그들이 부여하는 가치에 차이가 있을 수 있다. 따라서 마케팅 관리자의 입장에서는 상이한 가격반응을 보이고 있는 고객집단들에 대해서 별개의 가격책정전략을 택하게 된다. 기업이 시장과 수요를 평가할 때에는 수요곡선을 상정하게 되는데, 이러한 수요곡선은 특정된 가격수준에서 구매하리라고 생각되는 수요량을 보여주고 있다. 수요가 비탄력적일수록 기업은 가격을 더 비싸게 책정한다. 수요 및 소비자들이 느끼고 있는 제품에 대한 가치가 가격의 수준을 결정한다.

소비자들은 특정 제품의 가격과 경쟁제품의 가격을 비교하기도 한다. 그러므로 기업의 입장에서는 경쟁자 제품의 가격과 품질에 대해서 정보를 갖고 있어야 하며 자신의 제품에 대한 가격을 책정하는 데 있어서도 그러한 정보를 하나의 출발점으로 이용할 수가 있다.

기업은 일반적으로 가격을 책정하는 접근방법에 있어 세 가지 방법 중 하나 또는 그 이상의 것을 결합하는 방법을 선택할 수가 있다. 예컨대 원가기준의 접근방법(원가가산 가격책정 혹은 목표이익을 실현하기 위한 가격책정), 구매자를 토대로 한 접근방법(소비자들이 인식하고 있는 가치), 그리고 경쟁자를 토대로 한 접근방법(현행수준의 가격책정 또는 입찰에 의한 가격책정방법) 등이 그것이다.

가격책정은 하나의 동태적인 과정이라고 할 수 있다. 기업은 모든 제품에 대해서 비용을 회수할 수 있는 가격구조를 설정하고 시간이 경과함에 따라서 그러한 가격수준을 변경하며 또한 고객이나 상황이 바뀜에 따라 가격수준을 수정하여 나아가기도 한다.

가격책정전략은 보통 제품수명주기에 따라서 달리 적용하게 된다. 신제품의 경우, 기업의 입장에서는 조기이익회수정책(skimming policy)을 택할 수가 있는데, 이것은 제품을 개발하는 데 소요되는 비용을 빠른 시일내에 회수하기 위하여 제품이 시장에 도입되자마자 고가로 가격을 책정하여 투자비용을 회수하려는 방법이다. 이와는 달리 처음부터 시장점유율 확대를 주목적으로 하여 가격을 낮게 책정할 경우가 있는데, 이것을 시장침투 가격책정(penetration pricing)이라고 한다. 다른 한편, 모방제품을 도입하는 데 있어서는 가격과 품질을 고려한 아홉 가지의 전략 중 어느 하나를 택할 수 있다.

문제의 제품이 제품 믹스의 일부라고 한다면 기업은 총체적인 이익을 극대화 할 수 있는 가격수준들을 탐색하여야 한다. 그것은 물론 총체적인 마케팅 믹스의 관점에서 이익을 극대화할 수 있는 수준의 것이어야 할 것이다. 기업은 제품계열 내에서 각 품목들에 대한 가격구간(price zone)에 관해서 결정하며, 옵션제품에 대해서나 부착제품 또는 부산물에 대한 가격책정을 하여야 할 경우가 있다. 기업은 소비자집단 또는 시장부문이나 상황에 따라서 각기 상이한 가격수정전략을 적용하게 된다. 그 하나의 예로서 할인 및 공제, 가격차별, 심리적 가격책정, 촉진목적의 가격책정, 그리고 지역요소를 고려한 가격책정 등의 방법을 생각할 수 있다.

기업이 가격변동을 선도하고자 할 때에는 고객과 경쟁자의 반응을 고려하지 않으면 안 된다. 고객들의 반응은 가격변경에 대한 소비자들의 인식 내지 가격에 대한 의미에 따라 영향을 받게 된다. 경쟁자들의 반응은 개별 상황에 대한 대응정책이나 새로운 분석에 달려 있다. 가격변화를 먼저 시도하는 기업의 입장에서는 원료공급자, 중간상 및 정부의 반응도 예상하여야 한다.

경쟁자의 가격변경으로 인해서 이에 대항하지 않으면 안 되게 된 기업의 입장에서는 경쟁기업의 가격변동의 의도가 무엇이고 그러한 가격변경이 어느 정도의 기간동안 어느 정도로 영향을 미칠 것인가를 이해할 수 있어야 한다. 만일 신속한 대응책이 바람직하다면 기업은 경쟁자들의 상이한 가격변경 행위에 대한 반응책을 준비하는 일이 필요할 것이다.

연습문제

1... 기업이 신제품에 대한 가격을 결정하는 데 있어서는 어떠한 요소들을 고려하여야 할 것인가?

2... 기업이 추구하는 마케팅 목적에는 이익극대화, 시장점유율 확대 및 품질면에서의 주도권 확립 등의 예를 들 수 있다. 그밖에도 어떠한 마케팅 목적들이 있을 수 있는가? 예를 들어보자.

3... 고정비와 변동비 가운데 가격을 책정하는데 어느 것이 더 적절한가?

4... 시장의 유형을 완전경쟁, 독점적 경쟁, 과점적 경쟁, 그리고 완전독점의 네 가지 형태로 분류한다면 각각의 시장구조 하에서 가격을 결정하는 데 영향을 미치는 주요 요인들은 무엇인가? 예를 들어 설명하여 보라.

5... 가격을 책정하는 데 있어서는 원가를 기준으로 하는 방법, 구매자들의 반응을 토대로 하는 방법, 그리고 경쟁자의 반응을 토대로 하는 방법 등을 생각할 수 있다. 각각의 방법을 토대로 가격을 결정하는 제품의 예를 들어 보라.

6... 조기이익회수전략(market skimming strategy)과 시장침투전략(market penetration strategy) 중 어느 것이 더 효과적인가 하는 것은 제품에 따라 각기 다르다고 할 수 있다. 각각의 전략이 효과적인 제품의 예를 들어 설명하여 보라. 스키를 생산하는 기업에서는 스키를 판매하는 운동기구 소매점에 대해서 어떠한 유형의 할인정책을 적용할 수 있는가? 방법상의 예를 여러 가지로 평가하여 보라.

7... 어느 의류점에서 남성용 의류에 대해 세 가지 가격수준 즉, 18,000원, 25,000원, 34,000원의 세 가지 가격으로 각각 판매하고 있다고 하자. 만일 어느 구매자가 이러한 세 가지 가격수준을 하나의 준거가격으로 제품을 비교하는데 이용한다면, 이 제품에서 28,000원짜리의 새로운 제품을 추가할 경우에 그것은 어떤 영향을 미칠 것인가를 제시하여 보라. 가령 25,000원짜리의 제품의 판매는 증가할 것인가 또는 감소할 것인가, 혹

은 현상태 그대로 유지될 것인가?

8... 세계적으로 코코아의 공급이 과잉이 되어 가격이 크게 인하됨으로써, 그 결과 초코렛 제품의 생산원가가 낮아지게 되었다. 초코렛 제품의 원가가 낮아진 이러한 결과는 초코렛 가격에 어떤 영향을 미칠 것인가? 만일 생산자가 내년도에 코코아의 가격이 다시 인상될 것으로 기대한다면, 가격을 인하할 것을 원할 경우 어떠한 접근방법을 택하여야 할 것인가?

9... 어느 햄버거 연쇄점에서 햄버거의 판매가격을 근소한 차이로 인하하였다면 경쟁 연쇄점들은 어떠한 반응을 보일 것인가? 가상의 예를 들어 설명하여 보라.

제13장

유통경로와 공급사슬관리

유통경로를 결정한다는 것은 기업의 의사결정 중에서 가장 중요한 요소 중의 하나이다. 제품을 판매하기 위하여 선택된 경로는 여타의 모든 마케팅 의사결정에 직접적인 영향을 미치게 된다. 예컨대 어느 기업이 제품의 가격을 결정하려는 경우, 고급품만을 취급하는 전문점을 택할 것인가, 혹은 보통의 품질도 취급하는 중간상을 택할 것인가에 따라 영향을 받게 된다. 판매원에 관한 의사결정도 내리집이 어느 징도의 핀매랑괴 판메인 교육을 필요로 하는가에 달려있을 것이다.

그러나 기업들은 흔히 그들의 유통경로가 지니고 있는 중요성을 간과하기 쉬울 때가 많으며, 이에 따라 치명적인 손실을 초래할 경우가 있다. 예컨대 우리나라의 현대자동차가 70년대 중반기 이후부터 미국시장에 진출하기 시작하였을 때, 자동차 대리점을 설치하는 일이 얼마나 중요한가를 간과하였기 때문에 큰 어려움을 겪었던 일은 잘 알려진 사실이다. 이러한 유통경로에 관한 의사결정을 내리려면 여타 기업과의 관계를 고려하여 장기적인 관점에서 선택하는 일이 중요하다. 예컨대 가구를 생산하는 기업에서 광고를 내보낸다거나, 가격을 결정한다거나, 또는 기타 촉진 프로그램을 개발하거나, 혹은 그것을 변경하는 것은 어려운 일이 아니다. 또한 낡은 제품을 폐기하고 새로운 제품을 설계하여 고객의 기호에 맞도록 개발하는 것도 어렵지 않을 수 있다. 그러나 이 가구제조업체가 독립적인 대리점들과 계약을 통하여 유통경로를 확보하고 있다면, 여러 상황이 바뀜으로 인해서 이러한 경로를 기업이 직접 소유하고 있는 지점으로 대치하려 한다 하더라도 쉬운 일이 아닐 것이다. 그러므로 경영층에서는 유통경로를 신중하게 설계하여야 하며 장기적인 관점에서 결정하는 일이 중요하다.

본 장에서는 유통경로에 관한 문제를 네 가지 분야로 나누어 살펴보고자 한다. 즉, 유통경로의 성격은 무엇인가, 유통경로에 종사하는 기업들은 경로상의 과업들을 어떻게 수행하고 상호관계를 맺고 있는가, 기업의 입장에서 경로를 설계하고 관리하는 데 어떠한 문제점들에 봉착하게 되는가, 고객들을 유치하고 그들의 욕구를 충족시키는 데 물류관리가 어떠한 역할을 수행하고 있는가 등을 설명하기로 하고, 소매상과 도매상의 관점에서 본 유통관리상의 문제점에 관해서는 다음 장에서 살펴보기로 한다.

제1절 유통경로의 성격

대부분의 생산자들은 그들의 제품을 시장에 출하하기 위해서는 중간상을 이용하는 것이 보통이다. 제품을 생산하는 기업들은 유통경로를 이용하여야 할 필요가 많다. 여기에서 **유통경로**(distribution channel)라 함은 '특정된 제품이나 서비스가 생산자로부터 소비자에게 이전될 때, 이를 소유하거나 소유권의 이전을 도와주는 모든 기업 또는 개인'을 말한다.

1. 유통경로의 필요성

일반적으로 생산자가 중간상인에게 판매를 위임하려는 이유는 무엇인가? 생산자들이 유통기능을 직접 수행하려면 자금능력이 부족할 경우가 많다. 예컨대 가전제품회사가 텔레비전 등의 가전제품을 전국적으로 직접 판매하려면 상당한 자금이 필요할 것이다.

생산자가 직접 유통기능을 수행하려면 중간상의 역할도 담당하여 타기업의 제품도 대량으로 같이 판매함으로써 유통효율을 높여야 할 것이다. 이러한 경우, 자사 제품만을 판매한다는 것은 현명하지 못하며, 오히려 광범위하게 분산되어 있는 기존의 유통기구를 이용하는 것이 보다 편리할 것이다. 이와 같이 독자적으로 유통경로를 개척하려면 많은 자금이 소요되므로 그러한 자금을 다른 사업부문에 투입하여 더 많은 수익을 획득할 기회를 얻을 수 있을 것이다. 제품을 생산하는 데 20%의 투자수익률을 얻고 있는 데 비하여, 직접마케팅에서 5%의 수익률밖에 얻을 수가 없다면 직접마케팅은 의미가 없을 것이다. 기존의 중간상을 이용하면 표적시장에서 제품을 널리 보급할 수 있고, 고객이 언제든지 구매할 수 있는 편의를 제공할 수 있다.

그림 13-1은 중간상을 이용하는 경우 어떠한 효과를 거둘 수 있는가를 간단히 보여주고 있다. 그림의 A에서는 아홉 개의 거래가 필요하고, B에서는 생산자 3인이 중간상 1인과 세 개의 거래가

그림 13-1 중간상 존재의 의의

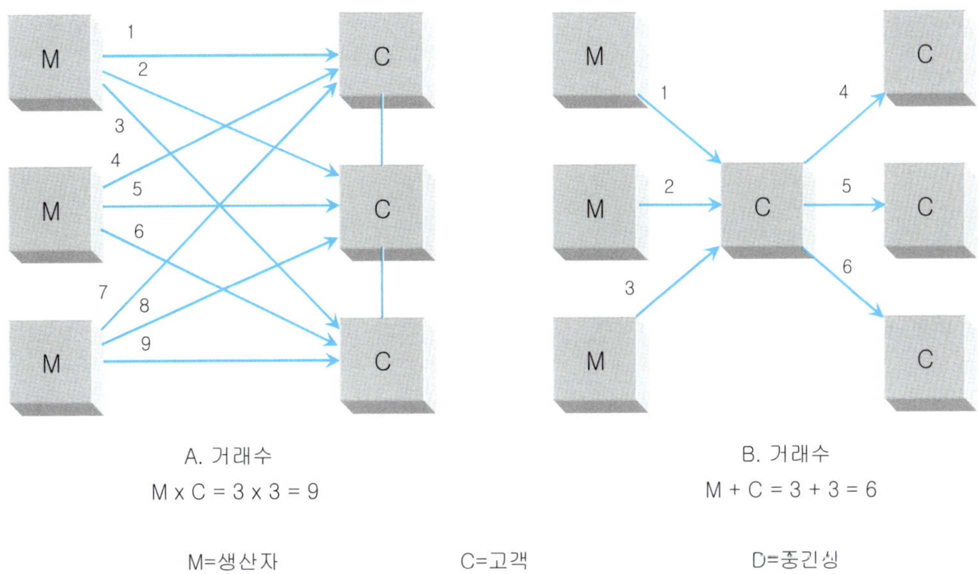

이루어지고 중간상은 다시 고객 3인과 세 개의 거래가 이루어져, 모두 여섯 개의 거래만을 필요로 함을 알 수 있다. 이와 같이 중간상을 이용하면 거래량을 크게 줄일 수 있게 된다.

2. 유통경로의 제 기능

유통경로란 상품을 생산자로부터 소비자에게 이전하는 과정에서 기본적으로 수행해야 할 과업을 조직화하는 활동이라고 할 수 있다. 그러한 과업을 수행한다는 것은 **형태**(form), **시간**(time), **장소**(place) 및 **소유**(possession)의 효용을 창조하는 것이다.[1]

---

[1] 유통경로의 의의는 흔히 네 가지 효용을 창조하는 데 있다고 말한다. 즉, 제품을 적절한 형태로 갖추도록 함으로써 소비자에게 유용성을 제공하는 형태효용(form utility), 소비자가 적절한 장소에서 구입할 수 있도록 하는 장소효용(place utility), 적정한 시기에 구입할 수 있도록 하는 시간효용(time utility), 그리고 제품을 소유함으로써 얻게 되는 소유효용(possession utility)이 그것이다.

① **조사활동** : 교환을 기획하고 촉진시키기 위하여 필요한 정보를 수집한다.

② **촉진활동**(promotion) : 고객에게 제품이나 서비스를 알리기 위한 의사소통의 개발과 보급

③ **접촉** : 예상되는 고객을 찾아 대화한다.

④ **제품정비** : 구매자의 기호에 맞도록 제품이나 서비스를 변형한다. 생산활동, 등급화(grading), 조립, 포장 등이 이에 포함된다.

⑤ **협상** : 상품의 소유권 이전이 완결되도록 가격이나 기타 조건에 관하여 최종적인 합의에 도달하도록 노력한다.

⑥ **물류관리** : 상품의 수송과 보관

⑦ **자금조달** : 경로활동에 필요한 자금을 융통한다.

⑧ **위험의 감수** : 경로활동에 따르는 위험을 맡게 된다.

이상의 여덟 개 기능 중 첫 번의 다섯 개 기능은 주로 거래를 완결하기 위한 노력을 표시하며, 마지막 세 개의 기능은 원활한 거래가 이루어지기 위한 촉진역할을 하는 것이라고 볼 수 있다.

여기에서 이러한 기능들이 반드시 수행되어야 한다는 점이 문제가 아니라 누가 이러한 기능을 수행하여야 할 것인가가 문제라는 것을 이해할 필요가 있다. 이 모든 기능은 세 가지 공통점이 있다. 즉, 이러한 기능을 수행하려면 자원이 필요하고, 전문화함으로써 보다 원활하게 수행될 수 있으며, 그러한 기능들은 가변적이라는 것이다. 생산자가 이러한 기능들을 많이 수행할수록 비용도 많이 소요되고, 따라서 제품가격도 인상하지 않을 수 없다. 그러므로 이러한 기능을 중간상에게 위임한다면 생산자의 제조원가와 가격수준은 인하될 수 있을 것이다. 그러나 중간상은 자신의 희소자원을 투입한 대가로 어느 정도의 이윤을 가산하여야 할 것이다. 문제는 상대적으로 보아 어느 정도로 효율적이거나 효과적으로 수행할 수 있을 것인가가 중요하다고 할 수 있다.

3. 중개기구의 수와 경로의 흐름

유통경로는 중개기구의 수에 따라 여러 가지 유형으로 분류할 수 있다. 제품은 물론 그 소유권을 최종소비자에게 이전하는 데 참여하는 모든 중간상이 유통중개기구를 형성하고 있다. 생산자와 최종소비자도 경로기능의 일부를 수행하고 있으므로 유통경로를 구성하고 있다. 그림 13-2는 몇 가지 유형의 유통경로를 예시한 것이다.

유통경로상에서 중개기구가 존재하지 않을 경우를 **직접마케팅경로**(direct marketing channel)라

그림 13-2 마케팅 경로상의 종사자

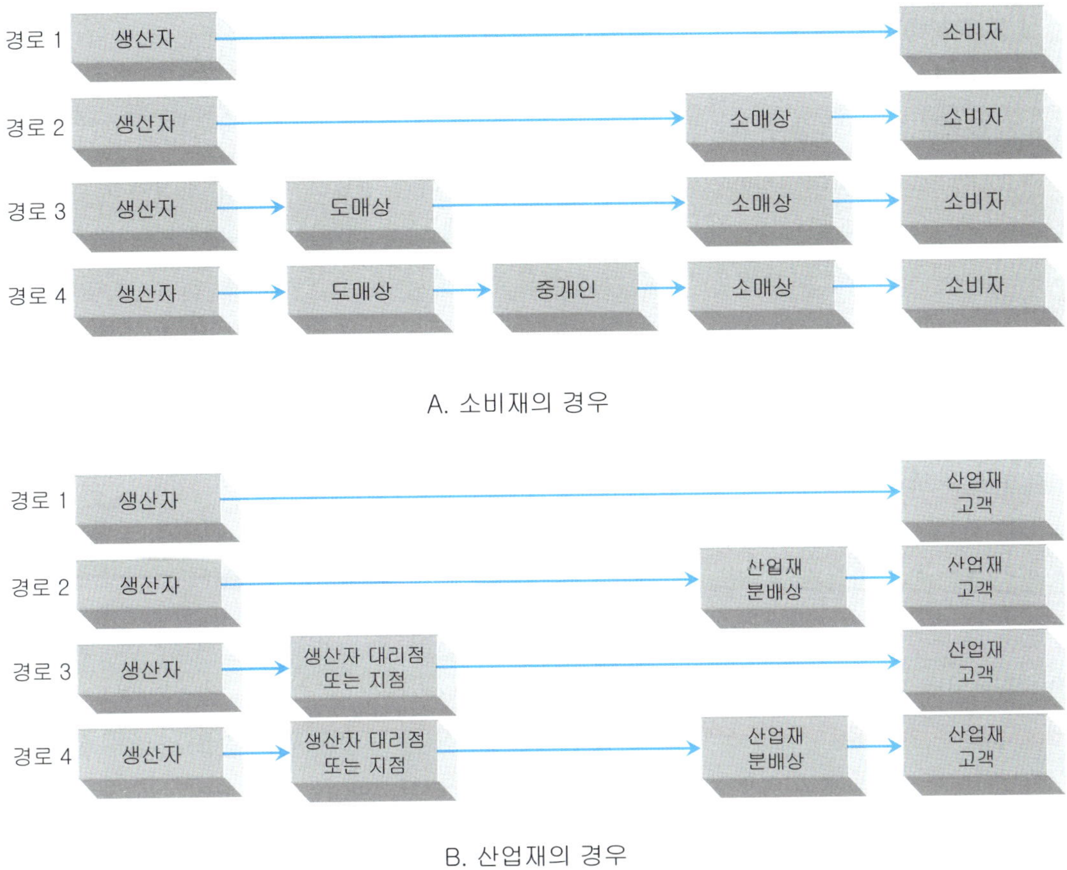

고 하며, 생산자가 소비자에게 직접 판매하는 것을 말한다. 직접마케팅에는 다음과 같이 다섯 가지 형태가 있다.

① **우편주문판매**(mail order selling) : 구매자에게 상품목록(catalogue)을 송부하고, 그의 주문에 따라 우편을 통하여 상품을 송달한다. 이 방법은 구매자가 우편료나 운송료를 부담하여야 하므로 싼 것은 아니지만 구매자가 거주하고 있는 지역에서 구할 수 없는 상품의 경우에는

편리한 방법이다.

② **TV를 통한 판매** : TV를 통하여 상품 설명을 보고 고객이 주문하는 방법이다. 홈쇼핑이 이에 해당된다.

③ **텔레마케팅**(telemarketing) : 전화를 통하여 구매를 권유하고 주문에 응하는 상품의 수가 증가하고 있다.

④ **가호방문판매** : 화장품이나 요구르트의 판매는 이러한 방법을 흔히 이용하고 있다.

⑤ **인터넷 판매**(internet selling) : 근래에 이르러 컴퓨터의 발달로 인해서 가정에서 컴퓨터를 통하여 직접 제품을 주문하고, 판매자는 그 주문에 따라 택배를 통하거나 또는 직접배달의 방법을 통하여 소비자에게 상품을 전달하는 것으로서 점차 그 수요가 증가하고 있는 추세에 있다.

이와 같이 직접마케팅이 성행하는 이유는 무엇인가? 그것은 구매자들이 상품을 쉽사리 발견할 수 없거나, 바빠서 점포에 들를 시간이 없거나, 점포에 많은 사람들이 붐비는 것이 싫은 경우가 있기 때문이다. 또한 통신기술 및 컴퓨터 등의 발달도 이러한 방법이 성행하게 된 이유 중의 하나가 된다.

유통경로상에서 중개기구가 하나뿐인 경우, 소비재 시장에서는 소매상이 유통기능을 담당하는 것이 보통이며, 산업재 시장에서는 대리점이나 브로커(broker)가 그 기능을 담당할 경우가 많다. 중개기구가 두 개인 소비재 시장에서는 도매상과 소매상이 그 역할을 맡고 있을 경우가 대부분이며, 세 개인 경우에는 도매중개인(jobber)이 도매상과 소매상을 연결하여 주는 역할을 한다. 중개기구의 수는 그 이상도 존재할 수 있지만, 그러한 경우는 많지 않다. 생산자의 입장에서 볼 때에는 경로상의 중개기구 수가 많을수록 판매에 대한 통제문제가 중요할 것이다.

종래에는 유통경로의 흐름(flow)을 단순히 제조업자→도매상→소매상→소비자의 순서로 제품의 소유권이 이전되는 것만을 나타내고 있었다. 그러나 그러한 흐름은 거래에 수반하여 발생하는 정보의 흐름, 자금의 흐름, 위험부담 등을 고려하지 않고 있다. 즉, 실물의 제품뿐 아니라 자금, 정보, 거래촉진 등의 흐름과 관련되는 여러 기구도 존재하고 있다.

유통경로의 개념은 실물의 유통에만 국한되는 것이 아니다. 서비스나 아이디어를 제공하는 사람들도 표적으로 삼고 있는 고객들에게 그러한 서비스와 아이디어를 전달할 수단이 필요하다. 예컨대 교육기회의 확대나 의료혜택의 보급운동 등은 서비스를 분배하기 위한 유통경로를 달리 표현한 것 뿐이다.

특히 은행, 보험 및 증권과 같은 서비스 산업에서는 인터넷 기술이 발달함에 따라 고객과 직접 거래하는 경향이 높아지고 있다.

제2절 경로행위와 조직유형

유통경로는 여러 가지 흐름에 의해서 연결되어 있는 기업들의 집합체로 단순히 볼 수는 없다. 유통경로는 개인이나 기업 또는 경로종사자들이 목표를 달성하기 위하여 각자 상호작용하고 있는 하나의 복잡한 행동시스템이라고 볼 수가 있다. 어떤 경로시스템은 체계적으로 조직화되어 있지 않아서 비공식적인 교류관계만을 유지하는 체계를 갖고 있는가 하면, 또 어떤 경우에는 강력한 조직구조를 갖추고 이에 따라서 공식적인 교류를 하고 있는 체계를 갖출 경우도 많다. 그런데 이러한 경로시스템은 항상 고정되어 있지 않다. 중간상의 위험은 항시 변화하고 있고 총체적으로 새로운 유통경로 시스템이 점차적으로 발전, 변형되고 있는 것이 보통이다. 여기에서 우리는 경로종사자들의 행위와 조직유형을 간단히 살펴보기로 한다.

1. 경로행위

유통경로는 하나의 공통적인 재화를 취급하기 위하여 여러 이질적인 기관 또는 기업들이 결합, 구성되어 있다. 각 경로구성원은 다른 구성원에 의존하고 있다. 가전제품의 대리점들은 그들의 수익성이 가전제품을 생산하는 제조업자에 달려있다고 할 수 있다. 반대로 가전제품을 생산하는 기업의 입장에서는 그들의 이익이 대리점들의 협조 여부에 달려있다고 할 수 있다. 따라서 양자의 이해관계가 서로 맞물려 있다.

각 경로구성원들은 경로상에서 고유의 역할을 수행하며, 하나 또는 그 이상의 기능을 수행하는 데 있어 전문적인 활동을 전개한다. 예컨대 가전제품을 생산하는 기업의 경우, 그 역할은 가전제품을 생산하여 소비자들에게 이를 구매하도록 수요를 창출하기 위한 수단으로서 광고를 해야 할 의무가 있다. 반면에 이러한 가전제품을 취급하는 대리점들은 가전제품들을 편리한 위치에서 전시하고, 고객들의 문의에 응답하며, 판매를 종결하고, 서비스를 제공하는 등의 기능을 수행한다. 따라서 경로상의 각 구성원들이 자신들의 과업을 최선을 다하여 수행하고, 또 그러한 과업을 할당받을 때 그러한 경로는 가장 효과적이라고 할 수 있다.

개별 경로구성원들의 성패는 전체 경로구성원들의 성패에 달려있기 때문에 모든 경로에 종사하는 기업이나 개인들이 최선을 다하여 협조하는 것이 가장 이상적이라고 할 수 있다. 그들은 경로의 전반적인 목표를 달성하기 위하여 자신들의 역할을 이해하고 수용하여야 하며, 목표 및 제 활동을 조정하고 또 협조하여야 한다. 이러한 협조체제를 통하여 표적시장을 보다 잘 파악하고, 더 훌륭한 서비스를 제공할 수 있으며, 또 그들의 욕구를 충족시킬 수 있게 된다.

그러나 개별 경로구성원들이 전체 경로상의 목표와 일치하여 언제나 행동하는 것은 아니다. 그들은 각자 나름대로 자신의 단기적인 목표와 이익, 그리고 거래관계 등에 더 많은 관심을 갖게 된다. 또한 경로상에서 자신들과 밀접한 관계에 있는 구성원들과 접촉을 많이 하게 된다. 전반적인 경로상의 목표를 달성하는 데 특정된 경로구성원이 협조하여야 한다는 것은 경우에 따라 자신의 목표를 포기하여야 됨을 의미할 수도 있다. 경로구성원들이 상호의존관계에 있기는 하지만, 그들은 독자적인 관점에서 자신의 이해관계에 집착하여 단기적인 안목으로 행동하는 경우가 흔히 있다. 경로상의 구성원들이 각자 상호간의 역할에 대해서 견해를 달리할 경우가 있게 되는데 이러한 목표 및 역할에 대해 견해의 불일치로 말미암아 **경로갈등**(channel conflict)이 발생하게 된다.

이러한 경로갈등은 수평적 갈등과 수직적 갈등으로 나눌 수 있는데, 수평적 갈등이란 경로상에서 동일선상에 있는 조직 내지 기업들 간의 갈등을 말한다. 예컨대 가전제품회사의 경우, 특정 지역에서의 대리점들 간에 판매지역을 놓고 서로 견해를 달리하고 경쟁하는 경우가 이에 해당된다. 이와는 달리 수직적 갈등이란 보다 보편적인 현상으로서 동일 경로상에서 종사하는 상이한 여러 기업이나 경로구성원들 간의 갈등을 말한다. 예컨대 하나의 제품이 생산자에서부터 도매상과 소매상, 그리고 소비자로 전달되는 과정을 밟는다면 생산자와 도매상, 도매상과 소매상, 소매상과 소비자 간의 갈등이 바로 수직적 갈등이라고 이야기할 수 있다.

경로 내에서의 갈등은 경우에 따라 건전한 경쟁의 형태로 나타날 수가 있다. 이러한 경우에는 해당 경로상의 구성원들에게는 보다 이상적인 결과를 가져올 수도 있다. 만일에 그러한 경쟁이 존재하지 않을 경우, 경로구성원들은 수동적이고 비혁신적인 태도를 갖게 될 경우가 있을 것이다. 그러나 경우에 따라서 갈등은 경로구성원들에게 해를 입힐 수가 있다. 하나의 경로시스템이 전반적으로 제대로 기능을 수행하려면 개별 경로구성원들의 역할이 구체화되고 경로갈등이 적절히 관리되어야 한다. 경로구성원들 간의 협동이 잘 이루어지고 역할을 적절하게 배정하며 갈등을 적절히 관리할 수 있으려면 강력한 지도력을 발휘하는 하나의 경로구성원이 존재할 수 있어야 한다. 경로구성원들의 역할을 배정하고 갈등을 관리할 수 있는 힘을 가지고 있는 경로구성원이 존재한다면, 그 경로시스템은 보다 효과적인 기능을 수행할 수 있게 된다.

대기업의 경우에는 공식적인 조직구조를 갖추어서 경로구성원의 역할을 배정하고 필요한 지도력을 발휘하는 경우가 많다. 그러나 다수의 독립적인 경로구성원들로 구성되어 있는 유통경로에서는 어느 누구도 강력한 지도력이나 권한을 공식적으로 보유하지 못할 경우가 많다. 과거에는 유통경로에서 역할을 배정하고 갈등을 관리하는 데 필요한 강력한 지도력을 가지고 있는 경로구성원이 있을 경우가 그리 많지 않았다. 그러나 근래에 이르러 새로운 유형의 경로조직이 탄생됨에 따라서 강력한 지도력을 발휘함으로써 역할을 개선하고 갈등관리를 개선할 수 있는 경우가 점차 증가하고 있다. 이제 그러한 유형의 조직에 어떠한 것들이 있는가를 살펴보기로 한다.

2. 경로조직의 유형과 특성

전통적으로 유통경로는 전반적인 경로 성과에 대해서는 거의 관심을 보이고 있지 않는 독자적인 기업이나 개인들로 구성된 경로구성원들의 집합체인 것을 특징으로 하여 왔다. 이러한 **전통적 유통경로**(conventional distrbution channels)는 강력한 지도력을 갖고 있는 경로구성원이 존재하지 않았고, 갈등의 발생으로 분쟁이 자주 일어나며, 그 결과로 성과가 불량한 경우가 흔히 있었다.

1) 수직적 마케팅 시스템의 성장

근래에 이르러 유통경로에서 발생하고 있는 가장 커다란 변화 중의 하나는 전통적인 유통경로를 대신하여 **수직적 마케팅 시스템**(vertical marketing systems : VMS)이 급격히 발전하고 있다는 사실이다. 그림 13-3은 유통경로의 두 가지 유형을 예시한 것이다. 먼저 전통적 유통경로는 하나 또는 그 이상의 독립적인 생산자, 도매상, 소매상들로 구성되어 있다. 이들은 각자 별개의 독자적인 사업을 추구하고 경로시스템 전체의 이익보다는 자신의 이익을 극대화하기 위하여 노력한다. 경로구성원 가운데는 누구도 다른 경로구성원들에 대한 통제력을 갖고 있지 못하며, 또한 역할을 배정하거나 경로상의 갈등을 해결하기 위한 공식적인 수단도 존재하고 있지 않다.

이에 비해서 수직적 마케팅 시스템은 생산자와 도매상, 그리고 소매상들이 하나의 통일적인 체제로 구성되어 있다. 이러한 수직적 마케팅 시스템에서는 어느 한 경로구성원이 다른 경로구성원들을 소유하고 있기도 하며, 계약관계를 맺고 있는 경우도 있으며, 혹은 많은 권한을 행사함으로써 경로구성원들이 모두 협동체제를 갖추는 형태를 띠기도 한다. 이러한 체제 하에서는 생산자나 도매상 또는 소매상 등 누구든지 지배적인 위치에 있을 수가 있다. 수직적 마케팅 시스템은 이와

그림 13-3 유통경로와 수직적 마케팅 시스템의 비교

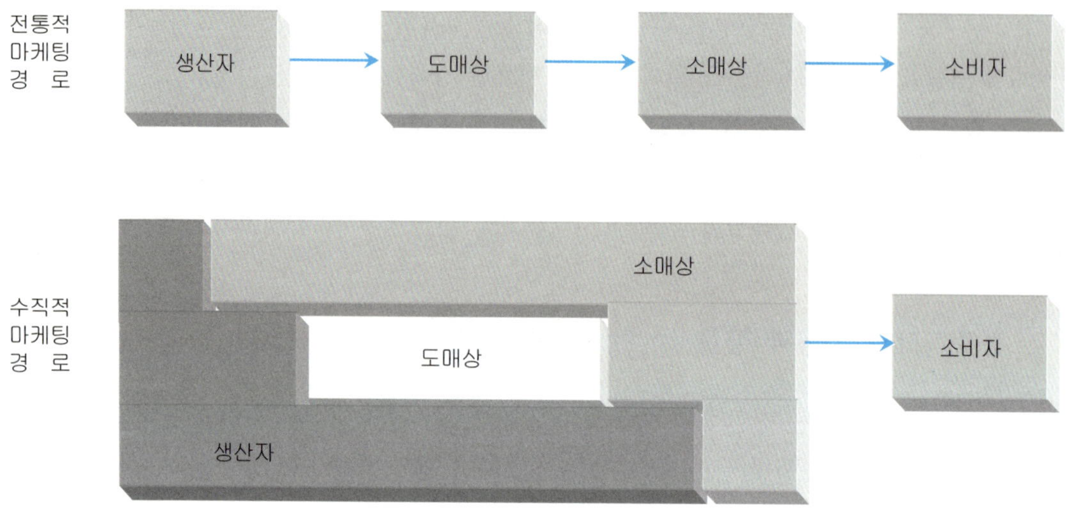

같이 경로구성원들의 행동을 통제하고 경로구성원들 간의 갈등을 관리할 목적으로 탄생하였다고 볼 수 있다. 수직적 마케팅 시스템에서는 규모의 경제를 달성할 수 있고, 권한행사를 놓고 협상하며, 중복되는 서비스를 제거하는 등의 장점이 있다. 수직적 마케팅 시스템은 소비재 마케팅에서 주류를 이루고 있는 것이 특징이다.

그림 13-4에 예시되어 있는 바와 같이 수직적 마케팅 시스템에는 세 가지 유형이 있는 바, 이들은 경로상에서의 주도권과 권한을 행사하는 데 있어서 각기 상이한 수단을 이용하고 있다. 예컨대 그림 13-4에서 알 수 있는 바와 같이 소유방식에 의한 수직적 마케팅 시스템에서는 각각의 경로구성원들 간의 이해관계를 조정하고 갈등을 관리하기 위해서 공동의 소유방식을 택하고 있다. 계약방식에 의한 수직적 마케팅 시스템에서 경로구성원들 간의 합의는 계약에 의해서 해결하려 한다. 그리고 통합적 관리방식에 의한 수직적 마케팅 시스템에서는 경로구성원들 중에서 하나 또는 소수가 지배적인 주도권을 담당하게 된다. 이제 이러한 세 가지 유형의 수직적 마케팅 시스템의 특징과 내용을 간단히 살펴보기로 하자.

그림 13-4 전통적 마케팅 경로와 수직적 마케팅 시스템

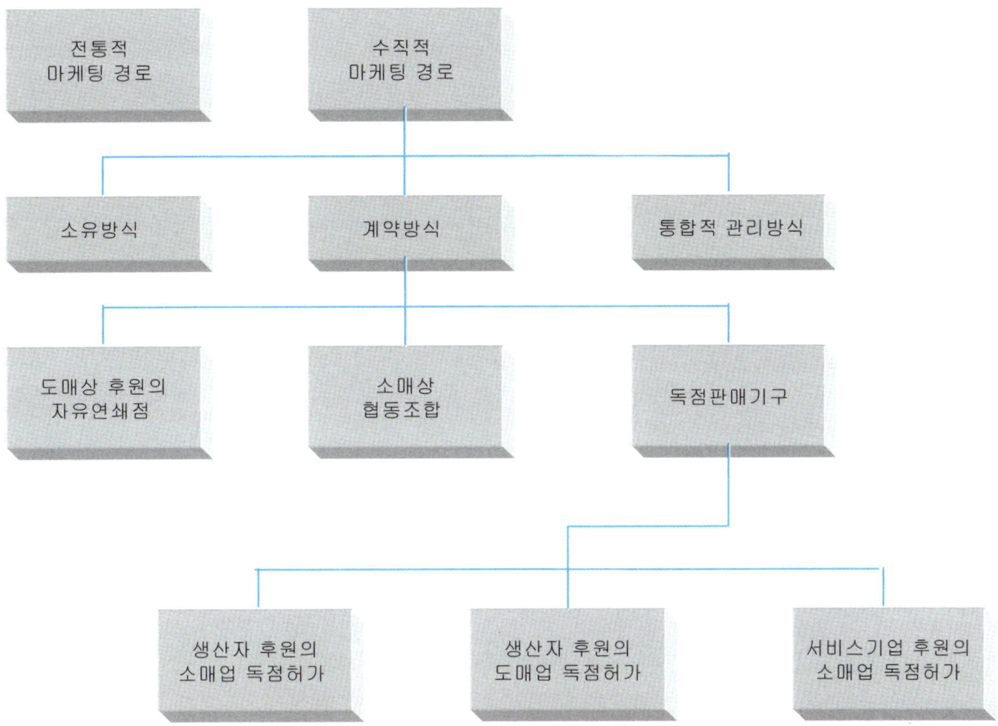

(1) **소유에 의한 수직적 마케팅 시스템**(corporate vertical marketing system)

이 체제의 특징은 생산에서부터 유통에 이르기까지의 전 기구를 하나의 기업이 소유하고 있는 형태를 띠고 있다는 점이다. 예컨대 미국의 유명한 연쇄소매백화점인 시어즈(Sears) 회사의 경우에는 전국적으로 연쇄소매백화점을 거느리고 있는 기업으로서 제품을 공급하여 주고 있는 제조회사에 직접 투자함으로써 그러한 제조회사로부터 구매하는 양이 전체의 50% 이상에 이른다고 한다. 또한 전국적으로나 세계적으로 호텔망을 거느리고 있는 홀리데이(Holiday Inn) 기업에서는 호텔에 필요한 카펫이나 가구 등을 생산하는 공장을 직접 운영하고 있다. 따라서 이러한 기업들을 단순히 소매업 혹은 호텔업이라고 부른다면 사업영역을 좁게 해석한다고 볼 수 있다.

(2) 계약에 의한 수직적 마케팅 시스템

생산에서 유통에 이르기까지 각 부문에 종사하는 독립된 기업들이 단독으로는 달성할 수 없는 규모의 경제를 달성하고 판매를 증가시킬 목적으로 상호간의 계획을 통합하여 계약을 체결하는 것을 말한다. 이러한 체제의 유형에는 세 가지가 있다.

① 도매상 후원에 의한 자유연쇄점

이것은 원래 도매상들이 거대한 연쇄점들을 거느리고 있는 회사에 대항하여 독립된 소매점들을 지원하고 이들과의 거래관계를 확보하기 위하여 탄생된 것이다. 도매상은 소매상들이 그와 같은 거대한 연쇄점에 대항할 수 있도록 거래관습을 통일하거나 대량구매를 통하여 규모의 경제를 달성할 수 있는 프로그램을 개발한다.

② 소매상 협동조합

소매상들이 거대한 연쇄점에 대항하기 위하여 자발적으로 하나의 조직을 형성하여 도매상의 기능을 수행하고 생산까지 겸하는 것을 말한다. 조합원인 각 소매상들은 합동으로 집중구매하려고 하며, 공동으로 광고할 것을 원한다. 조합에서 나오는 이익은 장려금의 형태로 각 조합원에게 분배된다. 비조합원도 조합을 통하여 공동구매에 참여할 수 있으나 이익금은 분배되지 않는다.

③ 독점판매기관(franchise organization)

생산에서 유통에 이르기까지의 여러 종사자들이 독점판매 허가자(franchiser)라고 불리우는 동일경로상의 종사자와 일정한 협정을 맺는 것을 말한다. 독점판매에는 세 가지 형태가 있다.

- **생산자의 후원에 의한 소매점의 독점판매** : 자동차 회사에서 이용하고 있는 경우가 대표적인 예에 속한다. 자동차 회사가 판매상(dealer)에게 자사 제품의 독점판매를 허가하는 대신에 판매와 서비스에 따르는 제 조건을 이행할 것을 합의하는 것이다. 판매상은 독립된 기업이다.
- **생산자의 후원에 의한 도매상의 독점판매** : 청량음료업계에서 이용하고 있는 방법으로서 생산자는 청량음료수의 원료만을 생산하고 용기에 음료수를 채우는 기업이 별도로 있어 이 기업이 각 지역에 제품을 유통시킨다.
- **서비스업체의 후원에 의한 소매상의 독점판매** : 서비스를 제공하는 회사가 소비자에게 효율적

으로 서비스를 제공할 수 있는 프로그램을 세워 각 소매점에 판매하는 것이다. 예컨대 햄버거를 판매하는 맥도날드나 버거킹에서는 별도의 서비스에다가 햄버거 재료를 일률적으로 규격화하거나 판매촉진과 광고를 대행하여 주며, 주로 점포의 내부장식과 점원 및 경영자들에 대한 교육, 경영상담을 행하는 대신에 이들로부터 일정한 대가(royalty)를 받는다.

(3) 통합적 관리방식에 의한 수직적 마케팅 시스템

생산에서 유통에 이르기까지 각 기구들이 소유나 계약이라는 형태로 관계를 유지하는 것이 아니라 동일 경로상에서 가장 영향력이 큰 기구에 의하여 협조가 이루어지게 되는 형태를 말한다. 따라서 시장을 지배하고 있는 생산자의 경우, 도매상이나 소매상으로부터 강력한 원조와 지지를 확보할 수 있다. 예컨대 소매점에 대하여 자사 제품을 진열할 것을 요구하거나 진열면적을 넓히도록 협조를 요구할 수 있으며, 촉진활동이나 가격결정에 관하여도 협조를 얻을 수 있을 것이다. 수직적 마케팅 시스템에 가입하지 않는 독립적인 상인들은 전문점이나 혹은 제품을 대량으로 유통시킬 수 없는 특수 분야에 종사하게 된다. 따라서 소매업은 수직적 마케팅 시스템에 포함되는 소매상과 독자적으로 전문점을 경영하게 되는 소매점으로 양분되는 현상이 나타난다. 이러한 경우에 생산자들은 어느 쪽에 치중할 것인가를 결정하여야 할 것이다.

오늘날 소매상들의 경쟁은 상호간에 발생하는 것이 아니라 상술한 바와 같은 수직적 마케팅 시스템과 대결하는 경향이 높아가고 있는 특징이 있다.

2) 수평적 마케팅 시스템과 복수경로 마케팅 시스템

유통경로상에서 두 개 또는 그 이상의 기업들이 연합하여 마케팅 기회를 공동으로 이용하려 하는 것을 **수평적 마케팅 시스템**(horizontal marketing system)이라고 한다. 어느 한 기업이 단독으로 자본을 축적하거나 기술, 생산, 마케팅 활동 등을 수행하려면 많은 위험이 뒤따른다. 이들 기업들은 단순히 협정만을 맺기도 하고 별개의 기업을 설립하기도 한다. 예컨대 어느 생산자가 신제품을 개발하여 판매하려는 경우에, 경험과 자본의 부족으로 대리점을 설치하지 못하여 타사의 대리점으로 하여금 판매권을 부여하여 판매하도록 할 수 있을 것이다. 이러한 것을 **심비오틱 마케팅**(symbiotic marketing)이라고도 한다.[9]

한편 복수의 유통경로 시스템을 채택하는 기업의 수도 증가하고 있다. 예컨대 미국의 유명

---

[9] Lee Adler, "Symboitic Marketing," *Harvard Business Review*, November-December 1966, pp.59-71.

한 연쇄소매백화점 회사인 제이 시 페니(J. C. Penney)에서는 백화점뿐 아니라 대량의 다종상품을 취급하는 점포(이것을 mass merchandising store라고 한다)와 전문점도 경영하고 있다. 이와 같이 소매경로를 다양화하고 다수의 소매점포를 경영하고 있는 대기업을 '머천다이징 재벌'(merchandising conglomerate), 혹은 '재벌상인'(conglomerchant)이라고도 한다. 이러한 기업은 중앙집권적인 소유형태 하에 배후에서 여러 종류의 소매업을 다각적으로 경영하는 머천다이징 제국이라 할 수 있다.

그림 13-5는 복수경로의 예를 보인 것이다. 그림에 표시되어 있는 바와 같이 생산자는 소비재 시장부문 1에 대하여 우편을 통하여 카탈로그를 송부하거나 텔레마케팅 또는 인터넷을 통하여 직접 판매하고 있으며, 소비재 시장부문 2에 대해서는 소매상을 통하여 판매하고 있다. 또한 산업재

그림 13-5 복수경로의 예

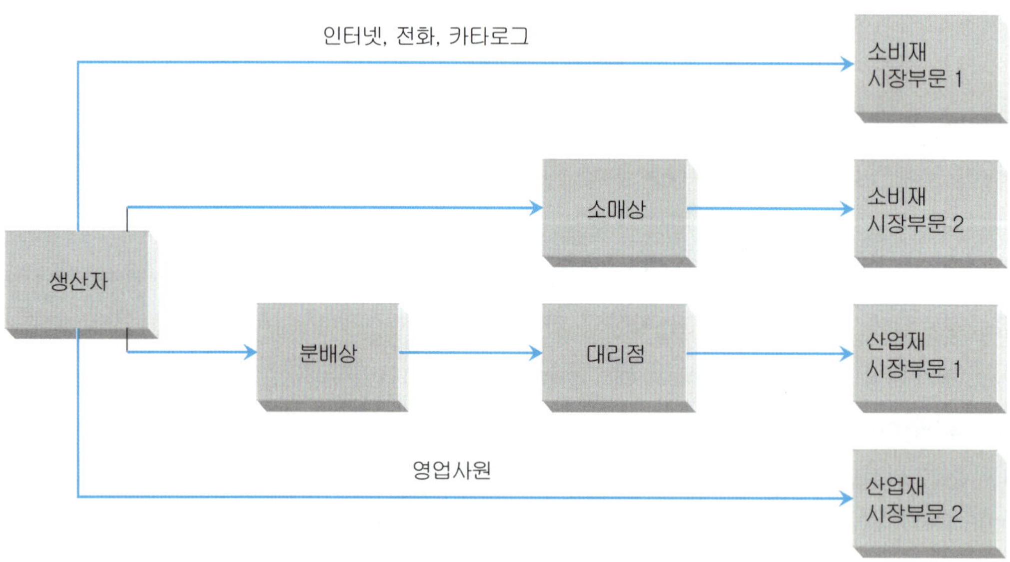

시장부문 1에 대해서는 분배상과 대리점을 통하여 간접적으로 판매하고 있고, 산업재 시장부문 2에 대해서는 자체 영업사원을 통하여 판매하고 있다.

이러한 복수경로는 시장의 규모가 크고 복잡할 때에는 여러 가지 이점이 있다. 생산자의 입장에서는 새로운 경로를 통하여 다양한 시장부문의 욕구를 각기 충족시키기 위하여 제품과 서비스를 제공함으로써 판매량과 시장을 확대할 수 있다. 그러나 이러한 복수경로는 통제하기가 어렵고 동일한 고객들을 놓고 경로간에 갈등이 발생할 소지가 있다. 예컨대 생산자가 인터넷을 통하여 소비자들에게 저렴한 가격으로 직접 판매한다면, 소매상을 비롯한 여타 유통부문 종사자들은 제품판매를 거부할 수 있을 것이다.

제3절 경로설계와 개발

여기에서는 생산자의 입장에서 유통경로를 어떻게 결정할 것인가를 살펴보기로 한다. 유통경로를 개발하는 데 있어 생산자들은 어떤 경로가 이상적이며 이용가능한가를 먼저 검토하여야 할 것이다. 예컨대 어느 기업이 처음으로 설립되어 지역적으로 제한된 시장을 대상으로 판매할 것을 결정하였다고 하자. 이 기업은 자본이 제한되어 있기 때문에 기존의 중간상을 이용하려 할 것이다. 그러나 중간상의 수도 제한되어 있을 경우가 많다. 이러한 경우에는 어느 중간상을 선택하는 것보다는 중간상 중 누군가에게 제품을 취급하도록 설득하는 일이 더 중요할 수가 있다.

이 기업이 성공하는 경우에는 직접 지점을 설치할 수도 있을 것이고 기존의 중간상들과의 거래관계를 재고하기도 할 것이다. 소규모의 시장에서는 소매상에게 직접 판매하고 대규모의 시장에서는 도매상과 거래하는 방법도 생각할 수 있다. 지역에 따라서 독점판매권을 부여하기도 할 것이다. 이와 같이 상황에 따라 적절한 유통경로를 택할 필요가 있다.

하나의 경로시스템을 설계하려면 소비자에 대한 서비스의 필요성을 분석하고 유통경로의 목적과 한계를 설정하며, 주요 유통경로의 대안들을 발굴하고, 이들을 평가하는 과정이 요구된다.

1. 소비자에 대한 서비스 제공의 필요성 분석

유통경로의 설계는 경로상에서 표적고객집단 혹은 시장부문에 속하는 소비자들에게 어떤 서비스가 요구되는가를 발견하는 것으로부터 시작된다. 필요한 경로서비스의 수준은 다음과 같은 몇 가지 문제에 대한 해답에 달려 있다.[3] 즉, 소비자들은 근거리에 위치해 있는 점포에서 제품을 구입할 것을 원하는가, 혹은 인터넷이나 전화를 통해서 주문을 통하여 제품을 구입할 것을 원하고 있는가? 일반적으로 경로구성원들에게 권한이 많이 위양될수록 더 많은 서비스가 제공될 수 있을 것이다. 소비자들은 즉각적인 배달을 원하는가 혹은 기다릴 의사가 있는가? 신속한 배달은 경로관리의 입장에서 보면 보다 많은 서비스를 의미한다. 소비자들은 제품의 구색을 많이 갖출 것을 원하고 있는가, 혹은 전문적인 소수의 제품만을 취급하는 것을 선호하는가? 경로구성원이 제품의 구색을 많이 갖출수록 그만큼 많은 서비스를 제공한다고 볼 수 있다. 마지막으로 소비자들은 배달, 신용공여, 수선, 설치 등과 같은 추가의 서비스를 원하고 있는가, 혹은 그러한 서비스를 여타의 곳으로부터 받기를 원하고 있는가? 경로구성원이 이러한 추가의 서비스를 더 제공한다는 것은 말할 필요도 없이 더 높은 수준의 서비스를 제공함을 의미한다.

이와 같이 효과적인 경로를 설계하려면 소비자들이 원하는 서비스 수준을 알아야만 한다. 그러나 소비자들이 원하는 모든 서비스를 전부 제공한다는 것은 가능하지도 않고, 또 실질적이지도 못하다. 생산자를 포함한 경로구성원들은 그와 같은 모든 서비스를 제공할 자원이나 기술을 보유하고 있지 못할 수가 있다. 그리고 보다 높은 수준의 서비스를 제공한다는 것은 경로관리상 그만큼 비용이 많이 소요되고, 소비자에게도 가격을 부담시킨다는 것을 의미한다. 생산자 및 경로구성원들은 소비자들이 필요로 하는 서비스 수준을 충족시키는 데 소요되는 비용과 타당성은 물론 고객들이 지불할 의사가 있는 가격수준까지도 고려하여 고객에 대한 서비스의 필요를 결정하여야 할 것이다. 근래에 이르러 할인소매점이 급격히 증가하고 있는 현상은 소비자들은 경우에 따라 서비스 수준이 낮더라도 가격만 싸다면 저수준의 서비스도 받아들일 수 있다는 것을 보여주고 있다.

2. 경로선정의 목적과 한계 설정

유통경로의 목적은 표적소비자들이 원하고 있는 서비스의 수준으로 언급되어야 할 필요가 있다. 일반적으로 어느 기업이든지 유통경로의 서비스에 대해서 원하는 수준이 각기 다른 몇 개의 시장부문 내지 고객집단들을 찾아낼 수 있다. 이에 따라 어느 시장부문에 진출하고 또 각각의 경

[3] Louis W. Stern and Fredrick D. Sturdivant, "customer-Driven Distribution Systems," *Harvard Business Review*, July-August 1987, p.35.

우에 최선의 경로를 이용할 수 있는가를 결정하여야 한다. 또한 각 시장부문에서 소비자들이 원하는 서비스 수준을 제공하는 데 소요되는 총경로비용을 극소화하려 한다.

기업의 경로선정과 목적은 취급하고 있는 제품의 성격에 따라서도 영향을 받게 된다. 또한 기업의 정책, 중간상, 경쟁자 및 환경적 요인 등에 의해서도 영향을 받게 된다. 제품의 특성은 경로를 설계하는 데 가장 많은 영향을 미친다. 예컨대, 생선과 같이 쉽게 손상되는 제품의 경우에는 배달의 지연을 피하고, 제품을 받는 데 소요되는 시간을 줄이기 위해서 직접마케팅을 필요로 한다. 한편, 건축자재나 청량음료수와 같은 제품의 경우에는 수송거리를 극소화하고 제품을 다루는 데 소요되는 시간을 극소화할 수 있는 경로를 필요로 한다.

지역의 특성도 경로를 설계하는데 중요한 역할을 담당한다. 예컨대, 어느 한 기업의 규모와 재무상태가 어떤 마케팅 기능을 직접 수행할 것이며, 또 어떤 기능은 중간상에게 위임할 것인가를 결정하게 된다. 또한 신속한 배달을 토대로 하는 마케팅 전략을 택하는 기업은 그가 원하는 중간상의 수행기능에 영향을 미치고 소매점들의 수, 그리고 수송방법 등의 선택 등에 영향을 미치게 된다.

중간상의 특성도 경로설계에 영향을 미친다. 일반적으로 중간상들은 촉진을 수행한다거나 고객을 접촉하거나 저장 또는 신용공여 등의 능력면에 있어서 각기 다르다. 기업에 따라서는 자신들이 필요로 하는 과업을 수행할 의사가 있거나 능력이 있는 중간상들을 발견하기가 어려울 경우가 있다.

기업이 경로를 설계할 때 경쟁자의 경로도 고려하고자 한다. 경쟁자의 제품도 같이 취급하는 동일한 경로구성원들 속에서 경쟁하기를 원할 수도 있다. 예컨대 식품의 경우, 식품점에서 동일한 진열대의 위치에서 서로 경쟁하기를 원할 수가 있는 것이다. 이와는 달리 경쟁자들이 이용하고 있는 유통경로를 회피하고자 하는 기업들도 있다. 예컨대 화장품회사의 경우, 백화점이나 기타 소매점포를 통하여 판매하는 것보다는 가호방문의 방법으로 직접 판매하는 것을 더 선호할 수가 있다.

마지막으로 경제적인 조건이나 법률적인 제약과 같은 환경적 요인들도 경로설계의 결정에 영향을 미친다. 예컨대 기업들은 불경기시에는 보다 단축된 경로를 이용하고 또한 불필요한 서비스를 제거하는 등의 방법을 통하여 비용을 절감함으로써 최종적으로 상품의 가격을 인하하여 이를 유통시키려 한다. 제조업의 경우와 마찬가지로 유통경로에 있어서도 독점을 방지하기 위해서 경쟁을 감소시키는 행위를 금지하는 규정들이 있을 수 있다.

3. 주요 대안의 발굴

기업의 경로목적을 확정한 뒤에는 어떤 유형의 중간상을 택할 것인가, 그리고 중간상의 수는 어느 정도로 확정할 것인가, 또한 각 경로구성원들의 책임은 어느 정도까지 부여할 것인가 등의 주요 경로대안들을 발굴하여야 한다.

1) 중간상의 유형

어느 기업이든지 자신의 제품을 취급할 경로상의 중간상들을 택하여야 하는데, 어떤 유형의 중간상을 선택할 것인가를 결정하여야 한다. 예컨대 어느 시험기기를 주로 생산하는 기업에서 기계의 작동 중에 연결부분이 고장난 것을 발견해낼 수 있는 자동기계장치를 개발하였다고 하자. 이 기업의 경영층에서는 이 제품이 거의 모든 산업, 예컨대 가전제품, 내연기관 또는 증기기관을 제작하는 산업을 비롯하여 식품포장기계산업, 건설업, 석유산업 등 다수의 산업에서 그 용도가 있는 것으로 판단하였다고 하자. 이 기업은 현재 판매인력의 규모가 작고 이에 따라 각기 상이한 산업에 어떻게 최선을 다하여 접근할 수 있는가의 문제에 봉착하게 된다. 이러한 경우, 많은 논의를 거쳐 다음과 같은 경로선택의 방법들을 생각할 수 있을 것이다.

- **기업의 판매인력 강화** : 기업이 직접 판매인력을 대폭 강화하는 것이다. 지역별로나 업종별로 이러한 판매원들을 배정하여 예상되는 고객들을 접촉하고 판매노력을 강화한다. 혹은 산업별로 별개의 판매망을 구성할 수도 있을 것이다.
- **생산자의 판매대행기관**(agency) : 여기에서는 생산자의 판매대행기관이 독자적으로 판매원들을 거느리고 다수의 기업들로부터 생산되는 관련제품들을 취급하면서 지역별로나 업종별로 판매활동을 대행하도록 하는 방법이다.
- **산업재 유통상**(industrial distributors) : 새로운 제품계열을 구매하고 또 이를 취급하고자 하는 유통상들을 지역별로나 업종별로 찾아낸다. 이들에게는 독점적인 유통권한을 부여하고, 적절한 이윤을 보장하며, 제품에 관한 교육훈련을 시키고, 촉진면에서의 지원을 행한다.

경우에 따라서 기업들은 자신들이 선호하는 단일의 유통경로를 이용하기가 어렵거나 또는 비용이 많이 소요됨으로 인하여 복수의 경로를 이용하고자 할 경우가 있다. 이러한 복수경로의 이용이 성공할 경우가 흔히 있다. 예컨대 시계산업의 경우, 과거에는 주로 보석상을 통해서만 판매되었으나 시계가 대량으로 생산, 판매됨에 따라서 백화점이나 기타 다양한 유통경로를 통하여 판매됨으로써 시계보급이 보다 확대되어 왔다.

2) 중간상의 수

기업에서는 각 경로상에서 자신들이 이용하고자 하는 중간상들의 수를 결정하여야 한다. 이러한 경우 보통 세 가지 전략이 있다.

① **집중유통**(intensive distribution) : 편의품을 생산하는 기업은 집중유통 방식을 택하려 하는 것이 보통이다. 즉, 가능한 한 다수의 전국적인 판매망에 걸쳐서 제품을 보관하게 하고 이에 따라 판매하려는 전략이다. 이러한 제품을 판매하는 데 가장 중요한 것은 '장소효용'(place utility)을 증가시키는 일이다. 예컨대, 과자를 제조하는 회사에서는 가능한 한 다수의 소매창구를 통하여 판매하려고 하며, 그렇게 함으로써 소비자들에게 브랜드에 대한 인식을 넓히고 구매하는 데 편의를 제공하려고 한다.

② **독점유통**(exclusive distribution) : 생산자가 제품을 취급할 중간상의 수를 제한하는 것으로서 독점판매권을 부여하고, 경우에 따라 경쟁제품의 판매를 금지하기도 한다. 독점판매를 허용함으로써 중간상인들의 판매정책에 직접 통제력을 행사할 수 있고, 적극적인 판매활동을 기할 수 있다. 또한 제품의 이미지를 높이고 중간상에게 높은 이윤을 보장할 수 있다.

③ **선별유통**(selective distribution) : 독점유통과 집중유통의 중간형태를 취하는 것을 말하며, 특정 제품을 판매하려는 중간상들을 취사선택하는 것이다. 명성과 전통이 있는 기업이나 사업을 새로 시작하는 기업에서도 선별유통을 약속하는 중간상을 택하려고 한다. 이 방법은 집중유통보다도 중간상에 대한 통제를 강화할 수 있으며 비용도 적게 든다.

3) 경로구성원들의 책임

생산자는 유통경로 구성원들과의 거래를 효율적으로 수행하기 위하여 거래에 따르는 책임과 조건을 결정하여야 한다. 거래관계는 단순하지 않기 때문에 책임과 거래조건은 상황에 따라 각기 상이하며 선택의 여지도 많다. 거래관계에서 고려해야 할 주요 요소는 판매조건, 지역독점권, 각 당사자가 제공해야 할 구체적인 서비스 등이 있다.

가격정책은 거래관계에서 가장 중요한 요소 중의 하나로 생산자는 가격을 공시하여 중간상들에게 할인을 허용하는 것이 보통이다. 할인정책을 결정하려면 중간상들간의 이해관계가 있으므로 신중을 기해야 한다. 판매조건이란 대금지불과 품질보증에 관한 조건을 말한다. 대금을 조기에 지불하는 중간상에게 할인을 허용하는 경우가 많으며, 전반적으로 가격이 하락하거나 제품의 결함에 대해서도 보장이 필요할 것이다. 가격이 하락하는 경우에 보전하여 준다면 대량판매가 가능할 것이다.

유통부문 종사자에 대한 지역독점권을 허용하는 문제도 매우 중요하다. 중간상은 자신의 독점판매지역에 새로운 경쟁자가 출현하는 것을 원하지 않는다. 이와 같이 독점판매를 허가하거나 독점대리점의 설치를 허가하는 경우에는 상호 책임한계를 명확하게 정할 필요가 있다. 상호간에 서비스를 교환하고 이에 대한 책임을 맡는 것도 중요한 과제이다. 예컨대 연쇄식당업을 하는 기업의 경우, 각 식당업자들에게 식당의 위치 선정은 물론 촉진활동, 회계처리, 종업원 교육, 일반관리기법의 기술 서비스를 제공하고, 식당업자들은 이 회사가 요구하고 있는 시설에 대한 기준을 맞추어 새로운 촉진 프로그램에 협조하며, 필요한 정보를 제공하고, 회사가 지정하는 식품을 구입하는 등의 협조를 하는 경우가 많다.

4. 경로대안의 평가

기업의 선택가능한 주요 유통경로를 확인한 후, 기업의 장기적인 목표를 달성할 수 있는 유통경로를 결정하여야 한다. 이 때의 선택기준은 경제성, 통제가능성, 경로변경의 신축성에 두어야 할 것이다.

1) 경제성

생산자가 유통경로를 택하는 것은 그러한 경로를 통제하거나 변경하는 데 신축성을 기하기보다는 이익을 증대시키는 과제가 제일의 목표가 된다. 물론 유통경로를 통제하거나 상황에 따라 신축성 있게 변경하는 것이 장기적으로는 이익이 되겠지만, 경제적인 관점에서 보면 대체가능한 경로의 전망이 밝게 보일수록 그러한 경로를 택하지 않음으로써 발생하는 갈등은 그다지 중요하지 않을 것으로 생각된다.

생산자가 판매원들을 직접 고용할 것인가, 혹은 판매대리점을 이용할 것인가의 문제를 경제적인 측면에서 분석하여 보자. 첫째, 이 두 가지 방법 중 어느 것이 더 많은 판매를 달성할 수 있는가를 알아야 할 것이다. 일반적으로 직접 고용한 판매원들이 집중적인 판매활동을 하고 판매교육과 훈련도 잘 되어 있으며 그들의 장래가 기업과 운명을 같이하기 때문에 누구보다도 적극적이 되어 판매대리점을 이용하는 경우보다 성공할 확률이 크다고 생각할 수도 있다. 그러나 이러한 사고는 정확하지 않을 수가 있다. 오히려 판매대리점을 이용하는 것이 유리할 수도 있다. 예컨대 10명의 판매원을 직접 채용하는 것보다 30명의 대리점 소속 판매원을 이용하는 방법이 유리할 수 있으며, 이들이 오히려 더 적극적일 수도 있다. 대리점 판매원들에게 어떠한 인센티브를 부여하는가에 따라 그들의 적극적인 태도는 달라질 것으로 생각된다. 또한 고객들이 기업에서 직접 채용한 판매원들을 보다 선호하리라는 점도 신빙성이 없다. 제품의 질과 판매조건이 동일하다면, 고객들은 어느 방법에 대해서도 차별하지 않을 것이다. 한편 대리점의 장점은 고객들과 광범위하게 오랫동안 접촉해 왔다는 것이다. 반면에 기업이 직접 채용한 판매원들은 고객과 새로 접촉하여야 한다는 어려움이 있다.

이상의 두 가지 방법을 이용할 경우, 판매액을 예측한 후에 이에 따르는 비용을 예측할 필요가 있다. 그림 13-6은 그러한 예를 보인 것이다. 대리점을 이용하는데 필요한 고정비는 회사의 판매원을 고용하는 경우보다 적게 들것이다. 그러나, 판매액이 증가함에 따라 변동비는 더 급속하게 증

그림 13-6 대리점의 이용과 판매원 채용간의 손익분기

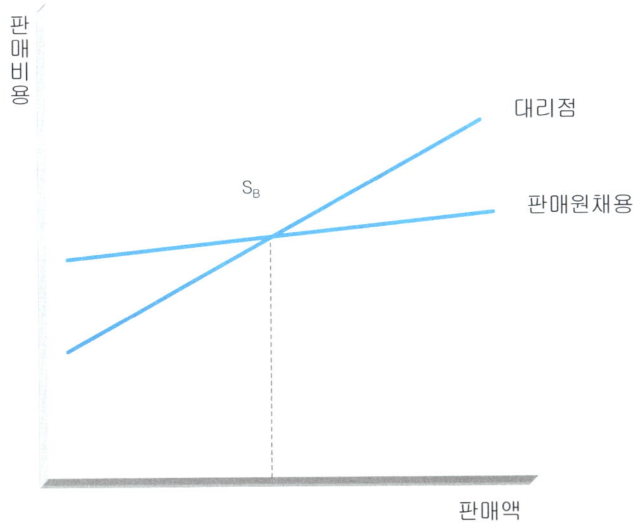

가하고 있다. 이것은 대리점 소속의 판매원들에게 판매실적에 따라 보수의 대부분을 지불하여야 하는 반면에, 회사 판매원들은 대부분 고정급을 받고 초과실적에 따라 부분적으로 수수료를 받고 있기 때문이다.

그림에서 판매액 S_B를 달성하는 경우에 두 가지 방법을 이용하는 데 소요되는 비용이 동일한 것을 알 수 있다. S_B 이하의 판매수준에서는 대리점을 이용하는 것이 유리하고, S_B 이상의 판매수준에서는 판매원을 직접 채용하는 것이 더 유리할 것이다. 판매대리점은 중소기업에서 주로 이용하며 대기업이라 하더라도 표적시장이 소규모일 경우에는 이를 이용하는 경우가 많다. 그것은 판매량이 적어 판매원을 고용하는 경우에 필요한 고정비를 회수하기 어렵기 때문일 것이다.

2) 통제력

유통경로를 선택하는데 경제성만을 기준으로 하면 완전하지 못하다. 평가기준을 확대하여 어느 한 가지 방법을 선택할 때 발생할 것으로 예상되는 통제문제도 고려하여야 한다. 예컨대 판매대리점은 독립된 사업체로서 이익을 극대화하는 것을 목적으로 하기 때문에 생산자의 입장에서 보는 고객보다도 자신의 이익에 영향을 미치는 고객을 중요시할 우려가 있다. 또한 부근에 위치하고 있는 다른 대리점과 차별하지 않을 경우도 있을 것이다.

3) 신축성

유통경로를 선택하는데 고려해야 할 또 하나의 기준은 상황의 변화에 따라 유통경로를 변경할 수 있어야 한다는 것이다. 어느 생산자가 판매대리점과 5년간의 장기계약을 체결했을 경우, 도중에 우편판매와 같은 다른 방법이 더 효율적임을 알았다고 하자. 그는 판매대리점과의 계약을 파기할 수도 있을 것이다. 그러므로 이러한 구속성이 장기적으로 보아 경제성이나 통제력과 같은 요소보다 중요한가를 판단하여야 한다.

제4절 경로관리를 위한 의사결정

유통경로를 평가하고 채택한 후에는 개별 유통부문 종사자들을 선발하고, 동기를 부여하며, 평가하는 일이 필요하다. 또한 시장의 상황이 변함에 따라 유통경로도 변경해야 될 경우도 발생한다.

1. 유통부문 종사자들의 선발

생산자가 유통경로를 이용하기 위하여 유능한 중간상을 채용하는 능력은 각기 다를 것이다. 어떤 생산자는 유통경로에 진출하는 데 기존의 중간상을 용이하게 발견할 수가 있다. 생산자가 명성이 있다거나 제품의 판매가 유망하다고 판단되면 다수의 중간상이 판매를 희망할 것이다. 독점 내지 선별유통방식을 제의하는 경우에는 더욱 그러할 것으로 생각된다. 이러한 경우에는 중간상이 지니고 있는 특성 중 어떠한 것이 가장 유리한가를 결정하여야 한다.

이와는 달리 자격있는 중간상을 선발하기가 어려울 경우도 있다. 이때에는 중간상이 어떻게 구매결정을 내리는가를 조사할 필요가 있다. 예컨대, 중간상들이 어느 정도의 이윤을 원하며 어떠한 광고와 촉진활동 등을 바라고 있는가를 조사하여야 한다.

이들 중간상인들의 능력 여부는 사업 연수, 성장기록, 지불능력, 협동성, 명성 등을 기준으로 삼을 수 있을 것이다. 중간상이 판매대리점이라면 타기업 제품의 종류와 수량, 판매원의 수와 질 등을 평가하려 할 것이다.

백화점을 이용하려는 경우에는 백화점의 위치와 성장 가능성, 그리고 고객의 유형 등을 조사하여야 할 필요가 있다.

2. 동기부여

생산자는 중간상들이 최대로 판매노력을 기울이도록 자극을 줄 필요가 있다. 생산자는 중간상을 통하여 제품을 판매하는 것이 아니라 중간상들에게 판매하는 것이라고 생각할 필요가 있다. 중간상들에게 자극을 주려면 먼저 그들의 필요나 욕구를 인식하여야 한다. 생산자가 중간상에 대해 비판적인 시각을 갖게 되는 것은 중간상이 고객들에게 제품의 장점을 강조하지 못하고 있거나 제품에 관한 지식이 부족하고 생산자가 제공하는 광고물을 이용하지 않기 때문일 수가 있다. 그러나 이러한 사고는 중간상의 입장에서 보면 정당한 것인지도 모른다. 생산자의 입장에서는 중간상을 다음과 같은 관점에서 이해할 필요가 있다.

① 중간상은 생산자와 고용관계에 있는 것이 아니라 하나의 독립된 시장으로 보아야 한다. 그는 유통부문에서의 경험을 통하여 스스로 목표하는 바에 따라 불가피하다고 생각하는 여러 가지 기능을 수행하며 독립적으로 정책을 수립한다.

② 중간상은 때로는 고객을 대신하여 구매하는 역할을 수행하며, 생산자를 위한 대리판매는 2차적인 것으로 생각한다. 또한 고객이 원하는 제품은 어떠한 것이든 판매하는 데 관심이 있다.

③ 중간상은 그가 취급하는 제품을 알맞게 분류하여 고객에게 판매한다. 따라서 개별 품목보다도 그러한 분류에 따른 품목을 판매하는 데 주로 노력한다.

중간상에게 자극을 주려면 이와 같이 중간상의 입장에서 보는 상황을 이해하여야 한다. 중간상의 입장을 이해하고 관계를 유지하는 방법에는 **협동**, **파트너십**(partnership), **유통 프로그래밍**(distribution programming) 등이 있다.[4]

독자적이고 다루기 힘든 중간상으로부터 협조를 얻는다는 것은 쉬운 일이 아니다. 생산자들은 회유와 위협으로 접근하기도 하고, 높은 이윤을 보장하거나 특별한 대우를 제시하며, 광고대행에 대한 할인 등의 방법을 통하여 적극적으로 동기를 유발시키려 한다. 이러한 방법을 통해서도 효과를 거두지 못하면 이윤을 삭감시키거나 서비스를 감축하며 거래를 중단하겠다는 위협도 가한다. 그러나 무엇보다도 중요한 것은 중간상의 욕구나 욕망이 무엇인가를 먼저 파악하여야 하는 일이다.

보다 계획성이 있는 생산자는 중간상과 장기적으로 파트너십 관계를 맺으려 한다. 이러한 방법이 성공하려면 생산자는 중간상이 원하는 바가 무엇인가를 알아야 하며, 중간상은 생산자로부터 시장점유율, 제품구입의 용이도, 시장개발, 거래자 수, 기술 서비스 등에 관한 정보의 제공을 어느 정도로 기대할 수 있는가를 알아야 한다. 유통 프로그래밍은 중간상과의 관계를 유지하는 데 가장 진전되어 있는 방법으로서, 생산자가 중간상의 욕구나 욕망을 발견하여 그것을 통합하고 계획하며 전문적으로 관리하는 수직적 마케팅 시스템을 말한다.[5]

생산자는 마케팅부에 유통관계를 전담하는 특별기구를 설치하고 중간상들이 지니고 있는 문제점을 발견하여 이들이 최적으로 활동할 수 있는 프로그램을 개발하게 한다. 또한 중간상과 공동으로 재고수준, 진열면적, 판매훈련, 광고 및 촉진활동 등을 기획한다. 이러한 유통 프로그래밍의 목적은 중간상이 생산자로부터 구매하여 이익을 거두는 것이 아니라 하나의 수직적 마케팅 시스템의 일부로서 판매활동을 통하여 이익을 거두고 있다는 점을 인식시키는 데 있다.

---

[4] Bert Rosenbloom, *Marketing Channels ; A Management View*(Hinsdale, Ⅲ : Dryden Press, 1978), pp.196-203.

[5] Bert C. McCammon, Jr. "Perspectives for Distribution Programming," in *Vertical Marketing Systems*, ed. Louis P. Bucklin(Glenview, Ⅲ : Scott, Foreman, 1970), p.43.

3. 평가

생산자는 목표판매액, 평균 재고수준, 배달의 신속성, 불량품의 취급 여부, 촉진 및 훈련 프로그램에 대한 협조, 고객에 대한 서비스 등의 요소들을 기준으로 중간상의 성과를 정기적으로 평가할 필요가 있다.

성과를 평가하기 위하여 중간상에게 판매량을 할당하는 것이 보통이며, 기간별로 판매결과를 송부하도록 한다. 이것은 성과가 불량한 중간상을 고무시키고 우수한 중간상은 그러한 업적을 계속 달성하도록 하는 데 목적이 있다. 전기의 성과와도 비교하고 전체의 평균치를 기준으로 비교할 수도 있을 것이다. 또한 판매잠재력과 실제 달성액을 비교하여 평가하는 방법도 있다.

4. 유통경로의 변경

새로운 상황이 시장에서 발생함에 따라 유통경로를 변경하여야 될 경우가 있다. 유통경로를 변경하는 데는 세 가지 유형이 있다.

첫째로, 특정 중간상을 추가할 것인가 또는 제거할 것인가를 결정하는 문제로서 그러한 결정을 내리려면 추가 혹은 제거에 따르는 경제성을 분석해야 할 것이다. 즉, 당해 중간상의 존폐 여부가 생산자의 이익에 어떤 영향을 미칠 것인가를 분석하여야 하는 것이다. 그러나 이러한 결정이 유통경로 전체에 파상적으로 영향을 미친다면 경제성을 정확하게 분석하기는 매우 어려운 일에 속한다.

둘째, 하나의 유통경로를 추가할 것인가 또는 제거할 것인가의 문제이다. 예컨대 가전제품을 생산하는 기업에서 냉장고를 새로 생산하여 기존의 대리점을 통하여 판매할 것을 고려하고 있다고 하자. 그러나 이 대리점들이 애프터서비스나 기술 등의 문제로 인하여 냉장고의 판매를 기피한다고 할 때, 냉장고만을 전문으로 판매하는 대리점을 택하는 것과 같이 새로운 유통경로를 개척할 방안을 고려하여야 되는 경우도 있다.

마지막으로, 유통체제를 전면적으로 변경하는 문제도 생각할 수 있는데, 이것은 극히 어려운 결정이다. 예컨대 지금까지 판매대리점에 의존해 오던 방법을 탈피하여 독자적으로 지점망을 설치하는 경우가 있을 것이다. 이러한 결정은 최고경영층에서 내리게 되며, 유통경로뿐 아니라 마케팅 정책도 수정하여야 됨을 의미한다.

제5절 물류관리와 공급사슬관리

우리는 지금까지 제품을 최종시장에 제공하기 위하여 기업이 유통경로를 선택하는 과정을 살펴보았다. 그러나 제품을 필요한 시기에 적절한 장소에 보관하고 운반하는 문제는 아직까지 검토하지 않았다. 고객을 유치하고 충족시키는 일은 판매자의 물류관리 능력에 따라 많은 영향을 받게 되는 바, 본 절에서는 물류관리의 성격, 목적, 체제, 조직 등을 알아보기로 한다.

1. 물류관리의 성격과 중요성

물류관리(physical distribution) 또는 **마케팅 로지스틱스**(marketing logistics)라 함은 '고객의 욕구를 충족시킴은 물론 이익도 획득하기 위하여 원료나 최종상품을 원산지에서부터 사용자나 소비자에게 이동하는 것을 계획하고 실행하며 통제하는 과업'을 말한다.

물류관리는 보통 제품이 공장에서 출하되어 최소의 비용으로 고객들에게 전달할 수 있는 방법을 찾는 것을 의미하였다. 그러나 오늘날의 마케팅 종사자들은 **시장 로지스틱스**(market logistics)의 개념을 선호하고 있는 바, 이것은 시장에서 출발하여 역으로 공장으로 되돌아가는 과정을 검토하고 작업하는 것을 말한다. 로지스틱스의 개념은 제품이 공장에서 고객으로 이동하는 역으로의 유통뿐만 아니라 원료나 부품이 공급자로부터 공장으로 이동하는 외부로의 유통문제도 다루고 있다. 다시 말하면 공급자로부터 제조업자, 도매상, 소매상 및 고객에 이르기까지 부가가치의 흐름을 다루는 총체적 **공급사슬관리**(supply chain management)를 말한다. 따라서 로지스틱스 관리자의 과업은 공급자, 구매대행자, 마케팅 종사자, 경로구성원 및 소비자들에 이르기까지 이들의 활동을 총체적으로 다루는 물류체제를 조정하는 데 있다. 이러한 활동에는 예측, 정보시스템, 구매, 생산계획, 주문처리, 재고관리, 창고관리 및 수송계획 등이 포함된다.

오늘날 기업들이 로지스틱스에 관심을 기울이는 이유는 여러 가지가 있다. 첫째, 어느 기업이든지 고객에 대한 서비스와 만족의 제공이 마케팅 전략의 핵심이 되고 있고, 여기에서 유통이 고객에 대한 서비스의 중요한 요소이기 때문이다. 고객을 확보하고 유지하는 데에는 효과적인 로지스틱스가 더욱 핵심적인 요소로 작용하고 있다. 기업들은 보다 우수한 물류관리를 통하여 양질의 서비스를 제공하거나 낮은 가격으로 판매함으로써 보다 많은 고객들을 유치할 수 있다는 것을 인식하게 되었다. 이와는 달리 적절한 제품을 제때에 공급하지 못하면 고객을 잃을 염려가 있다.

둘째, 로지스틱스는 대부분의 기업에서 비용 가운데 상당한 비중을 차지하고 있다. 예컨대 제품 단위당 가격에서 수송비가 차지하는 비중이 상당히 클 경우가 많다. 따라서 물류관리에 관한 결정을 조정하지 않으면 경쟁력을 갖출 수 없고, 또한 최적의 이익을 거둘 수도 없게 되었다. 대기업의 경우에도 재고수준, 수송 모델, 창고관리 및 점포 위치의 선정 등과 같은 문제들을 조정하기 위한 최신의 의사결정 수단을 제대로 활용하지 못할 경우가 있다. 물류효율을 개선하면 기업과 고객 양자 모두에게 상당한 비용절감을 기할 수 있다.

셋째, 제품이 폭발적으로 다양화됨으로써 로지스틱스 관리의 개선이 필요로 하게 된 요인으로 작용하였다. 예컨대 백화점이나 할인점에서 취급하는 제품의 종류가 증가함에 따라 그러한 제품들을 주문하고, 선적하며, 적정한 수준으로 재고를 관리하고 통제하는 문제가 로지스틱스의 중요한 과업이 되었다.

마지막으로 정보기술의 발달로 유통효율이 대폭 개선될 수 있는 기회가 발생하였다. 컴퓨터, 구매시점에서의 스캐너(scanner), 획일적 제품부호(uniform product code), EDI(electronic data interchange), 그리고 전자자금이체(electronic funds transfer; EFT) 등을 이용하게 됨으로써 기업들은 주문처리, 재고관리 및 수송문제 등에 대하여 고도로 발달된 시스템을 갖추게 되었다.

2. 로지스틱스 시스템의 목적

물류관리의 목적은 제품을 적절한 시기에 적절한 장소에다 최소의 비용으로 제공하는 데 있다고 흔히 이야기하고 있다. 그러나 이러한 표현은 적절하지 못하다. 왜냐하면 어떠한 물류관리 체제도 고객에 대한 서비스를 극대화함과 동시에 유통비용을 극소화할 수는 없기 때문이다. 유통비용을 극소화한다는 것은 수송이 지연되거나 값싼 수송수단을 이용하며 저수준의 재고와 소수의 창고를 유지하려는 정책을 의미한다.

따라서 물류관리 내지 로지스틱스의 목적은 '효율'의 개념을 원용하여 신중하게 정의를 내려야 한다. 효율성이란 투입물에 대한 산출물의 비율을 말하는 것으로 물류관리체제에서 투입과 산출이 무엇인가를 확정하여야만 물류관리의 목적을 결정할 수 있다. 어느 기업이든 물류관리자에게 단순히 물류관리비용을 절약하게 하는 것만으로는 그 효율을 달성할 수 없다. 물류관리에서 달성하는 제 비용은 상호의존관계에 있기도 하고 역관계에 있는 경우도 있다. 예컨대 운송담당자가 수송비를 절약하기 위하여 항공운송 대신에 철도를 이용하려 한다고 하자. 그러나 철도는 시간이 많이 걸리고, 따라서 수송에 따르는 자금이 부담이 되며 고객의 대금지불이 지연되고, 이에 따라 고객들은 신속한 서비스를 제공하는 경쟁자의 제품을 구입하게 될 수도 있다. 뿐만 아니라 여러 물류관리 활동들이 상호 밀접하게 관련되어 있으므로 총체적인 시스템을 토대로 결정을 내려야 할 필요가 있다.

물류관리 내지 로지스틱스 체제를 개발하려면 고객에게 제공하는 서비스의 수준과 경쟁자의 서비스 수준을 조사하는 것으로부터 출발하여야 한다. 고객들은 ① 적기에 배달하는가, ② 제품을 급히 필요로 할 때 그들의 필요를 충족시켜 줄 의사가 있는가, ③ 제품이 손상되지 않고 배달되도록 주의를 기울이는가, ④ 불량품을 반환하면 즉시 신제품을 제공할 준비가 되어 있는가, ⑤ 적절한 재고수준을 유지하고 있는가 등에 관심을 기울인다.

기업이 하여야 할 일은 표적고객들에게 제공할 여러 가지 서비스의 상대적인 중요성을 평가하는 것이다. 예컨대 복사기를 구입하는 사람에게는 수선 서비스가 가장 중요할 것이다. 미국의 제록스(Xerox) 회사는 이 점을 깨닫고 복사기가 고장이라는 연락을 받으면 전국의 어디에서나 세 시간 이내에 수리하여 준다는 원칙을 정하고 전국에 걸쳐 서비스 전담기구를 설치하여 12,000여 명이 이에 종사하도록 한 바 있다.

또한 경쟁자의 서비스 수준도 고려하여야 한다. 누구나 경쟁자 수준 이상의 서비스를 제공하기를 원하겠지만 서비스의 향상에 따르는 비용을 고려하지 않을 수 없다. 경쟁자의 서비스 수준 정도를 제공하지 못하는 경우에는 제품의 가격을 인하하거나 물류관리비용을 절감하는 방법을 생각하여야 할 것이다. 이와는 반대로 경쟁자가 제공하는 수준 이상의 서비스를 제공하는 대신 이에 따르는 비용을 회수하기 위하여 가격을 인상하는 방법도 있을 것이다.

이상에서 언급한 바와 같은 모든 요소를 고려한 후에 물류관리의 목적을 설정하게 된다. 이러한 목적이 설정되면 그 목적을 달성하는 데 소요되는 비용을 극소화할 수 있는 물류관리체제를 개발하여야 한다. 이러한 경우에, ① 주문을 어떻게 처리하여야 할 것인가, ② 제품을 어디에 보관할 것인가, ③ 재고수준은 어느 정도로 유지할 것인가, ④ 제품을 어떻게 선적할 것인가 등의 문제들을 결정하여야 한다.

3. 주문처리

물류관리는 고객의 주문을 받는 것으로부터 시작된다. 기업이 주문을 받는 대상은 지역판매원, 대리점, 고객 등일 것이다. 지역 내에서 주문부(order department)가 별도로 설치되어 주문처리를 전담하는 것이 보통이다.

이러한 주문처리과정은 빠를수록 유리하며 주문처리와 동시에 다음과 같은 문제들도 고려하여야 한다. 즉, ① 고객의 주문을 받은 후에 어떠한 처리과정이 필요한가, ② 고객으로부터 대금을 결제하는 데 어느 정도의 시간이 걸리는가, ③ 재고수준을 검사하는 데 어떠한 절차가 필요하며 어느 정도의 시간이 필요한가, ④ 재고수준을 유지하기 위하여 생산부에서는 며칠 전에 통보를 받을 필요가 있는가, ⑤ 판매담당자가 판매수준을 파악하는 데 어느 정도의 시간이 걸리는가 등의 문제를 이해하고 있어야 한다.

오늘날 많은 기업들이 주문처리를 신속하게 수행하기 위하여 컴퓨터를 이용하고 있다. 컴퓨터의 출현으로 생산계획은 물론 판매예측도 가능하게 되어 이에 따라 재고수준도 적절하게 유지할 수 있고 주문도 신속하게 처리할 수 있게 되었다.

4. 재고수준의 결정

마케팅 관리에서는 재고정책에 대한 통제가 포함되어 있지는 않지만 이에 대한 관심이 점차로 높아가고 있다. 마케팅 관리자가 수요를 창조하여 고객의 욕구를 충족시키려면 서비스 수준을 높이는 데 관심을 기울여야 한다. 이를 위한 유용한 수단의 하나가 재고정책이다. 마케팅 관리자는 모든 고객의 주문을 신속하게 처리할 것을 원하지만 비용을 고려할 때 완전한 재고수준을 유지하기란 불가능하다. 완전한 서비스를 제공할수록 재고비용은 가속적으로 증가하기 때문이다. 그림 13-7 A는 이러한 관계를 표시하여 주고 있다. 현재의 재고수준에서 총주문의 85%를 이용하려면 4억원의 재고비용이 필요하며, 주문이행비율을 90%까지 올리려면 1억원의 비용이 추가로 소요된다. 그러나 재고비용이 가속적으로 증가한다고 하여 고객에 대한 서비스 수준을 높일 수 없다는 것은 아니다. 서비스의 수준이 높을수록 판매가 증가하고 고객과의 유대관계를 강화할 수 있으며, 서비스 수준을 높이는 데 필요한 비용을 투자한 것 이상으로 판매와 이익을 증가시킬 수 있는가의 여부도 문제가 될 것이다.

일정한 재고수준을 유지하려는 것은 제품을 생산하여 그것을 사용하는 데 소요되는 시간과 장소, 사용률(혹은 사용속도)이 각각 다르기 때문이다. 농산물의 경우에는 연중 일정한 양이 안정적으로 소비되는 것이 보통이지만, 풍작의 경우에는 사정이 다를 것이다. 제조회사의 경우에도 일시에 대량으로 생산하는 것이 비용절약의 효과를 거둘 수 있을 것이다. 그러나 비용의 절약이 완전히 판매될 때까지의 보관비용을 능가하여야 할 것이다.

그림 13-7 최적주문량의 결정과 서비스 수준에 따른 재고비의 증가

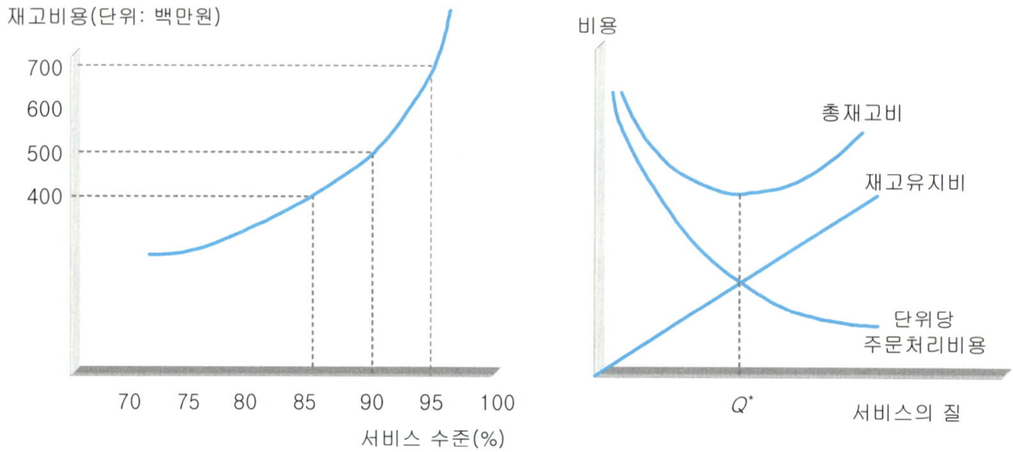

A. 서비스 수준에 따른 재고비용의 증가

B. 최적주문량(Q^*)의 결정

재고수준을 결정하려면 **주문시점**(order point 혹은 reorder point)과 주문량의 두 가지 요소를 고려하여야 한다. 재고수준은 시간이 경과함에 따라 감소하므로 적정재고량을 유지하기 위해 주문시점을 결정하여야 하는데, 주문시점은 주문조달기간(lead time)과 사용률(usage rate), 그리고 서비스 기준에 달려 있다. 더구나 고객의 사용률이나 조달기간이 일정하지 않을 경우에는 이에 대비하여 별도의 **안전재고**(safety stock)가 필요할 것이다. 최종적으로 주문시점을 결정하려면 재고부족의 위험과 과잉재고로 발생하는 비용을 모두 고려하여야 한다. 주문량의 결정은 주문횟수와 관계가 있다. 1회 주문량이 많을수록 주문횟수는 감소할 것이다.

주문처리비용(order-processing cost)은 유통부문 종사자와 제조업자의 경우에 따라 각각 다르다. 유통부문 종사자의 주문처리비용이란 주문을 받고 처리할 때마다 소요되는 모든 재료, 기계 사용시간, 인건비 등을 말하며 제조업자의 경우에는 **착수비**(setup cost)와 **운영비**(running cost)로 구성되어 있다. 착수비용이 적으면 자주 생산할 수 있고 제품단위당 비용은 비교적 일정할 것이므로 운영비와 거의 비슷한 수준일 것이다. 그러나 착수비용이 클 경우에는 작업시간을 길게 잡고 재고를 유지함으로써 단위당 비용을 축소할 수 있다.

주문처리비용은 **재고유지비**(inventory carrying cost)와 비교하여야 한다. 평균재고량이 많을수록 재고유지비도 많이 들며 이러한 재고유지비에는 보관비, 자본비용(cost of capital), 세금과 보험료, 감가상각비 등이 있다. 마케팅 관리자가 재고수준을 높일 것을 원하면 추가로 발생하는 재고유지비가 판매증가에 따른 추가이익보다 크지 않다는 점을 증명할 수 있어야 할 것이다.

많은 기업들이 필요 이상의 재고유지비를 소모하는 경우가 많은데, 이것은 그들이 고객들에게 모든 제품에 대하여 동일한 수준의 서비스를 제공하려 하기 때문이다. 이러한 기업에서는 판매속도에 따라 제품을 분류하여 재고수준을 달리하는 것이 좋을 것이다. 판매속도가 빠른 제품의 경우에는 재고수준을 높이고 다수의 지역에 보관케 하며, 판매속도가 느린 제품의 경우에는 재고수준을 낮추고 집중적으로 보관하는 것이 좋을 것으로 생각된다.

적정주문량은 주문처리비용과 재고유지비의 합계가 최소일 경우가 될 것이다. 그림 13-7 B에서 알 수 있는 바와 같이 주문처리비용은 주문량이 클수록 감소하고 있는데, 이것은 주문량에 따라 주문처리비용을 배분하기 때문이다. 재고유지비는 주문량이 증가함에 따라 상승하고 있다. 이것은 제품의 단위가 주문량이 증가함에 따라 더 오랫동안 재고로 남기 때문이다. 이 두 비용을 합하여 총비용곡선을 구하게 되며, 총비용곡선의 가장 낮은 점에서 최적주문량(Q^* : EOQ, 즉 Economic Order Quantity)이 결정된다. 최적주문량을 구하는 과정을 수학적으로 유도하여 보면 다음과 같다.

Q : 1회 주문량

C : 제품단위당 원가

I : 단위당 원가에 대한 연간 평균 재고유지비의 비율

S : 1회 주문처리비용

D : 연간수요량

을 표시하며 총비용 T는 다음과 같다.

$$T = CD + \frac{D}{Q} + S + IC\frac{Q}{2} \tag{13-1}$$

함수 T를 Q에 대하여 미분하면

$$\frac{dT}{dQ} = \frac{-DS}{Q^2} + \frac{IC}{2} \tag{13-2}$$

일차도함수 $\frac{dT}{dQ} = 0$으로 놓고 Q에 대한 해를 구하면

$$Q^* = \sqrt{\frac{2DS}{IC}} \tag{13-3}$$

간단한 예를 들어보자. 어떤 제품의 연간수요가 400 단위로 추정되고 큰 변동이 없을 것으로 예상된다고 하자. 제품단위당 원가가 100원이고 평균 재고원가에 대한 연간평균 재고유지비의 비율이 25%에 달하며, 1회 주문에 소요되는 처리비용은 5원이다. 따라서 최적주문량(Q^*)은

$$Q^* = \sqrt{\frac{2(400)(5)}{0.25(100)}} = \sqrt{160} \fallingdotseq 12.8$$

이 된다. 그러므로 재고량이 일정한 속도로 감소한다고 가정할 때 마지막 재고가 팔릴 때마다 13 단위를 주문하면 최소비용이 소요된다.

그러나 현실적으로 이러한 유형의 주문은 매우 드물 것으로 생각된다. 상기한 모델 외에도 여러 가지 복잡한 문제를 해결할 수 있는 모델들이 많이 제시되고 있는 바, 관심있는 독자들은 계량경영(OR) 관계의 서적을 참고하기 바란다. 결국 재고관리 문제는 비용과 이익의 관계를 어떻게 조정하는가에 달려있으며, 또 하나의 문제는 수요를 정확하게 예측할 수 있어야 한다는 것이다. 수요의 예측에 관하여는 이미 앞의 제4장에서 상술한 바 있다.

지난 10년간 많은 기업들이 JIT(just-in-time) 로지스틱스 시스템을 통하여 재고수준 및 이와 관련되는 비용을 대폭 줄일 수 있었다. 생산자와 소매상들은 이러한 시스템을 통하여 최소한의 상품이나 부품의 재고를 유지한다. 상품이나 부품은 이용될 때까지 재고상태로 유지되지 않고 필요할 때마다 주문하여 저장한다. 이러한 JIT 시스템을 이용하려면 정확한 예측과 신속하고 유연성이 있는 배달이 가능하여야 하며, 필요할 때마다 공급이 제대로 이루어져야 한다. 그러나 이 시스템은

주문처리 비용을 절감하는 데 상당한 효과를 거두었다.

5. 창고의 위치선정

창고의 위치는 고객에 대한 서비스를 제공할 능력을 결정하며 전체 물류관리비용에 중대한 영향을 미치게 된다.

여기에서는 지역마다 단일의 창고만을 설치하는 경우를 살펴보기로 한다. 창고의 수를 불문하고 그 위치는 제품의 출입에서 발생하는 비용을 극소화할 수 있는 지역이어야 할 것이다. 단일의 창고를 설치하는 문제는 전략상 수송비보다 시간이 더 중요한 요소로 가정할 수 있다. 또한 창고의 규모와 고객에게 제공할 지역도 고려하여야 한다. 창고에서 담당할 지역을 결정하는 문제를 검토하여 보면 단일 창고에서 발생하는 비용과 배달비용은 그림 13-8과 같은 형태를 갖는다고 가정할 수 있다.

그림 13-8 단일 창고의 비용

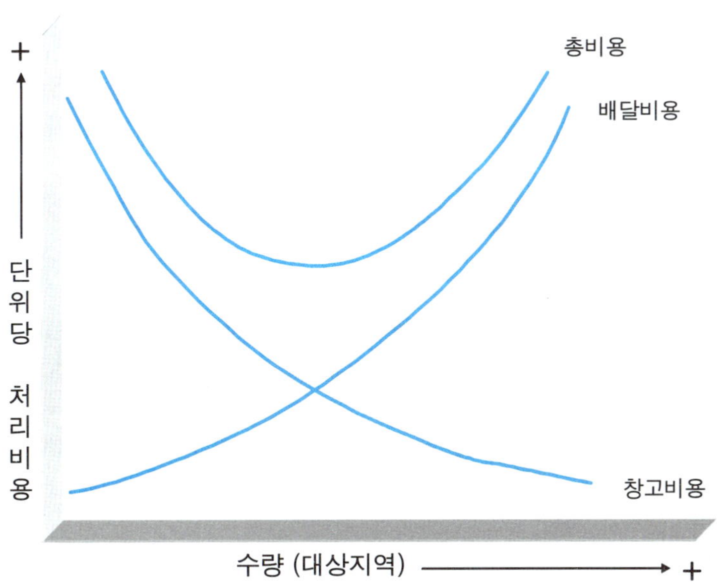

즉, 제품을 제공할 지역이 넓어지고 지역당 수요의 밀도가 일정하다면 제품단위당 창고유지비는 감소하며 배달비용은 증가할 것이다. 이 모델에서는 지역에 관계없이 창고업무와 관련되는 여타의 비용은 동일하다고 가정하여 창고업무 및 이와 관련되는 모든 비용은 제품수량에 역비례한다고 가정하고 있다. 또한 배달과 관련되는 비용은 창고를 중심으로 반경 이내에 속하는 지역 넓이의 평방근에 비례하고 기타의 비용은 제품수량이나 지역에 따라 변하지 않는다고 가정한다.

이러한 가정 아래 총비용은 다음과 같은 공식으로 구할 수 있다. 즉,

$$C = a + \frac{b}{V} C\sqrt{A} \qquad (13\text{-}4)$$

여기에서,

C : 한 지역에서 발생할 유통비용(제품의 화폐단위당 금액임)

V : 단위기간 중 창고에서의 제품취급수량

A : 창고에서 담당하고 있는 지역의 넓이(km^2)

a : 제품수량과 관계없이 발생하는 비용(제품의 화폐단위당 금액)

b : 단위기간 중 창고에서 발생하는 고정비용(따라서 $\frac{b}{V}$는 제품단위당 고정비용이 된다.)

c : 유통비용(이것은 지역넓이 A의 평방근에 따라 변동한다. 즉 거리와 관련되는 비용으로서 가솔린, 트럭 수선, 운전시간 등이 이에 해당된다)

창고의 위치를 선정하거나 변경할 때 상기 공식을 이용하려면 먼저 최소비용을 달성할 수 있는 A의 값을 구하여야 할 것이다. 이를 위하여 단위면적당(km^2) 판매량 K를 구한다. 즉

$$K = \frac{V}{A} \qquad \text{따라서} \quad V = KA$$

가 되며 이것을 상기한 공식에 대입하면

$$C = a + \frac{b}{KA} C\sqrt{A} \quad (13\text{-}5)$$

A에 대하여 C를 미분하고 일차도함수를 0으로 하면

$$\frac{dC}{dA} = \frac{-b}{KA^2} + \frac{C}{2\sqrt{A}} = 0$$

이것을 A에 대하여 해를 구하면

$$A = \left(\frac{2b}{CK}\right)^{\frac{2}{3}} \quad (13\text{-}6)$$

여기에서 $r = \sqrt{a/\pi}$로 표시할 수 있으므로 A를 구하면 반경(r)도 자연히 구할 수 있다. 그러므로 γ의 값이 10km라면 하나의 원을 그려 그 중심이 창고의 위치가 될 것이다.

이상의 방법은 창고의 위치를 결정하는 여러 모델 중의 하나에 불과하다. 근래에 이르러 **시뮬레이션**(simulation)이나 **휴리스틱 프로그램**(heuristic program) 혹은 **선형계획법**(linear programming) 등의 기법을 많이 이용하고 있다.

그러나 어떠한 방법을 이용하든 간에 창고의 위치를 선정하는 문제는 그 자체의 한계를 정하고 외부환경의 제약조건도 고려하여야 할 것이다.

수송문제는 물류관리에서 가장 중요한 요소 중의 하나이다. 이에 관해서는 계량경영분야에서 많이 다루고 있으므로 여기에서는 설명을 생략하기로 한다.

6. 통합적 로지스틱스 관리

1) 내부의 팀워크를 통한 조정

창고의 위치 선정과 관리, 수송, 재고관리 등 물류관리의 각 요소에 대한 결정을 내리려면 각 관계당사자들의 협조와 조정이 필요불가결하다. 그러나 책임의 한계가 분명하지 않고 상호간에 조

정이 부족한 경우가 있다. 예컨대 수송관리자는 수송비를 극소화하려는 반면에, 판매관리자는 고객에 대한 서비스 수준을 극대화하기 위하여 재고수준을 높이고 신속한 수송을 원한다. 재고관리자는 재고비용을 극소화하려 할 것이다. 그러므로 각 관리자들이 자신의 목적만을 추구한다면 기업 전체로 보아서는 최적의 이익을 실현할 수 없게 된다.

따라서 각 관리자의 권한과 책임을 조정하기 위하여 물류관리활동을 전담하는 위원회를 설치하기도 하고, 한 사람에게 물류관리를 집중적으로 다룰 수 있는 권한을 부여하는 기업도 있다. 그러나 무엇보다도 중요한 것은 기업 스스로가 물류관리를 계획하고 조정함으로써 비용을 절감하고 서비스를 개선할 기회를 찾을 수 있음을 인식하여야 한다는 점이다. 이러한 사실을 깨닫게 될 때 효율적으로 조정할 수 있는 방안을 세울 수 있다.

2) 경로구성원간의 협력체제 구축

하나의 유통경로에 종사하고 있는 여러 구성원들은 고객만족과 가치를 전달하는 데 있어 서로 밀접한 관련을 맺고 있다. 어느 한 기업의 유통시스템은 다른 기업의 공급시스템과 맞물려 있는 것이다. 각 경로구성원의 성패 여부는 전체 공급사슬의 성과에 달려 있다. 예컨대 할인점에서 제품을 저렴한 가격으로 판매할 수 있는 것은 다수의 상품 공급자들과 수송회사, 창고회사 및 여타 서비스 업체들로 구성되는 총체적 공급사슬이 효율적으로 작동될 수 있기 때문이다.

기업의 입장에서는 자체 로지스틱스를 개선하는 것 이상의 과업을 수행하여야 한다. 즉, 총체적 유통경로를 개선하기 위하여 여타 경로구성원들과도 협력하여야 하는 것이다. 예컨대 의류회사에서 완제품을 자체 창고에 보관한 다음에 백화점의 창고에 수송한 다음, 여기에서 백화점으로 출고하는 시스템을 갖고 있다면 재고비용이 발생하는 등 낭비를 초래하게 될 것이다. 만일 두 기업이 협동하여 의류회사에서 백화점으로 제품을 직접 운송할 수 있다면 두 기업 모두가 시간과 재고관리 및 수송 등의 면에서 비용이 절약될 것이다. 오늘날에는 다수의 기업들이 고객에 대한 서비스를 개선하고 경로비용을 줄이기 위하여 공급자 및 고객과 강력한 협력관계를 구축하고 로지스틱스 전략을 조정하고 있다.

경로구성원간의 이러한 협력관계에는 여러 가지 형태가 있다. 다수의 기업들이 기능과 팀을 교환하고 있는 경우를 찾아볼 수 있다. 예컨대 생산자 측에서 팀을 구성하여 할인점 본부에 상주시켜 공동으로 유통시스템에서 발생하는 비용을 줄이려고 노력한다. 이것은 최종소비자들에게도 이익이 된다.

기업에 따라서는 프로젝트를 공동으로 수행함으로써 협력관계를 구축한다. 예컨대 다수의 소매상들은 점포 내의 여러 가지 프로그램에 대하여 공급자들과 긴밀한 관계를 맺고 공동으로 작업한다. 공급자 측에서는 소매상의 점포를 신상품의 시험장으로 이용한다. 이에 따라 제품이 어떻게 팔리고 고객들이 어떠한 반응을 보이는가를 관찰한다. 그 결과를 토대로 문제의 소매상과 고객들에게 적합한 프로그램을 개발한다.

경로 구성원간의 협력체제는 '정보를 공유'하거나 '지속적인 재고보충' 시스템의 형태를 취하기도 한다. 기업들은 정보를 통하여 그들의 공급사슬을 관리한다. 예컨대 공급자는 정보를 공유하고 로지스틱스 결정을 조정하기 위하여 EDI(electronic data interchange) 시스템으로 고객들을 연결하고 있다.

이와 같이 오늘날 다수의 기업들은 경로구성원들과 협력관계를 구축하여 '예상을 토대로 하는 유통시스템', '반응을 토대로 하는 유통시스템'으로 전환하고 있다. 예상을 토대로 하는 유통시스템에서는 생산자가 판매예측을 토대로 제품의 생산량을 결정한다. 이러한 기업은 공장이나 유통센터, 또는 소매점 등 여러 장소에 재고를 유지하여야 한다. 각각의 장소에서는 주문에 따라 공급처로부터 자동적으로 재주문한다. 판매가 예상하는 것보다 부진할 때에는 할인 등의 방법을 이용하여 재고를 줄이려 한다.

이와는 달리 반응을 토대로 하는 유통시스템에서는 고객이 생산의 계기가 되는 방식을 취한다. 생산자는 주문이 도래할 때마다 재고를 지속적으로 보충한다. 따라서 현재 판매되고 있는 것을 생산한다. 예컨대 일본 자동차 회사에서는 주문을 받은 다음에 4일 내에 자동차를 생산하여 선적한다. 예측보다도 주문에 따라 생산하게 되면 재고비용과 위험을 상당히 줄일 수 있다.

3) 제3자의 로지스틱스 위임

지금까지 대부분의 기업들은 로지스틱스 기능을 자체적으로 수행하고 있었다. 그러나 근래에 이르러 이러한 기능을 제3자에 위임하는 아웃소싱(outsourcing) 방식을 취하는 기업의 수가 점차 늘어나고 있다. 세계적으로 운영되고 있는 UPS나 휘덱스(FedEx)를 비롯하여 우리나라에서도 다수의 택배회사들이 점차 성장하고 있다. 이러한 택배회사들은 단순히 상품의 수송만을 전담하는 것은 아니다. 통합적인 공급사슬관리, 맞춤형 정보기술, 재고관리, 창고관리 및 고객에 대한 서비스에 이르기까지 다각적인 조정업무도 수행하고 있다. 이러한 제3자에 의한 로지스틱스 또는 택배업무는 전자상거래의 발달과 함께 더욱 증가할 것으로 예상된다.

요 약

유통경로에 관한 결정은 오늘날 기업이 당면하고 있는 가장 복잡하고도 커다란 난제를 안고 있는 중요한 의사결정 중의 하나이다. 각 경로체제에 따라 상이한 수준의 판매와 비용이 발생하게 된다. 기업이 일단 하나의 유통경로를 선정하게 되면 장기적으로 이를 활용할 태세를 갖추어야 할 필요가 있다. 선정된 경로는 마케팅 믹스의 여타 요소에 크게 영향을 미치기도 하고 그러한 요소들에 의하여 영향을 받기도 한다.

개별 기업들은 각자의 고객 내지 시장에 접촉할 수 있는 대안들을 발굴하여야 할 필요가 있다. 이용가능한 수단에는 직접판매에서부터 시작하여 한 개, 둘, 셋, 또는 그 이상의 중개경로기관들이 있어 다양한 숫자의 종사원들이 개입할 수가 있다. 유통경로를 구성하고 있는 기관들은 제품, 제품의 소유, 대금지불, 정보교환 및 촉진의 흐름 등으로 상호연결되어 있다. 유통경로 종사자들은 끊임없는 변화에 직면하고 있다. 근래에 들어 발생하고 있는 유통경로상의 세 가지 중요 변화추세는 수직적 마케팅 시스템과 수평적 마케팅 시스템, 그리고 복수경로 마케팅 시스템 등을 들 수 있다. 이러한 경로상의 변화추세는 경로구성원들 간의 협동과 갈등, 그리고 경쟁에 영향을 미친다.

경로설계는 경로구성원들이 고객들에게 제공하고자 하는 서비스 수준의 필요성을 평가하고 경로구성원들의 목적과 한계를 평가하는 것으로부터 시작된다. 그리고 나서 주요 경로상의 대안들을 그 경로의 유통과 중개기구의 수, 그리고 각 경로구성원들의 책임 등의 면에서 확인하는 과정이 필요하다. 각 경로대안들을 경제성, 통제력 및 신축성의 기준을 토대로 평가하여야 한다. 경로관리에는 중간상을 선정하고 이들에게 동기를 부여하는 일이 요구된다. 개별 경로구성원들은 정기적으로 그 업적에 대해서 평가할 필요가 있다.

근래에 이르러 마케팅 지향적 이념이 기업에 큰 영향을 미치고 그 중요성을 점차 깨닫고 있는 것과 마찬가지로 물류관리의 개념에 대해서도 관심을 갖게 되는 기업들이 점차 증가하고 있다. 물류관리는 제품의 이동에 따른 비용의 절약 가능성과 고객의 욕구충족이라는 두 가지 과제를 해결할 수 있는 하나의 영역에 속한다. 주문을 담당하는 관리자나 창고업무를 담당하는 관리자, 또는 재고관리자, 그리고 수송담당 관리자들은 그들이 의사결정을 내릴 때 각자의 비용과 수요를 다룰 능력면에서 상호간에 영향을 미치게 된다. 물류관리를 효율적으로 수행하려면 하나의 통일적인 체계 내에서 이러한 모든 의사결정들을 다뤄야 할 필요가 있다. 물류관리에 있어 주요 과제는 결국 고객에 대한 서비스 수준을 어느 정도까지 제공할 것인가를 결정하고 거기에 소요되는 총비용을 극소화할 수 있는 효율적인 체제를 설계하는 데 있다고 할 수 있다.

연습문제

1... 근래에 이르러 직접마케팅의 대표적인 예로서 인터넷 판매가 점차 증가하고 있는 추세에 있다. 인터넷 판매로 성공한 대표적인 제품의 예를 들어 그 성공요인을 설명하여 보라.

2... 다음의 업종들은 몇 단계의 유통경로를 거치고 있는가를 설명하여 보라.

① 자동차 ② 가전제품 ③ 라면 ④ 의약품 ⑤ 서적

3... 제품이 생산자에서 고객에 도달할 때까지 제품의 이동과 소유권의 이전, 대금결제, 정보교환과 제공, 그리고 촉진 등의 활동을 수행하는 데 있어서 어떠한 기관들이 존재하고 있는가를 설명하여 보라.

4... 유통경로상에서의 주도권자는 어떻게 설명되는가? 주도권을 잡고 있는 경로구성원이 경로상의 다른 구성원에 대해서 지니고 있는 권한의 크기는 무엇에 따라서 결정되는가?

5... 근래에 이르러 급격히 성장하고 있는 하나의 유통형태로서 독점판매방식(franchising)이 급격히 성장하고 있는 이유는 무엇인가?

6... 근래에 이르러 수평적 마케팅 시스템이 보편화되고 있는 이유는 무엇인가? 이러한 수평적 마케팅 시스템을 이용함으로써 혜택을 볼 수 있는 업종의 예를 들어보라.

7... 다음의 집단들은 경로상의 구성원들이 제공하고 있는 서비스 수준을 어느 정도로 필요로 하는가를 기술하여 보라.

① 가정에서 사용하는 개인용 컴퓨터를 구매하는 소비자

② 소비자에게 재판매하기 위해서 컴퓨터를 구입하는 소매상

③ 기업에서 사용하기 위한 컴퓨터를 구매하는 구매대리점

이와 같이 성격이 상이한 고객집단들의 욕구를 충족시키기 위해서 컴퓨터 제조회사에서는 어떤 유형의 경로를 각각 설계할 필요가 있는가?

8... 다음의 제품들은 집중유통, 선별유통 및 독점유통 가운데 어떤 유통전략을 이용하고 있는가?

① 시계 ② 자동차 ③ 과자류

9... 공급사슬관리란 무엇인가? 대표적인 제품의 예를 들어 설명하라.

제14장

소매 및 도매업 전략

제1절 소매업의 의의

소매업(retailing)이란 '개인적인 목적이나 비사업적인 용도로 사용할 것을 목적으로 최종소비자에게 상품이나 서비스를 판매하는 데 관련되는 보든 활동'을 말한다. 그러므로 생산자나 도매상 혹은 소매상을 막론하고 소매업을 영위하고 있다고 말할 수 있으며, 상품이나 서비스가 판매되는 방법이나 장소에 의하여 구분되는 것이 아니다. 예컨대 사람이나 우편, 혹은 전화 등 어떠한 방법을 통하여 판매되는 것으로 소매업을 구분하지는 않는다. 또한 상점이나 거리, 소비자의 가정 등 판매되는 장소가 문제되지 않는다. 이와는 달리 **소매점**(retailing store) 혹은 **소매상**(retailer)이란 소매업을 통하여 판매를 달성하는 개인 혹은 기업을 말한다.

소매업의 주요 기능 중의 하나는 '서비스'를 제공한다는 것이다. 소매업은 다수의 최종소비자들을 대상으로 하여 이들이 일시에 소량의 상품이나 서비스를 구매하는 것을 돕는 역할을 수행하므로 노동집약적이다. 그러므로 소매업에서는 인건비가 차지하는 비중이 높은 특징을 지니고 있다.

대부분의 소매업은 점포를 통하여 그 기능이 수행되고 있지만 최근에 이르러 비점포소매업(non-store retailing), 예컨대 우편 및 전화주문에 의한 판매, 가호방문판매, 그리고 자동판매기에 의한 판매, 그밖에 다수의 전자수단, 가령 컴퓨터를 통한 판매방식(인터넷)이 대표적인 예에 속한다) 등이 폭발적으로 증가하고 있다. 점포소매업은 아직까지도 소매업에서 주류를 차지하고 있으므로 먼저 점포소매업의 유형과 특징에 대해서 살펴보고 비점포소매업에 대해서는 그 다음으로 살펴보기로 하자.

제2절 점포소매업의 유형과 특성

소매업을 영위하는 소매상은 규모와 형태에 있어 매우 다양하며 수없이 많이 존재하고 있다. 뿐만 아니라 근래에 이르러 새로운 형태의 소매업이 계속 출현하고 있는 양상을 보이고 있다. 따라서 소매상의 종류를 구분하는 일정한 기준을 설정하기는 거의 불가능하다.

소매상의 유형을 구분하는 기준으로는 서비스의 양, 제품계열, 취급가격, 점포에 대한 통제력, 상점의 밀집도 등이 있는 바, 표 14-1은 이러한 기준에 따라 소매상을 분류한 것이다. 이제 그 내용과 특성을 구체적으로 살펴보기로 한다.

1. 서비스의 양에 의한 분류

제품의 종류에 따라 제공되는 서비스의 양도 각기 다르고 또 고객이 필요로 하거나 선호하는 서비스의 수준도 각기 다르다. 표 14-2는 서비스의 수준을 세 가지로 분류하고 이에 따라 소매상의 유형과 특성을 보인 것이다.

표 14-1 소매점 분류의 제방법

서비스의 양	취급제품계열	상대가격	점포의 통제	점포밀집유형
셀프서비스	전문점	할인점	기업형 연쇄점	중심상가지역
한정된 서비스	백화점	염가판매	자유연쇄점과 소매상 협동조합	지역쇼핑 센터
		소매상		
완전서비스	슈퍼마켓	상품목록	소비자 협동조합	소규모지역
	편의점	전시점	프랜차이즈 (franchise)기구	
	컴비네이션 스토어			쇼핑 센터
	슈퍼점		거상	주거지역
	하이퍼마켓			인근쇼핑 센터
	서비스 산업			

표 14-2 서비스제공 정도에 따른 소매상의 분류

서비스의 감소 ←→ 서비스의 증가

	셀프서비스	한정된 서비스	완전서비스
특 성	서비스가 거의 없음 가격으로 소구 상용품 편의품	소량의 서비스 선매품	다양한 서비스 유행상품 유통 전문품 유통
예	창고소매업 식품점 할인소매업 잡화점 우편주문소매업 자판기	가호방문판매 백화점 전화판매 잡화점	전문점 백화점

1) 셀프서비스 소매업

이러한 유형의 소매업은 미국에서 1930년대 대공황기에 급격히 발생하였다. 고객들은 불경기 시에 자신들의 소득을 절약하기 위해서 제품을 찾고 비교하는 활동을 적극적으로 수행하는 것이 보통이다. 오늘날 셀프서비스는 할인판매와 같은 방법에서 이용하고 있는 하나의 기본적인 토대가 되며, 편의품을 취급하는 판매상(예컨대 슈퍼마켓)과 전국적으로 상표명이 알려져 있고 신속하게 배달되는 선매품(예컨대 상품목록 전시점)과 같은 소매점에서 흔히 이용되고 있다.

2) 한정된 서비스를 제공하는 소매상

대부분의 백화점에서는 취급하는 제품이 선매품일 경우가 많고, 이러한 제품은 고객들이 일반적으로 더 많은 정보를 필요로 하는 경우가 많기 때문에 고객에 대한 서비스 및 도움을 제공할 필요가 있다. 따라서 그러한 정보를 제공하는 서비스를 제공할 뿐만 아니라 신용공여, 예컨대 신용카드를 발급하여 준다거나 서비스를 거의 제공하고 있지 않은 점포들이 보통 취하고 있지 않은 반품정책과 같은 것들을 널리 이용함으로써 고객들에게 추가로 서비스를 제공하려 한다. 이러한 활동에 제공되는 비용이 많이 소요되면 결과적으로 취급되는 가격도 높게 책정될 경우가 흔히 있다.

3) 완전서비스 제공의 소매상

예컨대 전문점이나 일류 백화점에서는 판매원들이 고객들의 제품선택과정에서 모든 측면에 개입하여 일일이 도움을 주는 경우에 해당된다고 볼 수 있다. 이와 같이 완전한 서비스를 제공하는 점포에서는 보통 특수한 전문품을 취급하는 경우가 많다. 예컨대 카메라나 보석, 유행상품 등이 이에 해당된다. 이러한 상점에서는 제품의 환불에 대해서 관대한 정책을 취하고 다양한 신용공여제도를 택하며, 무료로 배달해 주고, 가정에까지 여러 가지 부수적인 서비스를 제공하는 경우가 많다. 이와 같이 많은 서비스를 제공하게 되면 그만큼 비용이 많이 소요되고 그러한 비용은 결과적으로 고객에게 이전되어 제품의 가격도 인상되지 않을 수 없게 된다.

2. 제품계열에 의한 분류

판매하고 있는 제품계열에 따라 소매기관을 분류하는 것이다. 식품점, 가구점 등이 그러한 예에 속한다. 좀 더 넓은 의미의 제품에 따라 분류한다면 전문점, 백화점, 슈퍼마켓, 편의점(convenience store), 그리고 슈퍼점(super-store) 등이 있다.

1) 전문점(specialty store)

전문점이란 하나의 제품계열만을 전문적으로 취급하는 소매점이다. 이러한 전문점의 예로는 의류점, 스포츠 상품점, 가구점, 원예점, 서점 등이 있다. 전문점은 다시 세 가지로 세분할 수 있다. 예컨대 일반의류점은 **단일제품계열 취급점**(single-line store)이라고 부르며, 남성의류만을 취급하고 있는 점포인 경우에는 **한정제품계열 취급점**(limited-line store)이라고 한다. 또한 남성용 양복만을 맞추는 점포는 **특화전문점**(super specialty store)이라고 한다. 대부분의 전문점이 독립되어 있을 경우가 많으나 근래에 이르러 **연쇄전문점**(chain specialty stores)이 증가하고 있다.

오늘날 전문점이 급격히 성장하고 있는 이유에는 여러 가지가 있다. 마케팅 전략상 시장세분화, 표적마케팅, 그리고 제품전문화 등의 이용이 증가하고 있어, 이러한 추세에 맞추어 특정된 제품을 갖고 특정 고객집단에 집중적으로 침투하여야 될 점포를 필요로 하는 경우가 많아지게 되었다. 그리고 소비자들의 생활양식이 급격히 변화하고 있고, 맞벌이 부부의 수가 증가하고 있으며, 많은 사람들이 소득증가에 비하여 쇼핑에 보내는 시간을 절약하려는 경향도 있기 때문이다. 이러한 고객들이 전문점을 선호하게 되는 것은 전문점에서 제공하고 있는 제품의 품질수준이 높고, 위치가 편리하며, 점포의 영업시간이 적절하고, 서비스의 수준이 높으며, 주차나 출입이 편리하기 때문이다.

2) 백화점(department store)

다수의 제품계열을 취급하고 있는 종합소매점으로서 의류, 가구 및 가전제품, 일용잡화 등을 판매한다. 제품계열별로 전문적으로 판매하는 관리자가 별도로 있다.

백화점의 생성에 관하여는 의견이 일치하고 있지 않다. 논자에 따라서는 잡화점(general store)이 그 시조라고 주장하기도 하고, 의류점(dry goods store)이 기원이라고 믿는 사람도 있다. 그러나 최초의 백화점 형태는 1852년에 프랑스의 파리에서 설치된 봉 마르쉐(Bon Marche)라는 점포였다고 한다. 이 백화점에서는 처음으로 ① 박리다매(薄利多賣), ② 정가제 실시, ③ 고객에 대한 구매압력의 배제, ④ 고객의 불만 제안제도 등의 경영방침을 실시하였다고 한다. 그 후에 영국에서는 윗틀리즈(Whitley's)와 루이즈(Lewis)라는 백화점이 1870년경에 출현하였고, 미국에서도 생성되기 시작하였다. 이러한 백화점들은 도시의 성장과 함께 그 중심부에서 발전하여 온 것이 특징이다. 미국의 경우 2차대전 후에 백화점이 소매점에서 차지하는 시장점유율이 감소하고 수익성도 저하되었는데, 그 이유는 백화점들 간의 경쟁은 물론 여타 소매상들과의 경쟁도 격화되었기 때문이며, 도심의 교통혼잡도 그 원인이 된다. 그러나 우리나라의 경우에는 아직까지도 백화점이 서울을 중심으로 지방으로까지 계속 확대되는 추세에 있고 앞으로도 당분간 성장추세가 지속될 것으로 보인다.

3) 슈퍼마켓(supermarket)

이것은 소비자들이 셀프서비스(self-service) 방법에 의하여 주로 식품이나 가정용품을 구매하도록 하는 대규모의 소매상으로서 박리다매가 특징이다.

슈퍼마켓의 기원은 1912년 미국에서 에이 앤드 피(A&P ; Great Atlantic & Pacific Tea Company) 식품점이다. 이 식품점에서는 처음으로 점두(店頭) 현금지불(cash-and-carry) 방식을 도입하였다. 특히 1930년대에 슈퍼마켓이 성행하게 된 것은 대공황으로 인하여 소비자들이 제품의 가격에 민감하게 되었고 슈퍼마켓 경영자들도 불경기로 말미암아 생산자로부터 염가로 구입할 수 있었으며, 점포도 비교적 저렴한 가격으로 임대할 수 있었기 때문이었다고 한다. 더구나 자동차의 보급으로 식품점의 거리가 크게 문제가 되지 않았고, 냉동기의 출현으로 식품을 장기간 저장할 수 있게 되었으며, 포장기술도 발달되었기 때문이다.

근래에 이르러 이러한 슈퍼마켓에는 많은 변화가 발생하여 왔다. 그 중의 하나가 점포면적이 대규모화되고 그 대신 점포의 수가 감소하고 있다는 사실이다. 또한 취급상품의 수가 증가하고 다양화되었으며, 특히 식품 이외의 약품, 화장품, 공구, 잡지, 서적, 완구 등도 취급하고 있다. 점포시설도 개량하고 촉진활동도 강화하고 있으며, 특히 슈퍼마켓 자체의 개인상표(private brand)를 사용하는 경향이 증가하고 있다. 이러한 변화로 말미암아 슈퍼마켓의 운영비가 상승하고 경쟁도 격화되었는데, 이에 따라 판매액에 대한 영업이익도 대폭 감소하고 투자수익률도 저하되고 있는 추세에 있다고 한다. 슈퍼마켓이 이와 같이 이익률이 감소하는 것은 슈퍼마켓 상호간의 경쟁뿐 아니라 여타의 소매점과도 경쟁이 격화되었기 때문이다. 오늘날의 슈퍼마켓은 보통의 가격으로 대량판매하는 대규모의 점포로 인식이 바뀌고 있는데, 점포에서 취급하는 제품의 종류와 가격수준에 따라 시장이 더욱 세분되고, 이에 따라 어느 한 유형의 식품소매상이 시장을 지배하는 것이 불가능하게 되었다.

슈퍼마켓의 특징을 요약하자면, ① 셀프서비스를 위한 상품진열, ② 고객에 대한 서비스의 집중화(점두계산대에서 이루어진다), ③ 대규모의 면적과 시설, ④ 염가주의의 강조, ⑤ 다수의 품종과 다양한 제품의 취급 등을 들 수 있다.

4) 편의점(convenience store)

비교적 소규모의 점포로서 주로 주택지역 근처에 위치하여 심야에도 개점하고 휴일에도 판매한다. 주로 회전율이 높은 식품과 편의품에 한정하여 판매하는 것이 특징이다. 고객들이 불시에 식품 등을 필요로 할 때 이용하기 편리하며 심야나 휴일에도 개점하므로 가격은 조금 비싼 편이다. 우리나라에도 들어와 있는 미국의 세븐 일레븐(Seven-Eleven)이 대표적인 예에 속한다.

특히 근래에 이르러 주유소에서 이러한 편의점을 동시에 경영하는 경향이 증가하고 있다고 한다. 자동차에 급유하는 동안에 담배, 빵, 우유, 커피 등의 구입을 노리는 것이다.

5) 여타 유형의 소매점

여타 유형의 소매점으로 **슈퍼점**(superstore)이 있다. 종래의 슈퍼마켓보다 면적이 넓고 소비자들이 일상적으로 구매하고 있는 품목들을 취급한다. 식품을 비롯한 화장품, 미용 기구, 의약품, 주류와 담배, 가정용 공구, 잡지와 기타 서적, 학용품 등 다종의 제품을 판매한다. 슈퍼점의 특징은 이와 같은 제품을 판매하는 것 외에도 점내에서 세탁이나 구두 수선, 수표와 현금의 교환, 간이 음식점의 경영 등을 행하고 있다는 점이다. 근래에 이르러 슈퍼점이 종래의 슈퍼마켓보다 수익성이 높아 이러한 형태로 바뀌고 있다고 한다.

근래에 이르러 **카테고리 킬러**(category killer)라고 하는 거대한 전문점 형태를 띠고 있는 슈퍼점이 속속 출현하고 있다. 이 점포는 규모가 크고 특정된 제품계열에 국한하여 심도있게 구색을 갖추고 있으며, 전문적 지식을 갖추고 있는 종업원들이 점포를 담당하고 있다. 이러한 카테고리 킬러는 다양한 제품 범주에 걸쳐 출현하고 있으며, 예컨대 서적, 장난감, 전자제품, 가전제품, 가옥 수리와 유지에 필요한 제품, 스포츠용품 및 사무용품 등 여러 가지가 있으며, 각기 해당되는 제품계열을 광범위하게 취급하고 있다. 이러한 유형의 점포는 특히 최근에 이르러 미국에서 급격히 성장하고 있다.

마지막으로 **하이퍼마켓**(hypermarket)으로서 슈퍼점보다 면적이 더 넓다. 여기에서는 일상의 소비용 제품뿐 아니라 가구, 가전제품 등도 판매한다. 슈퍼점이 정상가격으로 판매하는 데 비하여 할인가격으로 판매하는 것이 특징이다. 무거운 제품은 생산자로부터 사전에 포장된 채로 인수하여 그대로 판매한다. 그러므로 후에 언급할 할인점과 창고소매업, 그리고 슈퍼점의 특징을 결합한 형태의 소매점이라 할 수 있다.

6) 서비스업

제품이 아니라 서비스를 판매하는 소매업으로는 호텔 및 여관, 은행, 항공회사, 병원, 대학, 극장, 테니스장, 식당, 수선 서비스업, 이발 및 미용원, 세탁소 등이 있다. 이러한 서비스업은 경제발전에 따라 그 중요도가 높아지고 있다.

3. 상대적 가격에 의한 분류

소매상을 분류하는 또 하나의 기준은 가격정책이다. 대부분의 소매점이 정상가격으로 판매하며 고객에 대한 서비스도 정상적인 수준으로 제공하는 경우가 많다. 그러나 소매점에 따라서 고급의 상품을 제공하거나 고도의 서비스를 제공하는 대신에 저가의 제품만을 판매하기도 한다.

1) 할인점(discount store)

할인점에서는 박리다매를 원칙으로 하여 보통의 소매점보다 저렴한 가격으로 규격상품을 판매한다. 그러나 단순히 가격을 할인하거나 특별가격으로 판매한다고 하여 할인점이라고 하지는 않는다. 혹은 할인점이라고 하여 저렴하거나 조잡한 상품을 판매하는 것은 아니다. 진정한 의미의 할인점이란, ① 높은 이윤과 상품회전율이 낮은 상품을 판매하는 소매점보다 훨씬 저렴한 가격으로 판매하고, ② 유명 브랜드를 취급함으로써 저렴한 가격이 곧 저질이라는 인상을 주는 것이 아니며, ③ 최소한의 시설만을 갖추고 셀프서비스를 원칙으로 하고, ④ 거리가 조금 멀다 하더라도 임대료가 싼 위치에 있으며, ⑤ 점포의 내부도 최소한으로 장식하는 것을 특징으로 한다.

할인점의 역사는 오래되었으나 본격적으로 성행하게 된 것은 1940년대 미국에서부터였다고 한다. 의류를 비롯하여 주로 가전제품(냉장고, 세탁기, 에어컨 등), 가구, 운동기구 등이 취급되었는데, 이러한 할인점이 성공하게 된 이유에는 여러 가지가 있다. 즉 대부분의 제품들이 표준화되고 신뢰성이 높아짐에 따라 사전(事前)판매가 가능하게 되었으며, 점포 내에서 판매원들이 판매노력을 많이 기울일 필요가 없게 되었기 때문이다. 또한 가격차이를 의식하는 소득층(주로 중산층)이 형성된 것도 할인점이 성행하게 된 원인 중의 하나라고 한다.

근래에 이르러 할인점간의 경쟁은 물론 백화점과도 치열한 경쟁을 하게 되어 전통적인 의미의 할인점의 위치를 고수할 수 없게 되었다. 즉, 내부장식을 개선하고 취급제품도 추가하여 수표와 현금의 교환, 신속한 환불 등의 서비스를 제공하고 그 외의 상점가(shopping center)에도 지점을 설치하는 등의 대책을 강구하게 되었다. 이에 따라 유지비용도 상승하고 따라서 가격도 인상하지 않을 수 없게 되었다. 더구나 백화점들은 할인점에 대항하여 가격을 인하하는 경우가 많게 되어 양자간에 특성의 차이를 구분할 수 없는 사태도 발생하였다.

한국에서 할인점으로 성공한 대표적인 기업은 이마트(E-mart)로서 전국에 걸쳐 연쇄소매점을 거느리고 계속 성장하고 있다. 할인점은 일반상품뿐 아니라 할인운동구점이나 할인스테레오점(discount stereo equipment stores) 등과 같이 특별한 품목을 전문적으로 취급하기도 한다.

2) 염가판매 소매상(off-price retailers)

한편에서는 할인점이 탄생하고 번성하기 시작한 반면에 염가판매 소매상들도 급격히 증가하기 시작하고 있다. 보통의 할인점에서는 도매상으로부터 정규가격으로 제품을 구매하고 소비자들에게는 인하된 가격으로 판매함으로서 낮은 이윤폭을 감수하는 방법을 택하고 있는 반면에, 염가판매 소매상들은 도매상들로부터 정규가격 이하의 수준으로 제품을 구입하고 소비자들에게는 소매점보다 싼 가격으로 판매하고 있다. 이들은 생산자나 여타 판매상들로부터 할인된 가격으로 고가 내지 고급의 브랜드를 인수하는 등의 방법을 이용하는 경우가 많다. 이러한 염가판매 소매상에는 주로 의류, 장신구류, 그리고 신발류의 제품 등을 취급하고 있다. 그러나 근래에 이르러서는 모든 제품에 걸쳐서 그러한 경향을 찾아볼 수 있다.

염가판매 소매상의 유형에는 세 가지가 있다. 즉, **공장소매점**(factory outlet), **독립염가판매 소매상**(independent off-price retailers), 그리고 **창고소매연맹점**(warehouse club)이 그것이다. 공장소매점은 생산자가 직접 소유하고 운영하며 생산자가 생산한 제품 가운데 잉여품, 생산이 중단된 제품, 또는 비정규적인 상품 등을 취급하는 것이 보통이다. 독립염가판매 소매상들은 기업형태로 경영되거나 또는 대규모 소매기업의 한 부서에서 경영되기도 한다. 염가판매 소매점은 대부분 소규모의 독립적인 상인들에 의해서 경영되는 것이 보통이지만 대규모의 염가판매 소매점은 보다 규모가 큰 소매연쇄점에서 소유하고 있을 경우가 많다.

창고소매연맹점은 한정된 범위 내에서 식품이나 가전제품, 의류, 그리고 기타 제품을 매년 회비를 납부하는 회원들을 대상으로 할인혜택을 주는 점포이다. 이러한 점포에서는 배달과 같은 서비스를 제공하지 않으며 신용카드도 받아들이지 않는다. 그 대신에 그들은 할인혜택을 많이 주고 있다.

이러한 염가판매 소매업은 1980년대 초기에 번성하기 시작하였는데, 근년에 이르러서는 경쟁이 치열해짐에 따라 그 성장이 점차 둔화되고 있는 추세에 있다고 한다. 특히 전반적으로 경기가 좋지 않고 백화점이나 할인점 등의 반격으로 그 성장에 한계를 가져오는 요인으로 작용하기도 하였다. 그럼에도 불구하고 이러한 염가할인 소매업은 근대 소매업에서 급격히 성장하고 있는 하나의 형태로서 각광을 받고 있는 것으로 보인다.

3) 상품목록 전시점(catalogue showroom)

이윤이 높고 운반하기 편리하며 상표명이 널리 알려진 제품들의 목록을 집합하여 책자를 만들어 전시하고, 과거에 구매경험이 있는 고객들에게도 우편으로 송부하여 준다. 할인을 원칙으로 하며 상품목록에는 정가(list price)와 할인가격을 병기한다. 고객은 전화로 주문할 수도 있으며 상품을 전시관까지 운반하는 비용을 부담하거나 직접 운반하기도 한다. 전시관에 진열되어 있는 견본을 보고 재고품 중에서 구입하는 것이다. 고객의 입장에서는 불편한 점이 몇 가지 있다. 전시관의 위치가 멀리 떨어져 있는 경우가 많으며 특정 품목을 보기 위하여 줄을 서서 기다려야 하고, 구매에 따르는 서비스가 부족하다. 그러나 이러한 소매상은 급격히 성장하고 있는 추세에 있다. 이것은 고객들이 서비스의 부족을 감수하면서도 절약하려는 심리가 점차로 증가하고 있다는 증거이다. 취급하고 있는 상품은 주로 보석, 가방, 카메라 등 비교적 유행을 많이 타지 않고 전국적으로 알려진 상표명의 것들이다.

4. 점포 통제력에 의한 분류

소매기관은 소유형태에 의해서도 분류할 수 있는데, 독립적인 자영상이 대부분이나 그밖에도 연쇄점, 자유연쇄점과 소매상협동조합, 소비자협동조합, 독점사용 내지 독점판매기관, 거상 등이 있다.

1) 연쇄점(chain store)

하나의 상인 또는 기업이 다수의 점포를 소유하고 경영하는 방식은 비교적 그 역사가 길다. 1,400년대에 유럽의 여러 도시에서 출발하기 시작하여 1,600년경에는 일본에서도 밋쓰이가(家)(The Mitsui)에서 연쇄점을 경영하였다고 한다. 미국에서는 에이 앤드 피(A & P), 울워쓰(Woolworth's) 등의 연쇄점이 19세기 중반에 탄생하였으나 본격적으로 발전되기 시작한 것은 20세기 이후부터이다.

연쇄점은 두 개 혹은 그 이상의 점포로 구성되어 하나의 개인 혹은 기업이 소유하고 통제하며 유사한 제품계열을 각 점포에서 판매하고 집중구매하는 것이 특징이다.

이러한 연쇄점은 슈퍼마켓, 할인점, 다품종점(variety store), 전문점, 백화점 등의 소매점에서도 많이 이용하고 있는 형태이다. 연쇄점의 장점은 독립된 자영소매상보다 박리다매할 수 있다는 것이다. 또한 판매할 상품을 집중적으로 구매할 수 있으므로 효율성이 높다. 한걸음 더 나아가 유능한 관리자를 고용하여 판매예측이나 재고관리, 가격정책, 촉진활동 등을 전문적으로 개발하여 경영효율을 제고할 수 있다. 독립소매상들이 다수의 상이한 도매상들과 거래해야 하는 반면에, 연쇄점은 도매업과 소매업을 통합한 기능을 갖고 있다. 광고도 모든 점포에 혜택이 돌아가므로 효율적이다. 각 점포관리자에게 어느 정도의 경영권을 위양함으로써 그 지역의 소비자들의 기호를 맞추어 주거나 경쟁에도 효율적으로 대처할 수 있다. 다만 문제가 있다면 중앙집중적 통제방식으로 인하여 변화하고 있는 외부환경에 신속하게 대처하지 못할 수가 있다는 점이다.

2) 자유연쇄점(voluntary chain)과 소매상 협동조합(retailer cooperative)

상기한 바와 같이 미국에서 연쇄점이 번성하게 되자 이를 규제하려는 운동이 일어나 1930년대에 다수의 주(州) 정부에서 공정거래법(fair-trade law), 연방정부에서는 로빈슨 펫트먼 법(Robinson-Patment Act)을 제정하여 연쇄점이 집중구매력을 이용하여 독립소매상보다 낮은 가격으로 판매하는 것을 금지시켰다. 또한 이때에 자유연쇄점과 소매상 협동조합이 형성되어 연쇄점과 경쟁하게 되었다. 자유연쇄점이란 도매상의 후원 아래 독립소매상들이 집단을 형성하여 대량구매하거나 판매방식도 공동보조를 취하는 것을 말하며, 소매상 협동조합도 연쇄점에 대항하여 독립된 소매상들이 집중구매를 위한 조합을 설립하는 것이다. 이러한 자유연쇄점과 소매상 협동조합에 관하여는 전장에서 잠시 살펴본 바 있다. 연쇄점과 자유연쇄점, 그리고 소매상 협동조합은 매우 유사하지만 소유권에 따라 구분된다.

3) 소비자 협동조합(consumer cooperative)

소비자 협동조합은 소비자들이 공동으로 소유하는 기업으로서 한 지역에서 소매상들이 가격을 높게 책정하여 판매하거나 저질의 상품을 판매하여 소비자들이 불만을 느껴 공동으로 투자하여 조합을 설립하는 것을 말한다. 회원인 소비자들은 조합의 정책결정에 의결권을 행사하고 조합을 운영할 사람을 신출할 권리가 있다. 조합운영에서 얻은 이익은 조합원의 구매실적에 따라 배당되는 것이 보통이다. 소비자 협동조합의 대표적인 예로써 스위스의 미그로스(Migros)조합이 유명하다. 이 조합에서 판매하는 양은 스위스 전체 소매거래액의 11%에 달한다고 한다. 각 지역에 산재하여 있는 점포의 수도 440개나 되고 74개의 전문점과 기타 다수의 기업들이 조합원의 소유하에 있다는 것이다.

4) 독점판매 내지 독점사용기관(franchise organization)

독점판매허가권자 혹은 독점사용허가권자(franchisor)(생산자, 도매상, 기타 서비스업체 등)와 피사용자 혹은 독점판매권자(franchisee) 간의 계약에 의하여 관계를 맺는 것을 말한다. 독점판매권자(혹은 독점사용권자)는 독립적인 기업인으로서 허가권자로부터 제품이나 서비스, 영업권, 특허권 등을 독립적으로 판매하거나 사용할 수 있는 권리를 부여받는다. 이 점이 자유연쇄점이나 소매상 협동조합과 다르다. 허가권자는 응분의 대가를 받는다. 우리나라에도 진출해 있는 맥도날드(McDonald's) 햄버거, 버거킹(Burger King), 켄터키 후라이드 치킨(Kentucky Fried Chicken) 등이 대표적인 예에 속한다.

5) 거상 혹은 재벌상인(conglomerchant)

다수의 소매업 계열을 중앙에서 통제하고 유통과 경영도 통합적으로 행하는 기업을 말한다. 미국의 연합백화점(Federated Department Store), 얼라이드 스토어(Allied Store), 제이 씨 페니(J. C. Penny) 등이 대표적이다.

5. 점포 밀집도에 의한 분류

소비자들이 한 지역에서 필요한 상품을 일시에 구입할 수 있도록 여러 점포가 밀집되어 있는 경우가 있는데, 다음과 같이 두 가지 유형이 있다.

1) 중심상가지역(central business district)

도시의 중심부에 백화점, 전문점, 은행, 극장 등이 밀집되어 있는 지역이 이러한 예에 속한다. 미국의 경우, 대부분의 도시에서는 교통의 혼잡과 비싼 주차료 등의 이유로 인하여 이러한 점포들이 교외로 이동하는 현상이 뚜렷하게 증가하였다.

2) 쇼핑센터(shopping center)

근래에 이르러 도시의 교외나 주거지역에 위치하여 다수의 소매상들이 밀집하여 판매하는 경향이 점차 증가하여 왔다. 쇼핑센터란 소매업을 영위하는 다수의 기업들이 연합하여 하나의 상가지역을 선정하여 점포의 규격과 위치, 형태 등의 문제를 공동으로 계획하고 개발하여 관리하는 것을 말하며, 주차시설도 각 점포의 규모와 유형에 적합하도록 설계한다.

제3절 비점포 소매업의 유형과 특성

대부분의 상품이나 서비스가 점포를 통하여 판매되고 있지만 근래에 이르러 비점포 소매업(non-store retailing) 방식이 점차 증가하고 있다. 이러한 비점포 소매업의 이용방법으로는 직접마케팅, 직접판매, 그리고 자동판매기의 세 가지로 분류할 수 있다. 그 내용을 살펴보면 다음과 같다.

1. 직접마케팅

직접마케팅(direct marketing)이란 '여러 가지 광고매체를 이용하여 소비자들과 직접 상호접촉함으로써 소비자들로부터 직접적인 반응을 구하려고 하는 활동'을 말한다.

직접마케팅의 주요 유형으로는 직접우편 및 상품목록 마케팅, 텔레마케팅, 텔레비전 마케팅, 그리고 인터넷 쇼핑 등의 네 가지가 있다.

1) 직접우편 및 상품목록 마케팅

직접우편 마케팅(direct mail marketing)은 서신이나 광고, 전단, 견본 등을 우편을 통하여 예상고객들에게 보내고 그들의 주문에 의해서 판매하는 방식이다. 이러한 직접우편 및 상품목록 마케팅은 직접마케팅에서 차지하는 비중이 커지고 있는 추세에 있다. 이와 같이 직접우편 마케팅과 같은 방법이 근래에 이르러 점차로 유행하고 있는 이유는 기업이 표적으로 삼고 있는 고객들을 선별적으로 결정할 수 있고, 이들과 개인적인 친분을 가질 수 있음과 아울러 언제든지 이용할 수 있는 신축성이 있고, 그 성과를 쉽게 측정할 수 있기 때문이다. TV나 신문, 잡지와 같은 전파매체 혹은 인쇄매체에 비하여 고객 1인당 접촉비용은 훨씬 많이 소요되지만 접촉하고자 하는 고객들은 보다 유망한 예상고객으로 간주할 수 있어 구매확률이 더 높다고 할 수 있다. 직접우편방법은 서적이나 잡지 구독의 경우에 매우 효과적인 것으로 인정되어 왔고, 보험의 경우에도 그 이용률이 높아지고 있으며, 기타 의류나 기호식품, 그리고 산업재의 경우에도 이를 이용하고 있는 경향이 증가하고 있다.

상품목록 마케팅(catalogue marketing)은 고객들에게 우편을 통하여 상품목록을 보내거나 또는 점포 내에서 고객들에게 전달하는 형식을 취한다. 이러한 방법은 미국의 경우 시어즈(Sears)나 제이 씨 페니(J. C. Penny)와 같은 대규모의 소매백화점에서 이용되고 있다. 그러나 근래에 이르러 급증된 고객집단을 대상으로 집중적으로 전문적인 상품목록을 전달하는 점포들이 점차 증가하고 있어 이들로부터 도전을 받고 있다.

2) 텔레마케팅

텔레마케팅(telemarketing)이란 소비자들에게 전화를 이용하여 직접 판매하는 방식을 말하며 직접마케팅에서 중요한 수단 중의 하나가 되고 있다. 이러한 텔레마케팅은 1960년대 후반에 미국에서 광역전화 서비스(Wide Area Telephone Service : WATS)의 이용으로 본격적으로 보급되기 시작했다. 이러한 광역전화 서비스 제도는 기업이 텔레비전이나 라디오의 광고, 직접우편, 또는 상품목록 등으로부터 주문을 받기 위해서 고객들로 하여금 무료로 장거리 전화를 이용할 수 있도록 하는 제도이다. 소비자들이 광고물을 보고 무료의 장거리 전화를 통하여 제품을 주문하는 이러한 판매방식은 근래에 이르러서도 증가하고 있는 추세에 있다.

3) 텔레비전 마케팅

소비자들에게 직접 제품을 판매하는 **텔레비전 마케팅**(television marketing)은 두 가지 상이한 방법으로 이용되고 있다. 그 첫째는 광고에 대한 직접적인 반응을 이용하는 것이다. 이 방법은 텔레비전에 광고를 내보낸 다음 소비자들로부터 무료의 전화를 통하여 주문에 응하는 방식이다. 이러한 직접광고에 의한 주문처리방식은 잡지나 일반 서적, 소규모의 가전제품, CD나 테이프, 기타 여러 제품 등에서 흔히 이용되고 있다.

또 하나의 텔레비전을 통한 직접마케팅의 형태로서 **홈쇼핑채널**(home shopping channel)이 있다. 이것은 텔레비전 프로그램 전체 또는 채널 전체가 상품과 서비스의 판매에 관한 내용만을 전적으로 방영하는 경우이다. 미국의 경우 대표적인 홈쇼핑채널로서는 홈쇼핑네트워크(HSN : home shopping network)를 들 수 있다. 이 방송국에서는 시청자들이 회원으로 가입하여 24시간 동안 방영되는 동안 상품에 관한 정보를 시청하고, 이에 따라 전화 등의 방법을 통하여 주문하게 되면 판매자는 컴퓨터를 통하여 신속하게 주문에 응함으로써 소비자들에게 편의를 제공하는 방식이다. 우리나라에서도 이러한 홈쇼핑 채널의 이용이 근래에 이르러 급격하게 증가하고 있는 것으로 나타나고 있다.

4) 전자상거래

전자상거래의 대표적인 형태는 인터넷으로 이것은 소비자와 판매자간에 컴퓨터망이 연결되어 이를 통하여 주문에 응하고 판매하는 방식을 말한다. 이러한 서비스는 생산자들이 제공하는 제품뿐 아니라 소매업자, 은행, 여행사, 기타 유관기관들이 제공하고 있는 제품이나 서비스 등이 컴퓨터화된 상품목록으로 구성되어 있다. 소비자들은 특수한 키보드 장치가 되어 있는 보통의 텔레비전이나 개인용 컴퓨터를 통하여 자신이 원하는 상품목록을 검색하고 원하는 상품을 화면을 통해 발견하였을 때 이를 주문함으로써 가정을 떠나지 않고도 상품을 구입할 수가 있다.

근래에 이르러 다수의 구매자들이 인터넷을 이용하게 됨으로써 전자상거래 내지 인터넷 쇼핑이 급격히 증가하고 있는 추세에 있다. 본서에서는 직접마케팅과 이와 같은 온라인 마케팅에 관하여 제18장에서 보다 상세하게 살펴보기로 한다.

2. 직접판매

가호방문판매가 대표적인 예에 속하며 화장품이나 서적, 요구르트 등의 상품은 이러한 방법을 많이 이용하고 있음을 볼 수 있다. 판매원들에게 소요되는 비용이 적지 않으므로 가격은 싼 편이 아니다.

가호방문판매의 장점은 소비자들에게 편의를 제공하고 개인적으로 관심을 기울일 수 있도록 한다는 점에 있다. 그러나 판매원들을 채용하고 훈련시키며 이들에 대한 보수를 지급하는 데 소요되는 비용이 높음으로 인해서 가격이 싸지 않다는 단점이 있다. 한편 근래에 이르러 컴퓨터와 같은 새로운 기술의 발달로 인해 직접마케팅이 증가함으로 인하여 이러한 가호방문판매 방식은 점차 감소할 가능성도 있을 것으로 추정된다.

3. 자동판매기

자동판매기(automatic vending machine)에 의한 판매방식은 2차대전 이후에 급격히 증가하기 시작하였다. 특히 오늘날에는 컴퓨터 기술의 발달과 기타 면적상의 제한 등으로 인하여 이러한 자동판매기의 보급이 급격히 증가하고 있는 바, 주로 편의품이나 충동구매품, 예컨대 담배, 음료수, 캔디, 신문, 식품, 화장품 등 여러 가지 제품에 걸쳐서 판매되고 있음을 볼 수 있다. 또 취급상품 종류에 있어서도 점차 다양화되고 있는 추세에 있다. 이러한 자동판매기는 면적을 크게 차지하고 있지 않으므로 건물이 있는 곳이면 어디든지 쉽게 설치되고 이용객들이 드나드는 곳이면 어디든지 설치할 수 있다는 장점이 있다. 그러나 자동판매기 자체의 설치비용이 많이 소요됨으로 인하여 판매되는 제품의 가격은 일반적으로 소매점에서의 가격보다 비쌀 경우가 많다. 이러한 자동판매기에 의한 판매방식은 여러 가지로 불리한 면도 있을 수 있는데, 예컨대 기계가 자주 고장을 일으킨다거나 재고가 떨어지거나 또는 상품 자체가 반환되지 않을 경우 등이 발생함으로 인하여 소비자들의 반감을 살 수 있다는 점이다.

제4절 소매상의 마케팅 전략

지금까지 여러 가지 유형의 소매상을 살펴 보았는 바, 이제 소매상이 표적시장을 선정하고 제품을 선별하는 일, 가격, 촉진, 위치 선정 등에 관한 마케팅 의사결정을 어떻게 내려야 할 것인가를 검토하여 보기로 한다.

1. 표적시장의 선정

소매상이 내려야 할 의사결정 가운데 가장 중요한 것이 표적시장을 선정하는 일이다. 표적시장을 인구통계나 심리적인 특성 등에 따라 선정하지 않고는 제품선별(product assortment), 내부장식, 광고매체와 광고 메시지, 가격수준 등에 관한 결정을 내릴 수 없다. 그러나 다수의 소매상들은 시장을 적절한 특성을 기준으로 세분하지 못할 경우가 많다. 소매상을 이용하는 고객들이 대체로 이질적인 사람들일 경우가 많으므로 표적시장을 정확하게 선정하는 것은 어려운 일임에 틀림없으나, 고객의 기호에 맞도록 제품을 선별하고, 가격을 결정하며, 위치를 선정하고 적절한 촉진활동을 전개하려면 표적시장의 범위를 정하지 않으면 안 될 것이다.

또한 소매상은 표적고객들의 욕구를 충분히 충족시켜 주고 있는가를 파악하기 위하여 정기적으로 마케팅 조사를 행할 필요가 있다. 그림 14-1은 그러한 예를 보인 것이다. 고객들이 어떤 소매점에 대하여 지니고 있는 이미지를 여러 가지 요소로 분류하여 그 위치를 표시한 것인데, 흑선은 각 요소에 대한 현재 이미지의 위치를 표시하고 있다. 대부분의 요소가 고객에게 매력을 주지 못하고 있다. 이 소매상이 이미지 쇄신을 위하여 각 요소를 개선하려고 노력한 후에 고객을 표본추출하여 조사한 결과, 그림의 점선과 같은 위치에 있게 되었다면 표적고객이 이 소매상에 대하여 지니고 있는 이미지의 간격을 좁히는 데 성공하였다는 것을 뜻한다.

2. 제품선별과 서비스 수준의 결정

현대 소매상은 취급하는 제품에 대하여 세 가지 결정을 내려야 한다. 즉, 제품을 선별하는 일, 서비스의 수준과 배합을 결정하는 일, 점포의 분위기를 조성하는 일 등이 그것이다.

그림 14-1 새로운 이미지와 옛 이미지의 비교조사

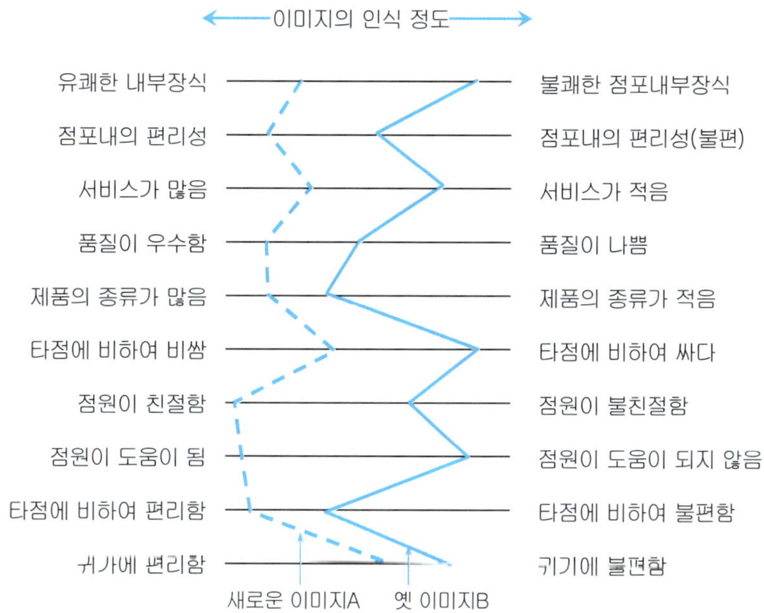

먼저 소매상이 하여야 할 일은 표적으로 삼고 있는 고객들의 기대에 부응하는 제품을 선별(assortment)하는 것이다. 사실상 이것은 유사한 소매상들과 경쟁하는 데 있어서 고려하여야 할 가장 중요한 요소이다. 제품선별에서도 그 폭(width)과 심도(depth)를 결정하여야 할 뿐 아니라 품질도 고려하여야 한다. 고객들은 제품의 선택범위뿐 아니라 품질에도 관심을 갖고 있기 때문이다.

고객들이 다른 소매상과 차별하게 되는 또 하나의 요소는 서비스의 종류와 수준이다. 표 14-3은 소매상에서 제공할 수 있는 여러 종류의 서비스를 나열한 것이다. 어느 소매상이든 이러한 서비스를 적절하게 제공하는 것은 매우 중요하다. 이러한 서비스의 배합은 비가격경쟁에서 승리할 수 있는 가장 중요한 수단 중의 하나이다.

또한 고객들이 다른 소매상의 제품과 차별하게 되는 요소 중의 하나가 점포의 분위기이다. 어떤 점포이든 불결하다든가 청결하다는 등이 인상을 주는가 하면, 호화롭다든가 음울하다든가 하는 느낌을 갖게 한다. 그러므로 표적으로 삼고 있는 고객들이 기호에 맞도록 점포의 내부를 장식할

표 14-3 소매상이 제공하는 전형적인 서비스

구매전 서비스	구매후 서비스	보조 서비스
1. 전화 또는 인터넷 주문에 응함	1. 배 달	1. 현금교환
2. 우편주문에 응함	2. 포 장	2. 일반적인 정보제공
3. 광 고	3. 선물포장	3. 무료주차
4. 점두(店頭)진열	4. 반 품	4. 식 당
5. 내부진열	5. 제품수정	5. 수 선
6. 별실설치	6. 설 치	6. 내부장식
7. 개점시간	7. 현금지불인도	7. 신용공여
8. 패션 쇼우		8. 휴게실
9. 공 제		

필요가 있으며, 그렇게 함으로써 구매를 충동할 수 있게 된다.

3. 가격결정

소매상들이 취급하는 제품들의 가격은 포지셔닝에서 핵심적인 요인을 차지하고 있고, 표적으로 삼고 있는 고객들을 고려하여 결정하여야 하며, 이와 더불어 그 제품과 서비스의 선별, 그리고 경쟁 등의 상황 등을 고려하여 결정하여야 할 것이다. 소매상이면 누구나 높은 이윤폭과 대량의 판매를 동시에 달성할 것을 원하겠지만, 이를 동시에 달성한다는 것은 거의 불가능하다. 대부분의 소매상들은 판매량이 적어도 높은 이윤을 추구하거나(대부분의 전문점이 그러하다) 이윤폭이 적어도 대량판매를 추구하는 경우가 있다(할인점이 대표적인 예에 속한다).

소매상들은 가격전술에도 주의를 기울여야 한다. 대부분의 소매상들은 특정 품목에 대해서 원가 이하의 가격으로 판매할 경우가 있는데, 이것은 고객들을 유치하여 다른 품목들도 구입할 기회를 제공하려는 전술이라고 할 수 있다(이때 원가 이하의 품목으로 판매되는 제품을 로스 리더(loss leader)라고 한다). 또 경우에 따라서는 점포 전체에 걸쳐서 할인판매기간을 설정하여 판매하기도 한다. 또한 어떤 경우에는 회전율이 낮은 제품에 대해서 차별적으로 이윤폭을 낮추는 전술을 택하기도 한다. 예컨대 구두판매점의 경우, 판매량의 50%는 정상적인 이윤을 획득할 수 있는 선에서의 가격으로 판매할 것을 기대하고, 25%는 40%의 이윤만을 획득할 수 있다고 기대할 수 있으며, 나머지 25%는 원가 정도를 회수할 수 있다고 기대하고 가격을 달리 책정하여 판매할 수 있는 것이다.

4. 촉진활동 결정

소매상은 정상적인 촉진수단(광고, 인적판매, 판매촉진, 홍보활동)을 이용하여 소비자와 접촉할 수 있다. 광고는 촉진수단 중의 하나로 매우 중요하며, 신문이나 잡지, 라디오, 텔레비전 등의 매체를 이용하는 것이 보통이다. 경우에 따라 선전물을 소비자에게 직접 전달하기도 하고 우송하기도 한다. 인적판매 방법을 이용하려면 판매원으로 하여금 고객을 접대하고 그의 욕구를 충족시킬 수 있는 방법을 훈련받도록 하여야 한다. 또한 고객이 지니고 있는 문제점이나 불평사항을 처리할 수 있는 능력도 키워야 한다. 판매촉진 방법으로는 점내전시, 상품교환권 발행, 상품부 판매 등이 있을 수 있다. 때로는 홍보활동이 중대한 영향을 미치기도 한다.

5. 위치선정

점포의 위치는 표적고객을 유치할 수 있는 핵심적인 요소이다. 또한 경우에 따라 품질, 서비스 수준, 가격에 대한 이미지 등을 반영하기도 한다. 위치에 따라 점포운영에 소요되는 비용이 각기 상이하며, 그러한 비용을 기준으로 가격을 정하는 것이 보통이다. 필요한 제품을 효율적으로 구매하는 데에도 위치가 중요하다. 효율적인 구매가 효율적인 판매만큼 중요할 것으로 생각되는 것이다.

제5절 소매업의 추세

소매상들은 급격히 변화하고 있는 환경 속에서 활동하고 있으며, 변화하고 있는 환경은 소매상에게 위협적 요인으로 작용하지만 새로운 기회도 부여한다. 예컨대 대부분의 제조업이 만성적인 과잉시설을 보유하고 있어, 그 결과 소매점의 매장도 지나치게 증가하여 경쟁이 더욱 치열해지는 결과를 가져왔다. 소비자들의 인구통계, 라이프 스타일 및 쇼핑 패턴 등은 급격히 변화하고 있으며, 소매기법도 그러하다. 한 걸음 더 나아가 소매업을 영위하는 데 비용이 급격히 증가하여 보다 효율적인 관리가 필수적인 요소로 작용하고 있다. 소매상이 성공하려면 표적시장부문을 신중하게 선정하여 자신의 위치를 강력하게 자리잡아야 한다. 소매상들은 다음과 같은 발전추세를 고려하여 비교우위를 누릴 수 있는 전략을 수립하고 실행하여야 할 것이다.

1. 새로운 소매형태와 수명주기의 단축

환경의 변화와 소비자의 욕구에 맞추어 새로운 형태의 소매업이 계속 출현하고 있지만, 그 수명주기는 점차 짧아지고 있다. 백화점의 경우, 수명주기상 성숙기에 도달하기까지는 약 100년이 걸렸고, 상품목록 전시점과 가구창고소매점과 같이 비교적 최근에 출현한 형태의 소매점들은 성숙기에 도달하는 데 10년밖에 걸리지 않았다. 이러한 환경 하에서 굳건한 위치를 차지하고 있는 소매업의 경우는 그렇게 많지 않다. 예컨대 1962년에 월마트가 설립된 이래 상위 10위권을 차지하던 할인점들은 오늘날 하나도 남아 있지 않다.

과거에는 소매업에 관한 혁신이 주로 비용이나 가격을 인하할 수 있는 해결책을 제시하는 데 있었다. 이를 설명하는 이론으로서 **소매업 성쇠론**(wheel of retailing theory)이 있다. 이 이론에 의하면, 대부분의 소매기관들은 초기에는 낮은 이윤과 가격으로 판매하는 미묘한 존재로부터 출발한다고 한다. 그 후에 여타의 전통적인 소매점들과 효과적으로 경쟁하여 성장하게 되고, 수년간 많은 이익도 획득하게 된다. 그러한 위치를 확보, 유지하기 위하여 시설도 개량하고 서비스도 추가로 제공한다. 이에 따라 비용도 많이 소요되고, 따라서 가격도 인상하지 않을 수 없으며, 이렇게 되면 종래의 여타 소매점과 유사한 위치로 되돌아간다. 그러나 새로운 유형의 소매기관이 다시 출현하여 그의 지위는 약화된다. 이러한 성쇠론은 백화점, 슈퍼마켓, 할인점 등에 대하여는 타당하다고 생각된다. 그러나 자동판매기나 쇼핑센터의 경우에는 타당하지 않다. 이러한 소매방식은 처음부터 이윤이 높은 품목을 판매하고 비용도 많이 소요되기 때문이다. 어쨌든 장래에 출현할 소매업의 유형은 비용을 절감하는 쪽으로 기울어질 것이다. 그러나 근래에 생성된 유형의 소매점일수록 그 수명이 짧아지는 경향이 있다. 결국 어떠한 유형의 소매점이 생성될 것인가의 문제는 고객들의 기호나 라이프 스타일, 또는 가치관이 어떻게 변화하는가에 달려있다고 볼 수 있다.

2. 비점포 소매업의 성장

아직까지는 점포 소매업이 주류를 이루고 있지만, 인터넷이나 전화 및 우편 등의 수단을 통하여 소비자들은 점포에 직접 들르지 않고도 제품을 구입할 수 있게 되었다. 예컨대 오늘날의 소비자들은 가까운 사람에게 선물을 주고자 할 때, 인터넷을 통하여 주문하고 신용카드나 전자서명카드로 대금을 결제할 수 있다. 이러한 변화는 전통적인 소매상들에게는 위협적인 요인이 되지만, 소매상들 스스로가 적극적으로 직접 소매경로를 개발함으로써 새로운 기회를 찾을 수도 있다.

3. 점포유형 간의 경쟁격화

오늘날의 소매상들은 다수의 상이한 형태의 소매상들과 경쟁하고 있는 경향이 높아지고 있다. 예컨대 CD를 구입하려는 소비자는 음반 전문점, 할인점, 전자제품 슈퍼점, 비디오 대여점 및 다수의 웹 사이트를 이용할 수 있다. 소비자들은 서적을 전통적인 서점에서 구입할 수 있을 뿐만 아니라 인터넷을 통해서도 구입할 수 있다. 가전제품의 경우에도, 백화점이나 할인점, 염가판매 소매상, 상품목록 전시점 또는 전자제품 슈퍼점 등에서 구입할 수 있으며, 이러한 소매상들은 동일한 고객들을 놓고 경쟁하고 있다.

연쇄슈퍼점과 독립적으로 경영하고 있는 소규모의 소매상 간의 경쟁이 특히 치열해지고 있다. 연쇄점은 대량구매와 판매로 비용을 절감하여 적은 이윤폭으로도 번영할 수 있다. 그러나 규모가 작은 소매상의 경우에도 충성도가 높은 고객들을 확보하여 이들에게 특별한 서비스를 제공함으로써 틈새시장을 확보하여 계속 존립하기도 한다.

4. 대규모 소매상의 출현

거대한 연쇄할인점이나 전문슈퍼점의 등장, 수직적 마케팅 시스템과 전략적 구매제휴의 형성 및 소매상간의 인수 및 합병 등으로 오늘날에는 거대한 소매상이 새롭게 출현하고 있다. 이러한 소매상에서는 우월한 정보시스템과 구매력을 통하여 판매할 상품의 선택권이 넓어지고, 보다 우월한 서비스를 제공할 수 있으며 판매가격에서도 유리한 위치에 있다. 이러한 거대 연쇄소매점은 생산자를 지배할 수 있는 위치에까지 이르게 되었다. 다수의 소비자들을 확보하고 있는 거대 소매상은 생산자의 판매량 중에서 상당한 비중을 차지하고 있어 구매협상력에 있어 유리한 위치에 있는 것이다. 예컨대 월마트의 경우, P & G나 여타 공급자들의 제품 구입에 있어 상당한 협상력을 보유하고 있다.

5. 정보기술의 발달

소매업에 있어서도 정보기술이 경쟁력을 결정하는 데 중요한 역할을 수행하게 되었다. 보다 효율적인 소매상들은 컴퓨터를 이용하여 수요를 예측하고 재고비용을 줄이며, 인터넷을 통하여 공급자부터 상품을 주문하고 점포간에도 전자우편을 통하여 상품정보를 교환한다. 계산대에는 대금결제와 동시에 EDI(electronic data interchange)를 통하여 재고파악과 함께 공급자로부터 필요한 물품을 즉시 주문할 수 있다.

6. 소매업의 세계화

소매업은 그 독특한 형태와 강력한 브랜드 포지셔닝을 갖고 해외로 진출하는 경향이 많아지고 있다. 대부분의 경우는 국내시장이 성숙기 내지 포화기에 들었기 때문이다. 미국의 대표적인 소매업으로 맥도날드, 갭(Gap) 및 월마트 등을 들 수 있다. 특히 월마트는 우리나라 뿐만 아니라 중국에까지 진출하고 있다.

미국 이외의 여타 선진국 소매상들도 국제시장으로 진출하는 경향이 높아지고 있다. 예컨대 영국의 막스 앤드 스펜서(Marks and Spencer), 이태리의 베네통(Benetton), 프랑스의 까르푸(Carrefour), 스웨덴의 이케아(IKEA) 가구점 등을 들 수 있다.

7. 지역사회로서의 소매점

독신으로 살고 있거나 가정에서 일하고 있는 사람, 또는 도시 교외에서 고립되어 생활하고 있는 사람 등이 점차 늘어남에 따라 어떠한 제품이나 서비스를 제공하는 것과는 관계없이 사람들이 자리를 함께 할 수 있는 장소를 제공하고 있는 기관이 다시 소생하고 있다. 그러한 장소로는 까페, 찻집, 서점, 슈퍼점, 어린이 놀이터, 생맥주집 등이 있다. 이러한 장소나 기구들이 나타나는 이유는 오늘날의 소비자들이 점차 개인적인 삶을 중시함에 따라 사람들과의 교류가 적어지고, 따라서 사람들을 만나 인간적인 교류를 할 필요성이 점차 늘어나고 있기 때문인 것으로 생각된다.

제6절 도매업의 의의와 유형

1. 도매업의 의의

도매업(wholesaling)이란 '재판매를 목적으로 하거나 사업용으로 사용할 것을 목적으로 하는 사람들에게 상품이나 서비스를 제공하는 일체의 행위'를 말한다. 그러므로 개인적인 용도를 목적으로 구입하지 않는 경우에는 모두 도매업이라고 할 수 있다. 어느 제과점에서 호텔을 상대로 하여 대량으로 가끔 납품하는 경우에는 도매업을 영위하는 것이며 결코 소매업은 아니다. 본 절에서는 도매상(wholesaler)을 주로 도매업을 영위하는 데 종사하는 개인 혹은 기업이라고 정의하고자 한다. 따라서 제조업자나 농부는 도매상에 포함되지 않는데, 그 이유는 이들이 주로 생산활동에 종사하기 때문이다. 소매상도 제외된다.

도매상과 소매상간에는 많은 차이점이 있다. 첫째, 도매상이 재판매나 생산에 사용할 것을 목적으로 상품이나 서비스를 구매하는 고객들과 거래하고 있는 반면, 소매상은 개인적인 소비를 목적으로 구매하려는 고객들과 거래하고 있다는 것이다. 둘째, 도매상의 거래규모는 소매상보다 훨씬 크며 거래지역도 광범위하다. 그러므로 소매상보다 상품을 다루는 시설이 더 필요하며 거래에 관한 정보입수체제도 필요하다. 셋째, 정부에서 이들에 대한 법률적인 규제나 세제(稅制)도 각기 달리 취급하고 있다.

그러면 도매상은 왜 필요한가? 제조업자는 최종소비자나 소매상에게 직접 판매할 수도 있다. 그러나 소규모의 제조업자는 자금에 한계가 있기 때문에 직판할 수 있는 조직을 설립할 여력이 없을 경우가 많으며, 자금에 여유가 있다 하더라도 유통부문에 투자하기보다는 생산시설을 확대하는 데 투입할 필요가 있을 경우가 많다고 생각된다. 제조업자들은 도매상들이 그들보다 훨씬 효율적으로 유통시키고 있고 소매상과 거래하는 데 전문적인 기술을 사용하고 있다고 믿고 있다. 그러나 무엇보다도 다음과 같은 기능 중 한 개 이상을 효율적으로 수행하고 있기 때문에 도매상을 이용한다.

① **판매 및 촉진활동** : 도매상은 판매원을 양성하여 제조업자와 다수의 소규모 거래를 원하는 고객들을 비교적 염가로 연결하여 주는 역할을 한다. 구매자들은 제조업자보다 도매상을

믿는 경우도 있다. 또한 도매상은 인적판매나 전화판매 외에도 구매자들에게 상품목록이나 안내문 등을 우송하는 등 촉진활동도 전개한다.

② **구매 및 선별활동** : 도매상은 품목을 선정하여 구매하고 고객들이 편리하도록 선별(assortment)하는 작업도 수행한다.

③ **분할**(bulk-breaking) : 산적되어 있는 상품을 고객의 필요에 따라 소량으로 분할하여 제공함으로써 고객의 노고를 덜어준다.

④ **보관** : 주문을 받을 때까지 상품을 창고에 보관하여 줌으로써 제조업자나 고객들이 직접 보관함으로서 발생하게 될 재고비용과 위험을 덜어준다.

⑤ **수송** : 구매자들에게 신속하게 배달하여 준다.

⑥ **신용공여** : 제조업자들로부터는 조기에 주문하여 대금을 지불하고 고객들에게는 외상판매 등의 신용을 제공한다.

⑦ **위험의 감수** : 상품의 소유권을 획득하는 데 수반하는 위험을 맡게 되며, 상품의 부패, 도난, 손상 등에 대한 책임을 지게 된다.

⑧ **정보의 제공** ; 고객이나 공급자에게 신제품이나 경쟁상태, 가격변동 등 시장에 관한 정보를 제공한다.

⑨ **경영상담** : 소매상의 판매원이나 점원에 대한 훈련, 진열대의 위치 결정, 회계제도 및 재고관리에 관한 문제 등 경영지도를 실시하는 경우도 있다.

2. 도매업의 유형

도매상은 상품의 소유권 유무, 수행하고 있는 기능의 유형과 수, 영업방법, 규모, 취급하고 있는 상품의 종류와 범위 등에 따라서 분류할 수 있으나 여기에서는 소유권의 유무와 영업방법에 따라 세 가지로 분류하여 살펴보기로 한다(표 14-4 참조).

1) 중개도매상(merchant wholesaler)

독자적으로 사업을 영위하며 취급하는 상품에 대한 소유권을 갖는 도매상이다. 거래의 성격에 따라 'jobber', 'distributor', 'mill supply house'라고도 한다. 대부분의 도매상이 이에 속하며, 다시 완전한 서비스를 제공하는 도매상과 부분적인 서비스를 제공하는 도매상으로 양분할 수 있다.

표 14-4 도매상의 분류

중개도매상	거간과 대리상	지점 또는 사무소
완전서비스 제공의 도매상	거간	지점 및 사무소
전문도매상	대리상	구매사무소
산업용품 배급업자		
한정된 서비스 제공의 도매상		
현금무배달 도매상		
배달병행 도매상		
직송 도매상		
진열상품 도매상		
생산자 협동조합		
우편판매 도매상		

(1) 완전한 서비스를 제공하는 도매상(full service wholesaler)

상품을 저장하며 판매원을 고용하고, 신용공여, 배달, 경영상담과 지도 등 거래에 따르는 서비스를 전부 제공하는 도매상으로서 전문도매상과 산업용품 배급업자의 두 가지 유형이 있다.

① 전문도매상(wholesale merchant)

주로 소매상에게 판매하며 완전한 서비스를 제공하는 도매상이다. 이들은 취급하는 제품계열이 각기 다르다. **일반잡화도매상**(general merchandise wholesaler)은 잡화소매상이나 단일상품 취급 소매점을 상대로 판매하며, **일반단품종 도매상**(general line wholesaler)은 한 개 또는 두 개 정도의 제품계열을 전문적으로 취급하는 도매상으로 철물 도매상, 의약품 도매상, 의류 도매상 등이 대표적인 예에 속한다. **전문도매상**(specialty wholesaler)은 제품계열의 일부를 전문적으로 취급하는 도매상으로 자동차 부속품 도매상, 건어물 도매상 등이 그러한 예이다.

② 산업용품 배급업자(industrial distributors)

소매상이 아니라 제조업자에게 판매하는 중개도매상을 말한다. 상품을 보관하거나 신용의 공여, 배달 등 몇 가지 서비스를 제공하며 취급상품도 다양하다.

(2) 부분적인 서비스를 제공하는 도매상(limited service wholesaler)

공급자나 고객들에게 한정된 서비스만을 제공하는 도매상으로 다음과 같이 몇 가지 유형으로 구분된다.

① 현금무배달 도매상(cash and carry wholesaler)

영세한 소매상들에게 운반이 간편한 상품을 현금으로 판매하는 도매상으로 취급상품은 한정되어 있다. 신용공여도 없을 뿐 아니라 배달 서비스를 제공하지 않는 것이 보통이다. 생선가게에서 새벽에 도매상에게 현금을 주고 직접 운반하는 것이 그러한 예에 속한다.

② 배달병행 도매상(truck wholesaler, truck jobber)

판매는 물론 배달을 주기능으로 하는 도매상으로, 취급하는 상품은 반(半)부식성 식품(예컨대 우유, 빵 등)인 경우가 대부분이다. 슈퍼마켓, 영세식품점, 병원, 식당, 호텔 등을 순회하며 배달한다.

③ 직송 도매상(drop shippers)

석탄이나 원목, 중장비 등 부피가 큰 상품을 주문에 의하여 고객에게 직접 배달하여 주는 도매상이다. 주문을 받은 후에 공급자를 물색하고 합의된 조건과 배달시기를 맞추어 고객에게 직접 운송하여 주문을 받은 후부터 배달이 완료될 때까지 상품의 소유권을 획득하고 위험에 대한 책임도 지게 된다. 보관과 같은 서비스를 제공하지 않으므로 비용이 적게 들고 따라서 고객들도 비용을 절약할 수 있다.

④ 진열상품 도매상(rack jobber)

주로 식품점이나 의약품 소매상(약국)을 상대로 비(非)식품(화장지, 화장품, 미용기구 등)을 배달하여 주고 배달인이 직접 상품을 진열해 주고 재고도 관리한다. 상품의 소유권은 도매상에게 있으며, 소매상들이 소비자들에게 판매한 금액만을 회수한다. 이와 같이 배달과 진열, 재고관리, 신용공여의 서비스를 제공하고 유명 브랜드나 널리 광고되어 있는 상품을 취급하므로 촉진활동을 거의 하지 않는다.

⑤ 생산자 협동조합(producers' cooperatives)

농가를 회원으로 하여 농산물을 직배하여 공동으로 판매하는 조합이 대표적인 예에 속한다. 이익은 사업연도말에 회원들에게 균배되는 것이 보통이다.

⑥ 우편판매 도매상(mail-order wholesaler)

고객들에게 상품목록을 송부하고 주문에 의하여 우편이나 기타의 운송수단을 통하여 전달한다.

2) 대리상(agent)과 거간(broker)

대리상과 거간은 중개도매상과 두 가지 점에서 다르다. 즉, 상품의 소유권을 획득하지 않으며 부분적인 서비스를 제공하는 도매상보다도 훨씬 적은 수의 기능을 수행한다는 점이다. 이들의 주요 기능은 판매와 구매거래를 간편하게 해주는 데 있고, 대가로 수수료를 받는다. 도매전문상의 경우와 마찬가지로 제품계열이나 고객의 유형에 따라 전문적으로 소개한다.

(1) 거간(broker)

판매자와 구매자가 회합하게 하여 협상을 중재한다. 그러한 서비스를 제공할 것을 제의한 당사자가 소정의 수수료를 부담한다. 거간은 보관이나 신용공여와 같은 서비스를 제공하지 않으며 위험부담도 없다. 부동산 중개사가 대표적인 예이다.

(2) 대리상(agent)

장기간에 걸쳐 판매자나 구매자를 대표하며 다음과 같이 몇 가지 유형이 있다.

① 제조업자 대리상(manufacturers' agent)

대리상 중 그 수가 가장 많은 것으로 유사한 제품을 생산하는 두 개 또는 그 이상의 제조업자를 대표한다. 각 제조업자와 가격이나 판매지역, 주문절차, 배달, 품질보장, 수수료 등 여러 가지 거래조건에 관하여 문서로 협약을 맺는다. 가구나 가전제품 등에서 흔히 볼 수 있다.

② 판매대리상(selling agent)

한 제조업자가 생산하는 제품의 전량을 판매할 권리가 있는 도매상을 말하며, 그러한 권리는 계약에 의해서 부여된다. 제조업자가 판매에 경험이 없거나 커다란 관심을 기울이지 않을 때 이용되며, 판매대리상은 제조업자의 판매부 역할을 하는 것과 유사하다. 따라서 가격이나 기타의 판매조건에 관하여 상당한 영향력을 행사한다. 판매지역에도 제한이 없는 것이 보통이다. 직물, 산업용기계, 석탄, 금속 등과 같은 상품의 판매에서 흔히 볼 수 있는 형태이다.

③ 구매 대리상(purchasing agent)

구매자들과 장기간에 걸쳐 관계를 유지하고 상품을 인수하는 것으로부터 시작하여 검사, 보관, 배달 등의 서비스를 제공하는 대리상이다.

④ 객주(commission merchant, commission house)

상품의 소유권을 보유하고 판매협상을 행하는 대리상이다. 특히 농산물을 직접 판매할 수 없거나 직접판매를 원하지 않는 농가에서 많이 이용하고 있다. 상품을 시장에까지 운반하여 최선을 다하여 판매한 다음, 수수료와 경비를 제외한 잔여금액을 생산자에게 전하기도 한다.

3) 지점 내지 사무소

도매업의 세 번째 주요 유형은 독립적인 도매상을 경유하여 판매되는 것이 아니라 제조업자나 소매상이 직접 도매업을 영위하는 것이다.

(1) 판매지점 혹은 사무소

제조업자가 재고관리와 판매 및 촉진활동을 강화하기 위하여 지점이나 사무소를 직접 설치하는 경우도 많이 있다. 판매지점은 창고를 보유하여 재고를 관리하고 중개도매상의 역할을 수행하는 것을 말하며, 판매사무소는 재고관리를 하지 않고 대리상이나 거간의 역할을 수행하는 것을 말한다.

(2) 구매사무소(purchasing office)

다수의 소매상들이 주요 시장에 공동으로 사무소를 설치하여 거간이나 대리상의 역할을 담당하도록 하는 것이다.

제7절 도매상의 마케팅 전략

도매상도 표적시장에 대한 가격결정, 촉진, 위치선정, 제품선별 및 서비스의 제공 등 마케팅 전략을 수립하는 일이 필요하다.

1. 표적시장의 선정

소매상과 마찬가지로 도매상도 표적시장의 범위를 결정하여야 한다. 표적시장은 고객의 규모, 유형, 필요한 서비스의 종류와 수준 등을 기준으로 선정할 수 있을 것이다. 표적시장을 선정한 후에는 그 중에서도 유망한 고객을 발견하여 유리한 조건을 제시하고 유대를 강화할 필요가 있다. 예컨대 자동적으로 재주문에 응한다거나 경영문제에 대한 상담과 훈련 등의 서비스를 추가로 제공하는 것과 같다. 소규모의 주문에는 비용을 추가로 부담하게 하여 주문을 대규모화하도록 유도하는 방법도 생각할 수 있다.

2. 제품선별과 서비스 수준의 결정

다수의 제품을 취급하는 경우에는 각 품목의 수익성에 따라 순위를 정하여 재고수준에 차이를 두어야 할 것이다. 또한 고객과의 유대를 강화하기 위하여 필요한 서비스 요소와 그 수준을 결정하여야 하며, 단순히 경쟁자의 서비스와 비교할 것이 아니라 각 서비스 요소를 적절히 배합하여 고객에게 호감을 주도록 하는 일이 필요하다.

3. 가격결정

종래에는 발생비용을 가산한 원가에다 일정한 이윤을 부과하는 것이 보통이었다. 그러나 주요 고객을 계속 유지하기 위하여는 가격에 신축성을 두어야 할 필요가 있다.

4. 촉진활동 결정

도매상은 소매상이나 생산자에 비하여 촉진활동에 주력하지 않는 것이 보통으로 인식되어 왔다. 광고나 판매촉진, 인적판매, 홍보활동 등을 조직적으로 행하는 경우가 드문 것이다. 아직까지도 다수의 도매상들은 판매활동이 집단적으로 노력하는 것보다 개인의 역량에 달려 있다고 믿는 경우가 많다. 그러나 각 촉진요소를 통합한 하나의 촉진전략이 보다 효과적임을 알아야 할 것이다.

5. 위치선정

도매상은 흔히 임대료가 저렴하고 설비시설도 빈약한 장소에 위치하고 있을 경우가 많다. 주문을 처리하거나 상품을 다루는 설비도 점차로 발달되고 있으므로 이러한 변화에 유의하여야 한다. 근래에 이르러 컴퓨터를 통하여 회계처리, 재고관리, 판매예측 등의 과업을 용이하게 수행할 수 있게 되어 관리비용을 절감하기 위해서는 그러한 제도를 이용할 태세를 갖출 필요가 있다.

제8절 도매업의 추세

도매업은 소매업보다 변화가 많지 않다. 도매상이 가장 중요한 위치를 점하고 있던 시기는 19세기였다. 그 당시 대부분의 제조업자들은 규모가 영세하였고 그들의 제품을 지역적으로 산재해 있는 소매상에 판매하기 위하여는 도매상에 의존하지 않을 수 없었던 것이다. 20세기에 들어서자 제조업의 규모가 확대되고 소매상 분야에서도 대규모의 연쇄점이나 독점판매기구가 출현됨에 따라 도매상의 지위는 약화되었다. 제조업자는 소매상과 직접 거래를 추구하게 되었고, 소매상의 경우에도 사정은 마찬가지였다. 제조업자들이 가능한 한 도매상을 기피하는 이유는, ① 도매상들이 제조업자들의 제품판매를 촉진시키는 데 소극적이며, ② 충분한 재고를 유지하지 않음으로써 고객의 주문에 신속하게 응하지 못하고 있고, ③ 제조업자에게 시장에 관한 정보를 충분히 전달하지 못하고 있으며, ④ 유능한 경영자가 부족하고, ⑤ 그들이 제공하고 있는 서비스에 대하여 지나친 대가를 요구하고 있기 때문이다.

사실상 이러한 비판은 타당한 경우가 많을 것으로 생각된다. 기술의 진보와 새로운 제품의 출현에 따라 소매기관도 변화하는 데 비하여 도매상은 이러한 변화에 신속하게 대응하지 못하고 있다. 그러므로 연쇄점이나 할인점과 같은 경쟁자에 대항하고, 증가하고 있는 인건비 등을 효율적으로 절감하기 위하여는 거래에 수반하는 비용절감 방법을 발견해야 하고 표적고객의 욕구를 충족시켜 줄 수 있는 서비스를 개발할 필요가 있다.

요 약

소매업과 도매업은 상품과 서비스를 생산지에서 사용자에게 전달하여 주는 다수의 기구들로 구성된다. 소매업이란 사업용이 아닌 개인용의 목적으로 소비하려는 최종소비자들에게 상품이나 서비스를 직접 판매하는 모든 활동을 지칭한다. 소매업은 점포소매업과 비점포소매업으로 양분할 수 있다. 점포소매업을 다시 세분하여 본다면, 제공하고 있는 서비스의 양에 따라 구분할 수도 있고(셀프 서비스, 한정된 서비스, 또는 완전한 서비스), 취급하고 있는 제품계열의 수에 따라서도 구분할 수 있으며(전문점, 백화점, 슈퍼마켓, 편의점, 컴비네이션 스토어, 슈퍼점, 하이퍼마켓, 기타 서비스업), 상대적 가격에 따라서 구분할 수도 있다(할인점, 염가판매 소매점 및 상품목록 전시점). 그 밖에도 점포에 대한 통제력을 기준으로 구분하기도 하며(연쇄점, 소매자유연쇄점, 소매상 협동조합, 독점판매기구, 그리고 거상 등), 점포 밀집도의 유형에 따라서 중심상가지역이나 쇼핑센터 등으로 구분하기도 한다.

소매업의 경우, 주로 대부분의 상품이나 서비스가 점포를 통하여 판매되고 있지만, 근래에 이르러 비점포 소매업이 차지하는 비중이 점차로 증가하고 있는 추세에 있다. 이것은 특히 통신수단과 컴퓨터의 발달에 기인한다. 이러한 비점포 소매업은 직접마케팅(직접우편 및 카탈로그 소매, 텔레마케팅, 텔레비전 마케팅 및 인터넷 마케팅), 가호방문판매 및 자동판매기 등으로 구성되어 있다. 소매상들은 각기 자신들이 표적으로 삼고 있는 고객집단을 선정하고 제품을 선별하며, 제공할 서비스 수준과 가격의 결정, 촉진활동 및 위치선정에 관한 의사결정을 내려야 한다. 소매상들은 특히 표적시장을 신중하게 선정하여 이들에 대한 위치를 강력하게 구축할 필요가 있다.

도매업은 재판매나 기타 사업을 목적으로 상품이나 서비스를 구매하려는 사람들을 대상으로 상품과 서비스를 판매하는 모든 활동을 말한다. 도매업자들은 판매 및 촉진활동, 구매 및 선별작업, 보관작업, 수선, 신용공여, 위험부담 및 시장에 관한 정보제공, 그리고 경영지도에 관한 상담 등 여러 가지 기능을 수행하고 있다. 도매상은 크게 세 가지 유형을 분류할 수 있다. 그 첫째는 중개도매상으로서 상품의 소유권을 갖는다. 이러한 중개도매상으로는 완전한 서비스를 제공하는 도매상, 부분적인 서비스를 제공하는 도매상으로 양분할 수 있는 바, 전자의 경우에는 전문도매상, 산업용품 배급업자 등이 있으며, 후자의 경우에는 현금무배달 도매상,

배달병행 도매상, 직송 도매상, 진열상품 도매상, 생산자 협동조합, 그리고 우편판매 도매상 등이 있다. 대리상 및 거간은 상품의 소유권을 가지고 있지는 않지만 판매와 구매를 도와줌으로써 일정한 대가를 수수료의 형태로 받는다. 제조업자의 지점이나 사무소는 직접 도매업의 기능을 수행한다. 지금까지 도매업의 형태는 소매업의 형태만큼 많은 변화가 있지 않았지만 보다 진보적인 도매업자들은 표적고객들의 욕구를 충족시키기 위하여 자신들이 제공하는 서비스를 새로 개편하는 등의 방법을 통하여 그 존립을 강화시키려 하며, 기타 사업비용을 절감시키는 방법을 추구함으로써 계속 생존의 근거를 찾으려는 노력을 기울인다.

연습문제

1... 많은 소비자들이 어디서 구매할 것인가를 결정할 때, 가격이나 편의, 편리성과 같은 요인보다는 서비스의 질을 더 중요시할 경우가 많다. 만일 이러한 추세가 지속된다면, 완전한 서비스를 제공하는 소매상에게는 어떠한 영향을 미칠 것이며, 이와 동시에 셀프서비스와 한정된 서비스를 제공하는 소매상에게는 어떠한 영향을 미칠 것으로 생각되는가?

2... 편의점에서 판매를 증가시키기 위하여는 제품선별의 심도와 폭 중에서 어느 것을 더 확대하는 것이 좋은가?

3... 염가소매상들은 여타의 소매상들과 치열한 가격전쟁을 하고 있다. 유통경로상에서 대규모의 소매상들이 점차 그 힘을 증가시키고 있다는 사실은 생산자로 하여금 도매상에게 판매하는 이하의 가격으로 염가소매상들에게 상품을 판매할 의향을 갖게 할 것인가?

4... 우편요금의 인상은 직접우편이나 상품목록판매가 보다 비싼 방식으로 바뀌게 될 우려가 있다. 직접우편이나 상품목록으로 판매하는 판매자의 입장에서는 이러한 우편요금의 인상에 어떻게 대응하리라고 생각되는가?

5... 소매업 성쇠론의 개념은 소매업의 어떤 혁신에 의해서 설명될 수 있는가? 소매업의 영업형태는 이러한 개념에 따라서 계속 변천할 것으로 생각되는가?

6... 면도기와 면도날을 생산하는 제조업자의 입장에서는 제조업자의 대리상을 통하여 판매할 것인가, 또는 판매대리상을 통하여 판매하는 것을 선호할 것인가?

7... 소매상과 도매상, 그리고 제조업자의 3자를 놓고 볼 때, 마케팅 의사결정에 있어서 기본적으로 어떤 차이점을 찾을 수 있는가? 이 세 부류의 업종에 의해서 내려지는 마케팅 의사결정의 예를 들어보고 유사점과 차이점을 설명하라.

8... 전통적으로 도매상에서 마케팅 전략 중 촉진분야가 취약한 이유는 무엇인가? 이들은

경쟁적 위치를 개선하기 위하여 촉진수단을 어떻게 이용할 수 있는가?

9... 대규모 소매상과 대규모 도매상간의 구분이 모호해짐에 따라서 어떤 전략이 보다 통상적으로 이용될 것으로 보는가, 즉 소매상들은 도매상보다 제조업자들과 직접 거래할 것인가? 혹은 도매상들이 그들 스스로 독자적인 소매업을 영위하는 기구를 설치할 것인가?

10.. 근래에 이르러 점차 증가하고 있는 전자상거래는 생산자, 도매상, 소매상 등에 어떠한 변화를 초래하고 있는가? 예를 들어 설명하라.

제15장 통합적 마케팅 커뮤니케이션 관리

제1절 커뮤니케이션 과정

현대 마케팅에서는 제품을 개발하여 적절한 가격을 책정하고 표적고객들이 쉽게 구입할 수 있도록 하여야 할뿐만 아니라 고객들에게 제품의 존재, 특징과 구매조건, 고객에게 주는 혜택 등에 관한 정보를 전달하여야 한다. 그러므로 모든 기업은 의사소통(communication) 내지 촉진(promotion)활동을 전개하여야 한다. 즉, 판매원을 고용하여 고객을 설득하거나 광고회사에 의뢰하여 고객의 관심을 끌 수 있는 광고를 개발하게 하며, 대중관계(public relations)를 전담하는 기업에 의뢰하여 이미지를 향상시키려고도 한다. 또한 판매촉진 전문가들에게 판매를 촉진할 수 있는 프로그램의 개발을 의뢰하기도 한다. 이러한 촉진활동을 전개하려면 다액의 자금이 소요된다. 문제는 촉진활동을 전개할 것인가의 여부가 아니라 어떤 방법으로 어느 정도의 자금을 투입할 것인가가 중요하다고 하겠다.

그림 15-1은 현대 기업의 마케팅 커뮤니케이션 체제를 예시한 것이다. 이 기업은 중간상이나 소비자, 그리고 기타 여러 대중과의 의사소통을 위하여 **마케팅 커뮤니케이션 믹스**(marketing communication mix)(혹은 **촉진 믹스**(promotional mix)라고도 한다)를 이용하고 있으며, 중간상도 동일한 믹스를 이용하고 있음을 보여주고 있다. 소비자들은 상호간에 혹은 기타의 대중과 구전(word of mouth)으로 의사소통을 하고 있다. 한편, 각 집단은 다시 앞단계의 집단과 역으로 의사소통을 하고 있는 바, 이것을 피드백(feed-back)이라고 한다.

그림 15-1 마케팅 커뮤니케이션 체제

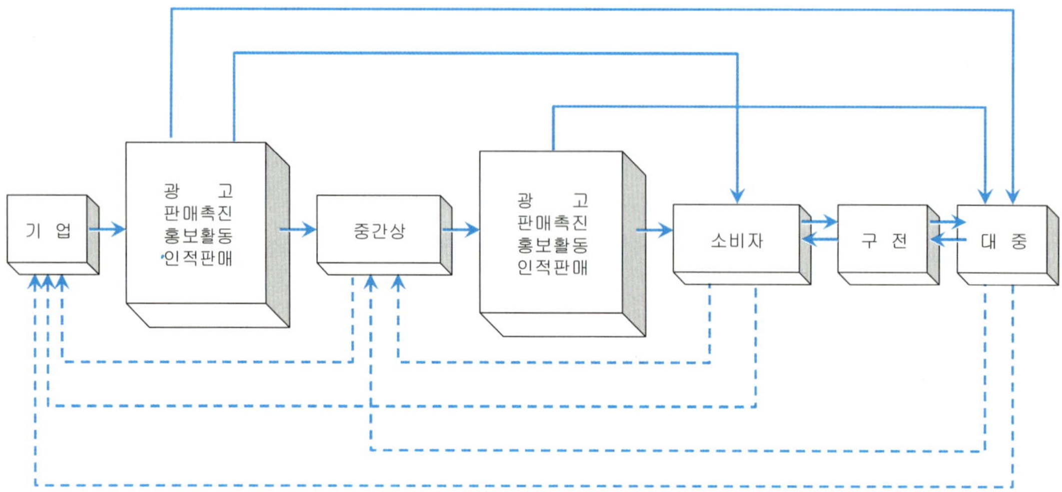

마케팅 커뮤니케이션 믹스는 다음과 같이 네 가지 주요 수단으로 구성되어 있다.

① **광고**(advertising) : 아이디어나 상품, 혹은 서비스에 관한 메시지를 인간을 통하지 않고 여타의 전달수단을 통하여 전달하는 모든 촉진활동을 말하며, 광고주가 누구인가는 광고물에서 확인된다. 또한 광고 의뢰자가 유료의 대가를 지불하여야 한다는 것도 광고개념의 요건이 된다.

② **판매촉진**(sales promotion) : 제품이나 서비스의 구매나 판매를 촉진시키기 위한 단기적인 자극책을 말한다.

③ **홍보활동**(publicity) : 상업적인 목적으로 인간을 통하지 않고 출판물이나 라디오, 텔레비전, 무대 등의 매체를 통하여 제품이나 서비스, 혹은 기업 자체에 대한 특별한 소식을 전파하게 하거나 그러한 매체로부터 호의적인 반응을 얻으려는 모든 활동을 말하며, 이에 대하여 유료의 대가를 지불하지 않는다. 그러한 활동의 궁극적인 목적은 수요를 자극하는 데 있다.

④ **인적판매**(personal selling) : 판매를 목적으로 1인 혹은 그 이상의 예상고객과 직접 대화하는

것이다.

이와 같은 수단들에는 각기 구매시점전시(point of purchase display), 기념품 증정(specialty advertising), 상품전시회(trade shows), 박람회(fair), 상품목록, 문예물, 포스터, 경연대회(contest), 쿠폰(coupon) 등 다수의 구체적인 촉진수단(promotools)이 있다. 이러한 촉진수단 이외에도 가격, 포장의 모양과 색깔, 판매원의 태도와 복장 등 모든 것이 구매자들에게 영향을 미친다. 따라서 의사소통의 효과를 최대로 달성하려면 단순히 촉진 믹스뿐 아니라 마케팅 믹스 전체가 조화를 이루어야 된다.

본 장에서는 효과적인 의사소통의 개발과 촉진 믹스의 결정방법을 검토하기로 한다. 구체적인 촉진수단에 관하여는 제16장과 제17장에서 각각 다시 살펴보기로 하자.

제2절 커뮤니케이션의 개발

한 사람이 타인에게 의사를 전달하는 데에는 그림 15-2에 예시한 바와 같이 여덟 개의 요소가 필요하다. 주요 당사자는 물론 송신자와 수신자이고, 의사소통의 주요 수단은 메시지와 매체이다. 나머지 네 개의 요소는 기호화, 해독, 반응, 피드백으로서 의사소통의 기능을 발휘하고 있다. 이러한 요소들의 의미를 살펴보면 그림 15-2와 같다.

① **송신자**(sender) : 타인에게 메시지를 전하는 사람
② **기호화**(encoding) : 생각하고 있는 바를 상징 혹은 기호의 형태로 전환하는 과정
③ **메시지**(message) : 송신자가 전달하는 일체의 상징적인 것(기호 등)
④ **매체**(media) : 송신자로부터 수신자에게 메시지가 전달되는 통로
⑤ **해독**(decoding) ; 송신자가 보낸 상징(혹은 기호)의 의미를 풀이하는 것
⑥ **수신자**(receiver) : 송신자가 보낸 메시지를 받는 사람
⑦ **반응**(response) : 메시지를 받고 수신자가 지니게 되는 일체의 반응
⑧ **피드백**(feed-back) : 수신자가 역으로 송신자에게 전달할 때 수신자가 지니게 되는 반응의 일부

그림 15-2 커뮤니케이션 과정의 구성요소

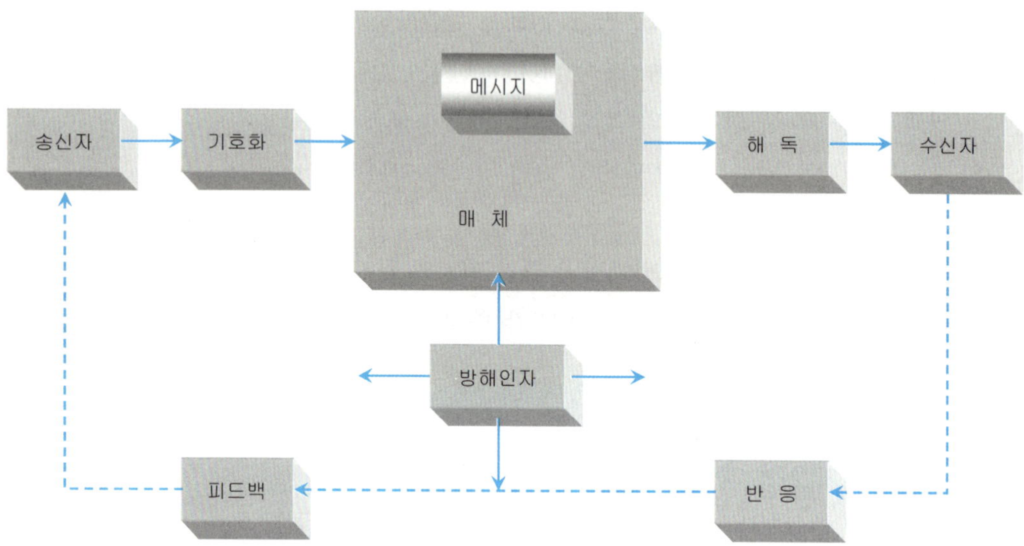

이와 같이 의사소통에 필요한 여러 가지 요소를 세분하는 것은 의사를 전달하려는 사람이 청중이 무엇을 원하고 그들이 반응이 어떠한가를 알 필요가 있기 때문이다. 또한 메시지를 효과적으로 기호화하는 방법과 표적으로 삼고 있는 청중이 이러한 메시지를 어떻게 해독하고 있는가를 이해할 필요도 있다. 한 걸음 더 나아가 청중이 메시지의 내용을 차음에 의도하였던 대로 이해하고 있는가를 알기 위하여 피드백 경로도 개발하여야 할 것이다. 이제 마케팅 커뮤니케이션 담당자가 의사소통 혹은 촉진활동을 효과적으로 수행하려면 어떠한 의사결정과정이 필요한가를 검토하여 보자.

1. 표적청중의 발굴

마케팅 커뮤니케이션을 담당하는 사람이 먼저 해야 할 일은 표적으로 삼고 있는 청중을 결정하는 것이다. 그러한 청중은 잠재적인 구매자일 수도 있고 현재 제품을 사용하고 있는 사람일 수도 있으며, 구매를 결정하는 사람, 혹은 구매에 영향을 미치고 있는 사람일 수도 있다. 또한 개인일 수도 있고 집단이나 특정의 대중, 혹은 일반대중일 수도 있다. 이와 같이 표적청중을 어떻게 정하는가에 따라 전달하려는 내용, 전달방법, 시기, 장소, 그리고 전달자 등을 결정하는 데 커다란 영향을 미치게 된다.

2. 표적청중의 반응파악

표적청중의 범위와 성격을 결정한 후에 마케팅 커뮤니케이션 담당자는 그가 청중으로부터 원하고 있는 반응이 어떠한 것인가를 결정하는 일이 필요하다. 청중의 최종적인 반응은 물론 구매행위로 나타날 것이다. 그러나 그러한 구매행위는 소비자가 오랫동안의 심사숙고와 여러 단계의 의사결정과정을 거쳐 나오게 된다. 그러므로 표적청중이 현재 어떠한 의사결정단계에 있으며, 어느 단계로 이동시킬 필요가 있는가를 알아야 한다. 일반적으로 표적청중은 보통의 구매자들이 지니고 있는 여섯 단계의 구매태세 중 어느 한 단계에 위치하고 있는데, 그러한 단계는 인식(awareness), 숙지(knowledge), 기호(liking), 선호(preference), 확신(conviction), 그리고 구매(purchase)의 순서로 이어지고 있다. 그림 15-3은 이와 같은 구매태세에 대한 몇 가지 상태를 나타낸 것인 바, 이에 대하여 좀더 구체적으로 검토해 보기로 하자.

그림 15-3 구매태세의 제단계

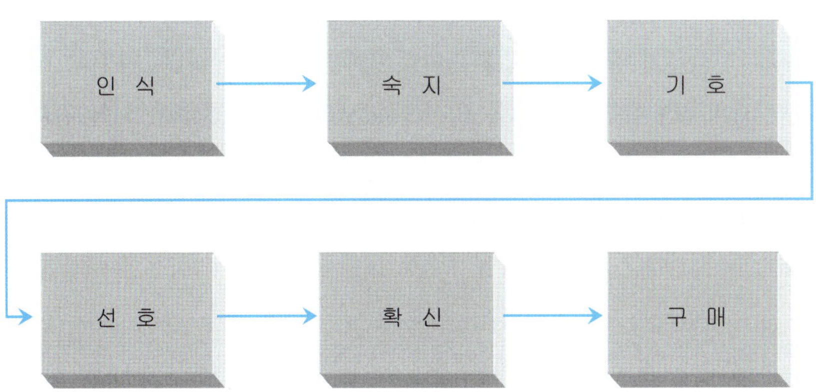

1) 인식

표적청중이 제품이나 기업을 어떻게 알게 되었는가를 먼저 파악할 필요가 있다. 청중은 제품이나 기업의 존재를 전혀 모를 수가 있으며, 이름 정도만 알고 있는 경우도 있을 것이다. 또한 제품이나 기업에 대하여 부분적으로만 알고 있는 경우도 있다. 대부분의 표적청중이 제품이나 기업에 대하여 모르고 있을 때에는 그 존재를 인식시킬 필요가 있으며, 이름만이라도 알고 있도록 하여야 할 것이다. 제품이나 기업의 존재를 인식시키는 가장 좋은 방법은 그 이름을 반복하여 전하는 단순한 메시지를 작성하는 것이다.

2) 숙지

표적청중이 제품이나 기업의 존재를 알고 있다 하더라도 깊이 알고 있지 못할 경우가 있을 것이다. 이러한 경우에는 제품이나 기업에 관한 핵심적인 정보를 효과적으로 전달하여 줄 필요가 있다. 예컨대 어느 대학에서 입학지원자(표적청중)들에게 학교 명성을 알리기 위하여 조류학이나 해양식물학의 분야가 어느 대학보다도 앞서 있다는 것을 특별히 강조하는 메시지를 작성하는 것과 같다. 청중이 그러한 존재에 대하여 지니게 되는 일련의 신념을 이미지(image)라고 한다. 그러므로 기업이 의사소통의 목적을 개발하기 위한 기준은 대중의 이미지이며, 그러한 이미지는 정기적으로 평가할 필요가 있다. 이에 대하여는 다음 장에서 다시 상술하기로 한다.

3) 기호(嗜好)

표적청중이 제품이나 기업의 존재를 알게 된 후에는 어떠한 감정을 지니게 되는가를 알아야 할 필요가 있다. 대단히 싫어한다든가, 어느 정도 싫어한다든가, 무관심하다든가, 어느 정도 좋아한다든가, 아주 좋아한다든가 등 그 정도를 파악하여야 할 필요가 있다. 청중이 호의적인 견해를 갖고 있지 않다면 호의적인 감정을 갖도록 의사소통 캠페인을 개발하여야 할 것이다. 만일 청중이 호의적인 견해를 갖고 있지 않은 이유가 제품이 적합하지 않은 데 있다면 의소소통 캠페인만으로는 부족하다. 이러한 경우에는 제품을 먼저 개량하고 후에 의사소통을 전개하는 것이 순서일 것이다.

4) 선호

표적청중이 제품이나 기업에 대하여 호의적인 감정을 지니게 되는 것만으로는 부족하며 다른 제품이나 기업보다도 선호하도록 하는 일이 중요할 것으로 생각된다. 이러한 경우에는 제품의 질, 가치, 성능 및 기타의 특성을 강조하여야 할 것이다. 상기한 의사소통 캠페인을 전개한 후에 청중이 전보다 선호하게 되었는가를 알기 위하여 그러한 캠페인의 성과를 분석할 필요가 있다.

5) 확신

표적청중이 특정의 제품이나 기업을 선호하게 되었다 하더라도 반드시 확신을 지니게 되지는 않는다. 고등학교 졸업예정자들이 특정 대학을 선호한다 하더라도 반드시 대학에 입학하기로 결심을 굳히지 않을 경우도 있는 것이다. 그러므로 대학에 입학하는 것이 좋다고 하는 확신을 갖도록 하는 일이 필요하다.

6) 구매

표적청중 가운데 확신을 갖고 있다 하더라도 실제로 구매하지 않는 사람도 있다. 제품에 관한 정보를 추가로 획득하기 위하여 기다리기도 하고, 구매행위를 연기하기도 한다. 그러므로 이러한 경우에는 소비자가 구매행위를 취하도록 유도하여야 할 필요가 있다. 예컨대 지금 당장 구매하면 할인을 하여 준다든가, 제한된 범위 내에서 제품을 시험하여 보게 할 기회를 준다든가, 혹은 곧 매진될 것이라고 암시하는 등의 방법을 동원하는 것이다.

이러한 여섯 가지의 구매태세단계는 **인지**(cognitive)(인식과 숙지), **감정**(affective)(기호, 선호, 확신), **행위**(behavior)(구매)의 세 단계로도 요약할 수 있다. 일반적으로 구매자들은 이와 같은 단계를 밟아 구매하게 되는 것으로 알려져 있으며, 마케팅 커뮤니케이션 담당자가 하여야 할 일은 표적청중이 어느 단계에 위치하고 있으며, 표적청중을 다음 단계로 이동시키려면 어떠한 메시지와 캠페인을 개발할 것인가를 연구하는 것이다. 하나의 메시지로 청중으로 하여금 상기한 바와 같은 단계를 처음부터 끝까지 밟도록 하는 것이 물론 이상적이겠지만 그러한 경우는 매우 드물다.

소비자가 상기한 바와 같이 인지→감정→행위의 순서로 과정을 밟게 된다는 이론을 부정하는 학자들도 있다. 즉, 인지→행위→감정의 과정을 거치는 경우도 있다고 한다. 예컨대 어느 고등학교 졸업예정자가 특정 대학에 관한 이야기를 듣고 깊이 생각하는 바가 없이 입학하고 난 후에 그 대학을 좋아하게 된다든가 싫어하게 되는 경우가 그것이다. 또 어떤 경우에는 행위→감정→인지의 과정을 밟는 때도 있을 것이다. 어느 대학생이 친구의 이야기만 듣고 특정 과목을 선택하기로 결정한 후에 점차로 호의적인 느낌을 갖게 되고, 나중에는 그 과목을 이해하게 되는 경우가 있는 것이다. 이와 같이 소비자가 구매에 이르는 단계는 상이할 경우가 있으므로 이에 적합한 의사소통 방법을 각기 개발하여야 할 필요가 있다.

지금까지 살펴본 바와 같이 표적청중 내지 표적시장과 그 특성을 확인하게 되면 커뮤니케이션 담당자는 자신이 원하는 청중의 반응에 대하여 결정을 내려야 한다. 물론 궁극적인 반응은 소비자가 구매하고 만족을 느끼는 것이다. 그러나 구매행동은 소비자의 복잡한 의사결정과정의 최종결과이다. 커뮤니케이션 담당자는 표적청중이 보다 고차원의 구매태세단계로 움직일 수 있는 방법을 알고 있을 필요가 있다.

마케팅 관리자는 표적청중으로부터 인지적 반응, 감정적 반응 혹은 행동반응을 얻을 수 있다. 다시 말하면 마케팅 관리자는 소비자의 마음속에 무엇인가를 심어주어 그의 태도를 변경시키거나 구매행동을 취하도록 노력할 필요가 있다. 이러한 목적을 달성하는 데에는 여러 가지 소비자 반응단계 모델들이 있는바, 그림 15-4는 가장 잘 알려져 있는 네 가지 유형의 반응단계 모델을 예시한 것이다.

이 모델들은 모두 구매자가 인지적 단계, 감정적 단계 및 행동단계로 이행하고 있다고 가정한다. 마케팅 관리자는 이러한 모델들을 이해함으로써 적절한 커뮤니케이션 계획을 수립할 수 있다.

3. 메시지의 설계

기업이 표적청중으로부터 원하는 반응을 파악한 후에는 효과적인 메시지(message) 전략을 개발할 수 있다. 이상적인 메시지란 청중의 주의를 끌고, 관심을 갖게 하며, 구매할 욕구를 일으키어 행동에 옮기도록 하는 것이다. 그러나 실제로 소비자가 제품을 인식하는 것으로부터 출발하여 구매행위에 이르기까지 전 과정을 일시에 밟을 수 있도록 하는 내용의 메시지를 작성하기는 매우 힘들 것으로 생각된다. 여기에서 소비자가 주의→관심→욕구→행동의 과정을 밟도록 하는 유용한 모델이 있는데, 이것을 AIDA 모델이라고 한다.

적절한 메시지를 작성하려면 메시지의 내용, 구조, 양식 등의 문제를 검토하여야 하는 바, 이에 대하여 보다 구체적으로 살펴보기로 하자.

1) 메시지의 내용

기업이 표적청중으로부터 바라는 반응을 획득하기 위하여 표적청중에게 어떠한 내용의 메시지

그림 15-4 반응단계 모델

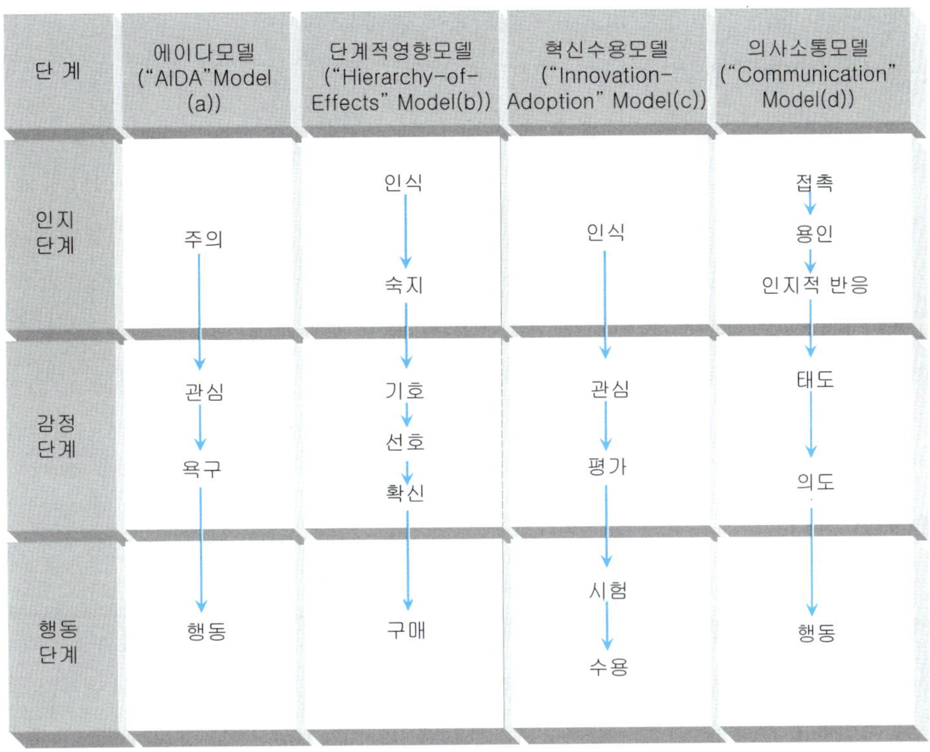

자료원: (a) E.K. Strong, *The Psychology of Selling* (New York : McGraw-Hill, 1925), p.9;
(b) Robert J. Lavidge and Gary A. Steiner, "A Model for Predictive Measurements of Advertising Effectiveness," *Journal of Marketing*, October 1961, p.61;
(c) Everett M. Rogers, *Diffusion of Innovations* (New York : Free Press, 1962), pp.79-86;
(d) Various sources.

를 전할 것인가를 결정하여야 한다. 메시지의 내용은 제품을 구매하는 경우 청중에게 돌아가는 혜택이 어떠한 것이며, 청중이 왜 생각하고 행동에 옮겨야 되는가를 전하는 것이어야 한다. 이와 같이 메시지를 통하여 구매를 호소하는 방법에는 세 가지가 있다.

첫째, 이성적으로 호소하는 것으로서 제품이 청중이 기대하는 만큼의 혜택이 있고, 기능도 발휘된다는 것을 보이려고 노력하는 것을 말한다. 제품의 질이나 경제성, 가치, 성능 등을 설명하는 내용의 메시지가 그러한 예에 속한다.

둘째, 감정에 호소하는 방법이 있다. 구매를 자극하기 위하여 부정적이거나 긍정적인 감정을 불러일으키려 하는 것이다. 예컨대 사람들로 하여금 그들이 당연히 하여야 할 일(예컨대 치아를 닦는다든가, 정기적으로 건강진단을 받는 것), 혹은 해서는 안 될 일(끽연, 과음, 과식, 약물중독 등) 등을 제시하는 것이다. 전자의 경우에는 긍정적인 감정을 불러일으키는 방법으로서 사랑, 유머(humor), 자부심, 기쁨 등을 표현하는 내용의 메시지를 전하는 것이어야 하며, 후자의 경우에는 공포감, 죄책감, 수치감 등을 불러일으키는 내용의 메시지를 개발하는 것이 효과적이다. 광고 전문가들의 주장에 의하면 공포감을 주는 메시지가 어느 수준까지는 효과가 있으나 지나치게 되면 청중은 그러한 메시지를 무시하는 경향이 있다고 한다. 또한 익살스러운 메시지가 평범한 메시지보다 반드시 효과적이라는 증거는 없다고 한다.

셋째, 윤리적으로 호소하는 것이다. 환경오염 방지, 남녀평등권, 장애자를 돕는 것 등의 내용이 담긴 메시지는 청중으로 하여금 그 명분을 깨닫게 하는 데 있다. 그러나 이 방법은 일상의 제품에서 흔히 이용되고 있지는 않다.

2) 메시지의 구조

효과적인 메시지를 작성하려면 메시지의 구조도 고려하여야 한다.

첫째, 메시지의 결론 부분에 대해서는 의사전달자가 확정적으로 단안을 내리거나 청중에게 판단케 하는 방법이 있다. 결론을 직접 내리는 것이 더 효과적인 경우가 많지만, 의사전달자가 신뢰할 수 없는 사람으로 간주되거나 문제가 간단하며 개인적인 것일 경우, 혹은 청중의 지식수준이 높은 경우에는 청중이 메시지의 결론을 내리도록 하는 방법이 유리할 수가 있다. 단일 용도로 사용되는 전문적인 제품이나 복잡한 제품의 경우에는 직접 결론을 내리는 것이 유리할 것이다.

둘째, 의사전달자가 제품의 장점만을 내세울 것인가, 혹은 단점도 인정할 것인가의 문제가 있다. 언뜻 보기에는 제품의 장점만을 일방적으로 제시하는 것이 유리한 것 같이 보이지만 반드시 그렇지는 않다. 어떤 조사에서 밝혀진 바에 의하면, ① 청중이 의사전달자에 대하여 호의적인 감정을 갖고 있는 경우에는 제품의 장점만을 내세우는 일방적인 메시지가 유리하며, 반감을 갖고 있는 경우에는 제품의 양면성(장점과 단점)을 내세우는 것이 유리하고, ② 교육수준이 높은 청중에게는 제품이 양면성을 제시하는 것이 유리하며, ③ 반격을 가하는 경쟁자의 선전을 자주 접하게 되는 청중에게도 양면성을 제시하는 것이 효과적이라고 한다.

셋째, 메시지에서 강조하는 점을 앞부분에 둘 것인가 혹은 끝부분에 둘 것인가를 결정할 필요가 있다. 메시지의 내용 중 강조하는 점을 앞부분에 두면 청중의 관심과 주의를 끌 수 있는 이점이 있다. 청중이 메시지의 모든 내용에 관심을 갖지 않게 되는 매체에서는 특히 중요한 문제일 것이다. 제품의 양면성을 제시하는 메시지에서도 장점과 단점 중 어느 것을 먼저 내세울 것인가를 신중히 고려하여야 한다. 청중이 처음부터 반감을 갖게 된다면 제품의 단점부터 내세우는 방법이 유리할 것으로 생각된다.

3) 메시지의 양식

메시지를 효과적으로 전달하려면 메시지의 양식(format)도 신중하게 고려할 필요가 있다. 인쇄물을 통하여 전하는 경우에는 메시지의 제목, 문안, 삽화, 색깔 등의 요소를 신중하게 선택할 필요가 있으며, 라디오를 통하여 전달하는 경우에는 사용할 용어, 음의 특성(말의 속도, 리듬, 맺고 끊는 것) 등을 신중하게 택하여야 할 것이다. 텔레비전의 경우에는 상기한 요소 외에 출연자의 동작에 주의를 기울여야 할 것이다. 메시지를 제품이나 포장에 직접 표시하여 전달하는 경우에는 질감, 색깔, 크기, 모양 등에 신중을 기하여야 한다. 식품을 선호하게 되는 데 있어서 색깔이 중요한 의사소통 역할을 한다는 것은 잘 알려진 사실이다. 어떤 실험에 의하면 동일한 커피를 네 가지 색깔로 착색하여 주부들에게 시음하게 한 결과를 분석하여 보니, 갈색의 커피가 맛이 진하다고 느낀 주부가 75%이고, 빨간색의 커피가 영양가가 많다고 느낀 주부가 85%에 달하며, 파란색의 커피맛이 유연하다고 느낀 주부가 대부분이고, 노란색의 커피 맛이 가장 약하다고 느낀 주부가 대부분이었다고 한다.

4. 매체의 선정

이제 메시지를 효과적으로 전달할 수 있는 매체(media)를 선정하는 문제를 살펴보자. 이러한 매체는 의사소통 경로라고도 하며 두 가지 유형으로 구분할 수 있다.

1) 매체가 인간인 경우

매체가 인간인 경우에는 세 가지 유형으로 분류된다. 즉, 기업을 대표하는 사람이 표적고객과 직접 접촉하는 경우, 독립된 전문가로 하여금 표적고객들에게 제품에 관하여 언급하게 하는 경우, 그리고 이웃, 친구, 가족 구성원이 표적고객에게 의사를 전달하는 경우 등이 그것이다. 마지막 방법은 구전(word of mouth)으로 영향을 미치는 것으로 설득력이 강한 경우가 많다. 일반적으로 고가이거나 위험이 수반되는 제품일 경우에는 개인의 영향을 많이 받을 것으로 생각된다. 구매자들은 보통의 선전매체보다도 알 만한 사람으로부터 제품에 관한 의견을 구하려고 하는 경향이 많다.

기업이 이와 같이 개인의 영향력을 이용하려면, ① 영향력 있는 개인이나 기업을 발굴하여 이들에게 특별한 관심을 기울이려고 노력하고, ② 여러 사람 가운데 여론주도자(opinion leader)를 만들어 그에게 유리한 조건으로 제품을 제공하거나 그를 고용하기도 하며, ③ 지역사회나 단체의 지도급 인사들과 접촉하려고 노력하고, ④ 이러한 사람들의 증언을 광고에 이용하며, ⑤ 대화형식의 광고가 가치가 있을 경우에는 그러한 광고를 개발하는 등의 조치를 강구할 필요가 있을 것이다.

2) 매체가 인간이 아닌 경우

인간을 통하지 않고 구매자들에게 영향을 미치는 것이다. 여기에도 세 가지 유형이 있다. 첫째는 **대중매체**(mass media)로서, 신문, 잡지, 라디오, 텔레비전, 광고 게시판 등을 말한다. 이러한 대중매체를 이용하려는 것은 다수의 고객을 표적으로 삼기 때문이다. 두 번째는 **분위기**(atmosphere)로서 구매자가 제품을 구매하거나 소비하는 경향을 조성하려는 주위환경을 말한다. 개업하고 있는 의사나 변호사들이 고객의 신뢰가 중요하다고 생각하여 사무실의 내부를 직접 설계하는 경우가 이에 해당된다. 세 번째는 **계기**(event)로서 특정 메시지를 표적청중에게 전달하려고 특별한 기회를 마련하는 것을 말한다. 홍보담당자가 기자회견을 마련한다든가, 대중의 관심을 끌기 위하여 회의를 개최하는 경우라든가, 개점식을 마련하는 경우 등이 그러한 예에 속한다.

개인을 통한 의사전달 방법이 대중매체보다도 효과적일 경우가 있으나 대중매체가 개인을 통한 의사전달을 촉진시키기 위한 수단으로 이용되기도 한다. 대중매체가 개인의 태도와 행위에 영향을 미치는 과정은 두 단계로 이루어진다. 즉, 라디오나 텔레비전을 통하여 아이디어가 여론주도자에게 전달되면 여론주도자는 다시 대중에게 그것을 전파한다는 것이다.

이러한 두 단계의 의사소통 흐름은 몇 가지 커다란 의미를 지니고 있다.

첫째, 여론에 대한 대중매체의 영향력은 생각했던 만큼 직접적이거나 강력하지 않으며 자동적으로 이루어지는 것도 아니라는 점이다. 1차집단(primary group)에 속하고 있는 여론주도자들이 메시지의 내용을 검토한 후에는 이들의 의견이 여러 갈래로 나뉘는 경향이 있다. 따라서 이들의 영향력은 분산되어 대중매체의 영향을 연장시켜 주는 역할도 하지만 메시지의 내용을 변경하거나 전혀 전달하지 않는 경우도 있게 된다.

둘째, 상기한 견해는 소비형태가 주로 상류계급에서부터 내려온다는 견해와 상치된다. 사람들은 보통 사회적인 신분이나 지위에 따라 동일한 수준에 있는 사람끼리 교류하고 있기 때문에 유행이나 기타의 아이디어도 동일계층 내에서만 교환하고 있다.

셋째, 대중매체와 같은 대량의사소통수단을 이용함으로써 광고예산을 절감할 수 있고, 여론주도자와 효율적으로 접근하여 그로 하여금 메시지를 효과적으로 전파하게 할 수 있다. 예컨대 제약회사에서 새로운 의약품을 개발하여 영향력 있는 의사들을 상대로 촉진활동을 전개하여 이들로 하여금 그러한 의약품의 존재를 전파하게 하는 것이다.

5. 메시지 정보원의 설정

의사전달의 효과는 청중이 의사전달자에 대하여 어떻게 느끼고 있는가에도 달려 있다. 그러므로 신뢰할 만한 정보원(information source)을 통하여 메시지를 전달하는 것이 보다 설득력이 있다. 제약회사에서는 의사들의 신망과 역할이 중요하기 때문에 의약품을 선전하는 데 그들의 증언을 이용하려 한다. 의사들이 대중으로부터 신임을 받는 것은 이들이 전문적인 지식이 있고, 신뢰감을 주며, 대중이 호감을 갖고 있다는 것을 의미한다. 전문성이란 의사전달자가 주장하는 바가 권위가 있는 것으로 믿게 되는 정도를 말한다. 의사, 과학자, 그리고 기타 전문직에 종사하는 사람들이 자기의 전문분야에 대하여 주장하는 것을 대중은 쉽사리 수긍하는 경향이 있다. 신뢰도란 정보원이 어느 정도로 객관적이고 정직한 것인가를 말한다. 예컨대 낯선 사람이나 판매원보다 친구를 더 신뢰하는 경향이 있다. 호감이란 정보원이 청중에게 어느 정도로 매력을 주고 있는가를 말한다. 의사전달자가 솔직성, 유모어(humor), 자연스러운 태도와 같은 특성을 보이면 청중은 호감을 갖게 된다. 따라서 가장 믿을 만한 정보원이란 이상의 세 가지 요소를 모두 구비하고 있는 사람이라고 할 수 있다.

6. 커뮤니케이션의 효과측정

청중에게 메시지를 전달한 후에는 그 효과를 조사할 필요가 있다. 메시지를 접할 표적청중이 누구이며, 이들이 메시지의 내용을 인식하거나 기억하고 있는가를 물어보고 메시지를 접한 횟수, 제품이나 기업에 대한 종전의 태도와 현재의 태도 등을 조사한다. 또한 구매자의 수, 제품을 선호하게 된 구매자의 수, 타인에게 제품에 대한 이야기를 전달한 구매자의 수 등 반응행위를 측정하고 자료를 수집하는 일도 필요할 것이다. 그림 15-5는 이와 같은 결과를 측정하는 예를 보인 것이다. 표적고객의 80%가 상표 A를 알게 되었고, 60%가 시험해 보려고 하였으며, 그 중에서 20%

그림 15-5 두 가지 상표에 대한 고객들의 상태

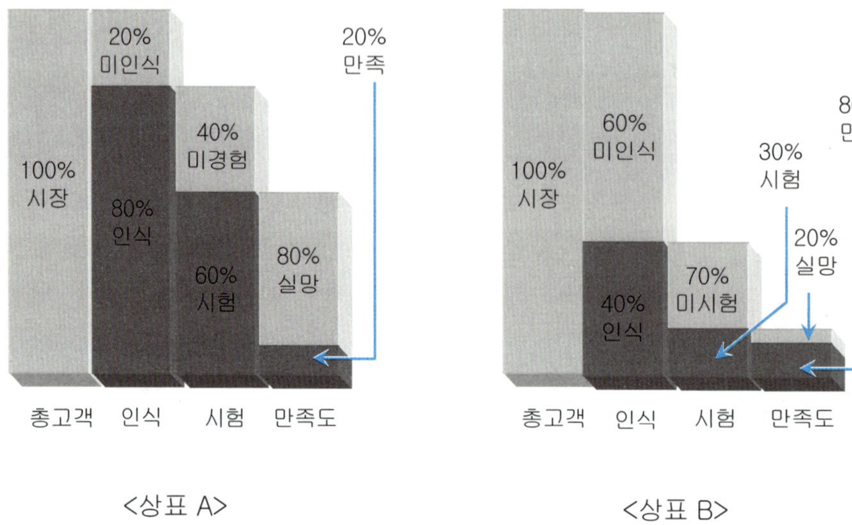

의 구매자가 만족을 느끼게 되었음을 보여주고 있다. 그러므로 A의 경우의 의사소통 프로그램은 고객이 제품이나 기업을 인식시키는 데에는 효과적이었지만 제품이 구매자들의 기대를 충족시켜 주지 못한 것을 뜻한다. 이와는 달리 상표 B의 경우에는 표적고객의 40%만이 상표의 존재를 인식하고, 그 중에서 30%만이 제품을 시험하여 보려 하였으며, 시험해보려고 한 사람 중에서 80%가 제품에 대하여 만족을 느끼게 되었음을 알 수 있다. 이러한 경우에는 고객의 만족도를 이용하는 의사소통 프로그램을 강화할 필요가 있다.

제3절 촉진예산의 책정과 촉진 믹스의 결정

지금까지 표적청중을 대상으로 하는 의사소통 계획을 수립하는 과정을 살펴보았다. 이러한 의사소통의 목표를 달성하는 데는 예산이 필요하며, 이와 같은 촉진예산을 편성하는 방법과 그것을 각 촉진수단에 배분하는 방법을 검토하여 보기로 한다.

1. 이론적 배경

촉진예산을 실제로 책정하는 방법을 설명하기 전에 이론적인 토대를 분석하는 일이 도움이 될 것이다. 여기에서는 문제를 단순화하기 위하여 촉진 믹스 중 광고만을 예로 들기로 한다. 촉진예산을 편성하는 데 있어 이론적 접근방법의 하나가 **한계분석**(marginal analysis)이다. 그림 15-6은 이러한 한계개념에 의한 접근방법을 예시한 것이다.

이러한 접근방법은 다음과 같은 가정하에 단기적인 분석을 시도하고 있다. 즉, ① 광고비는 모든 순수판매비용을 포함하고 있다고 가정하며 곡선 SC로 표시되어 있다. 한계광고비는 제품의 한 단위를 더 판매하는 데 소요되는 경비지출을 말한다. ② 그림에서 생산량이 일정한 수준에 이르기

그림 15-6 한계분석에 의한 단기간의 광고비 지출결정

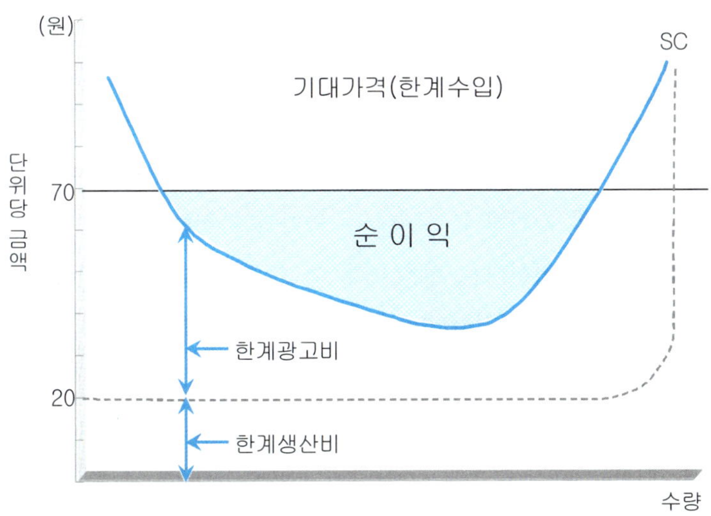

까지 제품단위당 한계생산비는 일정하다(단위당 20원). 이러한 가정은 단기간에는 타당성이 있는 것으로 생각된다. ③ 제품단위당 가격도 일정한 생산수준에 도달하기까지는 불변이며(단위당 70원), 판매량의 변동에 따라 변하지 않는다. ④ 한계광고비곡선은 판매량의 증가에 따라 U자 모양을 지니게 된다고 가정한다. 즉, 한계광고비곡선은 판매량이 증가함에 따라 처음에는 감소하다가 어느 수준에 도달하면 일정하게 되고 후에는 가속적으로 증가한다는 것이다.

그림에서 한계광고비는 횡축선상에서 한계광고비곡선까지의 수직거리로 표시하여 구할 수 있다. 그러한 수직거리를 50원이라고 한다면 한계생산비 20원을 제하여 한계광고비 30원을 구할 수 있다. 이와 같이 한계광고비 곡선이 U자 형태를 갖게 되는 이유는 무엇인가? 처음에 한계광고비곡선이 감소하는 이유는 '전문화'(specialization)로 설명할 수 있다. 즉, 광고비 지출규모가 증가함에 따라 전문적인 서비스를 제공할 수 있고 광고매체를 경제적으로 이용할 수 있다는 것이다. 그러나 보다 중요한 것은 광고를 반복하여 내보냄으로써 구매자들이 제품의 존재를 인식하게 됨에 따라 광고비도 절약할 수 있다는 것이다. 한계광고비곡선이 상승하는 이유는 광고비 지출이 증가됨에 따라 목표판매액을 계획하였던 대로 달성하지 못하기 때문일 것이다.

이러한 가정 아래 광고비의 규모를 결정하려면 광고 및 생산의 한계비가 제품가격과 일치하는 수준의 판매량을 책정하는 것으로부터 출발하게 된다(다시 말하면 이러한 한계비용이 한계수입과 같을 때 이익을 거둘 수 있는 것이다). 그림에서 한계생산비가 20원이고 제품의 가격이 70원이라면 총이익은 50원이 된다. 따라서 단위당 광고비를 50원까지 증가시킬 수 있을 것이다. 한계광고비가 50원을 넘게 되면 한계수입이 한계비용보다 적어지게 되어 이익이 감소하게 된다.

이러한 분석방법을 실제로 응용하기에는 어려운 점이 많다. 이 분석방법에서는 최고경영층이 광고비가 판매량에 미치는 효과를 정확하게 측정할 수 있다고 가정하고 있다. 그러나 광고비 지출과 판매량과의 관계를 정확하게 추정한다는 것은 매우 어려운 일임에 틀림없다. 특정 연도에 달성한 판매량은 광고비뿐만 아니라 외부적인 요소(경제동향, 수요의 변동, 경쟁상태 등)와 내부적인 요소(예컨대 마케팅 믹스 전략)에도 영향을 받기 때문에 판매량의 정확한 추정은 더욱 어렵다. 마케팅 믹스 전략을 보더라도 촉진비용뿐 아니라 제품개량, 유통의 효율성, 가격의 변동에 따라 판매량도 변화하게 된다. 마지막으로 촉진 믹스의 각 요소가 판매량에 미치는 영향을 추적하기 힘들다는 것이다. 실제로 촉진 믹스의 한 요소에 불과한 광고활동을 따로 분리하여 그 효과를 측정하기란 실로 어려운 일이다.

또한 한계분석방법에서는 과거에 실시한 광고가 현재 또는 미래의 판매량에 연쇄적으로 미치는 효과를 간과하고 있다. 금년도 광고의 일부는 금년도의 판매량에 영향을 미치고 나머지는 장래의 판매에도 영향을 미치고 있다는 것을 알고 있는 기업들이 많다.

이와 같은 제약이 있음에도 불구하고 한계분석방법은 도움이 될 수 있을 것으로 생각된다. 광고비를 지출함으로써 즉각적인 고객의 반응을 얻으려 하거나 여타의 조건이 그러한 결과를 얻을 수 있을 것으로 판단되는 경우에는 촉진예산의 규모와 지출시기를 결정하는 데 도움이 될 것이다. 또한 예산의 규모를 결정하는 데 필요한 정보를 최고경영자에게 제시하는 데에도 많은 도움이 될 수 있다. 그리고 광고의 결과를 평가하는 조사방법을 계획하거나 효율적으로 예산을 집행할 수 있는 정보를 제공하는 데에도 도움이 된다.

2. 촉진예산의 책정

촉진예산을 실제로 책정하는 방법에는 여러 가지가 있다. 흔히 이용되고 있는 방법은 판매액에 대한 일정비율을 촉진예산으로 책정하는 것이다. 그러한 비율은 최고경영층이 경쟁자에 비하여 적절한 수준으로 생각하는 규모일 것이다. 그러나 이 방법은 촉진예산의 규모가 적정한 수준인가를 평가할 기준이 없는 것이 결점이다. 촉진예산과 판매액과의 관계를 판단할 객관적인 기준이 없는 한 맹목적으로 책정하는 것이나 다름없는 것이다. 신제품을 판매하려는 경우에는 기존의 제품을 판매하는 경우보다 촉진예산의 비율을 높게 책정하는 것이 정상일 것이다.

한편 경쟁자의 촉진예산규모와 비교하여 책정하는 경우도 있다. 경쟁자의 지출규모에 대항하여 예산을 신축성있게 조정하려는 것은 경쟁자의 지출효과를 중화시키기 위한 목적도 있다. 그러나, 기업의 목적이나 마케팅 믹스의 여타 요소를 고려하여 예산을 책정하는 것이 보다 바람직한 방법이라 하겠다.

기업에 따라서는 의사소통의 목적과 과업을 설정하고 이에 따라 촉진예산을 편성하기도 한다. 의사소통의 목적은 수행해야 할 의사소통과업을 제시하고 있으며, 이러한 과업을 수행하는 데 필요한 비용을 계상하고 합계한 것이 총촉진예산이 된다.

마케팅 믹스 중에서 촉진활동의 비중은 제품수명주기가 어느 단계에 있는가, 제품이 생활필수품인가, 혹은 차별화할 수 있는 것인가, 일상적으로 필요한 것인가, 혹은 판매노력을 기울여야 할 것인가 등에 달려 있을 것이다. 이론적으로 말하면 촉진예산은 마지막 단위의 촉진비용에서 나오는 한계이익이 비(非)촉진의 목적으로 사용되는 마지막 단위의 지출비용에서 나오는 한계이익과 동일하도록 편성하는 방법이 이상적일 것이다. 그러나 이러한 이론을 실천하기란 거의 불가능할 것으로 생각된다.

3. 촉진 믹스의 결정

대부분의 기업이 촉진예산의 규모를 먼저 결정하고 이를 토대로 촉진 믹스의 각 요소들에 배분하는 방법을 택하고 있다. 그러나 여기에서 주의해야 할 것은 그러한 촉진 믹스의 요소들이 상호 관련되어 있고, 여타의 마케팅 믹스와도 관련되어 있다는 점이다. 다시 말하면 표적판매량은 광고, 인적판매, 혹은 판매촉진 등 어느 하나 또는 그 이상의 요소를 결합하여 달성할 수 있으며, 제품개발, 가격인하 혹은 서비스의 추가 등의 방법을 통해서도 달성할 수 있게 된다. 이와 같이 촉진 믹스의 각 요소를 대체선택하거나 여타의 마케팅 믹스 요소와 촉진활동을 상호 대체할 수 있다는 것은 모든 촉진수단과 마케팅 믹스 요소를 통합적으로 조정하지 않으면 안 된다는 것을 뜻한다.

이론적으로 최적의 촉진 믹스를 결정하는 방법을 살펴보기로 하자. 예컨대 어느 기업이 촉진예산을 광고와 판매촉진활동에 분배하려 한다고 하자. 이 두 가지 요소를 결합하는 방법은 수없이 많을 것이다. 그림 15-7은 그러한 방법을 예시한 것이다. 그림에서 평면 $A-S$상의 모든 점은 가능한 촉진 믹스를 나타내고 있다. 어느 기업이 촉진예산규모가 K로 한정되어 있다고 하자.

그림 15-7 두 가지 마케팅 믹스 요소에 의한 판매함수

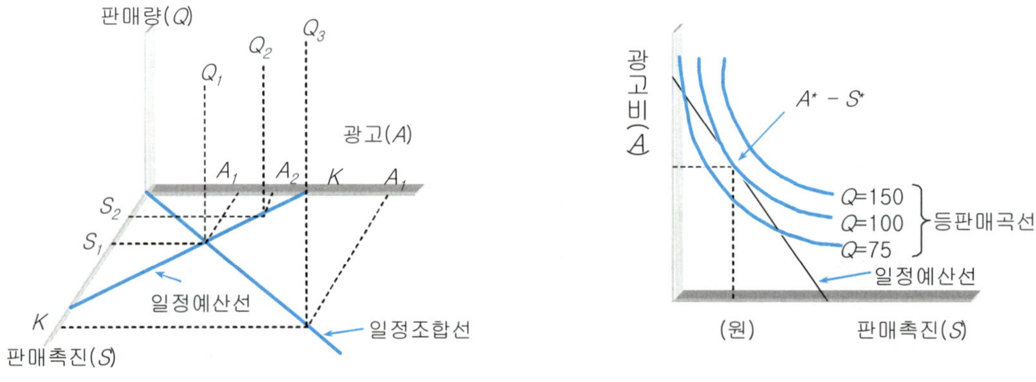

A. 광고 및 판매촉진 수준에 따른 판매량

B. 일정마케팅예산에서 최저의 촉진믹스를 구함

이 예산은 광고에 모두 지출할 수도 있고, 판매촉진에 전부 지출할 수도 있으며, 두 가지 요소에 적절하게 배분할 수도 있다. 그림의 일정예산선(constant-budget line)은 이를 표시한 것이다. 그러나 이 기업이 판매촉진과 광고활동에 일정한 비율로 배분할 것을 원한다면 그림의 일정조합선(constant-mix line)을 따라 촉진예산이 결정될 것이다. 이와 같이 두 가지 촉진수단을 결합하여 달성할 수 있는 판매수준은 여타의 마케팅 믹스와도 관련이 있다. 그림에서는 세 가지의 판매수준을 표시하고 있다.

촉진예산이 결정되어 촉진수단에 배분할 때에는 각 촉진수단에 투입되는 마지막 단위지출액에서 얻을 수 있는 한계이익이 동일할 경우에 최대의 효과를 거둘 수 있을 것이다. 그림의 B는 이것을 보여 주고 있는데, A에서의 평면 $A-S$를 위에서 본 것과 동일하다. 각 곡선은 등판매곡선(iso-sales curve)이라고 부르며, 광고와 판매촉진에 투입되는 예산을 여러 가지로 배분할 때 달성할 수 있는 판매수준을 나타내고 있다. 그림 15-7에서 알 수 있는 바와 같이 예산은 일정하므로 100개 이상을 판매하는 것은 불가능하며 최적의 촉진 믹스는 예산선이 등판매곡선과 접할 때(즉, 예산선의 기울기와 판매등곡선의 기울기가 동일할 때) 이루어진다. 그림에서 최적의 촉진 믹스(A^*-S^*)에서는 판매촉진보다 광고에 더 많은 예산을 투입하여야 함을 보여주고 있다.

이제 실제로 촉진예산을 어떻게 배분할 것인가를 검토하여 보자. 먼저 마케팅 관리자는 촉진 믹스의 제요소를 여러 가지로 조합하는 경우에 달성할 수 있는 판매량을 예측하여야 할 것이다. 이때 각 촉진요소에 영향을 미치는 요인들을 고려하여야 하는데, 그러한 요인들은 다음과 같다.

1) 제품 내지 시장의 유형

촉진 믹스의 각 요소의 비중을 어떻게 결정할 것인가의 문제는 소비제품이나 산업용 제품에 따라 차이가 있다. 그림 15-8은 이를 예시한 것이다. 그림의 A에서 알 수 있는 바와 같이 소비제품이 산업용 제품보다도 광고가 훨씬 중요한 촉진수단임을 보여주고 있다. 산업용 제품에서는 인적판매가 더 중요함을 보여주고 있으며, 판매촉진은 두 제품에서 그 중요성이 비슷하며, 홍보활동은 비중은 작으나 똑같이 중요한 것으로 간주되고 있다.

그림에 의하면 산업용 제품시장에서는 광고가 덜 중요한 것 같고 소비제품시장에서는 인적판매가 덜 중요한 것 같이 생각될지 모른다. 그러나 이와 같은 생각은 극히 잘못된 것이다. 산업용 제품을 판매하는 데에는 광고보다도 고객을 방문하거나 전화를 거는 것이 더 효과적일 경우가 많지만 광고도 유용할 경우가 많다. 이와는 달리 소비제품시장에서는 인적판매도 커다란 역할을 하

그림 15-8 제품유형과 구매자의 구매태세 단계에 따른 촉진 믹스

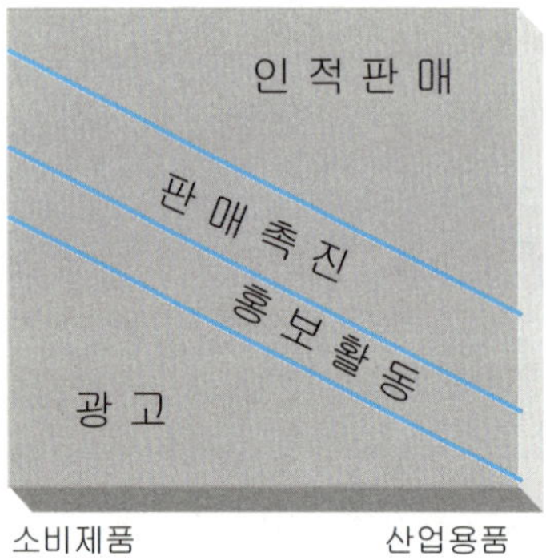

A. 소비제품 대 산업용품에서의 촉진믹스

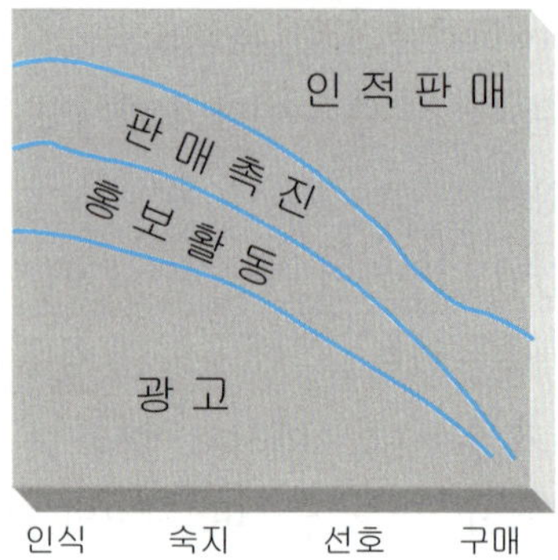

B. 구매자의 구매태세단계에 따른 촉진믹스의 효율성

는 경우가 있다.

2) 촉진활동의 목표와 과업

최적의 촉진 믹스를 구하려면 촉진의 목적이나 과업도 고려하여야 한다. 촉진의 목적에 따라 각 촉진수단의 효율성이 비용면에서 다르다. 예컨대 산업재 마케팅 관리자는 광고보다는 인적판매에 더 많은 예산을 투입하는 것이 보통이지만 판매원들을 의사소통 활동의 목적에만 이용한다면 비효율적일 것이다. 그림 15-8 B는 여러 조사를 통하여 촉진수단의 이용방법을 제시한 것이다. 소비자들에게 제품을 인식시키는 데에는 광고, 판매촉진, 홍보활동이 비용면에서 효과적이며, 제품을 숙지시키는 데에는 광고가 효과적이고, 그 다음이 인적판매방법이다. 소비자가 제품을 선호하거나 최종구매를 결정하도록 하는 데에는 인적판매가 효과적임을 알 수 있다.

이러한 사실은 촉진활동을 실제로 기획하는 데 매우 중요한 암시를 주고 있다. 즉, 판매활동 초기에는 판매원으로 하여금 다른 일에 집중할 수 있도록 그들의 과업을 축소하여 줌으로서 비용을 절감할 수 있다는 것이다.

또한 광고방법도 소비자들이 구매태세단계(인식, 숙지, 선호 등) 중 어느 단계에 위치하고 있는가에 따라 그 효율성이 각기 다를 것으로 생각된다.

3) 푸쉬전략 대 풀전략

촉진 믹스는 기업이 푸쉬전략을 택할 것인가 또는 풀전략을 택할 것인가에 따라 크게 영향을 받게 된다. 이 두 가지 전략은 몇 가지 점에서 대비되고 있는데 그림 15-9는 이를 예시한 것이다. 먼저 **푸쉬전략**(push strategy)은 판매원과 거래촉진수단을 이용하여 제품을 경로과정을 통하여 밀어내는 전략을 말한다. 예컨대 생산자는 도매상에게, 도매상은 소매상에게, 그리고 소매상은 최종 소비자에게 각각 제품의 판매를 촉진시키는 활동을 전개하는 과정을 밟는다.[1] **풀전략**(pull strategy)은 소비자 수요의 창출을 강화하기 위하여 광고 및 기타의 촉진수단에 대량의 비용을 지출하고 이에 따라서 소비자들의 수요가 유발되면 유통경로를 통하여 역으로 제품을 요구하게 되는 경

그림 15-9 푸쉬(push)전략 대 풀(pull)전략

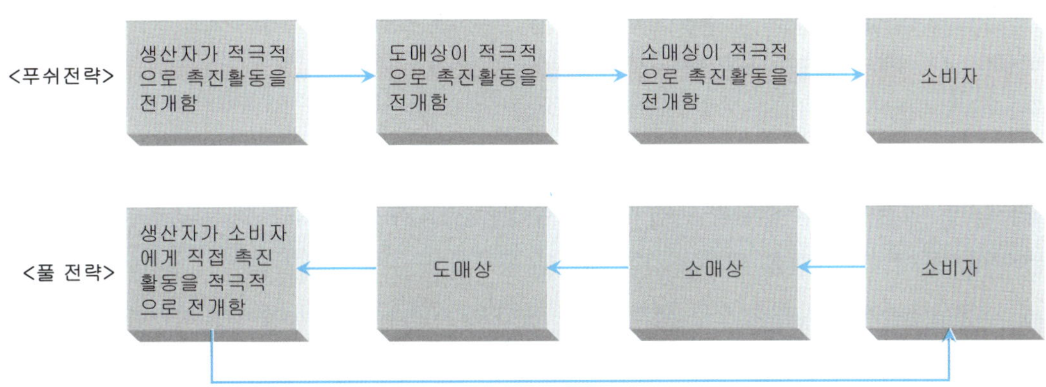

[1] 푸쉬전략에 관한 상세한 내용은 다음과 같은 문헌을 참조할 것. Michael Levy, John Webster, and Roger Kerin, "Formulating Push Marketing Strategies : A Method and Application," *Journal of Marketing*, Winter 1983, pp.25-34 ; and Alvin A. Achenbaum and F. Kent Mitchel, "Pulling Away from Push Marketing," *Harvard Business Review*, May-June 1987, pp.38-40.

로를 밟게 되는 것을 의미한다. 만약 이 전략이 효과적이 되면 소비자들은 소매상에게 제품을 요구할 것으로 생각되며, 소매상들은 다시 도매상에게 제품을 요구하게 되고, 도매상은 궁극적으로 생산자에게 제품을 요구하게 된다.

소규모의 산업용품 생산기업은 푸쉬전략만을 이용할 경우가 있으며, 직접마케팅을 이용하는 기업에서는 풀전략만을 이용할 수도 있다. 대부분의 대기업들은 푸쉬전략과 풀전략을 동시에 이용할 경우가 많다. 근래에 이르러 소비재를 생산하는 기업에서는 촉진 믹스 전략을 이용하는 데 있어 풀전략보다는 푸쉬전략을 더 많이 이용하는 경향이 있다.

4) 제품수명주기

촉진예산의 지출효과는 제품의 수명주기와도 관련이 많다. 특히 도입기에는 촉진활동이 매우 중요한데, 이것은 소비자들이 제품에 대한 정보를 아직 갖고 있지 않기 때문이다. 이때에는 광고와 판매촉진이 가장 효과적일 것이다. 성장기에는 구전(word of mouth)이 중요한 역할을 한다. 시장점유율을 계속 확대하려면 촉진활동도 강화할 필요가 있다. 성숙기에 이르면 경쟁에 대처하고 제품의 새로운 용도와 특성을 광고하기 위한 촉진활동을 강화하게 됨에 따라 촉진비용도 증가시킬 필요가 있다. 이 단계에서는 광고보다도 판매촉진 활동을 강화하는 경향이 있다. 쇠퇴기에는 광고를 최소한으로 감축하고 홍보활동은 거의 소멸된다. 판매원의 활동도 감소한다. 그러나 판매촉진 활동만은 강화하는 경우가 있을 수 있다.

5) 경제전망

경제적인 여건이 변함에 따라 촉진 믹스도 수정할 필요가 있게 된다. 예컨대 인플레이션 하에서는 구매자들이 가격변동에 매우 민감할 것으로 생각된다. 이때 구매자들은 대부분이 구매태세단계 중 최종구매단계에 있을 것으로 생각되므로 광고보다 판매촉진활동을 강화하거나, 촉진활동에 있어서도 제품의 가치나 가격을 강조하거나 용이하게 구매할 수 있는 방법이나 장소를 알려주는 메시지를 개발하는 것이 효과적이다.

제4절 마케팅 커뮤니케이션에서의 환경 변화와 사회적 책임

지난 수십년 간 대부분의 기업들은 고객 대중들에 대하여 고도로 표준화된 제품을 판매하기 위하여 대량마케팅(mass marketing)을 활용하는 데 주력하여 왔다. 그 과정에서 대량 마케팅 전략을 지원하기 위한 매체광고 기법이 발달하였다. 기업들은 단일의 광고로 수많은 고객들을 접촉하기 위하여 매체에 거대한 비용을 일상적으로 투입하여 왔다. 그러나 21세기에 접어들면서 마케팅 커뮤니케이션 환경에 커다란 변화가 발생하고 있다.

1. 커뮤니케이션 환경의 변화

오늘날 기업들이 당면하고 있는 마케팅 커뮤니케이션 환경의 변화에는 두 가지 요인을 손꼽을 수 있다. 첫째, 대량시장이 분해됨에 따라 마케팅 종사자들은 대량마케팅에서 탈피하여 좀더 좁은 범위로 한정된 비시시장에서의 고객들과 보다 밀집한 관계를 구축하려는 마케팅 프로그램을 개발하는 데 초점을 두고 있다. 둘째, 정보기술의 급격한 발달로 시장세분화가 더욱 촉진되고 있다는 점이다. 마케팅 종사자들은 정보기술의 발달에 힘입어 과거 어느 때보다도 개별 소비자나 가구단위로 욕구를 보다 세밀하게 추적할 수 있게 되었다. 신기술의 발달은 또한 보다 세분된 고객집단들의 취향에 맞는 메시지를 전달하는 새로운 커뮤니케이션 기법이 개발되었다.

이와 같이 대량마케팅에서 세분마케팅으로 전환됨에 따라 마케팅 커뮤니케이션에도 커다란 영향을 미치게 되었다. 대량마케팅이 새로운 대중매체세대를 탄생시킨 것과 마찬가지로 오늘날 1대1 마케팅(one-to-one marketing)으로 점차 전환됨에 따라 보다 전문화되고 특정된 고객집단에 초점을 두는 새로운 매체수단이 탄생하고 있다.

이러한 새로운 커뮤니케이션 환경의 변화로 마케팅 종사자들은 여러 가지 매체와 촉진믹스 수단의 역할을 재고하지 않으면 안 되게 되었다. 대중매체광고는 소비재를 생산하고 있는 기업에서 촉진 믹스 가운데 지배적인 위치를 차지하고 있었다. 그러나 TV나 잡지 및 기타 매체들이 아직까지 중요한 위치를 차지하고 있다 하더라도 이들의 지배적인 위치는 점차 줄어들고 있다. 시장이 세분될수록 매체도 더욱 세분되어, 오늘날의 마케팅 전략에서는 보다 한정적이고 집중적인 매체를 이용하는 경향이 높아지고 있다. 예컨대 지난 30년간 TV를 시청하는 인구는 점차 감소하여 왔으며, 케이블 TV나 위성방송의 출현으로 시청자들이 분산되었고, 따라서 보다 규모가 적고 전문적인 분야에 시청하고자 하는 고객들로 세분되고 있다. 잡지의 경우에도 소비자 개인의 취미나 관심사에 맞는 유형이 점차 증가하고 있으며, 시디롬(CD-ROM) 카탈로그나 온라인 컴퓨터 서비스 및 웹 사이트 등을 이용하는 고객들이 증가함에 따라 광고매체도 더욱 다양화되고 있다.

일반적으로 오늘날 광고는 촉진 믹스의 여타 요소에 비하여 그 중요성이 점차 감소하고 있는 것으로 보인다. 대량마케팅이 전성기를 이루고 있을 때에는 소비재를 생산하는 기업들이 촉진예산의 주요 부분을 매체광고에 지출하였다. 그러나 오늘날에는 매체광고가 전체 촉진믹스의 예산 중에서 그 비중이 점차 줄어들고 있다. 나머지는 개별 소비자나 보다 세분된 고객집단을 대상으로 여타 촉진수단을 통하여 배분되고 있다.

2. 통합적 마케팅 커뮤니케이션

최근에 이르러 대량마케팅에서 표적마케팅으로 전환됨에 따라 커뮤니케이션 경로와 촉진수단이 다양화되고, 이에 따라 마케팅 종사자들은 새로운 문제점에 직면하게 되었다. 소비자들은 보다 다양한 마케팅 커뮤니케이션 수단과 광범위한 정보출처에 접하게 되었다. 그러나 소비자들은 마케팅 종사자들이 전하고 있는 여러 가지 메시지의 출처를 구분하지 않는다. 소비자들의 마음속에는 TV나 잡지 또는 온라인 소스와 같은 상이한 매체에서 나오는 광고 메시지를 구분하지 못하고 한 가지 종류인 것으로 잘못 판단할 경우가 있다. 광고나 인적판매, 판매촉진, 홍보활동 및 직접마케팅 등과 같이 상이한 촉진수단에서 전달되는 메시지는 모두 기업에 관한 단일의 메시지를 구성하게 된다. 따라서 이와 같이 상이한 출처에서 나오는 메시지가 일관성이 없으면 기업의 이미지나 브랜드의 포지션에 혼동을 일으키는 결과를 가져온다.

기업들은 여러 가지 커뮤니케이션 경로를 통합하지 못할 경우가 매우 많다. 그 결과 소비자들은 혼동을 하게 된다. 매체광고와 판매촉진을 위한 광고전단 및 제품에 부착된 표찰의 내용이 각기 다르다면 기업이나 제품에 대한 소비자의 신뢰가 상실될 것이다.

문제는 이러한 커뮤니케이션 수단들이 각기 상이한 출처에서 나올 경우가 흔히 있다는 점이다. 예컨대 광고 메시지는 기업 내의 광고부나 외부의 광고대행사에서 작성되고, 인적판매 커뮤니케이션은 내부의 판매관리부에서 개발되며, 기타 홍보활동이나 촉진활동, 직접마케팅, 온라인 사이트 및 여타 형태의 마케팅 커뮤니케이션 수단들이 각기 상이한 기능적 전문가들이 관리하게 될 경우가 있는 것이다. 또한 기업 내의 각 부서마다 촉진예산을 어떻게 분배할 것인가에 대해서도 각기 견해가 다를 수 있다. 판매관리자의 입장에서는 단일의 TV 광고보다는 더 많은 판매인력을 고용하는 것이 유리하다고 주장할 것이다. 홍보 관리자의 입장에서는 광고비의 비중이 지나치게 높기 때문에 그 일부를 홍보활동비로 재배정할 필요가 있다고 생각할 수 있다.

과거에는 촉진 믹스의 역할을 조사하고 조정하는 책임을 맡는 사람이 없었다. 그러나 근래에 이르러 **통합적 마케팅 커뮤니케이션**(integrated marketing communications ; IMC)의 개념을 채택하고 있는 기업의 수가 점차 증가하고 있다. 이 개념에 의하면 기업은 대중매체 광고, 인적판매, 판매촉진, 홍보활동, 직접마케팅, 포장 및 여타 촉진수단들을 신중하게 통합하고 조정하는 역할을 수행한다. 그 목적은 기업과 제품에 대하여 명확하고 일관성이 있으며 설득력이 있는 메시지를 개발하여 소비자들에게 전달하는 데 있다. 통합적 마케팅 커뮤니케이션은 모든 이미지와 메시지를 함께 묶어 강화함으로써 시장에서 강력한 브랜드 정체성을 구축하는 데 의의가 있다. 그것은 기업의 모든 메시지와 포지셔닝, 이미지 및 정체성을 총체적으로 조정하는 것을 의미하며, 기업의 홍보자료나 광고 캠페인, 또는 웹 사이트 등이 모두 일관성이 있는 내용이 담겨 있어야 함을 뜻하고 있다.

어느 기업이든지 여러 가지 촉진수단이 수행할 역할과 각 수단을 이용할 정도에 대하여 의사결정을 내려야 한다. 촉진활동의 유형과 시기를 적절하게 조정하고, 제품 및 촉진수단과 제품수명주기 단계별로 촉진비용을 추적하여 미래의 촉진 믹스 수단을 개선하는 데 이용할 수 있어야 한다. 이와 더불어 기업의 마케팅 커뮤니케이션을 전반적으로 관장할 관리자를 별도로 둘 필요가 있다.

통합적 마케팅 커뮤니케이션은 의사소통의 일관성을 촉진시키고, 이에 따라 판매에도 커다란 영향을 미친다. 따라서 기업 내에서 다수의 활동에 의하여 형성되는 이미지를 통일시키는 책임자를 두어야 할 필요가 있다. 그는 기업과 기업이 판매하는 제품이 고객들의 문제를 해결하는 데 어떻게 도움이 될 수 있는가를 보이기 위하여 총체적 마케팅 커뮤니케이션 전략을 수립할 책임이 있다.

3. 마케팅 커뮤니케이션의 사회적 책임

기업의 모든 조직계층에서 누가 무엇을 담당하고 있든간에 마케팅 커뮤니케이션과 관련되는 법률적 내지 윤리적 문제가 중요하다는 인식이 점차 높아지고 있다. 대부분의 마케팅 종사자들은 소비자나 재판매자들과 공개적으로나 진솔하게 의사소통 하려는 노력을 기울인다. 그러나 그러한 노력이 남용됨으로써 공공정책 수립자들은 광고나 인적판매 또는 직접마케팅 활동에 대하여 규제하는 법률을 제정하여 왔다. 여기에서는 광고와 인적판매와 관련되는 문제점들을 살펴보기로 한다. 직접마케팅과 관련되는 문제점들은 제18장에서 다루기로 한다.

1) 광고

기업들은 법률에 따라 허위광고를 내보내서는 안 된다. 광고를 통하여 제품의 실제 성능과 다른 내용을 제시해서는 안 된다. 예컨대 자동차 광고에서 리터당 주행거리가 정상적인 조건하에서 주행할 수 있는 거리와 차이가 있어서는 안 된다.

판매자들은 일시적인 속임수로 구매자들을 유혹하는 광고를 내보내서는 안 된다. 예컨대 어떤 할인점에서 가전제품을 저렴한 가격으로 판매한다는 광고를 했다고 하자. 소비자들이 그 광고를 보고 구매하러 갔을 때, 제품의 특징과 성능이 광고의 내용과는 다를 경우가 있다. 이런 경우에 판매자는 보다 비싼 제품을 구매하도록 소비자를 권유한다. 이러한 행위도 비윤리적이고 불법이다. 또한 광고뿐만 아니라 단기적으로 판매를 증대시키고자 하는 여러 가지 판매촉진활동도 공정하지 못할 경우가 많기 때문에 정부에서 이를 규제하고 있다.

이에 따라 기업들은 단순히 불공정한 관행을 탈피하는 차원을 떠나 건전한 소비풍조를 조장하고 환경을 보호할 목적으로 기업의 사회적 책임을 강조하는 광고를 내보낼 경우가 발생하고 있다.

2) 인적판매

기업의 판매원들은 '공정한 경쟁' 규칙을 따라야 한다. 어느 나라든지 속임수를 쓰는 판매행위를 규제하고 있다. 예컨대 판매원은 제품을 구매하는 데 있어 소비자들에게 속임수를 쓰거나 오도하는 행위를 금지하고 있다. 단기적인 판매증대만을 목적으로 하는 행위를 피하기 위하여 판매원의 진술과 광고의 내용이 일치할 필요가 있다.

어떤 제품을 판매할 목적으로 판매원이 소비자의 가정을 방문하는 경우와 점포를 직접 방문하는 경우에 각기 상이한 규제가 적용되고 있다. 판매자가 소비자의 가정에 기습적으로 방문하여 제품의 구매를 강요하는 경우를 방지하기 위하여 우리나라에서는 방문판매법이 적용되고 있다.

기업간의 거래나 산업재를 판매할 경우에는 인적판매가 중요한 비중을 차지할 경우가 많다. 이러한 경우에 판매원은 목적을 달성하기 위하여 상대방에게 뇌물 등의 부정한 수단을 써서는 안 된다. 또한 사실과는 다른 경쟁자의 제품 내용을 고객들에게 전달하여서도 안 될 것이다.

요 약

촉진은 기업에서 마케팅 믹스의 네 가지 주요 요소 중의 하나이다. 주요 촉진수단으로는 광고, 판매촉진, 홍보활동 및 인적판매 등이 있는 바, 이러한 수단들은 모두 기업의 커뮤니케이션 목적을 달성하기 위하여 이용된다.

마케팅 커뮤니케이션 내지 의사소통을 개발하는 데 있어 마케팅 담당자는 의사소통과정의 여덟 가지 요소를 이해하여야 한다. 그러한 요소란 송신자, 수신자, 기호화, 메시지, 매체, 해독, 반응 및 피드백으로 구성되어 있다. 의사소통 전달자가 먼저 해야 할 과업은 표적청중을 발굴하고 그들의 특성을 찾아내는 일이다. 그 다음에는 이들이 추구하는 반응을 정의하고 그러한 반응이 인식, 숙지, 기호, 선호, 확신 및 구매 중 어느 단계에 속해 있는가를 파악하여야 한다. 그리고 나서 메시지의 내용과 구조 및 형식 등을 효과적으로 작성할 수 있다. 매체를 선정하는 네 있어서는 인간을 통한 의사소통과 인간을 통하지 않는 의사소통 모두를 선택해야 할 필요가 있다. 메시지는 전문성이 있고 신뢰할 만한 인물에 의하여 전달되어야 한다. 마지막으로 마케팅 관리자는 제품에 대한 고객들의 인식이 어느 정도로 확산되고 있고, 제품을 어느 정도로 시험구매하려 하며, 또 그 과정에서 어느 정도로 만족하고 있는가를 주시함으로써 피드백의 수단을 통해 자료를 수집하여야 한다.

기업에서는 촉진을 위하여 지출될 비용의 규모를 결정해야 한다. 가장 보편적인 이용방법은 기업이 지출할 수 있는 범위 내에서 결정하는 것이고, 그밖에도 판매액에 대한 비율에 따라서 결정하는 경우도 많다. 그밖에도 경쟁자의 지출규모를 토대로 결정하기도 하고, 또는 의사소통의 목적과 과업을 분석하고 이에 소요되는 비용을 토대로 책정하기도 한다.

기업에서는 촉진예산을 촉진 믹스의 각 요소별로 적절하게 배분하는 일이 필요하다. 이때 촉진예산의 배분기준은 일반적으로 각 촉진수단의 특성, 제품과 시장의 유형, 푸쉬 또는 풀전략의 적절성, 구매자들의 구매태세 상태, 그리고 제품수명주기단계 등에 따라 결정된다. 촉진의 효과를 극대화하려면 각 촉진수단을 적절하게 결합하는 일이 필요할 것임은 말할 나위가 없다.

근래에 이르러 대량마케팅에서 표적마케팅 내지 1대1 마케팅으로 전략이 바뀌는 추세에 있다. 이것은 특히 정보기술의 발달에 기인한다. 이로 인하여 마케팅 커뮤니케이션에도 커다란 영향을 미치고 있다. 대중매체가 차지하는 비중이 아직까지 높지만 소규모의 세분된 매체가 점차로 많이 활용되고 있다.

기업 내의 모든 계층에 있는 사람들은 마케팅 커뮤니케이션과 관련되는 법률적 내지 윤리적 문제들에 대하여 관심을 기울일 필요가 있다. 기업은 고객 및 재판매자들에 대하여 공개적으로나 진솔하게 의사소통할 필요가 있다. 이와 더불어 표적시장을 대상으로 명확하고 일관성이 있는 메시지를 전달하기 위하여 기업의 모든 커뮤니케이션 출처를 신중하게 통합하는 '통합적 마케팅 커뮤니케이션'의 개념을 채택할 필요가 있다.

연습문제

1... 한 기업의 예를 들어 촉진 믹스의 각 요소를 어떻게 활용하고 있는가를 실제로 조사하여 평가하여 보라.

2... 오늘날 정부기관을 비롯하여 비영리기관에서도 마케팅 기능을 수행하고 있다. 이러한 비영리기관이 실제로 어떠한 촉진수단들을 이용하고 있는가를 예를 들어 설명하여 보라.

3... 귀하가 어떤 제품을 구입하였을 때 구매태세의 여섯 단계 중 어떤 단계에서 이를 구입하게 되었는가, 각각의 경우를 예를 들어 설명하여 보라.

4... 항공회사에서 고객들을 유치하기 위하여 광고매체를 이용할 때, 감정적인 소구방법과 이성적인 소구방법 중 어느 것이 더 효과적일까?

5... 광고를 내보내고자 할 때, 전문성이 있거나 신뢰할 만한 인물이 필요한 경우를 예를 들어 설명하여 보라.

6... 기업이 효과적인 의사소통 활동을 수행하기 위한 하나의 방편으로서 피드백을 어떻게 수행하고 있는가를 설명하여 보라.

7... 소비제품과 산업용품은 촉진 믹스의 각 요소가 차지하는 비중에 이어 어떠한 점에서 차이가 있는가를 설명하라. 그러한 차이는 반드시 정확한가?

8... 산업용 제품의 경우, 표적으로 삼고 있는 청중이 소수임에도 불구하고 전국적으로 TV를 통한 광고를 하는 경우를 볼 수 있다. 그러한 광고의 목적은 무엇이라고 이야기할 수 있는가?

9... 유통경로상의 각 종사자들은 생산자가 푸쉬전략 또는 풀전략에 관한 중요한 의사결정을 내릴 때 어떠한 영향을 미치고 있는가? 그리고 어떤 여타 요인들이 이러한 의사결정과 관련되어 있는가?

10.. 근래에 이르러 1대1 마케팅이 중요한 이유는 무엇인가? 실제로 이 개념을 이용하는 경우를 예를 들어 설명하라.

11.. 광고에 유명 스포츠 선수를 이용하는 이유는 무엇인가? 장·단점은?

제16장
광고, 판매촉진 및 홍보전략

제1절 광고의 의의와 주요 결정사항

광고는 촉진 믹스 중 가장 중요한 요소 중의 하나로 광고주가 누구인가를 밝혀 유료의 대가를 지불하고 매체를 이용함으로써 의사소통이 이루어지는 것을 말하며, 메시지를 선날하는 네 인간이 직접 개입하지 않는 특징이 있다. 광고의 목적은 물론 판매와 이익을 증가시키는 데 있지만, 광고 활동만으로 제품이 판매되는 것은 아니다. 고객이 제품을 구매하게 되는 것은 광고뿐 아니라 제품의 질, 가격, 포장, 인적판매, 서비스, 신용공여 등의 요소에 의해서도 결정된다.

광고의 목적을 좀더 구체적으로 말하자면, 제품이나 서비스, 혹은 기업 자체에 대한 잠재구매자의 반응을 불러일으키기 위한 것이라 할 수 있다. 구매자의 반응을 불러일으키기 위하여 정보를 제공하고 구매자의 욕구를 연결시켜 주며 특정 제품이나 서비스를 선호할 이유를 설명하여 준다.

광고의 형태에는 여러 가지가 있고 목적도 다양하다. 광고형태에는 신문, 잡지, 라디오, 텔레비전, 포스터, 전광판, 상품목록, 기타 정기간행물 등 다수가 있으며 광고의 목적으로는 장기적인 안목에서 기업의 이미지를 구축하는 것, 특정의 브랜드에 대한 구매자들의 이미지를 장기적으로 심어 주는 일, 판매나 서비스에 관한 정보를 보급하려는 것, 특별판매를 알리려는 것 등 여러 가지가 있을 수 있다.

이와 같이 광고의 형태와 목적에는 여러 가지가 있으므로 광고가 어떠한 특성 내지 성격을 지니고 있는가를 집약하여 설명하기는 어렵다. 그러나 대체로 다음과 같은 특성을 지니고 있다고 요약할 수 있다. 즉,

① 광고는 대중을 상대로 한다. 인적판매와는 달리 대중을 상대로 하기 때문에 제품에 대하여 일종의 합법성을 부여하며, 표준화된 제품이나 서비스를 제공한다는 것을 시사한다. 다수의 사람들이 동일한 메시지를 접하기 때문에 구매자들은 그들의 구매동기가 사회적으로 용납된다는 것을 알고 있다.

② 판매자가 메시지를 반복하여 내보냄으로써 광고는 대중의 의식 속에 파고들어 가는 하나의 수단이다. 또한 대중으로 하여금 경쟁자의 메시지와 비교할 수 있도록 하며, 대규모의 광고에서는 판매자의 규모, 인기도, 성공담 등을 적극적으로 선전한다.

③ 인쇄, 소리(음), 색깔을 이용하여 기업이나 제품의 성격을 극적으로 표현하여 준다.

④ 인간이 직접 나서서 메시지를 전하는 것이 아니기 때문에 일반대중은 주의를 기울이거나 반응을 보일 의무가 없다. 광고는 대중에 대하여 일방적으로 대화하는 것이다.

마케팅 관리자가 광고를 기획하고 수행하려면 다섯 가지의 의사결정사항들을 고려하여야 하는데, 그 과정은 그림 16-1에 표시되어 있다. 이제 이와 같은 의사결정요소들을 순서대로 검토하여 보자.

1. 목적설정

광고예산을 책정하거나 광고 프로그램을 개발하기 전에 광고의 목적을 설정하여야 한다. 이러한 목적을 설정하려면 사전에 표적시장, 제품이 시장에서 차지하는 위치, 마케팅 믹스 등에 관한 결정을 먼저 내려야 할 것이다. 마케팅 믹스 전략에서는 전체의 마케팅 계획 중 광고가 담당하여야 할 일을 정하고 광고에 따르는 촉진목적 또는 판매목적도 구체적으로 부여한다.

광고의 목적은 단순히 제품에 관한 정보를 제공하는 것인가(**정보광고** : informative advertising), 설득하는 것인가(**설득광고** : persuasive advertising), 또는 기억나게 하는 것인가(**기억광고** : reminder advertising) 등에 따라 여러 가지가 있을 수 있다. 정보광고의 경우에는 고객에게 신제품의 존재를 알리고, 제품의 용도, 가격의 변화 등을 알려주며, 제품의 조작방법을 설명하고 구매 후에 제공하는 서비스에 대하여 설명하며, 소비자들이 제품에 대해 지니고 있는 편견을 시정하려 하며, 기업의 이미지를 심어주려는 등의 목적이 있다. 이러한 부류의 광고 중의 하나가 **개척광고**(pioneering advertising)이다. 이것은 **1차수요**(primary demand)를 유발시키려는 것으로, 표적고객에 대하여 제품의 성격, 용도, 구매장소 등을 알려주는 것을 목적으로 하며, 상표명을 강조하거나 다

그림 16-1 광고관리에서의 주요 의사결정

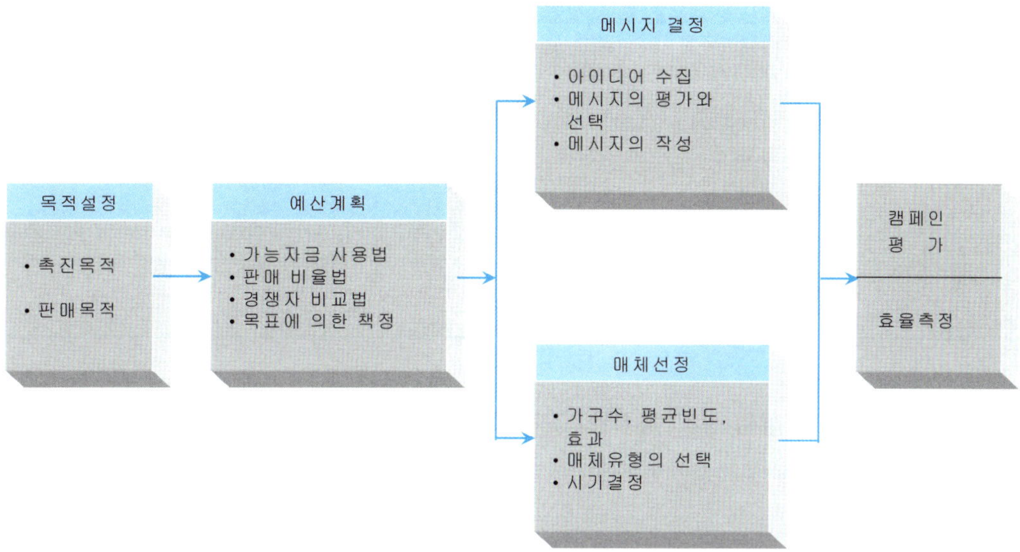

른 브랜드와 비교하지 않는 것이 특색이다. 예컨대 요구르트를 생산하는 기업이 소비자에 대하여 상표명보다도 영양가를 강조하는 경우가 그러하다.

설득광고의 경우에는 자신의 브랜드를 선호하도록 하고, 다른 브랜드에서 자신의 브랜드로 구매를 바꾸도록 하며, 제품의 특성 중에서 중요한 부분을 고객이 느끼도록 하고 당장 구매하도록 설득하거나 전화로 연락하도록 설득하는 등 적극적인 내용의 메시지를 개발한다. 이러한 부류에 속하는 것으로 **경쟁광고**(competitive advertising)가 있다. 이것은 **선별적 수요**(selective demand)를 개척하려는 것으로 특정 브랜드에 대한 수요를 개발하는 데 목적이 있다. 또한 다른 제품에서는 볼 수 없는 특수한 용도, 특징, 혜택 등을 제시한다. 경쟁광고가 발전되어 **비교광고**(comparison advertising)도 하게 되는데 동일 종류에 속하는 제품 혹은 브랜드를 비교함으로써 우월성을 나타내려는 것이다.

기억광고를 목적으로 하는 경우에는 해당 제품이 필요하게 될 것이라는 점을 일깨워 주거나 구매장소를 알려주기도 한다. 비수기에도 광고한다.

표 16-1 광고목적의 유형

정 보 제 공	· 신제품 소개 · 제품의 새로운 용도 설명 · 가격변동에 대한 정보 제공 · 제품 작동에 대한 설명	· 이용가능한 서비스에 대한 설명 · 잘못된 인상에 대한 시정 · 소비자의 공포감 불식 · 기업 이미지 제고
설 득 광 고	· 브랜드 선호 구축 · 자사 브랜드로의 전환유도 · 제품속성에 대한 소비자의 인식변경	· 즉시 구매설득 · 전화를 통한 판매설득
기 억 광 고	· 가까운 장래에 제품이 필요하다는 것을 회상시킴 · 제품구입 장소를 회상시킴	· 비수기에 구입하도록 주지시킴 · 최우선 순위로 인식하도록 함

지금까지 세 가지 유형의 광고 목적과 그 특성 및 성격을 설명하였는 바 표 16-1은 이를 요약한 것이다.

2. 광고예산 책정

광고의 목적을 설정한 후에는 광고예산을 편성할 수 있다. 어느 기업이든 최대의 판매목표를 달성하기 위하여 최소의 비용지출을 원한다. 그러나 이것은 간단한 문제가 아니다. 광고예산을 편성하는 데 흔히 이용되는 몇 가지 방법의 예를 들면 다음과 같다.

1) 가용자금 사용법(affordable method)

타부문에 지장을 초래하지 않는 한, 가용자금을 전부 광고에 투입하는 것이다. 그러나 이 방법은 위기에 대비하지 않으며 직관적으로 결정하는 등 매우 자의적이라는 비판이 있다. 따라서 광고비의 지출도 상황변동에 따라 집행하게 되므로 장기적인 안목에서 시장을 개척할 계획을 수립하기가 어렵게 된다.

2) 판매비율법(percentage-of-sales method)

현재 또는 예상되는 판매액 또는 판매가격의 일정비율을 광고비로 책정하는 것이다. 이 방법은 몇 가지 장점이 있다. 즉, 첫째, 이 방법을 이용하면 기업의 자금여력에 따라 광고비를 신축성 있게 운영할 수 있다. 따라서 자금을 중요시하는 최고경영자를 납득시킬 수 있으며 어떠한 형태의 경비지출도 경기변동에 따른 판매액의 수준을 기초로 하여야 한다고 믿고 있는 것이다. 둘째, 이 방법을 이용하면 광고단가, 판매가격, 제품단위당 이익과의 관계를 고려하여 광고예산을 편성할 수 있다. 셋째, 경쟁자도 판매액에 따라 광고예산을 책정하므로 경쟁자와 어느 정도 안정적인 관계를 유지할 수 있다.

그러나 이러한 논리는 수긍하기 어려운 점도 있다. 즉, 이 방법은 판매가 광고의 결과이기보다는 원인으로 간주한다. 따라서 판매기회가 발생함에 따라 광고비를 지출하는 것이 아니라 자금의 여유에 따라 지출한다. 또한 적극적인 지출을 요하거나 계절적으로 판매가 부진할 때 이를 극복하기 위한 광고가 불가능하다. 매년 판매액의 변동에 따라 광고예산을 책정하게 되면 장기적인 광고예산계획을 수립하기가 어렵게 될 위험이 있다. 과거의 판매실적, 경쟁자의 비율, 예산의 절대액 외에는 일정한 비율을 채택할 논리적인 기준을 제시하고 있지 못하며, 또한 제품별 혹은 판매지역별로 특수성에 따라 합리적으로 배분하여야 할 경우를 간과하고 있다.

3) 경쟁자 비교법(competitive-parity method)

경쟁자의 광고비 수준에 맞서 예산을 편성하는 것이다. 이 방법을 찬성하는 사람들은 그와 같은 광고비 수준이 동일산업 전체의 지혜를 집합하여 결정된 것으로 광고전쟁을 방지할 수 있다고 주장한다. 그러나 이러한 논리는 타당성이 결여되어 있다. 경쟁자가 광고예산을 결정하는 데 합리적인 기준을 이용하고 있는 것으로 믿을 근거는 없으며, 기업에 따라 광고를 통해서 얻게 되는 명성, 보유자원, 기회, 목적 등이 각기 다르기 때문에 경쟁자의 광고비 수준을 기준으로 책정하는 것은 불합리하다. 더구나 경쟁자가 안정적인 관계를 유지할 목적으로 광고비를 책정하는 것이 전체 산업의 광고비 지출을 안정시킨다는 논거도 믿기 어렵다. 경쟁자의 광고예산규모를 알고 있다는 것은 매우 유용한 일임에 틀림없으나 그러한 정보를 알고 있다는 것과 경쟁자를 맹목적으로 뒤쫓는다는 것과는 별개의 문제이다.

4) 목표와 과업에 의한 책정방법

이 방법은 ① 광고목적을 가능한 한 구체적으로 결정하고, ② 이러한 목적을 달성하기 위하여 수행되어야 할 과업을 결정하며, ③ 과업을 수행하는 데 소요되는 비용을 추정하여 합계한 것이 광고예산이 된다. 또한 광고문안을 작성하고 광고매체를 선발하여 결과를 측정하려면 광고의 목표를 가능한 한 구체적으로 설정하여야 한다. 예컨대 제품을 선호하도록 고객을 유치한다라고 하기보다는 '내년까지 X백만의 주부 가운데 30%가 제품 A를 선호하도록 한다'고 하는 것이 보다 명확하다.

광고예산을 책정하는 또 하나의 방법으로 전장의 촉진예산의 경우에서와 마찬가지로 한계분석을 이용할 수가 있다. 즉 한계비용과 한계수입이 같을 때 최대의 이익을 거둘 수 있다고 가정하는 것이다. 예컨대 어느 기업에서 과거의 판매기록을 조사하여 통계적으로 분석한 결과 판매량(Q)이 가격(P)과 광고비(A)와 다음과 같은 함수관계를 갖고 있다는 것을 발견하였다고 하자.

$$Q = 10{,}000 - 100P + 5\sqrt{A} \qquad (16\text{-}1)$$

또한 광고비를 포함한 총비용(TC)은 다음과 같은 함수관계가 있음을 발견했다고 하자.

$$TC = 190{,}000 + 10Q + A \qquad (16\text{-}2)$$

여기에서 (16-1)을 (16-2)에 대입하여 미분하면 이익을 극대화할 수 있는 가격(P)은 50원이고 광고비(Q)는 14,400원이 됨을 알 수 있을 것이다. 그러나 이러한 분석방법은 제품에 대한 수요가 가격이나 광고뿐 아니라 여타의 변수와도 함수관계가 있다는 점을 간과하고 있는 것이 결점이다.

지금까지 우리는 광고예산을 책정하는 몇 가지 방법을 살펴보았는 바, 광고예산을 책정할 때 구체적으로 고려하여야 할 몇 가지 요인들을 더 살펴본다면 다음과 같다.

- **제품수명주기의 단계** : 신제품일 경우에는 소비자들의 인지도를 높이고 시험구매를 유발하기 위하여 광고비를 대량으로 투입할 필요가 있다. 성숙기의 경우에는 판매액에 대한 광고비의 예산비율이 상대적으로 낮게 책정되어야 할 필요가 있다.
- **시장점유율** : 시장점유율이 높은 제품인 경우에는 시장점유율이 낮은 제품에 비하여 판매액에서 지출하는 광고비의 비율을 더 많이 책정할 필요가 있다. 시장의 입지를 공고히 하거나 경쟁자로부터 시장점유율을 빼앗아 오려면 현재의 시장점유율을 단순히 유지하는 데 필요한 것 이상으로 대규모의 광고비 지출이 필요할 것이다.

- **경쟁의 정도** : 다수의 경쟁자가 존재하고 그들이 각각 다액의 광고비를 지출하고 있는 상황에 있다면, 특정된 제품을 광고하는 데 있어서는 보다 집중적으로 투입하는 일이 필요하다.
- **광고의 빈도** : 소비자들을 대상으로 하여 제품에 대한 메시지를 반복하여 전달할 필요가 있을 경우에는 광고비 예산이 상대적으로 많이 책정되어야 할 것이다.
- **제품차별화** : 끝으로 하나의 제품종류 내에서 여타 브랜드들과 매우 유사한 브랜드의 제품일 경우(담배, 맥주, 청량음료수 등)에는 다른 브랜드와 구별하기 위해서 더 많은 광고비를 지출해야 될 필요가 있다. 즉 차별화하는 일이 필요하다. 제품이 경쟁자와 비교해서 커다란 차이가 있을 때에는 소비자들에게 그러한 차이점을 지적하는 데 광고를 이용할 수 있다.

3. 메시지의 선정

광고의 목표와 예산이 결정되면 그 다음 단계로 메시지를 개발하여야 하는 바, 메시지를 작성, 평가하고 채택하며 작성하는 과정이 필요하다.

1) 아이디어의 수집

메시지를 작성하는 것은 시장에서 제품이 차지하는 위치를 강화하는 데 목적이 있다. 광고메시지를 작성하는데 필요한 아이디어를 수집하는 방법에는 여러 가지가 있다. 그 중의 하나가 귀납적인 방법을 이용하는 것이다. 고객은 물론 중간상, 전문가, 경쟁자들과 접촉하는 것으로 이 중에서 아이디어를 얻을 수 있는 가장 중요한 정보출처의 하나가 고객이다. 고객은 제품이나 브랜드의 장단점을 가장 잘 알고 있는 경우가 많기 때문에 이들이 느끼는 바가 곧 전략수립에 중요한 단서가 될 수 있다.

2) 메시지의 평가와 채택

메시지에 관한 다수의 아이디어가 수집되면 그 중에서 가장 적절한 것을 채택하여야 되는데, 평가기준이 필요할 것이다. 메시지를 평가하는 기준으로 제품에 대한 고객의 기대, 독특성, 신뢰성이 중요하다고 생각된다. 이 세 가지 기준 중 어느 하나가 결여되면 메시지의 효과가 감소할 수 있다.

메시지는 무엇보다도 구매자가 제품에 대하여 바라는 것을 표현하고 있어야 하며, 흥미가 있어야 한다. 그러나 경쟁자의 메시지도 동일한 주장을 하는 경우가 많으므로 이것만으로는 부족하다.

그러므로 동류의 제품 중에서도 독특하다거나 특성이 있다는 점을 표현하여야 한다. 또한 구매자들이 믿을 수 있거나 내용을 증명할 수 있는 메시지이어야 한다. 그러므로 소비자로 하여금 메시지가 이러한 세 가지 성격을 어느 정도로 표현하고 있는가를 평가하도록 하여 그 결과에 따라 적절한 메시지를 채택할 필요가 있다.

예컨대 어느 기관에서 기형아의 출산을 방지하기 위한 기금을 마련하기 위하여 캠페인을 전개할 것을 계획하고 있다. 여러 가지 메시지를 작성하여 젊은 부부들에게 메시지에 대한 관심도, 독특성, 신뢰성을 평가하도록 하였다. 메시지의 하나는 '매년 5만명의 태아가 기형으로 사망하고 있다'는 내용인데, 이에 대하여 관심도, 독특성, 신뢰성의 평점이 100을 기준으로 각각 70, 60, 80이었다고 하자. 반면에 '당신의 아기도 기형아일 수가 있다'라는 내용의 메시지는 각각 58, 50, 70으로 평가하였다고 하자. 그렇다면 전자의 메시지가 보다 효과적임을 알 수 있다.

3) 메시지의 작성방법

광고효과는 메시지의 내용은 물론 작성방법에 따라서도 영향을 받게 된다. 경쟁이 치열한 제품일수록 작성방법이 결정적인 역할을 하는 경우가 많다. 효과적인 메시지를 작성하려면 메시지의 스타일, 어조, 단어, 형식 등을 신중하게 택하여야 한다.

메시지의 스타일에는 제품을 실제로 사용하는 모습을 보여 주는 것, 제품이 일상의 생활에 필요하다는 것을 강조하는 것, 제품을 사용하면 어떠한 변화가 발생할 것인가를 보여 주는 것 등의 방법이 있다. 또한 제품의 이미지를 떠오르게 하거나 개성을 표현한다던가, 제품의 생산에 전문성이 요구된다는 것을 강조하는 스타일도 있다. 제품의 성능을 과학적으로 증명할 수 있다거나 제품사용자로 하여금 사용 후의 느낌을 직접 증언하게 하는 방법도 있을 것이다.

어조도 신중하게 택하여야 하는데, 간결하면서도 적극적인 의미가 내포되도록 하여야 할 것이다. 경우에 따라서 구매자의 관심을 빼앗기지 않기 위하여 유모어의 사용을 피하기도 한다. 단어도 오랫동안 기억에 남고 관심을 끌 수 있는 것이어야 할 것이다. 광고의 주제도 뉴스 형식으로 할 것인가, 의문형의 문장을 이용할 것인가, 대화 형식으로 할 것인가, 명령문을 사용할 것인가 등 다각적으로 연구할 필요가 있다. 광고의 크기나 색깔과 같은 요소도 중요하다. 대규모의 광고는 많은 관심을 끌 수 있겠지만 투입한 비용에 비례하여 효과가 있을 것으로 보기는 어렵다. 또한 흑백보다는 천연색을 이용하는 것이 광고의 효율과 비용이 증가할 것으로 생각된다.

4. 광고매체의 선정

광고의 목적과 예산, 메시지를 결정한 후에는 메시지를 전달할 매체를 선정하여야 한다. 매체를 효과적으로 선택하려면, ① 광고매체를 접하게 될 사람 혹은 가구 수, 1인당 혹은 가구당 광고를 접하게 되는 평균횟수, 각 매체의 효과 등을 조사하고, ② 매체의 유형을 선택하며, ③ 구체적인 매체수단을 결정하고, ④ 매체를 이용할 시기를 결정하는 순서로 진행할 필요가 있다.

1) 광고매체를 접하게 될 사람 또는 가구 수, 평균빈도, 효과

광고매체를 선정하기 전에 다음과 같은 사항을 결정하여야 한다. 즉, 일정한 기간 중 광고를 접하게 될 표적청중의 수를 알아야 하고, 그 기간 중 표적청중이 광고를 접하는 횟수(또는 빈도)를 알아야 한다. 어떤 연구결과에 의하면 어느 광고이든 예상고객이 3회 이상 접하게 되어야 효과가 있다고 한다.[1] 또한 예상고객이 매체수단에 따라 어느 정도의 영향을 받게 될 것인가도 고려하

그림 16-2 광고횟수에 따른 목표고객의 분포

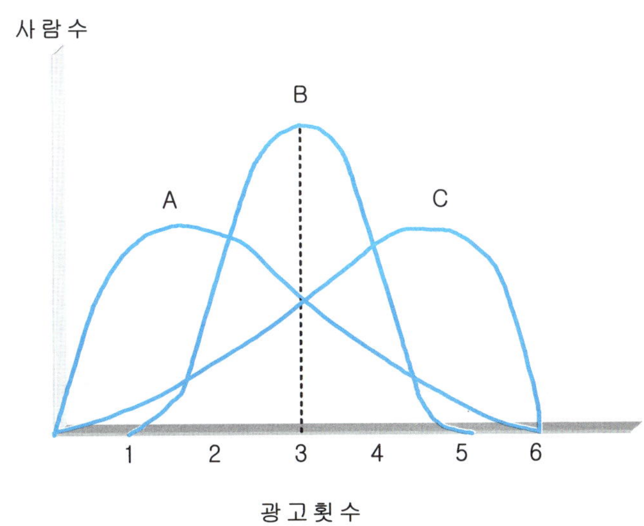

[1] Herbert, E. Krugman, "What Makes Advertising Effective?," *Harvard Business Review*, March-April 1975, pp.96-103.

여야 할 것이다. 예컨대 라디오는 청각으로만 메시지가 전달되는데 반하여 텔레비전은 청각과 동시에 시각으로도 전달되기 때문에 효과가 더 클 것으로 생각된다.

광고의 효과를 극대화하려면 표적고객이 광고를 접하게 되는 횟수가 많아야 되고, 그러한 횟수가 적으면 효과가 없다고 주장되기도 하는데, 횟수가 광고효과와 반드시 비례할 것 같지는 않다. 상술한 연구결과의 견해가 옳다고 가정한다면 특정의 광고 캠페인을 전개할 때 광고를 접하게 되는 사람의 수가 어떠한 분포를 이루고 있을 것인가를 알 필요가 있을 것이다. 그림 16-2는 동일한 광고를 접하게 되는 횟수에 따라 세 가지 유형의 분포가 있음을 보여주고 있다. 앞에서 언급한 연구결과가 옳다면 *B*분포가 정상일 것이다.

표 16-2 광고매체의 장·단점

매체수단	장점	단점
신 문	· 신축성이 있고 시기를 맞출 수 있다. · 고객층의 범위가 넓다. · 신뢰도가 높다.	· 단명하다. · 유심히 보는 독자가 적다. · 재생의 경우가 드물다.
텔레비전	· 시청각을 동원함으로써 고객에게 보다 많은 관심을 끌 수 있다.	· 비용이 많이 소요된다. · 타광고와 혼합되는 경우가 많다. · 시청자의 선택범위가 적다.
우 편	· 신축성이 있고 고객을 선별적으로 택할 수 있다. · 광고경쟁의 위험이 없다.	· 비교적 비용이 많이 소요된다. · 대량 우편 선전의 이미지가 있다.
라 디 오	· 대량이용이 가능하다. · 지역과 인구계층을 선별할 수 있다. · 비용이 적다.	· 청각으로만 전달 · 텔레비전보다 관심이 적다. · 단명하다.
잡 지	· 지역과 인구계층을 선별하여 이용할 수 있다. · 신뢰와 권위가 있다. · 언제든지 재생할 수 있다. · 구전율도 높다.	· 부수의 낭비 · 광고 게재에 시간이 걸린다.
옥외광고	· 신축성이 있다. · 항상 재생할 수 있다. · 비용이 적게 든다. · 경쟁도 적다.	· 고객의 선별적 이용이 불가능하다. · 창조성이 제한된다.
온 라 인	· 선별적이다. · 비용이 적게 든다. · 즉시 접촉하게 된다. · 상호작용 능력이 있다.	· 소규모의 편중된 집단에 국한된다. · 영향력이 적다.

2) 매체유형과 구체적 수단의 선택

상술한 바와 같은 정보를 입수하고 분석한 후에는 광고매체의 유형을 선택하여야 한다. 표 16-2는 주요 광고매체의 유형과 장·단점을 예시한 것이다.

이러한 광고매체 중 어느 유형을 택할 것인가를 결정하려면 제품의 종류와 성질, 메시지의 내용, 광고를 접하게 될 사람들이 매체를 이용하는 습관, 광고비 등을 고려하여야 할 것이다. 일반적으로 텔레비전 광고가 라디오나 기타의 광고매체보다 효율적인 것으로 인정되고 있으나 근래에 이르러 텔레비전 광고의 범람으로 인하여 시청을 회피하는 경향도 증가하고 있다. 또한 비용도 많이 소요된다. 따라서 텔레비전 광고에만 의존하는 것을 탈피하여 기타의 인쇄물을 통한 광고도 병용하는 방법이 유리할 경우도 있다. 그러므로 어떠한 유형의 매체를 이용할 것인가의 문제를

그림 16-3 광고매체 선정시의 점검사항

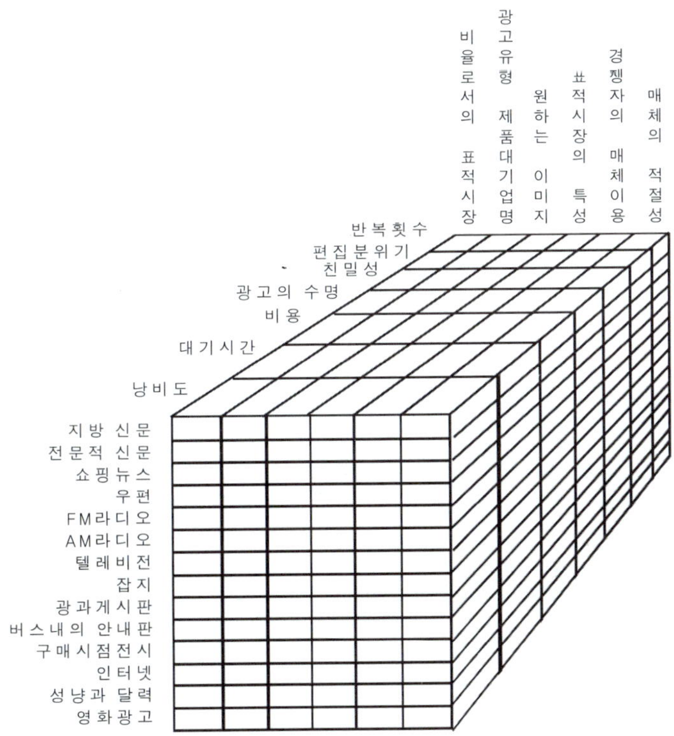

정기적으로 검토하여 이에 따라 광고예산을 배분하는 일이 필요하다. 실제로 광고매체를 선정할 때 점검해야 될 요소들은 그림 16-3에 예시되어 있다. 이러한 요소들의 한계와 특성을 고려하여 매체를 선정하는 방법으로는 선형계획법(linear programing), 시뮬레이션(simulation) 등의 방법이 있는바 여기에서는 선형계획법을 예로 간단히 설명하기로 한다.

선형계획법에서는 먼저 목적함수와 제약조건을 결정하여야 하는 바, 광고의 목적이 광고를 접하게 될 사람의 수를 극대화하는 데 있다면, 이를 달성할 수 있는 각 광고매체의 이용횟수를 결정하는 데 선형계획법을 이용할 수 있다. 제약조건은 광고예산, 이용할 광고매체의 최대 혹은 최소한의 수, 광고를 접하게 될 사람들의 최소한의 수 등이 될 것이다. 그림 16-4는 한 예를 보인 것이

그림 16-4 선형계획법을 이용한 매체의 선정

목적함수 : $E = e_1X_1 + e_2X_2 + \dots + e_nX_n$ 효율함수
(극대함수)

제약조건 : $c_1X_1 + c_2X_2 + \dots + c_nX_n \le B$ 광고예산

$c_1X_1 + c_2X_2 \le B_i$ 광고매체

$X_1 \ge k_{nL}$

$X_1 \le k_{nU}$ 각 매체의

$X_2 \ge k_{nL}$ 제약 조건

$X_2 \le k_{nU}$

⋮ ⋮ ⋮

$X_n \ge k_{nL}$

$X_n \le k_{nU}$

<예>

$$
\begin{aligned}
E &= 3,100X_1 + 2,000X_2 + \dots + 2,400X_n \\
& 15,000X_1 + 4,000X_2 + \dots + 5,000X_n \le 500,000 \\
& 15,000X_1 \ge 250,000 \\
& X_1 \ge 0 \\
& X_1 \le 52 \\
& X_2 \ge 1 \\
& X_2 \le 8 \\
& \vdots \\
& X_n \ge 6 \\
& X_n \ge 12
\end{aligned}
$$

여기에서

$E =$ 광고를 접하게 될 사람의 수

$e_1 =$ 매체 i에서 1회 광고를 접하게 될 사람의 수

$X_i =$ 매체 i에서의 광고 횟수

$e_1 =$ 매체 i에서의 1회 광고비 (금액단위: 천원)

$B =$ 총광고예산

$B_1 =$ 광고예산의 일부

$k_{iL} =$ 매체 i의 최소광고 횟수

$k_{iU} =$ 매체 i의 최대광고 횟수

다. 그림에서 알 수 있는 바와 같이 광고예산은 5억원으로 제약되어 있고, 이 중에서 최소한 2억 5천만원은 매체 1(예컨대 텔레비전)에 사용해야 한다는 것을 보여 주고 있다. 매체 1을 1회 이용하는데 1천 5백만원이 소요되며, 광고를 접할 것으로 예상되는 사람의 수는 3천 1백(단위 : 천)명이다. 또한 1년간 최대 52회까지 이용할 수 있다. 여타의 매체도 이와 유사하게 해석할 수 있으며, 모든 제약조건과 목적함수가 주어지면 최적해를 구할 수가 있다. 그러나 이러한 선형계획법을 이용하는 데에는 한계가 있다. 즉, ① 청중들이 반복하여 접촉하게 되더라도 한계효과가 일정하다고 가정하고 있고, ② 매체를 이용하는 데 있어 이용횟수에 관계없이 비용이 일정하게 소요된다고 가정하고 있으며(즉, 할인이 없음), ③ 청중이 중복되는 문제를 고려하고 있지 않으며, ④ 적절한 광고시기를 제시하지 못하고 있다는 것이다.

5. 광고시기 결정

광고를 위한 의사결정에서 간과해서는 안 될 요소는 광고시기이며 광고시기를 결정하려면 거시적 계획과 세부계획을 수립하여야 한다.

1) 거시적 계획

계절적으로 판매에 변동이 있거나 경쟁자의 광고시기가 중요할 경우에는 이를 고려하지 않으면 안 된다. 어떤 제품의 수요가 계절적으로 변동이 심할 때에는 그러한 변동에 맞추어 광고하거나 반대로 비수기에 광고할 수도 있고, 연중 일정한 횟수로 광고하는 방법도 있을 것이다. 대부분의 기업이 첫 번째 방법을 이용할 것으로 생각된다. 그러나 여기에서도 수요발생에 선행하여 광고할 것인가, 혹은 이에 병행하여 광고할 것인가의 문제도 고려해야 할 필요도 있다.

2) 세부계획

일반적으로 광고시기를 결정하는 데 고려하여야 할 요소에는 세 가지가 있다. 첫째는 구매자 변동률(buyer turnover)로서 새로운 구매자가 시장에 나타나는 비율을 말한다. 이 비율이 높을수록 새로운 고객에게 메시지를 전달하기 위하여 계속하여 광고를 내보낼 필요가 있다. 두 번째로는 구매횟수(혹은 사용률)로서 이러한 횟수가 높을수록 고객의 뇌리에 해당제품의 이미지를 유지하기 위하여 계속적인 광고가 필요하다. 세 번째는 망각속도(forgetting rate)로서 고객에 자극을 주지 않으면 제품을 잊게 되는 속도를 말한다. 이 속도가 빠를수록 지속적인 광고가 필요할 것이다.

단기간에 광고효과를 높이기 위하여 광고횟수를 배분하는 문제도 중요할 때가 있다. 예컨대 어느 기업이 한 달 동안 특정의 라디오 방송을 통하여 광고를 내보낼 계획이 있다고 하자. 이러한 경우에는 월 중 며칠 동안 집중적으로 광고를 하는 방법, 한 달간 매일 광고를 계속하는 방법, 또는 간격을 두고 간헐적으로 광고하는 방법 등의 있을 것이다. 어느 방법을 택할 것인가는 제품의 종류, 표적청중, 유통경로, 기타의 마케팅 요소 등의 성격에 달려있다.

6. 광고의 효율측정

계획된 광고는 광고를 실시하기 전이거나 광고 중이거나 또는 광고 실시 후에도 계속 평가할 필요가 있다. 이제 그와 같은 평가방법으로 어떠한 것이 있는가를 살펴보자.

1) 광고문안 시험(copy testing)

광고가 의도했던 대로 효과를 거두었는가를 발견하기 위한 방법 중의 하나로서 광고를 실시하기 전이나 실시한 후에 행한다. 사전에 시험해 보려는 것은 광고를 내보내기 전에 광고문안을 개선하려는 데 있다. 광고효과를 사전에 시험해 보는 방법에는 세 가지가 있다.

(1) 직접평가법

고객과 광고전문가들에게 여러 가지 광고문안과 질문서를 주어 각 광고문안 중 어느 것이 고객에게 영향을 많이 줄 것인가를 평가하게 하는 것이다. 평가의 내용으로는 광고문안의 이해도, 인지도, 인식도, 구매자극도 등이 포함된다. 이 방법은 훌륭한 광고문안보다도 잘못된 문안을 지적하는 데 도움이 된다.

(2) 포트폴리오 시험법(portfolio test)

응답자들에게 여러 가지 가상의 광고문을 주어 충분히 읽게 한다. 광고문을 치운 후에 응답자들로 하여금 그들이 본 광고문을 회상하게 하고 재현하도록 한다. 이러한 시험결과를 통하여 의도하였던 대로 고객이 이해할 수 있는가를 측정할 수 있다.

(3) 심리측정법

광고의 효과를 생리적인 반응(맥박, 혈압, 호흡 등)으로 측정하려는 것이다. 이 방법은 고객의 신념이나 태도, 혹은 구매의도에 미치는 영향을 측정하지는 못하며, 다만 광고에 대한 고객들의 관심도를 측정하는 정도에 그치고 있다.

한편, 광고효과를 사후에 측정하는 방법에는 다음과 같은 것이 있다.

(1) 기억시험(recall test)

어떤 광고매체를 규칙적으로 이용하고 있는 사람에게 문제의 제품이나 기업의 이름을 매체에서 본 일이 있는가를 물어 보고, 기억하고 있는 것은 무엇이든지 재현하도록 한다. 기억하고 있는 정도를 점수로 환산하여 광고의 효과를 평가한다.

(2) 인지시험(recognition test)

예컨대 잡지를 구독하는 사람을 표본추출하여 잡지에서 본 광고를 기억하고 있는가를 물어 보고 그 내용을 지적하도록 한다. 여기에서 구독자 중 특정 광고를 본 사람의 비율, 제품의 이름까지 정확하게 기억하고 있는 구독자의 비율, 광고를 보았을 뿐 아니라 광고의 내용도 기억하고 있는 독자의 비율 등을 구하여 광고의 효율을 측정할 수가 있다.

2) 판매효과조사

이상에서 살펴본 효과측정방법은 메시지 내용을 개선하는 데 도움이 될 수 있으나 판매에 어느 정도로 영향을 미칠 것인가에 관하여는 아무런 도움을 주지 못하고 있다. 일반적으로 판매에 영향을 미치는 요소에는 광고뿐 아니라 제품의 특성, 가격, 경쟁상태 등 여러 가지 요소가 작용하고 있으므로 광고가 판매에 미치는 영향을 측정하기란 쉬운 일이 아니다. 이에 대해서는 전장 및 본절에서 이미 언급한 바 있으므로 여기에서는 설명을 생략하기로 한다.

7. 광고에 대한 비판

근래에 이르러 소비자보호운동이 강화됨에 따라 광고에 대한 비판도 증가하고 있다. 소비자보호운동을 주도하는 사람들은 광고가 소비자로 하여금 제품을 합리적으로 선택하게 하는 데 필요한 정보를 제공하고 있지 못하고 있으며, 광고의 내용도 부정확하여 소비자를 오도하고 있다고 비난하고 있다. 이러한 폐단을 시정하기 위하여 소비자보호를 위한 입법조치가 필요하다고 주장한다. 광고에 대하여 흔히 비판하고 있는 사항으로는 다음과 같은 것이 있다.

첫째, 광고가 지나치게 범람하고 있다는 것이다. 누구든지 언제 어디에서나 피할 수 없을 정도로 많은 광고가 범람하여 인간을 괴롭힐 정도에까지 이르게 되었다.

둘째, 광고는 물질주의를 지나치게 강조하고 있다는 것이다. 과도한 광고는 과도한 소비수준을 낳게 하여 결과적으로 욕구불만과 왜곡된 욕구를 불러일으킨다.

셋째, 광고는 이성보다 감정에 호소하고 있다는 것이다. 소비자가 구매의사결정을 내리는 데에는 설득보다 제품에 관한 정보가 더 필요하다. 따라서 광고는 소비자의 무지나 약점을 이용하기보다는 소비자를 계몽시킬 사회적인 책임이 있다.

넷째, 소비자를 오도하는 경우가 많다. 제품에 대하여 과장하거나 부정확한 정보를 제공하는 광고가 있는 것이다.

다섯째, 경쟁자와의 광고전쟁은 광고매체에만 도움이 될 뿐이다. 광고매체에 투입되는 비용은 가격으로 이전되며, 이에 따라 제품개발이나 개량을 위한 연구개발투자를 억제하는 역효과를 가져오게 된다.

제2절 판매촉진의 의의와 주요 의사결정사항

판매촉진(sales promotion)이라 함은 '단기적으로 판매를 증가시킬 것을 목적으로 표적고객의 반응을 강력하게 자극하기 위한 여러 가지 촉진수단'을 말한다. 이러한 수단에는 소비를 촉진시키기 위한 수단(견본, 쿠폰, 환불제의, 소액인하, 상품부(賞品附)판매, 경연대회 등), 거래를 촉진시키기 위한 수단(구매할인, 무료증정, 합동광고 등), 판매원을 자극하기 위한 수단 등 다수가 있다. 이와 같이 판매촉진수단의 종류는 수없이 많지만 다음과 같은 공통의 특징이 있다.

첫째, 대부분의 판매촉진수단은 제품이나 서비스에 대한 고객의 관심을 이끌려고 하며, 특히 고객의 타성적인 습관이나 태도를 타파하기 위하여 때로는 강요도 하는 특성이 있다. 구매자들에게 다시는 그와 같은 특별판매를 하지 않을 것이라고도 선전한다. 이러한 방법이 일시적으로는 다수의 고객에게 매력이 될지 모르나 장기적으로 보면 고객들은 그러한 제품에 대하여 애착을 갖게 될 것 같지는 않다.

둘째, 판매촉진수단을 지나치게 자주 이용한다거나 신중하게 이용하지 않으면 구매자들은 품질이나 가격에 대하여 의문을 품게 된다. 즉, 제품의 품위를 손상시킬 우려가 있다.

근래에 이르러 판매촉진활동이 성행하게 된 이유에는 여러 가지가 있다. 첫째는 내부적인 요인으로서 최고경영층이 판매를 자극하기 위한 수단으로서의 의의를 점차 인식하게 되었고, 판매촉진수단을 이용할 수 있는 유능한 사람의 수가 증가하고 있으며, 제품관리자들은 신속한 판매효과를 달성하여야 한다는 압력을 받게 되는 경향이 높아지고 있다는 점이다. 둘째는 외부적인 요인으로서 동류의 제품이나 상품의 수가 증가했고, 경쟁자도 판매촉진활동을 강화하고 있으며, 광고비가 지나치게 상승했고, 인플레이션 혹은 불경기로 인하여 소비자들이 구매에 신중을 기하게 되었으며, 광고매체의 난립과 정부의 규제가 강화되어 광고효율이 저하되고 있다고 믿는 기업이 늘어나고 있다는 것이다.

판매촉진활동은 제품을 사용하는 고객은 물론 사용하지 않는 고객에게도 자극을 주기 위한 것이다. 일반적으로 판매촉진활동은 제품에 대한 고객들의 충성도(loyalty)를 약화시키며 광고는 그러한 충성도를 강화하는 것으로 생각하고 있다. 그러므로 판매촉진과 광고에 대한 예산을 적절하게 배분하는 일이 중요하다. 근래에 이르러 고객들이 가격변동에 민감해짐에 따라 기업들의 판매촉진예산을 증가시키는 경향이 있으나, 빈번한 판매촉진활동은 제품의 품위를 손상시킬 우려가 있음을 알아야 한다.

판매촉진을 효과적으로 수행하려면, ① 판매촉진의 목적을 설정하고, ② 이용할 판매촉진수단을 선정하며, ③ 판매촉진을 위한 프로그램을 개발하고, ④ 그러한 프로그램을 사전에 시험해 보고, ⑤ 판매촉진결과를 평가하는 과정이 필요하다. 이제 이러한 일련의 의사결정과정을 살펴보기로 하자.

1. 목적설정

판매촉진의 목적은 마케팅 커뮤니케이션의 목적에서 비롯되며, 마케팅 커뮤니케이션의 목적은 마케팅의 목적에서 유래된다. 이러한 관계하에서 정해진 판매촉진의 목적은 표적시장의 유형에 따라 다르다. 소비자를 목표로 하는 경우에는 제품을 더 많이 사용하도록 권장하거나 비사용자도 시험적으로 사용하도록 권유하는 것이 목적이다. 소매상을 목표로 하는 경우에는 새로운 품목을 취급하도록 하거나, 재고수준을 높이도록 권유하거나, 비수기에 구매하도록 장려하고, 새로운 소매상을 개척하는 것을 목적으로 할 것이다. 그러나 어떠한 경우이든 판매촉진의 궁극적 목적은 고객과의 유대관계를 구축하는 데 두어야 할 것이다.

2. 판매촉진수단의 선택

판매촉진에는 다수의 수단이 있으나 그러한 수단을 선택하는 경우에는 시장형태, 판매촉진의 목적, 경쟁상태, 비용 대 효율성 등을 고려하여야 한다. 주요 판매촉진수단은 다음과 같다.

1) 견본(sample), 경품권(coupon), 소액인하(cents-off deal), 상품부(賞品 附) 판매(premium), 교환스탬프(trading stamps)

이러한 판매촉진수단들은 흔히 이용되고 있는 것으로 첫 번째의 **견본**(sample)이란 소비자에게 제품을 무료로 제공하거나 시험해 보도록 하는 것이다. 이러한 견본은 집집마다 배달할 수도 있고 우송하기도 하며 판매대에 놓고 소비자가 직접 가져가게 하거나 다른 제품에 곁들여서 판매하거나 광고물에 부착하기도 한다. 신제품을 소개하는 데 흔히 이용하지만 비용이 많이 소요된다.

경품권(coupon)은 고객이 그것을 지참하고 구매할 때에 경품권에 표시된 대로 할인해 주거나 다른 방법으로 절약할 수 있게 하는 증서이다. 경품권은 우송하기도 하고 다른 제품에 곁들여 제공하기도 하며 광고물에 삽입하기도 한다. **소액인하**(cents-off)란 정가에서 소액을 인하한 금액을 표찰(label) 혹은 포장에 표시하여 판매하는 방법이다. 이 방법은 단기에 판매를 촉진시키는데 효과적이며 경품권보다도 효과적일 경우도 많다.

상품부판매(premium)는 특정 제품을 판매할 때 비교적 싼 제품을 무료로 제공하는 것을 말하며 **교환스탬프**(trading stamp)는 특수한 형태의 상품부판매 방법으로서 소비자가 소매점에서는 구매액수에 따라 일정한 수의 우표 모양의 스탬프를 내어 준다. 소비자는 이것을 모아 동일 소매점이나 특정 점포에서 타제품과 교환할 수 있다. 식품점, 주유소, 백화점 등에서 흔히 이용하고 있는 방법이다.

2) 구매시점 전시(point of purchase display)

흔히 POP라고 하며 구매 혹은 판매시점에서 진열되어 있는 상품 옆에 포스터나 기타의 기호를 통하여 전시하는 것이다. 제조업자들이 직접 소매점에 설치하는 경우가 많다.

3) 거래촉진(trade promotion)

제조회사에서 도매상과 소매상의 협조를 얻기 위하여 창안한 기법이다. 그 중의 하나가 **구매할인**(buying allowance)인데, 이것은 일정기간 중 중간상이 제조회사로부터 구매할 때마다 소액을 할인하여 주는 것이다. 한편, 제조회사에서는 중간상이 제조회사의 제품에 특성을 부가한 경우에 적절히 보상하기도 하고, 혹은 일정량 이상을 구매하는 경우에 어느 정도의 제품을 무료로 제공하기도 한다. 판매노력을 강화하기 위하여 중간상에게 현금 또는 선물을 제공하기도 하는데, 이것을 **푸쉬 머니**(push-money)라고 한다. **기념품 증정**(specialty advertising)도 흔히 이용되는 방법이다. 회사명을 선물에 새겨 중간상에게 줌으로써 관계를 강화하는 데 도움이 된다. 볼펜, 연필, 달력, 재떨이 등에 흔히 이용되는 것을 볼 수 있다.

4) 상품전시회(trade show)

동종산업에 종사하는 기업들이 합동으로 전시회를 개최하는 것이다. 이러한 전시회에 참가하는 기업들은 새로운 고객을 창조할 수 있을 뿐만 아니라 판매도 증가시킬 수 있는 기회가 주어진다.

5) 경연대회(contest)

고객에게 현상문제를 주고 응답자 가운데 심사위원이 추첨하여 당선된 사람에게 상금 혹은 상품을 주는 등의 방법을 말한다.

3. 프로그램의 개발

판매촉진 프로그램을 개발하려면 인센티브의 규모, 자격요건, 유통수단, 판매촉진의 기간, 시간, 예산 등에 관한 사항을 결정하여야 한다.

1) 인센티브의 크기

고객에게 제공할 판매촉진수단의 인센티브가 판매에 어느 정도로 영향을 미칠 것인가를 측정할 필요가 있다. 최소 이상의 인센티브를 주게 되면 판매량은 증가하지만 증가속도는 감소할 것이다.

2) 자격요건

누구에게나 인센티브를 줄 수도 있으나 일정한 자격이 있는 소비자에게만 줄 수도 있다. 예컨대 과거에 구매실적이 있는 사람에게만 상품부판매를 하는 것이다. 이와 같이 자격요건을 신중하게 결정하여 제품을 정기적으로 구매할 것 같지 않은 고객을 선별적으로 구별하여 차별대우를 할 수 있다. 그러나 자격요건에 제한이 많을수록 제품에 애착을 갖게 되는 고객들은 많지 않을 것이다.

3) 유통수단

표적고객에게 판매촉진수단을 전하는 방법을 결정하는 일도 중요하다. 예컨대 경품권을 다른 제품의 포장에 끼워 판매할 것인가, 광고매체를 이용할 것인가, 또는 우편을 이용할 것인가를 결정하여야 한다.

4) 판매촉진기간

판매촉진기간이 지나치게 짧으면 다수의 예상고객이 구매기회를 놓칠 우려가 있고, 지나치게 길면 효과가 반감될 우려가 있다. 어떤 조사에서 밝혀진 바에 의하면 판매촉진회수는 한 계절에 3회가 적당하며, 기간은 제품의 평균 구매주기가 적절하다고 한다.

5) 판매촉진시기

시기를 결정할 책임이 있는 사람은 제품관리자인 것이 보통이다. 그러나 그러한 결정은 생산, 판매, 유통담당자들과의 긴밀한 협조가 필요하다.

6) 판매촉진예산

예산을 책정하는 데 두 가지 방법이 있다. 첫째는 마케팅 관리자가 당해 연도에 이용하려고 하는 판매촉진수단을 결정하고 각 수단에 소요되는 비용을 추정하는 것이다. 각 판매촉진수단에 공통적으로 소요되는 비용에는 관리비(인쇄, 우편, 기타 비용 등), 인센티브에 소요되는 비용(상품부판매, 소액인하 등)이 있으며 각 판매촉진수단을 이용하는 경우 달성할 수 있는 판매량을 예측할 필요가 있다. 두 번째로는 예산을 편성하는 데 흔히 이용되는 것으로 관례적으로 광고예산과 판매촉진예산을 일정한 비율로 나누는 것이다. 이러한 비율은 시장과 제품의 성격, 제품수명주기

단계, 경쟁자의 판매촉진예산규모 등에 따라 결정하여야 할 것이다.

4. 사전시험

이상과 같은 문제를 결정한 후에는 그 유용성을 사전에 시험해 보는 일이 필요하다. 이러한 시험은 신속하고 저렴한 방법으로 이루어져야 하며, 시험결과 고객의 반응을 측정하여 고객이 선호하는 것을 택하여야 한다.

5. 프로그램의 실행과 통제

판매촉진활동을 효과적으로 통제하려면 각 수단에 대한 구체적인 목표를 설정하고 계획을 수립하는 과정이 선행되어야 한다. 프로그램을 실행하려면 시간적인 요소를 고려하여야 하는데, 판매촉진계획을 완료하기까지의 준비시간과 판매촉진활동의 개시와 더불어 종료될 때까지의 시간을 설정하는 것을 말한다.

6. 평가

평가란 어떠한 프로그램을 개선하는 데에도 매우 중요한 과업이다. 판매촉진의 효과를 측정하는 방법 중의 하나는 판매촉진활동을 개시하기 전이나 활동기간 중 또는 활동을 완료한 후의 판매동향을 비교하는 것이다. 예컨대 어떤 기업의 시장점유율이 판매촉진활동을 개시하기 전에는 6%이었는데 판매촉진기간 중 10%로 증가하였고, 판매촉진활동이 끝난 즉시 5%로 하락하였으며, 어느 정도의 기간이 지난 후에는 다시 7%로 증가했다고 하자. 이러한 경우에는 새로운 고객은 물론 기존의 고객도 유치한 것으로 추측되어 판매촉진활동이 효과가 있었다고 이야기할 수 있을 것이다. 판매촉진활동이 끝난 후 시장점유율이 다시 7%로 증가하였다는 것은 새로운 고객을 유치하였다고 생각할 수 있다. 시장점유율이 판매촉진활동 이전의 수준으로 환원되었다면 판매촉진활동은 총수요보다는 수요의 패턴을 바꾼 것에 불과한 것으로 생각된다.

제3절 홍보전략의 의의와 주요 의사결정사항

홍보활동(publicity)이란 마케팅 커뮤니케이션 수단 중의 하나로서 기업이 제공하고 있는 제품이나 서비스에 대한 수요를 자극하기 위하여 유료의 대가를 지불하지 않고 인쇄물, 라디오, 텔레비전 등을 통하여 기업의 활동에 관한 소식을 널리 보급시키려는 모든 활동을 말한다. 홍보활동은 신제품을 판매하거나 이미 성숙기에 있는 제품에 대한 관심을 다시 일으키기 위하여 흔히 이용된다. 홍보활동의 장점은 대중들이 제품에 관한 이야기를 뉴스를 통하여 듣게 될 때 더 신뢰하는 경향이 있으며, 판매원이나 광고를 피하는 잠재고객에게도 전달되고 제품이나 기업에 대한 구매자들의 인식이 바뀌어질 수 있다는 데 있다.

홍보활동을 담당하는 사람의 기능은, ① 언론계와 밀접한 관계를 유지함으로써 언론을 통하여 기업이 제공하고 있는 제품이나 서비스에 대한 고객의 관심을 집중시키며, ② 국회나 정부관계자와 접촉하여 기업에 유리한 입법활동을 전개하고 불리한 입법활동을 저지하려는 노력을 기울이며, ③ 사회의 일반적인 현상을 분석하여 최고경영자에게 조언하는 기능을 수행하고, ④ 기타 기업 내외의 관계자들과 원활한 의사소통을 진행함으로써 기업에 대한 이해를 증진시키는 역할을 한다.

홍보활동의 주요 수단으로는 매체를 통한 뉴스, 안내책자 등의 간행물, 공공서비스 활동에 대한 헌금, 기업 자체의 웹사이트 등이 있다.

홍보활동은 대중관계(Public Relation : PR)업무의 일부에 해당되므로 마케팅부보다 대중관계 담당 부서에서 그 기능을 수행하는 경우가 많다. 홍보활동이 광고보다 훨씬 커다란 영향을 미치게 될 때가 있는데, 그것은 다음과 같은 경우이다.

① 제품이나 서비스가 뉴스가 될 만큼 대중에게 흥미를 주는 경우
② 판매개시 전에 뉴스를 통하여 신제품에 대한 이야기가 전해지면 판매원이나 대리점에게 커다란 자극이 되는 경우
③ 방송이나 언론 자체가 공공성을 띠고 있기 때문에 제품이나 서비스에 대한 보도를 대중이 신뢰하는 경우 등이다.

제품에 관한 홍보활동을 전개하려면 먼저 그 목적을 설정하고, 이용할 메시지와 매체를 선택하

며, 결과를 평가하는 등의 의사결정과정이 필요하다. 이제 그러한 의사결정과정의 내용을 살펴보기로 하자.

1. 목적설정

홍보활동의 목적은 마케팅 목적을 지원할 수 있는 것이어야 한다. 그러한 목적에는 제품에 관한 일반적인 기사를 개발하여 뉴스로 보도하게 하고, 전문가로 하여금 제품의 장점을 증언하게 하며, 특정의 고객집단이나 정부기관 및 기타 유관기관 등을 상대로 특별 촉진프로그램을 개발하는 일 등이 포함된다.

2. 메시지와 매체의 선택

목표를 설정한 후에는 제품에 대하여 흥미를 일으킬 수 있는 이야기나 기사를 개발하거나 관련되는 뉴스를 발견하려는 노력이 필요하다.

3. 계획의 시행

홍보활동을 실제로 시행하는 데에는 세심한 주의를 기울일 필요가 있다. 예상고객에게 메시지의 내용을 흥미있게, 그리고 논리적으로 전달하려면 언론이나 방송의 편집자와 논의하는 것이 유리할 것이다.

4. 평가

홍보활동은 여타의 촉진 믹스 요소와 병행하여 이용하므로 그 효율성을 분리하여 측정하기가 매우 어렵다. 그러나 홍보활동 전후를 통하여 매체를 접하였던 대중의 수는 어느 정도 추측할 수 있을 것이다.

요 약

주요 촉진수단으로는 광고, 판매촉진, 인적판매 및 홍보활동 등이 있다. 이 중에서 광고, 판매촉진 및 홍보활동은 대량마케팅(mass marketing)의 수단으로서 구체적인 구매자들을 표적으로 삼고 있는 인적판매와는 성격이 조금 상이하다. 즉, 대량으로 고객들과 접촉하려 한다는 점에서 차이가 있다.

광고란 판매자가 유료매체를 이용하여 제품과 기업에 대하여 소비자들에게 정보를 제공하고 설득하며 지원하도록 하는 하나의 수단을 말하며, 촉진수단 중에서도 가장 강력한 것으로 간주된다. 이러한 광고는 여러 가지 형태가 있으며 용도도 다양하다. 광고에 대한 의사결정을 내리는 데에는 다섯 가지의 단계가 필요하다. 즉 광고의 목적설정, 예산에 관한 의사결정, 메시지의 결정, 매체의 결정 및 평가 등이 필요하다. 광고를 내보낼 때에는 그 목적을 분명히 설정하여야 한다. 즉 광고의 목적이 구매자들에게 정보를 제공하는 것인가, 설득하는 데 있는 것인가, 또는 기억나도록 하는데 있는 것인가 등의 것 중 어디에 그 목적을 두고 있는가를 분명하게 결정하여야 한다. 광고예산 책정방법에는 가용자금 사용법, 판매비율법, 경쟁자 비교법, 그리고 목표와 과업에 의한 책정방법 등이 있다. 메시지에 관한 의사결정을 내리려면 메시지를 설계하고, 이것을 평가하며, 효과적으로 실행할 방법을 결정하는 일이 필요하다. 광고매체를 선정하는 데에는 첫째, 광고매체를 접하게 될 사람 또는 가구 수, 평균빈도 및 효과 등을 분석하고, 둘째, 매체의 유형과 구체적 수단의 효과를 평가하는 데에는 광고를 내보내기 전, 광고를 내보내는 기간 중, 광고를 내보낸 후의 기간에 걸쳐서 판매에 미친 효과와 의사소통의 영향 등을 평가하는 일이 포함된다.

판매촉진이란 단기적으로 판매를 증가시킬 것을 목적으로 표적고객들의 반응을 강력하게 자극하기 위한 여러 가지 촉진수단을 말하며, 그러한 수단의 예로서 견본, 쿠폰, 환불제의, 소액인하, 상품부판매, 경연대회, 구매할인, 무료증정, 합동광고 등 다수가 있다. 근래에 이르러 기업들이 광고비보다 판매촉진에 투입되는 비율을 점차 높이고 있는 경향이 있다. 이러한 판매촉진을 시행하려면 판매목적을 설정하고, 판매촉진수단을 선택하며, 이것을 개발하여 사전 시험하여 본 후에 이를 실행에 옮기는 과정이 필요하며, 그 결과도 평가해야 한다.

홍보활동은 마케팅 커뮤니케이션 수단 중의 하나로서 기업이 제공하고 있는 제품이나 서비스에 대한 수요를 자극하기 위하여 유료의 대가를 지불하지 않고 인쇄매체나 전파매체를 통하여 기업의 활동에 관한 소식을 널리 보급시키려는 모든 활동을 말한다. 이러한 홍보활동은 일반적으로 대중관계(PR) 업무의 일부에 해당되며 마케팅부보다 대중관계 담당 부서에서 그 기능을 수행할 경우가 많다.

연습문제

1... 한 광고대행사가 두 개의 경쟁적인 고객기업을 대상으로 동시에 업무를 대행할 수 있는가?

2... 일반적으로 광고의 목적을 설정하는 데는 표적으로 삼고 있는 청중의 범위, 메시지의 내용, 광고에서 원하는 효과, 그리고 그 다음 효과를 통해 달성될 기준 등을 구체적으로 설정하고자 할 경우가 많다. 또한 예컨대 '청중의 인지도를 증가시키는 데 목적이 있다'라기보다는 '청중의 인지도를 20% 증가시키는 데 목적이 있다'와 같이 구체적으로 언급하고자 하는 경우가 있다. 이와 같이 광고의 목적을 설정하는 데 구체적인 내용까지도 포함될 필요가 있는가?

3... 비교광고의 장점과 단점은 각각 무엇인가? 비교광고를 하는 데 있어서 지배적인 시장점유율을 차지하는 제품이 유리한가, 또는 열세의 시장점유율을 차지하는 제품이 더 유리한가?

4... 국가에서 5%의 광고세를 부과한다면 광고예산에 어떠한 영향을 미치게 될 것인가? 또한 그러한 과세가 미치는 영향은 광고주, 소비자, 매체기관 및 경제 전반에 걸쳐 각기 다를 것으로 생각된다. 그 미치는 영향을 각각 설명해 보라.

5... 귀하가 생각하고 있는 효과적인 광고와 비효과적인 광고의 예를 몇 가지 들어 설명해 보라. 비효과적인 광고의 경우에는 어떠한 점을 개선할 수 있는가를 예시해 보라.

6... 광고를 내보내는 데 있어서 그 빈도수를 결정하는 데 어떠한 요인들을 고려해야 하는가?

7... 광고의 내용을 규제하는 데 있어 정부 및 소비자보호단체의 입장과 기업의 입장이 각기 다를 수가 있다. 그 입장의 차이점이 무엇인가를 예를 들어 설명하여 보라.

8... 제품을 시험구매하는 데 있어서는 어떠한 유형의 판매촉진수단이 가장 효과적인가? 또한 제품에 대한 애착도를 심는 데에는 어떠한 판매촉진수단이 효과적인가?

9... 기업에 따라서는 광고보다는 판매촉진에 더 많은 예산을 투입할 경우가 있다. 그 이유는 무엇인가? 이와 같이 판매촉진에 많은 비용을 지출하는 것은 장기적인 이익을 추구하는 전략면에서 적절한 방법인가?

10.. 홍보활동과 광고는 어떠한 점에서 차이가 있는가? 그리고 홍보활동이 일반적으로 마케팅부에서 많이 행해지지 않고 있는 이유는 무엇인가?

11.. 근래에 이르러 인터넷 광고에 기업들이 관심을 기울이게 된 이유는 무엇인가? 인터넷 자체의 특성과 소비자의 입장에서 설명하여 보라.

제17장

인적판매와 직접마케팅

앞장에서 우리는 통합적 마케팅 커뮤니케이션(IMC)과 마케팅 커뮤니케이션 믹스의 세 가지 요소인 광고, 판매촉진 및 홍보활동에 관하여 배웠다. 본 장에서는 한걸음 더 나아가 통합적 커뮤니케이션 믹스의 마지막 요소인 인적판매와 직접마케팅에 관하여 다루기로 한다. 인적판매란 판매원이 고객과 예상고객을 대상으로 식집 판매활동을 하고 그들과 관계를 구축하려는 마케팅 커뮤니케이션의 주요 수단 중의 하나이다. 직접마케팅이란 고객으로부터 즉시 반응을 입수함과 동시에 지속적인 고객관계를 구축하기 위하여 표적고객을 대상으로 직접적으로 연계하고자 하는 활동을 말한다. 실제로 직접마케팅은 하나의 커뮤니케이션 수단의 하나에 불과하다고 볼 수 있다. 그것은 또한 여러 가지 면에서 커뮤니케이션과 유통경로가 통합되어 하나의 마케팅 접근방법을 구성하고 있다.

본 장에서는 인적판매와 직접마케팅을 별개의 수단으로 다루고 있으나 양자 모두 마케팅 커뮤니케이션 믹스의 여타 요소들과 밀접하게 결합하고 조정할 수 있어야 한다는 것을 기억할 필요가 있다.

제1절 인적판매의 역할

어느 기업이든 고객과 접촉하여 제품을 판매할 직접적인 책임을 맡고 있는 사람이 있는데, 이들을 판매원이라 한다. 판매원은 영리를 추구하는 기업뿐 아니라 비영리기관에도 있다. 교회에서 새로운 신도를 유치하기 위하여 전도를 행하는 사람, 대학에서 우수한 학생들을 유치하기 위하여 고등학교를 상대로 캠페인을 행할 책임이 있는 사람 등은 이러한 부류에 속한다고 할 수 있다.

이러한 **인적판매**(人的販賣)(personal selling)는 ① 제품의 주문을 직접 획득하기 위하여, ② 제조업자가 도매상이나 소매상으로 하여금 자신의 광고와 판매촉진활동에 협조하게 함으로써 그들의 판매노력을 자극하기 위하여, ③ 구매시점전시(point of purchase display) 활동을 강화하기 위하여, ④ 기업이나 제품에 대해 유리하게 영향을 미칠 수 있는 사람들을 훈련시키기 위한 것 등 여러 가지 목적이 있다.

근래에 이르러 광고를 비롯한 인적판매 이외의 촉진활동이 과도하게 이용되고 있을 뿐 아니라 소비자보호를 주장하는 사람들은 기업의 촉진 프로그램이 소비자들에게 제품에 대한 정보를 적절하게 제공하고 있지 못하는 경우가 많다고 비난하고 있다. 한편 광고는 제품에 관한 메시지를 표적고객에게 일방적으로 전달하고 있지만, 전달과정에서 예상구매자의 새로운 욕구를 발견하여 메시지를 수정해야 될 필요가 있는 경우에는 의사소통의 왕래가 가능한 인적판매 방법이 유리할 수 있다. 인적판매 방법은 광고에 비하여 다음과 같은 특징이 있다. 즉, ① 인적판매는 양자 또는 그 이상의 당사자가 직접 접촉하므로 각자가 상대방의 필요와 특성을 면밀하게 관찰할 수 있으며, 문제가 발생할 때마다 즉시 개선할 수 있다. ② 인적판매에서는 단순히 거래관계로만 끝나는 것이 아니라 인간적인 관계도 맺게 된다. 주문을 획득하기 위하여 단기적인 판매실적보다 장기적인 관점에서 고객과의 이해관계를 유지해야 한다. ③ 구매자는 판매원이 소비하는 노력과 시간을 고려하여 상담에 주의를 기울일 의무감을 느끼게 된다.

그림 17-1 판매원 관리를 위한 주요 의사결정과정

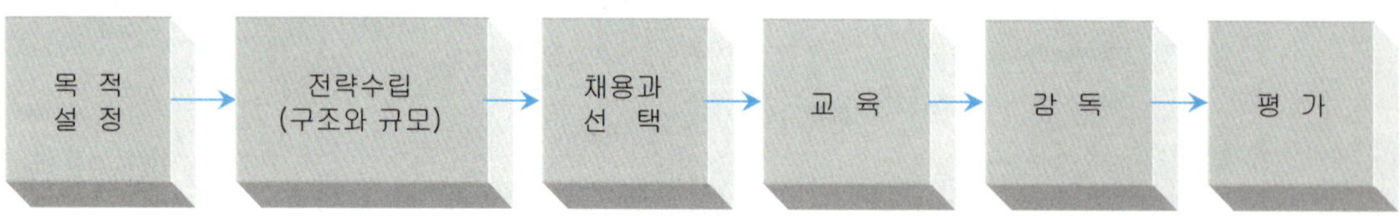

그림 17-1은 마케팅 전략의 일부로서의 인적판매전략을 수립하는 데 필요한 의사결정과정을 예시한 것이다. 이에 관하여 구체적으로 살펴보기로 하자.

1. 인적판매의 목적설정

인적판매는 마케팅 믹스의 일부 요소로서 기업에 따라 그 목적을 달리 이야기할 수 있다. 판매활동 자체는 판매원이 수행해야 될 과업의 일부에 불과하며 넓은 의미에서의 판매원의 과업은 다음과 같이 여러 가지 활동으로 구성되고 있다.

① **새로운 고객의 발굴** : 판매원은 새로운 고객을 발견하여 유대관계를 강화할 책임이 있다.

② **정보의 제공** : 판매원은 기존 또는 잠재고객에게 기업이 제공하고 있는 제품이나 서비스에 대한 정보를 능숙하게 전달할 수 있어야 한다.

③ **판매활동(selling)** : 고객에게 접근하여 제품이나 서비스를 제시하고, 고객의 의문에 응답하여 판매를 완결하는 책임이 있다.

④ **정보수집** : 판매원은 시장조사나 정보수집활동을 통하여 고객과의 접촉결과를 보고해야 할 책임이 있다.

⑤ **제품할당** : 판매원은 고객별로 수익성을 검토하고 평가하여 제품의 공급이 부족할 때에 고객별로 적절히 분배해야 할 책임이 있다.

이와 같이 수행해야 할 과업이 정해지면 과업별로 노력을 기울일 시간을 구체적으로 결정하는 것이 좋다. 예컨대 판매활동시간의 80%는 기존의 고객과 접촉하는 데 소비하고 나머지 20%는 새로운 고객과 접촉하는 데 소비한다든가, 기존제품의 판매활동에 85%의 시간을 할애하고 신제품에 대하여는 15%의 시간을 할애하는 등의 방법이 있을 것이다. 이러한 기준을 정하지 않으면 기존제품을 기존의 고객에게만 판매하기 쉬우며, 여타 중요한 시장개발기회를 상실할 우려가 있다.

근래에 이르러 많은 기업들이 '고객중심' 경영철학의 중요성을 인식하게 됨에 따라 판매원의 역할이 더욱 강조되고 있다. 종래에는 판매원들이 목표판매량의 달성과 수익에만 관심을 기울이고 있었다. 그러나 오늘날의 판매원은 기업의 이익을 실현하는 것은 물론 고객의 욕구를 충족시켜 주는 것이 무엇보다도 중요한 일이라고 인식하게 되었다. 또한 판매자료를 분석하고, 시장잠재력을 추정하며, 시장에 관한 정보를 수집하고, 마케팅 전략과 계획을 수립하는 데에도 참여해야 되는 책임도 맡게 되었다. 이와 같이 판매원은 마케팅 활동을 조직적으로 수행할 능력이 있어야 되고, 판매를 담당하는 상관도 비판할 수 있어야 한다. 요약하자면 판매지향적인 판매원보다는 마케팅 지향적인 판매원이어야 한다.

2. 인적판매전략의 수립

인적판매의 목적을 설정한 후에는 판매원에 관한 전략, 조직, 규모, 그리고 보상에 관한 구체적인 계획을 수립하는 일이 필요하다.

1) 판매원 전략

판매원에 관한 전략을 결정하려면 고객의 구매결정과정과 경쟁자와의 경쟁방법을 먼저 이해해야 하며, 판매유형이 어떠한 것인가를 알아야 한다. 판매유형에는 ① 단일판매원 대 단일고객, ② 단일판매원 대 고객집단, ③ 판매원 대 고객집단, ④ 당사자 및 관계자들과의 회합, ⑤ 판매를 위한 세미나 등이 있을 수 있다. 그러므로 판매원의 역할이 반드시 판매를 달성하는 데만 있는 것이 아니며, 기업과 고객을 연결시켜 주는 교량역할도 한다. 또한 판매활동은 판매원만의 전유물이 아니며, 기업 내부의 타부서 사람들의 협조도 필요하다. 예컨대 최고경영자도 판매활동에 관여하는 경우가 많으며, 제품에 관한 기술적인 정보를 제공할 필요가 있을 경우에는 기술담당자의 도움이 필요하다.

이와 같이 판매유형 중 어느 것을 택할 것인가를 결정한 후에는 판매원을 고용할 것인가 혹은 계약에 의하여 판매활동을 수행하게 할 것인가를 결정해야 한다.

2) 판매원의 조직

판매효과를 증대시키는 데 판매원을 조직하는 문제도 매우 중요하다. 제품의 종류나 고객의 유형에 따라 다음과 같은 방법으로 조직할 수 있을 것이다.

(1) 지역별 조직

판매원이 독점적으로 판매할 수 있는 지역을 지정하는 것으로 지역의 특성이나 고객의 유형, 규모, 습관 등의 요소를 고려하여 판매원의 노력효과가 최대한으로 반영되도록 구획하여야 할 것이다. 이 방법은 판매원의 책임한계가 명확하게 되는 이점이 있다. 자기 관할 내에서의 판매목표

달성액이 확정되기 때문에 판매원들은 최대로 노력하게 되고 경영층에서도 그 성과를 어느 정도 정확하게 평가할 수 있다. 또한 판매원들은 담당지역 내에서의 관계자들과 유대관계를 강화할 수 있다. 일정한 지역에 대하여만 판매책임을 지게 되므로 경비도 절약할 수 있다.

이 방법은 제품이 비교적 동질적일 때에는 효과적이다. 그러나 제품이나 고객이 비동질적일 경우에는 유용한 방법이 못된다. 문제는 제품이나 고객의 성격을 어느 정도로 잘 이해하고 있는가에 달려 있다.

(2) 제품별 조직

판매원들이 제품의 특성을 충분히 이해할 필요가 있는 것은 말할 나위가 없지만 취급제품이 기술적으로 복잡하다거나 제품 상호간에 관련이 없는 경우, 또는 종류가 많은 경우에는 제품별로 전문적으로 판매하도록 하는 것이 효과적이다. 그러나 단순히 제품의 종류가 많다고 하여 판매원을 제품별로 취급하게 하는 것은 효과적이지 못하다. 예컨대 한 기업이 생산하는 다수의 제품계열을 동일한 고객이 구입하는 경우에는 이 방법이 적절하지 못할 것이다.

(3) 고객별 조직

고객집단의 특성에 따라 판매원을 조직하는 경우가 있다. 이 방법의 장점은 담당판매원이 특정 고객이 필요로 하는 것을 누구보다 더 잘 이해할 수 있다는 점이다. 그러나 다수의 이질적인 고객이 전국적으로 분산되어 있을 경우에는 유리하지 못하다.

(4) 통합조직

다수의 이질적인 제품을 광범위하게 산재하여 있는 여러 유형의 고객집단에게 판매하는 경우에는 상기한 여러 가지 요소들을 가미하여 판매원을 조직할 수 있을 것이다. 즉, 지역별-제품별, 지역별-고객별, 제품별-고객별 등으로 담당하게 할 수 있다.

3) 판매원 규모

판매원의 증원은 비용의 증가를 의미하므로 그 규모를 신중하게 결정해야 한다. 판매원의 규모를 결정하는 기준에는 두 가지가 있다.

(1) 생산성 기준

현재의 시장잠재력에 따라 판매원의 판매생산성을 측정하여 그 규모를 결정하는 것이다. 일반적으로 시장잠재력이 높은 판매지역에서는 판매를 증가시킬 수 있으나 판매달성액이 반드시 시장잠재력에 비례하여 증가한다고 볼 수는 없다. 그러므로 판매지역마다 시장잠재력을 통계적인 방법으로 수정하는 작업이 필요하다. 이것은 간단한 일이 아니다.

(2) 업무량 기준

상기한 시장잠재력이나 판매생산성을 산출하기는 매우 어려우므로 판매원의 업무량을 기준으로 결정하는 방법도 생각할 수 있다. 판매원의 업무량은 다음과 같은 순서로 책정할 수 있을 것이다.

① 고객 1인당 연간 구매량에 따라 고객을 몇 개의 계층으로 분류한다.
② 분류된 각 고객층에 대하여 고객 1인당 연간방문횟수를 결정한다. 이때 경쟁자의 방문횟수도 고려해야 할 것이다.
③ 각 고객층을 구성하고 있는 고객의 수에다 상기한 방문횟수를 곱하여 연간 총방문횟수를 정한다.
④ 여기에서 판매원 1인당 평균방문횟수를 결정한다.

제2절 판매원 관리

판매원 관리는 판매관리를 수행하기 위한 하나의 수단이며 판매원에 대한 보상, 채용, 선발, 훈련, 감독, 동기부여, 평가 등의 요소로 구성되어 있다.

1. 판매원에 대한 보수

유능한 판매원을 확보하려면 그에 대한 보수가 적절한 수준이어야 한다. 판매원은 정액의 소득과 일정수준 이상의 성과에 대한 보상, 경험과 능력에 비례하는 공정한 대우 등을 원하며, 기업측에서 보면 판매원을 적절히 통제하여 판매원의 노력과 비용 등의 요소에 따라 보수의 수준을 결정하려고 하며 간단한 보수체계를 원한다.

1) 보상수준

일반적으로 판매원에 대한 보수는 동일산업계에서 통상적으로 지급하는 수준이어야 할 것이다. 그러나 기업에 따라 고정급, 수수료(commission), 복리후생의 수준은 각기 다를 것으로 생각된다.

2) 보수의 구성 요소

판매원에 대한 평균 보수수준을 결정한 후에는 보수의 네 가지 기본요소, 즉 고정급여액, 변동급여액, 판매경비, 복리후생비 등을 어떠한 비율로 책정하여 지급할 것인가를 결정하여야 한다. 고정급여액은 판매원에게 안정적인 소득을 보장하려는 데 목적이 있고, 변동급여액은 수수료, 상여금, 이익분배 등의 형식으로 지급되는 것이다. 판매경비란 판매활동에 소요되는 비용이고, 복리후생비는 휴가, 병가, 연금, 보험 등의 혜택을 제공하여 직업에 대한 안정감과 만족감을 주기 위한 것이다.

최고경영자는 이러한 요소 중 어느 것을 상대적으로 비중을 높일 것인가를 결정해야 한다. 예컨대 판매원의 총소득 중 70%를 고정적으로 지급하고 나머지는 기타의 요소에 따라 지급하는 방법을 생각할 수 있다. 그러나 일정한 기준이 있는 것은 아니다. 그림 17-2는 이러한 여러 가지 요소를 결합하여 지급할 때, 판매원의 소득이 어떻게 변동되는가를 보인 것이다. 그림에서 알 수 있는 바와 같이 네 가지 지급방법은 판매원의 사기와 성과에 미치는 영향이 각기 다르다. 능력에 따라 보수를 원하는 판매원은 B와 D 방법을 선호할 것이다. 보수적인 판매원들은 A나 C 방법을 택하려 할 것으로 생각된다. 이러한 지급방법이 각각 어떠한 장·단점이 있는가를 살펴보자.

(1) 고정급여

이 방법은 경영자의 입장에서 볼 때 그가 원하는 방향으로 판매활동을 통제할 수 있는 장점이 있다. 외부환경의 변화나 고객 및 기업의 기호에 맞추어 판매원의 활동을 변경하거나 지시할 수 있는 것이다. 신규로 채용되는 판매원들에게는 이 방법이 안정된 것으로 생각하게 되므로 효과적이다. 그러나 판매원이 목표를 초과달성했을 때에는 판매원에게 직접적인 자극을 주지 못하는 단점이 있다. 또한 판매원에게 지급하는 판매경비도 신축성 있게 운영하지 못하는 경우가 많다.

(2) **수수료**(commission)

보수를 판매액이나 이익수준에 따라 일정비율로 혹은 탄력적으로 지급하는 것으로, 이 방법의 장점은 첫째, 판매원을 능력에 따라 최대한으로 이용할 수 있고 판매원은 능력과 성과에 따라 금전적인 대가를 받게 된다. 둘째, 판매경비는 판매수입을 통하여 얻은 자금으로 충당할 수 있으며, 셋째, 최고경영자는 판매원이 판매활동을 수행하는 시간을 금전적인 대가를 통해 조절할 수 있다. 그러나 단점도 있다. 판매원들이 판매활동에서 부수적으로 하여야 될 일, 예컨대 보고서를 작성한다든가 고객들에게 서비스를 제공하는 일 등을 소홀히 할 위험이 있다. 또한 고정적으로 지급되지 않기 때문에 판매가 부진한 경우에는 그들의 사기를 저하시킬 위험이 있다.

그림 17-2 **판매원에 대한 보상지급유형**

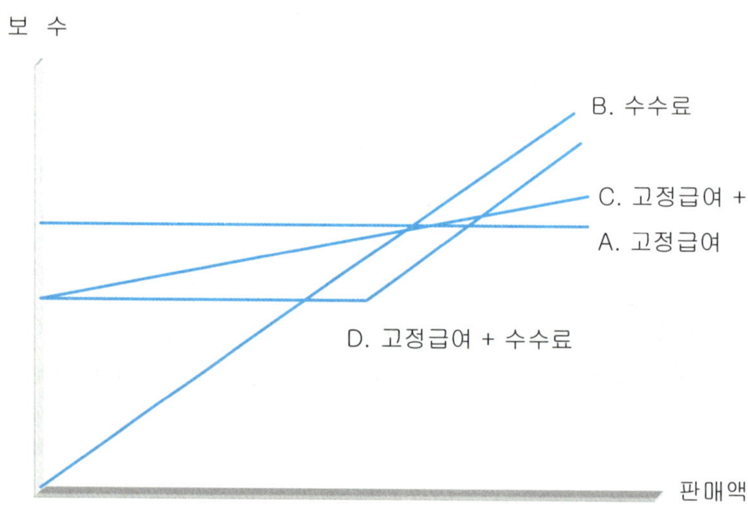

(3) 고정급여와 수수료의 병용

고정급여와 수수료의 장・단점을 이용하는 것으로 판매액에 따라 판매원의 사기가 비례하여 결정되지만 비판매활동에 대하여는 어느 정도의 통제를 원할 때 적절한 방법이다. 또한 판매가 부진할 때 일정액의 판매비용에 얽매일 필요가 없고 판매원의 입장에서 보더라도 소득 전부를 상실할 위험이 없다.

(4) 상여금(bonus)

수수료 형식 대신에 지급하는 보상으로서 목표량을 초과달성하거나 초과노력을 기울였을 때 지급되며 계약에 의한 지급의무가 있는 것은 아니다. 따라서 경영자의 자의에 달려있기 때문에 판매원의 입장에서는 공정성 내지 타당성에 의문을 갖게 될 소지가 많다.

그러나 판매원의 보수구조보다도 중요한 것은 보수지급을 계획하고 시행하며 통제하는 일이다. 보수지급을 계획할 때에는 판매원의 사기문제뿐 아니라 비용과 이익을 통제하는 일도 고려해야 한다. 판매원의 이직에 따르는 비용, 신규채용시에 소요되는 채용비와 훈련비, 목표판매액을 달성하지 못하여 발생되는 간접비용 등은 상당히 큰 비중을 차지한다.

2. 판매원 모집 및 선발

1) 모집

유능한 판매원을 채용한다는 것은 곧 판매원이라는 자리를 지향하도록 사람들을 고무시키는 의사소통과정이라고 이야기할 수 있다. 채용계획을 수립하기 전에 먼저 해야 할 일은 판매원의 과업과 자격요건을 검토하여 결정하는 일이다. 즉, 직무기술서(job description)를 만들고 자격요건을 정하는 일이 필요하다. 판매원의 직무명세와 자격요건을 문서화하여 기업 내부의 종사자들도 응모하도록 하는 것이 이상적이다.

직무기술서에는 판매할 제품의 종류, 판매대상자, 판매기법, 여타의 촉진활동, 판매원의 책임과 그 범위 등을 구체적으로 명시하여야 할 것이다. 또한 여행 횟수, 참석해야 될 회의명, 판매담당지역의 범위, 근무시간 등도 명시하여야 한다.

판매원의 자격요건으로는 판매활동에 필요한 기술, 지식, 능력, 경험, 태도 등을 조사하여야 할 것이다. 직무기술은 그 범위를 완전하게 결정할 수 있으나 자격요건은 일률적으로 정할 수가 없다. 직무와 자격요건을 통합하여 일정한 기준을 정하는 방법이 있는 것은 아니지만 모집시에 지원자가 어떠한 요건을 구비하여야 되는가에 대하여는 충분한 사전지식이 필요하다.

2) 선발

지원자의 자격요건과 특성에 따라 적합한 자리에 배치하는 과정을 말한다. 선발시에는 능력, 의지력, 인간관계 등의 특성을 고려해야 할 것이다. 선발하는 수단으로는 면접, 필기시험, 신체검사 등이 있다. 어떠한 선발수단이 가장 적합한가는 상황에 따라 다를 것이다.

3. 교육 및 훈련

교육 및 훈련은 판매원을 최대로 활용하기 위하여 판매에 필요한 지식을 전달하고 판매기법을 익히게 하며 판매활동에 임하는 태도 및 근무습관을 익히기 위한 것이다. 교육의 목적은 다음과 같이 이야기할 수 있다.

① 판매원에게 기업의 성격을 알린다. 교육 프로그램의 첫 단계에서 기업의 역사, 목적, 조직구조, 권한관계, 주요 간부명, 재무구조, 시설, 제품, 판매량 등에 관하여 설명하는 일이 필요하다.

② 기업이 생산하고 있는 제품을 알리고 생산과정과 용도도 설명한다.

③ 고객 및 경쟁자의 특성을 알려준다. 즉, 고객들의 욕구, 구매동기, 구매습관, 그리고 경쟁자의 전략 내지 정책을 알리는 것이다.

④ 판매를 효과적으로 제안하는 방법을 설명한다. 구체적인 판매기법과 아울러 판매와 관련되는 문제도 알려준다.

⑤ 판매절차와 책임도 알려준다. 또한 기존의 고객은 물론 고객에 대한 지식, 경비지출 방법, 보고서 작성 및 보고절차 등을 설명하여 준다.

교육 프로그램의 주요 목적의 하나는 판매원에게 판매기술을 익히게 하는 것인 바, 소극적으로 주문을 받기만 하는 것이 아니라 적극적으로 주문을 획득하게 하는 데 목적이 있다. 소극적으로 주문을 받기만 하면 되는 경우란 고객이 필요로 하는 것을 스스로 알고 있거나 판매행위에 대해 반감을 갖거나 영향을 받지 않는 경우, 공손한 판매원을 선호하는 경우 등일 것이다. 적극적으로 주문을 획득하려는 경우에는 판매 자체를 우선으로 하는가 또는 고객 위주로 할 것인가의 방법을 생각할 수 있다. 판매 자체를 목적으로 하는 경우에는 강력한 설득이 필요하며 백과사전 등 서적 판매에서 흔히 볼 수 있다. 설득에 필요한 기법으로는 제품의 장점을 과대선전하고, 경쟁제품을 비방하며, 주문을 획득하기 위하여 어느 정도의 양보도 제시한다. 이러한 방법이 성공하려면 고객이 압력을 받지 않으면 구매하지 않을 것 같은 경우, 달래거나 환심을 삼으로써 판매가 가능한 경우, 주문 후에도 고객이 후회하지 않거나 후회하더라도 큰 문제가 없는 경우 등이다.

한편 고객을 위주로 하는 판매기법이라 고객의 필요와 욕구를 연구하고 이익을 획득할 수 있는 대안을 제시하는 것이다. 예컨대 판매원이 고객의 입장이 되어 제품을 구매하는 데 절약할 수 있는 방법을 제시할 수 있을 것이다. 이 방법은 판매원의 노력 여하에 따라 구매할 욕구를 잠재적으로 지니고 있는 경우, 판매원의 제의를 긍정적으로 받아들이는 경우, 고객이 장기적인 안목으로 판매원에게 친밀감을 갖게 될 경우에 효과적일 것으로 생각된다. 판매원을 위한 교육 프로그램에서 판매원의 활동단계는 그림 17-3과 같은 순서로 진행해야 함을 강조할 필요가 있다. 각 단계의 내용을 구체적으로 살펴보자.

1) 예상고객의 발굴

판매활동의 첫 단계는 예상고객을 발굴하는 일이다. 예상고객을 발견할 수 있는 정보원으로는 현재의 고객, 공급자, 중간상, 경쟁기업의 판매원, 은행, 경제단체 등이 있다. 또한 예상고객의 소득수준, 거래량, 소재(所在), 요구사항 등을 파악할 수 있어야 하고 거래를 계속할 가치가 있다고 판단되면 계속 접촉하려는 노력이 필요하다.

그림 17-3 효율적인 판매활동을 위한 접근방법

2) 사전접촉

예상고객이 필요로 하는 것, 구매자의 개인적인 특성, 구매 스타일 등 가능한 한 많은 정보를 사전에 알 필요가 있을 것이다. 또한 고객을 방문하는 목적, 시기, 전략 등을 결정해야 한다.

3) 접촉

거래관계를 맺기 위하여 고객과 접촉하는 방법을 알려고 하는 것으로 접촉할 때의 외양, 태도, 예의 등을 사전에 준비한다. 고객의 관심을 끌기 위하여 전시 또는 견본을 제시하기도 한다.

4) 제품의 전시

고객에 관한 지식을 사전에 습득하고 난 후 기업이나 제품의 성능, 제품을 구입함으로써 얻게 되는 혜택 등에 관하여 설명한다. 또한 기업의 명성과 경험, 전문성, 유관기관 등의 예를 들어 설명함으로써 제품과 기업의 권위를 높이려 한다.

5) 고객의 반감해소

제품을 제시하거나 주문을 요청하는 경우에 고객이 반감을 갖기도 하는데, 심리적인 원인도 있지만 가격이나 배달에 관하여 불평할 수도 있다. 그러므로 그러한 반감을 지니게 된 원인을 파악하여 고객의 불만이나 편견을 해소시키려는 노력을 기울여야 한다.

6) 판매종결

판매를 종결하는 데에도 고객의 심리상태, 느낌, 제품에 대한 견해 등을 이해하는 일이 중요하다.

7) 구매 후의 서비스

고객이 계속 제품을 구매하도록 하려면 신속한 배달은 물론 제품이 제대로 사용되고 있는가의 여부와 필요한 서비스를 제공하는 문제도 고려해야 할 것이다.

4. 감독과 동기부여

판매원들은 입사할 때 자신이 성취할 과업에 대하여 어느 정도 기대를 갖고 있는 것이 보통이

그림 17-4 판매원 사기변동

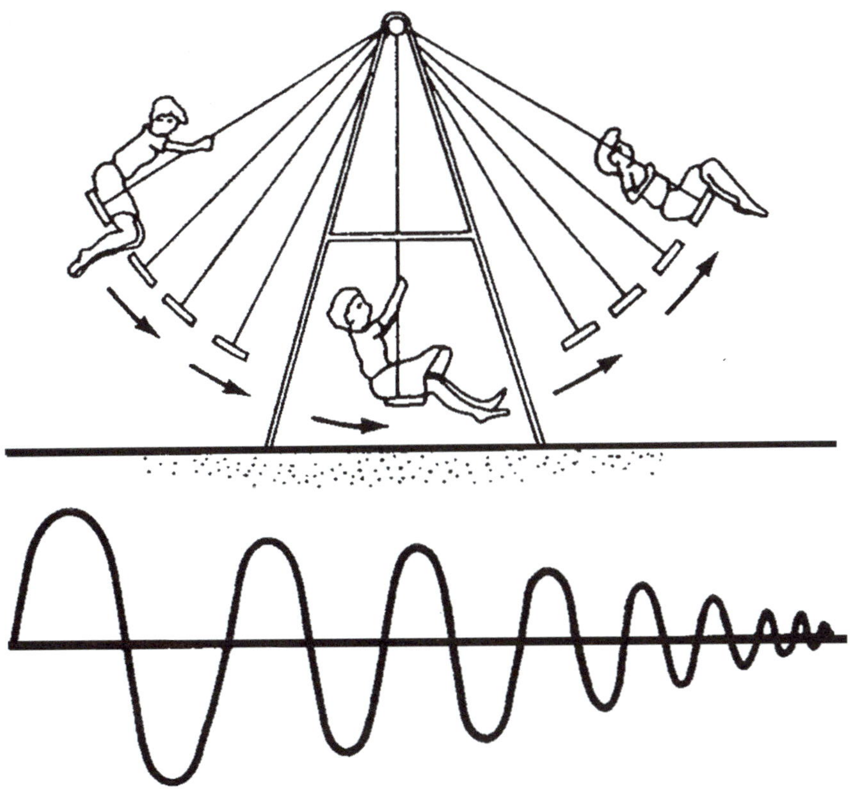

다. 그러나 어떤 이유로 인하여 판매원의 사기가 저하되거나 무기력 내지 무관심하게 될 경우가 있다. 따라서 판매효율이 저하되는 것을 방지하기 위하여 이들에게 자극을 줄 필요가 있게 된다. 그림 17-4는 어린아이가 그네를 타고 있는 모습을 보여주고 있는데, 그가 힘을 주지 않으면 그네는 점차로 정지상태로 돌아가게 되는 것과 마찬가지로 판매원의 활동도 성공과 실패를 거듭함에 따라 그의 감정에는 기복이 있을 것이다. 그러므로 경영층에서는 판매원의 기대욕구, 개인적인 목표, 불만 등을 이해해야 되고, 이에 대하여 끊임없이 관심을 기울일 필요가 있다.

1) 감독

판매원의 임무는 판매과업의 성격에 따라 다르다. 실적에 따라 수수료를 받는 판매원보다는 고정급여를 받는 판매원이 더 많은 감독을 받을 것으로 생각된다. 판매원의 활동을 감독하는 목적은 판매원의 활동시간을 효율적으로 이용하도록 하는 데 있다.

(1) 표적고객의 선정과 방문횟수 결정

고객을 판매량, 잠재수익성, 성장가능성 등에 따라 분류하고 일정한 기간 중 이들 고객층을 방문할 횟수를 결정하는 일이 필요하며, 그러한 결정을 내리려면 경쟁자의 활동상황도 고려하여야 할 것이다. 그러나 더 중요한 문제는 방문횟수에 따른 판매증가량을 추정하는 일이다.

(2) 판매활동시간의 효율적 이용

판매원은 고객방문계획 뿐 아니라 그 시간을 효율적으로 이용할 수 있는 방법을 발견하려는 노력이 필요하다. 연간방문계획을 수립하여 월별, 고객별로 세분할 수 있고, 시간과 업무의 성격에 따라 여행, 회식, 상담, 관리 등의 분야별로 시간을 할당할 수도 있을 것이다.

2) 동기부여

기업을 경영하는 데 종업원이 최선을 다하도록 하려면 자극을 주어야 되는 것은 판매원의 경우에도 예외가 아니다. 특히 판매활동은 그 자체가 특수한 성격을 지니고 있기 때문에 더욱 그러하다. 즉, 판매활동시간이 일정한 것도 아니고, 경쟁도 치열하며, 판매원 스스로가 열등감을 갖기 쉽고, 고객을 유치하는 데 필요한 권한도 없는 경우가 많은 것이다. 또한 인간은 자극을 주지 않으면 자기의 능력을 최대로 발휘하지 않을 경우가 많으며, 판매원도 다른 종업원들과 마찬가지로 개인적인 문제(가족의 질병, 부부관계, 빚 등)를 갖고 있다. 그러므로 조직의 분위기, 판매할당, 인센티브 등을 적절히 조정하여 사기를 앙양하여 성과를 높이는 일이 중요하다.

5. 평 가

평가과정은 계획된 양과 실제 달성량을 비교하는 것으로 판매원 개인별로 평가하기도 하고 집단적으로 평가하기도 한다. 필요한 평가과정은 다음과 같다.

1) 정보의 수집

판매원에 관한 정보는 판매원이 정기적으로 제출하는 보고서, 고객의 서신이나 불평, 다른 판매원과의 대화, 판매원의 태도 등을 통하여 얻을 수 있다. 판매원의 보고서에는 미래의 판매활동계획에 대한 보고서와 판매활동에 대한 완료보고서가 있다. 전자는 판매원이 계획을 수립하여 판매진전상황을 최고경영층에게 알려 목표액과 달성액을 비교할 수 있는 자료가 된다. 후자의 경우는 **방문보고서**(call report)가 대표적이다. 이것은 고객과의 접촉결과를 요약한 것으로 판매원의 활동상황, 고객의 현황 등에 관한 정보를 알 수 있다.

2) 공식적 평가과정

판매원이나 판매관리자가 작성한 보고서는 이들을 공식적으로 평가할 수 있는 자료가 된다. 공식적인 평가절차를 확립하면 몇 가지 이점이 있다. 첫째, 판매원의 업적을 평가하기 위한 기준을 구체적이고도 일관성있게 설정하게 되고, 둘째, 판매원에 관한 모든 정보와 관찰결과를 수립하여 보다 조직적이고 적절한 평가를 할 수 있으며, 셋째, 판매원의 업적달성에 필요한 자극을 줄 수 있다는 것이다.

(1) 판매원간의 비교

흔히 이용되는 평가유형의 하나로 판매원들의 업적을 평가하여 순위를 정하는 것이다. 그러나 이 방법은 오해를 받기 쉽다. 판매원간의 업적을 공정하게 평가하고 비교하려면 지역별 시장잠재력, 업무량, 경쟁상태, 여타의 촉진활동 등에 차이가 있어서는 안 될 것이다. 평가기준을 설정하는 방법의 하나는 판매원들이 기업의 이익에 대하여 실현할 수 있는 잠재적 기여도와 실제의 기여도의 비율을 설정하는 것이다. 이러한 비율이 1이라는 것은 판매원이 자신의 담당지역에서 잠재판매액을 전부 달성하였음을 의미한다. 이러한 비율이 낮을수록 판매원에 대한 감독과 자극을 강화할 필요가 있다.

(2) 현재와 과거의 실적비교

두 번째로 흔히 이용되는 평가방법은 현재와 과거의 실적을 비교하는 것이다. 표 17-1은 그러한 예를 보인 것이다.

표에서 알 수 있는 바와 같이 판매원 김××의 총판매액은 매년 증가해 왔으나 그의 업적이 반드시 우수하지 못하다는 점을 알 수 있다. 즉, 제품별로는 A보다 B제품의 판매를 위한 노력을 많이 기울여 결과적으로 A를 희생하고 목표판매액을 달성한 것인지도 모른다. 총이익의 규모는 A가 B보다 훨씬 큰 것임을 알 수 있는데, 수익성이 좋은 제품의 판매를 희생하고 이폭이 낮은 제품의 판매를 증가시키려 했음을 알 수 있다. 실제로 2003년과 2004년 사이에 판매액은 110만원이 증가했으나 총이익은 58만원이 감소했음을 알 수 있다(1번과 8번).

판매경비의 지출을 통제하고 있음에도 불구하고 이 판매원이 지출한 판매경비는 매년 증가해왔다. 이것은 그의 고객방문횟수의 증가로 설명할 수는 없을 것이다. 즉, 새로운 고객을 발굴하려는 노력의 결과인지도 모른다(14번). 그러나 새로운 고객을 발굴하려는 과정에서 기존 고객과의 접촉을 등한시하였을 가능성도 있을 것이다. 그러한 추측은 15번에서 찾을 수 있는데 매년 고객을 상실한 숫자가 증가하고 있는 것이다. 마지막으로 16번, 17번은 이 판매원이 고객 1인에 대하여

표 17-1 판매원의 업적평가 양식의 예

(단위: 천원)	지역 : 경남			판매원 : 김 ××
	2007	2008	2009	2010
1. 제품 A 판매액	₩251,300	₩253,200	₩270,000	₩263,100
2. 제품 B 판매액	₩423,200	₩439,200	₩553,900	₩562,900
3. 합 계	₩674,500	₩692,400	₩823,900	₩825,000
4. 제품 A의 할당달성률	95.6	92.0	88.0	84.7
5. 제품 B의 할당달성률	120.4	122.3	134.9	130.8
6. 제품 A의 순이익	₩50,260	₩50,640	₩54,900	₩52,620
7. 제품 B의 순이익	₩42,320	₩43,920	₩55,990	₩56,190
8. 이익합계	₩92,580	₩94,560	₩109,390	₩108,810
9. 판매비	₩10,200	₩11,100	₩11,600	₩13,200
10. 판매액 대 판매비의 비율	1.5	1.6	1.4	1.6
11. 방문횟수	1,675	1,700	1,680	1,660
12. 1회 방문비용	₩6.09	₩6.52	₩6.90	₩7.95
13. 평균고객수	320	324	328	334
14. 신규고객의 수	13	14	15	20
15. 잃어버린 고객의 수	8	10	11	14
16. 고객당 평균판매	₩2,108	₩2,137	₩2,512	₩2,470
17. 고객당 평균이익	₩289	₩292	₩334	₩326

달성한 판매액과 총이익을 표시한 것으로 이 숫자를 기업 전체의 평균치와 비교하는 것이 유리할 것이다. 예컨대, 이 판매원이 달성한 고객 1인당 평균이익이 기업 전체의 평균치보다 낮다면 그가 고객을 잘못 선택했다거나 기존의 고객과 접촉하는 데 충분한 시간을 소비하지 않았는지도 모른다. 11번의 평균방문횟수도 기업 전체의 평균치보다 적다면 담당지역간의 거리에 차이가 없는 한, 근무를 태만히 했거나 계획을 잘못 수립했을 가능성이 있다.

(3) 질적 평가

이상에서 살펴본 바와 같이 양적인 평가뿐 아니라 질적인 평가도 필요로 함은 말할 것도 없다. 판매원들이 기업, 제품, 고객, 경쟁자, 판매지역, 자신의 책임 등에 관하여 얼마나 숙지하고 있는가도 평가기준이 될 수 있으며, 일반적인 태도, 외양, 언어, 기질 등과 같은 개인적 특성도 평가기준이 될 수 있다. 이러한 질적 평가요소에는 여러 가지가 있으므로 그 중요도에 따라 순위를 결정해야 할 것이다. 이러한 질적인 요소를 평가하는 데에는 평가자의 주관이 개입되는 것이 불가피하지만 명확한 평가절차를 설정하여 이에 따라 조직적으로 평가하면 어느 정도의 객관성은 유지할 수 있다. 그림 17-5는 질적인 평가요소는 물론 양적인 평가요소도 포함하여 종합적으로 평가하는 절차를 예시한 것이다.

제3절 인적판매 원리

이제 판매원관리 문제를 떠나 실제적인 인적판매 과정을 살펴보기로 하자. 인적판매에 관하여는 여러 가지 원리와 기법을 설명하고 있는 문헌을 찾아볼 수 있다. 유능한 판매원은 본능에 따라 활동하기보다는 지역분석과 고객관리의 여러 가지 방법에 관하여 고도의 훈련을 받는다.

1. 인적판매 과정

기업들은 판매원들에게 판매기법을 익히기 위하여 세미나, 책자, 카세트 및 여타 자료를 입수하거나 작성하는 데 많은 비용을 지출하고 있다.

대부분의 기업들은 인적판매에 대하여 '고객지향적인 접근방법'을 택하고 있다. 즉, 고객의 욕

그림 17-5 판매원에 대한 종합평가과정

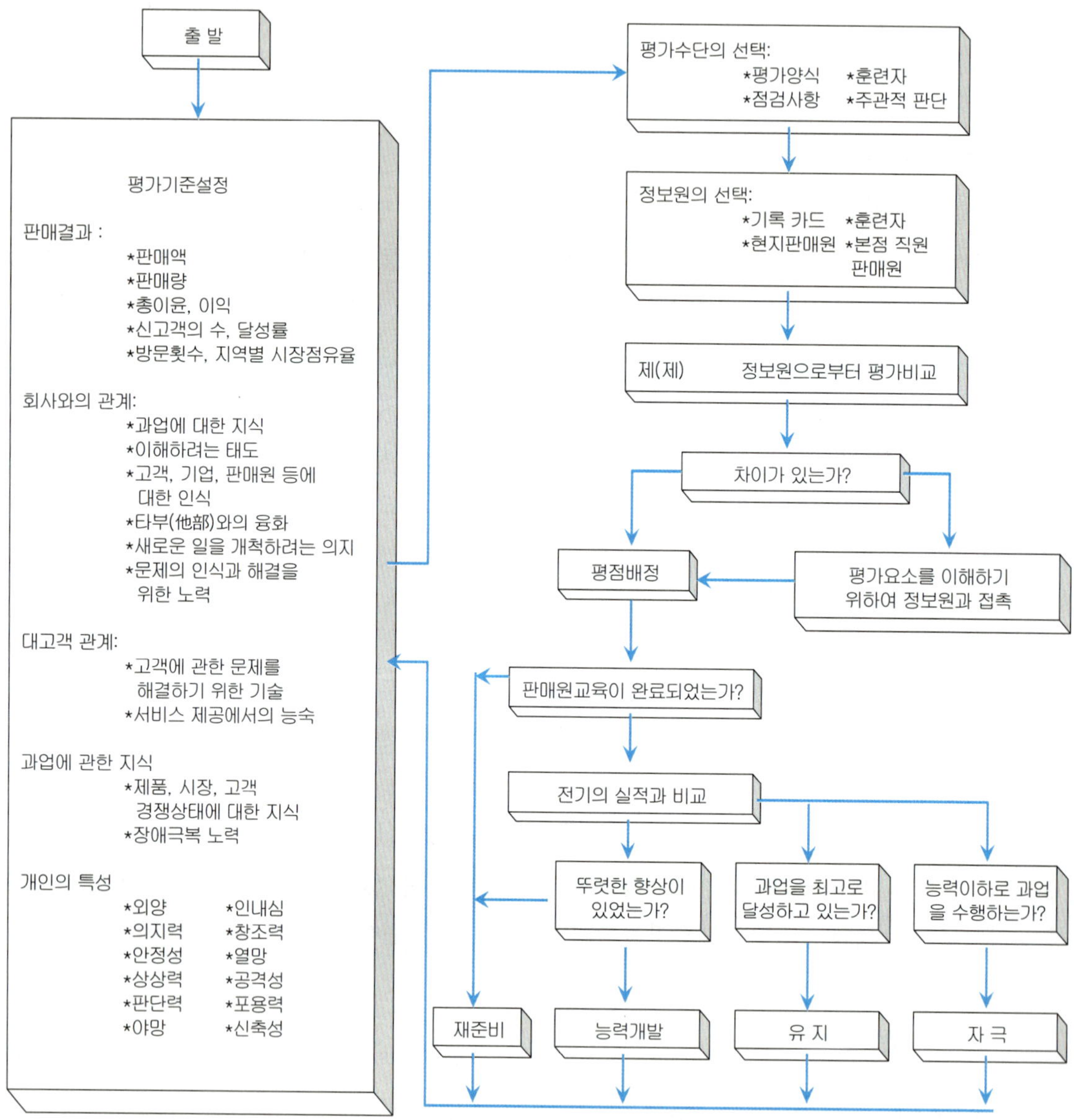

구를 파악하여 그 해결책을 발견하기 위하여 판매원들을 교육시킨다. 이러한 접근방법은 고객의 욕구가 판매기회를 제공한다는 것, 고객들이 훌륭한 판매제안에 대하여 높게 평가한다는 것, 그리고 고객들은 장기적인 관점에서 자신들의 이해를 조화시키려는 판매원에게 애착을 갖게 되리라는 점등을 가정하고 있다.

따라서 문제해결사로서의 판매원은 판매에 집착하기보다는 마케팅 개념을 토대로 고객과 관계를 맺고자 한다. 오늘날의 구매자들은 단순한 미소작전이나 결과에만 만족하지 않는다. 그들은 판매원이 자신들의 관심사에 귀를 기울이고 욕구를 이해하여, 이에 따라 적절한 제품과 서비스를 가지고 응해 줄 것을 원하고 있다. 구매자들이 판매원에 대하여 가장 싫어하는 품성은 구입을 강요하거나, 응답이 늦을 경우, 또는 의문사항에 대한 대응이 준비되어 있지 않을 경우 등이다. 이와는 달리 그들이 가장 소중히 여기는 판매원의 품성은 단호하고 정직하며 신뢰성이 있고 철저하다는 것 등이다.

2. 판매과정의 제단계

대부분의 교육 프로그램에서는 판매과정이 판매원이 숙지하여야 할 몇 가지 단계로 구성되어 있는 것으로 보고 있다(그림 17-6 참조). 이러한 제단계는 새로운 고객을 확보하고 그들로부터 주문을 획득하는 것을 목표로 하는 데 초점을 둔다. 그러나 대부분의 판매원들은 기존의 고객들을

그림 17-6 효과적인 판매를 위한 제단계

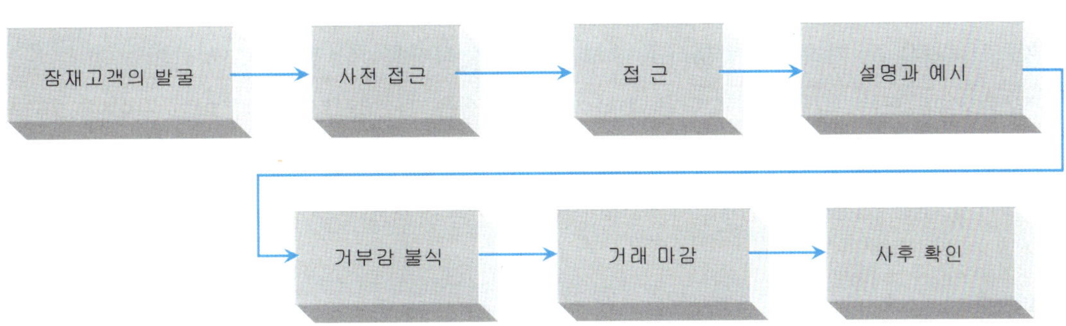

관리하고 그들과의 장기적인 관계를 구축하는 데 대부분의 시간을 소비하고 있다. 인적판매 과정에서 고객과의 관계에 관한 측면에 대해서는 잠시 후에 다시 논의하기로 한다.

1) 잠재고객의 발굴

판매과정의 첫 단계는 자격요건을 갖춘 잠재고객을 발굴하는 것이다. 판매원은 실적이 미비하더라도 다수의 잠재고객을 찾아야 한다. 기업의 지원이 필요하지만 판매원 스스로가 자신의 고객을 발견하는 데 있어 나름대로의 기법을 필요로 한다. 현재의 고객들에게 잠재고객들을 수소문하거나 원료 및 부품 공급업체나 대리점, 또는 은행원이나 여타 정보출처로부터 잠재고객에 관한 자료를 입수할 수 있다. 잠재고객이 속해 있는 조직에 참여하거나 그들과 대화할 수 있는 모임에 적극적으로 참여한다. 주요 잠재고객에 대한 명단을 신문이나 전화번호부 또는 여타 인명록을 통해서 입수할 수 있다.

판매원은 우량 잠재고객을 발굴하고 불량고객을 선별할 수 있는 방법을 알고 있을 필요가 있다. 자격요건을 갖춘 잠재고객은 자금능력, 거래량, 특수한 욕구 내지 필요성, 위치 및 성장 가능성 등을 참조하여 판단할 수 있다.

2) 사전 접근

판매원은 잠재고객을 방문하기 전에 상대방의 조직이 무엇을 필요로 하고 있고 구매에 누가 관여하며 그들의 특성과 구매 스타일 등 여러 가지 사항에 대하여 가능한 한 많은 정보를 알고 있어야 한다. 다시 말하면 사전접근 절차가 필요하다. 판매원은 기업 성과에 관하여 증권회사에서 작성한 회계자료나 기타 알만한 출처를 통하여 필요한 정보를 입수할 수 있을 것이다. 판매원은 잠재고객의 자격요건을 파악하거나 단순히 정보를 입수하고자 하는 경우, 또는 판매를 즉각 달성하고자 하는 경우 등 거래처를 방문하고자 하는 목적을 설정하여야 한다. 또 하나의 과업은 개인적인 방문, 전화 또는 서신 등의 수단을 통하여 잠재고객을 접촉하고자 할 때 어느 것이 유리한가를 판단하여야 한다. 방문시기도 어느 때가 적절한가를 고려하여야 한다. 이와 더불어 판매원은 특정 고객에 대한 전반적인 판매전략에 대하여 심사숙고해야 한다.

3) 접근

이 단계에서는 판매원이 구매자와 접촉하여 관계를 맺는 방법을 알고 있어야 한다. 판매원은 자신의 방문목적을 분명히 밝히고 고객을 만나는 것이 얼마나 유익하고 가치가 있는가를 사전에 설명하여야 한다. 또한 고객의 욕구가 무엇인가를 파악하고 그의 관심을 끌기 위하여 필요한 자료를 휴대할 필요가 있다.

4) 설명과 예시

이 단계에서 판매원은 구매자에게 제품의 역사를 설명하고 문제의 제품이 얼마나 경제적인가를 보일 필요가 있다. 또한 제품의 특성에 관하여 기술하지만 고객이 얻게 될 혜택에 대하여 중점적으로 언급한다. 여기에서 고객의 견해를 경청하고 문제를 해결해 줄 수 있는 기술적 능력이 요구된다. 여러 가지 책자나 슬라이드, 비디오테이프 또는 견본 등과 같은 보조자료를 제시함으로써 구매자를 보다 잘 설득할 수 있다. 구매자가 제품을 직접 보고 다룰 수 있게 되면 제품의 특징과 이점을 보다 잘 기억하게 될 것이다.

5) 거부감 불식

고객들은 제품에 관한 설명을 듣거나 주문을 요청받을 때에는 기꺼이 응할 경우가 많지 않다. 말로 표현할 수 없는 거부감이 생길 수 있는 것이다. 이 단계에서 판매원은 보다 적극적인 자세를 취하여 드러나지 않은 고객의 거부감을 불식시키고 더 많은 정보를 제공하여 구매자의 태도를 바꾸려는 노력을 기울여야 한다. 판매원이면 누구나 구매자가 지니게 되는 거부감을 불식시킬 수 있는 능력을 배양할 필요가 있다.

6) 거래 마감

구매자의 거부감을 불식시킨 후에는 거래를 마감하려는 노력을 기울여야 한다. 판매원에 따라서는 자신감이 부족하거나 주문요청을 주저할 경우가 있고, 거래를 마감할 적절한 시기를 잘 모를 경우가 있다. 따라서 실제적 행동이나 논평, 또는 질문 등을 통하여 거래 마감의 신호를 보내는 일이 필요하다. 예컨대 고객에 따라서는 수동적인 자세를 취하거나 가격이나 신용조건에 관하여 단순히 문의만 해올 경우가 있다. 판매원은 여러 가지 마감기법 중의 하나를 이용할 수 있다. 즉, 주문을 요청하거나, 합의사항을 평가하고, 고객이 특정된 모델을 원하는가의 여부를 물어보며, 지금 주문하지 않으면 기회가 없다는 등의 견해를 제시한다. 또한 구매자에게 거래를 마감하고자 하는 특별한 이유를 제시할 수도 있을 것이다.

7) 사후 확인

이것은 판매과정의 마지막 단계로서 고객만족과 반복거래를 결정하는 필수적 조건이 된다. 판매원은 거래를 마감한 후에는 즉시 배달시기, 구매조건 및 기타 사항에 관한 상세한 내용을 완결하여야 한다. 그리고 나서 제때 서비스가 제공될 수 있도록 사후에 전화를 하거나 방문하는 절차를 마련하여야 한다. 이를 통하여 문제점을 발견하고 고객의 신뢰를 획득할 수 있으며, 판매 후에 구매자가 지니게 될 회의를 불식시킬 수 있다.

3. 관계마케팅

지금까지 언급한 인적판매의 원리는 어디까지나 '거래지향적'이다. 그 목적은 판매원이 특정된 고객과의 거래를 완결하는 데 도움이 되는 데 있다. 그러나 많은 경우에 단순히 판매만을 추구하지 않을 경우가 있다. 기업에 따라서는 계속 확보하고자 하는 주요 고객을 표적으로 삼을 수가 있다. 기업의 입장에서는 장기적인 관점에서 고객과 상호이익이 될 수 있는 '관계'를 유지하고자 한다.

오늘날 대부분의 기업들은 단순히 판매에 치중하고 있는 거래마케팅에서 탈피하여 보다 우월한 고객가치와 만족을 창출함으로써 장기적 관점에서 고객과 상호 이익이 되는 관계를 유지하고자 하는 **관계마케팅**(relationship marketing)을 추구하고 있다. 시장이 성숙기에 접어들고 경쟁이 더욱 치열해짐에 따라 기존의 고객을 유지하는 것보다는 신규고객을 창출하는 데 더 많은 비용이 소요됨으로 인하여 그 중요성이 인식되고 있다.

오늘날의 고객들은 규모가 크고 범세계적으로 산재해 있다. 이들은 다수의 지역을 대상으로 제품과 서비스가 조화되어 공급되는 것을 선호한다. 그들은 각지에서 발생하고 있는 문제를 신속하게 해결하고 제품과 공정을 개선할 고객팀과 밀접하게 협력하고 있는 공급자들을 선호한다. 이러한 고객들에게는 판매가 거래관계의 시작단계에 불과하다.

유감스럽게도 기업에 따라서는 이러한 과정을 간과할 경우가 흔히 있다. 그러한 기업에서는 별도의 판매인력을 통하여 제품을 판매하고 각 판매원들은 거래를 마감하는 절차와는 관계없이 자신의 임무에만 몰두한다. 그들의 기술인력은 고객들을 교육시키는 데 시간을 할애하지 않으려 할 경우가 있다. 자신의 임무는 훌륭한 제품을 만드는 데 있으며 고객에 대한 판매는 판매원의 과업이라고 생각한다. 그러나 어떤 기업은 주요 고객을 확인하고 그를 확보하여 유지하려면 훌륭한 제품을 만들거나 거래를 마감하는 데 있어 판매원들을 지휘하는 임무가 필요하다. 주요 고객을 대상으로 가치가 있고 만족할 만한 관계를 창출하는 데 기업 총체적 관점에서 신중하게 조정하려는 노력이 필요하다.

관계마케팅은 주요 고객에 초점을 두어 지속적인 관심을 두고 관리하는 것을 전제로 한다. 가장 훌륭한 판매원은 강력한 동기를 보유하고 거래를 훌륭하게 마감하는 사람들이지만, 그들은 그 이상으로 고객이 지니고 있는 문제를 해결하고 지속적인 관계를 구축할 수 있는 능력이 있어야 한다. 주요 고객들을 다루고 있는 훌륭한 판매원은 고객이 주문할 때가 되었다고 판단할 때에는 단순히 연락을 취하는 것 이상의 조치를 취한다. 유능한 판매원은 주요 고객에 대하여 심층분석을 하고 그들이 지니고 있는 문제를 이해하려 한다. 그러한 판매원은 고객들을 자주 방문하거나 전화로 연락을 취하며 고객이 지니고 있는 문제를 해결하는 데 도움을 주기 위하여 고객과 함께 일하며, 고객들에 대하여 인간적인 면에서 관심을 가지려 한다.

제4절 직접마케팅

1. 직접마케팅의 의의와 특성

대량마케팅에서는 전통적으로 단일의 제품과 표준화된 메시지로 다수의 구매자들을 대상으로 접근하려 한다. 예컨대 비누나 치약과 같은 일상용품을 제조하는 회사는 단일 브랜드의 제품과 메시지로 고객들을 유치하려 한다. 소비자들은 제품에 관한 메시지를 접한 후에 구매할 뿐이고, 기업의 입장에서도 고객의 심성에 대해서는 알 필요가 없고 고객들이 치아를 제대로 보호할 것을 원할 뿐이라고 생각한다. 대부분의 마케팅 커뮤니케이션은 소비자들을 대상으로 하는 일방적 성격을 지니고 있고, 양방향 커뮤니케이션의 형태를 띠고 있지 않다.

이와는 달리 **직접마케팅**(direct marketing)은 개별 소비자들을 표적으로 삼아 이들의 반응을 즉시 입수하기 위하여 직접적인 커뮤니케이션을 활용하는 것을 특징으로 한다. 따라서 직접마케팅에서는 고객들과 직접적으로 의사소통을 하며, 1대1로 행할 경우가 흔히 있다. 직접마케팅에서는 좁은 범위로 한정된 시장부문이나 개별 구매자들의 욕구에 맞추어 제품을 제공하고 커뮤니케이션 활동을 전개한다. 또한 브랜드와 이미지를 구축하는 차원을 넘어 직접적이고 측정가능하면서도 즉각적인 반응을 소비자들로부터 입수하려 한다. 예컨대 최근에 급격히 성장하고 있는 미국의 델 컴퓨터(Dell Computer) 회사에서는 개별 고객들의 욕구를 충족시키기 위한 시스템을 설계하기 위하여 전화나 웹 사이트를 통하여 고객들과 상호접촉하고 있다. 구매자들은 회사로부터 직접 주문하며, 회사에서는 새로운 컴퓨터를 가정이나 사무실에 신속하면서도 능률적으로 배달하고 있다.

카탈로그, 우편 및 전화를 이용한 텔레마케팅을 전담하는 전통적인 직접마케팅 종사자들은 고객들의 명단을 입수하여 주로 우편이나 전화로 상품을 판매하였다. 오늘날에는 컴퓨터, 모뎀, 팩스, 이메일, 인터넷 및 기타 온라인 서비스와 같은 기술과 새로운 매체를 이용하여 데이터베이스를 구축함으로써 보다 정교한 직접마케팅을 행할 수 있게 되었다. 정보기술의 발달과 적절한 비용으로 직접마케팅의 기회가 대폭 확대되고 있는 것이다.

오늘날 직접마케팅은 단순히 제품과 서비스를 판매하는 것 이상의 역할을 수행하고 있다. 그것은 고객들과 장기적인 관점에서 관계를 구축하기 위하여 그들과 양방향으로 접촉할 수 있는 효과적인 수단으로 인식되고 있다. 따라서 카탈로그 판매회사에서는 고객 데이터베이스에서 특정된 집단을 선정하여 생일 축하카드나 특별 이벤트에 관한 정보 또는 조그마한 선물을 보낸다. 항공사나 호텔 및 여타 사업부문에서는 자주 이용하는 고객들에게 보상을 주는 프로그램이나 특별회원제를 통하여 고객과 강력한 관계를 구축하고 있다. 기업의 웹 사이트는 고객들이 기업을 '방문'하여 제품과 서비스에 대한 정보를 더 많이 입수하고 기업 종사자들과 상호 접촉할 수 있는 방편이 되고 있다. 직접마케팅은 이와 같이 '직접적인 관계마케팅'을 수행하고 있다.

2. 직접마케팅의 성장과 이점

표적고객을 보다 정교하게 설정하고 1대1 마케팅이 점차 보편화됨에 따라 직접마케팅은 이제 가장 빨리 성장하고 있는 형태의 마케팅으로 변모하고 있다. 본 절에서는 고객과 판매자의 입장에서 본 직접마케팅의 이점과 그 성장 이유를 논의하기로 한다.

1) 직접마케팅의 이점

직접마케팅은 고객들에게 여러 가지 면에서 편의를 제공하고 있다. 예컨대 홈쇼핑은 재미가 있고 편리하며 흥정하는 것과 같은 번거로움을 피할 수 있는 장점이 있다고 소비자들은 주장한다. 또한 시간을 절약할 수 있고 소비자들에게 상품선택의 여지를 넓혀 준다. 한걸음 더 나아가 카탈로그나 온라인 쇼핑과 비교하여 상품을 주문할 수 있다. 산업재를 구매하는 고객들은 기다린다거나 판매원과 상담하는 데 시간을 보내는 것과 같은 번거로운 일에 구애되지 않고 입수가능한 제품과 서비스에 관한 정보를 입수할 수 있다.

판매자의 입장에서도 여러 가지 이점이 있다. 직접마케팅에 종사하는 사람들은 고객들의 명단과 주소록을 입수하여 개인적으로 메시지를 전달함으로써 주문할 것을 요청할 수 있다. 또한 오늘날 정보기술의 발달로 소규모의 고객집단이나 소비자 개인별로 그들의 특수한 욕구와 욕망을 충족시킬 제품과 서비스를 각자의 주문에 맞추어 제공할 수 있으며, 또한 개별적인 커뮤니케이션을 통하여 촉진활동을 전개할 수 있다.

직접마케팅에 종사하는 사람들은 고객들과 개별적으로 지속적인 관계를 구축할 수 있다. 예컨대 은행에서는 고객에 관한 데이터베이스를 유지하여, 고액 예금자들을 대상으로 그들의 생일이나 명절에 선물을 보낼 경우가 많다. 또한 직접마케팅은 적시에 예상고객들과 접촉할 수 있다. 적절한 시기에 보다 관심이 많은 소비자들과 접촉할 수 있기 때문에 직접마케팅 수단은 고객들의 높은 반응률을 획득할 수 있다. 뿐만 아니라 대체가능한 매체와 메시지를 쉽게 시험해볼 수 있다. 마지막으로 직접마케팅은 고객들의 사생활을 보호할 수 있다. 다시 말하면 직접마케팅 전략은 경쟁자에 비하여 눈에 잘 띠지 않는다.

2) 직접마케팅의 성장

카탈로그, 우편 및 텔레마케팅과 같은 전통적인 직접마케팅 경로를 통한 판매는 아직까지도 계속 성장하고 있다. 어떤 면에서 소매업보다도 성장속도가 빠를 경우가 많으며 일반 소비재 외에도 기업간 거래 및 자선단체의 기부금 모금에도 사정은 마찬가지이다.

전통적인 경로를 통한 직접마케팅이 급격히 성장함과 동시에 온라인 마케팅은 폭발적으로 성장하고 있다. 오늘날 대부분의 가정에서 PC를 보유하고 있을 뿐만 아니라 인터넷 인구도 대폭 증가하고 있다. 이와 관련하여 제18장에서는 온라인 마케팅에 대하여 상세하게 검토하게 될 것이다.

소비재 시장에서 직접마케팅이 예외적으로 성장하게 된 것은 본서의 앞장에서 여러 번 논의하였던 마케팅 현실의 새로운 변화에 대한 대응으로 볼 수 있다. 시장이 '탈대량화'(demassification)로 인하여 특별한 선호도를 지니고 있는 틈새시장의 수가 계속 증가하는 결과를 가져왔다. 판매자들은 직접마케팅을 통하여 소규모의 시장에 초점을 두어 이들의 욕구를 보다 잘 충족시킬 수 있는 제품과 서비스를 효율적으로 제공할 수 있게 되었다.

소비재 시장에서 직접마케팅이 급격하게 성장하게 된 요인에는 그밖에도 여러 가지가 있다. 교통혼잡과 유가인상, 주차의 어려움, 시간적 여유의 부족, 구매장소에서 대금지불을 위한 시간지체 등의 요인들이 가정에서 직접 쇼핑하는 원인으로 작용하게 되었다. 소비자들은 수신자 부담의 전화를 아무 때나 걸어 연중무휴로 서비스를 제공하는 직접마케팅 종사자들에 대하여 호의적인 반응을 보이고 있다. 오늘날 급격히 성장하고 있는 다수의 택배회사들은 소비자들에게 신속하게 상품을 배송하는 편의를 제공하고 있다. 이와 더불어 컴퓨터에 의한 데이터베이스를 통하여 유망한 고객들을 쉽게 선발하여 이들과 직접 접촉할 수 있게 되었다.

직접마케팅은 또한 기업간(B to B) 거래에도 급격히 성장하고 있는 바, 이것은 판매원들을 통한 산업재 마케팅에 소요되는 비용이 계속 증가하는 데 따른 대비책의 일환이라고 볼 수 있다. 판매원 개인의 방문판매에는 상당한 비용이 소요되지만 텔레마케팅이나 우편 또는 인터넷과 같은 수단을 통하여 고객과 접촉하는 데에는 비용이 훨씬 적게 들며, 판매를 달성하는 데에도 비용면에서 보다 효과적일 경우가 많다.

3. 고객 데이터베이스와 직접마케팅

표 17-2은 대량마케팅과 소위 1대1 마케팅과의 주요 차이점을 나열한 것이다. 개별고객의 욕구와 특성을 잘 알고 있는 기업들은 고객가치와 만족을 극대화하기 위하여 그들의 주문에 맞추어 제품과 서비스, 메시지, 배달방식 및 대금 지불방법 등을 결정할 수 있다. 오늘날의 기업들은 개별고객들과 유망고객들에 관하여 그들의 명단, 주소, 선호도 및 여타 적절한 정보를 저장할 수 있는 강력한 수단을 보유하고 있다. 이것이 소위 고객 데이터베이스이다.

고객 데이터베이스(customer database)란 개별 고객이나 예상고객에 관하여 그들의 지역적, 인구통계적, 정신심리적 및 행동적 자료를 체계적으로 수집한 것을 말한다. 이러한 데이터베이스는 우수한 잠재고객들을 발굴하여 기업이 표적으로 삼고 있는 소비자들의 특별한 욕구에 맞추어 제품과 서비스를 제공하고 고객과 장기적인 관계를 유지하는 데 이용될 수 있다. **데이터베이스 마케팅**(database marketing)이란 이와 같이 고객들과 계약을 체결하고 거래하기 위한 목적으로 고객 데이터베이스와 여타 데이터베이스(제품, 공급자, 재판매자)를 구축하고 유지하며 이용하는 과정을 말한다.

많은 기업들이 고객 우편명단과 고객 데이터베이스를 혼동하고 있다. 고객 우편명단이란 단지 고객들의 성명, 주소 및 전화번호 등을 작성한 목록에 불과하다. 고객 데이터베이스는 이보다 훨씬 많은 정보를 내포하고 있다. 기업간(B to B) 마케팅에서는 고객이 지금까지 구매하였던 제품과 서비스의 종류와 양, 주요 고객의 연령, 생일, 취미 및 좋아하는 음식, 그리고 경쟁공급자, 현재의

표 17-2 대량 마케팅과 1:1 마케팅의 차이점

대량마케팅	1 : 1 마케팅
평균고객	개별고객
고객신상명세가 없음	고객명단보유
표준제품	맞춤형 제품
대량생산	맞춤생산
대량유통	개별유통
대량광고	개별 메시지
대량촉진	개별 인센티브
일방적 메시지	양방향 메시지
규모의 경제	범위의 경제
시장점유율	고객점유율
모든 고객	수익성이 있는 고객
고객 유치	고객 유지

접촉상황, 미래에 추정되는 고객의 지출비용, 경쟁자의 장점과 단점에 대한 평가 등과 같은 방대한 자료를 내포하고 있는 고객별 정보를 보유하고 있다. 소비재 마케팅에서는 고객 데이터베이스에 고객의 연령, 소득, 가족 수, 생년월일 등의 인구통계적 특성, 고객의 주요 활동, 관심사 및 의견 등에 관한 라이프 스타일의 특성, 과거의 구매나 구매 선호도와 같은 행동적 특성이 포함되어 있을 수 있다. 예컨대 휴대전화 회사에서는 모든 가입자들의 명단은 물론 주소와 전화번호 및 그들의 연령 등에 관한 정보가 들어 있는 데이터베이스를 유지하고 있다.

데이터베이스 마케팅은 기업간(B to B) 거래와 호텔, 은행 및 항공사와 같은 서비스 소매업에서 가장 많이 이용되고 있다. 그러나 일반 소비재를 생산하여 판매하는 기업과 소매상들도 데이터베이스 마케팅을 이용하고 있는 경향이 높아지고 있다. 근래에 이를수록 대부분의 소비재 생산기업들이 표적마케팅을 실행하기 위한 데이터베이스를 이용하고 있거나 구축하고 있다. 이러한 기업들은 데이터베이스에 들어 있는 정보를 이용하여 적절한 제품이나 서비스 및 커뮤니케이션을 받을 수 있는 소규모의 고객집단을 발견할 수 있다. 백화점이나 보험회사에서 데이터베이스를 이용하여 주요 고객들을 대상으로 개별적으로 생일카드를 보내거나 여타 상품의 구입을 권유하는 안

내문을 보낸다.

기업들이 데이터베이스를 이용하는 방법에는 다음과 같이 네 가지가 있다.

1. **예상고객의 발굴** : 대부분의 기업들은 그들의 제품과 서비스에 대한 광고를 내보냄으로써 광고를 주도하려 한다. 광고는 일반적으로 우편응답카드나 수신자 부담 전화와 같은 수단을 통하여 고객들의 반응을 어느 정도 입수할 수 있다. 데이터베이스는 이러한 반응들을 토대로 구축된다. 기업에서는 이러한 데이터베이스를 통하여 고객들을 분류하여 가장 유망한 사람들을 발굴하고 이들을 고객으로 만들기 위하여 우편이나 전화 또는 개인적인 접촉을 통하여 접근하려 한다.
2. **특별한 서비스를 제공할 고객들을 결정한다** : 기업들은 제품이나 서비스를 제공하는 데 있어 이상적이라고 생각되는 고객의 신상을 파악한다. 그리고 나서 이들의 가장 이상적인 유형에 가까운 모습을 보이는 자료를 담은 데이터베이스를 탐색한다. 기업은 이들의 개별 반응을 추적함으로써 시간이 경과함에 따라 표적고객으로서의 이들의 정확성을 계산할 수 있다. 판매가 이루어진 후에는 감사의 서신을 보내고, 다시 시간이 경과한 후에 새로운 정보를 보내며, 그 후에도 고객이 반응을 보이지 않을 때에는 고객에게 전화를 걸어 특별할인 혜택을 제의하는 등의 후속조치를 취한다.
3. **고객 충성도 강화** : 기업은 고객들의 선호도를 파악하여 적절한 정보와 선물 또는 여타 자료를 그들에게 보냄으로써 관심을 고조시킬 수 있다. 예컨대 백화점에서 고객 데이터베이스를 확보하여 주요 고객들에게 생일카드나 선물을 보내고 기타 상품에 관한 정보를 우편으로 보낼 경우가 많다. 이것은 물론 고객과의 관계를 지속하기 위한 하나의 방편이다.
4. **고객의 재구매 활성화** : 기업은 데이터베이스를 통하여 고객이 필요하다고 생각할 때에는 언제든지 대체가능하거나 보완할 수 있는 제품을 제공할 수 있는 기회를 찾을 수 있다. 예컨대 가전제품회사에서 고객 데이터베이스를 작성하여 개별 고객의 인구통계 및 라이프 스타일 상의 특성을 제품구매기록에 따라 파악할 수 있다. 이러한 데이터베이스를 이용하여 특정 고객이 현재 보유하고 있는 가전제품을 얼마나 오랫동안 사용하고 있고 어떤 고객이 재구매할 의도를 지니고 있는가를 파악한다. 각 제품별로 어떤 고객들이 신제품을 필요로 하는가를 결정할 수 있다. 또한 가장 우수한 고객들을 파악하여 이들에게 선물을 보내거나 차후에 개발할 신제품에 대한 구매 우선권과 같은 혜택을 부여하기도 한다. 이와 같이 고객 데이터베이스를 잘 갖추게 되면 우량고객을 발견하여 그들의 욕구를 예상함과 동시에 충성

도가 높은 고객들에게 보상을 함으로써 수익성이 있는 새로운 사업을 구축할 수 있다.

여타 다수의 마케팅 수단과 마찬가지로 데이터베이스 마케팅을 행하려면 특수한 투자가 필요하다. 예컨대 컴퓨터 하드웨어, 데이터베이스 소프트웨어, 분석 프로그램, 통신망 및 숙련된 인력 등에 투자하여야 한다. 데이터베이스 시스템은 제품 및 브랜드 관리자, 신제품 개발 담당자, 광고 및 촉진 담당자, 직접우편 및 텔레마케팅 담당자, 현장 판매원, 주문담당자 및 고객 서비스 담당자 등 여러 마케팅 관계자들에게 친숙하여야 하고 언제든지 이용할 수 있어야 한다. 데이터베이스가 제대로 관리되면 판매면에서 우위를 확보하게 되고 이에 따라 소요비용을 더 많이 회수할 수 있는 위치에 있게 된다.

기업들이 데이터베이스 마케팅을 활용하는 경향이 높아짐에 따라 마케팅의 성격도 바뀔 것이다. 대량마케팅과 대량 소매업이 지속되겠지만 구매자들이 점차 비점포 쇼핑을 선택함에 따라 그들의 지배력은 쇠퇴할 수 있다. 오늘날 다수의 소비자들이 그들이 필요로 하는 제품에 관한 정보를 찾기 위하여 인터넷 쇼핑을 이용하는 경향이 높아지고 있다. 온라인 서비스는 여러 가지 제품이나 브랜드에 대한 장단점을 비교할 수 있는 보다 객관적인 정보를 제공하고 있다. 따라서 마케팅 종사자들은 제품과 서비스를 효율적으로 배달하기 위한 새로운 경로뿐만 아니라 효과적인 온라인 메시지를 개발하는 새로운 방법들을 생각할 필요가 있다.

4. 직접마케팅을 위한 주요 경로

직접마케팅 종사자들은 고객들이나 예상고객들과 접촉하기 위하여 여러 가지 경로를 이용할 수 있다. 그러한 경로에는 대면판매(face-to-face selling), 직접우편, 카탈로그 마케팅, 텔레마케팅, TV 및 여타 직접반응 매체, 키오스크 마케팅(kiosk marketing) 및 온라인 마케팅 등이 있다.

1) 대면판매

본래의 직접마케팅으로 가장 오래된 형태는 방문판매로서, 이에 대해서는 앞장에서 살펴본 바 있다. 오늘날 대부분의 기업간 마케팅에서는 주로 전문적인 판매원들에게 의존하고 있으며, 이들은 예상고객을 찾아내어 이들을 고객으로 만들고, 지속적인 관계를 구축하며, 사업을 성장시킨다. 또는 제조업자의 판매대리인을 고용하여 직접판매의 과업을 수행하도록 한다. 또한 소비재를 생산하여 판매하는 회사에서는 직접판매를 담당하는 인력을 이용하여 최종소비자들을 확보하려 한다.

보험회사나 자동차회사에서와 같이 대리점의 영업사원을 이용하거나 화장품이나 우유와 같은 제품을 판매원들이 각 가정마다 방문판매하는 경우가 이에 해당된다.

2) 직접우편

직접우편 마케팅은 특정인을 대상으로 우편을 통하여 제품구입을 제의하거나, 신제품 개발을 알리거나 주지시키는 일 등이 포함된다. 직접마케팅 종사자들은 고객들의 주소록을 엄선하여 서신, 광고문, 기타 전단 등을 우편으로 보낸다. 이러한 직접우편은 1대1 커뮤니케이션에 적합하다. 또한 표적시장을 엄선하여 개인적으로 친숙해질 수 있으며, 결과를 측정하기가 쉽다. 접촉하게 되는 고객 천 명당 소요비용은 TV나 잡지와 같은 대중매체보다 훨씬 높지만, 접촉한 사람들은 가망성이 훨씬 높은 고객들이다. 직접우편은 서적, 잡지구독, 보험, 선물용 상품, 의류 및 산업재에 이르기까지 모든 종류의 제품을 촉진시키는 데 효과적인 것으로 나타나고 있다. 자선기관에서도 기금을 조성하기 위하여 직접우편을 이용한다.

직접우편 산업에서는 서신이나 전단과 같은 우편물 외에도 새로운 방법과 접근방식을 끊임없이 추구하고 있다. 예컨대 비디오 카세트는 가장 급격히 성장하고 있는 직접우편 수단 중의 하나가 되고 있다. VCR이 거의 모든 가정에 보급됨에 따라 비디오 게임 제조업체에서는 비디오 게임을 즐기는 사람들을 대상으로 게임을 소개하는 비디오테이프를 만들어 소포로 배포하고 있다. 컴퓨터 디스켓을 우편으로 보낼 경우도 있다. 예컨대 자동차회사에서 자동차에 대한 기술적 명세와 상세한 도면이 담긴 디스켓을 만들어 컴퓨터에 게재된 광고에 반응을 보이는 소비자들에게 우편으로 보내고 있다.

최근에 이르기까지 모든 우편물은 주로 우체국이나 택배회사에서 취급되어 왔으나, 근래에는 새로운 형태의 우편배달 방식이 보편화되고 있다:

- **팩스 우편**(fax mail) : 오늘날 보편적으로 이용되고 있는 팩스는 전화에 비하여 문서로 메시지를 전달하는 특징이 있다. 팩스 우편이 보통의 우편에 비하여 지니고 있는 주요 장점 중의 하나는 메시지를 거의 동시에 주고받을 수 있다는 점이다. 마케팅 종사자들은 팩스를 통하여 거의 일상적으로 고객들과 예상고객들을 대상으로 새로운 상품의 출현이나 할인판매 또는 여타 이벤트를 알리는 내용을 전달한다. 기업이나 개인의 팩스 번호는 간행물을 통하여 입수할 수 있지만, 고객에 따라서는 자신이 원하지 않는 팩스를 받는 데 대해 거부감을 가질

경우가 있다.

- **전자우편**(E-mail) : 전자우편은 사용자가 메시지나 파일을 한 컴퓨터에서 다른 컴퓨터로 직접 보낼 수 있다. 메시지는 수신자가 검색할 때까지 거의 즉시 도착하고 저장된다. 마케팅 종사자들은 특정된 고객들의 전자우편 주소를 대상으로 할인판매나 제품에 관한 정보 등을 보낸다. 사람들이 수많은 전자우편 메시지를 점차 많이 받게 됨에 따라 중요한 메시지와 그렇지 않은 메시지를 분류해낼 수 있는 소프트웨어 프로그램을 사용하기도 한다.
- **음성 우편**(voice mail) : 음성우편은 전화를 통하여 구두 메시지를 받고 저장하는 시스템이다. 전화회사에서는 이러한 서비스를 자동응답기의 대체품으로 판매하고 있다. 음성우편 계좌를 갖고 있는 사람은 음성우편 시스템에 번호를 돌려 개인코드를 입력함으로써 메시지를 점검할 수 있다.

이러한 새로운 형태의 직접우편 방식은 전통적으로 우체국에서 취급하는 우편물에 비하여 비교할 수 없을 정도로 속도가 빠르다. 그러나 전통적인 우편경로에서와 마찬가지로 메시지에 관심이 없는 사람들에게 전달되면 이들의 반감을 살 수 있다. 이러한 이유로 인하여 표적고객을 신중하게 선정하여 시간과 비용을 낭비하는 일이 없도록 하여야 한다.

3) 카탈로그 마케팅

카탈로그 마케팅(catalog marketing)이란 고객명단을 작성하여 이들에게 카탈로그를 우편으로 송부하거나 점포에서 직접 입수하게 함으로써 판매하는 방식을 말한다. 백화점이나 전문점에서도 흔히 이용되고 있다. 오늘날 어느 가정이든지 수많은 형태의 카탈로그를 우편으로 받고 있다.

대부분의 소비자들은 카탈로그를 받는 것을 즐기며 심지어 대가를 지불하고 카탈로그를 입수하려 하기도 한다. 카탈로그 마케팅 종사자들은 카탈로그를 서점이나 잡지 판매대에서 판매하기도 한다. 또한 비디오테이프, 컴퓨터 디스켓, 시디롬(CD-ROM), 그리고 인터넷 카탈로그 등으로 실험 중에 있는 기업들도 있다.

다수의 기업간 마케팅에서도 주로 카탈로그에 의존할 경우가 많다. 간단한 책자나 비디오테이프 또는 컴퓨터 디스켓 등의 형태로 다양하게 이용되고 있다. 기업에 따라서는 카탈로그가 판매원의 역할을 대신할 경우도 있다.

4) 텔레마케팅

텔레마케팅(telemarketing)이란 전화를 이용하여 소비자들에게 직접 판매하는 방식을 말하며, 주요 직접마케팅 커뮤니케이션 수단이 되고 있다. 마케팅 종사자들은 소비자나 기업에 직접 판매하기 위하여 전화를 이용하지만, TV나 라디오 광고, 직접우편 또는 카탈로그를 통하여 주문을 받는 데 이용하기 위하여 수신자 부담 전화번호를 이용할 경우가 많다. 또한 기업간 거래에도 텔레마케팅을 널리 이용하고 있다.

다수의 소비자들은 전화를 통하여 여러 가지 제품과 서비스에 관한 정보를 입수할 수 있는 기회를 갖게 된다. 텔레마케팅에서 표적고객을 적절하게 선정하기만 하면 고객에게 여러 가지 혜택을 부여한다. 예컨대 구매하기가 편리하고 제품과 서비스에 관한 정보를 더 많이 입수할 수 있다. 그러나 텔레마케팅은 고객이 원하지 않는 전화를 걸어 반감을 살 수도 있다는 점에 유의하여야 한다. 따라서 표적고객을 신중하게 선정한 다음 접촉하려는 노력을 기울일 필요가 있다.

5) TV를 통한 직접반응 마케팅

TV를 통한 직접반응 마케팅에는 두 가지 형태가 있다. 그 하나는 광고를 통하여 고객들의 반응을 직접 얻는 것이다. 직접마케팅 종사자가 TV를 통하여 제품을 설명하는 광고를 내보내면 고객들이 수신자 부담 전화를 통하여 주문하도록 하는 것이다. 잡지나 일반 서적, 소형 가전제품, 테이프와 CD, 우표나 동전과 같은 수집품 및 다수의 여타 제품들이 이와 같은 직접반응 광고에 적합하다.

TV를 통한 직접반응 마케팅의 또 하나의 형태로 홈쇼핑 채널(home shopping channel)이 있다. 이것은 TV 프로그램 전체가 제품과 서비스를 판매하고자 하는 내용으로 구성되어 있다. 현재 우리나라에서는 GS홈쇼핑과 CJ홈쇼핑의 2개 업체가 TV 홈쇼핑 시장을 양분하고 있었으나 한국농수산방송, 우리홈쇼핑 및 현대홈쇼핑 등 3개 법인이 신규로 케이블TV 사업자로 선정됨으로써 모두 5개의 홈쇼핑 채널이 경쟁하게 되었다. 시청자들은 수신자부담 전화로 상품을 주문하거나 컴퓨터 터미널로 직접 주문하기도 한다. 주문받은 상품은 택배회사를 통하여 신속하게 고객에게 배달된다.

이와 같이 홈쇼핑 채널의 수가 증가하고 있는 것은 그만큼 이용자들의 수가 늘고 있기 때문이다. 앞으로 양방향 TV 수신방식과 인터넷 기술과의 연계를 통하여 비디오 쇼핑이 직접마케팅의 주요 형태 중의 하나로 부상할 것으로 전망되고 있다.

6) 키오스크 마케팅

기업에 따라서는 점포나 공항 또는 여타의 장소에 **키오스크**(kiosk)라고 하는 주문 및 정보 제공의 기기를 설치하기도 한다. 예컨대 미국에서는 카드를 전문적으로 생산하는 홀마크(Hallmark) 회사에서 이와 같은 키오스크를 설치하여 고객들로 하여금 개인적인 용도로 필요한 카드를 만들도록 도움을 준다. 또 청바지를 생산하는 회사에서 여성들의 기호에 맞추어 청바지의 사이즈와 스타일을 결정할 수 있는 손쉬운 방법을 제공하기도 한다. 기타 중고 자동차나 산업재의 경우에도 키오스크를 이용할 경우가 있다.

제5절 직접마케팅에 대한 공공정책과 윤리적 문제

직접마케팅 종사자들과 그들의 상호이익이 되는 관계를 유지할 경우가 많다. 그러나 경우에 따라서는 부정적인 측면도 나타나고 있다. 공격적이고 때로는 부당한 전술을 구사하고 있는 직접마케팅 종사자들은 소비자들에게 해를 끼칠 수 있으며, 결과적으로 산업 전체가 외면당하게 된다. 직접마케팅이 남용되는 경우는 단순히 소비자를 과도하게 자극하는 것에서부터 불공정한 거래관행이나 허위광고 등 여러 가지가 있다. 지난 몇 년간 직접마케팅 종사자들에게는 사생활 침해와 같은 문제가 점차 커지는 데 대해 관심을 기울이게 되었다.

1. 많은 사람들이 직접마케팅을 통한 집요한 소구가 자신들에게 불필요한 자극을 준다고 생각하고 있다. 그들은 방영시간이 지나치게 길고 시끄러우며 집요한 TV 광고물을 싫어한다. 특히 방해가 되는 것은 식사시간이나 밤늦게 전화가 걸려온다거나, 훈련이 덜 된 사람들이 전화를 건다거나, 과도한 자동응답기에 접하게 되는 경우를 들 수 있다.
2. 직접마케팅 종사자에 따라서는 충동적이고 즉흥적인 구매자들을 이용할 경우가 있다. TV 홈쇼핑이 대표적인 예에 속한다. 능숙한 사회자를 앞세워 상품을 소개하고 가격이 저렴하다는 점을 강조한다. 정보탐색에 별로 관심이 없는 구매자들은 이러한 판매방식에 저항감을 갖지 않는다.
3. 직접마케팅 종사자에 따라서는 구매자들을 오도할 목적으로 광고안내문을 작성하여 구매자들에게 우송한다. 그러한 광고문에는 제품의 규격이나 성능 또는 '소매가격' 등에 관하여

과장할 경우가 있다. 비영리기관의 경우에도 이와 같은 허위 안내문을 만들어 모금하려 할 때가 있다.

4. 소비자들이 우편이나 전화로 제품을 주문할 때 자신들의 주소와 전화번호를 비롯한 신상명세를 기업에 보낸다. 기업에서는 이것을 데이터베이스로 구축하여 이용한다. 비판자에 따라서는 이러한 데이터베이스가 남용되고 있다고 비난한다. 예컨대 휴대전화 사업자는 전화 가입자의 명단을 확보하고 있다. 이러한 데이터베이스를 카탈로그 회사에 판매한다면 윤리적으로 합당한 일인가? 신용카드회사에서 주요 고객명단을 다른 기업에 전달하는 것도 윤리적으로나 법률적으로 합당한 일인가?

직접마케팅 종사자들은 이와 같은 문제점들을 발견하여 해결하려는 노력을 기울이고 있다. 만일 이러한 문제들을 방기한다면 소비자들의 부정적인 태도가 증가할 것임에 틀림없다. 이와 더불어 정부의 규제도 강화될 것이다.

요 약

대부분의 기업에서는 판매원들을 이용하고 있는 바, 이들은 마케팅 믹스에서 핵심적인 역할을 담당한다. 판매원들을 채용하고 유지하는 데에는 많은 비용이 소요되기 때문에 판매관리과정을 효율적으로 수행하려면 여섯 가지의 단계가 필요하다. 즉, 판매원의 목적설정, 판매원 전략의 설계, 구조, 규모, 보상방법, 채용 및 훈련, 그리고 감독 및 평가 등이 포함된다.

판매원은 마케팅 믹스의 하나의 요소로서 마케팅 목적을 달성하는 데 매우 효과적일 뿐 아니라 예상고객을 발굴하고, 이들과 의사소통하며, 판매 및 서비스 제공활동을 하고, 정보를 수집하는 등의 여러 가지 활동분야에 종사하는 데 매우 효과적이다. 시장지향적인 판매원들은 마케팅 분석과 계획수립에 필요한 기법을 알고 있을 필요가 있으며, 이것은 전통적인 판매기법 외에 추가로 필요로 하는 지식이라고 할 수 있다.

판매원의 목적이 일단 설정되면 어떠한 유형의 핀메가 가장 효과적인가, 또 어떠한 유형의 판매구조가 가장 최선의 것인가, 예컨대 지역별, 제품별, 또는 고객 구조별로 조직하는 것이 효과적이다. 그리고 판매원들의 규모는 어느 정도로 유지하는 것이 효과적이며 이들에게 급여나 수수료 등의 형태로 어떻게 보상하는 것이 적정한가 등에 관한 문제를 해결할 수 있어야 한다.

판매원들을 잘못 채용하게 되면 많은 비용이 낭비되는 결과를 가져오므로 이들을 선발하고 채용하는 데는 신중을 기하지 않으면 안 된다. 교육 및 훈련 프로그램을 통하여 새로 입사한 판매원들이 판매기법에 익숙해지도록 해야 할뿐만 아니라 기업의 역사, 제품의 특성, 그리고 회사의 정책 및 시장과 경쟁자에 관한 특성 등을 잘 숙지하도록 하는 일이 필요하다. 예컨대 판매원 관리를 효율적으로 수행하려면 판매원들에 대한 보수를 어떻게 결정하며 어떠한 방법으로 모집 및 선발할 것이며, 교육 및 훈련을 어떻게 시킬 것인가, 그리고 감독과 동기부여는 어떻게 해나갈 것이며, 이들에 대한 평가방법은 어떠한 것이어야 하는가의 문제를 확정해야 한다.

판매기법은 잠재고객의 발굴, 사전접근, 접근, 설명과 예시, 거부감 불식, 거래 마감 및 사후 확인 등의 7단계로 구성되어 있다. 이러한 단계는 마케팅 종사자들이 구체적인 거래를 마감하는 데 도움이 되며 '거래지향적'이다. 그러나 고객들을 다루고 있는 판매자들은 좀더 고차원의 '관계마케팅'의 개념에 따라 활동하여야 한다. 기업의 판매원들은 보다 우월한 고객가치와 만족을 토대로 주요 고객들과 장기적인 관점에서 이익을 거둘 수 있는 관계를 개발하는데 기업의 총체적 관점에서 조화를 이룰 수 있는 노력을 기울여야 한다.

다른 한편 대량마케팅에서는 단일의 제품과 표준화된 메시지로 다수의 구매자들을 접촉하려 한다. 따라서 대량마케팅에서의 커뮤니케이션은 양방향이라기보다는 일방적인 성격을 지니고 있다. 오늘날에는 다수의 기업들이 고객들을 신중하게 선정하여 표적으로 삼고 보다 강력하고 개인적인 1대1 관계를 구축하기 위하여 직접마케팅을 이용하려 한다.

소비자의 입장에서는 직접마케팅이 여러 가지 이점이 있다. 홈쇼핑의 경우, 재미가 있고, 편리하며, 번잡스러운 협상을 하지 않아도 되며, 시간을 절약할 수 있고, 상인을 선택할 여지가 많다. 우편 카탈로그나 온라인 쇼핑 서비스와 비교하여 판매원과 접촉하지 않고도 제품이나 서비스를 주문할 수 있다. 판매자의 입장에서도 이점이 있다. 직접마케팅 종사자들은 표적집단의 명단과 주소록을 입수하여, 그들의 주문에 맞추어 제품과 서비스를 제공하며, 판매촉진을 위하여 개별적으로 의사소통을 한다. 직접마케팅 종사자들은 고객들과 개별적으로 지속적인 관계를 구축할 수 있고, 예상고객을 적절한 시기에 접촉할 수 있기 때문에 고객들의 반응률도 높다. 직접마케팅을 행하게 되면 제품과 서비스 및 전략이 경쟁자에 비하여 덜 노출되기 때문에 소비자 개인의 사생활을 보호할 수 있다.

직접마케팅이 성장하게 된 요인에는 여러 가지가 있다. 먼저 '탈대량화'의 경향으로 특정된 선호도를 지니고 있는 틈새시장의 수가 계속 증가하고 있다는 점이다. 직접마케팅에서는 이러한 틈새시장을 표적으로 삼아 고객의 욕구를 더 잘 충족시킬 수 있다. 그밖에도 교통비의 증가, 교통혼잡, 시간적 압박의 증가, 점포에서의 대기시간 증가 등으로 인하여 가정에서 쇼핑하는 경향이 점차 증가하고 있다. 소비자들은 직접마케팅의 수단으로 활용되는 수신자 부담전화, 즉각적인 주문처리, 고객에 대한 철저한 서비스와 같은 편리성을 선호한다. 택배회사의 증가도 직접마케팅의 성장요인으로 손꼽힌다. 고객 데이터베이스를 구축할 수 있게 됨에 따라 직접마케팅 종사자들은 우량고객을 선정하여 선별적으로 접근할 수 있다. 기업간 거래에서도 판매원을 이용하는 것보다는 전자상거래를 활용하는 것이 비용면에서 훨씬 효과적임이 증명되고 있다.

고객 데이터베이스는 개별 고객이나 예상고객의 인구통계적, 정신심리적 및 행동적 자료에 관하여 체계적으로 수집한 것을 말한다. 기업에서는 이러한 데이터베이스를 예상고객을 발굴하거나, 특정된 제품이나 서비스를 받아야 할 사람이 누구인가를 결정하거나, 고객 충성도를 심화시키거나, 고객의 재구매를 활성화할 목적으로 이용하고 있다.

직접마케팅의 주요 형태로는 대면판매, 직접우편 판매, 카탈로그 판매, 텔레마케팅, TV를 통한 직접반응 마케팅, 키오스크 마케팅 및 온라인 마케팅 등이 있다. 오늘날 대부분의 기업들은 전문적인 판매인력을 동원하여 대면판매에 의존하는 비율을 높이거나 대리점을 활용하는 방식을 택하고 있다. 직접우편 판매는 특정인에게 우편을 통하여 제품에 대한 안내문을 보내거나 신제품 개발이나 기타 정보를 소개하는 서신을 보내는 활동을 말한다. 최근에는 팩스, 전자우편 및 음성우편 등의 새로운 형태가 각광을 받고 있다. 카탈로그 판매는 고객을 선별하여 카탈로그를 우편으로 송부하거나 점포에 진열함으로써 판매를 도모하려는 것이다. 텔레마케팅은 전화를 이용하여 고객들에게 직접 판매하려는 활동을 말한다. TV를 통한 직접반응 마케팅에는 두 가지 형태가 있다. 즉, 직접반응 광고와 홈쇼핑 채널이 이에 해당된다. 키오스크는 마케팅 종사자가 점포나 공항 또는 여타의 주요 위치에 상품에 관한 정보를 제공하고 주문할 수 있는 기계장치가 설치되어 있는 것을 말한다. 온라인 마케팅은 인터넷을 통하여 판매자와 소비자가 양방향으로 거래를 행하는 것을 말하며 온라인 경로와 전자상거래를 지칭한다.

직접마케팅 종사자와 그의 고객들은 상호이익이 될 관계를 구축하고 있다. 그러나 고객을 자극하거나 불공정한 관행 및 허위광고 등을 이용함으로써 고객들의 불만을 살 수 있다. 더구나 사생활의 침해와 같은 중대한 문제가 제기되기도 한다. 이것은 공공정책을 수립하는 정부의 입장에서는 다루기가 상당히 어려운 문제이다.

연습문제

1... 인적판매는 여타의 촉진 믹스의 요소에 비해서 어떠한 특징을 갖고 있으며 어떠한 점에서 장・단점을 지니고 있는가를 비교, 평가하여 보라.

2... 일반적으로 기업의 판매원 규모는 여타의 촉진형태의 비용지출에 비해서 어떻게 관련지어 결정되고 있는가?

3... 판매원들에 대한 보상은 일반적으로 고정급과 아울러 상여금이나 수수료와 함께 지급되는 형태를 취할 경우가 많다. 그 이유는 무엇인가? 판매원에 대한 인센티브로서 수수료 대신에 보너스를 이용할 경우에 어떠한 장점과 단점이 있는가?

4... 판매원으로서 성공하는 데 필요하다고 생각되는 개인적인 특성은 어떠한 것들이 있겠는가? 두 가지만 예를 들어 설명해 보라.

5... 많은 사람들이 스스로 유능한 판매원의 자질을 갖고 있지 못하다고 느끼고 있을 때가 많다. 판매원으로서의 능력을 개발하는 데 도움이 될 수 있는 교육 또는 훈련 프로그램은 어떠한 역할을 수행할 수 있는가?

6... 판매관리자가 되는 가장 확실한 방법은 유능한 판매원이 되는 것이다. 판매원의 최고책임자가 경영층에 자리잡는 것은 어떠한 장점과 단점이 있겠는가?

7... 유능한 판매원은 자사의 제품뿐 아니라 경쟁자의 제품에 대해서도 잘 알고 있을 경우가 많다. 만일 귀하의 회사가 경쟁자에 비해서 우수하지 못한 제품을 판매할 것을 기대하고 있다면 귀하는 어떠한 행동을 취하겠는가?

8... 오늘날 대부분의 기업들은 거래마케팅을 탈피하여 관계마케팅을 지향하고 있다. 관계마케팅의 의미를 설명하고 다음의 경우에 그것을 어떻게 이용할 수 있는가를 기술하라.

(a) 소비자에게 컴퓨터를 판매할 경우

(b) 신차를 판매할 경우

(c) 학생에게 대학 교육 프로그램을 소개할 경우

9... 본문에서 언급하였던 바와 같이 직접마케팅은 개별 고객들을 신중하게 선정하여 표적으로 삼고 이들로부터 즉각적인 반응을 입수하기 위하여 직접적인 커뮤니케이션을 행하는 것이다. 책이나 CD와 같은 제품을 인터넷을 통하여 구매할 경우에 귀하는 다음과 같은 문제에 대하여 어떠한 느낌을 갖게 되는가?

(1) 판매자는 제품의 구매를 용이하게 하기 위하여 어떠한 방법을 동원하고 있는가?

(2) 인터넷 판매는 전통적인 소매거래방식과 어떻게 차이가 있는가?

(3) 인터넷 거래의 주요 장점과 단점은 무엇인가?

(4) 거래상의 안전문제는 어떻게 처리되고 있는가?

(5) 인터넷 거래에 대한 귀하의 경험을 토대로 온라인 마케팅의 특성에 관하여 의견을 제시하여 보라.

10.. 직접마케팅은 소비자의 입장에서 여러 가지 이점이 있다. 본문의 내용을 참조하여 직접마케팅이 소비자에게 돌아가는 혜택을 예를 들어 설명하여 보라.

11.. 개별 고객의 욕구와 특성을 알고 있는 기업들은 고객가치와 만족을 극대화하기 위하여 고객의 주문에 맞추어 제품을 디자인하고, 메시지를 개발하며, 배달방식과 지불방법을 택하고 있다. 보험회사, 백화점 및 휴대전화회사의 경우, 이들은 각기 고객들에 관한 유용한 정보를 보여주는 고객 데이터베이스를 어떻게 구축할 수 있는가? 데이터베이스를 구축하는 데 소요되는 비용은 고객들로부터 입수할 수 있는 정보의 가치에 비하여 그만한 가치가 있는가?

12.. 직접우편 판매는 우편을 통하여 소비자에게 제품에 대한 정보를 소개하거나 할인판매와 같은 혜택을 알리는 수단으로 이용되고 있다. 그러나 오늘날에는 '전자사회'로 전환됨에 따라 새로운 형태의 직접 커뮤니케이션 수단이 등장하고 있다. 직접우편의 형태로서 팩스, 전자우편 및 음성 우편물은 각각 어떠한 장단점이 있는가를 평가하여 보라.

13.. TV를 통한 직접반응 광고 판매방식은 라디오, 신문, 잡지, 점포 내 전시 및 옥외광고와 같은 전통적인 접근방법과 비교하여 보라. TV를 통한 직접반응 판매방식은 어떠한 상황에서 적합한가? 이러한 판매방식에 적합한 제품의 유형은 무엇인가? 또한 그 단점은 무엇인가?

제18장 디지털 시대의 마케팅

근래에 이르러 정보기술의 발달, 특히 인터넷의 보급은 구매자와 판매자 모두에게 커다란 영향을 미치게 되었다. 우리들이 지금까지 앞에서 배웠던 대량 마케팅, 제품 표준화, 매체광고, 점포 소매업 등 전형적인 마케팅 전략과 관행은 근래에 이르러서도 유용하고 중요하지만 마케팅 종사자의 입장에서는 오늘날과 같은 새로운 환경에 발맞추어 전략을 개발하고 실행하지 않으면 안 되게 되었다.

이에 따라 본 장에서는 먼저 새로운 디지털 시대를 형성하고 있는 주요 요인에 관하여 살펴보고, 그 다음에 새로운 정보기술을 이용하기 위하여 마케팅 전략과 실행을 어떻게 바꾸어야 할 것인가를 다루기로 한다.

제1절 디지털 시대의 주요 형성요인

오늘날 세계경제를 재편하는데 주요 역할을 수행하고 있는 요인에는 정보기술의 발달, 시장의 세계화, 환경보호운동의 강화 등 여러 가지를 들 수 있다. 여기에서는 새로운 디지털 시대의 배후에 놓여있는 구체적 요인을 네 가지로 나누어 논의하기로 한다(그림 18-1 참조). 그림에서 알 수 있는 바와 같이 그러한 네 가지 요인이란 디지털화와 상호 통신 능력, 인터넷의 폭발적 증가, 새로운 유형의 유통, 맞춤형 주문생산을 말한다.

그림 18-1 디지털 시대의 형성요인

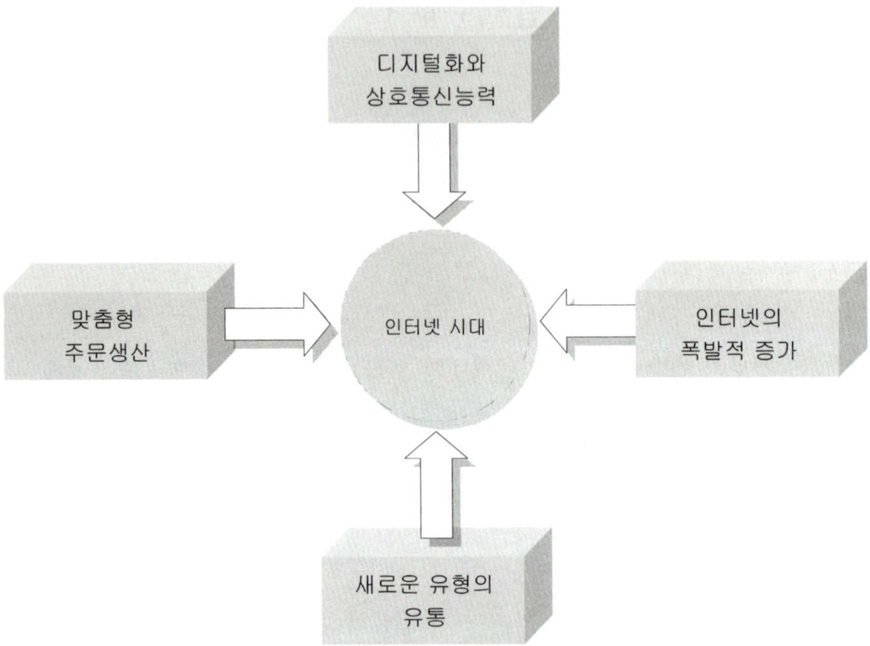

1. 디지털화와 상호 통신 능력

과거에는 전화, 손목시계, 음반 녹음 등에서부터 산업용 측정기기에 이르기까지 다수의 전기제품과 시스템이 아날로그 정보를 토대로 작동되고 운영되었다. 아날로그 정보는 물리적 자극물에 계속 가변적인 반응을 보인다. 오늘날에는 디지털 정보를 토대로 작동되는 전기제품과 시스템이 점차 증가하고 있으며, 이러한 디지털 정보는 0과 1의 계속적인 흐름(즉 비트(bits))으로 처리된다. 텍스트(text)나 데이터 또는 소리(sound)와 이미지 등은 이러한 비트의 흐름으로 바꿀 수 있다. PC는 비트를 조작하여 수많은 정보를 처리, 응용할 수 있다. 소프트웨어는 운영시스템, 게임, 정보저장 및 다양한 분야에 응용할 수 있는 디지털 콘텐츠로 구성되어 있다.

비트(bit)들이 하나의 전기제품이나 위치에서 다른 곳으로 이동하려면 **상호 통신 능력**

(connectivity)이라고 하는 원격통신 네트워크를 필요로 한다. 오늘날 대부분의 사업은 사람과 기업을 연결해 주는 네트워크를 통하여 이루어진다. **인트라넷**(Intranet)은 기업 내에서 구성원 상호간을 연결하거나 기업 자체를 연결해 주는 네트워크이다. **엑스트라넷**(Extranet)은 기업을 원료 및 부품 공급자, 유통부문 종사자, 기타 외부 거래자들과 연결해 주는 역할을 한다. 그리고 인터넷(Internet)은 지구상의 모든 이용자들을 연결해 주며 어떤 이용자든지 수많은 정보에 접근할 수 있다. 이러한 인터넷은 비트를 엄청나게 빠른 속도로 하나의 위치에서 다른 위치로 보낼 수 있는 하나의 거대한 '정보 고속도로'를 형성하고 있다.

2. 인터넷의 등장과 폭발적 증가

1990년대에 월드 와이드 웹(World Wide Web)과 웹 브라우저의 발명으로 인터넷은 단순한 하나의 통신수단에서 입증가능한 혁명적 기술로 전환되었다. 인터넷 이용자들의 수는 20세기 말에 폭발적으로 증가하여 우리나라의 경우, 초고속 인터넷 망이 설치되어 모든 가정에서 이용할 정도로 완전히 보급되었다.

인터넷 이용자의 전 세계적 폭발적 증가는 소위 '신경제'(New Economy)의 중추를 이루고 있다. 인터넷은 21세기를 맞이하여 기업과 소비자 모두에게 상호 교신할 수 있는 능력을 부여함으로써 하나의 혁명적 기술로 자리잡고 있다. '신경제' 하에서 지난 10년간 소비자들은 새로운 혁신이 수 없이 출현하였고 여기에 인터넷이 핵심적 역할을 수행하고 있다. 기업과 소비자들은 인터넷의 등장으로 몇 번의 마우스 클릭만으로 거대한 양의 정보에 접근할 수 있고 공유할 수 있게 되었다.

최근의 연구에 의하면 소비자들은 일상생활과 관련된 주요 의사결정을 내리기 전에 인터넷을 통하여 정보를 입수하려는 경향이 높아지고 있다. 예컨대 학교를 선택하려는 경우, 자동차를 구매하려는 경우, 일자리를 찾으려 하는 경우, 질병을 치료하려는 경우, 또는 투자에 관한 의사결정을 내리려 하는 경우 등 일상생활과 밀접한 관련이 있는 정보를 인터넷을 통하여 입수할 경우가 많다. 인터넷 이용이 보편화됨에 따라 오늘날의 기업들이 경쟁력을 갖추려면 인터넷 기술을 채택하지 않으면 안 되게 되었으며, 그렇지 않을 경우 낙후될 위험에 처하게 되었다.

3. 새로운 유형의 유통

정보기술의 등장으로 수많은 인터넷 기업들이 출현하였다. 우리 주변에서 인터넷만으로 사업을 하여 성공한 기업들의 예를 많이 찾아볼 수 있다. 이들은 기존의 제조업이나 소매상들에게 타격을 줄 경우도 흔히 있다. 예컨대 인터넷을 통하여 책을 판매하는 기업은 기존의 서점에 타격을 주고 있다. 이러한 서점뿐만 아니라 음반 판매점, 꽃집, 여행사, 증권사, 자동차 판매대리점 등 여러 부문에서 점포를 기반으로 판매하고 있는 소매상들에게 커다란 위협을 주고 있다. 이것은 기존의 제조업자나 소매상에게는 인터넷을 통하여 그들의 제품이나 서비스를 판매하는 새로운 경쟁자가 출현하였음을 의미한다.

이와 같이 새로운 유형의 중개상 또는 새로운 유형의 유통관계가 생성됨으로써 기존의 기업들은 그들의 시장을 다루는 방법을 재검토하지 않으면 안 되게 되었다. 기존의 제조업자나 소매상들은 애초에 극히 공격적인 인터넷 기업들이 확고한 기반을 갖추기 어렵고 또한 곧 사라질 것이라고 생각하였다. 그러나 그들은 생각을 바꾸어 온라인 판매방식도 채택함으로써 온라인과 오프라인 사이에 경쟁관계가 형성되었다. 그 결과, 온라인과 오프라인을 동시에 운영하는 기업이 온라인에만 의지하고 있는 기업들보다 더 강력한 위치에 있을 경우가 많아졌다. 이에 따라 근래에 이르러서는 온라인에만 의지하는 기업들이 성공한 예는 그다지 많지 않게 되었으며 대부분의 온라인 기업들은 수익성이 부족하여 실패할 경우가 훨씬 많았다.

4. 맞춤형 주문생산(customization)

인터넷이 등장하기 전에는 대부분의 기업들은 생산과 제품 및 기업운영과정을 표준화 하는 데 주로 초점을 두었다. 또한 제품의 표준화가 지니고 있는 장점을 활용하기 위하여 브랜드 구축에 많은 자금을 투입하였다. 제조업체들은 표준화와 브랜드를 통하여 수요를 증가시켜 규모의 경제가 지니고 있는 이점을 이용하고자 하였다. 이와 더불어 자산을 관리하기 위한 핵심적 수단으로서 사업을 운영하기 위한 획일적인 명령 및 통제 시스템을 설정하였다.

이와는 달리 신경제 하에서는 '정보산업'이 중심을 이루고 있다. 정보는 네트워크를 통하여 빠른 속도로 차별화하고, 고객의 요구에 따라 맞춤형 생산방식을 택하며, 소비자의 요구에 맞는 개성을 살리기 쉬운 장점을 지니고 있다. 기업들은 인터넷과 여타 기술의 발달로 고객 개인과 사업 관계자(원료 및 부품 공급자, 유통부문 종사자, 소매상 등)에 관한 정보를 점차 능숙하게 입수할 수 있게 되었다. 예컨대 기업들은 제품과 서비스 및 광고 메시지 등을 개별 고객의 기호에 맞추어 제공할 수 있게 된 것이다.

대표적인 예로 미국의 델(Dell) 컴퓨터사에서는 고객들이 스스로 원하고 있는 기능과 성능 등에 관하여 직접 요구하도록 하여 단시일 내에 문제의 제품을 고객에게 배달하는 판매방식을 택하여 크게 성공한 바 있다. 이와 같이 고객의 구체적인 요구에 맞추어 제품을 제공하는 경우가 점차 늘어나고 있다.

제2절 디지털 시대의 마케팅 전략

기업이 새로운 디지털 시대를 맞이하여 사업을 하려면 마케팅 전략수립과 실행에 대한 새로운 모델을 필요로 한다. 정보기술의 발달, 특히 인터넷의 등장으로 기업들은 과거의 산업혁명에 못지않은 변화를 경험하고 있다. 이러한 변화에 맞추어 생존하려면 경영자들의 발상 전환을 필요로 한다. 인터넷을 통하여 고객과 공급자들에 대한 관계를 구축하고 그들을 위한 가치를 창출하는데 혁명적인 사고방식의 전환이 필요한 것이다.

논자에 따라서는 기업과 고객들 간의 모든 거래가 직접적인 전자연결방식으로 바뀔 것이라고 주장하기도 한다. 새로운 모델에서는 고객들에게 제공하고 있는 편의, 속도, 가격, 제품정보 및 서비스 등에 관하여 고객들의 사고방식을 근본적으로 바꾸어 놓고 있다. 고객들의 이러한 사고방식은 기업의 모든 활동에 영향을 미친다. 디지털 기술 미래의 기업전략 수립에 커다란 영향을 미칠 것이라는 점에 대하여 누구도 의문을 제기하지 않는다.

이에 따라 오늘날의 마케팅에서는 신경제와 구경제의 사고방식과 행동을 혼합할 필요가 있다. 기업들은 과거에 이용하였던 기법과 실행방안을 대부분 유지할 필요가 있지만, 새로운 환경 속에서 계속 성장하고 번영하려면 새로운 역량을 갖추어야 할 것이다.

1. 디지털 시대의 E-비즈니스, 전자상거래 및 E-마케팅

E-비즈니스(E-business)란 기업이 사업을 영위하기 위하여 인트라넷, 엑스트라넷 및 인터넷 등 전자교신수단을 이용하는 것을 말한다. 인터넷을 비롯한 여타 기술의 발달로 기업들은 시공을 초월하여 보다 빨리, 정확하게 사업을 영위할 수 있게 되었다.

오늘날 대부분의 기업들이 웹사이트를 설치하여 제품과 서비스에 관한 정보를 제공하고 촉진활동을 행하고 있다. 기업에 따라서는 웹사이트를 단순히 고객관계를 강화하는 데에만 이용하기도 한다. 예컨대 소비재를 생산하는 기업들은 제품을 판매하기보다 소비자들에게 정보를 제공하고 그들과 관계를 구축하기 위하여 웹사이트를 설치할 경우가 많다.

대부분의 기업들은 또한 종업원 상호간에 의사소통을 원활히 하고 기업의 컴퓨터에서 발견된 정보에 누구나 쉽게 접근할 수 있도록 인트라넷을 구축하고 있다. 또한 기업들은 정보교환, 주문, 거래 및 대금지불이 원활하게 이루어지도록 주요 공급자들과 유통부문 종사자들을 대상으로 엑스트라넷을 설치하고 있다. 마이크로소프트(Microsoft)사와 같이 전적으로 e-비즈니스를 행하는 기업은 모든 업무를 서류 대신에 인터넷으로 처리하고 있다.

전자상거래(e-commerce)는 e-비즈니스보다 좀더 구체성을 띠고 있다. e-비즈니스에서는 기업과 고객 및 기업과 기업간은 물론, 기업 내에서의 정보교환을 모두 전자수단으로 행한다. 이에 비하여 전자상거래는 구매와 판매과정을 전자수단으로 지원하는 것을 말하며 주로 인터넷이 이용된다. 'e-시장'(e-market)이란 실제 거래가 이루어지는 장소가 아니라 가상공간에서의 시장을 말한다. 판매자는 상품과 서비스를 온라인으로 제공하기 위하여 e-시장을 이용하며, 구매자는 자신이 원하는 것에 대한 정보를 찾아 확인하고 신용카드나 기타 전자지불수단으로 주문한다.

전자상거래는 e-마케팅(e-marketing)과 e-구매(e-purchasing)가 포함된다. **e-마케팅**이란 전자상거래의 마케팅 측면을 가리키며 인터넷을 통하여 제품과 서비스를 판매하고 촉진활동을 행하는 기업활동을 말한다. 오늘날 다수의 닷컴 기업들이 웹사이트를 통하여 e-마케팅을 행하고 있다. e-구매는 e-마케팅과 동전의 앞뒷면과 같은 관계에 있고 전자상거래의 구매 측면을 말한다. 상품과 서비스 및 정보는 모두 온라인 공급자로부터 구매된다.

전자상거래와 인터넷은 구매자와 판매자 모두에게 여러 가지 혜택을 주고 있으며, 이에 관하여 간단하게 살펴보기로 하자.

2. 구매자에 대한 혜택

인터넷 구매는 최종 구매자와 산업재 구매자 모두에게 여러 가지 면에서 혜택을 부여하고 있다. 그 하나는 '편의성'이다. 고객들은 교통혼잡이나 주차난을 겪지 않고 언제든지 가상점포를 방문하여 제품을 찾아볼 수 있다. 또한 웹사이트를 통한 쇼핑으로 제품들을 비교할 수 있다. 가상점포는 문을 닫는 일이 없다. 또다른 이점은 구매하기가 수월하고 '사적'으로 거래할 수 있다는 것이다. 고객들은 구매와 관련하여 판매자와 씨름할 필요가 없고 다툴 필요도 없다. 산업재 구매자는 기다리는 일이 없이 제품과 서비스에 관한 정보를 쉽게 입수할 수 있다.

한걸음 더 나아가 인터넷은 구매자들에게 제품에 대해 보다 많이 접근할 수 있게 해주며 선택의 범위도 넓혀준다. 전통적인 점포에 비하여 가상점포에서는 비교할 수 없을 정도로 선택의 여지가 많다. 또한 전자상거래 경로는 판매자와 제품의 선택범위가 훨씬 넓을 뿐 아니라 비교가능한 정보를 더 많이 제공하고 있다. 예컨대 유사한 제품 가운데 많이 팔리는 품목, 제품 내용에 대한 광범위한 설명서, 제품에 대한 전문가들의 견해, 고객들의 구매경험을 토대로 한 추천품목 등 다양한 정보제공이 가능하다.

마지막으로 온라인 구매는 '상호작용'하고 '즉각적'으로 이루어진다. 구매자들은 흔히 판매자의 사이트와 상호작용하여 원하는 제품이나 서비스 및 필요한 정보를 입수하고 이에 따라 주문하거나 다운로드를 받을 수 있다. 소비자들은 인터넷의 등장으로 막강한 통제력을 갖게 되었다. 오늘날 소비자들은 제품을 구매하러 점포에 가기 전에 인터넷을 통하여 가격을 비롯한 여러 가지 정보를 알아 볼 경우가 많은 것이다.

3. 판매자에 대한 혜택

전자상거래는 판매자에게도 많은 혜택을 주고 있다. 첫째, 인터넷은 고객관계를 구축하기 위한 강력한 수단이다. 기업은 고객들과 1:1로 상대하므로 그들이 구체적으로 원하는 것을 파악할 수 있다. 그 대신 고객들은 여러 가지로 문의를 할 수 있고 기업으로부터 이에 관하여 응답을 얻을 수 있다. 양자간의 이러한 상호작용을 토대로 기업은 제품과 서비스를 개선함으로써 고객만족과 가치를 증가시킬 수 있다.

인터넷과 여타 전자경로는 또한 비용을 절감하고 속도와 효율을 증가시킬 수 있다. 공급자, 공장, 유통부문 종사자 및 고객들은 인터넷으로 직접 연결함으로써 비용을 절감하고 절약된 부분을 고객들에게 전가시킬 수 있다. 인터넷 마케팅 종사자는 점포유지에 소요되는 비용 및 이와 관련된 임대료, 보험료 등을 피할 수 있다. 고객들은 판매자와 직접 거래할 수 있기 때문에 e-마케팅에서는 주문처리, 재고유지, 배송 등과 같은 물류기능과 유통경로의 효율을 개선함으로써 비용을 절감할 수 있다. 마지막으로 서류를 우편을 통하여 보내는 것보다 무선으로 교신하는 것이 비용절감이 된다. 예컨대 기업이 카탈로그를 인쇄하여 우편으로 고객에게 보내는 것보다는 디지털 카탈로그를 작성하여 보내는 것이 비용면에서 훨씬 유리하다.

또한 e-마케팅에서는 제품과 정보를 고객에게 제공하는데 신축성이 많아 그것을 언제든지 지속적으로 수정할 수 있다. 예컨대 카탈로그를 인쇄물로 작성하면 제품, 가격 및 기타 특징에 관한 설명을 바꿀 수 없다. 물론 새로운 카탈로그를 작성할 때까지 그러하다. 그러나 온라인 카탈로그는 수시로 변경할 수 있으며 시장조건의 변화에 맞추어 제품의 구색과 가격 및 촉진 등을 바꿀 수 있다.

마지막으로, 인터넷은 구매자와 판매자가 국경을 초월하여 즉시 교환할 수 있는 전 지구적 매개수단이라는 점이다.

제3절 E-마케팅 영역

그림 18-2에서 알 수 있는 바와 같이 e-마케팅의 주요 영역은 네 가지로 구분 할 수 있으며 이하에서는 이에 관하여 논의하기로 한다.

1. B2C(Business to Consumer)

기업이 최종 소비자들에게 온라인으로 판매하는 방식으로서 보편적으로 널리 이용되고 있다. 온라인을 통한 소비자 구매는 점차 증가하고 있는 추세에 있고, 의류, 장난감, 전자제품, 서적, 꽃, CD 외에도 취급품목의 수가 점차 확대되고 있다.

1) 온라인 소비자

인터넷이 등장하였던 초기에는 젊은 층과 전문직 종사자들이 주로 이용하였다. 그러나 웹이 보편화되면서 인터넷 이용자의 인구통계적 특성은 크게 변모되었다. 현재 우리나라는 초고속 인터넷망이 거의 모든 가정에 설치되어 인구의 대부분이 인터넷을 이용하고 있다.

이에 따라 e-마케팅 종사자들은 인구통계면에서 광범위한 소비자 집단을 접할 수 있게 되었다. 예컨대 10대 청소년 집단은 다른 연령층에 비하여 인터넷 이용률이 높아 e-마케팅 종사자들에게는 하나의 매력적인 시장부문이 된다. 또한 젊은 층일수록 오락이나 사교의 목적으로 인터넷을 이용하는 반면에, 연령이 많을수록 투자에 관한 정보입수를 위하여 이용하는 경향이 있다.

인터넷 소비자들은 전통적인 오프라인 소비자들에 비하여 구매에 대한 접근방식과 마케팅 활동에 대한 반응 등의 면에서 차이가 있다. 인터넷을 통한 교환과정은 고객이 주도하고 통제하는

그림 18-2 E-마케팅 영역

	소비자 대상의 표적집단	기업 대상의 표적집단
기업이 주도	B2C (business to consumer)	B2B (business to business)
소비자가 주도	C2C (consumer to consumer)	C2B (consumer to business)

특징이 있다. 인터넷 이용자는 정보에 더 많은 가치를 두고 판매만을 목적으로 하는 메시지에 대하여 부정적인 반응을 보이는 경향이 있다. 전통적인 마케팅에서는 다소 소극적인 청중을 표적으로 삼는 반면에 e-마케팅에서는 방문하고자 하는 웹사이트를 적극적으로 선별하여 구매하고자 하는 제품에 관하여 어떤 조건으로 입수할 수 있는가와 같은 정보를 찾으려는 소비자들을 표적으로 삼는다. 따라서 전자상거래에서는 새로운 마케팅 접근방법이 필요하다.

2) B2C 웹사이트

오늘날의 소비자들은 구매하고자 하는 것이면 거의 모두 웹사이트에서 찾을 수 있다. 인터넷은 소비자가 주문의 편리함이나 가격절약을 시도할 때 매우 유용한 수단이다. 또한 인터넷은 제품의 특징과 가치의 차이에 관한 정보를 찾는 구매자들에게 커다란 혜택을 준다. 그러나 소비자가 제품을 구매하기 전에 만져보거나 점검할 필요가 있을 경우에는 인터넷이 적절하지 않다. 그러나 예외적인 경우도 있다. 예컨대 미국에서 PC를 구입하고자 할 경우에 구매자가 직접 보지 않고도 자신의 선택사양에 따라 Dell사에 인터넷으로 주문하여 구입할 수 있다.

지금은 온라인으로 직접 주문하는 제품의 수가 점차 증가하고 있다. 의류, 책, 전자제품, 가구, 가전제품, 꽃, 기타 생활용품을 비롯하여 은행대출 등 다양하다.

2. B2B(Business to Business)

주로 기업들 간에 이루어지는 전자상거래를 말하며 이용증가율이 급격하게 증가하고 있다. 기업들은 새로운 고객들을 찾아내고 기존의 고객들에게 서비스를 효과적으로 제공하기 위하여 협회 네트워크, 경매 사이트, 즉석 교환, 온라인 제품 카탈로그, 물물교환 사이트 및 여러 가지 온라인 수단을 이용한다.

B2B에 종사하는 마케팅 담당자들은 대부분 온라인으로 제품에 관한 정보, 고객 구매절차와 지원 서비스를 제공하고 있다. 예컨대 기업의 구매자들은 썬마이크로시스템(Sun Microsystems)의 웹사이트(www.sun.com)를 방문하여 취급하고 있는 제품과 솔루션에 대한 상세한 내역을 검색하고, 판매와 서비스에 관한 정보를 요구하며, 담당자들과 상호 접촉할 수 있다. 산업재를 취급하는 기업에 따라서는 거의 모든 거래를 웹을 통하여 행하기도 한다. 네트워크 장비업체인 시스코(Cisco)사는 주문의 80% 이상을 인터넷으로 받고 판매한다.

3. C2C(Consumer to Consumer)

대부분의 C2C 전재상거래는 제품이나 여러 가지 주제에 관하여 공통의 관심을 갖고 있는 당사자들 간에 온라인으로 이루어진다. 인터넷은 경우에 따라 소비자들 간에 상품을 직접 구매하거나 정보를 교환하는데 유용한 수단이 된다. 예컨대 이베이(eBay)를 비롯한 여타 경매사이트는 어떤 제품이든지 판매할 수 있는 유용한 가상시장이 된다.

C2C는 그밖에도 특별히 관심을 갖고 있는 소비자 집단에 소구하는 토론장과 인터넷 뉴스창을 통하여 정보를 상호 교환하는 수단도 된다. 그러한 활동은 상업적이거나 비상업적인 목적으로 조직된다. 토론장(forum)은 AOL과 같이 상업적인 온라인 서비스를 제공할 목적으로 개설된 토론 집단이다. 그것은 자료관과 같은 형태나 채팅방 또는 항목별 분류광고와 같은 여러 가지 형태가 있다.

뉴스그룹(Newsgroup)도 온라인을 이용한 토론장이다. 그러나 자료관을 관리하거나 회의를 위한 것이라기보다는 특정된 주제에 관심을 두고 읽는 사람들에게만 국한된다. 인터넷 이용자들은 구독하는 일이 없이 단지 그룹에 참여할 뿐이다. 이러한 뉴스그룹은 건강식이나 골동품 수집, 또는 최근 공연되고 있는 오페라에 관한 것 등 상상할 수 있는 모든 주제를 다루기 때문에 그 수는 엄청나게 많다.

C2C는 단순히 상품정보를 소화하는데 그치지 않고 그것을 창출하는 경향이 높아지고 있다. 그것은 참여자들이 정보를 공유하게 함으로써 입소문과 마찬가지로 웹 언어를 통하여 구매에 영향을 미친다. 믿을 수 있는 기업이나 제품에 관한 소식은 웹으로 급속하게 확산된다. 믿을 수 없는 기업이나 제품의 경우는 더 빠른 속도로 전달된다.

4. C2B(Consumer to Business)

전자상거래의 마지막 영역은 C2B이다. 오늘날의 소비자들은 인터넷 덕분으로 기업을 상대로 쉽게 교신할 수 있다. 대부분의 기업들은 오늘날 자신의 웹사이이트를 통하여 예상고객이나 기존고객들로 하여금 제품이나 기업에 관하여 무엇이든 제안하고 물어보도록 독려하고 있다. 한걸음 더 나아가 소비자들은 웹을 통하여 판매자들을 검색하여 그들의 제품이나 서비스를 알게 되고 구매를 할 수 있다.

또한 소비자들은 물어보거나 제안하는 일도 웹사이트로 할 수 있다. 사이트에서는 소비자들의 기분이나 기업과 접촉하게 된 이유를 도대로 그들에게 서신을 보낸다.

제4절 전자상거래의 실행

오늘날에도 모든 유형의 기업들이 전자상거래에 종사하고 있다. 본 절에서는 그림 18-3에 예시한 바와 같이 상이한 유형의 e-마케팅 종사자들에 관하여 먼저 논의하기로 한다. 그리고 나서 온라인으로 마케팅을 행하는 방법을 검토하고자 한다.

1. 온라인 마케팅 종사자와 온라인과 오프라인 병행 마케팅 종사자

인터넷의 등장과 함께 전통적인 시장을 통하지 않고 온라인으로만 운영하는 새로운 종류의 e-마케팅 종사자들이 탄생하게 되었다. 한걸음 더 나아가 대부분의 전통적 기업들은 e-마케팅 활동도 병행하고 있다.

그림 18-3 E-마케팅 종사자의 유형

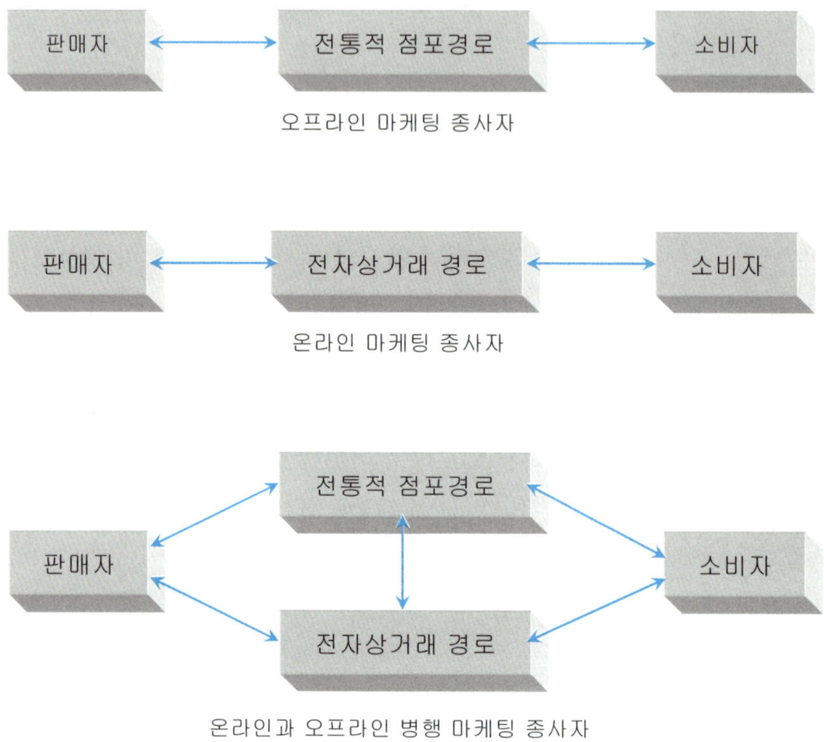

1) 온라인 기업

온라인에만 의존하는 기업들은 그 형태와 규모가 다양하다. 가장 대표적인 것은 인터넷을 통하여 상품과 서비스를 최종 구매자들에게 판매하는 닷컴 기업인 '이-테일러'(e-tailer)이다. 우리가 가장 흔히 접하게 되는 온라인 기업이다. 온라인에만 의존하는 또 다른 기업형태로 네이버, 다음, 야후, 구글(Google) 등과 같은 검색 엔진과 포탈 업체를 들 수 있다. 이들은 검색 엔진 외에도 뉴스, 일기예보, 주식 시세, 연예물 등에 관한 정보를 제공하는 서비스도 추가하고 있다.

AOL이나 CompuServe와 같은 '인터넷 서비스 제공자'(internet service provider)는 요금을 받고 인터넷과 이메일을 연결해 주는 역할을 한다. 경매 사이트인 이베이(eBay)와 같은 '거래 사이트'(transaction site)에서는 사이트에서 행한 거래에 대해 수수료를 받는다. 그 밖에도 금융, 조사자료 및 여타 정보를 제공하는 '콘텐츠 사이트'(content site)와 인터넷 교신과 상거래를 가능하도록 하는 하드웨어와 소프트웨어를 제공하는 '이네이블러 사이트'(enabler site) 등이 있다.

1990년대 후반에 이르러 온라인 기업이 투자자들의 맹목적인 투자로 주가도 최고조에 달하였으나 2000년에는 폭락하여 대부분의 닷컴 기업들이 몰락하였고, 그나마 생존한 소수의 기업도 주가가 폭락하는 경험을 하였다. 온라인 기업들이 실패한 이유에는 여러 가지가 있다. 일부는 충분한 조사와 계획이 없이 시장에 뛰어들었다. 그들의 주요 목적이 주식시장이 호황일 때 주식을 공모하는데만 눈이 어두울 경우도 있었다. 또 다수의 기업들은 건전한 마케팅 전략을 개발하지 않고 시장에 진출하였다. 닷컴 기업들은 투자자들의 자금으로 브랜드 정체성을 확립하고 자신들의 사이트에 고객들을 유인하기 위하여 오프라인 광고에 아낌없이 진출하였다. 이들은 기존 고객들의 충성도를 구축하고 구매빈도를 높이려 하지 않고 신규고객을 확보하려는 노력에만 치중하였다.

지금까지 살아남은 닷컴 기업들 가운데 아직까지도 수익성이 부족한 경우가 많다. 그러므로 전자상거래에 종사하는 기업들은 투자자들에게 어떠한 방법으로 이익을 거둘 수 있는가를 설명할 필요가 있다. 다시 말하면 수익 모델을 명확하게 규정할 필요가 있는 것이다. 표 18-1은 여러 가지 수입 원천을 보인 것이다.

2) 온라인과 오프라인 병행 기업

처음에는 다수의 기존 기업들이 기업과 제품에 대한 정보를 제공할 목적으로 웹사이트를 재빨리 개설하였다. 그러나 대부분이 그들의 사이트에 전자상거래를 추가하는데 저항감을 느꼈다. 온라인과 오프라인을 겸하게 되면 양자간에 갈등이 발생할 것으로 생각되었기 때문이다.

따라서 오프라인에서의 판매를 잠식하지 않고 온라인 판매를 행할 수 있는 방편을 강구하기 시작하였다. 그러나 온라인 사업을 함으로써 상실하게 될 위험이 오프라인 종사자들이 반발하게 될 위험보다 훨씬 더 크다는 것을 알았다. 이에 따라 대부분의 오프라인 기업들은 온라인 사업을 병행하고 있다.

온라인과 오프라인 사업을 병행하는 경우, 유통경로상의 갈등이 발생할 소지가 있지만, 오프라인에만 의존하는 경우보다 더 유리한 경우가 많다. 그 이유는 기존의 오프라인 기업의 지명도가 높고, 브랜드가 잘 알려져 있으며, 자금력이 있기 때문이다. 또한 대규모의 고객 데이터베이스를 보유하고 있고, 당해 산업에 대한 지식과 경험이 축적되어 있으며, 주요 공급자들과의 유대도 강력

표 18-1 전자상거래 수입의 출처

· 제품과 서비스의 판매수입	다수의 전자상거래 기업들은 수입의 상당한 부분을 온라인을 통한 상품과 서비스의 판매에 대한 이윤에서 획득한다.
· 광고 수입	온라인 광고를 통한 수입이 주요 수익 출처가 될 수 있다. 예컨대 구글(Google)은 검색결과에 광고 공간을 부여하여 판매한다. 주요 검색 단어와 연결시키는 방법을 이용함.
· 스폰서 수입	온라인 기업은 자신의 컨텐츠의 일부에 대해 스폰서로 나섬으로써 비용을 회수하기 위하여 스폰서 역할에 대해 대금을 수집할 수 있다.
· 연대 수입	온라인 기업들은 동업자들과 연대하여 웹사이트 설정비용을 분담할 수 있고 그들에게 사이트에 대한 광고를 무료로 제공할 수 있다.
· 회원가입과 응모에 따른 수입	웹 마케팅 종사자들은 사이트 사용료를 회원들에게 부과할 수 있다. 온라인 신문사에서는 서비스에 대해 구독료를 받는 경우가 이에 해당된다.
· 인물 소개 수입	특정된 표적집단의 인물을 소개하고 있는 데이터베이스를 보유하고 있는 웹사이트에서는 일정한 허락을 받고 이를 판매할 수 있다. 그러나 고객에 대한 정보 판매는 법적 내지 윤리적 제약이 뒤따른다.
· 거래수수료와 요금	온라인 기업에 따라서는 웹사이트를 통하여 상품을 교환하는 여타 당사자들 간의 거래에 대해 수수료를 부과한다. 예컨대 이베이(eBay)는 구매자들을 판매자들과 연결시켜 거래마다 1.25~5%의 수수료를 부과하고 있다.
· 시장조사와 정보제공에 대한 요금	기업에 따라서는 특별한 시장정보를 제공하고 대가를 받을 경우가 있다.
· 소개료	기업에 따라 고객을 다른 고객에게 소개하고 요금을 받을 수 있다.

하다. 온라인 마케팅과 기존의 오프라인 사업을 결합함으로써 기업들은 고객들에게 더 많은 사양 내지 선택의 여지를 줄 수 있다. 예컨대 소비자들은 하루 24시간 중 어느 때라도 온라인 쇼핑의 편의를 즐길 수 있고 모든 종류의 상품을 비교할 수 있는 반면에 점포를 직접 방문하여 좀 더 상세한 정보를 토대로 구매할 수 있으며, 경우에 따라 양자 모두를 이용할 수도 있다. 고객들은 온라인으로 구매한 상품이 마음에 들지 않으면 자신이 거주하는 곳에 가까이 있는 점포에 반납할 수 있다.

2. E-마케팅 실행

오늘날 모든 기업들이 e-마케팅의 필요성을 느끼고 있다. 그림 18-4에 예시한 바와 같이 기업들이 e-마케팅을 행하는 방법은 웹사이트 개설, 온라인 광고와 촉진활동, 웹 커뮤니티(Web community) 개설 및 이메일(e-mail) 이용 등이 있다.

그림 18-4 E-마케팅 실행방법

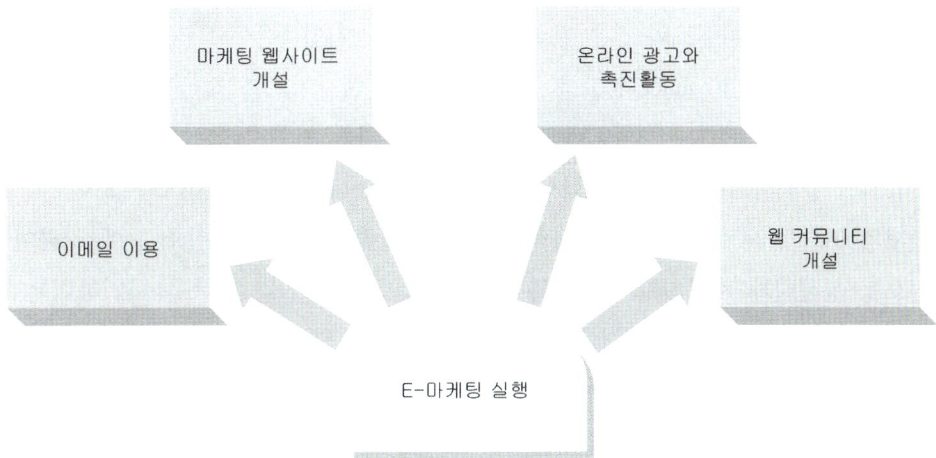

1) 웹사이트 개설

대부분의 기업들이 e-마케팅을 행하기 위한 첫 번째 단계는 웹사이트를 개설하는 것이다. 그러나 마케팅 담당자는 단순히 웹사이트를 개설하는 차원을 넘어 관심을 불러일으킬 사이트를 개설하여 소비자들이 방문하도록 유인하고 언제든지 재방문하도록 매력적인 사이트를 설계하여야 한다.

(1) 웹사이트의 유형

웹사이트의 유형은 그 목적과 내용에 따라 매우 다르다. 가장 기본적인 유형은 **기업 웹사이트**(corporate Web site)이다. 이 사이트는 기업의 제품을 직접 판매하기 보다는 고객과의 유대를 강화하고 여타 판매경로를 지원하는 데 목적이 있다. 이러한 기업 웹사이트는 고객의 문의에 응답하고 고객과 밀접한 관계를 구축하며 기업에 관하여 관심을 불러일으키기 위하여 다양한 정보를 제공하는 것이 보통이다. 기업들은 일반적으로 기업의 역사, 기업의 사명과 철학 및 기업의 제품과 서비스에 관한 정보를 제공한다. 또한 현재의 이벤트, 기업에 종사하는 주요 인물들의 인적 사항, 재무 성과, 고용계획 등에 관하여 알려주기도 한다. 이와 더불어 사이트에서는 고객이 방문하고 떠나기 전에 기업에 관하여 질문하고 논평할 수 있는 기회를 제공하기도 한다.

여타 기업들은 **마케팅 웹사이트**(marketing web site)를 개설한다. 이러한 사이트에서는 소비자들과 접촉하여 직접 구매를 유도하거나 여타 마케팅 결과를 가져오도록 설득한다. 또한 카탈로그, 쿠폰이나 경연대회 또는 이벤트와 같은 판촉물도 게재한다. 기업들은 오프라인에서의 인쇄물 광고와 방송광고 및 여타 배너(banner)광고를 통하여 마케팅 웹사이트를 적극적으로 촉진한다.

예컨대 도요타 자동차회사는 www.toyota.com이라는 마케팅 웹사이트를 운영하고 있다. 어떤 잠재고객이 일단 클릭하기만 하면, 이 회사에서는 지체없이 판매로 연결하도록 노력한다. 사이트에서는 현재의 도요다 모델과 판매대리점의 위치, A/S를 받을 수 있는 장소 등에 관하여 다수의 유용한 정보를 상세하게 제공하고 있다. 특정된 모델을 선택하거나 부품을 구입하려는 경우 및 각각의 가격 등에 관하여 보다 상세한 정보를 원하는 고객은 Shop@Toyota 특별 프로그램을 이용하여 대리점과 접촉할 수 있고 할부금융도 받을 수 있다. 또는 온라인으로 (구매자의 성명, 주소, 전화번호, 이메일 주소 등을 기재하는) 주문서를 작성할 수 있다. 그 전에 이를 모델들에 관한 안내책자나 CD-ROM을 참조한다. 고객과 가까이 있는 대리점에서는 주문서를 확인하면 고객과 접촉하여 시험운전도 해보는 서비스를 제공한다.

B2B 마케팅에서도 마케팅 웹사이트를 잘 이용할 수 있다. 예컨대 택배회사인 FedEx는 웹사이트(www.fedex.com)를 개설하여 고객들이 스스로 선적계획을 수립하고, 화물 배송을 요구하며, 운송 상태를 점검할 수 있도록 한다.

(2) 매력적인 웹사이트의 개설방법

웹사이트를 개설한다는 것과 사람들이 이를 방문하도록 유도한다는 것은 별개의 문제이다. 그 요체는 고객들이 충분한 가치와 흥미를 느껴 사이트를 방문하고 또 언제든지 재방문할 수 있도록 하는 것이다. 오늘날의 소비자들은 온라인에 기대하는 바가 매우 높지만 그러한 기대에 부응하지 못하는 웹사이트는 쉽게 잊어버린다.

이것은 기업이 사이트를 끊임없이 개선하여 항상 신선미가 있고 흥미를 불러일으킬 수 있어야 함을 의미한다. 그렇게 하려면 시간과 비용이 소요되지만 e-마케팅 종사자가 온라인 사업을 증가시키려면 비용이 든다는 점을 명심해야 한다. 이와 더불어 다수의 온라인 마케팅 종사자들은 고객들이 사이트를 방문하도록 유도하기 위하여 전통적인 매체광고와 여타 오프라인 마케팅 수단에 많은 비용을 지출하고 있다, 이것은 브랜드 이미지를 소비자들에게 심어주기 위해서는 단순히 인터넷에만 의존할 수는 없고 오프라인상의 수단을 동원하여야 함을 의미한다.

제품의 유형에 따라서는 방문자들을 유인하기가 쉬운 경우도 있다. 새로 나온 자동차나 컴퓨터, 또는 금융 서비스를 구매하는 소비자들에게는 정보와 판매자들의 마케팅 활동이 전면적으로 공개되어 있을 경우가 많다. 그러나 저관여 제품을 다루는 마케팅 종사자들은 웹사이트 방문자들을 유인하기가 어려울 수가 있다. 이러한 경우에는 기업 웹사이트를 개설하여 고객의 문의에 응답하고, 고객과의 유대를 강화하여 흥미를 불러일으키며, 여타 경로를 통하여 판매활동을 보완하고, 고객들의 반응에 관한 정보를 수집할 수 있다.

어떠한 경우이든 핵심적인 과제는 얼핏 보기에 매력적이고 다시 방문할 수 있을 정도로 매력적인 웹사이트를 설계하는 것이다. 초기에는 텍스트(text)를 토대로 하는 웹사이트가 주류를 이루었으나 근래에 이르러서는 텍스트, 소리(sound), 애니메이션을 제공하는 정교한 웹사이트가 그래픽으로 작성되고 있다. e-마케팅 종사자는 새로운 방문자들을 유인하고 이들의 재방문을 자극하기 위하여 효과적인 웹사이트를 설계하려면 다음과 같은 일곱 가지 C사항에 주의를 기울일 필요가 있다.

- **배경**(Context) : 사이트의 배치와 디자인.
- **내용**(Content) : 웹사이트에 들어갈 텍스트, 그림, 소리(sound) 및 비디오.
- **커뮤니티**(Community) : 사이트를 통하여 이용자간에 교신할 수 있는 방법.
- **주문생산**(Customization) : 이용자별로 개인적으로 주문받고 생산하여 공급할 수 있는 사이트의 능력.
- **커뮤니케이션**(Communication) : 사이트와 이용자간의 교신능력.
- **연결**(Connection) : 특정된 사이트가 여타 사이트들과 연결되는 정도.
- **상거래**(Commerce) : 상거래를 할 수 있는 사이트의 역량.

웹사이트는 최소한 이용하기가 쉽고 외형적으로도 매력이 있어야 한다. 그 외에도 웹사이트는 흥미를 불러일으키고, 유용하며, 시도할 만한 가치를 느낄 수 있어야 한다. 방문자들을 끌어들여 오래 머물러 있게 하고 언제든지 재방문할 수 있도록 하는 사이트의 '내용'(content)도 중요하다. 효과적인 웹사이트에는 구매자들이 관심을 갖고 있는 제품을 발견하고 평가하는데 도움이 되는 유용한 정보가 내포되어 있고, 흥미를 끌 수 있는 특징들이 들어 있다.

기업의 입장에서는 자신의 웹사이트의 매력도와 유용성을 때때로 재평가 할 필요가 있다. 그한 가지 방법은 사이트를 디자인하는 전문가들의 의견을 듣는 것이다. 그러나 더 좋은 방법은 이용자들로 하여금 사이트에 관하여 좋은 점과 나쁜 점을 스스로 평가하도록 하는 것이다.

2) 온라인 광고와 촉진

E-마케팅 종사자는 인터넷 브랜드를 구축하거나 방문자들을 자신의 웹사이트에 유인하기 위하여 온라인 광고를 이용할 수 있다. 이하에서는 이러한 온라인 광고와 촉진 및 그 장래에 관하여 논의하기로 한다.

(1) 온라인 광고와 촉진의 형태

인터넷 이용자들은 인터넷을 이용하는 동안에 언제나 온라인 광고에 접하게 된다. 그러한 광고에는 '배너 광고'(banner ads)와 '티커'(tickers)(화면을 따라 움직이는 배너)가 있다. 그 밖의 광고형태로 '스카이스크레이퍼'(skyscrapers)(웹 페이지 쪽에 있는 길쭉한 광고), '렉탱글'(rectangles)(배너보다 훨씬 큰 박스)이 있고 '인터싯털'(intersittal)은 웹사이트상에 장면이 바뀔 때마다 튀어나오는 온라인 광고를 말한다.

'콘텐츠 후원'(content sponsorships)은 또 다른 형태의 인터넷 촉진이다. 많은 기업들이 여러 웹사이트에 뉴스나 금융정보와 같은 특별한 내용에 대해 후원함으로써 인터넷상에 그들의 명성을 알리는데 목적이 있다. 또한 e-마케팅 종사자는 '마이크로사이트'(microsites)를 이용할 수 있는데, 이것은 웹상의 제한된 면적을 대가를 받고 관리하는 것을 말한다. 예컨대 보험회사에서 자동차 구매 사이트 상에 마이크로사이트를 만들어 자동차 구매자들에게 보험에 관한 정보를 제공하면서 어떤 방식이 유리한가를 알릴 수 있다. 또한 인터넷 기업들은 공동의 프로그램을 개발하고 전략적 제휴를 통하여 각기 서로 상대방을 '광고'할 수 있다.

마지막으로 온라인 마케팅 종사자는 **바이럴 마케팅**(viral marketing)을 이용할 수 있다. 이것은 인터넷 측면에서 본 소위 입소문(word-of-mouth) 마케팅을 말한다. 바이럴 마케팅은 고객들이 친구들에게 메시지나 촉진수단을 전달해 주는 이메일 메시지나 여타 마케팅 이벤트 등이 포함된다. 고객들이 온라인으로 메시지나 촉진수단을 타인들에게 전하기 때문에 바이럴 마케팅은 비용이 거의 들지 않는다. 그리고 친구로부터 정보를 받은 사람은 보다 공개적이고 그것을 읽으려 할 것으로 생각된다.

바이럴 마케팅은 B2B 마케팅 종사자들도 잘 이용할 수 있다. 예컨대 대형 PC를 만드는 기업에서 온라인에 등록된 고객들에게 이메일 뉴스레터를 보낸다. 뉴스레터에는 제품과 서비스를 최적으로 활용할 수 있는 정보가 들어 있다. 뉴스레터의 기능은 이것으로 그치지 않고 고객들이 친구나 지인들에게 뉴스레터를 전할 수 있는 버튼을 뉴스레터에 부각시킨다. 고객들은 버튼을 클릭함으로써 친구의 이메일 주소와 논평을 게재할 수 있는 웹사이트로 들어가 그것을 보낼 수 있다. 이러한 시스템은 뉴스레터 위에 메시지를 삽입하여 그것을 전부 친구에게 이메일로 보내는 것이다. 메시지를 새로 받은 고객은 앞으로 계속 뉴스레터를 받아 볼 의향이 있는가를 물음에 가부를 알린다. 이러한 바이럴 마케팅을 활용하면 저렴한 비용으로 고객을 웹사이트로 유인하여 궁극적으로 판매를 증가시킬 수 있다.

(2) 온라인 광고의 장래

온라인 광고는 유용한 목적을 달성할 수단으로서 특히 여타 마케팅 활동을 보완해 주는 역할이 크다고 할 수 있다. 그러나 인터넷은 전파매체나 인쇄매체에 필적할 만한 수준은 못되며, 또한 당분간 그러할 것으로 생각된다. 다수의 마케팅 종사자들은 인터넷 광고가 효과적인 수단으로서의 가치에 의문을 품고 있다. 온라인 광고는 여타 광고매체에 비하여 비용이 저렴하지만 인터넷 이용자들은 그러한 광고를 쉽사리 무시할 경우가 많다. 그 결과, 웹 광고는 대부분의 촉진 믹스에서 미미한 역할을 수행하는 것에 그치고 있다.

그럼에도 불구하고 온라인 광고는 마케팅 믹스에서 차지하는 역할이 점차 커지고 있다.

특히 소비재 가운데 저관여 범주의 제품은 온라인 광고가 전체 매체 믹스에서 차지하는 비중이 여타 제품에 비하여 훨씬 크다.

일부 웹사이트(예컨대 구글(Google), 다음, 네이버 등)는 효과적 광고과정을 창출하는 데 크게 성공한 경우도 있다. 기업 자체도 보다 효과적인 웹 광고의 형식과 용도를 찾아내고 있다. 또한 보다 과감하고 충격이 큰 온라인 광고를 창출하기 위하여 새로운 기술을 이용하기도 한다. 예컨대 화면을 가로지르는 광고나 총체적 동작을 보이는 비디오나 오디오로 나타나도록 하는 광고가 이에 속한다.

3) 웹 커뮤니티 개설과 참여

오늘날에는 포럼(forum)(공개토론회)과 뉴스그룹이 매우 인기가 있어 상업적인 목적으로 후원하는 웹사이트인 **웹 커뮤니티**(Web community)가 많이 활용되고 있다. 이것은 인터넷의 C2C

방식을 이용한 것이다. 그러한 사이트에서는 회원들이 온라인상으로 모여 공통의 관심사에 대한 견해를 교환한다. 여기에 참여하는 방문자들은 커뮤니티에 대해 소속감을 갖게 된다. 이러한 커뮤니티에 대해 광고업에서 매력을 느끼는 이유는 여기에 참여하는 소비자들이 공통의 관심을 갖고 있고 인구통계적으로도 동질성을 지니고 있을 경우가 많기 때문이다. 더구나 이를 이용하는 소비자들은 자주 방문하고 오랜 시간을 머물 경우가 많으며, 따라서 광고 메시지에 접할 기회가 많아지게 된다.

4) 이메일 이용

이메일은 e-마케팅 수단으로 매우 중요한 것으로 부각되었다. 근래의 연구에 의하면 B2B와 B2C를 이용하는 기업들 가운데 1/2 이상이 소비자들과 접촉하기 위하여 이메일 마케팅을 이용하고 있다. 또한 인터넷 이용자의 80% 이상이 최소한 하루에 한 번 이상 이메일상의 광고를 보게 된다고 한다.

마케팅 종사자는 이러한 상황에서 효과적으로 경쟁하려면 이메일 메시지의 내용이 보다 풍부하고 관심을 불러일으킬 수 있어야 한다. 시각적이나 청각적인 면에서도 그러하고 개인적으로 친밀감을 줄 수 있어야 한다. 그리고 나서 이메일에 관심을 갖고 이에 따라 행동하는 고객들을 신중하게 선별하여 표적집단으로 삼을 수 있다.

여타 유형의 온라인 마케팅과 마찬가지로 기업들은 인터넷 이용자들이 흔히 경험하고 있는 '스팸'(spam)메일과 같은 취급을 받지 않도록 주의를 기울여야 한다. 그러한 메일은 소비자에게 분노와 불만을 일으킬 뿐이다. 그러므로 기업들은 제품을 촉진하기 위하여 소비자들이 원하지 않는 이메일을 보냄으로써 그들이 반감을 갖도록 해서는 안 된다. 그러기 위해서는 고객들의 양해를 구하는 소위 '퍼미션 마케팅'(permission marketing)이 필요하다.

제5절 전자상거래의 장래와 과제

전자상거래는 앞으로 무한한 성장가능성이 있으면서도 다수의 과제를 안고 있다. 이하에서는 전자상거래의 성장 가능성과 웹의 문제점들을 살펴보기로 한다.

1. 전자상거래의 지속적 성장가능성

인터넷의 등장으로 앞으로는 정보의 원천으로 신문이나 잡지가 사리지고 구매방식에 있어서도 인터넷이 점포를 대신할 것이라는 극단적 예측도 있었다. 그러나 '닷컴 열풍'이 식어지면서 보다 현실적인 견해가 대두되었다. 한동안 닷컴 기업들이 난립하였지만 점차 대기업들이 그 자리를 차지하리라는 것이다.

기업에 따라서는 온라인 마케팅이 하나의 성공적인 사업 모델이 될 수 있으며 우리 주변에서 그러한 사례를 흔히 찾아볼 수 있다. 미국의 델(Dell) 컴퓨터 판매회사가 대표적인 예라고 할 수 있으며, 그 목표는 '장차 전 세계적으로 모든 고객들이 모든 거래를 인터넷으로 행하는 데' 두고 있다. 그러나 대부분의 기업에서 온라인 마케팅은 여타 마케팅 믹스와 함께 시장에 접근하는 하나의 접근방법으로 남아있을 것이다.

기업이 전자상거래를 일상적인 전략과 전술로 능숙하게 통합할 수 있게 됨에 따라 'e'라는 문자는 e-비즈니스나 e-마케팅에서 궁극적으로 사라질 것이다. 문제는 경쟁력을 갖추려면 인터넷 기술을 이용하기보다는 어떻게 이용할 것인가를 결정하는 데 있다. 따라서 대부분의 산업에서 인터넷은 전략의 일부로서 강력한 수단으로 이용될 것이다.

2. 웹의 부정적 측면

위에서 언급한 바와 같이 인터넷 마케팅은 계속 발전할 것으로 전망되지만 부정적 측면도 지니고 있다. 이하에서는 이와 관련하여 인터넷 수익성과 법률적 내지 윤리적 측면을 살펴보기로 한다.

1) 인터넷 수익성

지금까지의 인터넷 기업들이 보여주었던 주요 문제는 수익성이다. 특히 B2C 닷컴 기업의 경우 창업한 기업의 수에 비해 수익성이 있는 기업의 수는 그리 많지 않다.

한 가지 문제점은 창업한 기업의 수는 엄청나게 많았으나 온라인 마케팅은 아직까지 한정된 고객집단에만 접근할 수 있다는 것이다. 인터넷 이용자의 수는 계속 증가하여 왔으나 온라인 구매자의 수는 한정되어 있다는 것이다. 예컨대 금융 서비스, 여행 서비스, 컴퓨터의 하드웨어와 소프트웨어 및 여타 제품의 경우에는 구매자의 교육수준이 높고 전문적인 지식을 갖고 있기 때문에 온라인 마케팅에 적합하지만 대부분의 일반 상품을 판매하는 경우에는 그렇지 못하다. 더구나 대부분의 제품 범주에서는 인터넷 이용자들이 실제로 구매하기 보다는 제품을 눈여겨보거나 정보를 입수하는 데 그칠 경우가 많다.

마지막으로, 인터넷은 무수한 웹사이트와 엄청난 양의 정보를 제공하고 있다. 따라서 소비자의 입장에서는 인터넷 이용이 번잡스럽고 시간을 많이 허비할 수 있다. 이러한 혼잡한 환경 하에서 다수의 웹 광고와 사이트에 대해 이용자가 주목하지 않거나 반응을 보이지 않을 경우가 많다. 설사 주목한다 하더라도 마케팅 담당자는 소비자의 관심을 끌기가 쉽지 않다. 어떤 조사에 의하면 인터넷 이용자의 관심을 끌어내는 데에는 약 8초 이내의 시간이 필요하며, 그렇지 않으면 다른 사이트로 관심을 돌리게 된다고 한다. 이러한 현상은 마케팅 종사자가 상품을 촉진하고 판매할 시간적 여유가 거의 없음을 시사하고 있다.

2) 법률적 내지 윤리적 문제

사회적 관점에서 볼 때, 인터넷 마케팅은 다수의 윤리적 내지 법률적 문제를 안고 있다. 앞에서 소비자가 원하지 않는 이메일과 광고 문제와 같은 인터넷의 부정적 측면을 잠시 언급한 바 있다. 이하에서는 온라인을 통한 소비자의 사생활 침해와 보안 문제, 그리고 이에 따른 법률적 내지 윤리적 문제들을 살펴보기로 한다.

(1) 사생활 침해와 보안 문제

인터넷 이용자의 사생활 침해는 전자상거래에서 제일 큰 문제 중의 하나이다. 대부분의 온라인 마케팅 종사자들은 소비자에 관하여 상세한 정보를 입수하여 분석할 수 있는 능력을 갖고 있다. 이들은 웹사이트 방문자들을 손쉽게 추적할 수 있고, 웹사이트 활동에 참여하는 다수의 소비자들은 광범위한 개인정보를 제공하고 있다. 이로 인하여 마케팅 종사자는 마음만 먹으면 제품을 판매하거나 다른 기업들과 데이터베이스를 교환하는 데 있어 소비자들의 허가 없이 그들에 관한 정보를 이용할 수 있는 위치에 있다. 다수의 소비자들과 정책 입안자들은 마케팅 종사자들이 월권행위를 함으로써 소비자들의 사생활 권리를 침해할 가능성이 있는 것으로 우려하고 있다. 실제로 소비자의 개인정보가 누출되는 사고가 흔히 발생하는 경우를 볼 수 있다.

온라인 보안문제를 걱정하는 소비자들도 많다. 소비자들은 자신의 온라인 거래내역이 누출되거나 신용카드 번호를 알아내어 무단으로 상품구매에 사용될 가능성을 우려한다. 온라인 기업은 그 대신 다른 기업들이 상업상의 비밀을 탐지하거나 사업을 방해할 목적으로 컴퓨터 시스템에 침입하여 인터넷을 이용하는 것을 두려워한다. 현재로는 인터넷 보안 시스템의 기술개발과 그러한 보안 시스템을 파괴하려는 정교한 활동이 계속 경쟁하고 있는 것으로 보인다.

이러한 온라인 사생활 침해와 보안문제에 대응하기 위하여 정부가 직접 규제에 나서고 있다. 예컨대 온라인 서비스 제공업체와 상업적인 웹사이트는 소비자의 개인정보를 공표하기 전에 소비자의 허가를 받도록 하는 법적 규제를 강구하고 있다.

(2) 여타 법률적 내지 윤리적 문제

소비자들은 온라인 사생활 침해와 보안문제 외에도 일반 상품은 물론 금융상품에 이르기까지 사기와 협잡이 발생하는 문제에 직면하고 있다. 이러한 부정한 행위는 날이 갈수록 빈번하게 발생하고 있다. 이와 더불어 인터넷상의 '세분화'와 '차별화'에 대해서도 소비자들은 우려하고 있다. 일부 비평가와 정책 입안자들은 소위 '디지털 격차'에 대해서 심각한 문제가 있다고 본다. 즉, 인터넷과 정보기술에 접근할 수 있는 계층과 그렇지 못한 계층간에는 심각한 지식 격차가 있다는 것이다. 오늘날과 같은 정보시대에 정보에 접근할 수 있는 기회가 동등하지 못하면 경제적으로나 사회적으로 불평등을 심화시킬 가능성이 있다. 마지막으로 인터넷 마케팅 종사자는 사이트 이용자를 제한하기 어려운 문제에 직면하기도 한다. 예컨대 성인용 제품이나 서비스 제공에 대해 미성년자의 접근을 통제하기 어려운 경우가 이에 해당한다.

이와 같이 여러 가지 문제가 있음에도 불구하고 오늘날 규모와 관계없이 모든 기업들이 마케팅 전략과 믹스에 온라인 마케팅을 통합하고 있다. 온라인 마케팅이 계속 성장함에 따라 고객관계를 구축하고, 판매가 개선되며, 기업과 제품에 관한 정보를 전달하고, 제품과 서비스를 보다 효과적으로 제공하는 강력한 수단이 될 것이다.

제6절 우리나라의 전자상거래 현황

제5절에서는 전자상거래의 성장 가능성과 문제점들을 살펴보았다. 본 절에서는 B2C 중심의 인터넷 쇼핑몰 성장과정과 특징을 간략하게 살펴보기로 한다.

1. 성장추세

1996년 6월 1일 국내 최초의 인터넷 쇼핑몰 롯데닷컴과 인터파크가 개업한 이래 10년 만에 우리나라 전자상거래 시장은 폭발적으로 성장했다. 두 개에 불과했던 인터넷 쇼핑몰 업체는 4,403개로 늘었고, 연간 1억 원에도 못미쳤던 거래액은 2005년 말 현재 10조 4,000여억 원으로 10만배 이상 늘어났다(그림 18-5 참조)

이용 고객도 대폭 늘어났다. 한국인터넷진흥원에 따르면 1996년 731만 명이던 이용 인구는 2005년에 3,301만 명으로 늘어났다. 4명 가운데 3명이 인터넷을 이용하고 있는 셈이다. 인터넷 쇼핑몰을 한 번이라도 이용한 고객은 전체 인터넷 이용자의 절반을 넘는 51.2%에 이른다. 2005년 말 기준으로 1,700만명 가량이 인터넷으로 쇼핑을 즐긴 것이다.

인터넷 쇼핑몰은 이제 연령을 초월한 '국민 쇼핑'수단으로 자리 잡았다. 인터파크의 회원 분포에서도 이러한 추세를 확인할 수 있다. 초창기인 1997년에는 30대 고객이 전체의 63%로 압도적이었다. 지금은 20대가 42%로 가장 많고 30대(32%), 40대(15%), 10대(6%) 순으로 연령층이 확대되는 추세다. 최근에는 40대 이상 중장년층의 인터넷 쇼핑 활용 빈도가 점차 증가하는 등 '노(老)티즌'이 인터넷의 주요 고객으로 등장하는 추세도 보이고 있다.

한편 초창기 인터넷 쇼핑몰에서 거래되었던 품목은 배달하기 쉬운 상품위주였다. 택배 과정에서 고장이나 파손되는 일이 발생하지 않고, 반품 요구를 하기 힘든 CD, 서적, 티켓 등이 인기를 끌었다.

그러나 택배 기술이 발전하고 거래규모가 커지면서 판매 품목도 다양해졌다(표 18-2 참조). 2000년 이후에는 디지털 카메라, 크리스마스 트리, MP3플레이어, 로봇 청소기 등 깨지고 파손되기 쉬운 제품도 쇼핑몰의 인기상품 리스트에 올랐다. 최근에는 아파트 등 부동산도 인터넷을 통해 거래된다. 2005년 3월 29일부터 진행된 경기 성남시 판교 신도시 아파트 청약접수에서는 청약자 46만 5,791명 가운데 41만 1,628명이 인터넷을 이용함으로써 아파트 인터넷 청약시대를 열었다. 이에 따라 객관적인 정보를 입수하기 쉬운 전월세를 중심으로 인터넷 부동산 거래가 활성화될 조짐을 보이고 있다.

인터넷 전문가들은 한걸음 더 나아가 '언제 어디서든, 보지 않고 만지지 않고도 구매하는 인터넷 쇼핑의 미래가 무궁무진할 것'으로 예측하고 있다. 이들은 정보기술의 발달로 조만간 언제 어디서든 인터넷 환경에 접속할 수 있는 '유비쿼터스'(ubiquitous)시대가 오며, 이러한 환경에서는 길을 가다 휴대전화나 다른 도구를 이용해 인터넷 쇼핑을 할 수 있을 것으로 낙관적인 전망을 내리

그림 18-5 우리나라 인터넷 쇼핑몰 시장규모와 업체 수 증가추세

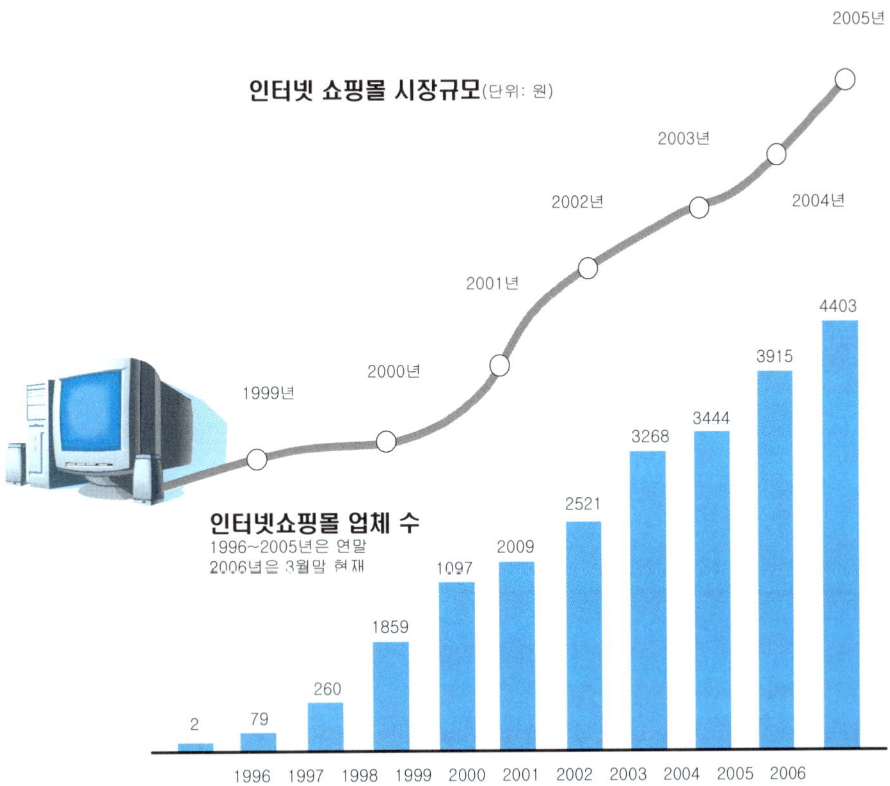

자료 : 온라인쇼핑협회

고 있다.

지금까지 공산품 중심이던 인터넷 쇼핑 리스트는 이제 신선식품이나 서비스 상품 등으로까지 확대되는 추세를 보이고 있다. 이와 더불어 미래의 인터넷 쇼핑시장은 소비자가 곧 판매자가 되는 'e마켓 플레이스'(온라인 장터)가 중심이 될 것이며, 만져 보지 않고 사도 불안해하지 않는 소비자가 늘어날 것으로 예측되기도 한다.

앞에서 언급하였던 바와 같이 전자상거래의 급격한 성장과 더불어 그늘도 발생하였다. 인터넷이 '돈이 된다'는 소문이 돌자 사기사건도 늘고 있는 것이다.

표 18-2 인터넷 쇼핑몰의 최고 인기 상품

1997	이스트팩 배낭	· X세대용 가방, 20대 젊은 층이 주 고객
1998	비누, 세제 등 생활용품	· 외환위기로 저렴한 상품을 찾는 소비자들이 몰림
1999	장난감 등 아동용품	· 20, 30대 젊은 주부들이 주요 고객으로 급부상함
2000	장난감 로봇, 크리스마스트리, 전동칫솔 등	· 외환위기 이후 경제회복 기대감으로 다양한 상품 수요 증가
2001	디지털카메라	· 디지털 시대의 본격 개막
2002	쥐포, 누룽지, 인스턴트식품	· 월드컵 특수로 주전부리 상품인기 · 맞벌이 부부들, 인터넷에서 식품 구입 본격 시작
2003	MP3플레이어, 메모리폼 베개	· 참살이(웰빙)바람으로 건강 관련제품 인기
2004	남성화장품, 꽃무늬 남방, 휴대용카세트(워크맨)	· 메트로섹슈얼 열풍 · 취업난을 반영해 어학용 워크맨이 다시 인기
2005	남성화장품, 생수, 분유세트	· 20, 30대 남성이 주요 고객으로 편입

자료 : 인터넷 쇼핑몰 인터파크가 연도별 히트상품을 선정한 것임

2003년 '하프플라자 사건'은 대표적인 인터넷 쇼핑몰 사기 사건이었다. 당시 인터넷쇼핑몰 하프플라자는 한동안 전자제품을 반값에 팔아 입소문을 낸 뒤 소비자 9만6,000명으로부터 물건 값 310억 원을 받아 가로챘다. 최근엔 영화 성인 콘텐츠 사이트들이 '월드컵 16강 기원 이벤트'를 한다며 응모한 소비자들에게 휴대전화 요금으로 3만원씩 청구해 물의를 일으켰다.

다른 한편 청소년이 많이 이용하는 인터넷 쇼핑몰에서 성인용품이나 무기류를 버젓이 팔거나, 고객이 잠시 맡긴 물건값으로 단기 투자하기도 하고, 변태 광고를 내보내는 일도 적지 않다.

이와 같은 인터넷 사기 사건들은 법적으로 규제를 더욱 강화할 필요가 있지만, 판매자나 구매자 모두가 윤리적 차원의 자숙과 교육이 필요함을 암시하고 있다.

2. 전자상거래의 부수적 효과

인터넷 상거래는 새로운 업태와 직종을 만드는 역할도 크게 수행하고 있다. 인터넷 쇼핑몰이

활성화되면서 가장 먼저 성장한 업종은 전자지불결제(PG) 대행업이다. PG는 금융회사와 인터넷 쇼핑몰 업체, 소비자 간 대금 결제를 대행해 주면서 물건 값의 3~4%를 수수료로 받는다. PG 분야의 대표적인 업체는 이니시스, 데이콤, 한국사이버페이먼트 등이다. 특히 업계 1위인 이니시스의 매출액은 2001년 7,420억원에서 2005년에 1조 2,200억원으로 크게 늘어났다.

'카테고리 매니저'(category manager)도 인터넷 쇼핑몰이 만든 대표적인 새로운 직종이다. 이들은 e마켓 플레이스(온라인 장터)에서 비슷한 품목의 물건을 파는 판매자들을 관리하는 일을 한다. 인터넷 쇼핑몰마다 50~60명의 매니저를 두고 있다.

온라인 장터 'G마켓'이 최근 입점업체 1,647명을 대상으로 설문조사를 실시한 결과, 응답 업체들은 판매를 개시한 뒤 평균 2명 정도를 추가로 고용했다고 한다. G마켓은 "옥션과 GS이스토어, 다음온켓 등 온라인 장터에 등록해 생계를 유지하는 판매자가 수십만 명에 이를 것"으로 추산함으로써 고용효과가 매우 크다는 것을 보였다.

택배업계와 네이버, 다음, 야후 등 인터넷 포털 업체에도 인터넷 쇼핑몰은 '생명수'와 다름없다. 택배업계에 따르면 2000년 국내 전체 택배 물량은 2억 5,000만 상자였으나, 2005년에는 5억 4,000만 상자로 증가했다. 포털 업체도 주 수익원인 검색광고의 60% 이상을 인터넷 쇼핑업체에 의존하고 있다. 포털 분야 1위 업체인 네이버가 2005년에 벌어들인 검색광고 매출 1,730억 원 가운데 인터넷 쇼핑몰 업체가 낸 돈이 1,000억 원을 넘었다.

그 밖에 전자상거래의 급격한 성장은 판매가격을 떨어뜨리는 부대효과도 낳았다. 인터넷 쇼핑몰이 판매를 제외한 광고 배송 결제를 외부 업체에 맡겨 비용을 줄이고 그만큼 물건값을 떨어뜨렸기 때문이다.

요 약

오늘날 정보기술의 발달과 인터넷의 등장으로 마케팅 환경이 크게 변모하고 있다. 이에 따라 본 장에서는 먼저 디지털 시대를 형성하고 있는 주요 요인으로 네 가지를 살펴보았다. 첫째, 디지털화와 상호 통신 능력으로서 인트라넷, 엑스트라넷, 그리고 인터넷의 활용으로 기업의 생산성이 엄청나게 향상되었다. 둘째, 인터넷의 등장이다. 소비자들은 인터넷으로 상품과 서비스를 손쉽게 구입할 수 있고 다수의 정보를 사전에 입수할 수 있게 되었다. 셋째, 정보기술의 발달로 다수의 인터넷 기업들이 출현하였다는 것이다. 마지막으로 인터넷의 등장으로 맞춤형 주문생산이 가능하게 되었다는 점이다.

기업들은 이러한 디지털 시대를 맞이하여 마케팅 전략수립과 실행에 새로운 모델을 필요로 하게 되었다. 사업을 영위하려면 전자 교신수단을 이용하는 e-비즈니스를 구축할 필요가 있고, 좀더 구체적으로 구매와 판매과정을 전자수단으로 지원하는 전자상거래(e-commerce)가 필수적이다. 여기에서 e-마케팅은 전자상거래의 마케팅 측면을 말하며 e-구매는 구매측면을 말한다.

인터넷 구매는 소비자가 언제든지 가상점포를 방문할 수 있고 구매에 따르는 번거로움을 피할 수 있다. 또한 제품에 관한 정보를 보다 많이 입수하여 비교할 수 있다. 판매자의 입장에서도 고객과 1:1로 상대하여 그가 원하는 것을 구체적으로 파악할 수 있고 고객과의 관계를 강화할 수 있다.

한편 e-마케팅 영역은 B2C, B2B, C2C, C2B의 네 가지로 구분할 수 있다. 오늘날 가장 많이 이용되는 것은 B2C이다. B2B는 주로 기업들 간에 이루어지는 전자상거래를 말하며 이용률이 급격히 증가하고 있다. C2C는 제품이나 여러 가지 주제에 관하여 공통의 관심사를 갖고 있는 당사자들간에 온라인으로 이루어진다. C2B는 소비자들이 인터넷으로 기업과 교신하는 것을 말한다.

E-마케팅 종사자의 유형으로는 온라인 마케팅 종사자, 오프라인 마케팅 종사자 및 온라인과 오프라인 병행 마케팅 종사자의 세 가지로 분류할 수 있다. 온라인에만 의존하는 기업의 대표적인 예로 닷컴 기업인 e테일러(e-tailer)를 들 수 있고 네이버, 다음, 야후, 구글과 같은 검색엔진과 포탈 업체를 들 수 있다. 닷컴 기업들이 한 때는 영화를 누렸으나 대부분 몰락했

다. 그 주된 이유는 수익성 모델이 부족하였기 때문이다. 오프라인에만 의존하던 전통적인 기업들도 온라인 사업을 병행하는 것이 당연한 것으로 인식하고 있다.

기업들이 e-마케팅을 행하는 방법은 웹사이트 개설, 온라인 광고와 촉진활동, 웹 커뮤니티 개설 및 이메일 이용 등이 있다.

전자상거래는 그동안 많은 시행착오가 있었으나 지속적으로 성장할 것으로 예측되지만 부정적 측면도 있다. 그 하나는 수익성 모델이 부족하다는 것이고, 법률적 내지 윤리적 문제로 사생활 침해와 보안 문제가 심각해 질 경우가 많고 사기와 협잡 등의 부작용이 발생할 경우가 많다는 점 등을 들 수 있다. 그러나 규모와 관계없이 모든 기업들이 마케팅 전략과 믹스에 온라인 마케팅을 통합하고 있다.

연습문제

1... 디지털 시대를 형성하는 주요 요인은 무엇인가? 네 가지로 나누어 설명하라.

2... 온라인 기업의 등장은 오프라인 기업에 어떠한 위협과 기회가 주어졌는가?

3... e-비즈니스, 전자상거래 및 e-마케팅은 동일한 개념인가?

4... 인터넷 구매로 소비자와 판매자가 얻는 혜택은 무엇인가? 구체적으로 설명하라.

5... B2C 전자상거래로 성공한 기업의 대표적인 예로 e-테일러(e-tailer)와 검색 엔진과 포탈 업체로 나누어 하나씩 열거하고 그 성공 요인을 제시하여 보라.

6... C2C는 마케팅 관점에서 어떠한 의미를 지니고 있는가를 상세하게 설명하라.

7... 기업이 e-마케팅을 실행하려면 네 가지 단계가 필요하다. 그것은 무엇인가?

8... 기업이 e-마케팅을 실행하기 위한 첫 단계로 웹사이트를 개설할 필요가 있다. 고객들에게 매력적인 웹사이트를 개설하려면 어떠한 요소들을 고려해야 하는가?

9... 온라인 광고와 촉진의 형태에는 어떠한 것들이 있는가? 구체적인 예를 들어 설명하라.

10.. 전자상거래는 판매자와 구매자 모두에게 유익한 점이 많지만 부정적 측면도 많다. 그것은 무엇인가?

제 4 편

글로벌 마케팅 시대와 과제

제19장 글로벌 마케팅

제20장 마케팅 윤리와 사회적 책임

제19장 글로벌 마케팅

제1절 시장의 글로벌화와 마케팅의 과제

근래에 이르러 통신 및 수송수단의 발달과 자본의 국제적 이동이 자유화됨에 따라 세계가 하나의 시장으로 통합되고 있다. 특히 1995년에 세계무역기구(WTO)가 출범한 이후 세세 교역량이 증가하고 전세계의 소득도 상승하고 있는 추세에 있다. 1969년 이래 세계에서 가장 부유한 14개 국가의 다국적 기업들의 수는 3배로 증가하여 왔다. 오늘날 이러한 기업들이 세계의 모든 민간부문 자산 가운데 3분의 1을 차지하고 세계 교역량에서도 절대적인 비중을 점유하고 있다.

문제는 이러한 교역증가와 그에 따르는 이익이 선진국과 개발도상국간에 불공평하게 나누어진다면 지금보다 훨씬 더 심각한 갈등이 싹틀 가능성이 있다는 점이다. 생산조건의 개선이 없는 시장의 통합은 반드시 교역조건의 희생을 강요하기 때문이다. 다른 한편, 세계무역기구의 출범으로 통상적 의미의 무역장벽이 거의 제거되었고, 관세부과나 보조금 지급처럼 제도와 관행에 따른 차별화 요인도 대부분 해소되었다. 그러나 이제까지 교역과는 무관하던 환경, 노동, 기술, 경쟁 등이 새로운 쟁점으로 떠오르고 있다. 이것은 경쟁력의 절대우위를 확보한 이 분야의 선진국들이 새로운 장애물을 설치하여 후발주자의 추격을 따돌리려는 교묘한 작전의 일환으로 보는 시각도 많다. 무분별한 산업화로 지구의 환경을 훼손하고, 무자비한 착취로 저개발국의 노동조건을 악화시킨 장본인이 바로 선진국인데, 이제 와서 그들이 설정한 기준을 지키지 못하는 나라의 상품에는 교역상의 불이익을 주겠다는 식의 망발을 일삼고 있다. 후진국의 주민이라고 해서 쾌적한 환경을 거부할 리 없으며, 빈곤한 국가의 노동자라고 해서 근로조건의 개선을 반대할 리가 없다. 환경문제나 노동

문제의 제기는 물론 강대국 야심의 발로라고 간단히 치부할 수만은 없는 일면이 있다. 이러한 현안의 해결에는 힘이 동원되기 예사이고, 그 힘의 동원에는 '협정'이라는 느슨한 약속보다는 고유의 권력을 행사하는 확고한 '기구'가 훨씬 효과적이다. 세계무역기구의 출범은 이러한 면에서 주변국의 세계무역체제 편입을 강조하는 중심부 지배구도의 산물이라는 시각이 있다.

이러한 새로운 체제하에서 우리나라는 뼈아픈 IMF 통치를 경험하게 되었고, 그 여파로 아직까지 구조조정을 완결하지 못한 채 경제적 불안정을 경험하고 있다. 우리나라는 아직까지 선진국에 진입하지 못하고 있고 개발도상국의 단계는 이미 벗어난 상태에 있는 상황에 있다. 앞으로 국제간의 무역을 비롯한 교역경쟁에서 선진국은 물론 개발도상국과도 경쟁해야 되는 상황에 있고, 따라서 우리나라 기업들이 특별히 지향해야 될 경영상의 과업은 무엇보다도 마케팅 능력의 배양이라고 하지 않을 수 없다. 특히 우리나라 국민총생산액 중 약 80%가 해외부문에 의존하고 있는 점을 감안한다면, 우리나라 대부분의 기업들은 국제시장에 적극적으로 진출하지 않으면 안 되는 상황에 처해 있다.

기업들 중에는 관세장벽 등의 보호장치로 외국기업과의 경쟁을 회피하려는 경우가 있으나, 보다 적극적인 경쟁방식은 국내외 시장에서 제품을 계속 개량하는 것이다. 국내시장과는 달리 해외시장에서 경쟁하려면, 시장진출의 위험도가 높고, 상대국 정부의 불안정한 경제정책과 환율변동, 관료의 부패, 관세 등의 무역장벽, 기술탈취 등의 장애가 뒤따른다. 그러나 '시장의 세계화'라는 추세에 따라 모든 기업들이 국내는 물론 국제적으로도 활동하지 않을 수 없는 것이 오늘의 현실이다.

이러한 의미에서 **글로벌 기업**(global firm)이란 한 개 이상의 국가에서 국내에서의 경쟁만으로는 누릴 수 없는 기술개발, 생산, 물류, 마케팅 및 재무상의 비교우위를 차지하고 이에 따라 활동하고 있는 기업을 말한다. 글로벌 기업은 세계를 무대로 활동하는 데 특징이 있다. 예컨대 자동차의 경우, 여러 가지 부품을 비교우위가 있는 각국에서 별도로 수입하여 조립한 다음에 완제품을 수출할 경우가 많다. 이러한 글로벌 기업은 규모가 반드시 커야 하는 것은 아니며 중소기업의 경우에도 해당된다.

우리나라 기업들이 글로벌화하려면 지금까지 이야기해온 바와 같은 통상의 마케팅과 마찬가지로 마케팅의 목적을 설정하고, 표적시장을 선택하여, 마케팅 믹스를 개발하고, 마케팅 통제를 실시하는 등의 일련의 과정이 필요하다. 그러나 국가간의 정치, 문화, 경제, 역사 등의 배경이 각기 상이하므로 글로벌 마케팅 관리자는 이러한 특수한 환경요소와 제도를 이해해야 하는 점이 다르다. 국제시장에 진출하려는 기업은 그림 19-1과 같은 의사결정단계를 거쳐야 하는 바, 이에 대하여

그림 19-1 국제마케팅의 의사결정단계

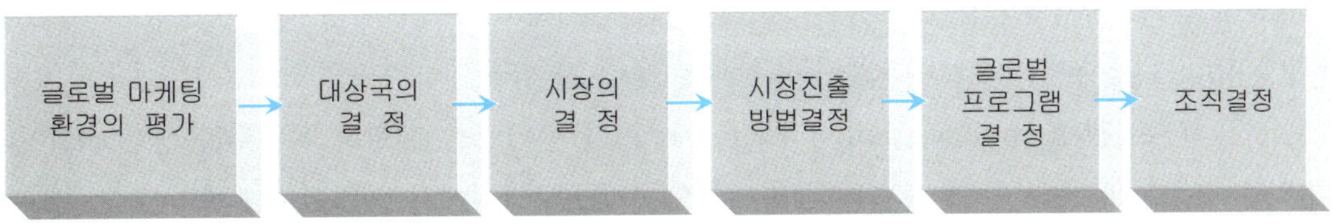

구체적으로 검토해보기로 한다.

제2절 글로벌 마케팅 환경의 변동추세

기업이 국제시장에 진출하려면 국제마케팅 환경을 철저하게 이해하여야 한다. 앞에서 언급하였던 바와 같이 지난 20년간 그러한 환경에 커다란 변화가 있었고, 이에 따라 새로운 기회와 문제점들이 발생하였다. 세계경제가 글로벌화되고 세계무역과 투자가 급격히 증가함에 따라, 서구와 동구, 중국, 인도, 태평양 연안국가 및 러시아 등 세계 도처에서 새로운 시장이 개방되어 다국적 기업들에게 매력적인 시장으로 등장하였다. 자동차, 식품, 의류, 전자제품 및 기타 다수의 제품들이 세계적인 브랜드로 확대되었다. 다른 한편, 선진국들을 중심으로 자국의 산업보호를 위하여 보호무역주의 정책을 강화하고 있는 추세에 있고, 우리나라는 미국을 비롯한 선진국으로부터 수입시장 개방 압력을 받아 대부분의 상품시장과 금융 및 서비스 시장을 개방하지 않을 수 없게 되었다. 따라서 국내기업의 입장에서 보면 기업간의 경쟁이 국내에서 그치는 것이 아니라 국제적으로 무한대의 경쟁을 하지 않으면 안 되게 되었다.

이러한 상황변화는 우리나라가 해외의존적인 경제체질을 지니고 있는 특징과 함께 단순상품 수출의 형태로 경제를 유지해오던 방식을 탈피하여 근본적으로 새로운 접근방법이 필요하게 되었음을 시사하고 있다.

1. 국제무역제도

제품을 해외에 판매하려는 경우, 국가마다 여러 가지 제한조치를 내리고 있음을 알아야 한다. 수입을 제한하는 방법으로 흔히 이용되고 있는 것은 관세제도이다. 관세는 제품의 중량, 부피 또는 가격에 따라 부과하며, 외환보유고를 유지함과 아울러 자국의 산업을 보호하려는 데 목적이 있다. 이것은 흔히 **보호관세**(protective tariffs)라고 한다. 또한 수입량을 제한하려는 **수입할당**(quota)이나 **수출입금지조치**(embargo) 등의 장벽을 설정하기도 한다. 무역거래는 외환관리에 의해서도 제한을 받게 되는데, 외환관리는 대외결제에 필요한 외환을 확보하는 일 뿐만 아니라 환율을 조정하는 일도 포함된다. 기타 제약요소로서 **비관세장벽**(non-tariff barrier)이 있다. 예컨대, 국제입찰에 있어서 특정 국가에 대한 차별대우, 특정의 규격이나 조건에 맞는 제품의 수입만을 허가하는 경우 등이 있다.

이와는 달리 국가간의 무역을 자유화거나 촉진시키려는 운동도 있다. 1995년에 출범한 세계무역기구(WTO)와 몇 개 국가들이 지역 상호간의 교역을 촉진시킬 것을 목적으로 하는 자유무역협정 등을 들 수 있다.

1) 세계무역기구와 가트

관세무역일반협정(General Agreement on Tariffs and Trade : GATT)은 관세인하와 기타 국제무역장벽을 줄임으로써 세계교역을 증진할 목적으로 1948년에 창설되어 50여년의 역사를 갖고 있다. GATT의 반세기 역사는 그대로 2차대전 후 자본주의 반세기의 과정이라고 해도 과언이 아니다. GATT는 1973년 원유값 폭등으로 촉발된 국제경제질서의 혼란으로 인하여 전후 자본주의가 누려왔던 황금기의 미망을 깨뜨리고 개발도상국에 대한 선진국의 경계를 강화하는 계기를 만들어 주었다. 이에 따라 GATT의 관심도 관세장벽 철거에서 비관세장벽 철거로 확대되었는데, 이 과제를 훌륭하게 수행한 1973년부터 1979년까지의 제7차 도쿄 라운드는 어느 경제학자의 표현대로 자유주의 시대의 종언이자 새로운 새벽을 여는 계기가 되었다. 특히 우리가 익히 알고 있는 우루과이 라운드는 제8차 협상으로서, 이를테면 GATT의 종언이고 세계무역기구(WTO) 시대의 새벽이 열린 셈이라고 할 수 있다. 미국은 지금까지 거의 모든 교역상대국에 대해 적자를 내고 있었기 때문에 세계무역기구를 출범시킴으로써 남북전쟁 이후 최악의 상태에 이른 무역역조로부터 과감한 탈출을 시도하였다.

제2차 대전 이후 기축통화로 세계무역질서가 유지되어 오던 달러 체제가 흔들리면서 미국이 대외적으로 겨룰 수 있는 분야는 농산물과 서비스였는데, 미국은 이 품목을 GATT의 협상의제로 끌어들였다. 공산품의 관세인하가 GATT 임무의 본령이라면, 우루과이 라운드는 그 의제만으로도 GATT의 '외도'임이 분명하다. 이에 따라 이 협상의 배경과 거기에 투영된 미국의 야심은 즉시 그 협력자이며 경쟁자인 유럽과 일본의 반발을 샀으며, 특히 농산물 시장의 개방공세는 저개발국과 첨예한 이해의 대립을 낳았다. 그러한 내부갈등에도 불구하고 우루과이 라운드 협상이 타결된 데에는 사회주의 제국의 붕괴가 크게 한몫을 거들었다. 이들의 몰락이 정치적으로 미국의 패권탈환을 확인시켰을 뿐만 아니라 강대국 자본의 출구를 그들 자신의 영토까지 넓혀 주었다는 이중의 의미에서 그 기여는 실로 대단한 것이었다.

어쨌든 우루과이 라운드는 무역장벽을 축소시키고 무역에 관한 국제표준을 설정하는 것 외에도 GATT 규정을 실행하기 위하여 1995년에 세계무역기구(World Trade Organization ; WTO)를 출범시켰다. 세계무역기구가 먼저 해결하여야 할 주요 과업 중의 하나는 은행, 증권 및 보험 등의 금융 서비스에서의 일반협정을 이끌어내는 것이었다. 따라서 세계무역기구는 GATT 뿐만 아니라 서비스 분야에서의 교역에 관한 일반협정과 지적재산권에 관한 협정에 이르기까지 교역문제를 포괄적으로 다루고 있다. 또한 교역 당사국간의 교역분쟁을 중재하고 과거의 GATT 체제 하에서는 보유하고 있지 못하던 제재조치를 취하기도 한다.

2) 지역별 자유무역권

몇 개의 국가들이 자유무역권 또는 경제공동체를 설치하여 국제무역거래를 규제하는 데 있어 공동의 목표를 추구하고자 한다. 대표적인 경우가 **유럽연합**(European Union ; EU)을 들 수 있다. 1957년에 설립될 당시에는 **유럽공동시장**(Common Market)이라고 하였는데, 회원국간에 상품과 서비스 및 금융의 자유로운 이동을 억제하는 요인을 제거하고 비회원국가의 교역에 관한 정책을 개발함으로써 단일의 유럽시장을 창설하는 데 목적이 있었다. 오늘날 유럽연합은 세계 최대의 단일시장 중의 하나이며 15개 회원국들의 인구가 3억7천만 이상이고 세계 수출액의 20%를 차지하고 있다. 동구권 국가들이 회원으로 가입하면서 회원국의 수와 경제규모도 점차 커지고 있다.

또한 유로(Euro)라고 하는 단일의 통화를 제정함으로써 회원국간의 교류를 촉진시키는 데 크게 기여하게 되었을 뿐만 아니라 달러 등에 대항하는 강력한 통화로 등장하게 되었다.

유럽연합은 유럽 이외의 국가에 속하는 기업들에게는 새로운 교역기회를 제공하기도 하지만 위협적 요인도 존재하고 있다. 이 기구의 출범으로 유럽기업들은 규모가 커지고 경쟁력이 강화되겠지만, 유럽 내의 장벽이 낮아지는 대신 외부와의 장벽은 더 높아지고 있다는 문제가 있다. 유럽 국가 간에는 기업들의 활동이 자유로우나 유럽 이외의 지역과 교역을 할 경우에는 수입할당이나 비관세장벽 등 장애요인이 높아지고 있다.

유럽연합이 일반적인 교역규제를 표준화하려 한다 해도 마케팅 관점에서 보면 이 기구가 단일의 동질적 시장을 창출할 것으로 보이지 않는다. 회원국마다 언어와 문화 및 관습이 다르고 따라서 '유럽 합중국'이 될 가능성은 없는 것으로 보인다. 경제적 내지 정치적 장벽은 무너질지 모르지만 사회적 및 문화적 차이는 잔존할 것이고, 유럽에서 마케팅 활동을 전개하는 기업들은 회원국마다 각기 상이하게 적용되는 법률과 규정에 직면하게 될 것이다. 따라서 유럽연합은 아직까지 완전한 성공을 거두었다고 보기 힘들지만 보다 효율적이고 경쟁력이 있는 강력한 글로벌 경제체제로 등장할 것이다.

다른 한편 북미지역에서는 미국, 캐나다 및 멕시코가 북미자유무역협정(North American Free Trade Agreement ; NAFTA)을 1994년에 체결하고, 이들 국가간의 무역장벽과 투자제한을 철폐하였다. 한 걸음 더 나아가 북미와 중남미의 34개 국가들은 2005년 12월까지 산업인구를 포용하는 세계 최대 규모의 자유무역협정을 실행에 옮기기 위하여 **미주자유무역지대**(FTTA)를 창설하는 데 합의한 바 있다. 그밖에도 아시아 국가들 간에도 경제협력기구를 설치하려는 움직임이 계속되고 있다. 이와 같이 세계경제가 지역적으로 블록(block)화하려는 경향이 점차 높아지고 있는 것은 지역간의 경제적 성과를 높이는 데 도움이 될지 모르나, 타 지역에 진출하는 데는 많은 장애요소가 존재하게 될 가능성이 있음을 시사하고 있다.

나라마다 각기 독특한 특성을 지니고 있기 때문에 특정된 상품과 서비스에 대한 수요와 시장으로서의 매력도는 각국의 경제적, 정치 및 법률적 및 문화적 환경에 달려 있다.

2. 경제적 환경

글로벌 마케팅 관리자는 국제시장을 개척하는 데 있어 각국의 경제를 알고 있어야 함은 물론이다. 각국의 경제적인 특성은 두 가지 측면에서 이해해야 하는 바, 그 첫째가 산업발전 단계를 파악하는 일이다. 한 국가의 산업발전 단계는 곧 제품이나 서비스의 필요수준, 소득수준, 고용수준을 결정해 준다고 할 수 있다. 이러한 산업발전단계에 따라 국가경제를 다음과 같이 네 가지 유형으로 분류할 수 있다.

1) 원시경제

다수의 국민이 농업부문에 종사하고 자급자족과 물물교환이 경제활동의 중심이 되는 국가경제를 말한다. 이러한 국가에 대하여는 제품을 판매할 기회가 크지 않은 것이 보통이다.

2) 원료수출경제

천연자원은 풍부하지만 공업수준이 낮은 국가의 경제를 말하며, 국가수입의 대부분이 그러한 자원을 수출함으로써 획득된다. 사우디 아라비아의 석유, 칠레의 주석과 구리, 콩고의 천연고무 등이 대표적인 예이다. 이러한 국가들은 주로 공업제품을 수입하고 있으며 일반 소비제품도 수입하고 있다.

3) 공업화 과정중의 경제

이 단계에 속해 있는 국가들은 공업제품 생산이 국민총생산에서 차지하는 비중이 높다. 이집트, 브라질 및 인도 등이 대표적인 국가이다. 이들은 공업생산이 증가함에 따라 더 많은 원료와 자본재를 수입하게 된다. 부유층이 새로 형성되고 중산층도 일부 형성되고 있으며, 이러한 계층의 사람들은 필요한 제품을 수입하여 사용하는 경우가 많다.

4) 공업경제

공업화된 국가는 공업의 기반이 구축되어 공업제품을 수출한다. 이들 국가간에 제품을 교환할 뿐 아니라 후진국으로부터 원료나 반제품을 수입하는 대신 공업제품을 수출한다. 중산층도 두껍게 형성되어 있어 가장 부유한 시장이 된다.

글로벌 마케팅 관리자가 이해해야 할 또 하나의 경제적인 측면은 진출대상 국가의 소득분포이다. 한 국가의 소득분포는 산업구조뿐만 아니라 정치제도와도 밀접한 관련이 있다. 한 국가의 국민소득이 어떻게 분포되어 있는가에 따라 특정 제품의 판매가능성이 다를 것으로 생각된다.

3. 정치적/법률적 환경

무역거래나 외국인 투자에 대한 각국의 정치적 내지 법률적 환경이 각기 다르다. 특정 국가와 거래하고자 할 때에는 다음과 같이 네 가지 요소를 고려해야 한다.

1) 무역거래 및 투자에 대한 태도

국가에 따라 무역이나 외국인의 투자에 적극적인 경우도 있으나 적대적인 국가도 있다.

2) 정치적 안정

상대국가의 현재 정치상황 뿐 아니라 미래의 안정 여부에 관하여도 주의를 기울여야 할 것이다. 통치자가 바뀜에 따라 무역거래나 외국인 투자에 대한 태도가 크게 변화할 수가 있는 것이다.

3) 외환관리

어느 국가이든 대외결제를 위하여 보유하고 있는 외환을 통제하고 있으며 환율의 변동은 커다란 위험부담이 된다.

4) 관료제도

국가마다 상거래 관습이 다르고, 특히 개발도상국가의 경우에는 관료에게 특별한 대우를 하지 않으면 거래하기가 힘들 경우가 많다.

4. 문화적 환경

글로벌 시장에 진출하려는 경우, 고려하여야 할 또 하나의 요소는 각국 소비자의 선호와 유형이 상이하다는 점이다. 다음의 예를 보자.

- 프랑스인들 중 남자가 소비하고 있는 화장품의 양은 여자의 두 배나 된다.
- 이태리 어린이들은 빵조각에 초코렛을 넣어 먹는 것을 좋아한다.
- 탄자니아의 여성들은 아이들에게 계란을 주지 않는데, 계란을 먹으면 대머리가 되거나 성의 무기력을 가져온다고 믿고 있기 때문이라고 한다.
- 일본의 실업가들은 상담시에 가부(可否)의 표현을 단정적으로 나타내지 않는다.
- 프랑스의 도매상들은 소매상에 대한 촉진활동을 하지 않으며, 필요한 양을 물어보고 배달해 줄 뿐이다.

이와 같이 국가별로는 물론 동일 국가 내에서도 지역에 따라 문화적인 전통이나 소비자의 선호, 금기사항 등이 각기 다르므로 글로벌 마케팅 관리자는 이러한 요소들도 세밀하게 조사하여야 한다.

제3절 해외진출 여부의 결정

모든 기업들이 살아남기 위하여 위험을 감수하면서 국제시장에 진출할 필요가 있는 것은 아니다. 예컨대 제품의 수요가 내수시장에 국한될 경우에는 해외로 진출할 필요성이 그다지 높지 않다. 그러나 해외시장에 기반을 두고 있는 글로벌 기업들은 특정된 시장에서의 자신의 전략적 위치가 전반적인 세계경제의 추세에 따라 크게 영향을 받기 때문에 경쟁에서 살아남으려면 범세계적 시각에서 계획을 수립하지 않으면 안 된다.

기업이 국제시장에 뛰어들게 되는 요인에는 여러 가지가 있다. 글로벌 경쟁기업들이 양질의 제품이나 저렴한 가격으로 특정 기업의 국내시장을 공략할 수 있다. 이러한 경우에는 경쟁기업들의 자국내 시장에서 그들의 자원을 독점하거나 고정시킴으로써 반격을 가할 수 있다. 또한 국내시장보다도 수익성이 훨씬 좋은 해외시장을 새로 개척할 수도 있을 것이다. 국내시장이 정체되어 있을 때에는 규모의 경제를 달성하기 위하여 고객기반을 확충할 필요가 있을 수 있다. 또한 위험을 감소시키기 위하여 특정 시장에의 의존도를 낮추려 할 수 있다. 마지막으로 기업의 고객들이 해외로 확대되면 국제적인 서비스를 제공할 필요가 있게 된다.

어느 기업이 해외에 진출하기 전에 해외에서 활동할 수 있는 자신의 능력에 대하여 충분히 평가하고 위험도 고려하여야 한다. 예컨대 진출하고자 하는 국가의 구매자 행동과 선호도를 충분히 이해하고 있는가? 경쟁우위에 있는 제품을 제공할 능력이 있는가? 상대국의 기업문화와 거래관습 및 정부의 관행에 적응해 나갈 수 있는 능력이 있는가? 경영계층은 필요한 국제적 경험을 충분히 보유하고 있는가? 경영층에서는 상대국 정부의 규제와 정치적 환경이 미치는 영향을 충분히 고려하였는가?

국제시장에 진출하려면 수많은 위험과 난관에 봉착하기 때문에 충분한 예비조사와 시장조건이 형성되지 않으면 진출을 보류하여야 한다.

제4절 대상지역에 대한 결정

해외에 진출하려는 기업은 사전에 국제마케팅의 목적과 정책을 결정하여야 한다. 즉, 국내시장과 해외시장의 판매비율, 진출대상국가의 수(즉, 시장집중화 대 시장다변화), 제품의 특성과 질적인 요소, 소득수준과 인구, 정치상황에 따른 대상국가의 유형 등을 결정할 필요가 있다.

진출 대상국가를 평가하고 선정한 후에는 진출 우선순위를 결정하여야 한다. 일반적으로 시장을 선정하는 기준으로는 시장규모, 시장 성장속도, 사업에 소요되는 비용, 비교우위, 위험수준 등을 들 수 있다. 진출 대상국가의 우선순위를 결정하는 목적은 각 국가별 투자수익률을 산출하려는데 있다. 투자수익률을 산출하려면 몇 가지 작업단계가 필요하다.

첫째, 진출 대상국가(혹은 시장)의 현재시장 잠재력을 먼저 측정할 필요가 있는데, 그러한 정보는 정기 또는 비정기 간행물을 통하여 입수하거나 1차자료를 직접 수집하여 작성할 수도 있다.

둘째, 진출 대상국가의 미래 잠재력을 예측하는 일이 중요하다. 그것은 상대국의 정치적, 문화적 내지 기업환경에 대하여 깊은 지식을 갖고 있지 못할 경우가 많기 때문이다. 또한 상대국의 정부, 통화, 법률 등이 안정되어 있지 않을 경우도 많기 때문이다. 그러나 예측이 어렵다고 하여 무관심하여서는 안 되며, 모든 가능한 수단을 동원하여 필요한 정보를 입수하려는 노력을 기울여야 한다.

셋째, 진출 대상국가의 판매잠재력과 가능한 시장점유율을 예측하여야 한다. 다른 경쟁국가뿐 아니라 상대국의 기업과도 경쟁관계에 있을 때에는 그러한 예측이 특히 어려울 것이다. 현지 구매자들이 제품의 장점이나 구매방법, 기업이나 제품에 대해 지니고 있는 이미지 등에 대하여 어떠한 태도를 보이고 있는가를 이해할 필요가 있으며, 현재 구매자들이 공정한 태도를 지니고 있다 하더라도 정부가 수입할당, 관세부과 등의 차별적인 정책을 시행할 가능성도 배제할 수 없을 것이다.

넷째, 기업이 어떠한 진출전략을 선택하는가에 따라 비용이 달리 소요될 것이다. 제품을 직접 수출하거나 상대국의 기업과 특허권 사용계약을 체결하는 경우에는 어느 정도 정확한 비용을 산출할 수 있으나, 제조시설을 상대국에 설치하는 경우에는 상대국에서의 노동조건, 세금, 거래관습, 고용에 관한 규정 등을 이해하고 있어야 하기 때문에 간단한 일이 아니다. 이러한 비용을 예측한 후에 추정판매액에서 빼면 이익을 추정할 수 있을 것이다.

마지막으로 추정이익을 투자자산으로 나누면 수익률을 구할 수 있는데, 이러한 투자수익률은

표 19-1 시장잠재력 지표

인구통계 특 성	· 인구규모 · 인구증가율 · 도시화 정도 · 인구밀도 · 연령구조 및 인구구성	기술적 요 인	· 기술숙련도 수준 · 기존생산기술 · 교육수준
지리적 특 성	· 국가규모 · 지형적 특성 · 기후조건	사회문화적 요 인	· 지배적 가치관 · 생활양식 유형
경제적 요 인	· 1인당 국민총생산 · 소득분포 · 경제성장률 · GNP 대비 투자비율	국가목표와 계 획	· 육성산업의 우선순위 · 사회간접자본 투자계획

정상적인 목표수익률을 초과달성할 수 있어야 하고, 상대국에서의 마케팅 활동의 불확실성과 위험을 감안하여 그 수준을 결정하여야 한다. 특히 판매액이나 비용을 잘못 추정할 확률이 있을 뿐 아니라 통화 자체의 변동(예컨대 평가절하)이나 정치적인 변동이 발생할 가능성이 존재하기 때문에 위험을 고려하지 않을 수 없다. 표 19-1은 기업이 해외시장에 진출하는 데 있어 각 시장의 잠재력을 추정하는 데 이용되는 주요 지표를 예시한 것이다. 이러한 지표에 따라서 상대국가의 시장잠재력을 평가한 후에는 장기적으로 투자수익률이 가장 높은 시장을 선택할 수 있게 된다.

제5절 시장진출방법의 결정

특정된 해외시장에 진출할 가치가 있다고 판단한 후에는 그러한 시장에 진출할 방법을 결정하여야 하는데, 진출전략은 세 가지로 대별할 수 있다. 즉, 수출, 합작투자, 직접투자가 그것이다. 해외진출에 따르는 위험과 이익은 수출→합작투자→직접투자의 순으로 높다고 할 수 있다. 그림

그림 19-2 해외시장으로의 진출전략

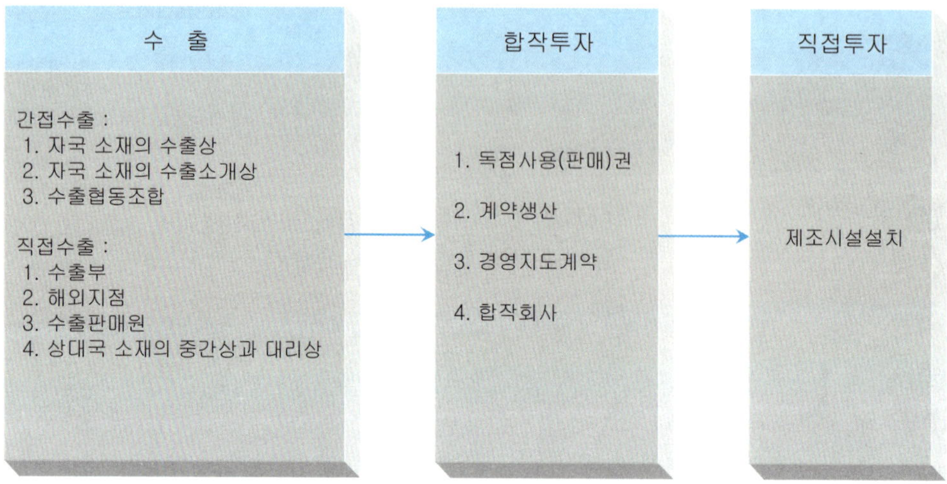

19-2는 이러한 세 가지 진출전략을 구체적으로 나열한 것으로, 이제 그 내용을 상세하게 검토하여 보기로 하자.

1) 수출

해외시장에 진출하는 방법 중 가장 단순한 형태로서 해외에서 수요가 있을 때마다 제품을 수출하는 소극적인 방법이 있는 반면, 특정 시장에 적극적으로 진출하기도 한다. 수출 대상지역이 변경되기도 하지만 기업의 제품, 조직 및 목표가 바뀌는 경우는 드물다. 제품을 수출할 때 국제마케팅에 독자적으로 종사하는 중간상을 이용하기도 하고(간접수출), 상대국의 구매자나 수입상에게 직접 판매하기도 한다(직접수출).

(1) 간접수출

수출을 처음으로 시작하는 기업이 흔히 이용하는 방식으로, 해외에서 판매원을 양성하거나 판매활동을 할 필요가 없으며 위험부담이 적다. 국제마케팅에 종사하는 중간상들은 국제거래관습을 잘 알고 있기 때문에 수출자가 흔히 범하기 쉬운 오류를 피할 수 있다. 자국 소재의 중간상에는 세 가지 유형이 있다.

① **자국 소재의 수출상**(export merchant) : 제조회사로부터 제품을 구입하여 독자적으로 해외에 판매하는 중간상을 말하며, 제조회사는 수출상에게 단순히 제품을 판매할 뿐이다.

② **자국 소재의 수출소개상**(export agent) : 이들은 수수료를 받고 해외에 바이어(buyer)들을 소개해 줄뿐이기 때문에 수출회사의 입장에서는 수출에 수반하는 모든 위험을 부담하여야 된다. 이러한 소개상의 유형에도 여러 가지가 있다. **수출품 구매대리상**(export buying agent)은 수출회사가 있는 국가에 주재하면서 해외의 바이어들을 대표하여 주문을 받아 선적과 대금결제까지 대행한다. **브로커**(broker)는 바이어를 소개하고 수수료를 받지만 제품을 직접 취급하지는 않는다. **제조회사 수출대리상**(manufacturer's export agent)은 상호 이해관계가 있지만 경쟁위치에 있지 않은 몇 개의 수출회사를 대표하여 수출 및 기타의 서비스를 제공하는 대리상을 말한다.

③ **수출협동조합**(export cooperative) : 다수의 제조회사들이 조합을 설립하여 이를 통하여 제품을 수출할 경우가 있다. 조합이 수출활동을 하며 회원기업의 통제를 받는다. 농산물과 같은 1차산업 제품의 수출에 많이 이용되는 형태이다.

(2) 직접수출

상술한 바와 같은 간접수출방식에서는 중간상이나 소개상에게 소정의 수수료를 지불하여야 하므로 그러한 번거로움을 피하기 위하여 직접 수출하려는 경우가 발생한다. 수출회사의 규모가 커지고 수출대상지역의 시장규모도 충분히 확대된 경우에 이러한 방식을 이용하게 된다. 투자에 따르는 위험이 높은 대신 수익을 많이 거둘 수 있다. 직접수출방식에도 여러 가지 유형이 있다.

① **수출부 또는 수출전담회사** : 수출을 전담하는 인력과 조직을 별도로 두고 수출활동을 수행하게 하는 것이다. 경우에 따라 독립채산제를 실시하기도 한다.

② **해외지점**(overseas sales branch)이나 **현지법인**(subsidiary) : 상대국에 지점을 설치하는 경우에 본사를 대신하여 독자적으로 판매활동을 전개하며 유통경로의 개척, 창고보관, 촉진활동 등도 수행한다. 전시장이나 고객에 대한 서비스 창구의 역할도 한다.

③ **수출판매원** : 본사에 소속되어 있는 판매원을 해외에 파견하여 주문활동을 펴게 하는 것이다.

④ **상대국 주재의 중간상과 대리상** : 상대국에 있는 중간상은 제품을 수입하여 소유하고 판매한다. 상대국의 대리상은 수출회사를 대신하여 현지에서 제품을 판매하며 경우에 따라 독점 판매권을 소유하기도 한다.

2) 합작투자(joint venturing)

해외시장에 진출하는 또 하나의 방법은 현지기업과 합동으로 투자하여 생산 및 판매활동을 전개하는 것이다. 현지기업과 동업관계를 맺는다는 점에서 단순한 수출이나 직접투자와 다르며 다음과 같이 세 가지 유형이 있다.

(1) 독점사용 내지 독점판매권(license)

국제마케팅에 종사하는 기업이 이용하고 있는 단순한 형태의 해외진출 방법의 하나로 사용 허가권자와 사용권자 간에 계약을 체결하여 사용권자는 일정한 대가(royalty)를 지불하고 제조과정이나 등록상표, 또는 특허권 등을 독점적으로 사용할 수 있는 권리를 부여받는다. 사용 허가권자는 시장진출에 큰 위험을 부담하지 않아도 되고 사용권자는 필요한 생산기술을 쉽게 획득할 수 있으며 제품이 널리 알려진 경우에는 판매노력을 많이 기울일 필요도 없는 이점이 있다. 프랜차이즈(franchise)도 이러한 유형에 속한다.

독점사용권 내지 판매권을 허가하는 경우에 불리한 점도 있다. 직접투자의 경우보다 상대기업에 대한 통제력이 약하며, 기대하였던 것 이상으로 성공하는 경우 발생한 이익을 획득할 수 없으며, 계약이 종료되는 경우 상대기업이 새로운 경쟁자로 군림할 가능성이 있다.

(2) 계약생산(contract manufacturing)

직접투자할 의사가 없을 경우에 현지기업으로 하여금 생산만을 전담하게 하고 자신은 마케팅 활동을 책임지는 형태의 진출방식이다. 상술한 독점사용권의 경우와 마찬가지로 상대기업에 대한 통제력이 약하여 잠재이익을 획득하지 못할 우려가 있는 단점도 있으나 단시일 내에 시작할 수 있고 위험부담이 적으며 합작회사를 설립하거나 상대기업을 흡수할 기회가 있는 이점이 있다.

(3) 경영지도계약(management contracting)

현지기업이 전 자본을 투입하되 경영기술만을 제공할 것을 합의하는 방식을 말한다. 제품을 수출하는 것이 아니라 경영기술을 수출하는 것이라 하겠다. 이 방법은 위험부담이 적고, 처음부터 수익을 올릴 수 있으며, 경우에 따라 상대기업을 흡수할 수 있는 기회도 있는 이점이 있으나 보유하고 있는 경영기술을 다른 방면에 더 유용하게 활용할 수 있는 경우에 획득할 이익을 상실할 우려가 있다.

(4) 합작회사(joint-ownership venture)

현지기업과 공동으로 출자하여 사업을 영위하는 것으로 상대기업의 주식을 매입하는 경우, 상대기업이 투자기업의 주식을 매입하는 경우, 양자가 공동으로 새로운 기업을 설립하는 경우 등이 있다. 이 방법은 양자가 단독으로 기업을 운영할 수 있는 자금이나 자원이 부족할 경우에 이용된다.

3) 직접투자(direct investment)

해외시장에 진출하는 최종방법은 현지에 조립공장이나 제조공장을 설립하는 데 직접 투자하는 것이다. 해외시장에 경험이 많은 기업이 택하는 방법이며, 현지에서 완전한 통제를 원하는 경우에 이상적이다. 이 방법의 이점은 첫째, 상대국의 값싼 노동력과 원료, 상대국 정부의 투자장려정책 등의 혜택을 이용할 수 있다는 점이다. 둘째, 상대국에서 투자기업의 이미지를 향상시킬 수 있다는 것이고, 셋째, 상대국의 정부, 소비자, 원료공급자, 중간상 등과의 유대를 강화할 수 있으므로 상대국의 마케팅 환경에 적응하기 쉽다. 또한 투자에 대한 통제가 가능하므로 장기적인 관점에서 생산 및 마케팅 정책을 수립할 수 있다. 그러나 투자에 따르는 위험부담이 크다는 단점이 있다. 환율변동이나 정부정책의 불안정 등이 그러한 예에 속한다.

4) 다국적 기업(multinationals 혹은 multinational corporation)

지금까지 해외시장에 진출하는 세 가지 방법의 성격과 장단점을 살펴보았는 바, 해외시장의 규모가 확대되고 거래대상국가가 증가함에 따라 범세계적으로 생산시설을 보유하고 마케팅 활동을 전개하는 기업이 점차 증가하고 있다. 이와 같이 여러 국가에 직접 투자하여 각 투자기업에서 나오는 이익이 전체 이익에서 차지하는 비중이 상당히 크고 각 투자기업이 독자적으로 경영의사결정을 내리는 경우에 이를 **다국적기업**이라고 한다. 이러한 다국적기업이 성공하려면 국제적으로 통일적인 마케팅 프로그램이나 차별적인 마케팅 프로그램을 개발하는 과제가 중요한 것이 아니라 그러한 프로그램을 개발하는 과정을 표준화하는 일이 더 중요하다.

제6절 글로벌 마케팅 프로그램에 대한 결정

한 개 또는 그 이상의 해외시장에서 활동하고 있는 기업들은 현지조건에 맞도록 그들의 마케팅 믹스를 어느 정도로 조절할 것인가를 결정하여야 한다. 범세계적으로 단일의 표준화된 마케팅 믹스(standardized marketing mix)만을 이용하고자 하는 극단적인 기업들이 있다. 이러한 글로벌 표준화를 주창하는 논거는 생산, 유통, 마케팅 및 경영관리 등에 소요되는 비용을 절감할 수 있고 소비자들에게 고품질이면서도 신뢰할 만한 제품을 저가로 제공할 수 있다는 것이다. 이와는 달리 **적응 마케팅 믹스**(adapted marketing mix)를 채택할 경우가 있다. 이 경우에는 생산자가 각 표적시장별로 마케팅 믹스 요소를 달리 적용하여, 비용면에서 부담이 되지만 더 많은 시장점유율과 수익률을 획득할 것을 목적으로 한다. 이러한 방식을 주장하는 논거는 각국의 소비자들이 인구통계적, 경제적 및 문화적 특성이 각기 다름으로 인하여 그들의 욕구, 구매력, 제품에 대한 선호도 및 쇼핑 패턴도 상이하다는 것이다. 그러므로 기업들은 각국의 소비자 욕구에 맞추어 특유의 마케팅 전략과 프로그램을 개발하여야 한다.

근래에 이르러 마케팅 믹스를 표준화할 것인가 또는 변경할 것인가의 문제에 대해서 많은 논란이 있다. 그러나 글로벌 표준화 여부는 양자택일의 문제가 아니라 정도의 문제이다. 비용을 절감하고 가격을 인하함과 동시에 범세계적으로 브랜드의 위력을 구축하기 위하여 표준화가 필요하다. 그러나 장기적인 측면에서 본 마케팅 사고를 단기적인 재무적 성과와 대치해서는 안 된다. 표준화가 비용을 절약하는 효과가 있지만 마케팅 종사자들은 각국의 소비자들이 원하고 있는 것을 제공하고 있다는 확신이 필요하다.

표준화와 완전한 적응간에는 여러 가지 가능성이 존재하고 있다. 예컨대 동일한 제품을 각국에 판매한다 하더라도 국가별로 소비자들의 선호에 맞는 광고를 내보낼 수가 있을 것이다. 또한 유통경로도 현지 사정에 맞도록 조정할 경우가 있다. 이와는 달리 국가별로 문화적인 특성에 맞도록 제품을 다양화할 필요가 있는 경우도 있다. 따라서 해외시장에 진출하고자 하는 기업은 상대국의 상황에 적합한 마케팅 믹스 전략을 개발하여야 하는 바, 마케팅 믹스의 각 요소별로 어떠한 전략이 있는가를 살펴보자.

1) 제품 및 촉진전략

해외시장에서의 제품 및 촉진전략은 그림 19-3에서 볼 수 있는 바와 같이 다섯 가지로 분류할 수 있다.

첫째, 동일전략을 이용하는 것으로 국내에서 이용하는 것과 동일한 제품전략과 촉진전략을 적용하는 것이다. 이러한 전략은 연구개발이나 제조시설 변경, 재고관리, 새로운 촉진 프로그램의 개발 등에 필요한 비용을 투입할 필요가 없으므로 손쉬운 방법 중의 하나이다.

둘째, 촉진전략을 변경하는 것으로써 제품을 변경하지는 않지만 촉진전략은 바꾸는 것이다. 자전거를 생산하는 기업이 국내에서는 레저용으로 선전하지만 해외에서는 교통수단으로 선전하는 것이 그러한 예에 속한다. 이 전략은 비용이 비교적 적게 소요되는 이점이 있다.

셋째, 제품변경전략이 있다. 촉진전략은 바꾸지 않고 상대국의 현지상황이나 현지 소비자들의 기호에 맞도록 제품을 변형하는 것이다. 이러한 전략을 이용하려면 새로운 형의 제품생산에 비용이 추가로 소요된다.

그림 19-3 국제시장 진출에서의 제품과 촉진전략

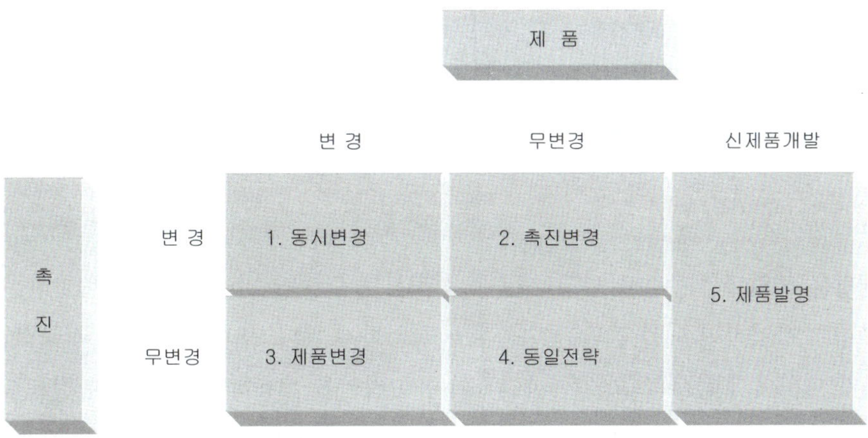

넷째, 제품 및 촉진전략을 동시에 변경하는 방법이 있다. 이 전략은 비용이 많이 소요되지만 표적시장의 규모가 충분히 크다면 시도해 볼 만한 가치가 있을 것이다.

마지막으로, 신제품을 개발하는 전략을 생각할 수 있다. 특정 국가에서 특별히 필요로 하는 제품을 새로 개발하는 것으로, 상술한 전략 중 비용이 가장 많이 소요되지만 성공할 경우에 반대급부가 매우 크다.

2) 가격 및 유통전략

기업에 따라서 국내가격보다 해외에서의 가격을 낮게 책정할 필요가 있는 경우가 있는데, 그 이유는 상대국의 소득수준이 낮다거나, 새로운 경쟁자가 나타날 위험이 있거나, 잉여제품을 판매하기 위하여 덤핑행위를 하게 되는 경우 등이 있다. 가격을 낮게 책정하더라도 상대국의 중간상이 고율의 이윤폭을 부과하는 경우 최종 소비가격은 높을 수가 있다.

한편 제품이 상대국의 최종 소비자에 도달하기까지 전반적인 유통경로 문제도 신중하게 고려하여야 한다. 제품을 수출하는 데 있어 국가간의 유통경로까지만 고려하고, 상대국 내의 유통경로에 대하여는 관심을 기울이지 않을 경우가 많다. 특히 소비제품에 대한 국내의 유통경로는 나라마다 차이가 많으며, 중간상의 수와 유형도 각기 상이하다. 또한 상대국 소매점의 규모와 성격도 다르다는 점을 알아야 할 필요가 있다.

제7절 마케팅 조직에 대한 결정

국제마케팅 활동을 관리하는 방법은 기업에 따라 다르며 진출 정도에 따라서도 각기 상이하다.

1) 수출부

국제마케팅은 해외에서 주문을 받고 제품을 선적하는 단순한 거래에서부터 출발하는 것이 보통이다. 수출량이 증가하면 이를 전담할 수출부를 설치하게 된다. 또한 해외에서 적극적인 판매활동을 전개하기 위하여 수출부의 요원을 파견하거나 현지인을 채용하기도 한다. 한걸음 더 나아가 합작투자나 직접투자를 하게 되면 수출부의 존재는 필요없게 된다.

2) 국제사업부(international division)

각국과 여러 가지 유형으로 거래하게 될 경우, 예컨대 한 국가에게는 단순히 제품만을 수출하고 다른 국가에는 합작투자를, 또 다른 국가에는 직접투자를 하는 등의 경우가 있다. 이러한 경우에는 모든 국제거래활동을 총괄하는 책임을 전담하는 별개의 독립된 부서를 설치할 필요가 있다. 이러한 부서에서는 독자적으로 사업목표를 설정하고 예산을 편성한다.

3) 다국적 기구(multinational organization 혹은 global organization)

범세계적으로 활동하는 기업이 국제부를 설치하는 것만으로 만족하지 않고, 전세계를 하나의 시장으로 보고 마케팅 활동을 전개하는 경향이 높아지고 있다. 최고경영자를 비롯한 모든 계층의 종사자가 세계를 하나의 시장으로 생각하고 생산, 자금 및 마케팅 계획을 수립한다. 대부분의 선진국 기업들은 이러한 다국적화의 경향이 점차 높아지고 있다.

요 약

오늘날 어떠한 기업도 그 규모와 관계없이 국내시장에 국한하여 활동하는 것만으로는 충분하지 않게 되었다. 이것은 세계무역기구의 출범과 함께 범세계적으로 시장이 개방되는 추세에 있어 어느 국가든지 상품은 물론 서비스에 이르기까지 국제간의 교류가 더욱 증대될 것으로 예상되기 때문이다. 오늘날 많은 기업들이 국제화 내지 글로벌화 되고 있는 추세에 있는데, 이러한 기업들은 낮은 원가로 제품을 생산하고 세계적으로 브랜드의 인지도를 높이는 이점을 지니고 있다. 그러나 이와 동시에 국제마케팅 활동을 전개하는 데에는 많은 위험이 뒤따른다. 그 이유는 환율이나 정부정책의 변동, 관세장벽의 존재, 기타 요소들로 인하여 상대국에 진출하기가 국내시장만큼 용이하지 않기 때문이다. 기업이 국제마케팅을 수행하는 데 따르는 잠재적인 이익과 위험이 주어졌을 때, 국제마케팅에 관한 의사결정을 내리려면 체계적으로 분석하는 일이 필요하다.

그 첫째로, 기업은 국제마케팅 환경을 이해하여야 한다. 특히 국제무역제도에 대한 이해가 필요하다. 기업의 입장에서는 각 외국시장의 경제, 정치, 법률 및 문화적인 특성을 평가하여야 한다. 둘째, 기업에서는 해외에 판매하는 비율이 어느 정도로 차지할 것인가를 고려하여야 하고 이와 동시에 소수의 국가와 거래할 것인가 혹은 다수의 국가와 거래할 것인가를 결정하여야 한다. 셋째, 기업에서는 구체적으로 어떠한 시장에 진출할 것인가를 결정하여야 한다. 이러한 결정을 내리려면 특정된 시장에서 활동할 경우, 부수되는 위험수준에 비한 투자수익률을 산출할 필요가 있다. 넷째, 기업에서는 선정된 각 시장에 대하여 어떠한 방법으로 진출할 것인가를 결정하여야 한다. 즉, 단순상품수출형태를 취할 것인가, 합작투자 형태를 택할 것인가, 또는 직접투자의 방법을 택할 것인가를 결정할 필요가 있다. 일반적으로 많은 기업들이 초기에는 단순상품수출로부터 시작하여 합작투자, 그리고 한걸음 더 나아가 직접투자의 형태로 해외에 진출하는 경우가 많다. 기업이 다음으로 결정하여야 할 일은 선정된 외국시장에 진출하기 위하여 기업의 제품, 촉진, 가격 및 유통을 어떠한 방법으로 적용해 나가야 할 것인가를 결정하여야 한다. 마지막으로, 기업이 하여야 할 중요한 과업 중의 하나는 국제마케팅을 효율적으로 수행하기 위한 조직을 설치하는 일이다. 그러한 조직형태로서는 단순한 수출기구를 설치하는 경우, 혹은 국제시장에 진출하는 전반적인 문제들을 포괄하는 국제사업부를 별도로 설치하는 경우, 그리고 세계를 하나의 시장으로 보고 마케팅 계획을 수립하고 실행하는 범세계적 조직 내지 다국적 조직의 방법 등이 있다.

연습문제

1... 오늘날 모든 기업들이 국제화 내지 글로벌화를 지향하지 않으면 안 되게 된 이유는 무엇인가? 그리고 국내시장을 상대하기보다는 보다 넓은 세계시장을 대상으로 확대진출하는 것은 어떠한 이점이 있는가?

2... 외국에 상품을 수출할 때 기업은 여러 가지 무역장벽에 직면하게 된다. 예컨대 관세, 수입할당, 수입금지조치 등이 이에 속한다. 이러한 조치들은 수출기업의 입장에서 볼 때 마케팅 믹스에 어떠한 영향을 미치게 되는가를 평가하여 보라.

3... 우리나라 자동차산업이 중국시장에 진출하고자 할 때, 중국의 경제적 환경, 정치 및 법률적 환경, 그리고 문화적 환경 중 어느 것이 중대한 영향을 미칠 것으로 생각되는가?

4... 우리나라 기업들이 그동안 정치적으로나 경제적으로 단절되어 왔던 러시아와 중국 및 동구권의 국가들과 경제적 교류를 확대하려는 이유는 무엇인가?

5... 우리나라의 광고대행사가 중국에 진출한다고 하자. 어떠한 유형의 합작투자 형태가 바람직하고, 또 있을 수 있는가를 설명하여 보라.

6... 우리나라 자동차 생산업체가 미국시장에 진출할 때, 제품과 촉진수단을 결합한 전략 중 어떠한 것이 적절한가를 예를 들어 설명하여 보라. 그리고 그 이유는 무엇인가?

7... 제품의 수출가격이 국내 판매가격에 비하여 저렴한 경우가 흔히 있다. 어떠한 상황에서 이러한 접근방법이 가능한가?

8... 소비자의 입장에서 보면, 덤핑은 가격면에서 이득을 주고 또한 절약의 이점이 있다고 할 수 있다. 그럼에도 불구하고 많은 국가의 정부들이 덤핑을 불법적인 것으로 판정하는 이유는 무엇인가? 외국기업이 덤핑으로 소비자들에게 제품을 판매할 경우, 어떠한 불리한 점이 있는가를 설명하라.

제20장

마케팅 윤리와 사회적 책임

지금까지 우리는 현대 마케팅에서 수행해야 할 주요 과업이 소비자의 욕구를 파악하여 소비자에게 적합한 제품이나 서비스를 적절한 가격으로 제공함으로써 그들의 욕구를 충족시킴과 동시에 적절한 이익을 거두는 것을 사명으로 하여야 한다는 점을 강조하여 왔다. 이러한 이념하에 마케팅 활동이 수행되는 사회에서는 변화하고 있는 소비사의 욕구를 모두 충족시킬 수 있게 되어 경제활동은 보이지 않는 손(invisible hand)에 의하여 조화를 이룰 수 있게 된다.

그러나 마케팅 활동이 모두 이와 같은 이념하에 수행되고 있지 못한 것이 현실이다. 사회에 해를 끼칠 마케팅 활동을 전개하고 있는 개인이나 기업이 존재하고 있다. 담배의 경우를 보자. 담배제조회사가 담배를 자유롭게 판매하고 흡연자가 자유롭게 구입하는 것은 당연한 일이다. 그러나 이러한 관행은 대중의 이해와 상충된다. 흡연자의 수명이 단축될 수도 있고 흡연자의 가족, 나아가서 사회 전체의 해를 끼칠 수가 있다. 또한 비흡연자들 앞에서 담배를 피우는 것은 그에게 불편함을 주거나 그의 건강에 해를 끼칠 수가 있다. 이것은 금연이 절대적으로 시행되어야 한다는 것은 아니며 공공정책상 중대한 문제가 야기될 수 있다는 것을 뜻한다.

기업가들은 흔히 대량생산과 대량소비의 이점을 들어 공공정책의 중요성을 간과할 경우가 있다. 그러나 대중이 기업의 마케팅 활동에 반감을 느끼고 있다면 이를 무시해서는 안 되며, 사회에서의 기업의 역할을 신중하게 검토할 필요가 있다. 본 장에서는 이와 같은 근시안적 마케팅 활동이 거시적으로 보아 어떠한 결과를 초래하는가를 살펴보고자 한다.

제1절 마케팅에 대한 사회의 비판

마케팅이 소비자 개인은 물론 사회 전체에도 해를 끼친다고 하는 비판에는 여러 가지가 있는 바, 그러한 비판을 몇 가지 유형에 따라 구분하여 살펴보기로 하자.

1. 마케팅이 개별 소비자에 미치는 영향

기업의 과도한 마케팅 활동으로 소비자가 피해를 본다고 하는 이유로서 ① 가격의 앙등, ② 불공정한 관행, ③ 판매에 대한 지나친 압력, ④ 허위 내지 불완전한 제품의 제공, ⑤ 의도적인 제품의 진부화 등을 내세우고 있는 바, 이러한 비판들을 구체적으로 살펴보면 다음과 같다.

1) 가격의 앙등

기업의 마케팅 활동에 대해 비판적인 사람들은 지나친 마케팅 활동으로 제품과 서비스의 가격이 정상수준 이상으로 앙등된다고 비난한다. 가격의 앙등요인으로서는,

첫째, 유통부문에 많은 비용이 소요된다는 것이다. 즉, 중간상들은 높은 이윤을 가산하여 가격을 책정함으로써 필요이상으로 가격이 상승한다고 비난한다. 또한 판매활동과 유통경로의 중첩, 과다한 서비스, 과다한 브랜드의 범람, 불필요한 광고, 중간상의 미숙한 경영, 그리고 단기적인 안목에서의 가격책정 등으로 인하여 유통부문에서 비용이 지나치게 소요된다고 주장한다. 이러한 비난에 대하여 중간상들은 제조회사나 소비자가 해야 될 일들을 대행하고 있으며, 이윤을 높게 책정하는 것은 소비자에게 편의를 제공하고, 제품을 보관하고 선별하는 일, 반환의 특권 등 소비자가 원하는 정도의 서비스를 개선하기 위한 것이라고 반론을 제기한다. 또한 그러한 서비스를 제공하기 위하여 필요한 인건비와 시설비 등을 제품가격에 반영하지 않을 수 없으며, 중간상들 상호간에 경쟁이 격화됨에 따라 이윤폭이 실제로 매우 낮다고 주장한다.

둘째, 광고와 촉진활동에 비용을 과도하게 투입함으로써 가격인상 요인이 되고 있다고 비판하는 사람도 많다. 소비제품의 경우, 제품 또는 브랜드의 종류가 과다하게 되면 각 기업에서는 촉진활동을 강화하여 소비자로 하여금 제품이나 상표에 차이가 있다는 점을 심리적으로 느끼게 하도록 하는 경우가 많다. 예컨대 유명 브랜드로 팔리고 있는 12개 들이의 아스피린이 100개가 들어있

는 무명의 아스피린 제품과 가격이 동일하다고 하자. 실제로 제품의 질에는 별차이가 없는데도 불구하고 전자의 제품이 단순히 유명기업에서 나온다는 이유만으로 소비자들은 비싼 가격으로 구입하는 결과를 초래하게 된다. 화장품의 경우에도 이와 마찬가지로 품질에 거의 차이가 없음에도 불구하고 포장비와 촉진비용이 과다하게 지출됨으로써 생산자가 중간상이나 소매상에게 인도하는 가격에 그러한 비용이 큰 비중을 차지하게 되는 경우를 볼 수 있다.

이와 같이 포장과 촉진활동에 많은 비용을 투입하게 되면 소비자는 제품의 값을 기능적인 면보다 심리적인 면에 두게 된다. 또한 기업의 촉진비용뿐만 아니라 중간상들 스스로의 광고 및 촉진활동으로 최종소비가격이 인상되는 요인이 되고 있다고 비판하고 있다.

이러한 비판에 대하여 마케팅 활동에 대한 지지론자들은 다음과 같이 옹호하고 있다. 첫째, 소비자들은 제품의 기능적인 측면에만 관심을 두고 있는 것만은 아니다. 소비자는 풍족감을 느끼거나, 미적인 느낌 또는 특정된 만족감을 맛보기 위하여 제품을 구입하기도 한다. 소비자가 저렴한 가격으로 순수한 의미의 기능적인 제품을 구입하려고도 하지만, 이와 같은 특수한 감정을 충족시킬 수 있는 제품에 대하여 대가를 지불하고자 하는 의사가 있는 고객을 발견하려 하는 것도 마케팅 관리자의 중요한 과업 중의 하나이다.

둘째, 브랜드가 존재함으로써 소비자들에게 신뢰감을 줄 수 있다. 어떤 브랜드는 곧 특정 수준의 품질을 의미하는 경우가 많으며, 소비자는 비용이 조금 들더라도 유명 브랜드를 구입하려고 할 때가 많다.

셋째, 다수의 잠재적 소비자들에게 브랜드가 존재한다는 것과 브랜드의 장점을 알리려는 집중적인 광고활동이 필요하다. 소비자가 시장에 어떤 제품이나 브랜드가 나와 있는가를 알기 원한다면 생산자는 광고에 의존하지 않을 수 없을 경우가 많다.

넷째, 경쟁을 위해서도 광고는 필요하다. 경쟁자와 동일한 수준의 광고활동을 하지 않으면 생존의 위협과 시장잠식의 위협을 받을 것은 당연하다.

마지막으로 오늘날과 같은 대량생산이 필요한 체제 아래서는 생산에 앞서 집중적인 판매촉진활동이 필요하다. 대량생산으로 인한 과잉재고를 방지하기 위하여 소비자들에게 인센티브를 줄 필요가 있다.

한편 마케팅에 대해 비판적인 사람들은 중간상들이 이윤폭을 과도하게 책정하고 있다고 비난한다. 그러나 이에 대하여 중간상들은 다음과 같이 반론을 제기한다. 즉, 소비자를 수탈하려는 악독한 중간상들도 물론 있으나, 대부분의 경우에 거래관계를 계속 유지하기 위하여는 소비자들에게 공정하게 대하지 않을 수 없다. 또한 원가에 비하여 제품의 가격이 높은 것은 촉진활동이나 중간상에서 발생하는 비용뿐 아니라 신제품이나 개량된 제품을 개발하기 위하여 투입되는 연구개발(R&D)비도 큰 비중을 차지하고 있다는 점을 이해 못할 경우도 있다.

2) 불공정한 관행

기업이 부정한 관행으로 소비자를 오도하는 경우는 흔히 있는 현상으로, 부정한 가격책정, 부정한 촉진활동, 그리고 부정한 포장방법 등의 유형이 이에 속한다. 실제보다 높은 가격을 책정하여 광고함으로써 낮은 가격으로 판매하는 것처럼 위장하는 경우, 제품의 특성을 과대선전하거나 품질보증을 허위로 표시한 경우, 제품의 성능을 위장하여 광고를 내는 등 공정하지 못한 촉진활동이 행해지고 있는 것이다. 또한 제품의 내용물이 실제보다 적다거나 규격이 미달인데도 정상적인 제품인 것처럼 판매하는 등 포장에서도 소비자를 속이려 하는 경우도 있다. 이러한 불량제품을 규제하기 위하여 정부가 관계기관을 설치하고 있는 사례가 많다. 우리나라에서는 식품의약청, 공업진흥청, 특허청 등이 이러한 일을 수행하는 대표적인 기관이라 할 수 있다.

이러한 불공정한 관행에 대한 비난에 대응하여 광고나 촉진활동을 지지하는 사람들은 다음과 같이 반론을 제기한다. 첫째, 대부분의 기업가들은 공정하지 못한 관행을 피하려고 하는 바, 그것은 장기적으로 보아 기업에 해가 되기 때문이다.

둘째, 대부분의 소비자들은 특정 광고가 과장되어 있다는 것을 알고 있으며, 실제로 제품을 구입할 때에는 신중을 기하며 비판적이다. 셋째, 대부분의 광고는 본질적으로 어느 정도 과장되어 있으며, 그것이 실제로 소비자의 흥미를 불러일으키는 역할을 하고 있다.

3) 판매에 대한 지나친 압력

기업이 판매목표를 달성하기 위하여 판매원들에게 지나친 압력을 가하게 되면 제품을 구입할 의사가 없는 사람에게까지 그 구입을 강요하게 될 경우가 있다고 비난하는 사람도 있다. 제품구입을 강요하는 경우는 도서, 보험, 부동산 등의 제품에서 흔히 볼 수 있는 현상이다.

4) 허위 내지 불완전한 제품의 제공

제품에 따라 품질이 낮거나, 제대로 기능을 발휘하지 못하거나, 안전도가 부족한 경우가 있다. 이러한 불량제품이 나오게 되는 원인은 기업의 무관심, 기술의 복잡성, 작업자의 훈련부족 그리고 품질관리의 부족 등 여러 가지 원인이 있을 것이다. 그러나 기업이 양질의 제품을 생산하려고 하는 것은 기업이 확장되고 제품의 종류가 증가함에 따라 기업 스스로의 명성에 관심을 갖게 되며, 소비자보호운동이 강화되어 저질의 제품을 판매하기가 어렵게 되고, 정부의 규제가 강화되고 있기 때문이다.

5) 의도적인 제품의 진부화

마케팅 비판자들은 제품을 새로운 것으로 대체할 필요가 있기 전에 고의적으로 제품을 폐기하는 수가 있다고 주장한다. 제품을 의도적으로 진부화 내지 폐기시키는 데는 세 가지 유형이 있다. 첫째, 스타일을 의도적으로 진부화시키는 것으로 승용차의 모델을 매년 바꾸어 판매하는 경우가 대표적인 예에 속한다. 둘째, 제품의 기능을 진부화시키는 것으로, 현재의 기술로도 개량된 제품을 생산할 수 있으나 이를 고의적으로 연기시키는 경우가 그러하다. 자동차 시장에서 안전도와 공해방지, 유류절약 등에 관하여 정부가 요구하는 기준에 맞는 자동차를 현재의 기술로 제작할 수 있는 능력이 있음에도 불구하고 그러한 제품의 생산을 고의로 연기할 수가 있다. 셋째, 원료를 진부화시키는 경우가 있다. 또한 파손, 마멸 또는 부식되기 쉬운 원료나 부품을 사용하는 경우도 있다.

이와 같은 비난에 대하여 기업가들은 다음과 같이 변호한다. 첫째, 소비자들은 본래 스타일의 변화를 좋아하며 낡은 제품에 곧 싫증을 느낀다. 둘째, 기업이 개량된 제품의 생산을 연기하는 이유는 제품을 충분히 시험하여 보지 않았거나 소비자가 지불할 의사가 있는 것 이상으로 생산비용이 많이 소요되기 때문이다. 셋째, 제품생산에 필요한 원료를 때때로 바꾸는 이유는 생산비를 절감하여 가격을 인하하기 위한 것이다. 원료를 자주 바꿈으로써 저질의 제품을 생산하게 되면 경쟁자에게 고객을 빼앗길 염려가 있다. 마지막으로 의도적으로 제품을 진부화시킨다는 것은 있을 수 없으며, 오히려 그렇게 함으로써 기술개발과 경쟁력이 강화되어 제품이나 서비스의 질이 향상될 가능성이 있다고 볼 수 있다.

2. 사회에 대한 마케팅의 영향

기업의 과도한 마케팅 활동으로 사회 전체에 해를 가져온다고 주장하는 사람들이 많다. 이들의 주장을 요약한다면 물질주의의 팽배와 왜곡된 소비욕구의 발생, 공공 서비스의 부족, 문화적 오염, 권력의 비대화 현상 등을 들 수 있다.

1) 물질주의의 팽배와 왜곡된 소비욕구

오늘날 우리 사회에서는 타인을 대할 때 그의 인간성을 기준으로 평가하지 않고 그가 소유하고 있는 부(富)에 따라 판단하는 이른바 물질주의의 사조가 팽배되어 있다. 이러한 물질주의의 팽배는 소득수준에 맞지 않는 사치스러운 생활을 누리려는 허영심을 낳게 하였고, 많은 사람들에게 욕구불만을 가져왔다. 또한 통신수단의 발달도 소비를 조장하는 데 커다란 역할을 하고 있다. 사람들은 소비에 필요한 소득을 획득하기 위하여 더욱 열심히 일하고, 증가된 소득으로 더 많은 제품을 소비하기 위하여 기업은 생산량이나 생산시설을 확대하여야 하며 대중매체를 동원하여 소비를 자극한다. 대중매체는 생산과 소비를 연결시켜주는 역할을 수행한다고 볼 수 있으며 소비자들의 욕구는 오로지 생산량에 달려있을 뿐이다. 미국의 경제학자 갤브레이스(John. K. Galbraith)는 이것을 의존효과(dependence effect)라 부르고 다음과 같이 이야기하고 있다.[1]

> "수요를 통제 또는 관리하는 것은 사실상 그 자체가 급격히 성장하고 있는 하나의 방대한 산업이 되고 있다. 거대한 통신망의 이용, 다각적인 머천다이징과 판매조직, 전체 광고산업과 이와 관련되는 다수의 조사 및 훈련활동 등이 모두 이에 포함된다. 말하자면 이 거대한 기구와 이 기구가 고용하는 다양한 인재들이 제품을 판매하는 데 종사하고 있다고 이야기할 수 있다. 좀 더 구체적으로 말하자면 제품을 구입하는 사람들을 관리하는 데 종사하고 있는 것이다."

또한 마르쿠제(Herbert Marcuse)는 다음과 같이 이야기하고 있다.[2]

> "인간의 욕구가 특정된 사회적 이해관계로 인하여 발생된다면 그러한 욕구가 곧 왜곡된 욕구이다. 누구나 긴장을 해소하거나 즐기려하며 광고의 영향에 따라 행동하거나 소비하는 것, 타인이 좋아하거나 싫어하는 것을 좇아 자신도 좋아하거나 싫어하는 것 등의 모두가 왜곡된 욕구 범주에 속한다."

갤브레이스나 마르쿠제의 이와 같은 표현은 기업이 소비자의 욕구를 조종하고 자극하는 능력

---

[1] John Kenneth Galbraith, *The New Industrial State* (Boston: Houghton Mifflin, 1967), p.200.

[2] Herbert Marcuse, *One Dimensional Man* (Boston: Beacon Press, 1964), pp.4-5.

을 과대평가한 것인지도 모른다. 모든 설득수단이 국가통제 하에 있고 반론이 허용되지 않는 전체주의 사회에서는 획일적인 사고를 갖도록 세뇌시킬 수 있으나 정상적인 사회에서는 각 개인이 스스로의 경험이나 대중매체를 통하여 다양한 생활방식과 가치체계를 갖게 된다. 대중매체를 통하여 전달되는 광고가 전부 흡수되는 것은 아니며, 누구나 광고에 대한 관심과 느낌이 각기 다를 것이다. 일반적으로 대중매체는 새로운 욕구를 창조한다기보다 기존의 욕구에 호소할 때에 보다 효과적이라 할 수 있다. 소비자들은 제품을 구매하여 이용한 결과에 대한 정보를 입수하려 하며, 대중매체뿐 아니라 여러 가지 정보원에 의존하려 한다. 또한 소비자들의 욕구와 가치관은 마케팅 활동뿐 아니라 가족, 친구, 종교집단 등과 같은 준거집단에 의해서도 영향을 받게 된다.

2) 공공 서비스의 부족

일반기업의 제품소비가 증가하는데 비례하여 공공 서비스가 이를 뒷받침할 수 있어야 할 경우가 많다. 예컨대 자동차의 구매가 증가하면 도로확장, 고속도로의 건설, 주차장 설치, 교통정리를 위한 장비와 인력확충 등이 필요하게 된다. 이러한 공공 서비스와 기업의 제품생산간에 균형이 이루어지지 않은 경우 교통혼잡과 사고율의 증가, 공해의 발생 등 소위 사회적 비용(social cost)이 발생한다. 사회적 비용 혹은 사회적 불균형을 치유하는 길은 그 비용을 제품가격에 반영하는 데 있다고 생각된다. 사회적 비용을 반영한 제품의 가격이 소비자가 구입할 가치가 있을 정도로 적절한 것이 아니라면 그러한 제품을 생산하는 기업은 도태될 것이고 그 기업이 보유하고 있는 자원은 사회적 비용을 회수할 수 있는 품목으로 전용되어야 할 것이다.

3) 문화적 오염

마케팅에 대하여 비판적인 사람들은 기업의 마케팅 활동이 문화적인 오염도 발생시키고 있다고 비난한다. 사람들은 광고의 소음으로 시달리고 있으며, 광고 메시지 때문에 방송 또는 방영 중에 중요 프로그램이 중단되기도 하고, 도처에 산재해 있는 광고 표지판은 자연경관을 해치고 있다는 것이다.

그러나 홍수와 같이 쏟아지는 광고가 대중들에게 미치는 영향은 각각 다를 것으로 생각된다. 광고가 사람들간에 자주 거론되고 있는 화제가 아니며 또한 사람들이 지나친 광고를 비난하고 있으나 그러한 비난 자체를 심각하게 생각하지 않는 경향이 있다고 주장하기도 한다.

광고의 해악을 비난하는 데 대하여 기업가들은 다음과 같이 주장한다. 첫째, 어느 기업이든 광고가 그들이 주로 목표하고 있는 대중에게만 전달되기를 바라며 대중매체가 다양화되어 있으므로 제품에 관심이 없거나 싫증을 느끼는 사람은 그러한 광고에 관심을 기울일 필요가 없으며, 따라서 방해가 되지 않는다. 예컨대 잡지에 많은 광고가 삽입되어 있으나 정기적으로 구독하는 사람이 그와 같은 광고에 대하여 불평하고 있는 경우는 거의 없는 것이다. 둘째, 방송 및 언론기관은 광고 수입으로 운영할 수 있게 되어 대중은 전파매체를 거의 무료로 청취하거나 시청할 수 있으며 신문이나 잡지와 같은 인쇄매체도 저렴한 가격으로 구독할 수 있다.

4) 권력의 비대화

기업활동에 대하여 비판적인 사람들은 기업이 과도한 권력을 휘두르고 있다고 비난한다. 정치권력과 결탁하여 공공의 이익을 무시한 채 자신만의 특정된 이익을 보호하려 하며, 때로는 언론기관을 지배하여 자신의 실상에 대하여 독자적 내지 객관적으로 보도하지 못하게 하는 경우도 있다. 물론 이것은 기업의 권력비대화 현상이 반드시 해로운 것이라는 뜻은 아니나 그러한 기업의 이해(利害)를 조정하거나 억제할 수 있는 장치, 또는 반세력이 존재해야 할 필요가 있음을 뜻한다.

3. 타기업에 대한 영향

기업이 이윤만을 추구하여 경쟁자를 압도하려고 정당하지 못한 수단을 동원하는 경우가 있다. 특히 대기업이 규모의 경제와 우세한 자금력 등의 유리한 점을 이용하여 중소기업을 도태시키는 것은 흔히 볼 수 있는 현상이다.

경쟁을 소멸시키기 위한 합병, 동종기업의 진출을 인위적으로 저지하려는 행위, 그리고 약탈적인 경쟁 등이 모두 불공정한 행위에 속한다.

1) 부정한 합병행위

기업이 사업확장을 위하여 새로운 제품을 개발하기보다는 다른 기업을 흡수 내지 합병하는 경우가 많다. 이러한 전술은 경쟁을 감소시키고 독점력을 강화하며 동일한 제품을 생산하고자 하는 새로운 기업의 진출을 방해할 수가 있다. 그러나 합병으로 인하여, ① 규모의 경제를 달성하여 비용이 절감되고 따라서 가격을 인하하거나, ② 경영 미숙으로 낙후된 기업을 인수하여 효율성을 제고하거나, ③ 비교적 비경쟁적이었던 동일 산업전체가 합병으로 보다 경쟁적이 되면, 사회 전체적으로 보아 오히려 도움이 될 수가 있다. 그러나 새로 사업을 시작한 유망한 기업이 합병되거나 합병으로 독점력이 강화되어 소수의 기업이 산업을 지배하게 되면 해가 더 많이 발생할 수가 있다.

2) 동종기업의 진출 저지행위

현대 마케팅 활동 가운데 타기업의 진출을 저지하려는 행위도 있다고 비난받고 있다. 그러한 저지수단으로서 특허권의 유지, 대량의 집중적인 촉진활동, 원료공급자나 중간상과의 결탁 등이 있다. 어떤 사람은 타기업의 진출을 방해하기 위하여 지출되는 광고비에 대하여 누진세를 적용하여 과세함으로써 그와 같은 촉진활동을 억제해야 한다고 주장하기도 한다.

3) 약탈적 경쟁

경쟁자를 도태시키기 위하여 제품의 가격을 원가 이하로 책정하거나 경쟁제품을 헐뜯는 행위도 있다. 그러나 그러한 행위가 실제로 악의에 의해서 비롯된 것인가 또는 효율을 높이기 위한 선의에서 비롯된 것인가를 구분하여야 할 것이다.

제2절 마케팅 활동을 규제하기 위한 대중운동

역사적으로 기업이 사회발전에 크게 기여한 것은 말할 나위가 없으나 경제적으로나 사회적으로 병폐를 가져온 경우도 많았다. 따라서 기업의 병폐를 억제 내지 시정하기 위한 대중운동이 일어나게 되었는데, 그 대표적인 예가 소비자보호운동과 환경보호운동이다. 이제 이러한 소비자보호운동과 환경보호운동이 어떻게 발전되어 왔으며 어떻게 그 활동이 전개되고 있는가를 살펴보기로 하자.

1. 소비자보호운동

소비자보호운동은 1900년대 초기와 대공황 직후인 1930년대 중반에 미국에서 육류 및 의약품의 부정거래 사건과 가격파동에 대한 항의에서 비롯되었으며, 본격적으로 이 운동이 전개된 것은 1960년대 이후이다. 이러한 소비자보호운동이 본격화된 것은 소비자들의 교육수준이 향상되고 제품 자체가 고도로 복잡해져 사용하기에 위험한 제품이나 해로운 제품이 나오게 되었기 때문이다.

또한 미국의 경우, 사회제도에 대한 미국인들의 불만도 이 운동이 가속화된 요인으로 작용하였다. 경제학자 갤브레이스를 비롯한 저명인사들은 대기업의 자원낭비와 불공정한 거래관습을 비난하였으며, 1962년 케네디(John F. Kennedy) 대통령은 의회에 보낸 한 교서에서 모든 소비자 제품은 안전하여야 하며 소비자들은 제품에 대한 정보를 입수하여 그 내용을 알고 평가할 수 있는 권리가 있음을 제창하였다. 의회의 조사활동도 활발하게 되었고, 소비자보호운동의 기수라 할 수 있는 랠프 네이더(Ralph Nader)의 등장으로 이 운동은 절정에 달하게 되었다.

한편, 1960년대 이후 미국에서는 다수의 소비자보호운동기구가 출현하였고, 소비자보호를 위한 입법조치도 취해지고, 몇 개의 주정부와 지방정부에서는 소비자상담을 전담하는 기구를 설치하기도 하였다. 우리나라에서도 소비자보호에 관한 관심이 증가되어 정부 산하에 소비자보호원이 설치되어 있고, 한국소비자연맹을 비롯한 10개의 민간단체가 활동하고 있다.

그러나 실제로 소비자보호운동 혹은 소비자주의(consumerism)란 무엇인가? 간단히 말하여 이것은 '판매자에 대항하여 구매자의 권리와 힘을 강화하기 위하여 대중과 정부가 관심을 갖고 조직적으로 운동을 전개하는 것'을 말한다. 종래에는 판매자가 다음과 같은 권리가 있음을 주장하여 왔다. 즉,

① 개인의 건강이나 안전을 해치지 않는 한, 어떠한 규격과 어떠한 형태의 제품도 생산할 권리
② 고객집단간에 차별을 두지 않는 한, 어떠한 수준의 가격도 책정할 수 있는 권리
③ 공정한 경쟁을 벌이는 한, 촉진활동을 위하여 비용을 무제한 투입할 권리
④ 구매자를 오도하지 않는 한, 그리고 내용이 정직한 것인 한, 어떠한 내용의 메시지도 작성할 권리
⑤ 구매를 위하여 필요한 것이라면 어떠한 인센티브 제도도 도입할 권리

한편, 구매자는 전통적으로 다음과 같은 권리를 주장하여 왔다. 즉,

① 판매를 목적으로 제공되는 제품을 사지 않을 권리
② 제품이 안전하다고 기대할 수 있는 권리
③ 제품의 내용이나 질이 제조회사가 주장하는 바와 동일하다고 기대할 권리

여기서 판매자와 구매자의 권리내용을 살펴보면 판매자가 보다 유리한 위치에 있음을 알 수 있다. 구매자는 어떠한 제품도 구입을 거절할 수 있는 권리가 있겠으나 고도로 숙달되어 있는 판매자에 대항하여 합리적인 의사결정을 내릴 수 있는 충분한 정보를 갖고 있지 못하고 있으며, 교육도 받지 못한 경우가 많다. 따라서 소비자들은 다음과 같은 권리를 추가로 요구하게 되었다.

④ 제품이 지니고 있는 보다 중요한 면을 알 권리
⑤ 의심가는 제품이나 마케팅 관행으로부터 보호받을 권리
⑥ 품위있는 삶을 영위할 수 있도록 제품이나 마케팅 활동에 영향을 미칠 수 있는 권리

소비자보호운동을 주창하는 사람들이 내세우고 있는 이러한 권리의 내용을 구체적으로 살펴보자. 먼저 소비자가 제품의 중요한 점을 알 권리로서 은행의 실제 대출이자비용을 알 권리, 경쟁제품이나 경쟁 브랜드의 실제 표준원가를 알 권리(단가 표시), 제품의 기본적인 성분을 알 권리(성분 표시), 식품의 영양가를 알 권리(영양가 표시), 제품의 신선도를 알 권리(제조일자 표시), 제품을 구입함으로써 얻을 수 있는 사실상의 혜택을 알 권리 등이 있다. ⑤번의 소비자보호를 위한 권리로서는 기업이 부정한 수단을 사용하는 경우 이를 제어할 수 있는 소비자의 위치를 강화할 권리, 보다 안전한 제품을 디자인할 것을 요구할 권리, 정부기관에 대하여 영향력을 행사할 권리 등이 포함된다. 마지막으로 품위있는 생활을 영위할 권리를 요구하는 것으로는 특정 제품을 제조하거나 포장할 때 사용되는 물질의 성분을 규제할 것을 요구할 권리, 광고나 촉진활동으로 발생하는 소음을 줄일 것을 요구할 권리, 소비자 대표가 경영에 참여하여 의사결정과정에서 소비자의 복지를 고려하여 줄 것을 요구할 권리 등이 포함된다.

■ 소비자보호운동의 예와 기업의 자세

1960년대에 미국의 소비자보호운동의 기수인 랠프 네이더(Ralph Nader)는 당시 젊은 변호사로서 "Unsafe at Any Speed"라는 저서를 발간하여 소비자보호운동에 획기적인 전환점을 이루었다. 이 책에서 그는 자동차 사고로 사망하게 되는 원인이 운전자의 부주의보다도 자동차 자체의 설계에 결함이 있다는 사실을 밝혔다. 미국의 최대 자동차회사인 제너럴 모터스(General Motors : GM)회사에서는 네이더의 사생활을 끄집어내어

그의 비행을 폭로하려 하였다. 그러나 그와 같은 모략중상 기도가 세상에 알려지자 그는 이러한 소비자보호운동의 영웅이 되었다.

그의 끈질긴 집념과 노력으로 의회에서는 자동차 안전법(Auto Safety Bill)이 통과되어 모든 자동차회사는 자동차를 제조하는 데 있어 보다 안전한 면을 고려할 것을 규정하였다. 그 이후로 네이더와 그의 동료들은 육류포장산업, 수산업, 의약품 제조업 그리고 완구 제조업, 철도, 버스 운수업 등에서 비위생적인 제조과정이나 처리방법, 안전하지 못한 환경과 조건들을 밝혀내고 그 중에서 몇 가지 산업에 대해서는 정부가 새로운 규제를 가하게 되었다.

이러한 네이더의 노력은 기업활동 자체를 부정하려는 것은 물론 아니었다. 그는 자신의 이와 같은 운동이 자유기업제도를 부정하거나 대기업을 반대하는 것은 아니라고 주장한다. 오히려 자유기업제도를 옹호하고 보존함으로써 시장기능이 보다 원활하게 발휘될 수 있으며 제품의 안전도에 대하여 정부의 규제를 강화함으로써 기업의 기술수준을 민주적인 방법으로 통제하는 것이 그의 목적이라고 주장하였다.

이와 같이 소비자보호운동이 활발하게 일어남에 따라 기업들은 소비자들의 요구를 무시할 수 없게 되었는데, 예컨대 많은 기업들이 품질을 향상시키고, 제품의 합격기준을 강화하였으며, 산업 전체의 품질기준도 세우게 되었다. 또한 소비자의 욕구를 보다 잘 파악하기 위한 조사활동을 강화하거나, 안전하고 보다 편리하게 사용할 수 있도록 제품을 개량하였으며, 소비자가 제품을 구입한 후에 이상이 없는가를 전화나 우편으로 확인하는 등의 소비자주의에 대해 주의를 기울이고 그들의 불만을 해소시키는 노력을 강화하게 되었다.

오늘날 소비자보호운동이 강화됨에 따라 많은 기업들은 소비자의 영향력을 도외시할 수 없게 되었는데, 소비자의 욕구나 태도를 알기 위하여 소비자조사를 정기적으로 실시하거나 제안제도(suggestion system)를 채택하는 등의 조치 외에도 소비자의 문의나 불평을 다루거나 소비자집단과 상대하기 위하여 소비자문제 전담기구를 설치하고 있는 기업의 수가 증가하고 있다.

2. 환경보호운동

소비자보호운동에서는 마케팅이 소비자의 욕구와 욕망을 효율적으로 충족시켜 주고 있는가의 여부에 초점을 두고 있는 반면에, 환경보호운동에서는 마케팅이 환경에 미치는 영향과 소비자들의 욕구와 욕망을 충족시켜 주기 위하여 기업이 부담하여야 할 비용에 관심을 갖고 있다.

1962년 카알슨은 그의 저서 '침묵의 봄'(*Silent Spring*)에서 살충제가 환경에 미치는 해악을 신랄하게 비판하고 그것은 자원의 낭비뿐 아니라 인간의 생존문제와도 관련되어 있음을 지적한 바 있다.[3]

엘리히는 기업이 환경에 미치는 악영향으로 '생태의 와해'(eco-catastrophe)를 경고하였고[4] 메도우 등은 그들의 공저 '성장의 한계'(The Limits to Growth)에서 인간생활이 무절제한 인구성장과 공해의 증가, 자연자원의 무질서한 낭비로 인하여 그 질이 저하되었다고 경고한 바 있다.[5]

많은 사람들이 이와 같은 견해를 같이 하게 되어 환경보호운동이 대두되고 또 강화되기 시작하였는 바, 환경보호운동이란 '인간의 생활환경을 보호하고 개선하기 위하여 일반대중과 정부가 관심을 갖고 조직적인 운동을 전개하는 것'을 말한다. 환경보호주의자들은 노천탄광의 개발, 산림의 황폐화, 공장의 매연, 자연경관을 해치는 광고 게시판, 쓰레기와 오물, 수질과 공기의 오염, 화학물질에 의한 오염 등으로 인간의 건강은 물론 생활의 질까지 저하시키는 모든 문제에 관심을 갖는다. 그들은 마케팅이나 소비자보호운동을 반대하는 것은 아니며, 다만 그러한 활동이 생태에 미치는 영향을 고려하여야 한다는 점을 강조한다. 또한 마케팅의 목표가 소비나 소비자 선택에 자유, 또는 소비자의 만족을 극대화하는 것은 아니며 인간생활의 품위를 극대화하는 데 두어야 한다고 주장한다. 품위있는 인간생활을 누리려면 소비제품이나 서비스의 양과 질 뿐만 아니라 환경의 질도 개선하여야 한다는 것이다.

환경보호를 주창하는 사람들은 생산자나 소비자가 의사결정을 내리는 과정에서 그들의 생산활동이나 소비행위로 인하여 환경에 미치는 영향으로 발생하는 비용을 고려하여야 한다고 주장하고 있다. 그와 같은 사회적 비용을 억제하기 위하여 정부의 제재나 여타의 규제조치가 필요하다고 주장한다. 예컨대 기업으로 하여금 공해방지 장치를 의무화 한다던가 재사용할 수 없는 포장물을

---

[3] Rachel Carson, *Silent Spring* (Boston: Houghton Mifflin, 1962).

[4] Paul R. Ehrlich and Ann H. Ehrlich, *Population, Resources, Environment: Issues in Human Ecology* (San Francisco: W.H. Freemann, 1970).

[5] Donnella H. Meadows. Dennis L. Meadows, Jorgen Randers, and William W. Behrens Ⅲ, *The Limits to Growth* (New York : Universe Books, 1972).

사용하는 기업에게 중세를 부과하는 것과 같은 방법이 있을 수 있다.

환경보호주의자들은 마케팅 활동에 대하여 소비자보호주의자들보다 더 비판적이다. 소비자보호주의자들이 포장방법이 개선될수록 소비자에게 편리를 줄 수 있다고 생각하는 반면, 환경보호주의자들은 포장의 남용을 비난한다. 소비자보호주의자들은 과장된 광고에 관심을 갖고 있으나 환경보호주의자들은 과대한 광고로 말미암아 소비자들이 실제로 필요한 것 이상으로 많은 제품을 구입하고 있다고 느끼고 있다. 또한 소비자보호주의자들은 새로운 점포나 기업의 수가 증가하면 보다 경쟁적이 되어 소비자들에게 이익이 된다고 생각하나 환경보호주의자들의 입장에서 보면 그

그림 20-1 법률적 측면을 고려하여 할 의사결정사항

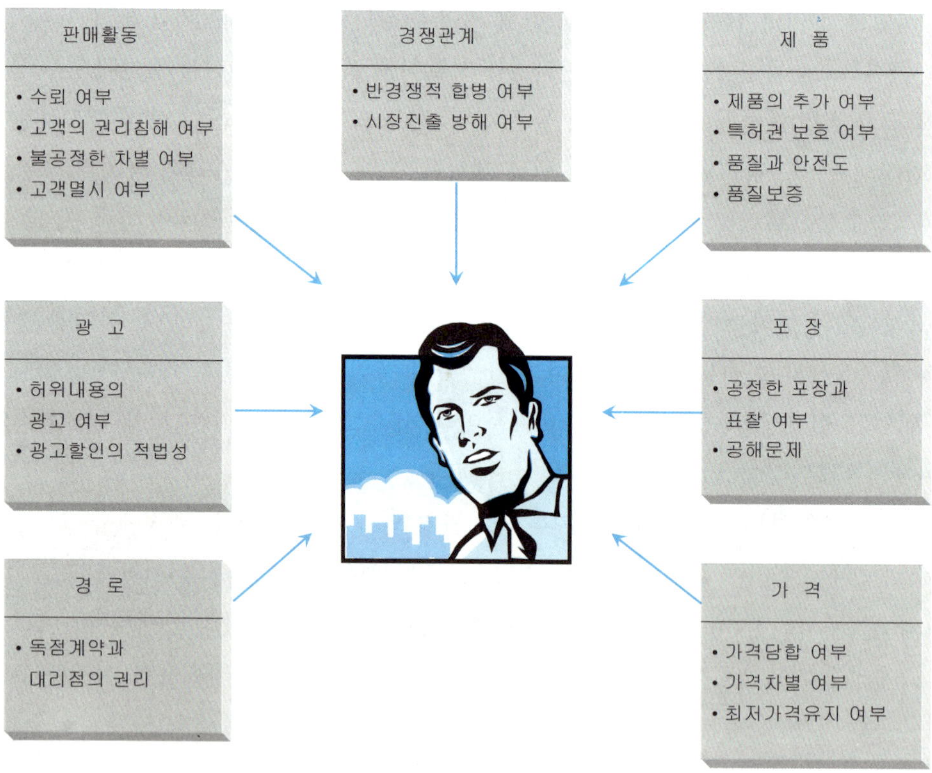

와 같은 증가를 바라지 않는다.

따라서 기업의 입장에서 볼 때 소비자보호운동보다는 환경보호운동이 보다 중요한 문제로 등장하게 되었다. 환경보호주의자들은 소비자 주권의 신성함이라든가 소비자의 만족을 충족시켜 준다는 것과 같은 사고를 인정하지 않으며, 소비자 욕구를 발견하여 그것을 충족시킨다는 것과 같은 마케팅 철학을 거부한다. 그러한 철학은 사회적 내지 생태적인 요소를 고려하고 있지 않기 때문이다. 그들은 또한 소비자의 욕구와 욕망에 대해 의문을 갖고 있으며, 그와 같은 욕구와 욕망으로 인하여 환경에 해를 미치는 것을 반대한다.

우리나라에서도 환경을 보존하고 공해와 오염을 규제하기 위하여 정부가 환경부를 설치하여 기업에 대한 감독을 강화하고 있다.

이러한 환경보호운동의 대두와 그 중요성이 높아짐에 따라 마케팅 관리자는 제품이나 포장이 생태적으로 어떠한 영향을 미칠 것인가를 고려하여야 하는 어려운 과제에 직면하게 되었다. 환경보호를 위한 투자비용이 제품가격에 반영되어 높은 가격으로 판매를 달성하기란 쉬운 일이 아니다. 그러나 환경보호운동이 니오게 된 것은 기업이 환경보호운동에 무관심하였기 때문임을 잊어서는 안 된다.

앞에서도 언급한 바와 같이 마케팅 활동을 규제하기 위한 정부의 간섭이 증가하고 있는 바, 마케팅에 종사하는 사람들은 이러한 규제법규를 충분히 이해하여 경쟁관계, 제품, 가격, 촉진, 유통경로 등 마케팅 활동요소에 관한 의사결정을 내려야 할 것이다. 그림 20-1은 이와 같은 마케팅 의사결정을 내리기 위하여 마케팅 활동요소 중 각 분야에서 필요한 문제점을 제시하고 있다.

제3절 정부의 규제

1. 정부규제의 필요성

오늘날 기업의 마케팅 활동이 소비자에게 불이익을 줄뿐만 아니라 환경에 미치는 영향도 커지게 됨으로써 소비자보호운동이나 환경보호운동과 같은 대중운동이 활발하게 일어나게 된 원인으로 작용하게 된 것은 이미 언급한 바와 같다. 따라서 장기적인 관점에서 볼 때, 기업의 활동이 소비자뿐 아니라 사회 전체적으로나 생태적으로 어떠한 영향을 미칠 것인가를 예측하여야 하고, 그

것이 바람직하지 못한 결과를 가져올 것으로 예상될 때에는 정부가 직접 이를 규제하는 일이 점차 필요하게 되었다. 기업의 마케팅 활동을 규제하기 위한 정부의 법규나 제도를 설치하는 데 있어 사회 전체의 욕구를 전반적으로 고려하지 않음으로써 의도했던 바와는 다른 결과를 초래하는 경우도 있을 것으로 생각된다. 바꾸어 말하면 규제의 필요성은 분명히 존재하지만 그러한 규제가 오히려 역효과를 초래할 가능성도 있음에 유의할 필요가 있다. 그러므로 기업의 마케팅 활동을 규제하기 위하여 정부가 공공정책을 수립하려면 어떠한 원칙을 세우고 이에 따라 규제하는 일이 필요하다.

2. 규제를 위한 공공정책 수립에서의 고려요소

기업의 마케팅 활동을 규제하기 위한 정부의 공공정책 수립에서 고려해야 할 원칙은 다음과 같다.

1) 소비자 및 생산자의 자유

소비자나 생산자에게는 마케팅에 관한 의사결정을 내리는 데 가능한 한 최대의 자유가 주어져야 한다. 한 사회에서의 생산자의 자유는 세 가지 유형으로 구분할 수 있다. 첫째, 어떤 제품을 생산할 것인가를 국가가 결정하고 생산자는 국가로부터 승인을 받아야 하는 것으로 생산의 자유가 전혀 주어지지 않는 경우이고, 둘째, 국가의 허가를 받아야 하는 제품을 제외하고 어떤 제품이든 고객이 원하는 것을 생산할 자유가 있는 경우이다. 국가로부터 허가를 받아야 할 예외적인 제품으로서 마약, 독극물, 폭약 등이 이에 해당될 것이다. 셋째, 고객이 원하는 것이면 무엇이든 생산할 수 있는 자유가 주어지는 경우이다.

이와 마찬가지로 소비자의 자유도 세 가지 유형으로 구분할 수 있다. 첫째, 소비자가 어떤 제품을 소비할 것인가를 경정할 자유가 없는 경우를 말하며 의식주와 오락활동 등을 중앙통제기구가 지정한다. 둘째, 금지되어 특별한 허가를 받아야 하는 제품을 제외하고 어떤 제품도 소비할 자유가 있는 경우, 셋째, 소비자가 생산자가 제공하고자 하는 제품 또는 서비스가 어떠한 것이든 소비할 수 있는 자유가 있는 경우 등이다.

생산자나 소비자가 속해 있는 사회도 이상과 같은 자유 허용도에 따라 동일하게 분류할 수 있다. 첫째로, 수도원, 집단농장, 종교집단, 공산사회가 이에 해당되며, 이러한 사회에서는 생산과 소비양식이 일정하다. 물질의 생활이나 문화생활이 제한되어 있으므로 사람들은 스스로 만족수준이 높은 것으로 생각하여 긴장감을 존재하지 않는다. 또한 개인의 자아실현이란 개념은 존재하지 않는다. 둘째, 생산과 소비의 자유가 대부분 허용되는 경우로서 오늘날 대부분의 산업국가는 이에 속한다 하겠다. 이러한 사회에서의 기업은 소비자가 원하는 것을 능동적으로 파악하고 각각 상이한 소비자의 욕구와 욕망을 충족시켜 주기 위하여 다양한 제품과 서비스를 제공한다. 생산자간에 경쟁이 존재하는 한, 소비자는 제품과 서비스를 선택할 여지가 많으며 만족도도 높다. 소비자가 불만을 갖게 되는 경우란, ① 필요한 제품이나 서비스가 존재하지 않거나 제한되어 있는 경우, ② 민간부문에서 생산하고 있는 제품에 비하여 국가가 제공하는 공공제품이 상대적으로 희소한 경우이다. 셋째, 생산이나 소비에 대한 제약의 정도가 사회구성원들의 집단에 따라 차이가 있을 수 있으나 전체적으로 보아 그러한 제약이 거의 없는 경우이다.

여기서 생산자 혹은 소비자에게 주어지는 자유의 정도를 이야기하는 것은 그들의 마케팅 활동으로 사람들은 타의에 의한 만족감이 아니라 스스로의 만족감을 느낄 수 있고 더 많은 성취감을 갖게 되기 때문이다. 그러나 생산자나 소비자의 자유가 절대적이어서는 안 되며, 그러한 자유로 인하여 사회의 기능이 제대로 작용하지 못하게 되면 이를 억제할 조치가 필요하게 된다.

2) 유해한 행위의 저지

생산자나 소비자의 행위가 당사자는 물론 제3자에게도 해로운 결과를 초래할 때 정부가 개입하는 것은 당연하다. 생산자나 소비자가 끼치는 해를 정부가 어떻게 대처해 나가야 하는가를 살펴보자.

첫째, 해가 주로 없는 경우로서 생산이나 소비활동이 장기적으로 보아 당사자는 물론 제3자에게도 아무런 해를 미치지 않을 때에는 정부의 개입은 가능한 한 피해야 할 것이다. 둘째, 제품을 생산하는 것이 장기적으로나 단기적으로 생산자 자신에게 해가 되는 경우이다. 예컨대 종업원들이 과로와 유해한 작업환경 하에 있다면 이들의 건강을 해치게 되므로 이를 방지하기 위하여 노동조합법이나 공장안전관리법과 같은 법률적 규제가 필요하다. 셋째, 소비자가 제품을 사용하는 데 있어 사용의 위험성을 무시함으로 말미암아 소비자 자신에게 해를 미치는 경우이다. 불완전한 의약품이나 완구 등의 사용을 규제하는 것은 이러한 해를 예방하기 위한 것이다. 넷째, 소비자가 제품에 대하여 만족하지만 장기적으로는 해가 되는 경우가 있다. 청소년의 끽연행위, 음주 등을 규제하는 것은 이와 같은 해를 제거하기 위한 것이며, 그러한 해를 대중에게 널리 알리는 것이 정부의 임무일 것이다. 다섯째, 생산자나 소비자가 다같이 장기적으로나 단기적으로 보아 해를 입지 않지만 제3자가 해를 입는 경우이다. 예컨대 공공장소에서의 흡연행위는 다수의 사람에게 해를 미치게 된다. 여섯째, 생산자나 소비자가 장단기에 걸쳐 해를 입지 않지만 사회 전체가 해를 입는 경우이다. 생산과 소비에 대한 규제를 하지 않음으로써 발생하게 되는 환경오염이 대표적인 예가 된다. 이러한 공해는 산업발전에 비례하여 누적적으로 발생하는 것이 보통이지만, 사람들의 기본적인 욕구를 충족시켜 줄 때까지 규제되지 않을 경우가 많다.

이와 같이 생산자나 소비자에 해를 미치는 경우는 여러 가지가 있으며, 두 번째나 세 번째의 경우에서와 같이 생산자나 소비자에게 즉시 중대한 해를 미칠 때에는 국가의 규제 내지 간섭은 당연한 것으로 생각된다. 네 번째의 경우는 제품을 사용함으로써 오게 되는 장기적인 해악을 사용자에게 알려줄 필요가 있으며, 그러한 해를 방지하기 위하여 정부가 규제해야 된다는 압력이 증가하고 있다. 다섯 번째와 여섯 번째의 해는 근래에 이르러 선진국에서 규제를 강화하고 있다. 어쨌든 어느 사회와 국가를 막론하고 품위있는 생활을 영위하려면 장기적으로 보아 해가 큰 소비활동이나 생산활동을 적극적으로 규제할 필요가 있다.

3) 기본적 욕구의 충족

현대 마케팅 활동은 있는 자는 물론 없는 자의 욕구도 충족시킬 수 있는 것이어야 한다. 자유기업제도 하에서의 생산자는 소비자가 지불하고자 하는 가격의 제품을 생산하는 것이 원칙이다. 그러나 사회집단 가운데 기본적인 생활필수품도 구입할 수 없는 저소득층에 대한 마케팅 활동이란 물질적으로나 심리적으로 해를 미칠 것이다. 사회계층간에 제품과 서비스를 균형있게 이용하지 못하고 있는 사정은 국가간에도 마찬가지이다. 의료활동이나 교육과 같은 서비스는 편재되어 있을 경우가 많다.

이러한 불균형을 시정하기 위하여 스칸디나비아(Scandinavia) 국가들은 생산자나 소비자의 자유를 인정하면서도 국민이 필요로 하는 제품이나 서비스에 우선순위를 두어 경제적 내지 정치적으로 간섭하고 있다. 이들 국가에서는 고소득층에 대하여 누진세율을 적용하여 세금을 부과함으로써 저소득층에 대한 복지를 강조하고 있다. 이러한 스칸디나비아 국가들의 사회제도가 관료제도의 팽배와 자유의 상실, 그리고 개인의 인센티브 결여 등의 비난이 있음에도 불구하고 오늘날 대부분의 자유국가들은 이들의 체제 쪽으로 기울고 있다.

4) 경제적 효율성

마케팅은 가능한 한 저렴한 가격으로 제품과 서비스를 효율적으로 제공하려 하는 것이 원칙이지만, 어느 사회나 사람들이 지니고 있는 욕구와 욕망에 비하여 이를 충족시킬 수 있는 자원이 제한되어 있다. 사람들의 욕구와 욕망을 어느 정도로 충족시켜 줄 수 있는가의 문제는 제한된 자원을 어떻게 효율적으로 이용하는가에 달려있을 것이다. 비효율성이란 보다 많은 자원을 사용하고서도 이에 비례하여 생산량이 증가하지 못하거나 동일한 수준의 자원을 가지고 상대적으로 적은 생산량을 달성하는 경우이다.

자유경제체제 하의 국가와 중앙집중적 통제국가는 효율을 제공하기 위하여 각기 상이한 원칙을 이용하고 있다. 자유경제체제 하에서는 생산자가 자유롭게 경쟁하고 시장효율을 높이기 위하여 소비자에게 필요한 모든 정보를 제공한다. 경쟁자들도 소비자들의 욕구를 충족시켜 주기 위하여 제품과 가격정책, 그리고 마케팅 프로그램을 개발하여 이익을 극대화하려고 한다. 소비자들은 경쟁제품과 그 가격 및 품질에 관한 정보를 갖고 있고 그러한 제품을 선택할 자유가 부여됨으로써 효율을 극대화 할 수 있나고 가정힌다. 생산자간에 경쟁이 존재하고 제품에 관하여 충분한 정보가 주어진다는 것은 우수한 품질과 저렴한 가격으로 제품이 판매되고 구입할 수 있음을 의미한다.

중앙집중적 통제경제 하에서의 효율성이란 소비자와 생산자의 수요를 정확하게 예측하여 저렴한 비용으로 필요한 제품과 서비스를 대량으로 생산할 수 있는 방법과 시설능력을 갖추는 것을 뜻한다. 인센티브 내지 보상제도를 통하여 생산효율을 향상시키려 하지만 소비자에게 제품에 관한 정보를 제공한다거나 소비자가 제품의 구입을 위하여 기다려야 하는 시간, 제품의 선별과 선택의 자유 등으로 표현되는 소비자의 효율에 대하여는 주의를 기울이지 않는 것이 보통이다.

5) 혁 신

마케팅 활동의 또 하나의 목적은 진정한 의미의 혁신을 지원하는 데 있다. 마케팅 활동을 효율적으로 수행하려면 제조과정이나 제품의 혁신에 끊임없이 투자하여야 한다. 제조과정의 혁신은 생산은 물론 유통부문에서 발생하는 비용도 절감할 수 있음을 뜻한다. 제품혁신이란 끊임없이 변화하고 있는 소비자의 욕구와 욕망을 충족시키기 위하여 새로운 제품을 발명하려고 하는 것을 말한다.

일반적으로 마케팅 관리자는 제품의 새로운 특징이나 스타일을 고객이 받아들일 것인가에 관하여만 관심을 갖는 경향이 있으며, 하나의 혁신이 사회 전체의 복지에 기여할 수 있는가에 대하여는 관심을 갖지 않는 경향이 있다. 진정한 의미의 혁신이란 사회, 나아가서 인류복지에 기여할 수 있는 혁신을 말하며, 대부분의 혁신은 다른 브랜드를 모방하여 근소한 차이밖에 없는 경우가 많다. 어떤 소비자가 한 제품부류에 속하는 여러 브랜드 중 어느 한 가지를 선택하려 할 때, 브랜드 간에 거의 차이가 없다면 선택의 여지가 없을 것이다. 이러한 경우를 **브랜드과잉**(brand proliferation)현상이라고 할 수 있다.

마케팅 활동을 효과적으로 수행하려면 진정한 의미의 제품혁신을 꾀하고 상이한 고객집단의 기호에 맞추어 제품을 차별화 하는 일이 필요하다. 이와 같은 노력이 생산자나 소비자의 자유를 극대화하는 것을 저해한다기보다 소비자를 권유하고 교육하는 것을 밑바탕으로 하여야 한다.

6) 소비자에 대한 교육과 정보의 제공

장기적으로 소비자를 만족시키고 소비자의 복지를 증대시키기 위하여 소비자에 대하여 교육을 실시하고 정보를 제공하는데 투자하는 것도 마케팅 활동의 주요 수단이다. 경제적 효율성을 이룩하려면 생산자뿐 아니라 사회전체가 소비자에 대한 교육과 정보의 제공에 적극적으로 투자하는 일이 필요하다. 이와 같은 투자의 유형에는 네 가지가 있다.

첫째, 생산자나 정부 혹은 민간 소비자단체로부터 정보가 전혀 없고 소비자 교육도 거의 실시되지 않거나 없는 경우이다. 산업발전이 처음으로 시작되는 단계의 사회에서 있을 수 있는 현상이다. 둘째, 생산자가 제품에 상표명이나 표찰을 부착함으로써 제품에 대한 정보를 어느 정도 제공하고는 있으나 정부나 소비자기구에서 그러한 정보를 제공하고 있지 않은 경우이다. 생산자가 제공하고 있는 정보도 소비자를 교육하기 위한 것이라기보다 촉진을 목적으로 한다. 소비자에 대한 교육은 미개발 상태에 있고, 그 중요성을 인식하고 있지 못한 단계에 있다. 셋째, 생산자가 제품에 관한 정보를 비교적 많이 제공하고 있으며 여러 가지 간행물을 통하여 소비자에게 주요 제품부류에 관한 정보를 제공하며, 민간 소비자단체에서도 그러한 제품에 관하여 어느 정도 평가하는 활동을 수행하고 있는 경우이다. 넷째, 법률에 의하여 생산자가 제품에 관한 모든 정보를 제공할 것을 요구하면(예컨대 의약품의 경우 표찰에 성분, 함량 및 유효기일을 표시하게 하는 것) 광고에서도 정확한 설명을 하도록 요구하는 경우이다. 민간 소비자단체나 정부에서도 정보를 수집, 분석하며 생산자에게 더 많은 정보와 제품을 제공하도록 압력을 가한다.

우리나라의 경우, 제품에 따라 약간의 차이는 있으나 대체로 세 번째와 네 번째의 단계에 속해 있다고 할 수 있다. 이것은 그 동안 우리나라 산업이 고도화되고 국민소득이 증가한 때문으로 볼 수 있다. 즉 산업의 고도화와 국민소득의 증가에 따라 제품이나 브랜드가 다양화되고 이에 따라 제품에 관한 모든 정보를 제공할 필요가 증가하게 된 것이다. 그러나 어떻게 소비하는 것이 합리적인가에 대한 소비자 교육은 아직까지도 제대로 실시하지 못하고 있는 단계에 있다.

7) 소비자 보호

소비자를 교육하고 정보를 제공하는 것만으로는 소비자를 보호한다고 볼 수 없다. 복잡한 제품이 출현됨에 따라 제품에 관한 교육을 받은 사람까지도 확신을 갖고 구입할 수 없게 되었기 때문이다. 이에 따라 정부기관이 제품의 안전도(특히 식품, 완구, 가전제품, 섬유, 자동차 및 주택)에 대한 기준을 정하고 규제를 강화하는 경향이 높아지고 있다.

제4절 마케팅의 사회적 책임과 기업의 대응

소비자보호운동이나 환경보호운동이 일어났을 때, 대부분의 기업들은 거부반응을 보였다. 그러한 운동을 전재했던 사람들이 마케팅 활동을 비판한 것은 대부분 정당하지 못하거나 대단치 않은 것으로 생각하였다. 그러나 또 한편 소비자보호운동이 강화되자 기업들은 이에 반감을 가지고 그러한 운동이 소비자들에게 도움을 주기보다 기업에 비용만을 초래하는 결과를 가져온다고 생각하였다. 그러나 근래에 이르러 대부분의 기업이 소비자의 권리를 인식하고 이를 수용하게 되었는데, 그것은 변화하고 있는 마케팅 환경에 적응하여 나가는 것이 기업의 책임을 다하는 일이며 현명한 태도라는 점을 깨닫게 되었기 때문이다. 따라서 새로운 마케팅 개념과 윤리관이 요청되기에 이르렀다.

1. 마케팅 개념의 계발(啓發)

마케팅 개념은 자본주의의 발전과 역사를 같이 한다. 200여년 전 아담 스미스(Adam Smith)는 그의 저서 '국부론'(*Wealth of Nations*)에서 경제가 다양하게 발전하려면 기업의 자유와 사유재산 제도를 기초로 하여야 함을 주장한 바 있다. 그는 인간이 기본적으로 자신의 이익(self-interest)을 추구하는 것은 당연하며, 그러한 이익을 추구할 자유가 주어질 때 자신과 사회가 다 함께 이익을 얻게 된다고 가정하고 있었다. 그에 의하면 자유기업제도를 통하여 기업가는 가장 많은 이익을 거둘 수 있는 분야에 자원을 많이 투입하게 되며, 기업가는 공정한 경쟁을 통하여 비용을 절감할 수 있다. 이러한 제도만이 가장 효율적이고 신축성이 많으며 정부의 간섭이나 지시가 없어도 가격기구라는 보이지 않는 손에 의하여 자연스럽게 운영되고 조절된다고 보았다.

그러나 기업의 행위가 반드시 공정하지 못하고 경쟁을 파괴하고 타 기업의 진출을 방해하거나 정부로부터 보호 내지 특혜를 얻으려 하는 등 공정한 경쟁이 불가능한 상황이 발생하게 되었고, 이에 따라 자본주의의 개념도 새로이 정립할 필요가 있게 되었다. 즉, 기업가들은 자유체제 내에서 규율을 준수하고 자율적이며 정당한 행동을 취할 때 장기적인 이익을 도모할 수 있다고 인식하게 된 것이다. 따라서 마케팅 개념도 장기적인 안목에서 최선의 활동을 수행하여야 하는 것으로 바뀌게 되었으며, 다음과 같은 원칙하에 진행되어야 한다고 생각된다.

첫째, **소비자 지향적인** 마케팅 활동이어야 한다는 것이다. 어느 기업이든 소비자의 입장에서 보는 마케팅 활동을 평가하고 계획을 수립하여야 하며, 목표하고 있는 고객집단의 욕구를 발견하여 효과적으로 이를 충족시킬 수 있어야 한다. 기업과 제품에 관한 사실을 그대로 고객에게 전달함으로써 고객의 신뢰를 획득하여야 하며, 시간과 비용이 허용되는 한, 기업과 제품에 관하여 고객이 지니고 있는 잘못된 고정관념을 시정하려는 노력이 필요하다.

둘째, **혁신적인** 마케팅 활동이어야 한다. 기업이 제품과 마케팅 활동을 개선하기 위하여 끊임없는 연구조사가 필요한 것은 그와 같은 노력을 등한시 할 때 곧 다른 기업의 도전을 받게 되기 때문이다.

셋째, **가치지향적** 마케팅 활동이어야 한다. 기업의 자원을 가치있는 마케팅 활동에 투입하여야 할 것은 물론이다. 단 1회의 판매촉진활동이나 별로 차이를 느낄 수 없는 포장변경, 과장된 광고는 단기적으로 기업의 판매증가에 어느 정도 도움이 될 수 있을지 모르나 장기적인 안목으로 제품의 외양, 편의 등을 근본적으로 개량하려고 노력하는 것이 소비자에게 보다 많은 가치를 부여할 수 있다.

넷째, **사명감 있는** 마케팅 활동이어야 한다. 기업의 사명을 제품판매에 국한하지 않고 사회 전체적인 관점에서 결정하여야 한다. 그렇게 함으로써 종업원들은 자신의 일의 성격과 중요성을 깨닫고 명확한 방향감각을 갖게 된다. 어느 비료회사의 경우를 보자.

> "우리 회사의 목적은 우리가 생산하고 있는 비료를 우리의 상표명으로 판매하는 것이 아니다. 우리의 목적의식과 방향감각은 분명하다. 계획을 수립하는 이유는 우리가 어떠한

사업에 종사하고 있다는 것을 결정하기 위한 것이다. 우리의 사업은 **농업생산성을 높이는 것**이다. 현재나 미래 어느 때를 막론하고 농산물의 성장에 영향을 미치는 것이면 어떠한 것이든 관심이 있다.”

다섯째, **사회지향적** 마케팅 활동이어야 한다. 오늘날 마케팅 의사결정을 내리기 위하여 소비자의 욕구와 기업의 제약조건을 고려하여야 할 뿐 아니라, 소비자 및 사회 전체의 장기적인 이익도 고려하여야 함은 앞서 언급한 바와 같다. 사회지향적 마케팅을 수행하는 관리자는 제품이 고객을 즐겁게 해주는 것 뿐 아니라 건강에도 유익하여야 함을 깨닫고 있다. 고객에게 줄 수 있는 만족의 정도와 장기적인 혜택의 정도에 따라 제품을 그림 20-2와 같이 분류할 수가 있다.

그림에서 알 수 있는 바와 같이 **바람직한 제품**이란 고객에게 즉시 만족감을 주면서도 장기적인 혜택을 많이 줄 수 있는 제품을 말하며, 당장에는 만족감을 주면서도 장기적으로는 소비자의 이익을 해치는 제품을 **쾌락적인 제품**이라고 한다. **유익한 제품**이란 당장에는 고객에게 매력을 주지는 않지만 장기적인 혜택을 주는 제품이며, 고객에게 매력을 주지도 못하고 유익하지도 않은 제품을 **결함있는 제품**이라고 한다. 마케팅 관리자는 결함있는 제품을 쾌락적인 제품이나 유익한 제품으로 개발하여야 하며, 궁극적으로 바람직한 제품이 되도록 변경하고 개선하려고 노력하는 것이 곧 사

그림 20-2 **신제품의 분류**

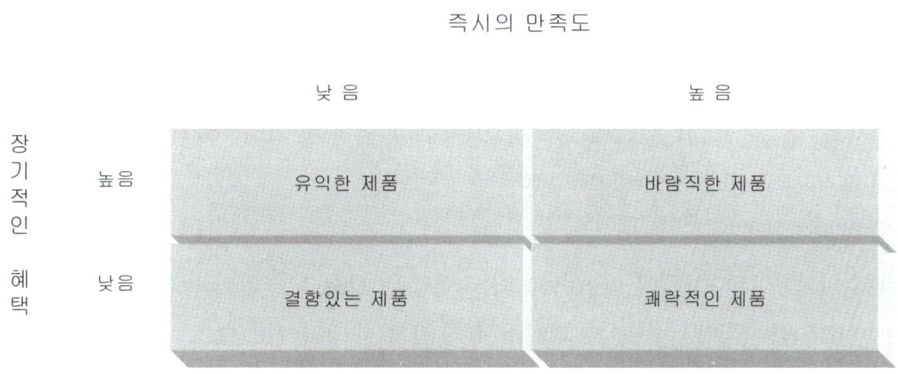

회지향적 마케팅 이념을 실현하는 것이라 하겠다.

2. 마케팅 윤리

마케팅 활동에 종사하는 사람들이 모두 선의와 윤리의식을 지니고 활동하고 있다고 볼 수 없기 때문에 어느 기업이든 마케팅 정책을 명백하게 규정할 필요가 있다. 여기에서 정책(policy)이란 '조직 내에서 누구나 예외없이 준수하여야 하는 것으로 광범하면서도 확고한 지침'을 말한다.[6] 따라서, 마케팅 정책에는 유통종사자와의 제관계, 광고기준, 고객에 대한 서비스, 가격정책, 제품개발 그리고 일반적인 윤리기준 등이 포함된다. 그러나 아무리 훌륭한 정책 혹은 지침을 세웠다고 하더라도 문제가 모두 해결되는 것은 아니며, 특히 윤리 도덕적인 문제에서는 더욱 그러하다. 다음과 같은 예를 보기로 하자.

① 담배제조회사에서 마케팅 활동에 종사하는 사람이 담배는 암의 발생과 밀접한 관계가 있다는 의학보고서를 받았을 경우
② 회사 내에서 연구개발팀이 새로 개량된 제품을 개발하였으나 기대했던 것과 같은 제품은 못되었다. 경영층이 제품개량을 과장하여 광고할 것을 요구해 오는 경우
③ 회사를 막바로 그만둔 친구가 타회사에 근무하고 있다. 그를 좋은 조건으로 다시 채용하려고 하는데 뜻하지 않게 타회사의 기밀을 제공하겠다는 의사를 표시하는 경우
④ 판매원을 채용하려고 몇 명의 지원자를 면접한 결과, 한 여자가 가장 유능한 것으로 생각되었다. 그 여자를 채용하는 경우 남자 판매원들의 반발이 클 것이고 중요한 고객 몇 명을 상실할 위험이 있는 경우
⑤ 경쟁사의 제품에 대한 고객의 반응을 알아보기 위하여 어떤 마케팅 조사기관에 종사하는 것처럼 위장할 것을 요구받을 경우

이 외에도 마케팅 종사자들이 당면하게 되는 어려운 상황은 수없이 많을 것이다. 이 모든 경우에 단순히 판매목표만을 달성할 것을 위하여 행동결정을 내린다면 그러한 행위는 비도덕적일 수가 있다. 그러나 반대로 목표를 달성하지 못할 경우에는 마케팅에 종사하는 사람으로서의 능력을

---

6 Earl L. Bailey, *Formulating the Company's Marketing Policies*: A Survey(New York: Conference Board, Experiences in Marketing Management, No. 19, 1968), p.3.

의심받게 되고 항상 긴장과 압박감 속에서 지내게 될 것이다.

그러므로 최고경영자는 마케팅 종사자들을 평가할 도덕적인 기준을 결정하여야 한다. 그러한 기준으로 마케팅 종사자들의 행동자체(도덕적 이상주의), 행동동기(직관론), 행동결과(공리주의)가 있으며 이 중 어느 하나 또는 두 개 이상의 것을 기준으로 상황에 따라 달리 평가하여야 마땅할 것이다. 도덕적 이상주의(moral idealism)는 어떠한 경우에도 허용되지 않는 행동규범을 정하여 이를 준수할 것을 요구하는 것으로 가장 엄격하다. 따라서 이 주의에 따르면 사적인 문제에 관한 정보를 입수하려 하거나 경쟁자에 관한 정보를 입수하기 위한 첩보활동, 고객을 기만하려는 행위 등은 용납되지 않으며 목적을 위하여 부정한 수단을 동원하는 것은 정당화 될 수 없다. 직관론(intuitionism)은 도덕적 이상주의보다 융통성이 있는 것으로 상황에 따라 상이한 도덕기준을 결정할 책임을 개개의 관리자에게 맡기는 것이다. 따라서 관리자는 자신의 행동동기가 선의에서 비롯된 것이고 그러한 동기가 누구에게도 해가 되지 않는다면 도덕적으로 어려운 상황에 직면했을 때 직관적으로 대처해 나갈 수 있다. 공리주의(utilitarianism)란 행위 자체 또는 행위동기에 기준을 두지 않고 그 결과에 초점을 둔다. 어떤 행동이 옳건 그르건 간에 결과적으로 사회 전체의 복지를 증진시키는 한, 그러한 행위는 정당화 될 수 있다고 본다.

마케팅 종사자들은 이상과 같은 평가기준을 의식하는 것도 중요하지만 자기 나름대로의 행동철학을 선택하여 활동기준으로 삼는 것이 보다 긴요하며, 그와 같은 철학 내지 원칙을 고수함으로써만이 활동과정에서 발생하는 문제를 해결할 수 있다. 또 21세기에는 태양 에너지의 이용과 같은 기술의 진보, 컴퓨터의 혁명적인 보급확대, 혁신적인 의약품의 발명, 새로운 형태의 수송수단 개발 등 지금까지 경험하지 못하였던 많은 변화가 올 것으로 예상되며 동시에 사회경제적 환경요소들의 변화로 말미암아 마케팅 활동에도 많은 제약이 있을 것으로 예상된다. 따라서 사회적으로 책임있는 마케팅 활동을 수행하고 새로운 가치관을 정립할 수 있는 기업만이 생존하게 될 것이다.

결국 앞으로도 마케팅에서 추구하고 있는 궁극적인 목표가 생산자의 이익이나 소비를 극대화하는 데 있는 것이 아니라 생활의 품위를 최대로 높이는 데 있다는 점을 인식할 필요가 있다. 다시 말하면 모든 사람의 기본적인 물질적 욕구를 충족시켜 주기 위하여 다양하면서도 양질의 제품을 제공하는 것이어야 한다. 즉, 생활의 품위를 높인다는 것이 마케팅의 대원칙이 되어야 한다.

제5절 경제발전에서의 마케팅의 역할

앞에서 살펴본 바와 같이 마케팅에 대해서는 소비자의 복지측면이나 사회 전체적인 관점에서 많은 비판이 있어 왔고, 이에 따라 기업의 마케팅 활동을 규제하기 위한 소비자보호운동 등이 강화되고 있고 정부의 규제도 강화되고 있는 추세에 있다. 이것은 물론 기업이 본래의 마케팅 기능을 제대로 수행하고 있지 못하고 있음을 의미하는 것에 지나지 않는다. 만일 기업을 비롯한 한 사회의 모든 기관이 그 사회구성원들의 욕구와 가치를 생산적으로 충족시키는 데 이바지한다면 그 사회가 보유하고 있는 자원을 최적으로 배분하고 있다고 볼 수 있다. 따라서 마케팅은 '한 나라의 경제가 그 구성원들의 욕구와 욕망을 충족시켜 줄 수 있는 사회로 통합되는 과정'이라고 볼 수 있다.

오늘날 널리 알려져 있는 바와 같이 소위 경제적으로 앞서 있는 선진국의 경우, 기업을 비롯한 그 사회의 모든 기관들이 마케팅 지향적 체제를 갖추고 있다고 알려져 있다. 이러한 측면에서 본다면 어느 나라든지 경제성장을 달성하기 위해서는 마케팅이 필수적인 역할을 수행하고 있음을 감지할 수 있다. 어떤 면에서 마케팅은 경제발전에서 가장 중요한 중추적 역할을 한다고 볼 수 있다. 경제적으로 앞서 있는 사회의 특징을 이야기한다면 그 사회가 보유하고 있는 자원과 시설을 생산적으로 충분히 활용하고 통합할 수 있도록 하는 제도를 갖추고 있음을 본다. 이와 같이 한 사회가 가지고 있는 경제적 잠재력 또는 자원을 완전하게 동원할 수 있는 능력은 마케팅 기능에 속한다고 할 수 있다.

오늘날 우리가 알고 있는 바와 같이 세계무역기구의 출발과 함께 앞으로의 세계경제는 개방화의 물결로 계속 치달을 것이고, 이것이 선진국과 후진국간의 소득격차를 좁힐 것인지, 또는 더 확대시킬 것인지는 시간을 두고 지켜보아야 할 문제이겠지만, 개발도상국이나 우리와 같이 중진국 입장에 있는 나라들로서는 선진국과 동등한 입장에서 치열한 경쟁을 하지 않으면 안 되는 새로운 국면에 접어들고 있다. 경제적으로 후발국인 나라들은 경제발전을 계속 추구하여 선진국과의 격차를 좁히려 노력할 것이며, 이에 따라 범세계적으로 국가간의 긴장이 경제적 측면에서 더욱 고조될 가능성이 있다.

어느 한 국가가 경제발전을 추구하는 데 있어 하나의 지표로 삼는 1인당 국민소득은 어떤 면에서는 커다란 의미를 나타내지 못할 수가 있다. 바꾸어 말하면 1인당 국민소득수준이 높다고 하여 그 사회가 반드시 선진국이라고 볼 수는 없다는 것이다. 중요한 것은 그 사회의 기업을 비롯한 모든 기관들이 어느 정도로 마케팅 지향적이거나 또는 고객지향적인 체제를 갖추고 있는가에 따라 선진국으로의 진입 여부가 결정된다고 볼 수 있다.

특히 경제성장을 추구하는 국가에서 진정한 의미에서의 경제발전을 달성하려면 지표상으로 나타나는 경제성장률도 중요하지만 한편으로는 하나의 효율적인 마케팅 시스템을 정비해야 할 필요가 있다. 즉, 효율적인 유통관리와 재화와 서비스를 효율적으로 분배시키는 것을 가능하게 하는 능률적인 금융제도 및 기업을 비롯한 사회의 기구들이 보유하고 있는 시설과 자원으로 사회구성원들의 필요와 욕구를 최대로 충족시키고 통합시킬 수 있는 실제적인 마케팅 시스템이 절대적으로 필요하다. 마케팅 기능의 이러한 중요성에도 불구하고 오늘날 많은 개발도상국들이 그 중요성을 간과하고 마케팅 시스템이 제대로 갖추어져 있지 못할 경우가 많다. 여기에서 우리가 분명히 이해하여야 할 부분 중의 하나는 개발도상국이 경제발전을 추구하려면 이러한 마케팅 시스템도 동시에 발전시켜야 한다는 점이다.

개발도상에 있는 나라들의 기업이 결여되어 있는 또 하나의 요소는 혁신적인 기업가 내지 경영자들이 부족하다는 점이다. 경제발전이란 인위적이거나 자연적인 힘에 의해서 달성되는 것이 아니고 위험을 감수하며 목적의식에 충실한 기업가와 경영자들의 과감한 결단과 의사결정의 결과인 것으로 이해할 필요가 있다. 특히 마케팅 지향적 내지 고객 지향적 기업가 또는 경영자들의 역할이 절대적으로 중요한 역할을 수행한다. 이러한 측면에서 개발도상국에서는 경제개발에 필요한 자금이나 원료, 필요한 노동력 등은 어느 정도 공급이 가능하다고 할 수 있으나 마케팅 지향적 경영자의 배출은 간단하게 이루어질 수 없는데 문제의 심각성이 있다. 물론 경제발전을 추구하는 데 있어 마케팅의 기능이 만병통치약일 수는 없다. 마케팅은 경제발전을 추구하는데 하나의 필요조건은 되지만 충분조건이 될 수는 없다. 그럼에도 불구하고 우리는 마케팅 기능과 그 중요성, 필요성을 망각하여서는 안 된다. 다시 말하면 경제발전과 마케팅 시스템의 개발은 병행되어야 한다.

여기에서 한 가지 점에 유의할 필요가 있다. 그것은 각 나라가 경제발전을 추구하는 데 있어 마케팅 시스템이 동시에 발전하지 않으면 그 나라가 전체주의적인 국가가 될 가능성이 많다는 점이다. 전체주의 체제하에서는 경제적으로 마케팅의 필요성을 인식하지 않고 경제발전을 추구하는 사회로 볼 수 있으며, 마케팅의 중요성을 간과하고 있는 특징이 있다. 한 국가의 모든 구성원들이 지니고 있는 욕구와 가치를 충족시켜 주기 위한 마케팅 시스템을 갖추지 않고 그러한 욕구와 가치를 억누를 때에 전체주의적인 체제가 들어설 가능성이 높은 것이다.

요 약

마케팅 조사자들은 소비자들의 욕구를 파악하고 이를 충족시켜야 할뿐만 아니라 소비자들의 생활의 질을 향상시킬 책임도 있다. 그러나 소비자들을 만족시키고 이와 동시에 생활의 질을 높이는 데 있어서는 생산자와 소비자들의 이해관계가 반드시 일치하지 않을 경우가 흔히 있게 된다. 특히 기업의 마케팅 관행에 대한 대중들의 비판에 대한 충분한 이해가 필요하다.

기업의 마케팅 활동으로 개별 소비자에게 미치는 악영향으로서 가격의 앙등, 불공정한 관행, 판매에 대한 지나친 압력, 허위 내지 안전하지 못한 제품의 제공, 의도적인 제품의 진부화 등을 들 수 있다. 또한 기업의 거대한 마케팅 활동이 사회에 미치는 악영향도 많이 지적되어 오고 있는 바, 그 대표적인 예가 물질주의의 팽배와 왜곡된 소비욕구의 조장, 공공 서비스의 부족 초래, 문화적 오염, 권력의 비대화 현상 및 공정한 경쟁의 방해 등을 들 수 있다.

기업의 마케팅 활동이 이와 같이 소비자 개인이나 사회 전체적으로 보아 바람직스럽지 못한 결과를 초래할 경우가 발생하게 되었기 때문에 이에 대한 반운동으로 소비자보호운동과 환경보호운동과 같은 대중운동이 활발하게 진행되어 왔다. 소비자보호운동이란 판매자에 대항하여 구매자의 권리와 힘을 강화하기 위하여 대중과 정부가 관심을 갖고 조직적으로 운동을 전개하는 것을 말한다. 한편, 환경보호운동이란 인간의 생활환경을 보호하고 개선하기 위하여 일반대중과 정부가 관심을 갖고 조직적인 운동을 전개하는 것을 말한다. 오늘날 많은 국가들이 기업의 과도한 마케팅 활동을 규제하기 위하여 공공정책을 수립하고 있는 바, 특히 소비자보호를 위한 입법과 환경보호를 위한 입법조치 등에 관심을 두는 경향이 많다.

많은 기업들이 초기에는 이러한 소비자보호운동이나 환경보호운동과 같은 대중운동이나 정부의 규제에 대해서 반대의 입장을 취하였지만, 시간이 경과함에 따라서 그 필요성을 점차로 인식하게 되었다. 즉 최선의 마케팅 활동이란 소비자 지향적이어야 하고, 혁신적이어야 하며, 가치지향적일 필요가 있고, 사명감 있는 마케팅 활동이어야 하며, 사회지향적 이념을 추구하여야 한다는 사고로 전환하게 된 것이다.

연습문제

1... 근래에 이르러 우리나라에서도 공장폐수로 인하여 상수도의 수원지를 오염시키고 있다. 기업의 입장에서 공해방지를 위한 투자를 하여야 함은 당연하지만 그러한 비용을 투입할 때 적절한 이윤을 회수할 수 없다면 기업을 계속할 정당성이 있는가?

2... 정부가 유통업에 종사하는 모든 업종에 대해서 획득할 수 있는 이윤폭을 제한하는 법률을 제정, 실시하려 한다고 하자. 이러할 경우 유통비용의 증가, 또는 감소는 제품의 가격에 어떻게 반영되리라고 생각되는가? 그리고 그러한 법이 실시될 때 소비자들에게 어떠한 영향을 미치게 될 것인가?

3... 광고비 지출은 결과적으로 제품의 가격에 반영되는가? 반대로 광고를 하지 않았을 경우 소비자들이 제품에 관한 정보를 입수하려는 노력에 소요되는 비용을 고려할 때 그러한 가격인상분이 정당화 될 수 있는가?

4... 기업의 마케팅 활동으로 새로운 기업의 진입이 방해가 되고 있는가? 혹은 경우에 따라 도움도 될 수 있는가? 예컨대 중소기업이 대기업에 비하여 광고비를 지출할 여력이 없다면 대기업과의 경쟁은 원천적으로 불가능하다고 할 수 있다. 그렇지만 어떠한 방법으로 이에 대처해 나가야만 할 것인가?

5... 기업활동으로 인하여 발생하는 공기오염이나 수질오염에 대해서 정부가 규제하는 것이 바람직한가? 혹은 업계 자체에서 자발적으로 일정한 기준을 설정하여 이를 준수하는 것이 더 바람직한가?

6... 마케팅 활동의 계발이란 무엇이며 그것이 필요로 하게 된 배경을 설명하여 보라.

7... 마케팅 개념과 사회지향적 개념과를 비교하여 보라. 마케팅 관리자의 입장에서는 사회지향적 마케팅 개념을 도입하여야 할 것인가?

찾아보기

ㄱ

••• ㄴ

••• ㄷ

••• ㄹ

••• ㅁ

••• ㅂ

••• ㅅ

ㅇ

ㅈ

••• ㅊ

••• ㅋ

기 타